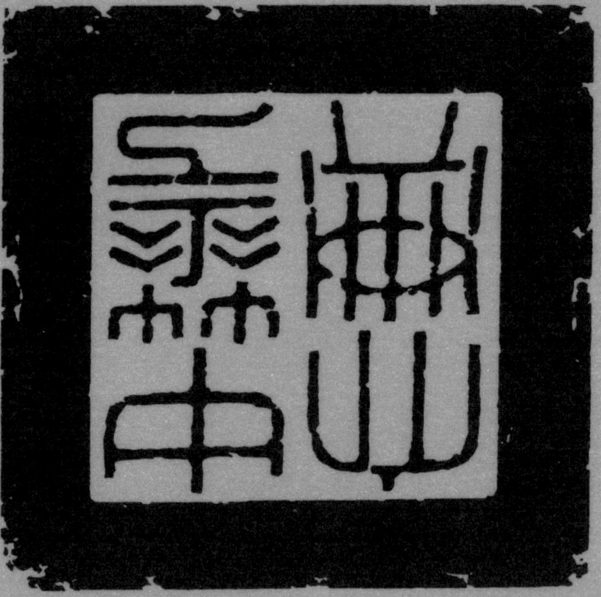

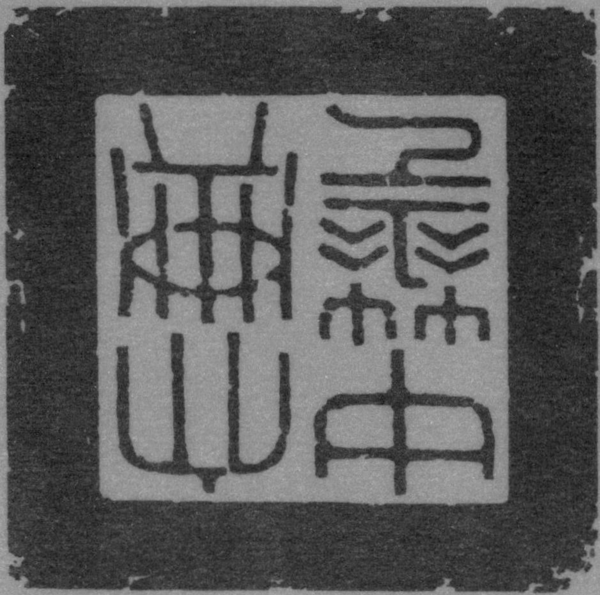

中華大典

歷史典

上海古籍出版社

中華人民共和國國務院批准的重大文化出版工程

國家文化發展綱要的重點出版工程項目

新聞出版總署列為「十一五」國家重大工程出版規劃之首

國家出版基金重點支持項目

《中華大典》工作委員會

主　任：柳斌傑
金人慶

副主任：李　彦　于永湛　鄔書林　張少春　李衛紅
周和平　陳金泉　李靜海

委　員：張小影　伍　傑　朱新均　吴尚之　孫　明
王家新　徐維凡　劉小琴　毛群安　遲　計
曹清堯　彭常新　王志勇　潘教峰　姜文明
王　正　石立英　安平秋　陳祖武　詹福瑞
戴龍基　宋煥起　孫　顒　陳　昕　魏同賢
王建輝　朱建綱　高紀言　莫世行　段志洪
李　維　何學惠　甄樹聲　馮俊科　譚　躍
羅小衛　王兆成

《中華大典》編纂委員會

《中華大典》前言

《中華大典》是運用我國歷代漢文古籍編纂的一部大型工具書。其目的是爲學術界及願意瞭解中國古代珍貴文化典籍的人士提供準確詳實、便於檢索的漢文古籍分類資料。

中國是世界文明古國之一，幾千年來纂寫和聚集的文化典籍浩如烟海。我國歷代都有編纂類書的優良傳統，具有代表性的《永樂大典》等大多已佚失，現存《古今圖書集成》編就距今也已數百年。爲了適應今天和以後研究和檢索的需要，一九八八年海内外三百多位專家學者和各古籍出版社同仁倡議，在已有類書的基礎上，用現代科學方法編纂一部新的類書《中華大典》。

國務院在關於編纂《中華大典》問題的批覆中指出，編纂《中華大典》「是我國建國以來最大的一項文化出版工程」。本書所收漢文古籍上起先秦，下迄清末，約三萬種，達七億多字，分爲二十四個典，近百個分典，内容廣博，規模宏大，前所未有。

《中華大典》的編纂工作堅持科學態度和百花齊放、百家爭鳴方針。儘量採用古精校精刻本，優先採用我國建國後文獻學和考古學的優秀成果。對傳統文化中重要的不同學派的資料，兼收并蓄。運用現代圖書分類的方法，對收集到的資料，精選、精編，力求便於檢索、準確可信。

這項工作從開始起就受到中共中央、國務院和有關部門的重視和支持。國家主席江澤民、國務院總理李鵬分別爲《中華大典》題詞。江澤民的題詞是：「同心同德群策群力認真編好中華大典爲建設有中國特色的社會主義服務」。李鵬的題詞是：「繼承和弘揚民族優秀傳統文化」。全國政協主席李瑞環、國務委員李鐵映也作了重要指示，要求抓緊辦理。一九九零年五月，國務院批准《中華大典》爲國家重點古籍

整理項目。一九九二年九月，正式成立了《中華大典》工作委員會和《中華大典》編纂委員會，召開了《中華大典》工作、編纂會議。自此，《中華大典》的編纂工作由試點轉入正式啓動，逐步鋪開。

編纂《中華大典》，學術性很强，工作量很大，工程十分艱巨，全賴廣大專家學者和全國各有關高等院校、科研院所、圖書館、出版單位的鼎力支持與積極參與。大家本着弘揚中華民族優秀文化的心願，發揚奉獻精神，克服各種困難，團結協作，給這部巨大類書的出版提供了根本保證。在此謹表示誠摯的謝意。

對本書的批評與建議，我們將十分歡迎。

《中華大典》編纂委員會
一九九七年四月
二〇〇六年十一月修訂

《中華大典》編纂通則

一、性質：《中華大典》(以下簡稱《大典》)是對漢文古籍(含已翻譯成漢文的少數民族古籍)進行全面的、系統的、科學的分類整理和匯編總結的新型類書，是在繼承歷代類書優良傳統、考慮漢文古籍固有特點的基礎上，借鑒和參照近代編纂百科全書的經驗和方法編纂而成。編纂《大典》的目的，是爲學術界及願意瞭解中國古代珍貴文化典籍的人士提供各種分門别類的，準確詳細的古代漢文專題資料。

二、規模和體例：《大典》所收古籍的時限，上自先秦，下迄辛亥革命。全書共收各類漢文古籍三萬餘種，七億多字。全書體例，着重汲取清代《古今圖書集成》所採用的經目和緯目相交織這一統一框架結構的模式，同時參照現代科學的學科、目録分類方法，并根據各類學科内容的實際情況，一般將每一大類學科輯爲一典，也有將幾個相關學科共輯爲一典的。對各典名稱，均以現代學科命名，對於所收入的各種古籍資料，亦儘可能納入現代科學分類體系之中。

三、經目：大典共分二十四個典，即哲學典、宗教典、政治典、軍事典、經濟典、法律典、教育典、語言文字典、文學典、藝術典、歷史典、歷史地理典、民俗典、數學典、物理化學典、天文典、地學典、生物學典、醫藥衛生典、農業典、林業典、工業典、交通運輸典、文獻目録典。典以下以分典、總部、部、分部分級，分部之下的標目根據各學科特點由各典自行擬定。

四、緯目：共設置九項緯目，用以包容各級經目的具體内容：

①題解：對有關學科的名稱、概念、涵義、特點等作總體介紹的資料。

②論説：有關理論部份的資料。

③綜述：有關學科或事物的系統性資料，凡有關學科或事物的性狀、制度、範疇、特點及學科地位、發展情況等具體内容均編入此緯日中。

④傳記：有關人物的傳記資料。

⑤紀事：有關學科或事物的具體活動或事例的資料。

⑥ 著録： 重要人物或文獻的有關著作資料，如專集介紹、序跋、藏書題記，以及有關著作的成書經過、版本源流等。

⑦ 藝文： 有關屬於文學欣賞性的散文或韵文。

⑧ 雜録： 凡未收入以上各緯目，而又有較高參考價值的資料，均入雜録。

⑨ 圖表： 根據有關經目的内容需要，圖與表附於相關專題之下，或集中匯總於某級經目之後。

《大典》以内容分類安排各級緯目，各級緯目的正文，一般以原書爲單位，按時代順序排列。每一條資料前標明出處，包括書名或作者名、篇名或卷次，以利讀者核對原書。

五、書目： 每分典後附有該分典所收書之書目，書目包括書名、作者、時(年)代、版本等内容。時代以成書時代爲準，成書時代不詳者，以作者主要活動時代爲準，并遵從歷史習慣。

六、版本：《大典》在選用版本時儘量採用古人的精校精刻本，亦採用學術界通用的近、現代整理圈點本及現代學者校點整理本。

七、校點： 爲儘可能保存古籍原貌，《大典》祇對底本中明顯的脱、訛、衍、倒進行勘正。古本中的避諱字一般不作改動，祇對缺筆字補足筆畫。後人刻書時避當朝人諱而改動的字，據古本改回。《大典》採用新式標點法。

一九九六年八月

二〇〇六年十一月修訂

《中華大典·歷史典》編纂委員會

（以姓氏筆畫爲序）

主　編：熊月之

編　委：方詩銘　俞　鋼　莊輝明　許沛藻　葉　舟
虞萬里　熊月之　錢　杭　瞿林東　龔書鐸

《中華大典·歷史典》前言

中華文明歷史悠久，包括史實記述、史書編修、史官設置、史學研究在内的歷史學極爲發達，歷史文獻浩瀚無垠。誠如梁啟超所説「中國於各種學問中，惟史學爲最發達；史學在世界各國中，惟中國爲最發達」。

殷商時代，甲骨上的大量占卜文辭，是中國最早的反映族類記憶與國家記憶的歷史記録；卜辭與青銅器銘文中所述的遺史作册，是中國最早的重視歷史記録與保存文書的制度安排。西周時，周王朝的國史稱《周書》，諸侯國的國史或稱書，或稱乘，或稱春秋，或稱檮杌。孔子命子夏訪求周室史記，得百二十國寶書，墨子亦曾見百國春秋。這些都説明保存史料、編寫國史在周代已成通例。

春秋戰國時期，史學多元發展，繁盛一時。孔子以春秋各國史書爲基礎，參照所見、所聞、所傳聞的各種資料，以正名分、辨是非、克己復禮爲宗旨，删訂編修《春秋》，開私人修史之先河。《左傳》《竹書紀年》，是以年代爲序、以記事爲主的編年體史書。《國語》《戰國策》是以地區爲中心、以記言爲主的史書。至今不詳撰人的《世本》，則是按專題分載，注意記述地理環境、氏姓、工藝製作等社會經濟事項的特别史書，頗具文化史性質，被史家歸入别史一類。

秦漢以後，與大一統中央集權國家相適應，出現了司馬遷《史記》與班固《漢書》，鴻篇巨制，卓識美文，分别開創了紀傳體通史與紀傳體斷代史的體例，爲後來歷代王朝編纂國史提供了範本。東漢荀悦以《漢書》爲資料基礎，列其年月，比其時事，撮要舉凡，存其大體，編成《漢紀》，爲中國第一部編年體斷代史。

從三國、兩晉、南北朝到隋、唐，史書數量、種類都大爲增加。中國正史二十四史中的一半以上成書於這一時期，范曄的《後漢書》，陳壽的《三國志》，沈約的《宋書》，魏收的《魏書》，與唐初房玄齡、姚思廉、魏徵等人所修的《晉書》《梁書》《陳書》《隋書》等八部史書，或以史料豐贍、條貫清楚，或以敘事簡練、文風樸實，或以評論允當、見解過人，在史學史上各具特色。杜佑的《通典》，專記歷代經濟、政治、社會、文化等方面典章制度沿革，取材廣博，見解獨特，是中國第一部關於典章制

度的巨著。劉知幾的《史通》，綜合研究歷代史學實踐與成果，溯其源流，判其得失，融會貫通，自成體系，在中國史學史上樹起了一座豐碑。李吉甫的《元和郡縣志》，爲中國現存最早的全國地理總志，記述各道鎮府州縣的户數、沿革、山川、道里、貢賦等，以地繫事，間有親歷資料，甚爲翔實，所創體例在中國地理史上有里程碑意義。

五代、宋、元時期，中國史學又有新的發展。司馬光的《資治通鑑》，上起戰國，下迄五代，遍閲舊史，旁采小説，抉擿幽隱，薈萃爲書，按年紀載，一氣銜接，其經緯規制，爲史學史上横空大作，後世典範。鄭樵的《通志》，上起三皇，下迄隋代，内容豐富，卓識多有，特别是其二十略，精心結撰，自出機杼，氏族、校讎、圖譜、六書、音韻、金石等略，均爲此前所無，豐富了歷史記載的範圍，成爲後代各種專門學問的先驅前導。馬端臨的《文獻通考》，專論歷代典章制度，上起上古，下迄南宋，敘事本於經史，參以歷代會要、各種傳記，旁采名流之燕談，稗官之記録，分門排列，有敘述，有考訂，有論斷，信者傳之，疑者棄之，爲此後同類史書所宗範。袁樞的《通鑑紀事本末》，李燾的《續資治通鑑長編》，徐夢莘的《三朝北盟會編》，李心傳的《建炎以來繫年要録》，劉昫的《舊唐書》，薛居正的《舊五代史》，歐陽脩的《新唐書》《新五代史》，王溥等人的《唐會要》《五代會要》，元人修的《宋史》《遼史》《金史》等，蔚爲大觀。樂史的《太平寰宇記》爲北宋初全國地理總志，體例與記述範圍較前人有所發展，注意記述風俗、姓氏、人物等人文地理内容，史籍之外，旁及詩賦，兼采仙佛雜記，保留了相當豐富的歷史資料。

明清時期，史學更爲繁榮。官修正史方面，宋濂等人修的《元史》，張廷玉等人修的《明史》，沿襲了歷代編修前朝歷史的傳統。《續通典》《續通志》《續文獻通考》《明會典》《清會典》《清通典》《清通志》《清文獻通考》，也繼承了此前同類史書的傳統。民間治史盛極一時，李贄的《藏書》《續藏書》，黄宗羲的《宋元學案》《明儒學案》，顧炎武的《天下郡國利病書》《日知録》，王夫之的《讀通鑑論》《宋論》，錢大昕的《廿二史考異》，王鳴盛的《十七史商榷》，趙翼的《廿二史劄記》，章學誠的《文史通義》，崔述的《考信録》，角度不同，風姿各異，均爲名著。歷史地理學、地方志、地方史空前發達。李賢等人編修的《大明一統志》，穆彰阿等人編修的《重修大清一統志》，顧祖禹的《讀史方輿紀要》，各省府州縣所修的難計其數的地方志，或繁或簡，或新創或續修，極大地豐富了歷史記述的内容。

中國究竟有多少歷史文獻，恐怕永遠也不會有確切統計。《漢書・藝文志》把史書放在「六藝略」内。《隋書・經籍志》開始把古代典籍分爲經、史、子、集四部，並在史部之下分正史、古史等十三類，著録史籍八百十七種，一萬三千二百六十四

卷。清代《四庫全書》，史部著録（包括存目在内）二千零五十三種，三萬九千零九卷。《四庫全書》未收史籍，據後人研究，有二千九百三十八種，四萬五千三百六十三卷。兩者相加，得四千九百九十一種，八萬四千三百七十二卷。這個數字，還不包括收在集部中、史部未録的大量傳記、碑銘、史論、史評。據不完全統計，至清朝末年尚存留的史部著述約六千種，方志約一萬種，另有大量敦煌卷子、金石碑志、古代文書。

在中國歷史上，有過多次類書的編纂，其中有大量的史籍。明代編成的《永樂大典》，清代編成的《古今圖書集成》，其中都有大量的歷史資料和豐富的史書内容。

今日所修之《中華大典》，是在我國已有類書的基礎上用現代科學方法編纂的新的類書，《歷史典》是《中華大典》重要組成部分。《歷史典》全書約四千萬字，力圖通過經緯交織的方法，展示中國歷史與歷史學的豐富内涵。《歷史典》内容，上不設限，下迄清朝統治結束。《歷史典》借鑑了中國傳統類書與傳統史書的編纂方法，分为三個分典：《史學理論與史學史分典》匯編關於中國史學之理論遺産與歷史發展的文獻，《編年分典》《人物分典》分别以編年、人物爲主幹匯編能夠反映中國歷史發展的文獻。中國古代歷史文獻浩如煙海，將豐富的歷史資料按照史學理論遺産、歷史發展脈絡、重要歷史人物的分類進行編排，有助於今天的讀者檢索、使用。

《歷史典》的工作，得到了《中華大典》工委會、編委會的指導與支持。《歷史典》是來自北京、上海衆多高校、研究機構的歷史學者通力合作的成果，各位分典主編專攻的歷史時段，連接起來，涵蓋了從上古到清末的全部歷史。各位分典主編學養豐厚，都有參與古籍整理與研究的經歷，對於此項工作兢兢業業，精益求精，參與具體編纂工作的各位同仁也都盡心盡責，黽勉從事，大家都爲能夠參加整理、研究祖國文化典籍，爲弘揚中華優秀文化貢獻自己的力量而感到無上的榮光。

熊月之

二〇〇七年十月二十九日

二〇一五年十二月一日修訂

中華大典·歷史典

人物分典

《中華大典·歷史典·人物分典》編纂委員會

主　編：虞萬里　葉　舟

編委（以姓氏筆畫爲序）：

李志茗　芮傳明　承　載　莊輝明　錢　杭

《中華大典·歷史典·人物分典》編纂説明

《中華大典·歷史典·人物分典》，是《中華大典·歷史典》的分典之一，是關於上起先秦、下迄清末的中國歷史人物的大型類書。

《人物分典》是《中華大典·歷史典》中的人物傳記部分，原則上主要收録傳記體裁的史籍。傳記是我國史書的最重要的體裁——紀傳體史書中最重要的組成部分，通過爲歷史人物立傳，記述人物生平，表現人物性格來反映歷史事件，評價歷史興衰得失。在編纂體例上，本分典的指導思想是：既要適應人物傳記的特點，又應符合資料以類相聚的要求，故而經目、緯目的設置不宜過細，可依據資料内容的性質或其體裁的形式適當歸類。本分典依據學科特點，按歷史時期的劃分，下設《先秦總部》《秦漢總部》《魏晉南北朝總部》《隋唐五代總部》《宋遼夏金總部》《元總部》《明總部》《清總部》等八個總部，總部下視文獻豐儉存佚的狀況，按人物設部。限於《大典》體例，所收人物以卒於一九一一年爲下限。各總部設置綜述、雜録、藝文三項緯目，雜録項包含備録、備論兩部分。

緯目中的綜述，主要取歷代正史的本傳及相關碑傳、墓志、别史本傳等，以期達到人物生平相對完整，從而展現中國歷史的目的。雜録的備録部分，主要收録野史、雜録、筆記、言行録、年譜及方志中的小傳等，以補綜述之不足。雜録的備録部分，收録歷代對人物生平功過的代表性評論。藝文則以收録歷代詩歌及其他文學作品爲主。

《中華大典·歷史典·人物分典》編纂委員會

二〇一五年十月

《中華大典·歷史典·人物分典》凡例

一、《中華大典·歷史典·人物分典》係《中華大典·歷史典》的分典之一，其下按歷史時期設總部，各總部下視文獻資料狀況按人物設部。

二、本分典設綜述、雜録、藝文三項緯目，均在部下展開，總部下不設緯目。

三、本分典綜述部分收録文獻以正史本傳爲主，再補充神道碑、行狀行述、墓志銘、别史本傳等資料，以材料的權威性爲順序。帝王一般以正史本紀爲主，清代限於體例要求，則以《實録》爲主。雜録、藝文部分使用材料則以作者出生年代之先後爲序。

四、本分典所選文獻原文省略主語、姓氏、時間等，因摘録而致使語義歧異或不明者，用〔　〕補出。

五、本分典所録文獻若有節略，其節略部分一般以【略】注明。但由於帝王傳記使用資料省略較多，故其省略不用【略】標示。

六、本分典所録文獻，一般不作校勘，遇明顯錯訛，則以（　）括出，並將正確文字以〔　〕補入。

七、本分典中的卷次數字，均用一、二、三、四、五、六、七、八、九、〇標出，不用十、百、千、萬。

先秦總部

編纂人員：錢杭

《先秦總部》提要

本總部下設七十六部，包含了上起傳説時代的黄帝、炎帝，下迄秦朝建立以前的吕不韋、王翦等人物，所涉時代爲遠古、夏、商、周朝（含西周、東周）。因廉頗、藺相如事蹟相關，不易分割，故兩人合爲一部，總共爲七十七人。

本總部各部下設綜述、雜録、藝文三緯目，其中雜録又包含備録、備論兩部分。由於本總部包含了無「編年」可言的傳説時代人物，《史記》於秦始皇以前亦無帝王本紀，因此對該時段人物的綜述資料，適當擴大至已用於《編年分典》的部分正史和别史，如《史記》的《五帝本紀》《夏本紀》《殷本紀》《周本紀》，以及後世輯佚而成的《帝王世紀》等。凡入選本總部且《史記》有此人列傳者，全文收録；無專人列傳者，則輯自《史記》的本紀、世家、合傳等。

由於時代相隔久遠，構成本總部所收人物之備録的資料，較少體例完備的單篇，大多只能依靠對其生平事蹟的傳聞輯録。有關史料來源，主要是先秦諸子和秦漢學者的作品，同時也包括正史志、書，以及後世的史地文獻和學術筆記，選收某些編年類文獻（如劉恕《通鑑外紀》）中的非編年資料。清代梁玉繩著《人表考》，雖屬考史專著，但所收資料出處完備，可作爲索引，故編入備録，以供參考。

雜録緯目下的備論部分，收録《史記》「太史公曰」，以及史論、别史、雜史、筆記中對某人或以某人爲主角之重大事件的評論。本總部所收人物大多在中國歷史上影響深遠，後世研究成果不可勝數。列爲備論的史料標準，除堅守非編年類史書體裁這一底線外，主要側重四個方面：一爲與傳主同時、同代、鄰代人的評價評論，二爲傳頌後世的名篇名論，三爲唐、宋以來集部文獻中的專評專論，四爲紀事本末類文獻的編作者對與傳主直接相關之事件的議論。一般不用《困學紀聞》《日知録》《十七史商榷》《廿二史考異》等考史類文獻中以文本辨析爲主要内容的討論；不用編年類文獻中對事件原委的總結和王朝大勢的總論，如《資治通鑑》中的「臣光曰」。

本總部藝文所收材料的形式以六朝、唐宋以來的詩歌、祭文、序跋、弔唁等爲主。這些作品原來集中收録於《文選》《全唐詩》《全唐文》《全宋文》《全元文》等選集和總集中，但版本差别很大，文字多有舛訛。爲減少歧義，選録於本總部藝文中的作品，當以直抉本事者爲主，借題發揮者爲次，並盡量使用現代整理本。

目録

黃帝部

綜述

《史記》卷一《五帝本紀》 黃帝者，少典之子，姓公孫，名曰軒轅。生而神靈，弱而能言，幼而徇齊，長而敦敏，成而聰明。

軒轅之時，神農氏世衰。諸侯相侵伐，暴虐百姓，而神農氏弗能征。於是軒轅乃習用干戈，以征不享，諸侯咸來賓從。而蚩尤最爲暴，莫能伐。炎帝欲侵陵諸侯，諸侯咸歸軒轅。軒轅乃修德振兵，治五氣，蓺五種，撫萬民，度四方，教熊羆貔貅貙虎，以與炎帝戰於阪泉之野。三戰，然後得其志。蚩尤作亂，不用帝命。於是黃帝乃徵師諸侯，與蚩尤戰於涿鹿之野，遂禽殺蚩尤。而諸侯咸尊軒轅爲天子，代神農氏，是爲黃帝。天下有不順者，黃帝從而征之，平者去之，披山通道，未嘗寧居。

東至于海，登丸山，及岱宗。西至于空桐，登雞頭。南至于江，登熊、湘。北逐葷粥，合符釜山，而邑于涿鹿之阿。遷徙往來無常處，以師兵爲營衛。官名皆以雲命，爲雲師。置左右大監，監于萬國。萬國和，而鬼神山川封禪與爲多焉。獲寶鼎，迎日推筴。舉風后、力牧、常先、大鴻以治民。順天地之紀，幽明之占，死生之説，存亡之難。時播百穀草木，淳化鳥獸蟲蛾，旁羅日月星辰水波土石金玉，勞勤心力耳目，節用水火材物。有土德之瑞，故號黃帝。

黃帝二十五子，其得姓者十四人。

黃帝居軒轅之丘，而娶於西陵之女，是爲嫘祖。嫘祖爲黃帝正妃，生二子，其後皆有天下：其一曰玄囂，是爲青陽，青陽降居江水；其二曰昌意，降居若水。昌意娶蜀山氏女，曰昌僕，生高陽，高陽有聖悳焉。黃帝崩，葬橋山。其孫昌意之子高陽立，是爲帝顓頊也。

《國語・晉語四》 司空季子曰：「同姓爲兄弟。黃帝之子二十五人，其同姓者二人而已，唯青陽與夷鼓皆爲己姓。青陽，方雷氏之甥也。夷鼓，彤魚氏之甥也。其同生而異姓者，四母之子別爲十二姓。凡黃帝之子，二十五宗，其得姓者十四人爲十二姓。姬、酉、祁、己、滕、箴、任、荀、僖、姞、儇、依是也。唯青陽與蒼林氏同于黃帝，故皆爲姬姓。同德之難也如是。昔少典娶于有蟜氏，生黃帝、炎帝。黃帝以姬水成，炎帝以姜水成。成而異德，故黃帝爲姬，炎帝爲姜，二帝用師以相濟也，異德之故也。異姓則異德，異德則異類。異類雖近，男女相及，以生民也。同姓則同德，同德則同心，同心則同志。同志雖遠，男女不相及，畏黷敬也。黷則生怨，怨亂毓災，災毓滅姓。是故娶妻避其同姓，畏亂災也。故異德合姓，同德合義。義以導利，利以阜姓。姓利相更，成而不遷，乃能攝固，保其土房。

《大戴禮記・五帝德》 宰我問於孔子曰：「昔者予聞諸榮伊令，黃帝三百年。請問黃帝者人邪？抑非人邪？何以至於三百年乎？」【略】孔子曰：「黃帝，少典之子也，曰軒轅。【略】生而民得其利百年，死而民畏其神百年，亡而民用其教百年，故曰三百年。」

《大戴禮記・帝繫》 少典產軒轅，是爲黃帝。

黃帝產玄囂，玄囂產蟜極，蟜極產高辛，是爲帝嚳。帝嚳產放勳，是爲帝堯。

黃帝產昌意，昌意產高陽，是爲帝顓頊。顓頊產窮蟬，窮蟬產敬康，敬康產句芒，句芒產蟜牛，蟜牛產瞽叟，瞽叟產重華，是爲帝舜，及產象，敖。顓頊產鯀，鯀產文命，是爲禹。

黃帝居軒轅之丘，娶于西陵氏之子，謂之嫘祖氏，產青陽及昌意。青陽降居泜水，昌意降居若水。昌意娶于蜀山氏，蜀山氏之子謂之昌濮氏，產顓頊。顓頊娶于滕氏，滕氏奔之子，謂之女祿氏，產老童。老童娶于竭水氏，竭水氏之子，謂之高緺氏，產重黎及吴回。

皇甫謐《帝王世紀》卷一 黃帝有熊氏，少典之子，姬姓也。母曰附寶，其先即炎帝。母家有蟜氏之女，世與少典氏婚，故《國語》兼稱焉。及神農氏之末，少典氏又取附寶，見大電光繞北斗樞星，照郊野，感附寶，孕二十五月，生黃帝於壽丘，長於姬水，因以爲姓。以土承火，位在中央，故曰黃帝。龍顔，有聖德，受國於有熊，居軒轅之丘，故因以爲名，又以爲號。與神農氏戰於阪泉之野，三戰而克之。力牧、常先、大鴻、神皇鉅封直人鎮、大山稽、鬼臾區、封胡、孔甲等，或以爲師，或以爲將，分掌四方，各如己視，故號曰黃帝四目。又使岐伯嘗味百草，典醫療疾，今《經方》、《本草》之書咸出焉。其史倉頡，又取象鳥迹，始作文字。史官之作，蓋自此始。記其言行，策而藏之，名曰書契。黃帝亦號帝鴻氏，或曰歸藏氏，或曰帝軒。吹律定姓。有四妃，生二十五子。在位百年而崩，年一百一十歲。

黃帝垂衣裳，倉頡造文字，然後書契始作。

居軒轅之丘，故因以爲名。得寶鼎，興封禪，有景雲之瑞，故以雲紀官爲雲師。以土德王，在位百年而崩，年百一十歲。或言壽三百歲，故宰我疑以問孔子，孔子曰：「人賴其利，百年而崩。人畏其神，百年而亡。人用其教，百年而移。故曰三百年。」神農氏衰，黄帝修德化民，諸侯歸之。黄帝於是乃擾馴猛獸，與神農氏戰於阪泉之野，三戰而克之。又征諸侯，使力牧、神皇直討蚩尤氏，擒之於涿鹿之野，使應龍殺之於凶黎之丘。凡五十二戰而天下大服。或傳以爲仙，或言壽三百歲。葬於上郡陽周之橋山。

居軒轅之丘，故因以爲號。治五氣，設五量。及神農氏衰，黄帝修德撫民，諸侯咸去神農而歸之。黄帝於是乃擾馴猛獸，與神農氏戰於阪泉之野，三戰而克之。又征諸侯，使力牧、神皇直討蚩尤氏，擒之於涿鹿之野，使應龍殺之於凶黎之丘。凡五十二戰而天下大服。

聲禁重聲，衣禁重衣，食禁重味，居禁重室。黄帝夢大風吹天下之塵垢皆去，又夢人執千鈞之弩驅羊數萬羣。帝寤而嘆曰：「風爲號令，執政者也。垢去土，后在也。天下豈有姓風名后者哉？夫千鈞之弩，異力也。驅羊數萬羣，能牧民爲善者也。天下豈有姓力名牧者哉？」於是依二古以求之，得風后於海隅，登以爲相。得力牧於大澤，進以爲將。

黄帝以風后配上臺，天老配中臺，五聖配下臺，謂之三公。其餘知天、規紀、地典、力牧、常先、封胡、孔甲等，或以爲師，或以爲將。

黄帝四史官：沮誦、倉頡、隸首、孔甲。

黄帝有熊氏命雷公、岐伯論經脈，旁通問難八十一，爲《難經》。教制九針，著《内外術經》十八卷。

岐伯，黄帝臣也。帝使岐伯嘗味草木，典主醫病，《經方》、《本草》、《素問》之書咸出焉。

黄帝五十年秋七月庚申，天大霧三日。帝遊洛水之上，見大魚，殺五牲以醮之，天乃甚雨，七日七夜，魚流，始得圖書，今《河圖視萌篇》是也。世傳大霧三日必有甚雨，自此始也。

凡重霧三日必大雨，雨未解，不可冒行。

黄帝四妃，生二十五子。元妃西陵氏女，曰螺祖，生昌意；次妃方雷氏女，曰女節，生青陽；次妃彤魚氏女，生夷鼓，一名蒼林；次妃嫫母，班有三人之下。

黄帝於東海流波山得奇獸，狀如牛，蒼身，無角，能走出入水中則風雨，光如日月，其音如雷，名曰夔。黄帝殺之，以其皮爲鼓，聲聞五百里。

黄帝服齋於中宫，坐於玄扈。洛上乃有大鳥，鷄頭、燕喙、龜頸、龍形、麟翼、魚尾，其狀如鶴，體備五色，三文成字，首文曰順德，背文曰信義，膺文曰仁智。不食生蟲，不履生草，或止帝之東園，或集阿閣。其飲食也，必自歌舞，音如簫笙。

黄帝時螾大如虹。

宓犧爲天子，都陳，在《禹貢》豫州之域。西望外方，東及明豬。於周，陳胡公所封，故《春秋傳》「陳，太昊之墟也」。於漢屬淮陽，今陳國是也。神農氏亦都陳，又營曲阜，故《春秋》稱「魯大庭氏之庫」。黄帝都涿鹿，於《周官》幽州之域，在漢爲上谷。而《世本》云「涿鹿在彭城」，今上谷有涿鹿縣及蚩尤城，阪泉地又有黄帝祠，皆黄帝戰蚩尤之處也。或曰：黄帝都有熊，今河南新鄭是也。

或言故有熊氏之墟，黄帝之所都也。鄭氏徙居之，故曰新鄭矣。

炎帝自陳營都於魯曲阜。黄帝自窮桑登帝位，後徙曲阜。顓頊始都窮桑，徙商丘。窮桑在魯北，或云窮桑即曲阜也。又爲大庭氏之故國，又是商奄之地。

黄帝生於壽丘，在魯城東門之北。居軒轅之丘，於《山海經》云「此地窮桑之際，西射之南」是也。

雜録

《漢書》卷二〇《古今人表》顔師古注引張晏曰　以土德王，故號曰黄帝。作軒冕之服，故謂之軒轅。

備録

《山海經》第一一《海内西經》　海内崑崙之虚，在西北，帝之下都。崑崙之虚，方八百里，高萬仞。上有木禾，長五尋，大五圍。面有九井，以玉爲檻。面有九門，門有開明獸守之，百神之所在。在八隅之巖，赤水之際，非仁羿莫能上岡之巖。

《山海經》第一四《大荒東經》　大荒東北隅中，有山名曰凶犂土丘。應龍處南極，殺蚩尤與夸父，不得復上。故下數旱，旱而爲應龍之狀，乃得大雨。

東海中有流波山，入海七千里。其上有獸，狀如牛，蒼身而無角，一足，出入水則必風雨，其光如日月，其聲如雷，其名曰夔。黄帝得之，以其皮爲鼓，橛以雷獸之骨，聲聞五百里，以威天下。

《山海經》第一七《大荒北經》 有係昆之山者，有共工之臺，射者不敢北鄉。有人衣青衣，名曰黄帝女魃。蚩尤作兵伐黄帝，黄帝乃令應龍攻之冀州之野。應龍畜水，蚩尤請風伯雨師，從大風雨。黄帝乃下天女曰魃，雨止，遂殺蚩尤。魃不得復上，所居不雨。叔均言之帝，後置之赤水之北。叔均乃爲田祖。魃時亡之。所欲逐之者，令曰：「神北行！」先除水道，決通溝瀆。

大荒之中，有山名曰融父山，順水入焉。有人名曰犬戎。黄帝生苗龍，苗龍生融吾，融吾生弄明，弄明生白犬，白犬有牝牡，是爲犬戎，肉食。有赤獸，馬狀無首，名曰戎宣王尸。

《山海經》第一八《海内經》 有九丘，以水絡之：名曰陶唐之丘、有叔得之丘、孟盈之丘、昆吾之丘、黑白之丘、赤望之丘、參衛之丘、武夫之丘、神民之丘。有木，青葉紫莖，玄華黄實，名曰建木，百仞無枝，有九欘，下有九枸，其實如麻，其葉如芒。大皞爰過，黄帝所爲。

《管子・地數》 黄帝問於伯高曰：「吾欲陶天下而以爲一家，爲之有道乎？」伯高對曰：「請刈其莞而樹之，吾謹逃其蚤牙，則天下可陶而爲一家。」黄帝曰：「此若言可得聞乎？」伯高對曰：「上有丹沙者，下有黄金。上有慈石者，下有銅金。上有陵石者，下有鉛錫赤銅。上有赭者，下有鐵。此山之見榮者也。苟山之見其榮者，君謹封而祭之，距封十里而爲一壇。是則使乘者下行，行者趨。若犯令者，罪死不赦。然則與折取之遠矣。」脩教十年，而葛盧之山發而出水，金從之，蚩尤受而制之，以爲劒鎧矛戟。是歲相兼者諸侯九。雍狐之山發而出水，金從之，蚩尤受而制之，以爲雍狐之戟芮戈，是歲相兼者諸侯十二。故天下之君頓戟壹怒，伏尸滿野，此見戈之本也。

《莊子・在宥》 黄帝立爲天子十九年，令行天下，聞廣成子在於空同之上，故往見之，曰：「我聞吾子達於至道，敢問至道之精。吾欲取天地之精，以佐五穀，以養民人；吾又欲官陰陽，以遂羣生。爲之奈何？」廣成子曰：「而所欲問者，物之質也；而所欲官者，物之殘也。自而治天下，雲氣不待族而雨，草木不待黄而落，日月之光益以荒矣。而佞人之心翦翦者，又奚足以語至道！」黄帝退，捐天下，築特室，席白茅，閒居三月，復往邀之。廣成子南首而卧，黄帝順下風膝行而進，再拜稽首而問曰：「聞吾子達於至道，敢問治身奈何而可以長久？」廣成子蹶然而起，曰：「善哉問乎！來！吾語女至道。至道之精，窈窈冥冥；至道之極，昏昏默默。無視無聽，抱神以静，形將自正。必静必清，無勞女形，無摇女精，乃可以長生。目無所見，耳無所聞，心無所知，女神將守形，形乃長生。慎女内，閉女外，多知爲敗。我爲女遂於大明之上矣，至彼至陽之原也；爲女入於窈冥之門矣，至彼至陰之原也。天地有官，陰陽有藏，慎守女身，物將自壯。我守其一，以處其和，故我修身千二百歲矣，吾形未嘗衰。」黄帝再拜稽首曰：「廣成子之謂天矣！」廣成子曰：「來！吾語女。彼其物無窮，而人皆以爲有終；彼其物無測，而人皆以爲有極。得吾道者，上爲皇而下爲王；失吾道者，上見光而下爲土。今夫百昌，皆生於土而反於土，故余將去女，入無窮之門，以遊無極之野。吾與日月參光，吾與天地爲常。當我，緍乎！遠我，昏乎！人其盡死，而我獨存乎！」

《莊子・天地》 黄帝遊乎赤水之北，登乎崑崙之丘而南望，還歸，遺其玄珠，使知索之而不得，使離朱索之而不得，使喫詬索之而不得也。乃使象罔，象罔得之。黄帝曰：「異哉！象罔乃可以得之乎？」

《莊子・天運》 北門成問於黄帝曰：「帝張《咸池》之樂於洞庭之野，吾始聞之懼，復聞之怠，卒聞之而惑，蕩蕩默默，乃不自得。」帝曰：「汝殆其然哉！吾奏之以人，徵之以天，行之以禮義，建之以太清。夫至樂者，先應之以人事，順之以天理，行之以五德，應之以自然，然後調理四時，太和萬物。四時迭起，萬物循生；一盛一衰，文武倫經；一清一濁，陰陽調和，流光其聲；蟄蟲始作，吾驚之以雷霆；其卒無尾，其始無首；一死一生，一僨一起；所常無窮，而一不可待。女故懼也。吾又奏之以陰陽之和，燭之以日月之明；其聲能短能長，能柔能剛；變化齊一，不主故常；在谷滿谷，在阬滿阬；塗郤守神，以物爲量。其聲揮綽，其名高明。是故鬼神守其幽，日月星辰行其紀。吾止之於有窮，流之於無止。予欲慮之而不能知也，望之而不能見也，逐之而不能及也，儻然立於四虚之道，倚於槁梧而吟。目知窮乎所欲見，力屈乎所欲逐，吾既不及已夫！形充空虚，乃至委蛇。汝委蛇，故怠。吾又奏之以無怠之聲，調之以自然之命，故若混逐叢生，林樂而無形；布揮而不曳，幽昏而無聲。動於無方，居於窈冥，或謂之死，或謂之生；或謂之實，或謂之榮；行流散徙，不主常聲。世疑之，稽於聖人。聖也者，達於情而遂於命也。天機不張而五官皆備，此之謂天樂，無言而心說。

故有焱氏爲之頌曰：『聽之不聞其聲，視之不見其形，充滿天地，苞裹六極。』汝欲聽之而無接焉，而故惑也。樂也者，始於懼，懼故祟；吾又次之以怠，怠故遁；卒之於惑，惑故愚；愚故道，道可載而與之俱也。」

《莊子·知北遊》 知北遊於玄水之上，登隱弅之丘，而適遭無爲謂焉。知謂無爲謂曰：「予欲有問乎若：何思何慮則知道？何處何服則安道？何從何道則得道？」三問而無爲謂不答也，非不答，不知答也。知不得問，反於白水之南，登狐闋之丘，而覩狂屈焉。知以之言也問乎狂屈。狂屈曰：「唉！予知之，將語若，中欲言而忘其所欲言。」知不得問，反於帝宫，見黄帝而問焉。黄帝曰：「無思無慮始知道，無處無服始安道，無從無道始得道。」知問黄帝曰：「我與若知之，彼與彼不知也，其孰是邪？」黄帝曰：「彼無爲謂真是也，狂屈似之，我與汝終不近也。夫知者不言，言者不知，故聖人行不言之教。道不可致，德不可至。仁可爲也，義可虧也，禮相僞也。故曰：『失道而後德，失德而後仁，失仁而後義，失義而後禮。禮者，道之華而亂之首也。』故曰：『爲道者日損，損之又損之，以至於無爲，無爲而無不爲也。』今已爲物也，欲復歸根，不亦難乎！其易也，其唯大人乎！生也死之徒，死也生之始，孰知其紀！人之生，氣之聚也，聚則爲生，散則爲死。若死生爲徒，吾又何患！故萬物一也，是其所美者爲神奇，其所惡者爲臭腐；臭腐復化爲神奇，神奇復化爲臭腐。故曰：『通天下一氣耳。』聖人故貴一。」知謂黄帝曰：「吾問無爲謂，無爲謂不應我，非不我應，不知應我也。吾問狂屈，狂屈中欲告我而不我告，非不我告，中欲告而忘之也。今予問乎若，若知之，奚故不近？」黄帝曰：「彼其真是也，以其不知也；此其似之也，以其忘之也；予與若終不近也，以其知之也。」狂屈聞之，以黄帝爲知言。

《莊子·徐無鬼》 黄帝將見大隗乎具茨之山，方明爲御，昌寓驂乘，張若、謵朋前馬，昆閽、滑稽後車。至於襄城之野，七聖皆迷，無所問塗。適遇牧馬童子，問塗焉，曰：「若知具茨之山乎？」曰：「然。」「若知大隗之所存乎？」曰：「然。」黄帝曰：「異哉小童！非徒知具茨之山，又知大隗之所存。請問爲天下。」小童曰：「夫爲天下者，亦若此而已矣，又奚事焉？予少而自遊於六合之内，予適有瞀病，有長者教予曰：『若乘日之車，而遊於襄城之野。』今予病少痊，予又且復遊於六合之外。夫爲天下，亦若此而已。予又奚事焉？」黄帝曰：「夫爲天下者，則誠非吾子之事。雖然，請問爲天下。」小童辭。黄帝又問。小童曰：「夫爲天下者，亦奚以異乎牧馬者哉？亦去其害馬者而已矣。」黄帝再拜稽首，稱天師而退。

《列子·黄帝》 黄帝即位十有五年，喜天下戴己，養正命，娱耳目，供鼻口，焦然肌色皯黣，昏然五情爽惑。又十有五年，憂天下之不治，竭聰明，進智力，營百姓，焦然肌色皯黣，昏然五情爽惑。黄帝乃喟然讚曰：「朕之過淫矣。養一己其患如此，治萬物其患如此。」於是放萬機，舍宫寢，去直侍，徹鐘懸，減厨膳，退而閒居大庭之館，齋心服形，三月不親政事。晝寢而夢，遊於華胥氏之國。華胥氏之國在弇州之西，台州之北，不知斯齊國幾千萬里；蓋非舟車足力之所及，神游而已。其國無師長，自然而已。其民無嗜慾，自然而已。不知樂生，不知惡死，故無夭殤；不知親己，不知疏物，故無愛憎；不知背逆，不知向順，故無利害：都無所愛惜，都無所畏忌。入水不溺，入火不熱。斫撻無傷痛，指擿無痟癢。乘空如履實，寢虚若處牀。雲霧不硋其視，雷霆不亂其聽，美惡不滑其心，山谷不躓其步，神行而已。黄帝既寤，怡然自得，召天老、力牧、太山稽，告之曰：「朕閒居三月，齋心服形，思有以養身治物之道，弗獲其術。疲而睡，所夢若此。今知至道不可以情求矣。朕知之矣！朕得之矣！而不能以告若矣。」又二十有八年，天下大治，幾若華胥氏之國，而帝登假。百姓號之，二百餘年不輟。

《吕氏春秋·孟春紀·去私》 黄帝言曰：「聲禁重，色禁重，衣禁重，香禁重，味禁重，室禁重。」

《吕氏春秋·仲夏紀·古樂》 昔黄帝令伶倫作爲律。伶倫自大夏之西，乃之阮隃之陰，取竹於嶰谿之谷，以生空竅厚鈞者，斷兩節間，其長三寸九分而吹之，以爲黄鐘之宫，吹曰「舍少」。次制十二筒，以之阮隃之下，聽鳳皇之鳴，以別十二律。其雄鳴爲六，雌鳴亦六，以比黄鐘之宫，適合。黄鐘之宫，皆可以生之，故曰黄鐘之宫，律吕之本。黄帝又命伶倫與榮將鑄十二鐘，以和五音，以施《英韶》，以仲春之月，乙卯之日，日在奎，始奏之，命之曰《咸池》。

賈誼《新書·脩政語上》 黄帝曰：「道若川谷之水，其出無已，其行無止。」故服人而不爲仇，分人而不讒者，其惟道矣。故播之於天下而不忘者，其惟道矣。是以道高比於天，道明比於日，道安比於山。故言之者見謂智，學之者見謂賢，守之者見謂信，樂之者見謂仁，行之者見謂聖人。故惟道不可竊也，不可以爲虚也。故黄帝職道義，經天地，紀人倫，序萬物，以信與仁爲天下先。然後濟東海，入江内取緑圖，西濟積石，涉流沙，登於崑崙。於是還居中國，以平天下。

天下太平，唯躬道而已。

帝顓頊曰：「至道不可過也，至義不可易也。」是故以後者復迹也。故上緣黃帝之道而行之，學黃帝之道而賞之，弗加弗損，天下亦平也。

《韓詩外傳》卷八　黃帝即位，施惠承天，一道脩德，惟仁是行，宇内和平，未見鳳凰，惟思其象。夙寐晨興，乃召天老而問之曰：「鳳象何如？」天老對曰：「夫鳳之象，鴻前而麟後，蛇頸而魚尾，龍文而龜身，燕頷而雞啄，戴德負仁，抱中挾義。小音金，大音鼓。延頸奮翼，五彩備明。舉動八風，氣應時雨。食有質，飲有儀。往即文始，來即嘉成。惟鳳爲能通天祉，應地靈，律五音，覽九德。天下有道，得鳳象之一，則鳳過之。得鳳象之二，則鳳翔之。得鳳象之三，則鳳集之。得鳳象之四，則鳳春秋下之。得鳳象之五，則鳳没身居之。」黃帝曰：「於戲，允哉！朕何敢與焉！」於是黃帝乃服黃衣，帶黃紳，戴黃冕，致齋于中宮。鳳乃蔽日而至。黃帝降于東階，西面，再拜稽首曰：「皇天降祉，敢不承命！」鳳乃止帝東園，集帝梧桐，食帝竹實，没身不去。《詩》曰：「鳳凰于飛，翽翽其羽，亦集爰止。」

《淮南子·覽冥訓》　昔者，黃帝治天下，而力牧、太山稽輔之，以治日月之行律，治陰陽之氣，節四時之度，正律曆之數，別男女，異雌雄，明上下，等貴賤，使强不掩弱，衆不暴寡，人民保命而不夭，歲時孰而不凶，百官正而無私，上下調而無尤，法令明而不闇，輔佐公而不阿，田者不侵畔，漁者不争隈，道不拾遺，市不豫賈，城郭不關，邑無盜賊，鄙旅之人相讓以財，狗彘吐菽粟於路而無忿争之心，於是日月精明，星辰不失其行，風雨時節，五穀登孰，虎狼不妄噬，鷙鳥不妄搏，鳳皇翔於庭，麒麟游於郊，青龍進駕，飛黃伏皁，諸北、儋耳之國莫不獻其貢職。然猶未及虙戲氏之道也。

《史記》卷一《五帝本紀》張守節正義　黃帝有熊國君，乃少典國君之次子，號曰有熊氏，又曰縉雲氏，又曰帝鴻氏，亦曰帝軒氏。母曰附寶，之祁野，見大電繞北斗樞星，感而懷孕，二十四月而生黃帝於壽丘。壽丘在魯東門之北，今在兖州曲阜縣東北六里。生日角龍顔，有景雲之瑞，以土德王，故曰黃帝。封泰山，禪亭亭。亭亭在牟陰。

葉適《習學記言序目》卷一九《史記一·本紀》　義黃爲文字之始，聖智之先，不獨學者言之，孔子蓋言之矣。至於簡棄鴻荒，斷自堯舜，則何必孔子，自舜禹以來固然也。何以知之？方禹、益、皋陶共明治道，祖述舊聞，其時去黃帝顓頊不遠，所稱道德廣大，皆獨曰堯舜，未有上及其先者。推群聖賢之心，豈夸禰而輕祖哉？故余以爲神靈不常，非人道之始，缺而不論，非掩之也。如遷所見《五帝德》、《帝繫姓》，雖曰起自黃帝，若夫稽古而陳之，君止堯、舜，臣止禹、皋陶，而義、農、后、牧之倫不預焉。遷未造古人之深旨，特於百家雜亂之中取其雅馴者而著之，然則《典謨》大訓徒雅而已乎？況黃帝、堯、舜之后既數千年，長老所言不可信，審矣。不擇義而務廣意，亦爲學之患也。孔子謂顔淵「行夏之時，乘殷之輅，服周之冕」，蓋爲邦之要略，漢儒之智未足以及此也。而遷紀夏商言「孔子正夏時」，又曰「殷路車爲善」，近是矣；至「文王三分天下有其二以服事殷，周之德其可謂至德也已矣」，則遷不能知，故曰「受命稱王，改法度，制正朔」。當以孔子爲正也。

梁玉繩《人表考》卷一《上上聖人·黃帝軒轅氏》　黃帝始見《易繫》、《魯語》上。軒轅始見《大戴禮記帝繫》、《五帝德》。三皇之三也。《書》序《釋文》。亦曰黃帝氏，《左》昭十七。亦曰帝軒，《後漢書·張衡傳》。亦曰黃軒，《後漢·文苑邊讓傳》、北齊劉晝《新論·審名》。亦曰軒黃，晉陶潛《靖節集·讀山海經》四、劉勰《文心雕龍·史傳贊》。亦曰軒皇，《路史·後記》五注。亦曰地皇，《三墳》。亦曰黃神，《淮南·覽冥》、本書《敘傳·幽通賦》、《路史·前紀》三注引《歸藏》。亦曰黃靈。《張衡傳》。名荼，亦曰軒，字玄律，《路史·後紀》五。又注云：荼，古舒字，或作余。《世本》、《淮南子》云：伯余作農。軒轅是古帝，黃帝惟名軒也。羅氏謂黃帝不名軒轅，《前紀》七辨之。然頗難信，古有軒轅氏，何妨黃帝亦號之？如神農號大庭，而古別有大庭氏矣。亦曰有熊氏，《白虎通·號章》、《易繫》疏引《世紀》，而《路史》注熊或作雄。《史·五帝紀》正義及《拾遺記》黃帝乃有熊國君，《路史》所謂自有熊啓胙是也。又《白虎通·號謚章》曰黃自然，餘姚盧學士文弨校本以自然爲有熊之譌，甚確。亦曰歸藏氏，《周禮》太卜注、《易正義論》。亦曰公孫，《五帝紀》。吳韋昭《魯語》及《晉語》四注云：黃帝，少典之裔子。則公孫者，公子之子稱公孫之謂也，《史》以爲姓，恐非。亦曰皇帝，《風俗通·聲音》。亦曰黃精之君，《月令》注。亦曰中央之帝。《淮南·天文》注。宋徽宗大觀三年以黃帝爲先師。《宋史·禮志》。姬姓，《晉語》。少典之子。《五帝德》、《帝繫》。少典取有蟜氏，《晉語》。名附寶，《易繫》、《書》序疏引《世紀》、《宋書·符瑞志》。《潛夫·五德志》附作符，《路史》寶作葆。《拾遺記》又作昊樞，當以感樞星故。感大電繞樞，《五德志》。孕二十五月，《符瑞志》。以戊己日《拾遺記》。生黃帝于天水。《水經·渭水注》酈云：皇甫謐曰：生壽丘，在魯東門北。未知孰是。弱而能言，《五帝德》。河目，《孔叢子·嘉言》。龍顔，《五德志》。脩髯花瘤，身逾九尺。《路史》。代炎帝氏，《五德志》。在位百年。《易》疏引《世紀》、《竹書紀年》，而《外

紀》或云百十年。年百十七，以八月既望甲戌日 一云戊午。崩。《路史》。都涿鹿。《五帝紀》，而《水經·渭水注》都陳倉，《路史》都彭城。葬橋山。《五帝紀》。傳十世二千五百二十歲。《禮·祭法》疏。案漢董仲舒《春秋繁露·三代改制》、《白虎通·謚章》、《論衡·道虚》、《獨斷》俱以黄帝爲謚，似未可憑。謚起于周，三皇時安得有之？以黄爲謚，猶以顓頊、嚳、堯、舜、禹、湯、桀、紂爲謚也。又鄭注《中候》、《書》序疏、《路史·後紀》六。杜注《左傳》，文十八。以帝鴻氏是黄帝。然表别列帝鴻，定係兩人。又《史·五帝紀》正義以黄帝號縉雲氏，但縉雲乃黄帝官名之一，《左傳》可證，文十八、昭十七。不得指爲黄帝，故二氏不録。

錢保塘《帝王世紀續補》 神農以上有大九州，柱州、迎州、神州之等。黄帝以來，德不及遠，惟於神州之内分爲九州。黄帝受命，風后受圖，割地布九州，置十二國。

黄帝因著《古夢經》十一卷。

昔蚩尤無道，黄帝討之於涿鹿之野。西王母遣道人以符授之，黄帝乃立請祈之壇，親自受符，視之，乃昔者夢中所見也。即於是日擒蚩尤。

黄帝損庖犧之瑟爲二十五弦，長七尺二寸。

黄帝使伶倫氏爲《渡漳之歌》。

黄帝始去皮服，爲上衣以象天，爲下裳以象地。

黄帝伐蚩尤，以其皮爲鼓，聲聞百里。

國安，其主好文則鳳凰翔。

神農氏衰，蚩尤氏叛，不用帝命。黄帝於是修德撫民，始垂衣裳，以班上下。刳木爲舟，剡木爲楫，舟楫之利，以濟不通。服牛乘馬，以引重致遠。重門擊柝，以待暴客。斷木爲杵，掘地爲臼，杵臼之用，以利萬人。弦木爲弧，剡木爲矢，弧矢之利，以威天下。諸侯咸叛神農而歸之。討蚩尤氏，擒之於涿鹿之野。諸侯有不服者，從而征之。凡五十二戰而天下大服。俯仰天地，置衆官，故以風后配上臺，天老配中臺，五聖配下臺，謂之三公。其餘地典、力牧、常先、大鴻等，或以爲師，或以爲將，分掌四方，各如己視，故號曰黄帝四目。又使岐伯嘗味草木，典醫疾，今《經方》、《本草》之書咸出焉。其史倉頡，又象鳥迹，始作文字。自黄帝以上，穴居而野處，死則厚衣以薪，葬之中野。結繩以治。及至黄帝，爲築宫室，上棟下宇，以待風雨。而易以棺椁，制以書契。百官以序，萬民以察。神而化之，使民不倦。後作《雲門》、《咸池》之樂，《周禮》所謂《大咸》者也。於是人事畢具。黄帝在位百年而崩，年百十一歲。或傳以爲仙，或言壽三百年，故宰我疑以問孔子，孔子曰：「民賴其利，百年而崩。民畏其神，百年而亡。民用其教，百年而移。故曰三百年。」

古有鄭國，黄帝之所都。

備論

《管子·輕重戊》 桓公問於管子曰：「輕重安施？」管子對曰：「自理國虙戲以來，未有不以輕重而能成其王者也。」公曰：「何謂？」管子對曰：「虙戲作，造六峜以迎陰陽，作九九之數以合天道，而天下化之。神農作，樹五穀淇山之陽，九州之民乃知穀食，而天下化之。黄帝作，鑽燧生火，以熟葷臊，民食之，無兹腤之病，而天下化之。黄帝之王，童山竭澤。有虞之王，燒曾藪，斬羣害，以爲民利，封土爲社，置木爲閭，始民知禮也。當是其時，民無慍惡不服，而天下化之。夏人之王，外鑿二十寅，韘十七湛，疏三江，鑿五湖，道四涇之水，以商九州之高，以治九藪，民乃知城郭門閭室屋之築，而天下化之。殷人之王，立帛牢，服牛馬以爲民利，而天下化之。周人之王，循六峜，合陰陽，而天下化之。」公曰：「然則當世之王者，何行而可？」管子對曰：「並用而毋俱盡也。」公曰：「何謂？」管子對曰：「帝王之道備矣，不可加也。公其行義而已矣。」公曰：「其行義奈何？」管子對曰：「天子幼弱，諸侯亢强，聘享不上。公其弱强繼絶，率諸侯以起周室之祀。」公曰：「善。」

《管子·任法》 黄帝之治天下也，其民不引而來，不推而往，不使而成，不禁而止。故黄帝之治也，置法而不變，使民安其法者也。

《管子·五行》 昔者黄帝得蚩尤而明於天道，得大常而察於地利，得奢龍而辯於東方，得祝融而辯於南方，得大封而辯於西方，得后土而辯於北方。黄帝得六相而天地治，神明至。蚩尤明乎天道，故使爲當時。大常察乎地利，故使爲廩者。奢龍辨乎東方，故使爲土師。祝融辨乎南方，故使爲司徒。大封辨於西方，故使爲司馬。后土辨乎北方，故使爲李。是故春者土師也，夏者司徒也，秋者司馬也，冬者李也。昔黄帝以其緩急作五聲，以政五鍾。令其五鍾：一曰青鍾，大音。二曰赤鍾，重心。三曰黄鍾，洒光。四曰景鍾，昧其明。五曰黑鍾，隱

其常。五聲既調，然後作立五行，以正天時，五官以正人位。人與天調，然後天地之美生。

《國語·魯語上》 黃帝能成命百物，以明民共財。

《大戴禮記·五帝德》 宰我問於孔子曰：「昔者予聞諸榮伊令，黃帝三百年。請問黃帝者人邪？抑非人邪？何以至於三百年乎？」

孔子曰：「予！禹、湯、文、武、成王、周公可勝觀也。夫黃帝尚矣，女何以爲？先生難言之。」

宰我曰：「上世之傳，隱微之説，卒業之辨，闇昏忽之意，非君子之道也，則予之問也固矣。」

孔子曰：「黃帝，少典之子也，曰軒轅。弱而能言，幼而慧齊，長而敦敏，成而聰明。治五氣，設五量，撫萬民，度四方，教熊羆貔豹虎，以與赤帝戰于版泉之野。三戰，然後得行其志。黼黻衣，大帶，黼裳，乘龍扆雲，以順天地之紀，幽明之故，死生之説，存亡之難。時播百穀草木，故教化淳鳥獸昆蟲，厤離日月星辰，極畋土石金玉，勞心力耳目，節用水火材物。生而民得其利百年，死而民畏其神百年，亡而民用其教百年，故曰三百年。」

賈誼《新書·益壤》 故皇帝者，炎帝之兄也。炎帝無道，黃帝伐之涿鹿之野，血流漂杵，誅炎帝而兼其地，天下乃治。

《史記》卷一三《三代世表序》 余讀諜記，黃帝以來皆有年數。稽其曆譜諜終始五德之傳，古文咸不同，乖異。夫子之弗論次其年月，豈虚哉！於是以《五帝繫諜》、《尚書》集世紀黃帝以來訖共和爲《世表》。

《史記》卷二八《封禪書》 公孫卿曰：「今年得寶鼎，其冬辛巳朔旦冬至，與黃帝時等。」卿有札書曰：「黃帝得寶鼎宛朐，問於鬼臾區。鬼臾區對曰：『（黃）帝得寶鼎神策，是歲己酉朔旦冬至，得天之紀，終而復始。』於是黃帝迎日推策，後率二十歲復朔旦冬至，凡二十推，三百八十年，黃帝僊登于天。」卿因所忠欲奏之。所忠視其書不經，疑其妄書，謝曰：「寶鼎事已決矣，尚何以爲！」卿因嬖人奏之。上大説，乃召問卿。對曰：「受此書申公，申公已死。」上曰：「申公何人也？」卿曰：「申公，齊人。與安期生通，受黃帝言，無書，獨有此鼎書。曰『漢興復當黃帝之時』。曰『漢之聖者在高祖之孫且曾孫也。寶鼎出而與神通，封禪。封禪七十二王，唯黃帝得上泰山封』。申公曰：『漢主亦當上封，上封則能僊登天矣。黃帝時萬諸侯，而神靈之封居七千。天下名山八，而三在蠻夷，五在中國。中國華山、首山、太室、泰山、東萊，此五山黃帝之所常游，與神會。黃帝且戰且學僊。患百姓非其道者，乃斷斬非鬼神者。百餘歲然後得與神通。黃帝郊雍上帝，宿三月。鬼臾區號大鴻，死葬雍，故鴻冢是也。其後黃帝接萬靈明廷。明廷者，甘泉也。所謂寒門者，谷口也。黃帝采首山銅，鑄鼎於荆山下。鼎既成，有龍垂胡頿下迎黃帝。黃帝上騎，羣臣後宮從上者七十餘人，龍乃上去。餘小臣不得上，乃悉持龍頿，龍頿拔，墮，墮黃帝之弓。百姓仰望黃帝既上天，乃抱其弓與胡頿號，故後世因名其處曰鼎湖，其弓曰烏號。』」

張華《博物志》卷八《史補》 黃帝登仙，其臣左徹者削木象黃帝，帥諸侯以朝之。七年不還，左徹乃立顓頊。左徹亦仙去也。

馬驌《繹史》卷五《黃帝紀論》 炎帝之末世，參盧是謂榆罔，政務束急，諸侯攜貳；蚩尤氏是始作亂，爲甲兵以暴虐天下，延及平民。寇賊姦宄，榆罔弗能正也，而益侵陵諸侯，諸侯皆畔，爰歸黃帝。黃帝，少典國君之子也，生而神靈，修德改政，習用干戈，戰炎帝于阪泉，禽蚩尤于涿鹿，四征弗庭，罔不率服，諸侯尊之，遂王天下。蓋自太古以來，以武功定天下，黃帝其首稱也。世之言黃帝，多怪誕不經，謂馴擾猛獸以戰炎帝。夫猛獸惡可馴邪？《書》曰：「如虎如貔，如熊如羆。」意或軍帥武勇之號，如後世之虎牙驍騎者，而《列子》以爲猛獸有人心，是妄也。言蚩尤者則曰銅頭鐵額，八肱八趾，興雲吐霧以迷軍士，天遣玄女與魃，始克制伏之。彼蚩尤，姜姓之諸侯，非異類也。亦惟恃其彊暴，乘炎帝之衰，阻兵稱亂，如後世之竊據僭號者，抑或詭異其名，以愚百姓，如後世之黃巾、赤眉，執左道以惑衆者。黃帝修德撫民，以仁易暴，湯武之事，足以徵矣，奚必徵召鬼神而後克濟哉？黃帝既有天下，設三公六相以爲輔，乃造律吕，正曆數，作舟車，通貨幣，制書契，奏《咸池》，文明大備，端冕垂裳，而天下治矣。享國百年而崩，百姓謳思，歷世猶不輟焉。逮秦、漢之際，方士者流，始託爲神仙之説，以蠱惑當世之人主，謂帝得祕文內訣，召致天神，徧歷名山，訪真證道，長生度世，騎龍上升，舉一切迂怪之談，悉附會之黃帝。故備論其事，俾讀史者知所去取焉。

藝文

《曹植集》卷一《黃帝贊》 少典之孫，神明聖哲。土德承火，赤帝是滅。服

牛乘馬，衣裳是制。雲氏名官，功冠五帝。

王嘉《拾遺記》卷一《軒轅黃帝》 軒轅出自有熊之國。母曰昊樞，以戊己之日生，故以土德稱王也。時有黃星之祥。考定曆紀，始造書契。服冕垂衣，故有袞龍之頌。變乘桴以造舟楫，水物爲之祥踊，滄海爲之恬波。泛河沉璧，有澤馬羣鳴，山車滿野。吹玉律，正璇衡。置四史以主圖籍，使九行之士以統萬國。九行者，孝、慈、文、信、言、忠、恭、勇、義。以觀天地，以祠萬靈，亦爲九德之臣。薰風至，真人集，乃厭世於昆臺之上，留其冠、劍、佩、舄焉。昆臺者，鼎湖之極峻處也，立館於其下。帝乘雲龍而遊，殊鄉絶域，至今望而祭焉。帝以神金鑄器，皆銘題。及昇遐後，羣臣觀其銘，皆上古之字，多磨滅缺落。凡所造建，咸刊記其年時，辭跡皆質。詔使百辟羣臣受德教者，先列珪玉於蘭蒲席上，燃沉榆之香，舂雜寶爲屑，以沉榆之膠和之爲泥，以塗地，分別尊卑華戎之位也。帝使風后負書，常伯荷劍，旦遊洹流，夕歸陰浦，行萬里而一息。洹流如沙塵，足踐則陷，其深難測。大風吹沙如霧，中多神龍魚鼈，皆能飛翔。有石葉青色，堅而甚輕，從風靡靡，覆其波上，一莖百葉，千年一花。其地一名「沙瀾」，言沙湧起而成波瀾也。仙人甯封食飛魚而死，二百年更生。故甯先生遊沙海七言頌云：「青葉灼爍千載舒，百齡暫死餌飛魚。」則此花此魚也。

庾信《庾子山集》卷一〇《黄帝見廣成子讚》 治身紫府，問政青丘。龍湖鼎没，丹竈珠流。疏雲即雨，落木先秋。至道須極，長生可求。

《全唐詩》卷四八九舒元輿《橋山懷古》 軒轅厭代千萬秋，渌波浩蕩東南流。今來古往無不死，獨有天地長悠悠。我乘驛騎到中部，古聞此地爲渠搜。橋山突兀在其左，荒榛交鎖寒風愁。神仙天下亦如此，況我蹙促同蜉蝣。誰言衣冠葬其下，不見弓劍何人收。哀喧叫笑牧童戲，陰天月落狐貍遊。却思皇墳立人極，車輪馬跡無不周。洞庭張樂降玄鶴，涿鹿大戰摧蚩尤。智勇神天不自大，風后力牧輪長籌。襄城迷路問童子，帝鄉歸去無人留。崆峒求道失遺跡，荆山鑄鼎餘荒丘。君不見黄龍飛去山下路，斷髯成草風颸颸。

《王十朋全集・詩集》卷一〇《詠史詩・黃帝》 百年功就蜕乾坤，鼎冷壺空跡尚存。別有慶源流不盡，皇朝葉葉是神孫。

炎帝部

綜述

《史記》卷一《五帝本紀》 軒轅之時，神農氏世衰。諸侯相侵伐，暴虐百姓，而神農氏弗能征。於是軒轅乃習用干戈，以征不享，諸侯咸來賓從。而蚩尤最爲暴，莫能伐。炎帝欲侵陵諸侯，諸侯咸歸軒轅。軒轅乃修德振兵，治五氣，蓺五種，撫萬民，度四方，教熊羆貔貅貙虎，以與炎帝戰於阪泉之野。三戰，然後得其志。蚩尤作亂，不用帝命。於是黄帝乃徵師諸侯，與蚩尤戰於涿鹿之野，遂禽殺蚩尤。而諸侯咸尊軒轅爲天子，代神農氏，是爲黄帝。

賈誼《新書・制不定》 炎帝者，黄帝同父母弟也，各有天下之半。黄帝行道，而炎帝不聽，故戰涿鹿之野，血流漂杵。夫地制不得，自黄帝而以困。

皇甫謐《帝王世紀》卷一 神農氏，姜姓也。母曰任姒，有喬氏之女，名女登，爲少典妃。游於華陽，有神農首感女登於尚羊，生炎帝，人身牛首，長於姜水，因以氏焉。有聖德，以火承木，位在南方，主夏，故謂之炎帝。都於陳，作五弦之琴。凡八世：帝承、帝臨、帝明、帝直、帝來、帝哀、帝榆罔。

炎帝神農，母曰任姒，有嶠氏女，名女登，少典妃。游華陽，有龍首感之，生神農於裳羊山。一曰：少典取莽水氏女，曰聽訞，生帝臨魁。

位南方主夏，故曰炎帝。作耒耜，始教民耕農。嘗別草木，令人食穀以代犧牲之命，故號神農，一號魁隗氏，是爲農皇。

炎帝初都陳，又徙魯。

魁隗氏又曰連山氏，又曰列山氏。

炎帝神農氏長於江水，始教天下耕種五穀而食之，以省殺生。嘗味草木，宣藥療疾，救夭傷人命。百姓日用而不知，著《本草》四卷。

神農氏本起於烈山，或時稱之。一號魁隗氏，是爲農皇。或曰：炎帝時，諸侯夙沙氏叛不用命，炎帝退而修德，夙沙之民自攻其君而歸炎帝。營都於魯，重八卦之數，究八八之體爲六十四卦。在位百二十年而崩，葬長沙。

在位百二十年而崩。至榆罔凡八世，合五百三十年。

炎帝戮蚩尤於中冀，名其地曰絶轡之野。

《漢書》卷二〇《古今人表》顔師古注引張晏曰 以火德王，故號曰炎帝。作耒耜，故曰神農。

雜録

備録

《文子・上義》 神農之法曰：「丈夫丁壯不耕，天下有受其饑者。婦人當年不織，天下有受其寒者。」故身親耕，妻親織，以爲天下先。其導民也，不貴難得之貨，不重無用之物。是故耕者不强，無以養生；織者不力，無以衣形。有餘不足，各歸其身。衣食饒裕，姦邪不生；安樂無事，天下和平。智者無所施其策，勇者無所錯其威。

《莊子・知北遊》 婀荷甘與神農同學於老龍吉。神農隱几闔户晝瞑，婀荷甘日中奓户而入，曰：「老龍死矣！」神農隱几擁杖而起，嚗然放杖而笑，曰：「天知予僻陋慢訑，故棄予而死。已矣！夫子無所發予之狂言而死矣夫！」弇堈弔聞之，曰：「夫體道者，天下之君子所繫焉。今於道，秋豪之端，萬分未得處一焉，而猶知藏其狂言而死，又況夫體道者乎！」

《山海經》第三《北山經》 又北二百里，曰發鳩之山，其上多柘木。有鳥焉，其狀如烏，文首、白喙、赤足，名曰精衛，其鳴自詨。是炎帝之少女名曰女娃。女娃游于東海，溺而不返，故爲精衛，常銜西山之木石，以堙于東海。

《山海經》第一八《海内經》 炎帝之孫伯陵，伯陵同吴權之妻阿女緣婦，緣婦孕三年，是生鼓、延、殳。始爲侯，鼓、延是始爲鍾，爲樂風。

《山海經》第一六《大荒西經》 有互人之國。炎帝之孫名曰靈恝，靈恝生互人，是能上下於天。

陸賈《新語・道基》 民人食肉飲血，衣皮毛；至於神農，以爲行蟲走獸，難以養民，乃求可食之物，嘗百草之實，察酸苦之味，教人食五穀。

干寶《搜神記》卷一《神農》 神農以赭鞭鞭百草，盡知其平毒寒温之性，臭味所主。以播百穀。故天下號神農也。

馬驌《繹史》卷四《炎帝紀》引《本草經》 神農稽首再拜問於太一小子曰：「鑿井出泉，五味煎煮，口別生熟，後乃食咀，男女異利，子識其父。曾聞太古之時，人壽過百，無殂落之咎，獨何氣使然邪？」太一小子曰：「天有九門，中道最良，日月行之，名曰國皇，字曰老人，出見南方，長生不死，衆耀同光。」神農乃從其嘗藥，以救人命。上藥一百二十種爲君，主養命以應天，無毒，多服久服不傷人，欲輕身益氣不老延年者，本上經。中藥一百二十種爲臣，主養性以應人，無毒有毒，斟酌其宜，欲遏病補虛羸者，本中經。下藥一百二十五種爲佐使，主治病以應地，多毒，不可久服，欲除寒熱邪氣破積聚愈病者，本下經。三品合三百六十五種，法三百六十五度，一度應一日，以成一歲。

馬驌《繹史》卷四《炎帝紀》引《三墳》 《人皇神農氏政典》《政典》曰：惟天生民，惟君奉天，惟食喪祭衣冠教化，一歸於政。皇曰：我惟生無德，咸若古政，嗟爾四方之君，有官有業，乃子乃父，乃兄乃弟，無亂於政。昔二君始王，未有書契，結繩而治，交易而生，亦惟歸政。昔在天皇，肇修文教，始畫八卦，明君臣民物陰陽兵象，以代結繩之政，出言惟辭，制器惟象，動作惟變，卜筮惟占。天皇氏歸氣，我惟代政，惟若古道以立政。皇曰：正天時，因地利，惟厚於民。民惟邦本，食惟民天。農不正，食不豐。民不正，業不專。惟民有數，惟食有節，惟農有教。林林生人，無亂政典。《政典》曰：君正一，道二三凶。臣正一，德有常吉。時正惟四，色正惟五，惟質惟良。病正四百四，藥正三百六十五，過數乃亂而昏而毒。道正常，過政反僻。刑正平，過政反私。禄正滿，過政反侈。禮正度，過政反僭。樂正和，過政反流。治正簡，過政反亂。喪正哀，過政反遊。干戈正亂，過政反危。市肆正貨，過政反邪。譏禁正非，過政失用。皇曰：嗟爾有官有業，乃子乃父，乃兄乃弟，咸若我辭，一歸於正。皇曰：君相信任惟正，相君俌位惟忠，相官統治惟公，官相代位惟勤，民官撫愛惟仁，官民事上惟業。父無不義，厥子惟孝，兄無不友，厥弟惟恭，夫不遊，妻不淫，師不怠，教不失。刑者，形也，形爾身。道者，導也，導爾志。禮者，制也，制爾情。樂者，和也，和爾聲。政者，正也，正其事。

梁玉繩《人表考》卷一《上上聖人・炎帝神農氏》 炎帝始見《月令》、《晉語》四，神農氏始見《易・繫辭》。炎帝身號，神農世號。《潛夫・五德志》。但《晉語》少典生黄帝、炎帝。《史・封禪書》神農封泰山，炎帝封泰山，則炎帝亦一代通號。三皇之二也。《書》序《釋文》。農又作莀，又作由。明方以智《通雅》二十。亦曰炎帝氏，《左》昭十七。亦曰有炎，《列子・説符》。亦曰農皇，亦曰地皇，《大傳略説》。亦曰人皇。《三墳》。名軌，亦曰石年，亦曰後帝皇君，《路史・後紀》三。亦曰赤精之君《月令》注。《路史》赤作炎。亦曰赤帝，《淮南・時則》。亦曰南方之帝，《淮南・天文》注。亦曰厲山氏，《禮・祭法》。亦曰烈山氏，《左》昭廿九、《魯語》上。《釋文》于《祭法》引《左》作列。亦曰麗山氏，《路史・國名紀》一。亦曰連山氏，唐孔穎達《易正義論》、《史・五帝紀》正義引《世紀》，而《周禮》太卜注以連山爲宓戲，非。亦曰伊耆氏，《禮・郊特牲》、《明堂位》，宋陳澔《禮記集説》本《郊特牲釋文》以爲堯也。亦曰大庭氏，《左》昭十八及《祭法》疏引《春秋命曆序》，而《路史・前紀》六辨大庭非神農。亦曰魁隗氏，《五德志》、《史・五帝紀》正義引《世紀》，而《隸釋・帝堯碑》作塊隗，《路史・前紀》四作魇傀，以爲古帝，非神農號。亦曰帝魁。《文選》漢張衡《東京賦》，《路史・後紀》四、六謂炎帝後有帝魁，黄帝後有帝魁，以《選》注魁，神農名爲妄。姜姓，《左》哀九、《晉語》。昔少典取于有蟜氏，《晉語》。名女登，《水經・渭水注》、《路史・後紀》三並作安登，《五德志》作姙姒，《易・繫》疏引《世紀》作任巳，《路史》注以爲非。蓋姙、任古通，姒古作㚼，因省作巳耳。疑任是有蟜諸侯之姓。《爾雅》：女子同出，謂先生爲姒。《世紀》言女登爲少典正妃，必長女也。姒者，對娣而言之。感神龍于華陽之常羊，《易》疏引《世紀》。生神農列山石室，三辰而能言，五日而能行，七朝而齒具，牛願龍顔，長八尺七寸。《路史》。繼無懷之後，《易》疏引《世紀》、《五德志》云代伏羲氏。在位百四十五祀，《路史》，而《易》疏及唐徐堅《初學記》九引《世紀》云百二十，《外紀》或云百四十。以丁亥日死，《路史》注。年百六十有八。《路史》。都陳。《水經・渠水注》。葬長沙茶陵。《宋史・禮志》八、《路史》。傳八代至帝榆罔亡，合五百二十歲。《易》疏引《世紀》、《祭法》疏引《命曆序》，而宋李昉等《太平御覽》七十八卷引《尸子》曰：神農七十世有天下。《路史・後紀》四載十六帝，各不同。至《呂覽・慎勢》言十七世，疑譌。《路史》引《呂》作七十世，可證也。

《漢書》卷二〇《古今人表》王先謙補注 《世經》引《易》曰「庖犧氏没，神農氏作，以火承木，故爲炎帝」。

備論

《淮南子・脩務訓》 古者，民茹草飲水，采樹木之實，食蠃蛖之肉，時多疾

病毒傷之害。於是神農乃始教民播種五穀，相土地宜，燥濕肥墝高下，嘗百草之滋味，水泉之甘苦，令民知所辟就。當此之時，一日而遇七十毒。

班固《白虎通義》卷二《號》 謂之神農何？古之人民，皆食禽獸肉。至於神農，人民衆多，禽獸不足。於是神農因天之時，分地之利，制耒耜，教民農作。神而化之，使民宜之，故謂之神農也。

馬驌《繹史》卷四《炎帝紀論》 稽古農皇，生而神異，少知稼穡，起自少典，乃登帝位。當其爲帝也，禪與代與，所不可知，至其功被生民，澤及萬世，迄于今，載在祀典，誠没世而不可泯也。民食肉衣毛，則有毒傷難給之害，爲之粒食以養之，揉鑿耒耜，利教農桑，夫耕婦織，則免於飢寒，而享豐年樂利之休矣。民有疾病夭札，而無以療之，則其生不遂，爲之鞭草嘗藥，察其平毒温寒之性，以爲醫方，則民無沴戾災疚，而登於仁壽之域矣。衣食備，而不通工易事，則未免於匱乏積滯之患，爲日中之市，聚其商賈，平其物價，交易而退，各得其所，則財貨通流，厚生利用，無不得其欲矣。當其時，補遂伐而武功昭，夙沙歸而文德著，法不煩而民服，形不勞而功成，風雨時節，五穀蕃登，政醇民樸，天地和同，化被四極，遐邇承風，一百四十年間，雖其政治不少概見，意必有所以不疾而速、無爲而成者；不然，三皇皆至德，而帝獨以神稱，何謂也哉！傳十有六帝，或曰八帝，或曰七十世，黄帝始起而代之，其後世則在顓頊時爲土正，堯時爲四岳，商爲阿衡，周爲太師。其分封則齊、吕、申、許、州、紀、路、洛，血食數千載不絶，猗與盛哉！神農之明德遠矣。

藝文

《曹植集》卷一《神農贊》 少典之胤，火德承木。造爲耒耜，導民播穀。正爲雅琴，以暢風俗。

王嘉《拾遺記》卷一《炎帝神農》 炎帝始教民耒耜，躬勤畎畝之事，百穀滋阜。聖德所感，無不著焉。神芝發其異色，靈苗擢其嘉穎，陸地丹蕖，駢生如蓋，香露滴瀝，下流成池，因爲豢龍之圃。朱草蔓衍於街衢，卿雲蔚藹於叢薄，築圓丘以祀朝日，飾瑶階以揖夜光。奏九天之和樂，百獸率舞，八音克諧，木石潤澤，時有流雲灑液，是謂「霞漿」，服之得道，後天而老。有石璘之玉，號曰「夜明」，以闇投水，浮而不滅。當斯之時，漸革庖犧之朴，辨文物之用。時有丹雀銜九穗禾，其墜地者，帝乃拾之，以植於田，食者老而不死。採峻鍰之銅以爲器。峻鍰，山名也。下有金井，白氣冠其上。人升於其間，雷霆之聲，在於地下。井中之金柔弱，可以緘縢也。

《全唐詩》卷三七王績《採藥》 野情貪藥餌，郊居倦蓬蓽。青龍護道符，白犬遊仙術。腰鎌戊己月，負鍤庚辛日。時時斷嶂遮，往往孤峯出。行披葛仙經，坐檢神農帙。龜蛇採二苓，赤白尋雙朮。地凍根難盡，叢枯苗易失。從容肉作名，薯蕷膏成質。家豐松葉酒，器貯參花蜜。且復歸去來，刀圭輔衰疾。

《全唐詩》卷五二宋之問（或陳潤）《藥》 有卉秘神仙，君臣有禮焉。忻當苦口喻，不畏入腸偏。扁鵲功成日，神農定品年。丹成如可待，雞犬自聞天。

《全唐詩》卷六〇李嶠《藤》 吐葉依松磴，舒苗長石臺。神農嘗藥罷，質子寄書來。色映蒲萄架，花分竹葉杯。金堤不見識，玉潤幾重開。

《沈佺期集》卷二《自樂昌溯流至白石嶺下行入郴州》 茲山界夷夏，天際横寥廓。太史漏登探，文命限開鑿。北流自南瀉，羣峰回衆壑。馳波如電騰，激石似雷落。崖留盤古樹，澗蓄神農藥。乳竇何淋漓，苔蘚更綵錯。娟娟潭裏虹，渺渺灘邊鶴。歲物應流火，天高雲初薄。金風吹綠梢，玉露洗紅籜。泝舟始興廨，登踐桂陽郭。匍匐緣修坂，穹窿曳長笮。礙林阻往來，遇堰每前却。救難不遑食，飯畢昏無託。濯谿寧足懼，磴道誰云惡。我行湍險多，山水皆不若。安能獨見聞，書此遺京洛。

《全唐詩》卷一二九崔興宗《和王維敕賜百官櫻桃》 未央朝謁正逶迤，天上櫻桃錫此時。朱實初傳九華殿，繁花舊雜萬年枝。未勝晏子江南橘，莫比潘家大谷梨。聞道令人好顔色，神農本草自應知。

李白《李太白全集》卷二五《題隨州紫陽先生壁》 神農好長生，風俗久已成。復聞紫陽客，早署丹臺名。喘息飡妙氣，《步虚》吟真聲。道與古仙合，心將元化并。樓疑出蓬海，鶴似飛玉京。松雪窗外曉，池水堦下明。忽耽笙歌樂，頗失軒冕情。終願惠金液，提攜凌太清。

《韋應物集》卷八《種藥》 好讀神農書，多識藥草名。持鎌購山客，移蒔羅衆英。不改幽澗色，宛如此地生。汲井既蒙澤，插楥亦扶傾。陰穎夕房斂，陽條夏花明。悦玩從茲始，日夕繞庭行。州民自寡訟，養閑非政成。

《杜詩詳注》卷二《陪鄭廣文遊何將軍山林十首其三》 萬里戎王子，何年別

月支。異花來絕域，滋蔓匝清池。漢使徒空到，神農竟不知。露翻兼雨打，開拆漸離披。

《杜詩詳注》卷一六《故著作郎貶台州司户滎陽鄭公虔》 鶢居至魯門，不識鐘鼓饗。孔翠望赤霄，愁思雕籠養。滎陽冠衆儒，早聞名公賞。地崇士大夫，況乃氣精爽。天然生知資，學立游夏上。神農或闕漏，黄石愧師長。藥纂西極名，兵流指諸掌。貫穿無遺恨，薈蕞何技癢。

《全唐詩》卷二四〇元結《豐年豐年，神農氏之樂歌也。其義蓋稱神農教人種植之功。凡二章，章四句。》 猗太帝兮，其智如神。分草實兮，濟我生人。猗太帝兮，其功如天。均四時兮，成我豐年。

《全唐詩》卷三八三張籍《臥疾》 身病多思慮，亦讀神農經。空堂留燈燭，四壁青熒熒。羈旅隨人歡，貧賤還自輕。今來問良醫，乃知病所生。僮僕各憂愁，杵臼無停聲。見我形顦顇，勸藥語丁寧。春雨枕席冷，窗前新禽鳴。開門起無力，遥愛雞犬行。服藥察耳目，漸如醉者醒。顧非達性命，猶爲憂患生。

《全唐詩》卷三八八盧仝《與馬異結交詩》 天地日月如等閒，盧仝四十無往還。唯有一片心脾骨，巉巖崒硉兀鬱律。刀劍爲峯崿，平地放著高如崑崙山。天不容，地不受，日月不敢偷照耀。神農畫八卦，鑿破天心胸。女媧本是伏羲婦，恐天怒，擣鍊五色石，引日月之針，五星之縷把天補。補了三日不肯歸壻家，走向日中放老鴉。月裏栽桂養蝦蟆，天公發怒化龍蛇。此龍此蛇得死病，神農合藥救死命。天怪神農黨龍蛇，罰神農爲牛頭，令載元氣車。不知藥中有毒藥，藥殺元氣天不覺。爾來天地不神聖，日月之光無正定。不知元氣元不死，忽聞空中唤馬異。馬異若不是祥瑞，空中敢道不容易。昨日仝不仝，異自異，是謂大仝而小異。今日仝自仝，異不異，是謂仝不往兮異不至，直當中兮動天地。白玉璞裏斲出相思心，黄金鑛裏鑄出相思淚。忽聞空中崩崖倒谷聲，絕勝明珠千萬斛，買得西施南威一雙婢。此婢嬌饒惱殺人，凝脂爲膚翡翠裙，唯解畫眉朱點唇。自從獲得君，敲金摐玉凌浮雲。卻返顧，一雙婢子何足云。平生結交若少人，憶君眼前如見君。青雲欲開白日没，天眼不見此奇骨。此骨縱横奇又奇，千歲萬歲枯松枝。半折半殘壓山谷，盤根蹙節成蛟螭。忽雷霹靂卒風暴雨撼不動，欲動不動千變萬化總是鱗皴皮。此奇怪物不可欺。盧仝見馬異文章，酌得馬異胸中事。風姿骨本恰如此，是不是，寄一字。

《王十朋全集·詩集》卷一〇《詠史詩·神農》 民食腥臊鳥獸同，那知土穀利無窮。後人只祀勾龍棄，誰念艱難起帝功。

堯部

綜述

《史記》卷一《五帝本紀》 帝嚳娶陳鋒氏女，生放勳。娶娵訾氏女，生摯。帝嚳崩，而摯代立。帝摯立，不善(崩)，而弟放勳立，是爲帝堯。

帝堯者，放勳。其仁如天，其知如神。就之如日，望之如雲。富而不驕，貴而不舒。黄收純衣，彤車乘白馬。能明馴德，以親九族。九族既睦，便章百姓。百姓昭明，合和萬國。

乃命羲、和，敬順昊天，數法日月星辰，敬授民時。分命羲仲，居郁夷，曰暘谷。敬道日出，便程東作。日中，星鳥，以殷中春。其民析，鳥獸字微。申命羲叔，居南交。便程南爲，敬致。日永，星火，以正中夏。其民因，鳥獸希革。申命和仲，居西土，曰昧谷。敬道日入，便程西成。夜中，星虚，以正中秋。其民夷易，鳥獸毛毨。申命和叔，居北方，曰幽都。便在伏物。日短，星昴，以正中冬。其民燠，鳥獸氄毛。歲三百六十六日，以閏月正四時。信飭百官，衆功皆興。

堯曰：「誰可順此事？」放齊曰：「嗣子丹朱開明。」堯曰：「吁！頑凶，不用。」堯又曰：「誰可者？」讙兜曰：「共工旁聚布功，可用。」堯曰：「共工善言，其用僻，似恭漫天，不可。」堯又曰：「嗟，四嶽，湯湯洪水滔天，浩浩懷山襄陵，下民其憂，有能使治者？」皆曰鯀可。堯曰：「鯀負命毁族，不可。」嶽曰：「异哉，試不可用而已。」堯於是聽嶽用鯀。九歲，功用不成。

堯曰：「嗟！四嶽：朕在位七十載，汝能庸命，踐朕位？」嶽應曰：「鄙悳忝帝位。」堯曰：「悉舉貴戚及疏遠隱匿者。」衆皆言於堯曰：「有矜在民間，曰虞舜。」堯曰：「然，朕聞之。其何如？」嶽曰：「盲者子。父頑，母嚚，弟傲，能和以孝，烝烝治，不至姦。」堯曰：「吾其試哉。」於是堯妻之二女，觀其德於二女。舜飭下二女於嬀汭，如婦禮。堯善之，乃使舜慎和五典，五典能從。乃徧入百官，百官時序。賓於四門，四門穆穆，諸侯遠方賓客皆敬。堯使舜入山林川澤，暴風雷雨，舜行不迷。堯以爲聖，召舜曰：「女謀事至而言可績，三年矣。女登帝位。」舜讓於德不懌。正月上日，舜受終於文祖。文祖者，堯大祖也。

於是帝堯老，命舜攝行天子之政，以觀天命。舜乃在璿璣玉衡，以齊七政。遂類于上帝，禋于六宗，望于山川，辯于羣神。揖五瑞，擇吉月日，見四嶽諸牧，班瑞。歲二月，東巡狩，至於岱宗，祡，望秩於山川。遂見東方君長，合時月正日，同律度量衡，脩五禮五玉三帛二生一死爲摯，如五器，卒乃復。五月，南巡狩；八月，西巡狩；十一月，北巡狩：皆如初。歸，至于祖禰廟，用特牛禮。五歲一巡狩，羣后四朝。徧告以言，明試以功，車服以庸。肇十有二州，決川。象以典刑，流宥五刑，鞭作官刑，扑作教刑，金作贖刑。眚烖過，赦；怙終賊，刑。欽哉，欽哉，惟刑之静哉！

讙兜進言共工，堯曰不可而試之工師，共工果淫辟。四嶽舉鯀治鴻水，堯以爲不可，嶽彊請試之，試之而無功，故百姓不便。三苗在江淮、荆州數爲亂。於是舜歸而言於帝，請流共工於幽陵，以變北狄；放驩兜於崇山，以變南蠻；遷三苗於三危，以變西戎；殛鯀於羽山，以變東夷：四辠而天下咸服。

堯立七十年得舜，二十年而老，令舜攝行天子之政，薦之於天。堯辟位凡二十八年而崩。百姓悲哀，如喪父母。三年，四方莫舉樂，以思堯。堯知子丹朱之不肖，不足授天下，於是乃權授舜。授舜，則天下得其利而丹朱病；授丹朱，則天下病而丹朱得其利。堯曰「終不以天下之病而利一人」，而卒授舜以天下。堯崩，三年之喪畢，舜讓辟丹朱於南河之南。諸侯朝覲者不之丹朱而之舜，獄訟者不之丹朱而之舜，謳歌者不謳歌丹朱而謳歌舜。舜曰「天也」，夫而後之中國踐天子位焉，是爲帝舜。

皇甫謐《帝王世紀》卷二 帝堯陶唐氏，伊祁姓也。母曰慶都，孕十四月而生堯於丹陵，名曰放勛。鳥庭荷勝，眉有八采，豐下鋭上。或從母姓伊耆氏。年十五而佐帝摯，受封於唐，爲諸侯。身長十尺。嘗夢攀天而上之，故年二十而登帝位。以火承木，都平陽。置敢諫之鼓，天下大和。命羲和四子羲仲、羲叔、和仲、和叔分掌四岳。諸侯有苗氏處南蠻而不服，堯征而克之於丹水之浦，乃以尹壽、許由爲師，命伯夔放山川溪谷之音，作樂《大章》。天下大和，百姓無事，有八十老人擊壤於道，觀者嘆曰：「大哉！帝之德也。」老人曰：「吾日出而作，日入而息，鑿井而飲，耕田而食，帝何力於我哉！」於是景星曜於天，甘露降於地，朱草生於郊，鳳皇止於庭，嘉禾孳於畝，醴泉湧於山。有焦僥氏來貢没羽。厨中自生肉脯，如翣形，摇鼓自生風，使食物寒而不臭，名曰翣脯。又有草夾階而生，隨

月生死，王者以是占日月之數，惟盛德之君應和而生，故堯有之，名曰蓂莢，一名曆莢。始封稷、契、咎、繇，褒進伯禹，納舜於大麓。後年二月，又率群臣刻璧爲書，東沉於洛，言天命當傳舜之意，今《中候運衡》之篇是也。舜攝政二十八年，堯與方回遊陽城而崩，《尚書》所謂「二十有八載，放勳乃殂落」是也。百姓如喪考妣，三載，四海遏密八音。凡堯即位九十八年。墨子以爲堯堂高三尺，土階三等。堯取散宜氏女，曰女皇，生丹朱。又有庶子九人，皆不肖，故以天下命舜。

凡堯在位九十八年，年百一十八歲乃殂。百姓如喪考妣，三載，四海遏密八音。葬於濟陰之成陽西北，是爲穀林。堯取富宜氏女曰女皇，生丹朱。又有庶子九人，皆不肖，故以天下命舜，曰：「咨，爾舜！天之歷數在爾躬。允執其中，四海困窮，天禄永終。」及堯三年喪畢，舜踐天子位。

堯初生時，其母在三河之南，寄於伊長孺之家，故從母居爲姓也。

堯流共工於幽州以竄北狄，遷三苗於三危以竄西戎，放驩兜於崇山以竄南蠻，殛鯀於羽山以竄東夷。

堯時有草夾階而生，每月朔日生一莢，至月半則生十五莢，至十六日後日落一莢，至月晦而盡。若月小，餘一莢厭而不落。王者以是占曆，唯盛德之君，應和氣而生。以爲堯瑞，名曰蓂莢，一名曆莢，一名瑞草。

堯以甲申歲生，甲辰即帝位，甲午征舜，甲寅舜代行天子事，辛巳崩。年百十八，在位九十八。

堯葬穀林，穀林即城陽。堯都平陽，於《詩》爲唐國。

堯葬濟陰成陽西北四十里，是爲穀林。墨子以爲堯堂高三尺，土階三等，北教八狄。道死，葬蛩山之陰。《山海經》曰：「堯葬狄山之陽，一名崇山。」二説各殊，以爲成陽近是堯冢也。

帝堯氏始封於唐，今中山唐縣是也，堯山在焉。唐水在西北，入唐河。南有望都縣，山即堯母慶都之所居也。相去五十里。都山一名豆山，北登堯山，南望都山，故名其縣曰望都。而《地理志》堯山在唐南山中，張晏以堯山實在唐北。《地理志》堯之都後徙涿鹿，《世本》云「在彭城南」，今上穀郡北自有彭城，非宋彭城也。後又徙晉陽，今太原縣是也。於《周禮》在并州之域。及爲天子，都平陽，《詩》於風爲唐國，武王子叔虞封焉，更名唐。故吴季札聞唐之歌曰「思深哉，其有陶唐氏之遺民乎」。

《漢書》卷二〇《古今人表》顔師古注引張晏曰 翼善傳聖曰堯。

劉恕《資治通鑑外紀》卷一《帝堯》 帝堯，帝嚳之子，年十五，長十尺，佐兄摯受封唐侯。姓伊祁，號陶唐氏，都平陽。尚白，薦玉以白繒，茅茨不翦，樸桷不斲，素題不枅，大路不畫，越席不緣，大羹不和，粢食不毇，藜藿之羹。飯於土簋，飲於土鉶，金銀珠玉不飾，錦繡文綺不展，奇怪異物不視，玩好之器不寶，淫泆之樂不聽，宫垣室屋不堊色。布衣掩形，鹿裘禦寒，衣履不敝盡不更爲也。不以私曲之故害耕稼之時。吏忠正奉法者，尊其位；廉貞平絜愛民者，厚其禄。民有孝慈力耕桑者，遣使表其閭。正法度，禁詐僞，存養孤寡，賑亡既之家。自奉甚薄，賦役甚寡，巡狩行教，周流五嶽。西教沃民，東至黑齒，存心於天下，加志於窮民。一民饑，則曰我饑之也；一人寒，則曰我寒之也；一民有罪，曰我陷之也。百姓戴之如日月，親之如父母。仁昭而義立，德博而化廣。故不賞而民勸，不罰而民治。先恕而後教，單均刑法以儀民。是時十日並出，焦禾稼，殺草木，而民無所食。猰貐、鑿齒、九嬰、大風、封豨、修蛇，皆爲民害。堯乃使羿誅鑿齒於疇華之野，殺九嬰於凶水之上，繳大風於青丘之澤。上射十日，下殺猰貐，斷修蛇於洞庭，禽封豨於桑林。萬民皆喜，天下廣狹、險易、遠近，始有道里。三苗復九黎之德，堯征而克之于丹水之浦，以服南蠻。育重黎之後，不忘舊者，使復典之，是爲羲氏、和氏。至于夏、商、周，重黎氏世叙天地，而別其分主。於是龍門未開，吕梁未發，河出孟門，江淮通流，四海溟涬，無有平原高阜，盡皆滅之，名曰鴻水。民上丘陵，赴樹木，陰多滯伏而湛積，水道壅塞，不行其原，民氣鬱閼而滯著，筋骨瑟縮而不達，堯作爲舞以宣導之。堯求能治水者，羣臣四岳皆曰鯀可。帝曰：方命圮族。岳曰：等之未有賢于鯀者，願帝試之。乃用鯀治水。鯀，顓頊五世孫，堯封爲崇伯。鯀生禹於石紐，長於西羌。長九尺二寸。堯娶散宜氏女曰女皇，生朱，不肖。堯在位七十年，求巽位，四岳薦舜。昔顓頊生窮蟬，窮蟬生敬康，敬康生句芒，句芒生蟜牛，蟜牛生瞽叟，瞽叟生舜於姚墟，姓姚。母死，後母生象。父母及象皆下愚不移。瞽叟愛後妻子，常欲殺舜。舜順事父母與弟，日以篤謹，出田則號泣。年五十，猶嬰兒慕，好學孝友，寬裕温良。耕於歷山，朞年而田者争處墝埆，以封壤肥饒相讓；漁於雷澤，漁者争處湍瀨，以曲隈深潭相予。陶於河濱，河濱器不苦窳，作什器於壽丘。就時於負夏，一年所居成聚，二年成邑，三年成都。二十以孝聞，三十堯聞其賢，徵之草茅之中，與之語禮樂而不逆，道廣大而不窮。堯妻二女以觀其內，任之百官以觀其外。封於虞，爲諸侯。昔高陽氏有才子八人，天下謂之八凱。高辛氏有才子八人，天下謂之八

元。世濟其美，堯不能舉舜，舉八凱主后土，八元布五教于四方。三載考績，堯知舜足授天下。以爲授舜則天下得其利，而丹朱病。授丹朱則天下病，而丹朱得其利。堯曰：終不以天下之病而利一人。卒授舜，使攝行天子事。舜受終于文祖。鯀播其淫心，稱遂共工之過，治水九年，鄣洪水而不息，功用不成。舜巡狩四岳，流共工，放驩兜，竄三苗，殛鯀，四罪而天下咸服。或云帝鴻氏、少皞氏、顓頊氏、縉雲氏，皆有不才子曰渾敦、窮奇、檮杌、饕餮，堯不能去，舜投諸四裔，以禦螭魅，即四罪也。帝乃舉禹，使續鯀之業。鯀殛于羽山以死。鯀作九仞之城，或云禹作城郭。【略】命夔效山林谿谷之音以歌，以麋輅置缶而鼓之，拊石擊石以象上帝玉磬之音，以致舞獸，拌五弦之瑟，爲十五弦，命曰《大章》，以祭上帝，而天下大和。堯有子十人，辟位二十八年，凡在位百年而崩。舜即天子位，葬穀林。

錢保塘《帝王世紀續補》 始堯在位五十年，登舜。二十年，始老，使攝政。二十八年而崩。即位九十八年，年一百一十八歲。

墨子以爲堯堂高三尺，土階三等，茅茨不翦，棌椽不斲。夏服葛衣，冬服鹿裘。

堯時日月如合璧。

雜録

備録

《尚書・堯典》 曰若稽古帝堯，曰放勳，欽明文思安安，允恭克讓，光被四表，格于上下。

克明俊德，以親九族；九族既睦，平章百姓；百姓昭明，協和萬邦；黎民於變時雍。

乃命羲和，欽若昊天，曆象日月星辰，敬授民時。

分命羲仲，宅嵎夷，曰暘谷，寅賓出日，平秩東作。日中，星鳥，以殷仲春。厥民析，鳥獸孳尾。

申命羲叔，宅南交，平秩南爲，敬致。日永，星火，以正仲夏。厥民因，鳥獸希革。

分命和仲，宅西，曰昧谷，寅餞納日，平秩西成。宵中，星虚，以殷仲秋。厥民夷，鳥獸毛毨。

申命和叔，宅朔方，曰幽都，平在朔易。日短，星昴，以正仲冬。厥民隩，鳥獸氄毛。

帝曰：「咨汝羲暨和，朞三百有六旬有六日，以閏月定四時成歲。」

帝曰：「咨！四岳，湯湯洪水方割，蕩蕩懷山襄陵，浩浩滔天，下民其咨，有能俾乂？」僉曰：「於！鯀哉。」帝曰：「吁！咈哉，方命圮族。」岳曰：「异哉！試可乃已。」帝曰：「往，欽哉！」九載，績用弗成。

帝曰：「咨！四岳，朕在位七十載，汝能庸命巽朕位。」岳曰：「否德忝帝位。」曰：「明明揚側陋。」師錫帝曰：「有鰥在下，曰虞舜。」帝曰：「俞！予聞，如何？」岳曰：「瞽子，父頑，母嚚，象傲；克諧以孝，烝烝乂，不格姦。」帝曰：「我其試哉！」

女于時，觀厥刑於二女，釐降二女于嬀汭，嬪于虞。

帝曰：「欽哉！」慎徽五典，五典克從。納于百揆，百揆時叙。賓于四門，四門穆穆。納于大麓，烈風雷雨弗迷。

帝曰：「格汝舜，詢事考言，乃言厎可績，三載。汝陟帝位。」

舜讓于德弗嗣，正月上日，受終于文祖。在璿璣玉衡，以齊七政。肆類于上帝，禋于六宗，望于山川，徧于群神。輯五瑞。既月乃日，覲四岳群牧，班瑞于群后。

歲二月，東巡守，至于岱宗，柴。望秩于山川，肆覲東后，協時月，正日，同律度量衡。修五禮、五玉、三帛、二生、一死贄。如五器，卒乃復。

五月，南巡守，至于南岳，如岱禮。

八月，西巡守，至于西岳，如初。

十有一月，朔巡守，至于北岳，如西禮。

歸格于藝祖，用特。

五載一巡守，群后四朝。敷奏以言，明試以功，車服以庸。

肇十有二州，封十有二山，浚川。

象以典刑，流宥五刑，鞭作官刑，扑作教刑，金作贖刑，眚災肆赦，怙終賊刑。

欽哉！欽哉！惟刑之恤哉！

流共工于幽洲，放驩兜于崇山，竄三苗于三危，殛鯀于羽山，四罪而天下咸服。

二十有八載，帝乃殂落，百姓如喪考妣。三載，四海遏密八音。月正元日，舜格于文祖，詢于四岳，闢四門，明四目，達四聰。咨十有二牧曰：「食哉惟時，柔遠能邇，惇德允元，而難任人，蠻夷率服。」

舜曰：「咨四岳，有能奮庸，熙帝之載，使宅百揆，亮采惠疇？」僉曰：「伯禹作司空。」帝曰：「俞！」咨禹：「汝平水土，惟時懋哉！」禹拜稽首，讓于稷契暨皋陶。帝曰：「俞！汝往哉！」

帝曰：「棄，黎民阻饑，汝后稷，播時百穀。」

帝曰：「契，百姓不親，五品不遜，汝作司徒，敬敷五教在寬。」

帝曰：「皋陶，蠻夷猾夏，寇賊姦宄，汝作士。五刑有服，五服三就；五流有宅，五宅三居。惟明克允。」

帝曰：「疇若予工？」僉曰：「垂哉！」帝曰：「俞！」咨垂：「汝共工。」垂拜稽首，讓于殳斨暨伯與。帝曰：「俞！往哉，汝諧。」

帝曰：「疇若予上下草木鳥獸？」僉曰：「益哉！」帝曰：「俞！」咨益：「汝作朕虞。」益拜稽首，讓于朱、虎、熊、羆。帝曰：「俞！往哉！汝諧。」

帝曰：「咨四岳，有能典朕三禮？」僉曰：「伯夷。」帝曰：「俞！」咨伯：「汝作秩宗，夙夜惟寅，直哉惟清。」伯拜稽首，讓于夔、龍。帝曰：「俞！往，欽哉！」

帝曰：「夔，命汝典樂，教胄子。直而温，寬而栗，剛而無虐，簡而無傲，詩言志，歌永言，聲依永，律和聲，八音克諧，無相奪倫，神人以和。」夔曰：「於！予擊石拊石，百獸率舞。」

帝曰：「龍，朕堲讒説殄行，震驚朕師，命汝作納言，夙夜出納朕命，惟允。」

帝曰：「咨汝二十有二人，欽哉！惟時亮天功。」三載考績，三考，黜陟幽明，庶績咸熙。

分北三苗。

舜生三十徵庸，三十在位，五十載，陟方乃死。

《管子・任法》 昔者堯之治天下也，猶埴之在埏也，唯陶之所以爲；猶金之在鑪，恣冶之所以鑄。其民引之而來，推之而往，使之而成，禁之而止。故堯之治也，善明法禁之令而已矣。

《大戴禮記・帝繫》 帝嚳卜其四妃之子，而皆有天下。上妃，有邰氏之女也，曰姜原氏，産后稷；次妃，有娀氏之女也，曰簡狄氏，産契；次妃曰陳隆氏，産帝堯；次妃曰陬訾氏，産帝摯。

帝堯娶于散宜氏之子，謂之女皇氏。

《大戴禮記・五帝德》 宰我曰：「請問帝堯。」

孔子曰：「高辛之子也，曰放勳。其仁如天，其知如神，就之如日，望之如雲。富而不驕，貴而不豫。黄黼黻衣，丹車白馬，伯夷主禮，龍、夔教舞，舉舜、彭祖而任之，四時先民治之。流共工於幽州，以變北狄；放驩兜于崇山，以變南蠻；殺三苗于三危，以變西戎；殛鯀于羽山，以變東夷。其言不貳，其行不回，四海之内，舟輿所至，莫不説夷。」

《孟子・告子下》 曹交問曰：「人皆可以爲堯舜，有諸？」

孟子曰：「然。【略】堯舜之道，孝弟而已矣。子服堯之服，誦堯之言，行堯之行，是堯而已矣。子服桀之服，誦桀之言，行桀之行，是桀而已矣。」

《莊子・逍遥遊》 堯讓天下於許由，曰：「日月出矣，而爝火不息，其於光也，不亦難乎！時雨降矣，而猶浸灌，其於澤也，不亦勞乎！夫子立而天下治，而我猶尸之，吾自視缺然，請致天下。」許由曰：「子治天下，天下既已治也。而我猶代子，吾將爲名乎？名者，實之賓也。吾將爲賓乎？鷦鷯巢於深林，不過一枝；偃鼠飲河，不過滿腹。歸休乎君！予無所用天下爲。庖人雖不治庖，尸祝不越樽俎而代之矣。」

《莊子・齊物論》 故昔者堯問於舜曰：「我欲伐宗、膾、胥敖，南面而不釋然。其故何也？」舜曰：「夫三子者猶存乎蓬艾之間。若不釋然，何哉？昔者十日並出，萬物皆照，而況德之進乎日者乎！」

《莊子・天地》 堯之師曰許由，許由之師曰齧缺，齧缺之師曰王倪，王倪之師曰被衣。堯問於許由曰：「齧缺可以配天乎？吾藉王倪以要之。」許由曰：「殆哉圾乎天下！齧缺之爲人也，聰明叡知，給數以敏，其性過人，而又乃以人受天。彼審乎禁過，而不知過之所由生。與之配天乎？彼且乘人而無天，方且本身而異形，方且尊知而火馳，方且爲緒使，方且爲物絯，方且四顧而物應，方且應衆宜，方且與物化而未始有恒。夫何足以配天乎？雖然，有族有祖，可以爲衆父，而不可以爲衆父父。治亂之率也，北面之禍也，南面之賊也。」

堯觀乎華。華封人曰：「嘻！聖人！請祝聖人：使聖人壽。」堯曰：「辭。」

「使聖人富。」堯曰：「辭。」「使聖人多男子。」堯曰：「辭。」封人曰：「壽、富、多男子，人之所欲也。女獨不欲，何邪？」堯曰：「多男子則多懼，富則多事，壽則多辱。是三者，非所以養德也，故辭。」封人曰：「始也我以女爲聖人邪，今然君子也。天生萬民，必授之職，多男子而授之職，則何懼之有！富而使人分之，則何事之有！夫聖人鶉居而鷇食，鳥行而無彰；天下有道則與物皆昌，天下無道則修德就閑；千歲厭世，去而上僊，乘彼白雲，至於帝鄉。三患莫至，身常無殃，則何辱之有！」封人去之，堯隨之，曰：「請問。」封人曰：「退已！」

《莊子·天道》 昔者舜問於堯曰：「天王之用心何如？」堯曰：「吾不敖無告，不廢窮民，苦死者，嘉孺子而哀婦人。此吾所以用心也。」舜曰：「美則美矣，而未大也。」堯曰：「然則何如？」舜曰：「天德而出寧，日月照而四時行，若晝夜之有經，雲行而雨施矣。」堯曰：「膠膠擾擾乎！子，天之合也；我，人之合也。」夫天地者，古之所大也，而黄帝、堯、舜之所共美也。故古之王天下者，奚爲哉？天地而已矣。

《莊子·徐無鬼》 齧缺遇許由，曰：「子將奚之？」曰：「將逃堯。」曰：「奚謂邪？」曰：「夫堯，畜畜然仁，吾恐其爲天下笑。後世其人與人相食與！夫民不難聚也，愛之則親，利之則至，譽之則勸，致其所惡則散。愛利出乎仁義，捐仁義者寡，利仁義者衆。夫仁義之行，唯且無誠，且假乎禽貪者器。是以一人之斷制利天下，譬之猶一覕也。夫堯知賢人之利天下也，而不知其賊天下也，夫唯外乎賢者知之矣。」

《莊子·讓王》 堯以天下讓許由，許由不受。又讓於子州支父，子州支父曰：「以我爲天子，猶之可也。雖然，我適有幽憂之病，方且治之，未暇治天下也。」夫天下至重也，而不以害其生，又況他物乎！唯無以天下爲者，可以託天下也。

《韓非子·外儲説右上》 堯欲傳天下於舜。鯀諫曰：「不祥哉！孰以天下而傳之於匹夫乎？」堯不聽，舉兵而誅殺鯀於羽山之郊。共工又諫曰：「孰以天下而傳之於匹夫乎？」堯不聽，又舉兵而誅共工於幽州之都。於是天下莫敢言無傳天下於舜。仲尼聞之曰：「堯之知，舜之賢，非其難者也。夫至乎誅諫者必傳之舜，乃其難也。」一曰：「不以其所疑敗其所察則難也。」

《吕氏春秋·仲夏紀·古樂》 帝堯立，乃命質爲樂。質乃效山林谿谷之音以歌，乃以麋鞈置缶而鼓之，乃拊石擊石，以象上帝玉磬之音，以致舞百獸。瞽叟乃拌五弦之瑟，作以爲十五弦之瑟，命之曰《大章》，以祭上帝。

《吕氏春秋·慎行論·求人》 昔者堯朝許由於沛澤之中，曰：「十日出而焦火不息，不亦勞乎？夫子爲天子，而天下已治矣，請屬天下於夫子。」許由辭曰：「爲天下之不治與？而既已治矣。自爲與？啁噍巢於林，不過一枝；偃鼠飲於河，不過滿腹。歸已君乎！惡用天下？」遂之箕山之下，潁水之陽，耕而食，終身無經天下之色。故賢主之於賢者也，物莫之妨，戚愛習故，不以害之，故賢者聚焉。賢者所聚，天地不壞，鬼神不害，人事不謀，此五常之本事也。

《吕氏春秋·慎大覽·下賢》 堯不以帝見善綣，北面而問焉。堯，天子也；善綣，布衣也。何故禮之若此其甚也？善綣得道之士也，得道之人不可驕也。堯論其德行達智而弗若，故北面而問焉，此之謂至公。非至公其孰能禮賢？

《吕氏春秋·恃君覽·長利》 堯治天下，伯成子高立爲諸侯。堯授舜，舜授禹，伯成子高辭諸侯而耕。禹往見之，則耕在野。禹趨就下風而問曰：「堯理天下，吾子立爲諸侯，今至於我而辭之，故何也？」伯成子高曰：「當堯之時，未賞而民勸，未罰而民畏，民不知怨，不知説，愉愉其如赤子。今賞罰甚數而民爭利且不服，德自此衰，利自此作，後世之亂自此始。夫子盍行乎，無慮吾農事。」協而耰，遂不顧。夫爲諸侯，名顯榮，實佚樂，繼嗣皆得其澤，伯成子高不待問而知之，然而辭爲諸侯者，以禁後世之亂也。

《吕氏春秋·恃君覽·行論》 堯以天下讓舜。鯀爲諸侯，怒於堯曰：「得天之道者爲帝，得地之道者爲三公。今我得地之道，而不以我爲三公。」以堯爲失論，欲得三公。怒甚猛獸，欲以爲亂。比獸之角，能以爲城；舉其尾，能以爲旌。召之不來，仿佯於野以患帝。舜於是殛之於羽山，副之以吴刀。禹不敢怨，而反事之，官爲司空，以通水潦，顔色黎黑，步不相過，竅氣不通，以中帝心。

《淮南子·本經訓》 逮至堯之時，十日並出，焦禾稼，殺草木，而民無所食。猰貐、鑿齒、九嬰、大風、封豨、脩蛇皆爲民害。堯乃使羿誅鑿齒於疇華之野，殺九嬰於凶水之上，繳大風於青丘之澤，上射十日而下殺猰貐，斷脩蛇於洞庭，禽封豨於桑林。萬民皆喜，置堯以爲天子。於是天下廣陝險易遠近始有道里。

袁康《越絶書》卷三《吴内傳》 堯有不慈之名。堯太子丹朱倨驕，懷禽獸之心，堯知不可用，退丹朱而以天下傳舜。此之謂堯有不慈之名。

劉晝《劉子·知人》 堯遭洪水，浩浩滔天，蕩蕩懷山，下民昏墊。禹爲匹

夫，未有功名，堯深知之，使治水焉。乃鑿龍門，斬荊山，導熊耳，通鳥鼠，櫛奔風，沐驟雨，面目黧黖，手足胼胝。冠掛不暇取，經門不及過，使百川東注於海，生民免爲魚鱉之患。於是衆人咸歌詠，始知其賢。

故見其朴而知其巧者，是王爾之知公輸也；鳳成而知其巧者，是衆人之知公輸也；未有功而知其賢者，是堯之知禹也；有功而知其賢者，是衆人之知禹也。故知人之難，未易遇也。

顧炎武《日知録》卷二二《堯冢靈臺》 《漢書·地理志》：「濟陰成陽有堯冢靈臺。」《後漢書·章帝紀》：「元和二年二月，東巡狩，使使者祠唐堯於成陽靈臺。」《安帝紀》：「延光三年二月庚寅，使使者祠唐堯於成陽。」《皇覽》云：「堯冢在濟陰成陽。」皇甫謐《帝王世紀》云：「堯葬濟陰成陽西北四十里，是爲穀林。」《水經注》：「城陽西二里有堯陵，陵南一里有堯母慶都陵，於城爲西南，稱曰靈臺。鄉曰崇仁，邑號修義，皆立廟，四周列水潭而不流。水澤通泉，泉不耗竭，至豐魚筍，不敢采捕。廟前並列數碑，栝柏成林。二陵南北列，馳道徑通，皆以磚砌之，尚修整。堯陵東城西五十餘步，中山夫人祠，堯妃也。石壁階墀仍舊，南、西、北三面長櫟聯蔭，扶疏里餘。中山夫人祠南有仲山甫冢，冢西有石廟，羊虎，破碎略盡。於城爲西南，在靈臺之東北。」《宋史》：「神宗熙寧元年七月己卯，知濮州韓鐸言：『堯陵在雷澤縣東穀林山，陵南有堯母慶都靈臺廟。請敕本州春秋致祭，置守陵五户，免其租，奉灑掃。』從之。」而《集古録》有漢堯祠及堯母祠碑，是廟與碑宋時猶在也。然開寶之詔，帝堯之祠乃在鄆州。意者自石晉開運之初，黄河決於曹、濮，堯陵爲水所浸，乃移之高地乎？而後代因之，不復考正矣。

舜「陟方乃死」，見於《書》。禹會諸侯於塗山，見於《傳》。惟堯不聞有巡狩之事。《墨子》曰：「堯北教乎八狄，道死，葬蛩山之陰。舜西教乎七戎，道死，葬南巳之市。禹東教乎九夷，道死，葬會稽之山。」此戰國時人之説也。自此以後，《吕氏春秋》則曰「堯葬於穀林」，太史公則曰「堯作遊成陽」，劉向則曰「堯葬濟陰」，《竹書紀年》則曰「帝堯八十九年作遊宫於陶，九十年帝遊居於陶，一百年帝陟於陶」。《説文》：「陶，再成丘也。在濟陰有堯城，堯嘗所居，故堯號陶唐氏。」而堯之冢始定於成陽矣。但堯都平陽，相去甚遠，耄期之年，禪位之後，豈復有巡遊之事哉？因堯假朱之説，並出於《竹書》，而鄄城之迹，亦復相近。《詩》、《書》所不載，千世之遠，其安能信之？

《山海經·海外南經》：「狄山，帝堯葬於陽。」注：「《吕氏春秋》曰：『堯葬穀林。』今成陽縣西，東阿縣城次鄉中，赭陽縣湘亭南，皆有堯冢。」

《臨汾縣志》曰：「堯陵在城東七十里，俗謂之神林。高一百五十尺，廣二百餘步，旁皆山石，惟此地爲平土，深丈餘。其廟正殿三間，廡十間。山後有河一道。有金泰和二年碑記。竊考舜陟方乃死，其陵在九疑；禹會諸侯於江南，計功而崩，其陵在會稽。惟堯之巡狩不見經傳，而此其國都之地，則此陵爲堯陵無疑也。」按志所論，似爲近理。但自漢以來，皆云堯葬濟陰成陽，未敢以後人之言爲信。

梁玉繩《人表考》卷一《上上聖人·帝堯陶唐氏》 帝堯始見《書·堯典》，陶唐始見《書·五子之歌》，陶唐氏始見《左》襄廿四。五帝之四也。《書》序《釋文》。亦曰唐侯，《堯典》孔傳，《論衡·吉驗》、《恢國》、《正説篇》，《竹書》，《史·五帝紀》索隱引漢衛宏説。亦曰唐帝，本書《律曆志》。亦曰帝唐，本書《揚雄傳》。亦曰伊唐，《文選》漢王延壽《魯靈光殿賦》。亦曰唐堯，《史·司馬相如傳》。亦曰伊堯，《潛大·五德志》、《隸釋·帝堯碑》。亦曰后帝，《左》昭元年，魏崔鴻《十六國春秋·後燕録》八引作後帝。亦曰君帝，《書·吕刑》孔傳，今本作皇帝。亦曰放勳，《堯典》，《孟子》，《大戴禮·五帝德》、《帝繫》，《五帝紀》。亦曰神宗，《書·大禹謨》宋蔡沈《集傳》以爲堯，《路史·後紀》十三注：一云堯也。亦曰赤帝。《路史·後紀》十一。母陳鋒氏女，《五帝紀》。曰慶都，感赤龍，《五德志》，《隸釋·帝堯碑》、《靈臺碑》。孕十四月而生堯于丹陵。《易·繫》疏引《世紀》、《宋書·符瑞志》。翼之星精，《公羊》宣三徐疏。身脩十尺，《孔叢·居衡篇》，《荀子·非相》云堯長。面鋭上豐下，《符瑞志》。眉八彩，《孔叢》及《淮南·脩務》、《白虎通·聖人章》、《五德志》、《論衡·骨相》，而《大傳略説》云：堯八眉，如八字。《路史·後紀》十一注以爲妄。參牟子，《荀子·非相》。髮長七尺二寸，《符瑞志》。戞勞瘦臞，《文子·自然》、《淮南·脩務》。形若臘。《論衡·道虚》、《語增》。代高辛氏，《五德志》。在位九十八年，《論衡·氣壽》、《易》疏、《史集解》引《世紀》，《竹書》作百年，非。年百十八。《世紀》，而《書》孔傳云百十七，疏謂六誤爲七也。始都太原晉陽，後遷河東平陽。鄭《唐風詩譜》。葬濟陰成陽穀林。本書《劉向傳》、《地理志》，《吕氏春秋·安死》，《水經·瓠子河注》云：墨子以爲堯葬蛩山之陰。《山海經》云：葬狄山之陽，一名崇山。二説各殊，成陽近是。案《史·集解》引韋昭曰：陶、唐皆國名，猶稱殷、商。《書·五子之歌》疏云：陶、唐二字，或共爲地名，未必如昭言。《左》襄廿四疏云：歷檢書傳，未聞堯居陶，而以陶冠唐，蓋地以二字爲名。考本書《地理志》中山唐縣注：應劭曰：故堯

國，唐水在西。張晏曰：堯爲唐侯國。于此未聞其地以二字名。而《續郡國志》曰：濟陰定陶，古陶，堯所居。《竹書》：堯八十九年作游宮于陶，九十年游居于陶。《史・貨殖傳》作游成陽，《地理志》同。則非共爲地名甚審。本書《高紀》注：晉臣瓚曰：堯初居唐，後居陶。師古曰：堯嘗居陶，後居于唐。《路史・後紀》十一云：受封于陶，改國于唐。説雖不同，可證堯合二地以爲有天下之號。至《高紀》注引漢荀悦曰：唐者，堯號，陶發聲，則妄已。又《五德志》及《帝堯碑》俱稱伊堯。《晉書・禮志》上言魏明帝景初元年，詔以舜妃爲伊氏。宋裴松之《三國・魏志》注同。是堯實姓伊。乃《易》疏引《世紀》，堯姓伊祈，《書》序《釋文》作伊耆，《史索隱》、《正義》作伊祁。故《禮・郊特牲》釋文有堯號伊耆氏之説。而《史正義》引《世紀》云祁姓，宋司馬光《稽古録》從之。《淮南・脩務》高注云：堯母寄伊長孺家。《索隱》引皇甫謐云：堯初生時，其母寄于伊長孺家，從母所居爲姓。《路史》謂堯姬姓，注以姓伊祈爲失，復辨《世紀》或説祁從母姓之誤。竊疑堯生于伊水之上，遂爲伊姓，猶伊尹之姓伊爾，不關母所居，亦非從母姓。而堯既姓伊，自不得爲祁矣。堯之後有祁姓，是其子孫所改，若劉氏然。《靈臺碑》謂堯母姓伊，尤誕，不足信。《路史・國名紀》一：炎帝後，姜姓，伊侯國。堯之母家自伊徙者，爰曰伊者。則伊是國名，非姓也。但《史》本《帝繫》言堯母陳鋒氏，不云伊侯女，《路史》恐亦難信。

備論

《論語・泰伯》　子曰：「大哉！堯之爲君也。巍巍乎唯天爲大，唯堯則之。蕩蕩乎民無能名焉。巍巍乎其有成功也。焕乎其有文章。」

《大戴禮記・少閒》　子曰：「昔堯取人以狀，舜取人以色，禹取人以言，湯取人以聲，文王取人以度。此四代五王之取人，以治天下如此。」

《墨子・節用中》　古者堯治天下，南撫交阯，北降幽都，東西至日所出入，莫不賓服，逮至其厚愛。黍稷不二，羹胾不重，飯於土塯，啜於土形，斗以酌。俛仰周旋威儀之禮，聖王弗爲。

《墨子・節葬下》　昔者堯北教乎八狄，道死，葬蛩山之陰。衣衾三領，穀木之棺，葛以緘之，既泖而後哭，滿埳無封。已葬，而牛馬乘之。

《孟子・滕文公上》　當堯之時，天下猶未平，洪水橫流，氾濫於天下，草木暢茂，禽獸繁殖，五穀不登，禽獸偪人，獸蹄鳥迹之道交於中國。堯獨憂之，舉舜而敷治焉。【略】

聖人之憂民如此，而暇耕乎？堯以不得舜爲己憂，舜以不得禹、皋陶爲己憂。夫以百畝之不易爲己憂者，農夫也。分人以財謂之惠，教人以善謂之忠，爲天下得人者謂之仁。是故以天下與人易，爲天下得人難。孔子曰：「大哉堯之爲君！惟天爲大，惟堯則之，蕩蕩乎民無能名焉！君哉舜也！巍巍乎！有天下而不與焉。」堯舜之治天下，豈無所用其心哉？亦不用於耕耳。

《孟子・離婁上》　孟子曰：「規矩，方員之至也。聖人，人倫之至也。欲爲君盡君道，欲爲臣盡臣道，二者皆法堯舜而已矣。不以舜之所以事堯事君，不敬其君者也。不以堯之所以治民治民，賊其民者也。孔子曰：『道二，仁與不仁而已矣。』暴其民，甚則身弑國亡，不甚則身危國削。名之曰幽、厲，雖孝子慈孫，百世不能改也。《詩》云：『殷鑒不遠，在夏后之世。』此之謂也。」

《孟子・萬章上》　萬章曰：「堯以天下與舜，有諸？」

孟子曰：「否。天子不能以天下與人。」

「然則舜有天下也，孰與之？」

曰：「天與之。」

「天與之者，諄諄然命之乎？」

曰：「否。天不言，以行與事示之而已矣。」

曰：「以行與事示之者，如之何？」

曰：「天子能薦人於天，不能使天與之天下；諸侯能薦人於天子，不能使天子與之諸侯；大夫能薦人於諸侯，不能使諸侯與之大夫。昔者堯薦舜於天而天受之，暴之於民而民受之，故曰天不言，以行與事示之而已矣。」

曰：「敢問薦之於天而天受之，暴之於民而民受之，如何？」

曰：「使之主祭而百神享之，是天受之。使之主事而事治，百姓安之，是民受之也。天與之，人與之，故曰天子不能以天下與人。舜相堯二十有八載，非人之所能爲也，天也。堯崩，三年之喪畢，舜避堯之子於南河之南，天下諸侯朝覲者不之堯之子而之舜，訟獄者不之堯之子而之舜，謳歌者不謳歌堯之子而謳歌舜，故曰天也。夫然後之中國，踐天子位焉。而居堯之宮，逼堯之子，是篡也，非天與也。《泰誓》曰：『天視自我民視，天聽自我民聽。』此之謂也。」

《孟子·萬章下》 堯之於舜也，使其子九男事之，二女女焉，百官牛羊倉廩備，以養舜於畎畝之中，後舉而加諸上位，故曰王公之尊賢者也。

《呂氏春秋·孟冬紀·安死》 堯葬於穀林，通樹之；舜葬於紀市，不變其肆；禹葬於會稽，不變人徒；是故先王以儉節葬死也，非愛其費也，非惡其勞也，以爲死者慮也。

劉向《説苑·君道》 當堯之時，舜爲司徒，契爲司馬，禹爲司空，后稷爲田疇，夔爲樂正，倕爲工師，伯夷爲秩宗，皋陶爲大理，益掌敺禽。堯體力便巧，不能爲一焉。堯爲君而九子爲臣，其故何也？堯知九職之事，使九子者各受其事，皆勝其任，以成九功，堯遂成厥功以王天下。是故知人者王道也，知事者臣道也。王道知人，臣道知事，毋亂舊法，而天下治矣。

《藝文類聚》卷二〇引漢孔融《聖人優劣論》 荀愔等以爲聖人俱受乾坤之醇靈，稟造化之和氣，該百行之高善，備九德之淑懿，極鴻源之深閏，窮品物之情類，曠蕩出於無外，沉微淪於無内。器不是周，不充聖極。荀以爲孔子稱大哉堯之爲君也，唯天爲大，唯堯則之，是爲覆蓋衆聖，最優之明文也。孔以堯作天子九十餘年，政化洽於民心，雅頌流於衆聽，是以聲德發聞，遂爲稱首。則《易》所謂聖人久於其道，而天下化成，百年然後勝殘去殺，必世而後仁者也。故曰：大哉堯之爲君也，堯之爲聖也，明其聖與諸聖同，但以人見稱爲君爾。

《蘇軾文集》卷六五《堯遜位於許由》 司馬遷曰：「夫學者載籍極博，尤考信於六藝。《詩》、《書》雖缺，然虞、夏之文可知也。堯將遜位於虞舜，舜、禹之間，岳牧咸薦，乃試之於位，典職數十年，功用既興，然後授政。示天下重器，王者大統，傳天下若斯之難也。而説者謂堯讓天下於許由，許由不受，恥之逃隱。及夏之時，有卞隨、務光者，此何以稱焉？」東坡先生曰：士有簞食豆羹見於色者，自吾觀之，亦不足信也。

《蘇軾文集》卷六五《堯不斥四凶》 《史記·舜本紀》：「舜歸而言於帝，請流共工於幽陵，以變北狄；放驩兜於崇山，以變南蠻；遷三苗於三危，以變西戎；殛鯀於羽山，以變東夷。」太史公多見先秦古書，故其言時有可考，以正自漢以來儒者之失。四族者，若皆窮姦極惡，則必見誅於堯之世，不待舜而後誅，明矣。屈原有云：「鯀悻直以忘身。」則鯀蓋剛而犯上者耳。若四族者，誠皆小人也，則安能用之以變四夷之俗哉！由此觀之，則四族之誅，皆非誅死，亦不廢棄，但遷之遠方爲要荒之君長耳。如《左氏》之所言，皆後世流傳之過。若堯之世有大姦在朝而不能去，則堯不足爲堯矣。

《胡宏集·皇王大紀論·帝堯知人》 某聞諸先君子曰：「知人之哲，無過於堯。」有言丹朱可登庸者，已知其嚚訟；有言共工若予采者，已知其象恭；有言伯鯀可治水者，已知其方命；有言舜可遜以位者，則曰俞聞之矣。妻舜以二女，觀其刑家，二女嬪虞，瞽瞍底豫而家齊。乃命以位，觀其治國，五典克從，百揆時叙，四門穆穆而國治。納於大麓，使大録萬幾之政，觀其平天下無烈風雷雨之迷。天地之和應而天下平，然後授以帝位。此事理之次，不可易者也。

司馬子長曰：「堯使舜入山林川澤，暴風雷雨，舜行不迷，堯以爲聖。」吁！安得此淺陋之言哉？夫處己之難，莫難於正心誠意；處物之難，莫難於齊家治國平天下。觀其家齊國治天下平，則知其意誠心正矣。意誠心正，與天地參，不可以有加矣，於是又使入山林川澤，豈所以試乎？且烈風雷雨非可期者也，設若不遇，堯將遂無以知其聖耶？此真齊東野人之語，而子長不察也。

孟子曰：「盡信《書》，則不如無《書》。」故君子於文詞有滯者，取其理與義可矣。

《朱子語類》卷二《理氣下·天地下》 堯都中原，風水極佳。左河東，太行諸山相遶，海島諸山亦皆相向。右河南遶，直至泰山湊海。第二重自蜀中出湖南，出廬山諸山。第三重自五嶺至明、越。又黑水之類，自北纏繞至南海。泉州常平司有一大圖，甚佳。

《朱子語類》卷三五《論語十七·泰伯篇》 「大哉堯之爲君」章

「惟天爲大，惟堯則之」，只是尊堯之詞，不必謂獨堯能如此，而他聖人不與也。淳。

「惟堯則之」二章。曰：「雖蕩蕩無能名也，亦有巍巍之成功可見，又有煥乎之文章可覩。」謨。

「大哉堯之爲君」，炎謂：「吴才老《書解》説驩兜、共工輩在堯朝，堯却能容得他，舜便容他不得，可見堯之大處，舜終是不若堯之大。」曰：「吴《解》亦自有説得好處。舜自側微而興，以至即帝位，此三四人終是有不服底意，舜只得行遣。故曰：『四罪而天下咸服。』」炎。

馬驌《繹史》卷九《陶唐紀論》 《書》曰：「欽若昊天，曆象日月星辰，敬授人時。」此堯之初政也。曆數之起尚矣，庖犧氏畫八卦以應氣候，炎帝分八節以紀農功，黄帝迎日推策、造律呂、作甲子、定閏餘，少昊命鳥師以司分至啓閉，顓頊

建孟春以爲曆元。及堯即位，懼前法之未備，歲久之差移也，始爲曆象之法，察日星，均四時，順民情，驗物理，而疇人分職之事，必諄切告誡之，可謂至慎至詳矣。且帝之所以首重其事者，何也？人君代天理民，非敬天無以圖治，非憲天無以出治，非奉天無以成治，帝惟以兢業欽若之心，懍乎居兆民之上，以天道爲君道。是以百工允釐，庶績咸熙，行之五十餘年，休祥並臻，童叟歌謠，治之極也。極治之後，會有一亂。顧帝以欽明之德，致時雍之化，亂胡由生？天降洪水，下民昏墊，胤子不肖，鯀績無成。凡此者，皆天也。而在朝舊臣不過共、驩之等夷，帝是以憂惶諮詢，務得可以巽位之聖人，然後明揚師錫，舉舜而薦之天焉。凡此者，亦皆天也。而説者曰，四凶在朝，堯不能去。元、愷在野，堯不能用。此非堯之不能也，當舜未登庸之時，共、驩諸臣，類有鳩功任事之才，凶蹟未著，聖人何爲無罪而行誅？抑帝所汲汲咨求者，得舜而授之以政。既得舜矣，考績黜陟之典，悉以委之，所去所舉，猶是以帝堯之心爲心，而堯何庸有事哉？惟時禹、皋、稷、契，咸奏碩功，元、愷之流，因才授職，罪人斯得，野無遺賢，於是舜之德莫非堯之德，羣下之功莫非堯之功矣。今之言至治者，必推唐、虞之際，而不知堯、舜之時，乃能轉亂以爲治，又能因亂以成治也。二十八載之後，堯之與天下，宜若相忘矣。一旦殂落，百姓如喪考妣，則堯之於百姓，與舜之所以事堯者，不概見哉！是以吾夫子上下千載，删《書》斷自帝堯，始而贊之曰：「惟天爲大，惟堯則之。巍巍乎其成功，焕乎其有文章。」「帝德廣運，乃聖乃神，乃武乃文」，言則天也。合和萬國，命官分職，地平天成，烝民乃粒，言成功也。制作明備，禮樂且舉，聲教四達，萬世作則，言文章也。用以德越前聖，道開百王，其稱大也宜哉！或曰堯讓天下於許由，許由不受，使堯無憂天下之心，以徒讓爲事，而後可善乎？太史公之言曰：「堯之於舜，岳牧咸薦，乃試之以位，典職數十年，傳天下若斯之難也。」讓由云乎哉？

藝文

《曹植集》卷一《帝堯贊》 火德統位，父則高辛。克平共工，萬國同塵。調適陰陽，其惠如春。巍巍成功，配天則神。

王嘉《拾遺記》卷一《唐堯》 帝堯在位，聖德光洽。河洛之濱，得玉版方尺，圖天地之形。又獲金璧之瑞，文字炳列，記天地造化之始。四凶既除，善人來服，分職設官，彝倫攸叙。乃命大禹，疏川瀦澤。有吴之鄉，有北之地，無有妖災。沉翔之類，自相馴擾。幽州之墟，羽山之北，有善鳴之禽，人面鳥喙，八翼一足，毛色如雉，行不踐地，名曰青鸐，其聲似鐘磬笙竽也。《世語》曰：「青鸐鳴，時太平。」故盛明之世，翔鳴藪澤，音中律吕，飛而不行。至禹平水土，棲於川岳，所集之地，必有聖人出焉。自上古鑄諸鼎器，皆圖像其形，銘讚至今不絶。

庾信《庾子山集》卷一〇《堯登壇受圖讚》 登壇洛汭，沉玉河湄。丹圖馭馬，緑甲乘龜。榮光上幕，休氣連帷。雖存克讓，於見文思。

《全唐詩》卷二四僧齊己《苦熱行》 離宫劃開赤帝怒，喝起六龍奔日馭。下土熬熬若煎煮，蒼生惶惶無處處。火雲峥嶸焚泬寥，東皋老農腸欲焦。何當一雨蘇我苗，爲君擊壤歌帝堯。

《全唐詩》卷五〇楊炯《和劉長史答十九兄》 帝堯平百姓，高祖宅三秦。子弟分河岳，衣冠動縉紳。盛名恒不隕，歷代幾相因。街巷塗山曲，門閭洛水濱。五龍金作友，一子玉爲人。寶劍豐城氣，明珠魏國珍。風標自落落，文質且彬彬。

《全唐詩》卷八七張説《奉和聖製過寧王宅應制》 進酒忘憂觀，簫韶喜降臨。帝堯敦族禮，王季友兄心。竹院龍鳴笛，梧宫鳳遶林。大風將小雅，一字盡千金。

《全唐詩》卷八七張説《扈從温泉宫獻詩》 温泉啓蟄氣氛氲，渭浦歸鴻日數羣。騎仗聯聯環北極，鳴笳步步引南熏。松間彩殿籠佳氣，山上朱旗繞瑞雲。不知遠夢華胥國，何如親奉帝堯君。

韓愈《韓昌黎詩系年》卷七《月蝕詩效玉川子作》 黄帝有四目，帝舜重其明。今天祇兩目，何故許食使偏盲？堯呼大水浸十日，不惜萬國赤子魚頭生。女於此時若食日，雖食八九無饞名。赤龍黑烏燒口熱，翎鬣倒側相搪撑。婪酣大肚遭一飽，飢腸徹死無由鳴。後時食月罪當死，天羅磕帀何處逃女刑？

《全唐詩》卷五六九李羣玉《龜》 静養千年壽，重泉自隱居。不應隨跛鼈，寧肯滯凡魚。靈腹唯玄露，芳巢必翠蕖。揚花輸蚌蛤，奔月恨蟾蜍。曳尾辭泥後，支牀得水初。冠山期不小，鑄印事寧虚。有志酬毛寶，無心畏豫且。他時清洛汭，會薦帝堯書。

《全唐詩》卷六〇九皮日休《奉和魯望讀陰符經見寄》 三百八十言，出自伊祁氏。上以生神仙，次云立仁義。玄機一以發，五賊紛然起。結爲日月精，融作天地髓。不測似陰陽，難名若神鬼。得之升高天，失之沈厚地。具茨雲木老，大塊煙霞委。自顓頊以降，賊爲聖人軌。堯乃一庶人，得之賊帝摯。摯見其德尊，脱身授其位。

《全唐詩》卷六五四羅鄴《曲江春望》 故國東歸澤國遥，曲江晴望憶漁樵。都緣北闕春先到，不是南山雪易消。瑞影玉樓開組繡，歡聲丹禁奏雲韶。雖然未得陪鴛鷺，亦酹金觴祝帝堯。

《全唐詩》卷七〇一王貞白《宮池産瑞蓮》 雨露及萬物，嘉祥有瑞蓮。香飄雞樹近，榮占鳳池先。聖日臨雙麗，恩波照並妍。願同指佞草，生向帝堯前。

《全唐詩》卷七七八蔡崑《善卷先生壇》 幾到壇邊登閣望，因思遺跡詠今朝。當時爲有重華出，不是先生傲帝堯。

《全唐詩》卷八二八貫休《堯銘》 金册昭昭，列聖孤標。仲尼有言，巍巍帝堯。承天眷命，罔厥矜驕。四德炎炎，階蓂不凋。永孚於休，垂衣飄飄。吾皇則之，小心翼翼。秉陽亭毒，不遑暇食。土階苔緑，茅茨雪滴。君既天賦，相亦天錫。德輶金鏡，以聖繼聖。漢高將將，太宗兵柄。吾皇則之，日新德盛。朽索六馬，罔墜厥命。熙熙蓼蕭，塊潤風調。舞擎干羽，囿入芻蕘。既玉其葉，亦金其枝。葉葉枝枝，百工允釐。享國如堯，不疑不疑。

《王十朋全集·詩集》卷一〇《詠史詩·唐堯》 仁德如天帝業隆，四凶不去付重瞳。當時黄屋如傳子，千古那知揖遜風。

舜部

綜述

《史記》卷一《五帝本紀》 虞舜者，名曰重華。重華父曰瞽叟，瞽叟父曰橋牛，橋牛父曰句望，句望父曰敬康，敬康父曰窮蟬，窮蟬父曰帝顓頊，顓頊父曰昌意：以至舜七世矣。自從窮蟬以至帝舜，皆微爲庶人。

舜父瞽叟盲，而舜母死，瞽叟更娶妻而生象，象傲。瞽叟愛後妻子，常欲殺舜，舜避逃；及有小過，則受罪。順事父及後母與弟，日以篤謹，匪有解。

舜，冀州之人也。舜耕歷山，漁雷澤，陶河濱，作什器於壽丘，就時於負夏。舜父瞽叟頑，母嚚，弟象傲，皆欲殺舜。舜順適不失子道，兄弟孝慈。欲殺，不可得；即求，嘗在側。

舜年二十以孝聞。三十而帝堯問可用者，四嶽咸薦虞舜，曰可。於是堯乃以二女妻舜以觀其内，使九男與處以觀其外。舜居嬀汭，内行彌謹。堯二女不敢以貴驕事舜親戚，甚有婦道。堯九男皆益篤。舜耕歷山，歷山之人皆讓畔；漁雷澤，雷澤上人皆讓居；陶河濱，河濱器皆不苦窳。一年而所居成聚，二年成邑，三年成都。堯乃賜舜絺衣，與琴，爲築倉廩，予牛羊。瞽叟尚復欲殺之，使舜上塗廩，瞽叟從下縱火焚廩。舜乃以兩笠自扞而下，去，得不死。後瞽叟又使舜穿井，舜穿井爲匿空旁出。舜既入深，瞽叟與象共下土實井，舜從匿空出，去。瞽叟、象喜，以舜爲已死。象曰：「本謀者象。」象與其父母分，於是曰：「舜妻堯二女與琴，象取之。牛羊倉廩予父母。」象乃止舜宫居，鼓其琴。舜往見之。象鄂不懌，曰：「我思舜正鬱陶！」舜曰：「然，爾其庶矣！」舜復事瞽叟愛弟彌謹。於是堯乃試舜五典百官，皆治。

昔高陽氏有才子八人，世得其利，謂之「八愷」。高辛氏有才子八人，世謂之「八元」。此十六族者，世濟其美，不隕其名。至於堯，堯未能舉。舜舉八愷，使主后土，以揆百事，莫不時序。舉八元，使布五教于四方，父義，母慈，兄友，弟恭，子孝，内平外成。

昔帝鴻氏有不才子，掩義隱賊，好行凶慝，天下謂之渾沌。少皞氏有不才子，毁信惡忠，崇飾惡言，天下謂之窮奇。顓頊氏有不才子，不可教訓，不知話言，天下謂之檮杌。此三族世憂之。至于堯，堯未能去。縉雲氏有不才子，貪于飲食，冒于貨賄，天下謂之饕餮。天下惡之，比之三凶。舜賓於四門，乃流四凶族，遷于四裔，以御螭魅，於是四門辟，言毋凶人也。

舜入于大麓，烈風雷雨不迷，堯乃知舜之足授天下。堯老，使舜攝行天子政，巡狩。舜得舉用事二十年，而堯使攝政。攝政八年而堯崩。三年喪畢，讓丹朱，天下歸舜。而禹、皋陶、契、后稷、伯夷、夔、龍、倕、益、彭祖自堯時而皆舉用，未有分職。於是舜乃至於文祖，謀于四嶽，辟四門，明通四方耳目，命十二牧論帝德，行厚德，遠佞人，則蠻夷率服。舜謂四嶽曰：「有能奮庸美堯之事者，使居官相事？」皆曰：「伯禹爲司空，可美帝功。」舜曰：「嗟，然！禹，汝平水土，維是勉哉。」禹拜稽首，讓於稷、契與皋陶。舜曰：「然，往矣。」舜曰：「弃，黎民始饑，汝后稷播時百穀。」舜曰：「契，百姓不親，五品不馴，汝爲司徒，而敬敷五教，在寬。」舜曰：「皋陶，蠻夷猾夏，寇賊姦軌，汝作士，五刑有服，五服三就；五流有度，五度三居：維明能信。」舜曰：「誰能馴予工？」皆曰垂可。於是以垂爲共工。舜曰：「誰能馴予上下草木鳥獸？」皆曰益可。於是以益爲朕虞。益拜稽首，讓于諸臣朱虎、熊羆。舜曰：「往矣，汝諧。」遂以朱虎、熊羆爲佐。舜曰：「嗟！四嶽，有能典朕三禮？」皆曰伯夷可。舜曰：「嗟！伯夷，以汝爲秩宗，夙夜維敬，直哉維静絜。」伯夷讓夔、龍。舜曰：「然。以夔爲典樂，教稺子，直而温，寬而栗，剛而毋虐，簡而毋傲；詩言意，歌長言，聲依永，律和聲，八音能諧，毋相奪倫，神人以和。」夔曰：「於！予擊石拊石，百獸率舞。」舜曰：「龍，朕畏忌讒説殄僞，振驚朕衆，命汝爲納言，夙夜出入朕命，惟信。」舜曰：「嗟！女二十有二人，敬哉，惟時相天事。」三歲一考功，三考絀陟，遠近衆功咸興。分北三苗。

此二十二人咸成厥功：皋陶爲大理，平，民各伏得其實；伯夷主禮，上下咸讓；垂主工師，百工致功；益主虞，山澤辟；弃主稷，百穀時茂；契主司徒，百姓親和；龍主賓客，遠人至；十二牧行而九州莫敢辟違；唯禹之功爲大，披九山，通九澤，決九河，定九州，各以其職來貢，不失厥宜。方五千里，至于荒服。南撫交阯、北發，西戎、析枝、渠廋、氐、羌，北山戎、發、息慎，東長、鳥夷，四海之内咸戴帝舜之功。於是禹乃興《九招》之樂，致異物，鳳皇來翔。天下明德皆自虞帝始。

舜年二十以孝聞，年三十堯舉之，年五十攝行天子事，年五十八堯崩，年六十一代堯踐帝位。踐帝位三十九年，南巡狩，崩於蒼梧之野。葬於江南九疑，是爲零陵。舜之踐帝位，載天子旗，往朝父瞽叟，夔夔唯謹，如子道。封弟象爲諸侯。舜子商均亦不肖，舜乃豫薦禹於天。十七年而崩。三年喪畢，禹亦乃讓舜子，如舜讓堯子。諸侯歸之，然後禹踐天子位。堯子丹朱，舜子商均，皆有疆土，以奉先祀。服其服，禮樂如之。以客見天子，天子弗臣，示不敢專也。

自黄帝至舜、禹，皆同姓而異其國號，以章明德。故黄帝爲有熊，帝顓頊爲高陽，帝嚳爲高辛，帝堯爲陶唐，帝舜爲有虞。帝禹爲夏后而别氏，姓姒氏。契爲商，姓子氏。弃爲周，姓姬氏。

皇甫謐《帝王世紀》卷二 舜，姚姓也，其先出自顓頊。顓頊生窮蟬，窮蟬有子曰敬康，敬康生勾芒，勾芒有子曰橋牛，橋牛生瞽瞍，妻曰握登，見大虹意感而生舜於姚墟，故姓姚。目重瞳，故名重華，字都君。龍顔大口，黑色，身長六尺一寸，有聖德。始遷於負夏，販於頓丘，債於傅虚。家本冀州，每徙則百姓歸之。其母早死，瞽瞍更娶，生象。象傲，而父頑母嚚，咸欲殺舜。舜能和諧，大杖則避，小杖則受。年二十，始以孝聞。堯以二女娥皇、女英妻之。見舜於貳宫，設饗禮，迭爲賓主。南面而問政，然後賜以絺衣琴瑟，築宫室，封之於虞。命爲司徒太尉，試以五典，有大功二十。夢眉長與髮等。堯乃賜舜以昭華之玉，老而命舜代己攝政。明年正月上日，始受終於文祖，以太尉行事。舜攝政二十八年而堯崩，三年喪畢，舜年八十一。以仲冬甲子，月次於畢，始即真。改正朔，以土承火，色尚黄，《尚書中候》所謂「建黄授正改朔」。乃詢四岳，闢四門，明四目，達四聰。東巡狩，登泰山，觀河渚，受圖書。褒賜群臣，尊任伯禹、稷、契、皋陶、伯益地。有苗氏負固不服，禹請征之，舜曰：「我德不厚而行武，非道。吾前教由未也。」乃修教。三年，執干戚而舞之，有苗請服。立誹謗之木，申命九官十二牧，及殳斨、朱虎、熊羆等二十五人。三載一考績，黜陟幽明。禹爲司空，功被天下。弃爲后稷，播時百穀。契爲司徒，敬敷五教。皋繇爲士，典刑惟明。倕爲共工，莫不致力。益爲朕虞，庶物繁植。伯夷爲秩宗，三禮不闕。夔爲樂正，神人以和。龍爲納言，出内惟允。於是俊乂在官，群後德讓，百僚師師。以五采章施於五色爲服，以六律五聲協治。治用之和，烝民乃粒。萬邦作乂，庶績咸熙。乃作大韶之樂，簫韶九成，鳳皇來儀，擊石拊石，百獸率舞。故孔子稱「韶盡美矣，又盡善也」。景星曜於房，群瑞畢臻，德被天下。初，舜既踐帝位，而父瞽瞍尚存，舜常戴天子車服而朝焉。天下大之，故曰大舜。都平陽，或云蒲坂潙汭。嬪於虞，故因號有虞氏。有二妃，元妃娥皇無子，次妃女英生商均，次妃登比氏生二女，宵明、燭光。有庶子八人皆不肖，故以天下禪禹。舜年八十一即真，八十三而薦禹，九十五而使禹攝政，攝五年有苗氏叛，南征，崩於鳴條，年百歲。

殯以瓦棺，葬蒼梧九疑山之陽。是爲零陵，謂之紀市。在今營道縣，下有群象爲之耕。

耕於歷山之陽，耕者讓畔。漁於雷澤，漁者讓淵。陶於河濱，陶者器不窳。鄭玄曰：「歷山在河東，今有舜井。」皇甫謐或言「今濟陰歷山是也。與雷澤相比」。

言陶於河濱，即《禹貢》所謂陶丘，今濟陰定陶之西南陶丘亭是也。

瞽瞍之妻曰握登，生舜於姚墟，故姓姚氏。堯求賢而四岳薦舜，堯乃命於順澤之陽。

漢中成固，姚墟在西北，有舜祠。

負夏，衛地。

嬀水在河東虞縣歷山西汭水涯也。猶洛汭、渭汭然也。

舜嬪於虞，虞城是也。亦謂吴城。《史記》秦昭王伐魏取吴城，即此城也。

長沙下雋羅有黄陵亭。

舜彈五弦琴，歌南風曰：「南風之薰兮，可以解吾人之愠兮。」

舜恭己無爲，歌南風之詩，詩曰：「南風之時兮，可以阜吾人之財兮。南風之薰兮，可以解吾人之愠兮。」

西王母慕舜德，來獻白環及玦，並貢益地圖。

舜所都也，或言蒲坂，或言平陽及潘者也。今城中有舜廟。

帝舜其所營都，或言蒲阪，即河東縣。

《漢書》卷二〇《古今人表》顔師古注引張晏曰 仁聖盛明曰舜，舜之言充也。

劉恕《資治通鑑外紀》卷一《帝舜》 帝舜即位之明年正月元日，格于文祖，元年戊申本處虞之嬀汭，天下號曰有虞氏。都蒲坂。皇甫謐曰：舜都或言蒲坂，或言平陽，或言潘。潘，今上谷也。尚赤。其社用土。封堯子朱處丹淵爲諸侯，以奉先

祀。服其服，禮樂如之，謂之虞賓。天子弗臣，示不敢專也。舜載天子旗，往朝瞽叟，夔夔惟謹，如子道，封弟象於有庳爲諸侯，不得有爲於其國。天子使吏治其民，而納其貢税，故謂之放。韓子曰：瞽叟爲父，而舜放之；象爲弟，而舜殺之。舜廣開視聽，求賢人以自輔，作五明扇，立誹謗木，恭己無爲。彈五弦之琴，歌南風之詩，曰：「南風之薰兮，可以解吾民之愠兮；南風之時兮，可以阜吾民之財兮。」帥象禹之功，度之于軌儀，莫非嘉績，克厭帝心，舜美禹能，以德修鯀之功，以爲司空，賜姓曰姒，封爲夏伯氏，曰有夏，謂之伯禹，天下宗之，謂之大禹。祚四嶽國，命以侯伯，賜姓曰姜氏，曰有吕，謂其能爲禹股肱心膂，以養物豐民人，封於申吕，即伯夷也。禹曰：非予能成，亦大費爲輔。舜曰：咨爾費，贊禹功。其賜爾皁，游爾後，嗣將大出，乃妻之姚姓之玉女皇甫謐曰：賜之玄玉，妻以姚姓之女。大費拜受。佐舜，能議百物，調馴鳥獸而知其言，是爲栢翳。舜賜姓嬴先顓頊之裔孫曰女脩，生子大業，大業取少典之子，曰女華，生大費，大費生子二人，一曰大廉，實鳥谷氏；二曰若木，實費氏。其子孫或在中國，或在夷狄。舜以樂教天下，重黎舉夔，舜以爲樂正，命延益八弦，爲二十三弦之瑟。夔修《九招》、《六列》、《六英》，以明帝德。於是正六律，和五聲，以通八風，而天下大服。重黎欲益求人，舜曰：樂天地之精，得失之節，夔能和之，以平天下，一而足矣。棄及契、益、伯夷，皆佐禹平水土有功，舜以棄爲后稷，契爲司徒，益作虞，伯夷作秩宗，臯陶作士，垂作共工，夔典樂教，胄子龍作納言。四岳、十二牧咸成厥功，唯禹之功爲大。四海之内，咸戴舜之明德。禹既興九韶之樂，致異物，天下宗禹之明。度數聲樂，爲山川神主。禹當朝廷嘗曰：吾不恐四海之士留於道路，恐其留吾門也。故士皆至舜。以契能和合五教，係于百姓，封於商，賜姓子；棄能播殖百穀蔬，以衣食民人，封於邰，賜姓姬；棄勤百穀而山死。初，舜娶堯二女，曰娥皇、女英。女英生商均，亦不肖。舜子九人，在位三十三載，命禹攝行天子事，正月朔旦，受命于神宗。帥百官若帝之初，於時俊乂、百工相和而歌卿雲，帝倡之曰：「卿雲爛兮，禮縵縵兮，日月光華，旦復旦兮。」人伯稽首曰：「明明上天，爛然星陳，日月光華，弘于一人。」帝乃再歌，擁旋持衡，枕首而笑曰：時哉！夫天下非一人之天下也。亦見乎鐘石竽瑟，乃及鳥獸，莫不闢情歸意焉。日月有常，星辰有行，四時順經，萬姓允誠，於予論樂，配天之靈，遷于賢聖，莫不咸聽，鼚乎鼓之，軒乎舞之，精華已竭，褰裳去之。有苗氏，左洞庭、右彭蠡，大山在其南北，因險而不服禹。欲伐之，舜不許，曰：吾德不厚而行武，非道也。乃諭教焉。三年，有苗氏請服，天下聞之，皆非禹而歸舜之德。禹攝政十七年，舜勤民事，南巡狩，崩於蒼梧之野。禹即天子位。

雜録

備録

《論語・顔淵》 子夏曰：「【略】舜有天下，選於衆，舉皋陶，不仁者遠矣。湯有天下，選於衆，舉伊尹，不仁者遠矣。」

《論語・堯曰》 堯曰：「咨！爾舜，天之曆數在爾躬，允執其中。四海困窮，天禄永終。」舜亦以命禹，曰：「予小子履敢用玄牡，敢昭告于皇皇后帝：有罪不敢赦。帝臣不蔽，簡在帝心。朕躬有罪，無以萬方；萬方有罪，罪在朕躬。」「雖有周親，不如仁人。百姓有過，在予一人。」謹權量，審法度，修廢官，四方之政行焉。興滅國，繼絶世，舉逸民，天下之民歸心焉。所重民食、喪、祭。寬則得衆，信則民任焉，敏則有功，公則説。

《大戴禮記・帝繫》 帝舜娶于帝堯之子，謂之女匽氏。

《禮記・樂記》 昔者舜作五弦之琴以歌南風，夔始制樂以賞諸侯。

《禮記・檀弓上》 舜葬於蒼梧之野，蓋三妃未之從也。季武子曰：「周公蓋祔。」

《山海經》卷一〇《海内南經》 蒼梧之山，帝舜葬于陽，帝丹朱葬于陰。

《山海經》第一五《大荒南經》 大荒之中，有不庭之山，榮水窮焉。有人三身，帝俊妻娥皇，生此三身之國，姚姓，黍食，使四鳥。有淵四方，四隅皆達，北屬黑水，南屬大荒，北旁名曰少和之淵，南旁名曰從淵，舜之所浴也。

《山海經》第一八《海内經》 南方蒼梧之丘，蒼梧之淵，其中有九嶷山，舜之所葬，在長沙零陵界中。

《孟子・公孫丑上》 孟子曰：「【略】大舜有大焉，善與人同，舍己從人，樂取於人以爲善。自耕稼陶漁以至爲帝，無非取於人者。取諸人以爲善，是與人爲善者也。故君子莫大乎與人爲善。」

《孟子・滕文公上》 舜使益掌火，益烈山澤而焚之，禽獸逃匿。

《孟子・離婁上》 孟子曰：「不孝有三，無後爲大。舜不告而娶，爲無後也，君子以爲猶告也。」

《孟子・萬章上》 萬章問曰：「舜往于田，號泣于旻天，何爲其號泣也？」

孟子曰：「怨慕也。」

萬章曰：「父母愛之，喜而不忘；父母惡之，勞而不怨。然則舜怨乎？」

曰：「長息問於公明高曰：『舜往于田，則吾既得聞命矣。號泣于旻天，于父母，則吾不知也。』公明高曰：『是非爾所知也。』夫公明高以孝子之心爲不若是恝。我竭力耕田，共爲子職而已矣。父母之不我愛，於我何哉！帝使其子九男二女，百官牛羊倉廩備，以事舜於畎畝之中。天下之士多就之者，帝將胥天下而遷之焉。爲不順於父母，如窮人無所歸。天下之士悅之，人之所欲也，而不足以解憂。好色，人之所欲，妻帝之二女，而不足以解憂。富，人之所欲，富有天下，而不足以解憂。貴，人之所欲，貴爲天子，而不足以解憂。人悅之、好色、富、貴，無足以解憂者，惟順於父母可以解憂。人少則慕父母，知好色則慕少艾，有妻子則慕妻子，仕則慕君，不得於君則熱中。大孝終身慕父母，五十而慕者，予於大舜見之矣。」

萬章問曰：「《詩》云：『娶妻如之何，必告父母。』信斯言也，宜莫如舜。舜之不告而娶，何也？」

孟子曰：「告則不得娶。男女居室，人之大倫也。如告則廢人之大倫，以懟父母，是以不告也。」

萬章曰：「舜之不告而娶，則吾既得聞命矣。帝之妻舜而不告，何也？」

曰：「帝亦知告焉則不得妻也。」

萬章曰：「父母使舜完廩，捐階，瞽瞍焚廩；使浚井，出，從而揜之。象曰：『謨蓋都君咸我績。牛羊父母，倉廩父母。干戈朕，琴朕，弤朕，二嫂使治朕棲。』象往入舜宮，舜在牀琴。象曰：『鬱陶思君爾。』忸怩。舜曰：『惟兹臣庶，汝其于予治。』不識舜不知象之將殺己與？」

曰：「奚而不知也？象憂亦憂，象喜亦喜。」

曰：「然則舜僞喜者與？」

曰：「否。昔者有饋生魚於鄭子產，子產使校人畜之池，校人烹之，反命曰：『始舍之，圉圉焉，少則洋洋焉，攸然而逝。』子產曰：『得其所哉，得其所哉！』校人出，曰：『孰謂子產智，予既烹而食之，曰得其所哉，得其所哉！』故君子可欺以其方，難罔以非其道。彼以愛兄之道來，故誠信而喜之，奚僞焉？」

萬章問曰：「象日以殺舜爲事，立爲天子則放之，何也？」

孟子曰：「封之也。或曰放焉。」

萬章曰：「舜流共工于幽州，放驩兜于崇山，殺三苗于三危，殛鯀于羽山，四罪而天下咸服，誅不仁也。象至不仁，封之有庳，有庳之人奚罪焉？仁人固如是乎？在他人則誅之，在弟則封之。」

曰：「仁人之於弟也，不藏怒焉，不宿怨焉，親愛之而已矣。親之欲其貴也，愛之欲其富也。封之有庳，富貴之也。身爲天子，弟爲匹夫，可謂親愛之乎？」

「敢問或曰放者，何謂也？」

曰：「象不得有爲於其國，天子使吏治其國，而納其貢稅焉，故謂之放。豈得暴彼民哉！雖然，欲常常而見之，故源源而來，不及貢，以政接于有庳，此之謂也。」

咸丘蒙問曰：「語云：『盛德之士，君不得而臣，父不得而子。』舜南面而立，堯帥諸侯北面而朝之，瞽瞍亦北面而朝之，舜見瞽瞍，其容有蹙。孔子曰：於斯時也，天下殆哉岌岌乎！』不識此語誠然乎哉？」

孟子曰：「否。此非君子之言，齊東野人之語也。堯老而舜攝也。《舜典》曰：『二十有八載，放勳乃徂落，百姓如喪考妣，三年，四海遏密八音。』孔子曰：『天無二日，民無二王。』舜既爲天子矣，又帥天下諸侯以爲堯三年喪，是二天子矣。」

咸丘蒙曰：「舜之不臣堯，則吾既得聞命矣。《詩》云：『普天之下，莫非王土；率土之濱，莫非王臣。』而舜既爲天子矣，敢問瞽瞍之非臣如何？」

曰：「是詩也，非是之謂也。勞於王事，而不得養父母也。曰此莫非王事，我獨賢勞也。故說詩者，不以文害辭，不以辭害志，以意逆志，是爲得之。如以辭而已矣，《雲漢》之詩曰：『周餘黎民，靡有孑遺。』信斯言也，是周無遺民也。孝子之至，莫大乎尊親；尊親之至，莫大乎以天下養。爲天子父，尊之至也。以天下養，養之至也。《詩》曰：『永言孝思，孝思惟則。』此之謂也。《書》曰：『祇

載見瞽瞍，夔夔齋栗，瞽瞍亦允若。』是爲父不得而子也。」

《孟子・盡心上》　孟子曰：「舜之居深山之中，與木石居，與鹿豕遊，其所以異於深山之野人者，幾希！及其聞一善言，見一善行，若決江河，沛然莫之能禦也。」

桃應問曰：「舜爲天子，皋陶爲士，瞽瞍殺人，則如之何？」

孟子曰：「執之而已矣。」

「然則舜不禁與？」

曰：「夫舜惡得而禁之？夫有所受之也。」

「然則舜如之何？」

曰：「舜視棄天下猶棄敝蹝也。竊負而逃，遵海濱而處，終身訢然，樂而忘天下。」

《孟子・盡心下》　孟子曰：「舜之飯糗茹草也，若將終身焉。及其爲天子也，被袗衣，鼓琴，二女果，若固有之。」

《莊子・讓王》　舜以天下讓其友北人無擇，北人無擇曰：「異哉！后之爲人也，居於畎畝之中，而遊堯之門。不若是而已，又欲以其辱行漫我。吾羞見之。」因自投清泠之淵。

《墨子・節葬下》　舜西教乎七戎，道死，葬南己之市。衣衾三領，穀木之棺，葛以緘之。已葬，而市人乘之。

《荀子・性惡》　堯問於舜曰：「人情何如？」舜對曰：「人情甚不美，又何問焉？妻子具而孝衰於親，嗜欲得而信衰於友，爵禄盈而忠衰於君。人之情乎！人之情乎！甚不美，又何問焉？」唯賢者爲不然。

《荀子・堯問》　堯問於舜曰：「我欲致天下，爲之奈何？」對曰：「執一無失，行微無怠，忠信無勌，而天下自來。執一如天地，行微如日月，忠誠盛於内，賁於外，形於四海。天下其在一隅邪！夫有何足致也？」

《韓非子・難一》　歷山之農者侵畔，舜往耕焉，朞年，甽畝正。河濱之漁者争坻，舜往漁焉，朞年而讓長。東夷之陶者器苦窳，舜往陶焉，朞年而器牢。仲尼歎曰：「耕、漁與陶，非舜官也，而舜往爲之者，所以救敗也。舜其信仁乎，乃躬藉處苦而民從之。故曰：聖人之德化乎！」

或問儒者曰：「方此時也，堯安在？」其人曰：「堯爲天子。」「然則仲尼之聖堯，奈何」？聖人明察在上位，將使天下無姦也。今耕漁不争，陶器不窳，舜又何德而化？舜之救敗也，則是堯有失也。賢舜則去堯之明察，聖堯則去舜之德化，不可兩得也。楚人有鬻楯與矛者，譽之曰：「吾楯之堅，物莫能陷也。」又譽其矛曰：「吾矛之利，於物無不陷也。」或曰：「以子之矛陷子之楯，何如？」其人弗能應也。夫不可陷之楯與無不陷之矛，不可同世而立。今堯、舜之不可兩譽，矛楯之説也。且舜救敗，朞年已一過，三年已三過。舜有盡，壽有盡，天下過無已者。以有盡逐無已，所止者寡矣。賞罰使天下必行之，令曰：「中程者賞，弗中程者誅。」令朝至暮變，暮至朝變，十日而海内畢矣，奚待朞年？舜猶不以此説堯令從己，乃躬親，不亦無術乎？且夫以身爲苦而後化民者，堯、舜之所難也；處勢而驕下者，庸主之所易也。將治天下，釋庸主之所易，道堯、舜之所難，未可與爲政也。

《韓非子・外儲説右上》　堯欲傳天下於舜，鯀諫曰：「不祥哉！孰以天下而傳之於匹夫乎？」堯不聽，舉兵而誅殺鯀於羽山之郊。共工又諫曰：「孰以天下而傳之於匹夫乎？」堯不聽，又舉兵而流共工於幽州之都。於是天下莫敢言無傳天下於舜。仲尼聞之曰：「堯之知舜之賢，非其難者也。夫至乎誅諫者，必傳之舜，乃其難也。」一曰：「不以其所疑敗其所察則難也。」

《吕氏春秋・恃君覽・行論》　堯以天下讓舜。鯀爲諸侯，怒於堯曰：「得天之道者爲帝，得地之道者爲三公。今我得地之道，而不以我爲三公。」以堯爲失論，欲得三公。怒甚猛獸，欲以爲亂。比獸之角，能以爲城；舉其尾，能以爲旌。召之不來，仿佯於野以患帝。舜於是殛之於羽山，副之以吴刀。禹不敢怨，而反事之，官爲司空，以通水潦，顔色黎黑，步不相過，竅氣不通，以中帝心。

《吕氏春秋・似順論・有度》　客有問季子曰：「奚以知舜之能也？」季子曰：「堯固已治天下矣，舜言治天下而合己之符，是以知其能也。」「若雖知之，奚道知其不爲私？」季子曰：「諸能治天下者，固必通乎性命之情者，當無私矣。夏不衣裘，非愛裘也，暖有餘也。冬不用翣，非愛翣也，清有餘也。聖人之不爲私也，非愛費也，節乎己也。節己，雖貪汙之心猶若止，又況乎聖人？」

《吕氏春秋・孟春紀・去私》　堯有子十人，不與其子而授舜；舜有子九人，不與其子而授禹；至公也。

《吕氏春秋・仲夏紀・古樂》　舜立，仰延乃拌瞽叟之所爲瑟，益之八弦，以爲二十三弦之瑟。帝舜乃令質修《九招》、《六列》、《六英》，以明帝德。

《吕氏春秋·孝行覽·愼人》 舜之耕漁，其賢不肖與爲天子同。其未遇時也，以其徒屬，堀地財，取水利，編蒲葦，結罘網，手足胼胝不居，然後免於凍餒之患。其遇時也，登爲天子，賢士歸之，萬民譽之，丈夫女子，振振殷殷，無不戴說。舜自爲詩曰「普天之下，莫非王土，率土之濱，莫非王臣」，所以見盡有之也。盡有之，賢非加也；盡無之，賢非損也；時使然也。

《吕氏春秋·離俗覽·離俗》 舜讓其友石户之農。石户之農曰：「棬棬乎后之爲人也，葆力之士也。」以舜之德爲未至也，於是乎夫負妻妻攜子以入於海，去之終身不反。舜又讓其友北人無擇。北人無擇曰：「異哉后之爲人也，居於畎畝之中，而游入於堯之門。不若是而已，又欲以其辱行漫我，我羞之。」而自投於蒼領之淵。

《韓詩外傳》卷三 當舜之時，有苗氏不服。其不服者，衡山在南，岐山在北，左洞庭之波，右彭澤之水，由此險也。以其不服，禹請伐之，而舜不許，曰：「吾喻教猶未竭也。」久喻教，而有苗氏請服。天下聞之，皆薄禹之義，而美舜之德。《詩》曰：「載色載笑，匪怒伊教。」舜之謂也。問曰：然則禹之德不及舜乎？曰：非然也。禹之所以請伐者，欲彰舜之德也。故善則稱君，過則稱己，臣下之義也。假使禹爲君，舜爲臣，亦如此而已矣。夫禹可謂達乎人臣之大體也。

《淮南子·原道訓》 昔舜耕於歷山，朞年，而田者争處墝埆，以封壤肥饒相讓；釣於河濱，朞年，而漁者争處湍瀨，以曲隈深潭相予。當此之時，口不設言，手不指麾，執玄德於心，而化馳若神。使舜無其志，雖口辯而户説之，不能化一人。是故不道之道，莽乎大哉！

賈誼《新書·脩政語上》 帝舜曰：「吾盡吾敬以事吾上，故見謂忠焉；吾盡吾敬以接吾敵，故見謂信焉；吾盡吾敬以使吾下，故見謂仁焉。是以見愛親於天下之人，而歸樂於天下之民，而見貴信於天下之君。故吾取之以敬也，吾得之以敬也。」故欲明道而諭教，惟以敬者爲忠必服之。

劉向《新序·雜事》 昔者，舜自耕稼陶漁而躬孝友，父瞽瞍頑，母嚚，及弟象傲，皆下愚不移。舜盡孝道，以供養瞽瞍。瞽瞍與象，爲浚廩塗井之謀，欲以殺舜。舜孝益篤。出田則號泣，年五十，猶嬰兒慕，可謂至孝矣。故耕於歷山，歷山之耕者讓畔；陶於河濱，河濱之陶者器不苦窳；漁於雷澤，雷澤之漁者分均。及立爲天子，天下化之，蠻夷率服。北發渠搜，南撫交阯，莫不慕義，麟鳳在郊。故孔子曰：「孝弟之至，通於神明，光於四海。」舜之謂也。

張華《博物志》卷八《史補》 堯之二女，舜之二妃，曰湘夫人。舜崩，二妃啼，以涕揮竹，竹盡斑。

梁玉繩《人表考》卷一《上上聖人·帝堯有虞氏》 帝舜始見《書舜典》，有虞氏屢見《禮記》、《國語》。五帝之五也。《書》序《釋文》。舜又作俊，《山海·大荒東經》。亦曰帝舜氏，《左》襄廿九。亦曰虞帝，《左》昭八、《禮·表記》。亦曰虞舜，《堯典》，《路史·後紀》十二言其先國於虞，始爲虞氏，是也。故《潛夫·志氏姓》云：舜姓虞，與《堯典》孔傳稱虞氏，舜名同。疏謂堯封舜於虞，非。亦曰大舜，《孟子》。亦曰重華，《舜典》、《大戴禮·五帝德》、《離騷經》、《史·五帝紀》。亦曰都君，《孟子》：都君猶國君。趙注：都，於也。僞孫疏謂舜所居成都，故以稱之，《史索隱》引《世紀》以爲舜字，《路史·發揮》以爲都鄙之君，並非。亦曰仲華，亦曰黄帝。《路史》注。姚姓，《左》昭八疏引《世本》、《春秋繁露·三代改制》。父瞽瞍。《虞書》、《孟子》。母握登，感大虹而生舜于姚墟。《潛夫·五德志》、《易·繫》疏、《史索隱》引《世紀》。《孟子》曰：生于諸馮。元金履祥《通鑑前編》云：諸馮、嬀汭皆在河中府河東縣。斗之星精，《公羊》宣三疏。長六尺，《通志》、《荀子·非相》云舜短，惟《孔叢·居衛》云脩八尺有奇。形體大上而員首，《繁露》。四瞳子，《大傳略説》。龍顔大口，《御覽》八十一引《世紀》、《宋書·符瑞志》。形癯若腒，《論衡·道虚》、《語增》。色黧黑，《文子·自然》。面頷亡毛。《孔叢》。在位五十年，《舜典》。年百歲。《五帝紀》、《論衡·氣壽》、《舜典》疏引鄭注，而孔傳云百十二，《外紀》曰：或云年一百五，亦云百十三，《路史》曰百十一，宋朱子《中庸章句》云百十歲。都蒲坂。《外紀》、《通志》，而《史集解》引皇甫謐曰：舜所都，或言蒲坂，或言平陽，或言潘。《路史》云都蒲及安邑，注云：未聞帝迹遼隔在潘。葬安邑鳴條。《路史·後紀》及《發揮·舜冢篇》，而《墨子·節葬》、《吕覽·安死》並言葬紀市。羅苹云紀即冀，是也，蓋指鳴條，《孟子》謂卒于鳴條，可據矣。蒼梧、九疑之説，豈足信哉！案張晏釋舜爲充，本《中庸》鄭注。而所引堯、舜《謚法》本《白虎通》、《獨斷》。《堯典》、《中庸》疏引《謚法》聖作義。其説蓋起于董子《繁露》，《繁露》謂顓頊、嚳、堯、舜皆謚，殆非也。堯、舜並是名。《堯典》孔傳云：舜名。《釋文》曰：堯、舜，名也。又疏引譙周以堯爲號，《儀禮·士昏禮》賈疏言舜是其號，亦未然。《堯典》疏謂湯不在《謚法》，而《謚法》雲行雨施曰湯，或本除虐去殘曰功曰舜。他若禹亦不湯，《商頌》疏，《史正義》作除殘去虐。將由後來所加，故異。據此例推，則仁聖盛明曰舜，《中庸》疏又引《謚法》受禪成在《謚法》，《堯典疏》、《湯誓釋文》俱引漢馬融曰：禹、湯皆不在《謚法》。而《堯典》疏稱淵源流通曰禹，《史集解》又引《謚法》受禪成功曰禹，俱後人追撰虚增，不足信爾。《白虎通》謂上世質直，死

後以其名爲號。《堯典釋文》謂死後臣子爲諱，故變名言謚，亦非。

備論

《論語·泰伯》 子曰：「巍巍乎，舜、禹之有天下也，而不與焉！」

《莊子·天道》 昔者舜問於堯曰：「天王之用心何如？」堯曰：「吾不敖無告，不廢窮民，苦死者，嘉孺子而哀婦人。此吾所以用心也。」舜曰：「美則美矣，而未大也。」堯曰：「然則何如？」舜曰：「天德而出寧，日月照而四時行，若晝夜之有經，雲行而雨施矣。」堯曰：「膠膠擾擾乎！子，天之合也；我，人之合也。」夫天地者，古之所大也，而黄帝、堯、舜之所共美也。故古之王天下者，奚爲哉？天地而已矣。

《莊子·讓王》 舜讓天下於子州支伯，子州支伯曰：「予適有幽憂之病，方且治之，未暇治天下也。」故天下大器也，而不以易生，此有道者之所以異乎俗者也。

舜以天下讓善卷，善卷曰：「余立於宇宙之中，冬日衣皮毛，夏日衣葛絺；春耕種，形足以勞動；秋收斂，身足以休息；日出而作，日入而息，逍遥於天地之間而心意自得。吾何以天下爲哉？悲夫！子之不知余也！」遂不受。於是去而入深山，莫知其處。

舜以天下讓其友石户之農，石户之農曰：「捲捲乎后之爲人，葆力之士也。」以舜之德爲未至也，於是夫負妻戴，攜子以入於海，終身不反也。

《墨子·尚賢中》 古者舜耕歷山，陶河瀕，漁雷澤，堯得之服澤之陽，舉以爲天子，與接天下之政，治天下之民。

《孟子·告子下》 孟子曰：「舜發於畎畝之中，傅説舉於版築之間，膠鬲舉於魚鹽之中，管夷吾舉於士，孫叔敖舉於海，百里奚舉於市。故天將降大任於是人也，必先苦其心志，勞其筋骨，餓其體膚，空乏其身，行拂亂其所爲，所以動心忍性，曾益其所不能。人恒過，然後能改；困於心，衡於慮，而後作；徵於色，發於聲，而後喻。入則無法家拂士，出則無敵國外患者，國恒亡。然後知生於憂患，而死於安樂也。」

《大戴禮記·五帝德》 宰我曰：「請問帝舜。」孔子曰：「蟜牛之孫，瞽叟之子也，曰重華。好學孝友，聞于四海，陶家事親，寬裕温良，敦敏而知時，畏天而愛民，恤遠而親親。承受大命，依于倪皇。叡明通知，爲天下工。使禹敷土，主名山川，以利於民；使后稷播種，務勤嘉穀，以作飲食；羲和掌曆，敬授民時；使益行火，以辟山萊；伯夷主禮，以節天下；夔作樂，以歌籥舞，和以鍾鼓；皋陶作士，忠信疏通，知民之情；契作司徒，教民孝友，敬政率經。其言不惑，其德不慝，舉賢而天下平。南撫交阯大教，鮮支、渠廋、氐、羌，北山戎、發、息慎，東長、鳥夷羽民。舜之少也，惡顇勞苦，二十以孝聞乎天下，三十在位，嗣帝所，五十乃死，葬于蒼梧之野。」

《禮記·表記》 子言之曰：「後世雖有作者，虞帝弗可及也已矣。君天下，生無私，死不厚其子，子民如父母，有憯怛之愛，有忠利之教，親而尊，安而敬，威而愛，富而有禮，惠而能散。其君子尊仁畏義，恥費輕實，忠而不犯，義而順，文而静，寬而有辨。《甫刑》曰『德威惟威，德明惟明』，非虞帝其孰能如此乎？」

《禮記·中庸》 子曰：「舜其大知也與！舜好問而好察邇言，隱惡而揚善，執其兩端，用其中於民，其斯以爲舜乎！」

子曰：「舜其大孝也與！德爲聖人，尊爲天子，富有四海之内。宗廟饗之，子孫保之。故大德必得其位，必得其禄，必得其名，必得其壽。故天之生物，必因其材而篤焉。故栽者培之，傾者覆之。《詩》曰：『嘉樂君子，憲憲令德。宜民宜人，受禄于天；保佑命之，自天申之！』故大德者必受命。」

《韓詩外傳》卷四 《韶》用干戚，非至樂也。舜兼二女，非達禮也。封黄帝之子十九人，非法義也。往田號泣，未盡命也。以人觀之，則是也。以法量之，則未也。《禮》曰：「禮儀三百，威儀三千。」《詩》曰：「静恭爾位，正直是與。神之聽之，式穀以女。」

《史記》卷三六《陳杞世家·論》 舜之德可謂至矣！禪位於夏，而後世血食者歷三代。及楚滅陳，而田常得政於齊，卒爲建國，百世不絶，苗裔茲茲，有土者不乏焉。至禹，於周則杞，微甚，不足數也。楚惠王滅杞，其後越王句踐興。

《史記》卷一《五帝本紀》司馬貞述贊 帝出少典，居于軒丘，既代炎曆，遂禽蚩尤。高陽嗣位，静深有謀。小大遠近，莫不懷柔。爰洎帝嚳，列聖同休。帝摯之弟，其號放勳。就之如日，望之如雲。郁夷東作，昧谷西曛。明敭仄陋，玄德升聞。能讓天下，賢哉二君！

《柳宗元集》卷二〇《銘雜題·舜禹之事》 魏公子丕，由其父得漢禪。還自

南郊，謂其人曰：「舜、禹之事，吾知之矣。」由丕以來皆笑之。

柳先生曰：丕之言若是可也。嚮者丕若曰「舜、禹之道，吾知之矣」，丕罪也。其事則信。吾見笑者之不知言，未見丕之可笑者也。

凡易姓授位，公與私，仁與强，其道不同；而前者忘，後者繫，其事同。使以堯之聖，一日得舜而與之天下，能乎？吾見小争於朝，大争於野，其爲亂，堯無以已之。何也？堯未忘於人，舜未繫於人也。堯之得於舜也以聖，舜之得於堯也以聖，兩聖獨得於天下之上，奈愚人何？其立於朝者，放齊猶曰「朱啓明」，而況在野者乎？堯知其道不可，退而自忘；舜知堯之忘已而繫舜於人也，進而自繫。舜舉十六族，去四凶族，使天下咸得其人；命二十二人，興五教，立禮刑，使天下咸得其理；合時月，正曆數，齊律、度、量、權、衡，使天下咸得其用。積十餘年，人曰：「明我者舜也，齊我者舜也，資我者舜也。」天下之在位者，皆舜之人也。而堯隤然，聾其聰，昏其明，愚其聖。人曰：「往之所謂堯者果烏在哉？」或曰「耄矣」，曰「匿矣」。又十餘年，其思而問者加少矣。至於堯死，天下曰：「久矣，舜之君我也。」夫然後能揖讓受終於文祖。舜之與禹也亦然。禹旁行天下，功繫於人者多，而自忘也晚。益之自繫亦猶是也，而啓賢聞於人，故不能。夫其始繫於人也厚，則其忘之也遲。不然，反是。

漢之失德久矣，其不繫而忘也甚矣。宦、董、袁、陶之賊生人盈矣。丕之父攘禍以立强，積三十餘年，天下之主，曹氏而已，無漢之思也。丕嗣而禪，天下得之以爲晚，何以異夫舜、禹之事耶？然則漢非能自忘也，其事自忘也；曹氏非能自繫也，其事自繫也。公與私，仁與强，其道不同，其忘而繫者無以異也。堯、舜之忘，不使如漢，不能授舜、禹；舜、禹之繫，不使如曹氏，不能受之堯、舜。然而世徒探其情而笑之，故曰：笑其言者非也。

問者曰：「堯崩，天下若喪考妣，四海遏密八音三載。子之言忘若甚然，是可不可歟？」曰：是舜歸德於堯，史尊堯之德之辭者也。堯之老更一世矣，德乎堯者，益已死矣，其幼而存者，堯不使之思也。不若是，不能與人天下。

《胡宏集・釋疑孟・舜》 舜爲天子，皋陶爲士，瞽瞍殺人，桃應設爲是事以問，孟子者應之，意若曰：父子，天性也，而生殺之柄乃大君所以輔翼民德者，惟以處是事，觀聖人御變之權耳。若皋陶體舜孝心，舍瞽瞍罪，而人有犯者執之，爲天子行法不公，民生悖心矣。縱而釋之，無以佐天子主天下，民生離心矣。進退，罪也。今皋陶畏天命，執之不赦，以昭示天下，使有罪者不敢幸於免，懷姦者不敢伐其技。自世俗觀之，於吾身可矣，而君人子也，吾人臣執君之父，置之於法，情何安焉！行法而有私者，非君道，狥法而不仁者，無君德，聖人寧棄天下而存此矣。此民所以生也，天地之大本也。

孟子曰：「聖人，人倫之至。」非天下之至精，其孰能知之！故瞽瞍有罪，舜竊負，而司馬子以爲狂夫不爲，瞽瞍見執，而司馬子以爲皋陶猶可執也。使司馬子事君，不幸有是事，遂行其言，豈不傷人情，逆天理乎！

自周室既衰，文、武之道不著，申、商之術肆行，積習至於秦，生民不忍，起而攻之。秦以天下之力不能禁禦，至於絶滅者，尚刑名，滅天理之效，必至於斯也。漢興，鑒秦亡之道，力行寬厚，其涵養民彝之意厚矣，君子猶曰以智力得天下，無三代之淳懿矣。

如此，則知孟子之言微且遠矣。而司馬子之賢，乃孔子所謂多學而識之，非知之者也。

《胡宏集・皇王大紀論・舜封有庳》 蘇黄門曰：「世未有不能承其父母而能治天下者。」斯言信矣。象日以殺舜爲事，固非在妻二女之後，此萬章之失也。以象之傲，其欲殺舜，世有傳之者，安能必其無乎？就其事以處兄弟之間，亦可以爲訓，不必深辯也。且弟以以殺兄爲事，在常人或有報復之心；在賢者則必引咎自責，不藏怒，不宿怨也；在聖人，則哀矜而訓誘之矣。是故舜封象於有庳，使吏治其國，而象得衣食其租賦。欲常常而見之，使源源而來，友之至也。

先儒乃以有庳爲今之舂陵。吁！舜都蒲阪，使誠封象於是，則欲常常而見之，使源源而來，所以道斃之也。然則有庳當何居？殆畿内之地歟！觀此，則漢文之於淮南，晉武之於齊攸，宋太祖之於義康，唐太宗之於元吉，莫不有慙德，可以爲世戒矣。

《胡宏集・皇王大紀論・舜禹避政》 堯、舜命舜、禹行天子之事，舜、禹亦既受命行天子之事矣，及堯、舜既終，又避其子，何哉？人臣至於代天子行天下之政，已亢矣，況又將去人臣而爲天子乎？堯、舜之喪甫除，舜、禹政自己出，使朱、均去其宫室，可則可矣，是用九而爲首，非所以明微也。故舜、禹避之以展天下之情，成得讓之禮。其心與計利害者，遼乎如天地之不相及也。使舜、禹而有計利害之心，則是以争奪行尚，何授受之有？若夫益則又異於舜、禹矣。啓賢能，敬承繼禹之道，益歷事三代，年亦老矣，奉身而退，順天道也。

讀《書》者無以文害義，則孟軻氏之言粲然明白，無可疑者。

《胡宏集・皇王大紀論・舜禹崩葬》 《記》稱舜葬蒼梧。劉道原以爲舜巡狩南裔，往而不返者，欲兆庶專意戴禹也。

謹按，舜本以耄期倦於勤，使禹攝政，若遠巡荒外而死，是與經意相反也。且舜授禹以天下者，本乎民心與天意耳。使禹有天命，舜雖不死於荒外，何病於禹？使禹無天命，舜雖死於荒外，豈能有益於禹哉？此記者謬誤，道原習而未之察也。若史記禹葬會稽，道原曰：「大江之南，前代要服，大禹死，則葬焉。何哉？古者不墓祭，時享存乎廟主。王者以四海爲家，若魂氣則無不之也。秦、漢而後，人君以死爲大諱，崇尚墓祭，違經棄禮，遠事尸柩，難以語乎理矣。」善哉論也！厥後少康封其子於越者，豈不爲禹葬所在故歟？

洪邁《容齋三筆》卷五《舜事瞽叟》 《孟子》之書，上配《論語》，唯記舜事多誤，故自國朝以來，司馬公、李泰伯及吕南公皆有疑非之説。其最大者，證萬章塗廩、浚井、象入舜宫之問以爲然也。孟子既自云堯使九男事之，二女女焉，百官牛羊倉廩備，以事舜於畎畝之中。則井、廩賤役，豈不能使一夫任其事？堯爲天子，象一民耳，處心積慮殺兄而據其妻，是爲公朝無復有紀綱法制矣。六藝折中於夫子，四岳之薦舜，固曰：「瞽子。父頑，母嚚，象傲，克諧以孝，烝烝乂，不格姦。」然則堯試舜之時，頑傲者既已格乂矣。舜履位之後，命禹征有苗，益曰：「帝初于歷山，往于田，日號泣于旻天，于父母，負罪引慝，祗載見瞽瞍，夔夔齋慄，瞽亦允若。」既言允若，豈得復有殺之之意乎？司馬公亦引九男、百官之語，烝烝之對，而不及益贊禹之辭，故詳敘之以示子姪輩。若司馬遷《史記》、劉向《列女傳》所載，蓋相承而不察耳。至於桃應有瞽叟殺人之問，雖曰設疑似而請，然亦可謂無稽之言，孟子拒而不答可也。顧再三爲之辭，宜其起後學之惑。

《朱子語類》卷三五《論語十七・泰伯篇》 看「巍巍乎舜禹之有天下」至「禹，吾無間然」四章。先生云：「舜禹與天下不相關，如不曾有這天下相似，都不曾把一毫來奉己。如今人纔富貴，便被他勾惹。此乃爲物所役，是自卑了。若舜禹，直是高！首出庶物，高出萬物之表，故夫子稱其『巍巍』。」又曰：「堯與天爲一處，民無能名。所能名者，事業禮樂法度而已。」

正卿問：「舜禹有天下而不與，莫是物各付物，順天之道否？」曰：「據本文説，只是崇高富貴不入其心，雖有天下而不與耳。巍巍，是至高底意思。大凡人有得些小物事，便覺累其心。今富有天下，一似不曾有相似，豈不是高！」

不與，只是不相干之義。言天下自是天下，我事自是我事，不被那天下來移著。

正淳論：「『不以位爲樂』，恐不特舜禹爲然。」曰：「不必如此説。如孟子論禹湯一段，不成武王不執中，湯却泄邇忘遠！此章之旨，與後章禹無間然之意同，是各舉他身上一件切底事言之。」

因論「舜禹有天下而不與」之義，曰：「此等處，且玩味本文，看他語意所重落向何處。明道説得義理甚闊，《集注》却説得小。然觀經文語意落處，却恐《集注》得之。」

《朱子語類》卷五八《孟子八・萬章上》 「問舜往于田」章

黄先之説：「舜事親處，見得聖人所以孝其親者，全然都是天理，略無一毫人欲之私；所以舉天下之物，皆不足以解憂，惟順於父母可以解憂。」曰：「聖人一身渾然天理，故極天下之至樂，不足以動其事親之心；極天下之至苦，不足以害其事親之心。一心所慕，惟知有親。看是甚麽物事，皆是至輕。施於兄弟亦然。但知我是兄，合當友愛其弟，更不問如何。且如父母使之完廩，待上去，又捐階焚廩，到得免死下來，當如何？父母教他去浚井，待他入井，又從而揜之，到得免死出來，又當如何？若是以下等人處此，定是喫不過。非獨以下人，雖平日極知當孝其親者，到父母以此施於己，此心亦喫不過，定是動了。象爲弟，『日以殺舜爲事』。若是别人，如何也須與他理會，也須喫不過。舜只知我是兄，惟知友愛其弟，那許多不好景象都自不見了。這道理，非獨舜有之，人皆有之；非獨舜能爲，人人皆可爲。所以《大學》只要窮理。舜『明於庶物，察於人倫』，唯是於許多道理見得極盡，無有些子未盡。但舜是生知，不待窮索，如今須著窮索教盡。莫説道只消做六七分，那兩三分不消做盡，也得。」

林子淵説舜事親處，曰：「自古及今，何故衆人都不會恁地，獨有舜恁地？是何故？須就這裏劇抉看出來，始得。」默然久之，曰：「聖人做出，純是道理，更無些子隔礙。是他合下渾全，都無欠闕。衆人却是已虧損了，須加修治之功。如《小學》前面許多，恰似勉强使人爲之，又須是恁地勉强。到《大學》工夫，方知箇天理當然之則。如世上固是無限事，然大要也只是幾項大頭項，如『爲人君，止於仁；爲人臣，止於敬；爲人子，止於孝；爲人父，止於慈；與國人交，止於信』。須看見定是著如此，不可不如此，自家何故却不如此，意思如何便是天理？意思如何便是私慾？天理發見處，是如何却被私慾障蔽了？」

叔器問：「舜不能掩父母之惡，如何是大孝？」曰：「公要如何與他掩？他那箇頑嚚，已是天知地聞了，如何地掩？公須與他思量得箇道理始得。如此，便可以責舜。」

問「象憂亦憂，象喜亦喜」事。曰：「象謀害舜者，舜隨即化了，更無一毫在心，但有愛象之心。常有今人被弟激惱，便常以爲恨，而愛弟之心減少矣。」

舜誠信而喜象，周公誠信而任管叔，此天理人倫之至，其用心一也。

「象日以殺舜爲事」章

或問：「『仁之至，義之盡』，是仁便包義，何如？」曰：「自是兩義，如舜封象於有庳，不藏怒宿怨而富貴之，是仁之至；使吏治其國而納其貢稅，是義之盡。」

因舉明皇長枕大被，欲爲仁而非仁云云。

「仁與義相拗，禮與智相拗。」問云：「須是『仁之至，義之盡』，方無一偏之病。」曰：「雖然如此，仁之至自是仁之至，義之盡自是義之盡。舜之於象，便能如此。『封之有庳，富貴之也』，便是仁之至；『使吏治其國而納其貢賦』，便是義之盡。後世如景帝之於梁王，始則縱之太過，不得謂之仁；後又窘治之甚峻，義又失之，皆不足道。唐明皇於諸王爲長枕大衾，雖甚親愛，亦是無以限制之，無足觀者。」

舜之於象，是平日見其不肖，故處之得道。封之有庳，但富貴之而已。周公於管蔡，又別。蓋管蔡初無不好底心，後來被武庚煽惑至此。使先有此心，周公必不使之也。

錢保塘《帝王世紀續補》 舜以堯之二十一年甲子生，五十一年甲午徵用，七十九年壬午即真，百歲癸卯崩。

二妃葬衡山。

舜弟象封於有鼻。

河東有舜井。

舜時群瑞畢臻。崑崙之北，玉山之神，人身、虎首、豹尾、蓬頭，戴勝拂枝杖，皓然白石城金室而居。有青鳥常爲取食，名曰西王母。慕舜之德，來獻白環及貢益地圖。

有苗氏叛，虞舜南征，崩於鳴條，殯用瓦棺。

舜立誹謗之木。

馬驌《繹史》卷一〇《有虞紀論》 匹夫而有天下，自舜始也。堯知其子之不肖，以爲授賢則天下利，授子則丹朱利而天下病，終不以天下之病而利一人，故授舜而不疑，至公也。舜在側陋，以純孝格親，玄德升聞，岳牧咸薦，使之主事而事治，使之主祭而鬼神享，謳歌訟獄，雖欲避之而不能也，至德也。當是時，俊乂登朝，化洽四海，賡歌喜起，揖讓廟堂之上，有更姓之名，而無改物之實，故唐、虞猶一家也，非甚盛德而能若此乎！據《史記》所叙黄帝以至三王，皆同族異號，舜亦黄帝苗裔，蓋堯之晜從玄孫屬也。先儒非之曰：「以堯、舜爲同族，則二女之妻，幾於瀆姓亂序。舜爲父母所惡，屢瀕於死，耕稼陶漁，必待四岳之薦而後用，則不得謂之九族既睦。」故《路史》考據《國語》以爲舜之係出於虞幕，五帝之中，獨不祖黄帝，其説甚備，可謂信而有徵矣。余因是而反覆詳究，不獨舜不祖黄帝，即顓頊亦不當祖黄帝。既顓頊不祖黄帝，則夏后氏亦不當祖黄帝矣。曷言之？《國語》史伯之言曰：「成天地之天功者，其子孫未嘗不章，虞、夏、商、周是也。虞幕能聽協風，以成樂物生，夏禹能平水土，商契能和合五教，周棄能播殖穀蔬，其後皆爲王公侯伯。」《左傳》史趙之言曰：「自幕至於瞽叟無違命，舜重之以明德。」是舜之祖幕審矣。《國語》又曰：「幕能帥顓頊者也。」《左氏傳》又曰「陳，顓頊之族也。」是幕之祖顓頊，亦審矣。《史記》之誤，由於輕信《世本》。果如《世本》所言，黄帝至堯五世，至舜則九世。顓頊至禹三世，至舜則七世，何舜獨年代之數，而堯、禹年代之曠邪？蓋《世本》一書，出於周末，采記前代之世次，必多遺脱，《史記》用之而不知察也。周歷千餘年而十五世，論者皆知其疎矣，堯、禹之祖能必其不疎乎？少昊之爲帝，《史》且遺之矣，諸世代之微者，能必其不遺乎？雖然，世代之疎漏，則有之矣。至如窮蟬以下諸名，必非鑿空增設，再加以虞幕，而幕又未必即顓頊之子，窮蟬之父也。若是則舜之世代，與堯、禹益相懸絶矣，何能同時授受？余故知前代之世次必有遺脱也。抑嘗考之，《漢書》曰：「黄帝之子清陽，其子孫名摯，以金德王，號曰金天氏。」是少昊氏乃黄帝之後裔而非其子也。《國語》曰：「少昊氏之衰，九黎亂德，顓頊受之。」蓋少昊氏一代之通稱，非當其世而遽衰也。然則顓頊之去黄帝，中間曠隔，何得爲黄帝之孫而昌意之子？《山海經》言「黄帝生昌意，昌意生韓流，韓流生顓頊」。韓流或作乾荒。按《山海經》所載古帝子孫，率多簡略，安知乾荒之外不更有所遺乎？且顓頊與帝嚳，亦未必親相接承也。不知傳歷幾世而後高辛氏興，將帝嚳上至黄帝，又不止三世而已矣。古者，帝王一代之興，必建立名號，至如世及相承，則因之而不改。故太皞十五世皆襲庖犧氏之號，神農八世皆以炎帝稱，何獨黄帝之

後，伯仲子孫遞相授受，必世世殊稱易運，而列爲五帝也哉？《春秋命曆序》曰：「黄帝傳十世，少昊傳八世，顓頊傳二十世，帝嚳傳十世。」此雖緯讖雜説，不足深信；然而足以補遷《史》之疎，濟諸説之窮，似未可盡棄也。又《漢書》《帝繫》曰：「顓頊五世而生鯀。」則鯀非顓頊之子，是夏之上世，史有遺脱矣。《左傳》稱「高陽氏之才子八愷，高辛氏之才子八元。此十六族者，世濟其美」。若即爲二帝之子，則高陽八子何其壽，高辛八子豈其堯之諸弟邪？蓋二氏之族黨，猶言顔氏有八賢也。故杜氏注云：「皆其苗裔。」夫高辛之苗裔，堯未能舉，是嚳、堯亦非父子相承，或高辛氏歷世既久，及摯而衰，堯始起而代之，是堯之上世，《史》亦有遺脱矣。若此則唐、虞、夏后之世代可以相值，即曰堯、舜同出於黄帝，固已曠代疏絶，猶魯之與宋，秦之與趙也。《傳》曰：「黄帝之子二十五人，同姓者二人而已。異姓則異德，男女相及以生民也。」《記》曰：「繫之以姓而弗别，雖百世而婚姻不通者，周道然也。」若如魯、宋、秦、趙久爲異姓别宗，則堯亦何嫌於二女之嬪虞，而又何必疑於舜之降在匹庶堯不能親睦也哉？至於禘郊祖宗之制，則禮有明文矣。《大傳》曰：「禘者，禘其祖之所自出，以其祖配之。」況神不歆非類，禮不祭非鬼。有虞氏之禘黄帝而郊嚳，祖顓頊而宗堯也，其於報親紹堯之義，兩不相違，不必攻《戴記》之失，而曲折言之，固已暘然矣。不然，疑舜之祖，將並疑高陽、夏后氏之祖，夫豈史遷同族異號之説，茫然無所原本，而肆爲妄謬以待後人之摘發哉？惜乎諸儒疑統系之舛，而未及察世代之疎，仁山金氏發其端，而未究其所以然也。

藝文

《楚辭・屈原〈天問〉》 舜閔在家，父何以鰥？堯不姚告，二女何親？厥萌在初，何所意焉？璜臺十成，誰所極焉？【略】眩弟並淫，危害厥兄。何變化以作詐，而後嗣逢長？

《曹植集》卷一《帝舜贊》 顓頊之族，重瞳神聖。克協頑瞽，應唐莅政。除凶舉俊，以齊七政。應曆受禪，顯天之命。

王嘉《拾遺記》卷一《虞舜》 虞舜在位十年，有五老遊於國都，舜以師道尊之，言則及造化之始。舜禪於禹，五老去，不知所從，舜乃置五星之祠以祭之。其夜有五長星出，薰風四起，連珠合璧，祥應備焉。萬國重譯而至。有人頻之國，其民來朝，乃問其災祥之數。對曰：「昔北極之外，有潼海之水，渤潏高隱於日中。有巨魚大蛟，莫測其形也，吐氣則八極皆闇，振鬐則五岳波盪。當堯時，懷山爲害，大蛟縈天，縈天則三河俱溢，海瀆同流。三河者，天河、地河、中河是也。此三水有時通壅，至聖之治，水色俱澄，無有流沫。及帝之商均，暴亂天下，則巨魚吸日，蛟繞於天，爰及鳥獸昆蟲，以應陰陽。至億萬之年，山一輪，海一竭，魚、蛟陸居，有赤烏如鵬，以翼覆蛟魚之上。蛟以尾叩天求雨，魚吸日之光，冥然則暗如薄蝕矣，衆星與雨偕墜。」舜乃禱海岳之靈，萬國稱聖。德之所洽，羣祥咸至矣。

舜葬蒼梧之野，有鳥如雀，自丹州而來，吐五色之氣，氤氳如雲，名曰憑霄雀，能羣飛銜土成丘墳。此鳥能反形變色，集於峻林之上，在木則爲禽，行地則爲獸，變化無常。常遊丹海之際，時來蒼梧之野，銜青砂珠，積成壟阜，名曰「珠丘」。其珠輕細，風吹如塵起，名曰「珠塵」。今蒼梧之外，山人採藥，時有得青石，圓潔如珠，服之不死，帶者身輕。故仙人方回《遊南岳七言讚》曰：「珠塵圓潔輕且明，有道服者得長生。」

冀州之西二萬里，有孝養之國。其俗人年三百歲，而織茅爲衣，即《尚書》「島夷卉服」之類也。死，葬之中野，百鳥銜土爲墳，羣獸爲之掘穴，不封不樹。有親死者，剋木爲影，事之如生。其俗驍勇，能嚙金石，其舌杪方而本小。手搏千鈞，以爪畫地，則洪泉湧流。善養禽獸，入海取虬龍，育於圜室，以充祭祀。昔黄帝伐蚩尤，除諸凶害，獨表此處爲孝養之鄉，萬國莫不欽仰，故舜封爲孝讓之國。舜受堯禪，其國執玉帛來朝，特加賓禮，異於餘戎狄也。

庾信《庾子山集》卷一〇《舜舞干戚讚》 平風變律，擊石來儀。先齊七政，更服三危。朱干獨舞，玉戚空麾。《南風》一曲，恭己無爲。

《全唐詩》卷九三岑羲《九月九日幸臨渭亭登高應制得涘字》 重九開科曆，千齡逢聖紀。爰豫矚秦坰，昇高臨灞涘。玉體浮仙菊，瓊筵薦芳芷。一聞帝舜歌，歡娱良未已。

《全唐詩》卷三三三楊巨源《酬盧員外》 謝傳旌旗控上游，盧郎罇俎借前籌。舜城風土臨清廟，魏國山川在白樓。雲寺當時接高步，水亭今日又同遊。滿筵舊府笙歌在，獨有羊曇最淚流。

《全唐詩》卷五五四項斯《舜城懷古》 禪禹遜堯聰，巍巍盛此中。四隅咸啓

聖，萬古賴成功。道德去彌遠，山河勢不窮。停車一再拜，帝業即今同。

《全唐詩》卷五九八高駢《湘妃廟》 帝舜南巡去不還，二妃幽怨水雲間。當時珠淚垂多少，直到如今竹尚斑。

《全唐詩》卷六〇九皮日休《奉和魯望讀陰符經見寄》 舜唯一鰥民，冗冗作什器。得之賊帝堯，白丁作天子。

《全唐詩》卷六四七胡曾《湘川》 虞舜南捐萬乘君，靈妃揮涕竹成紋。不知精魄遊何處，落日瀟湘空白雲。

《全唐詩》卷七六四譚用之《貽南康陳處士陶》 白玉堆邊蔣逕横，空涵二十四灘聲。老無征戰軒轅國，貧有茅茨帝舜城。丹鳳晝飛羣木冷，一龍秋臥九江清。時人莫笑非經濟，還待中原致太平。

《全唐詩》卷八二八貫休《舜頌》 高高歷山，有黍有粟。皇皇大舜，合堯玄德。五典克從，四門伊穆。大道將行，天下爲公。臨下有赫，選賢用能。吾皇則之，無斁無逸。綏厥品彙，光光得一。千輻臨頂，十在隨蹕。大哉大同，爲光爲龍。吾皇則之，聖謀隆隆。納隍孜孜，旼旼切切。六宗是禋，五瑞斯列。排麟環鳳，披香立雪。四夷納賮，九圍有截。昔救世師，降生竺乾。壽春亦然，萬年萬年。

夏禹部

綜述

《史記》卷二《夏本紀》 夏禹，名曰文命。禹之父曰鯀，鯀之父曰帝顓頊，顓頊之父曰昌意，昌意之父曰黄帝。禹者，黄帝之玄孫而帝顓頊之孫也。禹之曾大父昌意及父鯀皆不得在帝位，爲人臣。

當帝堯之時，鴻水滔天，浩浩懷山襄陵，下民其憂。堯求能治水者，羣臣四嶽皆曰鯀可。堯曰：「鯀爲人負命毀族，不可。」四嶽曰：「等之未有賢於鯀者，願帝試之。」於是堯聽四嶽，用鯀治水。九年而水不息，功用不成。於是帝堯乃求人，更得舜。舜登用，攝行天子之政，巡狩。行視鯀之治水無狀，乃殛鯀於羽山以死。天下皆以舜之誅爲是。於是舜舉鯀子禹，而使續鯀之業。

堯崩，帝舜問四嶽曰：「有能成美堯之事者使居官？」皆曰：「伯禹爲司空，可成美堯之功。」舜曰：「嗟，然！」命禹：「女平水土，維是勉之。」禹拜稽首，讓於契、后稷、皋陶。舜曰：「女其往視爾事矣。」

禹爲人敏給克勤；其悳不違，其仁可親，其言可信；聲爲律，身爲度，稱以出；亹亹穆穆，爲綱爲紀。

禹乃遂與益、后稷奉帝命，命諸侯百姓興人徒以傅土，行山表木，定高山大川。禹傷先人父鯀功之不成受誅，乃勞身焦思，居外十三年，過家門不敢入。薄衣食，致孝于鬼神。卑宮室，致費於溝淢。陸行乘車，水行乘船，泥行乘橇，山行乘檋，左準繩，右規矩，載四時，以開九州，通九道，陂九澤，度九山。令益予衆庶稻，可種卑溼。命后稷予衆庶難得之食。食少，調有餘相給，以均諸侯。禹乃行相地宜所有以貢，及山川之便利。禹行自冀州始。【略】

皋陶作士以理民。帝舜朝，禹、伯夷、皋陶相與語帝前。皋陶述其謀曰：「信其道德，謀明輔和。」禹曰：「然，如何？」皋陶曰：「於！慎其身脩，思長，敦序九族，衆明高翼，近可遠在已。」禹拜美言，曰：「然。」皋陶曰：「於！在知人，在安民。」禹曰：「吁！皆若是，惟帝其難之。知人則智，能官人；能安民則惠，黎民懷之。能知能惠，何憂乎驩兜，何遷乎有苗，何畏乎巧言善色佞人？」皋陶曰：「然，於！亦行有九德，亦言其有德。」乃言曰：「始事事，寬而栗，柔而立，愿而共，治而敬，擾而毅，直而温，簡而廉，剛而實，彊而義，章其有常，吉哉。日宣三德，蚤夜翊明有家。日嚴振敬六德，亮采有國。翕受普施，九德咸事，俊乂在官，百吏肅謹。毋教邪淫奇謀。非其人居其官，是謂亂天事。天討有辠，五刑五用哉。吾言底可行乎？」禹曰：「女言致可績行。」皋陶曰：「余未有知，思贊道哉。」

帝舜謂禹曰：「女亦昌言。」禹拜曰：「於，予何言！予思日孳孳。」皋陶難禹曰：「何謂孳孳？」禹曰：「鴻水滔天，浩浩懷山襄陵，下民皆服於水。予陸行乘車，水行乘舟，泥行乘橇，山行乘檋，行山栞木。與益予衆庶稻鮮食。以決九川致四海，浚畎澮致之川。與稷予衆庶難得之食。食少，調有餘補不足，徙居。衆民乃定，萬國爲治。」皋陶曰：「然，此而美也。」

禹曰：「於，帝！慎乃在位，安爾止。輔德，天下大應。清意以昭待上帝命，天其重命用休。」帝曰：「吁，臣哉，臣哉！臣作朕股肱耳目。予欲左右有民，女輔之。余欲觀古人之象，日月星辰，作文繡服色，女明之。予欲聞六律五聲八音，來始滑，以出入五言，女聽。予即辟，女匡拂予。女無面諛，退而謗予。敬四輔臣。諸衆讒嬖臣，君德誠施皆清矣。」禹曰：「然。帝即不時，布同善惡則毋功。」

帝曰：「毋若丹朱傲，維慢游是好，毋水行舟，朋淫于家，用絶其世。予不能順是。」禹曰：「予(辛壬)娶塗山，〔辛壬〕癸甲，生啓予不子，以故能成水土功。輔成五服，至于五千里，州十二師，外薄四海，咸建五長，各道有功。苗頑不即功，帝其念哉。」帝曰：「道吾德，乃女功序之也。」

皋陶於是敬禹之德，令民皆則禹。不如言，刑從之。舜德大明。

於是夔行樂，祖考至，羣后相讓，鳥獸翔舞，《簫韶》九成，鳳皇來儀，百獸率舞，百官信諧。帝用此作歌曰：「陟天之命，維時維幾。」乃歌曰：「股肱喜哉，元首起哉，百工熙哉！」皋陶拜手稽首揚言曰：「念哉，率爲興事，慎乃憲，敬哉！」乃更爲歌曰：「元首明哉，股肱良哉，庶事康哉！」(舜)又歌曰：「元首叢脞哉，股肱惰哉，萬事墮哉！」帝拜曰：「然，往欽哉！」於是天下皆宗禹之明度數聲樂，爲山川神主。

帝舜薦禹於天，爲嗣。十七年而帝舜崩。三年喪畢，禹辭辟舜之子商均於陽城。天下諸侯皆去商均而朝禹。禹於是遂即天子位，南面朝天下，國號曰夏后，姓姒氏。

帝禹立而舉皋陶薦之，且授政焉，而皋陶卒。封皋陶之後於英、六，或在許。而后舉益，任之政。

十年，帝禹東巡狩，至于會稽而崩。以天下授益。三年之喪畢，益讓帝禹之子啓，而辟居箕山之陽。禹子啓賢，天下屬意焉。及禹崩，雖授益，益之佐禹日淺，天下未洽。故諸侯皆去益而朝啓，曰「吾君帝禹之子也」。於是啓遂即天子之位，是爲夏后帝啓。

夏后帝啓，禹之子，其母塗山氏之女也。

《大戴禮記·五帝德》 宰我曰：「請問禹。」

孔子曰：「高陽之孫，鯀之子也，曰文命。敏給克濟，其德不回，其仁可親，其言可信；聲爲律，身爲度，稱以上士；亹亹穆穆，爲綱爲巡九州，通九道，陂九澤，度九山。爲神主，爲民父母，左準繩，右規矩，履四時，據四海，平九州，戴九天，明耳目，治天下。舉皋陶與益以贊其身，舉干戈以征不享不庭無道之民，四海之內，舟車所至，莫不賓服。」

趙曄《吳越春秋》卷六《越王無余外傳》 禹父鯀者，帝顓頊之後。鯀娶於有莘氏之女，名曰女嬉，年壯未孳，嬉於砥山，得薏苡而吞之，意若爲人所感，因而妊孕，剖脅而産高密。家於西羌，地曰石紐。石紐在蜀西川也。

皇甫謐《帝王世紀》卷三 伯禹，夏后氏，姒姓也。其先出顓頊。顓頊生鯀，堯封爲崇伯，納有莘氏女，曰志，是爲修己。山行，見流星貫昴，夢接意感，又吞神珠薏苡，胸坼而生禹於石紐。虎鼻大口，兩耳參鏤，首戴鉤，胸有玉斗，足文履己，故名文命，字高密。身長九尺二寸。長於西羌，西夷人也。禹未登用之時，父既降在匹庶，有聖德，夢自洗於河，觀於河，始受圖，括地象也。圖言治水之意，四岳舉之，舜進之堯，堯命爲司空。繼鯀治水，乃勞身涉勤，不重徑尺之璧而愛日之寸陰，故世傳禹病偏枯，足不相過，至今巫稱禹步是也。又手足胼胝，納禮賢士，一沐三握髮，一食三起飧。堯美其績，乃賜姓姒氏，封爲夏伯，故謂之伯禹。天下宗之，謂之大禹。年二十始用，三十二而洪水平，年百歲崩於會稽，因葬會稽山陰縣之南。今山上有禹冢並祠，下有群鳥耘田。

堯命以爲司空，繼鯀治水，十三年而洪水平。堯美其績，乃賜姓姒氏，封爲夏伯，故謂之伯禹。及堯崩，舜復命居故官。禹年七十四，舜始薦之於天。薦後十二年舜老，始使禹代攝行天子事。五年舜崩，禹除舜喪，明年始即真。以金承土，都平陽，或都安邑。年百歲，崩於會稽。始納塗山氏之女，生子啓，即位。

夏禹時，渠搜國來獻褐裘也。

禹鑄鼎於荆山，在馮翊懷德之南，今其下有荆渠也。

今九江當塗有禹廟。

禹會塗山，揚州之域。當塗縣有禹聚。

禹葬，衣衾三領，桐棺三寸，葛以繃之。下不及泉，上不通臭。既葬，以餘壤爲壠，若參耕之畝。

雜録

《連山易》曰：「禹娶塗山之子，名曰攸，生餘。」

禹始納塗山氏曰女嬌，合婚於台桑。有白狐九尾之瑞至，是爲攸女。故《連山易》曰「禹娶塗山之子，名曰攸女，生啓」是也。

皋陶生於曲阜。曲阜，偃地，故帝因之，而以賜姓曰偃。堯禪舜，命之作士。舜禪禹，禹即帝位，以咎陶爲賢，薦之於天。將有禪之意，未及禪，會皋陶卒。

備録

《尚書·皋陶謨》 曰若稽古，皋陶曰：「允迪厥德，謨明弼諧。」禹曰：「俞！如何？」皋陶曰：「都！慎厥身修，思永。惇叙九族，庶明厲翼，邇可遠在兹。」禹拜昌言，曰：「俞。」

皋陶曰：「都！在知人，在安民。」禹曰：「吁！咸若時，惟帝其難之。知人則哲，能官人；安民則惠，黎民懷之。能哲而惠，何憂乎驩兜，何遷乎有苗，何畏乎巧言令色孔壬？」

皋陶曰：「都，亦行有九德，亦言其人有德。」乃言曰：「載采采。」禹曰：「何？」皋陶曰：「寬而栗，柔而立，愿而恭，亂而敬，擾而毅，直而温，簡而廉，剛而塞，彊而義。彰厥有常，吉哉！日宣三德，夙夜浚明有家。日嚴祗敬六德，亮采有邦。翕受敷施，九德咸事，俊乂在官。百僚師師，百工惟時，撫于五辰，庶績其凝。無教逸欲有邦。兢兢業業，一日二日萬幾。無曠庶官，天工人其代之。天叙有典，勑我五典五惇哉；天秩有禮，自我五禮有庸哉；同寅協恭和衷哉；

天命有德，五服五章哉；天討有罪，五刑五用哉。政事懋哉懋哉！天聰明，自我民聰明；天明畏，自我民明威。達于上下，敬哉有土。」

皋陶曰：「朕言惠可厎行？」禹曰：「俞，乃言厎可績。」皋陶曰：「予未有知，思曰贊贊襄哉。」

《尚書·益稷》 帝曰：「來！禹，汝亦昌言。」禹拜曰：「都！帝，予何言？予思日孜孜。」皋陶曰：「吁！如何？」禹曰：「洪水滔天，浩浩懷山襄陵，下民昏墊。予乘四載，隨山刊木。暨益奏庶鮮食。予決九川距四海，濬畎澮距川。暨稷播奏庶艱食、鮮食，懋遷有無化居，烝民乃粒，萬邦作乂。」皋陶曰：「俞！師汝昌言。」

禹曰：「都！帝慎在位。」帝曰：「俞！」禹曰：「安汝止，惟幾惟康；其弼直（悳），惟動丕應徯志，以昭受上帝，天其申命用休。」帝曰：「吁！臣哉鄰哉，鄰哉臣哉！」禹曰：「俞。」

帝曰：「臣作朕股肱耳目。予欲左右有民，汝翼；予欲宣力四方，汝爲；予欲觀古人之象：日、月、星辰、山、龍、華蟲，作會，宗彝、藻、火、粉米、黼、黻、絺繡，以五采彰施于五色作服，汝明；予欲聞六律、五聲、八音、七始詠（在治忽），以出納五言，汝聽；予違，汝弼。汝無面從，退有後言。欽四鄰，庶頑讒説，若不在時，侯以明之，撻以記之，書用識哉，欲並生哉，工以納言，時而颺之，格則承之，庸之，否則威之。」

禹曰：「俞哉！帝光天之下，至于海隅蒼生，萬邦黎獻，共惟帝臣。惟帝時舉，敷納以言，明庶以功，車服以庸，誰敢不讓，敢不敬應。帝不時，敷同日奏罔功。」

帝曰：「無若丹朱傲，惟慢遊是好，敖虐是作，罔晝夜頟頟，罔水行舟。朋淫于家，用殄厥世，予創若時。」

禹曰：「予娶塗山，辛壬癸甲，啓呱呱而泣，予弗子，惟荒度土功，弼成五服，至于五千，州十有二師。外薄四海，咸建五長，各迪有功。苗頑弗即工，帝其念哉。」

帝曰：「迪朕德，時乃功惟叙。皋陶方祗厥叙，方施象刑惟明。」

夔曰：「戛擊鳴球，搏拊琴瑟以詠。祖考來格。虞賓在位，群后德讓。下管鼗鼓，合止柷敔，笙鏞以閒。鳥獸蹌蹌。簫韶九成，鳳凰來儀。」夔曰：「於！予擊石拊石，百獸率舞，庶尹允諧。」

帝庸作歌曰：「勑天之命，惟時惟幾。」乃歌曰：「股肱喜哉，元首起哉，百工熙哉！」皋陶拜手稽首颺言曰：「念哉！率作興事，慎乃憲，欽哉！屢省乃成，欽哉！」乃賡載歌曰：「元首明哉！股肱良哉！庶事康哉！」又歌曰：「元首叢脞哉！股肱惰哉！萬事墮哉！」帝曰：「俞！往欽哉！」

《鬻子·禹政》 禹之治天下也，以五聲聽，門懸鐘鼓鐸磬而置鞀，以待四海之士，爲銘於簨虡曰：「教寡人以道者擊鼓，教寡人以義者擊鐘，教寡人以事者振鐸，語寡人以憂者擊磬，語寡人以獄訟者揮鞀。」此之謂五聲。是以禹嘗據一饋而七十起，日中而不暇飽食，曰：「吾猶恐四海之士留於道路。」是以四海之士皆至，是以禹當朝廷閒也，可以羅爵。禹之治天下也，得皋陶，得杜子業，得既子，得施子黯，得季子寧，得然子湛，得輕子玉，得七大夫以佐其身，以治天下，以天下治。

《國語·周語下》 靈王二十二年，穀、洛鬭，將毀王宫。王欲壅之，太子晋諫曰：【略】其在有虞，有崇伯鮌，播其淫心，稱遂共工之過，堯用殛之于羽山。其後伯禹念前之非度，釐改制量，象物天地，比類百則，儀之于民，而度之于羣生，共之從孫四嶽佐之，高高下下，疏川導滯，鍾水豐物，封崇九山，決汩九川，陂鄣九澤，豐殖九藪，汩越九原，宅居九隩，合通四海。故天無伏陰，地無散陽，水無沈氣，火無災燀，神無閒行，民無淫心，時無逆數，物無害生。帥象禹之功，度之于軌儀，莫非嘉績，克厭帝心。皇天嘉之，祚以天下，賜姓曰『姒』，氏曰『有夏』，謂其能以嘉祉殷富生物也。祚四嶽國，命以侯伯，賜姓曰『姜』，氏曰『有吕』，謂其能爲禹股肱心膂，以養物豐民人也。」

《墨子·兼愛下》 禹曰：「濟濟有衆，咸聽朕言，非惟小子敢行稱亂，蠢兹有苗，用天之罰，若予既率爾羣對諸羣以征有苗。」禹之征有苗也，非以求以重富貴，干福禄，樂耳目也，以求興天下之利，除天下之害，即此禹兼也。雖子墨子之所謂兼者，於禹求焉。

《墨子·非攻下》 昔者三苗大亂，天命殛之，日妖宵出，雨血三朝，龍生於廟，犬哭乎市，夏冰，地坼及泉，五穀變化，民乃大振。高陽乃命玄宫，禹親把天之瑞令，以征有苗。四電誘祇，有神人面鳥身，若瑾以侍，搤矢有苗之祥，苗師大亂，後乃遂幾。禹既已克有三苗，焉磨爲山川，別物上下，卿制大極，而神民不違，天下乃静，則此禹之所以征有苗也。

《墨子·節葬下》 禹東教乎九夷，道死，葬會稽之山。衣衾三領，葛以緘

之，絞之不合，通之不埳，土地之深，下毋及泉，上毋通臭。既葬，收餘壤其上，壟若參耕之畝，則止矣。

《墨子・明鬼下》 《禹誓》曰：「大戰于甘，王乃命左右六人，下聽誓于中軍，曰：有扈氏威侮五行，怠棄三正，天用勦絶其命。有曰：日中，今予與有扈氏争一日之命，且爾卿大夫庶人，予非爾田野葆士之欲也，予共行天之罰也。左不共于左，右不共于右，若不共命；御非爾馬之政，若不共命。是以賞于祖而僇于社。」賞于祖者何也？言分命之均也。僇于社者何也？言聽獄之事也。故古聖王必以鬼神爲賞賢而罰暴，是故賞必於祖而僇必於社。此吾所以知《夏書》之鬼也。

《莊子・天地》 堯治天下，伯成子高立爲諸侯。堯授舜，舜授禹，伯成子高辭爲諸侯而耕。禹往見之，則耕在野。禹趨就下風，立而問焉，曰：「昔堯治天下，吾子立爲諸侯；堯授舜，舜授予，而吾子辭爲諸侯而耕。敢問其故何也？」子高曰：「昔堯治天下，不賞而民勸，不罰而民畏。今子賞罰而民且不仁，德自此衰，刑自此立，後世之亂自此始矣。夫子闔行邪？無落吾事！」俋俋乎耕而不顧。

《山海經》第一七《大荒北經》 共工之臣名曰相繇，九首蛇身，自環，食於九土。其所歍所尼，即爲源澤，不辛乃苦，百獸莫能處。禹湮洪水，殺相繇，其血腥臭，不可生穀，其地多水，不可居也。禹湮之，三仞三沮，乃以爲池，群帝因是以爲臺。在崑崙之北。

《吕氏春秋・慎行論・求人》 禹東至榑木之地，日出、九津、青羌之野，攢樹之所，捪天之山，鳥谷、青丘之鄉，黑齒之國；南至交阯、孫樸、續樠之國，丹粟、漆樹、沸水、漂漂、九陽之山，羽人、裸民之處，不死之鄉；西至三危之國，巫山之下，飲露、吸氣之民，積金之山，共肱、一臂、三面之鄉；北至人正之國，夏海之窮，衡山之上，犬戎之國，夸父之野，禺彊之所，積水、積石之山。不有懈墮，憂其黔首，顔色黎黑，竅藏不通，步不相過，以求賢人，欲盡地利，至勞也。得陶、化益、真窺、横革、之交五人佐禹，故功績銘乎金石，著於盤盂。

《吕氏春秋・季夏紀・音初》 禹行功，見塗山之女，禹未之遇而巡省南土。塗山氏之女乃令其妾待禹于塗山之陽，女乃作歌，歌曰「候人兮猗」，實始作爲南音。周公及召公取風焉，以爲《周南》、《召南》。

賈誼《新書・脩政語上》 大禹之治天下也，諸侯萬人而禹一皆知其國，其士萬人而禹一皆知其體。故大禹豈能一見而知之也？豈能一聞而識之也？諸侯朝會而禹親報之，故是以禹一皆知其國也；其士月朝而禹親見之，故是以禹一皆知其體也。然且大禹其猶大恐，諸侯會，則問於諸侯曰：「諸侯以寡人爲驕乎？」朔日，士朝，則問於士曰：「諸侯大夫以寡人爲汰乎？其聞寡人之汰耶，而不以語寡人者，此教寡人殘道也，滅天下之教也。故寡人之所怨於人者，莫大於此也。」

大禹曰：「民無食也，則我弗能使也；功成而不利於民，我弗能勸也。」故鬟河而導之九牧，鑿江而導之九路，澄五湖而定東海，民勞矣而弗苦者，功成而利於民也。禹嘗晝不暇食，夜不暇寢矣。方是時也，憂務故也。故禹與士民同務，故不自言其信，而信諭矣。故治天下，以信爲之也。

《尚書大傳》卷一《虞傳》 維五祀，奏鐘石，論人聲，乃及鳥獸，咸變於前。秋養耆老，春食孤子，乃浡然招樂，興於大麓之野，報事還歸二年，譈然乃作《大唐》之歌。歌者二年，昭然乃知乎王世，明有不世之義，招爲賓客，而雍爲主人。始奏《肆夏》，納以孝成，舜爲賓客，而禹爲主人。樂正進贊曰：「尚考大室之義，唐爲虞賓，至今衍于四海，成禹之變，垂于萬世之後。」帝乃倡之曰：「卿雲爛兮！禮縵縵兮！日月光華，旦復旦兮！」八伯咸進稽首曰：「明明上天，爛然星陳。日月光華，弘于一人。」帝乃載歌曰：「日月有常，星辰有行。四時從經，萬姓允誠。於予論樂，配天之靈。遷于賢善，莫不咸聽。鼚乎鼓之，軒乎舞之。菁華已竭，褰裳去之。」於是八風循通，卿雲藂藂，蟠龍賁信於其藏，蛟龍躍踊於其淵，龜龍咸出於其穴，遷虞而事夏也。

《尚書大傳》卷二《洪範五行傳》 維王后元祀，帝令大禹步于上帝。維時洪祀，六沴用咎于下，是用知不畏而神之怒。若六沴作見，若是共禦，帝用不差，神則不怒，五福乃降，用章于下。若六沴作見，若不共禦，六伐既侵，六極其下。禹乃共辟厥德，受命休令，爰用五事，建用王極。長事一曰貌，貌之不恭是謂不肅，厥咎狂，厥罰常雨，厥極惡，時則有服妖龜孽，雞禍，下體生於上之痾，青眚青祥，維金沴木。次二事曰言。言之不從是謂不乂，厥咎僭，厥罰常陽，厥極憂，時則有詩妖，介蟲之孽，犬禍，口舌之痾，白眚白祥，維木沴金。次三事曰視。視之不明，是謂不悊，厥咎荼，厥罰常燠，厥極疾，時則有草妖，倮蟲之孽，羊禍，目痾，赤眚赤祥，維水沴火。次四事曰聽。聽之不聰是謂不謀，厥咎急，厥罰常寒，厥極貧，時則有鼓妖，豕禍，耳痾，黑眚黑祥，維火沴木。次五事曰思心。思心之不容

是謂不聖，厥咎霁，厥罰常風，厥極凶短折，時則有脂夜之妖，華孽，牛禍，心腹之痾，黄眚黄祥，金、木、水、火沴土。王之不極是謂不建，厥咎霁，厥罰常陰，厥極弱時，則有射妖，蛇蟲之孽，馬禍，下人伐上之痾，日月亂行，星辰逆行，維五位復建辟。厥沴曰：二月三月，維貌是司，四、五月視，六、七月言，八、九月聽，十、十一月思心，十二月與正月王極。凡六沴之作，歲月日之朝則王后受之，歲月日之中則正卿受之，歲月日之夕則庶民受之。其二辰以次相將，其次受星辰，莫同是離逢非沴，維鮮之功，禦貌於喬忿，言於訖衆，視於忽似，聽於怵攸，思心於有尤，王極於宗始。以其月從其禮，祭之參乃從。其祀禮曰格祀，曰某也方祀，曰播國率相行祀。其祀也，曰：若爾神靈，洪祀六沴是合，無差無傾，無有不正。若民有不敬事，則會批之六沴，六事之機，以垂示我。我民人無敢不敬事上下王祀。

《韓詩外傳》卷三　當舜之時，有苗氏不服。其不服者，衡山在南，岐山在北，左洞庭之波，右彭澤之水，由此險也。以其不服，禹請伐之，而舜不許，曰：「吾喻教猶未竭也。」久喻教，而有苗氏請服。天下聞之，皆薄禹之義，而美舜之德。

《淮南子・原道訓》　昔者夏鯀作三仞之城，諸侯背之，海外有狡心。禹知天下之叛也，乃壞城平池，散財物，焚甲兵，施之以德，海外賓伏，四夷納職，合諸侯于塗山，執玉帛者萬國。故機械之心藏于胷中，則純白不粹，神德不全，在身者不知，何遠之所能懷！是故革堅則兵利，城成則衝生，若以湯沃沸，亂乃逾甚。是故鞭噬狗，策蹏馬，而欲教之，雖伊尹、造父弗能化。欲寅之心亡於中，則饑虎可尾，何況狗馬之類乎！

《漢書》卷二五上《郊祀志上》　黄帝作寶鼎三，象天地人。禹收九牧之金，鑄九鼎，象九州。皆嘗鬺亨上帝鬼神。其空足曰鬲，以象三德，饗承天祜。

袁康《越絶書》卷八《越絶外傳紀地傳》　昔者，越之先君無餘，乃禹之世，别封於越，以守禹冢。問天地之道，萬物之紀，莫失其本。神農嘗百草、水土甘苦，黄帝造衣裳，后稷産穡，制器械，人事備矣。疇糞桑麻，播種五穀，必以手足。大越海濱之民，獨以鳥田，小大有差，進退有行，莫將自使，其故何也？曰：禹始也，憂民救水，到大越，上茅山，大會計，爵有德，封有功，更名茅山曰會稽。及其王也，巡狩大越，見耆老，納詩書，審銓衡，平斗斛。因病亡死，葬會稽。葦槨桐棺，穿壙七尺；上無漏泄，下無即水；壇高三尺，土階三等，延袤一畝。尚以爲居之者樂，爲之者苦，無以報民功，教民鳥田，一盛一衰。當禹之時，舜死蒼梧，象爲民田也。禹至此者，亦有因矣，亦覆釜也。覆釜者，州土也，填德也。禹美而告至焉。禹知時晏歲暮，年加申酉，求書其下，祠白馬禹井。井者，法也。以爲禹葬以法度，不煩人衆。

張華《博物志》卷八《史補》　處士東鬼塊責禹亂天下事，禹退作三章。彊者攻，弱者守，敵戰，城郭蓋禹始也。

梁玉繩《人表考》卷一《上上聖人・帝禹夏后氏》　禹始見《舜典》，帝禹始見《史五帝紀》、《夏紀》、《世表》、《竹書》。禹、湯皆不稱帝，辨見《史記志疑》二。董仲舒習《公羊》家，《春秋繁露》有絀夏帝禹之説，非也。夏后氏屢見《禮記》。三王之最先。《書》序《釋文》。禹又作命，本書《藝文志》，師古曰：古禹字。又作𤳒。《路史・後紀》十三注。亦曰大禹，《書・大禹謨》、《列子・湯問》。亦曰夏禹，《夏紀》。亦曰伯禹，《舜典》，《史正義》引《世紀》及《水經・潁水注》言禹始封陽翟，爲夏伯，是也。故《周語》下云：賜曰有夏，後遂爲有天下之號。《舜典》傳疏謂代鯀爲崇伯，故稱伯禹，恐非。經傳言鯀殛羽山，《竹書》言堯六十九年黜崇伯鯀，則崇國應已久除。禹尚安得代之？亦曰聖禹，《華陽國志・巴志》。亦曰神禹，《莊子・齊物論》。亦曰戎禹，《潛夫・五德志》。亦曰姒戎文禹，《御覽》八十二引《書帝命驗》。亦曰文命，《大禹謨》、《大戴禮・五帝德》、《帝繫》、《夏紀》。亦曰白帝，《五德志》。亦曰高密。《史索隱》引《世本》、漢趙曄《吴越春秋・越王無餘外傳》、《路史》謂高密即陽翟，蓋以封地爲號也。《史正義》及《初學記》九引《世紀》以高密爲禹字，誤矣。姒姓，《周語》。父鯀，《夏紀》。母曰女志，《帝繫》、《史索隱》引《世紀》。感流星貫昴，吞神珠薏苡，《五德志》、《史正義》及《御覽》引《世本》、《揚雄・蜀王本紀》、《宋書・符瑞志》、《吴越春秋》、《史集解》引《禮緯》、《路史》注引《帝命驗》：星每化石，似薏似珠，皆流星所爲。故《淮南・脩務》云：禹生于石。高注：禹母感石而生。《路史》則云：獲石，服媚之而孕。孕十四月，以六月六日背剖而生禹于西羌。《路史》、《春秋繁露・三代改制》、《宋・符瑞志》、《後書・逸民戴良傳》，而《吴越春秋》作剖脅，《淮南・脩務》注、《史索隱》引《世紀》作拆胸，各不同。參之星精，《公羊》宣三疏。長九尺九寸，《符瑞志》。耳三漏，《淮南・脩務》、《白虎通・聖人章》、《五德志》、《論衡・骨相》。長頸，烏喙，《御覽》引《尸子》。河目駢齒，《路史》。虎鼻大口，首戴鉤鈐，胸有玉斗，足文履已，《御覽》引《世紀》及《符瑞志》。疾行先左，《繁露》。跳踦。《荀子・非相》、《書傳略説》，又《御覽》引《尸子》云：禹生偏枯之病，步不相顧，人曰禹步。在位八年，《竹書》、《吴越春秋》、《通鑑前編》、而《夏紀》、《通志》作十年，《外紀》作九年，《路史》作十五，宋邵雍《皇極經世書》作二十七，《御覽》引《紀年》作四十五，《孟子》言禹薦益，七年禹崩，則八年似得其實。年百歲。《史集解》、

《御覽》引《世紀》，而《路史》作年百有六。都安邑。《水經注》六，《詩・唐風譜》疏引皇甫謐云：禹都平陽，或于安邑，或于晉陽。案禹之生卒莫詳其地，相傳葬于會稽，誕不可信，辨見《史記志疑》。而所生之處，《史正義》引《蜀王本紀》、《三國蜀志秦宓傳》、《水經・沫水注》、《華陽國志》、《蜀志》譔。《吳越春秋》並言禹生石紐鄉，爲蜀之汶山廣柔人。嗣後志地理者仍之。夫古帝王多起冀方，其時蜀又不與中國通，即或禹曾至其地，亦必導江涉歷，詎得指爲生處乎？且鯀娶有莘氏女，莘在陳留，其封于崇，爲今鄠縣，相去不甚遠，何緣家居蜀土？考漢焦贛《易林》乾之中孚云：舜升大禹石夷之野。《御覽》引《世紀》云：禹生石坳。《路史》注引《雒書》云：有人出石夷。引《隨巢子》云：禹生昆石。又言《隨巢》謂生碣石之東。然則所稱石夷、石坳、昆石者，指崑崙碣石戎夷之地，與《後書・戴良傳》言禹生西羌合。世人傳會其說，移于蜀之石紐也。

錢保塘《帝王世紀續補》《孟子》稱禹生石紐，西夷人也。《傳》曰「禹生自西羌」是也。

禹生石紐，縣有石紐邑。

禹治水畢，天錫玄珪。西戎渠搜國服禹之德，獻其珍裘。

禹葬會稽，祠下有群象耕田。

備論

《論語・泰伯》子曰：「禹，吾無閒然矣。菲飲食，而致孝乎鬼神；惡衣服，而致美乎黻冕；卑宮室，而盡力乎溝洫。禹，吾無閒然矣。」

《孟子・離婁下》禹稷當平世，三過其門而不入，孔子賢之。顏子當亂世，居於陋巷，一簞食，一瓢飲，人不堪其憂，顏子不改其樂，孔子賢之。孟子曰：「禹稷顏回同道。禹思天下有溺者，由己溺之也。稷思天下有饑者，由己饑之也。是以如是其急也。禹稷顏子，易地則皆然。今有同室之人鬭者，救之，雖被髮纓冠而救之可也。鄉鄰有鬭者，被髮纓冠而往救之，則惑也。雖閉户，可也。」

《孟子・萬章上》萬章問曰：「人有言，至於禹而德衰，不傳於賢而傳於子，有諸？」

孟子曰：「否。不然也。天與賢則與賢，天與子則與子。昔者舜薦禹於天，十有七年。舜崩，三年之喪畢，禹避舜之子於陽城，天下之民從之，若堯崩之後不從堯之子而從舜也。禹薦益於天，七年。禹崩，三年之喪畢，益避禹之子於箕山之陰，朝覲訟獄者不之益而之啓，曰：『吾君之子也。』謳歌者不謳歌益而謳歌啓，曰：『吾君之子也。』丹朱之不肖，舜之子亦不肖。舜之相堯、禹之相舜也，歷年多，施澤於民久。啓賢，能敬承繼禹之道。益之相禹也，歷年少，施澤於民未久。舜禹益相去久遠，其子之賢不肖，皆天也，非人之所能爲也。莫之爲而爲者，天也。莫之致而至者，命也。」

韓愈《韓昌黎文集》卷一《對禹問》或問曰：「堯舜傳諸賢，禹傳諸子，信乎？」曰：「然。」「然則禹之賢不及於堯與舜也歟？」曰：「不然。堯舜之傳賢也，欲天下之得其所也；禹之傳子也，憂後世爭之之亂也。堯舜之利民也大，禹之慮民也深。」

曰：「然則堯舜何以不憂後世？」曰：「舜如堯，堯傳之；禹如舜，舜傳之。得其人而傳之，堯舜也；無其人，慮其患而不傳者，禹也。舜不能以傳禹，堯爲不知人；禹不前以傳子，舜爲不知人。堯以傳舜，爲憂後世；禹以傳子，爲慮後世。」

曰：「禹之慮也則深矣，傳之子而當不淑，則奈何？」曰：「時益以難理，傳之人則爭，未前定也；傳之子則不爭，前定也。前定雖不當賢，猶可以守法；不前定而不遇賢，則爭且亂。天之生大聖也不數，其生大惡也亦不數。傳諸人，得大聖，然後人莫敢爭；傳諸子，得大惡，然後人受其亂。禹之後四百年，然後得桀；亦四百年，然後得湯與伊尹。湯與伊尹不可待而傳也。與其傳不得聖人而爭且亂，孰若傳諸子，雖不得賢，猶可守法。」

曰：「孟子之所謂『天與賢，則與賢；天與子，則與子』者，何也？」曰：「孟子之心，以爲聖人不苟私於其子以害天下，求其說而不得，從而爲之辭。」

《胡宏集・皇王大紀論・大禹菲惡》人君雖不可勞人而佚己，亦不當薄己以厚人。貴爲天子，富有天下，其奉養有度，自不致於薄也。

大禹貴爲天子，富有天下，而菲飲食，惡衣服，卑宮室，不享其奉，無乃非中道耶？吁！鯀堙洪水，得罪於天下，以殛死者也。禹平水土，得天下心，以有天下者也。父以此誅，己以此王，雖身得享其奉，而有所不忍，故菲惡卑陋，不以天子爲尊榮也。

夫古之人愛其親，有深長之思如此哉！故孔子重贊之曰：「吾無間然。」有

天下而不與，於此見之矣。

《胡宏集·皇王大紀論·鼎象百物》 史載秦滅周，九鼎入於秦，自是不復見。《左氏》以爲鼎者，圖象百物而爲之備，使民知神姦者也。愚竊以爲誣矣。何者？魑魅魍魎，自古不以爲天下患，惟鄙夫鄙婦則或言之，縉紳先生不道也。王者協於上下，以承天休，乃以此爲事而庸鑄之於鼎乎？

然則禹所鑄者何也？始除洪水之害，別九州之分野，差土田之高下，定貢賦之式度，立井田封建之經界，盡一時生養斯民之道矣，故又鑄於九鼎，以爲萬世準繩。桀有昏德而遷於商，商紂暴虐而遷於周，如此其重也。

春秋之時，晉、鄭鑄刑書，則知古人創立制度，欲傳遠久者，必於鼎矣。

秦方廢井田，開阡陌，除封建，置郡縣，滅先王之迹，焚及簡編，況鼎者明著制度，章章堅大之器乎？秦不沈之於伊、洛，必淪之於瀍、澗矣。始皇百不資於先代，而無故求周鼎於泗水，則其欲詭惑天下之意可知矣。

漢興，去古未遠。《易》曰：「《解》利西南無所往。其來復吉，有攸往。夙吉。」高祖父子兄弟知「無所往」之利，而不知「來復」、「往夙」之吉。

侵尋至今，茫茫禹迹，法度盡廢，上不仁其身，民各私其有，不均不平，不正不定，暴虐無告，冤陷困窮，爭鬭滋起，獄訟繁多，皆此之由也。孰能居其位而仁其民，博諮於天下，求所以正諸？

《王十朋全集·文集》卷七《論·禹論》 堯舜禹皆聖人也，惟其傳賢傳子之不同，而後世不能無異論也。自孟子之前，人皆以爲禹德衰，故不傳於賢，而傳於子。萬章以是發問，孟子辯其不然，曰：「天與賢則與賢，天與子則與子。」然後學者以傳賢與子，一本於天，而無有以議禹也。至韓子作《禹對》，而其説又不然，曰：「堯、舜之傳賢也，欲天下之得所也；禹之傳子也，憂後世爭之之亂也。堯舜之利民也大，禹之慮民也深。」且謂孟子求其説而不得，又從而爲之辭。近世善議論者莫如蘇子，蘇子之言曰：「今夫人之愛其子，是天下之通義也，有得焉而思與其子孫，人情之所皆然也。堯舜之傳賢，是不得已，而禹之傳子，蓋聖人之不喜異也。」自萬章之問，至蘇子之辯，其説有四，然而聖人至公之心，卒未明焉。以爲德衰而傳子者，是以跡論聖人，其説也固陋矣。而孟子歸之於天，亦未免乎不通也。堯之傳舜，舜之傳禹，禹之傳子，其大計固已定於生前，不待身死之後始聽天命，人心之自歸也。謂舜、禹避朱、均，而益避啓者，其説蓋亦不經矣。韓子以爲憂後世，蘇子以爲不爲異，韓子之言也近正，蘇子之言也近人情，然皆未得夫聖人之心者。蓋聖人以天下爲公器，其視賢於子一也。賢可傳而傳，不以傳賢爲疏，而害天下之公器；子可傳而傳，不以傳子爲私，而有慊於心也。昔吾夫子以大道而傳之學者，夫以人情論之，夫子豈不欲私其子哉？然而過庭之訓止於《詩》、禮，陳亢始以異聞爲問，卒以君子遠其子爲喜。亢以私心量聖人，而其問與喜，皆不然也。夫子嘗謂才不才亦各言其子者，人之情也，至於所欲傳道之心，視回與鯉一也。高堅之妙在回，而《詩》、禮之外無以告鯉者，豈親門人而遠其子哉？使回如鯉，鯉如回，則《詩》、禮之訓在彼，而高堅之妙在此矣。道與天下皆公器，所以傳道與天下者，不以賢與子而二其心，然後爲大聖人。堯舜禹之傳天下，如吾夫子之傳道，堯舜非遠其子，禹非親之也，民之所安，吾從而與之，不知傳賢之爲遜天下，傳子之爲世吾家，尚何不得已與懼夫爲異也哉！若夫憂後世爭之之亂而以之傳子者，固可以爲天下後世法矣。原其所以傳之之心，出於以天下爲公，而視賢與子爲一，無有不得已與懼夫爲異之事，亦非有憂之慮之之心，而委曲爲之計也。愛其子而私有與之者，人之情；憂後世而爲之計者，君子之法；不以親疏内外二其心者，聖人至公大同之道。知此三者之説，然後知堯、舜、禹之不二其心，而傳賢與子一也。

王應麟《困學紀聞》卷六《左氏》 禹，鯀之子也。史克於鯀曰「世濟其凶」，而於禹曰「世濟其美」。論其世，則鯀非美也。於此見立言之難。

馬驌《繹史》卷一一《禹平水土論》 帝堯在位，萬邦時雍，越六十載而有洪水之患。此天行之運，抑聖人不能違乎？帝用憂之，命鯀俾乂，九載無成，於是舉舜輔治。舜乃殛鯀於羽山，是始命禹治水，纘成厥功，爰暨益、稷，焚山澤，導河、濟，決江、淮，濬畎澮，治溝洫，定田賦，八年而奏績，地平天成，四海乂安，功施於三代。世稱堯有九年之水，其當湯湯方割，鯀績弗成之日乎？夫洪水之害急矣，鯀至九載無功，然後廢之，何也？《傳》曰：「禹能修鯀之功。」蓋九年之間，鯀之所經營捍禦者，非盡無功，但不能成功耳。方僉之舉鯀也，方命圮族，帝固明知之，但是時舜、禹未升，諸臣之才，未有如鯀者，故命之以欽而遣之。鯀若能用帝之欽，而濟之以才，水患之平，何必九載？夫惟自恃其才，違棄帝命，功既有緒，自任益專，咈戾衆議，訖潰於成，此其所以敗也。故鯀之治水也障之，禹之治水也導之。障之則墮高堙庳，不知幾費民力，非不暫愈，及有潰決，爲患滋深。禹則順而導之，因水之性，相地之宜，濬之以利其流，分之以殺其勢，注海注江，行所無事而功成矣。是鯀之敗，專與水爭地；禹之成，能以地讓水，其事正相反

也。然則何以謂之修鯀之功？方當泛濫之時，鯀務多爲隄防以堙之，水性逆，故其患不息。禹導水由地中行，向鯀所爲隄防以障水者，皆可用之以輔水。事固有因敗以爲功者，存乎其人之善用耳，寧獨治水哉！禹不惟克勤于邦，功濟天下，且以蓋前人之愆，其大孝尤不可及也已。其始也，乘四載，隨山刊木，焚敺鳥獸，且以相度大勢，知水患所由起，則與益共其事。然後酌其緩急，因其高下，首自冀都，次及兗、青，而終於梁、雍，決川以距海，濬畎澮以距川；播奏艱食，則與稷共其事。禹惟以不矜不伐之德，孜孜勤勞，三聖協心，用襄厥成。八年之內，不但疏瀹決排而已也，畫疆制井，任土作貢，分封胙土，弼五服以至五千，聲教訖於四海，八年而垂萬世之功。故曰禹之明德遠矣，功成於唐、虞之際，而《禹貢》一篇，則夏史之所追書也。叙爲夏《書》之首，所以昭王業所由起，於斯義有竊取焉。至如《山海》志怪，太史公所不敢言，然諸子類多稱述，後世所有奇詭靈異，往往指爲禹蹟，號曰神禹，豈有由乎？

馬驌《繹史》卷一二《夏禹受禪論》　昔者，堯老舜攝，自文祖受終以後，堯無事焉。及舜即位三十三載，命禹總師，總師亦攝位也。既而有苗弗率，帝命徂征，干羽敷德，是舜猶行天子事也。若此者，與堯異，其故何邪？曰：堯、舜之禪讓，其心則同，其時勢則異也。何也？堯之禪舜，創舉也，前此未有也。舜在畎畝之中，登試任職三年，即欲遜以帝位，舜不受，然後命之攝方。是時也，堯唯恐天下之戴舜不專，而欲天下之忘己也唯恐其不速，故巡守賞罰諸大政悉委之舜而已不與焉。逮後施澤既久，堯乃殂落。若其受攝之時，則猶未久耳。舜之與禹，則同事帝堯者也。禹平水土，其施功於民最切，天下之戴禹，猶之乎戴舜，以之禪授，則帝堯之前事可循矣，舜何必遽忘百姓哉？今有人於此，爲其子得一慈母，而慮其子之不相依也，則己從而避之。今有人於此，其子於慈母，既相依矣，猶之依己也，則已又從而顧之。是故或避或顧，兩父之心一也，堯、舜之子民，亦一也，詎有異哉？商均之不肖，未必如朱之傲虐嚚訟，然舜以其德不若禹，終不以天下私其子，猶復躬勤民事，南崩蒼梧，舜之不能恝然於百姓有如此者。若夫禹、益之事，則與此異矣。有夏之受命方新，嗣子之敬承又賢，天眷正殷，不可移也，而況益德未洽，禹遂以崩，天下之人，舍啓其曷歸哉？而或者曰：帝堯禪舜，共、鯀不服；夏禹傳子，有扈以叛；豈當時人情狃於習見，或藉以稱亂乎？然考《甘誓》之辭，不過數其威侮怠棄之罪。用是恭奉天討，明正賞罰，而鈞臺大饗，復有塗山之餘烈焉！恢業承家，綿祚四百，三代守成之主，斷以夏啓爲首稱矣。

藝文

《楚辭・屈原〈離騷〉》　湯、禹儼而祗敬兮，周論道而莫差。舉賢才而授能兮，循繩墨而不頗。

《楚辭・屈原〈天問〉》　禹之力獻功，降省下土方。焉得彼嵞山女，而通之于台桑？閔妃匹合，厥身是繼。胡爲嗜不同味，而快鼂飽？

《曹植集》卷一《夏禹贊》　吁嗟天子，拯世濟民。克卑宮室，致孝鬼神。疏食薄服，黻冕乃新。厥德不回，其誠可親。亹亹其德，溫溫其人。尼稱無閒，何德之純！

《曹植集》卷二《禹廟贊序》　有禹祠，植移於其城，城本名杞城。

《曹植集》卷二《禹妻贊》　禹妻塗山，土功是急。惟啓之生，過門不入。女嬌達義，勤庸是執。成長聖嗣，天祿以襲。

《曹植集》卷二《禹治水贊》　嗟夫夏禹，實勞水功。西鑿龍門，疏河道江。梁岐既闢，九州以同。天錫玄圭，奄有萬邦。

《曹植集》卷二《禹渡河贊》　禹濟於河，黃龍負船。舟人並懼，禹歎仰天。予受大運，勤功恤民，死亡命也，龍乃弭身。

王嘉《拾遺記》卷二《夏禹》　堯命夏鯀治水，九載無績。鯀自沉於羽淵，化爲玄魚，時揚鬚振鱗，橫修波之上，見者謂爲「河精」。羽淵與河海通源也。海民於羽山之中，修立鯀廟，四時以致祭祀，常見玄魚與蛟龍跳躍而出，觀者驚而畏矣。至舜命禹疏川奠岳，濟鉅海則黿鼉而爲梁，踰翠岑則神龍而爲馭，行遍日月之墟，惟不踐羽山之地，皆聖德之感也。鯀之靈化，其事互說，神變猶一，而色狀不同。玄魚黃能，四音相亂，傳寫流文，「鯀」字或「魚」邊「玄」也。羣疑衆說，並略記焉。

禹鑄九鼎，五者以應陽法，四者以象陰數。使工師以雌金爲陰鼎，以雄金爲陽鼎。鼎中常滿，以占氣象之休否。當夏桀之世，鼎水忽沸；及周將末，九鼎咸震，皆應滅亡之兆。後世聖人，因禹之迹，代代鑄鼎焉。

禹盡力溝洫，導川夷岳，黃龍曳尾於前，玄龜負青泥於後。玄龜，河精之使者也。龜頷下有印，文皆古篆，字作九州山川之字。禹所穿鑿之處，皆以青泥封記其所，使玄龜印其上。今人聚土爲界，此之遺象也。

禹鑿龍關之山，亦謂之龍門。至一空巖，深數十里，幽闇不可復行。禹乃負火而進。有獸狀如豕，銜夜明之珠，其光如燭。又有青犬，行吠於前。禹計可十里，迷於晝夜，既覺漸明，見向來豕犬變爲人形，皆著玄衣。又見一神，蛇身人面。禹因與語。神即示禹八卦之圖，列於金版之上。又有八神侍側。禹曰：「華胥生聖子，是汝耶？」答曰：「華胥是九河神女，以生余也。」乃探玉簡授禹，長一尺二寸，以合十二時之數，使量度天地。禹即執持此簡，以平定水土。蛇身之神，即羲皇也。

庚信《庚子山集》卷一〇《禹渡江贊》 三江初鑿，九谷新成。風飛鷁涌，水起龍驚。樂天知命，無待憂生。危舟遂静，亂檝還平。

《全唐詩》卷六四七胡曾《嶓冢》 夏禹崩來一萬秋，水從嶓冢至今流。當時若訴胼胝苦，更使何人别九州。

《全唐詩》卷六四七胡曾《塗山》 大禹塗山御座開，諸侯玉帛走如雷。防風謾有專車骨，何事兹辰最後來。

《梅堯臣集》卷一八《塗山》 古傳神禹迹，今向舊山阿。莫問辛壬娶，從來甲子多。夜淮低激射，朝江上嵯峨。荒廟立泥骨，巖頭風雨過。

《王十朋全集・詩集》卷一二《禹廟歌》 君不見蠭目英雄吞四海，血祀初期千萬載。稽山木像棄長江，逆溯波濤鬼無餒。鳥喙辛勤十九年，平吴霸越世稱賢。故國無人念遺烈，山間廟貌何凄然。馬守開湖利源迴，歲沃黄雲九千頃。年來遺跡半湮蕪，廟鎖湖邊篆烟冷。吴越國王三節還，盡將錦繡裹江山。自從王氣熄牛斗，廟比昭王屋一間。迺知流光由德厚，祀典誰能如夏后。九年洪水滔天流，下民昏墊堯心憂。帝懼萬國生魚頭，錫禹洪範定九州。功成執玉朝冕旒，奔走訟獄歸歌謳。南巡會稽覲諸侯，書藏魁穴千丈幽。蟬脱塵寰不肯留，千古靈廟依松楸。吾皇盛德與禹侔，菲食卑宫惡衣裘。思禹舊績祀事脩，小臣効職躬薦羞。仰瞻黻冕懷遠猷，退惜分陰慙惰偷。嗟乎！越山高兮可夷而丘，鑑湖深兮可理而疇。惟有禹貢聲名長不朽，告成世祀無時休。

洪亮吉《結軒詩》卷四《禹廟》 禹都安邑今有墟，亦越五載來省徐。南巡重瞳兆權輿，衡嶽凋遠非人居。盦山作國淮所豬，會水爲澳戴石岨。乾坤赫焉集衣裾，帛纁黄元玉璠璵。四岳九牧行衙衙，我稽職方及州閭。九千六百數已餘，要荒留爽感化湑。亦職玉帛同趑趄，來同翩翩合萬旟。曄若朝日輝瓊堀，明德遠矣衆所愳。《夏小正》刊月後余，實集萬國太史書。予嘉乃功有獎譽，享以廞衛以周廬。誰何牧豎矜智諝，掘强溝壑同鱻鱻。終洿其邦作厲虚，汪芒大人跡迂俱。天軒地闔行步趬，帝資其血成川渠。崇崇者陵骨難舁，尼山讀書槃只且。千年能詳骨專車，博物詎止知夔魖。峨峨鼎成誰敢舉，惶惑百怪行人吺。夷堅誌之亦欷歔，白日屏息冀子瘻。侈哉黄熊三足挐，好事河伯煩吹噓。稍恥刻畫來鯨呿，男丁女壬生剋除。頽然空山夢其初，一首九尾勞卷舒。服妖德聖顔則好，留之三日非躊躇。呱呱者生實國儲，狐鳴涉波牽子袪。後此一紀能歸予，白魚身長倩懊懊。傴行而前若蘧篨，晝畀白壁夜揭櫫。三來闔家俗都袪，太室即立神人胥。民顛于巢下則漁，予口卒瘏手拮据。熺熺赫赫天地爐，十日照野枯櫟樗。滔滔者流其涸諸，鰲輸其首難始紓。龍軒其須不足屠，神知逃誅值孟涂。女媧華星綴衣袽，束縛烏脚羈蟾蜍。佐子木德相誅鉏，淮流湯湯未澱淤。台桑猥積而崎嶇，豐年厥惟黍與與。登高曠瞻懷古攄，大水作瀆小水瀘。伏如挈缾注泥澗，酬功欲陳水土苴，大哉非禹吾其魚！

夏啓部

綜述

《史記》卷二《夏本紀》 十年，帝禹東巡狩，至于會稽而崩。以天下授益。三年之喪畢，益讓帝禹之子啓，而辟居箕山之陽。禹子啓賢，天下屬意焉。及禹崩，雖授益，益之佐禹日淺，天下未洽。故諸侯皆去益而朝啓，曰「吾君帝禹之子也」。於是啓遂即天子之位，是爲夏后帝啓。

夏后帝啓，禹之子，其母塗山氏之女也。

有扈氏不服，啓伐之，大戰於甘。將戰，作《甘誓》，乃召六卿申之。啓曰：「嗟！六事之人，予誓告女：有扈氏威侮五行，怠棄三正，天用勦絶其命。今予維共行天之罰。左不攻于左，右不攻于右，女不共命。御非其馬之政，女不共命。用命，賞于祖；不用命，僇于社，予則帑僇女。」遂滅有扈氏。天下咸朝。

夏后帝啓崩，子帝太康立。帝太康失國，昆弟五人，須于洛汭，作《五子之歌》。

袁康《越絶書》卷三《越絶吴内傳》 夏啓獻犧於益。啓者，禹之子。益與禹臣於舜，舜傳之禹，薦益而封之百里。禹崩啓立，曉知王事，達於君臣之義。益死之後，啓歲善犧牲以祠之。《經》曰：「夏啓善犧於益。」此之謂也。

皇甫謐《帝王世紀》第三 帝啓，一名建，一名余。德教施於四海，貴爵而尚齒。養國老於東序，養庶老於西序。在位九年，年八十餘而終。

鄠有甘亭，在縣南。夏啓伐扈，大戰於甘。

有扈與夏同姓。

夏啓元年甲辰，十年癸丑崩。

羅泌《路史・疏仡紀・夏后紀下》 帝啓曰會，一曰建。伯禹之治水也，娶於塗山，生啓于行。荒度土功，三過門而弗入。塗山氏能明訓教而致其化，以故啓知王事，達君臣義，持禹之功。禹崩，啓繼世有天下。户氏不恭，信相失度，威侮五行，怠棄三正，帝乃遷廟，與有户大戰甘澤，乃召六卿而誓，整軍寔以伐之，不勝。六卿請攻之，帝曰：「不可。吾地非淺，民非寡也，兵刀接焉而不勝，是吾德薄而教不善也，何以伐爲！」於是般師，琴瑟不張，鐘弗撞，鼓弗攷，不因席，不仍味，親親長長，尊賢委能，隱神期月，而户來享，遂滅之。復昭夏功，既征西河，拘是達，敬承繼禹之道。商契之來孫曰冥，寔喜水功，命爲司空，勤其官而水死。商人是郊，孟涂敬職，而能禮於神，爰封于丹。乃立五廟，筮遷鼎，禘黄帝而郊鯀，命大廉祭鼎昆吾之谿，而莅享大陊之上，是爲鈞臺之享。又莅於晉之墟，作旋臺於水之陽，爰棘賓商，九辨九歌，舞九招，登擯抃馬。秉翳執環而聲九辨，中聲猶在，而人皆仰夏之功。在位十有六歲，年九十一。子太康立，厥弟五人，分封於衛，是爲五觀。其支于莘者，爲莘氏、辛氏、甡氏、觀氏、卜氏。以上討下，奉辭伐罪之謂征，敵曰戰，是故《春秋》有書戰而無征虞之於苗，仲康之於羲和，其事是也。有户氏諸侯之國也，啓禹子也，以天子討諸侯，宜曰征矣，而孔子序《書》，乃曰啓與有户戰于甘之野，不謂之征，有若敵然，何也？啓失其大子之禮也。古者天子有六卿，卿將一軍，諸侯有罪，則奉辭以討之，天子弗躬也。茅戎不道，定王伐之，爲戎所敗，《春秋》書曰王師敗績于茅戎。言王者之師，非戎之所可敗，取敗而已。王者之于天下也，蓋之如天，容之如地，豈可捐忿而與臣子争一決之功哉！有户不恭，則文德以來之，文德而不至，偏以劘之可也，焉用戰！啓失其御，乃至遷廟而臨於小國之侯，以至大戰而軍不勝，予以是知夏德之將衰矣。《甘誓》之書，所以及戰而不一及成敗，成敗不足言也，然則聖人於此可删，而反著之，豈惟傷之哉，又將以爲萬世戒也。

雜録

備録

《尚書・甘誓》 大戰于甘，乃召六卿。

王曰：「嗟！六事之人，予誓告汝。有扈氏威侮五行，怠棄三正，天用剿絶其命。今予惟共行天之罰。左不攻于左，汝不共命；右不攻于右，汝不共命；御非其馬之正，汝不共命。用命，賞于祖；不用命，戮于社。予則孥戮汝。」

《墨子・耕柱》 昔者夏后開使蜚廉折金於山川，而陶鑄之於昆吾，是使翁

難雉乙卜於白若之龜，曰：「鼎成三足而方，不炊而自烹，不舉而自臧，不遷而自行，以祭於昆吾之虛，上鄉！」乙又言兆之由曰：「饗矣！逢逢白雲，一南一北，一西一東，九鼎既成，遷於三國。」夏后氏失之，殷人受之；殷人失之，周人受之。夏后、殷、周之相受也，數百歲矣。使聖人聚其良臣與其桀相而謀，豈能智數百歲之後哉？而鬼神智之。是故曰鬼神之明智於聖人也，猶聰耳明目之與聾瞽也。

袁康《越絶書》卷三《吴内傳》 夏啓獻犧於益。啓者，禹之子。益與禹臣於舜，舜傳之禹，薦益而封之百里。禹崩啓立，曉知王事，達於君臣之義。益死之後，啓歲善犧牲以祠之。《經》曰：「夏啓善犧於益。」此之謂也。

梁玉繩《人表考》卷二《上中仁人·啓》 啓，禹子，始見《書·益稷》。亦曰夏后伯啓，畢校本《吕氏春秋·先己》。亦曰夏后啓，《山海·海外西經》、《海内南經》，而《大荒西經》及《墨子·耕柱》作夏后開，蓋校書者避漢諱改。亦曰建，亦曰余，《御覽》八十二引《世紀》。亦曰會。《路史·後紀》十四，而《真誥闡幽微》一稱爲東明公領斗君師，妄也。在位十六年。《竹書》，而《史·夏紀》集解引皇甫謐云十年，《御覽》引《世紀》及《外紀》、《通志》並作九年，《路史》注引《紀年》謂二十九。年九十一。《路史》兩注，一云九十八，一云九十。《御覽》引《世紀》云八十餘。葬解州夏縣西池下王里村。夏家一代陵寢，惟禹、太康別葬，餘皆在此。《一統志》。

備論

《朱熹集》卷七二《古史餘論·本紀》 舜、禹避朱、均而天下歸之，則蘇子慮其避之足以致天下之逆。至益避啓而天下歸啓，則蘇子又譏其避之爲不度而無恥。於是凡孟子、史遷之所傳者，皆以爲誕妄而不之信。今固未暇質其有無，然蘇子之所以爲説者，類皆以世俗不誠之心度聖賢，則不可以不之辨也。聖賢之心淡然無欲，豈有取天下之意哉？顧辭讓之發，則有根於所性而不能已者。苟非所據，則雖卮酒豆肉猶知避之，況乎秉權據重而天下有歸己之勢，則亦安能無所惕然於中而不遠引以避之哉？避之而彼不吾釋，則不獲已而受之，何病於逆？避之而幸其見舍，則固得吾本心之所欲，而又何恥焉？唯不避而彊取之乃爲逆，偃然當之而彼不吾歸乃可恥耳。如蘇子之言，則是凡世之爲辭讓者皆陰欲取之而陽爲遜避，是以其言反於事實至於如此而不自知其非也。

藝文

《楚辭·屈原〈天問〉》 啓代益作后，卒然離蠥。何啓惟憂，而能拘是達？皆歸射鞫，而無害厥躬。何后益作革，而禹播降？啓棘賓商，《九辯》《九歌》。何勤子屠母，而死分竟地？【略】該秉季德，厥父是臧。胡終弊于有扈，牧夫牛羊？有扈牧豎，云何而逢？擊牀先出，其命何從？

《山海經》第七《海外西經》 大樂之野，夏后啓於此儛九代；乘兩龍，雲蓋三層。左手操翳，右手操環，珮玉璜。在大運山北。一曰大遺之野。

《全唐詩》卷一二崔日用《享龍池樂章》第六章 龍興白水漢興符，聖主時乘運斗樞。岸上苹茸五花樹，波中的皪千金珠。操環昔聞迎夏啓，發匣先來瑞有虞。風色雲光隨隱見，赤雲神化象江湖。

《劉禹錫集》卷二二《武陵書懷五十韻》 鳶飛入鷹隼，魚目儷璵璠。曉燭羅馳道，朝陽闢帝閽。王正會夷夏，月朔盛旗幡。獨立當瑶闕，傳呵步紫垣。按章清犴獄，視祭潔蘋蘩。御曆昌期遠，傳家寶作蕃。繇文光夏啓，神教畏軒轅。內禪因天性，膺圖授化元。繼明懸日月，出震統乾坤。大孝三朝備，洪恩九族惇。百川宗渤澥，五岳輔崑崙。何幸逢休運？微班識至尊。

《全唐詩》卷七五五徐鉉《文獻太子挽歌詞五首之二》 夏啓吾君子，周儲上帝賓。音容一飄忽，功業自紛綸。露泣承華月，風驚麗正塵。空餘商嶺客，行淚下宜春。

王安石《王荆文公詩》卷四九《英宗皇帝挽詞二首之一》 御氣方尊極，乘雲已泬寥。衣冠萬國會，陵寢百神朝。夏鼎傳歸啓，虞夔想見堯。誰當授椽筆，論德在瓊瑶。

夏桀部

綜述

《史記》卷二《夏本紀》 中康崩，子帝相立。帝相崩，子帝少康立。帝少康崩，子帝予立。帝予崩，子帝槐立。帝槐崩，子帝芒立。帝芒崩，子帝泄立。帝泄崩，子帝不降立。帝不降崩，弟帝扃立。帝扃崩，子帝廑立。帝廑崩，立帝不降之子孔甲，是爲帝孔甲。帝孔甲立，好方鬼神，事淫亂。夏后氏德衰，諸侯畔之。天降龍二，有雌雄，孔甲不能食，未得豢龍氏。陶唐既衰，其后有劉累，學擾龍于豢龍氏，以事孔甲。孔甲賜之姓曰御龍氏，受豕韋之後。龍一雌死，以食夏后。夏后使求，懼而遷去。

孔甲崩，子帝皋立。帝皋崩，子帝發立。帝發崩，子帝履癸立，是爲桀。帝桀之時，自孔甲以來而諸侯多畔夏，桀不務德而武傷百姓，百姓弗堪。迺召湯而囚之夏臺，已而釋之。湯修德，諸侯皆歸湯，湯遂率兵以伐夏桀。桀走鳴條，遂放而死。桀謂人曰：「吾悔不遂殺湯於夏臺，使至此。」湯乃踐天子位，代夏朝天下。湯封夏之後，至周封於杞也。

皇甫謐《帝王世紀》卷三 帝桀淫虐有才，力能伸鉤索鐵，手能搏熊虎。多求美女，以充後宫。爲瓊室瑶臺，金柱三千。始以瓦爲屋，以望雲雨。大進侏儒倡優，爲爛漫之樂，設奇偉之戲，縱靡靡之聲。日夜與妹喜及宫女飲酒，常置妹喜於膝上。妹喜好聞裂繒之聲，爲發繒裂之，以順適其意。以人駕車，爲肉山脯林，以酒爲池，使可運舟，一鼓而牛飲者三千餘人，醉而溺水。以虎入市，而視其驚。伊尹舉觴造桀，諫曰：「君王不聽群臣之言，亡無日矣。」桀聞言，乃啞然嘆曰：「子又祅言矣。天之有日，由吾之有民。日亡吾乃亡也。」兩日鬭蝕，鬼呼於國，桀醉不寤。湯來伐桀，以乙卯日戰於鳴條之野。桀未戰而敗績，湯追至大涉，遂禽桀於焦，放之歷山。乃與妹喜及諸嬖妾同舟浮海，奔於南巢之山而死。

《伊訓》曰：「造攻自鳴條，朕哉自亳。」又曰：「夏師敗績，乃伐三朡。」《湯誥》曰：「王歸自克夏，至於亳。」三朡在定陶，於義不得在陳留與東夷也。今安邑見有鳴條陌、昆吾亭。

桀敗於鳴條之野。案：《孟子》「舜卒鳴條」，乃在東夷之地，或言陳留平丘，今有鳴條亭在安邑之西。

河東安邑縣西有鳴條陌，湯伐桀，戰昆吾亭。

雜録

備録

《韓詩外傳》卷二 昔者桀爲酒池糟隄，縱靡靡之樂，一鼓而牛飲者三千人。羣臣皆相持而歌曰：「江水沛兮，舟楫敗兮。我王廢兮，趣歸於亳，亳亦大兮。」又曰：「樂兮樂兮，四牡驕兮，六轡沃兮。去不善兮從善，何不樂兮！」伊尹知大命之將至，曰：「君王不聽臣言，大命至矣！亡無日矣！」桀拍然而抃，曰：「子又妖言矣。吾有天下，猶天之有日也。日有亡乎？日亡吾亦亡也。」於是伊尹接履而趨，遂適於湯，湯以爲相。可謂適彼樂土，爰得其所矣。《詩》曰：「逝將去汝，適彼樂土。適彼樂土，爰得我所。」

《韓詩外傳》卷四 桀爲酒池，可以運舟，糟丘足以望十里，一鼓而牛飲者三千人，關龍逢進諫曰：「古之人君，身行禮義，愛民節財，故國安而身壽。今君用財若無窮，殺人若恐弗勝。君若弗革，天殃必降，而誅必至矣。君其革之。」立而不去朝。桀因而殺之。君子聞之曰：「天之命矣。」《詩》曰：「昊天大憮，予慎無辜。」

《淮南子·覽冥訓》 逮至夏桀之時，主闇晦而不明，道瀾漫而不修，棄捐五帝之恩刑，推蹶三王之法籍，是以至德滅而不揚，帝道揜而不興，舉事戾蒼天，發號逆四時，春秋縮其和，天地除其德，仁君處位而不安，大夫隱道而不言，羣臣準上意而懷當，疏骨肉而自容，邪人參耦比周而陰謀，居君臣父子之間，而競載驕主而像其意，亂人以成其事，是故君臣乖而不親，骨肉疏而不附，植社槁而垮裂，容臺振而掩覆，犬羣嗥而入淵，豕銜蓐而席澳，美人挐首墨面而不容，曼聲吞炭

內閉而不歌，喪不盡其哀，獵不聽其樂，西老折勝，黄神嘯吟，飛鳥鎩翼，走獸廢脚，山無峻幹，澤無洋水，狐狸首穴，馬牛放失，田無立禾，路無莎蕡，金積折廉，璧襲無理，磬龜無腹，蓍策日施。

劉向《新序・刺奢》 桀作瑶臺，罷民力，殫民財。爲酒池糟隄，縱靡靡之樂，一鼓而牛飲者三千人。羣臣相持歌曰：「江水沛沛兮，舟楫敗兮，我王廢兮，趣歸薄兮，薄亦大兮。」又曰：「樂兮樂兮，四牡蹻兮，六轡沃兮，去不善而從善，何不樂兮。」伊尹知天命之去，舉觴而告桀曰：「君王不聽臣之言，亡無日矣。」桀拍然而作，啞然而笑曰：「子何妖言，吾有天下，如天之有日也。日有亡乎？日亡吾亦亡矣。」於是伊尹接履而趣，遂適湯，湯立爲相。故伊尹去夏入殷，殷王而夏亡。

劉向《古列女傳》卷七《孽嬖傳》 末喜者，夏桀之妃也。美於色，薄於德，亂孽無道，女子行，丈夫心，佩劒帶冠。桀既棄禮義，淫於婦人，求美女積之於後宫，收倡優侏儒狎徒能爲奇偉戲者，聚之於旁，造《爛漫》之樂，日夜與末喜及宫女飲酒，無有休時。置末喜於膝上，聽用其言。爲酒池可以運舟，一鼓而牛飲者三千人，軥其頭而飲之於酒池，醉而溺死者，末喜笑之以爲樂。造瓊臺瑶室以臨雲雨，殫財盡幣，意尚不饜。

張華《博物志》卷七《異聞》 夏桀之時，爲長夜宫於深谷之中，男女雜處，十旬不出聽政，天乃大風揚沙，一夕填此宫谷。又爲石室瑶臺，關龍逢諫，桀言曰：「吾之有民，如天之有日，日亡我則亡。」以爲龍逢妖言而殺之。其後山復於谷，下反在上，耆老相與諫，桀又以爲妖言而殺之。

夏桀之時，費昌之河上，見二日：在東者爛爛將起；在西者沉沉將滅，若疾雷之聲。昌問於馮夷曰：「何者爲殷？何者爲夏？」馮夷曰：「西夏東殷。」於是費昌徙，疾歸殷。

梁玉繩《人表考》卷八《下中・癸》 桀始見《書・湯誓》。發子履癸，是爲桀，始見《史・夏紀》、《世表》。《竹書》：癸一名桀。長巨姣美，《荀子・非相》。垂腴尺餘，《論衡・語增》。筋力越勁，《荀子》。別觡伸鈎，索鐵歙金。《淮南・主術》。自謂天父。《路史》注引《賈子》，今本《新書・大政》上作天子，似譌也。亦曰夏桀，《詩・長發》。亦曰夏癸，張衡《東京賦》。亦曰大犧。《吕氏春秋・簡選》高誘注云：桀多力，能推移大犧，因以爲號。然非也。誘蓋本《淮南》爲説。案《晏子春秋・諫上》曰：夏之衰有推侈、大戲，殷之衰有費仲、惡來。《墨子・明鬼》曰：推哆、大戲主别兕虎，湯禽推哆、大戲，則大犧是桀臣之名，《路史・後紀》十四注以軍旗解之，亦非。居斟尋。《楚辭・天問》、《竹書》，王逸注誤，吴仁傑《刊誤補遺》三辨之。在位三十一年。《竹書》，而《外紀》、《通志》作五十一，《路史》作四十三，注謂或云五十二，或云五十三，或云十二。湯放于南巢。《書・仲虺之誥》。以乙卯日亡。《檀弓》上注。三年卒亭山。《竹書》。案此表及《竹書》單稱癸，甚是，《史》誤多履字。湯名曰履，豈有君臣同名之理乎？至《索隱》引《世本》皋生發及桀，恐非。《左》僖卅二杜注，《吕氏春秋・音初》、《當染》、《不侵》高注俱不從《世本》也。又《學林》三言表桀在九等，今本皆列第八，當是轉寫之譌。

錢保塘《帝王世紀續補》 紂〔桀〕淫亂，災異並見。兩日鬬射，攝捉殄處，五星錯行，伊、洛竭，彗星出，鬼哭於國。湯伐之。

桀見籙書云「亡夏者桀」，於是大誅豪杰。

左師曹觸龍諂諛不正，賢良鬱怒。【略】

諸侯叛桀，關龍逢引皇圖而諫，桀殺之。伊尹諫桀，桀曰：「天之有日，由吾之有民。日亡吾乃亡。」

備論

《管子・輕重甲》 桓公曰：「輕重有數乎？」管子對曰：「輕重無數。物發而應之，聞聲而乘之。故爲國不能來天下之財，致天下之民，則國不可成。」桓公曰：「何謂來天下之財？」管子對曰：「昔者桀之時，女樂三萬人，端譟晨樂，聞於三衢，是無不服文繡衣裳者。伊尹以薄之游，女工文繡纂組一純，得粟百鍾於桀之國。夫桀之國者，天子之國也。桀無天下憂，飾婦女鍾鼓之樂，故伊尹得其粟而奪之流。此之謂來天下之財。」桓公曰：「何謂致天下之民？」管子對曰：「請使州有一掌，里有積五窌。民無以與正籍者予之長假，死而不葬者予之長度。饑者得食，寒者得衣，死者得葬，不資者得振，則天下之歸我者若流水。此之謂致天下之民。故聖人善用非其有，使非其人。動言摇辭，萬民可得而親。」桓公曰：「善。」

桓公問管子曰：「夫湯以七十里之薄，兼桀之天下，其故何也？」管子對曰：「桀者，冬不爲杠，夏不束柎，以觀凍溺。弛牝虎充市，以觀其驚駭。至湯而不然，夷競而積粟，饑者食之，寒者衣之，不資者振之，天下歸湯若流水。此桀之

所以失其天下也。」桓公曰：「桀使湯得爲是，其故何也？」管子曰：「女華者，桀之所愛也，湯事之以千金。曲逆者，桀之所善也，湯事之以千金。內則有女華之陰，外則有曲逆之陽，陰陽之議合，而得成其天子。此湯之陰謀也。」

《孟子·告子下》 孟子曰：「今之事君者，皆曰我能爲君辟土地，充府庫。今之所謂良臣，古之所謂民賊也。君不鄉道，不志於仁，而求富之，是富桀也。我能爲君約與國，戰必克。今之所謂良臣，古之所謂民賊也。君不鄉道，不志於仁，而求爲之强戰，是輔桀也。由今之道，無變今之俗，雖與之天下，不能一朝居也。」

《呂氏春秋·慎大覽·慎大》 桀爲無道，暴戾頑貪，天下顫恐而患之，言者不同，紛紛分分，其情難得。干辛任威，凌轢諸侯，以及兆民，賢良鬱怨。殺彼龍逢，以服羣凶。衆庶泯泯，皆有遠志，莫敢直言，其生若驚。大臣同患，弗周而畔。桀愈自賢，矜過善非，主道重塞，國人大崩。湯乃惕懼，憂天下之不寧，欲令伊尹往視曠夏，恐其不信，湯由親自射伊尹。伊尹奔夏三年，反報于亳，曰：「桀迷惑於末嬉，好彼琬、琰，不恤其衆，衆志不堪，上下相疾，民心積怨，皆曰『上天弗恤，夏命其卒』。」湯謂伊尹曰：「若告我曠夏盡如詩。」湯與伊尹盟，以示必滅夏。伊尹又復往視曠夏，聽於末嬉。末嬉言曰：「今昔天子夢西方有日，東方有日，兩日相與鬭，西方日勝，東方日不勝。」伊尹以告湯。商涸旱，湯猶發師，以信伊尹之盟，故令師從東方出於國，西以進。未接刃而桀走，逐之至大沙，身體離散，爲天下戮，不可正諫，雖後悔之，將可奈何？湯立爲天子，夏民大說，如得慈親，朝不易位，農不去疇，商不變肆，親郼如夏。此之謂至公，此之謂至安，此之謂至信。盡行伊尹之盟，不避旱殃，祖伊尹世世享商。

《呂氏春秋·孝行覽·長攻》 凡治亂存亡，安危强弱，必有其遇，然後可成，各一則不設。故桀、紂雖不肖，其亡遇湯、武也，遇湯、武，天也，非桀、紂之不肖也；湯、武雖賢，其王遇桀、紂也，遇桀、紂，天也，非湯、武之賢也。若桀、紂不遇湯、武，未必亡也；桀、紂不亡，雖不肖，辱未至於此。若使湯、武不遇桀、紂，未必王也；湯、武不王，雖賢，顯未至於此。故人主有大功不聞不肖，亡國之主不聞賢。

吴裕垂《史案》卷一《有施氏進妹喜》 有施氏藐視天威，抗命不朝，防風後至之戮，有扈不服之誅，固萬無可逭，或見伐而敬勤服事，率與國恪貢方物，猶之可也，迺敢爲狐媚之術，納其息女，淫惑君心，流毒中原，舉四百載基業，悉剪伐於女戎手，有施真猾夏之罪魁也。顧物必先腐也，然後蟲生之。桀惟恃勇力，逞侈心，爰有趙梁諸嬖教之貪狠，韋顧諸蘖導之暴虐，況荒淫無度，早爲羣小所共覩乎！有施不進妹喜，天下獨無妹喜乎！桀之後宫，一鼓而牛飲三千外，如妹喜者，當復不少，妹喜不幸而見悦於亡國之君，致天下後世咸以亡國之罪加之妹喜耳。或曰：妹喜好聞繒裂，暴殄天物，安得無罪？曰：人所樂聞，不過金石絲竹之音，優童豔女之曲，或春鳥秋蟲之鳴，與一切元音天籟耳，繒裂何聲，而妹喜好之乎？即或偶爾欣賞，亦不意桀之發繒也，又非殘忍如妲己勸紂嚴刑立威，倡爲炮烙之刑也！就令别有所好，甚於裂繒，足以耗盡帑藏，而桀之不聽，雖十妹喜豈能亡有夏之天下乎！籙書有曰「亡夏者桀」，言桀自亡之耳！可知有亡國之君，而後有亡國之臣妾也。爲人臣妾者，又豈可姑求容悦，陷吾君於淫樂色流，不嚴以妹喜爲炯戒乎！

吴裕垂《史案》卷一《肉山酒池》 肉雖多，曷至爲山？信如山積，腐矣！酒尚氣，安可置池，信以池貯，薄矣！桀與妹喜，猶是口鼻也，豈爲飢渴害之，甘食此腐肉，甘飲此薄酒乎？若云投界後宫，後宫何辜，甘受此明罰乎？爲是説者，不過欲形桀之窮奢極慾，飲食若流耳。迺曰肉山脯林，酒池可以運舟，史氏浮夸失實，于此可見一斑。

藝文

《李太白全集》卷一一《經亂離後天恩流夜郎憶舊遊書懷贈江夏韋太守良宰》 桀犬尚吠堯，匈奴笑千秋。中夜四五嘆，常爲大國憂。旌旆夾兩山，黄河當中流。連雞不得進，飲馬空夷猶。安得羿善射，一箭落旄頭。

《全唐詩》卷三八八盧仝《冬行三首之一》 蟲豸臘月皆在蟄，吾獨何乃勞其形。小大無由知天命，但怪守道不得寧。老母妻子一揮手，涕下便作千里行。自顧不及遭霜葉，旦夕保得同飄零。達生何足云，偶然苦樂經其身。古來堯孔與桀跖，善惡何補如今人。

《元稹集》卷一〇《代曲江老人百韻》 姦心興桀黠，兇醜比頑嚚。斗柄侵妖彗，天泉化逆鱗。背恩欺乃祖，連禍及吾民。貙貐當前路，鯨鯢得要津。王師纔業業，暴卒已齾齾。雜虜同謀夏，宗周暫去豳。陵園深暮景，霜露下秋旻。鳳闕

悲巢鵬，鵶行亂野麏。華林荒茂草，寒竹碎貞筠。村落空垣壞，城隍舊井堙。破船沉古渡，戰鬼聚陰燐。振臂誰相應，攢眉獨不伸。

《全唐詩》卷四八六鮑溶《隋帝陵下》 白露沾衣隋主宮，雲亭月館楚淮東。盤龍樓艦浮冤水，雕錦帆幢使亂風。長夜應憐桀何罪，告成合笑禹無功。傷心近似驪山路，陵樹無根秋草中。

《全唐詩》卷五六三趙牧《對酒》 雲翁耕扶桑，種黍養日烏。手挼六十花甲子，循環落落如弄珠。長繩繫日未是愚，有翁臨鏡捋白鬚。飢魂弔骨吟古書，馮唐八十無高車。人生如雲在須臾，何乃自苦八尺軀。裂衣換酒且爲娱，勸君朝飲一瓢，夜飲一壺。杞天崩，雷騰騰。桀非堯是何足憑。桐君桂父豈勝我，醉裏白龍多上昇。菖蒲花開魚尾定，金丹始可延君命。

《全唐詩》卷六四七胡曾《商郊》 鶯轉商郊百草新，殷湯遺蹟在荒榛。誰知繼桀僞天子，便是當初祝網人。

《王十朋全集·詩集》卷一〇《詠史詩·桀》 大禹辛勤造夏邦，子孫何苦事淫荒。國亡不悟生平罪，翻悔當時不殺湯。

商湯部

綜述

《史記》卷三《殷本紀》 契卒，子昭明立。昭明卒，子相土立。相土卒，子昌若立。昌若卒，子曹圉立。曹圉卒，子冥立。冥卒，子振立。振卒，子微立。微卒，子報丁立。報丁卒，子報乙立。報乙卒，子報丙立。報丙卒，子主壬立。主壬卒，子主癸立。主癸卒，子天乙立，是爲成湯。

成湯，自契至湯八遷。湯始居亳，從先王居，作《帝誥》。

湯征諸侯。葛伯不祀，湯始伐之。湯曰：「予有言：人視水見形，視民知治不。」伊尹曰：「明哉！言能聽，道乃進。君國子民，爲善者皆在王官。勉哉，勉哉！」湯曰：「汝不能敬命，予大罰殛之，無有攸赦。」作《湯征》。

湯出，見野張網四面，祝曰：「自天下四方皆入吾網。」湯曰：「嘻，盡之矣！」乃去其三面，祝曰：「欲左，左。欲右，右。不用命，乃入吾網。」諸侯聞之，曰：「湯德至矣，及禽獸。」

湯歸至于泰卷陶，中𦉍作誥。既絀夏命，還亳，作《湯誥》：「維三月，王自至於東郊。告諸侯羣后：『毋不有功於民，勤力迺事。予乃大罰殛女，毋予怨。』曰：『古禹、皋陶久勞于外，其有功乎民，民乃有安。東爲江，北爲濟，西爲河，南爲淮，四瀆已修，萬民乃有居。后稷降播，農殖百穀。三公咸有功于民，故后有立。昔蚩尤與其大夫作亂百姓，帝乃弗予，有狀。先王言不可不勉。』曰：『不道，毋之在國，女毋我怨。』」以令諸侯。伊尹作《咸有一德》，咎單作《明居》。

湯乃改正朔，易服色，上白，朝會以晝。

湯崩，太子太丁未立而卒，於是迺立太丁之弟外丙，是爲帝外丙。帝外丙即位三年，崩，立外丙之弟中壬，是爲帝中壬。帝中壬即位四年，崩，伊尹迺立太丁之子太甲。太甲，成湯適長孫也，是爲帝太甲。帝太甲元年，伊尹作《伊訓》，作《肆命》，作《徂后》。

皇甫謐《帝王世紀》卷四 成湯，一名帝乙。豐下鋭上，指有駢，倨身而揚聲。長九尺，臂四肘。有聖德，諸侯有不義者，湯從而征之，誅其君，吊其民，天下咸服。故東征則西夷怨，南征則北狄怨，曰：「奚爲而我後？」故《仲虺誥》曰「徯我后，后來其蘇」也。凡二十七征，而德施於諸侯焉。有出見羅者方祝曰：「從天下者，從地出者，四方來者，皆入吾網。」湯曰：「嘻！盡之矣。」乃命解其三面而置其一面，更教之祝曰：「欲左者左，欲右者右，欲高者高，欲下者下。吾取其犯命者。」漢南諸侯聞之，咸曰：「湯之德至矣！澤及禽獸，況於人乎？」一時歸者三十六國。及夏桀無道，湯使人哭之，桀囚湯於夏台，而後釋之。諸侯咸叛桀附湯，同日職貢者五百國，三年而天下悉服。湯即天子位，遂遷九鼎於亳，至大坰而有慚德。湯自伐桀後，大旱七年，洛川竭，使人持三足鼎祝於山川，曰：「欲不節邪？使民疾邪？苞苴行邪？讒夫昌邪？宫室榮邪？女謁行邪？何不雨之極也？」殷史卜曰：「當以人禱。」湯曰：「吾所請雨者，民也。若必以人禱，吾請自當。」遂齊戒翦髮斷爪，以己爲牲，禱於桑林之社，曰：「唯予小子履，敢用玄牡，告於皇天后土曰：萬方有罪，罪在朕躬。朕躬有罪，無及萬方。無以一人之不敏，使上帝鬼神傷民之命。」言未已而大雨至，方數千里。

湯思賢，夢見有人負鼎抗俎對己而笑，寤而占曰：「鼎爲和味，俎者割截，天下豈有人爲吾宰者哉？」初，力牧之後曰伊摯，耕於有莘之野，湯聞，以幣聘，有莘之君留而不進，湯乃求婚於有莘之君，有莘之君遂嫁女於湯，以摯爲媵臣。至亳，乃負鼎抱俎見湯也。

伊摯豐下鋭上，色黑而短，僂身而下聲，年七十而不遇。湯聞其賢，設朝禮而見之。摯乃説湯，致於王道。

雜録

備録

《尚書・湯誓》 王曰：「格爾衆庶，悉聽朕言：非台小子，敢行稱亂，有夏多罪，天命殛之。今爾有衆，汝曰：『我后不恤我衆，舍我穡事而割正夏。』予惟

聞汝衆言。夏氏有罪，予畏上帝，不敢不正。今汝其曰『夏罪其如台』？夏王率遏衆力，率割夏邑。有衆率怠弗協，曰：『時日曷喪？予及汝偕亡。』夏德若茲，今朕必往。爾尚輔予一人，致天之罰，予其大賚汝，爾無不信，朕不食言。爾不從誓言，予則孥戮汝，罔有攸赦。」《書序》：「伊尹相湯伐桀，升自陑遂與桀戰于鳴條之野，作《湯誓》。夏師敗績，湯遂從之，遂伐三朡，俘厥寶玉，誼仲、伯仲作《典寶》。」

《鬻子・禹政》 湯之治天下也，得慶誧、伊尹、湟里且、東門蟆、南門蜓、西門疪、北門側，得七大夫佐以治天下，而天下治。二十七世，積歲五百七十六歲，至紂。

《逸周書・王會解》 湯問伊尹曰：「諸侯來獻，或無馬牛之所生而獻遠方之物，事實相反，不利。今吾欲因其地勢所有獻之，必易得而不貴，其爲四方獻令。」

伊尹受命，於是爲四方令曰：「臣請正東符婁、仇州、伊慮、漚深、九夷十蠻、越漚、鬋文身，請令以魚支之鞞，□鰂之醬，鮫瞂、利劍爲獻。正南甌鄧、桂國、損子、産里、百濮、九菌，請令以珠璣、瑇瑁、象齒、文犀、翠羽、菌鶴、短狗爲獻。正西崐崙、狗國、鬼親、枳已、闟耳、貫胸、雕題、離丘、漆齒，請令以丹青、白旄、紕罽、江歷、龍角、神龜爲獻。正北空同、大夏、莎車、姑他、旦略、貌胡、戎翟、匈奴、樓煩、月氏、孅犁、其龍、東胡，請令以橐駝、白玉、野馬、騊駼、駃騠、良弓爲獻。」湯曰：善。

《逸周書・殷祝解》 湯將放桀于中野。士民聞湯在野，皆委貨扶老攜幼奔，國中虛。桀請湯曰：「國所以爲國者以有家，家所以爲家者以有人也。今國無家無人矣。君有人，請致國，君之有也。」湯曰：「否，昔大帝作道，明教士民，今君王滅道殘政，士民惑矣。吾爲王明之。」士民復，致於桀曰：「以薄之居，濟民之賤，何必君更。」桀與其屬五百人南徙千里，止於不齊，民往奔湯於中野。桀復請湯，言：「君之有也。」湯曰：「否，我爲君王明之。」士民復，重請之。桀與其屬五百人徙於魯，魯士民復奔湯。桀又曰：「國，君之有也。吾則外人，有言，彼以吾道是邪，我將爲之。」湯曰：「此君王之士也，君王之民也，委之何？」湯不能止桀。湯曰：「欲從者從君。」桀與其屬五百人去。湯放桀而復薄，三千諸侯大會。湯退再拜，從諸侯之位。湯曰：「此天子位，有道者可以處之。天子非一家之有也，有道者之有也，故天下者唯有道者理之，唯有道者紀之，唯有道者宜久處之。」湯以此讓，三千諸侯莫敢即位，然後湯即天子之位，與諸侯誓曰：「陰勝陽即謂之變而天弗施，雌勝雄即謂之亂而人弗行。」故諸侯之治政，在諸侯之大夫治與從。

《管子・輕重甲》 昔者，桀之時，女樂三萬人，端譟晨樂，聞於三衢，是無不服文繡衣裳者。伊尹以薄之游，女工文繡纂組一純，得粟百鍾於桀之國。夫桀之國者，天子之國也。桀無天下憂，飾婦女鐘鼓之樂，故伊尹得其粟而奪之流，此之謂來天下之財。【略】桀者，冬不爲杠，夏不束柎，以觀凍溺；弛牝虎充市，以觀其驚駭。至湯而不然，夷競而積粟，饑者食之，寒者衣之，不資者振之，天下歸湯若流水。此桀之所以失其天下也。女華者，桀之所愛也，湯事之以千金。曲逆者，桀之所善也，湯事之以千金。內則有女華之陰，外則有曲逆之陽，陰陽之議，合而得成其天子，此湯之陰謀也。

《墨子・貴義》 子墨子曰：「【略】昔者，湯將往見伊尹，令彭氏之子御。彭氏之子半道而問曰：『君將何之？』湯曰：『將往見伊尹。』彭氏之子曰：『伊尹，天下之賤人也。若君欲見之，亦令召問焉，彼受賜矣。』湯曰：『非女所知也。今有藥此，食之則耳加聰，目加明，則吾必説而强食之。今夫伊尹之於我國也，譬之良醫善藥也。而子不欲我見伊尹，是子不欲吾善也。』因下彭氏之子，不使御。彼苟然，然後可也。」

《孟子・滕文公下》 萬章問曰：「宋，小國也。今將行王政，齊楚惡而伐之，則如之何？」孟子曰：「湯居亳，與葛爲鄰。葛伯放而不祀，湯使人問之曰：『何爲不祀？』曰：『無以供犧牲也。』湯使遺之牛羊，葛伯食之，又不以祀。湯又使人問之曰：『何爲不祀？』曰：『無以供粢盛也。』湯使亳衆往爲之耕，老弱饋食。葛伯率其民，要其有酒食黍稻者奪之，不授者殺之。有童子以黍肉餉，殺而奪之。《書》曰『葛伯仇餉』，此之謂也。爲其殺是童子而征之，四海之内皆曰：『非富天下也，爲匹夫匹婦復讎也。』湯始征，自葛載，十一征而無敵於天下。東面而征西夷怨，南面而征北狄怨，曰『奚爲後我』？民之望之，若大旱之望雨也。歸市者弗止，芸者不變，誅其君，弔其民，如時雨降，民大悦。《書》曰：『徯我后，后來其無罰！』『有攸不惟臣，東征綏厥士女，匪厥玄黄，紹我周王見休，惟臣附于大邑周。』其君子實玄黄於匪以迎其君子，其小人簞食壺漿以迎其小人。救民於水火之中，取其殘而已矣。《太誓》曰：『我武惟揚，侵于之疆，則取于殘，殺伐用張，于湯有光。』不行王政云爾。苟行王政，四海之内，皆舉首而望之，欲以爲君，齊楚雖大，何畏焉？」

《孟子・萬章上》 萬章問曰：「人有言伊尹以割烹要湯，有諸？」

孟子曰：「否。不然。伊尹耕於有莘之野，而樂堯舜之道焉。非其義也，非其道也，祿之以天下，弗顧也。繫馬千駟，弗視也。非其義也，非其道也，一介不以與人，一介不以取諸人。湯使人以幣聘之，囂囂然曰：『我何以湯之聘幣爲哉！我豈若處畎畝之中，由是以樂堯舜之道哉！』湯三使往聘之。既而幡然改曰：『與我處畎畝之中，由是以樂堯舜之道，吾豈若使是君爲堯舜之君哉，吾豈若使是民爲堯舜之民哉，吾豈若於吾身親見之哉！天之生此民也，使先知覺後知，使先覺覺後覺也。予，天民之先覺者也。予將以斯道覺斯民也。非予覺之而誰也？』思天下之民匹夫匹婦有不被堯舜之澤者，若己推而內之溝中。其自任以天下之重如此，故就湯而說之，以伐夏救民。吾未聞枉己而正人者也，況辱己以正天下者乎？聖人之行不同也，或遠或近，或去或不去，歸絜其身而已矣。吾聞其以堯舜之道要湯，未聞以割烹也。《伊訓》曰：『天誅造攻自牧宮，朕載自亳。』」

《呂氏春秋·孟冬紀·異用》 湯見祝網者，置四面，其祝曰：「從天墜者，從地出者，從四方來者，皆離吾網。」湯曰：「嘻！盡之矣。非桀其孰爲此也？」湯收其三面，置其一面，更教祝曰：「昔蛛蝥作網罟，今之人學紓。欲左者左，欲右者右，欲高者高，欲下者下，吾取其犯命者。」漢南之國聞之曰：「湯之德及禽獸矣。」四十國歸之。人置四面，未必得鳥；湯去其三面，置其一面，以網其四十國，非徒網鳥也。

《呂氏春秋·仲夏紀·古樂》 殷湯即位，夏爲無道，暴虐萬民，侵削諸侯，不用軌度，天下患之。湯於是率六州以討桀罪，功名大成，黔首安寧。湯乃命伊尹作爲《大護》，歌《晨露》，修《九招》、《六列》，以見其善。

賈誼《新書·脩政語上》 湯曰：「學聖王之道者，譬其如日；靜思而獨居，譬其若火。夫人舍學聖王之道而靜居獨思，譬其若去日之明於庭，而就火之光於室也，然可以小見，而不可以大知。」是故明君而君子，貴尚學道而賤下獨思也。故諸君得賢而舉之，得賢而與之，譬其若登山乎；得不肖而舉之，得不肖而與之，譬其若下淵乎。故登山而望，其何不臨而何不見？凌遲而入淵，其孰不陷溺？是以明君慎其舉，而君子慎其與，然後福可必歸，菑可必去矣。

湯曰：「藥食嘗於卑，然後至於貴；藥言獻於貴，然後聞於卑。」故藥食嘗於卑然後至於貴，教也；藥言獻於貴然後聞於卑，道也。故使人味食然後食者，其得味也多；使人味言然後聞者，其得言也少。故以是明上之於言也，必自也聽之，必自也擇之，必自也聚之，必自也藏之，必自也行之。故道以數取之爲明，以數行之爲章，以數施之萬姓爲藏。是故求道者不以目而以心，取道者不以手而以耳，致道者以言，入道者以忠，積道者以信，樹道者以人。故人主有欲治安之心而無治安之政者，雖欲治安顯榮也，弗得矣。故治安不可以虛成也，顯榮不可以虛得也。故明君敬士、察吏、愛民以參其極，非此者，則四美不附矣。

《韓詩外傳》卷三 有殷之時，穀生湯之廷，三日而大拱。湯問伊尹曰：「何物也？」對曰：「穀樹也。」湯問：「何爲而生於此？」伊尹曰：「穀之出澤野物也，今生天子之庭，殆不吉也。」湯曰：「奈何？」伊尹曰：「臣聞妖者禍之先，祥者福之先。見妖而爲善，則禍不至；見祥而爲不善，則福不臻。」湯乃齊戒靜處，夙興夜寐，弔死問疾，赦過賑窮，七日而穀亡。妖孽不見，國家其昌。《詩》曰：「畏天之威，于時保之。」

《韓詩外傳》卷八 湯作《護》。聞其宮聲，使人溫良而寬大。聞其商聲，使人方廉而好義。聞其角聲，使人惻隱而愛仁。聞其徵聲，使人樂養而好施。聞其羽聲，使人恭敬而好禮。《詩》曰：「湯降不遲，聖敬日躋。」

《漢書》卷二〇《古今人表》顏師古注 禹、湯皆字。三王去唐虞之文，從高古之質，故夏殷之王皆以名爲號也。

王應麟《困學紀聞》卷二《書》 孔安國謂湯始改正朔，鄭康成謂自古改正朔。葉少蘊云：「《甘誓》已言三正，則子、丑、寅疊以爲正者，尚矣。」

梁玉繩《人表考》卷一《上上聖人·帝湯殷商氏》 湯始見《商書》，帝湯之稱，惟見此表，《史記》於商諸王皆加稱帝，獨湯不書帝也。又《路史·發揮》五注謂湯是商國中一邑名，今相之湯陰，甚確。觀《史·秦紀》有亳王，湯可見蓋以地爲號，故稱湯爲謚者固非，以爲字與名者亦非。禹乃是名，《史·夏紀·索隱》言之矣。師古注本《殷紀·集解》張晏説，然去文從質之論殊謬。各本師古法二王譌三王，或脱虞字。殷商始見《詩·大明》及《蕩篇》。《商頌譜》疏云：堯封契于商，湯取以爲代號，後改號殷，故二號雙言之。三王之二也。《書》序《釋文》。名履，《論語》。又名天乙，《荀子·成相》、《書·湯誓·釋文》引《世本》、《史·殷紀》，而《白虎通·姓名章》謂湯爲王，後改名天乙，恐難據。又《易乾鑿度》以《易》之帝乙爲湯，亦非。別見余所作《瞥記》。亦曰商侯履，《竹書》。亦曰子履，《潛夫·五德志》。亦曰成商，《逸書·史記解》。亦曰成湯，《商書》、《周書》、《商頌》，《路史·發揮》注謂成湯猶言成周，是也。《書·仲虺之誥》傳云：湯伐桀，武功成，故以爲號。《白虎通·謚章》以成湯是兩言爲謚，《商頌》疏引《謚法》：安民立政曰成，除殘去虐曰湯，並妄。亦

曰武湯，亦曰武王，亦曰烈祖，並《商頌》。亦曰神后，亦曰高后，亦曰高祖，並《書·盤庚》。亦曰后帝，《楚辭·天問》。亦曰殷湯，本書《楚元王傳》。亦曰商湯，《左》昭公四年。亦曰黑帝。《五德志》、《御覽》八十三引《河圖》、《洛書》。子姓，《史·五帝紀》。契之後。《史·陳杞世家》，而孔《商書》傳、鄭《商頌譜》、《宋書·符瑞志》皆言契至湯十四世，蓋誤從《殷紀》也。《紀》敘世次於曹圉下缺根國一代，故止十四，其實十五世。《周語》下：玄王勤商，十有四世而興。是離湯數之，韋注亦誤。父主癸，《殷紀》。母扶都，感白氣貫月，以乙日生湯。《五德志》、《符瑞志》、《御覽》引《河圖》、《詩含神霧》、《世紀》。虚之星精，《公羊》宣三疏。長九尺，《孟子》。晳而長，顏以髯，兑上豐下，倨身而揚聲，《晏子·春秋·諫上》。脩肱龜背，《孔叢·嘉言》。臂再肘，《論衡·骨相》，而《符瑞志》、《初學記》九引《世紀》作四肘，《白虎通·聖人章》作三肘。半體枯，足左扁而右便。《荀子·非相》、《書傳略説》、《春秋繁露·三代改制》。爲侯十七年，爲天子十三年，百歲崩。《御覽》引《韓詩内傳》、《殷紀·集解》引皇甫謐。都亳。《商書》序。案湯墓失傳，故《楚元王傳》劉向曰：殷湯無葬處。《路史·後紀》八曾歎悼之。《水經汳水注》引杜預云：梁國蒙縣北薄伐城有湯冢。而酈公謂是仙人王子喬之墓，有碑可證。復引漢哀帝建平元年大司空史邵長卿按水災，因行湯冢，在左馮翊徵陌。而酈公辨其爲西戎亳王號湯者所葬。惟所引漢崔駰云：湯冢在濟陰薄縣北。引宋何承天等《皇覽》云：薄城北郭東三里有湯冢。與《商書》、《商頌》疏引臣瓚説同。而《路史》引韓嬰稱帝乙墓，疑因帝乙而誤爲天乙爾，不然博如劉向，豈不知之？《通考》百三卷、百廿三卷言湯葬汾陰，未識典據所始。今湯陵亦在山西蒲州府滎河縣北也。

錢保塘《帝王世紀續補》《孟子》稱「湯居亳，與葛爲鄰，葛伯不祀，湯使亳衆爲之耕。」葛即今梁國寧陵之葛鄉也。若湯居偃師，去寧陵八百餘里，豈當使民爲之耕乎？亳，今梁國穀熟縣是也。

湯即位十七年而踐天子位，爲天子十三年，年百歲而崩。

革車三萬，伐桀於鳴條。

湯得天下，有神麞白狼銜鈎入殿朝。

湯時有神牽白狼銜鈎入殷朝者，乃東觀，沉璧於洛，獲黄魚黑玉之瑞，於是始受命稱王。

奇肱民能爲飛車，從風遠行。湯時西風吹至豫州，湯破其車，不以示民。十年，東風，湯復作車，遣賜之，去玉門四萬里。

湯令未命之爲士者，車不得朱軒及有飛軨，不得乘飾車駢馬衣文繡。命，然後得以順其德。

殷湯問伊摯曰：「古者立三公九卿大夫元士者何？」摯曰：「三公以與主參王事，九卿以參三公，大夫以參九卿，元士以參大夫。故參而又參，是謂事宗。事宗不失，内外若一。」又曰：「相去幾何？」摯曰：「三公智通於天地，應變而無窮，辨於萬物之情，其言足以調陰陽四時而節風雨，如是者舉之以爲三公。故三公之事常在於道。九卿者，不出四時，通溝渠，修堤防，樹種五穀，通於地理，能通利不利，如是者舉以爲九卿。故九卿之事常在於德。大夫者，出入與民同衆，取去與民同解，通於人事，行内舉繩，不傷於言，言足法於世，不害於身，通關梁，實府庫，如是者舉以爲大夫。故大夫之事常在於仁。元士者，知義而不先期，事功而不獨專，中正强諫而無奸詐，在私之公而可立法度，如是者舉以爲元士。故元士之事常在於義。道德仁義定而天下正矣。」又曰：「三公股肱之臣，九卿手足之臣，大夫筋脈之臣，元士肌肉之臣。」

伊尹爲丞相，仲虺爲左丞相。

初，力牧之後曰摯。其母曰始，孕伊水之濱，夢神告己曰：「臼出水而遠走無顧。」及明，視臼中有水，即告鄰而走，東十里乃顧，其地盡爲水矣。

備論

《墨子·兼愛下》湯曰：「惟予小子履，敢用玄牡，告於上天后曰：『今天大旱，即當朕身履，未知得罪于上下。有善不敢蔽，有罪不敢赦，簡在帝心。萬方有罪，即當朕身，朕身有罪，無及萬方。』」即此言湯貴爲天子，富有天下，然且不憚以身爲犧牲，以祠説于上帝鬼神，即此湯兼也。雖子墨子之所謂兼者，於湯取法焉。

《墨子·非命上》古者湯封於亳，絶長繼短，方地百里，與其百姓兼相愛、交相利，移則分，率其百姓以上尊天事鬼，是以天鬼富之，諸侯與之，百姓親之，賢士歸之，未殁其世，而王天下，政諸侯。

《孟子·梁惠王下》孟子對曰：「臣聞七十里爲政於天下者，湯是也。未聞以千里畏人者也。《書》曰：『湯一征，自葛始。』天下信之，東面而征西夷怨，

南面而征北狄怨，曰『奚爲後我』？民望之，若大旱之望雲霓也。歸市者不止，耕者不變，誅其君而弔其民，若時雨降，民大悦。《書》曰：『徯我后，后來其蘇。』」

《淮南子·脩務訓》 湯夙興夜寐，以致聰明；輕賦薄斂，以寬民氓；布德施惠，以振困窮；弔死問疾，以養孤孀。百姓親附，政令流行，乃整兵鳴條，困夏南巢，譙以其過，放之歷山。

袁康《越絶書》卷三《吴内傳》 湯獻牛荆之伯。之伯者，荆州之君也。湯行仁義，敬鬼神，天下皆一心歸之。當是時，荆伯未從也，湯於是乃飾犧牛以事。荆伯乃媿然曰：「失事聖人禮。」乃委其誠心。此謂湯獻牛荆之伯也。【略】

殷湯遭夏桀無道，殘賊天下，於是湯用伊尹，行至聖之心。見桀無道虐行，故伐夏放桀，而王道興躍。革亂補弊，移風易俗，改制作新；海内畢貢，天下承風。湯以文聖，此之謂也。

《胡宏集·皇王大紀論·成湯改元》 古史不載湯改元，獨劉道原載之，愚竊以爲非其實也。夫人君即位之一年，謂之元年。所以謂一爲元者，竊譬諸人猶其始生也，猶其有首也，生之時一定而不可再，身之首一生而不可易。成湯之元，立於桀之三十五載矣。其所以克享天心，受天明命，以有九有之師，爰革夏正，本是而爲之者也，又可改乎！元者，義之所存，非若一二之爲數也。後世以元爲數而不知其義，如漢武之初年曰「建元元年」，既曰「元年」，則元已建矣，又曰「建元」，豈不贅乎！後又因事別建年號，如曰「元朔元年」，既曰「元」，又曰「朔」，又曰「元年」，失其義也甚矣！嗚呼！使人君知此意而體之，則元原於一，豈至如是紛紛乎？

《胡宏集·皇王大紀論·成湯征伐》 齊桓、晉文仗義爲利者也，猶須王命以率諸侯。成湯則尚義矣，征伐大事，必請王命。《書經》焚毁，失亡過半，文無所徵，是以不可得而書也。

馬驌《繹史》卷一四《商湯滅夏論》 天生民而樹之君，俾司牧之。古昔帝王，禪繼不同，神農以上，不可得而聞已。黄帝革命，實用干戈，謂堯以前盡禪讓與，則鴻、軒後之世及可數也。謂禪授昉於堯舜，則五帝官天下又何以稱焉。竊謂聖人之興，因乎時會，順天應人，古今一揆。五帝聖君代出，頊、嚳起於族屬，姚、姒拔自側微，揖遜而天下治矣。夏后傳子，禹之德及民者遠，卜年有永，雖有中主，享國保世。其後孔甲淫亂，夏政始衰。傳及后癸，昏暴縱恣，任威信讒，陵轢諸侯，武傷百姓，而天下始離畔矣。湯之代夏政也，迫而後起，不得已而後取之，然有慙德，何也？曰：始湯未有取天下之心，無取心而得之，湯之慙，湯之所以爲聖乎！自司徒敷教，功業著於唐、虞，賜姓胙土，作基於商，《詩》稱「相土烈烈」，記稱「冥勤水官」，世有明德，天所祚也。湯之篤生，當夏后之末造，大命固有攸屬矣。初征自葛，而四海歸心，民情既有攸繫矣。湯方幣聘伊尹於畎畝之中，舉而進之於桀，桀不能用。尹既醜夏，復歸于亳。湯以事桀爲心，故尹亦以湯之心爲心，五就五去，冀幸君之一悟，政之一改也。若是，則夏不亡，商不興，民免塗炭，湯守臣節，又何憾焉。及其不可訓諫，語以遷善則不從，告以危亡則不聽，啞然而笑曰：「吾有天下，如天之有日矣。」伊尹曰：「是不可以救矣，吾其舍此而歸爾。」湯亦曰：「是必割正，不可以須矣，吾惟取此以救吾民爾。」故湯之事桀，四海歸心而不貳，身拘重泉而無懟，遲之二十年，桀已耄矣，諫臣誅戮，讒邪日昌，韋、顧、昆吾之屬，播惡助虐，而不可止，是始出師鳴條，爲南巢之放，豈非迫而後起，不得已而後取之？然湯猶以爲慙，此聖人之用心，異乎後世之利天下者矣。至夫千金陰謀，往視曠夏，諸子之雜説，無足深辯。惟是義師弔伐，而亳衆有不恤之怨者，何也？蓋自亳衆觀之，知商邑之安，不知夏民之危，知己之有穡事，不知夏民之在水火中也。常人狃於便安，聖心公於天下，故陳師誓衆，喻以天命民心，動以賞罰威勸，一戰而弔伐之義申，兵已輯，民已安矣。號曰武湯，不亦宜乎！

藝文

《詩序》《那》，祀成湯也。微子至于戴公，其間禮樂廢壞。有正考甫者，得《商頌》十二篇於周之大師，以《那》爲首。

《詩經·商頌·那》 猗與那與，置我鞉鼓。奏鼓簡簡，衎我烈祖。湯孫奏假，綏我思成。鞉鼓淵淵，嘒嘒管聲。既和且平，依我磬聲。於赫湯孫，穆穆厥聲。庸鼓有斁，萬舞有奕。我有嘉客，亦不夷懌。自古在昔，先民有作。温恭朝夕，執事有恪。顧予烝嘗，湯孫之將。

《詩經·商頌·烈祖》 嗟嗟烈祖，有秩斯祜。申錫無疆，及爾斯所。既載清酤，賚我思成。亦有和羹，既戒既平。鬷假無言，時靡有爭。綏我眉壽，黄耇無疆。約軧錯衡，八鸞鶬鶬。以假以享，我受命溥將。自天降康，豐年穰穰。來

假來饗，降福無疆。顧予烝嘗，湯孫之將。

《詩經·商頌·長發》 濬哲維商，長發其祥。洪水芒芒，禹敷下土方，外大國是疆。幅隕既長，有娀方將，帝立子生商。○玄王桓撥，受小國是達，受大國是達。率履不越，遂視既發。相土烈烈，海外有截。○帝命不違，至于湯齊。湯降不遲，聖敬日躋。昭假遲遲，上帝是祗。帝命式于九圍。○受小球大球，爲下國綴旒，何天之休。不競不絿，不剛不柔，敷政優優，百禄是遒。○受小共大共，爲下國駿厖，何天之龍。敷奏其勇，不震不動，不戁不竦，百禄是總。○武王載旆，有虔秉鉞，如火烈烈，則莫我敢曷。苞有三蘖，莫遂莫達，九有有截。韋顧既伐，昆吾夏桀。○昔在中葉，有震且業。允也天子，降予卿士。實維阿衡，實左右商王。

《山海經》第一六《大荒西經》 有人無首，操戈盾立，名曰夏耕之尸。故成湯伐夏桀於章山，克之，斬耕厥前。耕既立，無首，走厥咎，乃降於巫山。

《楚辭·屈原〈天問〉》 成湯東巡，有莘爰極。何乞彼小臣，而吉妃是得？水濱之木，得彼小子。夫何惡之，媵有莘之婦？湯出重泉，夫何辠尤？不勝心伐帝，夫誰使挑之？【略】初湯臣摯，後兹承輔。何卒官湯，尊食宗緒？

《曹植集》卷一《湯禱桑林贊》 惟殷之世，大旱七年。湯禱桑林，祈福於天。翦髮離爪，自以爲牲。皇靈感應，時雨以零。

王嘉《拾遺記》卷二《殷湯》 商之始也，有神女簡狄，遊於桑野，見黑鳥遺卵於地，有五色文，作「八百」字，簡狄拾之，貯以玉筐，覆以朱紱。夜夢神母謂之曰：「爾懷此卵，即生聖子，以繼金德。」狄乃懷卵，一年而有娠，經十四月而生契。祚以八百，叶卵之文也。雖遭旱厄，後嗣興焉。

傅説賃爲赭衣者，舂於深巖以自給。夢乘雲繞日而行，筮得「利建侯」之卦。歲餘，湯以玉帛聘爲阿衡也。

庾信《庾子山集》卷一〇《湯解祝網讚》 連珠兩起，合玉雙沉。穀爲祥樹，桑成欒林。三方落網，一面驅禽。德矣聖政，仁乎用心。

《全唐詩》卷六一八陸龜蒙《讀陰符經寄鹿門子》 清晨整冠坐，朗詠三百言。備識天地意，獻詞犯乾坤。何事不隱德，降靈生軒轅。口銜造化斧，鑿破機關門。五賊忽迸逸，萬物爭崩奔。虛施神仙要，莫救華池源。但學戰勝術，相高甲兵屯。龍蛇競起陸，鬭血浮中原。成湯與周武，反覆更爲尊。下及秦漢得，黷弄兵亦煩。姦强自林據，仁弱無枝蹲。狂喉恣吞噬，逆翼争飛翻。家家伺天發，不肯匡淫昏。生民墜塗炭，比屋爲冤魂。祇爲讀此書，大樸難久存。微臣與軒轅，亦是萬世孫。未能窮意義，豈敢求瑕痕。曾亦愛兩句，可與賢達論。生者死之根，死者生之根。方寸了十字，萬化皆胚腪。身外更何事，眼前徒自喧。黄河但東注，不見歸崑崙。書短苦夜永，勸君傾一尊。

武丁部

綜述

《史記》卷三《殷本紀》 帝小乙崩，子帝武丁立。帝武丁即位，思復興殷，而未得其佐。三年不言，政事決定於冢宰，以觀國風。武丁夜夢得聖人，名曰說。以夢所見視羣臣百吏，皆非也。於是迺使百工營求之野，得說於傅險中。是時說爲胥靡，築於傅險。見於武丁，武丁曰是也。得而與之語，果聖人，舉以爲相，殷國大治。故遂以傅險姓之，號曰傅說。

帝武丁祭成湯，明日，有飛雉登鼎耳而呴，武丁懼。祖己曰：「王勿憂，先修政事。」祖己乃訓王曰：「唯天監下典厥義，降年有永有不永，非天夭民，中絶其命。民有不若德，不聽罪，天既附命正厥德，乃曰其奈何。嗚呼！王嗣敬民，罔非天繼，常祀毋禮于棄道。」武丁修政行德，天下咸驩，殷道復興。

帝武丁崩，子帝祖庚立。祖己嘉武丁之以祥雉爲德，立其廟爲高宗，遂作《高宗肜日》及《訓》。

帝祖庚崩，弟祖甲立，是爲帝甲。帝甲淫亂，殷復衰。

帝甲崩，子帝廩辛立。帝廩辛崩，弟庚丁立，是爲帝庚丁。帝庚丁崩，子帝武乙立。殷復去亳，徙河北。

帝武乙無道，爲偶人，謂之天神。與之博，令人爲行。天神不勝，乃僇辱之。爲革囊，盛血，卬而射之，命曰「射天」。武乙獵於河渭之閒，暴雷，武乙震死。子帝太丁立。帝太丁崩，子帝乙立。帝乙立，殷益衰。

皇甫謐《帝王世紀》卷四 武丁即位，諒闇居凶廬，百官總己聽於冢宰，三年不言。既免喪，猶不言。群臣諫，武丁於是思建良輔。夢天賜賢人，姓傅名說，乃使百工寫其像，求諸天下。見築者胥靡衣褐帶索，執役於虞、號之間，傅巖之野，名說，登以爲相。享國五十有九年，年百歲。初，高宗有賢子孝己，其母早死，高宗惑後妻之言，放之而死，天下哀之。

高宗夢天賜賢人，胥靡之衣，蒙之而來，曰云：「我，徒也，姓傅名說。天下得我者，豈徒也哉！」武丁悟而推之，曰：「傅者，相也。說者，歡悦也。天下當有傅我而說民者哉？」明，以夢視百官，百官皆非也。乃使百工寫其形象，求諸天下。果見築者胥靡衣褐帶索，執役於虞、號之間，傅巖之野，名說。以其得之傅巖，謂之傅說。

《春秋外傳》所謂「玄王勤商，十有四世，帝甲亂之，七世而隕」是也。

雜録

備録

《尚書・說命上》 高宗夢得說，使百工營求諸野，得諸傅巖，作《說命》三篇。

王宅憂，亮陰三祀。既免喪，其惟弗言，羣臣咸諫于王曰：「嗚呼！知之曰明哲，明哲實作則。天子惟君萬邦，百官承式，王言惟作命，不言，臣下罔攸稟令。」

王庸作書以誥曰：「以台正于四方，台恐德弗類，兹故弗言。恭默思道，夢帝賚予良弼，其代予言。」

乃審厥象，俾以形旁求于天下。說築傅巖之野，惟肖。爰立作相，王置諸其左右。命之曰：「朝夕納誨，以輔台德。若金，用汝作礪。若濟巨川，用汝作舟楫。若歲大旱，用汝作霖雨。啓乃心，沃朕心。若藥弗瞑眩，厥疾弗瘳。若跣弗視地，厥足用傷。惟暨乃僚，罔不同心，以匡乃辟。俾率先王，迪我高后，以康兆民。嗚呼！欽予時命，其惟有終。」

說復于王曰：「惟木從繩則正，后從諫則聖。后克聖，臣不命其承，疇敢不祗若王之休命？」

《尚書・說命中》 惟說命總百官，乃進于王曰：「嗚呼！明王奉若天道，建邦設都，樹后王君公，承以大夫師長，不惟逸豫，惟以亂民。惟天聰明，惟聖時憲，惟臣欽若，惟民從乂。惟口起羞，惟甲冑起戎，惟衣裳在笥，惟干戈省厥躬。王惟戒兹，允兹克明，乃罔不休。惟治亂在庶官。官不及私昵，惟其能。爵罔及

惡德，惟其賢。慮善以動，動惟厥時。有其善，喪厥善。矜其能，喪厥功。惟事事乃其有備，有備無患。無啓寵納侮，無恥過作非。惟厥攸居，政事惟醇。黷于祭祀，時謂弗欽。禮煩則亂，事神則難。」

王曰：「旨哉！說乃言惟服。乃不良于言，予罔聞于行。」說拜稽首，曰：「非知之艱，行之惟艱。王忱不艱，允協于先王成德，惟說不言有厥咎。」

《尚書・說命下》 王曰：「來，汝說。台小子舊學于甘盤，既乃遯于荒野，入宅于河。自河徂亳，暨厥終罔顯。爾惟訓于朕志，若作酒醴，爾惟麴糵；若作和羹，爾惟鹽梅。爾交脩予，罔予棄，予惟克邁乃訓。」

說曰：「王，人求多聞，時惟建事，學于古訓，乃有獲。事不師古，以克永世，匪說攸聞。惟學遜志，務時敏，厥脩乃來。允懷于茲，道積于厥躬。惟斆學半，念終始典于學，厥德脩罔覺。監于先王成憲，其永無愆。惟說式克欽承，旁招俊乂，列于庶位。」

王曰：「嗚呼！說，四海之內，咸仰朕德，時乃風。股肱惟人，良臣惟聖。昔先正保衡，作我先王，乃曰：『予弗克俾厥后惟堯舜，其心愧恥，若撻于市。』一夫不獲，則曰時予之辜。佑我烈祖，格于皇天。爾尚明保予，罔俾阿衡，專美有商。惟后非賢不乂，惟賢非后不食。其爾克紹乃辟于先王，永綏民。」說拜稽首，曰：「敢對揚天子之休命。」

《尚書・高宗肜日》 高宗肜日，越有雊雉。祖己曰：「惟先格王，正厥事。」乃訓于王曰：「惟天監下民，典厥義，降年有永有不永。非天夭民，民中絶命。民有不若德，不聽罪。天既孚命正厥德，乃曰其如台。嗚呼，王司敬民，罔非天胤，典祀無豐于昵。」

《國語・楚語上》 白公又諫，王如史老之言。對曰：「昔殷武丁能聳其德，至於神明，以入於河，自河徂亳，於是乎三年，默以思道。卿士患之，曰：『王言以出令也，若不言，是無所稟令也。』武丁於是作書，曰：『以余正四方，余恐德之不類，茲故不言。』如是而又使以象夢旁求四方之賢，得傅說以來，升以爲公，而使朝夕規諫，曰：『若金，用女作礪。若津水，用女作舟。若天旱，用女作霖雨。啓乃心，沃朕心。若藥不瞑眩，厥疾不瘳。若跣不視地，厥足用傷。』若武丁之神明也，其聖之睿廣也，其智之不疚也，猶自謂未乂，故三年默以思道。既得道，猶不敢專制，使以象旁求聖人。既得以爲輔，又恐其荒失遺忘，故使朝夕規誨箴諫，曰：『必交修余，無余棄也。』今君或者未及武丁，而惡規諫者，不亦難乎！」

《呂氏春秋・審應覽・重言》 人主之言，不可不慎。高宗，天子也，即位諒闇，三年不言。卿大夫恐懼，患之。高宗乃言曰：「以余一人正四方，余唯恐言之不類也，茲故不言。」古之天子，其重言如此，故言無遺者。

劉向《說苑・君道》 高宗者武丁也，高而宗之，故號高宗。成湯之後，先王道缺，刑法違犯，桑穀俱生乎朝，七日而大拱。武丁召其相而問焉。其相曰：「吾雖知之，吾弗得言也，聞諸祖己，桑穀者，野草也，而生於朝，意者國亡乎？」武丁恐駭，飭身修行，思先王之政，興滅國，繼絶世，舉逸民，明養老之禮。三年之後，蠻夷重譯而朝者七國。此之謂存亡繼絶之主，是以高而尊之也。

《羅隱集・讒書》卷一《解武丁夢》 商之道削也，武丁嗣之，且懼祖宗所傳，圮壞於我。祈於人，則無以爲質；禱於家，則不知天之歷數。厥有左右，民心不歸，然後念胥靡之可升，且欲致於非常而出於不測也。乃用假夢徵象，以活商命。嗚乎！歷數將去也，人心將解也，說復安能維之者哉！武丁以下民之畏天命也，故設權以復之。唯聖能神，何夢之有？

王應麟《困學紀聞》卷一《易》 「高宗伐鬼方。」《後漢・西羌傳》：「武丁征西羌鬼方，三年乃克。」《竹書紀年》：「武丁三十五年，周王季伐西落鬼戎。」然則鬼方即鬼戎與？《詩・殷武》「奮伐荊楚」，朱子《集傳》云：「《易》曰『高宗伐鬼方，三年克之』，蓋謂此。」愚按《大戴禮・帝繫篇》「陸終氏娶於鬼方氏」，《楚世家》「陸終生子六人，六曰季連，芊姓，楚其後也」，可以證《集傳》之說。

梁玉繩《人表考》卷二《上中仁人・武丁》 武丁始見《書君奭》、《商頌玄鳥》，小乙子始見《殷紀》。亦曰殷武，《商頌》。名昭，《竹書》。殷之賢王也。《禮・喪服四制》。德義高美，殷人尊之，故曰高宗，三語本《呂覽・重言》注，高宗見《易・辭》、《商》、《周書》。亦曰殷高。《抱朴子・貴賢》。在位五十九年。《書・無逸》，而本書《五行志》、《劉向・杜欽傳》、《隸釋・石經》、《論衡・無形》、《氣壽》、《異虛》皆作百年。師古《王吉傳》注從之，未知孰是。至《史・魯世家》作五十五年，則誤也。葬陳州西華縣北。《通考》百廿一。

備論

《論語・憲問》 子張曰：「《書》云：『高宗諒陰，三年不言。』何謂也？」子曰：「何必高宗，古之人皆然。君薨，百官總己以聽於冢宰三年。」

《禮記·喪服四制》《書》曰「高宗諒闇，三年不言」，善之也。王者莫不行此禮，何以獨善之也？曰：高宗者，武丁。武丁者，殷之賢王也。繼世即位，而慈良於喪。當此之時，殷衰而復興，禮廢而復起，故善之。善之，故載之《書》中；而高之，故謂之高宗。三年之喪，君不言。《書》云：「高宗諒闇，三年不言。」此之謂也。然而曰「言不文」者，謂臣下也。

孔穎達《毛詩正義》卷二〇《商頌·殷武》「祀高宗也。」正義曰：《殷武》詩者，祀高宗之樂歌也。高宗前世，殷道中衰，宫室不脩，荆楚背叛。高宗有德，中興殷道，伐荆楚，脩宫室。既崩之後，子孫美之。詩人追述其功而歌此詩也。

馬驌《繹史》卷一七《武丁中興論》盤庚没而殷衰。及武丁之爲太子也，舊勞於外，具明哲之資，即位之初，甘盤爲相，王居亮陰，百官總己以聽冢宰，三年，免喪而猶弗言。是時，甘盤告老歸政，以高宗之賢，可以言而不言，敬畏慎重，必求聖佐，以隆殷道，至誠所動，夢得良弼，總百官，資斆學，用能興起禮樂，嘉靖殷邦，朝諸侯而有天下也。夫惟傅説之相業，比於阿衡，故武丁之君德，光於烈祖，商人尊而高之，是謂高宗。《書》載《説命》，以紀其始；《易》繫鬼方，以志其功；《詩》録《玄鳥》、《殷武》，以歌咏稱頌其德。蓋商自中葉衰微，戎、狄交侵，荆楚之梗化尤甚。高宗奮伐有截，勳莫隆焉。豈楚俗家爲巫祝，神民雜糅，是所謂鬼方者邪？抑玁獯方爲西北患，古公猶遷都避之，是即高宗所伐，而《詩》《易》各載其事與？非高宗修德行政，剛以用師，則不能三年勝此勢，故《既濟》之九三，高宗以之；非傅説柔而能剛，貞固不撓，則不能三年終此役，故《未濟》之九四，傅説以之。用以表極商邑，肇域四海，成中興之業，而祔享祖廟也，詎不宜哉！若夫惑後妻而殺孝己，豐昵廟而致雉異，豈耄荒之年，亦有失德乎？然肜日之篇，據《書序》以爲祖己爲高宗作也，《史記》以爲祖庚作也，目君而稱廟號，果若追書之辭，寧知非祖庚繹於高宗而有此祥乎？《史》必别有所考，而又牽於《書序》，故兩存之，而無所擇云。

藝文

《詩序》《玄鳥》，祀高宗也。

《詩經·商頌·玄鳥》天命玄鳥，降而生商，宅殷土芒芒。古帝命武湯，正域彼四方。方命厥后，奄有九有。商之先后，受命不殆，在武丁孫子。武丁孫子，武王靡不勝。龍旂十乘，大糦是承。邦畿千里，維民所止。肇域彼四海，四海來假，來假祁祁。景員維河，殷受命咸宜，百禄是何。

《詩序》《殷武》，祀高宗也。

《詩經·商頌·殷武》撻彼殷武，奮伐荆楚。罙入其阻，裒荆之旅。有截其所，湯孫之緒。○維女荆楚，居國南鄉。昔有成湯，自彼氐羌，莫敢不來享，莫敢不來王，曰商是常。○天命多辟，設都于禹之績。歲事來辟，勿予禍適，稼穡匪解。○天命降監，下民有嚴。不僭不濫，不敢怠遑。命于下國，封建厥福。○商邑翼翼，四方之極。赫赫厥聲，濯濯厥靈。壽考且寧，以保我後生。○陟彼景山，松柏丸丸。是斷是遷，方斲是虔。松桷有梴，旅楹有閑。寢成孔安。

《楚辭》卷一《離騷》勉陞降以上下兮，求榘矱之所同。湯、禹儼而求合兮，摯、咎繇而能調。苟中情其好修兮，又何必用夫行媒？説操築於傅巖兮，武丁用而不疑。

庾信《庾子山集》卷一〇《武丁迎傅説讚》虞田路斷，辭澗泉飛。躬勞版築，有弊韋衣。賢臣入夢，天賜無違。千巖之下，遂得同歸。

《全唐詩》卷七一劉憲《奉和七夕宴兩儀殿應制》秋吹過雙闕，星仙動二靈。更深移月鏡，河淺度雲軿。殿上呼方朔，人間失武丁。天文茲夜裏，光映紫微庭。

《全唐詩》卷五三五許渾《和淮南王相公與賓僚同游瓜洲别業題舊書齋》碧油紅旆想青衿，積雪窗前盡日吟。巢鶴去時雲樹老，臥龍歸處石潭深。道傍苦李猶垂實，城外甘棠已布陰。賓御莫辭巖下醉，武丁高枕待爲霖。

《全唐詩》卷六四七胡曾《傅巖》巖前版築不求伸，方寸那希據要津。自是武丁安寢夜，一宵宫裏夢賢人。

《王十朋全集·詩集》卷一〇《詠史詩·高宗》須信精誠可動天，高宗一夢得真賢。濟川不賴良舟楫，安得中興五十年。

商紂部

綜述

《史記》卷三《殷本紀》　帝乙長子曰微子啓，啓母賤，不得嗣。少子辛，辛母正后，辛爲嗣。帝乙崩，子辛立，是爲帝辛，天下謂之紂。

帝紂資辨捷疾，聞見甚敏；材力過人，手格猛獸；知足以距諫，言足以飾非；矜人臣以能，高天下以聲，以爲皆出己之下。好酒淫樂，嬖於婦人。愛妲己，妲己之言是從。於是使師涓作新淫聲，北里之舞，靡靡之樂。厚賦税以實鹿臺之錢，而盈鉅橋之粟。益收狗馬奇物，充仞宮室。益廣沙丘苑臺，多取野獸蜚鳥置其中。慢於鬼神。大冣樂戲於沙丘，以酒爲池，縣肉爲林，使男女倮相逐其閒，爲長夜之飲。

百姓怨望而諸侯有畔者，於是紂乃重刑辟，有炮格之法。以西伯昌、九侯、鄂侯爲三公。九侯有好女，入之紂。九侯女不憙淫，紂怒，殺之，而醢九侯。鄂侯爭之彊，辨之疾，並脯鄂侯。西伯昌聞之，竊嘆。崇侯虎知之，以告紂，紂囚西伯羑里。西伯之臣閎夭之徒，求美女奇物善馬以獻紂，紂乃赦西伯。西伯出而獻洛西之地，以請除炮格之刑。紂乃許之，賜弓矢斧鉞，使得征伐，爲西伯。而用費中爲政。費中善諛，好利，殷人弗親。紂又用惡來。惡來善毁讒，諸侯以此益疏。

西伯歸，乃陰修德行善，諸侯多叛紂而往歸西伯。西伯滋大，紂由是稍失權重。王子比干諫，弗聽。商容賢者，百姓愛之，紂廢之。及西伯伐飢國，滅之，紂之臣祖伊聞之而咎周，恐，奔告紂曰：「天既訖我殷命，假人元龜，無敢知吉，非先王不相我後人，維王淫虐用自絶，故天棄我，不有安食，不虞知天性，不迪率典。今我民罔不欲喪，曰『天曷不降威，大命胡不至』？今王其奈何？」紂曰：「我生不有命在天乎！」祖伊反，曰：「紂不可諫矣。」西伯既卒，周武王之東伐，至盟津，諸侯叛殷會周者八百。諸侯皆曰：「紂可伐矣。」武王曰：「爾未知天命。」乃復歸。

紂愈淫亂不止。微子數諫不聽，乃與大師、少師謀，遂去。比干曰：「爲人臣者，不得不以死爭。」迺强諫紂。紂怒曰：「吾聞聖人心有七竅。」剖比干，觀其心。箕子懼，乃詳狂爲奴，紂又囚之。殷之大師、少師乃持其祭樂器奔周。周武王於是遂率諸侯伐紂。紂亦發兵距之牧野。甲子日，紂兵敗。紂走入，登鹿臺，衣其寶玉衣，赴火而死。周武王遂斬紂頭，縣之白旗。殺妲己。釋箕子之囚，封比干之墓，表商容之閭。封紂子武庚、禄父，以續殷祀，令修行盤庚之政。殷民大説。於是周武王爲天子。其後世貶帝號，號爲王。而封殷後爲諸侯，屬周。

皇甫謐《帝王世紀》卷四　帝紂能倒曳九牛，撫梁易柱。有蘇氏叛，紂因伐蘇。蘇人以美女妲己奉紂，紂大悦，赦蘇而納妲己爲妃。常與沉醉於酒，所譽者貴，所憎者誅，淫縱愈甚。始作象箸，箕子爲父師，嘆曰：「爲象箸必不更於土甌，必將爲犀玉之杯，食熊蹯豹胎。必不衣短褐，處茅茨之下，必將衣文繡之衣，游於九層之臺，居於廣室之中矣。」居五年，紂果造傾宮，作瓊室瑶臺，飾以美玉，七年乃成。其大三里，其高千丈。其大宮百，其小宮七十三處。宮中九市，車行酒，馬行炙，以百二十日爲一夜。六月發民，獵於西山。居期年，天下大風雨，飄牛馬，壞屋樹，天火燒其宮，兩日並盡。或鬼哭，或山鳴。紂不懼，愈慢神，誅諫士。爲長夜之飲，七日七夜，失忘歷數，不知甲乙。問於左右，莫知。使問箕子，箕子謂其私人曰：「爲天下主，而一國皆失日，天下危矣。一國不知，而我獨知之，我其危矣。」宰人以醉，熊蹯不熟，紂怒殺宰人。斮朝涉之脛而視其髓，刳孕婦之腹而觀其胎，又殺人以食虎。諸侯或叛，妲己以罰輕，紂欲重刑，乃先爲大熨斗，以火爇之，使人舉，輒爛手不能勝。紂怒，乃更爲銅柱，以膏塗之，加於爇炭之上，使有罪者緣焉。足滑，跌墮火中，紂與妲己笑爲樂，名曰炮烙之刑。武王乃率諸侯來伐紂，紂有億兆夷人，起師自容閭至浦水，與同惡諸侯五十國，凡七十萬人，距周於商郊之牧野，紂師皆倒戈而戰。紂即位三十三年，正月甲子敗績，赴宮登鹿臺，蒙寶衣玉，自投於火而死。周武王封其子武庚爲殷後。

紂爲玉箸，箕子曰：「玉箸必食熊蹯豹胎。」散宜生獻紂黑豹。

紂以鬼侯爲三公，鬼侯有女美，而進之於紂，悦之。妲己乃泣而譖之，紂怒鬼侯女，遂殺之而醢鬼侯。

紂作傾宮，多發美女以充之。武王伐殷，乃歸傾宮之女於諸侯也。

紂多發美女以充傾宮之室，婦女衣綾紈者三百餘人。

紂自朝歌北築沙丘臺，多取飛禽野獸置其中。

邢侯爲紂三公，忠諫被誅。

朝歌，紂所都居。紂糟丘酒池肉林在城西。

雜録

備録

《尚書・微子》 微子若曰：「父師、少師，殷其弗或亂正四方！我祖厎遂陳于上；我用沈酗于酒，用亂敗厥德于下。殷罔不小大好草竊姦宄；卿士師師非度。凡有辜罪，乃罔恒獲，小民方興，相爲敵讎。今殷其淪喪，若涉大水，其無津涯。殷遂喪越至于今？」

曰：「父師、少師，我其發出狂，吾家耄遜于荒，今爾無指告予？顛隮若之何其？」

父師若曰：「王子！天毒降災荒殷邦，方興沈酗于酒。乃罔畏畏，咈其耇長舊有位人。今殷民乃攘竊神祇之犧牷牲用，以容將食無災。降監殷民，用乂讎斂，召敵讎不怠。罪合于一，多瘠罔詔。商今其有災，我興受其敗；商其淪喪，我罔爲臣僕。詔王子出迪，我舊云刻子。王子弗出，我乃顛隮。自靖，人自獻于先王，我不顧行遯。」

《墨子・明鬼下》 昔者殷王紂貴爲天子，富有天下，上詬天侮鬼，下殃傲天下之萬民，播棄黎老，賊誅孩子，楚毒無罪，刳剔孕婦。庶舊鰥寡，號咷無告也。故於此乎天乃使武王至明罰焉。武王以擇車百兩，虎賁之卒四百人，先庶國節窺戎，與殷人戰乎牧之野。王乎禽費中、惡來，衆畔百走。武王逐奔入宮，萬年梓株，折紂而繫之赤環，載之白旗，以爲天下諸侯僇。故昔者殷王紂貴爲天子，富有天下，有勇力之人費中、惡來、崇侯虎，指寡殺人，人民之衆兆億，侯盈厥澤陵，然不能以此圉鬼神之誅。

《荀子・非相》 古者桀、紂長巨姣美，天下之傑也；筋力越勁，百人之敵也。然而身死國亡，爲天下大僇，後世言惡則必稽焉。

《韓非子・喻老》 昔者紂爲象箸而箕子怖，以爲象箸必不加於土鉶，必將犀玉之杯。象箸玉杯必不羹菽藿，則必旄象豹胎。旄象豹胎必不衣短褐而食於茅屋之下，則錦衣九重，廣室高臺。吾畏其卒，故怖其始。居五年，紂爲肉圃，設炮烙，登糟丘，臨酒池，紂遂以亡。故箕子見象箸以知天下之禍，故曰：「見小曰明。」

《韓非子・説林上》 紂爲長夜之飲，懼以失日，問其左右盡不知也。乃使人問箕子，箕子謂其徒曰：「爲天下主而一國皆失日，天下其危矣。一國皆不知而我獨知之，吾其危矣。」辭以醉而不知。

《呂氏春秋・仲冬紀・當務》 紂之同母三人，其長曰微子啓，其次曰中衍，其次曰受德。受德乃紂也，甚少矣。紂母之生微子啓與中衍也尚爲妾，已而爲妻而生紂。紂之父、紂之母欲置微子啓以爲太子，太史據法而争之曰：「有妻之子，而不可置妾之子。」紂故爲後。用法若此，不若無法。

賈誼《新書・連語》 紂，天子之後也，有天下而宜然。苟背道棄義，釋敬慎而行驕肆，則天下之人，其離之若崩，其背之也不約而若期。夫爲人主者，誠奈何而不慎哉？紂將與武王戰，紂陳其卒，左臆右臆，鼓之不進；皆還其刃，顧以鄉紂也。紂走還於寢廟之上，身鬭而死，左右弗肯助也。紂之官衛與紂之軀，棄之玉門之外。民之觀者皆進蹴之，蹈其腹，蹶其腎，踐其肺，履其肝。周武王乃使人帷而守之。民之觀者搴帷而入，提石之者猶未肯止。可悲也！夫埶爲民主，直與民爲仇，殃忿若此。夫民尚踐盤其軀，而況有其民政教乎？羞甚！臣竊聞之曰：「善不可謂小而無益，不善不可謂小而無傷。」夫牛之爲胎也，細若鼷鼠，紂損天下，自象著始。故小惡大惡一類也，過敗雖小，皆紂之罪也。周諺曰：「前車覆而後車戒。」今前車已覆矣，而後車不知戒，不可不察也。

《韓詩外傳》卷四 紂作炮格之刑，王子比干曰：「主暴不諫，非忠也。畏死不言，非勇也。見過即諫，不用即死，忠之至也。」遂諫，三日不去朝。紂囚而殺之。《詩》曰：「昊天大憮，予慎無辜。」

《韓詩外傳》卷五 紂之爲主，戮其辜，勞民力，冤酷之令，加於百姓，憯悽之惡，施於大臣。羣下不信，百姓疾怨，故天下叛而願爲文王臣，紂自取之也。夫貴爲天子，富有天下，及周師至而令不行乎左右，悲夫！當是之時，索爲匹夫，不可得也。《詩》曰：「天謂殷適，使不俠四方。」

董仲舒《春秋繁露・王道》 桀、紂皆聖王之後，驕溢妄行，侈宮室，廣苑囿，窮五采之變，極飾材之工，困野獸之足，竭山澤之利，食類惡之獸，奪民財食，高

雕文刻鏤之觀，盡金玉骨象之工，盛羽旄之飾，窮白黑之變，深刑妄殺以陵下，聽鄭、衛之音，充傾宮之志，靈虎兕文采之獸。以希見之意，賞佞賜讒。以糟爲丘，以酒爲池。孤貧不養，殺聖賢而剖其心，生燔人聞其臭，刳孕婦見其化，斮朝涉之足察其拇，殺梅伯以爲醢，刑鬼侯之女取其環，誅求無已。天下空虛，羣臣畏恐，莫敢盡忠，紂愈自賢。

《史記》卷三八《宋微子世家》 微子開者，殷帝乙之首子而帝紂之庶兄也。紂既立，不明，淫亂於政，微子數諫，紂不聽。及祖伊以周西伯昌之修德，滅阢國，懼禍至，以告紂。紂曰：「我生不有命在天乎？是何能爲！」於是微子度紂終不可諫，欲死之，及去，未能自決，乃問於太師、少師曰：「殷不有治政，不治四方。我祖遂陳於上，紂沈湎於酒，婦人是用，亂敗湯德於下。殷既小大好草竊姦宄，卿士師師非度，皆有罪辜，乃無維獲，小民乃並興，相爲敵讎。今殷其典喪！若涉水無津涯。殷遂喪，越至于今。」曰：「太師，少師，我其發出往？吾家保于喪？今女無故告予，顛躋，如之何其？」太師若曰：「王子，天篤下菑亡殷國，乃毋畏畏，不用老長。今殷民乃陋淫神祇之祀。今誠得治國，國治身死不恨。爲死，終不得治，不如去。」遂亡。

箕子者，紂親戚也。紂始爲象箸，箕子歎曰：「彼爲象箸，必爲玉桮；爲桮，則必思遠方珍怪之物而御之矣。輿馬宮室之漸自此始，不可振也。」紂爲淫泆，箕子諫，不聽。人或曰：「可以去矣。」箕子曰：「爲人臣諫不聽而去，是彰君之惡而自說於民，吾不忍爲也。」乃被髮詳狂而爲奴。遂隱而鼓琴以自悲，故傳之曰《箕子操》。

王子比干者，亦紂之親戚也。見箕子諫不聽而爲奴，則曰：「君有過而不以死爭，則百姓何辜！」乃直言諫紂。紂怒曰：「吾聞聖人之心有七竅，信有諸乎？」乃遂殺王子比干，刳視其心。

微子曰：「父子有骨肉，而臣主以義屬。故父有過，子三諫不聽，則隨而號之；人臣三諫不聽，則其義可以去矣。」於是太師、少師乃勸微子去，遂行。

周武王伐紂克殷，微子乃持其祭器造於軍門，肉袒面縛，左牽羊，右把茅，膝行而前以告。於是武王乃釋微子，復其位如故。

武王封紂子武庚祿父以續殷祀，使管叔、蔡叔傅相之。

劉向《新序·刺奢》 紂爲鹿臺，七年而成，其大三里，高千尺，臨望雲雨。作炮烙之刑，戮無辜，奪民力，冤暴施於百姓，慘毒加於大臣，天下叛之，願臣文王。及周師至，令不行於左右。悲夫！當是時，求爲匹夫，不可得也，紂自取之也。

劉向《新序·節士》 紂作炮烙之刑，王子比干曰：「主暴不諫，非忠臣也；畏死不言，非勇士也；見過則諫，不用則死，忠之至也。」遂進諫，三日不去朝。紂囚而殺之。《詩》曰：「昊天太幠，予慎無辜。」無辜而死，不亦哀哉。

王符《潛夫論·潛嘆》 昔紂好色，九侯聞之，乃獻厥女。紂則大喜，以爲天下之麗莫若此也，以問妲己。妲己懼進御而奪己愛也，乃僞俯而泣曰：「君王年即耆邪？明既衰邪？何貌惡之若此而覆謂之好也？」紂於是渝而以爲惡。妲己恐天下之愈進美女者，因白：「九侯之不道也，乃欲以此惑君王也。王而弗誅，何以革後？」紂則大怒，遂脯厥女而烹九侯。自此之後，天下之有美女者，乃皆重室書閉，惟恐紂之聞也。

梁玉繩《人表考》卷九《下下愚人·辛》 紂始見《易·繫》下。辛，帝乙子，始見《史·殷紀》。是爲紂，始見《世表》。又作受。《商》、《周書》。受、紂音相亂。《書西伯戡黎》傳。長巨姣美，《荀子·非相》。垂腴尺餘，《論衡·語增》。材力過人，手格猛獸，《殷紀》。倒曳九牛，《殷紀·正義》引《世紀》。索鐵伸鉤，撫梁易柱。《論衡》。自謂天王，賈誼《新書·大政》上。亦曰殷辛，《晉語》一、《文選·東京賦》、《抱朴子·宮理》。亦曰商辛，《逸書·克殷》。亦曰后辛，《離騷》。亦曰帝辛，《克殷》、《殷紀》、《世表》。亦曰王紂，《楚辭·天問》。亦曰商王受，《書·泰誓》、《牧誓》、《武成》。亦曰商王紂，《逸書·世俘》。亦曰商紂，《逸書·商誓》、《明堂》。亦曰殷王紂，《逸書 度邑》、《史·周紀》。亦曰商王帝辛，《周語》上、《周紀》。亦曰辛紂，《鶡冠子·備知》。亦曰受辛，《竹書》注。亦曰季紂，《周紀》。亦曰受德，《克殷》、《呂氏春秋·當務》。亦曰暴辛，亦曰人螭。《後書·文苑崔琦傳》。在位五十二年。《竹書》，而《通志》作三十二。以甲子日兵敗，取天智玉環身，自燔于火而死。武王斬紂頭，縣太白之旗。《武成》、《商誓》、《世俘》、《克殷》、《殷》、《周紀》。《離騷》言葅醢，《御覽》八十二引《尸子》言殺于鄗宮。《墨子·明鬼》言折紂而繫之赤環。賈誼《新書·連語》言紂鬭死。《竹書》言禽受于南單之臺。《淮南·本經》言武王殺紂宣室，《氾論》言拘于宣室。褚生補《史·龜策傳》言紂白殺宣室，身死不葬，頭懸車軫，四馬曳行。其説多不同。案桀、紂，名也，先儒已言之。而《獨斷》：殘人多壘曰桀，殘義損善曰紂。《呂氏春秋·功名》注：殘義損善曰桀，賊仁多累曰紂。《史集解》：賊人多殺曰桀，殘義損善曰紂。《通典禮》六十四遂以桀、紂爲謚，皆不足據。《書戡黎》疏云：殷時未有謚法，後人見其惡，爲作惡

諡耳。

錢保塘《帝王世紀續補》 殷紂六月雪，或雨赤血，鬼哭山鳴。

殷紂期而不當，言而不信。

投珍物爲沙丘苑。

牧野在朝歌南七十里。

備論

《論語·微子》 微子去之，箕子爲之奴，比干諫而死。孔子曰：「殷有三仁焉。」

《論語·子張》 子貢曰：「紂之不善，不如是之甚也。是以君子惡居下流，天下之惡皆歸焉。」

《孟子·離婁上》 孟子曰：「桀紂之失天下也，失其民也。失其民者，失其心也。得天下有道，得其民，斯得天下矣。得其民有道，得其心，斯得民矣。得其心有道，所欲與之聚之，所惡勿施，爾也。民之歸仁也，猶水之就下，獸之走壙也。故爲淵敺魚者，獺也。爲叢敺爵者，鸇也。爲湯武敺民者，桀與紂也。今天下之君有好仁者則諸侯皆爲之敺矣，雖欲無王，不可得矣。今之欲王者，猶七年之病求三年之艾也。苟爲不畜，終身不得。苟不志於仁，終身憂辱，以陷於死亡。《詩》云：『其何能淑，載胥及溺。』此之謂也。」

顧炎武《日知録》卷二《殷紂之所以亡》 自古國家承平日久，法制廢弛，而上之令不能行於下，未有不亡者也。紂以不仁而亡，天下人人知之。吾謂不盡然。紂之爲君，沈湎於酒，而逞一時之威，至於剖孕斮脛，蓋齊文宣之比耳。商之衰也久矣。一變而《盤庚》之書則卿大夫不從君令，再變而《微子》之書則小民不畏國法，至於「攘竊神祇之犧牷牲用，以容將食，無災」，可謂民玩其上，而威刑不立者矣。即以中主守之，猶不能保，而況以紂之狂酗昏虐，又祖伊奔告而不省乎？文宣之惡未必減於紂而齊以强，高緯之惡未必甚於文宣而齊以亡者，文宣承神武之餘，紀綱粗立，而又有楊愔輩爲之佐，主昏於上而政清於下也。至高緯而國法蕩然矣，故宇文得而取之。然則論紂之亡，武之興，而謂以至仁伐至不仁者，偏辭也，未得爲窮源之論也。

顧炎武《日知録》卷六《桀紂帥天下以暴》 《仲虺之誥篇》曰：「簡賢附勢，實繁有徒。」《多方篇》曰：「叨懫日欽，劓割夏邑。」此桀民之從暴也。《微子篇》曰：「殷罔不小大，好草竊姦宄。卿士師師非度，凡有辜罪，乃罔恒獲。小民方興，相爲敵讎。」此紂民之從暴也。故曰「幽、厲興則民好暴」。古之人所以「胥訓告，胥保惠，胥教誨」，而不使民之陷於邪僻者，何哉？上無禮，下無學，賊民興，喪無日矣。《天保》之詩皆祝其君以受福之辭，而要其指歸，不過曰：「民之質矣，日用飲食。羣黎百姓，遍爲爾德。」然則人君爲國之存亡計者，其可不致審於民俗哉！

藝文

《楚辭·屈原〈天問〉》 彼王紂之躬，孰使亂惑？何惡輔弼，讒諂是服？比干何逆，而抑沈之？雷開何順，而賜封之？何聖人之一德，卒其異方：梅伯受醢，箕子詳狂？

王嘉《拾遺記》卷二《殷湯》 紂之昏亂，欲討諸侯，使飛廉、惡來誅戮賢良，取其寶器，埋於瓊臺之下，使飛廉等惑所近之國，侯服之内，使烽燧相續。紂登臺以望火之所在，乃興師往伐其國，殺其君，囚其民，收其女樂，肆其淫虐。神人憤怨。時有朱鳥銜火，如星之照耀，以亂烽燧之光。紂乃回惑，使諸國滅其烽燧。於是億兆夷民乃歡，萬國已静。及武王伐紂，樵夫牧豎探高鳥之巢，得玉璽，文曰：「水德將滅，木祚方盛。」文皆大篆，紀殷之世歷已盡，而姬之聖德方隆。是以三分天下而其二歸周。故蚩蚩之類，嗟殷亡之晚，望周來之遲矣。

《李太白全集》卷九《雪讒詩贈友人》 彼人之猖狂，不如鵲之彊彊；彼婦人之淫昏，不如鶉之奔奔。坦蕩君子，無悦簧言。擢髮續罪，罪乃孔多。傾海流惡，惡無以過。人生實難，逢此織羅。積毁銷金，沉憂作歌。天未喪文，其如予何。妲己滅紂，褒女惑周。天維蕩覆，職此之由。漢祖吕氏，食其在傍。秦皇太后，毐亦淫荒。螮蝀作昏，遂掩太陽。萬乘尚爾，匹夫何傷。辭殫意窮，心切理直。如或妄談，昊天是殛。子野善聽，離婁至明。神靡遁響，鬼無逃形。不我遐棄，庶昭忠誠。

《全唐詩》卷四七七李涉《詠古》 大智思濟物，道行心始休。垂綸自消息，

歲月任春秋。紂虐武既賢，風雲固可求。順天行殺機，所向協良謀。況以文人師，將濟安川流。何勞問枯骨，再取陰陽籌。霸國不務仁，兵戈恣相酬。空令渭水迹，千古獨悠悠。

《全唐詩》卷七二八周曇《太公》 昌獵關西紂獵東，紂憐崇虎棄非熊。危邦自謂多麟鳳，肯把王綱取釣翁。

《全唐詩》卷八四八虛中《聽軒轅先生琴》 訣妙與功精，通宵膝上橫。一堂風冷淡，千古意分明。坐客神魂凝，巢禽耳目傾。酷哉商紂世，曾不遇先生。

《全唐詩》卷八六〇欒清《附蓮葉二客詩》 行時雲作伴，坐即酒爲侶。腹以元化充，衣將雲霞補。紂虐與堯仁，可惜皆朽腐。檝櫂無所假，超然信萍沓。朝浮旭日輝，夕蔭清月華。營營功業人，朽骨成泥沙。

《王十朋全集・詩集》卷一〇《詠史詩・紂》 釀酒爲池肉作林，深宮長夜恣荒淫。何如早散橋倉粟，結取臣民億萬心。

伯夷部

綜述

《史記》卷六一《伯夷列傳》 夫學者載籍極博，猶考信於六蓺。《詩》《書》雖缺，然虞夏之文可知也。堯將遜位，讓於虞舜，舜禹之閒，岳牧咸薦，乃試之於位，典職數十年，功用既興，然後授政。示天下重器，王者大統，傳天下若斯之難也。而説者曰堯讓天下於許由，許由不受，恥之逃隱。及夏之時，有卞隨、務光者。此何以稱焉？太史公曰：余登箕山，其上蓋有許由冢云。孔子序列古之仁聖賢人，如吴太伯、伯夷之倫詳矣。余以所聞由、光義至高，其文辭不少概見，何哉？

孔子曰：「伯夷、叔齊，不念舊惡，怨是用希。」「求仁得仁，又何怨乎？」余悲伯夷之意，睹軼詩可異焉。其傳曰：

伯夷、叔齊，孤竹君之二子也。父欲立叔齊，及父卒，叔齊讓伯夷。伯夷曰：「父命也。」遂逃去。叔齊亦不肯立而逃之。國人立其中子。於是伯夷、叔齊聞西伯昌善養老，盍往歸焉。及至，西伯卒，武王載木主，號爲文王，東伐紂。伯夷、叔齊叩馬而諫曰：「父死不葬，爰及干戈，可謂孝乎？以臣弑君，可謂仁乎？」左右欲兵之。太公曰：「此義人也。」扶而去之。武王已平殷亂，天下宗周，而伯夷、叔齊恥之，義不食周粟，隱於首陽山，采薇而食之。及餓且死，作歌。其辭曰：「登彼西山兮，采其薇矣。以暴易暴兮，不知其非矣。神農、虞、夏忽焉没兮，我安適歸矣？于嗟徂兮，命之衰矣！」遂餓死於首陽山。

由此觀之，怨邪非邪？

或曰：「天道無親，常與善人。」若伯夷、叔齊，可謂善人者非邪？積仁絜行如此而餓死！且七十子之徒，仲尼獨薦顔淵爲好學。然回也屢空，糟糠不厭，而卒蚤夭。天之報施善人，其何如哉？盜蹠日殺不辜，肝人之肉，暴戾恣睢，聚黨數千人横行天下，竟以壽終。是遵何德哉？此其尤大彰明較著者也。若至近世，操行不軌，專犯忌諱，而終身逸樂，富厚累世不絶。或擇地而蹈之，時然後出言，行不由徑，非公正不發憤，而遇禍災者，不可勝數也。余甚惑焉，儻所謂天道，是邪非邪？

子曰「道不同不相爲謀」，亦各從其志也。故曰「富貴如可求，雖執鞭之士，吾亦爲之。如不可求，從吾所好」。「歲寒，然後知松柏之後凋」。舉世混濁，清士乃見。豈以其重若彼，其輕若此哉？

「君子疾没世而名不稱焉。」賈子曰：「貪夫徇財，烈士徇名，夸者死權，衆庶馮生。」「同明相照，同類相求。」「雲從龍，風從虎，聖人作而萬物覩。」伯夷、叔齊雖賢，得夫子而名益彰。顔淵雖篤學，附驥尾而行益顯。巖穴之士，趣舍有時若此，類名堙滅而不稱，悲夫！閭巷之人，欲砥行立名者，非附青雲之士，惡能施於後世哉？

《全元文》卷五一〇吴澄《伯夷傳》 伯夷、叔齊，孤竹君之二子也。父欲立叔齊，及父卒，叔齊讓伯夷。伯夷曰：「父命也。」遂逃去。叔齊亦不肯立而逃，國人立其中子。於是辟紂之亂，居北海之濱。聞西伯昌善養老，往歸焉。西伯卒，其子發嗣爲西伯。十有二年，東伐紂。伯夷、叔齊叩馬而諫，太公曰：「義人也。」扶而去之。發既勝殷而王天下，伯夷、叔齊恥之，義不食周粟，隱於首陽山，采薇而食，遂餓而死。

子貢問曰：「伯夷、叔齊，何人也？」子曰：「古之賢人也。」曰：「怨乎？」曰：「求仁而得仁，又何怨？」又曰：「伯夷、叔齊不念舊惡，怨是用希。」又曰：「伯夷、叔齊餓於首陽之下，民到於今稱之。」孟子曰：「伯夷目不視惡色，耳不聽惡聲；非其君不事，非其友不友，非其民不使。治則進，亂則退。横政之所出，横民之所止，不忍居也。不立於惡人之朝，不與惡人言。立於惡人之朝，與惡人言，如以朝衣朝冠坐於塗炭，推惡惡之心，思與鄉人立，其冠不正，望望然去之，若將浼焉。是故諸侯雖有善其辭命而至者，不受也。當紂之時，居北海之濱，以待天下之清也。故聞伯夷之風者，頑夫廉，懦夫有立志。」韓子曰：「當殷之亡、周之興，微子，賢也，抱祭器而去之；武王、周公，聖也，從天下之賢士與天下之諸侯而往攻之，未聞有非之者也。彼伯夷、叔齊乃獨以爲不可。殷既滅矣，天下宗周，獨恥食其粟，餓死而不顧。夫豈有求而爲哉？信道篤而自知明也。」

澄聞之，曰：「夷、齊讓國而逃，諫伐而餓，心安理順，君臣、父子、昆弟之倫得。二子者，其聖人之徒與！其聖人之徒與！聖人，人倫之至也。奮乎百世之

上，百世之下，聞者莫不興起。夫子稱其無怨，余睹軼詩，異焉。太史公信之，何哉？予於是采傳中事實，而削其所可疑，附之以聖賢顯微闡幽之辭。若太史公語，則無取焉。天道一節，蓋出傷己憤世之私，雖非所以論夷、齊，而余之未能忘其不平，則古今同此慨也，故不以其言之不合道，而姑繫之篇末。太史公曰：「天道無親，常與善人。若伯夷、叔齊，可謂善人者，非邪？積仁潔行如此，而餓死。且七十子之徒，仲尼獨薦顔淵爲好學，然回也屢空，糟糠不厭，而卒蚤夭。天之報施善人，其何如哉？盜蹠日殺不辜，膾人之肉，暴戾恣睢，聚黨數千人，橫行天下，竟以壽終。是遵何德哉？此其尤大彰明較著者也。若至近世，操行不軌，專犯忌諱，而終身逸樂，富厚累世不絶。或擇地而蹈之，時然後出言，行不由徑，非公正不發憤，而遇禍災者，不可勝數也。余甚惑焉。儻所謂天道，是邪？非邪？」

春中讀《太史公書》，更定伯夷一傳，尋失其藁。恐遂遺忘，因録於此云。

雜録

備録

《呂氏春秋·季冬紀·誠廉》 昔周之將興也，有士二人，處於孤竹，曰伯夷、叔齊。二人相謂曰：「吾聞西方有偏伯焉，似將有道者，今吾奚爲處乎此哉？」二子西行如周，至於岐陽，則文王已殁矣。武王即位，觀周德，則王使叔旦就膠鬲於次四內，而與之盟曰：「加富三等，就官一列。」爲三書同辭，血之以牲，埋一於四內，皆以一歸。又使保召公就微子開於共頭之下，而與之盟曰：「世爲長侯，守殷常祀，相奉桑林，宜私孟諸。」爲三書同辭，血之以牲，埋一於共頭之下，皆以一歸。伯夷、叔齊聞之，相視而笑曰：「譆，異乎哉！此非吾所謂道也。昔者神農氏之有天下也，時祀盡敬而不祈福也。其於人也，忠信盡治而無求焉。樂正與爲正，樂治與爲治，不以人之壞自成也，不以人之庳自高也。今周見殷之僻亂也，而遽爲之正與治，上謀而行貨，阻丘而保威也。割牲而盟以爲信，因四內與共頭以明行，揚夢以説衆，殺伐以要利，以此紹殷，是以亂易暴也。吾聞古之士，遭乎治世，不避其任，遭乎亂世，不爲苟在。今天下闇，周德衰矣。與其並乎周以漫吾身也，不若避之以潔吾行。」二子北行，至首陽之下而餓焉。人之情莫不有重，莫不有輕。有所重則欲全之，有所輕則以養所重。伯夷、叔齊，此二士者，皆出身棄生以立其意，輕重先定也。

《史記》卷六一《伯夷列傳》張守節正義 曹大家注《幽通賦》云：「夷齊餓於首陽山，在隴西首。」又戴延之《西征記》云：「洛陽東北首陽山有夷齊祠。」今在偃師縣西北。又《孟子》云：「夷、齊避紂，居北海之濱。」首陽山，《説文》云首陽山在遼西。史傳及諸書，夷、齊餓於首陽凡五所，各有案據，先後不詳。《莊子》云：「伯夷、叔齊西至岐陽，見周武王伐殷，曰：『吾聞古之士，遭治世不避其任，遇亂世不爲苟存。今天下闇，周德衰，其並乎周以塗吾身也，不若避之以絜吾行。』二子北至於首陽之山，遂飢餓而死。」又下詩「登彼西山」，是今清源縣首陽山，在岐陽西北，明即夷、齊餓死處也。

《全元文》卷一三七〇吴萊《伯夷辨》 予讀《呂氏春秋》，伯夷自北海而歸周，至岐陽，文王已卒，武王即位，使召公奭盟微子，使周公旦盟膠鬲。由是伯夷去之以自潔，隱焉而餓死。豈其然乎？當紂之世，天下紛亂，伯夷之欲爲聖人氓者久矣。聞善養老，而往就養岐梁之間，固不在文王將卒之秋也。且武王初政，又豈果有勝殷殺紂之心哉？膠鬲，紂賢臣也。嘗與之約戰矣，雖天甚雨，猶不欲失期，往救其死，況先使周公要之以加富就官之盟乎？將已有篡弑一定之謀，必陷賢臣於死地乎？不然，膠鬲非賢者乎？又微子遭時之變，猶念念不忘宗國，雖不得已而去，未肯自通於周以爲己他日利，世爲長侯，守殷祭祀，召公亦何以有是盟乎？武王克殷，復立武庚。不幸三監之流言，共爲王室之不靖，成王、周公然後起而殺之也。不然，則請後七廟，世守天子之禮樂，豈有待於東夏之別封乎？夫如是，微子、膠鬲二盟皆非也。二盟既非，則伯夷嘗至周而就養矣。孟子曰：「天下之大老歸之。」文王蓋未卒也。藉令武王繼之，紂而改行，將先天下率諸侯修朝事，未嘗欲推亂而易暴也。殺牲埋書而煩褻鬼神，行貨要利而離間天子左右，伯夷當聞其風，不入其境，豈暇到岐陽而後去哉？去之以自潔，隱焉而餓死，扣馬諫伐之後也。然則雖受文王之養，亦且必受武王之養矣。太史公迷於文王受命改元，作《伯夷列傳》，有曰：「父死不葬，爰及干戈。」此又以爲不見文王而遽去，胥失之矣。

梁玉繩《人表考》卷二《上中仁人·伯夷、叔齊》 伯夷、叔齊始見《論語》。

夷名允，一本名元。字公信。齊名智，一作致。字公達。一作遠。謚夷、齊。伯、叔，又其長少之字。《論語·釋文》、《正義》引《春秋少陽篇》、《史·伯夷傳·索隱》、《路史·後紀》四注。亦曰夷、叔，《三國志·劉廙傳》注、《風俗通·正失卷》、宋郭茂倩《樂府》魏明帝《步出夏門行》、《陶潛集·飲酒詩》二、《弘明集·正誣論》。亦曰伯、叔，《隸釋·唐扶頌》。孤竹君之二子也。《史·傳》。禹封炎帝後姜姓于台，是爲默台。成湯元年正月三日丙寅析封孤竹。《路史·後紀》四、《史·傳·索隱》。相傳至夷、齊之父，名初字子朝，《索隱》。夷、齊偕巽。《路史》。國人立其中子，《史·傳》。名憑。《路史·後紀》四，而注引《烈士傳》云異母弟伯僚。王世貞《藝苑巵言》謂當作仲遼，蓋其字也。遼、僚古通。夷、齊恥食周粟，《史·傳》。餓於首陽之下。《論語》。以將軍葬《韓子·外儲說左》。在雷首山南。《水經河水注》四。宋徽宗崇寧元年封伯夷清惠侯，叔齊仁惠侯。《宋史·本紀》。元至元十五年加封昭義清惠公、崇讓仁惠公。《元史·世祖紀》七。至順元年賜廟額曰聖清。《元史·文宗紀》二。案《史·索隱》引應劭曰：孤竹君氏墨胎。考《北周書·怡峯傳》云：本姓默台，避難改焉。則台即怡字，作胎非也。台有胎音，故誤。蓋姜其姓，默其氏，默、墨古通。台是夏所封國名。《路史·國名紀》一謂在柳城。其後復封孤竹，遂以默台爲氏耳。匹夫有謚，自夷、齊始。但彼已去國隱身，誰爲作謚？豈靖宮封墓之餘，特褒其志節歟？《困學紀聞》七引宋胡寅云：夷、齊亦是名。

梁玉繩《漢書人表考補·伯夷、叔齊》　亦曰夷、叔。又見《蜀志郤正傳》、《晉書羊祜傳》。亦見《魏志·王昶傳》。

備論

《論語·微子》　逸民：伯夷、叔齊、虞仲、夷逸、朱張、柳下惠、少連。子曰：「不降其志，不辱其身，伯夷、叔齊與！」謂「柳下惠、少連，降志辱身矣，言中倫，行中慮，其斯而已矣」。謂「虞仲、夷逸，隱居放言，身中清，廢中權。我則異於是，無可無不可」。

《論語·季氏》　齊景公有馬千駟，死之日，民無德而稱焉。伯夷、叔齊餓於首陽之下，民到於今稱之。其斯之謂與？

《孟子·公孫丑上》　〔公孫丑〕曰：「伯夷、伊尹何如？」曰：「不同道。非其君不事，非其民不使，治則進，亂則退，伯夷也。何事非君，何使非民，治亦進，亂亦進，伊尹也。」

《孟子·公孫丑上》　孟子曰：「伯夷非其君不事，非其友不友；不立於惡人之朝，不與惡人言。立於惡人之朝，與惡人言，如以朝衣朝冠坐於塗炭。推惡惡之心，思與鄉人立，其冠不正，望望然去之，若將浼焉。諸侯雖有善其辭命而至者，不受也。不受也者，是亦不屑就已。柳下惠不羞汙君，不卑小官，進不隱賢，必以其道，遺佚而不怨，阨窮而不憫。故曰『爾爲爾，我爲我，雖袒裼裸裎於我側，爾焉能浼我哉！』故由由然與之偕而不自失焉，援而止之而止。援而止之而止者，是亦不屑去已。」孟子曰：「伯夷隘，柳下惠不恭。隘與不恭，君子不由也。」

《孟子·萬章下》　孟子曰：「伯夷目不視惡色，耳不聽惡聲，非其君不事，非其民不使，治則進，亂則退。横政之所出，横民之所止，不忍居也。思與鄉人處，如以朝衣朝冠坐於塗炭也。當紂之時，居北海之濱，以待天下之清也。故聞伯夷之風者，頑夫廉，懦夫有立志。」

《孟子·盡心下》　孟子曰：「聖人百世之師也，伯夷、柳下惠是也。故聞伯夷之風者，頑夫廉，懦夫有立志。聞柳下惠之風者，薄夫敦，鄙夫寬。奮乎百世之上，百世之下聞者莫不興起也，非聖人而能若是乎，而況於親炙之者乎？」

《莊子·駢拇》　伯夷死名於首陽之下，盜跖死利於東陵之上。二人者，所死不同，其於殘生傷性均也，奚必伯夷之是而盜跖之非乎？天下盡殉也。彼其所殉仁義也，則俗謂之君子；其所殉貨財也，則俗謂之小人。其殉一也，則有君子焉，有小人焉；若其殘生損性，則盜跖亦伯夷已，又惡取君子小人於其間哉？

《莊子·讓王》　昔周之興，有士二人處於孤竹，曰伯夷、叔齊。二人相謂曰：「吾聞西方有人，似有道者，試往觀焉。」至於岐陽，武王聞之，使叔旦往見之，與盟曰：「加富二等，就官一列。」血牲而埋之。二人相視而笑曰：「嘻！異哉！此非吾所謂道也。昔者神農之有天下也，時祀盡敬而不祈喜；其於人也，忠信盡治而無求焉。樂與政爲政，樂與治爲治，不以人之壞自成也，不以人之卑自高也，不以遭時自利也。今周見殷之亂而遽爲政，上謀而下行貨，阻兵而保威，割牲而盟以爲信，揚行以説衆，殺伐以要利，是推亂以易暴也。吾聞古之士遭治世不避其任，遇亂世不爲苟存。今天下闇，周德衰，其並乎周以塗吾身也，不如避之以絜吾行。」二子北至於首陽之山，遂餓而死焉。若伯夷、叔齊者，其於

富貴也，苟可得已，則必不賴。高節戾行，獨樂其志，不事於世，此二士之節也。

《韓詩外傳》卷一　王子比干殺身以成其忠，尾生殺身以成其信，伯夷、叔齊殺身以成其廉。此四子者，皆天下之通士也。豈不愛其身哉？爲夫義之不立，名之不顯，則士恥之，故殺身以遂其行。由是觀之，卑賤貧窮，非士之恥也。夫士之所恥者，天下舉忠而士不與焉，舉信而士不與焉，舉廉而士不與焉。三者存乎身，名傳於世，與日月並而不息，天不能殺，地不能生，當桀紂之世，不之能污也。然則非惡生而樂死也，惡富貴好貧賤也，由其理尊貴及已而仕，不辭也。孔子曰：「富而可求也，雖執鞭之士，吾亦爲之。如不可求，從吾所好。」故阨窮而不憫，勞辱而不苟，然後能有致也。《詩》曰：「我心匪石，不可轉也。我心匪席，不可卷也。」此之謂也。

《韓詩外傳》卷三　伯夷叔齊目不視惡色，耳不聽惡聲。非其君不事，非其民不使。横政之所出，横民之所止，弗忍居也。思與鄉人居，若朝衣朝冠，坐於塗炭也。故聞伯夷之風者，貪夫廉，懦夫有立志。至柳下惠則不然。不羞污君，不辭小官。進不隱賢，必由其道。阨窮而不憫，遺佚而不怨。與鄉人居，愉愉然不去也。雖袒裼裸裎於我側，彼安能浼我哉？故聞柳下惠之風者，鄙夫寬，薄夫厚。至乎孔子去魯，遲遲乎其行也，可以去而去，可以止而止，去父母國之道也。伯夷，聖人之清者也。柳下惠，聖人之和者也。孔子，聖人之中者也。《詩》曰：「不競不絿，不剛不柔。」中庸和通之謂也。

《史記》卷六一《伯夷列傳》司馬貞述贊　天道平分，與善徒云。賢而餓死，盜且聚羣。吉凶倚伏，報施糾紛。子罕言命，得自前聞。嗟彼素士，不附青雲！

《史記》卷六一《伯夷列傳》張守節正義　伯夷、叔齊雖有賢行，得夫子稱揚而名益彰著。萬物雖有生養之性，得太史公作述而世事益睹見。

韓愈《韓昌黎文集》卷一《伯夷頌》　士之特立獨行，適於義而已，不顧人之是非，皆豪傑之士，信道篤而自知明者也。一家非之，力行而不惑者，寡矣；至於一國一州非之，力行而不惑者，蓋天下一人而已矣；若至於舉世非之，力行而不惑者，則千百年乃一人而已耳。若伯夷者，窮天地亘萬世而不顧者也。昭乎日月不足爲明，崒乎泰山不足爲高，巍乎天地不足爲容也！

當殷之亡，周之興，微子賢也，抱祭器而去之；武王、周公聖也，從天下之賢士與天下之諸侯而往攻之：未嘗聞有非之者也。彼伯夷、叔齊者，乃獨以爲不可。殷既滅矣，天下宗周，彼二子乃獨恥食其粟，餓死而不顧。繇是而言，夫豈有求而爲哉？信道篤而自知明也。

今世之所謂士者：一凡人譽之，則自以爲有餘；一凡人沮之，則自以爲不足。彼獨非聖人，而自是如此。夫聖人乃萬世之標準也。余故曰：若伯夷者，特立獨行，窮天地亘萬世而不顧者也。雖然，微二子，亂臣賊子接跡於後世矣。

蘇洵《嘉祐集》卷九《利者義之和論》　伯夷、叔齊殉大義以餓於首陽之山，天下之人安視其死而不悲也。天下而果好義也，伯夷、叔齊其不以餓死矣。雖然，非義之罪也，徒義之罪也。武王以天命誅獨夫紂，揭大義而行，夫何卹天下之人？而其發粟散財，何如此之汲汲也？意者雖武王亦不能以徒義加天下也。《乾文言》曰：「利者，義之和。」又曰：「利物足以和義。」嗚呼，盡之矣。君子之恥言利，亦恥言夫徒利而已。

王安石《王文公文集》卷二六《伯夷》　事有出於千世之前，聖賢辯之甚詳而明，然後世不深考之，因以偏見獨識，遂以爲説，既失其本，而學士大夫共守之不爲變者，蓋有之矣，伯夷是已。

夫伯夷，古之論有孔子、孟子焉，以孔、孟之可信而又辯之反復不一，是愈益可信也。孔子曰：「不念舊惡，求仁而得仁，餓於首陽之下，逸民也。」孟子曰：「伯夷非其君不事，不立惡人之朝，避紂居北海之濱，目不視惡色，不事不肖，百世之師也。」故孔、孟皆以伯夷遭紂之惡，不念以怨，不忍事之，以求其仁，餓而避，不自降辱，以待天下之清，而號爲聖人耳。然則司馬遷以爲武王伐紂，伯夷叩馬而諫，天下宗周而耻之，義不食周粟而爲《采薇之歌》，韓子因之，亦爲之頌，以爲微二子，亂臣賊子接迹於後世，是大不然也。

夫商衰而紂以不仁殘天下，天下孰不病紂？而尤者，伯夷也。嘗與太公聞西伯善養老，則往歸焉。當是之時，欲夷紂者，二人之心豈有异邪？及武王一奮，太公相之，遂出元元於塗炭之中，伯夷乃不與，何哉？蓋二老，所謂天下之大老，行年八十餘，而春秋固已高矣。自海濱而趨文王之都，計亦數千里之遠，文王之興以至武王之世，歲亦不下十數，豈伯夷欲歸西伯而志不遂，乃死於北海邪？抑來而死於道路邪？抑其至文王之都而不足以及武王之世而死邪？如是而言伯夷，其亦理有不存者也。

且武王倡大義於天下，太公相而成之，而獨以爲非，豈伯夷乎？天下之道二，仁與不仁也。紂之爲君，不仁也；武王之爲君，仁也。伯夷固不事不仁之紂，以待仁而後出。武王之仁焉，又不事之，則伯夷何處乎？余故曰聖賢辯之甚

明，而後世偏見獨識者之失其本也。嗚呼，使伯夷之不死，以及武王之時，其烈豈減太公哉！

《二程集》卷一八《伊川先生語四》　韓退之頌伯夷，甚好，然只説得伯夷介處。要知伯夷之心，須是聖人。《語》曰：「不念舊惡，怨是用希。」此甚説得伯夷心也。

羅大經《鶴林玉露》卷六《伯夷傳、赤壁賦》　太史公《伯夷傳》，蘇東坡《赤壁賦》文章絶唱也。其機軸略同。《伯夷傳》以「求仁得仁，又何怨」之語設問，謂夫子稱其不怨，而《采薇》之詩猶若未免於怨，何也？蓋天道無親，常與善人，而達觀古今，操行不軌者多富樂，公正發憤者每遇禍，是以不免於怨也。雖然，富貴何足求，節操爲可尚，其重在此，則其輕在彼。況君子疾没世而名不稱，伯夷、顔子得夫子而名益彰，則所得亦已多矣，又何怨之有！《赤壁賦》因客吹簫而有怨慕之聲，以此設問，謂舉酒相屬，凌萬頃之茫然，可謂至樂，而簫聲乃若哀怨，何也？蓋此乃周郎破曹公之地，以曹公之雄豪，亦終歸於安在？況吾與子寄蜉蝣於天地，哀吾生之須臾，宜其托遺響而悲怨也。雖然，自其變者而觀之，雖天地曾不能以一瞬；自其不變者而觀之，則物與我皆無盡也，又何必羡長江而哀吾生哉！矧江風山月，用之無盡，此天下之至樂。於是洗盞更酌，而嚮之感慨風休冰釋矣。東坡步驟太史公者也。

《胡宏集·皇王大紀論·夷齊讓國》　先儒以爲伯夷、叔齊讓國，不義武王，不食周粟，爲天下之清。以愚觀之，不然。二子蓋行天下正大之理，彌縫父子兄弟之間者也。

其彌縫父子兄弟之間奈何？孤竹君欲舍長子伯夷而立少子叔齊。夫父子，天性也，兄弟，天倫也，舍長立少，虧天性，亂天倫矣。使伯夷立，則無父而天性遂虧；使叔齊立，則無兄而天倫遂亂。天下豈有無父子兄弟之國哉！故二子者寧舍君國之富貴尊榮，潔身而去之，既爲是以辭先君之國矣，豈復可徒守？空乏其身，處微賤而不悔，所以成吾仁，非以讓國不仕，立一節爲高者也。此所以爲聖之清乎！

若太史遷之説，二子以武王伐紂而不食周粟，是介僻淺陋，不知天命，難乎與語仁者，烏得爲聖之清者哉？蓄德之君子，可不審諸！

《朱子語類》卷五六《孟子六·離婁上》　伯夷辟紂章

才卿問：「伯夷是『中立而不倚』，下惠是『和而不流』否？」曰：「柳下惠和而不流之事易見，伯夷中立不倚之事，何以驗之？」陳曰：「扣馬之諫，餓而死，此是不倚。」曰：「此謂之偏倚，亦何可以見其不倚？」文蔚録云：「『如此，却是倚做一邊去。』文蔚曰：『他雖如此，又却不念舊惡。』曰：『亦不相似。』」劉用之曰：「伯夷居北海之濱，若將終身焉，及聞西伯善養老，遂來歸之，此可見其不倚否？」曰：「此下更有一轉，方是不倚。蓋初聞文王而歸之，及武王伐紂而去之，遂不食周粟，此可以見其不倚也。」

葉適《習學記言序目》卷二〇《史記二·列傳》　遷本意取高讓不受利禄者爲列傳首，是也。然許由、卞隨、務光，空寓言，無事實，學者所共知，遷爲是故以六藝正百家之妄，正於其所不必正，一也。按冉有問於子貢曰：「夫子爲衛君乎？」子貢曰：「諾，吾將問之。」入曰：「伯夷、叔齊何人也？」曰：「古之賢人也。」曰：「怨乎？」曰：「求仁而得仁，又何怨！」出曰：「夫子不爲也。」子曰：「見善如不及，見不善如探湯，吾見其人矣，吾聞其語矣；隱居以求其志，行義以達其道，吾聞其語矣，未見其人也。齊景公有馬千駟，死之日民無得而稱焉，伯夷、叔齊餓於首陽之下，民到於今稱之，其斯之謂歟！」論夷齊之事，無大於此者矣。以子臧、季札考之，未嘗有所怨，則夷齊何怨焉？謂夷齊爲怨者，傳遠而説訛爾。遷雖以孔子之言謂伯夷之非怨，而又以妄人之詩疑伯夷之不能不怨，既正於其所不必正，復以所不必正者害其所正，二也。且負芻、吴光皆弑君竊國，子臧、季札尚不耻立於其朝，蓋其待之如穅秕外物，不置是非於心，乃讓國之常節；況武王、周公以至仁大義滅商，夷齊奚爲惡之？此特浮淺之詞而遷信之，何哉？孔子謂「餓於首陽」者，言其甘於貧賤而難之也，遷遂以爲不食死，懟而不知命，豈仁人之意乎？三也。盜跖不軌之人，何足與夷齊顔子較賢否？聖賢之所自爲者，天之所不能爲，遷雖稱輕重清濁各有所在，而實理蓋未之知，四也。又遷所謂名者，顔子因孔子而彰，則固信矣。若夷齊則在孔子之前五六百年，孔子所敬而畏者，故曰「民到於今稱之」，是不待孔子而後彰也。稽古道，續先民，聖人之職當然也，豈以是爲軒輊於其間哉！遷雖定一尊於孔氏，而其陋若此者，非所以爲尊，五也。余觀孟子論伯夷最爲精義，然猶推惡惡之心，有近隘之行，非所謂得仁求志也，必以孔子爲正。（《伯夷》）

《全元文》卷四二二戴表元《伯夷叔齊列傳》　某按，上古國以萬計。其各國之所賢者，則自推以爲各國之君。其衆國之所賢者，則共推以爲天下之君。雖堯之唐、舜之虞，其初不過萬國之一耳。惟其德盛，故衆國環而宗之。宗之矣，

而有不宗者在焉，則衆國環而攻之。夏殷以來，主於傳子，故天下之共君者，不能世賢，而分則略定矣。孤竹之爲國也，不知其所從始，相傳云墨胎氏，又云成湯所封。則是古或有其國，而成湯革命，始更封之耳。此於商人固無骨肉相連之親，與心誠悦服之舊也。自成湯至紂，凡幾世，自孤竹始封，至於伯夷，亦已久矣。然澤足配天，無以過周；紂惡可誅，不浮於桀。而湯武之伐君，伯仲之間也。孤竹之始封，不辭鳴條之爵，而其子孫乃非牧野之師乎。嗚呼！商之未亡也，孤竹之事，吾不得而知其何如也。然但云成湯所封，則伯夷之先世，已臣於商矣。不特伯夷世臣之，雖武王亦且世臣之。夫君之不能世賢，其亂猶小也。紂雖天子，與諸侯分國而治，盡紂之身，亂止其政令之所及而已，諸國未大害也。幸而紂死，一中主代之，雖國之所以自治者可以不亂。以一君之惡，而易天下之共主者，湯一行之，既以爲世駭，豈可數數然階亂教叛，使爲羿浞者接跡於後來耶？故其歌曰：「以暴易暴兮，不知其非矣。神農、虞夏忽焉没兮，我安適歸矣。」此伯夷之志也。若夫國存而爲之君臣，國亡而視之塗人，不待其賢如伯夷而能羞之矣。吾太史公表伯夷爲列傳首，而怪世儒言伯夷皆過，故詳論之。

《全明文》卷一一朱元璋《駁韓愈頌伯夷文》　古今作文者，文雄句壯字奧，且有音節者甚不寡，义全不誣妄理道者鮮矣。吁，難哉！朕聞儒者多祖韓文，試取觀之。及至檢閲，忽見頌伯夷之文，乃悉觀之，中有疵焉。疵者何？曰過天地，小日月是也。且伯夷之忠義，止可明並乎日月，久同乎天地，旌褒之尚無過於此，何乃云「日月不足爲明」，「天地不足爲容也」。是何言哉！嘗聞上下四方曰宇，往古來今曰宙。二儀立極虚其中，人物居焉。曰宇，如殿庭是也。以天地初分爲垠，來今無已曰宙，如江流是也。大矣哉天地，明矣哉日月。韓曰過於天地日月，於文則句壯字奥，誦之則有音節。若能文者，莫出於韓。若言道理，伯夷過天地，小日月，吾不知其何物，此果誣耶？妄耶？韓文名世不朽，已千載矣，今爲我論，識者莫不以爲我强歟？設若不以我爲强，則韓文乃至精之撰，猶有其疵，豈不鮮矣哉。

方孝孺《遜志齋集》卷五《雜著・夷齊》　聖人之道，中而已矣。堯舜禹三聖人爲萬世法，一允執厥中也。不及不謂之中，過亦不謂之中。請即此而論之。伯夷叔齊，孤竹君之二子，其父將死，遺命立叔齊。父卒，叔齊遜伯夷，伯夷曰父命也，遂逃去。叔齊亦不立而逃之。其後周武王伐商，去隱於首陽山，耻食周粟，遂餓而死。孔子嘗稱之，曰古之賢人，孟子嘗稱之，曰聖之清。誰得而議之哉？雖然，抑有説也。

先君之國，受之於祖宗者也。父子傳次以嫡以長，古之制也，易此必亂。昔周太王三子長泰伯、次仲雍、次季歷。太王欲傳位季歷以及昌，泰伯知之，即與仲雍逃之荆蠻，以順父志，以成王業。孔子稱之以至德，且曰民無德而稱焉。夷也苟知父志欲立齊，當效泰伯順父之志，隱然退避於治命之日，不當行己之志，顯然辭讓於亂命之餘也。叔齊亦不立而逃之，幸有中子以託國焉，苟無其人，其如先君之社稷何？湯武之征伐，即堯舜之揖讓，天下歸周，天之命也。潔身自遠斯可已矣，何乃耻食其粟，獨食其薇也，庸非周土之毛乎？斯皆過乎中者也。於乎，廉頑立懦，足可爲百世師，過中失正，恐未臻乎堯舜禹之道。此孟子之所以譏乎其隘，而孔子至德之稱在泰伯，而不在夷齊也，厥旨深矣。

《劉大櫆集》卷二《讀伯夷傳》　夫事有委巷小人之談，而儒者採之以爲傳記，則其言流傳既久，深入後世之人心，不復考其是非得失，堅持之而不可拔，雖有智者與之辨别分明，而彼終莫之吾信。

昔者，伯夷、叔齊兄弟讓國，並逃於首陽之山，孔子謂其「求仁得仁」及孟子之所稱述詳矣，未聞有耻食周粟之事也。及司馬遷作《史記》，乃謂武王以臣弑君，伯夷叩馬而諫。後世淺見之士，莫不信之以爲誠然，或反爲文以刺譏武王。嗚呼！此君臣之義所以不明於天下也。

夫名不可以兩立，而事不容以兩是。使伯夷之言，誠合於道，則武王爲亂賊之徒，不得與堯、舜並稱爲至聖；使湯、武之革命，果爲順天而應人，則伯夷安得爲此非聖謗道之言哉？然則「耻食周粟」者，委巷小人之談也。

余嘗考之：孟子謂「伯夷非其君不事」，不知所謂其君者，紂乎？武王乎？如遷之所紀，則武王非其君矣；武王非其君，則必如紂者乃爲伯夷之君乎？然余又聞伯夷避紂矣。紂既非其君，而武王又非其君，天下安得非紂非武王之君而事之？謂「治則進，亂則退」者，伯夷也。居北海之濱，是亂則退矣；其武王有天下，又逃之窮山絶谷之中，是不爲治則退乎？

西伯善養老，而伯夷與太公偕來。蓋伯夷之歸周久矣。及武王伐紂，惟太公鷹揚而往佐之，是伯夷之老而既死也。使其尚在，則伯夷之鷹揚，當必更甚於太公。伯夷叩馬，而「太公曰：『此義人也。』扶而去之」，若素不相識者然。夫兩人皆名賢，同居西伯之宇下，而顧漠不相識，此非人情，則其言之虚妄，不待智者

而知也。

太史遷之作紀傳，唐、虞、三代皆直書其事，其於伯夷獨增「其傳曰」之三言，然則遷亦姑存其言而未必深信其事者與？

自秦焚《詩》《書》，用漢儒之臆，篡亂聖人之經，其國史所書，或蓋失飾非，得之傳聞而多失其實，其舛謬非一端矣。孟子謂《武成》不可盡信；而於虞舜、伊尹、孔子、百里奚，人言之譌繆，皆爲之反覆辨明。又況周衰迄秦、漢，紛紛著書之士，掇拾煨燼之餘，聽其言而一皆信之，不復致疑其際，豈不亦好古而失之愚也哉！

吴裕垂《史案》卷二《伯夷》 孤竹之國，遠在遼西，若專爲就養而歸周，恐風霜跋涉，早不勝其凍餒矣。以老人之筋力，不遠數千里而來者，蓋文王時内修教養，外勤服事。視其所爲，實足感無道爲有道者歸來之興，正不在温飽之謀，亦未始不爲公養之仕。朱子曰：「伯夷、太公來就其養，非求仕也。」愚案，壽考作人，正周才極盛之初，文所不知，人其舍諸。既知釣渭之英者，而登諸上位，獨不聞讓國之高風而奉爲賓師乎？縱賓師之位非所樂就，然既爲就養而來，何必不爲公養之仕？義食周粟，正所以義食周禄也。禄者何？公養之仕也。食其禄者忠其主，扣馬之諫，以爲君有過則當諫也。首陽之餓，以爲諫不聽則當去也。前此則爲公養之仕，後此則爲草莽之臣，此逸民所由稱也。武王東征觀兵，猶是伐密、伐崇之美意，故伯夷之就養自若。至牧野陳師，扣馬之諫不行，大拂歸來之志。其義不食周粟，即義不食周禄也。宋文信公恥食元禄，因諸燕獄三年中，所食皆元食也，豈得以不食元禄而食元食，爲欲死而求生乎？若以歌中有「采薇」之句，遂疑「采薇」爲辟穀，則《小雅·采薇》之戍卒，豈盡采薇爲餱糧乎？爲《周南》之詩者，豈盡食卷耳、芣苢而不食五穀者乎？陶淵明恥「以五斗米折腰」，賦《歸來》而「采菊東籬」，又豈舍穀食而菊餐乎？漢光武詔曰：「自古明王聖主，必有不賓之士。伯夷、叔齊不食周粟，太原周黨不食朕禄，亦各有志焉。」可知粟即禄也。如孔子至衛，致粟六萬；原思爲宰，與粟九百。漢秩二千石以下，俱以食粟之數名官是也。夫首陽之餓，不過餓者之甘心於餓耳。絶糧而死，餓也；飽食而死，亦餓也。不就周養，不食周禄，其志在高，餓，一也。如必以不食爲餓，則一陳仲子而已，何以孟子不許於陵之廉，而獨高西山之義乎？箕子恥爲周臣，遠遯朝鮮；而伯夷不必爲朝鮮之行者，猶孟子宿晝之心也，故孔子以爲「求仁而得仁」。後人惟恐右伯夷則左武王，每持《采薇》之歌，多方以譏之，不知伯夷之忠義，得武王之拂諫而益彰；武王之仁孝，得伯夷之扣馬而益大。二聖之名，若相累而適相成矣。

藝文

《建安七子集》卷五《阮瑀集·弔伯夷文》 余以王事，適彼洛師。瞻望首陽，敬弔伯夷。東海讓國，西山食薇。重德輕身，隱景潛暉。求仁得仁，報之仲尼。没而不朽，身沈名飛。〔稽首憑弔，向往深之〕。

《陶淵明集》卷六《讀史述九章·夷齊》 二子讓國，相將海隅。天人革命，絶景窮居。采薇高歌，慨想黄虞。貞風凌俗，爰感懦夫。

《全唐詩》卷一三六儲光羲《上長史王公責躬》 覆舟無伯夷，覆車無仲尼。自咎失明義，寧由貝錦詩。松柏日已堅，桃李日以滋。顧已獨暗昧，所居成蒺藜。大賢薦時文，醜婦用蛾眉。惕惕愧不已，豈敢論其私。方朔既有言，子建亦有詩。惻隱及先世，析薪成自悲。靈鳥酬德輝，黄雀報仁慈。若公庶伏罪，此事安能遲。

《全唐詩》卷一三二李頎《登首陽山謁夷齊廟》 古人已不見，喬木竟誰過。寂寞首陽山，白雲空復多。蒼苔歸地骨，皓首采薇歌。畢命無怨色，成仁其若何。我來入遺廟，時候微清和。落日弔山鬼，回風吹女蘿。石崖向西豁，引領望黄河。千里一飛鳥，孤光東逝波。驅車層城路，惆悵此巖阿。

《李太白全集》卷六《少年子》 青雲少年子，挾彈章臺左。鞍馬四邊開，突如流星過。金丸落飛鳥，夜入瓊樓卧。夷、齊是何人，獨守西山餓。

《李太白全集》卷七《梁園吟》 洪波浩蕩迷舊國，路遠西歸安可得？人生達命豈暇愁，且飲美酒登高樓。平頭奴子摇大扇，五月不熱疑清秋。玉盤楊梅爲君設，吴鹽如花皎白雪。持鹽把酒但飲之，莫學夷、齊事高潔。

《李太白全集》卷七《笑歌行》 笑矣乎，笑矣乎！君不見曲如鈎，古人知爾封公侯。君不見直如絃，古人知爾死道邊。張儀所以只掉三寸舌，蘇秦所以不墾二頃田。

笑矣乎，笑矣乎！君不見滄浪老人歌一曲，還道滄浪濯吾足。平生不解謀此身，虛作《離騷》遣人讀。笑矣乎，笑矣乎！趙有豫讓楚屈平，賣身買得千年

名。巢、由洗耳有何益？夷、齊餓死終無成。君愛身後名，我愛眼前酒。飲酒眼前樂，虚名何處有？男兒窮通當有時，曲腰向君君不知。猛虎不看機上肉，洪爐不鑄囊中錐。笑矣乎，笑矣乎！甯武子、朱買臣，叩角行歌背負薪。今日逢君君不識，豈得不如佯狂人！

《全唐詩》卷二七九盧綸《題伯夷廟》 中條山下黄礓石，壘作夷齊廟裏神。落葉滿階塵滿座，不知澆酒爲何人。

《白居易集》卷五《效陶潛體詩十六首》 濟水澄而潔，河水渾而黄；交流列四瀆，清濁不相傷。太公戰牧野，伯夷餓首陽；同時號賢聖，進退不相妨。謂天不愛民，胡爲生稻粱？謂天果愛民，胡爲生豺狼？謂神福善人，孔聖竟栖遑。謂神禍淫人，暴秦終霸王。顔回與黄憲，何辜早夭亡？蝮蛇與鴆鳥，何得壽延長？物理不可測，神道亦難量。舉頭仰問天，天色但蒼蒼。唯當多種黍，日醉手中觴！

《全唐詩》卷六四七胡曾《首陽山》 孤竹夷齊恥戰争，望塵遮道請休兵。首陽山倒爲平地，應始無人説姓名。

《全唐詩》卷七二八周曇《夷齊》 讓國由衷義亦乖，不知天命匹夫才。將除暴虐誠能阻，何異崎嶇助紂來。

《全唐詩》卷八五三吴筠《伯夷叔齊》 夷齊互崇讓，棄國從所欽。聿來及宗周，乃復非其心。世濁不可處，冰清首陽岑。采薇詠羲農，高義越古今。

《王十朋全集・詩集》卷一〇《詠史詩・伯夷》 避紂窮居北海濱，歸來端爲有仁人。武王不聽車前諫，餓死西山志亦伸。

周文王部

綜述

《史記》卷四《周本紀》 古公卒，季歷立，是爲公季。公季脩古公遺道，篤於行義，諸侯順之。

公季卒，子昌立，是爲西伯。西伯曰文王，遵后稷、公劉之業，則古公、公季之法，篤仁，敬老，慈少。禮下賢者，日中不暇食以待士，士以此多歸之。伯夷、叔齊在孤竹，聞西伯善養老，盍往歸之。太顛、閎夭、散宜生、鬻子、辛甲大夫之徒皆往歸之。

崇侯虎譖西伯於殷紂曰：「西伯積善累德，諸侯皆嚮之，將不利於帝。」帝紂乃囚西伯於羑里。閎夭之徒患之，乃求有莘氏美女，驪戎之文馬，有熊九駟，他奇怪物，因殷嬖臣費仲而獻之紂。紂大説，曰：「此一物足以釋西伯，況其多乎！」乃赦西伯，賜之弓矢斧鉞，使西伯得征伐。曰：「譖西伯者，崇侯虎也。」西伯乃獻洛西之地，以請紂去砲格之刑。紂許之。

西伯陰行善，諸侯皆來決平。於是虞、芮之人有獄不能決，乃如周。入界，耕者皆讓畔，民俗皆讓長。虞、芮之人未見西伯，皆慚，相謂曰：「吾所争，周人所恥，何往爲，祇取辱耳。」遂還，俱讓而去。諸侯聞之，曰「西伯蓋受命之君」。

明年，伐犬戎。明年，伐密須。明年，敗耆國。殷之祖伊聞之，懼，以告帝紂。紂曰：「不有天命乎？是何能爲！」明年，伐邘。明年，伐崇侯虎。而作豐邑，自岐下而徙都豐。明年，西伯崩，太子發立，是爲武王。

皇甫謐《帝王世紀》卷五 周，姬姓也。文王始修政，三年而天下二分歸之，入爲紂三公。年十五而生太子發。文王九十七而崩，太子發代立，是爲武王。武王二年，觀兵至孟津之上。四年，始伐殷爲天子，以木承水。自酆徙都鎬。武王崩年九十三，太子誦代立，是爲成王。

文王昌，龍顔虎肩，身長十尺，胸有四乳。敬老慈幼，晏朝不食，以延四方之士。文王合六州之諸侯以朝紂，紂以崇侯之譏而怒，諸侯請送文王棄於程。十年正月，文王自商至程，太姒夢見商庭生棘，太子發取周庭之梓樹之於闕間，梓化爲松柏柞棫。覺而驚，以告文王。文王不敢占，召太子發，命祝以幣告於宗廟群神，然後占之於明堂。及發並拜吉夢，遂作《程寤》。始文王繼父爲西伯，都於雍州之地。及受命，復兼梁、荆二州，化被於江、漢之域，於是諸侯歸附之者六州，而文王不失臣節。先是文王夢日月之光著身，又鸑鷟鳴於岐，作武象之樂。神農始作五弦之琴，以具宫商角徵羽之音。歷九代至文王，復增其二弦，曰少宫、少商。文王嗣位五十年，即《周書》所謂「文王受命享國五十年」是也。

文王徙宅於程。

西伯至仁，百姓襁負而至。

文王自程徙都酆。季秋之月甲子，赤雀銜丹書入酆，止於文王之户，言天命歸周之意。先是，文王夢日月之光著身。

文王即位四十二年，歲在鶉火，文王更爲受命之元年，始稱王矣。

文王問太公：「吾用兵孰可？」太公曰：「密須氏疑於我，我可先伐之。」管叔曰：「不可。其君天下之明君，伐之不義。」太公曰：「臣聞先王之伐也，伐逆不伐順，伐險不伐易。」文王曰：「善。」遂侵阮徂共，而伐密須。密須之人自縛其君而歸文王。

未受命時已得太公。

文王晏朝不食，以延四方之士，是以大顛、閎夭、散宜生、南宫适之屬咸至，是爲四臣。文王雖在諸侯之位，襲父爲西伯。紂既囚文王，文王之長子曰伯邑考，質於殷，爲紂御，紂烹以爲羹，賜文王，曰：「聖人當不食其子羹。」文王得而食之，紂曰：「誰謂西伯聖者？食其子羹尚不知也。」

文王取太姒，生伯邑考、武王發，次管叔鮮，次蔡侯，次郕叔武，次霍叔處，次周公旦，次曹叔振鐸，次康叔封，次聃叔季載。

文王受命，四年周正月丙子朔，昆夷氏侵周，一日三至周之東門。文王閉門修德而不與戰。

文王葬於畢，畢在杜南。

文王居程，徙都豐。

豐在京兆鄠縣東，豐水之西，文王自程徙此。

雜録

備録

《尚書·西伯戡黎》　西伯既戡黎，祖伊恐，奔告於王曰：「天子！天既訖我殷命，格人元龜，罔敢知吉。非先王不相我後人，惟王淫戲用自絶。故天棄我，不有康食，不虞天性，不迪率典。今我民罔弗欲喪，曰：『天曷不降威！』大命不摯，今王其如台？」

王曰：「嗚呼！我生不有命在天？」

祖伊反，曰：「嗚呼！乃罪多參在上，乃能責命於天？殷之即喪，指乃功，不無戮於爾邦？」

《墨子·兼愛中》　昔者文王之治西土，若日若月，乍光於四方，於西土，不爲大國侮小國，不爲衆庶侮鰥寡，不爲暴勢奪穡人黍稷狗彘。天屑臨文王慈，是以老而無子者，有所得終其壽；連獨無兄弟者，有所雜於生人之閒；少失其父母者，有所放依而長。此文王之事，則吾今行兼矣。

《墨子·兼愛下》《泰誓》曰：「文王若日若月乍照，光於四方，於西土。」即此言文王之兼愛天下之博大也，譬之日月兼照天下之無有私也，即此文王兼也。雖子墨子之所謂兼者，於文王取法焉。

《墨子·非命上》　昔者文王封於岐周，絶長繼短，方地百里，與其百姓兼相愛、交相利，則，是以近者安其政，遠者歸其德。聞文王者，皆起而趨之。罷不肖股肱不利者，處而願之曰：「奈何乎使文王之地及我吾，則吾利豈不亦猶文王之民也哉。」是以天鬼富之，諸侯與之，百姓親之，賢士歸之，未殁其世，而王天下，政諸侯。

《孟子·梁惠王下》　[孟子]對曰：「王請無好小勇。夫撫劍疾視曰：『彼惡敢當我哉！』此匹夫之勇，敵一人者也。王請大之！《詩》云：『王赫斯怒，爰整其旅，以遏徂莒，以篤周祜，以對於天下。』此文王之勇也。文王一怒而安天下之民。」【略】

孟子對曰：「夫明堂者，王者之堂也。王欲行王政，則勿毁之矣。」王曰：「王政可得聞與？」對曰：「昔者文王之治岐也，耕者九一，仕者世禄，關市譏而不征，澤梁無禁，罪人不孥。老而無妻曰鰥，老而無夫曰寡，老而無子曰獨，幼而無父曰孤，此四者天下之窮民而無告者。文王發政施仁，必先斯四者。」王曰：「善哉言乎！」

《莊子·田子方》　文王觀於臧，見一丈夫釣，而其釣莫釣，非持其釣，有釣者也，常釣也。文王欲舉而授之政，而恐大臣父兄之弗安也；欲終而釋之，而不忍百姓之無天也。於是旦而屬之夫夫曰：「昔者寡人夢，見良人黑色而頿，乘駁馬而偏朱蹄，號曰：『寓而政於臧丈人，庶幾乎民有瘳乎！』」諸大夫蹵然曰：「先君王也。」文王曰：「然則卜之。」諸大夫曰：「先君之命王，其無它，又何卜焉！」遂迎臧丈人而授之政。典法無更，偏令無出。三年，文王觀於國，則列士壞植散羣，長官者不成德，斔斛不敢入於四竟。列士壞植散羣，則尚同也；長官者不成德，則同務也；斔斛不敢入於四竟，則諸侯無二心也。文王於是焉以爲大師，北面而問曰：「政可以及天下乎？」臧丈人昧然而不應，泛然而辭，朝令而夜遁，終身無聞。顔淵問於仲尼曰：「文王其猶未邪？又何以夢爲乎？」仲尼曰：「默！汝無言！夫文王盡之也，而又何論刺焉！彼直以循斯須也。」

《韓非子·喻老》　周有玉版，紂令膠鬲索之，文王不予，費仲來求，因予之。是膠鬲賢而費仲無道也。周惡賢者之得志也，故予費仲。文王舉太公於渭濱者，貴之也；而資費仲玉版者，是愛之也。故曰：「不貴其師，不愛其資，雖知大迷，是謂要妙。」

《韓非子·外儲説左下》　文王伐崇，至鳳黄虚，韤繫解，因自結。太公望曰：「何爲也？」王曰：「君與處皆其師，中皆其友，下盡其使也。今皆先君之臣，故無可使也。」

《韓非子·五蠹》　古者文王處豐、鎬之間，地方百里，行仁義而懷西戎，遂王天下。

《吕氏春秋·仲夏紀·古樂》　周文王處岐，諸侯去殷三淫而翼文王。散宜生曰：「殷可伐也。」文王弗許。周公旦乃作詩曰「文王在上，於昭於天，周雖舊邦，其命維新」，以繩文王之德。

《吕氏春秋·季夏紀·制樂》　周文王立國八年，歲六月，文王寢疾五日而地動，東西南北，不出國郊，百吏皆請曰：「臣聞地之動，爲人主也。今王寢疾五

日而地動，四面不出周郊，羣臣皆恐，曰『請移之』。」文王曰：「若何其移之也？」對曰：「興事動衆，以增國城，其可以移之乎。」文王曰：「不可。夫天之見妖也，以罰有罪也。我必有罪，故天以此罰我也。今故興事動衆以增國城，是重吾罪也。不可。」文王曰：「昌也請改行重善以移之，其可以免乎。」於是謹其禮秩皮革，以交諸侯；飭其辭令，幣帛，以禮豪士；頒其爵列等級田疇，以賞羣臣。無幾何，疾乃止。文王即位八年而地動，已動之後四十三年，凡文王立國五十一年而終，此文王之所以止殃翦妖也。

《呂氏春秋·季秋紀·順民》 文王處岐事紂，冤侮雅遜，朝夕必時，上貢必適，祭祀必敬，紂喜，命文王稱西伯，賜之千里之地。文王載拜稽首而辭曰：「願爲民請炮烙之刑。」文王非惡千里之地，以爲民請炮烙之刑，必欲得民心也。得民心則賢於千里之地，故曰文王智矣。

《呂氏春秋·孟冬紀·異用》 周文王使人抇池，得死人之骸，吏以聞於文王，文土曰：「更葬之。」吏曰：「此無主矣。」文王曰：「有天下者，天下之主也；有一國者，一國之主也。今我非其主也？」遂令吏以衣棺更葬之。天下聞之曰：「文王賢矣，澤及髊骨，又況於人乎？」或得寶以危其國，文王得朽骨以喻其意，故聖人於物也無不材。

《呂氏春秋·恃君覽·行論》 昔者紂爲無道，殺梅伯而醢之，殺鬼侯而脯之，以禮諸侯於廟。文王流涕而咨之。紂恐其畔，欲殺文王而滅周。文王曰：「父雖無道，子敢不事父乎？君雖不惠，臣敢不事君乎？孰王而可畔也？」紂乃赦之。天下聞之，以文王爲畏上而哀下也。《詩》曰：「惟此文王，小心翼翼，昭事上帝，聿懷多福。」

《禮記·文王世子》 文王之爲世子，朝於王季日三。鷄初鳴而衣服，至於寢門外，問内竪之御者曰：「今日安否何如？」内竪曰：「安。」文王乃喜。及日中又至，亦如之；及莫又至，亦如之。其有不安節，則内竪以告文王。文王色憂，行不能正履，王季復膳，然後亦復初。食上，必在視寒煖之節；食下，問所膳。命膳宰曰：「末有原！」應曰：「諾。」然後退。武王帥而行之，不敢有加焉。文王有疾，武王不説冠帶而養，文王一飯亦一飯，文王再飯亦再飯。旬有二日乃間。文王謂武王曰：「女何夢矣？」武王對曰：「夢帝與我九齡。」文王曰：「女以爲何也？」武王曰：「西方有九國焉，君王其終撫諸。」文王曰：「非也。古者謂年齡，齒亦齡也。我百，爾九十。吾與爾三焉。」文王九十七乃終，武王九十三而終。

《禮記·祭義》 文王之祭也，事死者如事生，思死者如不欲生，忌日必哀，稱諱如見親，祀之忠也。如見親之所愛，如欲色然，其文王與？《詩》云「明發不寐，有懷二人」，文王之詩也。祭之明日，明發不寐，饗而致之，又從而思之。祭之日，樂與哀半；饗之必樂，已至必哀。

賈誼《新書·諭誠》 文王晝卧，夢人登城而呼己曰：「我東北陬之槁骨也，速以王禮葬我。」文王曰：「諾。」覺，召吏視之，信有焉。文王曰：「速以人君禮葬之。」吏曰：「此無主矣，請以五大夫。」文王曰：「吾夢中已許之矣，奈何其倍之也！」士民聞之曰：「我君不以夢之故而倍槁骨，況於生人乎？」於是，下信其上。

賈誼《新書·脩政語下》 周文王問於粥子曰：「敢問君子將入其職，則其於民也何如？」粥子對曰：「唯，疑。請以上世之政詔於君王。政曰：君子將入其職，則其於民也，旭旭然如日之始出也。」周文王曰：「受命矣。」曰：「君子既入其職，則其於民也，何若？」對曰：「君子既入其職，則其於民也，暯暯然如日之正中。」周文王曰：「受命矣。」曰：「君子既去其職，則其於民也，何若？」對曰：「君子既去其職，則其於民也，暗暗然如日之已入也。故君子將入而旭旭者，義先聞也；既入而暯暯者，民保其福也；既去而暗暗者，民失其教也。」周文王曰：「受命矣。」

《韓詩外傳》卷三 昔者周文王之時，蒞國八年，夏六月，文王寢疾。五日而地動，東西南北，不出國郊。有司皆曰：「臣聞地之動，爲人主也。今者君王寢疾，五日而地動，四面不出國郊。羣臣皆恐，請移之。」文王曰：「奈何其移之也？」對曰：「興事動衆以增國城，其可以移之乎。」文王曰：「不可。夫天之見妖，是罰有罪也。我必有罪，故天以此罰我也。今又專興事動衆以增國城，是重吾罪也。不可以移之。昌也請改行重善以移之，其可以免乎。」於是遂謹其禮袟、皮革，以交諸侯；飾其辭令幣帛，以禮俊士；頒其爵列、等級、田疇，以賞羣臣。行此無幾何而疾止。文王即位八年而地動，地動之後四十三年，凡蒞國五十一年而終，此文王之所以踐妖也。《詩》曰：「畏天之威，於時保之。」

《韓詩外傳》卷一〇 大王亶甫有子曰太伯、仲雍、季歷。歷有子曰昌。太伯知大王賢昌而欲季爲後也，太伯去之吴。大王將死，謂曰：「我死，汝往讓兩兄，彼即不來，汝有義而安。」大王薨，季之吴告伯仲，伯仲從季而歸。羣臣欲伯

之立季，季又讓。伯謂仲曰：「今羣臣欲我立季，季又讓，何以處之？」仲曰：「刑有所謂矣，要於扶微者。可以立季。」季遂立而養文王，文王果受命而王。孔子曰：「太伯獨見，王季獨知。伯見父志，季知父心。故大王、太伯、王季，可謂見始知終而能承志矣。」《詩》曰：「自太伯王季。惟此王季，因心則友。則友其兄，則篤其慶，載錫之光，受禄無喪，奄有四方。」此之謂也。太伯反吴，吴以爲君，至夫差二十八世而滅。

《淮南子·道應訓》 文王砥德修政，三年而天下二垂歸之。紂聞而患之曰：「余夙興夜寐，與之競行，則苦心勞形。縱而置之，恐伐余一人。」崇侯虎曰：「周伯昌行仁義而善謀，太子發勇敢而不疑，中子旦恭儉而知時。若與之從，則不堪其殃。縱而赦之，身必危亡。冠雖弊，必加於頭。及未成，請圖之！」屈商乃拘文王於羑里。於是散宜生乃以千金求天下之珍怪，得騶虞、雞斯之乘，玄玉百工，大貝百朋，玄豹、黄羆、青犴，白虎文皮千合，以獻於紂，因費仲而通。紂見而説之，乃免其身，殺牛而賜之。文王歸，乃爲玉門，築靈臺，相女童，擊鐘鼓，以待紂之失也。紂聞之，曰：「周伯昌改道易行，吾無憂矣！」乃爲炮烙，剖比干，剔孕婦，殺諫者。文王乃遂其謀。故老子曰：「知其榮，守其辱，爲天下谷。」

袁康《越絶書》卷三《吴内傳》 文王以務争者：紂爲天下，殘賊奢佚，不顧邦政；文王百里，見紂無道，誅殺無刑，賞賜不當，文王以聖事紂，天下皆盡誠知其賢聖，從之。此謂文王以務争也。紂以惡刑争，文王行至聖，以仁義争，此之謂也。

《張耒集》卷五一《文王傳》 文王之功，起於后稷播種，而文、武之興，由於太王之遷岐，而周之先公，未有不務農者。故成王將立政，而召康公戒之以公劉之事，而周公陳王業，則道后稷先公風化之本乃在衣食耕織之際。然《文王》詩叙受命作周之事，乃未嘗言先公之業以致文王之受命，而一篇之本，止於文王能承天意，以陟降其臣之賢不肖，而後能使周之士世有顯德。「思皇多士，生此王國」而「文王以寧」，非獨能陟降招納周之士也，而其風化之所及，雖商之孫子，亦皆相與助成禮樂之用而歸周矣。内則有「不顯亦世」之周臣，外則有「其麗不億」之商士，文王作周，乃本諸此，而后稷先公稼穡養民之功，乃不與焉。何也？竊嘗譬之爲宫室也，其始斂聚衆材，惟恐不多，積載土壤，惟恐不厚。材集矣，土積矣，於是命工以度宜，革化土木以爲用，而宫室立矣。方其集材積土，則無所事工也，故工爲後。工治土木以成室，則非工者之巧，土與木亦從而敗矣，故工爲重。后稷先公之造始，種德相成，不贊以成文、武之業，則譬之爲室之積材聚土者也。文王席后稷先公累世之德，完其純備矣，於是招合天下之俊乂，登用大小之才，興事造業，革天下而爲周。譬之爲室，則命工度宜，以革化土木而成室者也。方言周之所以興，則本諸后稷先公之際，而未及於士，故衣食稼穡可道也。是猶論未成宫室之前，則稱其材，未及工可也。方言文王受命作周，則去后稷先公之功，所以立而爲周者，皆士力也，則士爲重矣。於是《文王》之詩，其言止乎陟降多士之降，是猶論宫室於既成也，則才之美未若工之能也。

且《小雅》叙文王之事，首於宴羣臣嘉賓，則言於多士能禮之也，而繼之以勞功遣使，言其於羣臣能用之也。而《大雅》美文王之政，而首之以《棫樸》，言其能因任之也。而《緜》稱太王以及文王之烈，則止於有疏附先後奔走禦侮，言其臣之所以爲用者真也。然則言文王之造周，本於多士之功者，凡詩人之意，莫不如此。言文王之事於周之初基，則不知所以本，言先公之事於文王，則不思所以成，言之不同，各有所輕重而不可亂故也。故曰「詩可以言」，蓋作詩者，知言者也。

「不顯亦世」，何也？不顯，言其顯也，蓋顯德者世世有之故也。「思皇多士」，何也？皇，美且大者也。美且大者，非止一二而已故也。夫父子兄弟之間，賢不才不齊也，而況於世，世皆賢乎？故顯德可有也，至於世有顯德者，所以爲難也。夫士之美者常難致也，而得一二焉，亦足以爲善矣，而況於多士皆美乎？然則士之美者可致也，至於多士皆美，所以爲難也。然則文王之能養才作人，以招納天下之俊乂，可知矣。雖然，文王豈有他術哉？致禮以來其所以成，勤教以養其所未就而已。敦養老之禮，則太公、伯夷欣然而歸之，天下之賢者，蓋未有不能致者也。故孟子以謂「天下之父歸之，其子焉往」是也。此之謂「致禮以來其所以成」。示之以法象，如雲漢之文章；□□以道藝，如金玉之文質。非徒臨於不顯，而不聞者亦用之，非徒勿棄於無射，而不諫者亦入，終於成人有德，小子有造也，此之謂「勤教以養其所未就」也。是詩之所稱曰「凡周之士」，又曰「思皇多士」，又曰「濟濟多士」，又曰「商士敷敏」，其言止乎士，何也？蓋士以齒言之，則少者也；以位言之，則卑者也，言少之賢，則老者可知也。「上天之載，無聲無臭」而不可聞，欲得天者，當「儀刑文王」而已。則惟天爲大，惟文王能則之，而其義與堯同矣。

王應麟《困學紀聞》卷二《書》　「西伯戡黎。」孔注云：「文王貌雖事紂，内秉王心。」豈知文王之心哉！文王之德之純，心與貌異乎？

「西伯既戡黎，祖伊恐。」商都朝歌，黎在上黨壺關，乃河朔險要之地。朝歌之西境密邇王畿，黎亡則商震矣。故武王渡孟津，莫之或御。周以商墟封衛，狄人迫逐黎侯，衛爲方伯連率，不能救，而《式微》、《旄丘》之詩作。唇亡齒寒，衛終爲狄所滅。衛之亡，猶商之亡也。秦拔上黨而韓、趙危，唐平澤、潞而三鎮服，形勢其可忽哉！

顧炎武《日知録》卷二《西伯勘黎》　以關中并天下者，必先於得河東。秦取三晉而後滅燕、齊，苻氏取晉陽而後滅燕，宇文氏取晉陽而後滅齊。故「西伯戡黎」，而殷人恐矣。

顧炎武《日知録》卷七《文王以百里》　「湯以七十里，文王以百里」。孟子爲此言以證王之不待大爾。其實文王之國不止百里，周自王季伐諸戎，疆土日大。文王自岐遷豐，其國已跨三四百里之地；伐崇伐密，自河以西，舉屬之周。至於武王，而西及梁、益，東臨上黨，無非周地。紂之所有，不過河内殷墟，其從之者亦但東方諸國而已。一舉而克商，宜其如振槁也。《書》之言文王曰「大邦畏其力」，文王何嘗不藉力哉！

梁玉繩《人表考》卷二《上上聖人・文王周氏》　文王始見《易・明夷》及《書》、《詩》。謚曰文，《詩・文王篇》箋，《白虎通・謚章》引《謚法》：慈惠愛民曰文。《詩・皇矣》傳，《吕氏春秋・首時》注引《謚法》：經緯天地曰文。追王爲王。《禮・大傳》，而司馬遷、鄭康成謂文王身自稱王者，妄，辨見《史記志疑》三。周，岐山之陽地名。鄭《周南》、《召南譜》。不取后稷封邰爲號者，后稷之後，隨遷易名，公劉爲豳，太王爲周。文王以周受命，故以周爲號也。《書・湯誓》疏。名昌，《大傳》、《史・殷》、《周紀》、《竹書》。亦曰周侯，《竹書》。亦曰岐侯，《路史・國名紀》三。亦曰西伯，《孟子》、《詩譜》疏云：繼王季爲西伯也。亦曰伯昌，《楚辭・天問》。亦曰姬昌，《宋書・符瑞志》，《周紀・正義》引《雒書》，《御覽》八十四引《春秋元命苞》、《感精符》。亦曰姬伯，《文選・東京賦》。亦曰岐昌，《文選》宋謝惠連《雪賦》。亦曰周文，《離騷》、本書《高帝紀》、《後書・楊賜傳》。亦曰姬文，晉葛洪《抱朴子・行品》。亦曰文君，屢見《易林》，又《後書》張衡《思玄賦》。亦曰文公，《竹書》。亦曰寧王，《書・大誥》、《君奭》。亦曰寧祖，《大誥》孔傳。亦曰文祖，《書・洛誥》。亦曰高祖，《書・康王之誥》。亦曰文考，《書・康誥》。亦曰穆考，《書・酒誥》。亦曰烈考，《詩・周頌・雝篇》，朱子《集注》以爲文王。亦曰平王。《詩・何彼襛矣》。唐天授元年追尊爲始祖文皇帝。《唐書・武后紀》，而《真誥・闡幽微》一、《協昌期》二言文王爲酆都西明公，領北帝師，尤妄。父王季，《禮・中庸》。母太任夢長人感己，溲于豕牢而生。《潛夫・五德志》、《御覽》引《詩含神霧》、《晉語》四。房星之精，《公羊》宣三疏。長十尺，《孟子》。龍顔虎眉，日角鳥鼻，《周紀・正義》引《世紀》、《洛書》。皐肩望羊，《御覽》八十四、三百六十九引《元命苞》。四乳大足。《淮南・脩務》、《書傳略説》、《春秋繁露・三代改制》。享國五十年，《書・無逸》。年九十七。《禮文王世子》。都豐。《詩・文王有聲》、《周紀》。葬于畢。《書大傳》、《周紀》。

錢保塘《帝王世紀續補》　文王居於牖里，演六十四卦，著七八九六之爻，謂之《周易》。

王軍至鮪水，紂使膠鬲候周師，見王問曰：「西伯將焉之？」王曰：「將攻薛也。」膠鬲曰：「然。願西伯無我欺。」王曰：「不子欺也，將之殷。」膠鬲曰：「何日至？」王曰：「以甲子日，以是報矣。」膠鬲去而報命於紂。而雨甚，軍卒皆諫王曰：「卒病，請休之。」王曰：「吾已令膠鬲以甲子報其主矣。吾雨而行，所以救膠鬲之死也。」遂行，甲子至於商郊。

王之於色也，見在者猶歸其父母，況其復征之乎？

備論

《論語・泰伯》　舜有臣五人而天下治。武王曰：「予有亂十人。」孔子曰：「才難，不其然乎？唐、虞之際，於斯爲盛。有婦人焉，九人而已。三分天下有其二，以服事殷。周之德，其可謂至德也已矣。」

《孟子・離婁下》　孟子曰：「文王生於岐周，卒於畢郢，西夷之人也。」

《孟子・梁惠王下》　齊宣王問曰：「文王之囿，方七十里，有諸？」孟子對曰：「於傳有之。」曰：「若是其大乎？」曰：「民猶以爲小也。」曰：「寡人之囿，方四十里，民猶以爲大，何也？」曰：「文王之囿方七十里，芻蕘者往焉，雉兔者往焉，與民同之；民以爲小，不亦宜乎？臣始至於境，問國之大禁，然後敢入。臣聞郊關之内，有囿方四十里，殺其麋鹿者如殺人之罪；則是方四十里爲阱於國中，民以爲大，不亦宜乎？」

《孟子・公孫丑上》　〔公孫丑〕曰：「且以文王之德，百年而後崩，猶未洽於

天下；武王、周公繼之，然後大行。今言王若易然，則文王不足法與？」曰：「文王何可當也。由湯至於武丁，賢聖之君六七作，天下歸殷久矣，久則難變也。武丁朝諸侯，有天下，猶運之掌也。紂之去武丁，未久也。其故家遺俗，流風善政，猶有存者。又有微子、微仲、王子比干、箕子、膠鬲，皆賢人也，相與輔相之，故久而後失之也。尺地莫非其有也，一民莫非其臣也，然而文王猶方百里起，是以難也。齊人有言曰：『雖有智慧，不如乘勢；雖有鎡基，不如待時。』今時則易然也。」

《孟子·離婁下》 孟子曰：「伯夷辟紂，居北海之濱，聞文王作興，曰：『盍歸乎來，吾聞西伯善養老者。』太公辟紂，居東海之濱，聞文王作興，曰：『盍歸乎來，吾聞西伯善養老者。』二老者，天下之大老也。而歸之，是天下之父歸之也。天下之父歸之，其子焉往？諸侯有行文王之政者，七年之内，必爲政於天下矣。」

《孟子·盡心上》 孟子曰：「伯夷辟紂，居北海之濱，聞文王作興，曰：『盍歸乎來！吾聞西伯善養老者。』太公辟紂，居東海之濱，聞文王作興，曰：『盍歸乎來！吾聞西伯善養老者。』天下有善養老，則仁人以爲己歸矣。五畝之宅，樹墻下以桑，匹婦蠶之，則老者足以衣帛矣。五母雞，二母彘，無失其時，老者足以無失肉矣。百畝之田，匹夫耕之，八口之家，足以無饑矣。所謂西伯善養老者，制其田里，教之樹畜，導其妻子，使養其老。五十非帛不煖，七十非肉不飽，不煖不飽，謂之凍餒。文王之民無凍餒之老者，此之謂也。」

《韓非子·難二》 昔者文王侵孟、克莒、舉酆，三舉事，而紂惡之。文王乃懼，請入洛西之地、赤壤之國方千里以請解炮烙之刑，天下皆説。仲尼聞之曰：「仁哉文王！輕千里之國而請解炮烙之刑。智哉文王！出千里之地而得天下之心。」

或曰：仲尼以文王爲智也，不亦過乎？夫智者知禍難之地而辟之者也，是以身不及於患也。使文王所以見惡於紂者，以其不得人心耶，則雖索人心以解惡可也。紂以其大得人心而惡之，己又輕地以收人心，是重見疑也，固其所以桎梏囚於羑里也。鄭長者有言：「體道，無爲無見也。」此最宜於文王矣，不使人疑之也。仲尼以文王爲智，未及此論也。

《荀子·君道》 夫文王非無貴戚也，非無子弟也，非無便嬖也，倜然乃舉太公於州人而用之，豈私之也哉！以爲親邪？則周姬姓也，而彼姜姓也。以爲故邪？則未嘗相識也。以爲好麗邪？則夫人行年七十有二，齫然而齒墮矣。然而用之者，夫文王欲立貴道，欲白貴名，以惠天下，而不可以獨也，非於是子莫足以舉之，故舉是子而用之。於是乎貴道果立，貴名果明，兼制天下，立七十一國，姬姓獨居五十三人，周之子孫苟不狂惑者，莫不爲天下之顯諸侯，如是者，能愛人也。故舉天下之大道，立天下之大功，然後隱其所憐所愛，其下猶足以爲天下之顯諸侯。故曰：「唯明主爲能愛其所愛，闇主則必危其所愛。」此之謂也。

《大戴禮記·少閒》 子曰：「雖古之治天下者，豈生於異州哉！昔虞舜以天德嗣堯，布功散德制禮，朔方幽都來服，南撫交趾，出入日月，莫不率俾，西王母來獻其白琯，粒食之民，昭然明視，民明教，通於四海，海外肅慎、北發、渠搜、氐、羌來服。舜有禹代興，禹卒受命，乃遷邑姚姓於陳。作物配天，修德使力，民明教通於四海，海之外肅慎、北發、渠搜、氐、羌來服。禹崩，十有七世乃有末孫桀即位。桀不率先王之明德，乃荒耽於酒，淫泆於樂，德昏政亂，作宫室高臺，汙池土察，以民爲虐，粒食之民，惛焉幾亡。乃有商履代興。商履循禮法，以觀天子，天子不説，則嫌於死。成湯卒受天命，不忍天下粒食之民刈戮，不得以疾死，故乃放移夏桀，散亡其佐，乃遷姒姓於杞。發厥明德，順民天心嗇地，作物配天，制典慈民。咸合諸侯，作八政，命於總章。服禹功，以修舜緒，爲副於天，粒食之民，昭然明視，民明教，通於四海，海之外肅慎、北發、渠搜、氐、羌來服。成湯卒崩，殷德小破，二十有二世乃有武丁即位。開先祖之府，取其明法，以爲君臣上下之節，殷民更眩，近者説，遠者至，粒食之民，昭然明視。武丁年崩，殷德大破，九世乃有末孫紂即位。紂不率先王之明德，乃上祖夏桀行，荒耽於酒，淫泆於樂，德昏政亂，作宫室高臺，汙池土察，以爲民虐，粒食之民，忽然幾亡。乃有周昌霸諸侯以佐之。紂不説諸侯之聽於周昌，則嫌於死。乃退伐崇許魏，以客事天子。文王卒受天命，作物配天，制無用，行三明，親親尚賢，民明教，通於四海，海之外肅慎、北發、渠搜、氐、羌來服。君其志焉，或徯將至也。」

《韓詩外傳》卷三 舜生於諸馮，遷於負夏，卒於鳴條，東夷之人也。文王生於岐周，卒於畢郢，西夷之人也。地之相去也千有餘里，世之相後也千有餘歲，然得志行乎中國，若合符節。孔子曰：「先聖後聖，其揆一也。」《詩》曰：「帝命不違，至於湯齊。」

《胡宏集·皇王大紀論·文王受命》 君子小人之不可相處，如水火也，況文王大聖受辛下愚乎？惟文王陟降在帝左右，致討敬信，得專征伐。紂雖名爲天子，其實與天下諸侯下及萬民，均入化育之中矣。此文王受命之實也。

先儒不識天道，乃以改元稱王爲受命，陋之甚也。文王得專征伐之柄，九年薨，故《泰誓》曰：「皇天震怒，命我文考，肅將天威，惟九年大統未集。」既曰「大統未集」，則安有改元稱王之事？誓三篇皆但稱文考及武成，然後稱之曰文考文王。先儒不本經訓，推原理義，而妄生此論，是以文王爲曹操，司馬懿之流矣。吁！操與懿尚不改元稱帝，而謂文王爲之，甚哉！

《胡宏集·知言·文王》 胡子曰：文王之行王政，至善美也！孟子之言王道，至詳約也。然不越制其田里，導之樹畜，教之以孝悌忠信而已。自五霸之亂以至於今，田里之弊無窮，樹畜之業不修，孝悌之行不著，忠信之風不立，治道日苟，刑罰日煩。非有超百世英才之君臣，與文王、孟氏比肩者，其孰能復之？養民惟恐不足，此世之所以治安也；取民惟恐不足，此世之所以敗亡也。

《朱子語類》卷三五《論語十七·泰伯篇》 舜有臣五人章

李問「至德」。曰：「『三分天下有其二』，天命人心歸之，自可見其德之盛了。然如此而猶且不取，乃見其至處。」

問：「『三分天下有其二，以服事商』，使文王更在十三四年，將終事紂乎，抑爲武王牧野之舉乎？」曰：「看文王亦不是安坐不做事底人。如《詩》中言：『文王受命，有此武功。既伐於崇，作邑於豐，文王烝哉！』武功皆是文王做來。《詩》載武王武功却少，但卒其伐功耳。觀文王一時氣勢如此，度必不終竟休了。一似果實，文王待他十分黄熟自落下來，武王却是生拍破一般。」

或問以爲：「文王之時，天下已二分服其化。使文王不死，數年天下必盡服。不俟武王征伐，而天下自歸之矣。」曰：「自家心如何測度得聖人心！孟子曰：『取之而燕民不悦，則勿取，古之人有行之者，文王是也。』聖人已説底話尚未理會得，何況聖人未做底事，如何測度得！」後再有問者，先生乃曰：「若紂之惡極，文王未死，也只得征伐救民。」

問：「文王受命是如何？」曰：「只是天下歸之。」問：「太王翦商，是有此事否？」曰：「此不可考矣。但據《詩》云：『至於太王，實始翦商。』《左傳》云：『泰伯不從，是以不嗣。』要之，周自日前積累以來，其勢日大；又當商家無道之時，天下趨周，其勢自爾。至文王三分有二，以服事殷，孔子乃稱其『至德』。若非文王，亦須取了。孔子稱『至德』只二人，皆可爲而不爲者也。周子曰：『天下，勢而已矣。勢，輕重也。』周家基業日大，其勢已重，民又日趨之，其勢愈重。此重則彼自輕，勢也。」

因説文王事商，曰：「文王但是做得從容不迫，不便去伐商太猛耳。東坡説，文王只是依本分做，諸侯自歸之。」或問：「此有所據否？」曰：「這也見未得在。但是文王伐崇，戡黎等事，又自顯然。《書》説『王季勤勞王家』，《詩》云太王翦商，都是他子孫自説，不成他子孫誣其父祖！《春秋》分明説『泰伯不從』，是不從甚底事？若泰伯居武王之世，也只是爲諸侯。但時措之宜，聖人又有不得已處。橫渠云：『商之中世，都棄了西方之地，不管他，所以戎狄復進入中國，太王所以遷於岐。』然岐下也只是箇荒涼之地，太王自去立箇家計如此。」

問：「文王『三分天下有其二』一段，據本意，只是説文王。《或問》中載胡氏説，又兼武王而言，以爲武王之間以服事商，如何？」曰：「也不消如此説，某也謾載放那裏，這箇難説。而今都回互箇聖人，説得忒好，也不得。如東坡罵武王不是聖人，又也無禮。只是孔子便説得來平，如《武》未盡善』。此等處未消理會，且存放那裏。」

方孝孺《遜志齋集》卷四《雜著·西伯伐崇》 爲史者之言曰，西伯之囚羑里，崇侯虎實譖之。及西伯得賜斧鉞，專征伐而歸，五年果伐崇侯虎。果若其言，是西伯挾天子之柄，而報私怨也。此必不然。聖人之於賞罰，豈嘗容心於其間哉！觀人之善惡何如耳。其善可旌也，雖平生之所仇怨，烏得不賞之。其惡誠可誅也，雖懿親近戚，吾烏敢避焉。蓋此法者非吾之所私有，乃天子之法，受之於先王，而與天下共之者也。竊天子之法，賞無功則爲祐惡，罰無罪則爲戕善。此二者必誅於聖王之世。

紂之無道久矣，諸侯豈無不臣服者乎？其以斧鉞錫西伯，受而行之，宜自不臣服者始，必不悻悻然蓄私怨而圖伐之也。崇侯之事遠，不可知其詳矣。吾意其人必比凶黨惡，不供職於天子而侵害其與國，殺虐其民人，棄蔑其宗廟，故西伯伐之，必不以其譖己也。苟憾其譖己，是微量淺智之人，齊桓、晉文之流之所爲，豈足爲聖人哉？且羑里之事不經見，史所稱獻美女、善馬、珍怪之説，皆戰國之末，好妄言者意構之詞，非其事之實也。妄言者見詩歌伐崇，求其罪而不得，遂誣其譖西伯，以爲伐崇之端，而不自知其謬也。西伯嘗伐犬戎、密、耆及邘矣，則此四國者又豈皆譖西伯者耶？故謂西伯伐崇者是也，謂崇侯譖西伯，以女馬賂紂得脱者，皆非也。曰然則史氏所述西伯之事亦有足信者歟？曰：惟獻地，請去炮烙之刑者近之，餘皆無足取焉耳。

馬驌《繹史》卷一九《文王受命論》 文王之爲西伯舊矣，紂十三年，乃賜弓

矢鈇鉞，得專征伐。《詩》曰：「文王受命，有此武功。」《書》曰：「文王受命惟中身。」受命云者，一受殷命而征諸侯，一受天命而興周室。蓋天眷有德，命之去留，介在微茫，以文王之至聖，受辛之至愚，雖文王小心昭事，無失臣節，然而殷命已違天意，民心俱歸於有周矣。故曰：「周雖舊邦，其命維新。」茲受命之實也。明年，虞、芮質成。明年，伐犬戎。明年，伐密須。明年，敗耆國。明年，伐邘。明年，伐崇侯虎。遂作豐邑，立靈臺，建辟雍，逾年而薨。蓋自羑里之出，至是九年矣。當是時，國有三仁，猶冀殷命之長也，故其言曰：「父雖無道，子不敢不孝；君雖無道，臣不敢不忠。」率畔國以事紂，守臣禮以終身，誠所謂至德哉。而說者以爲西伯於受命之年，稱王改元，斷虞、芮之訟，後十年而崩。武王立不改元，居喪二年伐紂，《泰誓》稱「十有三年」者，因文王之年也。吁，何其言之妄邪！《詩》、《書》所稱文王，皆後世追述之辭，武王追王三王，實在牧野既事之後。且元年者，人君即位之始年也，古未有一君而再元者。若文王之中年，不宜改元而改，武王之初年，宜改元而不改，不幾於秦、漢之蔽惑，五季之簡陋乎？故《泰誓》所稱，即武王十三年也。《史記·周本紀》云：「武王即位九年，祭文王之墓於畢，然後觀兵盟津。」而《伯夷列傳》復有父死不葬之說，進退無據，俾後世俗儒，不本經而信傳記，以厚誣聖人，紛紛異端之說所由來矣。

顧棟高《春秋大事表》卷一五《春秋吉禮表·魯無文王廟論》　往嘗疑趙伯循說魯禘文王，謂祀文王於周公之廟，以周公配之，不知其說何所據。及閱襄十一年《傳》有臨於周廟之文，杜預謂此爲文王廟。魯唯文王、周公廟用八佾，伯循因而傅會之，不知此係《左氏》之誣妄，且其說亦與伯循不甚符合，請得而詳辨之。禮，諸侯以始封之君爲太祖，魯以伯禽爲始封，而周公留相成王，肇基功業。魯人尊崇其制，以周公廟爲太廟，魯公廟爲世室，並世世不毀。若復有文王之廟，則魯不毀之廟三世，比天子而更上之矣。周有后稷之廟，未聞更有帝嚳廟也。此其說之誣一也。《論語》稱子入太廟，注云：「孔子始仕時助祭於周公之廟。」若更有周廟，《論語》何以不之及？其說之誣二也。且既有周廟，決無虛而不祭之理。而魯享祀之典，莫備於《閟宮》之篇。其詩曰：「白牡騂剛。」但陳周公與魯公之牲，不及文王也。其說之誣三也。《春秋》僖八年傳禘於太廟，用致夫人，別無禘於周廟之文。禘爲祭祀大禮，而行於太廟，未知虛設文王之廟將以何用，其誣四也。且伯循之說，以文王爲所出之帝，以周公配。若有文王之廟，則當迎周公主合食於文王。今不以子就父，而反以父就子，欲以重周公，而不虞其卑文王，其說之不可通五也。魯禘爲昭穆合食，顯有明文。若如伯循之說，則文王虛其廟不祭，而以文王下臨周公之廟，周公應退居昭穆之列，欲以重周公，適以卑周公，其說之不可通六也。孔氏《正義》復以鄭祖厲王，蒯聵稱皇祖文王，謂鄭、衛俱立所出王之廟，其謬益甚，豈鄭、衛俱得賜重祭乎！此又不待辨而自明者也。四明萬氏充宗更爲通其說，謂魯禘不同周禘，魯禘不追所自出。蓋亦據《明堂位》及《閟宮》之文，其於說《春秋》則近之矣。不知周禘原無祭其所自出之禮，何論於魯。且帝嚳原非稷、契之父，何得謂禘嚳爲祭其所自出。《大傳》及《小記》言祭其所自出者，謂祭感生帝於南郊也，非帝嚳也。以感生帝爲誣妄，而以帝嚳當之，以周禘帝嚳，而魯以文王擬之，復以《左氏》魯有周廟之説遂輾轉傅會，其原皆始於趙伯循之一人，則朱子信之之過也。曰：然則《論語》或問禘之說，而夫子曰不知，何也？曰：禘爲王者大祭，蓋謂其禮樂特盛，原不必謂祭其所自出也。如《周頌·雝》之禘太祖，《商頌·長發》之禘玄王，何嘗及於始祖之父，而亦豈諸侯所得僭乎！惟非諸侯所得僭，而魯僭之，孔子所以不敢顯言也。必謂其追遠尊先，及於無窮，此後人故爲幽遠之論，考之實事不然也。

藝文

《詩序》　《采薇》，遣戍役也。文王之時，西有昆夷之患，北有玁狁之難。以天子之命，命將率遣戍役，以守衛中國。故歌《采薇》以遣之，《出車》以勞還，《杕杜》以勤歸也。

《詩經·小雅·采薇》　采薇采薇，薇亦作止。曰歸曰歸，歲亦莫止。靡室靡家，玁狁之故。不遑啓居，玁狁之故。○采薇采薇，薇亦柔止。曰歸曰歸，心亦憂止。憂心烈烈，載饑載渴。我戍未定，靡使歸聘。○采薇采薇，薇亦剛止。曰歸曰歸，歲亦陽止。王事靡盬，不遑啓處。憂心孔疚，我行不來。○彼爾維何？維常之華。彼路斯何？君子之車。戎車既駕，四牡業業。豈敢定居，一月三捷。○駕彼四牡，四牡騤騤。君子所依，小人所腓。四牡翼翼，象弭魚服。豈不日戒，玁狁孔棘。○昔我往矣，楊柳依依。今我來思，雨雪霏霏。行道遲遲，載渴載饑。我心傷悲，莫知我哀。

《詩經·小雅·出車》　我出我車，於彼牧矣。自天子所，謂我來矣。召彼

僕夫，謂之載矣。王事多難，維其棘矣。○我出我車，於彼郊矣。設此旐矣，建彼旄矣。彼旟旐斯，胡不旆旆！憂心悄悄，僕夫況瘁。○王命南仲，往城於方。出車彭彭，旂旐央央。天子命我，城彼朔方。赫赫南仲，玁狁于襄。○昔我往矣，黍稷方華；今我來思，雨雪載塗。王事多難，不遑啓居。豈不懷歸，畏此簡書。○喓喓草蟲，趯趯阜螽。未見君子，憂心忡忡；既見君子，我心則降。赫赫南仲，薄伐西戎。○春日遲遲，卉木萋萋。倉庚喈喈，采蘩祁祁。執訊獲醜，薄言還歸。赫赫南仲，玁狁于夷。

《詩序》《文王》，文王受命作周也。

《詩經·大雅·文王》 文王在上，於昭於天。周雖舊邦，其命維新。有周不顯，帝命不時。文王陟降，在帝左右。○亹亹文王，令聞不已。陳錫哉周，侯文王孫子。文王孫子，本支百世。凡周之士，不顯亦世。○世之不顯，厥猶翼翼。思皇多士，生此王國。王國克生，維周之楨。濟濟多士，文王以寧。○穆穆文王，於緝熙敬止。假哉天命！有商孫子。商之孫子，其麗不億。上帝既命，侯於周服。○侯服於周，天命靡常。殷士膚敏，祼將於京。厥作祼將，常服黼冔。王之藎臣，無念爾祖。○無念爾祖，聿脩厥德。永言配命，自求多福。殷之未喪師，克配上帝。宜鑒於殷，駿命不易。○命之不易，無遏爾躬。宣昭義問，有虞殷自天。上天之載，無聲無臭。儀刑文王，萬邦作孚。

《詩序》《大明》，文王有明德，故天復命武王也。

《詩經·大雅·大明》 明明在下，赫赫在上。天難忱斯，不易維王。天位殷適，使不挾四方。○摯仲氏任，自彼殷商，來嫁於周，曰嬪於京；乃及王季，維德之行。○大任有身，生此文王。維此文王，小心翼翼，昭事上帝，聿懷多福。厥德不回，以受方國。○天監在下，有命既集。文王初載，天作之合。在洽之陽，在渭之涘。○文王嘉止，大邦有子。大邦有子，俔天之妹。文定厥祥，親迎於渭。造舟爲梁，不顯其光。○有命自天，命此文王，於周於京。纘女維莘，長子維行，篤生武王。保右命爾，燮伐大商。○殷商之旅，其會如林。矢於牧野：「維予侯興。上帝臨女，無貳爾心。」○牧野洋洋，檀車煌煌，駟騵彭彭。維師尚父，時維鷹揚。涼彼武王，肆伐大商，會朝清明。

《詩序》《緜》，文王之興，本由大王也。

《詩經·大雅·緜》 緜緜瓜瓞。民之初生，自土沮漆。古公亶父，陶復陶穴，未有家室。○古公亶父，來朝走馬，率西水滸，至於岐下。爰及姜女，聿來胥宇。○周原膴膴，堇荼如飴。爰始爰謀，爰契我龜。曰「止」、曰「時」，「築室於茲」。○迺慰迺止，迺左迺右；迺疆迺理，迺宣迺畝。自西徂東，周爰執事。○乃召司空，乃召司徒，俾立室家。其繩則直，縮版以載，作廟翼翼。○捄之陾陾，度之薨薨。築之登登，削屢馮馮。百堵皆興，鼛鼓弗勝。○迺立皋門，皋門有伉。迺立應門，應門將將。迺立冢土，戎醜攸行。○肆不殄厥慍，亦不隕厥問。柞棫拔矣，行道兌矣。混夷駾矣，維其喙矣。○虞芮質厥成，文王蹶厥生。予曰有疏附，予曰有先後，予曰有奔奏，予曰有禦侮。

《詩序》《思齊》，文王所以聖也。

《詩經·大雅·思齊》 思齊大任，文王之母。思媚周姜，京室之婦。大姒嗣徽音，則百斯男。○惠於宗公，神罔時怨，神罔時恫。刑於寡妻，至於兄弟，以御於家邦。○雝雝在宮，肅肅在廟，不顯亦臨，無射亦保。肆戎疾不殄，烈假不瑕。○不聞亦式，不諫亦入，肆成人有德，小子有造。古之人無斁，譽髦斯士。

《詩序》《皇矣》，美周也。天監代殷，莫若周。周世世脩德，莫若文王。

《詩經·大雅·皇矣》 皇矣上帝，臨下有赫，監觀四方，求民之莫。維此二國，其政不獲。維彼四國，爰究爰度。上帝耆之，憎其式廓，乃眷西顧，此維與宅。○作之屏之，其菑其翳。脩之平之，其灌其栵。啓之辟之，其檉其椐。攘之剔之，其檿其柘。帝遷明德，串夷載路。天立厥配，受命既固。○帝省其山，柞棫斯拔，松柏斯兌。帝作邦作對，自大伯王季。維此王季，因心則友，則友其兄，則篤其慶。載錫之光，受祿無喪，奄有四方。○維此王季，帝度其心，貊其德音。其德克明，克明克類，克長克君，王此大邦，克順克比。比於文王，其德靡悔。既受帝祉，施于孫子。○帝謂文王，無然畔援，無然歆羨，誕先登於岸。密人不恭，敢距大邦，侵阮徂共。王赫斯怒，爰整其旅，以按徂旅，以篤於周祜，以對於天下。○依其在京，侵自阮疆，陟我高岡。無矢我陵，我陵我阿；無飲我泉，我泉我池。度其鮮原，居岐之陽，在渭之將，萬邦之方，下民之王。○帝謂文王，予懷明德，不大聲以色，不長夏以革，不識不知，順帝之則。帝謂文王，詢爾仇方，同爾兄弟，以爾鉤援，與爾臨衝，以伐崇墉。○臨衝閑閑，崇墉言言。執訊連連，攸馘安安。是類是禡，是致是附，四方以無侮。臨衝茀茀，崇墉仡仡。是伐是肆，是絕是忽，四方以無拂。

《詩序》《清廟》，祀文王也。周公既成洛邑，朝諸侯，率以祀文王焉。

《詩經・周頌・清廟》 於穆清廟，肅雝顯相。濟濟多士，秉文之德。對越在天，駿奔走在廟。不顯不承，無射於人斯。

《詩序》《維天之命》，太平告文王也。

《詩經・周頌・維天之命》 維天之命，於穆不已，於乎不顯文王之德之純。假以溢我？我其收之。駿惠我文王，曾孫篤之。

《詩序》《我將》，祀文王於明堂也。

《詩經・周頌・我將》 我將我享，維羊維牛，維天其右之。儀式刑文王之典，日靖四方。伊嘏文王，既右饗之。我其夙夜畏天之威，於時保之。

《楚辭・屈原〈天問〉》 伯昌號衰，秉鞭作牧。何令徹彼岐社，命有殷國？遷藏就岐，何能依？殷有惑婦，何所譏？受賜兹醢，西伯上告。何親就上帝罰，殷之命以不救？師望在肆，昌何識？鼓刀揚聲，后何喜？

《曹植集》卷一《周文王贊》 於赫聖德，實惟文王；三分有二，猶服事商。化加虞芮，傍曁四方。王業克昭，武嗣遂光。

張華《博物志》卷八《史補》 大姒夢見商之庭產棘，乃小子發取周庭梓樹，樹之于闕閒，梓化爲松柏棫柞。覺驚以告文王，文王曰：慎勿言。冬日之陽，夏日之餘，不召而萬物自來。天道尚左，日月西移；地道尚右，水潦東流。天不享於殷，自發之夫生於今十年，禹羊在牧，水潦東流，天下飛鴻滿野，日之出地無移照乎。

庾信《庾子山集》卷一〇《文王見呂尚贊》 言歸養老，垂釣西川。岸止磻石，溪惟小船。風雲未感，意氣怡然。有此相望，於兹幾年。

《王十朋全集・詩集》卷一〇《詠史詩・周文王》 民疾商辛若寇讎，三分天下二歸周。文王終世全臣節，不念前時羑里囚。

呂尚部

綜述

《史記》卷三二《齊太公世家》 太公望呂尚者，東海上人。其先祖嘗爲四嶽，佐禹平水土甚有功。虞夏之際封於呂，或封於申，姓姜氏。夏商之時，申、呂或封枝庶子孫，或爲庶人，尚其後苗裔也。本姓姜氏，從其封姓，故曰呂尚。

呂尚蓋嘗窮困，年老矣，以漁釣奸周西伯。西伯將出獵，卜之，曰「所獲非龍非彲，非虎非羆；所獲霸王之輔」。於是周西伯獵，果遇太公於渭之陽，與語大説，曰：「自吾先君太公曰『當有聖人適周，周以興』。子真是邪？吾太公望子久矣。」故號之曰「太公望」，載與俱歸，立爲師。

或曰，太公博聞，嘗事紂。紂無道，去之。游説諸侯，無所遇，而卒西歸周西伯。或曰，呂尚處士，隱海濱。周西伯拘羑里，散宜生、閎夭素知而招呂尚。呂尚亦曰「吾聞西伯賢，又善養老，盍往焉」。三人者爲西伯求美女奇物，獻之於紂，以贖西伯。西伯得以出，反國。言呂尚所以事周雖異，然要之爲文武師。

周西伯昌之脱羑里歸，與呂尚陰謀修德，以傾商政，其事多兵權與奇計，故後世之言兵及周之陰權皆宗太公爲本謀。周西伯政平，及斷虞芮之訟，而詩人稱西伯受命曰文王。伐崇、密須、犬夷，大作豐邑。天下三分，其二歸周者，太公之謀計居多。

文王崩，武王即位。九年，欲修文王業，東伐以觀諸侯集否。師行，師尚父左杖黄鉞，右把白旄以誓，曰：「蒼兕蒼兕，總爾衆庶，與爾舟楫，後至者斬！」遂至盟津。諸侯不期而會者八百諸侯。諸侯皆曰：「紂可伐也。」武王曰：「未可。」還師，與太公作此《太誓》。

居二年，紂殺王子比干，囚箕子。武王將伐紂，卜龜兆，不吉，風雨暴至。羣公盡懼，唯太公彊之勸武王，武王於是遂行。十一年正月甲子，誓於牧野，伐商紂。紂師敗績。紂反走，登鹿臺，遂追斬紂。明日，武王立於社，羣公奉明水，衛康叔封布采席，師尚父牽牲，史佚策祝，以告神討紂之罪。散鹿臺之錢，發鉅橋之粟，以振貧民。封比干墓，釋箕子囚。遷九鼎，脩周政，與天下更始。師尚父謀居多。

於是武王已平商而王天下，封師尚父於齊營丘。東就國，道宿行遲。逆旅之人曰：「吾聞時難得而易失。客寢甚安，殆非就國者也。」太公聞之，夜衣而行，犂明至國。萊侯來伐，與之争營丘。營丘邊萊。萊人，夷也，會紂之亂而周初定，未能集遠方，是以與太公争國。

太公至國，脩政，因其俗，簡其禮，通商工之業，便魚鹽之利，而人民多歸齊，齊爲大國。及周成王少時，管蔡作亂，淮夷畔周，乃使召康公命太公曰：「東至海，西至河，南至穆陵，北至無棣，五侯九伯，實得征之。」齊由此得征伐，爲大國。都營丘。

蓋太公之卒百有餘年，子丁公呂伋立。丁公卒，子乙公得立。乙公卒，子癸公慈母立。癸公卒，子哀公不辰立。

雜録

備録

《六韜・文師》 文王將田，史編布卜，曰：「田於渭陽，將大得焉。非龍非彲，非虎非羆，兆得公侯，天遺汝師。以之佐昌，施及三王。」文王曰：「兆致是乎？」史編曰：「編之太祖史疇，爲禹占，得皐陶，兆比於此。」文王乃齋三日，乘田車，駕田馬，田於渭陽，卒見太公，坐茅以漁。

文王勞而問之曰：「子樂漁耶？」太公曰：「君子樂得其志，小人樂得其事。今吾漁，甚有似也。」文王曰：「何謂其有似也？」太公曰：「釣有三權，禄等以權，死等以權，官等以權。夫釣以求得也，其情深，可以觀大矣。」

文王曰：「願聞其情。」太公曰：「源深而水流，水流而魚生之，情也。根深而木長，木長而實生之，情也。君子情同而親合，親合而事生之，情也。言語應對者，情之飾也。言至情者，事之極也。今臣言至情不諱，君其惡之乎？」

文王曰：「惟仁人能受直諫，不惡至情，何爲其然？」太公曰：「緡微餌明，小魚食之。緡綢餌香，中魚食之。緡隆餌豐，大魚食之。夫魚食其餌，乃牽於緡；人食其禄，乃服於君。故以餌取魚，魚可殺。以禄取人，人可竭。以家取國，國可拔。以國取天下，天下可畢。嗚呼！曼曼綿綿，其聚必散。嘿嘿昧昧，其光必遠。微哉聖人之德誘乎，獨見樂哉。聖人之慮，各歸其次，而立斂焉。」

文王曰：「立斂若何，而天下歸之？」太公曰：「天下非一人之天下，乃天下之天下也。同天下之利者則得天下，擅天下之利者則失天下。天有時，地有財，能與人共之者仁也。仁之所在，天下歸之。與人同憂同樂，同好同惡，義也。義之所在，天下赴之。凡人惡死而樂生，好德而歸利，能生利者道也。道之所在，天下歸之。」

文王再拜曰：「允哉！敢不受天之詔命乎！」乃載與俱歸，立爲師。

《六韜・發啓》 文王在豐，召太公曰：「嗚呼！商王虐極，罪殺不辜，公尚助予憂民，如何？」

太公曰：「王其修德以下賢，惠民以觀天道。天道無殃，不可先倡。人道無災，不可先謀。必見天殃，又見人災，乃可以謀。必見其陽，又見其陰，乃知其心。必見其外，又見其内，乃知其意。必見其疏，又見其親，乃知其情。

「行其道，道可致也。從其門，門可入也。立其禮，禮可成也。爭其强，强可勝也。全勝不鬥，大兵無創，與鬼神通，微哉微哉。與人同病相救，同情相成，同惡相助，同好相趨，故無甲兵而勝，無衝機而攻，無溝塹而守。

「大智不智，大謀不謀，大勇不勇，大利不利。利天下者，天下啓之；害天下者，天下閉之。天下者，非一人之天下，乃天下之天下也。取天下者，若逐野獸，而天下皆有分肉之心。若同舟而濟，濟則皆同其利，敗則皆同其害。然則皆有以啓之，無有閉之也。

「無取於民者，取民者也。無取民者民利之，無取國者國利之，無取天下者天下利之。故道在不可見，事在不可聞，勝在不可知，微哉微哉。鷙鳥將擊，卑飛斂翼；猛獸將搏，弭耳俯伏；聖人將動，必有愚色。

「今彼有商，衆口相惑。紛紛渺渺，好色無極。此亡國之徵也。吾觀其野，草菅勝穀。吾觀其衆，邪曲勝直。吾觀其吏，暴虐殘疾。敗法亂刑，上下不覺。此亡國之時也。

「大明發而萬物皆照，大義發而萬物皆利，大兵發而萬物皆服。大哉聖人之德。獨聞獨見，樂哉。」

《六韜・論將》 武王問太公曰：「論將之道奈何？」太公曰：「將有五材十過。」武王曰：「敢問其目？」太公曰：「所謂五材者：勇，智，仁，信，忠也。勇則不可犯，智則不可亂，仁則愛人，信則不欺，忠則無二心。

「所謂十過者：有勇而輕死者，有急而心速者，有貪而好利者，有仁而不忍人者，有智而心怯者，有信而喜信人者，有廉潔而不愛人者，有智而心緩者，有剛毅而自用者，有懦而喜任人者。

「勇而輕死者，可暴也。急而心速者，可久也。貪而好利者，可賂也。仁而不忍人者，可勞也。智而心怯者，可窘也。信而喜信人者，可誑也。廉潔而不愛人者，可侮也。智而心緩者，可襲也。剛毅而自用者，可事也。懦而喜任人者，可欺也。

「故兵者，國之大事，存亡之道，命在於將。將者，國之輔，先王之所重也，故置將不可不察也。故曰：兵不兩勝，亦不兩敗。兵出踰境，不出十日，不有亡國，必有破軍殺將。」武王曰：「善哉。」

《韓非子・外儲説右上》 太公望東封於齊。齊東海上有居士曰狂矞、華士昆弟二人者，立議曰：「吾不臣天子，不友諸侯，耕作而食之，掘井而飲之，吾無求於人也。無上之名，無君之禄，不事仕而事力。」太公望至於營丘，使吏執殺之以爲首誅。周公旦從魯聞之，發急傳而問之曰：「夫二子，賢者也。今日饗國而殺賢者，何也？」太公望曰：「是昆弟二人立議曰：『吾不臣天子，不友諸侯，耕作而食之，掘井而飲之，吾無求於人也。無上之名，無君之禄，不事仕而事力。』彼不臣天子者，是望不得而臣也。不友諸侯者，是望不得而使也。耕作而食之，掘井而飲之，無求於人者，是望不得以賞罰勸禁也。且無上名，雖知，不爲望用；不仰君禄，雖賢，不爲望功。不仕則不治，不任則不忠。且先王之所以使其臣民者，非爵禄則刑罰也。今四者不足以使之，則望當誰爲君乎？不服兵革而顯，不親耕耨而名，又所以教於國也。今有馬於此，如驥之狀者，天下之至良也。然而驅之不前，却之不止，左之不左，右之不右，則臧獲雖賤，不托其足。臧獲之所願托其足於驥者，以驥之可以追利辟害也。今不爲人用，臧獲雖賤，不托其足焉。已自謂以爲世之賢士，而不爲主用，行極賢而不用於君，此非明主之所臣也，亦驥之不可左右矣，是以誅之。」

《吕氏春秋・仲冬紀・長見》 吕太公望封於齊，周公旦封於魯，二君者甚

相善也，相謂曰「何以治國？」太公望曰：「尊賢上功。」周公旦曰：「親親上恩。」太公望曰：「魯自此削矣。」周公旦曰：「魯雖削，有齊者亦必非呂氏也。」其後齊日以大，至於霸，二十四世而田成子有齊國；魯日以削，至於覲存，三十四世而亡。

《呂氏春秋·孝行覽·首時》　太公望，東夷之士也，欲定一世而無其主，聞文王賢，故釣於渭以觀之。

《尚書大傳》卷三《西伯戡耆》　周文王至磻溪，見呂望。文王拜之，尚父曰：「望釣得玉璜，刻曰周受命，呂佐檢，德合於今，昌來提。」【略】

散宜生、閎夭、南宮括三子者學乎太公，太公見三子，知爲賢人，遂酌酒切脯，除爲師學之禮，約爲朋友。【略】

閎夭、南宮适、散宜生三子學於太公望，望曰：「嗟乎！西伯賢君也。」四子遂見西伯於羑里。【略】

太公之羑里見文王，散宜生遂之犬戎氏取美馬，駮身，朱鬣，雞目。之西海之濱，取白狐青翰。之於陵氏取怪獸，尾倍其身，名曰騶虞。之有參氏取姜女。之江淮之浦，取大貝如車渠。【略】陳於紂之廷。紂出見之，還而觀之，曰：「此何人也？」散宜生遂趨而進曰：「吾西蕃之臣，昌之使者。」紂大悦，曰：「非子罪也，崇侯也。」遂遣西伯伐崇。【略】

賈誼《新書·禮》　昔周文王使太公望傅太子發，太子嗜鮑魚，而太公弗與，太公曰：「禮，鮑魚不登於俎，豈有非禮而可以養太子哉？」尋常之室無奧剽之位，則父子不别；六尺之輿無左右之義，則君臣不明。尋常之室、六尺之輿，處無禮，即上下踳逆，父子悖亂，而況其大者乎！故道德仁義，非禮不成；教訓正俗，非禮不備；分争辯訟，非禮不決；君臣、上下、父子、兄弟，非禮不定；宦學事師，非禮不親；班朝治軍，莅官行法，非禮威嚴不行；禱祠祭祀，供給鬼神，非禮不誠不莊。是以君子恭敬，撙節、退讓以明禮。

《史記》卷一二九《貨殖列傳》　《周書》曰：「農不出則乏其食，工不出則乏其事，商不出則三寶絶，虞不出則財匱少。」財匱少而山澤不辟矣。此四者，民所衣食之原也。原大則饒，原小則鮮。上則富國，下則富家。貧富之道，莫之奪予，而巧者有餘，拙者不足。故太公望封於營丘，地瀉鹵，人民寡，於是太公勸其女功，極技巧，通魚鹽，則人物歸之，繦至而輻湊。故齊冠帶衣履天下，海岱之閒斂袂而往朝焉。

《漢書》卷二八下《地理志下》　齊地，虚、危之分壄也。東有甾川、東萊、琅邪、高密、膠東，南有泰山、城陽，北有千乘，清河以南，勃海之高樂、高城、重合、陽信，西有濟南、平原，皆齊分也。

少昊之世有爽鳩氏，虞、夏時有季萴，湯時有逢公柏陵，殷末有薄姑氏，皆爲諸侯，國此地。至周成王時，薄姑氏與四國共作亂，成王滅之，以封師尚父，是爲太公。《詩風》齊國是也。臨甾名營丘，故《齊詩》曰：「子之營兮，遭我虖嶩之間兮。」又曰：「竢我於著乎而。」此亦其舒緩之體也。吴札聞《齊》之歌，曰：「泱泱乎，大風也哉！其太公乎？國未可量也。」

古有分土，亡分民。太公以齊地負海舄鹵，少五穀而人民寡，乃勸以女工之業，通魚鹽之利，而人物輻湊。【略】

初太公治齊，修道術，尊賢智，賞有功，故至今其士多好經術，矜功名，舒緩闊達而足智。其失夸奢朋黨，言與行繆，虚詐不情，急之則離散，緩之則放縱。【略】

昔太公始封，周公問「何以治齊？」太公曰：「舉賢而上功。」周公曰：「後世必有篡殺之臣。」其後二十九世爲彊臣田和所滅，而和自立爲齊侯。

《史記》卷三二《齊太公世家》司馬貞索隱　譙周曰：「姓姜，名牙。炎帝之裔，伯夷之後，掌四岳有功，封之於呂，子孫從其封姓，尚其後也。」按：後文王得之渭濱，云「吾先君太公望子久矣」，故號太公望。蓋牙是字，尚是其名，後武王號爲師尚父也。

《史記》卷三二《齊太公世家》張守節正義　《括地志》云：「兹泉水源出岐州岐山縣西南凡谷。《呂氏春秋》云『太公釣於兹泉，遇文王』。酈元云『磻磎中有泉，謂之兹泉。泉水潭積，自成淵渚，即太公釣處，今人謂之凡谷。石壁深高，幽篁邃密，林澤秀阻，人跡罕及。東南隅有石室，蓋太公所居也。水次有磻石可釣處，即太公垂釣之所。其投竿跪餌，兩膝遺跡猶存，是有磻磎之稱也。其水清泠神異，北流十二里注於渭』。《説苑》云『呂望年七十釣於渭渚，三日三夜魚無食者，望即忿，脱其衣冠。上有農人者，古之異人，謂望曰：「子姑復釣，必細其綸，芳其餌，徐徐而投，無令魚駭。」望如其言，初下得鮒，次得鯉。刺魚腹得書，書文曰「呂望封於齊」。望知其異』。」

顧炎武《日知録》卷六《太公五世返葬於周》　太公，汲人也。聞文王作，然後歸周。史之所言，已就封於齊矣，其復入爲太師，薨而葬於周，事未可知。使

其有之，亦古人因蒐而葬不擇地之常爾。《記》以「首丘」喻之，亦已謬矣，乃云「比及五世，皆反葬於周」！夫齊之去周二千餘里，而使其已化之骨，跋履山川，觸冒寒暑，自東徂西，以葬於封守之外，於死者爲不仁。古之葬者祖於庭，塴於墓，反哭於其寢，故曰「葬日虞，弗忍一日離也」。使齊之孤重趼送葬，曠月淹時，不獲遵五月之制，速反而虞，於生者爲不孝。且也入周之境，而不見天子則不度；離其喪次，而以衰絰見則不祥；若其孤不行，而使卿攝之則不恭；勞民傷財則不惠。此數者無一而可。禹葬會稽，其後王不從，而殽之南陵有夏后皋之墓，豈古人不達禮樂之義哉！體魄則降，知氣在上，故古之事其先人於廟而不於墓，聖人所以知幽明之故也。然則太公無五世反葬之事明矣。

梁玉繩《人表考》卷二《上中仁人・師尚父》 師尚父始見《詩・大明》、《逸書・克殷》。師之，尚之，父之，故曰師尚父。《詩》疏、《史・齊世家・集解》引劉向《別録》。炎帝之裔伯夷掌四岳有功，封之于呂，子孫從其封姓。《史・索隱》引譙周。本姓姜，師尚父其後也。《世家》。名望，《詩》疏、《宋書・符瑞志》。然據緯書以爲變名，非也。《孟子》固曰太公望，《金石録・太公碑》亦云名望。字子牙，《唐書・世系表》七十五上、《路史・後紀》四、《索隱》引譙周謂名牙，非。號太公，《孟子》，而《世家》謂文王言先君望之，妄矣。又名涓。《路史》，未知何出。注引《符子・方外》作太公涓，恐譌。故曰太公望，《孟子》。亦曰呂太公望，《呂氏春秋・長見》。亦曰呂望，《戰國・秦策》、《荀子・解蔽》、《離騷》。亦曰周望，本書《敘傳》。亦曰呂牙，《孫子・用閒》、《晉書・張載傳》。亦曰姜牙，唐徐夤《賀王・太保詩》。亦曰呂尚，《秦策》、《鬼谷子・午合》、《荀子・王霸》、《成相》、《世家》。亦曰太公尚，《史・三代世表》。亦曰望尚，《易林・坤之鼎》。亦曰姜望，《易林・頤之漸》。亦曰師望，《楚辭・天問》。亦曰姜公，《抱朴子・接疏》。亦曰姜老。《抱朴子・廣譬》。河内汲人，《呂氏春秋・當染》、《首時》注，《淮南・氾論》注，《水經注》九。封于齊。《孟子》。卒年百餘歲。《世家》。葬鎬京，陪文、武之墓。《禮・檀弓》上疏，而《史・集解》、《續郡國志》注並引《皇覽》謂冢在臨菑縣南，恐非。太公受封，留爲太師，自當葬於周也。唐上元元年尊爲武成王，《唐書・高宗紀》、《禮樂志》。宋大中祥符元年加謚昭烈武成王。《宋史・真宗紀》、《禮志》。

備論

《戰國策・秦五》 姚賈曰：「太公望，齊之逐夫，朝歌之廢屠，子良之逐臣，棘津之讎不庸，文王用之而王。」

《禮記・檀弓上》 大公封於營丘，比及五世，皆反葬於周。君子曰：「樂，樂其所自生。禮，不忘其本。」古之人有言曰：「狐死正丘首，仁也。」

《史記》卷三二《齊太公世家》司馬貞述贊 太公佐周，實秉陰謀。既表東海，乃居營丘。

藝文

《詩經・大雅・大明》八 牧野洋洋，檀車煌煌，駟騵彭彭。維師尚父，時維鷹揚。涼彼武王，肆伐大商，會朝清明。

《楚辭》卷一《離騷》 呂望之鼓刀兮，遭周文而得舉。

庾信《庾子山集》卷一〇《師尚父授〈丹書〉讚》 尚父一遇，周王是親。赤雀既下，丹書已陳。自論秉鉞，長別垂綸。獨有磻石，留名渭濱。

《全唐詩》卷一四四常建《太公哀晚遇》 日出渭流白，文王畋獵時。釣翁在蘆葦，川澤無熊羆。詔書起遺賢，匹馬令致辭。因稱江海人，臣老筋力衰。遲遲詣天車，怏怏悟靈龜。兵馬更不獵，君臣皆共怡。同車至咸陽，心影無磷緇。四牡玉墀下，一言爲帝師。王侯擁朱門，軒蓋曜長逵。古來榮華人，遭遇誰知之。落日懸桑榆，光景有頓虧。倏忽天地人，雖貴將何爲。

《羅隱集・甲乙集・題磻溪垂釣圖》 呂望當年展廟謨，直鈎釣國更誰如？若教生在西湖上，也是須供使宅魚！

《全唐詩》卷七二八周曇《子牙妻》 陵柏無心竹變秋，不能同戚擬同休。歲寒焉在空垂涕，覆水如何欲再收。

《王十朋全集・詩集》卷一〇《詠史詩・太公》 隱跡蟠溪七十餘，釣灘清淺鬢蕭疎。滿懷韜略爲香餌，只釣文王不釣魚。

周武王部

綜述

《史記》卷四《周本紀》　武王即位，太公望爲師，周公旦爲輔，召公、畢公之徒左右王，師脩文王緒業。

九年，武王上祭於畢。東觀兵，至於盟津。爲文王木主，載以車，中軍。武王自稱太子發，言奉文王以伐，不敢自專。乃告司馬、司徒、司空、諸節：「齊栗，信哉！予無知，以先祖有德臣，小子受先功，畢立賞罰，以定其功。」遂興師。師尚父號曰：「總爾衆庶，與爾舟楫，後至者斬。」武王渡河，中流，白魚躍入王舟中，武王俯取以祭。既渡，有火自上復於下，至於王屋，流爲烏，其色赤，其聲魄云。是時，諸侯不期而會盟津者八百諸侯。諸侯皆曰：「紂可伐矣。」武王曰：「女未知天命，未可也。」乃還師歸。

居二年，聞紂昏亂暴虐滋甚，殺王子比干，囚箕子。太師疵、少師彊抱其樂器而犇周。於是武王徧告諸侯曰：「殷有重罪，不可以不畢伐。」乃遵文王，遂率戎車三百乘，虎賁三千人，甲士四萬五千人，以東伐紂。十一年十二月戊午，師畢渡盟津，諸侯咸會。曰：「孳孳無怠！」武王乃作《太誓》，告於衆庶：「今殷王紂乃用其婦人之言，自絶於天，毁壞其三正，離逷其王父母弟，乃斷弃其先祖之樂，乃爲淫聲，用變亂正聲，怡説婦人。故今予發維共行天罰。勉哉夫子，不可再，不可三！」

二月甲子昧爽，武王朝至於商郊牧野，乃誓。武王左杖黄鉞，右秉白旄，以麾。曰：「遠矣西土之人！」武王曰：「嗟！我有國冢君，司徒、司馬、司空，亞旅、師氏，千夫長、百夫長，及庸、蜀、羌、髳、微、纑、彭、濮人，稱爾戈，比爾干，立爾矛，予其誓。」王曰：「古人有言『牝雞無晨。牝雞之晨，惟家之索』。今殷王紂維婦人言是用，自弃其先祖肆祀不荅，昏棄其家國，遺其王父母弟不用，乃維四方之多罪逋逃是崇是長，是信是使，俾暴虐於百姓，以奸軌於商國。今予發維共行天之罰。今日之事，不過六步七步，乃止齊焉，夫子勉哉！不過於四伐五伐六伐七伐，乃止齊焉，勉哉夫子！尚桓桓，如虎如羆，如豺如離，於商郊，不御克犇，以役西土，勉哉夫子！爾所不勉，其於爾身有戮。」誓已，諸侯兵會者車四千乘，陳師牧野。

帝紂聞武王來，亦發兵七十萬人距武王。武王使師尚父與百夫致師，以大卒馳帝紂師。紂師雖衆，皆無戰之心，心欲武王亟入。紂師皆倒兵以戰，以開武王。武王馳之，紂兵皆崩畔紂。紂走，反入登於鹿臺之上，蒙衣其殊玉，自燔於火而死。武王持大白旗以麾諸侯，諸侯畢拜武王，武王乃揖諸侯，諸侯畢從。武王至商國，商國百姓咸待於郊。於是武王使羣臣告語商百姓曰：「上天降休！」商人皆再拜稽首，武王亦荅拜。遂入，至紂死所。武王自射之，三發而后下車，以輕劍擊之，以黄鉞斬紂頭，縣大白之旗。已而至紂之嬖妾二女，二女皆經自殺。武王又射三發，擊以劍，斬以玄鉞，縣其頭小白之旗。武王已乃出復軍。

其明日，除道，脩社及商紂宫。及期，百夫荷罕旗以先驅。武王弟叔振鐸奉陳常車，周公旦把大鉞，畢公把小鉞，以夾武王。散宜生、太顛、閎夭皆執劍以衛武王。既入，立於社南大卒之左，[左]右畢從。毛叔鄭奉明水，衛康叔封布兹，召公奭贊采，師尚父牽牲。尹佚筴祝曰：「殷之末孫季紂，殄廢先王明德，侮蔑神祇不祀，昏暴商邑百姓，其章顯聞於天皇上帝。」於是武王再拜稽首，曰：「膺更大命，革殷，受天明命。」武王又再拜稽首，乃出。

封商紂子禄父殷之餘民。武王爲殷初定未集，乃使其弟管叔鮮、蔡叔度相禄父治殷。已而命召公釋箕子之囚。命畢公釋百姓之囚，表商容之閭。命南宫括散鹿臺之財，發鉅橋之粟，以振貧弱萌隸。命南宫括、史佚展九鼎保玉。命閎夭封比干之墓。命宗祝享祠於軍。乃罷兵西歸。行狩，記政事，作《武成》。封諸侯，班賜宗彝，作《分殷之器物》。武王追思先聖王，乃襃封神農之後於焦，黄帝之後於祝，帝堯之後於薊，帝舜之後於陳，大禹之後於杞。於是封功臣謀士，而師尚父爲首封。封尚父於營丘，曰齊。封弟周公旦於曲阜，曰魯。封召公奭於燕。封弟叔鮮於管，弟叔度於蔡。餘各以次受封。

武王徵九牧之君，登豳之阜，以望商邑。武王至於周，自夜不寐。周公旦即王所，曰：「曷爲不寐？」王曰：「告女：維天不饗殷，自發未生於今六十年，麋鹿在牧，蜚鴻滿野。天不享殷，乃今有成。維天建殷，其登名民三百六十夫，不顯亦不賓滅，以至今。我未定天保，何暇寐！」王曰：「定天保，依天室，悉求夫惡，貶從殷王受。日夜勞來定我西土，我維顯服，及德方明。自洛汭延於伊汭，

居易毋固，其有夏之居。我南望三塗，北望嶽鄙，顧詹有河，粤詹雒、伊，毋遠天室。」營周居於雒邑而後去。縱馬於華山之陽，放牛於桃林之虚；偃干戈，振兵釋旅：示天下不復用也。

武王已克殷，後二年，問箕子殷所以亡。箕子不忍言殷惡，以存亡國宜告。武王亦醜，故問以天道。

武王病。天下未集，羣公懼，穆卜，周公乃祓齋，自爲質，欲代武王，武王有瘳。後而崩，太子誦代立，是爲成王。

皇甫謐《帝王世紀》卷五　武王自盟津還，反於周，見暍人，王自左擁而右扇之。紂政彌亂，殷太史向摯載其圖書而歸周。王以告於諸侯。四年，起師至鮪水。甲子，至於商郊牧野，乃作《牧誓》。王襪繫解，五人侍於前，莫肯爲王繫襪，皆曰：「臣所以事君，非爲繫襪也。」王乃釋旄鉞而繫之。與紂戰，紂師敗績。擒費仲、惡來，紂赴於京，自燔於宣室而死。二嬖妾與妲己亦自殺。乃以大白旄麾諸侯入殷都，百姓待乎郊。王使告曰：「上天降休。」商人皆拜，王亦答拜。以兵入，造紂及妲己尸。王親射之，三發然後下車，以劍擊之。周公爲司徒，使以黄鉞斬紂頭，懸於大白之旗。召公爲司空，又使以玄鉞斬妲己頭，懸之小白旗。明日天雨，王命除道修社，入商宫，朝成湯之廟。登堂見美玉，入室見美女，王皆取而歸之諸侯。天下聞之，以廉於財色矣。置旌於商容之閭，釋箕子之囚，散鹿臺之財，發鉅橋之粟，以賑貧民。命南宫适伯達、史佚遷九鼎於洛邑，命閎天封比干之墓，命宗祝饗祀於軍。微子、膠鬲皆委質爲臣。殷人咸喜，曰：「王之於人也，死者猶封其墓，況其生者乎？王之於賢仁也，亡者猶表其廬，況其存者乎？王之於財也，聚者猶散之，況其復籍者乎？王之於色也，在者猶歸其父母，況復征之乎？」十年冬，王崩於鎬，殯於岐，時年九十三歲矣。太子誦立，爲成王。

武王入殷，命召公釋箕子之囚，表商容之閭，出傾宫之女於諸侯。

王命封墓釋囚，又歸殷琁臺之珠玉及傾宫之女於諸侯。殷民咸喜，曰：「王之於仁人也，死者猶封其墓，況生者乎？王之於賢人也，亡者猶表其閭，況存者乎？王之於財也，聚者猶散之，況其復籍之乎？」

商容及殷民觀周軍之入，見畢公至，殷民曰：「是吾新君也。」容曰：「非也。視其爲人，嚴乎將有急色，故君子臨事而懼。」見太公至，民曰：「是吾新君也。」容曰：「非也。視其爲人，虎據而鷹趾，當敵將衆，威怒自倍。見利即前，不顧其後。故君子臨衆，果於進退。」見周公至，民曰：「是吾新君也。」容曰：「非也。視其爲人，忻忻休休，志在除賊。是非天子，則周之相國也。故聖人臨衆知之。」見武王至，民曰：「是吾新君也。」容曰：「然。聖人爲海内討惡，見惡不怒，見善不喜，顔色相副，是以知之。」

詩人歌武王之德，今《小雅》自《魚麗》至《菁菁者莪》七篇是也。

武王伐紂之年，夏四月乙卯，祀於周廟，將率之士皆封。諸侯國四百人，兄弟之國十五人，同姓之國四十人。

武王妃太公之女，曰邑姜。修教於内，生太子誦。

武王定位元年，歲在乙酉。六年庚寅崩。

雜録

備録

《尚書·泰誓》　唯九年四月，太子發上祭於畢，下至於盟津之上。乃告司馬、司徒、司空、諸節：「齊栗，允哉！予無知，以先祖先父之有德之臣左右予小子，予受先公，必力賞罰，以定厥功，明於先祖之遺。」遂興師，師尚父左杖黄鉞，右把白旄以誓，號曰：「蒼兕蒼兕，總爾衆庶，與爾舟楫，後至者斬！」太子發升於舟，中流，白魚入於舟中，王跪取，出涘以燎。羣公咸曰：「休哉！」周公曰：「雖休勿休。」既渡，至於五日，有火自上復於下，至於王屋，流爲烏，其色赤，其聲魄，五至以穀俱來。武王喜，諸大夫皆喜。周公曰：「茂哉茂哉！天之見此以勸之也，恐恃之。」使上附以周公書報誥於王，王動色變。遂至盟津，八百諸侯不召自來，不期同時，不謀同辭，皆曰：「帝紂可伐矣。」武王曰：「女未知天命，未可也。」乃還師歸。

惟丙午，王逮師。前師乃鼓鼗譟，師乃慆，前歌後舞，格於上天下地。十一年十二月，師畢渡盟津，諸侯咸會，曰：「孳孳無怠。」天將有立父母，民之有政有居。」武王乃作《太誓》，告於衆庶：「今殷王紂乃用其婦人之言，自絶於人，毁壞其三正，離逿其王父母弟。四方之多罪逋逃，是宗是長，是信是使。乃斷弃其先

祖之樂，乃爲淫聲，用變亂正聲，怡悦婦人。故今予發維共行天罰。勉哉夫子！不可再，不可三！」

《尚書・牧誓》　時甲子昧爽，王朝至於商郊牧野，乃誓。

王左杖黄鉞，右秉白旄以麾曰：「逖矣！西土之人！」

王曰：「嗟！我友邦冢君，御事，司徒、司馬、司空，亞旅、師氏，千夫長、百夫長，及庸、蜀、羌、髳、微、盧、彭、濮人，稱爾戈，比爾干，立爾矛，予其誓。」

王曰：「古人有言曰：『牝雞無晨。牝雞之晨，惟家之索。』今商王受惟婦言是用，昏棄厥肆祀弗答，昏棄厥遺王父母弟不迪；乃惟四方之多罪逋逃是崇，是長，是信，是使，是以爲大夫卿士；俾暴虐於百姓，以姦宄於商邑。今予發惟共行天之罰。

「今日之事，不愆於六步、七步，乃止，齊焉。夫子勖哉！不愆於四伐、五伐、六伐、七伐，乃止齊焉。勖哉夫子！尚桓桓如虎，如貔，如熊，如羆，于商郊弗御克奔，以役西土。勖哉夫子！」

「爾所弗勖，其於爾躬有戮！」

《逸周書・世俘解》　維四月乙未日，武王成辟，四方通殷命有國。

惟一月丙辰旁生魄，若翼日丁巳，王乃步自於周，征伐商王紂。

越若來二月既死魄，越五日甲子朝，至，接於商。則咸劉商王紂，執天惡臣百人。大公望命禦方來。丁卯，望至，告以馘，俘。

戊辰，王遂禦，循自祀文王。

時日，王立政。吕他命伐越戲方。

壬申，荒新至，告以馘俘。侯來命伐靡集於陳。

辛巳，至，告以馘俘。

甲申，百弇以虎賁誓，命伐衛，告以馘俘。

辛亥，薦俘殷王鼎。武王乃翼矢珪、矢憲，告天宗上帝。王不格服，格於廟，秉語治庶國，籥人九終。王烈祖自太王、太伯、王季、虞公、文王、邑考以列升，維告殷罪。籥人造，王秉黄鉞正國伯。

壬子，王服袞衣，矢琰，格廟。籥人造，王秉黄鉞正邦君。

癸丑，薦殷俘王士百人。籥人造，王矢琰，秉黄鉞，執戈。王奏庸大享一終，王拜手稽首。王定，奏其大享三終。

甲寅，謁我殷於牧野。王佩赤白旂。籥人奏《武》。王入，進《萬》，獻《明明》三終。

乙卯，籥人奏《崇禹生開》三鍾終，王定。

庚子，陳本命伐磨，百韋命伐宣方，新荒命伐蜀。

乙巳，陳本命新荒蜀磨至，告禽霍侯、俘艾佚侯小臣四十有六。禽禦八百有三百兩，告以馘俘。百韋至，告以禽宣方，禽禦三十兩，告以馘，俘。百韋命伐厲，告以馘，俘。武王狩，禽虎二十有二，猫二，糜五千二百三十五，犀十有二，氂七百二十有一，熊百五十有一，羆百一十有八，豕三百五十有二，貉十有八，麈十有六，麝五十，麋三十，鹿三千五百有八。

武王遂征四方，凡憝國九十有九國，馘魔億有十萬七千七百七十有九，俘人三億萬有二百三十。凡服國六百五十有二。

時四月既旁生魄，越六日庚戌，武王朝至燎于周。維予冲子綏文。武王降自車，乃俾史佚繇書於天號。武王乃廢於紂矢惡臣人百人，伐右厥甲小子鼎大師。伐厥四十夫家君鼎師，司徒、司馬初厥於郊號。武王乃夾於南門用俘，皆施佩衣衣，先馘入。武王在祀，太師負商王紂懸首白旂，妻二首赤旆，乃以先馘入，燎於周廟。

若翼日辛亥，祀於位，用籥於天位。於五日乙卯，武王乃以庶祀馘于國周廟，翼予冲子，斷牛六，斷羊二。庶國乃竟。告於周廟曰：古朕聞文考脩商人典，以斬紂身，告于天、于稷。用小牲羊、犬、豕於百神水土，於誓社。曰：惟予冲子綏文考，至於冲子。用牛于天、于稷五百有四。用小牲羊、豕于百神水土社，二千七百有一。商王紂于商郊。時甲子夕，商王紂取天智玉琰，璲身厚以自焚。凡厥有庶告焚玉四千。

五日，武王乃裨於千人求之，四千庶則銷，天智玉五在火中不銷。凡天智玉，武王則寶與同。凡武王俘商舊玉億有百萬。

《逸周書・克殷解》　周車三百五十乘陳於牧野，帝辛從。武王使尚父與伯夫致師。

王既以虎賁戎車馳商師，商師大敗。商辛奔内，登於廩臺之上，屏遮而自燔于火。武王乃手太白以麾諸侯，諸侯畢拜，遂揖之。商庶百姓，咸俟於郊。羣賓僉進曰：「上天降休！」再拜稽首。武王答拜，先入，適王所，乃克射之，三發而後下車，而擊之以輕吕，斬之以黄鉞，折縣諸太白。適二女之所，乃既縊。王又射之三發，乃右擊之以輕吕，斬之以玄鉞，縣諸小白。乃出場於厥軍。及期，百

夫荷素質之旗於王前；叔振奏拜假，又陳常車；周公把大鉞，召公把小鉞以夾王。泰顛、閎夭，皆執輕呂以奏王。王入，即位於社太卒之左。羣臣畢從。毛叔鄭奉明水，衛叔傅禮，召公奭贊采，師尚父牽牲。尹逸筴曰：「殷末孫受，德迷先成湯之明，侮滅神祇不祀，昏暴商邑百姓，其彰顯聞於昊天上帝。」周公再拜稽首，乃出。

立王子武庚，命管叔相。乃命召公，釋箕子之囚；命畢公、衛叔出百姓之囚。乃命南宫忽振鹿臺之財、巨橋之粟。乃命南宫百達、史佚遷九鼎三巫。乃命閎夭封比干之墓。乃命宗祝崇賓，饗禱之於軍。乃班。

《管子·地數》 桓公問於管子曰：「吾欲守國財而毋税於天下，而外因天下，可乎？」管子對曰：「可。夫水激而流渠，令疾而物重。先王理其號令之徐疾，内守國財而外因天下矣。」桓公問於管子曰：「其行事奈何？」管子對曰：「夫昔者武王有巨橋之粟，貴糴之數。」桓公曰：「爲之奈何？」管子對曰：「武王立重泉之戍，令曰：『民自有百鼓之粟者不行。』民舉所最粟，以避重泉之戍，而國穀二什倍，巨橋之粟亦二什倍。武王以巨橋之粟二什倍而市繒帛，軍五歲毋籍衣於民。以巨橋之粟二什倍而衡黄金百萬，終身無籍於民，准衡之數也。」

《管子·輕重乙》 武王問於癸度曰：「賀獻不重，身不親於君。左右不足，支不善於群臣。故不欲收穡户籍而給左右之用，爲之有道乎？」癸度對曰：「吾國者，衢處之國也，遠秸之所通，游客蓄商之所道，財物之所遵。故苟入吾國之粟，因吾國之幣，然後載黄金而出。故君請重重而衡輕輕，運物而相因，則國筴可成。故謹毋失其度，未與民可治。」武王曰：「行事奈何？」癸度曰：「金出於汝、漢之右衢，珠出於赤野之末光，玉出於禺氏之旁山，此皆距周七千八百餘里。其涂遠，其至阸，故先王度用於其重，因以珠玉爲上幣，黄金爲中幣，刀布爲下幣。故先王善高下中幣，制下上之用，而天下足矣。」

《墨子·兼愛中》 昔者武王將事泰山隧，《傳》曰：「泰山！有道曾孫周王有事，大事既獲，仁人尚作，以祗商夏蠻夷醜貉。雖有周親，不若仁人。萬方有罪，維予一人。」此言武王之事，吾今行兼矣。

《墨子·非攻下》 遝至乎商王紂，天不序其德，祀用失時，兼夜中，十日雨土於薄，九鼎遷止，婦妖宵出，有鬼宵吟，有女爲男，天雨肉，棘生乎國道，王兄自縱也。降周之岐社，曰：「天命周文王伐殷有國。」泰顛來賓，河出緑圖，地出乘黄。武王踐功，夢見三神，曰：「予既沈漬殷紂於酒德矣，往攻之，予必使汝大堪之。」武王乃攻狂夫，反商之周，天賜武王黄鳥之旗。王既已克殷，成帝之來，分主諸神，祀紂先王，通維四夷，而天下莫不賓焉，襲湯之緒，此即武王之所以誅紂也。

《墨子·非命中》 先王之書《太誓》之言然，曰：「紂夷之居，而不肯事上帝，棄闕其先神而不祀也，曰：『我民有命，毋僇其務。』天不亦棄縱而不保。」此言紂之執有命也，武王以《太誓》非之。

《荀子·儒效》 客有道曰：「孔子曰：『周公其盛乎！身貴而愈恭，家富而愈儉，勝敵而愈戒。』」應之曰：「是殆非周公之行，非孔子之言也。武王崩，成王幼，周公屏成王而及武王，履天子之籍，負扆而坐，諸侯趨走堂下。當是時也，夫又誰爲恭矣哉！兼制天下，立七十一國，姬姓獨居五十三人焉，周之子孫苟不狂惑者，莫不爲天下之顯諸侯，孰謂周公儉哉！武王之誅紂也，行之日以兵忌，東面而迎太歲，至汜而汎，至懷而壞，至共頭而山隧。霍叔懼曰：『出三日而五災至，無乃不可乎？』周公曰：『刳比干而囚箕子，飛廉、惡來知政，夫又惡有不可焉？』遂選馬而進，朝食於戚，暮宿於百泉，厭旦於牧之野，鼓之而紂卒易鄉，遂乘殷人而誅紂。蓋殺者非周人，因殷人也。故無首虜之獲，無蹈難之賞，反而定三革，偃五兵，合天下，立聲樂，於是《武》、《象》起而《韶》、《護》廢矣。四海之内，莫不變心易慮以化順之，故外闔不閉，跨天下而無蘄。當是時也，夫又誰爲戒矣哉！」

《吕氏春秋·仲夏紀·古樂》 武王即位，以六師伐殷，六師未至，以鋭兵克之於牧野。歸，乃薦俘馘於京太室，乃命周公爲作《大武》。

《吕氏春秋·仲秋紀·簡選》 武王虎賁三千人，簡車三百乘，以要甲子之事於牧野而紂爲禽。顯賢者之位，進殷之遺老，而問民之所欲，行賞及禽獸，行罰不辟天子，親殷如周，視人如己，天下美其德，萬民説其義，故立爲天子

《吕氏春秋·慎大覽·慎大》 武王勝殷，入殷，未下轝，命封黄帝之後於鑄，封帝堯之後於黎，封帝舜之後於陳；下轝，命封夏后之後於杞，立成湯之後於宋以奉桑林。武王乃恐懼，太息流涕，命周公旦進殷之遺老，而問殷之亡故，又問衆之所説，民之所欲。殷之遺老對曰：「欲復盤庚之政。」武王於是復盤庚之政。發巨橋之粟，賦鹿臺之錢，以示民無私；出拘救罪，分財棄責，以振窮困；封比干之墓，靖箕子之宫，表商容之閭，士過者趨，車過者下；三日之内，與謀之士封爲諸侯，諸大夫賞以書社，庶士施政去賦；然後於濟河，西歸報於廟；

乃税馬於華山，税牛於桃林，馬弗復乘，牛弗復服；釁鼓旗甲兵，藏之府庫，終身不復用。此武王之德也。故周明堂外户不閉，示天下不藏也。唯不藏也可以守至藏。武王勝殷，得二虜而問焉，曰：「若國有妖乎？」一虜對曰：「吾國有妖。晝見星而天雨血，此吾國之妖也。」一虜對曰：「此則妖也。雖然，非其大者也。吾國之妖，甚大者，子不聽父，弟不聽兄，君令不行，此妖之大者也。」武王避席再拜之。此非貴虜也，貴其言也。故《易》曰：「愬愬履虎尾，終吉。」

《呂氏春秋·慎大覽·順説》 武王使人候殷，反報岐周曰：「殷其亂矣。」武王曰：「其亂焉至？」對曰：「讒慝勝良。」武王曰：「尚未也。」又復往，反報曰：「其亂加矣。」武王曰：「焉至？」對曰：「賢者出走矣。」武王曰：「尚未也。」又往，反報曰：「其亂甚矣。」武王曰：「焉至？」對曰：「百姓不敢誹怨矣。」武王曰：「嘻！」遽告太公。太公對曰：「讒慝勝良，命曰戮；賢者出走，命曰崩；百姓不敢誹怨，命曰刑勝。其亂至矣，不可以駕矣。」故選車三百，虎賁三千，朝要甲子之期，而紂爲禽，則武王固知其無與爲敵也。因其所用，何敵之有矣？

武王至鮪水，殷使膠鬲候周師，武王見之。膠鬲曰：「西伯將何之？無欺我也。」武王曰：「不子欺，將之殷也。」膠鬲曰：「曷至？」武王曰：「將以甲子至殷郊，子以是報矣。」膠鬲行。天雨，日夜不休，武王疾行不輟。軍師皆諫曰：「卒病，請休之。」武王曰：「吾已令膠鬲以甲子之期報其主矣。今甲子不至，是令膠鬲不信也。膠鬲不信也，其主必殺之。吾疾行以救膠鬲之死也。」武王果以甲子至殷郊，殷已先陳矣。至殷，因戰，大克之。此武王之義也。人爲人之所欲，己爲人之所惡，先陳何益？適令武王不耕而穫。

武王入殷，聞殷有長者，武王往見之，而問殷之所以亡。殷長者對曰：「王欲知之，則請以日中爲期。」武王與周公旦明日早要期，則弗得也。武王怪之。周公曰：「吾已知之矣。此君子也，取不能其主，有以其惡告王，不忍爲也。若夫期而不當，言而不信，此殷之所以亡也，已以此告王矣。」

《呂氏春秋·先識覽·先識》 殷内史向摯見紂之愈亂迷惑也，於是載其圖法，出亡之周。武王大説，以告諸侯曰：「商王大亂，沈於酒德，避遠箕子，爰近姑與息，妲己爲政，賞罰無方，不用法式，殺三不辜，民大不服，守法之臣，出奔周國。」

《呂氏春秋·不苟論·不苟》 武王至殷郊，係墮。五人御於前，莫肯之爲，曰：「吾所以事君者非係也。」武王左釋白羽，右釋黄鉞，勉而自爲係。孔子聞之曰：「此五人者之所以爲王者佐也，不肖主之所弗安也。」故天子有不勝細民者，天下有不勝千乘者。

《呂氏春秋·似順論·分職》 武王之佐五人。武王之於五人者之事無能也，然而世皆曰：「取天下者武王也。」故武王取非其有，如己有之，通乎君道也。通乎君道，則能令智者謀矣，能令勇者怒矣，能令辯者語矣。夫馬者，伯樂相之，造父御之，賢主乘之，一日千里，無御相之勞而有其功，則知所乘矣。

《大戴禮記·武王踐阼》 武王踐阼，三日，召士大夫而問焉，曰：「惡有藏之約，行之行，萬世可以爲子孫恒者乎？」諸大夫對曰：「未得聞也。」

然後召師尚父而問焉，曰：「黄帝、顓頊之道存乎意，亦忽不可得見與？」師尚父曰：「在丹書。王欲聞之，則齊矣。」三日，王端冕，師尚父亦端冕，奉書而入，負屏而立。王下堂，南面而立。師尚父曰：「先王之道，不北面。」王行西，折而南，東面而立。

師尚父西面道書之言，曰：「『敬勝怠者吉，怠勝敬者滅，義勝欲者從，欲勝義者兇。凡事不彊則枉，弗敬則不正，枉者滅廢，敬者萬世。』藏之約，行之行，可以爲子孫恒者，此言之謂也。且臣聞之，以仁得之，以仁守之，其量百世；以不仁得之，以仁守之，其量十世；以不仁得之，以不仁守之，必及其世。」

王聞書之言，惕若恐懼，退而爲戒書。於席之四端爲銘焉，於机爲銘焉，於鑑爲銘焉，於盥盤爲銘焉，於楹爲銘焉，於杖爲銘焉，於帶爲銘焉，於履屨爲銘焉，於觴豆爲銘焉，於户爲銘焉，於牖爲銘焉，於劍爲銘焉，於弓爲銘焉，於矛爲銘焉。席前左端之銘曰：「安樂必敬。」前右端之銘曰：「無行可悔。」後左端之銘曰：「一反一側，亦不可以忘。」後右端之銘曰：「所監不遠，視邇所代。」机之銘曰：「皇皇惟敬，口生㖃，口戕口。」鑑之銘曰：「見爾前，慮爾後。」盥盤之銘曰：「與其溺於人也，寧溺於淵。溺於淵猶可游也，溺於人不可救也。」楹之銘曰：「毋曰胡殘，其禍將然；毋曰胡害，其禍將大；毋曰胡傷，其禍將長。」杖之銘曰：「惡乎危？於忿疐。惡乎失道？於嗜慾。惡乎相忘？於富貴。」帶之銘曰：「火滅脩容，慎戒必恭，恭則壽。」履屨之銘曰：「慎之勞，勞則富。」觴豆之銘曰：「食自杖，食自杖，戒之憍，憍則逃。」户之銘曰：「夫名難得而易失。無懃弗志，而曰我知之乎？無懃弗及，而曰我杖之乎？擾阻以泥之，若風將至，必先搖搖，雖有聖人，不能爲謀也。」牖之銘曰：「隨天之時，以地之財，敬祀皇天，敬以先時。」劍之銘曰：「帶之以爲服，動必行德，行德則興，倍德則崩。」弓之銘曰：

「屈伸之義，廢興之行，無忘自過。」矛之銘曰：「造矛造矛，少閒弗忍，終身之羞。」予一人所聞，以戒後世子孫。

《禮記・大傳》 牧之野，武王之大事也。既事而退，柴於上帝，祈於社，設奠於牧室，遂率天下諸侯執豆、籩，逡奔走，追王大王亶父、王季歷、文王昌，不以卑臨尊也。

賈誼《新書・脩政語下》 周武王問於粥子曰：「寡人願守而必存，攻而必得，戰而必勝，則吾爲此奈何？」粥子曰：「唯，疑。攻守而戰乎同器，而和與嚴其備也。故曰：和可以守而嚴可以守，而嚴不若和之固也；和可以攻而嚴可以攻，而嚴不若和之得也；和可以戰而嚴可以戰，而嚴不若和之勝也。則唯由和而可也。故諸侯發政施令，政平於人者，謂之文政矣；諸侯接士而使吏，禮恭於人者，謂之文禮矣；諸侯聽獄斷刑，仁於治，陳於行。其由此守而不存、攻而不得，戰而不勝者，自古而至於今，自天地之辟也，未之嘗聞也。今也，君王欲守而必存，攻而必得，戰而必勝，則唯由此也爲可也。」周武王曰：「受命矣。」

周武王問於王子旦曰：「敢問治有必成而戰有必勝乎？攻有必得而守有必存乎？」王子旦對曰：「有。政曰：諸侯政平於內而威於外矣，君子行修於身而信於輿人矣，治民民治而榮於名矣。故諸侯凡有治心者，必修之以道而與之以敬，然後能以成也；凡有戰心者，必修之以政而興之以義，然後能以勝也；凡有攻心者，必結之以約而論之以信，然後能以得也；凡有守心者，必固之以和而論之以愛，然後能有存也。」周武王曰：「受命矣。」師尚父曰：「吾聞之於政也，曰：天下壙壙，一人有之；萬民蘩蘩，一人理之。故天下者，非一家之有也，有道者之有也。故夫天下者，唯有道者理之，唯有道者紀之，唯有道者使之，唯有道者宜處而久之。故夫天下者，難得而易失也，難常而易忘也。故守天下者，非以道則弗得而長也。故夫道者，萬世之寶也。」周武王曰：「受命矣。」

《韓詩外傳》卷三 武王伐紂，到於邢丘，軛折爲三，天雨三日不休。武王心懼，召太公而問，曰：「意者紂未可伐乎？」太公對曰：「不然。軛折爲三者，軍當分爲三也。天雨三日不休，欲灑吾兵也。」武王曰：「然何若矣？」太公曰：「愛其人者，及屋上烏，惡其人者，憎其胥餘。咸劉厥敵，靡使有餘。」武王曰：「於戲！天下未定也。」周公趨而進曰：「不然。使各度其宅，而佃其田，《無獲舊新》。百姓有過，在予一人。」武王曰：「於戲！天下已定矣。」乃脩武勒兵於寧，更名邢丘曰懷寧，曰脩武，行克紂於牧之野。《詩》曰：「牧野洋洋，檀車皇皇，駟騵彭彭。維師尚父，時爲鷹揚，亮彼武王，肆伐大商，會朝清明。」既反商，未及下車，封黄帝之後於薊，封帝堯之後於祝，封舜之後於陳。下車而封夏后氏之後於杞，封殷之後於宋，封比干之墓，釋箕子之囚，表商容之閭。濟河而西，馬放華山之陽，示不復乘也。牛放桃林之野，示不復服也。車甲衅而藏之於府庫，示不復用也。於是廢軍而郊射，左射貍首，右射騶虞，然後天下知武王不復用兵也。祀乎明堂而民知孝，朝覲然後諸侯知所以臣，耕籍然後諸侯知所以敬。坐三老五更於大學，天子執醬而饋，執爵而酳，所以教諸侯之悌也。此四者，天下之大教也。夫武之久不亦宜乎？《詩》曰：「勝殷遏劉，耆定爾功。」言武伐紂而殷亡也。

《淮南子・道應訓》 昔武王伐紂，破之牧野，乃封比干之墓，表商容之閭，柴箕子之門，朝成湯之廟，發鉅橋之粟，散鹿臺之錢，破鼓折枹，弛弓絶弦，去舍露宿以示平易，解劍帶笏以示無仇。於此天下歌謡而樂之，諸侯執幣相朝，三十四世不奪。故老子曰：「善閉者，無關鍵而不可開也。善結者，無繩約而不可解也。」

《淮南子・覽冥訓》 武王伐紂，渡於孟津，陽侯之波，逆流而擊，疾風晦冥，人馬不相見。於是武王左操黄鉞，右秉白旄，瞋目而撝之，曰：「余任，天下誰敢害吾意者！」於是風濟而波罷。

《淮南子・主術訓》 武王伐紂，發鉅橋之粟，散鹿臺之錢，封比干之墓，表商容之閭，朝成湯之廟，解箕子之囚，使各處其宅，田其田，無故無新，惟賢是親，用非其有，使非其人，晏然若故有之。由此觀之，則聖人之志大也。

《淮南子・主術訓》 紂兼天下，朝諸侯，人迹所及，舟檝所通，莫不賓服。然而武王甲卒三千人，擒之於牧野。豈周民死節，而殷民背叛哉？其主之德義厚而號令行也。

劉向《新序・雜事》 武王勝殷，得二虜而問焉，曰：「而國有妖乎？」一虜答曰：「吾國有妖，晝見星而雨血，此吾國之妖也。」一虜答曰：「此則妖也，雖然，非其大者也。吾國之妖其大者，子不聽父，弟不聽兄，君令不行，此妖之大者也。」

劉向《說苑・指武》 武王將伐紂，召太公望而問之曰：「吾欲不戰而知勝，不卜而知吉，使非其人，爲之有道乎？」太公對曰：「有道。王得衆人之心以圖不道，則不戰而知勝矣；以賢伐不肖，則不卜而知吉矣；彼害之，我利之，雖非吾民，可得而使也。」武王曰：「善。」乃召周公而問焉，曰：「天下之圖事者，皆以

殷爲天下，以周爲諸侯，以諸侯攻天子，勝之有道乎？」周公對曰：「殷信天子，周信諸侯，則無勝之道矣，何可攻乎？」武王忿然曰：「汝言有説乎？」周公對曰：「臣聞之，攻禮者爲賊，攻義者爲殘。失其民，制爲匹夫。王攻其失民者也，何攻天子乎？」武王曰：「善。」乃起衆舉師，與殷戰於牧之野，大敗殷人。上堂見玉，曰：「誰之玉也？」曰：「諸侯之玉。」即取而歸之於諸侯。天下聞之曰：「武王廉於財矣。」入室見女，曰：「誰之女也？」曰：「諸侯之女也。」即取而歸之於諸侯，天下聞之曰：「武王廉於色也。」於是發巨橋之粟，散鹿臺之財，金錢以與士民，黜其戰車而不乘，弛其甲兵而弗用，縱馬華山，放牛桃林，示不復用。天下聞者咸謂武王行義於天下，豈不大哉！

袁康《越絶書》卷三《吳内傳》 武王以禮信。文王死九年，天下八百諸侯，皆一旦會於孟津之上。不言同辭，不呼自來，盡知武王忠信，欲從武王與之伐紂。當是時，比干、箕子、微子尚在，武王賢之，未敢伐也，還諸侯，歸二年，紂賊比干，囚箕子，微子去之，刳妊婦，殘朝涉。武王見賢臣已亡，乃朝天下，興師伐紂，殺之。武王未下車，封比干之墓；發太倉之粟，以贍天下；封微子於宋。此武王以禮信也。

張華《博物志》卷八《史補》 武王伐殷，舍於幾，逢大雨焉。衰輿三百乘，甲三千，一日一夜，行三百里以戰於牧野。

《胡宏集·皇王大紀論·觀兵之説》 先儒謂文王受命改元稱王，九年而崩，武王以大統未集，故即位而不改元，因文王九年爲十一年，觀兵於商，至十三年，乃復伐商。

夫元，原於一，不可再者也。若文王可以大統未集而改元稱王，武王承文王之業，何以不可書？武王即位而不改元，是無元也，無元何以爲君？故紂之二十四祀，武王之元年。而此十一年者，武王之十一年也。

夫文王、武王盡道以事紂，未嘗不冀其悛改也。改而有天命，則固君之，不改而無天命，則將臣之，文、武何容心哉？順天而已。一日天命未絶，則猶君也，君可以兵脅乎？君子之能事君者，猶卑遜而不矜，温恭而不厲，況聖人天性慈和，發而中節者乎？先儒不知君臣之義，乃造觀兵之説，則其事君不能道義以爲本可知矣。

夫文、武，本列諸侯也，而得列諸侯心悦誠服，咸率道由義，治其國以事紂。自非與天地合德、日月齊明、鬼神合其變化者，不能感人如是也，豈後世因便乘利，僥倖成功於一時，不知命者所可比擬乎？

《泰誓》敘曰「十有一年」，經曰「十有三年」者，「三」之文誤也。曷爲知其然？以《皇極經世》書知之也。

《胡宏集·皇王大紀論·武王事紂》 孔子曰：「三分天下有其二，以服事殷，周之德，其可謂至德也已矣。」先儒以爲此言文王者也。及觀《下武》「媚兹一人，應侯順德」及「矢於牧野，維予侯興」之辭，然後知孔子概以周爲言者。方紂天命未絶，武王固盡臣禮，繩其祖武，嗣服西伯，媚於天子，如文王之時矣。及紂無天命爲獨夫，然後伐之而爲王，周之德，其可謂至德也已矣。

《胡宏集·皇王大紀論·文武事蹟》 《記》稱武王夢帝與九齡，文王曰：「我百，爾九十，吾與女三焉。」文王九十七乃終，武王九十三而終。

夫聖人之所以爲聖人者，體天道，開物成務，無所爲而已，若年數之長短，則亦聽乎天，烏能以相與也。先儒不窮理，輕信其説。

又以文王受命改元稱王，武王未受命爲繼。文王七年而崩也，遂不敢以《泰誓》十一年爲武王之年而生文王十四歲生武王，武王不葬文王，舉兵之論。夫詩人言文王受命，指其至誠動天，得天之助耳。《中庸》言武王未受命者，乃指其正天位也。三年之喪，自天子達於庶人，聖人之所以異於人者，以其舉動以類而節奏和也，豈有武王方在創鉅痛深之中，而舉兵耀武於天子之國者哉？

古者，天子諸侯十五而冠，既冠，然後可以言娶，豈有大聖如文王，乃爲童稚而生子者乎？先儒謬誤相承，誣聖人之盛德而莫之察也，愚是以辯。

梁玉繩《人表考》卷一《上上聖人·武王》 武始見《易·革卦》，武王始見《周書》、《詩·雅》、《頌》。《白虎通·謚章》：剛强理直曰武。《史·周紀·正義》作克定禍亂曰武。文王子始見《禮·中庸》。三王之三也。《書》序《釋文》。名發，《書·牧誓》。亦曰太子發，《逸書·文傳》。亦曰世子發，亦曰西伯發，並《竹書》。亦曰周王發，《書·武成》。亦曰武王發，《史·管蔡世家》。亦曰武發，《楚辭·天問》。亦曰王發，《史·魯世家》。亦曰周發，周興嗣《千文》。亦曰姬發，《抱朴子·嘉遁》《廣譬》。亦曰周武，《左》昭四。亦曰姬武，《抱朴子·釋滯》。亦曰正父，《書·洛誥》。亦曰聖考，《書·大誥》孔傳。亦曰烈考，《洛誥》《周頌·雝篇》。亦曰昭考，《周頌·載見》。亦曰寧王，亦曰寧考。《詩·何彼襛矣》疏云：寧王，文、武兼稱，故蔡傳於《大誥》、《君奭》以寧王爲武王，而以寧考爲武王一人之稱也。又《真誥闡幽微》一稱武王爲北斗君，殊妄。母太姒。《詩·思齊》。武王駢齒望羊，《周紀·正義》引《元命苞》、《潛夫·五德志》、《白虎

通・聖人章》、《論衡・骨相》、《宋書・符瑞志》。爲西伯十一年。《周紀》，先儒謂武繼文年者，非。爲王六年。《逸書・明堂解》、《竹書》亦作六年，詩《豳風譜》疏引王肅、《周紀・集解》引皇甫謐同，蓋是也。《管子・小問》作七年，《稽古録》、《外紀》、《通志》諸書從之。《史・封禪書》作二年，《淮南要略》作三年，《豳風譜》疏謂鄭氏以武王疾瘳後二年崩，是在位四年，《路史・發揮・夢齡篇》注合武王嗣西伯爲七年，本書《律曆志》作八年，并爲西伯十一年，故《廣弘明集》載陶弘景《年紀》稱武王治十一年，説各不同。年五十四。《路史・發揮》四引《竹書》，今本《竹書》作九十四，謁，而《禮・文王世子》作九十三，恐不可信，羅泌已辨之。都鎬。《詩・文王有聲》。葬京兆長安鎬聚東杜中。《周紀・集解》引《皇覽》。

錢保塘《帝王世紀續補》 武王自酆居鎬，諸侯宗之，是謂宗周。今灃水之東，長安之南三十里，去酆二十五里，鎬池即其故都也。

王城西有郟鄏陌。

備論

《國語・周語下》 王將鑄無射，問律於伶州鳩。【略】

對曰：「昔武王伐殷，歲在鶉火，月在天駟，日在析木之津，辰在斗柄，星在天黿。星與日辰之位，皆在北維。顓頊之所建也，帝嚳受之。我姬氏出自天黿，及析木者，有建星及牽牛焉，則我皇妣大姜之姪伯陵之後，逄公之所憑神也。歲之所在，則我有周之分野也。月之所在，辰馬農祥也。我太祖后稷之所經緯也，王欲合是五位三所而用之。自鶉及駟七列也。南北之揆七同也，凡人神以數合之，以聲昭之。數合聲和，然後可同也。故以七同其數，而以律和其聲，於是乎有七律。

「王以二月癸亥夜陳，未畢而雨。以夷則之上宫畢，當辰。辰在戌上，故長夷則之上宫，名之曰羽，所以藩屏民則也。王以黄鍾之下宫，布戎於牧之野，故謂之厲，所以厲六師也。以太蔟之下宫，布令於商，昭顯文德，底紂之多罪，故謂之宣，所以宣三王之德也。反及嬴内，以無射之上宫，布憲施捨於百姓，故謂之嬴亂，所以優柔容民也。」

《墨子・三辯》 武王勝殷殺紂，環天下自立以爲王，事成功立，無大後患，因先王之樂，又自作樂，命曰《象》。

《墨子・明鬼下》 昔者，武王之攻殷誅紂也，使諸侯分其祭，曰：「使親者受内祀，疏者受外祀。」故武王必以鬼神爲有，是故攻殷伐紂，使諸侯分其祭。若鬼神無有，則武王何祭分哉？

《孟子・梁惠王下》 〔孟子曰〕：「《書》曰：『天降下民，作之君，作之師，惟曰其助上帝寵之。四方有罪無罪惟我在，天下曷敢有越厥志？』一人衡行於天下，武王恥之，此武王之勇也。而武王亦一怒而安天下之民。今王亦一怒而安天下之民，民惟恐王之不好勇也。」【略】

齊宣王問曰：「湯放桀，武王伐紂，有諸？」孟子對曰：「於傳有之。」曰：「臣弑其君，可乎？」曰：「賊仁者謂之賊，賊義者謂之殘，殘賊之人，謂之一夫。聞誅一夫紂矣，未聞弑君也。」【略】

齊人伐燕，勝之。宣王問曰：「或謂寡人勿取，或謂寡人取之，以萬乘之國伐萬乘之國，五旬而舉之，人力不至於此，不取必有天殃，取之何如？」

孟子對曰：「取之而燕民悦，則取之。古之人有行之者，武王是也。取之而燕民不悦，則勿取。古之人有行之者，文王是也。以萬乘之國伐萬乘之國，簞食壺漿，以迎王師，豈有他哉，避水火也。如水益深，如火益熱，亦運而已矣！」

《孟子・滕文公下》 及紂之身，天下又大亂。周公相武王，誅紂伐奄，三年討其君，驅飛廉於海隅而戮之，滅國者五十，驅虎豹犀象而遠之，天下大悦。《書》曰：「丕顯哉！文王謨。丕承哉！武王烈。佑啓我後人，咸以正無缺。」

《孟子・盡心下》 孟子曰：「有人曰『我善爲陳，我善爲戰』，大罪也。國君好仁，天下無敵焉。南面而征北夷怨，東面而征西夷怨，曰『奚爲後我』？武王之伐殷也，革車三百兩，虎賁三千人，王曰：『無畏，寧爾也，非敵百姓也。』若崩厥角，稽首。征之爲言正也，各欲正己也，焉用戰！」

《荀子・大略》 武王始入殷，表商容之閭，釋箕子之囚，哭比干之墓，天下鄉善矣。

《建安七子集》卷一《孔融集・周武王漢高祖論》 武王從后稷以來，至其身相承，積五十世，俱有魚鳥之瑞。至高祖一身修德，瑞有四：吕公望形而鳶女；吕后見雲知其處；白蛇分，神武哭；西入關，五星聚。又武王伐紂，斬而刺之，高祖入秦，赦子嬰而遺之，是寬裕又不如高祖也。

王嘉《拾遺記》卷二《蕭綺録》 録曰：武王資聖智而剋伐，觀天命以行誅，

不驅熊羆之師，不勞三戰之旅，一戎衣而定王業，憑神力而協符瑞。至於成王，制禮崇樂，姬德方盛，營洛邑而居九鼎，寢刑廟而萬國來賓。雖大禹之隆夏績，帝乙之興殷道，未足方焉。

孔穎達《毛詩正義》卷一九《周頌·般》 正義曰：《般》詩者，巡守而祀四嶽河海之樂歌也。謂武王既定天下，巡行諸侯所守之土，祭祀四嶽河海之神，神皆饗其祭祀，降之福助。至周公、成王太平之時，詩人述其事而作此歌焉。經稱「喬嶽」、「翕河」，是祀河、岳之事也。經無「般」字，序又說其名篇之意。般，樂也，爲天下所美樂。定本「般樂」二字爲鄭注，未知孰是。嶽實有五，而稱四者，天子巡守，遠適四方，至於其方之嶽，有此祭禮。於中嶽無事，故序不言焉。四瀆者，五嶽之匹，故《周禮》嶽瀆連文。序既不言五嶽，故亦不言四瀆。以河是四瀆之一，故舉以爲言。《漢書·溝洫志》曰：「中國川原以百數，莫著於四瀆，而河爲宗。」然則河爲四瀆之長。巡守四瀆皆祭，言河可以兼之。經無海而序言海者，海是衆川所歸，經雖不說，祭之可知，故序特言之。

蘇洵《嘉祐集》卷四《重遠》 武王不泄邇，不忘遠，仁矣乎？曰：非仁也，勢也。天下之勢猶一身。一身之中，手足病於外，則腹心爲之深思静慮於內，而求其所以療之之術；腹心病於內，則手足爲之奔掉於外，而求其所以療之之物。腹心手足之相救，非待仁而後然。吾故曰：武王之不泄邇，不忘遠，非仁也，勢也。勢如此其急，而古之君獨武王然者，何也？人皆知一身之勢，而武王知天下之勢也。夫不知一身之勢者，一身危；而不知天下之勢者，天下不危乎哉？秦之保關中，自以爲子孫萬世帝王之業，而陳勝、吴廣乃楚人也。由此觀之，天下之勢遠近如一。

《歐陽修全集》卷一八《泰誓論》 《書》稱：商始咎周以乘黎。乘黎者，西伯也。西伯以征伐諸侯爲職事，其伐黎而勝也，商人已疑其難制而惡之。使西伯赫然見其不臣之狀，與商並立而稱王，如此十年，商人反晏然不以爲怪，其父師老臣如祖伊、微子之徒，亦默然相與熟視而無一言，此豈近於人情邪？由是言之，謂西伯受命稱王十年者，妄說也。

以紂之雄猜暴虐，嘗醢九侯而脯鄂侯矣，西伯聞之竊歎，遂執而囚之，幾不免死。至其叛已不臣而自王，乃反優容而不問者十年，此豈近於人情邪？由是言之，謂西伯受命稱王十年者，妄說也。

孔子曰：「三分天下有其二，以服事商。」使西伯不稱臣而稱王，安能服事於商乎？且謂西伯稱王者，起於何說？而孔子之言，萬世之信也。由是言之，謂西伯受命稱王十年者，妄說也。

伯夷、叔齊，古之知義之士也，方其讓國而去，顧天下皆莫可歸，聞西伯之賢，共往歸之。當是時，紂雖無道，天子也。天子在上，諸侯不稱臣而稱王，是僭叛之國也。然二子不以爲非，依之久而不去。至武王伐紂，始以爲非而棄去。彼二子者，始顧天下莫可歸，卒依僭叛之國而不去，不非其父而非其子，此豈近於人情邪？由是言之，謂西伯受命稱王十年者，妄說也。

《書》之《泰誓》稱「十有一年」，說者因以謂自文王受命九年，及武王居喪二年，並數之爾。是以西伯聽虞、芮之訟，謂之受命，以爲元年。此又妄說也。古者人君即位，必稱元年，常事爾，不以爲重也。後世曲學之士說《春秋》，始以改元爲重事。然則果常事與？固不足道也。果重事與？西伯即位已改元矣，中間不宜改元而又改元。至武王即位，宜改元而反不改元，乃上冒先君之元年，並其居喪稱十一年。及其滅商而得天下，其事大於聽訟遠矣，又不改元。由是言之，謂西伯以受命之年爲元年者，妄說也。後之學者，知西伯生不稱王，而中間不再改元，則《詩》、《書》所載文、武之事，粲然明白而不誣矣。

或曰：「然則武王畢喪伐紂，而《泰誓》曷爲稱十有一年？」對曰：「畢喪伐紂，出於諸家之小說，而《泰誓》，六經之明文也。昔者孔子當衰周之際，患衆說紛紜以惑亂當世，於是退而修六經，以爲後世法。及孔子既没，去聖稍遠，而衆說復興，與六經相亂。自漢以來，莫能辨正。今有卓然之士，一取信乎六經，則《泰誓》者，武王之事也，十有一年者，武王即位之十有一年爾，復何疑哉？司馬遷作《周本紀》，雖曰武王即位九年祭於文王之墓，然後治兵於孟津，至作《伯夷列傳》，則又載父死不葬之說，皆不可爲信。是以吾無取焉，取信於《書》可矣。」

《蘇軾文集》卷五《論武王》 武王克殷，以殷遺民封紂子武庚禄父，使其弟管叔鮮、蔡叔度相禄父治殷。武王崩，禄父與管、蔡作亂，成王命周公誅之，而立微子於宋。

蘇子曰：武王，非聖人也。昔者孔子蓋罪湯、武。顧自以爲殷之子孫而周人也，故不敢，然數致意焉，曰：「大哉，巍巍乎舜禹也。禹吾無間然。」其不足於湯、武也，亦明矣。曰：「武盡美矣，未盡善也。」又曰：「三分天下有其二，以服事殷，周之德，其可謂至德也已矣。」伯夷、叔齊之於武王也，蓋謂之弑君，至耻之不食其粟，而孔子予之。其罪武王也甚矣。此孔氏之家法也。

世之君子，苟自孔氏，必守此法，國之存亡，民之死生，將於是乎在，其孰敢不嚴！而孟軻始亂之，曰：「吾聞武王誅獨夫紂，未聞弒君也。」自是學者，以湯、武爲聖人之正，若當然者，皆孔氏之罪人也。使當時有良史如董狐者，南巢之事，必以叛書，牧野之事，必以弒書。而湯、武仁人也，必將爲法受惡。周公作《無逸》曰：「殷王中宗、高宗及祖甲，及我周文王，兹四人迪哲。」上不及湯，下不及武王，亦以是哉。文王之時，諸侯不求而自至，是以受命稱王，行天子之事。周之王不王，不計紂之存亡也。使文王在，必不伐紂，紂不見伐，而以考終，或死於亂，殷人立君以事周，命爲二王後以祀殷，君臣之道，豈不兩全也哉？武王觀兵於孟津而歸，紂若不改過，則殷人改立君，武王之待殷，亦若是而已矣。天下無王，有聖人者出，而天下歸之，聖人所不得辭也。而以兵取之，而放之，而殺之，可乎？漢末大亂，豪傑並起。荀文若，聖人之徒也，以爲非曹操莫與定海内，故起而佐之，所以與操謀者，皆王者之事也。文若豈教操反者哉，以仁義救天下，天下既平，神器自至，將不得已而受之，不至，不取也。此文王之道，文若之心也。及操謀九錫，則文若死之。故吾嘗以文若爲聖人之徒者，以其才似張子房，而道似伯夷也。

殺其父，封其子，其子非人也則可，使其子而果人也，則必死之。楚人將殺令尹子南，子南之子棄疾爲王馭士，王泣而告之。既殺子南，其徒曰：「行乎？」曰：「吾與殺吾父，行將焉入？」「然則臣王乎？」曰：「棄父事讎，吾弗忍也。」遂縊而死。武王親以黄鉞斬紂，使武庚受封而不叛，豈復人也哉？故武庚之必叛，不待智者而後知也。武王之封武庚，蓋亦不得已焉耳。

殷有天下六百年，賢聖之君六七作，紂雖無道，其故家遺俗未盡滅也，三分天下有其二，殷不伐周，而周伐之，誅其君，夷其社稷，諸侯必有不悦者，故封武庚以慰之，此豈武王之意哉。故曰：武王非聖人也。

《王十朋全集·文集》卷七《武王論》 事有出於千載之遠，而傳聞之不同，吾將奚所考信邪？愚曰：「聖人之言可信，而時人親見之言，亦可信也。」千載之事，必存之於書，是書出於聖人，則可信；不出於聖人，則可疑。吾非信書，而信聖人，聖人之言如此，吾是以知其如此也。千載之事，當時必有親見之者，親見之言可信，傳聞之言可疑，吾惟親見之是信，而缺傳聞之疑可也。彼有聖人之言與時人親見之言，兩不同焉，則吾將誰信？亦曰：「概之以理而已矣。」

《書》載武王伐商之事，與時人親見之言不同，學者疑之，異論興焉，此固宜概之以理者。《泰誓》曰：「惟十有一年，武王伐商。」是十有一年者，果誰之年邪？上不繫之文王，是必武王十有一年也。武王果即位十有一年，而後伐商耶？《史記》載夷、齊扣馬之諫，曰：「父死不葬，爰及干戈，可謂孝乎？」武王必不歷十有一年之久，而不葬其父也。《書》出於夫子之所序，萬世之所取信，而夷、齊又武王同時之人，亦不可以不信，二者俱可信，而其説不同，則學者不得不疑，而異論不得不興也。漢儒之説曰：「文王之時，虞、芮二國質成於周，諸侯並附，以爲文王受命之年。」文王自受命九年而卒，故武王曰「惟九年，大統未集」是也。武王終三年之喪，然後廣文王之聲，卒其伐功，故並文王受命之年而數之，稱十有一也。嗚呼！果如是説，則是文王受命稱王於商紂在位之時，孔子何以稱其三分天下有其二，以服事商乎？是求十有一年之説不通，而誣文王於不臣之地也。

近世大儒歐陽子作《泰誓論》，斷然惟《書》之是信，而破漢儒之説，曰：「十有一年者，武王即位之十有一年耳，復何疑哉！」歐陽子之言甚辯而近正，然不信遷史載伯夷之諫，非《春秋》所謂以信傳信者。愚竊謂《書》之所載者是，遷史所記亦不虚。十有一年者，非武王即位十有一年，周家受命之十有一年也。或曰：「子方繆漢儒之誣文王，何爲復取受命之説乎？」曰：「文王非受命於天，受命於商也。文王自羑里之囚還，而紂以弓矢斧鉞賜之，使得專征伐，自是而後，文王始居方伯連帥之職，五侯九伯得以征之，於是有遏密、伐莒、戡黎之事。自受專征之命，至九年而卒。然則文王受命者，是受商命以專征伐，非受天命以自王也。武王嗣位二年，繼文王征伐而觀政於商，《泰誓》之作，在周家專征十有一年之日，武王未有天下之初，不曰『惟武王十有一年』，而曰『惟十有一年武王伐商』，則其旨可見矣。是則《書》與《史記》之年皆可信，而漢儒之論，歐陽子之所疑者，皆可得而決也。」

或曰：「子信聖人之書與時人之言，而孟子不信《武成》，非邪？」曰：「孟子非誠不信《書》也，以不信而救弊也。武王雖以至仁伐不仁，然兩兵之交，寧無血刃者乎？血流漂杵，雖記事者未免文勝質，而不可謂之盡無也。當戰國之時，有爭地爭城之戰，盈城盈野之殺，好兵之主與夫貪功樂禍之臣，蓋有以牧野之戰藉口者矣，故孟子以不信而救之也。」《春秋》之法，信以傳信者也，疑以傳疑者也，不敢以其所傳聞忽其所親見，是亦教天下之信也。況《泰誓》信書，馬遷信史，理

有足信者乎！愚故曰：「聖人之書與時人親見之言，皆可信，而二説不同者，概之以理而已。」

方孝孺《遜志齋集》卷四《武王伐紂》 余讀《春秋》，見其紀時書事少者止一二言，多者不過數十言，斷斷然傳其所信，而不敢肆。竊嘗疑之，以爲當時史官所載必詳矣，孔子曷不盡舉而書之，奚爲簡略若是哉？及觀左氏、穀梁、公羊三子之傳，各述其所聞甚詳，或曲説以傳經，或因經而構事，肆情極論，無復顧忌。初若可喜，徐而推之，率多虚詞而鮮事實，往往不足以得其要領，而愈致人之惑，然後知孔子謹嚴其詞，若不敢書者，憂天下後世之至也。孔子嘗系《易》以辭矣，反覆詰難，至於理彰意竭而後止，何獨於《春秋》而不盡其辭？蓋道可以智窮，而事必以實著。與其循疑而失實以爲後世害，不若著其可信者之爲愈也。故曰「多聞缺疑」，又曰「吾猶及史之缺文也」。此孔子之意也。

司馬遷之爲《史記》，其志以作《春秋》自擬，亦非不知《春秋》者矣。至於紀載往昔之事，奇聞怪説無所不録，而於三代之本紀，多背經而信傳，好立異而誣聖人。其他微者未足論，若武王與紂之事見於《書》最詳，而遷乖亂之尤甚。牧野之兵非武王之志也，聖人之不幸也。《武成》載其時事，但曰：「一戎衣天下大定」，不書紂之死者，爲武王諱，且不忍書也。他書謂紂自焚死，意爲近之。武王之於紂，非有深仇宿怨，特爲民去亂耳。當斯時使紂悔過遷善，武王必不興師而逾孟津。及紂兵已北，使紂不死而降，武王必將封之以百里之邑，俾奉其宗廟，必不忍加兵於其身也，況紂已死乎？吾意武王見紂之死也，不踴而哭之，命商之群臣以禮葬之矣，豈復有餘怒及其既死之身乎？遷乃謂武王至紂死所，三射之，躬斬其首，懸於太白之旗，又斬其二嬖妾，懸於小白之旗。此皆戰國薄夫之妄言，齊東野人之語，非武王之事，遷信而取之，謬也。漢高祖、魏文帝皆中才之主，非有聖智之度。高祖猶能不殺子嬰，文帝猶能奉山陽終其身。曾謂武王聖人，而忍其君至此乎？吾決知其不然矣。苟信遷之言，是使後世强臣凌上者，菹醢其君而援武王以藉口，其禍君臣之大義不亦甚哉！吾故辨之以爲好奇信怪者之戒。

顧炎武《日知録》卷二《武王伐紂》 武王伐商，殺紂而立其子武庚，宗廟不毁，社稷不遷，時殷未嘗亡也。所以異乎曩日者，不朝諸侯，不有天下而已。故《書序》言「三監及淮夷叛，周公相成王，將黜殷，作《大誥》」，又言「成王既黜殷命，殺武庚」。是則殷之亡其天下也，在紂之自燔；而亡其國也，在武庚之見殺。蓋武庚之存殷者猶十有餘年，使武庚不畔，則殷其不黜矣。

武王克商，天下大定，裂土奠國，乃不以其故都封周之臣，而仍以封武庚，降在侯國，而猶得守先人之故土。武王無富天下之心，而不以叛逆之事疑其子孫，所以異乎後世之篡弑其君者，於此可見矣。及武庚既畔，乃命微子啓代殷，而必於宋焉，謂大火之祀，商人是因，弗遷其地也。是以知古聖王之征誅也，取天下而不取其國，誅其君，吊其民，而存先世之宗祀焉斯已矣。武王豈不知商之臣民其不願爲周者，皆故都之人，公族世家之所萃，流風善政之所存，一有不靖，易爲摇動，而必以封其遺胤，蓋不以畔逆疑其子孫，而明告萬世以取天下者無滅國之義也。故宋公朝周，則曰臣也；周人待之，則曰客也。自天下言之，則侯服於周也；自其國人言之，則以商之臣事商之君，無變於其初也。平王以下，去微子之世遠矣，而曰「孝惠娶於商」，曰「天之棄商久矣」，曰「利以伐姜，不利子商」，吾是以知宋之得爲商也。蓋自武庚誅而宋復封，於是商人曉然知武王、周公之心，而君臣上下各止其所，無復有怨懟不平之意，與後世之人主一戰取人之國，而毁其宗廟，遷其重器者異矣。

或曰：遷殷頑民於洛邑，何與？曰：以頑民爲「商俗靡靡」之民者，先儒解誤也。蓋古先王之用兵也，不殺而待人也仁。東征之役，其誅者，事主一人武庚而已，謀主一人管叔而已。下此而囚，下此而降，下此而遷。而所謂頑民者，皆畔逆之徒也，無連坐並誅之法，而又不可以復置之殷都，是不得不遷。而又原其心，不忍棄之四裔，故於洛邑。又不忍斥言其畔，故止曰「殷頑民」。其與乎畔而遷者，大抵皆商之世臣大族，而其不與乎畔而留於殷者，如祝佗所謂「分康叔以殷民七族，陶氏、施氏、繁氏、錡氏、樊氏、饑氏、終葵氏」是也，非盡一國而遷之也。或曰：何以知其爲畔黨也？曰：以召公之言「讎民」知之，不畔何以言「讎」？非敵百姓也，古聖王無與一國爲讎者也。

上古以來，無殺君之事。湯之於桀也，放之而已。使紂不自焚，武王未必不以湯之所以待桀者待紂。紂而自焚也，此武王之不幸也。當時八百諸侯，雖並有除殘之志，然一聞其君之見殺，則天下之人亦且惘疑震駭，而不能無歸過於武王，此伯夷所以斥言其暴也。及其反商之政，封殷之後人，而無利於其土地焉，天下於是知武王之兵非得已也，然後乃安於紂之亡，而不以爲周師之過。故箕子之歌，怨狡童而已，無餘恨焉。非伯夷親而箕子疏，又非武王始暴而終仁也，其時異也。

《多士》之書：「惟三月，周公初於新邑洛，用告商王士」，曰「非我小國，敢弋殷命」。亡國之民而號之「商王士」，新朝之主而自稱「我小國」，以天下爲公，而不没其舊日之名分，殷人以此中心悦而誠服。卜世三十，卜年七百，其始基之矣。

顧炎武《日知録》卷六《武王帥而行之》　文王之孝，可謂至矣。「武王帥而行之，不敢有加焉」。如三朝、食上、色憂、復膳之節，皆不敢有過於文王。此中庸之行，而凡後人之立意欲以過於前人者，皆有所爲而爲之也。故樂正子春之母死，五日而不食，曰：「吾悔之，自吾母而不得吾情，吾惡乎用吾情。」

馬驌《繹史》卷二〇《武王克殷論》　讀《戡黎》、《微子》之篇，知殷之所以亡；讀《泰誓》、《牧誓》之辭，知周之所以興。《序》曰：「殷始咎周，周人乘黎。」黎者，殷圻内國也。昔文王受命，征伐西方之國，自關、河以東，未有事焉，況圻内乎？武王嗣爲西伯，亦猶然服事之心，遲至九年，然後觀兵孟津，猶以爲天命未可，還歸去之。戡黎，其在兹時乎？《傳》稱「紂有黎之蒐」，則黎，紂之黨也。戡黎以警紂，示以剥牀及膚之勢，而紂不悟。祖伊情迫語峻，明告以阽危，而莫之省也，殷尚可以不亡乎？三仁，皆戚臣也，屢諫不聽，誠不忍見家國之傾覆，宗廟之不血食，心煩慮亂，莫知適從，徘回去處之間，有甚於痛哭流涕者。紂方恣睢自賢，罔有悛心，殷之亡尚可以待乎？於時，微子去矣，箕子、比干囚且死矣，天下之人，迫於水火之深熱，望我后之來蘇，武王於此，灼見天命民心之歸己，不可辭也，曰：「予弗順天，厥罪惟鈞。」紂一日不亡，民一日不生。民不生，則天心弗忍，取殘救民之責，武王又安所讓哉？是故文、武之心一也，文事武伐，其道同也，視天與人而已矣。問者曰：克殷者周也，當其事勢已迫，祖伊之告，何獨責紂而不咎周？微子、箕子又何獨歎殷之必亡，而不謀所以禦周？曰：木之顛也本自撥，墻之踣也基自壞。周蓋輔本而扶基者，非覆木扣基者也。紂之無道，億兆離心久矣。文武不興，八百諸侯，孰非伺隙而乘之者？惟文王率天下以事殷，武王遲之又久，不得已而後從事，則殷紂數十年之天下，周實延之，商之臣子，於周何尤哉？紂若不死，武王爲民請命，亦放廢之而已，未必遽推刃於其頸。既而紂已自焚，遂封武庚以奉其先祀，周之於殷可不謂仁之至義之盡與！問者曰：立國象賢，所以永世。微子之去，抱祭器以奔周。蘇子《古史》，固取其説矣。《傳》又稱武王克商，微子面縛銜璧，衰絰輿櫬，武王禮而命之，使復其所。是周之滅殷，微子已歸周矣，舍微立庚，俾後有三監之畔，武於此爲失明乎？曰：微子歸周之説非實也。孔子曰：「微子去之。」初不言其何之。按《史·殷本紀》：「微子數諫不入，與太師、少師謀而去。其後，比干剖，箕子囚，二師乃持其祭器奔周。」二師不言何名，而《周本紀》則以爲疵與强也，是當日蓋有持器以歸周者，而非微子矣。至《宋世家》則又謂武王伐紂，微子特祭器造於軍門。還之自爲牴牾如此，詎可信邪？夫微子之去，其自籌審矣；度紂終不可諫，諫必不我聽，身爲懿親，固不欲爲苟去，姑遜避於荒野，君或感悟，箕子、比干庶可借以施其匡救，即其自靖之言觀之，惓惓忠愛，恐一旦溘先朝露，則無以穀我先王，惟是各盡其所自獻，未暇計及身之禍福，顧忍以重器適他人乎？若夫面縛銜璧，楚臣權辭以導其君，是又未可據也。況入殷之後，釋箕子囚，封比干墓，恩禮偏舉，獨不及微子，以微子遜荒，未之獲也。迨武庚既叛而誅，始封微子於宋，賓王家以備三恪，然後微子於此，義固不可辭爾。方紂之昏狂，箕子、比干其匪諫，一也。比干適逢其怒而見殺，箕子偶不見殺而囚。而後世之説者，以爲箕子不死，欲傳道也。夫道在可死，而曰吾姑以不死傳道，且豫知武王之訪己，留身以待之，此其妄謬不經，無足深辯。又或謂比干諫而剖心，生於亂世，不能以智自免，故三仁之中，比干爲下。噫，聖賢之所爲，以一身爲萬世法，若殷之三仁，不幸而遭亂世，其忠君愛國之心無不同，而生死去就之義或各異，後之人見其迹，不見其心，又從而誣罔以資口實，其亦未取孔子之言而重思之乎！

藝文

《詩序》　《下武》，繼文也。武王有聖德，復受天命，能昭先人之功焉。

《詩經·大雅·下武》　下武維周，世有哲王。三后在天，王配于京。○王配于京，世德作求。永言配命，成王之孚。○成王之孚，下土之式。永言孝思，孝思維則。○媚兹一人，應侯順德。永言孝思，昭哉嗣服。○昭兹來許，繩其祖武。於萬斯年，受天之祜。○受天之祜，四方來賀。於萬斯年，不遐有佐。

《詩序》　《文王有聲》，繼伐也。武王能廣文王之聲，卒其伐功也。

《詩經·大雅·文王有聲》　文王有聲，遹駿有聲，遹求厥寧，遹觀厥成。文王烝哉！○文王受命，有此武功，既伐于崇，作邑于豐。文王烝哉！○築城伊

減，作豐伊匹。匪棘其欲，遹追來孝。王后烝哉！〇王公伊濯，維豐之垣。四方攸同，王后維翰。王后烝哉！〇豐水東注，維禹之績。四方攸同，皇王維辟。皇王烝哉！〇鎬京辟廱，自西自東，自南自北，無思不服。皇王烝哉！〇考卜維王，宅是鎬京。維龜正之，武王成之。武王烝哉！〇豐水有芑，武王豈不仕，詒厥孫謀，以燕翼子。武王烝哉！

《詩序》《執競》，祀武王也。

《詩經・周頌・執競》 執競武王，無競維烈。不顯成康，上帝是皇。自彼成康，奄有四方，斤斤其明。鐘鼓喤喤，磬管將將。降福穰穰，降福簡簡，威儀反反。既醉既飽，福祿來反。

《詩序》《載見》，諸侯始見乎武王廟也。

《詩經・周頌・載見》 載見辟王，曰求厥章。龍旂陽陽，和鈴央央，鞗革有鶬，休有烈光。率見昭考，以孝以享，以介眉壽。永言保之，思皇多祜。烈文辟公，綏以多福，俾緝熙於純嘏。

《詩序》《武》，奏《大武》也。

《詩經・周頌・武》 於皇武王，無競維烈。允文文王，克開厥後。嗣武受之，勝殷遏劉，耆定爾功。

《詩序》《酌》，告成《大武》也。言能酌先祖之道，以養天下也。

《詩經・周頌・酌》 於鑠王師，遵養時晦。時純熙矣，是用大介。我龍受之。蹻蹻王之造，載用有嗣，實維爾公允師。

《詩序》《桓》，講武類禡也。桓，武志也。

《詩經・周頌・桓》 綏萬邦，婁豐年。天命匪解。桓桓武王，保有厥士，于以四方，克定厥家。於昭于天，皇以閒之。

《詩序》《賚》，大封於廟也。賚，予也，言所以錫予善人也。

《詩經・周頌・賚》 文王既勤止，我應受之。敷時繹思，我徂維求定。時周之命，於繹思。

《詩序》《般》，巡守而祀四嶽河海也。

《詩經・周頌・般》 於皇時周，陟其高山，嶞山喬嶽，允猶翕河。敷天之下，裒時之對，時周之命。

《楚辭・屈原〈天問〉》 會鼂爭盟，何踐吾期？蒼鳥羣飛，孰使萃之？列擊紂躬，叔旦不嘉。何親揆發，定周之命以咨嗟？授殷天下，其位安施？反成乃亡，其罪伊何？爭遣伐器，何以行之？並驅擊翼，何以將之？【略】武發殺殷，何所悒？載尸集戰，何所急？

《曹植集》卷一《周武王贊》 桓桓武王，繼世滅殷。咸任尚父，且作商臣。功冒四海，救世濟民。天下宗周，萬國是賓。

王嘉《拾遺記》卷二《周》 周武王東伐紂，夜濟河。時雲明如晝，八百之族，皆齊而歌。有大蜂狀如丹鳥，飛集王舟，因以鳥畫其旗。翌日而梟紂，名其船曰蜂舟。魯哀公二年，鄭人擊趙簡子，得其蜂旗，則其類也。事出《太公六韜》。武王使畫其像於幡旗，以爲吉兆。今人幡信皆爲鳥畫，則遺象也。

《王十朋全集・詩集》卷一〇《詠史詩・武王》 民疾商辛若寇讎，三分天下二歸周。文王終世全臣節，不念前時羑里囚。

周公部

綜述

《史記》卷三三《魯周公世家》 周公旦者，周武王弟也。自文王在時，旦爲子孝，篤仁，異於羣子。及武王即位，旦常輔翼武王，用事居多。武王九年，東伐至盟津，周公輔行。十一年，伐紂，至牧野，周公佐武王，作《牧誓》。破殷，入商宮。已殺紂，周公把大鉞，召公把小鉞，以夾武王，釁社，告紂之罪於天，及殷民。釋箕子之囚。封紂子武庚禄父，使管叔、蔡叔傅之，以續殷祀。徧封功臣同姓戚者。封周公旦於少昊之虚曲阜，是爲魯公。周公不就封，留佐武王。

武王克殷二年，天下未集，武王有疾，不豫，羣臣懼，太公、召公乃繆卜。周公曰：「未可以戚我先王。」周公於是乃自以爲質，設三壇，周公北面立，戴璧秉圭，告於太王、王季、文王。史策祝曰：「惟爾元孫王發，勤勞阻疾。若爾三王是有負子之責於天，以旦代王發之身。旦巧能，多材多藝，能事鬼神。乃王發不如旦多材多藝，不能事鬼神。乃命於帝庭，敷佑四方，用能定汝子孫於下地，四方之民罔不敬畏。無墜天之降葆命，我先王亦永有所依歸。今我其即命於元龜，爾之許我，我以其璧與圭歸，以俟爾命。爾不許我，我乃屏璧與圭。」周公已令史策告太王、王季、文王，欲代武王發，於是乃即三王而卜。卜人皆曰吉，發書視之，信吉。周公喜，開籥，乃見書遇吉。周公入賀武王曰：「王其無害。旦新受命三王，維長終是圖。茲道能念予一人。」周公藏其策金縢匱中，誡守者勿敢言。明日，武王有瘳。

其後武王既崩，成王少，在强葆之中。周公恐天下聞武王崩而畔，周公乃踐阼代成王攝行政當國。管叔及其羣弟流言於國曰：「周公將不利於成王。」周公乃告太公望、召公奭曰：「我之所以弗辟而攝行政者，恐天下畔周，無以告我先王太王、王季、文王。三王之憂勞天下久矣，於今而後成。武王蚤終，成王少，將以成周，我所以爲之若此。」於是卒相成王，而使其子伯禽代就封於魯。周公戒伯禽曰：「我文王之子，武王之弟，成王之叔父，我於天下亦不賤矣。然我一沐三捉髪，一飯三吐哺，起以待士，猶恐失天下之賢人。子之魯，慎無以國驕人。」

管、蔡、武庚等果率淮夷而反。周公乃奉成王命，興師東伐，作《大誥》。遂誅管叔，殺武庚，放蔡叔。收殷餘民，以封康叔於衛，封微子於宋，以奉殷祀。寧淮夷東土，二年而畢定。諸侯咸服宗周。

天降祉福，唐叔得禾，異母同穎，獻之成王，成王命唐叔以餽周公於東土，作《餽禾》。周公既受命禾，嘉天子命，作《嘉禾》。東土以集，周公歸報成王，乃爲詩貽王，命之曰《鴟鴞》。王亦未敢訓周公。

成王七年二月乙未，王朝步自周，至豐，使太保召公先之雒相土。其三月，周公往營成周雒邑，卜居焉，曰吉，遂國之。

成王長，能聽政。於是周公乃還政於成王，成王臨朝。周公之代成王治，南面倍依以朝諸侯。及七年後，還政成王，北面就臣位，匑匑如畏然。

初，成王少時，病，周公乃自揃其蚤沈之河，以祝於神曰：「王少未有識，奸神命者乃旦也。」亦藏其策於府。成王病有瘳。及成王用事，人或譖周公，周公奔楚。成王發府，見周公禱書，乃泣，反周公。

周公歸，恐成王壯，治有所淫佚，乃作《多士》，作《毋逸》。《毋逸》稱：「爲人父母，爲業至長久，子孫驕奢忘之，以亡其家，爲人子可不慎乎！故昔在殷王中宗，嚴恭敬畏天命，自度治民，震懼不敢荒寧，故中宗饗國七十五年。其在高宗，久勞於外，爲與小人，作其即位，乃有亮闇，三年不言，言乃讙，不敢荒寧，密靖殷國，至於小大無怨，故高宗饗國五十五年。其在祖甲，不義惟王，久爲小人於外，知小人之依，能保施小民，不侮鰥寡，故祖甲饗國三十三年。」《多士》稱曰：「自湯至於帝乙，無不率祀明德，帝無不配天者。在今後嗣王紂，誕淫厥佚，不顧天及民之從也。其民皆可誅。」(周多士)「文王日中昃不暇食，饗國五十年。」作此以誡成王。

成王在豐，天下已安，周之官政未次序，於是周公作《周官》，官別其宜。作《立政》，以便百姓。百姓説。

周公在豐，病，將没，曰：「必葬我成周，以明吾不敢離成王。」周公既卒，成王亦讓，葬周公於畢，從文王，以明予小子不敢臣周公也。

周公卒後，秋未穫，暴風雷(雨)，禾盡偃，大木盡拔。周國大恐。成王與大夫朝服以開金縢書，王乃得周公所自以爲功代武王之説。二公及王乃問史百執事，史百執事曰：「信有，昔周公命我勿敢言。」成王執書以泣，曰：「自今後其無

繆卜乎！昔周公勤勞王家，惟予幼人弗及知。今天動威以彰周公之德，惟朕小子其迎，我國家禮亦宜之。」王出郊，天乃雨，反風，禾盡起。二公命國人，凡大木所偃，盡起而築之。歲則大孰。於是成王乃命魯得郊祭文王。魯有天子禮樂者，以襃周公之德也。

《史記》卷四《周本紀》 成王少，周初定天下，周公恐諸侯畔周，公乃攝行政當國。管叔、蔡叔羣弟疑周公，與武庚作亂，畔周。周公奉成王命，伐誅武庚、管叔，放蔡叔。以微子開代殷後，國於宋。頗收殷餘民，以封武王少弟，封爲衛康叔。晉唐叔得嘉穀，獻之成王，成王以歸周公於兵所。周公受禾東土，魯天子之命。初，管、蔡畔周，周公討之，三年而畢定，故初作《大誥》，次作《微子之命》，次《歸禾》，次《嘉禾》，次《康誥》、《酒誥》、《梓材》，其事在《周(公)〔書〕》之篇。周公行政七年，成王長，周公反政成王，北面就羣臣之位。

成王在豐，使召公復營洛邑，如武王之意。周公復卜申視，卒營築，居九鼎焉。曰：「此天下之中，四方入貢道里均。」作《召誥》、《洛誥》。成王既遷殷遺民，周公以王命告，作《多士》、《無佚》。召公爲保，周公爲師，東伐淮夷，殘奄，遷其君薄姑。成王自奄歸，在宗周，作《多方》。既絀殷命，襲淮夷，歸在豐，作《周官》。興正禮樂，度制於是改，而民和睦，頌聲興。成王既伐東夷，息慎來賀，王賜榮伯，作《賄息慎之命》。

成王將崩，懼太子釗之不任，乃命召公、畢公率諸侯以相太子而立之。成王既崩，二公率諸侯，以太子釗見於先王廟，申告以文王、武王之所以爲王業之不易，務在節儉，毋多欲，以篤信臨之，作《顧命》。太子釗遂立，是爲康王。康王即位，偏告諸侯，宣告以文武之業以申之，作《康誥》。故成康之際，天下安寧，刑錯四十餘年不用。康王命作策，畢公分居里，成周郊，作《畢命》。

皇甫謐《帝王世紀》卷五 成王元年，周公居冢宰，攝政。王年少，未能治事，故號曰孺子。八年春正月朔，王始躬親政事，以周公爲太師，封伯禽於魯，父子并命。周公拜於前，魯公拜於後。王以周公有勛勞於天下，故加魯以四等之上，兼二十四附庸，地方七百里，革車千乘。王既營都洛邑，復居豐鎬。淮夷、徐戎及商奄又叛，王乃大蒐於岐陽，東伐淮夷。七年，王崩，年十六矣。太子釗即位。

邵公爲文王庶子。

自殷都以東爲衛，管叔監之；殷都以西爲鄘，蔡叔監之；殷都以北爲邶，霍叔監之。是爲三監。

雜録

備録

《尚書·金縢》 既克商二年，王有疾，弗豫。二公曰：「我其爲王穆卜？」

周公曰：「未可以戚我先王。」

公乃自以爲功：爲三壇，同墠；爲壇于南方，北面，周公立焉。植璧秉珪，乃告太王、王季、文王。史乃册，祝曰：

「惟爾元孫某，遘厲虐疾，若爾三王是有丕子之責于天，以旦代某之身。予仁若考能，多材多藝，能事鬼神。乃元孫不若旦多材多藝，不能事鬼神。

「乃命于帝庭，敷佑四方，用能定爾子孫于下地，四方之民罔不祗畏。嗚呼！無墜天之降寶命，我先王亦永有依歸！

「今我即命于元龜。爾之許我，我其以璧與珪，歸俟爾命。爾不許我，我乃屏璧與珪。」

乃卜三龜，一習吉。啓籥見書，乃并是吉。公曰：「體，王其罔害！予小子新命于三王，惟永終是圖。兹攸俟，能念予一人。」

公歸，乃納册于金縢之匱中，王翌日乃瘳。

武王既喪，管叔及其群弟乃流言于國，曰：「公將不利于孺子！」

周公乃告二公曰：「我之弗辟，我無以告我先王。」周公居東二年，則罪人斯得。于後，公乃爲詩以貽王，名之曰《鴟鴞》。王亦未敢誚公。

秋，大熟，未獲，天大雷電以風，禾盡偃，大木斯拔，邦人大恐，王與大夫盡弁，以啓金縢之書，乃得周公所自以爲功代武王之説。

二公及王乃問諸史與百執事。對曰：「信。噫，公命我，勿敢言。」王執書以泣曰：「其勿穆卜！昔公勤勞王家，惟予冲人弗及知。今天動威以彰周公之德，惟朕小子其新逆，我國家禮亦宜之。」

王出郊，天乃雨，反風，禾則盡起。二公命邦人，凡大木所偃，盡起而築之，

歲則大熟。

《尚書・大誥》 王若曰：猷，大誥爾多邦越爾御事：弗吊，天降割于我家，不少延。洪惟我幼冲人，嗣無疆大歷服，弗造哲，迪民康，矧曰其有能格知天命！

已！予惟小子，若涉淵水，予惟往求朕攸濟。敷賁敷前人受命，兹不忘大功；予不敢于閉天降威，用文王遺我大寶龜，紹天明，即命曰：「有大艱于西土，西土人亦不静，越兹蠢。殷小腆，誕敢紀其叙；天降威，知我國有疵，民不康，曰：『予復！』反鄙我周邦。今蠢今翼，日民獻有十夫予翼，以于敉文、武圖功。我有大事！休？」朕卜並吉。

肆予告我有邦君越尹氏、庶士、御事曰：「予得吉卜，予惟以爾庶邦于伐殷逋播臣。」

爾庶邦君越庶士、御事罔不反曰：「艱大，民亦不静，亦惟在王宫，邦君室，越予小子考，翼不可征。王害不違卜？」

肆予冲人永思艱，曰：烏虖！允蠢鰥寡，哀哉！予造天役遺，大投艱于朕身。越予冲人不卬自恤，義爾邦君，越爾多士、尹氏、御事綏予曰：「無毖于恤！不可不成乃文考圖功！」

已！予惟小子，不敢僭上帝命。天休于文王，與我小邦周。文王惟卜用，克綏受兹命。今天其相民，矧亦惟卜用。烏虖！天明畏，弼我丕丕基。

王曰：爾惟舊人，爾丕克遠省，爾知文王若勤哉！天閟毖我成功所，予不敢不極卒文王圖事。肆予大化誘我有邦君：天棐忱辭，其考我民，予害其不于前文人圖功攸終！天亦惟用勤毖我民，若有疾，予害敢不于前文人攸受休畢！

王曰：若昔朕其逝，朕言艱日思。若考作室，既底法，厥子乃弗肯堂，矧肯構？厥父菑，厥子乃弗肯播，矧肯穫？厥考翼其肯曰：「予有後，弗棄基？」肆予害敢不越卬敉文王大命！

若兄考，乃有伐厥子，民養其勸弗救？

王曰：嗚呼！肆哉，告爾庶邦君越爾御事：爽邦由哲，亦惟十人迪知上帝命越天棐忱，爾時罔敢易法；矧今天降戾于周邦，惟大艱人誕鄰胥伐于厥室，爾亦不知天命不易。

予永念曰：天惟喪殷，若穡夫，予曷敢不終朕畝！天亦惟休于前文人，予曷其極卜？敢弗于從率文人有指疆土？矧今卜並吉，肆朕誕以爾東征！天命不僭，卜陳惟若兹！

《尚書・康誥》 惟三月哉生魄，周公初基作新大邑于東國洛，四方民大和會，侯、甸、男、邦、采、衛，百工，播民和見，士于周。周公咸勤，乃洪大誥治。

王若曰：「孟侯，朕其弟，小子封。惟乃丕顯考文王，克明德慎罰，不敢侮鰥寡，庸庸祗祗，威威顯民，用肇造我區夏，越我一二邦，以修我西土。惟時怙冒，聞于上帝，帝休。天乃大命文王殪戎殷，誕受厥命越厥邦厥民，惟時叙，乃寡兄勖。肆汝小子封在兹東土。」

王曰：「嗚呼！封，汝念哉！今民將在祗遹乃文考，紹聞衣德言。往敷求于殷先哲王，用保乂民；汝丕遠惟商耇成人，宅心知訓；别求聞由古先哲王，用康保民。宏于天，若德裕乃身，不廢在王命。」

王曰：「嗚呼！小子封，恫瘝乃身，敬哉！天畏棐忱，民情大可見，小人難保。往盡乃心，無康好逸，乃其乂民。我聞曰：『怨不在大，亦不在小。惠不惠，懋不懋。』已！汝惟小子，乃服惟弘王應保殷民，亦惟助王宅天命，作新民。」

王曰：「嗚呼！封，敬明乃罰。人有小罪，非眚，乃惟終自作不典。式爾，有厥罪小，乃不可不殺。乃有大罪，非終，乃惟眚灾，適爾，既道極厥辜，時乃不可殺。」

王曰：「嗚呼！封，有叙時，乃大明服，惟民其勑懋和。若有疾，惟民其畢棄咎。若保赤子，惟民其康乂。非汝封刑人殺人，無或刑人殺人；非汝封又曰劓刵人，無或劓刵人。」

王曰：「外事，汝陳時臬司師，兹殷罰有倫。」又曰：「要囚，服念五六日，至于旬時，丕蔽要囚。」

王曰：「汝陳時臬事罰，蔽殷彝，用其義刑義殺，勿庸以次汝封。乃汝盡遜，曰時叙，惟曰未有遜事。已！汝惟小子，未其有若汝封之心。朕心朕德，惟乃知。凡民自得罪，寇攘姦宄，殺越人于貨，暋不畏死，罔弗憝。」

王曰：「封！元惡大憝，矧惟不孝不友。子弗祗服厥父事，大傷厥考心；于父不能字厥子，乃疾厥子。于弟弗念天顯，乃弗克恭厥兄；兄亦不念鞠子哀，大不友于弟。惟吊兹，不于我政人得罪，天惟與我民彝大泯亂。曰：乃其速由文王作罰，刑兹無赦。」

「不率大戛，矧惟外庶子、訓人惟厥正人越小臣諸節，乃别播敷造民，大譽弗念弗庸，瘝厥君，時乃引惡，惟朕憝。已！汝乃其速由兹義率殺。亦惟君惟長不

能厥家人越厥小臣外正，惟威惟虐，大放王命，乃非德用乂。汝亦罔不克敬典，乃由裕民，惟文王之敬忌，乃裕民曰『我惟有及』，則予一人以懌。」

王曰：「封！爽惟民迪吉康，我時其惟殷先哲王德，用康乂民作求。矧今民罔迪，不適，不迪，則罔政在厥邦。」

王曰：「封！予惟不可不監，告汝德之説于罰之行。今惟民不静，未戾厥心，迪屢未同；爽惟天其罰殛我，我其不怨。惟厥罪無在大，亦無在多，矧曰其尚顯聞于天？」

王曰：「嗚呼！封，敬哉！無作怨，勿用非謀非彝蔽時忱。丕則敏德，用康乃心，顧乃德，遠乃猷，裕乃以，民寧，不汝瑕殄。」

王曰：「嗚呼！肆汝小子封。惟命不于常，汝念哉！無我殄享。明乃服命，高乃聽，用康乂民。」

王若曰：「往哉！封！勿替敬，典聽朕誥，汝乃以殷民世享。」

《尚書·多士》 惟三月，周公初于新邑洛，用告商王士。

王若曰：「爾殷遺多士！弗弔旻天，大降喪于殷；我有周佑命，將天明威，致王罰，勑殷命終于帝。肆爾多士，非我小國敢弋(翼)殷命，惟天不畀，允罔固亂，弼我；我其敢求位！惟帝不畀，惟我下民秉爲，惟天明畏。

「我聞曰：上帝引逸。有夏不適逸，則惟帝降格，嚮于時夏。弗克庸帝，大淫泆有辭。惟時天罔念聞，厥惟廢元命，降致罰。乃命爾先祖成湯革夏，俊民甸四方。自成湯至于帝乙，罔不明德恤祀，亦惟天丕建，保乂有殷；殷王亦罔敢失帝，罔不配天其澤。在今後嗣王誕罔顯于天，矧曰其有聽念于先王勤家？誕淫厥泆，罔顧于天顯民祗。惟時上帝不保，降若茲大喪。惟天不畀，不明厥德。凡四方小大邦喪，罔非有辭于罰。」

王若曰：「爾殷多士！今惟我周王丕靈承帝事，有命曰『割殷』，告勑于帝。惟我事不貳適，惟爾王家我適。予其曰：惟爾洪無度，我不爾動，自乃邑。予亦念天即于殷大戾，肆不正。」

王曰：「猷！告爾多士！予惟時其遷居西爾，非我一人奉德不康寧，時惟天命，無違！朕不敢有後，無我怨！

「惟爾知：惟殷先人有册有典，殷革夏命。今爾又曰：『夏迪簡在王庭，有服在百僚。』予一人惟聽用德，肆予敢求爾于天邑商，予惟率肆矜爾。非予罪，時惟天命！」

王曰：「多士！昔朕來自奄，予大降爾四國民命。我乃明致天罰，移爾遐逖，比事臣我宗，多遜。」

王曰：「告爾殷多士！今予惟不爾殺，予惟時命有申。今朕作大邑于茲洛，予惟四方罔攸賓；亦惟爾多士攸服，奔走臣我多遜。

「爾乃尚有爾土，爾乃尚有寧幹止。爾克敬，天惟畀矜爾。爾不克敬，爾不啻不有爾土，予亦致天之罰于爾躬！今爾惟時宅爾邑，繼爾居，爾厥有幹有年于茲洛。爾小子乃興，從爾遷。」

王曰：「又曰時予，乃或言爾攸居。」

《尚書·酒誥》 王若曰：「明大命于妹邦。乃穆考文王肇國在西土，厥誥毖庶邦庶士越少正御事，朝夕曰：『祀茲酒。』惟天降命，肇我民，惟元祀。天降威，我民用大亂喪德，亦罔非酒惟行；越小大邦用喪，亦罔非酒惟辜。

「文王誥教小子：『有正、有事，無彝酒；越庶國，飲惟祀，德將無醉；惟曰我民迪。』小子！惟土物愛，厥心臧，聰聽祖考之彝訓。越小大德。小子！惟一妹土，嗣爾股肱，純其藝黍稷，奔走事厥考厥長；肇牽車牛，遠服賈用，孝養厥父母。厥父母慶，自洗腆，致用酒。

「庶士、有正越庶伯，君子，其爾典聽朕教。爾大克羞耇惟君，爾乃飲食醉飽。丕惟曰：爾克永觀省，作稽中德。爾尚克羞饋祀，爾乃自介用逸。茲乃允惟王正事之臣，茲亦惟天若元德，永不忘在王家！」

王曰：「封！我西土棐徂，邦君、御事、小子，尚克用文王教，不腆于酒，故我至于今，克受殷之命。」

王曰：「封！我聞惟曰：在昔殷先哲王，迪畏天顯小民，經德秉哲。自成湯咸至于帝乙，成王畏相惟御事，厥棐有恭，不敢自暇自逸，矧曰其敢崇飲。越在外服：侯、甸、男、衛邦伯；越在內服：百僚、庶尹、惟亞、惟服、宗工，越百姓、里(居)〔君〕：罔敢湎于酒。不惟不敢，亦不暇。惟助成王德顯越，尹人祗辟。

「我聞亦惟曰：在今後嗣王酣身厥命，罔顯于民〔祗〕，保越怨不易。誕惟厥縱，淫泆于非彝，用燕喪威儀，民罔不衋傷心。惟荒腆于酒，不惟自息乃逸。厥心疾很，不克畏死。〔辜〕在商邑，越殷國滅無罹。弗惟德馨香祀，登聞于天，誕惟民怨，庶群自酒，腥聞在上，故天降喪于殷，罔愛于殷，惟逸。天非虐，惟民自速辜！」

王曰：「封！予不惟若茲多誥。古人有言曰：『人無于水監，當于民監。』今

惟殷墜厥命，我其可不大監撫于時！

「予惟曰：汝劼毖殷獻臣、侯、甸、男、衛，矧太史友、内史友、越獻臣百宗工，矧惟爾事，服休、服采；矧惟若疇：圻父薄違，農父若保，宏父定辟；矧汝剛制于酒。

「厥或誥曰『群飲』，汝勿佚，盡執拘以歸于周，予其殺。又惟殷之迪諸臣惟工，乃湎于酒，勿庸殺之，姑惟教之。有斯明享，乃不用我教辭，惟我一人弗恤、弗蠲，乃事時同于殺。」

王曰：「封！汝典聽朕毖，勿辯乃司民湎于酒！」

《尚書・梓材》 王曰：「封，以厥庶民暨厥臣達大家，以厥臣達王，惟邦君。

「汝若恒越曰：『我有師師、司徒、司馬、司空、尹、旅！』曰：『予罔厲殺人！亦厥君先敬勞，肆徂厥敬勞。肆往，姦宄、殺人、歷人宥，肆亦見厥君事戕敗人宥。』

「王啓監，厥亂爲民，曰：『無胥戕！無胥虐！至于敬寡，至于屬婦，合由以容。』王其效邦君越御事，厥命曷以？引養、引恬。自古王若茲，監罔攸辟。

「惟曰：若稽田，既勤敷菑，惟其陳修，爲厥疆畎。若作室家，既勤垣墉，惟其塗塈茨。若作梓材，既勤樸斲，惟其塗丹雘。

「今王惟曰：先王既勤用明德，懷爲夾，庶邦享作，兄弟方來。亦既用明德，後式典集，庶邦丕享。

「皇天既付中國民越厥疆土于先王，肆王惟德用，和懌先後迷民，用懌先王受命。

「已，若茲監！惟曰：欲至于萬年，惟王子子孫孫永保民。」

《尚書・召誥》 惟二月既望，越六日乙未，王朝步自周，則至于豐。

惟太保先周公相宅。越若來三月，惟丙午朏，越三日戊申，太保朝至于洛，卜宅；厥既得卜，則經營。越三日庚戌，太保乃以庶殷攻位于洛汭。越五日甲寅，位成。

若翼日乙卯，周公朝至于洛，則達觀于新邑營。越三日丁巳，用牲于郊，牛二。越翼日戊午，乃社于新邑，牛一，羊一，豕一。越七日甲子，周公乃朝用書，命庶殷侯、甸、男邦伯。厥既命殷庶，庶殷丕作。

太保乃以庶邦冢君出取幣，乃復入錫周公。（周公）曰：

「拜手稽首，旅王若公，誥告庶殷越自乃御事：嗚呼，皇天上帝改厥元子，茲大國殷之命，惟王受命，無疆惟休，亦無疆惟恤。嗚呼，曷其奈何弗敬！

「天既遐終大邦殷之命，茲殷多先哲王在天。越厥後王後民，茲服厥命厥終，智藏瘝在！夫知保抱攜持厥婦子以哀籲天：『徂，厥亡出執！』嗚呼，天亦哀于四方民，其眷命用懋！王其疾敬德！

「相古先民有夏，天迪從子保，面稽天若，今時既墜厥命。今相有殷，天迪格保，面稽天若，今時既墜厥命。今冲子嗣，則無遺壽耇，曰：『其稽我古人之德，矧曰其有能稽謀自天。』

「嗚呼，有王雖小，元子哉！其丕能諴于小民！今休，王不敢後。用顧畏于民碞。

「王來紹上帝，自服于土中。旦曰：『其作大邑，其自時配皇天。毖祀于上下，其自時中乂。』王厥有成命治民，今休。

「王先服殷御事，比介于我有周御事，節性惟日其邁。王敬作所，不可不敬德！

「我不可不監于有夏，亦不可不監于有殷。我不敢知曰：有夏服天命，惟有歷年。我不敢知曰：不其延，惟不敬厥德，乃早墜厥命。我不敢知曰：有殷受天命，惟有歷年。我不敢知曰：不其延，惟不敬厥德，乃早墜厥命。今王嗣受厥命，我亦惟茲二國命，嗣若功。

「王乃初服。嗚呼，若生子，罔不在厥初生，自貽哲命！今天其命哲，命吉凶，命歷年。知今我初服，宅新邑，肆惟王其疾敬德！王其德之用，祈天永命！

「其惟王勿以小民淫用非彝，亦敢殄戮，用乂民，若有功。其惟王位在德元，小民乃惟刑用于天下，越王顯。上下勤恤，其曰：『我受天命，丕若有夏歷年，式勿替有殷歷年！欲王以小民受天永命。』」

拜手稽首曰：「予小臣敢以王之讎民、百君子越友民，保受王威命明德！王末有成命，王亦顯。我非敢勤，惟恭奉幣，用供王能祈天永命！」

《尚書・無逸》 周公曰：「嗚呼！君子所，其無逸！先知稼穡之艱難乃逸，則知小人之依。相小人，厥父母勤勞稼穡，厥子乃不知稼穡之艱難，乃逸，乃諺。既誕，否則侮厥父母曰：『昔之人無聞知！』」

周公曰：「嗚呼！我聞曰：昔在殷王（太宗，不義惟王，舊爲小人；作其即位。爰知小人之依，能保惠于庶民，不敢侮鰥寡：肆太宗之享國三十有三年。其在）中宗，嚴恭寅畏，天命自度，治民祗懼，不敢荒寧：肆中宗之享國七十有五

年。其在高宗，時舊勞于外，爰暨小人；作其即位，乃或亮陰，三年不言，其惟不言，言乃雍。不敢荒寧，嘉靖殷邦，至于小大，無時或怨。肆高宗之享國五十有九年。其在祖甲，不義惟王，舊爲小人；作其即位。爰知小人之依，能保惠于庶民，不敢侮鰥寡。肆祖甲之享國三十有三年。自時厥後立王，生則逸。生則逸，不知稼穡之艱難，不聞小人之勞，惟耽樂之從。自時厥後，亦罔或克壽，或十年，或七、八年，或五、六年，或四、三年。」

周公曰：「嗚呼！厥亦惟我周太王、王季克自抑畏。文王卑服，即康功田功；徽柔懿恭，懷保小民，惠鮮于鰥寡。自朝至于日中昃，不遑暇食，用咸和萬民。文王不敢盤于遊田，以庶邦惟正之供。文王受命惟中身，厥享國五十年。」

周公曰：「嗚呼！繼自今嗣王，則其無淫于觀，于逸，于游，于田，以萬民惟正之供。無皇曰：『今日耽樂。』乃非民攸訓，非天攸若，時人丕則有愆。無若殷王受之迷亂，酗于酒德哉！」

周公曰：「嗚呼！我聞曰：古之人猶胥訓告，胥保惠，胥教誨，民無或胥譸張爲幻。此厥不聽，人乃訓之，乃變亂先王之正刑，至于小大，民否則厥心違怨，否則厥口詛祝。」

周公曰：「嗚呼！自殷王(太宗及)中宗及高宗及祖甲及我周文王，兹四人迪哲。厥或告之曰：『小人怨汝詈汝。』則皇自敬德。厥愆，曰：『朕之愆！』允若時，不啻不敢含怒。此厥不聽，人乃或譸張爲幻，曰：『小人怨汝詈汝。』則信之，則若時，不永念厥辟，不寬綽厥心，亂罰無罪，殺無辜。怨有同，是叢于厥身！」

周公曰：「嗚呼！嗣王其監于兹！」

《尚書·君奭》 周公若曰：「君奭，弗吊，天降喪于殷。殷既墜厥命，我有周既受，我不敢知曰：厥基永孚于休。若天棐忱，我亦不敢知曰：其終出于不祥。

「嗚呼！君已曰：時我，我亦不敢寧于上帝命。弗永遠念天威越我民，罔尤違惟人在(哉)！我後嗣子孫大弗克恭上下，遏佚前人光在家，不知天命不易，天難諶，乃其墜命，弗克經歷，嗣前人恭明德。

「在今予小子旦，非克有正，迪惟前人光，施于我沖子。」

又曰：「天不可信，我道惟寧王德延，天不庸釋于文王受命。」

公曰：「君奭，我聞在昔成湯既受命，時則有若伊尹，格于皇天。在太甲，時則有若保衡。在太戊，時則有若伊陟、臣扈，格于上帝；巫咸乂王家。在祖乙，時則有若巫賢。在武丁，時則有若甘盤。率惟兹有陳，保乂有殷，故殷禮陟配天，多歷年所。天惟純佑命，則商實百姓、王人，罔不秉德明恤。小臣、屏侯、甸，矧咸奔走。惟兹惟德稱，用乂厥辟。故一人有事于四方，若卜筮，罔不是孚。」

公曰：「君奭，天壽平格，保乂有殷，有殷嗣，天滅威。今汝永念，則有固命，厥亂明我新造邦。」

公曰：「君奭，在昔上帝割申勸寧王之德，其集大命于厥躬？惟文王尚克修和我有夏，亦惟有若虢叔，有若閎夭，有若散宜生，有若泰顛，有若南宮括。」

又曰：無能往來兹迪彝教，文王蔑德降于國人。亦惟純佑秉德，迪知天威，乃惟時昭文王迪見，冒聞于上帝，惟時受有殷命哉！

「武王惟兹四人，尚迪有禄。後暨武王誕將天威，咸劉厥敵，惟兹四人，昭武王惟冒，丕單稱德。

「今在予小子旦，若游大川，予往暨汝奭其濟，小子同未在位，誕無我責，收罔勖不及，耇造德不降，我則鳴鳥不聞，矧曰其有能格。」

公曰：「嗚呼！君，肆其監于兹，我受命無疆惟休，亦大惟艱，告君乃猷裕我，不以後人迷。」

公曰：「前人敷乃心，乃悉命汝，作汝民極。曰：汝明勖偶王在(哉)！亶乘兹大命。惟文王德，丕承無疆之恤。」

公曰：「君！告汝，朕允保奭，其汝克敬，以予監于殷喪大否。肆念我天威。予不允惟若兹誥。予惟曰：『襄我二人，汝有合哉！』言曰：『在時二人，天休滋至。』惟時二人弗戡。其汝克敬德，明我俊民在(哉)！讓後人于丕時。嗚呼！篤棐時二人，我式克至于今日休。我咸成文王功于不怠，丕冒海隅出日，罔不率俾。」

公曰：「君！予不惠若兹多誥，予惟用閔于天越民。」

公曰：「嗚呼！君！惟乃知民德，亦罔不能厥初，惟其終。

「祗若兹，往敬用治。」

《尚書·立政》 周公若曰：「拜手稽首，告嗣天子王矣！用咸戒于王曰王左右常伯、常任、準人、綴衣、虎賁。」

周公曰：「嗚呼！休兹知恤，鮮哉！

「古之人迪惟有夏，乃有室大競，籲俊尊上帝，迪知忱恂于九德之行。乃敢

告教厥后曰：拜手稽首后矣。曰：宅乃事，宅乃牧，宅乃準，茲惟后矣。謀面用丕訓德，則乃宅人，茲乃三宅無義民。

「桀德惟乃弗作往任，是惟暴德罔後。

「亦越成湯，陟丕釐上帝之耿命。乃用三有宅，克即宅。曰三有俊，克即俊。嚴惟丕式，克用三宅三俊。其在商邑，用協于厥邑；其在四方，用丕式見德。

「嗚呼！其在受德暋，惟羞刑暴德之人，同于厥邦。乃惟庶習逸德之人，同于厥政。

「帝欽罰之，乃伻我有夏，式商受命，奄甸萬姓。

「亦越文王、武王，克知三有宅心，灼見三有俊心，以敬事上帝，立民長伯。立政：任人、準夫、牧，作三事；虎賁、綴衣、趣馬、小尹、左右攜僕、百司、庶府；大都、小伯、藝人、表臣百司、太史、尹伯、庶常吉士；司徒、司馬、司空、亞、旅；夷、微、盧烝，三亳、阪尹。

「文王惟克厥宅心，乃克立茲常事，司牧人，以克俊有德。文王罔攸兼于庶言，庶獄、庶慎，惟有司之牧夫，是訓用違。庶獄庶慎，文王罔敢知于茲。

「亦越武王，率惟敉功，不敢替厥義德，率惟謀從容德，以並受此丕丕基。

「嗚呼！孺子王矣。繼自今我其立政：立事、準人、牧夫。我其克灼知厥若，丕乃俾亂，相我受民，和我庶獄庶慎，時則勿有間之，自一話一言，我則末惟成德之彥，以乂我受民。

「嗚呼！予旦已受人之徽言，咸告孺子王矣。繼自今文子文孫，其勿誤于庶獄庶慎，惟正是乂之。

「自古商人，亦越我周文王立政：立事、牧夫、準人，則克宅之，克由繹之，茲乃俾乂。國則罔有立政用憸人，不訓于德，是罔顯在厥世。繼自今立政，其勿以憸人，其惟吉士，用勱相我國家。

「今文子文孫孺子王矣，其勿誤于庶獄，惟有司之牧夫。

「其克詰爾戎兵，以陟禹之迹。方行天下，至于海表，罔有不服，以覲文王之耿光，以揚武王之大烈。

「嗚呼！繼自今後王立政，其惟克用常人。」

周公若曰：「太史，司寇蘇公，式敬爾由獄，以長我王國，茲式有慎，以列用中罰。」

《逸周書·作雒解》　周公立，相天子，三叔及殷東徐奄及熊盈以略。周公、召公內弭父兄，外撫諸侯。九年夏六月，葬武王于畢。二年，又作師旅，臨衛政殷，殷大震潰。降辟三叔，王子祿父北奔，管叔經而卒，乃囚蔡叔于郭淩。凡所徵熊盈族十有七國，俘維九邑。俘殷獻民，遷于九里。俾康叔宇于殷，俾中旄父宇于東。周公敬念于後曰：予畏周室克追，俾中天下。及將致政，乃作大邑成周于土中。城方千七百二十丈，郛方七百里。南係于洛水，地因于郟山，以爲天下之大湊。制郊甸方六百里，國西土爲方千里。分以百縣，縣有四郡，郡有□鄙。大縣城，方王城三之一；小縣立城，方王城九之一。郡鄙不過百室，以便野事。農居鄙，得以庶士，士居國家，得以諸公、大夫。凡工賈胥市臣撲，州里俾無交爲。乃設丘兆于南郊，以上帝，配□后稷，日月星辰，先王皆與食。諸受命于周，乃建大社于周中。其壝東青土，南赤土，西白土，北驪土，中央亹以黄土。將建諸侯，鑿取其方一面之土，苞以黄土，苴以白茅，以爲土封，故曰受則土于周室。乃位五宫：大廟、宗宫、考宫、路寢、明堂。咸有四阿、反坫。重亢，重郎，常累，復格，藻梲。設移，旅楹，舂常，畫。內階，玄階，堤唐，山廧，應門，庫臺玄閫。

《逸周書·皇門解》　維正月庚午，周公格左閎門會羣門。曰：嗚呼！下邑小國克有耇老據屏位，建沈入，非不用明刑。維其開告於予嘉德之説，命我辟王小至於大。我聞在昔有國誓王之不綏於卹，乃維其有大門宗子勢臣，內不茂揚肅德，訖亦有孚，以助厥辟，勤王國王家。乃方求論擇元聖武夫，羞於王所。其善臣以至於有分私子。苟克有常，罔不允通，咸獻言在於王所。人斯是助王恭明祀，敷明刑。王用有監，明憲朕命，用克和有成，用能承天嘏命。百姓兆民，用罔不茂在王庭。先用有勸，永有□於上下。人斯既助厥勤勞王家。先人神祇報職用休，俾嗣在厥家。王國用寧，小人用格，□能稼穡，咸祀天神，戎兵克慎，軍用克多。王用奄有四鄰，遠土不承，萬子孫用末被先王之靈光。至於厥後嗣，弗見先王之明刑，維時及胥學於非夷。以家相厥室，弗卹王國王家，維德是用。以昏求臣，作威不祥，不屑惠聽，無辜之亂辭是羞於王。王阜良，乃惟不順之言於是。人斯乃非維直以應，維作誣以對，俾無依無助。譬若畋，犬驕用逐禽，其猶不克有獲。是人斯乃讒賊媢嫉，以不利於厥家國。譬若匹夫之有婚妻，曰予獨服在寢，以自露厥家。媢夫有邇無遠，乃食蓋善夫，俾莫通在士王所。乃維有奉狂夫是陽是繩，是以爲上，是授司事於正長。命用迷亂，獄用無成。小民率穡，保用無用。壽亡以嗣，天用弗保。媢夫先受殄罰，國亦不寧。嗚呼，敬哉！監於茲，朕維其及。朕蓋臣，夫明爾德以助予一人憂，無維乃身之暴皆卹爾假予德

憲，資告予元。譬若衆畋，常扶予險，乃而予天濟。汝無作！

《逸周書·大戒解》 維正月既生魄，王訪於周公曰：「嗚呼！朕聞維時兆厥工，非不顯，朕實不明。」維士非不務，而不得助。大則驕，小則懾，懾謀不極。予重位與輕服，非共得福厚用遺。庸止生郄，庸行信貳。衆輯羣政，不輯多匿。嗚呼！予夙勤之，無或告余。非不念，念不知。」

周公曰：「於！敢稱乃武考之言曰：微言入心，夙喻動衆，大乃不驕。行惠於小，小乃不懾。連宮集乘，同憂若一，謀有不行。予惟重告爾。庸厲□以餌士，權先申之，明約必遺之，□□□□。其位不尊，其謀不陽。我不畏敬，材在四方。

無擅於人，塞匿勿行，患戚咸服，孝悌乃明。明立威恥亂使衆之道，撫之以惠，内姓無感，外姓無謫。人知其罪，上之明審。教幼乃勤，貧賤制□。設九備，乃無亂謀。

九備：一，患正不荒美好，乃不作惡，四，□説聲色，憂樂盈匿；五，碩信傷辯，曰費□□；六，出觀好怪，内乃淫巧；七，□□謀躁，内乃荒異；八，□□好威，民衆曰逃；九，富寵極足是大極，内心其離。九備既明，我貴保之，應協以動，遠邇同功。謀和適同，覆以觀之，上明仁義，援貢有備。

聚材多□，以援成功，克禁淫謀，衆匿乃雍。順得以動人，以立行，輯佐之道，上必盡其志，然後得其謀。無□其信，雖危不動，□□以昭，其乃得人。上危而轉，下乃不親。」王拜曰：「允哉，允哉！敬行天道。」

《逸周書·明堂解》 大維商紂暴虐，脯鬼侯以享諸侯，天下患之。四海兆民欣戴文武，是以周公相武王以伐紂，夷定天下。既克紂六年而武王崩，成王嗣，幼弱，未能踐天子之位。

周公攝政君天下，弭亂六年而天下大治。乃會方國諸侯於宗周，大朝諸侯明堂之位。天子之位，負斧扆南面立，率公卿士侍於左右。三公之位，中階之前，北面東上。諸侯之位，阼階之東，西面北上。諸伯之位，西階之西，東面北上。諸子之位，門内之東，北面東上。諸男之位，門内之西，北面東上。九夷之國，東門之外，西面北上。八蠻之國，南門之外，北面東上。六戎之國，西門之外，東面南上。五狄之國，北門之外，南面東上。四塞九□之國，世告至者，應門之外，北面東上。宗周明堂之位也。明堂，明諸侯之尊卑也，故周公建焉，而明諸侯於明堂之位。制禮作樂，頒度、量，而天下大服，萬國各致其方賄。七年，致政成王。

《逸周書·本典解》 維四月既生魄，王在東宮，召公告周公曰：嗚呼！朕聞武考不知乃問，不得乃學，俾資不肖，永無惑矣。命朕不知明德所則，政教所行，字民之道，禮樂所生。非不念而知，故問伯父。周公再拜稽首，曰：臣聞之文考，能督民過者德也，爲民犯難者武也。智能親智，仁能親仁，義能親義，德能親德，武能親武，五者昌於國曰明。明能見物，高能致物，物備咸至曰帝。帝鄉在地曰本，本生萬物曰世，世可則□曰至。至德照天，百姓□驚。備有好醜，民無不戒。顯父登德，德降則信。信則民寧，爲畏爲極，民無淫慝。

生民知常利之道則國彊，序明好醜□必固其務。均分以利之則民安，□用以資之則民樂，明德以師之則民讓。生之樂之，則母之禮也；政之教之，遂以成之，則父之禮也。父母之禮以加於民，其慈□□。

古之聖王，樂體其政。士有九等，皆得其宜曰材多；人有八政，皆得其則曰禮服。士樂其生而務其宜，是故奏鼓以章樂，奏舞以觀禮，奏歌以觀和。禮樂既和，其上乃不危。王拜曰：允哉！幼愚敬守，以爲本典。

《逸周書·官人解》 王曰：「嗚呼，大師！朕維民務官，論用有徵：觀誠、考言、視聲、觀色、觀隱、揆德，可得聞乎？」周公曰：亦有六徵，嗚呼！乃齊以揆之。

一曰：富貴者，觀其有禮施；貧賤者，觀其有德守；嬖寵者，觀其不驕奢；隱約者，觀其不懾懼；其少者，觀其恭敬好學而能悌；其壯者，觀其謙潔務行而勝私；其老者，觀其思慎而□，彊其所不足者觀其不愉。父子之間，觀其和友；君臣之間，觀其忠惠；鄉黨之間，觀其誠信。省其居處，觀其方□；省其喪哀，觀其貞良；省其出入，觀其交友；省其交友，觀其任廉。設之以謀，以觀其智；示之以難，以觀其勇；煩之以事，以觀其治；臨之以利，以觀其不貪；濫之以樂，以觀其不荒。喜之，以觀其輕；□之，以觀其重；醉之酒，以觀其恭；從之色，以觀其常；遠之，以觀其不二；昵之，以觀其不狎。復徵其言，以觀其精；曲省其行，以觀其備。此之謂觀誠。

二曰：方與之言，以觀其志。□以淵，其器寬以悌。其色儉而不諂，其禮先人，其言後人，見其所不足，曰益者也。好臨人以色，高人以氣，賢人以言，防其所不足，發其所能，曰損者也。其貌直□□□，其言正而不私，不飾其美，不隱其惡，不防其過，曰有質者也。其貌曲媚，其言工巧，飾其見物，務其小證，以故自

說，曰無質者也。喜怒以物其色不變，煩亂以事而志不營。深導以利而心不移，臨懾以威而氣不卑，曰平心而固守者也。喜怒以物而心變易，煩亂以事而志不治，導之以利而心遷移，臨攝以威而氣懾懼，曰鄙心而假氣者也。設之以物而數決，敬之以卒而度應，不文而辯，曰有慮者也。難決以物，難悅以守，一而不可變，因而不知止，曰愚依人也。營之以物而不誤，犯之以卒而不懼，置義而不可遷，臨之貨色而不過，曰果敢者也。移易以言，志不能固，已諾無決，曰弱志者也。順予之弗爲喜，非奪之弗爲怒，沉靜而寡言，多稽而險貌，曰質靜者也。屏言弗顧，自順而弗護，非是而彊之，曰始誣者也。微而能發，察而能深，寬順而恭儉，溫柔而能斷，果敢而能屈，曰志治者也。華廢而誣，巧言令色，皆以無爲有者也。此之謂考言。

三曰：誠在其中，必見諸外。以其聲，處其實。氣初生物，物生有聲，聲有剛柔清濁好惡，咸發于聲。心氣華誕者，其聲流散；心氣順信者，其聲順節；心氣鄙戾者，其聲醒醜；心氣寬柔者，其聲溫和。信氣中易，義氣時舒，和氣簡備，勇氣壯力。聽其聲，處其氣，考其所爲，觀其所由。以其前，觀其後；以其隱，觀其顯；以其小，占其大，此之謂視聲。

四曰：民有五氣，喜、怒、欲、懼、憂。喜氣內蓄，雖欲隱之，陽喜必見；怒氣內蓄，雖欲隱之，陽怒必見；欲氣、懼氣、憂悲之氣皆隱之，陽氣必見。五氣誠於中，發形於外，民情不可隱也。喜氣猶然以出，怒色薦然以侮；欲色嫗然以愉，懼色薄然以下，憂悲之色瞿然以靜。誠智必有難盡之色，誠仁必有可尊之色。誠勇必有可新之色，誠潔必有難汙之色，誠□必有可信之色。質浩然固以安，僞蔓然亂以煩，雖欲改以，中色弗聽。此之謂觀色。

五曰：民生則有陰有陽。人多隱其情，飾其僞，以攻其名。有隱於仁賢者，有隱於智理者，有隱於文藝者，有隱於廉勇者，有隱於交友者，如此不可不察也。小施而好德，小讓而爭大，言願以爲質，□愛以爲忠，尊其得以改其名，如此隱於仁賢者也。前總唱功，慮誠弗及，佯爲不言，內誠不足，色示有餘，自順而不讓，措辭而弗遂，此隱於智理者也。動人以言，竭而弗終，問則不對，佯爲不窮，□貌而有餘，假道而自順，因之□初，窮則託深，如此者，隱於文藝者也。□言以爲廉，矯厲以爲勇，內恐外誇，亟稱其說，以詐臨人，如此，隱於廉勇者也。自事其親，而好以告人，飾其見物，不誠於內，發名以事親，自以名私其身，如此，隱於忠孝者也。比周以相譽，知賢可徵，而左右不同；不同而交，交必重□，心說而身弗近，□□而實不至，懼不盡見於衆而貌克，如此，隱於交友也。此之謂觀隱。

六曰：言行不類，終始相悖，外內不合，雖有假節見行，曰非成質者也。言忠行夷，爭靡及私，□弗求及，情忠而寬，貌莊而安，曰有仁者也。事變而能治，效窮而能達，措身立方而能遂，曰有知者也。少言以行，恭儉以讓，有知而言弗發，有施而□弗德，曰謙良者也。微忽之久而可復，幽間之獨而弗克，其行亡如存，曰順信者也。貴富恭儉而能施，嚴威有禮而不驕，曰有德者也。隱約而不懾，安樂而不奢，勤勞而不變，喜怒而有度，曰有守者也。直方而不毀，廉潔而不戾，彊立而無私，曰有經者也。虛以待命，不召不至，不問不言，言不過行，行不過道，曰沈靜者也。忠愛以事親，驩以盡力而不回，敬以盡力而不□，曰忠孝者也。合志而同方，共其憂而任其難，行忠信而不疑，□隱遠而不舍，曰□友者也。志色亂氣，其人甚偷，進退多巧，就人甚數，辭不至，少其所不足，謀而不已，曰僞詐者也。言行亟變，從容克易，好惡無常，行身不篤，曰無誠者也。少知而不大決，少能而不大成，規小物而不知大倫，曰華誕者也。規諫而不類，道行而不平，曰竊名者也。

故曰：事阻者不夷，時□者不回，果敢者也。飾貌者不靜，假節者不平，多私者不義，揚言者寡信。此之謂揆德。

《論語·微子》　周公謂魯公曰：「君子不施其親，不使大臣怨乎不以。故舊無大故，則不棄也。無求備於一人。」

《禮記·文王世子》　成王幼，不能涖阼。周公相，踐阼而治。抗《世子法》於伯禽，欲令成王之知父子、君臣、長幼之道也。成王有過，則撻伯禽，所以示成王世子之道也。

《禮記·明堂位》　昔者周公朝諸侯於明堂之位，天子負斧依，南鄉而立。三公，中階之前，北面，東上。諸侯之位，阼階之東，西面，北上。諸伯之國，西階之西，東面，北上。諸子之國，門東，北面，東上。諸男之國，門西，北面，東上。九夷之國，東門之外，西面，北上。八蠻之國，南門之外，北面，東上。六戎之國，西門之外，東面，南上。五狄之國，北門之外，南面，東上。九采之國，應門之外，北面，東上。四塞，世告至。此周公明堂之位也。

明堂也者，明諸侯之尊卑也。昔殷紂亂天下，脯鬼侯以饗諸侯，是以周公相武王以伐紂。武王崩，成王幼弱，周公踐天子之位，以治天下。六年，朝諸侯於明堂，制禮作樂，頒度量，而天下大服。七年，致政於成王。

成王以周公爲有勳勞於天下，是以封周公於曲阜，地方七百里，革車千乘，命魯公世世祀周公以天子之禮樂。是以魯君孟春乘大路，載弧韣，旂十有二旒，日月之章，祀帝於郊，配以后稷，天子之禮也。季夏六月，以禘禮祀周公於大廟，牲用白牡，尊用犧、象、山罍，鬱尊用黄目，灌用玉瓚大圭，薦用玉豆、雕篹，爵用玉琖仍雕，加以璧散、璧角，俎用梡嶡。

《禮記・祭統》 昔者周公旦有勳勞於天下，周公既没，成王、康王追念周公之所以勳勞者，而欲尊魯，故賜之以重祭。外祭則郊、社是也，内祭則大嘗、禘是也。夫大嘗、禘，升歌《清廟》，下而管《象》，朱干玉戚以舞《大武》，八佾以舞《大夏》，此天子之樂也，康周公，故以賜魯也。子孫纂之，至於今不廢，所以明周公之德，而又以重其國也。

《荀子・非相》 故長短、小大、善惡形相，非吉凶也。古之人無有也，學者不道也。蓋帝堯長，帝舜短，文王長，周公短，仲尼長，子弓短。【略】仲尼之狀，面如蒙倛；周公之狀，身如斷菑。

《荀子・堯問》 伯禽將歸於魯，周公謂伯禽之傅曰：「汝將行，盍志而子美德乎？」對曰：「其爲人寬，好自用，以慎。此三者，其美德已。」周公曰：「嗚呼！以人惡爲美德乎！君子好以道德，故其民歸道。彼其寬也，出無辨矣，女又美之。彼其好自用也，是所以窶小也。君子力如牛，不與牛争力；走如馬，不與馬争走；知如士，不與士争知。彼争者，均者之氣也，女又美之。彼其慎也，是其所以淺也。聞之曰：無越踰不見士。見士，問曰：『無乃不察乎？』不聞，即物少至，少至則淺。彼淺者，賤人之道也，女又美之。吾語女：我，文王之爲子，武王之爲弟，成王之爲叔父。吾於天下不賤矣，然而吾所執贄而見者十人，還贄而相見者三十人，貌執之士者百有餘人，欲言而請畢事者千有餘人，於是吾僅得三士焉，以正吾身，以定天下。吾所以得三士者，亡於十人與三十人中，乃在百人與千人之中。故上士吾薄爲之貌，下士吾厚爲之貌。人人皆以我爲越踰好士，然故士至，士至而後見物，見物然後知其是非之所在。戒之哉！女以魯國驕人，幾矣！夫仰禄之士猶可驕也，正身之士不可驕也。彼正身之士，舍貴而爲賤，舍富而爲貧，舍佚而爲勞，顔色黎黑而不失其所，是以天下之紀不息，文章不廢也。」

《呂氏春秋・慎大覽・下賢》 周公旦，文王之子也，武王之弟也，成王之叔父也，所朝於窮巷之中、甕牖之下者七十人。文王造之而未遂，武王遂之而未成，周公旦抱少主而成之，故曰成王，不唯以身下士邪。

《呂氏春秋・審應覽・重言》 成王與唐叔虞燕居，援梧葉以爲珪，而授唐叔虞曰：「余以此封女。」叔虞喜，以告周公。周公以請曰：「天子其封虞邪？」成王曰：「余一人與虞戲也。」周公對曰：「臣聞之，天子無戲言。天子言，則史書之，工誦之，士稱之。」於是遂封叔虞於晉。周公旦可謂善説矣，一稱而令成王益重言，明愛弟之義，有輔王室之固。

《呂氏春秋・審應覽・精諭》 勝書説周公旦曰：「廷小人衆，徐言則不聞，疾言則人知之，徐言乎？疾言乎？」周公旦曰：「徐言。」勝書曰：「有事於此，而精言之而不明，勿言之而不成，精言乎？勿言乎？」周公旦曰：「勿言。」故勝書能以不言説，而周公旦能以不言聽，此之謂不言之聽。不言之謀，不聞之事，殷雖惡周，不能疵矣。口唶不言，以精相告，紂雖多心，弗能知矣。目視於無形，耳聽於無聲，商聞雖衆，弗能窺矣。同惡同好，志皆有欲，雖爲天子，弗能離矣。

《韓詩外傳》卷三 周公踐天子之位七年，布衣之士所執贄而師見者十人，所友見者十二人，窮巷白屋所先見者四十九人，時進善者百人，教士者千人，官朝者萬人。當此之時，誠使周公驕而且吝，則天下賢士至者寡矣。成王封伯禽於魯，周公誡之曰：「往矣！子其無以魯國驕士。吾文王之子，武王之弟，成王之叔父也，又相天子，吾於天下亦不輕矣。然一沐三握髮，一飯三吐哺，猶恐失天下之士。吾聞德行寬裕，守之以恭者，榮。土地廣大，守之以儉者，安。禄位尊盛，守之以卑者，貴。人衆兵强，守之以畏者，勝。聰明睿智，守之以愚者，哲。博聞强記，守之以淺者，智。夫此六者，皆謙德也。夫貴爲天子，富有四海，由此德也。不謙而失天下亡其身者，桀紂是也，可不慎歟！故《易》有一道，大足以守天下，中足以守其國家，小足以守其身，謙之謂也。夫天道虧盈而益謙，地道變盈而流謙，鬼神害盈而福謙，人道惡盈而好謙。是以衣成則必缺衽，宫成則必缺隅，屋成則必加措，示不成者，天道然也。《易》曰：『謙亨，君子有終吉。』《詩》曰：『湯降不遲，聖敬日躋。』誡之哉！子其無以魯國驕士也。」

《韓詩外傳》卷四 客有見周公者，應之於門曰：「何以道旦也？」客曰：「在外即言外，在内即言内。入乎將毋？」周公曰：「請入。」客曰：「立即言義，坐即言仁。坐乎將毋？」周公曰：「請坐。」客曰：「疾言則翕翕，徐言則不聞。言乎將毋？」周公唯唯：「旦也喻。」明日興師而誅管、蔡。故客善以不言之説，周公善聽不言之説，若周公可謂能聽微言矣。故君子之告人也微，其救人之急

也婉。《詩》曰：「豈敢憚行，畏不能趨。」

《韓詩外傳》卷五 成王之時，有三苗貫桑而生，同爲一秀，大幾滿車，長幾充箱，民得而上諸成王。成王問周公曰：「此何物也？」周公曰：「三苗同爲一秀，意者天下殆同一也。」比幾三年，果有越裳氏重九譯而至，獻白雉於周公。曰：「道路悠遠，山川幽深。恐使人之未達也，故重譯而來。」周公曰：「吾何以見賜也？」譯曰：「吾受命國之黄髮曰：『久矣天之不迅風疾雨也，海之不波溢也，三年於兹矣。意者中國殆有聖人，盍往朝之。』於是來也。」周公乃敬求其所以來。《詩》曰：「於萬斯年，不遐有佐。」

《淮南子・氾論訓》 武王克殷，欲築宫於五行之山。周公曰：「不可！夫五行之山，固塞險阻之地也。使我德能覆之，則天下納其貢職者迴也。使我有暴亂之行，則天下之伐我難矣。」此所以三十六世而不奪也。周公可謂能持滿矣。【略】

周公事文王也，行無專制，事無由己，身若不勝衣，言若不出口，有奉持於文王，洞洞屬屬，而將不能，恐失之，可謂能子矣。武王崩，成王幼少，周公繼文王之業，履天子之籍，聽天下之政，平夷狄之亂，誅管、蔡之罪，負扆而朝諸侯，誅賞制斷，無所顧問，威動天地，聲懾四海，可謂能武矣。成王既壯，周公屬籍致政，北面委質而臣事之，請而後爲，復而後行，無擅恣之志，無伐矜之色，可謂能臣矣。故一人之身而三變者，所以應時矣。

劉向《説苑・君道》 周公踐天子之位，布德施惠，遠而逾明。十二牧，方三人，出舉遠方之民，有飢寒而不得衣食者，有獄訟而失職者，有賢才而不舉者，以入告乎天子。天子於其君之朝也，揖而進之曰：「意朕之政教有不得者與？何其所臨之民有飢寒而不得衣食者，有獄訟而失職者，有賢才而不舉者也。」其君歸也，乃召其國大夫告用天子之言，百姓聞之皆喜曰：「此誠天子也，何居之深遠而見我之明也，豈可欺哉！」故牧者所以辟四門，明四目，達四聰也。是以近者親之，遠者安之。《詩》曰：「柔遠能邇，以定我王。」此之謂矣！

劉向《説苑・至公》 辛櫟見魯穆公曰：「周公不如太公之賢也。」穆公曰：「子何以言之？」辛櫟對曰：「周公擇地而封曲阜，太公擇地而封營丘，爵土等，其地不若營丘之美，人民不如營丘之衆，不徒若是，營丘又有天固。」穆公心慚不能應也。辛櫟趨而出，南宫邊子入，穆公具以辛櫟之言語南宫邊子。南宫邊子曰：「昔周成王之卜居成周，其命龜曰：『予一人兼有天下，辟就百姓，敢無中土乎！使予有罪，則四方伐之，無難得也。』周公卜居曲阜，其命龜曰：『作邑乎山之陽，賢則茂昌，不賢則速亡。』季孫行父之戒其子也，曰：『吾欲室之俠於兩社之間也，使吾後世有不能事上者，使其替之益速如是。』則曰賢則茂昌，不賢則速亡，安在擇地而封哉，或示有天固也！辛櫟之言小人也，子無復道也。」

袁康《越絶書》卷三《吴内傳》 周公以盛德，武王封周公，使傅相成王。成王少，周公臣事之。當是之時，賞賜不加於無功，刑罰不加於無罪；天下家給人足，禾麥茂美；使人以時，説之以禮；上順天地，澤及夷狄。於是管叔、蔡叔不知周公而讒之成王。周公乃辭位出，巡狩於邊一年，天暴風雨，日夜不休，五穀不生，樹木盡偃。成王大恐，乃發金縢之櫃，察周公之册，知周公乃有盛德。王乃夜迎周公，流涕而行。周公反國，天應之福，五穀皆生，樹木皆起，天下皆實，此周公之盛德也。

備論

梁玉繩《人表考》卷一《上上聖人・周公》 周公始見《周書》及《詩》。文王子始見《荀子・堯問》。周采地爲上公，故謂周公。《詩・二南譜》、《豳風・狼跋》疏、《史・魯世家・集解》引譙周。謚曰文，《二南譜》。名旦。《書・金縢》、《洛誥》、《君奭》。亦曰周文公，《周語》上、《晉語》上、《竹書》。亦曰公旦，《後書・張衡傳》、《抱朴子・嘉遁》。亦曰姬旦，《晉書・王導傳》、《慕容暐》、《苻雄載記》。亦曰周旦，《慕容盛載記》。亦曰叔旦，《楚辭・天問》、《吕氏春秋・誠廉》、《史・管蔡世家》。亦曰姬公，《文選》吴韋曜《博弈論》。亦曰至聖。《後書・申屠剛傳》又《慕容盛載記》云：周公忠聖。唐高祖、高宗時以周公爲先聖，《唐書・禮樂志》。天授元年封褒德王，《唐・武后紀》。宋大中祥符元年封文憲王。《宋史・真宗紀》。背僂，《白虎通・聖人章》、《論衡・骨相》。身如斷菑。《荀子・非相》。年九十九。《外紀》引應劭疑。從文王之墓，葬于畢。《書大傳》、《魯世家》。

梁玉繩《漢書人表考補・周公》 僞蜀乾德六年封顯聖王，見《寰宇記》七十七。

《論語・泰伯》 子曰：「如有周公之才之美，使驕且吝，其餘不足觀也已。」

《墨子・貴義》 子墨子曰：「昔者周公旦朝讀書百篇，夕見漆十士。故周

公旦佐相天子，其脩至於今。」

《禮記·中庸》 子曰：「無憂者其惟文王乎！以王季爲父，以武王爲子，父作之，子述之。武王纘大王、王季、文王之緒，壹戎衣而有天下，身不失天下之顯名。尊爲天子，富有四海之内。宗廟饗之，子孫保之。武王末受命，周公成文武之德，追王大王、王季，上祀先公以天子之禮。斯禮也，達乎諸侯大夫，及士庶人。父爲大夫，子爲士，葬以大夫，祭以士。父爲士，子爲大夫，葬以士，祭以大夫。期之喪達乎大夫，三年之喪達乎天子，父母之喪無貴賤一也。」

《孟子·公孫丑下》 燕人畔，王曰：「吾甚慚於孟子。」陳賈曰：「王無患焉。王自以爲與周公，孰仁且智？」王曰：「惡！是何言也？」曰：「周公使管叔監殷，管叔以殷畔。知而使之，是不仁也；不知而使之，是不智也。仁智，周公未之盡也，而況於王乎？賈請見而解之。」見孟子，問曰：「周公何人也？」曰：「古聖人也。」曰：「使管叔監殷，管叔以殷畔也，有諸？」曰：「然。」曰：「周公知其將畔而使之與？」曰：「不知也。」「然則聖人且有過與？」曰：「周公弟也，管叔兄也，周公之過，不亦宜乎？且古之君子，過則改之；今之君子，過則順之。古之君子，其過也如日月之食，民皆見之，及其更也，民皆仰之；今之君子，豈徒順之，又從爲之辭。」

《孟子·離婁下》 孟子曰：「禹惡旨酒，而好善言；湯執中，立賢無方；文王視民如傷，望道而未之見；武王不泄邇，不忘遠；周公思兼三王，以施四事，其有不合者，仰而思之，夜以繼日，幸而得之，坐以待旦。」

《孟子·萬章上》 孟子曰：【略】匹夫而有天下者，德必若舜禹，而又有天子薦之者，故仲尼不有天下。繼世以有天下，天之所廢，必若桀、紂者也，故益、伊尹、周公不有天下。伊尹相湯以王於天下。湯崩，太丁未立，外丙二年，仲壬四年，太甲顛覆湯之典刑，伊尹放之於桐。三年，太甲悔過，自怨自艾，於桐處仁遷義，三年以聽伊尹之訓己也，復歸於亳。周公之不有天下，猶益之於夏，伊尹之於殷也。孔子曰：『唐虞禪，夏后、殷、周繼，其義一也。』」

《荀子·儒效》 大儒之效：武王崩，成王幼，周公屏成王而及武王以屬天下，惡天下之倍周也。聽天下之斷，偃然如固有之，而天下不稱貪焉；殺管叔，虚殷國，而天下不稱戾焉；兼制天下，立七十一國，姬姓獨居五十三人，而天下不稱偏焉。教誨開導成王，使諭於道，而能揜迹於文、武。周公歸周，反籍於成王，而天下不輟事周，然而周公北面而朝之。天子也者，不可以少當也，不可以假攝爲也。能則天下歸之，不能則天下去之，是以周公屏成王而及武王以屬天下，惡天下之離周也。成王冠，成人，周公歸周反籍焉，明不滅主之義也。周公無天下矣，鄉有天下，今無天下，非擅也；成王鄉無天下，今有天下，非奪也；變埶次序節然也。故以枝代主而非越也，以弟誅兄而非暴也，君臣易位而非不順也。因天下之和，遂文、武之業，明枝主之義，抑亦變化矣，天下厭然猶一也。非聖人莫之能爲，夫是之謂大儒之效。

《荀子·臣道》 若周公之於成王也，可謂大忠矣。

《韓詩外傳》卷四 傳曰：舜彈五絃之琴，以歌《南風》，而天下治。周公酒肴不離於前，鐘石不解於懸，以輔成王，而宇内亦治。匹夫百畝一室，不遑啓處，無所移之也。夫以一人而兼聽天下，其日有餘而治不足，使人爲之也。夫擅使人之權，而不能制衆於下，則在位者非其人也。《詩》曰「維南有箕，不可以簸揚。維北有斗，不可以挹酒漿」，言有位無其事也。

《韓詩外傳》卷七 孔子曰：「昔者周公事文王，行無專制，事無由己，身若不勝衣，言若不出口，有奉持於前，洞洞焉若將失之，可謂能子矣。武王崩，成王幼，周公承文武之業，履天子之位，聽天下之政，征夷狄之亂，誅管蔡之罪，抱成王而朝諸侯，誅賞制斷，無所顧問，威動天地，振恐海内，可謂能武矣。成王壯，周公致政，北面而事之，請然後行，無伐矜之色，可謂能臣矣。故一人之身，能三變者，所以應時也。」《詩》曰：「左之左之，君子宜之，右之右之，君子有之。」

《韓詩外傳》卷八 孔子曰：「《易》先《同人》後《大有》，承之以《謙》，不亦可乎？」故天道虧盈而益謙，地道變盈而流謙，鬼神害盈而福謙，人道惡盈而好謙。謙者，抑事而損者也。持盈之道，抑而損之，此謙德之於行也。順之者吉，逆之者兇。五帝既没，三王既衰，能行謙德者，其惟周公乎。周公以文王之子，武王之弟，成王之叔父，假天子之尊位七年，所執贄而師見者十人，所還質而友見者十三人，窮巷白屋之士所先見者四十九人，時進善者百人，官朝者千人，諫臣五人，輔臣五人，拂臣六人，載干戈以至於封侯，異族九十七人，而同姓之士百人。孔子曰：「猶以爲周公爲天下黨，則以同族爲衆，而異族爲寡也。」故德行寬容而守之以恭者榮，土地廣大而守之以儉者安，位尊禄重而守之以卑者貴，人衆兵强而守之以畏者勝，聰明睿智而守之以愚者哲，博聞强記而守之以淺者不隘。此六者皆謙德也。【略】

《淮南子·泰族訓》 周公誅管叔、蔡叔，以平國弭亂，可謂忠臣也，而未可

謂弟也。

《史記》卷三三《魯周公世家》司馬貞述贊　武王既没，成王幼孤。周公攝政，負扆據圖。及還臣列，北面匑如。元子封魯，少昊之墟。夾輔王室，係職不渝。降及孝公，穆仲致譽。隱能讓國，《春秋》之初。丘明執簡，褒貶備書。

孔穎達《毛詩正義》卷八《豳風・鴟鴞》　正義曰：此《鴟鴞》詩者，周公所以救亂也。毛以爲，武王既崩，周公攝政，管、蔡流言，以毁周公，又導武庚與淮夷叛而作亂，將危周室。周公東征而滅之，以救周室之亂也。於是之時，成王仍惑管、蔡之言，未知周公之志，疑其將篡，心益不悦，故公乃作詩，言不得不誅管、蔡之意，以貽遺成王，名之曰《鴟鴞》焉。經四章，皆言不得不誅管、蔡之意。鄭以爲，武王崩後三年，周公將欲攝政，管、蔡流言，周公乃避之，出居於東都。周公之屬黨與知將攝政者，見公之出，亦皆奔亡。至明年，乃爲成王所得。此臣無罪，而成王罪之，罰殺無辜，是爲國之亂政，故周公作詩救止成王之亂。於時成王未知周公有攝政成周道之志，多罪其屬黨，故公乃爲詩，言諸臣先祖有功，不宜誅絶之意，以怡悦王心，名之曰《鴟鴞》焉。四章皆言不宜誅殺屬臣之意。定本「貽」作「遺」字，則不得爲怡悦也。

《柳宗元集》卷四《辯議・桐葉封弟議》　古之傳者有言，成王以桐葉與小弱弟，戲曰：「以封汝。」周公入賀。王曰：「戲也。」周公曰：「天子不可戲。」乃封小弱弟於唐。

吾意不然。王之弟當封耶？周公宜以時言於王，不待其戲而賀以成之也；不當封耶？周公乃成其不中之戲，以地以人與小弱者爲之主，其得爲聖乎？且周公以王之言，不可苟焉而已，必從而成之耶？設有不幸，王以桐葉戲婦寺，亦將舉而從之乎？凡王者之德，在行之何若。設未得其當，雖十易之不爲病；要於其當，不可使易也，而况以其戲乎？若戲而必行之，是周公教王遂過也。

吾意周公輔成王，宜以道，從容優樂，要歸之大中而已，必不逢其失而爲之辭。又不當束縛之，馳驟之，使若牛馬然，急則敗矣。且家人父子尚不能以此自克，况號爲君臣者耶？是直小丈夫缺缺者之事，非周公所宜用，故不可信。

或曰：封唐叔，史佚成之。

《羅隱集・讒書》卷一《聖人理亂》　周公之生也，天下理；仲尼之生也，天下亂。周公聖人也，仲尼亦聖人也。豈聖人出，天下有濟不濟者乎？夫周公席文、武之教，居叔父之尊，而天又以聖人之道屬之，是位勝其道，天下不得不理也。仲尼之生也，源流梗絶，周室衰替，而天以聖人之道屬於旅人，是位不勝其道，天下不得不亂也。位勝其道者，以之尊，以之顯，以之躋康莊，以之致富壽。位不勝其道者，泣焉，歎焉，圍焉，阨焉。天所以達周公於理也，故相之於前；窮仲尼於亂也，故廟之於後。

王安石《王文公文集》卷二六《周公》　甚哉，荀卿之好妄也！載周公之言曰：「吾所執贄而見者十人，還贄而相見者三十人，貌執者百有餘人，欲言而請畢事千有餘人。」是誠周公之所爲，則何周公之小也！

夫聖人爲政於天下也，初若無爲於天下，而天下卒以無所不治者，其法誠修也。故三代之制，立庠於黨，立序於遂，立學於國，而盡其道以爲養賢教士之法，是士之賢雖未及用者，而固無不見尊養者矣。此則周公待士之道也。誠若荀卿之言，則春申、孟嘗之行，亂世之事也，豈足爲周公乎？且聖世之事，各有其業，講道習藝，患日之不足，豈暇於游公卿之門哉？彼游公卿之門，求公卿之禮者，皆戰國之奸民，而毛遂、侯嬴之徒也。荀卿生於亂世，不能考論先王之法，著之天下，而惑於亂世之俗，遂以爲聖世之事亦若是而已，亦過也。且周公之所禮者，大賢與，則周公豈唯執贄見之而已，固當薦之天子，而共天位也。如其不賢，不足與共天位，則周公如何其與之爲禮也？

子産聽鄭國之政，以其乘輿濟人於溱洧，孟子曰：「惠而不知爲政。」蓋君子之爲政，立善法於天下，則天下治，立善法於一國，則一國治，如其不能立法，而欲人人悦之，則日亦不足矣。使周公知爲政，則宜立學校之法於天下矣；不知立學校而徒能勞身以待天下之士，則不唯力有所不足，而勢亦有所不得。周公亦可謂愚也。

又曰：「仰禄之士猶可驕，正身之士不可驕也。」夫君子之不驕，雖闇室不敢自慢，豈爲其人之仰禄而可以驕乎？

嗚呼，所謂君子者，貴其能不易乎世也。荀卿生於亂世，而遂以亂世之事量聖人。後世之士，尊荀卿以爲大儒而繼孟子者，吾不之信矣。

《蘇軾文集》卷三《周公論》　論周公者多異説，何也？周公居禮之變，而處聖人之不幸，宜乎説者之異也。凡周公之所爲，亦不得已而已矣。若得已而不已，則周公安得而爲之？成王幼不能爲政，周公執其權，以王命賞罰天下，是周公不得已者，如此而已。

今儒者曰：周公踐天子之位，稱王而朝諸侯。則是豈不可以已耶？《書》

曰：「周公位冢宰，正百工。羣叔流言。」又曰：「召公爲保，周公爲師，相成王，爲左右。召公不説。」又曰「周公曰」、「王若曰」，則是周公未嘗踐天子之位而稱王也。周公稱王，則成王宜何稱？將亦稱王耶，將不稱耶？不稱，則是廢也。稱王，則是二王也。而周公將何以安之？孔子曰：「必也正名乎！」儒者之患，患在於名實之不正。故亦有以文王爲稱王者，是以聖人爲後世之僭君急於爲王者也。天下雖亂，有王者在，而已自王，雖聖人不能以服天下。昔高帝擊滅項籍，統一四海，諸侯大臣，相率而帝之，然且辭以不德。惟陳勝、吴廣，乃囂囂乎急於自王。而謂文王亦爲之耶？武王伐商，師渡孟津，會於牧野，其所以稱先君之命命於諸侯者，蓋猶曰文考而已。至於武成，既以柴望告天，百工奔走，受命於周，而後其稱曰「我文考文王，克成厥勳」。由此觀之，則是武王不敢一日妄尊其先君，而況於文王之自王乎？《詩》曰：「虞芮質厥成，文王蹶厥生。」是亦追稱而已矣。《史記》曰：「姬乎采芑，歸乎田成子。」夫田常之時，安知其爲成子而稱之！故凡以文王、周公爲稱王者，皆過也。是資後世之篡君而爲之藉也。

陳賈問於孟子曰：「周公使管叔監商，管叔以商叛。知而使之，是不仁；不知是不智。」孟子曰：「周公，弟也；管叔，兄也。周公之過，不亦宜乎！」從孟子之説，則是周公未免於有過也。夫管、蔡之叛，非逆也，是其智不足以深知周公而已矣。周公之誅，非疾之也，其勢不得不誅也，故管、蔡非所謂大惡也。兄弟之親，而非有大惡，則其道不得不封。管、蔡之封，武王之世也。武王之世，未知有周公、成王之事。苟無周公、成王之事，則管、蔡何從而叛，周公何從而誅之。故曰：周公居禮之變，而處聖人之不幸也。

蘇轍《欒城應詔集》卷三《周公論》 伊尹既立太甲，不明而放諸桐，天下不以爲不義。武王既没，成王幼，周公攝天子之位，朝諸侯於明堂，而召公不説，管叔、蔡叔咸叛，天下幾至於不救。二者此其故何也？

太甲既立矣，而不足以治天下，則夫伊尹猶有以辭於後世也。蓋周公之事，其迹無以異於伊尹，然天下之人舉皆疑而不信，此無足怪也。何者？天下未知夫成王之不明，而周公攝，則是周公未有以服天下之心而彊攝焉，以爲之上也。且夫伊尹之攝其事，則有所不得已而然爾。太甲雖廢，而伊尹未敢有所復立，以召天下之亂，故寧以己攝焉，而待夫太甲之悔，是以天下無疑乎其心。今夫周公之際，其勢未至於不得已也。使成王拱手以居天下之上，而周公爲之佐，以成王之名號於天下，而輔之以周公，此所謂其勢之未至於不得已者矣。而周公不居，則夫天下之謗，周公之所自取也。

然愚以爲不然。挾天子以令天下，此諸葛孔明之事耳，而周公豈不足以知之？蓋夫人臣惟無執天子之權，人臣而執天子之權，則必有忠於其心，而後可以自免於難。何者？人臣而用天子之事，此天子之所忌也。以一人之身，上爲天子之所忌，而下爲左右之大臣從而媒孽其短，此古之忠臣所以盡心而不免於禍，而世之奸雄之士所以動其無君之心而不顧者也。使成王用事於天下，而周公制其予奪之柄，則愚恐成王有所不平於其心，而管、蔡之徒乘其隙而間之，以至於亂也。使成王有天子之虚名，而不得制天下之政，則愚恐周公有所不忍於其志，赧然其有不安之心也。是以寧取而攝之，使成王無與乎其間，以破天下譏慝之謀，而絶其争權之心，是以其後雖有管、蔡之憂，而天下不揺。使其當時立於羣臣之間，方其危疑擾攘而未決也，則愚恐周公之禍，非居東之所能免，而管、蔡得志於天下，成王將遂不立也。嗚呼！其思之遠哉！

蘇轍《欒城後集》卷七《周公》 言周公之所以治周者，莫詳於《周禮》。然以吾觀之，秦、漢諸儒以意損益之者衆矣，非周公之完書也。何以言之？周之西都，今之關中也；其東都，今之洛陽也。二都居北山之陽，南山之陰，其地東西長，南北短。短長相補，不過千里，古今一也。而《周禮》：王畿之大，四方相距千里，如畫棋局，近郊遠郊，甸地稍地，大都小都，相距皆百里。千里之方地實無所容之，故其畿内遠近諸法，類皆空言耳。此《周禮》之不可信者，一也。

《書》稱：武王克商而反商政，列爵惟五，分土惟三。故孟子曰：「天子之制，地方千里，公侯百里，伯七十里，子男五十里。不能五十里，不達於天子，附於諸侯，曰『附庸』。」鄭子産亦云，古之言封建者蓋若是。而《周禮》：諸公之地方五百里，諸侯四百里，諸伯三百里，諸子二百里，諸男百里。與古説異。鄭氏知其不可，而爲之説曰：「商爵三等，武王增以子、男，其地猶因商之故。周公斥大九州，始皆益之，如《周官》之法。於是千乘之賦，自一成十里而出車一乘，千乘而千成，非公侯之國無以受之。」吾竊笑之。武王封之，周公大之，其勢必有所并；有所并，必有所徙。一公之封，而子男之國爲之徙者十有六。封數大國，而天下盡擾，此書生之論，而有國者不爲也。傳有之曰：「方里而井，十井爲乘。」故十里之邑而百乘，百里之國而千乘，千里之國而萬乘，古之道也。不然，百乘

之家爲方百里，萬乘之國爲方數圻矣，古無是也。《語》曰：「千乘之國，攝乎大國之間。」千乘雖古之大國，而於衰周爲小，然孔子猶曰：「安見方六七十，如五六十，而非邦也者？」然則雖衰周列國之强家，猶有不及五十里者矣。韓氏、羊舌氏，晉大夫也。其家賦九縣，長轂九百。其餘四十縣，遺守四千。謂一縣而百乘則可，謂一縣而百里則不可。此《周禮》之不可信者，二也。

王畿之内，公邑爲井田，鄉遂爲溝洫。此二者，一夫而受田百畝，五口而一夫爲役，百畝而税之十一，舉無異也。然而井田自一井而上，至於一同而方百里，其所以通水之利者，溝、洫、澮三。溝、洫之制，至於萬夫，方三十二里有半，其所以通水之利者，遂、溝、洫、澮、川五，利害同而法制異，爲地少而用力博，此亦有國者之所不爲也。楚蔿掩爲司馬，町原防，井衍沃。蓋平川廣澤，可以爲井者井之，原阜堤防之間，狹不可井，則町之。杜預以町爲小頃町。皆因地以制廣狹多少之異，井田、溝洫，蓋亦然耳。非公邑必爲井田，而鄉遂必爲溝洫。此《周禮》之不可信者，三也。

三者既不可信，則凡《周禮》之詭異遠於人情者，皆不足信也。古之聖人，因事立法以便人者有矣，未有立法以强人者也。立法以强人，此迂儒之所以亂天下也。

《朱子語類》卷七九《尚書二・大誥》 《大誥》一篇不可曉。據周公在當時，外則有武庚、管、蔡之叛，内則有成王之疑，周室方且岌岌然。他作此書，決不是備禮苟且爲之，必欲以此聳動天下也。而今《大誥》大意，不過説周家辛苦做得這基業在此，我後人不可不有以成就之而已。其後又却專歸在卜上，其意思緩而不切，殊不可曉。

因言武王既克紂，武庚、三監及商民畔，曰：「當初紂之暴虐，天下之人胥怨，無不欲誅之。及武王既順天下之心以誅紂，於是天下之怨皆解，而歸周矣。然商之遺民及與紂同事之臣，一旦見故主遭人殺戮，宗社爲墟，寧不動心！兹固畔心之所由生也。蓋始苦於紂之暴而欲其亡，固人之心。及紂既死，則怨已解，而人心復有所不忍，亦事勢人情之必然者。又況商之流風善政，畢竟尚有在人心者。及其頑民感紂恩意之深，此其所以畔也。云云。後來樂毅伐齊，亦是如此。」

「王若曰」，「周公若曰」，「若」字只是一似如此説底意思，如《漢書》中「帝意若曰」之類。蓋或宣道德意者敷演其語，或紀録者失其語而追記其意如此也。

《書》中「弗弔」字，只如字讀。解者欲訓爲至，故音的，非也。其義正如《詩》中所謂「不弔昊天」耳，言不見憫弔於上帝也。

「忱」，「諶」字，只訓「信」。「天棐忱」，如云天不可信。

《朱子語類》卷七九《尚書二・金縢》 林聞一問：「周公代武王之死，不知亦有此理否？」曰：「聖人爲之，亦須有此理。」

「是有丕子之責於天」。責，如「責侍子」之「責」。周公之意云，設若三王欲得其子服事於彼，則我多才多藝，可以備使令，且留武王以鎮天下也。

成王方疑周公，二年之間，二公何不爲周公辨明？若天不雷電以風，二公終不進説矣。當是時，成王欲誚周公而未敢。蓋周公東征，其勢亦難誚他。此成王雖深疑之，而未敢誚之也。若成王終不悟，周公須有所處矣。

問：「周公作《鴟鴞》之詩以遺成王，其辭艱苦深奥，不知成王當時如何理會得？」曰：「當時事變在眼前，故讀其詩者便知其用意所在。自今讀之，既不及見當時事，所以謂其詩難曉。然成王雖得此詩，亦只是未敢誚公，其心未必能遂無疑。及至雷風之變，啓《金縢》之書後，方始釋然開悟。」先生却問必大曰：「成王因何知有《金縢》後去啓之？」必大曰：「此二公贊之也。」又問：「二公何故許時不説？若雷不響，風不起時，又如何？」必大曰：「聞之吕大著云：『此見二公功夫處。二公在裏面調護，非一日矣，但他人不得而知耳。』」曰：「伯恭愛説一般如此道理。」必大問：「其説畢竟如何？」曰：「是時周公握了大權，成王自是轉動周公未得。便假無風雷之變，周公亦須別有道理。」

《書》中可疑諸篇，若一齊不信，恐倒了《六經》。如《金縢》亦有非人情者，「雨，反風，禾盡起」，也是差異。成王如何又恰限去啓《金縢》之書？然當周公納策於匱中，豈但二公知之？《盤庚》更没道理。從古相傳來，如經傳所引用，皆此書之文，但不知是何故説得都無頭。且如今告諭民間一二事，做得幾句如此，他曉得曉不得？只説道要遷，更不説道自家如何要遷，如何不可以不遷。萬民因甚不要遷？要得人遷，也須説出利害，今更不説。《吕刑》一篇，如何穆王説得散漫，直從苗民蚩尤爲始作亂説起？若説道都是古人元文，如何出於孔氏者多分明易曉，出於伏生者都難理會？

《方苞集》卷三《周公論》 劉子古塘問於余曰：「周公不以東征屬二公，而親加刃於管叔何也？」余曰：「是乃所以爲周公也！明知管叔之當誅，而假手於二公，是飾於外以避其名也。觀後世亂臣賊子必假手於他人，或賣而誅之，以塞

衆口，則周公之純乎天理可見矣。蓋天理不可以爲僞，且以昭萬世之人紀，使知大義滅親，雖弟可加刃於其兄，又以明居位而不能討亂，則與之同罪。孔子作《春秋》，於隱之大夫而臣於桓，桓之大夫而死於莊、閔之世者，皆不書其卒，以示皆有可誅之罪也。然觀《鴟鴞》之詩，早已歎『育子之閔斯』，則終公之身，長隱痛乎文考文母之恩勤，而惄然無以自解；蓋討賊之義，與哀兄之仁，固並行而不相悖也。」

古塘復問曰：「以周公之聖，暴師三年，而僅乃克奄何也？」曰：「此時也、勢也。武王『徵九牧之君，登豳阜以望商邑』，已憂未定天保，而夜不能寐。及三叔流言，武庚『誕紀其序』，凡羞行暴德逸德之人，皆乘時而思逞，雖有善類，亦追念殷先王之舊德而不能忘。當是時，非大動以威，不能革也，故滅國至於五十之多；非誠服其心，不能久而安也，故『破斧缺斨』之後，『衮衣繡裳』，駐大師於徐、兖之間，俾東夏無摇心；然後徐察其鄉順者而教告之，取其不迪者而戰要囚之，周防如兕虎，撫育如嬰兒；至班師之日，東人以公歸不復爲悲，則奄雖屈强，無與同惡矣。故討其君而罰不及民，分其族姓以隸兄弟之邦，遷其尤桀驁者於新邑，而身拊循焉，所以久安而無後患也。匪特此也，形勝者，守國之末務，而聖人亦不廢。當武王克商之初，即定周居於洛邑，周、召卒營之，以爲蒐狩會同之地。良以雍州雖固，而遠於東夏，難以臨制諸侯；故宅土中，陳、杞、許、蔡國其南，虞、虢、韓、魏、晉、燕國其北，齊、魯國其東，宋、衛夾河而居，非王室之周親，即三恪、大嶽之裔冑、開國之股肱；蓋懲於鬼方之叛殷，荚夷之争齊，而早爲盤石苞桑之固也。故周之衰，卒賴四方諸侯艱難守禦，以延共主之虚名者垂六百年。蓋時勢不可以私智矯，形勝不必以武力争，惟聖人能以道揆，而不失其時義，以安宗社，以奠生民，則仍天理所運用也。」

古塘曰：「旨哉！由前之説，則知聖人一循乎天理，而無不可處之事變；由後之説，則知聖人深察乎世變，而所以御之者，仍不越於道揆。前世之尚論者，未嘗及此，後之君子，宜有聞焉。」退而正於吾兄百川，亦曰「然」，乃敍而録之。

袁枚《小倉山房文集》卷二二《金縢辨上》 《金縢》雖今文，亦僞書也。孔子曰：「不知命無以爲君子。」又曰：「丘之禱久矣。」三代聖人，天壽不貳。武王不豫，命也。豈太王、王季、文王之鬼神，需其服事哉？以身代死，古無此法。後世村巫里媪之見，則有之矣。廣陵王胥曰：「死不得取代。庸身自逝。」周公豈廣陵之不若乎？二公欲穆卜，公拒之，以爲「未可以戚我先王」。臣與子，一也。他人戚先王不可，而己戚先王則可。非伯尊之攘善而何？

《禮》：「去祧爲壇，去壇爲墠。」又曰：「士大夫去國，爲壇位，向國門而哭，爲無廟也。」當是時，太王、王季、文王赫赫寢廟，周公非去國之時，雖曰支子不祭，然公爲武王禱，非爲身禱也。舍太廟而爲野祭，不祥孰甚焉！方命卿士勿言，隱諱其迹，而乃登壇作墠，以自表揚者，何也？「周人以諱事神，名，終將諱之。」故《禮》卒哭乃諱。其時武王雖病，並未終也。不稱元孫發以禱，而稱元孫某以諱，是先以死人待武王也。某某者，後世之俗諱，三代所無也。商人曰帝甲、帝乙，此不稱名之證，不稱某也。周人所謂諱者，以謚代名，故《禮》凡祭不諱，臨文不諱；臨之以高祖，則不諱曾祖以下。晉荀偃禱，稱平公爲曾臣彪，此稱名之證，不稱某也。《詩》曰「一之日觱發」，曰「駿發爾私」，皆公作也。尋常咏歌，不諱於其子成王之前；而一旦禱祀，反諱於祖、父太王、王季、文王之前，於義何當？

治民事神一也。故曰：「未能事人，焉能事鬼？」玄孫既無才無藝，不能事鬼神矣，又安能君天下、子萬民乎？贊周公之才之美，始於《論語》。造僞書者，竊孔子之言，作公自稱語，悖矣！「湯武革命，應乎天而順乎人。」武王克商已二年，縱有不諱，與天之降寶命何傷？劉先主草創西蜀，即位二年，遽崩，仗一孔明，猶能支持强敵。而周家積累千餘年，「以至仁伐至不仁」，十亂猶存，八百諸侯尚在，周公不必憂危至此。且周公既不告廟而私禱矣。武王已瘳，己身無恙，公之心已安，公之事已畢。此私禱之册文，焚之可也，藏之私室可也。乃納之於太廟之金縢，預爲日後邀功免罪之計。其居心尚可問乎？《禮》：「祝嘏詞説，藏於宗祝，非禮也，是謂幽國。」豈周公有所不知而躬蹈之乎？

《中庸》曰：「事死如事生。」孟子曰：「人能充無受爾汝之實，則義不可勝用也。」又曰：「享多儀，儀不及物。」然則爾汝者，古人挾長之稱；而圭璧者，所以將敬之物也。公呼先王爲爾，不敬；自誇材藝，不謙；終以圭璧要之，不順。若曰許我則以璧與圭，不許我則屏璧與圭。如握果餌，以劫嬰兒，既驕且吝，慢神蔑祖；而太王、王季、文王甘其爾汝之稱，又貪其圭璧之誘，於昭於天者，何其啓寵納侮之甚也！夫周公，古之達孝也。孝父與孝兄，孰切？當文王崩，何以不禱？或曰：武王得天下，主幼國危，關係甚大，公故急而爲之耳。然則文王大勛未集，年又九十七歲，周公以爲老耶賤耶，直當死時耶？

袁枚《小倉山房文集》卷二二《金縢辨下》 周人重卜。國有事，卜於太廟，禮也。金縢藏後，武王在位四年，公又居東二年。六年中，周人竟不一卜太廟啓金縢乎？此説也，括蒼王氏曾言之。然康成以爲金縢者，古藏秘書者皆然，不自周公始，猶可支吾。

按經文曰「公乃自以爲功」云云，是並二公不告，且不知也。二公尚不知，百辟卿士，何以知之？曰：「噫，公命我勿敢言！」百辟卿士既知之，則二公必知之久矣。在百辟卿士，位卑分遠，難以進言，容或有之。二公爲國元老，明知公之精忠靈感，至於如此；而乃耳聞流言，目擊去國，相與坐視，寂若吞炭，何其忍也！倘風雷不作，金縢不啓，王竟誚公誅公，彼二公者，律以左儒、杜伯之義，尚何顔坐而論道乎？及至天已反風，禾已盡起，方瞿瞿焉命邦人起大木而築之，以愚夫愚婦所共曉，里胥田畯所不屑爲者，二公乃自以爲功。不扶帝室之懿親，而扶田中之偃木，何其不知大體也！

經文曰：「我之弗辟，則無以見我先王。」訓「辟」字爲誅辟，則二叔倘已稱兵，周公征之宜也，不必爲此言；二叔尚未稱兵，僅流言而已，周公不可以王師報私忿也。訓「辟」字爲逃辟，使公能自信，居東與居洛一也；公不能自信，則率土之濱，孰非周土？「亂臣賊子，人人得而誅之」，非越境可免也。周公豈將爲武仲之據防、秦鍼之適晉乎？

然則二叔流言奈何？曰：此尤不足信也。

當時叛者武庚，非二叔也。監之者不早發覺，又從而助之，自宜同罪，亦成王、周公之不得已也。武王克商，遷九鼎於洛邑，義士猶或非之。武庚爲紂嫡子，興復商之社稷，名正言順，何必以討周公爲詞？不比後世王敦、蘇峻起兵冒清君側之名也。若欲縱反間害公，使周國無人，則周公雖死，而鷹揚之太公，平格之君奭，巍然尚存，皆足以奠周邦，誅頑民而有餘；又不比趙止一李牧，北齊止一斛律光，去其人，即可圖其國也。況兄終弟及，商法皆然。即使周公代成王而踐其位，在武庚視之，亦不過如盤庚、陽甲，外丙、仲壬之相承而已矣，何不利孺子之有？何流言之有？若夫鴟鴞，惡鳥也。周公憂盛危明，借綢繆未雨之意，君臣交儆，可也。若爲王信流言而作，是以惡鳥比君父矣。擬人不倫，指斥已甚，周公其不聖矣乎！康成解「既取我子，毋毀我室」，以爲既捕我黨羽矣，宜還我土地爵位。何蚩妄乃爾！

總之，漢求亡經過甚，致僞書雜出。梅福曰：「成王以諸侯禮葬周公，而天動威，風雷交作。」《魯世家》曰：「周公薨，大風拔木。成王乃啓金縢。」《尚書大傳》曰：「成王葬周公，遇風雷，追念前事，序而記之。」蒙恬曰：「成王有疢，周公揃爪沉河，書而藏之。二叔作亂，周公奔楚。成王讀記府之文，乃迎周公。」四説者，言人人殊，皆與《金縢》不合。善乎譙周之言曰：「《尚書》遭秦火，多缺失。學者談《金縢》，都難憑信。」斯得之矣。

藝文

《詩序》 《鴟鴞》，周公救亂也。成王未知周公之志，公乃爲詩以遺王，名之曰《鴟鴞》焉。

《詩經·豳風·鴟鴞》 鴟鴞鴟鴞！既取我子，無毀我室！恩斯勤斯，鬻子之閔斯。○迨天之未陰雨，徹彼桑土，綢繆牖户。今女下民，或敢侮予？○予手拮据，予所捋荼，予所蓄租，予口卒瘏。曰予未有室家。○予羽譙譙，予尾翛翛。予室翹翹，風雨所漂搖。予維音嘵嘵。

《詩序》 《東山》，周公東征也。周公東征，三年而歸，勞歸士，大夫美之，故作是詩也。一章言其完也，二章言其思也，三章言其室家之望女也，四章樂男女之得及時也。君子之於人，序其情而閔其勞，所以説也。「説以使民，民忘其死」，其唯《東山》乎？

《詩經·豳風·東山》 我徂東山，慆慆不歸。我來自東，零雨其濛。我東曰歸，我心西悲。制彼裳衣，勿士行枚。蜎蜎者蠋，烝在桑野。敦彼獨宿，亦在車下。○我徂東山，慆慆不歸。我來自東，零雨其濛。果蠃之實，亦施于宇。伊威在室，蠨蛸在户。町畽鹿場，熠燿宵行。不可畏也，伊可懷也！○我徂東山，慆慆不歸。我來自東，零雨其濛。鸛鳴于垤，婦歎于室。洒掃穹窒，我征聿至。有敦瓜苦，烝在栗薪。自我不見，於今三年。○我徂東山，慆慆不歸。我來自東，零雨其濛。倉庚于飛，熠燿其羽。之子于歸，皇駁其馬。親結其縭，九十其儀。其新孔嘉，其舊如之何？

《詩序》 《破斧》，美周公也。周大夫以惡四國焉。

《詩經·豳風·破斧》 既破我斧，又缺我斨。周公東征，四國是皇。哀我人斯，亦孔之將！○既破我斧，又缺我錡。周公東征，四國是吪。哀我人斯，亦

孔之嘉！〇既破我斧，又缺我銶。周公東征，四國是遒。哀我人斯，亦孔之休！

《曹植集》卷一《周公贊》 成王即位，年尚幼稚。周公居攝，四海慕利。罰叛柔服，祥應仍至。誦長反政，達夫忠義。

庾信《庾子山集》卷一〇《周公戒伯禽讚》 伯禽居魯，鳴玉來朝。周公政治，爲國風謠。北山有梓，南山有橋。禮容雖備，俯仰無驕。

《李太白全集》卷三《箜篌謠》 攀天莫登龍，走山莫騎虎。貴賤結交心不移，惟有嚴陵及光武。周公稱大聖，管蔡寧相容，漢謠一斗粟，不與淮南春。兄弟尚路人，吾心安所從。他人方寸間，山海幾千重。輕言託朋友，對面九疑峯。多花必早落，桃李不如松。管、鮑久已死，何人繼其蹤？

《李太白全集》卷二四《寓言三首之一》 周公負斧扆，成王何夔夔？武王昔不豫，剪爪投河湄。賢聖遇讒慝，不免人君疑。天風拔大木，禾黍咸傷萎。管、蔡扇蒼蠅，公賦《鴟鴞》詩。金縢若不啓，忠信誰明之。

《全唐詩》卷七二八周曇《周公》 文武傳芳百代基。幾多賢哲守成規。仍聞吐握延儒素。猶恐民疵未盡知。

《王十朋全集·詩集》卷一〇《詠史詩·周公》 明堂攝政朝羣后，四海流言孺子疑。何事召公猶不説，丹心惟有鬼神知。

《全元文》卷一二八九楊維楨《周公負成王圖賦》 按《家語》，孔子觀乎明堂，見周公抱成王負斧扆之圖。至漢武帝，使黄門畫以賜霍光，則其圖固有所祖矣。余讀光傳，未嘗不廢卷而歎曰：嗟乎，光受顧命，擁昭立宣，以匡定社稷，使大臣不疑，百姓不貳，亦不負於帝矣，奈不無負於周公乎。自受襁葆之任，顓制國命。上官既誅，昌邑既廢，後威遂至於震主。而況寡妻弗刑，子弟日横。宣帝芒刺於光，豈惟驂乘之際乎？光素不學，無修己之術、家庭之教，固周公之罪人也爾。吁，周公七年而反政，猶窮窮其慎畏也。光顓制至二十年之久，而不知退避。周公子孫封於魯，傳世者三十。而光之族，一日而赤。人之才德相懸，固如此哉。或曰：光不幸遭宣帝寡恩之主爾，孝昭明過周成，信任大將軍，有毁者坐之。惜乎天不假年，光弗及終事也。吁，誠使孝昭與光始終，又果得成王之康周公於魯者乎？因論次其事，而賦其圖云：

溘余遊此明堂兮，閲天府之圖書。曰典逸與王會兮，固縱覽而無餘。忽遊目而反顧兮，儼赤舄之模糊。兹非吾尼父之所嘗見，而周公抱成王負斧扆之圖歟？慨余生之好修兮，遂披圖而求索。邅予道夫西京兮，若予心之有獲。昔炎漢之龍興兮，歷五葉之武皇。堯門立於鈎弋兮，戾苑廢於博望。志落落以多華兮，景翳翳以將暮。雖服食之有方兮，恐年歲之不吾與。視嗣子之在亂兮，尤隱衷之所慮也。曰託孤之大節兮，微重臣其孰屬也？美長髯之諤諤兮，實漢家之柱石。方出入乎禁闥兮，慮尺寸之或失。夫何黄門之有圖兮，迺委衷之攸寄。匪徒示乎觀美兮，重顧命之可貽。光拜稽首兮，實兢實懼。曰惟冲人兮，是調是護。顧六尺之既托兮，雖九死其不易。出納政令兮，左右正直。統御庶士兮，匡定社稷。雖不周於古之人兮，願依周公之遺則。兀砥柱於中流兮，受萬國之朝宗。四海想其風采兮，咸曰漢室之周公。迨昌邑之再禪兮，好棄忠而蔽美。顧兹圖之遺命兮，指皇天以永矢。爰按劍之有律兮，叱殿前之唯唯。璽組一解兮，行絶自天。金門涕泣兮，社稷忘顛。二百人之一勤兮，亦足以慰先帝於九泉。吾切悲夫子孟之貪婪兮，何持盈之弗悟也？顓制以二十年之久兮，曷不改乎此度也？階黨人之根據兮，彼又專之而不去也。昔周公之退政兮，猶窮窮其畏懼也。功在周室兮，報在魯也。嗚呼，勢不可以縱兮，權不可以久持。孰有滿而不溢兮，穹而不危。自淳於之失策兮，放妻戕於椒房。啓上心之一悟兮，恨昭臺之夜長。撥一劃於後昆兮，終亦罹夫禍殃。赤族氏於千户兮，流污血於平陽。君子知霍氏之顛覆兮，固不在驂乘之日也。斬元勳而不殁兮，又豈爲寡恩之失也？賦已，復爲辭以誅之曰：「君以臣而信兮，亦以臣而疑。臣以權而寵兮，亦以權而危。彼勳德之格天兮，兹功烈其何卑。彼世封之三十兮，兹九族之如斯。遊魂不食兮，霍叔餒而。問扆圖以何在兮？欻明堂其驚飛。顧麟閣其亦圮兮，憯愁雲之四垂。」

周成王部

綜述

《史記》卷四《周本紀》　武王病。天下未集，羣公懼，穆卜，周公乃祓齋，自爲質，欲代武王，武王有瘳。後而崩，太子誦代立，是爲成王。

成王少，周初定天下，周公恐諸侯畔周，公乃攝行政當國。管叔、蔡叔羣弟疑周公，與武庚作亂，畔周。周公奉成王命，伐誅武庚、管叔，放蔡叔。以微子開代殷後，國於宋。頗收殷餘民，以封武王少弟封爲衛康叔。晉唐叔得嘉穀，獻之成王，成王以歸周公於兵所。周公受禾東土，魯天子之命。初，管、蔡畔周，周公討之，三年而畢定，故初作《大誥》，次作《微子之命》，次《歸禾》，次《嘉禾》，次《康誥》、《酒誥》、《梓材》，其事在周公之篇。周公行政七年，成王長，周公反政成王，北面就羣臣之位。

成王在豐，使召公復營洛邑，如武王之意。周公復卜申視，卒營築，居九鼎焉。曰：「此天下之中，四方入貢道里均。」作《召誥》、《洛誥》。成王既遷殷遺民，周公以王命告，作《多士》、《無佚》。召公爲保，周公爲師，東伐淮夷，殘奄，遷其君薄姑。成王自奄歸，在宗周，作《多方》。既絀殷命，襲淮夷，歸在豐，作《周官》。興正禮樂，度制於是改，而民和睦，頌聲興。成王既伐東夷，息慎來賀，王賜榮伯，作《賄息慎之命》。

成王將崩，懼太子釗之不任，乃命召公、畢公率諸侯以相太子而立之。成王既崩，二公率諸侯，以太子釗見於先王廟，申告以文王、武王之所以爲王業之不易，務在節儉，毋多欲，以篤信臨之，作《顧命》。太子釗遂立，是爲康王。

雜録

備録

《尚書・召誥》　惟二月既望，越六日乙未，王朝步自周，則至于豐。

惟太保先周公相宅；越若來三月，惟丙午朏，越三日戊申，太保朝至于洛，卜宅。厥既得卜，則經營。越三日庚戌，太保乃以庶殷，攻位于洛汭；越五日甲寅，位成。若翼日乙卯，周公朝至于洛，則達觀于新邑營。越三日丁巳，用牲于郊，牛二。越翼日戊午，乃社于新邑，牛一、羊一、豕一。越七日甲子，周公乃朝用書命庶殷，侯、甸、男、邦伯。厥既命殷庶，庶殷丕作。太保乃以庶邦冢君，出取幣，乃復入，錫周公。

曰：「拜手稽首，旅王若公。誥告庶殷，越自乃御事。嗚呼！皇天上帝，改厥元子茲大國殷之命。惟王受命，無疆惟休，亦無疆惟恤。嗚呼！曷其奈何弗敬！

天既遐終大邦殷之命。茲殷多先哲王在天，越厥後王後民，茲服厥命；厥終智藏瘝在。夫知保抱攜持厥婦子，以哀籲天；徂厥亡出執。

嗚呼！天亦哀于四方民，其眷命用懋，王其疾敬德。相古先民有夏，天迪從子保；面稽天若，今時既墜厥命。今相有殷，天迪格保；面稽天若，今時既墜厥命。今沖子嗣，則無遺壽耇；曰，其稽我古人之德，矧曰其有能稽謀自天。嗚呼！有王雖小，元子哉。其丕能諴于小民，今休。王不敢後，用顧畏于民碞。

王來紹上帝，自服于土中。旦曰：「其作大邑，其自時配皇天；毖祀于上下，其自時中乂。王厥有成命，治民今休。」王先服殷御事，比介于我有周御事。節性，惟日其邁；王敬作所，不可不敬德。

我不可不監于有夏，亦不可不監于有殷。我不敢知曰，有夏服天命，惟有歷年；我不敢知曰，不其延，惟不敬厥德，乃早墜厥命。我不敢知曰，有殷受天命，惟有歷年；我不敢知曰，不其延，惟不敬厥德，乃早墜厥命。今王嗣受厥命，我亦惟茲二國命，嗣若功。

王乃初服；嗚呼！若生子，罔不在厥初生；自貽哲命。今天其命哲，命吉凶，命歷年。知今我初服，宅新邑，肆惟王其疾敬德。王其德之用，祈天永命。其惟王勿以小民淫用非彝亦敢殄戮；用乂民，若有功。其惟王位在德元，小民乃惟刑；用于天下，越王顯。上下勤恤，其曰我受天命，丕若有夏歷年，式勿替有殷歷年，欲王以小民受天永命。

拜手稽首曰：「予小臣，敢以王之讎民、百君子、越友民，保受王威命明德。王末有成命，王亦顯。我非敢勤，惟恭奉幣，用供王，能祈天永命。」

《尚書・洛誥》 周公拜手稽首曰：「朕復子明辟：王如弗敢及，天基命定命。予乃胤保大相東土，其基作民明辟。

「予惟乙卯朝至於洛師，我卜河朔黎水。我乃卜澗水東，瀍水西，惟洛食。我又卜瀍水東，亦惟洛食。伻來以圖及獻卜。」

王拜手稽首曰：「公不敢不敬天之休，來相宅，其作周匹休。公既定宅，伻來，來視予卜休恒吉，我二人共貞。公其以予萬億年敬天之休！拜手稽首誨言。」

周公曰：「王肇稱殷禮，祀於新邑，咸秩無文。予齊百工，伻從王于周，予惟曰『庶有事』。今王即命曰：『記功宗，以功作元祀。』惟命曰：『汝受命篤弼，丕視功載，乃汝其悉自教工。』

「孺子其朋，孺子其朋，其往！無若火始燄燄，厥攸灼叙，弗其絶。厥若彝，及撫事如予。惟以在周工往新邑，伻嚮即有僚，明作有功，惇大成裕，汝永有辭。」

公曰：「已，汝惟沖子，惟終。汝其敬識百辟享，亦識其有不享。享多儀，儀不及物，惟曰不享，惟不役志於享。凡民惟曰不享，惟事其爽侮。

「乃惟孺子頒，朕不暇聽。朕教汝于棐民彝；汝乃是不蘉，乃時惟不永哉。篤叙乃正父，罔不若予，不敢廢乃命。汝往敬哉！茲予其明農哉！彼裕我民，無遠用戾。」

王若曰：「公，明保予沖子。公稱丕顯德，以予小子，揚文武烈，奉答天命，和恒四方民居師。惇宗將禮，稱秩元祀，咸秩無文。惟公德明，光於上下，勤施于四方，旁作穆穆，迓(當作御)衡不迷，文武勤教，予沖子夙夜毖祀。」

王曰：「公功棐迪篤，罔不若時。(王曰：『公，予小子其退，即辟于周，命公後。』)四方迪亂，未定於宗禮，亦未克敉公功。迪將其後，監我士師工，誕保文武受民，亂爲四輔。」

王曰：「公定，予往已公功肅將祗歡，公無困哉我(當作『我哉』)，惟無斁其康事。公勿替刑，四方其世享。」

周公拜手稽首曰：「王命予來，承保乃文祖受命民，越乃光烈考武王弘朕恭。孺子來相宅，其大惇典殷獻民，亂爲四方新辟，作周恭先。曰其自時中乂，萬邦咸休，惟王有成績。予旦以多子越御事，篤前人成烈，荅其師，作周孚先。考朕昭子刑，乃單文祖德。

「伻來毖殷，乃命寧予，以秬鬯二卣，曰：『明禋，拜手稽首休享。』予不敢宿，則禋於文王武王；『惠篤叙，無有遘自疾，萬年猒于乃德，殷乃引考。』王伻殷，乃承叙萬年，其永觀朕子懷德。」

戊辰，王在新邑，烝祭歲，文王騂牛一，武王騂牛一。王命作册逸祝册，惟告周公其後。王賓，殺禋，咸格。王入太室祼。

(王曰：「公，予小子其退，即辟于周，命公後。」)

王命周公後，作册逸誥。在十有二月。惟周公誕保文武受命，惟七年。

《尚書・多方》 惟五月丁亥，王來自奄，至於宗周。

周公曰。

王若曰：「猷告爾四國多方，惟爾殷侯尹民，我惟大降爾命，爾罔不知。」

「洪惟圖天之命，弗永寅念於祀。惟帝降格於夏。有夏誕厥逸，不肯慼言於民，乃大淫昏，不克終日勸於帝之迪。乃爾攸聞。厥圖帝之命，不克開于民之麗，乃大降罰，崇亂有夏，因甲于内亂。不克靈承于旅，罔丕惟進之恭，洪舒于民。亦惟有夏之民，叨懫日欽，劓割夏邑。天惟時求民主，乃大降顯休命于成湯，刑殄有夏。

「惟天不畀，純，乃惟以爾多方之義民，不克永于多享。惟夏之恭多士，大不克明保享于民。乃胥惟虐于民，至于百爲，大不克開。乃惟成湯克以爾多方簡代夏作民主。慎厥麗乃勸，厥民刑用勸。以至於帝乙，罔不明德慎罰，亦克用勸。要囚，殄戮多罪，亦克用勸。開釋無辜，亦克用勸。今至于爾辟，弗克以爾多方享天之命。」

「嗚呼！」王若曰：「誥告爾多方，非天庸釋有夏，非天庸釋有殷，乃惟爾辟以爾多方大淫，圖天之命，屑有辭。乃惟有夏，圖厥政，不集於享；天降時喪，有邦間之。乃惟爾商後王，逸厥逸，圖厥政，不蠲烝，天惟降時喪。

「惟聖罔念作狂，惟狂克念作聖，天惟五年須暇〔湯〕之子孫，誕作民主，罔可念聽。天惟求爾多方，大動以威，開厥顧天，惟爾多方罔堪顧之。惟我周王，靈承於旅，克堪用德，惟典神天。天惟式教我用休，簡畀殷命，尹爾多方。」

「今我曷敢多誥，我惟大降爾四國民命。爾曷不忱裕之于爾多方？爾曷不夾介乂我周王，享天之命？今爾尚宅爾宅，畋爾田，爾曷不惠王熙天之命？

「爾乃迪屢不靖，爾心未愛；爾乃不大宅天命；爾乃屑播天命；爾乃自作不典，圖忱于正。

「我惟時其教告之，我惟時其戰要囚之。至于再，至于三。乃有不用我降爾命，我乃其大罰殛之。非我有周秉德不康寧，乃惟爾自速辜。」

王曰：「嗚呼！猷告爾有方多士暨殷多士：今爾奔走臣我監五祀。越惟有胥伯小大多正，爾罔不克臬。自作不和，爾惟和哉。爾室不睦，爾惟和哉。爾邑克明，爾惟克勤乃事。爾尚不忌於兇德，亦則以穆穆在乃位。克閱于乃邑謀介爾，乃自時洛邑，尚永力畋爾田。天惟畀矜爾，我有周惟其大介賚爾，迪簡在王庭，尚爾事，有服在大僚。」

王曰：「嗚呼！多士，爾不克勸忱我命，爾亦則惟不克享，凡民惟曰不享。爾乃惟逸惟頗，大遠王命，則惟爾多方探天之威，我則致天之罰，離逖爾土。」

王曰：「我不惟多誥，我惟祗告爾命。」

又曰：「時惟爾初，不克敬于和，則無我怨。」

《尚書·顧命》　惟四月哉生魄，王不懌。甲子，王乃洮頮水，相被冕服，憑玉几。乃同召太保奭、芮伯、彤伯、畢公、衛侯、毛公、師氏、虎臣、百尹、御事。

王曰：「嗚呼！疾大漸，惟幾，病日臻，既彌留，恐不獲誓言嗣，兹予審訓命汝，昔君文王、武王，宣重光，奠麗陳教，則肄肄不違，用克達殷，集大命。在後之侗，敬迓天威，嗣守文武大訓，無敢昏逾。今天降疾，殆弗興弗悟，爾尚明時朕言，用敬保元子釗，弘濟於艱難，柔遠能邇，安勸小大庶邦，思夫人自亂於威儀，爾無以釗冒貢於非幾。」

兹既受命，還，出綴衣於庭。越翼日乙丑，王崩。

太保命仲桓、南宫毛，俾爰齊侯呂伋，以二干戈虎賁百人，逆子釗於南門之外，延入翼室，恤宅宗。丁卯，命作册度。越七日癸酉，伯相命士須材。

狄設黼扆綴衣，牖間南嚮，敷重篾席，黼純，華玉仍几。西序東嚮，敷重底席，綴純，文貝仍几。東序西嚮，敷重豐席，畫純，雕玉仍几。西夾南嚮，敷重筍席，玄紛純，漆仍几。

越玉五重、陳寶、赤刀、大訓、弘璧、琬琰，在西序。大玉、夷玉、天球、河圖，在東序。胤之舞衣、大貝、鼖鼓，在西房。兑之戈、和之弓、垂之竹矢，在東房。大輅在賓階面，綴輅在阼階面，先輅在左塾之前，次輅在右塾之前。

二人雀弁，執惠，立于畢門之内；四人綦弁，執戈上刃，夾兩階戺；一人冕，執劉，立于東堂；一人冕，執鉞，立于西堂；一人冕，執戣，立于東垂；一人冕，執瞿，立于西垂；一人冕，執鋭，立于側階。

王麻冕黼裳，由賓階隮。卿士、邦君，麻冕蟻裳，入即位。太保、太史、太宗，皆麻冕彤裳。太保承介圭，上宗奉同瑁，由阼階隮。太史秉書，由賓階隮，御王册命。

曰：「皇后憑玉几，道揚末命：命汝嗣訓，臨君周邦，率循大卞，燮和天下，用答揚文武之光訓。」王再拜，興，答曰：「眇眇予末小子，其能而亂四方，以敬忌天威。」

乃受同（瑁），王三宿，三祭，三咤。上宗曰：「饗。」太保受同，降，盥，以異同秉璋以酢，授宗人同，拜。王答拜。太保受同，祭，嚌，宅，授宗人同，拜。王答拜。太保降，收。諸侯出廟門俟。

《國語·周語下》　晉羊舌肸聘於周，發幣於大夫及單靖公。靖公享之，儉而敬；賓禮贈餞，視其上而從之；燕無私，送不過郊；語説《昊天有成命》。

單之老送叔向，叔向告之曰：「異哉！吾聞之曰：『一姓不再興。』今周其興乎！其有單子也。昔史佚有言曰：『動莫若敬，居莫若儉，德莫若讓，事莫若咨。』單子之貺我，禮也，皆有焉。夫宫室不崇，器無彤鏤，儉也；身聳除潔，外内齊給，敬也；宴好享賜，不踰其上，讓也；賓之禮事，放上而動，咨也。如是，而加之以無私，重之以不殺，能避怨矣。居儉動敬，德讓事咨，而能避怨，以爲卿佐，其有不興乎！

「且其語説《昊天有成命》，頌之盛德也。其詩曰：『昊天有成命，二后受之，成王不敢康。夙夜基命宥密，於，緝熙！亶厥心肆其靖之。』是道成王之德也。成王能明文昭，能定武烈者也。夫道成命者，而稱昊天，翼其上也。二后受之，讓於德也。成王不敢康，敬百姓也。夙夜，恭也。基，始也。命，信也。宥，寬也。密，寧也。緝，明也。熙，廣也。亶，厚也。肆，固也。靖，龢也。其始也，翼上德讓，而敬百姓。其中也，恭儉信寬，帥歸於寧。其終也，廣厚其心，以固龢

之。始於德讓，中於信寬，終於固和，故曰成。單子儉敬讓咨，以應成德。單若不興，子孫必蕃，後世不忘。

「《詩》曰：『其類維何？室家之壼。君子萬年，永錫祚胤。』類也者，不忝前哲之謂也。壼也者，廣裕民人之謂也。萬年也者，令聞不忘之謂也。胤也者，子孫蕃育之謂也。單子朝夕不忘成王之德，可謂不忝前哲矣。膺保明德，以佐王室，可謂廣裕民人矣。若能類善物，以混厚民人者，必有章譽蕃育之祚，則單子必當之矣。單若有闕，必茲君之子孫實續之，不出於他矣。」

《逸周書・王會解》 成周之會，墠上張赤弈陰羽。天子南面立，絻無繁露，朝服八十物，搢珽。唐叔、荀叔、周公在左，太公望在右，皆絻，亦無繁露，朝服七十物，搢笏，旁天子而立於堂上。堂下之右，唐公、虞公南面立焉。堂下之左，殷公、夏公立焉，皆南面。絻有繁露，朝物五十物，皆搢笏。爲諸侯之有疾病者，阼階之南，祝淮氏、榮氏次之，皆西南，彌宗旁之。爲諸侯有疾病者之醫藥所居。相者太史魚、大行人，皆朝服，有繁露。堂下之東面，郭叔掌爲天子菉幣焉，絻有繁露。內臺西面者正北方，應侯、曹叔、伯舅、中舅，比服次之，要服次之，荒服次之。西方東面正北方，伯父中子次之。方千里之內爲比服，方千里之外爲要服，三千里之內爲荒服。是皆朝於內者。堂後東北爲赤弈焉，浴盆在其中。其西，天子車立馬乘，亦青陰羽鳧旌。中臺之外，其右泰士，臺右彌士。受贄者八人，東面者四人。陳幣當外臺，天玄㪉宗馬十二，王玄繚碧基十二，參方玄繚璧豹虎皮十二，四方玄繚璧琰十二。外臺之四隅張赤弈，爲諸侯欲息者皆息焉，命之曰爻閭。周公旦主東方所之。青馬黑㪉，謂之母兒。其守營墻者衣青，操弓執矛。西面者正北方，稷慎大麈。穢人前兒。前兒若彌猴，立行，聲似小兒。良夷在子。在子□身人首，脂其腹炙之霍，則鳴曰「在子」。揚州禺禺，魚名。解隃冠。發人鹿鹿者，若鹿迅走。俞人雖馬。青丘狐九尾。周頭煇羝，煇羝者羊也。黑齒白鹿，白馬。白民乘黃，乘黃者似騏，背有兩角。東越海蛤。歐人蟬蛇，蟬蛇順，食之美。姑於越納，曰姑妹珍。且甌文蜃，共人玄貝。海陽大蟹。自深桂。會稽以鼉。皆西嚮。正北方義渠以茲白，茲白者若白馬，鋸牙，食虎豹。史林以尊耳，尊耳者身若虎豹，尾長三尺其身，食虎豹。北唐戎以閭，閭以隃冠。渠叟以鼩犬，鼩犬者，露犬也，能飛，食虎豹。樓煩以星施，星施者珥旄。卜慮以羊，羊者，牛之小者也。區陽以鼈封者，若彘，前後有首。規矩以鱗者，獸也。西申以鳳鳥，鳳鳥者，戴仁、抱義、掖信，歸有德。丘羌鸞鳥。巴人以比翼鳥。方揚以皇鳥。蜀人以文翰，文翰者，若皐雞。方人以孔鳥。卜人以丹沙。夷用闟采。康民以桴苡者，其實如李，食之宜子。州靡費費，其形人身，枝踵，自笑，笑則上脣翕其目，食人，北方謂之吐嘍。都郭生生若黃狗，人面，能言。奇幹善芳，善芳者，頭若雄雞，佩之令人不昧。皆東嚮。北方臺正東：高夷嗛羊，嗛羊者，羊而四角。獨鹿邛邛距虛，善走也。孤竹距虛。不令支玄模。不屠何青熊。東胡黃羆。山戎菽。其西般吾白虎。屠州黑豹。禺氏騊駼。大夏茲白牛。犬戎文馬而赤鬣縞身，目若黃金，名古黃之乘。數楚每牛，每牛者，牛之小者也。匈戎狡犬，狡犬者，巨身，四尺果。皆北嚮。權扶三目。白州北閭，北閭者，其華若羽，伐其木以爲車，終行不敗。禽人管。路人大竹。長沙鼈。其西魚復鼓鐘鐘牛。蠻揚之翟。倉吾翡翠，翡翠者，所以取羽。其餘皆可知自古之政。南人至衆。皆北嚮。夏成五服，外薄四海。東海魚須魚目。南海魚革、珠璣、大貝。西海魚骨、魚幹、魚脅。北海魚劍、魚石、出瑱、擊閭。河魧。江鱓大龜。五湖元唐。鉅野蔆。鉅定嬴。濟中瞻諸。孟諸靈龜。隆谷玄玉。大都鱓魚，刀魚。咸會於中國。

《逸周書・成開解》 成王九年，大開告用。嗚呼！余夙夜之勤，今商孽競時逋播以輔，余何循何循何慎？王其敬文命，無易天不虞。在昔文考，躬修五典，免茲九功，敬人畏天，教以六則，四則、五示、三極，祗應八方，立忠協義，乃作。

三極：一、天有九列，別時陰陽；二、地有九州，別處五行；三、人有四佐，佐官維明；五示顯允，明所望。

五示：一、明位示士，二、明惠示衆，三、明主示寧，四、安宅示孥，五、利用示産。産足窮，家懷思終，主爲之宗，德以撫衆，衆和乃同。

四守：一、政盡人材，材盡致死；二、土守其城溝；三、障水以禦寇；四、大有沙炭之政。

六則：一、和衆，二、發鬱，三、明怨，四、轉怒，五、懼疑，六、因欲。

九功：一、賓好在笥，二、淫巧破制，三、好危破事，四、任利敗功，五、神巫動衆，六、盡哀民匱，七、荒樂無別，八、無制破教，九、任謀生詐。【略】

五典：一、言父典祭，祭祀昭天，百姓若敬；二、顯父登德，德降爲則，則信民寧；三正父登過，過慎於武，設備無盈；四、機父登失，脩□□官，官無不敬；五、□□□□，制哀節用，政治民懷。五典有常，政乃重開之守，內則順意，外則

順敬，內外不爽，是曰明王。王拜曰：允哉！維予聞曰：何鄉非懷，懷人惟思；思若不及，禍格無日。式皇敬哉！余小生思繼厥常，以昭文祖，定武考之列。嗚呼！余夙夜不寧。

《呂氏春秋・仲夏紀・古樂》 成王立，殷民反，王命周公踐伐之。商人服象，爲虐於東夷。周公遂以師逐之，至於江南，乃爲《三象》，以嘉其德。

賈誼《新書・脩政語下》 周成王年六歲，即位享國，親以其身見於粥子之家而問焉，曰：「昔者先王與帝修道而道修，寡人之望也，亦願以教，敢問興國之道奈何？」粥子對曰：「唯，疑。請以上世之政詔於君王。政曰：興國之道，君思善則行之，君聞善則行之，君知善則行之，位敬而常之，行信而長之，則興國之道也。」周成王曰：「受命矣。」

周成王曰：「敢問於道之要奈何？」粥子對曰：「唯，疑。請以上世之政詔於君王。政曰：爲人下者敬而肅，爲人上者恭而仁，爲人君者敬士愛民，以終其身，此道之要也。」周成王曰：「受命矣。」

周成王曰：「敢問治國之道若何？」粥子曰：「唯，疑。請以上世之政詔於君王。政曰：治國之道，上忠於主，而中敬其士，而下愛其民。故上忠其主者，非以道義則無以入忠也；而中敬其士，不以禮節無以諭敬也；下愛其民，非以忠信則無以諭愛也。故忠信行於民，而禮節諭於士，道義入於上，則治國之道也。雖治天下者，由此而已。」周成王曰：「受命矣。」

周成王曰：「寡人聞之，有上人者，有下人者，有賢人者，有不肖人者，有智人者，有愚人者。敢問上下之人，何以爲異？」粥子對曰：「唯，疑。請以上世之政詔於君王。政曰：凡人者，若賤若貴，若幼若老，聞道志而藏之，知道善而行之，上人矣；聞道而弗取藏也，知道而弗取行也，則謂之下人也。故夫行者善則謂之賢人矣，行者惡則謂之不肖矣。故夫言者善則謂之智矣，言者不善則謂之愚矣。故智愚之人有其辭矣，賢不肖之人別其行矣，上下之人等其志矣。」周成王曰：「受命矣。」

周成王曰：「寡人聞之，聖王在上位，使民富且壽云。若夫富則可爲也，若夫壽則不在天乎？」粥子曰：「唯，疑。請以上世之政詔於君王。政曰：聖王在上位，則天下不死軍兵之事。故諸侯不私相攻，而民不私相鬭閱，不私相煞也。故聖王在上位，則民免於一死而得一生矣。聖王在上，則君積於道，而吏積於德，而民積於用力。故婦人爲其所衣，丈夫爲其所食，則民無凍餧矣。故聖王在上，則民免於二死而得二生矣。聖王在上，則君積於仁，而吏積於愛，而民積於順，則刑罰廢矣。而民無天遏之誅。故聖王在上，則民免於三死而得三生矣。聖王在上，則使民有時，而用之有節，則民無厲疾。故聖王在上，則民免於四死而得四生矣。聖王在上，則使盈境內興賢良，以禁邪惡。故賢人必用而不肖人不作，則已得其命矣。故夫富且壽者，聖王之功也。」周成王曰：「受命矣。」

劉向《説苑・君道》 成王封伯禽爲魯公，召而告之曰：「爾知爲人上之道乎？凡處尊位者，必以敬下，順德規諫，必開不諱之門，蹲節安靜以藉之，諫者勿振以威，毋格其言，博采其辭，乃擇可觀。夫有文無武，無以威下；有武無文，民畏不親。文武俱行，威德乃成。既成威德，民親以服。清白上通，巧佞下塞，諫者得進，忠信乃畜。」伯禽再拜受命而辭。

劉向《説苑・政理》 成王問政於尹逸曰：「吾何德之行，而民親其上？」對曰：「使之以時而敬順之，忠而愛之，布令信而不食言。」王曰：「其度安至？」對曰：「如臨深淵，如履薄冰。」王曰：「懼哉！」對曰：「天地之間，四海之內，善之則畜也，不善則讎也。夏、殷之臣，反讎桀、紂而臣湯、武；夙沙之民，自攻其主，而歸神農氏。此君之所明知也，若何其無懼也？」

劉向《説苑・辨物》 成王時，有三苗貫桑而生，同爲一秀，大幾盈車，民得而上之成王。成王問周公，此何也？周公曰：「三苗同爲一秀，意天下其和而爲一乎？」後三年，則越裳氏重譯而朝，曰：「道路悠遠，山川阻深，恐一使之不通，故重三譯而來朝也。」周公曰：「德澤不加，則君子不饗其質；政令不施，則君子不臣其人。」譯曰：「吾受命於吾國之黄髮曰：『久矣天之無烈風澍雨，意中國有聖人耶，有則盍朝之。』」然後周公敬受其所以來矣。

皇甫謐《帝王世紀》卷五 周成王時，肅慎氏來獻楛矢、石砮，長尺有咫。

張華《博物志》卷八《史補》 成王冠，周公使祝雍曰：「辭達而勿多也。」祝雍曰：「近於民，遠於佞，近於義，嗇於時，惠於財，任賢使能。陛下擒顯先帝光耀，以奉皇天之嘉禄，欽順仲壹之言曰：『遵並大道〔之〕郊域，康阜萬國〕之休靈，始明元服，推遠童稚之幼志，弘積文武之就德，肅勲高祖之清廟，六合之內，靡不蒙德，歲歲與天無極。』」右孝昭用成王冠辭。

梁玉繩《人表考》卷二《上中仁人・成王誦》 成王始見《周書》、《周頌》，名誦始見《史・周紀》、《世表》，武王太子始見《周紀》。誦又作庸。《竹書》。亦曰文

子文孫，《書・立政》。亦曰昭子，《書・洛誥》蔡《傳》指成王。亦單稱成。《左》昭四。在位三十七年。《竹書》。或云四十七，或云三十三，或云三十，或云二十八，見《外紀》、《通志》。葬咸陽。《通考》百廿三。

備論

《墨子・三辯》 周成王之治天下也，不若武王，武王之治天下也，不若成湯，成湯之治天下也，不若堯舜。

《大戴禮記・保傅》 昔者周成王幼，在襁褓之中，召公爲太保，周公爲太傅，太公爲太師。【略】《明堂之位》曰：「篤仁而好學，多聞而道慎，天子疑則問，應而不窮者，謂之道。道者，導天子以道者也。常立於前，是周公也。誠立而敢斷，輔善而相義者，謂之充。充者，充天子之志也。常立於左，是太公也。絜廉而切直，匡過而諫邪者，謂之弼。弼者，拂天子之過者也。常立於右，是召公也。博聞强記，接給而善對者，謂之承。承者，承天子之遺忘者也。常立於後，是史佚也。」故成王中立而聽朝，則四聖維之，是以慮無失計，而舉無過事，殷周之前以長久者，其輔翼天子，有此具也。

周后妃任成王於身，立而不跂，坐而不差，獨處而不倨，雖怒而不詈，胎教之謂也。成王生，仁者養之，孝者繈之，四賢傍之。成王有知，而選太公爲師，周公爲傅，此前有與計，而後有與慮，是以封泰山而禪梁甫，朝諸侯而一天下。猶此觀之，王左右不可不練也。

《史記》卷二四《樂書》 成王作頌，推己懲艾，悲彼家難，可不謂戰戰恐懼，善守善終哉？

《胡宏集・皇王大紀論・成王將崩》 人多以爲成王中才之主也。愚觀其臨終處斷大事不動聲氣，過人遠甚，然後知周公所以教之者至，而成王進德之勇也。

成王既崩，然後逆元子於南門之外者，是太子宫在南門之外也。夫太子，國儲君副，疾既大漸而不居中，可乎？古者，聖賢之君以死生爲常，故不與怛化小人大命未終，妻子已環而泣之者同也。以大臣爲腹心，故公其子而不與之輕重輔弼也。以天下爲家，故必終於正寢，公卿百官受顧命而不没於兒女子之手也。後世此道不明，人君牽滯於兒女子之情，而懼於死生之變，以勢利亂其心，而以天下私其子，故不任大臣以天下，而大臣亦不敢以天下自任。於是有母后臨朝之顛制，外戚擅權之大患，閹寺狐鼠之深害，偏信獨任之陰謀矣。此後世所以不及三代也。

《胡宏集・皇王大紀論・鴟鴞喻成王》 鴟鴞，食母之鳥也。《詩》云「鴟鴞鴟鴞，既取我子」者，指管、蔡背父叛君，流不利孺子之言，使成王有疑心也。「毋毁我室，恩斯勤斯，鬻子之閔斯」者，痛傷管、蔡背毁王室，不思君父顧復之恩，創業之勤也。

「迨天之未陰雨，徹彼桑土，綢繆牖户，今汝下民，或敢侮予」者，言如是，然後可以有室家而人信服也。

「予手拮据，予所捋荼，予所蓄租，予口卒瘏」，周公佑成王，創立室家，勤苦如是也。

曰「予未有室家」者，以成王爲室家，王而有疑周公之心，王室危而未可保也。夫鴟鴞，遞相食者也。管叔既背文王矣，今成王又將背周公，故周公亦以鴟鴞自喻。曰「予羽譙譙，予尾翛翛，予室翹翹，風雨所漂摇，予維音曉曉」，其事惡，故其比惡，其心切，故其辭切。

成王讀是詩，知比鴟鴞之爲惡矣，心不能無愠怒而未敢誚公者，以其心疑而未決也。及天動威，則啓書感泣焉。寧知非此詩不先有以警動其心乎！

《方苞集》卷一《成王立在繈褓之中辨》 武王崩，成王幼，在襁褓之中。說見《家語》，又見《史記》，又見賈誼《保傅篇》，而《漢書》亦云：武帝命畫《周公負成王圖》，以賜霍光。蓋莽與歆既曰成王不能踐阼，則年宜甚幼，而《金縢》之篇無是也。其書乃伏生所傳，舊列學官，不可譸張爲幻，故於《戴記》竄焉。又恐《戴記》出宣、元間，學者間有其書，故欲多爲之徵。而《論語》乃世儒所習誦，故又於《家語》竄焉；漢興，博學多聞，莫如賈生，繼《春秋》創史法，囊括載籍，爲世所宗，莫如太史公，故又於二書竄焉；至《漢書》所云，或武帝偶命作圖，以示立少子之意，或其事亦歆等構造，又或史官所記本《周公輔成王圖》，而歆易爲「負」，班固因之：皆不足據也。衆言樊亂，必折諸經。《金縢》之篇曰：「王與大夫盡弁。」則既冠明矣。「公以詩貽王，而王亦未敢誚公。」則已甚達於世事矣。以是知古書中言成王幼，不能踐阼者，皆妄也；而況云在襁褓之中哉？幸而《金縢》之篇尚存，不然，則歆之怪變，竟無從而得之矣。

或又以王自稱「冲子」，周、召稱王「孺子」爲疑。是惑也，《盤庚》之誥，自稱

「冲人」；范文子爲大夫，贊軍謀，而武子呼爲「童子」；嗣君之自謂，師保之規箴，其稱言義當若此，不可以弗察也。

藝文

《詩序》《昊天有成命》，郊祀天地也。

《詩經·周頌·昊天有成命》 昊天有成命，二后受之。成王不敢康，夙夜基命宥密。於緝熙，單厥心，肆其靖之。

《詩序》《噫嘻》，春夏祈穀於上帝也。

《詩經·周頌·噫嘻》 噫嘻成王，既昭假爾。率時農夫，播厥百穀。駿發爾私，終三十里。亦服爾耕，十千維耦。

《詩序》《閔予小子》，嗣王朝於廟也。

《詩經·周頌·閔予小子》 閔予小子，遭家不造，嬛嬛在疚。於乎皇考！永世克孝。念茲皇祖，陟降庭止。維予小子，夙夜敬止。於乎皇王！繼序思不忘。

《詩序》《訪落》，嗣王謀於廟也。

《詩經·周頌·訪落》 訪予落止，率時昭考。於乎悠哉，朕未有艾，將予就之，繼猶判渙。維予小子，未堪家多難。紹庭上下，陟降厥家。休矣皇考，以明保其身。

《詩序》《敬之》，羣臣進戒嗣王也。

《詩經·周頌·敬之》 敬之敬之，天維顯思，命不易哉。無曰高高在上，陟降厥士，日監在茲。維予小子，不聽敬止。日就月將，學有緝熙於光明。佛時仔肩，示我顯德行。

《詩序》《小毖》，嗣王求助也。

《詩經·周頌·小毖》 予其懲而毖後患，莫予荓蜂，自求辛螫。肇允彼桃蟲，拚飛維鳥，未堪家多難，予又集於蓼。

《曹植集》卷一《周成王贊》 成王繼武，賢聖保傅。年雖幼稚，岐嶷有素。初疑周公，終焉克寤。旦奭佐治，遂致刑錯。

王嘉《拾遺記》卷二《周》 成王即政三年，有泥離之國來朝。其人稱：自發其國，常從雲裏而行，聞雷霆之聲在下；或人潛穴，又聞波濤之聲在上。視日月以知方國所向，計寒暑以知年月。考國之正朔，則序曆與中國相符。王接以外賓禮也。

四年。旃塗國獻鳳雛，載以瑶華之車，飾以五色之玉。駕以赤象，至於京師，育於靈禽之苑，飲以瓊漿，飴以雲實，二物皆出上元仙。方鳳初至之時，毛色文彩未彪發；及成王封泰山、禪社首之後，文彩炳耀。中國飛走之類，不復喧鳴，咸服神禽之遠至也。及成王崩，冲飛而去。孔子相魯之時，有神鳳游集。至哀公之末，不復來翔，故云：「鳳鳥不至。」可爲悲矣！

五年。有因祇之國，去王都九萬里，獻女工一人。體貌輕潔，被纖羅雜繡之衣，長袖修裾，風至則結其衿帶，恐飄颻不能自止也。其人善織，以五色絲內於口中，手引而結之，則成文錦。其國人來獻，有雲昆錦，文似雲從山嶽中出也；有列堞錦，文似雲霞覆城雉樓堞也；有雜珠錦，文似貫珠佩也；有篆文錦，文似大篆之文也；有列明錦，文似列燈燭也。幅皆廣三尺。其國丈夫勤於耕稼，一日鋤十頃之地。又貢嘉禾，一莖盈車。故時俗四言詩曰：「力勤十頃，能致嘉穎。」

六年。燃丘之國獻比翼鳥，雌雄各一，以玉爲樊。其國使者皆拳頭尖鼻，衣雲霞之布，如今「朝霞」也。經歷百有餘國，方至京師。其中路山川不可記。越鐵峴，泛沸海，蛇洲、蜂岑。鐵峴峭礪，車輪剛金爲輞，比至京師，輪皆銚鋭幾盡。又沸海洶涌如煎，魚鼈皮骨堅强如石，可以爲鎧。泛沸海之時，以銅薄舟底，蛟龍不能近也。又經蛇洲，則以豹皮爲屋，於屋内推車。又經蜂岑，燃胡蘇之木。此木煙能殺百蟲。經途五十餘年，乃至洛邑。成王封泰山，禪社首。使發其國之時並童稚，至京師鬢皆白。及還至燃丘，容貌還復少壯。比翼鳥多力，狀如鵲，銜南海之丹泥，巢昆岑之玄木，遇聖則來集，以表周公輔聖之祥異也。

七年。南陲之南，有扶婁之國。其人善能機巧變化，易形改服，大則興雲起霧，小則入於纖毫之中。綴金玉毛羽爲衣裳。能吐雲噴火，鼓腹則如雷霆之聲。或化爲犀、象、師子、龍、蛇、犬、馬之狀。或變爲虎、兕，口中生人，備百戲之樂，宛轉屈曲於指掌間。人形或長數分，或復數寸，神怪欻忽，衒麗於時。樂府皆傳此伎，至末代猶學焉，得粗亡精，代代不絶，故俗謂之婆候伎，則扶婁之音，訛替至今。

庾信《庾子山集》卷一〇《成王刻桐葉封虞讃》 虞叔百里，居河之汾。帝刻桐葉，天書掌文。禮以成德，樂以歌薰。天子無戲，唐其有君。

《王十朋全集·詩集》卷一〇《詠史詩·成王》 姬旦推誠相幼冲，流言交亂出居東。誰云王是中才主，一啓金縢即悟公。

周康王部

綜述

《史記》卷四《周本紀》 成王將崩，懼太子釗之不任，乃命召公、畢公率諸侯以相太子而立之。成王既崩，二公率諸侯，以太子釗見於先王廟，申告以文王、武王之所以爲王業之不易，務在節儉，毋多欲，以篤信臨之，作《顧命》。太子釗遂立，是爲康王。康王即位，徧告諸侯，宣告以文武之業以申之，作《康誥》。故成康之際，天下安寧，刑錯四十餘年不用。康王命作策，畢公分居里，成周郊，作《畢命》。

皇甫謐《帝王世紀》卷五 康王元年，釋喪冕，作誥申諸侯。命畢公作策，分民之居里於成周之郊。王在位二十六年崩，子瑕代立，是謂昭王。

雜録

備録

《尚書·康王之誥》【略】王若曰：「庶邦侯甸男衛，惟予一人釗報誥，昔君文、武，丕平富，不務咎，底至齊信，用昭明于天下。則亦有熊羆之士，不二心之臣，保乂王家，用端命于上帝，皇天用訓厥道，付畀四方，乃命建侯樹屏，在我後之人。今予一二伯父，尚胥暨顧綏爾先公之臣，服于先王。雖爾身在外，乃心罔不在王室，用奉恤厥若，無遺鞠子羞。」

群公既皆聽命，相揖趨出。王釋冕，反喪服。

《尚書·畢命》 康王命作册畢，分居里，成周郊，作《畢命》。

惟十有二年，六月庚午朏，越三日壬申，王朝步自宗周，至于豐。以成周之衆，命畢公保釐東郊。

王若曰：「嗚呼！父師，惟文王、武王，敷大德於天下，用克受殷命。惟周公左右先王，綏定厥家。毖殷頑民，遷于洛邑，密邇王室，式化厥訓。既歷三紀，世變風移，四方無虞，予一人以寧。道有升降，政由俗革，不臧厥臧，民罔攸勸。惟公懋德，克勤小物，弼亮四世，正色率下，罔不祗師言。嘉績多於先王，予小子垂拱仰成。」

王曰：「嗚呼！父師，今予祗命公以周公之事，往哉！旌別淑慝，表厥宅里，彰善癉惡，樹之風聲。弗率訓典，殊厥井疆，俾克畏慕。申畫郊圻，慎固封守，以康四海。政貴有恒，辭尚體要，不惟好異。商俗靡靡，利口惟賢，餘風未殄，公其念哉！

「我聞曰：『世禄之家，鮮克由禮，以蕩陵德，實悖天道。敝化奢麗，萬世同流。』兹殷庶士，席寵惟舊，怙侈滅義，服美于人。驕淫矜侉，將由惡終。雖收放心，閑之惟艱。資富能訓，惟以永年。惟德惟義，時乃大訓。不由古訓，于何其訓？」

王曰：「嗚呼！父師，邦之安危，惟兹殷士，不剛不柔，厥德允修。惟周公克慎厥始，惟君陳克和厥中，惟公克成厥終。三后協心，同底於道，道洽政治，澤潤生民。四夷左衽，罔不咸賴，予小子永膺多福。公其惟時成周，建無窮之基，亦有無窮之聞。子孫訓其成式，惟乂。嗚呼！罔曰弗克，惟既厥心。罔曰民寡，惟慎厥事。欽若先王成烈，以休于前政。」

梁玉繩《人表考》卷三《上下智人·康王釗》 康王釗，成王子，始見《書·顧命》。亦單稱康。《左》昭四。在位二十六年。《竹書》。年五十七。《外紀》、《通志》。葬咸陽。《通考》百廿三。

備論

《淮南子·主術訓》 成、康繼文、武之業，守明堂之制，觀存亡之迹，見成敗之變，非道不言，非義不行，言不苟出，行不苟爲，擇善而後從事焉。由此觀之，則聖人之行方矣。

馬驌《繹史》卷二五《成康繼治論》 成王之初立，蓋以太公爲師，周公爲傅，

召公爲保，史佚爲少師，賈誼書所記是也。既而周公爲師，召公爲保，《書序》所稱是也。周公攝位，恐王德之不正，抗世子法於伯禽，俾王觀而習焉。遭流言之變，猶陳王業，述《豳風》，又作《文王》、《大明》、《緜》諸詩，述先王之德，進《無逸》之書，以警戒；而召公亦有《公劉》、《卷阿》之篇。故成王盛德，由天資之善，而大臣夾輔之功尤多也。四國既平，營洛定鼎，製作明備，禮樂興而頌聲作，周公云没，遵成法而施之，晏如也。故史稱太平封禪，周德之洽，維成王。及成王崩，召公、畢公皆四世耆老，受顧命以輔新君，觀末命弘濟之訓，鞠子恤若之言，父子同一心也。成王有以正其終，康王有以正其始，《大紀》曰：「康王恭敬神人，四夷賓服，民尚禮義，是時殷民胥化命，畢公保釐東都，猶兢兢安危之慮，是以成、康之際，天下安寧，刑錯四十年不用，於戲美哉！」

袁了凡、王鳳洲《袁王綱鑒合編・周記・康王》胡雙湖評

康王克遵洪業，敬恭神人，四夷賓服，海内晏然，百姓興於禮義，囹圄空虚。成康之際，天下太平，而有唐虞之風焉。此文武成康父子祖孫聖賢相繼者，一百餘年，後世謂泰和在唐虞成康，宇宙間貞元會合之運，亘千古而再見者歟！

丁南湖評

四十餘年，刑措不用，其果然乎？王充《論衡》云，堯舜雖優，不能使一人不刑，文武雖盛，不能使一刑不用。言其犯刑者少用刑希疎可也，言其刑措不用，後儒之增飾也，然雖增飾，亦足爲人主欽恤之勸矣。

周昭王部

綜述

《史記》卷四《周本紀》 康王卒，子昭王瑕立。昭王之時，王道微缺。昭王南巡狩不返，卒於江上。其卒不赴告，諱之也。立昭王子滿，是爲穆王。

皇甫謐《帝王世紀》卷五 昭王在位五十一年，以德衰南征。及濟於漢，船人惡之，乃膠船進王。王御船至中流，膠液解，王及祭公俱没水而崩。其右辛游靡長臂且多力，拯得王。國人諱之。王室於是乎大微。王娶於房，曰房后。生太子滿，代立，是謂穆王。

雜録

備録

《逸周書・祭公解》 王若曰：「祖祭公，次予小子，虔虔在位，昊天疾威，予多時溥愍。我聞祖不豫有加，予惟敬省，不弔天降疾病，予畏之威，公其告予懿德。」祭公拜手稽首曰：「天子，謀父疾維不瘳，朕身尚在兹，朕魂在於天。昭王之所勗，宅天命。」王曰：「嗚呼！公，朕皇祖文王、烈祖武王，度下國，作陳周，維皇皇上帝，度其心，寘之明德。付俾於四方，用應受天命，敷文在下。我亦維有若文祖周公暨列祖召公，兹申予小子追學於文武之蔑。周克龕紹成康之業，以將天命，用夷居之大商之衆。我亦維有若祖祭公之執和周國，保乂王家。」王曰：「公稱丕顯之德，以予小子揚文武大勳，弘成康昭考之烈。」王曰：「公無困我哉！俾百僚乃心，率輔弼予一人。」祭公拜手稽首曰：「允乃詔，畢桓於黎民般。」公曰：「天子，謀父疾維不瘳，敢告天子，皇天改大殷之命，維文王受之，維武王大剋之，咸茂厥功。維天貞文王之重用威，亦尚寬壯厥心，康受乂之，式用休。亦先王茂綏厥心，敬恭承之。維武王申大命，戡厥敵。」公曰：「天子，自三公上下，辟於文武，文武之子孫，大開方封於下土。天之所錫武王時疆土。丕維周之□□□后稷之受命，是永宅之。維我後嗣，旁建宗子，丕維周之始并。嗚呼！天子，三公監於夏商之既敗，丕則無遺後難，至於萬億年，守序終之。既畢，丕乃有利宗，丕維文王由之。」公曰：「嗚呼！天子，我不則寅哉寅哉！汝無以戾□罪疾，喪時二王大功。汝無以嬖御固莊后，汝無以小謀敗大作，汝無以嬖御士疾大夫卿士，汝無以家相亂王室而莫恤其外。尚皆以時中乂萬國。嗚呼三公，汝念哉！汝無泯泯芬芬，厚顔忍醜，時維大不弔哉。昔在先王，我亦維丕以我辟險於難，不失於正，我亦以免没我世。嗚呼三公，予維不起朕疾，汝其皇敬哉。兹皆保之。曰康子之攸保，勗教誨之，世祀無絶，不我周有常刑。」王拜手稽首黨言。

《呂氏春秋・季夏紀・音初》 周昭王親將征荆，辛餘靡長且多力，爲王右。還反涉漢，梁敗，王及蔡公抎於漢中。辛餘靡振王北濟，又反振蔡公。周公乃侯之於西翟，實爲長公。殷整甲徙宅西河，猶思故處，實始作爲西音，長公繼是音以處西山，秦繆公取風焉，實始作爲秦音。

馬驌《繹史》卷二六《穆王命官訓刑》引《刀劍録》 周昭王瑕在位五十一年，以二年歲次壬午，鑄五劍，各投五嶽，銘曰：「鎮嶽尚方。」古文篆書，長五尺。

梁玉繩《人表考》卷九《下下愚人・昭王瑕》 昭王始見《逸書祭公解》、《左》僖四、《周語》上、《齊語》。名瑕，康王子，始見《史・周紀》、《世表》。亦曰昭后。《楚辭・天問》。在位十九年。《竹書》，而《外紀》、《通志》作五十一年。至所引皇甫謐謂在位二年，年三十五，則妄也。穆王即位，春秋已五十，父年乃三十五耶？征荆，抎于漢中。《呂氏春秋・音初》，而《周紀》言卒於江上。《水經沔水注》言溺于沔，小異。

備論

《胡宏集・皇王大紀論・昭王南征》 史有謂昭王以楚人不朝南征，濟漢，楚人密以膠舟進，中流舟解，王没於水者。審若是，則楚有不赦之罪，嗣王所當

寢苦枕戈，誓弗與共天下也。

愚觀穆王命君牙、伯冏之文，典雅弘奧，克己求善，蓋賢君也，豈有忽棄君父而不動天下之兵以討荆楚者乎！疑好事者爲之，如堯幽囚、舜野死之類也。是以不取彼而取此。

顧炎武《日知録》卷一四《謚法》 然謚之曰昭，亦但取其習於威儀爾。《謚法》：「容儀恭美曰昭。」按周之昭王，南征不復。晉昭侯、鄭昭公、宋昭公、蔡昭侯，皆見弒於其臣，是昭非饗國克終之謚也。此外齊、晉、曹、許皆有昭公，亦無可稱。而周之甘昭公，以罪見殺。至楚昭王、燕昭王、秦昭襄王、漢孝昭帝，始以爲美謚，而唐之昭宗亦見弒。

藝文

《楚辭·屈原〈天問〉》 昭后成遊，南土爰底。厥利惟何，逢彼白雉？

王嘉《拾遺記》卷二《周》 昭王即位二十年，王坐祇明之室，晝而假寐。忽夢白雲蓊蔚而起，有人衣服並皆毛羽，因名羽人。王夢中與語，問以上仙之術。羽人曰：「大王精智未開，欲求長生久視，不可得也。」王跪而請受絶慾之教。羽人乃以指畫王心，應手即裂。王乃驚寤，而血濕衿席，因患心疾，即却膳撤樂。移於旬日，忽見所夢者復來，語王曰：「先欲易王之心。」乃出方寸緑囊，中有續脈明丸、補血精散，以手摩王之臆，俄而即愈。王即請此藥，貯以玉缶，緘以金繩。玉以塗足，則飛天地萬里之外，如遊咫尺之內。有得服之，後天而死。

二十四年，塗脩國獻青鳳、丹鵲各一雌一雄。孟夏之時，鳳、鵲皆脫易毛羽。聚鵲翅以爲扇，緝鳳羽以飾車蓋也。扇一名「遊飄」，二名「條翮」，三名「虧光」，四名「仄影」。時東甌獻二女，一名延娟，二名延娛。使二人更搖此扇，侍於王側，輕風四散，泠然自涼。此二人辯口麗辭，巧善歌笑，步塵上無跡，行日中無影。及昭王淪於漢水，二女與王乘舟，夾擁王身，同溺於水。故江漢之人，到今思之，立祀於江湄。數十年間，人於江漢之上，猶見王與二女乘舟戲於水際。至暮春上巳之日，禊集祠間，或以時鮮甘味，採蘭杜包裹，以沉水中；或結五色紗囊盛食，或用金鐵之器，並沉水中，以驚蛟龍水蟲，使畏之不侵此食也。其水傍號曰招祇之祠。綴青鳳之毛爲二裘，一名燠質，二名暄肌，服之可以却寒。至厲王流於彘，彘人得而奇之，分裂此裘，遍於彘土。罪入大辟者，抽裘一毫以贖其死，則價直萬金。

《全唐詩》卷二〇三梁洽《觀漢水》 發源自嶓冢，東注經襄陽。一道入溟渤，別流爲滄浪。求思詠游女，投弔悲昭王。水濱不可問，日暮空湯湯。

《全唐詩》卷五六三李善夷《責漢水辭》并序 春秋僖公四年，齊桓公合諸侯之師盟于召陵，責楚之苞茅不入，寡君之罪也，敢不供給。昭王南征之不復，君其問諸水濱。按，昭王南征至漢，舟人膠其舟，王遂溺死。杜預曰：「當時漢水未屬楚。」杜之注，其爲謬哉。且楚實殷之始封，楚苦縣瀨鄉，在漢水東北六百餘里，則漢水於西周之際，豈未屬楚乎？又《詩》云：「撻彼殷武，奮伐荆楚。罙入其阻，裒荆之旅。」鄭玄注云：「深入方城之阻也。」方城今在漢水北三百里，豈昭王時未屬楚乎？屈完以齊桓所問之大，不敢他對。但請自問於水濱之人，言我不之知也，漢實屬楚久矣。夫山林川澤，天子祀之，必有其神。楚人膠其船而禍其君，神不能福，神之罪也。餘過漢，見其波濤滉漾而責其水。詞曰：

漢之廣兮，風波四起。雖有風波，不如蹄涔之水。蹄涔之水，不爲下國而傾天子。漢之深兮，其堤莫量。雖云莫量，不如行潦之汪。行潦之汪，不爲下國而溺天王。漢之美者曰魴，吾雖饑不食其魴，恐污吾之饑腸。

《全唐詩》卷五九三曹鄴《南征怨》 萬浪東不回，昭王南征早。龍舟没何處，獨樹江上老。吾欲問水濱，宮殿已生草。

周穆王部

綜述

《史記》卷四《周本紀》 穆王即位，春秋已五十矣。王道衰微，穆王閔文武之道缺，乃命伯臩申誡太僕國之政，作《臩命》。復寧。

穆王將征犬戎，祭公謀父諫曰：「不可。先王燿德不觀兵。夫兵戢而時動，動則威，觀則玩，玩則無震。是故周文公之頌曰：『載戢干戈，載櫜弓矢，我求懿德，肆於時夏，允王保之。』先王之於民也，茂正其德而厚其性，阜其財求而利其器用，明利害之鄉，以文脩之，使之務利而辟害，懷德而畏威，故能保世以滋大。昔我先王世后稷以服事虞、夏。及夏之衰也，棄稷不務，我先王不窋用失其官，而自竄於戎狄之閒。不敢怠業，時序其德，遵脩其緒，脩其訓典，朝夕恪勤，守以敦篤，奉以忠信。奕世載德，不忝前人。至於文王、武王，昭前之光明而加之以慈和，事神保民，無不欣喜。商王帝辛大惡於民，庶民不忍，訢載武王，以致戎於商牧。是故先王非務武也，勤恤民隱而除其害也。夫先王之制，邦內甸服，邦外侯服，侯衛賓服，夷蠻要服，戎翟荒服。甸服者祭，侯服者祀，賓服者享，要服者貢，荒服者王。日祭，月祀，時享，歲貢，終王。先王之順祀也，有不祭則脩意，有不祀則脩言，有不享則脩文，有不貢則脩名，有不王則脩德，序成而有不至則脩刑。於是有刑不祭，伐不祀，征不享，讓不貢，告不王。於是有刑罰之辟，有攻伐之兵，有征討之備，有威讓之命，有文告之辭。布令陳辭而有不至，則增脩於德，無勤民於遠。是以近無不聽，遠無不服。今自大畢、伯士之終也，犬戎氏以其職來王，天子曰『予必以不享征之，且觀之兵』，無乃廢先王之訓，而王幾頓乎？吾聞犬戎樹敦，率舊德而守終純固，其有以禦我矣。」王遂征之，得四白狼四白鹿以歸。自是荒服者不至。

諸侯有不睦者，甫侯言於王，作脩刑辟。王曰：「吁，來！有國有土，告汝祥刑。在今爾安百姓，何擇非其人，何敬非其刑，何居非其宜與？兩造具備，師聽五辭。五辭簡信，正於五刑。五刑不簡，正於五罰。五罰不服，正於五過，五過之疵，官獄內獄，閱實其罪，惟鈞其過。五刑之疑有赦，五罰之疑有赦，其審克之。簡信有衆，惟訊有稽。無簡不疑，共嚴天威。黥辟疑赦，其罰百率，閱實其罪。劓辟疑赦，其罰倍灑，閱實其罪。臏辟疑赦，其罰倍差，閱實其罪。宮辟疑赦，其罰五百率，閱實其罪。大辟疑赦，其罰千率，閱實其罪。墨罰之屬千，劓罰之屬千，臏罰之屬五百，宮罰之屬三百，大辟之罰其屬二百：五刑之屬三千。」命曰《甫刑》。穆王立五十五年，崩，子共王繄扈立。

皇甫謐《帝王世紀》卷五 穆王即位，命伯嬰爲太僕。今《尚書・君牙》、《伯冏》二篇是也。

周穆王征犬戎，得煉鋼赤刀，用之割玉如割泥焉。

穆王修德教，會諸侯於塗山，命呂侯爲相，或謂之甫侯。五十一年，王一百歲，老耄，以呂侯有賢能之德，於是乃命呂侯作《呂刑》之書。五十五年，王年百五歲，崩於祇宮。

雜録

備録

《尚書・君牙》 穆王命君牙爲周大司徒，作《君牙》。

王若曰：「嗚呼！君牙，惟乃祖乃父，世篤忠貞，服勞王家，厥有成績，紀于太常。惟予小子，嗣守文、武、成、康遺緒，亦惟先王之臣，克左右亂四方。心之憂危，若蹈虎尾，涉于春冰。今命爾予翼，作股肱心膂，纘乃舊服，無忝祖考，弘敷五典，式和民則。爾身克正，罔敢弗正，民心罔中，惟爾之中。夏暑雨，小民惟曰怨咨，冬祁寒，小民亦惟曰怨咨，厥惟艱哉，思其艱以圖其易，民乃寧。嗚呼！丕顯哉！文王謨，丕承哉！武王烈。啓佑我後人，咸以正罔缺。爾惟敬明乃訓，用奉若于先王，對揚文、武之光命，追配于前人。」王若曰：「君牙，乃惟由先正舊典時式，民之治亂在茲，率乃祖考之攸行，昭乃辟之有乂。」

《尚書・冏命》 穆王命伯冏爲周大僕正，作《冏命》。

王若曰：「伯冏，惟予弗克于德，嗣先人宅丕后，怵惕惟厲，中夜以興，思免

厥愆。昔在文、武，聰明齊聖，小大之臣，咸懷忠良，其侍御僕從，罔匪正人，以旦夕承弼厥辟，出入起居，罔有不欽，發號施令，罔有不臧，下民祗若，萬邦咸休。惟予一人無良，實賴左右前後有位之士，匡其不及，繩愆糾謬，格其非心，俾克紹先烈。今予命汝作大正，正於羣僕侍御之臣，懋乃后德，交修不逮，慎簡乃僚，無以巧言令色，便辟側媚，其惟吉士。僕臣正，厥后克正，僕臣諛，厥后自聖。后德惟臣，不德惟臣。爾無昵於憸人，充耳目之官，迪上以非先王之典。非人其吉，惟貨其吉，若時瘝厥官。惟爾大弗克祗厥辟，惟予汝辜。」

王曰：「嗚呼！欽哉！永弼乃后於彝憲。」

《尚書・吕刑》 吕命，穆王訓夏贖刑，作《吕刑》。

惟吕命，王享國百年，耄荒，度作刑以詰四方。王曰：「若古有訓，蚩尤惟始作亂，延及于平民，罔不寇賊，鴟義姦宄，奪攘矯虔。苗民弗用靈，制以刑，惟作五虐之刑曰法，殺戮無辜，爰始淫爲劓、刵、椓、黥，越兹麗刑并制，罔差有辭。民興胥漸，泯泯棼棼，罔中于信，以覆詛盟。虐威庶戮，方告無辜於上，上帝監民，罔有馨香德，刑發聞惟腥。皇帝哀矜庶戮之不辜，報虐以威，遏絶苗民，無世在下。乃命重、黎，絶地天通，罔有降格。羣后之逮在下，明明棐常，鰥寡無蓋。皇帝清問下民，鰥寡有辭于苗，德威惟畏，德明惟明。乃命三后，恤功于民。伯夷降典，折民惟刑。禹平水土，主名山川。稷降播種，農殖嘉穀。三后成功，惟殷于民。士制百姓于刑之中，以教祗德。穆穆在上，明明在下，灼于四方，罔不惟德之勤。故乃明于刑之中，率乂于民棐彝。典獄，非訖于威，惟訖于富。敬忌，罔有擇言在身，惟克天德，自作元命，配享在下。」

王曰：「嗟，四方司政典獄，非爾惟作天牧。今爾何監？非時伯夷播刑之迪，其今爾何懲？惟時苗民，匪察于獄之麗，罔擇吉人，觀于五刑之中，惟時庶威奪貨，斷制五刑，以亂無辜，上帝不蠲，降咎于苗。苗民無辭於罰，乃絶厥世。」

王曰：「嗚呼，念之哉！伯父、伯兄、仲叔、季弟、幼子、童孫，皆聽朕言，庶有格命。今爾罔不由慰日勤，爾罔或戒不勤，天齊于民，俾我一日，非終惟終，在人。爾尚敬逆天命，以奉我一人，雖畏勿畏，雖休勿休。惟敬五刑，以成三德，一人有慶，兆民賴之，其寧惟永。」

王曰：「吁，來，有邦有土，告爾祥刑。在今爾安百姓，何擇非人？何敬非刑？何度非及？兩造具備，師聽五辭。五辭簡孚，正於五刑。五刑不簡，正於五罰。五罰不服，正於五過。五過之疵，惟官，惟反，惟内，惟貨，惟來。其罪惟均，其審克之。五刑之疑有赦，五罰之疑有赦，其審克之。簡孚有衆，惟貌有稽。無簡不聽，具嚴天威。墨辟疑赦，其罰百鍰，閱實其罪。劓辟疑赦，其罰惟倍，閱實其罪。剕辟疑赦，其罰倍差，閱實其罪。宫辟疑赦，其罰六百鍰，閱實其罪。大辟疑赦，其罰千鍰，閱實其罪。墨罰之屬千，劓罰之屬千，剕罰之屬五百，宫罰之屬三百，大辟之罰其屬二百，五刑之屬三千。上下比罪，無僭亂辭，勿用不行。惟察惟法，其審克之。上刑適輕，下服。下刑適重，上服。輕重諸罰有權。刑罰世輕世重，惟齊非齊，有倫有要。罰懲非死，人極於病。非佞折獄，惟良折獄，罔非在中。察辭于差，非從惟從。哀敬折獄，明啓刑書胥占，咸庶中正。其刑其罰，其審克之。獄成而孚，輸而孚。其刑上備，有并兩刑。」

王曰：「嗚呼，敬之哉！官伯族姓，朕言多懼。朕敬於刑，有德惟刑。今天相民，作配在下，明清於單辭。民之亂，罔不中聽獄之兩辭。無或私家于獄之兩辭。獄貨非寶，惟府辜功，報以庶尤。永畏惟罰，非天不中，惟人在命。天罰不極，庶民罔有令政在于天下。」

王曰：「嗚呼！嗣孫，今往何監？非德於民之中，尚明聽之哉！哲人惟刑，無疆之辭，屬於五極，咸中有慶。受王嘉師，監于兹祥刑。」

《國語・周語上》 穆王將征犬戎，祭公謀父諫曰：「不可。先王耀德不觀兵。夫兵戢而時動，動則威，觀則玩，玩則無震。是故周文公之《頌》曰：『載戢干戈，載櫜弓矢。我求懿德，肆於時夏，允王保之。』先王之於民也，懋正其德而厚其性，阜其財求而利其器用，明利害之鄉，以文修之，使務利而避害，懷德而畏威，故能保世以滋大。

「昔我先王世后稷，以服事虞、夏。及夏之衰也，棄稷不務，我先王不窋用失其官，而自竄於戎、狄之閒，不敢怠業，時序其德，纂修其緒，修其訓典，朝夕恪勤，守以敦篤，奉以忠信，奕世載德，不忝前人。至於武王，昭前之光明而加之以慈和，事神保民，莫弗欣喜。商王帝辛，大惡於民。庶民不忍，欣戴武王，以致戎於商牧。是先王非務武也，勤恤民隱而除其害也。

「夫先王之制：邦内甸服，邦外侯服，侯、衛賓服，蠻、夷要服，戎、狄荒服。甸服者祭，侯服者祀，賓服者享，要服者貢，荒服者王。日祭、月祀、時享、歲貢、終王，先王之訓也。有不祭則修意，有不祀則修言，有不享則修文，有不貢則修名，有不王則修德，序成而有不至則修刑。於是乎有刑不祭，伐不祀，征不享，讓不貢，告不王。於是乎有刑罰之辟，有攻伐之兵，有征討之備，有威讓之令，有文

告之辭。布令陳辭而又不至，則增修於德而無勤民於遠，是以近無不聽，遠無不服。

「今自大畢、伯士之終也，犬戎氏以其職來王，天子曰：『予必以不享征之，且觀之兵。』其無乃廢先王之訓而王幾頓乎！吾聞夫犬戎樹惇，帥舊德而守終純固，其有以禦我矣！」

王不聽，遂征之，得四白狼，四白鹿以歸。自是荒服者不至。

《史記》卷五《秦本紀》 蜚廉復有子曰季勝。季勝生孟增。孟增幸於周成王，是爲宅皋狼。皋狼生衡父，衡父生造父。造父以善御幸於周繆王，得驥、温驪、驊駵、騄耳之駟，西巡狩，樂而忘歸。徐偃王作亂，造父爲繆王御，長驅歸周，一日千里以救亂。繆王以趙城封造父，造父族由此爲趙氏。

《史記》卷四三《趙世家》 季勝生孟增。孟增幸於周成王，是爲宅皋狼。皋狼生衡父，衡父生造父。造父幸於周繆王。造父取驥之乘匹，與桃林盜驪、驊騮、緑耳，獻之繆王。繆王使造父御，西巡狩，見西王母，樂之忘歸。而徐偃王反，繆王日馳千里馬，攻徐偃王，大破之。乃賜造父以趙城，由此爲趙氏。

《後漢書》卷八五《東夷列傳》 後徐夷僭號，乃率九夷以伐宗周，西至河上。穆王畏其方熾，乃分東方諸侯，命徐偃王主之。偃王處潢池東，地方五百里，行仁義，陸地而朝者三十有六國。穆王後得驥騄之乘，乃使造父御以告楚，令伐徐，一日而至。於是楚文王大舉兵而滅之。偃王仁而無權，不忍鬬其人，故致於敗。乃北走彭城武原縣東山下，百姓隨之者以萬數，因名其山爲徐山。

張華《博物志》卷六《物名考》 周穆王八駿：赤驥、飛黄、白蟻、華騮、騄耳、騧騟、渠黄、盜驪。

周穆王有犬名耗，毛白。

王應麟《困學紀聞》卷二《書》 《周書・史記篇》「穆王召左史戎夫，取遂事之要戒」，言皮氏、華氏、夏后、殷商、有虞氏、平林、質沙、三苗、扈氏、義渠、平州、林氏、曲集、有巢、有鄶、共工、上衡氏、南氏、有果氏、畢程氏、陽氏、穀平、阪泉、縣宗、玄都、西夏、績陽、有洛之亡。

葉適《習學記言序目》卷一九《史記一・世家》 穆王「見西王母，樂之忘歸」，「日馳千里馬，攻徐偃王」，此方士語也；血脈不亂，夢之帝所，鈞天九奏，射中熊羆，此醫師語也；遷皆載之，蕪妄甚矣！（《趙》）

梁玉繩《人表考》卷四《中上・穆王滿》 穆王始見《書》序。穆王滿，昭王子，始見《史・周紀》。穆又作繆。《史・秦紀》、《趙世家》。亦曰周穆，《抱朴子・名實》。亦曰穆滿，《穆天子傳》。亦單稱穆。《左》昭四。昭王娶房后，丹朱馮之，生穆王，《周語》上。即位已五十，立五十五年崩。《周紀》。年百五歲。《御覽》八十五，而昌黎《佛骨表》依《呂刑》稱百年，《論衡・氣壽》言百三四十歲，並妄。都南鄭。《竹書》、《穆天子傳》亦稱西鄭，見沈約注及本書《地理志》京兆鄭縣臣瓚注。

錢保塘《帝王世紀續補》 周穆王使造父御八駿，日行千里，車轍馬迹遍於天下。

備論

馬驌《繹史》卷二六《穆王命官訓刑論》 周道微缺，自昭王始。魯人弒君而不能討，王綱爲不振矣。南征不復，諱而不告，荆、楚爲患，亦由此起。穆王懲其禍敗，閔文、武之道缺，求賢自輔，命君牙爲大司徒，伯冏爲大僕正，史以爲初政也。國既復寧，海内晏安，王其有侈心乎？乃用造父爲御，駕八駿以佚遊，向所謂慎簡僕從，無昵憸人者，躬言之而躬自蹈之，不知伯冏猶在職乎否也？顧世所傳穆王事，多夸誕過實，《列子》之寓言，《穆傳》之附會，固不足信。史稱造父御王巡狩，見西王母，徐偃王反，日馳千里馬攻破之，豈王之貳車，遂足以制勝？抑六師之衆，咸有此捷足哉？史不録於《周本紀》，亦不過雜採異説以傳疑，左氏述楚子革之言曰：「昔穆王欲肆其心，周行天下，將皆必有車轍馬跡焉，祭公謀父作《祈招》之詩以止王心，王是以獲没於祇宫，其詩曰：『祈招之愔愔，式昭德音，思我王度，式如玉，式如金，形民之力，而無醉飽之心。』」欲者未然之謀也，將者未然之事也，抑或穆王西征犬戎，祭公諫而不聽，更欲遠遊，聞《祈招》之詩而遂止，故《前編》以《冏命》爲穆王中年改悔之書，當在祭公進詩後也。及其暮年，作《贖刑》以詰四方，雖因世變更法制，而哀矜惻怛，猶有三代遺風焉。孔子於成、康之後，特存穆王之三書，蓋有取乎穆王也。其始能因亂警惕，其中能遷善改過，其終能敬慎祥刑，雖非全德，抑亦有周之令主乎！

藝文

《楚辭·屈原〈天問〉》 穆王巧挴，夫何周流？環理天下，夫何索求？

《列子·周穆王》 周穆王時，西極之國有化人來，入水火，貫金石，反山川，移城邑，乘虛不墜，觸石不硋。千變萬化，不可窮極。既已變物之形，又且易人之慮。穆王敬之若神，事之若君。推露寢以居之，引三牲以進之，選女樂以娛之。化人以爲王之宫室卑陋而不可處，王之廚饌腥螻而不可饗，王之嬪御膻惡而不可親。穆王乃爲之改築，土木之功，赭堊之色，無遺巧焉。五府爲虛，而臺始成，其高千仞，臨終南之上，號曰中天之臺。簡鄭、衛之處子娥媌靡曼者，施芳澤，正蛾眉，設笄珥，衣阿錫，曳齊紈，粉白黛黑，珮玉環，雜芷若，以滿之，奏《承雲》、《六瑩》、《九韶》、《晨露》以樂之。月月獻玉衣，旦旦薦玉食。化人猶不舍然，不得已而臨之。居亡幾何，謁王同游。王執化人之袪，騰而上者，中天迺止。暨及化人之宫。化人之宫，構以金銀，絡以珠玉，出雲雨之上，而不知下之據，望之若屯雲焉。耳目所觀聽，鼻口所納嘗，皆非人間之有。王實以爲清都、紫微、鈞天、廣樂，帝之所居。王俯而視之，其宫榭若累塊積蘇焉。王自以居數十年不思其國也。化人復謁王同遊，所及之處，仰不見日月，俯不見河海。光影所照，王目眩不能得視；音響所來，王耳亂不能得聽。百骸六藏，悸而不凝。意迷精喪，請化人求還。化人移之，王若殞虛焉。既寤，所坐猶嚮者之處，侍御猶嚮者之人。視其前，則酒未清，肴未昲。王問所從來，左右曰：「王默存耳。」由此穆王自失者三月而復，更問化人。化人曰：「吾與王神遊也，形奚動哉？且曩之所居，奚異王之宫？曩之所遊，奚異王之圃？王閒恒有，疑蹔亡，變化之極，疾徐之閒，可盡模哉？」王大說。不恤國事，不樂臣妾，肆意遠遊，命駕八駿之乘，右服驊騮而左綠耳，右驂赤驥而左白㮚，主車則造父爲御，禼卨爲右，次車之乘，右服渠黄而左踰輪，左驂盜驪而右山子，柏天主車，參百爲御，奔戎爲右，馳驅千里，至於巨蒐氏之國。巨蒐氏乃獻白鵠之血以飲王，具牛馬之湩以洗王之足，及二乘之人。已飲而行，遂宿於崑崙之阿，赤水之陽。别日升崑崙之丘，以觀黄帝之宫，而封之以詒後世。遂賓於西王母，觴於瑶池之上。西王母爲王謡，王和之，其辭哀焉。迺觀日之所入。一日行萬里。王乃歎曰：「於乎！予一人不盈於德，而諧於樂，後世其追數吾過乎！」穆王幾神人哉！能窮當身之樂，猶百年乃徂，世以爲登假焉。

《列子·湯問》 周穆王西巡狩，越崑崙，不至弇山。反還，未及中國，道有獻工人名偃師，穆王薦之，問曰：「若有何能。」偃師曰：「臣唯命所試。然臣已有所造，願王先觀之。」穆王曰：「日以俱來，吾與若俱觀之。」越日，偃師謁見王。王薦之，曰：「若與偕來者何人？」對曰：「臣之所造能倡者。」穆王驚視之，趣步俯仰，信人也。巧夫鎮其頤，則歌合律；捧其手，則舞應節。千變萬化，唯意所適。王以爲實人也，與盛姬内御並觀之。技將終，倡者瞬其目而招王之左右侍妾。王大怒，立欲誅偃師。偃師大懾，立剖散倡者以示王，皆傅會革、木、膠、漆、白、黑、丹、青之所爲。王諦料之，内則肝、膽、心、肺、脾、腎、腸、胃，外則筋骨、支節、皮毛、齒髮，皆假物也，而無不畢具者。合會復如初見。王試廢其心，則口不能言；廢其肝，則目不能視；廢其腎，則足不能步。穆王始說而歎曰：「人之巧乃可與造化者同功乎？」詔貳車載之以歸。【略】

造父之師曰泰豆氏。造父之始從習御也，執禮甚卑，泰豆三年不告。造父執禮愈謹，乃告之曰：「古詩言：『良弓之子，必先爲箕；良冶之子，必先爲裘。』汝先觀吾趣。趣如吾，然後六轡可持，六馬可御。」造父曰：「唯命所從。」泰豆乃立木爲塗，僅可容足；計步而置，履之而行，趣走往還，無跌失也。造父學之，三日盡其巧。泰豆歎曰：「子何其敏也？得之捷乎！凡所御者，亦如此也。曩汝之行，得之於足，應之於心。推於御也，齊輯乎轡銜之際，而急緩乎脣吻之和，正度乎胸臆之中，而執節乎掌握之間。内得於中心，而外合於馬志，是故能進退履繩，而旋曲中規矩，取道致遠，而氣力有餘，誠得其術也。得之於銜，應之於轡；得之於轡，應之於手；得之於手，應之於心。則不以目視，不以策驅；心閑體正，六轡不亂，而二十四蹄所投無差；迴旋進退，莫不中節。然後輿輪之外可使無餘轍，馬蹄之外可使無餘地；未嘗覺山谷之嶮，原隰之夷，視之一也。吾術窮矣。汝其識之！」

《穆天子傳》 飲天子蠲山之上。戊寅，天子北征，乃絶漳水。庚辰，至於□，觴天子於盤石之上。天子乃奏廣樂。載立不舍，至於鈃山之下。癸未，雨雪，天子獵於鈃山之西阿。於是得絶鈃山之隊，北循虖沱之陽。

乙酉，天子北升於□。天子北征於犬戎，犬戎□胡，觴天子於當水之陽，天子乃樂□，賜七萃之士戰。庚寅，北風雨雪，天子以寒之故，命王屬休。甲午，天

子西征，乃絶隃之關隥。己亥，至於焉居禺知之平。

辛丑，天子西征，至於䣙人，河宗之子孫䣙柏絮且逆天子於智之□，先豹皮十，良馬二六，天子使井利受之。癸酉，天子舍於漆澤，乃西釣於河，以觀□智之□。甲辰，天子獵於滲澤，於是得白狐玄狢焉，以祭於河宗。丙午，天子飲於河水之阿。天子屬六師之人，於䣙邦之南、滲澤之上。

戊申，天子西征，鶩行至於陽紆之山，河伯無夷之所都居，是惟河宗氏。河宗伯夭逆天子燕然之山，勞用束帛加璧，先白□。天子使祭父受之。癸丑，天子大朝於燕□之山、河水之阿，乃命井利、梁固聿將六師。天子命吉日戊午，天子大服，冕褘，帔帶，搢曶，夾佩，奉璧，南面立於寒下，曾祝佐之，官人陳牲全，五□具。天子授河宗璧，河宗伯夭受璧，西向沈璧於河，再拜稽首，祝陳牛馬豕羊，河宗□命於皇天子，河伯號之。帝曰，穆滿，女當永致用旹事。南向再拜。河宗又號之。帝曰，穆滿，示女春山之珤，詔女昆侖□舍四平泉七十。乃至於昆侖之丘，以觀春山之珤，賜語晦。天子受命，南向再拜。

己未，天子大朝於黄之山，乃披圖視典，用觀天子之珤器，曰，天子之珤，玉果、璿珠、燭銀、黄金之膏。天子之珤萬金，□珤百金，士之珤五十金，庶人之珤十金。天子之弓，射人步劒，牛馬犀□器千金。天子之馬走千里，勝人猛獸。天子之狗走百里，執虎豹。伯夭曰，征鳥使翼，曰□鳥鳶，鸛雞飛八百里，名獸使足，□走千里，狻猊□野馬走五百里，邛邛距虛走百里，麋□二十里。曰，伯夭皆致河典。乃乘渠黄之乘，爲天子先，以極西土。

乙丑，天子西濟於河□。爰有温谷、樂都，河宗氏之所遊居。丙寅，天子屬官效器，乃命正公郊父，受敕憲，用伸□八駿之乘，以飲於枝洔之中，積石之南河。天子之駿，赤驥、盜驪、白義、踰輪、山子、渠黄、華騮、绿耳。狗，重工、徹止、藿猳、□黄、南□、來白。天子之御，造父三百，耿翛、芍及。曰，天子是與出□入藪，田獵釣弋。天子曰，於乎！予一人不盈於德，而辨於樂，後世亦追數吾過乎？七萃之士，□天子曰，後世所望，無失天常，農工既得，男女衣食，百姓珤富，官人執事。故天有旹，民□氏響曰，何謀於樂，何意之忘，與民共利，世以爲常也。天子嘉之，賜以左佩華也，乃再拜頓首。

□伯夭曰，□封膜晝於河水之陽，以爲殷人主。丁巳，天子西南升□之所主居，爰有大木碩草，爰有野獸，可以畋獵。戊午，𡨋□之人居慮，獻酒百□於天子。天子已飲而行，遂宿於昆侖之阿、赤水之陽。爰有鶤鳥之山，天子三日舍於鶤鳥之山。□吉日辛酉，天子升於昆侖之丘，以觀黄帝之宫，而豐□隆之葬，以詔後世。癸亥，天子具蠲齊牲全，以禋□昆侖之丘。

甲子，天子北征，舍於珠澤，以釣於流水，曰珠澤之藪，方三十里，爰有萑葦、莞蒲、茅萯、蒹葽。乃獻白玉□隻，□角之一□三，可以□沐。乃進食□酒十□姑劓九□，亓味中糜胃而滑。因獻食馬三百，牛羊三千。天子□昆侖，以守黄帝之宫，南司赤水，而北守春山之寶。天子乃□之人□吾黄金之環三五，珠帶貝飾三十，工布之四，□吾乃膜拜而受。天子又與之黄牛二六，以三十□人於昆侖丘。

季夏丁卯，天子北升於春山之上，以望四野，曰春山是唯天下之高山也，孶木□華畏雪。天子於是取孶木華之實，持歸種之，曰，春山之澤，清水出泉，温和無風，飛鳥百獸之所飲食，先王所謂縣圃。天子於是得玉策枝斯之英，曰春山百獸之所聚也，飛鳥之所棲也。爰有□獸食虎豹，如麋而載骨，盤□始如麕，小頭大鼻。爰有赤豹白虎，熊羆豺狼，野馬野牛，山羊野豕。爰有白鳥青鵰，執犬羊，食豕鹿。曰，天子五日，觀於春山之上，乃爲銘迹於春山之上，以詔後世。

壬申，天子西征。甲戌，至於赤烏。赤烏之人其獻酒千斛於天子，食馬九百，羊牛三千，穄麥百載。天子使祭父受之，曰，赤烏氏先出自周宗，太王亶父之始作西土，封其兄子吴太伯於東吴，詔以金刃之刑，賄用周室之璧，封丌璧臣長季綽於春山之虱，妻以元女，詔以玉石之刑，以爲周室主。天子乃賜赤烏之人□其墨乘四，黄金四十鎰，貝帶五十，朱三百裹。丌乃膜拜而受，曰，□山是唯天下之良山也，寶玉之所在，嘉穀生之，草木碩美。天子於是取嘉禾以歸，樹於中國，曰，天子五日休於□山之下，乃奏廣樂。赤烏之人丌好獻女於天子，女聽女列爲嬖人，曰，赤烏氏美人之地也，寶玉之所在也。

己卯，天子北征，趙行□舍。庚辰，濟於洋水。辛巳，入於曹奴。曹奴之人戲觴天子於洋水之上，乃獻食馬九百，牛羊七千，穄米百車。天子使逢固受之。天子乃賜曹奴之人戲□黄金之鹿，白銀之麕，貝帶四十，朱四百裹。戲乃膜拜而受。壬午，天子北征，東還。甲申，至於黑水，西膜之所謂鴻鷺，於是降雨七日，天子留胥六師之屬，天子乃封長肱於黑水之西河，是惟鴻鷺之上，以爲周室主，是曰留胥之邦。

辛卯，天子北征，東還，乃循黑水。癸巳，至於羣玉之山，容□氏之所守，曰羣玉田山□知阿平無險，四徹中繩，先王之所謂策府，寡草木而無鳥獸。爰有□

木，西膜之所謂□。天子於是取玉三乘，玉器服物，於是載玉萬雙，天子四日休羣玉之山，乃命邢侯待攻玉者。

孟秋丁酉，天子北征，□之人潛時，觴天子於羽陵之上，乃獻良馬牛羊。天子以其邦之攻玉石也，不受其牢。伯夭曰：□氏檻□之後也。天子乃賜之黃金之罌三六，朱三百裹，潛時乃膜拜而受。

戊戌，天子西征。辛丑，至於剞閭氏，天子乃命剞閭氏供食六師之人，於鐵山之下。壬寅，天子登於鐵山，乃徹祭器於剞閭之人，温歸乃膜拜而受。天子已祭而行，乃遂西征。

丙午，至於鶗韓氏，爰有樂野，温和，穄麥之所草，犬馬牛羊之所昌，寶玉之所□。丁未，天子大朝於平衍之中，乃命六師之屬休。己酉，天子大饗正公諸侯，王吏七萃之士，於平衍之中。鶗韓之人無鳧，乃獻良馬百匹，用牛三百，良犬七千，牥牛二百，野馬三百，牛羊二千，穄麥三百車。天子乃賜之黃金銀罌四七，貝帶五十，朱三百裹，變□雕官，無鳧上下，乃膜拜而受。

庚戌，天子西征，至於玄池。天子三日休於玄池之上，乃奏廣樂，三日而終，是曰樂池。天子乃樹之竹，是曰竹林。癸丑，乃遂西征。丙辰，至於苦山，西膜之所謂茂苑。天子於是休獵，於是食苦。丁巳，天子西征。已未，宿於黃鼠之山西□，乃遂西征。癸亥，至於西王母之邦。

吉日甲子，天子賓於西王母，乃執白圭玄璧，以見西王母，好獻錦組百純，□組三百純。西王母再拜受之。□乙丑，天子觴西王母於瑶池之上。西王母爲天子謡，曰：白雲在天，山陵自出，道里悠遠，山川閑之，將子無死，尚能復來。天子答之曰：予歸東土，和治諸夏，萬民平均，吾顧見汝，比及三年，將復而野。天子遂驅升於弇山，乃紀丌跡於弇山之石，而樹之槐，眉曰，西王母之山。西王母之山還歸，丌□世民作憂以吟，曰：比徂西土，爰居其野。虎豹爲羣，於鵲與處。嘉命不遷，我惟帝女。天子大命，而不可稱。顧世民之恩，流涕芔隕。吹笙鼓簧，中心翔翔，世民之子，唯天之望。

丁未，天子飲於温山，□考鳥。己酉，天子飲於溽水之上，乃發憲命，詔六師之人，□共羽。爰有□藪水澤，爰有陵衍平陸，碩鳥解羽，六師之人，畢至於曠原，曰，天子三月，舍於曠原。□天子大饗正公諸侯，王勒七萃之士，於羽岑之上，乃奏廣樂，□六師之人翔畋於曠原，得獲無疆，鳥獸絶羣。六師之人，大畋九日，乃駐於羽之□，收皮效物，債車受載。天子於是載羽百車。

己亥，天子東歸，六師□起。庚子，至於□之山而休，以待六師之人。庚辰，天子東征。癸未，至於戊□之山，智氏之所處，□智□往天子於戊□之山，勞用白驂二疋，野馬野牛四十，守犬七十，乃獻食馬四百，牛羊三千，曰智氏。□天子北遊於駟子之澤，智氏之夫，獻酒百□於天子，天子賜之狗璣采，黃金之罌二九，貝帶四十，朱丹三百裹，桂薑百□，乃膜拜而受。

乙酉，天子南征，東還。己丑，至於獻水，乃遂東征，飲而行，乃遂東南。己亥，至於瓜纑之山，三周若城，閼氏、胡氏之所保。天子乃遂東征，南絶沙衍。辛丑，天子渴於沙衍，求飲未至，七萃之士高奔戎刺其左驂之頸，取其青血以飲天子。天子美之，乃賜奔戎珮玉一隻。奔戎再拜䭬首。

天子乃遂南征，甲辰，至於積山之□，爰有蔓柏，曰䰟余之人命懷，獻酒於天子。天子賜之黃金之罌、貝帶、朱丹七十裹。命懷乃膜拜而受。乙巳，□諸飦獻酒於天子。天子賜之黃金之罌，貝帶，朱丹七十裹。諸飦乃膜拜而受之。

庚辰，至於滔水，濁繇氏之所食。辛巳，天子東征。癸未，至於蘇谷，骨飦氏之所衣被，乃遂南征東還。丙戌，至於長㳄，重𪓰氏之西疆。丁亥，天子升於長㳄，乃遂東征。庚寅，至於重𪓰氏。黑水之阿，爰有野麥，爰有荅堇，西膜之所謂木禾，重𪓰氏之所食。爰有采石之山，重𪓰氏之所守，曰枝斯、璿瑰、㻬瑤、琅玕、玲瓏、㺿瓚、玗琪、徽尾，凡好石之器於是出。

孟秋癸巳，天子命重𪓰氏，共食天子之屬。五日丁酉，天子升於采石之山，於是取采石焉。天子使重𪓰之民，鑄以成器，於黑水之上，器服物佩好無疆，曰天子一月休。秋癸亥，天子觴重𪓰之人鰥黛，乃賜之黃金之罌二九，銀烏一隻，貝帶五十，朱七百裹，筩箭桂薑百嵒，絲總雕官。鰥黛乃膜拜而受。乙丑，天子東征，鰥黛送天子至於長沙之山，□隻。天子使柏夭受之。柏夭曰，重𪓰氏之先，三苗氏之□處，以黃木䶂銀采，□乃膜拜而受。

丙寅，天子東征南還。己巳，至於文山，西膜之所謂□，觴天子於文山。西膜之人，乃獻食馬三百，牛羊二千，穄米千車。天子使畢矩受之，曰，□天子三日遊於文山，於是取采石。壬寅，天子飲於文山之下，文山之人歸遺乃獻良馬十駟，用牛三百，守狗九十，牥牛二百，以行流沙。天子之豪馬豪牛、尨狗豪羊，以三十祭文山，又賜之黃金之罌二九，貝帶三十，朱三百裹，桂薑百嵒。歸遺乃膜拜而受。癸酉，天子命駕八駿之乘，右服驊騮，而左緑耳，右驂赤䮳，而左白䕸，天子主車，造父爲御，㔻㔻爲右。次車之乘，右服渠黃，而左踰輪，右驂盜驪，而

左山子，柏夭主車，參百爲御，奔戎爲右。

天子乃遂東南翔行，馳驅千里。至於巨蒐之人𠂤奴，乃獻白鵠之血，以飲天子，因具牛羊之湩，以洗天子之足，及二乘之人。甲戌，巨蒐之𠂤奴觴天子於焚留之山，乃獻馬三百，牛羊五千，秋麥千車，膜稷三十車。天子使柏夭受之，好獻枝斯之石四十，𤩴𤥨㻬琈、㻌佩百隻，琅玕四十，䰐𩯖十篋。天子使造父受之，□乃賜之銀木彘采，黄金之罌二九，貝帶四十，朱三百裹，桂薑百峝。𠂤奴乃膜拜而受。

乙亥，天子南征，陽紆之東尾，乃遂絶𨺅𨺐之谷，已至於𨻰𨾍河之水北阿，爰有𩅦溲之□，河伯之孫，事皇天子之山，有模堇，其葉是食明后。天子嘉之，賜以佩玉一隻，柏夭再拜稽首。癸丑，天子東征，柏夭送天子，至於𨛫人。𨛫伯絮觴天子於澡澤之上，𨻰多之汭，河水之所南還。曰，天子五日休於澡澤之上，以待六師之人。戊午，天子東征，顧命柏夭，歸於丌邦。天子曰，河宗正也。柏夭再拜稽首。

天子南還，升於長松之隥。孟冬壬戌，至於雷首，犬戎胡觴天子於雷首之阿，乃獻食馬四六。天子使孔牙受之，曰，雷水之平寒，寡人具犬馬羊牛。爰有黑牛白角，爰有黑羊白血。癸亥，天子南征，升於髭之隥。丙寅，天子至於鈃山之隊，東升於三道之隥，乃宿於二邊，命毛班、逢固先至於周，以待天之命。癸酉，天子命駕八駿之乘，赤驥之駟，造父爲御，□南征翔行，逕絶翟道，升於太行，南濟於河，馳驅千里，遂入於宗周。官人進白鵠之血，以飲天子，以洗天子之足。造父乃具羊之血，以飲四馬之乘一。

庚辰，天子大朝於宗周之廟。乃里西土之數，曰，自宗周瀍水以西，至於河宗之邦，陽紆之山，三千有四百里。自陽紆西至於西夏氏，二千又五百里。自西夏至於珠余氏及河首，千又五百里。自河首襄山以西，南至於舂山珠澤，昆侖之丘，七百里。自舂山以西，至於赤烏氏舂山，三百里。東北還，至於羣玉之山，截舂山以北，自羣玉之山以西，至於西王母之邦，三千里。□自西王母之邦，北至於曠原之野，飛鳥之所解其羽，千有九百里。□宗周至於西北大曠原，萬四千里。乃還，東南復至於陽紆，七千里。還歸於周，三千里。各行兼數，三萬有五千里。吉日甲申，天子祭於宗周之廟。乙酉，天子□六師之人於洛水之上。丁亥，天子北濟於河。□羝之隊，以西北，升於盟門、九河之隥，乃遂西南。仲冬壬辰，至於𩫖山之上，乃奏廣樂，三日而終。吉日丁酉，天子入於南鄭。

竇處曰，天子四日，休於濩澤，於是射鳥獵獸。丁丑，天子□雨乃至。祭父自圃鄭來謁，留昆歸玉百枚，陖翟致賂，良馬百駟，歸畢之寶，以詰其成。陖子𢎘胡□東牡，見許男於洧上。祭父以天子命辭曰，去茲羔，用玉帛見。許男不敢辭，還取束帛加璧，□毛公舉幣玉。是日也，天子飲許男於洧上，天子曰，朕非許邦而恤百姓□也，咎氏宴飲，毋有禮。許男不敢辭，升坐於出尊，乃用宴樂。天子賜許男駿馬十六。許男降，再拜空首，乃升平坐。及暮，天子遣許男歸。

癸亥，天子乘鳥舟龍卒浮於大沼。夏庚午，天子飲於洧上，乃遣祭父如圃鄭，用□諸侯。辛未，天子北還，釣於漸澤，食魚於桑野。丁丑，天子里圃田之路，東至於房，西至於□丘，南至於桑野，北盡經林煮□之藪。南北五十□。十虞：東虞曰兔臺，西虞曰櫟丘，南虞曰□富丘，北虞曰相其。御虞曰□來十虞所。□辰，天子次於軍丘，以畋於藪□。甲寅，天子作居范宫，以觀桑者，乃飲於桑中，天子命桑虞，出□桑者，用禁暴人。

仲夏甲申，天子□所。庚寅，天子西遊，乃宿於祭。壬辰祭公飲天子酒，乃歌《閟天》之詩，天子命歌《南山有𤟤》，乃紹宴樂。丁酉，天子作臺，以爲西居。壬寅，天子東至於雀梁。甲辰，浮於滎水，乃奏廣樂。季夏庚□，休於范宫。仲秋丁巳，天子射鹿於林中，乃飲於孟氏，爰舞白鶴二八，還宿於雀梁。季秋辛巳，天子司戎於□來，虞人次御。孟冬鳥至，王臣□弋。仲冬丁酉，天子射獸，休於深萑，得麋麕豕鹿四百有二十，得二虎九狼，乃祭於先王，命庖人熟之。

戊戌，天子西遊，射於中□，方落草木鮮，命虞人掠林除藪，以爲百姓材。是日也，天子北入於邴，與井公博，三日而決。辛丑，塞。至於臺，乃大暑除，天子居於臺，以聽天下之，遠方□之數，而衆從之，是以選扐，乃載之神人□之能數也。乃左右望之，天子樂之，命爲□而時□焉，□其名曰□公，去乘，人□猶□。有虎在乎葭中，天子將至，七萃之士高奔戎請生捕虎，必全之，乃生捕虎而獻之，天子命之爲柙，而畜之東虞，是爲虎牢。天子賜奔戎畋馬十駟，歸之太牢。奔戎再拜𩒨首。

丙辰，天子北遊於林中，乃大受命而歸。仲秋甲戌，天子東遊，次於雀梁，□蠹書於羽林。季秋，□乃宿於𨙸，畢人告戎，曰，陖翟來侵。天子使孟悆如畢討戎。霍侯舊告薨。天子臨於軍丘，狩於藪。季冬甲戌，天子東遊，飲於留祈，射於麗虎，讀書於葋丘。□獻酒於天子，乃奏廣樂。天子遺其靈鼓，乃化爲黄蛇。是日，天子鼓道其下而鳴，乃樹之桐，以爲鼓則神且鳴，則利於戎，以爲琴則利□

於黃澤。東遊於黃澤，宿於曲洛，廢□使宮樂謠，曰：黃之池，其馬歕沙，皇人威儀。黃之澤，其馬歕玉，皇人受穀。

丙辰，天子南遊於黃，□室之丘，以觀夏后啓之所居。乃□於啓室。天子筮獵苹澤，其卦遇《訟》䷅，逢公占之，曰，《訟》之繇，藪澤蒼蒼其中，□宜其正公，戎事則從，祭祀則憙，畋獵則獲。□飲逢公酒，賜之駿馬十六，絺紵三十篋。逢公再拜稽首。賜筮史狐□。有陰雨，夢神有事，是謂重陰。天子乃休。

日中大寒，北風雨雪，有凍人。天子作詩三章以哀民，曰：我徂黃竹，□員閟寒，帝收九行，嗟我公侯，百辟冢卿，皇我萬民，旦夕勿忘。我徂黃竹，□員閟寒，帝收九行，嗟我公侯，百辟冢卿，皇我萬民，旦夕勿窮。有皎者駱，翩翩其飛，嗟我公侯，□勿則遷。居樂甚寡，不如遷土，禮樂其民。天子曰，余一人則淫，不皇萬民□登。乃宿於黃竹，天子夢羿射於塗山，祭公占之，疏□之□，乃宿於曲山。

壬申，天子西升於曲山，□天子西征，升九阿，南宿於丹黃。戊寅，天子西升於陽□，過於靈，□井公博，乃駕鹿以游於山上，爲之石主，而□寶軨，乃次於沮水之陽。吉日丁亥，天子入於南鄭。

之虛，皇帝之閭，乃□先王九觀，以詔後世。己巳，天子□征，舍於菹臺。辛未，紐菹之獸，於是白鹿一，牾乘逸出走。天子乘渠黃之乘□焉。天子丘之，是曰五鹿，官人之□是丘。□其皮，是曰□皮，□其脯，是曰□脯。天子飲於漯水之上，官人膳鹿獻之天子，天子美之，是曰甘。癸酉，天子南祭白鹿於漯□，乃西飲於草中，大奏廣樂，是曰樂人。

甲戌，天子西北□，姬姓也，盛伯之子也。天子賜之上姬之長，是曰盛門。天子乃爲之臺，是曰重璧之臺。戊寅，天子東狃於澤中，逢寒疾，天子舍於澤中，盛姬告病，天子憐之，□澤曰寒氏。盛姬求飲，天子命人取漿而給，是曰壺輴。天子西至於重璧之臺，盛姬告病□，天子哀之，是曰哀次。天子乃殯盛姬於轂丘之廟。

□壬寅，天子命哭，啓爲主，祭父賓喪，天子王女叔㛿爲主，天子□賓之，命終喪禮，於是殤祀而哭。內史執策，官人□亓職，曾祝敷筵席，設几，盛饋具，肺鹽羹、胾、脯、棗、醢、醓、魚腊、糗、韭、百物，乃陳腥俎十二，乾豆九十，鼎敦壺尊四十，器，曾祝祭食，進肺鹽祭酒。乃獻喪主伊扈，伊扈拜受□祭女。又獻女主叔㛿，叔㛿拜受祭，□祝報祭觴大師，乃哭即位。畢哭，內史□策而哭，曾祝捧饋而哭，御者□祈而哭，抗者觴夕而哭，佐者承斗而哭，佐者衣衾佩□而哭，樂□人陳琴瑟□竽籥簽筦而哭，百□衆官人各□其職事以哭，曰，士女錯踴九，□乃終。喪主伊扈哭出造舍，父兄宗姓，及在位者從之，佐者哭，且徹饋及壺鼎俎豆，衆宮人各□其職皆哭而出，井利□事後出而收。癸卯，大哭殤祀而載。

甲辰，天子南葬盛姬於樂池之南，天子乃命盛姬□之喪，視皇后之葬法，亦不拜後於諸侯，河、濟之間共事，韋、穀、黃城三邦之事輦喪，七萃之士抗者即車，曾祝先喪，大匠御棺，日月之旗，七星之文，鼓鐘以葬，龍旗以□，鳥以建鼓，獸以建鐘，龍以建旗，曰喪之先後，及哭踴者之間，畢有鐘旗，□百物喪器，井利典之，列於喪行，靡有不備。擊鼓以行喪，舉旗以勸之，擊鐘以止哭，彌旗以節之，曰□祀大哭九而終喪，出於門。喪主即位，周室父兄子孫倍之，諸侯屬子、王吏倍之，外官王屬七萃之士倍之，姬姓子弟倍之，執職之人倍之，百官衆人倍之，哭者七倍之，踴者三十行，行萃百人。女主即位，嬖人羣女倍之，王臣姬姓之女倍之，宮官人倍之，宮賢庶妾倍之，哭者五倍，踴者次從。天子命喪，一里而擊鐘止哭。曰，匠人哭於車上，曾祝哭於喪，七萃之士哭於喪所。曰，小哭錯踴，三踴而行，五里而次。曰，喪三舍，至於哀次，五舍至於重璧之臺，乃休。天子乃周姑繇之水，以圜喪車，是曰囧車，曰殤祀之。

孟冬辛亥，邢侯、曹侯來弔，內史將之，以見天子。天子告不豫而辭焉。邢侯、曹侯乃弔太子，太子哭出廟門，以迎邢侯，再拜勞之。侯不答拜。邢侯謁哭於廟，太子先哭而入，西嚮即位，內史賓侯，北嚮而立，大哭九。邢侯厝踴三而止。太子送邢侯，至廟門之外，邢侯遂出，太子再拜送之。曹侯廟弔入哭，太子送之，亦如邢侯之禮。壬子，天子具官，見邢侯、曹侯。天子還返，邢侯、曹侯執見，拜天子之武一。天子見之，乃遣邢侯、曹侯歸於其邦，王官執禮，共於二侯如故。曰，天子出憲，以或襚賵。

癸丑，大哭而□。甲寅，殤祀大哭而行喪，五舍於大次，曰，喪三日於大次，殤祀如初。辛酉，大成百物皆備。壬戌葬，史録繇鼓鐘，以赤下棺。七萃之士，□士女踖踴九，□喪下。昧爽，天子使嬖人贈用文錦明衣九領。喪宗伊扈，贈用變裳。女主叔㛿，贈用茵組。百嬖人官師畢贈，井利乃藏。報哭於大次，祥祠□，祝喪罷哭，辭於遠人。爲盛姬謚，曰哀淑人。天子丘人，是曰淑人之丘。乙丑，天子東征，舍於五鹿，叔㛿思哭，是曰女㛿之丘。

丁卯，天子東征，釣於漯水，以祭淑人，是曰祭丘。己巳，天子東征，食馬於

瀿水之上，乃鼓之棘，是曰馬主。癸酉，天子南征，至於菹臺。仲冬甲戌，天子西征，至於因氏，天子乃釣於河，以觀姑繇之木。丁丑，天子北征。戊寅，舍於河上，乃致父兄子弟王臣姬□祥祀畢哭，終喪於䣙氏。己卯，天子西濟於河，䣙氏之遂。庚辰，舍於茅尺，於是禋祀除喪，始樂，素服而歸，是曰素氏。

天子遂西南，癸未，至於野王。甲申，天子北升於大北之隥，而降休於兩柏之下，天子永念傷心，及思淑人盛姬，於是流涕。七萃之士葽豫上諫於天子，曰：自古有死有生，豈獨淑人。天子不樂，出於永思，永思有益，莫忘其新。天子哀之，乃又流涕。是日輟。己未，乙酉，天子西絕鈃隥，乃遂西南。戊子，至於鹽。己丑，天子南登於薄山，寘軨之隥，乃宿於虞。庚申，天子南征。吉日辛卯，天子入於南鄭。

王嘉《拾遺記》卷三《周穆王》　穆王即位三十二年，巡行天下，馭黄金碧玉之車，傍氣乘風，起朝陽之岳，自明及晦，窮寓縣之表。有書史十人，記其所行之地。又副以瑶華之輪十乘，隨王之後，以載其書也。王馭八龍之駿：一名絕地，足不踐土；二名翻羽，行越飛禽；三名奔霄，夜行萬里；四名越影，逐日而行；五名踰輝，毛色炳耀；六名超光，一形十影；七名騰霧，乘雲而奔；八名挾翼，身有肉翅。遞而駕焉，按轡徐行，以匝天地之域。王神智遠謀，使迹轂遍於四海，故絕異之物，不期而自服焉。

三十六年，王東巡大騎之谷，指春宵宫，集諸方士仙術之要，而螭、鵠、龍、蛇之類，奇種憑空而出。時已將夜，王設長生之燈以自照，一名恒輝。又列璠膏之燭，遍於宫內。又有鳳腦之燈。又有冰荷者，出冰壑之中，取此花以覆燈七八尺，不欲使光明遠也。西王母乘翠鳳之輦而來，前導以文虎、文豹，後列雕麟、紫麏。曳丹玉之履，敷碧蒲之席，黄莞之薦，共玉帳高會。薦清澄琬琰之膏以爲酒。又進洞淵紅蘤，嵰州甜雪，崐流素蓮，陰岐黑棗，萬歲冰桃，千常碧藕，青花白橘。素蓮者，一房百子，凌冬而茂。黑棗者，其樹百尋，實長二尺，核細而柔，百年一熟。

扶桑東五萬里，有磅磄山。上有桃樹百圍，其花青黑，萬歲一實。鬱水在磅磄山東，其水小流，在大陂之下，所謂「沉流」，亦名「重泉」。生碧藕，長千常，七尺爲常也。條陽山出神蓬，如蒿，長十丈。周初，國人獻之，周以爲宫柱，所謂「蒿宫」也。中有白橘，花色翠而實白，大如瓜，香聞數里。奏環天之和樂，列以重霄之寶器。器則有岑華鏤管，咈澤雕鍾，員山静瑟，浮瀛羽磬，撫節按歌，萬靈皆聚。環天者，鈞天也。和，廣也。岑華，山名也，在西海上，有象竹，截爲管吹之，爲羣鳳之鳴。咈澤出精銅，可爲鍾鐸。員山，其形員也，有大林，雖疾風震地，而林木不動，以其木爲瑟，故曰「静瑟」。浮瀛，即瀛洲也，上有青石，可爲磬，磬者長一丈，輕若鴻毛，因輕而鳴。西王母與穆王歡歌既畢，乃命駕升雲而去。

〔蕭綺〕録曰：楚令尹子革有言曰：「昔穆王欲肆心周行，使天下皆有車轍馬跡。」考以《竹書》蠧簡，求諸石室，不絕金繩，《山經》、《爾雅》，及乎《大傳》，雖世歷悠遠，而記說叶同。名山大川，肆登躋之極，殊鄉異俗，莫不臆拜稽顙。東升巨人之臺，西宴王母之堂，南渡黿鼉之梁，北經積羽之地，觴瑶池而賦詩，期井泊而遊博，勒石軒轅之丘，絕跡玄圃之上。自開闢以來，載籍所記，未有若斯神異者也。

《白居易集》卷四《諷喻四·八駿圖》　穆王八駿天馬駒，後人愛之寫爲圖：背如龍兮頸如象，骨竦筋高脂肉壯。日行萬里速如飛，穆王獨乘何所之？四荒八極踏欲遍，三十二蹄無歇時。屬車軸折趁不及，黄屋草生棄若遺。瑶池西赴王母宴，七廟經年不親薦。璧臺南與盛姬遊，明堂不復朝諸侯。《白雲》《黄竹》歌聲動，一人荒樂萬人愁。周從后稷至文武，積德累功世勤苦；豈知纔及四代孫，心輕王業如灰土！由來尤物不在大，能蕩君心則爲害。文帝却之不肯乘，千里馬去漢道興。穆王得之不爲戒，八駿駒來周室壞。至今此物世稱珍，不知房星之精下爲怪。八駿圖，君莫愛！

李商隱《李義山詩集》卷六《瑶池》　瑶池阿母綺窗開，《黄竹》歌聲動地哀。八駿日行三萬里，穆王何事不重來？

周厲王部

綜述

《史記》卷四《周本紀》 夷王崩，子厲王胡立。厲王即位三十年，好利，近榮夷公。大夫芮良夫諫厲王曰：「王室其將卑乎？夫榮公好專利而不知大難。夫利，百物之所生也，天地之所載也，而有專之，其害多矣。天地百物皆將取焉，何可專也？所怒甚多，而不備大難。以是教王，王其能久乎？夫王人者，將導利而布之上下者也。使神人百物無不得極，猶日怵惕，懼怨之來也。故《頌》曰『思文后稷，克配彼天，立我蒸民，莫匪爾極』。《大雅》曰『陳錫載周』。是不布利而懼難乎，故能載周以至於今。今王學專利，其可乎？匹夫專利，猶謂之盜，王而行之，其歸鮮矣。榮公若用，周必敗也。」厲王不聽，卒以榮公爲卿士，用事。

王行暴虐侈傲，國人謗王。召公諫曰：「民不堪命矣。」王怒，得衛巫，使監謗者，以告則殺之。其謗鮮矣，諸侯不朝。三十四年，王益嚴，國人莫敢言，道路以目。厲王喜，告召公曰：「吾能弭謗矣，乃不敢言。」召公曰：「是鄣之也。防民之口，甚於防水。水壅而潰，傷人必多，民亦如之。是故爲水者決之使導，爲民者宣之使言。故天子聽政，使公卿至於列士獻詩，瞽獻曲，史獻書，師箴，瞍賦，矇誦，百工諫，庶人傳語，近臣盡規，親戚補察，瞽史教誨，耆艾脩之，而后王斟酌焉，是以事行而不悖。民之有口也，猶土之有山川也，財用於是乎出；猶其有原隰衍沃也，衣食於是乎生。口之宣言也，善敗於是乎興。行善而備敗，所以産財用衣食者也。夫民慮之於心而宣之於口，成而行之。若壅其口，其與能幾何？」王不聽。於是國莫敢出言，三年，乃相與畔，襲厲王。厲王出奔於彘。

厲王太子靜匿召公之家，國人聞之，乃圍之。召公曰：「昔吾驟諫王，王不從，以及此難也。今殺王太子，王其以我爲讎而懟怒乎？夫事君者，險而不讎懟，怨而不怒，況事王乎！」乃以其子代王太子，太子竟得脱。

召公、周公二相行政，號曰「共和」。共和十四年，厲王死於彘。太子靜長於召公家，二相乃共立之爲王，是爲宣王。

雜録

備録

《國語・周語上》 厲王虐，國人謗王。邵公告曰：「民不堪命矣！」王怒，得衛巫，使監謗者，以告，則殺之。國人莫敢言，道路以目。王喜，告邵公曰：「吾能弭謗矣，乃不敢言。」邵公曰：「是障之也。防民之口，甚於防川。川壅而潰，傷人必多，民亦如之。是故爲川者決之使導，爲民者宣之使言。故天子聽政，使公卿至於列士獻詩，瞽獻曲，史獻書，師箴，瞍賦，矇誦，百工諫，庶人傳語，近臣盡規，親戚補察，瞽、史教誨，耆、艾修之，而後王斟酌焉，是以事行而不悖。民之有口，猶土之有山川也，財用於是乎出；猶其原隰之有衍沃也，衣食於是乎生。口之宣言也，善敗於是乎興，行善而備敗，其所以阜財用、衣食者也。夫民慮之於心而宣之於口，成而行之，胡可壅也？若壅其口，其與能幾何？」王不聽，於是國莫敢出言，三年，乃流王於彘。

厲王説榮夷公，芮良夫曰：「王室其將卑乎！夫榮公好專利而不知大難。夫利，百物之所生也，天地之所載也，而或專之，其害多矣。天地百物，皆將取焉，胡可專也？所怒甚多，而不備大難，以是教王，王能久乎？夫王人者，將導利而布之上下者也，使神人百物無不得其極，猶日怵惕，懼怨之來也。故《頌》曰：『思文后稷，克配彼天，立我蒸民，莫匪爾極。』《大雅》曰：『陳錫載周。』是不布利而懼難乎？故能載周，以至於今。今王學專利，其可乎？匹夫專利，猶謂之盜，王而行之，其歸鮮矣。榮公若用，周必敗。」既，榮公爲卿士，諸侯不享，王流於彘。

《逸周書・芮良夫解》 芮伯若曰：予小臣良夫，稽道謀告。子惟民父母。致厥道，無遠不服；無道，左右臣妾乃違。民歸於德。「德則民戴，否則民讎」。茲言允效於前不遠。商紂不道夏桀之虐，肆我有家。嗚呼！惟爾天子，嗣文武業。惟爾執政小子，同先王之臣，昏行□顧，道王不若。專利作威，佐亂進禍，民將弗堪。治亂信乎其行，惟王暨爾執政小子攸聞。古人求多聞以監戒，不

聞，是惟弗知。后除民害，不惟民害。害民乃非后，惟其讎。后作類。后弗類，民不知后，惟其怨。民至億兆，后一而已，寡不敵衆，后其危哉。嗚呼！□□□如之。今爾執政小子，惟以貪諛爲事，不勤德以備難。下民胥怨，財單竭，手足靡措，弗堪戴上，不其亂而。以予小臣良夫觀，天下有士之君，厥德不遠，罔有代德。時爲王之患，其惟國人。嗚呼！惟爾執政朋友小子，其惟洗爾心，改爾行，克憂往愆，以保爾居。爾乃瞶禍翫烖，遂弗悛，余未知王之所定，矧乃□□。惟禍發於人之攸忽，於人之攸輕。□不存焉，變之攸伏。爾執政小子不圖善，偷生苟安，爵賄成。賢智箝口，小人鼓舌，逃害要利，並得厥求，唯曰哀哉！我問曰：以言取人，人飾其言，以行取人，人竭其行，飾言無庸，竭行有成。惟爾小子，飾言事王，寔蕃有徒。王貌受之，終弗獲用。面相誣蒙，及爾顛覆。爾自謂有餘，予謂爾弗足。敬思以德，備乃禍難。難至而悔，悔將安及？無曰予爲，惟爾之禍。

《呂氏春秋·恃君覽·達鬱》 周厲王虐民，國人皆謗。召公以告曰：「民不堪命矣。」王使衛巫監謗者，得則殺之。國莫敢言，道路以目。王喜，以告召公曰：「吾能弭謗矣。」召公曰：「是障之也，非弭之也。防民之口，甚於防川，川壅而潰，敗人必多。夫民猶是也。是故治川者決之使導，治民者宣之使言。是故天子聽政，使公卿列士正諫，好學博聞獻詩，矇箴師誦，庶人傳語，近臣盡規，親戚補察，而後王斟酌焉。是以下無遺善，上無過舉。今王塞下之口，而遂上之過，恐爲社稷憂。」王弗聽也。三年，國人流王於彘。此鬱之敗也。鬱者，不陽也。周鼎著鼠，令馬履之，爲其不陽也。不陽者，亡國之俗也。

《史記》卷一三《三代世表》 共和，二伯行政。

《史記》卷三二《齊太公世家》 九年，獻公卒，子武公壽立。武公九年，周厲王出奔，居彘。十年，王室亂，大臣行政，號曰「共和」。二十四年，周宣王初立。

《史記》卷三三《魯周公世家》 真公十四年，周厲王無道，出奔彘，共和行政。二十九年，周宣王即位。

《史記》卷三五《管蔡世家》 蔡仲卒，子蔡伯荒立。蔡伯荒卒，子宮侯立。宮侯卒，子厲侯立。厲侯卒，子武侯立。武侯之時，周厲王失國，奔彘，共和行政，諸侯多叛周。

《史記》卷三七《衛康叔世家》 釐侯十三年，周厲王出犇於彘，共和行政焉。二十八年，周宣王立。

《史記》卷三九《晉世家》 靖侯十七年，周厲王迷惑暴虐，國人作亂，厲王出奔於彘，大臣行政，故曰「共和」。

《史記》卷四〇《楚世家》 熊渠生子三人。當周夷王之時，王室微，諸侯或不朝，相伐。熊渠甚得江漢閒民和，乃興兵伐庸、楊粵，至於鄂。熊渠曰：「我蠻夷也，不與中國之號謚。」乃立其長子康爲句亶王，中子紅爲鄂王，少子執疵爲越章王，皆在江上楚蠻之地。及周厲王之時，暴虐，熊渠畏其伐楚，亦去其王。

皇甫謐《帝王世紀》卷五 厲王荒沉於酒，淫於婦人。共伯和干王位。

《後漢書》卷八五《東夷列傳》 厲王無道，淮夷入寇，王命虢仲征之，不克，宣王復命召公伐而平之。

《史記》卷一三《三代世表》司馬貞索隱 周、召二公共相王室，故曰共和。皇甫謐云「共伯和干王位」，以共國，伯爵，和其名也。干王位，言篡也。與史遷之説不同，蓋異説耳。

羅泌《路史·發揮》卷二《共和辯》 嗟乎，後世之士何其不能得古人之意，而惟敏於爲妄邪？夷王崩，厲王立，無道三十有七年，王流於彘，共和十四年，宣王立。説者曰：周室無君，周公、召公共和王政，故號之曰共和。自史遷至溫公，無異議也。敢問所安？曰：予不敢以爲然也。夫厲王之時，周公、召公非昔日之周、召也。予聞厲王之後，有共伯和者，修行而好賢，以德和民，諸侯賢之，入爲王官。十有四年，天旱廬火，歸還於宗，逍遥共山之首，宣王乃立。以王子朝告於諸侯，猶曰：厲王戾虐，萬民弗忍，流王於彘，諸侯釋位以閒王政。宣王有志，而後效官。是宣王之前，諸侯有釋位閒於天子之事者矣。然則所謂共和者，吾以爲政自共伯爾。若曰周、召共和，吾弗信也。雖然，《烝民》有言：天監有周，生仲山甫，王躬是保。是必朝廷有故，而後天子始保佑於山甫也。繇此語之和之即王位果其篡者邪？曰，不然也。臣之保君，臣之常也，襄王之出子虎居守，亦豈其篡也哉。篡者，後世小人下輩豺狼梟獍反道敗德者事也。和之賢也，蓋干王政而非其得已者也。向秀、郭象援古之説，以爲共和者，周王之孫也，懷道抱德，食封於共，厲王之難，諸侯立之。宣王立，乃廢。立之不喜，廢之不怒，斯則得其情矣。和之非篡，顧亦有知之者。厲王之後，式朝廷之故哉。吾觀聖人之書「王子虎卒」而益知共和之不易也。

梁玉繩《人表考》卷九《下下愚人・厲王胡》 厲王始見《大雅・民勞》諸序、《左》文二、《周語》上。名胡，夷王子，始見《周紀》、《世表》。亦單稱厲。《魯語》上。以戾虐流彘死。《左》昭廿六、《周語》、《紀》、《表》。亦曰汾王，《詩・韓奕》。亦曰周厲。《呂氏春秋・開春》。葬晉州霍邑縣東廿九里。《寰宇記》四十三。案厲王之年，據《本紀》是三十七年奔彘，五十一年崩。《外紀》、《通志》謂在位四十年，通共和五十四年。《竹書》作十二年奔彘，二十六年陟。未定孰是。

備論

《墨子・所染》 厲王染於厲公長父、榮夷終，【略】所染不當，故國殘身死，爲天下僇。

《墨子・尚賢中》 然則富貴爲暴以得其罰者，誰也？曰：若昔者三代暴王桀、紂、幽、厲者是也。何以知其然也？曰：其爲政乎天下也，兼而憎之，從而賊之，又率天下之民以詬天侮鬼，賊傲萬民，是故天鬼罰之，使身死而爲刑戮，子孫離散，室家喪滅，絶無後嗣，萬民從而非之曰「暴王」，至今不已。則此富貴爲暴而以得其罰者也。

《呂氏春秋・開春論・開春》 共伯和修其行，好賢仁，而海内皆以來爲稽矣。周厲之難，天子曠絶，而天下皆來謂矣。

《呂氏春秋・離俗覽・適威》 《周書》曰：「民善之則畜也，不善則讎也。」有讎而衆，不若無有。厲王，天子也，有讎而衆，故流於彘，禍及子孫，微召公虎而絶無後嗣。

《後漢書》卷八七《西羌傳》 厲王無道，戎狄寇掠，乃入犬丘，殺秦仲之族，王命伐戎，不克。

孔穎達《毛詩正義》卷一八《大雅・蕩》 正義曰：《蕩》詩者，召穆公所作，以傷周室之大壞也。以厲王無人君之道，行其惡政，反亂先王之政，致使天下蕩蕩然，法度廢滅，無復有綱紀文章，是周之王室大壞敗也，故穆公作是《蕩》詩以傷之。傷者，刺外之有餘哀也，其恨深於刺也。《瞻仰》、《召旻》皆云「刺幽王大壞」，此不言刺厲王，而云「傷周室」者，幽王承宣王之後，父善子惡，指刺其身。此則厲王以前，周道未缺，一代大法，至此壞之，故言「傷周室大壞」。此經八章，皆是大壞之事。首句言蕩蕩，爲下之揔目，故序亦述首句，以爲一篇之義。言天下蕩蕩，無綱紀文章。綱紀文章，謂治國法度，聖人有作，莫不皆是。此經所傷，傷其盡廢之也。

藝文

《詩序》 《民勞》，召穆公刺厲王也。

《詩經・大雅・民勞》 民亦勞止，汔可小康。惠此中國，以綏四方。無縱詭隨，以謹無良。式遏寇虐，憯不畏明。柔遠能邇，以定我王。○民亦勞止，汔可小休。惠此中國，以爲民逑。無縱詭隨，以謹惛怓。式遏寇虐，無俾民憂。無棄爾勞，以爲王休。○民亦勞止，汔可小息。惠此京師，以綏四國。無縱詭隨，以謹罔極。式遏寇虐，無俾作慝。敬慎威儀，以近有德。○民亦勞止，汔可小愒。惠此中國，俾民憂泄。無縱詭隨，以謹醜厲。式遏寇虐，無俾正敗。戎雖小子，而式弘大。○民亦勞止，汔可小安。惠此中國，國無有殘。無縱詭隨，以謹繾綣。式遏寇虐，無俾正反。王欲玉女，是用大諫。

《詩序》 《板》，凡伯刺厲王也。

《詩經・大雅・板》 上帝板板，下民卒癉。出話不然，爲猶不遠。靡聖管管，不實於亶。猶之未遠，是用大諫。○天之方難，無然憲憲。天之方蹶，無然泄泄。辭之輯矣，民之洽矣；辭之懌矣，民之莫矣。○我雖異事，及爾同僚。我即爾謀，聽我囂囂。我言維服，勿以爲笑。先民有言，詢於芻蕘。○天之方虐，無然謔謔。老夫灌灌，小子蹻蹻。匪我言耄，爾用憂謔。多將熇熇，不可救藥。○天之方懠，無爲夸毗。威儀卒迷，善人載尸。民之方殿屎，則莫我敢葵。喪亂蔑資，曾莫惠我師。○天之牖民，如壎如篪，如璋如圭，如取如攜，攜無曰益。牖民孔易，民之多辟，無自立辟。○价人維藩，大師維垣。大邦維屏，大宗維翰。懷德維寧，宗子維城。無俾城壞，無獨斯畏。○敬天之怒，無敢戲豫。敬天之渝，無敢馳驅。昊天曰明，及爾出王。昊天曰旦，及爾游衍。

《詩序》 《蕩》，召穆公傷周室大壞也。厲王無道，天下盪盪，無綱紀文章，故作是詩也。

《詩經・大雅・蕩》 蕩蕩上帝，下民之辟。疾威上帝，其命多辟。天生烝

民，其命匪諶，靡不有初，鮮克有終。○文王曰咨，咨女殷商，曾是彊御，曾是掊克，曾是在位，曾是在服。天降滔德，女興是力。○文王曰咨，咨女殷商，而秉義類，彊禦多懟。流言以對，寇攘式內。侯作侯祝，靡屆靡究。○文王曰咨，咨女殷商，女炰烋於中國，斂怨以爲德。不明爾德，時無背無側。爾德不明，以無陪無卿。○文王曰咨，咨女殷商，天不湎爾以酒，不義從式。既愆爾止，靡明靡晦。式號式呼，俾晝作夜。○文王曰咨，咨女殷商，如蜩如螗，如沸如羹。小大近喪，人尚乎由行。內奰於中國，覃及鬼方。○文王曰咨，咨女殷商，匪上帝不時，殷不用舊。雖無老成人，尚有典刑。曾是莫聽，大命以傾。○文王曰咨，咨女殷商，人亦有言：「顛沛之揭，枝葉未有害，本實先撥。」殷鑒不遠，在夏后之世。

《詩序》《抑》，衛武公刺厲王，亦以自警也。

《詩經・大雅・抑》 抑抑威儀，維德之隅。人亦有言：「靡哲不愚。」庶人之愚，亦職維疾；哲人之愚，亦維斯戾。○無競維人，四方其訓之。有覺德行，四國順之。訏謨定命，遠猶辰告。敬慎威儀，維民之則。○其在于今，興迷亂于政。顛覆厥德，荒湛于酒。女雖湛樂從，弗念厥紹，罔敷求先王，克共明刑。○肆皇天弗尚，如彼泉流，無淪胥以亡。夙興夜寐，灑掃廷內，維民之章。脩爾車馬，弓矢戎兵。用戒戎作，用逷蠻方。○質爾人民，謹爾侯度，用戒不虞。慎爾出話，敬爾威儀，無不柔嘉。白圭之玷，尚可磨也；斯言之玷，不可爲也。○無易由言，無曰苟矣，莫捫朕舌。言不可逝矣，無言不讎，無德不報。惠於朋友，庶民小子。子孫繩繩，萬民靡不承。○視爾友君子，輯柔爾顔，不遐有愆。相在爾室，尚不愧於屋漏，無曰不顯，莫予云覯。神之格思，不可度思，矧可射思。○辟爾爲德，俾臧俾嘉。淑慎爾止，不愆於儀。不僭不賊，鮮不爲則。投我以桃，報之以李。彼童而角，實虹小子。○荏染柔木，言緡之絲。溫溫恭人，維德之基。其維哲人，告之話言，順德之行。其維愚人，覆謂我僭，民各有心。○於乎小子，未知臧否。匪手攜之，言示之事；匪面命之，言提其耳。借曰未知，亦既抱子。民之靡盈，誰夙知而莫成。○昊天孔昭，我生靡樂。視爾夢夢，我心慘慘。誨爾諄諄，聽我藐藐。匪用爲教，覆用爲虐。借曰未知，亦聿既耄。○於乎小子，告爾舊止。聽用我謀，庶無大悔。天方艱難，曰喪厥國。取譬不遠，昊天不忒。回遹其德，俾民大棘。

《詩序》《桑柔》，芮伯刺厲王也。

《詩經・大雅・桑柔》 菀彼桑柔，其下侯旬，捋采其劉，瘼此下民。不殄心憂，倉兄填兮。倬彼昊天，寧不我矜。○四牡騤騤，旟旐有翩。亂生不夷，靡國不泯。民靡有黎，具禍以燼。於乎有哀，國步斯頻。○國步蔑資，天不我將。靡所止疑，云徂何往？君子實維，秉心無競。誰生厲階？至今爲梗。○憂心慇慇，念我土宇。我生不辰，逢天僤怒。自西徂東，靡所定處。多我覯痻，孔棘我圉。○爲謀爲毖，亂況斯削。告爾憂恤，誨爾序爵。誰能執熱，逝不以濯？其何能淑，載胥及溺。○如彼遡風，亦孔之僾。民有肅心，荓云不逮。好是稼穡，力民代食。稼穡維寶，代食維好。○天降喪亂，滅我立王。降此蟊賊，稼穡卒痒。哀恫中國，具贅卒荒。靡有旅力，以念穹蒼。○維此惠君，民人所瞻。秉心宣猶，考慎其相。維彼不順，自獨俾臧，自有肺腸，俾民卒狂。○瞻彼中林，甡甡其鹿。朋友已譖，不胥以穀。人亦有言：「進退維谷。」○維此聖人，瞻言百里；維彼愚人，覆狂以喜。匪言不能，胡斯畏忌！○維此良人，弗求弗迪；維彼忍心，是顧是復。民之貪亂，寧爲荼毒。○大風有隧，有空大谷。維此良人，作爲式穀；維彼不順，征以中垢。○大風有隧，貪人敗類。聽言則對，誦言如醉。匪用其良，覆俾我悖。○嗟爾朋友，予豈不知而作。如彼飛蟲，時亦弋獲。既之陰女，反予來赫。○民之罔極，職涼善背。爲民不利，如云不克。民之回遹，職競用力。○民之未戾，職盜爲寇，涼曰不可，覆背善詈。雖曰匪予，既作爾歌。

《荀子・成相》 上壅蔽，失輔勢，任用讒夫不能制。孰公長父之難，厲王流於彘。周幽、厲，所以敗，不聽規諫忠是害。嗟我何人，獨不遇時當亂世！

《白居易集》卷四《采詩官》 采詩官，采詩聽歌導人言。言者無罪聞者誡，下流上通上下泰。周滅秦興至隋氏，十代采詩官不置。郊廟登歌讚君美，樂府艷詞悦君意。若求興諭規刺言，萬句千章無一字。不是章句無規刺，漸及朝廷絶諷議。諍臣杜口爲冗員，諫鼓高懸作虚器。一人負扆常端默，百辟入門兩自媚。夕郎所賀皆德音，春官每奏唯祥瑞。君之堂兮千里遠，君之門兮九重閟；君耳唯聞堂上言，君眼不見門前事。貪吏害民無所忌，奸臣蔽君無所畏。君不見：厲王胡亥之末年，羣臣有利君無利？君兮君兮願聽此：欲開壅蔽達人情，先向歌詩求諷刺。

周宣王部

綜述

《史記》卷四《周本紀》　召公、周公二相行政，號曰「共和」。共和十四年，厲王死于彘。太子静長於召公家，二相乃共立之爲王，是爲宣王。宣王即位，二相輔之，脩政，法文、武、成、康之遺風，諸侯復宗周。十二年，魯武公來朝。

宣王不脩籍於千畝，虢文公諫曰不可，王弗聽。三十九年，戰于千畝，王師敗績于姜氏之戎。

宣王既亡南國之師，乃料民於太原。仲山甫諫曰：「民不可料也。」宣王不聽，卒料民。

四十六年，宣王崩，子幽王宫湦立。

《漢書》卷九四上《匈奴傳上》　至穆王之孫懿王時，王室遂衰，戎狄交侵，暴虐中國。中國被其苦，詩人始作，疾而歌之，曰：「靡室靡家，玁允之故。」「豈不日戒，玁允孔棘。」至懿王曾孫宣王，興師命將以征伐之，詩人美大其功，曰「薄伐獫狁，至於太原」、「出車彭彭」、「城彼朔方」。是時四夷賓服，稱爲中興。

皇甫謐《帝王世紀》卷五　宣王元年，以邵穆公爲相，秦仲爲大夫，誅西戎。是時天大旱，王以不雨，遇災而懼，側身修行，欲消去之，祈於群神，六月乃得雨。大夫仍叔美而歌之，今《雲漢》之詩是也。是歲西戎殺秦仲，王於是進用賢良，樊侯仲山父、尹吉父、程伯休父、虢文公、申伯、韓侯顯父、南仲、方叔、仍叔、召穆公、張仲之屬，並爲卿佐。自厲王失政，獫狁荆蠻，交侵中國，官政隳廢，百姓離散。王乃修復宫室，興牧人，納規諫，安集兆民。命南仲、召虎、方叔、吉父並征定，復先王境土。繕車徒，興畋狩禮，天下喜王化復行，號稱中興。

三十年，伐魯。諸侯從此而不睦。

鄭桓公友，宣王庶弟。

雜録

備録

《國語・周語上》　彘之亂，宣王在邵公之宫，國人圍之。邵公曰：「昔吾驟諫王，王不從，是以及此難。今殺王子，王其以我爲懟而怒乎！夫事君者險而不懟，怨而不怒，況事王乎？」乃以其子代宣王，宣王長而立之。

宣王即位，不籍千畝。虢文公諫曰：「不可。夫民之大事在農，上帝之粢盛於是乎出，民之蕃庶於是乎生，事之供給於是乎在，和協輯睦於是乎興，財用蕃殖於是乎始，敦庬純固於是乎成，是故稷爲大官。古者，太史順時覛土，陽癉憤盈，土氣震發，農祥晨正，日月底于天廟，土乃脈發。

「先時九日，太史告稷曰：『自今至于初吉，陽氣俱蒸，土膏其動。弗震弗渝，脈其滿眚，穀乃不殖。』稷以告王曰：『史帥陽官以命我司事曰：距今九日，土其俱動，王其祗祓，監農不易。』王乃使司徒咸戒公卿、百吏、庶民，司空除壇於籍，命農大夫咸戒農用。

「先時五日，瞽告有協風至，王即齋宫，百官御事，各即其齋三日。王乃淳濯饗醴，及期，鬱人薦鬯，犧人薦醴，王祼鬯，饗醴乃行，百吏、庶民畢從。及籍，后稷監之，膳夫、農正陳籍禮，太史贊王，王敬從之。王耕一墢，班三之，庶民終於千畝。其后稷省功，太史監之；司徒省民，太師監之；畢，宰夫陳饗，膳宰監之。膳夫贊王，王歆大牢，班嘗之，庶人終食。

「是日也，瞽帥、音官以風土。廩于籍東南，鍾而藏之，而時布之于農。稷則徧誡百姓，紀農協功，曰：『陰陽分布，震雷出滯。』土不備墾，辟在司寇。乃命其旅曰：『徇，農師一之，農正再之，后稷三之，司空四之，司徒五之，太保六之，太師七之，太史八之，宗伯九之，王則大徇。耨獲亦如之。』民用莫不震動，恪恭于農，修其疆畔，日服其鎛，不解于時，財用不乏，民用和同。

「是時也，王事唯農是務，無有求利於其官，以干農功，三時務農而一時講武，故征則有威，守則有財。若是，乃能媚於神而和於民矣，則享祀時至而布施

六親不知，以未嘗用其力故也。臣以死事之。乃告臣曰：『人欲見其所不見，視人所不窺，欲得其所不得，修人所不爲。故學眎者先見輿薪，學聽者先聞撞鐘。夫有易於内者無難於外，於外無難，故名不出其一家。』今臣之名聞於諸侯，是臣違師之教，顯臣之能者也。然則臣之名不以負其力者也，以能用其力者也；不猶愈於負其力者乎？」

《史記》卷一四《十二諸侯年表》 厲王子居召公宫，是爲宣王。王少，大臣共和行政。

《史記》卷三三《魯周公世家》 真公十四年，周厲王無道，出奔彘，共和行政。二十九年，周宣王即位。

三十年，真公卒，弟敖立，是爲武公。

武公九年春，武公與長子括，少子戲，西朝周宣王。宣王愛戲，欲立戲爲魯太子。周之樊仲山父諫宣王曰：「廢長立少，不順；不順，必犯王命；犯王命，必誅之；故出令不可不順也。令之不行，政之不立；行而不順，民將棄上。夫下事上，少事長，所以爲順。今天子建諸侯，立其少，是教民逆也。若魯從之，諸侯效之，王命將有所壅；若弗從而誅之，是自誅王命也。誅之亦失，不誅亦失，王其圖之。」宣王弗聽，卒立戲爲魯太子。夏，武公歸而卒，戲立，是爲懿公。

懿公九年，懿公兄括之子伯御與魯人攻弑懿公，而立伯御爲君。伯御即位十一年，周宣王伐魯，殺其君伯御，而問魯公子能道順諸侯者，以爲魯後。樊穆仲曰：「魯懿公弟稱，肅恭明神，敬事耆老；賦事行刑，必問於遺訓而咨於固實；不干所問，不犯所(知)〔咨〕。」宣王曰：「然，能訓治其民矣。」乃立稱於夷宫，是爲孝公。自是後，諸侯多畔王命。

劉向《説苑・立節》 左儒友於杜伯，皆臣周宣王。宣王將殺杜伯，而非其罪也。左儒爭之於王，九復之，而王弗許也。王曰：「别君而黨友，斯汝也。」左儒對曰：「臣聞之，君道友逆，則順君以誅友；友道君逆，則率友以違君。」王怒曰：「易而言則生，不易而言則死。」左儒對曰：「臣聞古之士，不枉義以從邪，不易言以求生。故臣能明君之過，以死杜伯之無罪。」王殺杜伯，左儒死之。

劉向《新序・雜事》 齊有婦人，極醜無雙，號曰無鹽女。其爲人也，臼頭深目，長肘大節，卬鼻結喉，肥項少髮，折腰出胸，皮膚若漆，行年三十，無所容入，衒嫁不售，流棄莫執。於是乃拂拭短褐，自詣宣王，願一見。謂謁者曰：「妾，齊之不售女也，聞君王之聖德，願備後宫之掃除。頓首司馬門外，唯王幸優裕也。」

「今天子欲修先王之緒而棄其大功，匱神乏祀而困民之財，將何以求福用民？」

王不聽。三十九年，戰于千畝，王師敗績于姜氏之戎。

魯武公以括與戲見王，王立戲，樊仲山父諫曰：「不可立也！不順必犯，犯王命必誅，故出令不可不順也。令之不行，政之不立，行而不順，民將棄上。夫下事上，少事長，所以爲順也。今天子立諸侯而建其少，是教逆也。若魯從之而諸侯效之，王命將有所壅；若不從而誅之，是自誅王命也。是事也，誅亦失，不誅亦失，天子其圖之！」王卒立之。魯侯歸而卒，及魯人殺懿公而立伯御。

三十二年春，宣王伐魯，立孝公，諸侯從是而不睦。宣王欲得國子之能導訓諸侯者，樊穆仲曰：「魯侯孝。」王曰：「何以知之？」對曰：「肅恭明神而敬事耈老；賦事行刑，必問於遺訓而咨於故實，不干所問，不犯所咨。」王曰：「然則能訓治其民矣。」乃命魯孝公於夷宫。

宣王既喪南國之師，乃料民於太原。仲山父諫曰：「民不可料也！夫古者不料民而知其少多，司民協孤終，司商協民姓，司徒協旅，司寇協姦，牧協職，工協革，場協入，廩協出，是則少多、死生、出入、往來者皆可知也。於是乎又審之以事，王治農於籍，蒐于農隙，耨穫亦於籍，獮於既烝，狩於畢時，是皆習民數者也，又何料焉？不謂其少而大料之，是示少而惡事也。臨政示少，諸侯避之。治民惡事，無以賦令。且無故而料民，天之所惡也，害於政而妨於後嗣。」王卒料之，及幽王乃廢滅。

《墨子・明鬼下》 周宣王殺其臣杜伯而不辜，杜伯曰：「吾君殺我而不辜，若以死者爲無知，則止矣；若死而有知，不出三年，必使吾君知之。」其三年，周宣王合諸侯而田於圃，田車數百乘，從數千，人滿野。日中，杜伯乘白馬素車，朱衣冠，執朱弓，挾朱矢，追周宣王，射之車上，中心折脊，殪車中，伏弢而死。當是之時，周人從者莫不見，遠者莫不聞，著在周之春秋。

《列子・仲尼》 公儀伯以力聞諸侯，堂谿公言之於周宣王，王備禮以聘之。公儀伯至，觀形，懦夫也。宣王心惑而疑曰：「女之力何如？」公儀伯曰：「臣之力能折春螽之股，堪秋蟬之翼。」王作色曰：「吾之力者能裂犀兕之革，曳九牛之尾，猶憾其弱；女折春螽之股，堪秋蟬之翼，而力聞天下，何也？」公儀伯長息退席，曰：「善哉，王之問也！臣敢以實對。臣之師有商丘子者，力無敵於天下，而

許之。」謁者以聞。宣王方置酒於漸臺，左右聞之，莫不揜口而大笑曰：「此天下强顔女子也。」於是宣王乃召而見之，謂曰：「昔先王爲寡人取妃匹，皆已備有列位矣。寡人今日聽鄭衛之聲，謳吟感傷，揚激楚之遺風。今夫人不容於鄉里布衣，而欲干萬乘之主，亦有奇能乎？」無鹽女對曰：「無有。直竊慕大王之美義耳。」王曰：「雖然，何喜？」良久，曰：「竊嘗喜隱。」王曰：「隱固寡人之所願也，試一行之。」言未卒，忽然不見矣。宣王大驚，發《隱書》而讀之，退而惟之，又不能得。明日，復更召而問之，不以隱對，但揚目銜齒，舉手拊肘，曰：「殆哉殆哉。」如此者四。宣王曰：「願遂聞命。」無鹽女對曰：「今大王之君國也，西有衡秦之患，南有彊楚之讎，外有二國之難，內聚姦臣，衆人不附；春秋四十，壯男不立，不務衆子，而務衆婦，尊所好而忽所恃，一旦山陵崩陁，社稷不定，此一殆也。漸臺五重，黄金白玉，琅玕龍疏，翡翠珠璣，莫落連飾，萬民罷極，此二殆也。賢者伏匿於山林，諂諛彊進於左右，邪僞立於本朝，諫者不得通入，此三殆也。酒漿流湎，以夜續朝，女樂俳優，從横大笑，外不修諸侯之禮，內不秉國家之治，此四殆也。故曰：殆哉，殆哉。」於是宣王掩然無聲，意入黄泉，忽然而昂，喟然而嘆。

劉向《古列女傳》卷二《賢明傳》 周宣姜后者，齊侯之女也。賢而有德，事非禮不言，行非禮不動。宣王常早卧晏起，后夫人不出房。姜后脱簪珥，待罪於永巷，使其傅母通言于王曰：「妾之不才，妾之淫心見矣，至使君王失禮而晏朝，以見君王樂色而忘德也。夫苟樂色，必好奢窮欲，亂之所興也。原亂之興，從婢子起。敢請婢子之罪。」王曰：「寡人不德，實自有過，非夫人之罪也。」遂復姜后而勤於政事，早朝晏退，卒成中興之名。君子謂姜后善於威儀而有德行。夫禮，后夫人御于君，以燭進，至于君所。滅燭，適房中，脱朝服，衣褻服，然後進御于君。雞鳴，樂師擊鼓以告旦，后夫人鳴佩而去。

王應麟《困學紀聞》卷三《詩》 《史記·匈奴傳》：「周襄王與戎狄伐鄭，戎狄逐襄王，於是戎狄或居於陸渾，東至於衛，侵盜暴虐中國。中國疾之，故詩人歌之曰『戎狄是膺』，《魯頌》『薄伐獫狁，至於太原』，《六月》『出車彭彭』，『城役朔方』。」《出車》《漢·匈奴傳》則曰：「宣王興師命將，以征伐之。詩人美大其功，曰：『薄伐獫狁，至於太原』，『出車彭彭，城彼朔方』。」以《六月》爲宣王詩，是也。以《魯頌》、《六月》、《出車》爲襄王詩，以《出車》爲宣王詩，而《史》、《漢》又不同，皆未詳。

《祈父》傳謂：「宣王之末，司馬職廢，羌戎爲敗。」按《通鑑外紀》：■三十三年，王伐太原戎，不克。三十八年，王伐條戎、奔戎，王師敗績。三十九年，戰於千畝，王師敗績於姜氏之戎。四十一年，王征申戎，破之。」「轉予於卹」，蓋謂此四役也。

宣王晏起，姜后請愆，則《庭燎》之箴，始勤終怠可見矣。殺其臣杜伯而非其罪，則《沔水》之規，讒言其興可見矣。

梁玉繩《人表考》卷二《上中仁人·宣王靖》 宣王始見《詩·小雅》、《大雅》序，《左》昭廿六，《周語》上，《鄭語》。名靜始見《史·周紀》。與靖同，《竹書》亦作靖。亦曰周宣。《抱朴子·論仙》。王殺杜伯不辜，後二年畋于圃田，見杜伯執朱弓矢射王，中心折脊而死。《周語》、《墨子·明鬼》。在位四十六年。《史·十二侯表》、《竹書》。

錢保塘《帝王世紀續補》 宣王元年，不藉千畝，虢文公諫而不聽。天下大旱，二年不雨，至六年乃雨。

備論

《國語·鄭語》 史伯曰：「【略】且宣王之時有童謡曰：『檿弧箕服，實亡周國。』於是宣王聞之，有夫婦鬻是器者，王使執而戮之。府之小妾生女而非王子也，懼而棄之。此人也，收以奔褒。天之命此久矣，其又何可爲乎？《訓語》有之曰：『夏之衰也，褒人之神化爲二龍，以同于王庭，而言曰：「余，褒之二君也。」夏后卜殺之與去之與止之，莫吉。卜請其漦而藏之，吉。乃布幣焉而策告之，龍亡而漦在，櫝而藏之，傳郊之。』及殷、周，莫之發也。及厲王之末，發而觀之，漦流于庭，不可除也。王使婦人不幃而譟之，化爲玄黿，以入于王府。府之童妾未既齔而遭之，既笄而孕，當宣王時而生。不夫而育，故懼而棄之。爲弧服者方戮在路，夫婦哀其夜號也，而取之以逸，逃于褒。褒人褒姁有獄，而以爲入於王，王遂置之，而嬖是女也，使至於爲后而生伯服。天之生此久矣，其爲毒也大矣，將使候淫德而加之焉。毒之酋臘者，其殺也滋速。申、繒、西戎方彊，王室方騷，將以縱欲，不亦難乎？王欲殺太子以成伯服，必求之申，申人弗畀，必伐之。若伐申，而繒與西戎會以伐周，周不守矣！繒與西戎方將德申，申、吕

方彊，其隩愛太子亦必可知也，王師若在，其救之亦必然矣。王心怒矣，虢公從矣，凡周存亡，不三稔矣！君若欲避其難，其速規所矣，時至而求用，恐無及也！」

《柳宗元集》卷四四《非國語上・不藉》 宣王不藉千畝。虢文公諫曰：「將何以求福用人？」王不聽。三十九年，戰于千畝，王師敗績于姜氏之戎。

非曰：古之必藉千畝者，禮之飾也。其道若曰：吾猶耕云爾。又曰：吾以奉天地宗廟。則存其禮誠善矣。然而存其禮之爲勸乎農也，則未若時使而不奪其力，節用而不殫其財，通其有無，和其鄉閭，則食固人之大急，不勸而勸矣。啓蟄也得其耕，時雨也得其種，苗之猥大也得其耘，實之堅好也得其穫，京庾得其貯，老幼得其養，取之也均以薄，藏之也優以固，則三推之道存乎亡乎，皆可以爲國矣。彼之不圖，而曰我特以是勸，則固不可。今爲書者曰：「將何以求福用人？」夫福之求，不若行吾言之大德也；人之用，不若行吾言之和樂以死也。敗于戎，而引是以合焉，夫何怪而不屬也？又曰「戰于千畝」者，吾益羞之。

宣王料民于太原，仲山父諫曰：「民不可料也。夫古者不料民而知其少多。王治農于藉，蒐于農隙，耨穫亦於藉，獮於既烝，狩於畢時，是皆習民數也，又何料焉！不謂其少而大料之，是示少而惡事也。臨政示少，諸侯避之。治民惡事，無以賦令。且無故而料民，天之所惡也，害於政而妨於嗣。」王卒料之。及幽王，乃廢滅。

非曰：吾嘗言，聖人之道，不窮異以爲神，不引天以爲高，故孔子不語怪與神。君子之諫其君也，以道不以誣，務明其君，非務愚其君也。誣以愚其君則不臣。仲山氏果以職有所協，不待料而具，而料之者政之尨也，故云爾而已矣，又何以示少惡事爲哉？況爲大妄以諉乎後嗣！惑于神怪愚誣之説，而以是徵幽之廢滅，則是幽之悖亂不足以取滅，而料民者以禍之也。仲山氏其至于是乎？蓋左氏之嗜誣斯人也已！何取乎爾也？

馬驌《繹史》卷二七《宣王中興論》 周自懿王之世，王室遂衰，孝王封非子爲附庸，邑於秦。秦之有國自此始。夷王陵替，下堂而見諸侯，諸侯更相侵伐，而楚僭王號於江、漢之閒。厲王之初立也，諸侯畏之，荆楚自去其王，三十年間，天下無事，周室尚可爲也，乃專利恣虐，所任者榮夷、衛巫、纚公、長父之流，羣小用事，而召穆、芮伯交諫不聽，大雅規刺，充耳罔聞，卒致民不堪命，聚而作難，相與攻襲厲王，王奔於彘，此民變之始也。彘在河、汾之間，詩人謂之汾王。太子靜匿召公之家，共和行政。共和云者，不知周、召之共政與？抑共伯之干位與？是時，天子曠紀，內難不興，外變不作，海內寧謐，謂非大臣秉國居中，而善馭乎？文、武、成、康之德澤，入人深乎？垂法之可守，封建之交相持乎？宣王長而嗣位，二相輔之，勤身修政，天下宗周，時則北伐玁狁，有文武之吉甫，南征蠻荆，有壯猶之方叔。召虎奏江、漢之勳，南仲佐淮浦之烈，詩人美大其功，《采芑》、《六月》諸篇所由作也。爰命仲山甫，錫韓侯，褒申伯，修內攘外，復文、武之竟土，蒐田復古，考牧築室，又能遇災知懼，側身修行，是以王道燦然復舉，成中興之烈，爲周世宗焉。從來國家之興，必起於憂危，其衰也，常由於逸豫。人主之勤惕多生於患難，而懈怠恒積於晏安。宣承厲王之亂，恐懼克勵，所以興也。迨其後，天下安寧，深宮晏起，宣王之志荒矣。於是不藉千畝，料民太原，立魯侯不以適，殺杜伯而非其罪，所爲如此，安得而不復衰？幽王繼之，不數年而君弑國亡，周遂東遷，一蹶不復起矣。夫人君撥亂反正，必百倍其功，救弊振衰，然後可以持久。而宣王末政如是，其何以長世？蓋非有初之難，而克終之難也。傳曰：「夷、厲、宣、幽，而貪天禍。」豈無謂哉！

藝文

《詩序》 《六月》，宣王北伐也。

《詩經・小雅・六月》 六月棲棲，戎車既飭。四牡騤騤，載是常服。玁狁孔熾，我是用急。王于出征，以匡王國。○比物四驪，閑之維則。維此六月，既成我服。我服既成，于三十里。王于出征，以佐天子。○四牡脩廣，其大有顒。薄伐玁狁，以奏膚公。有嚴有翼，共武之服。共武之服，以定王國。○玁狁匪茹，整居焦穫。侵鎬及方，至于涇陽。織文鳥章，白旆央央。元戎十乘，以先啓行。○戎車既安，如輊如軒。四牡既佶，既佶且閑。薄伐玁狁，至于大原。文武吉甫，萬邦爲憲。○吉甫燕喜，既多受祉。來歸自鎬，我行永久。飲御諸友，炰鱉膾鯉。侯誰在矣？張仲孝友。

《詩序》 《鴻鴈》，美宣王也。萬民離散，不安其居，而能勞來還定安集之，至于矜寡，無不得其所焉。

《詩經・小雅・鴻鴈》鴻鴈于飛，肅肅其羽；之子于征，劬勞于野。爰及矜人，哀此鰥寡。○鴻鴈于飛，集于中澤；之子于垣，百堵皆作。雖則劬勞，其究安宅？○鴻鴈于飛，哀鳴嗸嗸；維此哲人，謂我劬勞。維彼愚人，謂我宣驕。

《詩序》《祈父》，刺宣王也。

《詩經・小雅・祈父》祈父，予王之爪牙。胡轉予于恤？靡所止居。○祈父，予王之爪士。胡轉予于恤？靡所厎止。○祈父，亶不聰。胡轉予于恤？有母之尸饔。

《詩序》《白駒》，大夫刺宣王也。

《詩經・小雅・白駒》皎皎白駒，食我場苗；縶之維之，以永今朝。所謂伊人，於焉逍遥。○皎皎白駒，食我場藿；縶之維之，以永今夕。所謂伊人，於焉嘉客。○皎皎白駒，賁然來思。爾公爾侯，逸豫無期。慎爾優游，勉爾遁思。○皎皎白駒，在彼空谷。生芻一束，其人如玉。毋金玉爾音，而有遐心。

《詩序》《黄鳥》，刺宣王也。

《詩經・小雅・黄鳥》黄鳥黄鳥，無集于穀！無啄我粟！此邦之人，不我肯穀。言旋言歸，復我邦族。○黄鳥黄鳥，無集于桑！無啄我粱！此邦之人，不可與明。言旋言歸，復我諸兄！○黄鳥黄鳥，無集于栩！無啄我黍！此邦之人，不可與處。言旋言歸，復我諸父！

《詩序》《我行其野》，刺宣王也。

《詩經・小雅・我行其野》我行其野，蔽芾其樗。昏姻之故，言就爾居。爾不我畜，復我邦家。○我行其野，言采其蓫。昏姻之故，言就爾宿。爾不我畜，言歸斯復。○我行其野，言采其葍。不思舊姻，求爾新特。成不以富，亦祇以異。

《詩序》《斯干》，宣王考室也。

《詩經・小雅・斯干》秩秩斯干，幽幽南山。如竹苞矣，如松茂矣。兄及弟矣，式相好矣，無相猶矣。○似續妣祖，築室百堵，西南其户。爰居爰處，爰笑爰語。○約之閣閣，椓之橐橐。風雨攸除，鳥鼠攸去，君子攸芋。○如跂斯翼，如矢斯棘，如鳥斯革，如翬斯飛，君子攸躋。○殖殖其庭，有覺其楹。噲噲其正，噦噦其冥，君子攸寧。○下莞上簟，乃安斯寢。乃寢乃興，乃占我夢。吉夢維何？維熊維羆，維虺維蛇。○大人占之：維熊維羆，男子之祥；維虺維蛇，女子之祥。○乃生男子，載寢之牀，載衣之裳，載弄之璋，其泣喤喤。朱芾斯皇，室家君王。○乃生女子，載寢之地，載衣之裼，載弄之瓦。無非無儀，唯酒食是議，無父母詒罹。

《詩序》《雲漢》，仍叔美宣王也。宣王承厲王之烈，内有撥亂之志，遇烖而懼，側身脩行，欲銷去之。天下喜於王化復行，百姓見憂，故作是詩也。

《詩經・大雅・雲漢》倬彼雲漢，昭回于天。王曰於乎！何辜今之人！天降喪亂，饑饉薦臻。靡神不舉，靡愛斯牲。圭璧既卒，寧莫我聽！○旱既大甚，藴隆蟲蟲。不殄禋祀，自郊徂宫。上下奠瘞，靡神不宗。后稷不克，上帝不臨。耗斁下土，寧丁我躬！○旱既大甚，則不可推。兢兢業業，如霆如雷。周餘黎民，靡有孑遺。昊天上帝，則不我遺。胡不相畏？先祖于摧。○旱既大甚，則不可沮。赫赫炎炎，云我無所。大命近止，靡瞻靡顧。羣公先正，則不我助。父母先祖，胡寧忍予！○旱既大甚，滌滌山川。旱魃爲虐，如惔如焚。我心憚暑，憂心如熏。羣公先正，則不我聞。昊天上帝，寧俾我遯！○旱既大甚，黽勉畏去。胡寧瘨我以旱？憯不知其故。祈年孔夙，方社不莫。昊天上帝，則不我虞。敬恭明神，宜無悔怒。○旱既大甚，散無友紀。鞫哉庶正，疚哉冢宰。趣馬師氏，膳夫左右，靡人不周，無不能止。瞻卬昊天，云如何里！○瞻卬昊天，有嘒其星。大夫君子，昭假無贏。大命近止，無棄爾成！何求爲我，以戾庶正。瞻卬昊天，曷惠其寧！

《詩序》《崧高》，尹吉甫美宣王也。天下復平，能建國親諸侯，襃賞申伯焉。

《詩經・大雅・崧高》崧高維嶽，駿極于天。維嶽降神，生甫及申。維申及甫，維周之翰。四國于蕃，四方于宣。○亹亹申伯，王纘之事。于邑于謝，南國是式。王命召伯，定申伯之宅。登是南邦，世執其功。○王命申伯，式是南邦，因是謝人，以作爾庸。王命召伯，徹申伯土田。王命傅御，遷其私人。○申伯之功，召伯是營。有俶其城，寢廟既成，既成藐藐。王錫申伯，四牡蹻蹻，鉤膺濯濯。○王遣申伯，路車乘馬。我圖爾居，莫如南土，錫爾介圭，以作爾寶，往近王舅，南土是保。○申伯信邁，王餞于郿。申伯還南，謝于誠歸。王命召伯，徹申伯土疆，以峙其粻，式遄其行。○申伯番番，既入于謝。徒御嘽嘽，周邦咸喜，戎有良翰。不顯申伯，王之元舅，文武是憲。○申伯之德，柔惠且直。揉此萬邦，聞于四國。吉甫作誦，其詩孔碩，其風肆好，以贈申伯。

《詩序》《烝民》，尹吉甫美宣王也。任賢使能，周室中興焉。

《詩經・大雅・烝民》天生烝民，有物有則。民之秉彝，好是懿德。天監

有周，昭假于下，保兹天子，生仲山甫。○仲山甫之德，柔嘉維則。令儀令色，小心翼翼。古訓是式，威儀是力。天子是若，明命使賦。○王命仲山甫，式是百辟。纘戎祖考，王躬是保。出納王命，王之喉舌。賦政于外，四方爰發。○肅肅王命，仲山甫將之。邦國若否，仲山甫明之。既明且哲，以保其身。夙夜匪解，以事一人。○人亦有言：「柔則茹之，剛則吐之。」維仲山甫，柔亦不茹，剛亦不吐；不侮矜寡，不畏彊禦。○人亦有言：「德輶如毛，民鮮克舉之。」我儀圖之，維仲山甫舉之，愛莫助之。衮職有闕，維仲山甫補之。○仲山甫出祖，四牡業業，征夫捷捷，每懷靡及。四牡彭彭，八鸞鏘鏘，王命仲山甫，城彼東方。○四牡騤騤，八鸞喈喈。仲山甫徂齊，式遄其歸。吉甫作誦，穆如清風。仲山甫永懷，以慰其心。

《詩序》《江漢》，尹吉甫美宣王也。能興衰撥亂，命召公平淮夷。

《詩經・大雅・江漢》 江漢浮浮，武夫滔滔。匪安匪遊，淮夷來求。既出我車，既設我旟。匪安匪舒，淮夷來鋪。○江漢湯湯，武夫洸洸。經營四方，告成于王。四方既平，王國庶定。時靡有爭，王心載寧。○江漢之滸，王命召虎：「式辟四方，徹我疆土。匪疚匪棘，王國來極。于疆于理，至于南海。」○王命召虎，來旬來宣：「文武受命，召公維翰。無曰予小子，召公是似。肇敏戎公，用錫爾祉。」○釐爾圭瓚，秬鬯一卣。告于文人，錫山土田。于周受命，自召祖命。虎拜稽首：「天子萬年！」○虎拜稽首：「對揚王休，作召公考。天子萬壽！明明天子，令聞不已。矢其文德，洽此四國。」

《詩序》《常武》，召穆公美宣王也。有常德以立武事，因以爲戒然。

《詩經・大雅・常武》 赫赫明明，王命卿士，南仲大祖，大師皇父：「整我六師，以脩我戎。既敬既戒，惠此南國。」○王謂尹氏，命程伯休父：「左右陳行，戒我師旅。率彼淮浦，省此徐土，不留不處，三事就緒。」○赫赫業業，有嚴天子。王舒保作，匪紹匪遊。徐方繹騷，震驚徐方，如雷如霆，徐方震驚。○王奮厥武，如震如怒。進厥虎臣，闞如虓虎。鋪敦淮濆，仍執醜虜。截彼淮浦，王師之所。○王旅嘽嘽，如飛如翰，如江如漢，如山之苞，如川之流，緜緜翼翼，不測不克，濯征徐國。○王猶允塞，徐方既來。徐方既同，天子之功。四方既平，徐方來庭。徐方不回，王曰還歸。

馬驌《繹史》卷二七《宣王中興》引《石鼓文》 我車既攻，我馬既同。我車既好，我馬既駒。君子爰獵，爰獵爰遊，麀鹿速速，君子之求。彎彎鹵弓，弓兹以時。我驅其時，其來趩趩，趪趪炱炱，即御即時。麀鹿趚趚，其來大垐，我驅其樸，其來趪趪，射其豣蜀。汧也泛泛，丞彼淖淵。鰋鯉處之，君子漁之。漫漫有鯊，其游趣趣。白魚皪皪，其菹底鮮。黃白其鯾，又鮒有鮊。其胡孔庶，臠之䱷䱷，洋洋趯趯。其魚惟何？惟鱮惟鯉。何以橐之？惟楊及柳。田車孔安，鋚勒騂騂。六師既簡，左驂旛旛，右驂騝騝，我以隮于原。我戎止陸，宮車其寫，秀弓時射，麋豕孔庶，麀鹿雉兔。其原有旆，其戎奔奔，大車出洛，惡獸白臭，我執而勿射。多庶趩趩，君子乃樂。帥彼鑾車，忽速填如。秀弓孔碩，彤矢𨸏𨸏。四馬其寫，六轡沃若，徒駢孔庶，鄜騎宣博。酋車載道，如徒如章，原隰陰陽。趍趍六馬，射之簇簇，有貙如虎，獸鹿如兕。怡爾多賢，循禽奉雉，我免允異。我來自東，霝雨奔流，逆湧盈盈濼隰。君子既涉，我馬流汧，汧也洎淒丞士，駕言西歸。舫舟自廓，徒駢逴逴，維舟以道，或陰或陽，極深以户，出于水一方。丞徒徨止，其奔我以阻其乃事。宣猷作原，作周導遄，我辭攸除，帥彼阪田，莽爲世里，希微葳葳。乃罟漆栗，柞棫其拔，檵梠庸庸，鳴條亞箬，其華何爲，所斿㬎㬎，水盩導旨樹幽晤。徒我嘽嘽，然而師旅填然，會同有繹，以左戎障，弓矢孔庶，滔滔是熾。射夫寫矢，具奪舉𠴲。其徒吁來，或羣或友，悉率左右。燕樂天子來，嗣王始振振復古，我來攸止。彼走驕驕，馬麃皙皙，華華雉𠂤，位多庶。微我師氏，憲憲文武，可其一之。我水既淨，我道既平，我行既止，嘉樹則里，天子永寧。日惟丙申，旭旭杲杲，我其旁導，乘馬既迪，敉夏康康，駕彼四黃，左驂騯騯，右驂騋騋，戚戟以奕，汝不執德。旛翰黎黎，旗斿施施。公謂大來，余及如兹邑，曷不余及。虞人憐亟，朝夕儆惕。載西載北，勿掩勿伐。若而出奇，進獻用特。歸格蓺祖，告于大祝。禘嘗受享，致其方藝。寓逢中囿，孔庶麀鹿，原隰既坦，疆理𤳡𤳡。大田不搜，君子何求，有謀有始，周爰止于是。

《韋應物集》卷九《石鼓歌》 周宣大獵兮岐之陽，刻石表功兮煒煌煌。石如鼓形數止十，風雨缺訛苔蘚澀。今人濡紙脱其文，既擊既掃白黑分。忽開滿卷不可識，驚潛動蟄走云云。喘逶迤，相糺錯，乃是宣王之臣史籀作。一書遺此天地間，精意長存世冥寞。秦家祖龍還刻石，碣石之罘李斯跡。世人好古猶法傳，持來比此殊懸隔。

《王十朋全集・詩集》卷一〇《詠史詩・宣王》 北伐南征萬國臣，中興周室賴賢人。崧高千古英靈在，何獨當時降甫申。

周幽王部

綜述

《史記》卷四《周本紀》 四十六年，宣王崩，子幽王宫湦立。幽王二年，西周三川皆震。伯陽甫曰：「周將亡矣。夫天地之氣，不失其序；若過其序，民亂之也。陽伏而不能出，陰迫而不能蒸，於是有地震。今三川實震，是陽失其所而填陰也。陽失而在陰，原必塞；原塞，國必亡。夫水土演而民用也。土無所演，民乏財用，不亡何待！昔伊、洛竭而夏亡，河竭而商亡。今周德若二代之季矣，其川原又塞，塞必竭。大國必依山川，山崩川竭，亡國之徵也。川竭必山崩。若國亡不過十年，數之紀也。天之所弃，不過其紀。」是歲也，三川竭，岐山崩。

三年，幽王嬖愛褒姒。褒姒生子伯服，幽王欲廢太子。太子母申侯女，而爲后。後幽王得褒姒，愛之，欲廢申后，並去太子宜臼，以褒姒爲后，以伯服爲太子。周太史伯陽讀史記曰：「周亡矣。」昔自夏后氏之衰也，有二神龍止於夏帝庭而言曰：「余，褒之二君。」夏帝卜殺之與去之與止之，莫吉。卜請其漦而藏之，乃吉。於是布幣而策告之，龍亡而漦在，櫝而去之。夏亡，傳此器殷。殷亡，又傳此器周。比三代，莫敢發之。至厲王之末，發而觀之。漦流于庭，不可除。厲王使婦人裸而譟之。漦化爲玄黿，以入王後宫。後宫之童妾既齔而遭之，既笄而孕，無夫而生子，懼而弃之。宣王之時童女謡曰：「檿弧箕服，實亡周國。」於是宣王聞之，有夫婦賣是器者，宣王使執而戮之。逃於道，而見鄉者後宫童妾所弃妖子出於路者，聞其夜啼，哀而收之，夫婦遂亡，犇於褒。褒人有罪，請入童妾所弃女子者於王以贖罪。弃女子出於褒，是爲褒姒。當幽王三年，王之後宫見而愛之，生子伯服，竟廢申后及太子，以褒姒爲后，伯服爲太子。太史伯陽曰：「禍成矣，無可奈何！」

褒姒不好笑，幽王欲其笑萬方，故不笑。幽王爲烽燧大鼓，有寇至則舉烽火。諸侯悉至，至而無寇，褒姒乃大笑。幽王説之，爲數舉烽火。其後不信，諸侯益亦不至。

幽王以虢石父爲卿，用事，國人皆怨。石父爲人佞巧善諛好利，王用之。又廢申后，去太子也。申后怒，與繒、西夷犬戎攻幽王。幽王舉烽火徵兵，兵莫至。遂殺幽王驪山下，虜褒姒，盡取周賂而去。於是諸侯乃即申侯而共立故幽王太子宜臼，是爲平王，以奉周祀。

雜録

《史記》卷五《秦本紀》 襄公元年，以女弟繆嬴爲豐王妻。襄公二年，戎圍犬丘，世父擊之，爲戎人所虜。歲餘，復歸世父。七年春，周幽王用褒姒廢太子，立褒姒子爲適，數欺諸侯，諸侯叛之。西戎犬戎與申侯伐周，殺幽王酈山下。而秦襄公將兵救周，戰甚力，有功。

皇甫謐《帝王世紀》卷五 幽王三年納褒姒，八年立以爲后。

幽王三年嬖褒姒，褒姒年十四。

《十月之交》四篇正刺幽王。

《魯語》里革對威公云「幽王滅於戲」，今京兆新豐東二十里戲亭是也。

備録

《國語・周語上》 幽王二年，西周三川皆震。伯陽父曰：「周將亡矣！夫天地之氣，不失其序；若過其序，民亂之也。陽伏而不能出，陰迫而不能烝，於是有地震。今三川實震，是陽失其所而鎮陰也。陽失而在陰，川源必塞；源塞，國必亡。夫水土演而民用也。水土無所演，民乏財用，不亡何待？昔伊、洛竭而夏亡，河竭而商亡。今周德若二代之季矣，其川源又塞，塞必竭。夫國必依山川，山崩川竭，亡之徵也。川竭，山必崩。若國亡不過十年，數之紀也。夫天之所棄，不過其紀。」是歲也，三川竭，岐山崩。十一年，幽王乃滅，周乃東遷。

《吕氏春秋・慎行論・疑似》 周宅酆鎬近戎人，與諸侯約，爲高葆禱於王路，置鼓其上，遠近相聞。即戎寇至，傳鼓相告，諸侯之兵皆至救天子。戎寇當至，幽王擊鼓，諸侯之兵皆至，褒姒大説，喜之。幽王欲褒姒之笑也，因數擊鼓，諸侯之兵數至而無寇。至於後戎寇真至，幽王擊鼓，諸侯兵不至。幽王之身，乃

死於麗山之下，爲天下笑。此夫以無寇失真寇者也。賢者有小惡以致大惡。褒姒之敗，乃令幽王好小説以致大滅。故形骸相離，三公九卿出走，此褒姒之所用死，而平王所以東徙也，秦襄、晉文之所以勞王勞而賜地也。

梁玉繩《人表考》卷九《下下愚人·幽王宫湼》 幽王始見《大》、《小雅》諸序，《左》昭廿六，《周語》上，《晉語》一，《鄭語》。宣王子始見《周紀》。亦曰周幽，《楚辭·天問》。亦單稱幽，《魯語》上。亦與厲王稱幽、厲。《禮運》、《孟子》。在位十一年，申、繒、犬戎攻王驪山下，滅于戲。《周》、《晉》、《魯》、《鄭語》，《周紀》、《侯表》，《鄭世家》，《竹書》。案字書無湼字。而幽王之名，《竹書》單作湼，《皇王大紀》單作湼，此表及杜《世族譜》，《周》、《晉語》注作宫湼，《周紀》作《宫湼》，《詩·王風譜》疏引《紀》作宫皇，《吕氏春秋·當染》注作官皇。疑當依《外紀》、《古史》、《通志》作宫湼爲是。《國語補音》謂宜從湼，亦非。《集解》徐廣曰：一作生。惟名湼，故又作生。《説文》腥、鯹又作胜、鮏，知古字凡从星者，恒爲生也。

備論

《吕氏春秋·審應覽》 惑者之患，不自以爲感，故惑惑之中有曉焉，冥冥之中有昭焉。亡國之主，不自以爲惑，故與桀、紂、幽、厲皆也。然有亡者國，無二道矣。

孔穎達《毛詩正義》卷一五《小雅·白華》 正義曰：《白華》詩者，周人所作，以刺幽王之后也。幽王之后，褒姒也。以幽王初取申女以爲后，後得褒姒而黜退申后。褒姒，妾也。王黜申后而立之，由此，故下國諸侯化而傚之，皆以妾爲妻，以支庶之孽代本適之宗，而幽王弗能治而正之，使天下敗亂，皆幽后所致，故周人爲之而作《白華》之詩以刺之也。申后之黜，幽王所爲，而刺褒姒者，言刺褒姒則幽王之惡可知，以褒姒媚惑，以至使申后見黜，故詩人陳申后之被疏遠，以主刺后姒也。《帝王世紀》云：「幽王三年，納褒姒。八年，立以爲后。」則得在三年，而黜申后在八年。此詩之作，在見黜之後。經八章，皆言王遠申后，是得褒姒而黜申后之事也。下國化之，即五章「鼓鐘于宫，聲聞于外」是也。此詩主刺王之遠申后，但王爲此行，則爲下國所化，故經略文以見意，序具述其事以明之。

王應麟《困學紀聞》卷三《詩》 「尹氏不平」，此幽王所以亡。《春秋》於平王之末書「尹氏卒」，隱公三年。見權臣之繼世也。於景王之後書「尹氏立王子朝」，昭公二十三年。見權臣之危國也。《詩》之所刺，《春秋》之所譏，以此坊民，猶有五侯擅漢、三馬食曹之禍。

宣三十年，有兔舞於鎬京，而赫赫宗周有寖微之象矣。幽二年，三川竭，岐山崩，而陵谷易處，有將亡之形矣。匪降自天，職競由人，致此者人也，豈天所爲哉！

《文王》之詩曰：「文王孫子，本支百世。」凡周之士，不顯亦世。」此周所以興也。宣王之後爲幽王，《斯干》之祥，《黍離》之萌也。太師皇父之後爲皇父卿士，尹吉甫之後爲尹氏太師，蹶父之後爲蹶維趣馬，申伯之後爲申侯，則與犬戎滅宗周矣。君臣皆弗克紹，周焉得不替乎！

王應麟《困學紀聞》卷六《春秋》 幽王之尹氏，不能世吉甫之賢，而秉國不平，西周所以夷於列國也。景王之尹氏，又世太師之惡，而私立王子朝，東周所以降於戰國也。

鍾惺《史懷》卷六 幽王以褒后故，王室治多邪。桓公問太史伯曰：王室多故，予安逃死乎？夫以桓公之賢，大不言霸，小不言彊，而急急乎逃死之不得，何其言之太甚而不祥邪！及犬戎殺幽王，並殺桓公，秦非子亦與焉。逃死之難如此。人不生亂世，安知此語之真！士大夫願天下太平，不獨爲國，正以爲身。彼小人安危樂禍，不顧國家之亂者，不知逃死之難故也。太史伯教桓公居虢、鄶之間而勿近楚，桓公雖死，鄭亦能國。周衰，料齊、秦、晉、楚之必興。一部春秋戰國全局，從數百年前掌上畫定，如數一二。理乎數乎？時與勢乎？何其不失尺寸也！生亂世有此識鑒，何患趨避無門，藏身無所。

藝文

《詩序》 《十月之交》，大夫刺幽王也。

《詩經·小雅·十月之交》 十月之交，朔月辛卯。日有食之，亦孔之醜。彼月而微，此日而微。今此下民，亦孔之哀。○日月告凶，不用其行。四國無政，不用其良。彼月而食，則維其常。此日而食，于何不臧。○爗爗震電，不寧

不令。百川沸騰，山冢崒崩。高岸爲谷，深谷爲陵。哀今之人，胡憯莫懲！○皇父卿士，番維司徒。家伯維宰，仲允膳夫。聚子內史，蹶維趣馬。楀維師氏，豔妻煽方處。○抑此皇父，豈曰不時？胡爲我作，不即我謀？徹我墻屋，田卒汙萊。曰予不戕，禮則然矣。○皇父孔聖，作都于向。擇三有事，亶侯多藏。不憖遺一老，俾守我王。擇有車馬，以居徂向。○黽勉從事，不敢告勞。無罪無辜，讒口囂囂。下民之孽，匪降自天。噂沓背憎，職競由人。○悠悠我里，亦孔之痗。四方有羨，我獨居憂。民莫不逸，我獨不敢休。天命不徹，我不敢傚我友自逸。

《詩序》《白華》，周人刺幽后也。幽王取申女以爲后，又得褒姒而黜申后，故下國化之，以妾爲妻，以孽代宗，而王弗能治，周人爲之作是詩也。

《詩經·小雅·白華》 白華菅兮，白茅束兮。之子之遠，俾我獨兮。○英英白雲，露彼菅茅。天步艱難，之子不猶。○滮池北流，浸彼稻田。嘯歌傷懷，念彼碩人。○樵彼桑薪，卬烘于煁。維彼碩人，實勞我心。○鼓鍾于宮，聲聞于外。念子懆懆，視我邁邁。○有鶖在梁，有鶴在林。維彼碩人，實勞我心。○鴛鴦在梁，戢其左翼。之子無良，二三其德。○有扁斯石，履之卑兮。之子之遠，俾我疷兮。

《詩序》《瞻卬》，凡伯刺幽王大壞也。

《詩經·大雅·瞻卬》 瞻卬昊天，則不我惠。孔填不寧，降此大厲。邦靡有定，士民其瘵。蟊賊蟊疾，靡有夷屆。罪罟不收，靡有夷瘳。○人有土田，女反有之。人有民人，女覆奪之。此宜無罪，女反收之。彼宜有罪，女覆說之。哲夫成城，哲婦傾城。○懿厥哲婦，爲梟爲鴟。婦有長舌，維厲之階。亂匪降自天，生自婦人。匪教匪誨，時維婦寺。○鞫人忮忒，譖始竟背。豈曰不極，伊胡爲慝？如賈三倍，君子是識。婦無公事，休其蠶織。○天何以刺？何神不富？舍爾介狄，維予胥忌。不弔不祥，威儀不類。人之云亡，邦國殄瘁。○天之降罔，維其優矣。人之云亡，心之憂矣。天之降罔，維其幾矣。人之云亡，心之悲矣。○觱沸檻泉，維其深矣。心之憂矣，寧自今矣。不自我先，不自我後。藐藐昊天，無不克鞏。無忝皇祖，式救爾後。

《詩序》《召旻》，凡伯刺幽王大壞也。旻，閔也，閔天下無如召公之臣也。

《詩經·大雅·召旻》 旻天疾威，天篤降喪。瘨我饑饉，民卒流亡。我居圉卒荒。○天降罪罟，蟊賊內訌。昏椓靡共，潰潰回遹，實靖夷我邦。○皋皋訿訿，曾不知其玷。兢兢業業，孔填不寧，我位孔貶。○如彼歲旱，草不潰茂，如彼棲苴。我相此邦，無不潰止。○維昔之富不如時，維今之疚不如茲。彼疏斯粺，胡不自替？職兄斯引。○池之竭矣，不云自頻？泉之竭矣，不云自中？溥斯害矣，職兄斯弘，不烖我躬。○昔先王受命，有如召公，日辟國百里，今也日蹙國百里。於乎哀哉！維今之人，不尚有舊。

《楚辭·屈原〈天問〉》 妖夫曳衒，何號于市？周幽誰誅？焉得夫褒姒？

《王十朋全集·詩集》卷一〇《詠史詩·幽王》 文武基圖未易量，可憐中葉壞幽王。神龍流沫生尤物，赫赫宗周一笑亡。

周平王部

綜述

《史記》卷四《周本紀》 幽王以虢石父爲卿，用事，國人皆怨。石父爲人佞巧善諛好利，王用之。又廢申后，去太子也。申侯怒，與繒、西夷犬戎攻幽王。幽王舉烽火徵兵，兵莫至。遂殺幽王驪山下，虜褒姒，盡取周賂而去。於是諸侯乃即申侯而共立故幽王太子宜臼，是爲平王，以奉周祀。

平王立，東遷于雒邑，辟戎寇。平王之時，周室衰微，諸侯彊并弱，齊、楚、秦、晉始大，政由方伯。

四十九年，魯隱公即位。

五十一年，平王崩，太子洩父蚤死，立其子林，是爲桓王。桓王，平王孫也。

姚彦渠《春秋會要》卷一《世系》 平王，名宜臼，幽王子。四十九年爲魯隱公元年，在位五十一年，崩，謚曰「平」。執政：鄭伯寤生。

雜録

備録

《漢書》卷二八下《地理志下》 秦之先曰柏益，出自帝顓頊，堯時助禹治水，爲舜朕虞，養育草木鳥獸，賜姓嬴氏，歷夏、殷爲諸侯。至周有造父，善馭習馬，得華騮、綠耳之乘，幸於穆王，封於趙城，故更爲趙氏。後有非子，爲周孝王養馬汧、渭之間。孝王曰：「昔伯益知禽獸，子孫不絶。」乃封爲附庸，邑之於秦，今隴西秦亭秦谷是也。至玄孫，氏爲莊公，破西戎，有其地。子襄公時，幽王爲犬戎所敗，平王東遷雒邑。襄公將兵救周有功，賜受邠、酆之地，列爲諸侯。

《漢書》卷二五上《郊祀志上》應劭注 秦，伯翳之後也。始周孝王封非子爲附庸，邑諸秦。平王東遷洛邑，襄公以兵衛之，嘉其勳力，列爲侯伯，與周别五百載矣。昭王時，西周君自歸受罪，盡獻其邑三十六城，此復合也。

皇甫謐《帝王世紀》卷五 平王元年，鄭武公爲司徒，與晉文侯股肱周室，夾輔平王，率諸侯，戮力一心，東遷洛邑。

平王時，王室微弱，詩人怨而爲刺，今《王風》自《黍離》至《中谷有蓷》五篇是也。

周后稷始封邰，今扶風是也。及公劉徙居邑於豳，今新平漆之東北有豳亭是也。故《詩》稱「篤公劉，於豳斯館」。至太王避狄，循漆水，逾梁山，徙邑於岐山之陽，今美陽西北有岐城舊趾是也。故《詩》稱「率西水滸，至於岐下」。南有周原，故始改號曰周。王季徙程，故《書序》曰「維周王季宅程」是也。故《孟子》稱「文王生於畢郢，西夷人也」。暨文王受命，徙都於酆，在今京兆之西是也。故《詩》稱「既伐於崇，作邑於酆」。及武王伐紂，營洛邑而定鼎焉，今洛陽西南洛水之北有鼎中觀是也。周公相成王，以酆、鎬偏處西方，貢不均，乃使邵公卜居洛水之陽，以即土中。故《援神契》曰：「八方之廣，周洛爲中。」於是遂築新邑，營定九鼎，以爲王之東都於洛邑。故《周書》稱：「我乃卜澗水東、瀍水西，唯洛食」，是爲王城，名曰東周。故《公羊傳》曰：「王城者何？東周也。」《地理志》王城本郟鄏之地，是以或謂之郟鄏。故《春秋傳》曰「成王定鼎於郟鄏」，河南是也。今郟鄏東門名鼎門，蓋九鼎所從入也。成王既卜營洛邑，建明堂，朝諸侯，復還酆、鎬，故《書序》曰：「成王既黜殷命，還歸在酆。」至懿王徙犬丘，秦謂之廢丘，今京兆槐里是也。《世本》曰：「懿王居犬丘，厲王淫亂，出於彘。」今河東永安是也。平王即位，徙居洛，《洛誥》所謂新邑也。《國語》曰「幽王滅，周乃東遷」，本殷之畿内，在《禹貢》豫州外方之域，河、洛、瀍、澗之間。周於南柳七星張之分，鶉火之次也。及敬王避子朝之亂，東居成周，故《春秋經》曰「天王入於成周」是也。後六年，王室定，遂徙都成周。是後晉又率諸侯之徒修繕其城，以成周城小，不受王都，故壞翟泉而廣焉。翟泉地在成周東北，今洛陽城中有周王冢是也。至赧王又徙居西周而失位。

酈道元《水經注》卷一五《伊水》 又東北過陸渾縣南，北水東流合侯澗水，水出西北侯溪，東南流注于涓水。涓水又東逕陸渾縣故城北，平王東遷，辛有適伊川，見有被髮而祭于野者曰：不及百年，此其戎乎？魯僖公二十二年，秦、晉遷陸渾之戎于伊川，故縣氏之也。

酈道元《水經注》卷一六《穀水》　平王東遷，文字乖錯，秦之李斯及胡母敬，又改籀書，謂之小篆，故有大篆、小篆焉。

《史記》卷三五《管蔡世家》張守節正義　周幽王爲犬戎所殺，平王東徙洛邑，秦襄公以兵救，因送平王至洛，故平王封襄公。

《史記》卷九九《劉敬叔孫通列傳》張守節正義　《公羊傳》云：「東周者何？成周也。西周者何？王城也。」按：周自平王東遷，以下十二王皆都王城，至敬王乃遷都成周，王赧又居王城也。

梁玉繩《人表考》卷九《下下愚人·平王宜臼》　平王始見《書·文侯之命》、《詩·王風》序、《左》隱三、《鄭語》，宜臼始見《周紀》，幽王子始見《小弁》序傳、《周紀》。臼本作咎。《晉語》一。《詩·小弁》傳、《王風譜》、《白華》箋。母申侯女。《周紀》。東遷洛邑。《左》隱六、《周語》上、《周紀》。五十一年崩。《周紀》。《侯表》。案《學林》三譏表不當列平王在愚人之等，非也。避戎東徙，不得謂之中興。而始奔于申，既立于申，復爲之戍申，借手叛人，無殊推刃，棄父奉讎，不孝莫大。班氏置之下愚，宜矣。又《左》昭廿六有攜王，《竹書》：幽王弒後，宜臼立申。虢公翰立王子余臣于攜。二王並立者二十年，晉文侯殺之。其立較宜臼爲正，乃《史》、《漢》俱不書，何耶？《晉語》韋注、杜昭廿六注及《世族譜》以攜王爲伯服，皆誤。

備論

《蘇軾文集》卷五《論周東遷》　太史公曰：「學者皆稱周伐紂，居洛邑。其實不然。武王營之，成王使召公卜居之，居九鼎焉。而周復都豐、鎬。至犬戎敗幽王，周乃東徙於洛。」

蘇子曰：周之失計，未有如東遷之繆者也。自平王至於亡，非有大無道者也。顗王之神聖，諸侯服享，然終以不振，則東遷之過也。昔武王克商，遷九鼎於洛邑，成王、周公復增營之。周公既没，蓋君陳、畢公更居焉，以重王室而已，非有意於遷也。周公欲葬成周，而成王葬之畢，此豈有意於遷哉。

今夫富民之家，所以遺其子孫者，田宅而已，不幸而有敗，至於乞假以生可也，然終不敢議田宅。今平王舉文、武、成、康之業，而大棄之，此一敗而鬻田宅者也。夏、商之王，皆五六百年，其先王之德，無以過周，而後王之敗，亦不減周幽、厲，然至於桀、紂而後亡。其未亡也，天下宗之，不如東周之名存而實亡也。是何也？則不鬻田宅之效也。

盤庚之遷也，復殷之舊也。古公遷於岐。方是時，周人如狄人也，逐水草而居，豈所難哉。衛文公東徙渡河，恃齊而存耳。齊遷臨淄，晉遷於絳、於新田，皆其盛時，非有所畏也。其餘避寇而遷都，未有不亡；雖不即亡，未有能復振者也。

春秋之時，楚大饑，羣蠻叛之，申息之北門不啓，楚人謀徙於阪高，蔿賈曰：「不可。我能往，寇亦能往。」於是乎以秦人、巴人滅庸，而楚始大。蘇峻之亂，晉幾亡矣，宗廟宮室，盡爲灰燼。温嶠欲遷都豫章，三吴之豪欲遷會稽，將從之矣，獨王導不可，曰：「金陵，王者之都也。王者不以豐儉移都。若弘衛文大帛之冠，何適而不可，不然，雖樂土爲墟矣。且北寇方彊，一旦示弱，竄於蠻越，望實皆喪矣。」乃不果遷，而晉復安。賢哉導也，可謂能定大事矣。嗟夫，平王之初，周雖不如楚之强，顧不愈於東晉之微乎。使平王有一王導，定不遷之計，收豐鎬之遺民，而修文、武、成、康之政，以形勢臨東諸侯，齊、晉雖强，未敢貳也，而秦何自霸哉！

魏惠王畏秦，遷於大梁。楚昭王畏吴，遷於鄀。頃襄王畏秦，遷於陳。考烈王畏秦，遷於壽春。皆不復振，有亡徵焉。東漢之末，董卓劫帝遷於長安，漢遂以亡。近世李景遷於豫章亦亡。吾故曰：周之失計，未有如東遷之繆者也。

《全元文》卷四八八吴澄《東西周辨》　東西周有二，一以前後建都之殊而名，一以二公封邑之殊而名。昔武王西都鎬京，而東定鼎于郟鄏。周公相成王宅洛邑，營澗水東、瀍水西以朝諸侯，謂之王城，又謂之東都，實郟鄏，於今爲河南。又營瀍水東以處殷頑民，謂之成周，又謂之下都，於今爲洛陽。自武王至幽，皆都鎬京。幽王娶于申，生太子宜臼。又嬖褒姒，生伯服，欲立之，黜宜臼。申侯以鄫及犬戎入寇，弒王。諸侯遂犬戎與申侯，共立宜臼，是爲平王。畏戎之逼，去鎬而遷于東都。平以下都王城，曰東周。幽以上都鎬京，曰西周。此以前後建都之殊而名也。自平東遷，傳世十二，而景王之庶長子朝與王猛争國。猛東居于皇，晉師納之，入于王城。入之次月，猛終焉。及踰半期，而子朝又入，王辟之，東居于狄泉。子朝據王城，曰西王。敬王在狄泉，曰東王。越四年，子朝奔楚，敬王雖得返國，然以子朝餘黨多在王城，乃徙都成周，而王城之都廢。至考王，封其弟揭於王城，以續周公之官職，是爲周桓公。自此以後，東有王，西有公，而東西周之名未立也。桓公生威公，威公生惠公，惠公之少子班又別封於鞏以奉王，是爲東周惠公，父子同謚。以鞏與成周皆在王城之東，故班之見則仍襄

父爵，居于王城，是爲西周武公。以王城在成周之西，故自此以後，西有公，東亦有公。二公各有所食，而周尚爲一也。顯王二年，趙、韓分周地爲二，二周公治之，王寄焉而已矣。周之分東西自此始。九年，東周惠公卒，子傑嗣，慎靚以上皆在東周，赧王立，始遷于西周，即王城舊都也。《史記》云「王赧時，東西周分治」。今按：顯王二年已分爲二，不待此時矣。其後西周武公卒，子文君嗣。王五十九年，秦滅西周，西周公入秦，獻其邑而歸。是年赧王崩，次年周民東亡，秦遷西周公於𢘿狐聚。又六年，秦滅東周，遷東周公於陽人聚。此以二公對邑之殊而名也。前後建都之殊者，以鎬京爲西周，對洛邑爲東周而言也。二公封邑之殊者，又於洛邑二城之中，以王城爲西周，對成周爲東周而言也。大槩周三十六王，前十有二王都鎬京，中十有三王都王城。王城對鎬京，則鎬京在西，而王城在東，其東西之相望也遠。季十王都成周，赧一王都王城。王城對成周，則成周在東，而王城在西，其東西之相距也近。一王城也，昔以東周稱，後以西周稱。夫周未東西之分，因武、惠二公各居一都而名王，則或東或西，東西之名繫乎公，不繫乎王也。邵子《經世書》紀赧王爲西周君，與東周惠公並，而西周公無聞焉，則直以西爲王、東爲公矣。知東之有公，而不知西之亦有公也。知王之在西，而不知赧以前之王固在東也。《戰國策》編題首東周，次西周，豈無意哉？二周分治以來，顯王、慎靚王二代五十餘年王于東，赧一代五十餘年王于西。先東後西，順其序也。近有縉雲鮑彪注謂「西周正統，不應後於東周」，昇之爲首卷；於西著王世次，於東著公世次，蓋因邵子而誤者。既不知有西周公，且承宋忠之繆，以西周武公爲赧王別謚，反以徐廣爲疏，是未嘗考於司馬貞《索隱》之説。鮑又云「赧徙都西周」。西周，鎬京也。嗚呼！鎬京去王城、成周八百餘里，自平王東遷之後不能有，而以命秦仲曰：「能逐犬戎，即有其地。」鎬之爲秦，已四百年于茲。其地在長安上林昆明之北，虎狼所穴，而王得往都于彼哉！高誘注曰：「西周王城，今河南。東周成周，故洛陽。」辭旨明甚。鮑注出高誘後，何乃以西周爲鎬京也乎？鮑又云：「郟鄏屬河南，爲東周。」殊不思此昔時所謂東周也，於斯時則名西周矣。斯時之西周與鎬京、郟鄏對稱，西東者不同，顧乃一之，何與？蓋有不知而作之者，我無是也夫！鮑氏之於《國策》，其用心甚勤，而開卷之端，不免謬誤如此，讀者亦或未之察也。與夾谷士常、程鉅夫偶論及此，二公命筆之，遂爲之作《東西周辯》。

顧炎武《日知録》卷二《文侯之命》　《竹書紀年》：「幽王三年，嬖褒姒。五年，王世子宜臼出奔申。八年，王立褒姒之子伯盤爲太子。九年，申侯聘西戎及鄫。十年，王師伐申。十一年，申人、鄫人及犬戎入周，弒王及王子伯盤。申侯、魯侯、許男、鄭子立宜臼於申，虢公翰立王子餘臣於攜，周二王並立。平王元年，王東徙洛邑。晉侯會衛侯、鄭伯、秦伯，以師從王入於成周。二十一年，晉文侯殺王子餘臣於攜。」然則《文侯之命》報其立己之功，而望之以殺攜王之效也。鄭公子蘭之從晉文公而東也，請無與圍鄭，晉人許之。今平王既立於申，自申遷於洛邑，而復使周人爲之戍申，則申侯之伐，幽王之弒，不可謂非出於平王之志者矣。當日諸侯但知其冢嗣爲當立，而不察其與聞乎弒爲可誅，虢公之立王子餘臣，或有見乎此也。自文侯用師，替攜王以除其逼，而平王之位定矣。後之人徒以成敗論，而不察其故，遂謂平王能繼文武之緒，而惜其棄岐豐七百里之地，豈爲能得當日之情者哉！孔子生於二百年以後，蓋有所不忍言，而録《文侯之命》於《書》，録《揚之水》之篇於《詩》，其旨微矣。《傳》言平王東遷，蓋周之臣子美其名爾。綜其實不然。凡言遷者，自彼而之此之辭，盤庚遷於殷是也。幽王之亡，宗廟社稷，以及典章文物，蕩然皆盡，鎬京之地已爲戎狄之居；平王乃自申東保於洛，天子之國與諸侯無異，而又有攜王與之頡頏，並爲人主者二十年，其得存周之祀幸矣，而望其中興哉！

馬驌《繹史》卷三〇《周室東遷論》　女謁之亡人國也，自古然矣。傳曰：「夏亡以妹喜，殷以妲己，周以褒姒。」然周之所以亡，復與夏殷異。桀、紂恃其才智，暴虐聚斂，殺戮諫臣，其政皆足以亡國，女寵特一端爾，而又際湯、武之聖。至幽王則不然，亦惟昏愚信讒，嬖愛奪適，構釁牀笫之間，小醜乘而難作，遂使赫赫宗周，竟職滅於褒姒已。且姒之爲禍，其兆明矣，龍漦之孽，遠起於夏庭，《檿弧》之謠，近聞於宣世，盡人而知之，幽獨不知，何也？豈深山大澤之龍蛇，工讒善匿，不聞此亡國之言邪？抑尤物移人，王心蠱惑，即亡亦所不恤邪？夫笑亦人之常情，裂繒非美聲也，褒姒之好惡與人殊，而幽王必欲説之，不如是不足以絶諸侯之援，致戎寇之入，不如是不足以滅周也。方幽王之廢申后，黜太子，太子出奔申，母子離怨，《白華》、「鸒斯」之詩，足以徵矣。申召繒，戎以伐周，遂有驪山之禍，於是諸侯共立太子，奉之以東遷，而周不復西矣。是時與幽王之難者惟鄭，定亂立平王者，秦、晉與衛也。平遭宗社覆敗之禍，切君父不共戴天之讎，倘因諸侯之推戴，奉辭伐罪，志雪國恥，東周之王業，猶可以振；乃苟以得位爲幸，罷師行賞，錫命晉侯，施施若盛世之典策焉，此無他，滅周者西戎，而召戎者申侯

也。治戎固不能矣，顧方以申侯之立己爲德，舍是不討，安所用討？若以《春秋》之法，則直書曰太子宜臼弒其君可矣，平亦安足望乎？且在朝諸臣，又非其人也，自幽王棄親遠賢，虢石父巧佞用事，在位者憂讒畏罪，無復遠圖，播遷以來，九族被棄，賢士困於下僚，中興之業，誰與爲謀者。是時從王之國，不過秦、晉、鄭、衛已爾，秦與西戎世爲仇讎，當其力戰，蓋不獨爲王室也。平王以岐、豐之地許之，西戎方據其郊，在平王不得不予，在秦亦不得不自取。然戎、狄强盛，秦伯父子力争二十餘年而後得之，固不暇東略矣，況其僭臚郊祀，有無王之心乎？晉啓河內，表裏山河，足以蕃屏王室，然文侯雖賢，前有殤叔之難，後有曲沃之偪，晉之內亂，實自此始，而平王錫命，固諭以歸視寧邦矣，其委任又可知也。王爲申出，鄭武公娶于申，當桓公敗亡之際，其族散入南鄭，僅收餘衆，迎王於申立之，東取虢、鄶以爲國，其願已足，以申、鄭昏姻之好，平王以武公爲司徒，世有其職，而遣役戍申，其事蓋可推矣。惟衛武之賢足以有爲，而權任不在焉。自四國之外，諸侯未有至者，且王既以罷兵息民示天下，即有志懷忠憤，繼起勤王者，將何所用之？況當時之列國，咸思自樹，更相侵伐，又未必乃心王室哉？平忘申侯之罪，即欲號令天下，恢復舊業，抑又難矣。東遷之事勢如此，此王風所以降於列國，陵遲而不復振也。

顧棟高《春秋大事表》卷四《春秋列國疆域表·周疆域論》 嘗讀《詩》至《召旻》之卒章，曰：「昔先王受命，有如召公，日闢國百里。今也日蹙國百里。」喟然歎曰：此其故，《春秋》盡之矣。周自平王東遷，尚有太華、外方之閒方六百里之地。其時西有虢，據桃林之險，通西京之道；南有申、吕，扼天下之膂，屏東南之固；而南陽肩背澤、潞，富甲天下；轘轅、伊闕，披山帶河，地方雖小，亦足王也。故桓王之世猶能興師以號召諸侯，虎牢屬鄭，仍復收之，至惠王始與鄭。以武公之略，張弛自如，皇綱未盡絶于天下也。而孱弱不振，日朘月削，楚滅申而東南之蔽失，晉滅虢而西歸之道斷。至襄王以温、原畀晉，而東都之事去矣。然論者謂襄王之失計，此又非也。在桓王時已嘗以十二邑易鄔邘之田于鄭，鄭不能有，而復歸諸周，周復不能有而强以與晉。如豪奴悍僕，主人微弱不能制，而擇巨室之能者使治之。至襄王時已視爲棄地，固不甚愛惜也。晉得之而日以强，周日以削。至祭人于鄭，晉遷陸渾之戎于伊川，楚伐陸渾而遂觀兵周疆矣。然則詩人所歎息痛恨于「日蹙國百里」者，其此之謂歟！謹志其疆域而歷敘其朘削之所由，使後之論周事者有考焉。

藝文

《詩序》《黍離》，閔宗周也。周大夫行役至于宗周，過故宗廟宫室，盡爲禾黍。閔周室之顛覆，彷徨不忍去，而作是詩也。

《詩經·王風·黍離》 彼黍離離，彼稷之苗。行邁靡靡，中心摇摇。知我者謂我心憂，不知我者謂我何求。悠悠蒼天，此何人哉？○彼黍離離，彼稷之穗。行邁靡靡，中心如醉。知我者謂我心憂，不知我者謂我何求。悠悠蒼天，此何人哉？○彼黍離離，彼稷之實。行邁靡靡，中心如噎。知我者謂我心憂，不知我者謂我何求。悠悠蒼天，此何人哉？

《詩序》《君子于役》，刺平王也。君子行役無期度，大夫思其危難以風焉。

《詩經·王風·君子于役》 君子于役，不知其期。曷至哉？雞棲于塒，日之夕矣，羊牛下來。君子于役，如之何勿思！○君子于役，不日不月。曷其有佸？雞棲于桀，日之夕矣，羊牛下括。君子于役，苟無飢渴。

《詩序》《揚之水》，刺平王也。不撫其民，而遠屯戍于母家，周人怨思焉。

《詩經·王風·揚之水》 揚之水，不流束薪。彼其之子，不與我戍申。懷哉懷哉！曷月予還歸哉？○揚之水，不流束楚。彼其之子，不與我戍甫。懷哉懷哉！曷月予還歸哉？○揚之水，不流束蒲。彼其之子，不與我戍許。懷哉懷哉！曷月予還歸哉？

《詩序》《中谷有蓷》，閔周也。夫婦日以衰薄，凶年饑饉，室家相棄爾。

《詩經·王風·中谷有蓷》 中谷有蓷，暵其乾矣。有女仳離，慨其嘆矣。慨其嘆矣，遇人之艱難矣。○中谷有蓷，暵其脩矣。有女仳離，條其歗矣。條其歗矣，遇人之不淑矣。○中谷有蓷，暵其濕矣。有女仳離，啜其泣矣。啜其泣矣，何嗟及矣。

《詩序》《葛藟》，王族刺平王也。周室道衰，棄其九族焉。

《詩經·王風·葛藟》 緜緜葛藟，在河之滸。終遠兄弟，謂他人父。謂他人父，亦莫我顧。○緜緜葛藟，在河之涘。終遠兄弟，謂他人母。謂他人母，亦莫我有。○緜緜葛藟，在河之漘。終遠兄弟，謂他人昆。謂他人昆，亦莫我聞。

《張耒集》卷四六《詩雜説十四首》 或問《王風》之詩凡十篇，而閔周之詩四

焉。方是時，平王東遷，豐、鎬爲墟，文武之舊已掃地矣，此《黍離》所以閔也。兵敗禍結，國勢危蹙，此《兔爰》之所以閔也。風俗衰薄，室家不相保，此《中谷有蓷》所以閔也。國家有是三者，閔之宜矣。《君子陽陽》之序曰：「君子遭亂，相招爲禄仕，全身遠害而已。」蓋君子猶未去也，辭尊居卑，辭富居貧，甘爲勞辱而不恥耳，未至于大亂，何遽閔之哉？答曰：序此詩者，其知道乎？國家之患，莫大于有君子而不能知，小人在位而賢人在下也。其小人不爲盡心，未害也。至于君子不爲盡心，苟求免于饑寒，熟視其禍而不肯救者，國必亡。故曰：「邦無道，富且貴焉，恥也。」彼皆恥之而甘貧賤，誰與圖其國乎？不亡何待？此知微君子所以嗟傷而閔之也。彼《黍離》、《兔爰》、《中谷有蓷》之亂，使有君子，其至是乎！

管仲部

綜述

《史記》卷六二《管晏列傳》　管仲夷吾者，潁上人也。少時常與鮑叔牙游，鮑叔知其賢。管仲貧困，常欺鮑叔，鮑叔終善遇之，不以爲言。已而鮑叔事齊公子小白，管仲事公子糾。及小白立爲桓公，公子糾死，管仲囚焉。鮑叔遂進管仲。管仲既用，任政於齊，齊桓公以霸，九合諸侯，一匡天下，管仲之謀也。

管仲曰：「吾始困時，嘗與鮑叔賈，分財利多自與，鮑叔不以我爲貪，知我貧也。吾嘗爲鮑叔謀事而更窮困，鮑叔不以我爲愚，知時有利不利也。吾嘗三仕三見逐於君，鮑叔不以我爲不肖，知我不遭時也。吾嘗三戰三走，鮑叔不以我爲怯，知我有老母也。公子糾敗，召忽死之，吾幽囚受辱，鮑叔不以我爲無恥，知我不羞小節而恥功名不顯于天下也。生我者父母，知我者鮑子也。」

鮑叔既進管仲，以身下之。子孫世禄於齊，有封邑者十餘世，常爲名大夫。天下不多管仲之賢而多鮑叔能知人也。

管仲既任政相齊，以區區之齊在海濱，通貨積財，富國彊兵，與俗同好惡。故其稱曰：「倉廪實而知禮節，衣食足而知榮辱，上服度則六親固。四維不張，國乃滅亡。下令如流水之原，令順民心。」故論卑而易行。俗之所欲，因而予之；俗之所否，因而去之。

其爲政也，善因禍而爲福，轉敗而爲功。貴輕重，慎權衡。桓公實怒少姬，南襲蔡，管仲因而伐楚，責包茅不入貢於周室。桓公實北征山戎，而管仲因而令燕修召公之政。於柯之會，桓公欲背曹沫之約，管仲因而信之，諸侯由是歸齊。故曰：「知與之爲取，政之寶也。」

管仲富擬於公室，有三歸、反坫，齊人不以爲侈。管仲卒，齊國遵其政，常彊於諸侯。後百餘年而有晏子焉。

雜録

備録

《管子・大匡》　齊僖公生公子諸兒、公子糾、公子小白。使鮑叔傅小白，鮑叔辭，稱疾不出。管仲與召忽往見之，曰：「何故不出？」鮑叔曰：「先人有言曰：『知子莫若父，知臣莫若君。』今君知臣之不肖也，是以使賤臣傅小白也，賤臣知棄矣。」召忽曰：「子固辭無出，吾權任子以死亡，必免子。」鮑叔曰：「子如是，何不免之有乎？」管仲曰：「不可。持社稷宗廟者，不讓事，不廣閒。將有國者，未可知也。子其出乎！」召忽曰：「不可。吾三人者之於齊國也，譬之猶鼎之有足也，去一焉則必不立矣。吾觀小白必不爲後矣。」管仲曰：「不然也。夫國人憎惡糾之母，以及糾之身，而憐小白之無母也。諸兒長而賤，事未可知也。夫所以定齊國者，非此二公子者，將無已也。小白之爲人，無小智，惕而有大慮。非夷吾莫容小白，天不幸降禍加殃于齊，糾雖得立，事將不濟。非子定社稷，其將誰也？」召忽曰：「百歲之後，吾君卜世，犯吾君命而廢吾所立，奪吾糾也，雖得天下，吾不生也，兄與我齊國之政也。受君令而不改，奉所立而不濟，是吾義也。」管仲曰：「夷吾之爲君臣也，將承君命，奉社稷以持宗廟，豈死一糾哉！夷吾之所死者，社稷破，宗廟滅，祭祀絶，則夷吾死之。非此三者，則夷吾生。夷吾生則齊國利，夷吾死則齊國不利。」鮑叔曰：「然則奈何？」管子曰：「子出奉令則可。」鮑叔許諾，乃出奉令，遂傅小白。

鮑叔謂管仲曰：「何行？」管仲曰：「爲人臣者，不盡力於君，則不親信。不親信，則言不聽。言不聽，則社稷不定。夫事君者無二心。」鮑叔許諾。僖公之母弟夷仲年生公孫無知，有寵於僖公，衣服禮秩如適。僖公卒，以諸兒長得爲君，是爲襄公。襄公立后，絀無知，無知怒。公令連稱、管至父戍葵丘，曰：「瓜時而往，及瓜時而來。」期戍，公問不至，請代不許，故二人因公孫無知以作亂。魯桓公夫人文姜，齊女也。公將如齊，與夫人皆行。申俞諫曰：「不可。女有家，男有室。無相瀆也，謂之有禮。」公不聽，遂以文姜會齊侯於濼。文姜通於齊

侯，桓公聞，責文姜。文姜告齊侯，齊侯怒，饗公，使公子彭生乘魯侯，脅之，公薨于車。豎曼曰：「賢者死忠以振疑，百姓寓焉。智者究理而長慮，身得免焉。今彭生二於君，無盡言而諛行，以戲我君，使我君失親戚之禮命，又力成吾君之禍，以搆二國之怨，彭生其得免乎，禍理屬焉！夫君以怒遂禍，不畏惡親，聞容昏生，無醜也，豈及彭生而能止之哉！魯若有誅，必以彭生爲説。」二月，魯人告齊曰：「寡君畏君之威，不敢寧居，來脩舊好，禮成而不反，無所歸死，請以彭生除之。」齊人爲殺彭生，以謝于魯。五月，襄公田于貝丘，見豕彘。從者曰：「公子彭生也。」公怒曰：「公子彭生安敢見！」射之，豕人立而啼。公懼，墜於車下，傷足亡屨。反，誅屨於徒人費，不得也，鞭之見血。費走而出，遇賊於門，脅而束之。費袒而示之背，賊信之，使費先入，伏公而出，鬬死于門中。石之紛如死于階下。孟陽代君寢于牀，賊殺之，曰：「非君也，不類。」見公之足于户下，遂殺公，而立公孫無知也。

鮑叔牙奉公子小白奔莒，管夷吾、召忽奉公子糾奔魯。九年，公孫無知虐於雍廩，雍廩殺無知也。桓公自莒先入，魯人伐齊，納公子糾，戰於乾時，管仲射桓公中鉤。魯師敗績。桓公踐位，於是劫魯，使魯殺公子糾。桓公問於鮑叔曰：「將何以定社稷？」鮑叔曰：「得管仲與召忽，則社稷定矣。」公曰：「夷吾與召忽，吾賊也。」鮑叔乃告公其故圖。公曰：「然則可得乎？」鮑叔曰：「若亟召則可得也。不亟，不可得也。夫魯施伯知夷吾爲人之有慧也，其謀必將令魯致政於夷吾。夷吾受之，則彼知能弱齊矣。夷吾不受，彼知其將反於齊也，必將殺之。」公曰：「然則夷吾將受魯之政乎，其否也？」鮑叔對曰：「不受。夫夷吾之不死糾也，爲欲定齊國之社稷也。今受魯之政，是弱齊也。夷吾之事君無二心，雖知死，必不受也。」公曰：「其於我也曾若是乎？」鮑叔對曰：「非爲君也，爲先君也。其於君不如親糾也，糾之不死，而況君乎！君若欲定齊之社稷，則亟迎之。」公曰：「恐不及，奈何？」鮑叔曰：「夫施伯之爲人也，敏而多畏。公若先反，恐注怨焉，必不殺也。」公曰：「諾。」施伯進對魯君曰：「管仲有急，其事不濟。今在魯，君其致魯之政焉。若受之，則齊可弱也。若不受，則殺之。殺之以説於齊也。與同怒，尚賢於已。」君曰：「諾。」魯未及致政，而齊之使至，曰：「夷吾與召忽近，寡人之賊也。今在魯，寡人願生得之。若不得也，是君與寡人賊比也。」魯君問施伯，施伯曰：「君與之。臣聞齊君惕而亟驕，雖得賢，庸必能用之乎？及齊君之能用之也，管子之事濟也。夫管仲，天下之大聖也。今彼反齊，天下皆鄉之，豈獨魯乎！今若殺之，此鮑叔之友也，鮑叔因此以作難，君必不能待也，不如與之。」魯君乃遂束縛管仲與召忽。管仲謂召忽曰：「子懼乎？」召忽曰：「何懼乎？吾不蚤死，將胥有所定也。今既定矣，令子相齊之左，必令忽相齊之右。雖然，殺君而用吾身，是再辱我也。子爲生臣，忽爲死臣。忽也知得萬乘之政而死，公子糾可謂有死臣矣。子生而霸諸侯，公子糾可謂有生臣矣。死者成行，生者成名。名不兩立，行不虛至。子其勉之，死生有分矣。」乃行，入齊境，自刎而死。管仲遂入。君子聞之曰：「召忽之死也，賢其生也。管仲之生也，賢其死也。」或曰：明年襄公逐小白，小白走莒。三年，襄公薨，公子糾踐位，國人召小白。鮑叔曰：「胡不行矣？」小白曰：「不可。夫管仲知，召忽强武，雖國人召我，我猶不得入也。」鮑叔曰：「管仲得行其知於國，國可謂亂乎？召忽强武，豈能獨圖我哉？」小白曰：「夫雖不得行其知，豈且不有焉乎？召忽雖不得衆，其及豈不足以圖我哉？」鮑叔對曰：「夫國之亂也，智人不得作内事，朋友不能相合摎，而國乃可圖也。」乃命車駕，鮑叔御，小白乘而出於莒。小白曰：「夫二人者奉君令，吾不可以試也。」乃將下。鮑叔履其足曰：「事之濟也在此時，事若不濟，老臣死之，公子猶之免也。」乃行，至於邑郊，鮑叔令車二十乘先，十乘後。鮑叔乃告小白曰：「夫國之疑二三子，莫忍老臣，事之未濟也，老臣是以塞道。」鮑叔乃誓曰：「事之濟也，聽我令。事之不濟也，免公子者爲上，死者爲下。吾以五乘之實距路。」鮑叔乃爲前驅，遂入國，逐公子糾。管仲射小白中鉤。管仲與公子糾、召忽遂走魯。桓公踐位，魯伐齊，納公子糾而不能。

桓公二年，踐位召管仲。管仲至，公問曰：「社稷可定乎？」管仲對曰：「君霸王，社稷定。君不霸王，社稷不定。」公曰：「吾不敢至於此其大也，定社稷而已。」管仲又請，君曰：「不能。」管仲辭於君曰：「君免臣於死，臣之幸也。然臣之不死糾也，爲欲定社稷也。社稷不定，臣祿齊國之政而不死糾也，臣不敢。」乃走出。至門，公召管仲。管仲反，公汗出曰：「勿已，其勉霸乎！」管仲再拜稽首而起，曰：「今日君成霸，臣貪承命。」趨立於相位，乃令五官行事。

異日，公告管仲曰：「欲以諸侯之閒無事也，小修兵革。」管仲曰：「不可。百姓病，公先與百姓而藏其兵。與其厚於兵，不如厚於人。齊國之社稷未定，公未始於人而始於兵，外不親於諸侯，内不親於民。」公曰：「諾。」政未能有行也。二年，桓公彌亂，又告管仲曰：「欲繕兵。」管仲又曰：「不可。」公不聽，果爲兵。桓公與宋夫人飲舡中，夫人蕩舡而懼公，公怒出之。宋受而嫁之蔡侯。明年，公

怒告管仲曰：「欲伐宋。」管仲曰：「不可。臣聞內政不脩，外舉事不濟。」公不聽，果伐宋。諸侯興兵而救宋，大敗齊師。公怒，歸告管仲曰：「請脩革。吾士不練，吾兵不實，諸侯故敢救吾讎。內脩兵。」管仲曰：「不可。齊國危矣。內奪民用，士勸於勇外，亂之本也。外犯諸侯，民多怨也。爲義之士，不入齊國，安得無危？」鮑叔曰：「公必用夷吾之言。」公不聽，乃令四封之內脩兵，關市之征侈之。公乃遂用以勇授禄。鮑叔謂管仲曰：「異日者，公許子霸，今國彌亂，子將何如？」管仲曰：「吾君惕，其智多誨。姑少胥，其自及也。」鮑叔曰：「比其自及也，國無闕亡乎？」管仲曰：「未也。國中之政，夷吾尚微爲，焉亂乎？尚可以待。外諸侯之佐，既無有吾二人者，未有敢犯我者。」明年，朝之争禄相刺，裚領而刎頸者不絶。鮑叔謂管仲曰：「國死者衆矣，毋乃害乎？」管仲曰：「安得已然！此皆其貪民也。夷吾之所患者，諸侯之爲義者莫肯入齊，齊之爲義者莫肯仕。此夷吾之所患也。若夫死者，吾安用而愛之？」公又內脩兵。

三年，桓公將伐魯，曰：「魯與寡人近，於是其救宋也疾，寡人且誅焉。」管仲曰：「不可。臣聞有土之君，不勤於兵，不忌於辱，不輔其過，則社稷安。勤於兵，忌於辱，輔其過，則社稷危。」公不聽，興師伐魯。造於長勺，魯莊公興師逆之，大敗之。桓公曰：「吾兵猶尚少，吾參圍之，安能圉我？」

四年，脩兵，同甲十萬，車五千乘。謂管仲曰：「吾士既練，吾兵既多，寡人欲服魯。」管仲喟然歎曰：「齊國危矣，君不競於德，而競於兵！天下之國，帶甲十萬者不鮮矣。吾欲發小兵以服大兵，內失吾衆。諸侯設備，吾人設詐，國欲無危，得已乎？」公不聽，果伐魯。魯不敢戰，去國五十里而爲之關。魯請比於關內，以從于齊，齊亦毋復侵魯。桓公許諾。魯人請盟，曰：「魯，小國也，固不帶劍。今而帶劍，是交兵聞於諸侯。君不如已，請去兵。」桓公曰：「諾。」乃令從者毋以兵。管仲曰：「不可。諸侯加忌於君，君如是以退，可。君果弱魯君，諸侯又加貪於君，後有事，小國彌堅，大國設備，非齊國之利也。」桓公不聽。管仲又諫曰：「君必不去魯，胡不用兵？曹劌之爲人也，堅强以忌，不可以約取也。」桓公不聽，果與之遇。莊公自懷劍，曹劌亦懷劍。踐壇，莊公抽劍其懷，曰：「魯之境，去國五十里，亦無不死而已。」左椹桓公，右自承，曰：「均之死也，戮死於君前。」管仲走君，曹劌抽劍當兩階之間，曰：「二君將改圖，無有進者。」管仲曰：「君與地，以汶爲竟。」桓公許諾，以汶爲竟而歸。桓公歸而脩於政，不脩於兵革，自圉辟人，以過弭師。

五年，宋伐杞。桓公謂管仲與鮑叔曰：「夫宋，寡人固欲伐之，無若諸侯何！夫杞，明王之後也。今宋伐之，予欲救之，其可乎？」管仲對曰：「不可。臣聞內政之不脩，外舉義不信。君將外舉義，以行先之，則諸侯可令附。」桓公曰：「於此不救，後無以伐宋。」管仲曰：「諸侯之君，不貪於土。貪於土必勤於兵，勤於兵必病於民，民病則多詐。夫詐，密而後動者勝，詐則不信於民。夫不信於民則亂內動，則危於身。是以古之人聞先王之道者，不競於兵。」桓公曰：「然則奚若？」管仲對曰：「以臣則不，而令人以重幣使之。使之而不可，君受而封之。」桓公問鮑叔曰：「奚若？」鮑叔曰：「公行夷吾之言。」公乃命曹孫宿使於宋，宋不聽，果伐杞。桓公築緣陵以封之，予車百乘，甲一千。明年，狄人伐邢，邢君出致於齊。桓公築夷儀以封之，予車百乘，卒千人。明年，狄人伐衛，衛君出致於虛，桓公且封之。隰朋、賓胥無諫曰：「不可。三國所以亡者，絶以小。今君斬封亡國，國盡若何？」桓公問管仲曰：「奚若？」管仲曰：「君有行之名，安得有其實。君其行也。」公又問鮑叔，鮑叔曰：「君行夷吾之言。」桓公築楚丘以封之，與車三百乘，甲五千。

既以封衛，明年，桓公問管仲：「將何行？」管仲對曰：「公內脩政而勸民，可以信於諸侯矣。」君許諾。乃輕税，弛關市之征，爲賦禄之制。既已，管仲又請曰：「問病臣，願賞而無罰，五年諸侯可令傅。」公曰：「諾。」既行之，管仲又請曰：「諸侯之禮，令齊以豹皮往，小侯以鹿皮報。齊以馬往，小侯以犬報。」桓公許諾，行之。管仲又請賞於國，以及諸侯。君曰：「諾。」行之。管仲賞於國中，君賞於諸侯。諸侯之君，有行事善者，以重幣賀之。從列士以下有善者，衣裳賀之。凡諸侯之臣，有諫其君而善者，以璽問之，以信其言。公既行之，又問管仲曰：「何行？」管仲曰：「隰朋聰明捷給，可令爲東國。賓胥無堅强以良，可以爲西土衛國之教，危傅以利。公子開方之爲人也，慧以給，不能久而樂始，可游於衛。魯邑之教，好邇而訓於禮。季友之爲人也，恭以精，博於糧，多小信，可游於魯。楚國之教，巧文以利，不好立大義，而好立小信。蒙孫博於教，而文巧於辭，不好立大義，而好結小信，可游於楚。小侯既服，大侯既附，夫如是，則始可以施政矣。」君曰：「諾。」乃游公子開方於衛，游季友於魯，游蒙孫於楚。

五年，諸侯附，狄人伐。桓公告諸侯曰：「請救伐。」諸侯許諾。大侯車二百乘，卒二千人；小侯車百乘，卒千人，諸侯皆許諾。齊車千乘，卒可致緣陵，戰於後故，敗狄。其車甲與貨，小侯受之。大侯近者，以其縣分之，不踐其國。北州

侯莫來，桓公遇南州侯於召陵，曰：「狄爲無道，犯天子令，以伐小國。以天子之故，敬天之命，令以救伐。北州侯莫至，上不聽天子令，下無禮諸侯，寡人請誅於北州之侯。」諸侯許諾。桓公乃北伐令支，下鳧之山，斬孤竹，遇山戎。顧問管仲曰：「將何行？」管仲對曰：「君教諸侯爲民聚食，諸侯之兵不足者，君助之發，如此則始可以加政矣。」桓公乃告諸侯，必足三年之食安，以其餘脩兵革。兵革不足以引其事，告齊，齊助之發。既行之，公又問管仲曰：「何行？」管仲對曰：「君會其君臣父子，則可以加政矣。」公曰：「會之道奈何？」曰：「諸侯無專立妾以爲妻，毋專殺大臣，無國勞，毋專予祿；士庶人毋專棄妻，毋曲隄，毋貯粟，毋禁材。行此卒歲，則始可以罰矣。」君乃布之於諸侯，諸侯許諾，受而行之。卒歲，吴人伐穀。桓公告諸侯未徧，諸侯之師竭至，以待桓公。桓公以車千乘會諸侯於竟，都師未至，吴人逃，諸侯皆罷。桓公歸，問管仲曰：「將何行？」管仲曰：「可以加政矣。」曰：「從今以往二年，適子不聞孝，不聞愛其弟，不聞敬老國良，三者無一焉，可誅也。諸侯之臣及國事，三年不聞善，可罰也。君有過，大夫不諫，士庶人有善，而大夫不進，可罰也。士庶人聞之吏，賢孝悌可賞也。」桓公受而行之，近侯莫不請事。兵車之會六，乘車之會三，饗國四十有二年。

《管子·中匡》 管仲會國用，三分二在賓客，其一在國，管仲懼而復之。公曰：「吾子猶如是乎？四鄰賓客，入者說，出者譽，光名滿天下。入者不說，出者不譽，汙名滿天下。壤可以爲粟，木可以爲貨。粟盡則有生，貨散則有聚。君人者，名之爲貴，財安可有？」管仲曰：「此君之明也。」公曰：「民辦軍事矣，則可乎？」對曰：「不可。甲兵未足也，請薄刑罰以厚甲兵。」於是死罪不殺，刑罪不罰，使以甲兵贖。死罪以犀甲一戟，刑罰以脅盾一戟，過罰以金，軍無所計而訟者，成以束矢。公曰：「甲兵既足矣，吾欲誅大國之不道者，可乎？」對曰：「愛四封之內，而後可以惡竟外之不善者。安卿大夫之家，而後可以危救敵之國。賜小國地，而後可以誅大國之不道者。舉賢良，而後可以廢慢法鄙賤之民。是故先王必有置也，而後必有廢也。必有利也，而後必有害也。」桓公曰：「昔三王者既弑其君，今言仁義，則必以三王爲法度，不識其故何也？」對曰：「昔者，禹平治天下，及桀而亂之，湯放桀以定禹功也。湯平治天下，及紂而亂之，武王伐紂以定湯功也。且善之伐不善也，自古至今，未有改之，君何疑焉！」公又問曰：「古之亡國其何失？」對曰：「計得地與寶而不計失諸侯，計得財委而不計失百姓，計見親而不計見棄。三者之屬，一足以削，遍而有者亡矣。古之隳國家、隕社稷者，非故且爲之也，必少有樂焉，不知其陷於惡也。」

桓公謂管仲曰：「請致仲父。」公與管仲父而將飲之，掘新井而柴焉。十日齋戒，召管仲。管仲至，公執爵，夫人執尊，觴三行，管仲趨出。公怒曰：「寡人齋戒十日而飲仲父，寡人自以爲脩矣。仲父不告寡人而出，其故何也？」鮑叔、隰朋趨而出，及管仲於途，曰：「公怒。」管仲反，入，倍屏而立，公不與言。少進中庭，公不與言。少進傳堂，公曰：「寡人齋戒十日而飲仲父，自以爲脱於罪矣。仲父不告寡人而出，未知其故也。」對曰：「臣聞之，沉於樂者洽於憂，厚於味者薄於行，慢於朝者緩於政，害於國家者危於社稷。臣是以敢出也。」公遽下堂曰：「寡人非敢自爲脩也，仲父年長，雖寡人亦衰矣，吾願一朝安仲父也。」對曰：「臣聞壯者無怠，老者無偷，順天之道，必以善終者也。三王失之也，非一朝之萃，君奈何其偷乎！」管仲走出，君以賓客之禮再拜送之。

明日，管仲朝，公曰：「寡人願聞國君之信。」對曰：「民愛之，鄰國親之，天下信之，此國君之信。」公曰：「善。請問信安始而可？」對曰：「始於爲身，中於爲國，成於爲天下。」公曰：「請問爲身。」對曰：「道血氣以求長年，長心，長德，此爲身也。」公曰：「請問爲國。」對曰：「遠舉賢人，慈愛百姓，外存亡國，繼絶世，起諸孤，薄税斂，輕刑罰，此爲國之大禮也。法行而不苛，刑廉而不赦，有司寬而不凌，菀濁困滯，皆法度不亡，往行不來，而民游世矣，此爲天下也。」

《管子·小匡》 桓公自莒反于齊，使鮑叔牙爲宰。鮑叔辭曰：「臣，君之庸臣也。君有加惠於其臣，使臣不凍飢，則是君之賜也。若必治國家，則非臣之所能也，其唯管夷吾乎！臣之所不如管夷吾者五：寬惠愛民，臣不如也。治國不失秉，臣不如也。忠信可結於諸侯，臣不如也。制禮義可法於四方，臣不如也。介胄執枹，立於軍門，使百姓皆加勇，臣不如也。夫管仲，民之父母也。將欲治其子，不可棄其父母。」公曰：「管夷吾親射寡人，中鉤，殆於死，今乃用之，可乎？」鮑叔曰：「彼爲其君動也，君若宥而反之，其爲君亦猶是也。」公曰：「然則爲之奈何？」鮑叔曰：「君使人請之魯。」公曰：「施伯，魯之謀臣也。彼知吾將用之，必不吾予也。」鮑叔曰：「君詔使者曰：『寡君有不令之臣在君之國，願請之以戮羣臣。』魯君必諾。且施伯之知夷吾之才，必將致魯之政。夷吾受之，則魯能弱齊矣。夷吾不受，彼知其將反於齊，必殺之。」公曰：「然則夷吾受乎？」鮑叔曰：「不受也。夷吾事君無二心。」公曰：「其於寡人猶如是乎？」對曰：「非爲君也，爲先君與社稷之故。君若欲定宗廟，則亟請之。不然，無及也。」公

乃使鮑叔行成，曰：「公子糾，親也，請君討之。」魯人爲殺公子糾。又曰：「管仲，讎也，請受而甘心焉。」魯君許諾。施伯謂魯侯曰：「勿予。非戮之也，將用其政也。管仲者，天下之賢人也，大器也。在楚則楚得意於天下，在晉則晉得意於天下，在狄則狄得意於天下。今齊求而得之，則必長爲魯國憂。君何不殺而受之其尸？」魯君曰：「諾。」將殺管仲。鮑叔進曰：「殺之齊是戮齊也，殺之魯是戮魯也。弊邑寡君願生得之，以徇於國，爲羣臣僇。若不生得，是君與寡君賊比也。非弊邑之君所謂也，使臣不能受命。」於是魯君乃不殺，遂生束縛而柙以予齊。鮑叔受而哭之，三舉，施伯從而笑之，謂大夫曰：「管仲必不死。夫鮑叔之忍不僇賢人，其智稱賢以自成也。鮑叔相公子小白，先入得國。管仲、召忽奉公子糾，後入，與魯以戰，能使魯敗。功足以得天與失天，其人事一也。今魯懼，殺公子糾、召忽，囚管仲以予齊，鮑叔知無後事，必將勸管仲以勞其君，願以顯其功。衆必予之有得。力死之功，猶尚可加也。顯生之功，將何如？是昭德以貳君也。鮑叔之知不是失也。」至於堂阜之上，鮑叔祓而浴之三，桓公親迎之郊。管仲詘纓捷衽，使人操斧而立其後。公辭斧三，然後退之。公曰：「垂纓下衽，寡人將見。」管仲再拜稽首，曰：「應公之賜，殺之黄泉，死且不朽。」公遂與歸，禮之於廟，三酌而問爲政焉。

《管子・小稱》 管仲有病，桓公往問之，曰：「仲父之病病矣，若不可諱而不起此病也，仲父亦將何以詔寡人？」管仲對曰：「微君之命臣也，故臣且謁之。雖然，君猶不能行也。」公曰：「仲父命寡人東，寡人東。令寡人西，寡人西。仲父之命於寡人，寡人敢不從乎？」管仲攝衣冠起，對曰：「臣願君之遠易牙、豎刁、堂巫、公子開方。夫易牙以調和事公，公曰惟烝嬰兒之未嘗，於是烝其首子而獻之公。人情非不愛其子也，於子之不愛，將何有於公？公喜宫而妬，豎刁自刑，而爲公治内。人情非不愛其身也，於身之不愛，將何有於公？公子開方事公十五年，不歸視其親。齊、衛之閒，不容數日之行。臣聞之，務爲不久，蓋虚不長。其生不長者，其死必不終。」桓公曰：「善。」管仲死，已葬。公憎四子者，廢之官。逐堂巫而苛病起兵，逐易牙而味不至，逐豎刁而宫中亂，逐公子開方而朝不治。桓公曰：「嗟！聖人固有悖乎！」乃復四子者。處朞年，四子作難，圍公一室，不得出。有一婦人，遂從竇入，得至公所。公曰：「吾飢而欲食，渴而欲飲，不可得，其故何也？」婦人對曰：「易牙、豎刁、堂巫、公子開方四人分齊國，塗十日不通矣。公子開方以書社七百下衛矣，食將不得矣。」公曰：「嗟茲乎！聖人之言長乎哉！死者無知則已，若有知，吾何面目以見仲父於地下。」乃援素幭以裹首而絶。死十一日，蟲出於户，乃知桓公之死也，葬以楊門之扇。桓公之所以身死十一日蟲出户而不收者，以不終用賢也。

桓公、管仲、鮑叔牙、寧戚四人飲。飲酣，桓公謂鮑叔牙曰：「闔不起爲寡人壽乎？」鮑叔牙奉杯而起，曰：「使公毋忘出如莒時也，使管子毋忘束縛在魯也，使寧戚毋忘飯牛車下也。」桓公辟席再拜，曰：「寡人與二大夫能無忘夫子之言，則國之社稷必不危矣。」

《國語・齊語》 桓公自莒反於齊，使鮑叔爲宰，辭曰：「臣，君之庸臣也。君加惠於臣，使不凍餒，則是君之賜也。若必治國家者，則非臣之所能也。若必治國家者，則其管夷吾乎。臣之所不若夷吾者五：寬惠柔民，弗若也；治國家不失其柄，弗若也；忠信可結於百姓，弗若也；制禮義可法於四方，弗若也；執枹鼓立於軍門，使百姓皆加勇焉，弗若也。」桓公曰：「夫管夷吾射寡人中鉤，是以濱於死。」鮑叔對曰：「夫爲其君動也。君若宥而反之，夫猶是也。」桓公曰：「若何？」鮑子對曰：「請諸魯。」桓公曰：「施伯，魯君之謀臣也，夫知吾將用之，必不予我矣。若之何？」鮑子對曰：「使人請諸魯，曰：『寡君有不令之臣在君之國，欲以戮之於羣臣，故請之。』則予我矣。」桓公使請諸魯，如鮑叔之言。

莊公以問施伯，施伯對曰：「此非欲戮之也，欲用其政也。夫管子，天下之才也，所在之國，則必得志於天下。令彼在齊，則必長爲魯國憂矣。」莊公曰：「若何？」施伯對曰：「殺而以其屍授之。」莊公將殺管仲，齊使者請曰：「寡君欲親以爲戮，若不生得以戮於羣臣，猶未得請也。請生之。」於是莊公使束縛以予齊使，齊使受之而退。

比至，三釁、三浴之。桓公親逆之于郊，而與之坐而問焉，曰：「昔吾先君襄公築臺以爲高位，田、狩、畢、弋，不聽國政，卑聖侮士，而唯女是崇。九妃六嬪，陳妾數百，食必粱肉，衣必文繡。戎士凍餒，戎車待遊車之裹，戎士待陳妾之餘。優笑在前，賢材在後。是以國家不日引，不月長。恐宗廟之不掃除，社稷之不血食，敢問爲此若何？」管子對曰：「昔吾先王昭王、穆王，世法文、武遠績以成名，合羣叟，比校民之有道者，設象以爲民紀，式權以相應，比綴以度，竱本肇末，勸之以賞賜，糾之以刑罰，班序顛毛，以爲民紀統。」桓公曰：「爲之若何？」管子對曰：「昔者，聖王之治天下也，參其國而伍其鄙，定民之居，成民之事，陵爲之終，而慎用其六柄焉。」

桓公曰：「成民之事若何？」管子對曰：「四民者，勿使雜處，雜處則其言哤，其事易。」公曰：「處士、農、工、商若何？」管子對曰：「昔聖王之處士也，使就閒燕；處工，就官府；處商，就市井；處農，就田野。

「令夫士，羣萃而州處，閒燕則父與父言義，子與子言孝，其事君者言敬，其幼者言弟。少而習焉，其心安焉，不見異物而遷焉。是故其父兄之教不肅而成，其子弟之學不勞而能。夫是，故士之子恒爲士。

「令夫工，羣萃而州處，審其四時，辨其功苦，權節其用，論比協材，旦暮從事，施於四方，以飭其子弟，相語以事，相示以巧，相陳以功。少而習焉，其心安焉，不見異物而遷焉。是故其父兄之教不肅而成，其子弟之學不勞而能。夫是，故工之子恒爲工。

「令夫商，羣萃而州處，察其四時，而監其鄉之資，以知其市之賈，負、任、擔、荷，服牛、軺馬，以周四方，以其所有，易其所無，市賤鬻貴，旦暮從事於此，以飭其子弟，相語以利，相示以賴，相陳以知賈。少而習焉，其心安焉，不見異物而遷焉。是故其父兄之教不肅而成，其子弟之學不勞而能。夫是，故商之子恒爲商。

「令夫農，羣萃而州處，察其四時，權節其用，耒、耜、枷、芟，及寒，擊菒除田，以待時耕；及耕，深耕而疾耰之，以待時雨；時雨既至，挾其槍、刈、耨、鎛，以旦暮從事於田野。脱衣就功，首戴茅蒲，身衣襏襫，霑體塗足，暴其髮膚，盡其四支之敏，以從事於田野。少而習焉，其心安焉，不見異物而遷焉。是故其父兄之教不肅而成，其子弟之學不勞而能。夫是，故農之子恒爲農，野處而不暱。其秀民之能爲士者，必足賴也。有司見而不以告，其罪五。有司已於事而竣。」

桓公曰：「定民之居若何？」管子對曰：「制國以爲二十一鄉。」桓公曰：「善。」管子於是制國以爲二十一鄉：工商之鄉六；士鄉十五，公帥五鄉焉，國子帥五鄉焉，高子帥五鄉焉。參國起案，以爲三官，臣立三宰，工立三族，市立三鄉，澤立三虞，山立三衡。

桓公曰：「吾欲從事於諸侯，其可乎？」管子對曰：「未可。國未安。」桓公曰：「安國若何？」管子對曰：「修舊法，擇其善者而業用之；遂滋民，與無財，而敬百姓，則國安矣。」桓公曰：「諾。」遂修舊法，擇其善者而業用之；遂滋民，與無財，而敬百姓。國既安矣，桓公曰：「國安矣，其可乎？」管子對曰：「未可。君若正卒伍，修甲兵，則大國亦將正卒伍，修甲兵，則難以速得志矣。君有攻伐之器，小國諸侯有守禦之備，則難以速得志矣。君若欲速得志於天下諸侯，則事可以隱令，可以寄政。」桓公曰：「爲之若何？」管子對曰：「作内政而寄軍令焉。」桓公曰：「善。」

管子於是制國：「五家爲軌，軌爲之長；十軌爲里，里有司；四里爲連，連爲之長；十連爲鄉，鄉有良人焉。以爲軍令：五家爲軌，故五人爲伍，軌長帥之；十軌爲里，故五十人爲小戎，里有司帥之；四里爲連，故二百人爲卒，連長帥之；十連爲鄉，故二千人爲旅，鄉良人帥之；五鄉一帥，故萬人爲一軍，五鄉之帥帥之。三軍，故有中軍之鼓，有國子之鼓，有高子之鼓。春以蒐振旅，秋以獮治兵，是故卒伍整於里，軍旅整於郊。内教既成，令勿使遷徙。伍之人祭祀同福，死喪同恤，禍災共之。人與人相疇，家與家相疇，世同居，少同遊。故夜戰聲相聞，足以不乖；晝戰目相見，足以相識。其歡欣足以相死。居同樂，行同和，死同哀。是故守則同固，戰則同彊。君有此士也三萬人，以方行於天下，以誅無道，以屏周室，天下大國之君莫之能禦。」

正月之朝，鄉長復事。君親問焉，曰：「於子之鄉，有居處好學、慈孝於父母，聰慧質仁，發聞於鄉里者，有則以告。有而不以告，謂之蔽明，其罪五。」有司已於事而竣。桓公又問焉，曰：「於子之鄉，有拳勇股肱之力秀出於衆者，有則以告。有而不以告，謂之蔽賢，其罪五。」有司已於事而竣。桓公又問焉，曰：「於子之鄉，有不慈孝於父母，不長悌於鄉里，驕躁淫暴，不用上令者，有則以告。有而不以告，謂之下比，其罪五。」有司已於事而竣。是故鄉長退而修德進賢，桓公親見之，遂使役官。

桓公令官長期而書伐，以告且選，選其官之賢者而復用之，曰：「有人居我官，有功休德，惟慎端愨以待時，使民以勸，綏謗言，足以補官之不善政。」桓公召而與之語，訾相其質，足以比成事，誠可立而授之。設之以國家之患而不疚，退問之其鄉，以觀其所能而無大厲，昇以爲上卿之贊。謂之三選。國子、高子退而修鄉，鄉退而修連，連退而修里，里退而修軌，軌退而修伍，伍退而修家。是故匹夫有善，可得而舉也；匹夫有不善，可得而誅也。政既成，鄉不越長，朝不越爵，罷士無伍，罷女無家。夫是，故民皆勉爲善。與其爲善於鄉也，不如爲善於里；與其爲善於里也，不如爲善於家。是故士莫敢言一朝之便，皆有終歲之計；莫敢以終歲之議，皆有終身之功。

桓公曰：「伍鄙若何？」管子對曰：「相地而衰征，則民不移；政不旅舊，則民不偷；山澤各致其時，則民不苟；陸、阜、陵、墐、井、田、疇均，則民不憾；無

奪民時，則百姓富；犧牲不略，則牛羊遂。」

桓公曰：「定民之居若何？」管子對曰：「制鄙。三十家爲邑，邑有司；十邑爲卒，卒有卒帥；十卒爲鄉，鄉有鄉帥；三鄉爲縣，縣有縣帥；十縣爲屬，屬有大夫。五屬，故立五大夫，各使治一屬焉；立五正，各使聽一屬焉。是故正之政聽屬，牧政聽縣，下政聽鄉。」桓公曰：「各保治爾所，無或淫怠而不聽治者！」

【略】

桓公曰：「吾欲從事於諸侯，其可乎？」管子對曰：「未可。鄰國未吾親也。君欲從事於天下諸侯，則親鄰國。」桓公曰：「若何？」管子對曰：「審吾疆埸，而反其侵地；正其封疆，無受其資；而重爲之皮幣，以驟聘眺於諸侯，以安四鄰，則四鄰之國親我矣。爲遊士八十人，奉之以車馬、衣裘，多其資幣，使周遊於四方，以號召天下之賢士。皮幣玩好，使民鬻之四方，以監其上下之所好，擇其淫亂者而先征之。」

桓公問曰：「夫軍令則寄諸內政矣，齊國寡甲兵，爲之若何？」管子對曰：「輕過而移諸甲兵。」桓公曰：「爲之若何？」管子對曰：「制重罪贖以犀甲一戟，輕罪贖以鞼盾一戟，小罪讁以金分，宥閒罪。索訟者三禁而不可上下，坐成以束矢。美金以鑄劍戟，試諸狗馬；惡金以鑄鉏、夷、斤、斸，試諸壤土。」甲兵大足。

《大戴禮記·保傅》 管仲者，桓公之讎也。鮑叔以爲賢於己而進之桓公，七十言說乃聽，遂使桓公除仇讎之心，而委之國政焉。桓公垂拱無事而朝諸侯，鮑叔之力也。管仲之所以北走桓公而無自危之心者，同聲於鮑也。

《禮記·雜記下》 孔子曰：「管仲鏤簋而朱紘，旅樹而反坫，山節而藻棁，賢大夫也，而難爲上也。晏平仲祀其先人，豚肩不揜豆，賢大夫也，而難爲下也。君子上不僭上，下不偪下。」

孔子曰：「管仲遇盜，取二人焉，上以爲公臣，曰：『其所與遊，辟也。可人也。』管仲死，桓公使爲之服。宦於大夫者之爲之服也，自管仲始也，有君命焉爾也。」

《禮記·禮器》 管仲鏤簋、朱紘，山節、藻棁，君子以爲濫矣。

《莊子·徐無鬼》 管仲有病，桓公問之曰：「仲父之病病矣，可不謂〔諱〕云，至於大病，則寡人惡乎屬國而可？」管仲曰：「公誰欲與？」公曰：「鮑叔牙。」曰：「不可。其爲人，絜廉善士也，其於不己若者不比之；又一聞人之過，終身不忘。使之治國，上且鉤乎君，下且逆乎民。其得罪於君也，將弗久矣。」公曰：「然則孰可？」對曰：「勿已，則隰朋可。其爲人也，上忘而下畔，愧不若黃帝而哀不己若者。以德分人謂之聖，以財分人謂之賢。以賢臨人，未有得人者也；以賢下人，未有不得人者也。其於國有不聞也，其於家有不見也。勿已，則隰朋可。」

《韓非子·說林上》 管仲、隰朋從於桓公而伐孤竹，春往冬反，迷惑失道。管仲曰：「老馬之智可用也。」乃放老馬而隨之，遂得道。行山中無水，隰朋曰：「蟻冬居山之陽，夏居山之陰，蟻壤一寸而仞有水。」乃掘地，遂得水。以管仲之聖，而隰朋之智，至其所不知，不難師於老馬與蟻。今人不知以其愚心而師聖人之智，不亦過乎。

《韓非子·說林下》 桓公問管仲：「富有涯乎？」答曰：「水之以涯，其無水者也。富之以涯，其富已足者也。人不能自止於足，而亡其富之涯乎。」

管仲、鮑叔相謂曰：「君亂甚矣，必失國。齊國之諸公子其可輔者，非公子糾則小白也。與子人事一人焉，先達者相收。」管仲乃從公子糾，鮑叔從小白。國人果弒君。小白先入爲君，魯人拘管仲而效之，鮑叔言而相之。故諺曰：「巫咸雖善祝，不能自祓也；秦醫雖善除，不能自彈也。」以管仲之聖而待鮑叔之助，此鄙諺所謂「虜自賣裘而不售，士自譽辯而不信」者也。

《韓非子·外儲說左下》 齊桓公將立管仲，令羣臣曰：「寡人將立管仲爲仲父，善者入門而左，不善者入門而右。」東郭牙中門而立。公曰：「寡人立管仲爲仲父，令曰善者左，不善者右。今子何爲中門而立？」牙曰：「以管仲之智爲能謀天下乎？」公曰：「能。」「以斷爲敢行大事乎？」公曰：「敢。」牙曰：「君知能謀天下，斷敢行大事，君因專屬之國柄焉。以管仲之能，乘公之勢以治齊國，得無危乎？」公曰：「善。」乃令隰朋治內，管仲治外以相參。

桓公問置吏於管仲。管仲曰：「辯察於辭，清潔於貨，習人情，夷吾不如弦商，請立以爲大理。登降肅讓，以明禮待賓，臣不如隰朋，請立以爲大行。墾草仞邑，辟地生粟，臣不如甯武，請以爲大田。三軍既成陳，使士視死如歸，臣不如公子成父，請以爲大司馬。犯顔極諫，臣不如東郭牙，請立以爲諫臣。治齊，此五子足矣。將欲霸王，夷吾在此。」

管仲束縛，自魯之齊，道而飢渴，過綺烏封人而乞食。烏封人跪而食之，甚敬。封人因竊謂仲曰：「適幸及齊不死而用齊，將何報我？」曰：「如子之言，我且賢之用，能之使，勞之論。我何以報子？」封人怨之。

《吕氏春秋·慎大覽·順説》　鮑叔、管仲、召忽，三人相善，欲相與定齊國，以公子糾爲必立。召忽曰：「吾三人者於齊國也，譬之若鼎之有足，去一焉則不成。且小白則必不立矣，不若三人佐公子糾也。」管仲曰：「不可。夫國人惡公子糾之母，以及公子糾，公子小白無母，而國人憐之。事未可知，不若令一人事公子小白。夫有齊國必此二公子也。」故令鮑叔傅公子小白，管子、召忽居公子糾所。公子糾外物則固難必。雖然，管子之慮近之矣。若是而猶不全也，其天邪，人事則盡之矣。

《吕氏春秋·慎大覽·報更》　管子得於魯，魯束縛而檻之，使役人載而送之齊，其謳歌而引。管子恐魯之止而殺己也，欲速至齊，因謂役人曰：「我爲汝唱，汝爲我和。」其所唱適宜走，役人不倦，而取道甚速，管子可謂能因矣。役人得其所欲，己亦得其所欲。以此術也，是用萬乘之國，其霸猶少，桓公則難與往也。

《吕氏春秋·慎大覽·順説》　管子、鮑叔佐齊桓公舉事，齊之東鄙人有常致苦者。管子死，豎刁、易牙用，國之人常致不苦。不知致苦，卒爲齊國良工，澤及子孫。知大禮，知大禮雖不知國可也。

《吕氏春秋·審分覽·勿躬》　管子復於桓公，曰：「墾田大邑，辟土藝粟，盡地力之利，臣不若甯遬，請置以爲大田。登降辭讓，進退閑習，臣不若隰朋，請置以爲大行。蚤入晏出，犯君顔色，進諫必忠，不辟死亡，不重貴富，臣不若東郭牙，請置以爲大諫臣。平原廣城，車不結軌，士不旋踵，鼓之，三軍之士，視死如歸，臣不若王子城父，請置以爲大司馬。決獄折中，不殺不辜，不誣無罪，臣不若弦章，請置以爲大理。君若欲治國彊兵，則五子者足矣；君欲霸王，則夷吾在此。」桓公曰：「善。」令五子皆任其事，以受令於管子。十年，九合諸侯，一匡天下，皆夷吾與五子之能也。管子，人臣也，不任己之不能，而以盡五子之能，況於人主乎？人主知能，不能之可以君民也，則幽詭愚險之言無不職矣，百官有司之事畢力竭智矣。五帝三皇之君民也，下固不過畢力竭智也。夫君人而知無恃其能、勇、力、誠、信，則近之矣。凡君也者，處平静，任德化以聽其要，若此則形性彌羸，而耳目愈精；百官慎職，而莫敢愉綖；人事其事，以充其名。名實相保，之謂知道。

《方苞集》卷二《讀管子》　管子之用《周禮》也，體式之繁重，一變而爲徑捷焉；氣象之寬平，一變而爲嚴急焉；非故欲爲此也，勢也。蓋周公之時，四海一家，制禮於治定功成之後，故紀綱民物，可一循其自然之節，以俟其遲久而成。管子承亂，用區區之齊，將以合勢之散，正時之傾，非及其身不能用也，非及其君之身不能用也，而豈可俟哉？惟欲速而苦其難成，故其行之也，亦不得不嚴且急焉，是管子之不得已也。

然《周官》之作，依乎天理，以盡萬物之性；而管子之整齊其民也，則將時用以取所求，是則其根源之異也；而讀其書，尚知令行禁勝之必本於君身，聰明思慮，當付之衆人而不自用，則又非諸法家之所能及矣夫！

梁玉繩《人表考》卷二《上中仁人·管仲》　管仲始見《左》莊九、《齊語》、《管子》。管氏，仲字，謚敬，名夷吾。《左》閔元疏。又作筦，《淮南·繆稱》、《説苑·君道》、本書《藝文志》、《賈誼傳》師古注云：筦與管同。又作菅。洪适《隸釋·武梁畫象》。管氏出自周穆王，杜《世族譜》，而《廣韻》及《路史·後紀》十謂管叔之後，非也。管有二族，《通志·氏族略》二甚明。莊仲山之子，《史·管晏傳·索隱》引《世本》，《齊語》注作管嚴仲。潁上人。《史傳》。漢桓寬《鹽鐵論·相刺》作越人。齊桓公號爲仲父，《管子·中匡》、《列子·湯問》、《力命》、《莊子·達生》、《荀子·仲尼》、《吕覽·任數》、《戰國·秦》、《齊策》。亦作仲甫，《論衡·知實》。亦曰管氏，《論語》。亦曰管子，《齊語》。亦曰管叔，《易林·明夷之旅》。亦曰管生，《抱朴子·正郭》。亦曰管敬子，《晉語》五。亦曰管敬仲，閔元、僖卅三、《晉語》四。亦曰管夷吾，莊八、九，《齊語》。亦單稱管。本書《敘傳》、《楚辭》劉向《九歎》、王逸《九思》。葬臨淄南牛山上。《史·齊世家·正義》引《括地志》。宋徽宗宣和五年封爲涿水侯。《宋史·禮志》。

梁玉繩《漢書人表考補·管仲》　稱仲父，亦見《晏子春秋·諫下》、《吕覽·知接》、《重言》、《精諭》、《達鬱》。

備論

《論語·八佾》　子曰：「管仲之器小哉！」或曰：「管仲儉乎？」曰：「管氏有三歸，官事不攝，焉得儉？」「然則管仲知禮乎？」曰：「邦君樹塞門，管氏亦樹塞門。邦君爲兩君之好，有反坫，管氏亦有反坫。管氏而知禮，孰不知禮？」

《論語·憲問》　子路曰：「桓公殺公子糾，召忽死之，管仲不死。」曰：「未仁乎？」子曰：「桓公九合諸侯，不以兵車，管仲之力也。如其仁，如其仁。」

子貢曰：「管仲非仁者與？桓公殺公子糾，不能死，又相之。」子曰：「管仲相桓公，霸諸侯，一匡天下，民到于今受其賜。微管仲，吾其被髮左衽矣。豈若匹夫匹婦之爲諒也，自經於溝瀆而莫之知也？」

《論語・憲問》 問管仲。曰：「人也。奪伯氏駢邑三百，飯疏食，没齒無怨言。」

《孟子・公孫丑上》 公孫丑問曰：「夫子當路於齊，管仲、晏子之功，可復許乎？」

孟子曰：「子誠齊人也，知管仲、晏子而已矣。或問乎曾西曰：『吾子與子路孰賢？』曾西蹵然曰：『吾先子之所畏也。』曰：『然則吾子與管仲孰賢？』曾西艴然不悦曰：『爾何曾比予於管仲？管仲得君，如彼其專也；行乎國政，如彼其久也；功烈，如彼其卑也。爾何曾比予於是？』曰管仲，曾西之所不爲也，而子爲我願之乎？」曰：「管仲以其君霸，晏子以其君顯，管仲、晏子猶不足爲與？」曰：「以齊王，由反手也。」

《孟子・公孫丑下》【略】將大有爲之君，必有所不召之臣，欲有謀焉則就之，其尊德樂道，不如是不足與有爲也。故湯之於伊尹，學焉而後臣之，故不勞而王。桓公之於管仲，學焉而後臣之，故不勞而霸。今天下地醜德齊，莫能相尚，無他，好臣其所教，而不好臣其所受教。湯之於伊尹，桓公之於管仲，則不敢召；管仲且猶不可召，而況不爲管仲者乎？

《荀子・王制》 管仲，爲政者也，未及修禮也。

《荀子・臣道》 若管仲之於桓公，可謂次忠矣。

《韓非子・難一》 管仲有病，桓公往問之，曰：「仲父病，不幸卒於大命，將奚以告寡人？」管仲曰：「微君言，臣故將謁之。願君去豎刁，除易牙，遠衛公子開方。易牙爲君主味，君惟人肉未嘗，易牙烝其子首而進之。夫人情莫不愛其子，今弗愛其子，安能愛君？君妒而好内，豎刁自宫以治内。人情莫不愛其身，身且不愛，安能愛君？聞開方事君十五年，齊、衛之間不容數日行，棄其母久宦不歸。其母不愛，安能愛君？臣聞之：『矜僞不長，蓋虚不久。』願君去此三子者也。」管仲卒死，桓公弗行。及桓公死，蟲出尸不葬。

或曰：管仲所以見告桓公者，非有度者之言也。所以去豎刁、易牙者，以不愛其身，適君之欲也，曰「不愛其身，安能愛君」。然則臣有盡死力以爲其主者，管仲將弗用也。曰「不愛其死力，安能愛君」，是欲君去忠臣也。且以不愛其身度其不愛其君，是將以管仲之不能死公子糾度其不死桓公也，是管仲亦在所去之域矣。明主之道不然，設民所欲以求其功，故爲爵禄以勸之；設民所惡以禁其姦，故爲刑罰以威之。慶賞信而刑罰必，故君舉功於臣，而姦不用於上，雖有豎刁，其奈君何？且臣盡死力以與君市，君垂爵禄以與臣市，君臣之際，非父子之親也，計數之所出也。君有道，則臣盡力而姦不生；無道，則臣上塞主明而下成私。管仲非明此度數於桓公也，使去豎刁，一豎刁又至，非絶姦之道也。且桓公所以身死蟲流出尸不葬者，是臣重也。臣重之實，擅主也。有擅主之臣，則君令不下究，臣情不上通，一人之力能隔君臣之間，使善敗不聞，禍福不通，故有不葬之患也。明主之道，一人不兼官，一官不兼事；卑賤不待尊貴而進，論；大臣不因左右而見；百官修通，羣臣輻湊；有賞者君見其功，有罰者君知其罪；見、知不悖於前，賞、罰不弊於後；安有不葬之患？管仲非明此言於桓公也，使去三子，故曰管仲無度矣。

桓公解管仲之束縛而相之。管仲曰：「臣有寵矣，然而臣卑。」公曰：「使子立高、國之上。」管仲曰：「臣貴矣，然而臣貧。」公曰：「使子有三歸之家。」管仲曰：「臣富矣，然而臣疏。」於是立以爲仲父。霄略曰：「管仲以賤爲不可以治國，故請高、國之上；以貧爲不可以治富，故請三歸；以疏爲不可以治親，故處仲父。管仲非貪，以便治也。」

或曰：今使臧獲奉君令詔卿相，莫敢不聽，非卿相卑而臧獲尊也，主令所加，莫敢不從也。今使管仲之治不緣桓公，是無君也，國無君不可以爲治。若負桓公之威，下桓公之令，是臧獲之所以信也，奚待高、國、仲父之尊而後行哉？當世之行事都丞之下徵令者，不辟尊貴，不就卑賤。故行之而法者，雖巷伯信乎卿相；行之而非法者，雖大吏詘乎民萌。今管仲不務尊主明法，而事增寵益爵，是非管仲貪慾富貴，必闇而不知術也。故曰：管仲有失行，霄略有過譽。

《韓非子・難二》 齊桓公飲酒醉，遺其冠，恥之，三日不朝。管仲曰：「此非有國之恥也。公胡其不雪之以政？」公曰：「胡其善！」因發倉囷賜貧窮，論囹圄出薄罪。處三日而民歌之曰：「公胡不復遺冠乎！」

或曰：管仲雪桓公之恥於小人，而生桓公之恥於君子矣。使桓公發倉囷而賜貧窮，論囹圄而出薄罪，非義也，不可以雪恥使之而義也。桓公宿義，須遺冠而後行之，則是桓公行義，非爲遺冠也。是雖雪遺冠之恥於小人，而亦遺義之恥於君子矣。且夫發囷倉而賜貧窮者，是賞無功也；論囹圄而出薄罪者，是不誅

過也。夫賞無功則民偷幸而望於上，不誅過則民不懲而易爲非，此亂之本也，安可以雪恥哉！

《韓非子·難三》 人有設桓公隱者曰：「一難，二難，三難，何也？」桓公不能對，以告管仲。管仲對曰：「一難也，近優而遠士。二難也，去其國而數之海。三難也，君老而晚置太子。」桓公曰：「善。」不擇日而廟禮太子。

或曰：管仲之射隱不得也。士之用不在近遠。而俳優侏儒，固人主之所與燕也。則近優而遠士，而以爲治，非其難者也。夫處勢而不能用其有，而悖不去國，是以一人之力禁一國。以一人之力禁一國者，少能勝之。明能照遠姦而見隱微，必行之令，雖遠於海，內必無變。然則去國之海而不劫殺，非其難者也。楚成王置商臣以爲太子，又欲置公子職，商臣作難，遂弒成王。公子宰，周太子也，公子根有寵，遂以東州反，分而爲兩國。此皆非晚置太子之患也。夫分勢不二，庶孽卑，寵無藉，雖處大臣，晚置太子可也。然則晚置太子，庶孽不亂，又非其難也。物之所謂難者，必借人成勢而勿使侵害己，可謂一難也；貴妾不使二后，二難也；愛孽不使危正適，專聽一臣而不敢隅君，此則可謂三難也。

管子曰：「見其可，説之，有證；見其不可，惡之，有形。賞罰信於所見，雖所不見，其敢爲之乎？見其可，説之，無證；見其不可，惡之，無形。賞罰不信於所見，而求所不見之外，不可得也。」

或曰：廣廷嚴居，衆人之所肅也；晏室獨處，曾、史之所優也。觀人之所肅，非行情也。且君上者，臣下之所爲飾也。好惡在所見，臣下之飾姦物以愚其君，必也。明不能燭遠姦，見隱微，而待之以觀飾行，定賞罰，不亦弊乎？

管子曰：「言於室，滿於室；言於堂，滿於堂：是謂天下王。」

或曰：管仲之所謂言室滿室、言堂滿堂者，非特謂遊戲飲食之言也，必謂大物也。人主之大物，非法則術也。法者，編著之圖籍，設之於官府，而布之於百姓者也。術者，藏之於胸中，以偶衆端而潛御羣臣者也。故法莫如顯，而術不欲見。是以明主言法，則境內卑賤莫不聞之也，不獨滿於堂；用術，則親愛近習莫之得聞也，不得滿室。而管子猶曰「言於室，滿室；言於堂，滿堂」，非法術之言也。

《史記》卷六二《管晏列傳論》 管仲，世所謂賢臣，然孔子小之。豈以爲周道衰微，桓公既賢，而不勉之至王，乃稱霸哉？語曰「將順其美，匡救其惡，故上下能相親也」。豈管仲之謂乎？

劉向《管子》原序 所校讎中管子書三百八十九篇，太中大夫卜圭書二十七篇，臣富參書四十一篇，射聲校尉立書十一篇，太史書九十六篇，凡中外書五百六十四，以校除復重四百八十四篇，定著八十六篇，殺青而書可繕寫也。管子者，潁上人也，名夷吾，號仲父。少時嘗與鮑叔牙游，鮑叔知其賢。管子貧困，常欺叔牙，叔牙終善之。鮑叔事齊公子小白，管子事公子糾。及小白立爲桓公，子糾死，管仲囚，鮑叔薦管仲。管仲既任政於齊，齊桓公以霸，九合諸侯，一匡天下，管仲之謀也。故管仲曰：「吾始困時，與鮑叔分財，多自予，鮑叔不以我爲貪，知吾貧也。嘗爲鮑叔謀事而更窮困，鮑叔不以我爲愚，知吾有利有不利也。公子糾敗，召忽死之，吾幽囚受辱，鮑叔不以我爲無恥，知吾不羞小節，而恥功名不顯於天下也。生我者父母，知我者鮑叔。」鮑叔既進管仲，而己下之，子孫世禄於齊，有封邑者十餘世，常爲名大夫。管子既相，以區區之齊在海濱，通貨積財，富國彊兵，與俗同好醜。故其書稱曰：「倉廩實而知禮節，衣食足而知榮辱，上服度則六親固。」「四維不張，國乃滅亡。」下令猶流水之原，令順人心，故論卑而易行。俗所欲，因予之；俗所否，因去之。其爲政也，善因禍爲福，轉敗爲功，貴輕重，慎權衡。桓公怒少姬，南襲蔡，管仲因伐楚，責包茅不入貢於周室。桓公北征山戎，管仲因而令燕脩召公之政。柯之會，桓公背曹沫之盟，管仲因而信之，諸侯歸之。管仲聘於周，不敢受上卿之命，以讓主高、國。是時諸侯爲管仲城穀，以爲之乘邑，《春秋》書之，褒賢也。管仲富擬公室，有三歸反坫，齊人不以爲侈。管子卒，齊國遵其政，常彊於諸侯。孔子曰：「微管仲，吾其被髮左衽矣。」太史公曰：「余讀管氏《牧民》、《山高》、《乘馬》、《輕重》、《九府》，詳哉言之也。」又曰：「『將順其美，匡救其惡，故上下能相親』，豈管仲之謂乎？」《九府》書民間無有。《山高》一名《形勢》。凡管子書，務富國安民，道約言要，可以曉合經義。向謹第録上。

《史記》卷六二《管晏列傳》司馬貞述贊 夷吾成霸，平仲稱賢。粟乃實廩，豆不掩肩。轉禍爲福，危言獲全。孔賴左衽，史忻執鞭。成禮而去，人望存焉。

《柳宗元集》卷三《四維論》 《管子》以禮義廉恥爲四維，吾疑非管子之言也。

彼所謂廉者，曰「不蔽惡」也；世人之命廉者，曰不苟得也。所謂恥者，曰「不從枉」也；世人之命恥者，曰羞爲非也。然則二者果義歟，非歟？吾見其有二維，未見其所以爲四也。夫不蔽惡者，豈不以蔽惡爲不義而去之乎？夫不苟

得者，豈不以苟得爲不義而不爲乎？雖不從枉與羞爲非皆然。然則廉與耻，義之小節也，不得與義抗而爲維。聖人之所以立天下，曰仁義。仁主恩，義主斷。恩者親之，斷者宜之，而理道畢矣。蹈之斯爲道，得之斯爲德，履之斯爲禮，誠之斯爲信，皆由其所之而異名。今管氏所以爲維者，殆非聖人之所立乎？

又曰：「一維絶則傾，二維絶則危，三維絶則覆，四維絶則滅。」若義之絶，則廉與耻其果存乎？廉與耻存，則義果絶乎？人既蔽惡矣，苟得矣，從枉矣，爲非而無羞矣，則義果存乎？使管子庸人也，則爲此言；管子而少知理道，則四維者非管子之言也。

蘇洵《嘉祐集》卷九《管仲論》 管仲相桓公，霸諸侯，攘戎狄，終其身齊國富强，諸侯不叛。管仲死，竪刁、易牙、開方用，桓公薨於亂，五公子争立，其禍蔓延，訖簡公，齊無寧歲。

夫功之成，非成於成之日，蓋必有所由起；禍之作，不作於作之日，亦必有所由兆。則齊之治也，吾不曰管仲，而曰鮑叔；及其亂也，吾不曰竪刁、易牙、開方，而曰管仲。何則？竪刁、易牙、開方三子，彼固亂人國者，顧其用之者，桓公也。夫有舜而後知放四凶，有仲尼而後知去少正卯。彼桓公何人也？顧其使桓公得用三子者，管仲也。

仲之疾也，公問之相。當是時也，吾以仲且舉天下之賢者以對。而其言乃不過曰竪刁、易牙、開方三子，非人情，不可近而已。嗚呼！仲以爲桓公果能不用三子矣乎？仲與桓公處幾年矣，亦知桓公之爲人矣乎？桓公聲不絶乎耳，色不絶乎目，而非三子者則無以遂其欲。彼其初之所以不用者，徒以有仲焉耳。一日無仲，則三子者，可以彈冠相慶矣。仲以爲將死之言，可以縶桓公之手足邪？夫齊國不患有三子，而患無仲。有仲則三子者，三匹夫耳。不然，天下豈少三子之徒？雖桓公幸而聽仲，誅此三人，而其餘者，仲能悉數而去之邪？嗚呼，仲可謂不知本者矣！因桓公之問，舉天下之賢者以自代，則仲雖死，而齊國未爲無仲也，夫何患？三子者不言可也。

五霸莫盛於桓、文。文公之才不過桓公，其臣又皆不及仲，靈公之虐不如孝公之寬厚，文公死，諸侯不敢叛晉，晉襲文公之餘威，得爲諸侯之盟主者百有餘年。何者？其君雖不肖，而尚有老成人焉。桓公之薨也，一亂塗地。無惑也，彼獨恃一管仲，而仲則死矣。夫天下未嘗無賢者，蓋有有臣而無君者矣。桓公在焉，而曰天下不復有管仲者，吾不信也。仲之書有記其將死，論鮑叔、賓胥無之爲人，且各疏其短，是其心以爲是數子者皆不足以託國；而又逆知其將死，則其書誕謾不足信也。

吾觀史鰌以不能進蘧伯玉而退彌子瑕，故有身後之諫；蕭何且死，舉曹參以自代：大臣之用心，固宜如此也。夫國以一人興，以一人亡，賢者不悲其身之死，而憂其國之衰。故必復有賢者而後可以死。彼管仲者，何以死哉！

《蘇軾文集》卷三《管仲論》 嘗讀《周官》、《司馬法》，得軍旅什伍之數。其後讀管夷吾書，又得《管子》所以變周之制。蓋王者之兵，出於不得已，而非以求勝敵也。故其爲法，要以不可敗而已。至於桓文，非決勝無以定霸，故其法在必勝。繁而曲者，所以爲不可敗也。簡而直者，所以爲必勝也。周之制，萬二千五百人而爲軍。萬之有二千，二千之有五百，其數奇而不齊，唯其奇而不齊，是以知其所以爲繁且曲也。

今夫天度三百六十，均之十二辰，辰得三十者，此其正也。五日四分之一者，此其奇也。使天度而無奇，則千載之日，雖婦人孺子，皆可以坐而計。唯其奇而不齊，是故巧曆有所不能盡也。聖人知其然，故爲之章、會、統、元以盡其數，以極其變。《司馬法》曰：「五人爲伍，五伍爲兩，萬二千五百人而爲隊，二百五十，十取三焉而爲奇，其餘七以爲正，四奇四正，而八陣生焉。」夫以萬二千五百人而均之八陣之中，宜其有奇而不齊者，是以多爲之曲折，以盡其數，以極其變。鈎聯蟠踞，各有條理。故三代之興，治其兵農軍賦，皆數十百年而後得志於天下。自周之亡，秦、漢陣法不復三代。其後諸葛孔明，獨識其遺制，以爲可用以取天下，然相持數歲，魏人不敢決戰，而孔明亦卒無尺寸之功。豈八陣者，先王所以爲不可敗，而非以逐利争勝者耶？

若夫管仲之制其兵，可謂截然而易曉矣。三分其國，以爲三軍。五人爲軌，軌有長。十軌爲里，里有司。四里爲連，連有長。十連爲鄉，鄉有鄉良人。三鄉一帥。萬人而爲一軍。公將其一，高子、國子將其二。三軍三萬人。如貝繩，如畫碁局，疎暢洞達，雖有智者無所施其巧。故其法令簡一，而民有餘力以致其死。

昔者嘗讀《左氏春秋》，以爲丘明最好兵法。蓋三代之制，至於列國猶有存者，以區區之鄭，而魚麗鵝鸛之陣，見於其書。及至管仲相桓公，南伐楚，北伐孤竹，九合諸侯，威震天下，而其軍壘陣法，不少槩見者，何哉？蓋管仲欲以歲月服天下，故變古司馬法而爲是簡畧速勝之兵，是以莫得而見其法也。其後吳、晉争

長於黄池，王孫雒教夫差以三萬人壓晉壘而陣，百人爲行，百行爲陣，陣皆徹行，無有隱蔽，援桴而鼓之，勇怯盡應，三軍皆譁，晉師大駭，卒以得志。

由此觀之，不簡而直，不可以決勝。深惟後世不達繁簡之宜，以取敗亡。而三代什伍之數，與管子所以治齊之兵者，雖不可盡用；而其近於繁而曲者，以之固守，近於簡而直者，以之決戰，則庶乎其不可敗，而有所必勝矣。

《蘇軾文集》卷五《論管仲》 鄭太子華言於齊桓公，請去三族而以鄭爲内臣。公將許之，管仲不可。公曰：「諸侯有討於鄭，未捷，苟有釁，從之，不亦可乎？」管仲曰：「君若綏之以德，加之以訓辭，而率諸侯以討鄭，鄭將覆亡之不暇，豈敢不懼。若總其罪人以臨之，鄭有辭矣。」公辭子華，鄭伯乃受盟。

蘇子曰：大哉，管仲之相桓公也。辭子華之請，而不違曹沫之盟，皆盛德之事也。齊可以王矣。恨其不學道，不自誠意正身以刑其國，使家有三歸之病，而國有六嬖之禍，故桓公不王。而孔子小之，然其予之也亦至矣，曰：「桓公九合諸侯，不以兵車，管仲之力也。如其仁，如其仁。」曰「仲尼之徒，無道桓、文之事者」，孟子蓋過矣。吾讀《春秋》以下史，得七人焉，皆盛德之事，可以爲萬世法。又得八人焉，皆反是，可以爲萬世戒。故具論之。

太公之治齊也，舉賢而尚功。周公曰：「後世必有篡弑之臣。」天下誦之，齊其知之矣。田敬仲之始生也，周史筮之，其奔齊也，齊懿氏卜之，皆知其當有齊國。篡弑之疑，蓋萃於敬仲矣。然桓公、管仲不以是廢之，乃欲以爲卿，非盛德能如此乎？故吾以謂楚成王知晉之必霸，而不殺重耳。漢高祖知東南之必亂，而不殺吴王濞。晉武帝聞齊王攸之言，而不殺劉元海。苻堅信王猛，而不殺慕容垂。唐明皇用張九齡，而不殺安禄山。皆盛德之事也。

《張耒集》卷一一《讀管子》 夷吾相桓公，豈復偶際會。觀其平生心，身已有所委。天方困生民，弔伐實在己。求居寓所欲，糾與白等耳。堂堂東海邦，内政謹疆理。南荆北達燕，玉幣走千里。仲尼免左衽，自以身受賜。孟軻聖之偶，非薄良有謂。彼狂後世儒，詆毀恣輕議。嗟哉不量分，詎解聖賢意？區區彼商鞅，操術良非是。爲發昧所從，以身受其弊。

《全宋文》卷一〇八七陳襄《鮑叔薦管仲論》 昔齊桓公自莒入於齊，使鮑叔爲宰，叔乃辭之，以薦管仲，謂其忠信可結於百姓，禮義可法於四方。愚嘗觀鮑叔之言，以管氏行事終始驗之，亦未見忠信禮義之效，竊甚病之。何則？夫忠以爲國，信以結人，盡禮所以事君，見義所以忘利。且管仲因襄公之亂，奉子糾以奔魯。公孫無知弑襄公而自立，而管仲不能殺身靖難，歸子糾以嗣之，非爲國也，豈曰忠乎？洎齊人殺無知而逆子糾，齊大夫又逆小白，而仲不能戮力爲主，先就其國，失齊之望，非哲人也，豈曰信乎？洎小白自莒先入，是爲桓公，遂命魯公以殺子糾，而仲不能刺心刎頸以厚其報，非事君也，豈曰禮乎？既而桓公遣使於魯，以逆管仲，而仲不能高翔遠逝，以全其節，反以爲相，非忘利也，豈曰義乎？四者無一，擅身後之名以爲實，不亦過乎？至如燕伐齊，王蠋不受萬家之封；趙滅智伯，豫讓卒有賢人之報。然皆不顧其利，其一心殺身以成仁，效節於明主，亦庶幾於忠信禮義之道也。矧管仲沈幾先物，高氣蓋世，當亂國爲良弼，無以夾輔子糾，歸於齊國，俾失襄公之嗣，而死魯君之手，而復蒼黄反覆，終始參差，反北面於桓公，失厚報於子糾，而可擅忠信禮義之名乎？厥後雖能霸强齊，尊周室，九合諸侯，一匡天下者，皆權詐之力也，烏足道哉？鮑叔之言，可謂過矣。

《胡宏集·皇王大紀論·管仲相齊》 諸侯之不得僭天子，大夫之不得僭諸侯，猶趾掌之不可爲股肱，足之不可爲元首也。

觀管仲使齊桓下拜，及此辭享之事，可謂恭矣。而謂鏤簋朱紘、山楶藻棁、塞門反坫、三歸不攝之僭，何歟？霸者，務施報圖大權而共小節，據實勢而崇虚名者也。仲相桓公，匡王室，封諸侯，號令天下，幾於改物，故桓公尊寵之，而賜以羣臣不得用之禮也。仲奪伯氏駢邑三百飯，蔬食飲水，没齒無怨言。雖盟會征伐無寧歲，而能使齊師常冠於諸侯，賦斂輕簡，府庫充實，百姓富庶，賢才服其能，小民懷其惠矣。故斯禮也，國人以爲宜賜，仲自以爲當得，莫有知其非者。孔子譏之曰：「管仲之器小哉！管氏而知禮，孰不知禮。」所以明王霸異道，義利異途，示後人以天理之所在，使人欲不得而汩之也。

且夫齊亦公侯之地耳，管仲得政，遂能强大霸諸侯，何也？守信不貳，行法無私，舉用賢才，開闢言路，不籍樹蓄，務富民財，不大興兵，務紓民力。仗尊王之義，會於首止，天子憚其正，而王室之亂稍寧；魯難誅哀，姜公道仲，而諸侯服盟於召陵，禮荆楚而中國之義立；封衛楚丘，城邢夷儀，遷杞緣陵，而夷狄不得肆。此其所以九合諸侯，虎視中原之大畧也。其於戎狄也遠矣。故孔子曰：「如其仁，如其仁。」

若夫伐魯國以殺子糾，而父子兄弟之恩薄；五大夫立子頹，出天王，不能奔命，而君臣之義虧。魯、晉、宋有弑君之賊而不能討也，陳有殺嫡立庶之亂而不

能正也，鄭有兄弟争國之禍而不能止也。以病燕則北伐山戎，以包茅不貢則南伐楚，以不從己則伐宋伐鄭，執陳袁濤塗，厚自封殖，滅譚滅遂，降鄣遷陽，處置如是，何以服人？於是北則晉專冀方，西則秦專西土，南則荆楚强横，滅弦滅黄，圍許伐徐，而終不退聽也。其原皆由不知天理之本，而馳心於功利。功烈如彼，其卑也，其去王也遠矣。故孟子曰：「管仲，曾西之所不爲也，而子謂我願之乎！」

呂祖謙《左氏傳説》卷三《管仲辭上卿禮》 管仲平戎于王，當時王以管仲爲齊相，齊國權即在管仲，特以上卿之禮享之。當時仲辭曰：臣賤有司，有天子之二守國、高在，若節春秋來承王命，何以禮焉？陪臣敢辭。王命以「予嘉乃勳，往踐乃職」，管仲受下卿之禮而還。此見得當時周室之典法尚在，又見得齊之伯與晉不同，且如晉文之伯時，始者舉郤縠，後來又舉原軫，便命將中軍，所謂上卿元帥，初不請命於天子。以管仲得君如此之專，行國政如此之久，尚退然在班次之下，亦不敢□□爵，以此知當時與晉時節，已自不同。然王所以命管仲「往踐乃職」者，謂管仲雖卑，職是秉齊國權，即自當用上卿之禮。以此知當時秉國命者，不必是上卿，到這裏周王要尊管仲以職，所以説「往踐乃職」。蓋管仲之職，實是秉公之權，以此知當時周已有官與職兩者之分，後世都如此。且如漢時霍光司馬大將軍秉國政，上而又有丞相，當時章奏稱丞相楊敞，大司馬霍光。論班爵丞相在上，論職時霍光實秉國政，以此知周漢官制源流尚相接，官是定制，職卻是一時所任。

鍾惺《隱秀軒集》卷二三《論二・管仲》 管仲霸齊，始終作用，以作内政而寄軍令爲主。要使一國之人，化爲一人；一國之人之心，化爲一人之心。然其妙在分之以爲合，散之以爲專。何以明之？制國「五家爲軌，軌爲之長；十軌爲里，里有司；四里爲連，連爲之長；十連爲鄉，鄉有良人焉。以爲軍令：五家爲軌，故五人爲伍，軌長帥之；十軌爲里，故五十人爲小戎，里有司帥之；四里爲連，故二百人爲卒，連長帥之；十連爲鄉，故二千人爲旅，鄉良人帥之；五鄉一帥，故萬人爲一軍，五鄉之帥帥之。二軍，故有中軍之鼓，有國子之鼓，有高子之鼓」。其寓兵於民，寓將於兵，相生相藏，猶倣井田車徒之意爲之。愚嘗謂三代以前有兵事而無兵家，凡以兵者不可忘，而要不可爲訓者也。不可訓，故不必有其家；不可忘，故不敢無其事。有其家者，世有不必習兵之人；有其事者，兵無不可用之日。治兵之道，不出於治國之中。惟管子不失三代遺法。其所云「夜戰聲相聞，足以不乖；晝戰目相視，足以相識。其歡欣足以相死」，即井田百姓親睦之意。三代人可爲兵，而意不必爲用兵。齊息在用兵，而後使人可爲兵。有圖霸之實，而又惡有背王制之名。令曰隱，政曰寄，陰陽其民，使其爲我用而不知，此霸之所以異於王也。然其要在參其國而伍其鄙，使四民勿雜處者，又先爲作内政寄軍令之地也。少而習焉，其心安焉，不見異物而遷焉。然後下令出政，肅如山而順如水，此所謂分之以爲合，散之以爲專者也。

任啓運《清芬樓遺藁》卷三《管仲論》 管仲霸之始，王道所由絶也。而吾謂欲復王道，必自管仲始。今有人焉，自崖而墜萬仞之淵，其所由起者必其所從墜之崖也。自中華而適荒外，其所由反者，必其所從出之塞也。管仲者王道所從墜之崖，伯功所從入之途也，故吾謂欲復唐虞三代之王道，必自管仲始。孟子曰：以力假仁者霸。孟子惡其假，非惡其仁也。不然，仲之存邢封衛何異於武王之興滅繼絶？仲之連鄉軌里，何異於周禮之井邑乘邱？鄉長三選，何異於鄉舉里選哉？今以孟子貶仲之故，并仲所講求之法，而盡置之，是孟子特惡其假而今乃惡其所假之仁也，唐虞三代之遺，必不可復矣。吾於伊周而後所深好篤嗜者，莫如管仲，其次則漢之諸葛武侯，唐之狄梁公、李鄴侯、陸宣公，宋之韓魏公、李忠定公，明之于忠肅公、王文成公，其人皆具旋乾轉坤之力。武侯固以管仲自比，其實狄梁公以下諸賢，其經世之學皆深於仲者也。武侯之仁過於仲，而治蹟反出仲下。蓋仲所承者，禹湯文武之遺，而武侯所承者，季漢之末也。今之儒者概以孟子卑仲，遂并仲所承禹湯文武之法，盡棄而不道，嗚呼！此其所以終古不反者歟？

藝文

《陶淵明集》卷六《讀史述九章・管鮑》 知人未易，相知實難。淡美初交，利乖歲寒。管生稱心，鮑叔必安。奇情雙亮，令名俱完。

《元稹集》卷三《競舟》 楚俗不愛力，費力爲競舟。買舟俟一競，竸斂貧者賕。年年四五月，繭實麥小秋。積水堰堤壞，拔秧蒲稗稠。此時集丁壯，習競南畝頭。朝飲村社酒，暮椎鄰舍牛。祭船如祭祖，習競如習讎。連延數十日，作業

不復憂。君侯饌良吉，會客陳膳羞。畫鷁四來合，大競長江流。建標明取捨，勝負死生求。一時歡呼罷，三月農事休。岳陽賢刺史，念此爲俗疣。習俗難盡去，聊用去其尤。百船不留一，一競不滯留。自爲里中戲，我亦不寓遊。吾聞管仲教，沐樹懲墮遊。節此淫競俗，得爲良政不。我來歌此事，非獨歌此州。此事數州有，亦欲聞數州。

《全唐詩》卷六四七胡曾《召陵》 小白匡周入楚郊，楚王雄霸亦咆哮。不思管仲爲謀主，争敢言徵縮酒茅。

《全唐詩》卷七〇八徐夤《斷酒》 因論沈湎覺前非，便碎金罍與羽巵。採茗早馳三蜀使，看花甘負五侯期。窗間近火劉伶傳，坐右新銘管仲辭。此事十年前已説，匡廬山下老僧知。

《全唐詩》卷七二八周曇《管仲》 美酒濃馨客要沽。門深誰敢强提壺。苟非賢主詢賢士。肯信沽人畏子獹。

《王十朋全集·詩集》卷一〇《詠史詩·管仲》 小節區區豈足羞，功名未顯分纍囚。平生自有真知己，寧患桓公怨射鈎。

齊桓公部

綜述

《史記》卷三二《齊太公世家》 初，襄公之醉殺魯桓公，通其夫人，殺誅數不當，淫於婦人，數欺大臣，羣弟恐禍及，故次弟糾奔魯。其母魯女也。管仲、召忽傅之。次弟小白奔莒，鮑叔傅之。小白母，衞女也，有寵於釐公。小白自少好善大夫高傒。及雍林人殺無知，議立君，高、國先陰召小白於莒。魯聞無知死，亦發兵送公子糾，而使管仲別將兵遮莒道，射中小白帶鉤。小白詳死，管仲使人馳報魯。魯送糾者行益遲，六日至齊，則小白已入，高傒立之，是爲桓公。

桓公之中鉤，詳死以誤管仲，已而載温車中馳行，亦有高、國內應，故得先入立，發兵距魯。秋，與魯戰于乾時，魯兵敗走，齊兵掩絕魯歸道。齊遺魯書曰：「子糾兄弟，弗忍誅，請魯自殺之。召忽、管仲讎也，請得而甘心醢之。不然，將圍魯。」魯人患之，遂殺子糾于笙瀆。召忽自殺，管仲請囚。桓公之立，發兵攻魯，心欲殺管仲。鮑叔牙曰：「臣幸得從君，君竟以立。君之尊，臣無以增君。君將治齊，即高傒與叔牙足也。君且欲霸王，非管夷吾不可。夷吾所居國國重，不可失也。」於是桓公從之。乃詳爲召管仲欲甘心，實欲用之。管仲知之，故請往。鮑叔牙迎受管仲，及堂阜而脫桎梏，齋祓而見桓公。桓公厚禮以爲大夫，任政。

桓公既得管仲，與鮑叔、隰朋、高傒修齊國政，連五家之兵，設輕重魚鹽之利，以贍貧窮，祿賢能，齊人皆說。

二年，伐滅郯，郯子奔莒。初，桓公亡時，過郯，郯無禮，故伐之。

五年，伐魯，魯將師敗。魯莊公請獻遂邑以平，桓公許，與魯會柯而盟。魯將盟，曹沫以匕首劫桓公於壇上，曰：「反魯之侵地！」桓公許之。已而曹沫去匕首，北面就臣位。桓公後悔，欲無與魯地而殺曹沫。管仲曰：「夫劫許之而倍信殺之，愈一小快耳，而棄信於諸侯，失天下之援，不可。」於是遂與曹沫三敗所亡地於魯。諸侯聞之，皆信齊而欲附焉。七年，諸侯會桓公於甄，而桓公於是始霸焉。

十四年，陳厲公子完，號敬仲，來奔齊。齊桓公欲以爲卿，讓；於是以爲工正。田成子常之祖也。

二十三年，山戎伐燕，燕告急於齊。齊桓公救燕，遂伐山戎，至于孤竹而還。燕莊公遂送桓公入齊境。桓公曰：「非天子，諸侯相送不出境，吾不可以無禮於燕。」於是分溝割燕君所至與燕，命燕君復修召公之政，納貢于周，如成康之時。諸侯聞之，皆從齊。

二十七年，魯湣公母曰哀姜，桓公女弟也。哀姜淫於魯公子慶父，慶父弒湣公，哀姜欲立慶父，魯人更立釐公。桓公召哀姜，殺之。

二十八年，衞文公有狄亂，告急於齊。齊率諸侯城楚丘而立衞君。

二十九年，桓公與夫人蔡姬戲船中。蔡姬習水，蕩公，公懼，止之，不止，出船，怒，歸蔡姬，弗絕。蔡亦怒，嫁其女。桓公聞而怒，興師往伐。

三十年春，齊桓公率諸侯伐蔡，蔡潰。遂伐楚。楚成王興師問曰：「何故涉吾地？」管仲對曰：「昔召康公命我先君太公曰：『五侯九伯，若實征之，以夾輔周室。』賜我先君履，東至海，西至河，南至穆陵，北至無棣。楚貢包茅不入，王祭不具，是以來責。昭王南征不復，是以來問。」楚王曰：「貢之不入，有之，寡人罪也，敢不共乎！昭王之出不復，君其問之水濱。」齊師進次于陘。夏，楚王使屈完將兵扞齊，齊師退次召陵。桓公矜屈完以其衆。屈完曰：「君以道則可；若不，則楚方城以爲城，江、漢以爲溝，君安能進乎？」乃與屈完盟而去。過陳，陳袁濤塗詐齊，令出東方，覺。秋，齊伐陳。是歲，晉殺太子申生。

三十五年夏，會諸侯于葵丘。周襄王使宰孔賜桓公文武胙、彤弓矢、大路，命無拜。桓公欲許之，管仲曰「不可」，乃下拜受賜。秋，復會諸侯於葵丘，益有驕色。周使宰孔會。諸侯頗有叛者。晉侯病，後，遇宰孔。宰孔曰：「齊侯驕矣，弟無行。」從之。是歲，晉獻公卒，里克殺奚齊、卓子，秦穆公以夫人入公子夷吾爲晉君。桓公於是討晉亂，至高梁，使隰朋立晉君，還。

是時周室微，唯齊、楚、秦、晉爲彊。晉初與會，獻公死，國內亂。秦穆公辟遠，不與中國會盟。楚成王初收荊蠻有之，夷狄自置。唯獨齊爲中國會盟，而桓公能宣其德，故諸侯賓會。於是桓公稱曰：「寡人南伐至召陵，望熊山；北伐山戎、離枝、孤竹；西伐大夏，涉流沙；束馬懸車登太行，至卑耳山而還。諸侯莫違寡人。寡人兵車之會三，乘車之會六，九合諸侯，一匡天下。昔三代受命，有

何以異於此乎？吾欲封泰山，禪梁父。」管仲固諫，不聽；乃説桓公以遠方珍怪物至乃得封，桓公乃止。

三十八年，周襄王弟帶與戎、翟合謀伐周，齊使管仲平戎於周。周欲以上卿禮管仲，管仲頓首曰：「臣陪臣，安敢！」三讓，乃受下卿禮以見。三十九年，周襄王弟帶來奔齊。齊使仲孫請王，爲帶謝。襄王怒，弗聽。

四十一年，秦穆公虜晉惠公，復歸之。是歲，管仲、隰朋皆卒。管仲病，桓公問曰：「羣臣誰可相者？」管仲曰：「知臣莫如君。」公曰：「易牙如何？」對曰：「殺子以適君，非人情，不可。」公曰：「開方如何？」對曰：「倍親以適君，非人情，難近。」公曰：「竪刁如何？」對曰：「自宮以適君，非人情，難親。」管仲死，而桓公不用管仲言，卒近用三子，三子專權。

四十二年，戎伐周，周告急於齊，齊令諸侯各發卒戍周。是歲，晉公子重耳來，桓公妻之。

四十三年，初，齊桓公之夫人三：曰王姬、徐姬、蔡姬，皆無子。桓公好內，多內寵，如夫人者六人：長衛姬生無詭，少衛姬生惠公元，鄭姬生孝公昭，葛嬴生昭公潘，密姬生懿公商人，宋華子生公子雍。桓公與管仲屬孝公於宋襄公，以爲太子。雍巫有寵於衛共姬，因宦者竪刁以厚獻於桓公，亦有寵，桓公許之立無詭。管仲卒，五公子皆求立。冬十月乙亥，齊桓公卒。易牙入，與竪刁因內寵殺羣吏，而立公子無詭爲君。太子昭奔宋。

桓公病，五公子各樹黨爭立。及桓公卒，遂相攻，以故宮中空，莫敢棺。桓公尸在牀上六十七日，尸蟲出于户。十二月乙亥，無詭立，乃棺赴。辛巳夜，斂殯。

桓公十有餘子，要其後立者五人：無詭立三月死，無謚；次孝公；次昭公；次懿公；次惠公。孝公元年三月，宋襄公率諸侯兵送齊太子昭而伐齊。齊人恐，殺其君無詭。齊人將立太子昭，四公子之徒攻太子，太子走宋，宋遂與齊人四公子戰。五月，宋敗齊四公子師而立太子昭，是爲齊孝公。宋以桓公與管仲屬之太子，故來征之。以亂故，八月乃葬齊桓公。

《呂氏春秋·開春論·貴卒》 齊襄公即位，憎公孫無知，收其祿。無知不説，殺襄公。公子糾走魯，公子小白奔莒。既而國殺無知，未有君，公子糾與公子小白皆歸，俱至，爭先入公家。管仲扜弓射公子小白，中鉤。鮑叔御，公子小白僵。管子以爲小白死，告公子糾曰：「安之。公子小白已死矣。」鮑叔因疾驅先入，故公子小白得以爲君。鮑叔之智應射而令公子小白僵也，其智若鏃矢也。

袁康《越絶書》卷三《吴内傳》 齊公子小白，亦反齊國而匡天下者。齊大夫無知，弑其君諸兒，其子二人出奔。公子糾奔魯。魯者，公子糾母之邦。小白奔莒。莒者，小白母之邦也。齊大臣鮑叔牙爲報仇，殺無知，故興師之魯，聘公子糾以爲君。魯莊公不與，莊公，魯君也，曰：「使齊以國事魯，我與汝君；不以國事魯，我不與汝君。」於是鮑叔牙還師之莒，取小白，立爲齊君。小白反國，用管仲，九合諸侯，一匡天下，故爲桓公。此之謂也。

姚彦渠《春秋會要》卷一《世系》 僖公，名祿，莊公子。九年爲魯隱公元年，在位三十三年。謚曰「僖」。襄公，名諸兒，僖公子。魯桓公十五年立，在位十二年。謚曰「襄」。執政：王子成父。桓公，名小白，僖公子，襄公弟，魯莊公九年立，在位四十三年。謚曰「桓」。執政：國懿仲、高傒、管夷吾、仲孫湫、隰朋。

雜録

備録

《國語·齊語》 桓公曰：「吾欲南伐，何主？」管子對曰：「以魯爲主。反其侵地棠、潛，使海於有蔽，渠弭於有渚，環山於有牢。」桓公曰：「吾欲西伐，何主？」管子對曰：「以衛爲主。反其侵地臺、原、姑與漆里，使海於有蔽，渠弭於有渚，環山於有牢。」桓公曰：「吾欲北伐，何主？」管子對曰：「以燕爲主。反其侵地柴夫、吠狗，使海於有蔽，渠弭於有渚，環山於有牢。」四鄰大親。既反侵地，正封疆，地南至於䬦陰，西至于濟，北至于河，東至于紀、酅，有革車八百乘。擇天下之甚淫亂者而先征之。

即位數年，東南多有淫亂者，萊、莒、徐夷、吴、越，一戰帥服三十一國。遂南征伐楚，濟汝，踰方城，望汶山，使貢絲於周而反。荆州諸侯莫敢不來服。遂北伐山戎，刜令支，斬孤竹而南歸。海濱諸侯莫敢不來服。與諸侯飾牲爲載，以約誓于上下庶神，與諸侯戮力同心。西征攘白狄之地，至於西河，方舟設泭，乘桴濟河，至于石枕。懸車束馬，踰太行與辟耳之谿拘夏，西服流沙、西吴。南城於

周，反胙於絳。嶽濱諸侯莫敢不來服，而大朝諸侯於陽穀。兵車之屬六，乘車之會三，諸侯甲不解纍，兵不解翳，弢無弓，服無矢。隱武事，行文道，帥諸侯而朝天子。

桓公憂天下諸侯。魯有夫人、慶父之亂，二君弑死，國絶無嗣。桓公聞之，使高子存之。

狄人攻邢，桓公築夷儀以封之，男女不淫，牛馬選具。狄人攻衛，衛人出廬于曹，桓公城楚丘以封之。其畜散而無育，桓公與之繫馬三百。天下諸侯稱仁焉。於是天下諸侯知桓公之非爲己動也，是故諸侯歸之。

桓公知諸侯之歸己也，故使輕其幣而重其禮。故天下諸侯罷馬以爲幣，縷綦以爲奉，鹿皮四个；諸侯之使垂橐而入，稛載而歸。故拘之以利，結之以信，示之以武，故天下小國諸侯既許桓公，莫之敢背，就其利而信其仁、畏其武。桓公知天下諸侯多與己也，故又大施忠焉。可爲動者爲之動，可爲謀者爲之謀，軍譚、遂而不有也，諸侯稱寬焉。通齊國之魚鹽于東萊，使關市幾而不征，以爲諸侯利，諸侯稱廣焉。築葵茲、晏、負夏、領釜丘，以禦戎、狄之地，所以禁暴於諸侯也；築五鹿、中牟、蓋與、牡丘，以衛諸夏之地，所以示權於中國也。教大城，定三革，隱五刃，朝服以濟河而無怵惕焉，文事勝矣。是故大國慚媿，小國附協。唯能用管夷吾、甯戚、隰朋、賓胥無、鮑叔牙之屬而伯功立。

正月之朝，五屬大夫復事。桓公擇是寡功者而謫之，曰：「制地、分民如一，何故獨寡功？教不善則政不治，一再則宥，三則不赦。」桓公又親問焉，曰：「於子之屬，有居處爲義好學、慈孝於父母，聰慧質仁、發聞於鄉里者，有則以告。有而不以告，謂之蔽明，其罪五。」有司已於事而竣。桓公又問焉，曰：「於子之屬，有拳勇股肱之力秀出於衆者，有則以告。有而不以告，謂之蔽賢，其罪五。」有司已於事而竣。桓公又問焉，曰：「於子之屬，有不慈孝於父母、不長悌於鄉里、驕躁淫暴、不用上令者，有則以告。有而不以告，謂之下比，其罪五。」有司已於事而竣。五屬大夫於是退而修屬，屬退而修縣，縣退而修鄉，鄉退而修卒，卒退而修邑，邑退而修家。是故匹夫有善，可得而舉也；匹夫有不善，可得而誅也。政既成矣，以守則固，以征則彊。

葵丘之會，天子使宰孔致胙於桓公，曰：「余一人之命有事於文、武，使孔致胙。」且有後命曰：「以爾自卑勞，實謂爾伯舅，無下拜。」桓公召管子而謀，管子對曰：「爲君不君，爲臣不臣，亂之本也。」桓公懼，出見客曰：「天威不違顔咫尺，小白余敢承天子之命曰『爾無下拜』，恐隕越於下，以爲天子羞。」遂下拜，升受命。賞服大輅，龍旗九旒，渠門赤旂，諸侯稱順焉。

《管子·大匡》 桓公踐位十九年，弛關市之征，五十而取一，賦禄以粟，案田而税，二歲而税一。上年什取三，中年什取二，下年什取一，歲飢不税。歲飢弛而税。桓公使鮑叔識君臣之有善者，晏子識不仕與耕者之有善者，高子識工賈之有善者。國子爲李，隰朋爲東國，賓胥無爲西土，弗鄭爲宅，凡仕者近公，不仕與耕者近門，工賈近市，三十里置遽委焉，有司職之。從諸侯欲通，吏從行者，令一人爲負以車，若宿者，令人養其馬，食其委。客與有司別契，至國八契，費義數而不當，有罪。凡庶人欲通，鄉吏不通，七日囚。出欲通，吏不通，五日囚。貴人子欲通，吏不通，三日囚。凡縣吏進諸侯士而有善，觀其能之大小，以爲之賞，有過無罪。令鮑叔進大夫，勸國家，得之成而不悔爲上舉。從政治爲次。野爲原，又多不發，起訟不驕，次之。勸國家，得之成而悔，從政雖治，而不能野原，又多發，起訟驕，行此三者爲下。令晏子進貴人之子，出不仕，處不華，而友有少長，爲上舉，得二爲次，得一爲下。士處靖，敬老與貴，交不失禮，行此三者爲上舉，得二爲次，得一爲下。耕者農農用力，應於父兄，事賢多，行此三者爲上舉，得二爲次，得一爲下。令高子進工賈，應於父兄，事長養老，承事敬，行此三者爲上舉，得二者爲次，得一者爲下。令國子以情斷獄，三大夫既已選舉，使縣行之。管仲進而舉言，上而見之於君，以卒年君舉。管仲告鮑叔曰：「勸國家不得成而悔，從政不治，不能野原，又多而發，訟驕，凡三者有罪無赦。」告晏子曰：「貴人子處華，下交，好飲食，行此三者，有罪無赦。士出入無常，不敬老而營富，行此三者，有罪無赦。耕者出入不應於父兄，用力不農，不事賢，行此三者，有罪無赦。」告國子曰：「工賈出入不應父兄，承事不敬，而違老治危，行此三者，有罪無赦。」凡於父兄無過，州里稱之，吏進之，君用之。有善無賞，有過無罰，吏不進，廉意。於父兄無過，於州里莫稱，吏進之，君用之。善，爲上賞；不善，吏有罰。君謂國子：「凡貴賤之義，入與父俱，出與師俱，上與君俱，凡三者遇賊不死，不知賊，則無赦。斷獄情與義易，義與禄易，易禄可無斂，有可無赦。」

《管子·戒》 桓公明日弋在廪，管仲、隰朋朝。公望二子，弛弓脱釬而迎之，曰：「今夫鴻鵠，春北而秋南，而不失其時。夫唯有羽翼以通其意於天下乎？今孤之不得意於天下，非皆二子之憂也。」桓公再言，二子不對。桓公曰：「孤既言矣，二子何不對乎？」管仲對曰：「今夫人患勞，而上使不時。人患飢，

而上重斂焉。人患死，而上急刑焉。如此而又近有色而遠有德，雖鴻鵠之有翼，濟大水之有舟楫也，其將若君何！」桓公蹵然逡遁。管仲曰：「昔先王之理人也，蓋人有患勞，而上使之以時，則人不患勞也。人患飢，而上薄斂焉，則人不患飢矣。人患死，而上寬刑焉，則人不患死矣。如此而近有德而遠有色，則四封之內視君其猶父母邪！四方之外歸君其猶流水乎！」公輟射，援綏而乘，自御，管仲爲左，隰朋參乘。朔月三日，進二子於里官，再拜頓首，曰：「孤之聞二子之言也，耳加聰而視加明，於孤不敢獨聽之，薦之先祖。」管仲、隰朋再拜頓首，曰：「如君之王也，此非臣之言也，君之教也。」於是管仲與桓公盟誓爲令，曰：「老弱勿刑，參宥而後弊，關幾而不正，市正而不布，山林梁澤以時禁發，而不正也。」草封澤鹽者之歸之也，譬若市人。三年教人，四年選賢以爲長，五年始興車踐乘。遂南伐楚，門傅施城。北伐山戎，出冬蔥與戎叔，布之天下，果三匡天子而九合諸侯。

桓公外舍而不鼎饋。中婦諸子謂宮人：「盍不出從乎？君將有行。」宮人皆出從。公怒曰：「孰謂我有行者？」宮人曰：「賤妾聞之中婦諸子。」公召中婦諸子曰：「女焉聞吾有行也？」對曰：「妾人聞之，君外舍而不鼎饋，非有內憂，必有外患。今君外舍而不鼎饋，君非有內憂也，妾是以知君之將有行也。」公曰：「善。此非吾所與女及也，而言乃至焉，吾是以語女。吾欲致諸侯而不至，爲之奈何？」中婦諸子曰：「自妾之身之不爲人持接也，未嘗得人之布織也，意者更容不審邪？」明日，管仲朝，公告之。管仲曰：「此聖人之言也，君必行也。」

管仲寢疾，桓公往問之。曰：「仲父之疾甚矣，若不可諱也，不幸而不起此疾，彼政我將安移之？」管仲未對。桓公曰：「鮑叔之爲人何如？」管仲對曰：「鮑叔，君子也。千乘之國，不以其道予之，不受也。雖然，不可以爲政。其爲人也，好善而惡惡已甚，見一惡終身不忘。」桓公曰：「然則孰可？」管仲對曰：「隰朋可。朋之爲人，好上識而下問。臣聞之：以德予人者，謂之仁。以財予人者，謂之良。以善勝人者，未有能服人者也。以善養人者，未有不服人者也。於國有所不知政，於家有所不知事，必則朋乎！且朋之爲人也，居其家不忘公門，居公門不忘其家，事君不二其心，亦不忘其身。舉齊國之幣，握路家五十室，其人不知也。大仁也哉，其朋乎！」公又問曰：「不幸而失仲父也，二三大夫者，其猶能以國寧乎？」管仲對曰：「君請矍已乎。鮑叔牙之爲人也，好直。賓胥無之爲人也，好善。甯戚之爲人也，能事。孫在之爲人也，善言。」公曰：「此四子者，其孰能一人之上也？寡人並而臣之，則其不以國寧，何也？」對曰：「鮑叔之爲人，好直而不能以國詘。賓胥無之爲人也，好善而不能以國詘。甯戚之爲人，能事而不能以足息。孫在之爲人，善言而不能以信默。臣聞之，消息盈虛，與百姓詘信，然後能以國寧。勿已者，朋其可乎！朋之爲人也，動必量力，舉必量技。」言終，喟然而歎曰：「天之生朋，以爲夷吾舌也。其身死，舌焉得生哉！」管仲曰：「夫江、黃之國近於楚，爲臣死乎，君必歸之楚而寄之。君不歸楚，必私之，私之而不救也則不可，救之則亂自此始矣。」桓公曰：「諾。」管仲又言曰：「東郭有狗嘊嘊，旦暮欲齧，我猳而不使也。今夫易牙，子之不能愛，將安能愛君？君必去之。」公曰：「諾。」管子又言曰：「北郭有狗嘊嘊，旦暮欲齧，我猳而不使也。今夫豎刁，其身之不愛，焉能愛君？君必去之。」公曰：「諾。」管子又言曰：「西郭有狗嘊嘊，旦暮欲齧，我猳而不使也。今夫衛公子開方，去其千乘之太子而臣事君，是所願也得於君者，是將欲過其千乘也。君必去之。」桓公曰：「諾。」管子遂卒。卒十月，隰朋亦卒。

桓公去易牙、豎刁、衛公子開方。五味不至，於是乎復反易牙。宮中亂，復反豎刁。利言卑辭不在側，復反衛公子開方。桓公內不量力，外不量交，而力伐四鄰。公薨，六子皆求立。易牙與衛公子，內與豎刁，因共殺羣吏而立公子無虧。故公死七日不斂，九月不葬。孝公犇宋，宋襄公率諸侯以伐齊，戰于甗，大敗齊師，殺公子無虧，立孝公而還。襄公立十三年，桓公立四十二年。

《管子·小問》　桓公問管仲曰：「寡人欲霸，以二三子之功，既得霸矣。今吾有欲王，其可乎？」管仲對曰：「公嘗召易牙而問焉。」鮑叔至，公又問焉。鮑叔對曰：「公當召賓胥無而問焉。」賓胥無趨而進，公又問焉。賓胥無對曰：「古之王者，其君豐，其臣教。今君之臣豐。」公遵遁繆然遠，二三子遂徐行而進。公曰：「昔者大王賢，王季賢，文王賢，武王賢。武王伐殷，克之，七年而崩。周公旦輔成王而治天下，僅能制於四海之內矣。今寡人之子不若寡人，寡人不若二三子。以此觀之，則吾不王必矣。」

《莊子·天道》　桓公讀書於堂上，輪扁斲輪於堂下，釋椎鑿而上，問桓公曰：「敢問公之所讀者何言邪？」公曰：「聖人之言也。」曰：「聖人在乎？」公曰：「已死矣。」曰：「然則君之所讀者，古人之糟魄已夫！」桓公曰：「寡人讀書，輪人安得議乎！有說則可，無說則死。」輪扁曰：「臣也，以臣之事觀之。斲輪，徐則甘而不固，疾則苦而不入。不徐不疾，得之於手而應於心，口不能言，有

數存焉於其間。臣不能以喻臣之子，臣之子亦不能受之於臣，是以行年七十而老斲輪。古之人與其不可傳也死矣，然則君之所讀者，古人之糟魄已夫！」

《莊子·達生》 桓公田於澤，管仲御，見鬼焉。公撫管仲之手曰：「仲父何見？」對曰：「臣無所見。」公反，誒詒為病，數日不出。齊士有皇子告敖者曰：「公則自傷，鬼惡能傷公！夫忿滀之氣，散而不反，則為不足；上而不下，則使人善怒；下而不上，則使人善忘；不上不下，中身當心，則為病。」桓公曰：「然則有鬼乎？」曰：「有。沈有履，竈有髻。戶內之煩壤，雷霆處之；東北方之下者，倍阿、鮭蠪躍之；西北方之下者，則泆陽處之。水有罔象，丘有峷，山有夔，野有彷徨，澤有委蛇。」公曰：「請問委蛇之狀何如？」皇子曰：「委蛇，其大如轂，其長如轅，紫衣而朱冠。其為物也惡，聞雷車之聲，則捧其首而立。見之者殆乎霸。」桓公囅然而笑曰：「此寡人之所見者也。」於是正衣冠與之坐，不終日而不知病之去也。

《韓非子·十過》 奚謂過而不聽於忠臣？昔者齊桓公九合諸侯，一匡天下，為五伯長，管仲佐之。管仲老，不能用事，休居於家。桓公從而問之曰：「仲父家居有病，即不幸而不起此病，政安遷之？」管仲曰：「臣老矣，不可問也。雖然，臣聞之，知臣莫若君，知子莫若父，君其試以心決之。」君曰：「鮑叔牙何如？」管仲曰：「不可。鮑叔牙為人，剛愎而上悍。剛則犯民以暴，愎則不得民心，悍則下不為用，其心不懼，非霸者之佐也。」公曰：「然則豎刁何如？」管仲曰：「不可。夫人之情莫不愛其身，公妬而好內，豎刁自獖，以為治內，其身不愛，又安能愛君？」公曰：「然則衛公子開方何如？」管仲曰：「不可。齊、衛之間不過十日之行，開方為事君，欲適君之故，十五年不歸見其父母，此非人情也。其父母之不親也，又能親君乎？」公曰：「然則易牙何如？」管仲曰：「不可。夫易牙為君主味，君之所未嘗食唯人肉耳，易牙蒸其子首而進之，君所知也。人之情莫不愛其子，今蒸其子以為膳於君，其子弗愛，又安能愛君乎？」公曰：「然則孰可？」管仲曰：「隰朋可。其為人也，堅中而廉外，少欲而多信。夫堅中則足以為表，廉外則可以大任，少欲則能臨其衆，多信則能親鄰國。此霸者之佐也，君其用之。」君曰：「諾。」居一年餘，管仲死，君遂不用隰朋而與豎刁。刁莅事三年，桓公南遊堂阜，豎刁率易牙、衛公子開方及大臣為亂。桓公渴餒而死南門之寢、公守之室，身死三月不收，蟲出於戶。故桓公之兵橫行天下，為五伯長，卒見弒於其臣，而滅高名，為天下笑者，何也？不用管仲之過也。故曰：過而不聽於忠臣，獨行其意，則滅其高名為人笑之始也。

《韓非子·外儲說左上》 蔡女為桓公妻，桓公與之乘舟，夫人蕩舟，桓公大懼，禁之不止，怒而出之，乃且復召之，因復更嫁之。桓公大怒，將伐蔡。仲父諫曰：「夫以寢席之戲，不足以伐人之國，功業不可冀也，請無以此為稽也。」桓公不聽。仲父曰：「必不得已，楚之菁茅不貢於天子三年矣，君不如舉兵為天子伐楚。楚服，因還襲蔡，曰『余為天子伐楚，而蔡不以兵聽從』，因遂滅之。此義於名而利於實，故必有為天子誅之名，而有報讎之實。」

齊桓公好服紫，一國盡服紫。當是時也，五素不得一紫。桓公患之，謂管仲曰：「寡人好服紫，紫貴甚，一國百姓好服紫不已，寡人奈何？」管仲曰：「君欲何不試勿衣紫也，謂左右曰：吾甚惡紫之臭。」於是左右適有衣紫而進者，公必曰：「少卻，吾惡紫臭。」公曰：「諾。」於是日，郎中莫衣紫；其明日，國中莫衣紫；三日，境內莫衣紫也。

《韓非子·外儲說右下》 齊桓公微服以巡民家，人有年老而自養者，桓公問其故。對曰：「臣有子三人，家貧，無以妻之，傭未反。」桓公歸，以告管仲。管仲曰：「畜積有腐棄之財則人飢餓，宮中有怨女則民無妻。」桓公曰：「善。」乃論宮中有婦人而嫁之。下令於民曰：「丈夫二十而室，婦人十五而嫁。」

《呂氏春秋·慎大覽·下賢》 齊桓公見小臣稷，一日三至弗得見。從者曰：「萬乘之主，見布衣之士，一日三至而弗得見，亦可以止矣。」桓公曰：「不然。士驁祿爵者，固輕其主；其主驁霸王者，亦輕其士。縱夫子驁祿爵，吾庸敢驁霸王乎？」遂見之，不可止。世多舉桓公之內行，內行雖不修，霸亦可矣。誠行之此論而內行修，王猶少。

《呂氏春秋·審分覽·任數》 有司請事於齊桓公。桓公曰：「以告仲父。」有司又請。公曰：「告仲父。」若是三。習者曰：「一則仲父，二則仲父，易哉為君！」桓公曰：「吾未得仲父則難，已得仲父之後，曷為其不易也？」桓公得管子，事猶大易，又況於得道術乎？

《呂氏春秋·恃君覽·達鬱》 管仲觴桓公。日暮矣，桓公樂之而徵燭。管仲曰：「臣卜其晝，未卜其夜。君可以出矣。」公不說，曰：「仲父年老矣，寡人與仲父為樂將幾之？請夜之。」管仲曰：「君過矣。夫厚於味者薄於德，沈於樂者反於憂；壯而怠則失時，老而解則無名。臣乃今將為君勉之，若何其沈於酒也？」管仲可謂能立行矣。凡行之墮也於樂，今樂而益飭；行之壞也於貴，今主

欲留而不許。伸志行理，貴樂弗爲變，以事其主，此桓公之所以霸也。

《吕氏春秋·貴直論·直諫》 齊桓公、管仲、鮑叔、甯戚相與飲酒酣，桓公謂鮑叔曰：「何不起爲壽？」鮑叔奉杯而進曰：「使公毋忘出奔在於莒也，使管仲毋忘束縛而在於魯也，使甯戚毋忘其飯牛而居於車下。」桓公避席再拜曰：「寡人與大夫能皆毋忘夫子之言，則齊國之社稷幸於不殆矣。」當此時也，桓公可與言極言矣。可與言極言，故可與爲霸。

《吕氏春秋·不苟論·贊能》 管子束縛在魯。桓公欲相鮑叔，鮑叔曰：「吾君欲霸王，則管夷吾在彼，臣弗若也。」桓公曰：「夷吾，寡人之賊也，射我者也。不可。」鮑叔曰：「夷吾爲其君射人者也。君若得而臣之，則彼亦將爲君射人。」桓公不聽，强相鮑叔。固辭讓而相，桓公果聽之。於是乎使人告魯曰：「管夷吾，寡人之讎也，願得之而親加手焉。」魯君許諾，乃使吏鞹其拳，膠其目，盛之以鴟夷，置之車中。至齊境，桓公使人以朝車迎之，祓以爟火，釁以犧猳焉，生與之如國，命有司除廟筵几而薦之，曰：「自孤之聞夷吾之言也，目益明，耳益聰，孤弗敢專，敢以告於先君。」因顧而命管子曰：「夷吾佐予。」管仲還走，再拜稽首，受令而出。管子治齊國，舉事有功，桓公必先賞鮑叔，曰：「使齊國得管子者，鮑叔也。」桓公可謂知行賞矣。凡行賞欲其本也，本則過無由生矣。

《吕氏春秋·似順論·慎小》 齊桓公即位，三年三言，而天下稱賢，羣臣皆說。去肉食之獸，去食粟之鳥，去絲罝之網。

《韓詩外傳》卷三 齊桓公設庭燎，爲士之欲造見者。朞年而士不至。於是東野鄙人有以九九見者。桓公使戲之，曰：「九九足以見乎？」鄙人曰：「臣不以九九足以見也。臣聞君設庭燎以待士，朞年而士不至。夫士之所以不至者，君，天下之賢君也，四方之士皆自以爲不及君，故不至也。夫九九，薄能耳，而君猶禮之，況賢於九九者乎？夫太山不讓礫石，江海不辭小流，所以成其大也。《詩》曰『先民有言，詢于芻蕘』，言博謀也。」桓公曰：「善。」乃因禮之。朞月，四方之士相導而至矣。《詩》曰：「自堂徂基，自羊徂牛。」言以內及外，以小成大也。

《韓詩外傳》卷一〇 齊桓公置酒，令諸大夫曰：「後者飲一經程。」管仲後，當飲一經程。飲其一半，而棄其半。桓公曰：「仲父當飲一經程，而棄之何也？」管仲曰：「臣聞之，酒入口者舌出，舌出者言失，言失者棄身。與其棄身，不寧棄酒乎？」桓公曰：「善！」《詩》曰：「荒湛于酒。」

《淮南子·道應訓》 孔子觀桓公之廟，有器焉，謂之宥巵。孔子曰：「善哉！予得見此器。」顧曰：「弟子取水！」水至，灌之，其中則正，其盈則覆。孔子造然革容曰：「善哉，持盈者乎！」子貢在側曰：「請問持盈。」曰：「益而損之。」曰：「何謂益而損之？」曰：「夫物盛而衰，樂極則悲，日中而移，月盈而虧。是故聰明睿智，守之以愚；多聞博辯，守之以陋；武力毅勇，守之以畏；富貴廣大，守之以儉；德施天下，守之以讓。此五者，先王所以守天下而弗失也。反此五者，未嘗不危也。」故老子曰：「服此道者不欲盈。夫唯不盈，故能弊而不新成。」

甯越欲干齊桓公，困窮無以自達，於是爲商旅，將任車，以商於齊，暮宿於郭門之外。桓公郊迎客，夜開門，辟任車，爝火甚盛，從者甚衆。甯越飯牛車下，望見桓公而悲，擊牛角而疾商歌。桓公聞之，撫其僕之手曰：「異哉，歌者非常人也！」命後車載之。桓公及至，從者以請，桓公贛之衣冠而見，説以爲天下。桓公大説，將任之，羣臣爭之曰：「客，衛人也。衛之去齊不遠，君不若使人問之。問之而故賢者也，用之未晚。」桓公曰：「不然。問之，患其有小惡也。以人之小惡而忘人之大美，此人主之所以失天下之士也。」凡聽必有驗，一聽而弗復問，合其所以也。且人固難合也，權而用其長者而已矣。當是舉也，桓公得之矣。故老子曰：「天大，地大，道大，王亦大。域中有四大，而王處其一焉。」以言其能包裹之也。

董仲舒《春秋繁露·滅國下》 紀侯之所以滅者，乃九世之讎也。一旦之言，危百世之嗣，故曰大去。衛人侵成，鄭入成，及齊師圍成，三被大兵，終滅，莫之救，所恃者安在？齊桓公欲行霸道，譚遂違命，故滅而奔莒。不事大而事小，曹伯之所以戰死於位，諸侯莫助憂者。幽之會，齊桓數合諸侯，曹小，未嘗來也。魯大國，幽之會，莊公不往。戎人乃窺兵於濟西，由見魯孤獨而莫之救也。此時大夫廢君命，專救危者。魯莊公二十七年，齊桓爲幽之會，衛人不來。其明年，桓公怒而大敗之。及伐山戎，張旗陳獲以驕諸侯。於是魯一年三築臺，亂臣比三起於內，夷狄之兵仍滅於外，衛滅之端，以失幽之會。亂之本，存親内蔽。邢未嘗會齊桓也，附晉又微，晉侯獲於韓而背之，淮之會是也。齊桓卒，豎刁、易牙之亂作。邢與狄伐其同姓，取之。其行如此，雖爾親，庸能親爾乎？是君也，其滅於同姓，衛侯燬滅邢是也。齊桓爲幽之會，衛不至，桓怒而伐之。狄滅之，桓憂而立之。魯莊爲柯之盟，劫汶陽，魯絶，桓立之。邢、杞未嘗朝聘，齊桓見其滅，率諸侯而立之，用心如此，豈不霸哉？故以憂天下與之。

劉向《説苑・政理》 齊桓公謂管仲曰：「吾欲舉事於國，昭然如日月，無愚夫愚婦皆曰善，可乎？」仲曰：「可，然非聖人之道。」桓公曰：「何也？」對曰：「夫短綆不可以汲深井，知鮮不可以與聖人之言。惠士可與辨物，智士可與辨無方，聖人可與辨神明。夫聖人之所爲，非衆人之所及也。民知十己，則尚與之争，曰：『不如吾也。』百己，則疵其過；千己，則誰而不信。是故民不可稍而掌也，可并而牧也；不可暴而殺也，可麾而致也；衆不可户説也，可舉而示也。」

齊桓公出獵，逐鹿而走入山谷之中，見一老公而問之，曰：「是爲何谷？」對曰：「爲愚公之谷。」桓公曰：「何故？」對曰：「以臣名之。」桓公曰：「今視公之儀狀，非愚人也，何爲以公名？」對曰：「臣請陳之。臣故畜牸牛，生子而大，賣之而買駒。少年曰：『牛不能生馬。』遂持駒去。傍鄰聞之，以臣爲愚，故名此谷爲愚公之谷。」桓公曰：「公誠愚矣！夫何爲而與之。」桓公遂歸。明日朝，以告管仲。管仲正衿再拜曰：「此夷吾之愚也。使堯在上，咎繇爲理，安有取人之駒者乎？若有見暴如是叟者，又必不與也。公知獄訟之不正，故與之耳，請退而修政。」孔子曰：「弟子記之，桓公，霸君也，管仲，賢佐也。猶有以智爲愚者也，況不及桓公、管仲者也。」

劉向《説苑・尊賢》 或曰：將謂桓公仁義乎？殺兄而立，非仁義也。將謂桓公恭儉乎？與婦人同輿，馳於邑中，非恭儉也。將謂桓公清潔乎？閨門之内，無可嫁者，非清潔也。此三者亡國失君之行也，然而桓公兼有之，以得管仲、隰朋，九合諸侯，一匡天下，畢朝周室，爲五霸長，以其得賢佐也。失管仲、隰朋，任豎刁、易牙，身死不葬，蟲流出户。一人之身榮辱俱施者，何者？其所任異也。由此觀之，則士佐急矣。

齊桓公使管仲治國，管仲對曰：「賤不能臨貴。」桓公以爲上卿而國不治。桓公曰：「何故？」管仲對曰：「貧不能使富。」桓公賜之齊國之市租，一年而國不治。桓公曰：「何故？」對曰：「疏不能制親。」桓公立以爲仲父。齊國大安而遂霸天下。孔子曰：「管仲之賢，不得此三權者，亦不能使其君南面而霸矣。」

桓公問於管仲曰：「吾欲使酒腐於爵，肉腐於俎，得毋害於霸乎？」管仲對曰：「此極非其貴者耳。然亦無害於霸也。」桓公曰：「何如而害霸乎？」管仲對曰：「不知賢，害霸也；知而不用，害霸也；用而不任，害霸也；任而不信，害霸也；信而復使小人參之，害霸也。」桓公曰：「善。」

劉向《説苑・正諫》 齊桓公謂鮑叔曰：「寡人欲鑄大鍾，昭寡人之名焉。寡人之行，豈避堯、舜哉？」鮑叔曰：「敢問君之行？」桓公曰：「昔者吾圍譚三年，得而不自與者，仁也。吾北伐孤竹，剗令支而反者，武也。吾爲葵丘之會以偃天下之兵者，文也。諸侯抱美玉而朝者九國，寡人不受者，義也。然則文武仁義寡人盡有之矣，寡人之行，豈避堯、舜哉？」鮑叔曰：「君直言，臣直對。昔者公子糾在上位而不讓，非仁也。背太公之言而侵魯境，非義也。壇場之上詘於一劍，非武也。侄娣不離懷衽，非文也。凡爲不善遍於物不自知者，無天禍必有人害。天處甚高，其聽甚下，除君過言，天且聞之。」桓公曰：「寡人有過，子幸記之，是社稷之福也。子不幸教，幾有大罪以辱社稷。」

劉向《新序・雜事》 桓公田至於麥丘，見麥丘邑人，問之：「子何爲者也？」對曰：「麥丘邑人也。」公曰：「年幾何？」對曰：「八十有三矣。」公曰：「美哉壽乎，子其以子壽祝寡人。」麥丘邑人曰：「祝主君，使主君甚壽，金玉是賤，以人爲寶。」桓公曰：「善哉。至德不孤，善言必再，吾子其復之。」麥丘邑人曰：「祝主君，使主君無羞學，無惡下問，賢者在側，諫者得入。」桓公曰：「善哉。至德不孤，善言必三，吾子其復之。」麥丘邑人曰：「祝主君，使主君無得罪於羣臣百姓。」桓公怫然作色曰：「吾聞之，子得罪於父，臣得罪於君，未嘗聞君得罪於臣者也。此一言者，非夫二言者之匹也，子更之。」麥丘邑人坐拜而起曰：「此一言者，夫二言者之長也。子得罪於父，可以因姑姊叔父而解之，父能赦之；臣得罪於君，可以因便辟左右而謝之，君能赦之。昔桀得罪於湯，紂得罪於武王，此則君之得罪於其臣者也，莫爲謝，至今不赦。」公曰：「善。」賴國家之福，社稷之靈，使寡人得吾子於此。扶而載之，自御以歸，禮之於朝，封之以麥丘，而斷政焉。

酈道元《水經注》卷八《濟水》 又北過穀城縣西，濟水側岸有尹卯壘，南去魚山四十餘里，是穀城縣界。故《春秋》之小穀城也。齊桓公以魯莊公二十三年城之，邑管仲焉。城内有夷吾井。

酈道元《水經注》卷一三《灅水》 又東過涿鹿縣北，其水又南流，注于清夷水。清夷水又西與泉溝水會，水導源川南平地，北注清夷水。清夷水又西南得桓公泉，蓋齊桓公霸世，北征山戎，過孤竹西征，束馬懸車，上卑耳之西極，故水受斯名也。

酈道元《水經注》卷一四《濡水》 又東南過海陽縣西，南入于海。【略】又按《管子》：齊桓公二十年，征孤竹，未至卑耳之溪十里，闟然止，瞠然視，援弓將射，引而未發，謂左右曰：見前乎？左右對曰：不見。公曰：寡人見長尺而人

物具焉，冠，右祛衣，走馬前，豈有人若此乎？管仲對曰：臣聞豈山之神有偷兒，長尺人物具，霸王之君興，則豈山之神見。且走馬前，走，導也；祛衣，示前有水；右祛衣，示從右方涉也。至卑耳之溪，有贊水者，從左方涉，其深及冠；右方涉，其深至膝。已涉大濟，桓公拜曰：仲父之聖至此，寡人之抵罪也久矣。今自孤竹南出，則鉅海矣，而滄海之中，山望多矣，然卑耳之川若贊溪者，亦不知所在也。昔在漢世，海水波襄，吞食地廣，當同碣石，苞淪洪波也。

酈道元《水經注》卷二四《瓠子河》 又東北過東阿縣東，又北逕東阿縣故城東，《春秋經》書：冬，及齊侯盟于柯。《左傳》曰：冬，盟于柯，始及齊平。杜預曰：東阿即柯邑也。按《國語》：曹沫挾匕首劫齊桓公返，遂邑于此矣。

酈道元《水經注》卷二五《泗水》 又東過沛縣東，城北有華元冢。黃溝自城南東逕葵丘下，《春秋・僖公九年》，齊桓公會諸侯于葵丘，宰孔曰：齊侯不務德而勤遠略，北伐山戎，南伐楚，西爲此會，東略之不知，西則否矣，其在亂乎？君務靖亂，無勤于行。晉侯乃還，即此地也。黃溝又東注大澤，蒹葭萑葦生焉，即世所謂大齊陂也。

酈道元《水經注》卷二六《淄水》 又東過利縣東，《地理志》曰：廣縣爲山，澠水所出，東北至廣饒入巨淀。巨淀之右，又有女水注之，水出東安平縣之蛇頭山，《從征記》曰：水西有桓公冢，甚高大，墓方七十餘丈，高四丈，圓墳圍二十餘丈，高七丈餘，一墓方七丈。二墳，晏謨曰：依《陵記》，非葬禮，如承世，故與其母同墓而異墳，伏琛所未詳也。冢東山下女水原有桓公祠，侍其衡奏魏武王所立。曰：近日路次齊郊，瞻望桓公墳壟，在南山之阿，請爲立祀，爲塊然之主。郭緣生《述征記》曰：齊桓公冢在齊城南二十里，因山爲墳。大冢東有女水，或云齊桓公女冢在其上，故以名水也。女水導川東北流，甚有神焉。化隆則水生，政薄則津竭。

酈道元《水經注》卷二九《均水》 均水出析縣北山，南流過其縣之東。均水發源弘農郡之盧氏縣熊耳山，山南即脩陽、葛陽二縣界也。雙峯齊秀，望若熊耳，因以爲名。齊桓公召陵之會，西望熊耳，即此山也。太史公司馬遷皆嘗登之。縣即析縣之北鄉，故言出析縣北山也。

梁玉繩《人表考》卷五《中中・齊桓公小白》 桓公始見《左》莊九、《齊語》。齊桓公始見《詩・定之方中》、《木瓜》序，《左》閔二。小白始見《左》莊八、九《經・傳》。襄公弟始見《史・齊世家》。衛姬之子。《左》昭十二。亦曰公子小白，莊八。亦曰齊小白，亦曰齊侯小白，莊九、僖十七《經》。亦曰齊桓。昭四及《孟子》。在位四十三年。《史・侯表》、《世家》、《真誥・闡幽微》二謂桓公爲三官都禁，妄也。葬齊城南二十里女水西。《水經淄水注》。《元和志》云在臨淄縣東南二十三里鼎足山上。宋楊慎云：首霸者齊桓，乃居于四公之次。宋襄在第六，言四公誤。蓋不知五霸莫盛于齊桓之說也，所譏殊未當。錢宮詹曰：桓公爲中人，《序》有明文，其列入第五等，無可疑者。秦穆、晉文、楚莊以令終而進一等，宋襄不得其死，故又降一等。孟堅予奪之意如此。

備論

《墨子・貴義》 子墨子曰：「昔者齊桓公高冠博帶，金劍木盾，以治其國，其國治。昔者晉文公大布之衣，牂羊之裘，韋以帶劍，以治其國，其國治。昔者楚莊王鮮冠組纓，絳衣博袍，以治其國，其國治。昔者越王句踐剪髮文身，以治其國，其國治。此四君者，其服不同，其行猶一也。翟以是知行之不在服也。」

《孟子・告子下》 孟子曰：「五霸者，三王之罪人也。今之諸侯，五霸之罪人也。今之大夫，今之諸侯之罪人也。天子適諸侯曰巡狩，諸侯朝於天子曰述職。春省耕而補不足，秋省斂而助不給。入其疆，土地辟，田野治，養老尊賢，俊傑在位，則有慶，慶以地。入其疆，土地荒蕪，遺老失賢，掊克在位，則有讓。一不朝則貶其爵，再不朝則削其地，三不朝則六師移之。是故天子討而不伐，諸侯伐而不討。五霸者，摟諸侯以伐諸侯者也。故曰五霸者，三王之罪人也。五霸桓公爲盛，葵丘之會諸侯，束牲載書而不歃血。初命曰：『誅不孝，無易樹子，無以妾爲妻。』再命曰：『尊賢育才，以彰有德。』三命曰：『敬老慈幼，無忘賓旅。』四命曰：『士無世官，官事無攝，取士必得，無專殺大夫。』五命曰：『無曲防，無遏糴，無有封而不告。』曰：『凡我同盟之人，既盟之後，言歸于好。』今之諸侯，皆犯此五禁，故曰今之諸侯，五霸之罪人也。長君之惡其罪小，逢君之惡其罪大。今之大夫皆逢君之惡，故曰今之大夫，今之諸侯之罪人也。」

《荀子・仲尼》 齊桓，五伯之盛者也，前事則殺兄而争國；內行則姑姊妹之不嫁者七人，閨門之內，般樂奢汏，以齊之分奉之而不足；外事則詐邾，襲莒，并國三十五。其事行也若是其險汙淫汏也，固曷足稱乎大君子之門哉！若是而

不亡，乃霸，何也？曰：於乎！夫齊桓公有天下之大節焉，夫孰能亡之？倓然見管仲之能足以託國也，是天下之大知也。安忘其怒，出忘其讎，遂立以爲仲父，是天下之大決也。立以爲仲父，而貴戚莫之敢妬也；與之高、國之位，而本朝之臣莫之敢惡也；與之書社三百，而富人莫之敢距也。貴賤長少，秩秩焉莫不從桓公而貴敬之，是天下之大節也。諸侯有一節如是，則莫之能亡也；桓公兼此數節者而盡有之，夫又何可亡也？其霸也宜哉！非幸也，數也。然而仲尼之門人，五尺之豎子言羞稱乎五伯，是何也？曰：然。彼非本政教也，非致隆高也，非綦文理也，非服人之心也。鄉方略，審勞佚，畜積修鬥而能顛倒其敵者也。詐心以勝矣。彼以讓飾争，依乎仁而蹈利者也，小人之傑也，彼固曷足稱乎大君子之門哉！

《史記》卷三二《齊太公世家》司馬貞述贊　小白致霸，九合諸侯。及溺内寵，釁鍾蟲流。

《胡宏集·皇王大紀論·齊桓公卒》　齊桓之所以有始而無終者，大本不正也。使其果有匡天下之志而不求自利，則管子者，天下之才也，當以見諸天王，上言文、武之勤，中述成、康之盛，下陳今日之衰微。

蓋自幽王滅於西戎，秦人力戰取豐、鎬，平王東遷於成周，虞、虢、魏、芮皆畿内諸侯，乘亂各據土宇，王畿中斷，無西偏矣。使齊桓、管仲入贊天王，正畿甸以修王畧，謹五禮以齊諸侯，整六軍以膺戎狄，則周室赫然中興而王化行矣。惜乎！齊桓、管仲不知出此，而溺於宴飲衽席之間也。

吕祖謙《左氏博議》卷一〇《齊桓公辭鄭太子華》　道無待而有待，非道也，待之名烏乎生？以彼待此曰待，以此待彼亦曰待，一彼一此，而待之名生焉。未有彼待彼者也，未有此待此者也。雨在天，稼在田，判然二物也。語人以稼待雨，可信也。帛在機，衣在身，判然二物也。語人以衣待帛，可信也。若語人曰吾待目而視，待耳而聽，則世固已疑而不信矣。是何也？目，我之目，非借他人之視也；耳，我之耳，非借他人之聽也。我視則視，我聽則聽，本非有待也。雖然是固非有待之待，猶未免無待之待也。目雖離婁，不能自保其不瞽；耳雖師曠不能自保其不聵。是雖無待於他人，而猶待於血氣，尚非我之所得專也。舉天下之物我之所獨專而無待於外者，其心之於道乎？心外有道，非心也；道外有心，非道也。心苟待道，既已離於道矣。待道且不可，况欲待於外哉？古之學者爲己，非以人不足爲也；通天下無非己，不見有人之可爲也。其動其静，其語其默，未有由乎人者。飭躬厲行，非以揚名也；別嫌明微，非以避謗也；簡賦省刑，非以求民也；深謀遠慮，非以防患也。本無所待而作，亦豈有待而止哉？有所慕而作者，外無慕則不作也；有所畏而止者，外無畏則不止也。曰作、曰止，皆待於外而不出於我，則吾之爲善既無本矣。無本之水，朝滿夕除；無本之善，朝銳夕墮。是烏可恃耶？鄭子華以世子而賣其國，齊桓公貪其利而將受之，從管仲之諫而止，世莫不誦管仲之言以爲當。以吾觀仲之言，何其不知本也。其言曰：「諸侯之會，其德刑禮義，無國不記。記姦之位，君盟替矣。作而不記，非盛德也。」仲不能以道格君之心，使自爲善，反待簡册之毁譽以制之。噫，爲善果待於外，使自古無史官，諸侯無史籍，將放意而不復爲善耶？不導其君以心制物，而反以物制心，是以外而制内也。幸而桓公以好名之心易好利之心，僅從管仲之諫；若桓公好利之心勝，好名之心，則殘。編腐竹何足以制桓公耶？仲之説至是而窮矣。信如是，則聖人立左右以記言動者，亦豈以外制内耶？非然也。恃史册以自制者固待外也，視史册爲外物者，亦未免有外也。至理無外，藩以私情，蔀以私智，始限其一身爲内，而盡棄其餘爲外物。乃若聖人之心，萬物皆備。尚不見有内，又安得有外耶？史，心史也；記，心記也。推而至於盤盂之銘、几杖之戒，未有一物居心外者也。嗚呼！此豈管仲所及哉？

馬驌《繹史》卷四四《齊桓公霸業論》　霸之名何昉乎？《祭法》曰：「共工氏之霸九州。」然則霸之名，不已舊乎？或曰，古者，有伯而無霸，其在唐、虞，有州牧侯伯，商以文王爲西伯，周有二伯是矣。霸之名，我未之前聞也，其當周之末季，齊桓、晉文之事乎？國佐有言曰：「五伯之霸也，勤而撫之，以役王命。」解者曰，是夏之昆吾、商之大彭、豕韋，周之齊桓、晉文也。《白虎通》曰：「三王之道衰，而五霸存其政。」則霸之名，若不自周起矣。蓋必有翼戴天子之功，而後可以稱霸，秦穆公受甘言以縱鄭國，違黄髮而敗殽師，誅賢臣百里，而以子車氏殉，《黄鳥》刺焉；宋襄公不度德量力，求諸侯而虐用小國，敗泓身死，爲天下笑；楚莊王僭號陵上，憑威肆彊，觀兵以窺周鼎，倚怒以殘宋郊，易子析骸，力有餘而仁不足。此三君者，皆不聞有翼戴天子之功。粤稽昆吾、大彭、豕韋，蓋嘗於夏、殷之中葉，匡輔王室，則並桓、文而爲五矣。五霸之名，所由起乎！即《春秋》之稱五霸，亦有進闔廬而黜宋襄者，循名責實，咸無稽焉。《孟子》曰：「五霸，桓公爲盛。」當周室東遷之後，王綱不振，而能起自危難，尊内攘外，其功誠足述也。昔襄公不道，殺魯桓而誅彭生，既而户下難發，襄公殲焉，魯於此時，仗義問罪，別立賢君，將讎復而先君之恥雪矣；奈何莊非其人，無知之立，晏然弗知，阻小白

而助子糾，佐其不當立者，以攻其當立者，乾時一敗，僅獲傳乘，鮑子來言，糾亦不保，谷梁氏譏之曰「以千乘之魯，不能存一子糾」，以公爲病矣。桓公圖霸，亟欲得魯，而魯人懷納糾之隙，猶豫未前，桓獨捐棄前怨，爲柯之盟，信義是尚，彼曹沫者手劒劫田，何爲也哉？夫齊洋洋表海，是太公之遺也，而桓公能起而修之，釁沐施於羈囚，連帥置之都鄙，煑海通賈，國用富彊，衣裳兵車之會，唯是尊天子而睦諸侯，抑彊楚而保小國，使當盛周之際，抑且膺方伯之命，以長率諸侯，惜乎王室不競，一君一臣，經營四十年而克濟焉。是以北杏肇績，魯、衛不至，鄄、幽繼盟，鄭、宋懷疑，迨三國存而大義始昭，江、黄服而蠻方始懼，至貫澤、陽穀之會，遠邇畢集矣。桓公端委搢笏以朝之，盛之至也。而或謂包茅責貢以來，不聞南下之師，葵丘震矜，九國以畔，弦、黄滅而不能救，東略則西否，功高志滿，於晚節見其漸衰焉，無他，管仲死也。故桓公中主也，得管子而名彰，讀《山高》、《牧民》、《輕重》、《九府》諸篇，其規模宏焉，其經制詳且備焉，兵力甲於天下，而不敢教其君以請隧問鼎之事，此管子所以稱仁與！至尊莫如王子，定其位而覬覦絶矣；至親莫如哀姜，誅其罪而淫亂息矣。侵伐不勞大師，盟誓不煩小國，功高來天王之錫，猶凜天威而懼隕越，君子是以知管子之所以賢也，能輔君也；桓公之所以霸也，能用賢也。故曰，五霸桓公爲盛。

高士奇《左傳紀事本末》卷一八《齊桓公之伯論》 齊桓公以奔莒之餘，因高、國之奉，庸鮑叔薦賢之公，忘射鉤濱死之恥，卒用仲父，作内政，寄軍令，成節制之師；通魚鹽之利，國以殷富，士氣騰飽。用三萬人以方行天下，南征北伐，東略西討，朝服濟河，而無所怵惕焉。孔子許其一匡之功，《孟子》載其五命之盛。諒哉，一世之雄，而仲誠天下才也！嘗綜其收攝人心之大略言之：一曰攘外，一曰恤患，一曰尊王。自周室既東，大防漸緄，魯以宗國首爲潛、唐之役，未幾而楚丘劫掠，辱逮王官，自是而燕，齊、邢、衛之閒，屢見告矣。若楚，則介恃荆蠻，淫名坐大，其執於王畿尤偪。肆其豕突而無與爲難，雄心弗戢，不至于問鼎觀兵不已者。桓爲是先致淮、徐之伐，旋劑令支之水，然後大合八國之兵，登熊耳而望江、漢，問昭王之不復，責縮酒之不共，楚始知中國有人，弭耳震魄而不敢朶頤神器者，則桓伯攘外之力也。鄭爲中原屏蔽，子元逞蠱媚之心，無故以車六百乘宵突純門，其執最棘，桓特救之。楚幕烏而桐丘之竄始息。魯有慶父之亂，曠年無君，自南陽之甲下，定僖公而城魯，周公、禽父之祀不餒矣。邢、衛之中狄患也，一則城楚丘而封之，一則具器用而遷之。邢遷如歸，衛國忘亡，誰之賜也？其後淮夷復爲杞患，而又城之，而又遷之，猶前志也。其他纓冠襘䘏之誼，難一二數。而如新城之頓，許昌旋告，軌里星馳，尤能緩急人之最善者，則桓伯恤患之德也。子頽之禍，衛實獎畜賊以來，至是伯廖之命下，義旗西指，衛師撓敗，天討彰矣。惠王之有貳心于叔帶也，襄后幾不立，桓惟是控大國，扶小國，會于首止，以定其位。甯母歃而王貢通，皆捧日之忠也。及惠后崩，而憂猶未弭，因是有于洮之聚，葵丘申禁，而王章赫矣。加勞下拜，而隕越滋懼矣。戎難告，而戍周之令行矣。迹五伯中，能勰勰念切天家而不厭至再至三者，如桓有幾？此尤尊王之大惠，而不容泯没者也。他如重信義，則忍曹沫之劒；從善言，則卻子華之姦；退召陵，禮服義之使；遣隰朋，置晉君之位：皆皎皎熾節之堪傳者。而當兩鄄、兩幽、貫澤、陽穀以來，所以招攜服貳、爲内安外攘之謀者，念深而禮謹，慮周而義著，事事皆當人心。乃驕溢之萌，始于陘陳，而成于葵丘之伐，使宰孔見微而竊議，晉侯聞言而竟還。其後暮氣益衰，不可復振，此胡氏所謂假之不久而遂歸也。至次陘大舉，不聞天吏之臨；封國美談，未有黼扆之命。雖使業蓋人羣，聲施歷禩，論世者不能無遺憾焉。況身經篡奪之後，不戒前車；屬托孝公，祇資爭柄。五公子之際，棼如亂絲。豎刁、易牙、開方，與先君之優笑在前者夫何以異？身死家鬨，户有尸蟲，亦其自取哉！

藝文

《詩序》 《木瓜》，美齊桓公也。衛國有狄人之敗，出處于漕，齊桓公救而封之，遺之車馬器服焉。衛人思之，欲厚報之，而作是詩也。

《詩經·衛風·木瓜》 投我以木瓜，報之以瓊琚。匪報也，永以爲好也。○投我以木桃，報之以瓊瑤。匪報也，永以爲好也。○投我以木李，報之以瓊玖。匪報也，永以爲好也。

《楚辭·屈原〈天問〉》 天命反側，何罰何佑？齊桓九合，卒然身殺。

《王十朋全集·詩集》卷一〇《詠史詩·齊桓公》 諸侯九合霸圖成，晉宋江黄盡會盟。惟有召陵功最直，包茅不貢故來征。

顧棟高《春秋大事表》卷九《春秋列國地形口號》 齊桓伐楚合江、黄，此是驅人到滅亡。晉悼用吴能制楚，褒齊貶晉説何狂。

宋襄公部

綜述

《史記》卷三八《宋微子世家》 桓公二年，諸侯伐宋，至郊而去。三年，齊桓公始霸。二十三年，迎衛公子毁於齊，立之，是爲衛文公。文公女弟爲桓公夫人。秦穆公即位。三十年，桓公病，太子茲甫讓其庶兄目夷爲嗣。桓公義太子意，竟不聽。三十一年春，桓公卒，太子茲甫立，是爲襄公。以其庶兄目夷爲相。未葬，而齊桓公會諸侯于葵丘，襄公往會。

襄公七年，宋地霣星如雨，與雨偕下；六鶂退蜚，風疾也。

八年，齊桓公卒，宋欲爲盟會。十二年春，宋襄公爲鹿上之盟，以求諸侯於楚，楚人許之。公子目夷諫曰：「小國争盟，禍也。」不聽。秋，諸侯會宋公盟于盂。目夷曰：「禍其在此乎？君欲已甚，何以堪之！」於是楚執宋襄公以伐宋。冬，會于亳，以釋宋公。子魚曰：「禍猶未也。」十三年夏，宋伐鄭。子魚曰：「禍在此矣。」秋，楚伐宋以救鄭。襄公將戰，子魚諫曰：「天之棄商久矣，不可。」冬，十一月，襄公與楚成王戰于泓。楚人未濟，目夷曰：「彼衆我寡，及其未濟擊之。」公不聽。已濟未陳，又曰：「可擊。」公曰：「待其已陳。」陳成，宋人擊之。宋師大敗，襄公傷股。國人皆怨公。公曰：「君子不困人於阸，不鼓不成列。」子魚曰：「兵以勝爲功，何常言與！必如公言，即奴事之耳，又何戰爲？」

楚成王已救鄭，鄭享之；去而取鄭二姬以歸。叔瞻曰：「成王無禮，其不没乎？爲禮卒於無别，有以知其不遂霸也。」

是年，晉公子重耳過宋，襄公以傷於楚，欲得晉援，厚禮重耳，以馬二十乘。

十四年夏，襄公病傷於泓而竟卒，子成公王臣立。

姚彦渠《春秋會要》卷一《世系》 桓公，名御説，莊公子，閔公弟。魯莊公十三年立，在位三十一年。謚曰「桓」。

襄公，名茲父，桓公子。魯僖公十年立，在位十四年。謚曰「襄」。

執政：公子目夷。

雜録

備録

《禮記・檀弓上》 宋襄公葬其夫人，醯醢百甕。曾子曰：「既曰明器矣，而又實之。」

《韓非子・外儲説左上》 宋襄公與楚人戰於涿谷上。宋人既成列矣，楚人未及濟。右司馬購强趨而諫曰：「楚人衆而宋人寡，請使楚人半涉未成列而擊之，必敗。」襄公曰：「寡人聞君子曰：『不重傷，不擒二毛，不推人於險，不迫人於阸，不鼓不成列。』今楚未濟而擊之，害義。請使楚人畢涉成陣而後鼓士進之。」右司馬曰：「君不愛宋民，腹心不完，特爲義耳。」公曰：「不反列，且行法。」右司馬反列。楚人已成列撰陣矣，公乃鼓之。宋人大敗，公傷股，三日而死。此乃慕自親仁義之禍。

《史記》卷二七《天官書》 太史公推古天變，未有可考于今者。蓋略以春秋二百四十二年之閒，日蝕三十六，彗星三見，宋襄公時星隕如雨。天子微，諸侯力政，五伯代興，更爲主命。自是之後，衆暴寡，大并小。秦、楚、吴、越，夷狄也，爲彊伯。

《史記》卷三二《齊太公世家》 四十三年，【略】冬十月乙亥，齊桓公卒。【略】太子昭奔宋。【略】孝公元年三月，宋襄公率諸侯兵送齊太子昭而伐齊。

《史記》卷三八《宋微子世家論》 孔子稱「微子去之，箕子爲之奴，比干諫而死，殷有三仁焉」。《春秋》譏宋之亂自宣公廢太子而立弟，國以不寧者十世。襄公之時，修行仁義，欲爲盟主。其大夫正考父美之，故追道契、湯、高宗，殷所以興，作《商頌》。襄公既敗於泓，而君子或以爲多，傷中國闕禮義，襃之也，宋襄之有禮讓也。

《史記》卷三九《晉世家》 去，過宋。宋襄公新困兵於楚，傷於泓，聞重耳賢，乃以國禮禮於重耳。宋司馬公孫固善於咎犯，曰：「宋小國新困，不足以求入，更之大國。」乃去。

《史記》卷四〇《楚世家》　三十三年，宋襄公欲爲盟會，召楚。楚王怒曰：「召我，我將好往襲辱之。」遂行，至盂，遂執辱宋公，已而歸之。三十四年，鄭文公南朝楚。楚成王北伐宋，敗之泓，射傷宋襄公，襄公遂病創死。

劉向《説苑・立節》　宋襄公茲父爲桓公太子。桓公有後妻子曰公子目夷，公愛之。茲父爲公愛之也，欲立之，請於公曰：「請使目夷立，臣爲之相以佐之。」公曰：「何故也？」對曰：「臣之舅在衛，愛臣，若終立則不可以往，絶迹於衛，是背母也。且臣自知不足以處目夷之上。」公不許。彊以請公，公許之，將立公子目夷。目夷辭曰：「兄立而弟在下，是其義也；今弟立而兄在下，不義也。不義而使目夷爲之，目夷將逃。」乃逃之衛，茲父從之。三年，桓公有疾，使人召茲父，曰：「若不來，是使我以憂死也。」茲父乃返，公復立之以爲太子，然後目夷歸也。

梁玉繩《人表考》卷六《中下・宋襄公》　宋襄公始見《詩・河廣》序，《左氏》、《公羊》僖九，《穀梁》僖廿二，《晉語》四。桓公太子始見《左》僖八。母衛文公女弟，《史・衛世家》本《左》閔二。昭伯女。杜《世族譜》。名茲父。《左》僖八、《春秋》僖廿三，《公羊》作慈父。亦曰宋子。《春秋》僖九，在喪之稱。立十四年。《史・侯表》、《世家》。與楚戰傷股，《左》僖廿二。七月而死。《穀梁》僖廿二。葬承匡襄陵。本書《地理志》陳留襄邑注。

梁玉繩《漢書人表考補・宋襄公》　與楚戰，傷股，七日而死。《韓子・外儲説左上》三日而死，《淮南泰族訓》軍敗君獲，並誤。

備論

桓寬《鹽鐵論・世務》　大夫曰：「事不豫辨，不可以應卒。內無備，不可以禦敵。《詩》云：『詰爾民人，謹爾侯度，用戒不虞。』故有文事，必有武備。昔宋襄公信楚而不備，以取大辱焉，身執囚而國幾亡。故雖有誠信之心，不知權變，危亡之道也。《春秋》不與夷、狄之執中國，爲其無信也。匈奴貪狼，因時而動，乘可而發，飈舉電至。而欲以誠信之心，金帛之寶，而信無義之詐，是猶親蹠、蹻而扶猛虎也。」

《史記》卷三八《宋微子世家》司馬貞述贊　殷有三仁，微、箕紂親。一囚一去，不顧其身。《頌》美有客，《書》稱作賓。卒傳家嗣，或敍彝倫。微仲之後，世載忠勤。穆亦能讓，實爲知人。傷泓之役，有君無臣。偃號「桀宋」，天之棄殷。

劉知幾《史通》卷一四《惑經》　宋襄公執滕子而誣之以得罪，楚靈王弒郟敖而赴之以疾亡，《春秋》皆承告而書，曾無變革。是則無辜者反加以罪，有罪者得隱其辜，求諸勸戒，其義安在？而左丘明論《春秋》之義云「或求名而不得，或欲蓋而名彰」，「善人勸焉，淫人懼焉」。其虚美二也。

《蘇軾文集》卷三《宋襄公論》　魯僖公二十二年冬十一月一日，己巳，朔，宋公及楚人戰于泓，宋師敗績。蘇子曰：《春秋》書戰，未有若此之嚴而盡也。宋公，天子之上公。宋，先代之後，于周爲客，天子有事膰焉，有喪拜焉，非列國諸侯之所敢敵也。而曰「及楚人戰于泓」。楚，夷狄之國，人，微者之稱。以天子之上公，而當夷狄之微者，至於敗績，宋公之罪，蓋可見矣。而《公羊傳》以爲文王之戰不過此，學者疑焉，故不可以不辯。

宋襄公非獨行仁義而不終者也。以不仁之資，盗仁者之名爾。齊宣有牽牛而過堂下者，曰：「牛何之？」曰：「將以釁鐘。」王曰：「舍之，吾不忍其觳觫，若無罪而就死地。」夫舍一牛，於德未有所損益者，而孟子與之以王，所謂以不忍人之心，行不忍人之政，三代之所共也。而宋襄公執鄫子用於次睢之社，君子殺一牛猶不忍，而宋公戕一國君若犬豕然，此而忍爲之，天下孰有不忍者耶！泓之役，身敗國衄，乃欲以不重傷、不禽二毛欺諸侯。人能紾其兄之臂以取食，而能忍饑於壺餐者，天下知其不情也。襄公能忍於鄫子，而不忍於重傷二毛，此豈可謂其情也哉？桓文之師，存亡繼絶，猶不齒於仲尼之門，況用人於夷鬼以求霸，而謂王者之師可乎？使鄫子有罪而討之，雖聲於諸侯而戮於社，天下不以爲過。若以喜怒興師，則秦穆公獲晉侯，且猶釋之，而況敢用諸淫昏之鬼乎？以愚觀之，宋襄公，王莽之流。襄公以諸侯爲可以名得，王莽以天下爲可以文取也。其得喪小大不同，其不能欺天下則同也。其不鼓不成列，不能損襄公之虐。其抱孺子而泣，不能蓋王莽之篡。使莽無成則宋襄公，使襄公之得志，亦一莽也。

古人有言：「圖王不成，其弊猶足以霸。」襄公行王者之師，猶足以當桓公之師，一戰之餘，救死扶傷不暇，此獨妄庸耳。齊桓、晉文得管仲、子犯而興，襄公有一子魚不能用，豈可同日而語哉。自古失道之君，如是者多矣，死而論定，未有如宋襄公之欺於後世者也。

《二程集》卷一八《伊川先生語四》　問：「宋襄公不鼓不成列，如何？」曰：

「此愚也。既與他戰，又却不鼓不成列，必待佗成列，圖箇甚？」

吕祖謙《左氏傳説》卷三《宋襄盟于鹿上》　齊晉所以霸，皆先弱楚，蓋楚於中國，其勢不兩立。惟齊晉能攘戎狄，尊中國，此所以成霸業。桓公有葵丘之會以弱楚，晉文有城濮之戰以服楚，所以子子孫孫服晉。且宋襄本不足以預五霸之列，人見他亦曾會諸侯，故列之於五霸。夫宋襄尚且不識霸者題目，霸者欲尊周會諸侯，大要在擯楚，蓋楚與中國相爲消長。宋襄欲成霸業，反求諸侯於楚，便不能攘戎狄，尊中國，與齊晉皆異，此霸業所以不成，宜其見辱於楚也。然宋襄公之終始，此一卷大可見。若去事迹上看，無緣看得出，觀其初用鄫子于次睢之社，那時之暴虐，雖桀紂不過如此。及其泓之戰，不禽二毛，其慈仁又如此。若以事迹上看，甚難。曉人處世，皆當明此。若以理推之，其仁其暴雖不同，其失則一。此皆是襄公一箇昏暗處。惟其暗於前，故欲徼一時之福，而用鄫子于次睢之社；惟其暗於後，故泥古之陳言，而不禽二毛，自取敗亡之禍。以理論之，宋襄之所爲，不過一箇暗字，所以求諸侯於楚。使其稍知事體，必不如此。所以終於此而亡也。

馬驌《繹史》卷四七《宋襄公圖霸論》　宋桓公之立也，適當北杏之會，齊桓之霸，首在得宋，自兩鄄以來，每會先從，三十餘年，武勇不黷，兵甲不頓，國家晏然無事焉。襄公乘數十年休養之餘，復際齊桓謝霸之日，奮志有爲，首定齊亂，史以爲《商頌》之作，由兹而興，當日之中外，未嘗不大有望於襄公也。卒之，兵敗身死，以爲天下笑，此其故何與？蓋嘗聞之，以力假仁謂之霸。宋之力，自固有餘，服人不足。襄公未見齊霸之盛，而會逢其衰，鹹也，淮也，牡丘也，非不身從，然而救徐不克，謀鄫不成，襄公心竊易之，以爲取而代之無難也，其視霸也易，故其志遂驕，於是執滕，用鄫，伐曹，圍曹，一歲之中，三國交病，乃爲鹿上之盟，以求諸侯於楚，嗚呼，宋亦愚矣。中國之所以日患者唯楚耳。以齊桓之彊，合召陵之師徒，包茅責貢，僅亦服楚；蕞爾宋國，輒欲狎主齊盟乎？楚人佯許而實誘之，秋執冬釋，宋國之無君也，閱三月矣；顧猶不悟，以至敗泓辱國，楚顛不逞，得肆志以閱上國者，宋襄啓之也。叩鼻衈社，小國是殘，重傷二毛，大敵是恤，師敗自解，欲以要名，文王之師，豈其然邪？初，公之立也，以子魚爲左師，自是以來，每事必諫，倘能用其一言，猶堪振禍，曷爲知其仁而不聽其謀，剛愎自信，固敗是求，宋國之不亡也幸耳，列之於五霸，不亦恧乎！

高士奇《左傳紀事本末》卷三五《宋襄公圖伯論》　宋襄公以亡國之餘，起而圖伯，蓋迹齊桓而爲之者也。首用兵於齊，假置君之義，其意以爲伯國既款，而宇下諸侯亦不待痛而服矣。夫齊桓之所以成伯，非定襄王之位與葵丘之申五禁乎？孝公雖桓之所屬，而無虧，長衛姬之所出也，兄弟之序甚明；乃遽伐齊喪，奉少奪長，致無虧不得其死，亂上下之分，長篡弑之階，其何以爲天下盟主哉？至兵威所及，尚不能服一曹，而欲與楚争伯。星隕，鷁飛，天變見於上；目夷深憂遠慮，人事著於下。鹿上執辱，可爲明戒。而又伐鄭以挑楚怒，兵敗身傷，踰年竟卒，甚矣哉，宋襄之愚也！至泓之敗，或以其不從司馬之言，不扼楚於險，不忍重傷與二毛，而宋襄亦至死無悔，謂其能行仁義之師，不幸而敗。吁！宋襄其誰欺乎？夫禍莫憯於殘人之骨肉，而以國君爲芻狗。無虧之殺，鄫子之用，以視重傷與二毛，孰大？逆天害理之事，宋襄敢行之，而故飾虚名以取實禍，此所謂婦人之仁也。以是圖伯，不亦難乎？若夫欲速見小，亟於合諸侯，而昧於駕遠馭之大略，先儒於曹南傳已暢言之，而不知其失算尤在伐齊置孝公之始也。

藝文

《詩序》　《河廣》，宋襄公母歸于衛，思而不止，故作是詩也。

《詩經·衛風·河廣》　誰謂河廣，一葦杭之。誰謂宋遠，跂予望之。○誰謂河廣，曾不容刀。誰謂宋遠，曾不崇朝。

《皮日休文集》卷五《補泓戰語》　宋襄公伐鄭，楚伐宋而救鄭，與楚會泓，戰。既濟，未陣。司馬子魚請擊之，公不以戰，卒敗而退。公羊氏以爲文王之戰，亦不過此。日休補其文曰：「聖人制民，患其力不可禁也，設法以刑之；患刑之不可止也，用武以兵之。兵之既出也，民秉之爲格殺，執之爲攻殘。故聖人施金鼓以節之，用羽旄以飾之，爲蒐狩以教之。自三代以降，春秋之時，禮樂之征弛，掩襲之弊廣，窮其力者，譬角觝者争其勝負，並驅者競其先後，胡爲仁讓哉？文王，聖人之至也。雖以德化，未聞不兵而獲者。然則伐犬夷，征密須，敗耆國，伐崇侯虎。襄公始戰齊，而納孝公，次及于泓，則云『不禽二毛，不以阻隘』。夫聖人之愛民也，班白不提挈。又云『一夫不獲其所』，豈能區區於死地，決其勝於人命哉？較其戰也，文王不爲也。噫！公羊氏違丘明之旨，爲文王之戰，亦不過於此，罪也。」

晉文公部

綜述

《史記》卷三九《晉世家》 晉文公重耳，晉獻公之子也。自少好士，年十七，有賢士五人：曰趙衰；狐偃咎犯，文公舅也；賈佗；先軫；魏武子。自獻公爲太子時，重耳固已成人矣。獻公即位，重耳年二十一。獻公十三年，以驪姬故，重耳備蒲城守秦。獻公二十一年，獻公殺太子申生，驪姬譖之，恐，不辭獻公而守蒲城。獻公二十二年，獻公使宦者履鞮趣殺重耳。重耳踰垣，宦者逐斬其衣袪。重耳遂奔狄。狄，其母國也。是時重耳年四十三。從此五士，其餘不名者數十人，至狄。狄伐咎如，得二女：以長女妻重耳，生伯鯈、叔劉；以少女妻趙衰，生盾。居狄五歲而晉獻公卒，里克已殺奚齊、悼子，乃使人迎，欲立重耳。重耳畏殺，因固謝，不敢入。已而晉更迎其弟夷吾立之，是爲惠公。惠公七年，畏重耳，乃使宦者履鞮與壯士欲殺重耳。重耳聞之，乃謀趙衰等曰：「始吾奔狄，非以爲可用與，以近易通，故且休足。休足久矣，固願徙之大國。夫齊桓公好善，志在霸王，收恤諸侯。今聞管仲、隰朋死，此亦欲得賢佐，盍往乎？」於是遂行。重耳謂其妻曰：「待我二十五年不來，乃嫁。」其妻笑曰：「犂二十五年，吾冢上柏大矣。雖然，妾待子。」重耳居狄凡十二年而去。

過衛，衛文公不禮。去，過五鹿，飢而從野人乞食，野人盛土器中進之。重耳怒。趙衰曰：「土者，有土也，君其拜受之。」

至齊，齊桓公厚禮，而以宗女妻之，有馬二十乘，重耳安之。重耳至齊二歲而桓公卒，會竪刁等爲內亂，齊孝公之立，諸侯兵數至。留齊凡五歲。重耳愛齊女，毋去心。趙衰、咎犯乃於桑下謀行。齊女侍者在桑上聞之，以告其主。其主乃殺侍者，勸重耳趣行。重耳曰：「人生安樂，孰知其他！必死於此，不能去。」齊女曰：「子一國公子，窮而來此，數士者以子爲命。子不疾反國，報勞臣，而懷女德，竊爲子羞之。且不求，何時得功？」乃與趙衰等謀醉重耳，載以行。行遠而覺，重耳大怒，引戈欲殺咎犯。咎犯曰：「殺臣成子，偃之願也。」重耳曰：「事不成，我食舅氏之肉。」咎犯曰：「事不成，犯肉腥臊，何足食！」乃止，遂行。

過曹，曹共公不禮，欲觀重耳駢脅。曹大夫釐負羈曰：「晉公子賢，又同姓，窮來過我，柰何不禮！」共公不從其謀。負羈乃私遺重耳食，置璧其下。重耳受其食，還其璧。

去，過宋。宋襄公新困兵於楚，傷於泓，聞重耳賢，乃以國禮禮於重耳。宋司馬公孫固善於咎犯，曰：「宋小國新困，不足以求入，更之大國。」乃去。

過鄭，鄭文公弗禮。鄭叔瞻諫其君曰：「晉公子賢，而其從者皆國相，且又同姓。鄭之出自厲王，而晉之出自武王。」鄭君曰：「諸侯亡公子過此者衆，安可盡禮！」叔瞻曰：「君不禮，不如殺之，且後爲國患。」鄭君不聽。

重耳去之楚，楚成王以適諸侯禮待之，重耳謝不敢當。趙衰曰：「子亡在外十餘年，小國輕子，況大國乎？今楚大國而固遇子，子其毋讓，此天開子也。」遂以客禮見之。成王厚遇重耳，重耳甚卑。成王曰：「子即反國，何以報寡人？」重耳曰：「羽毛齒角玉帛，君王所餘，未知所以報。」王曰：「雖然，何以報不穀？」重耳曰：「即不得已，與君王以兵車會平原廣澤，請辟王三舍。」楚將子玉怒曰：「王遇晉公子至厚，今重耳言不孫，請殺之。」成王曰：「晉公子賢而困於外久，從者皆國器，此天所置，庸可殺乎？且言何以易之！」居楚數月，而晉太子圉亡秦，秦怨之；聞重耳在楚，乃召之。成王曰：「楚遠，更數國乃至晉。秦晉接境，秦君賢，子其勉行！」厚送重耳。

重耳至秦，繆公以宗女五人妻重耳，故子圉妻與往。重耳不欲受，司空季子曰：「其國且伐，況其故妻乎！且受以結秦親而求入，子乃拘小禮，忘大醜乎！」遂受。繆公大歡，與重耳飲。趙衰歌《黍苗》詩。繆公曰：「知子欲急反國矣。」趙衰與重耳下，再拜曰：「孤臣之仰君，如百穀之望時雨。」是時晉惠公十四年秋。惠公以九月卒，子圉立。十一月，葬惠公。十二月，晉國大夫欒、郤等聞重耳在秦，皆陰來勸重耳、趙衰等反國，爲內應甚衆。於是秦繆公乃發兵與重耳歸晉。晉聞秦兵來，亦發兵拒之，然皆陰知公子重耳入也。唯惠公之故貴臣呂、郤之屬不欲立重耳。重耳出亡凡十九歲而得入，時年六十二矣，晉人多附焉。

文公元年春，秦送重耳至河。咎犯曰：「臣從君周旋天下，過亦多矣。臣猶知之，況於君乎？請從此去矣。」重耳曰：「若反國，所不與子犯共者，河伯視之！」乃投璧河中，以與子犯盟。是時介子推從，在船中，乃笑曰：「天實開公

子，而子犯以爲己功而要市於君，固足羞也。吾不忍與同位。」乃自隱渡河。秦兵圍令狐，晉軍于廬柳。二月辛丑，咎犯與秦晉大夫盟于郇。壬寅，重耳入于晉師。丙午，入于曲沃。丁未，朝于武宮，即位爲晉君，是爲文公。羣臣皆往。懷公圉奔高梁。戊申，使人殺懷公。

懷公故大臣呂省、郤芮本不附文公，文公立，恐誅，乃欲與其徒謀燒公宮，殺文公。文公不知。始嘗欲殺文公宦者履鞮知其謀，欲以告文公，解前罪，求見文公。文公不見，使人讓曰：「蒲城之事，女斬予袪。其後我從狄君獵，女爲惠公來求殺我。惠公與女期三日至，而女一日至，何速也？女其念之。」宦者曰：「臣刀鋸之餘，不敢以二心事君倍主，故得罪於君。君已反國，其毋蒲、翟乎？且管仲射鉤，桓公以霸。今刑餘之人以事告而君不見，禍又且及矣。」於是見之，遂以呂、郤等告文公。文公欲召呂、郤，呂、郤等黨多，文公恐初入國，國人賣己，乃爲微行，會秦繆公於王城，國人莫知。三月己丑，呂、郤等果反，焚公宮，不得文公。文公之衛徒與戰，呂、郤等引兵欲奔，秦繆公誘呂、郤等，殺之河上，晉國復而文公得歸。夏，迎夫人與秦，秦所與文公妻者卒爲夫人。秦送三千人爲衛，以備晉亂。

文公修政，施惠百姓。賞從亡者及功臣，大者封邑，小者尊爵。未盡行賞，周襄王以弟帶難出居鄭地，來告急晉。晉初定，欲發兵，恐他亂起，是以賞從亡未至隱者介子推。推亦不言祿，祿亦不及。推曰：「獻公子九人，唯君在矣。惠、懷無親，外內棄之；天未絶晉，必將有主，主晉祀者，非君而誰？天實開之，二三子以爲己力，不亦誣乎？竊人之財，猶曰是盜，況貪天之功以爲己力乎？下冒其罪，上賞其姦，上下相蒙，難與處矣！」其母曰：「盍亦求之，以死誰懟？」推曰：「尤而效之，罪有甚焉。且出怨言，不食其祿。」母曰：「亦使知之，若何？」對曰：「言，身之文也；身欲隱，安用文之？文之，是求顯也。」其母曰：「能如此乎？與女偕隱。」至死不復見。

介子推從者憐之，乃懸書宮門曰：「龍欲上天，五蛇爲輔。龍已昇雲，四蛇各入其宇，一蛇獨怨，終不見處所。」文公出，見其書，曰：「此介子推也。吾方憂王室，未圖其功。」使人召之，則亡。遂求所在，聞其入綿上山中，於是文公環綿上山中而封之，以爲介推田，號曰介山，「以記吾過，且旌善人」。

從亡賤臣壺叔曰：「君三行賞，賞不及臣，敢請罪。」文公報曰：「夫導我以仁義，防我以德惠，此受上賞。輔我以行，卒以成立，此受次賞。矢石之難，汗馬之勞，此復受次賞。若以力事我而無補吾缺者，此〔復〕受次賞。三賞之後，故且及子。」晉人聞之，皆說。

二年春，秦軍河上，將入王。趙衰曰：「求霸莫如入王尊周。周晉同姓，晉不先入王，後秦入之，毋以令于天下。方今尊王，晉之資也。」三月甲辰，晉乃發兵至陽樊，圍温，入襄王于周。四月，殺王弟帶。周襄王賜晉河內陽樊之地。

四年，楚成王及諸侯圍宋，宋公孫固如晉告急。先軫曰：「報施定霸，於今在矣。」狐偃曰：「楚新得曹而初婚於衛，若伐曹、衛，楚必救之，則宋免矣。」於是晉作三軍。趙衰舉郤縠將中軍，郤臻佐之；使狐偃將上軍，狐毛佐之，命趙衰爲卿；欒枝將下軍，先軫佐之；荀林父御戎，魏犫爲右：往伐。冬十二月，晉兵先下山東，而以原封趙衰。

五年春，晉文公欲伐曹，假道於衛，衛人弗許。還自河南度，侵曹，伐衛。正月，取五鹿。二月，晉侯、齊侯盟于斂盂。衛侯請盟晉，晉人不許。衛侯欲與楚，國人不欲，故出其君以説晉。衛侯居襄牛，公子買守衛。楚救衛，不卒。晉侯圍曹。三月丙午，晉師入曹，數之，以其不用釐負羈言，而用美女乘軒者三百人也。令軍毋入僖負羈宗家以報德。楚圍宋，宋復告急晉。文公欲救則攻楚，爲楚嘗有德，不欲伐也；欲釋宋，宋又嘗有德於晉：患之。先軫曰：「執曹伯，分曹、衛地以與宋，楚急曹、衛，其勢宜釋宋。」於是文公從之，而楚成王乃引兵歸。

楚將子玉曰：「王遇晉至厚，今知楚急曹、衛而故伐之，是輕王。」王曰：「晉侯亡在外十九年，困日久矣，果得反國，險阸盡知之，能用其民，天之所開，不可當。」子玉請曰：「非敢必有功，願以閒執讒慝之口也。」楚王怒，少與之兵。於是子玉使宛春告晉：「請復衛侯而封曹，臣亦釋宋。」咎犯曰：「子玉無禮矣，君取一，臣取二，勿許。」先軫曰：「定人之謂禮。楚一言定三國，子一言而亡之，我則毋禮。不許楚，是棄宋也。不如私許曹、衛以誘之，執宛春以怒楚，既戰而後圖之。」晉侯乃囚宛春於衛，且私許復曹、衛。曹、衛告絶於楚。楚得臣怒，擊晉師，晉師退。軍吏曰：「爲何退？」文公曰：「昔在楚，約退三舍，可倍乎！」楚師欲去，得臣不肯。四月戊辰，宋公、齊將、秦將與晉侯次城濮。己巳，與楚兵合戰，楚兵敗，得臣收餘兵去。甲午，晉師還至衡雍，作王宮于踐土。

初，鄭助楚，楚敗，懼，使人請盟晉侯。晉侯與鄭伯盟。

五月丁未，獻楚俘於周，駟介百乘，徒兵千。天子使王子虎命晉侯爲伯，賜大輅，彤弓矢百，玈弓矢千，秬鬯一卣，珪瓚，虎賁三百人。晉侯三辭，然後稽首受之。周作《晉文侯命》：「王若曰：父義和，丕顯文、武，能慎明德，昭登於上，布聞在下，維時上帝集厥命于文、武。恤朕身，繼予一人永其在位。」於是晉文公稱伯。癸亥，王子虎盟諸侯於王庭。晉焚楚軍，火數日不息，文公歎。左右曰：「勝楚而君猶憂，何？」文公曰：「吾聞能戰勝安者唯聖人，是以懼。且子玉猶在，庸可喜乎！」子玉之敗而歸，楚成王怒其不用其言，貪與晉戰，讓責子玉，子玉自殺。晉文公曰：「我擊其外，楚誅其内，内外相應。」於是乃喜。

六月，晉人復入衛侯。壬午，晉侯度河北歸國。行賞，狐偃爲首。或曰：「城濮之事，先軫之謀。」文公曰：「城濮之事，偃説我毋失信。先軫曰『軍事勝爲右』，吾用之以勝。然此一時之説，偃言萬世之功，柰何以一時之利而加萬世功乎？是以先之。」

冬，晉侯會諸侯於温，欲率之朝周。力未能，恐其有畔者，乃使人言周襄王狩于河陽。壬申，遂率諸侯朝王於踐土。孔子讀史記至文公，曰：「諸侯無召王。『王狩河陽』者，《春秋》諱之也。」

丁丑，諸侯圍許。曹伯臣或説晉侯曰：「齊桓公合諸侯而國異姓，今君爲會而滅同姓。曹，叔振鐸之後；晉，唐叔之後。合諸侯而滅兄弟，非禮。」晉侯説，復曹伯。於是晉始作三行。荀林父將中行，先縠將右行，先蔑將左行。

七年，晉文公、秦繆公共圍鄭，以其無禮於文公亡過時，及城濮時鄭助楚也。圍鄭，欲得叔瞻。叔瞻聞之，自殺。鄭持叔瞻告晉。晉曰：「必得鄭君而甘心焉。」鄭恐，乃閒令使謂秦繆公曰：「亡鄭厚晉，於晉得矣，而秦未爲利。君何不解鄭，得爲東道交？」秦伯説，罷兵。晉亦罷兵。

九年冬，晉文公卒，子襄公歡立。是歲鄭伯亦卒。

姚彦渠《春秋會要》卷一《世系》 文公，名重耳，獻公子。惠公薨，晉立其子圉爲懷公。魯僖公二十四年，秦殺懷公，納重耳。在位九年。謚曰「文」。

執政：郤縠、郤溱、先軫、趙衰、狐毛、狐偃、欒枝、胥臣、先且居、箕鄭、胥嬰、先都。

雜録

備録

《國語·周語上》 襄王使太宰文公及内史興賜晉文公命，上卿逆於境，晉侯郊勞，館諸宗廟，饋九牢，設庭燎。及期，命于武宫，設桑主，布几筵，太宰莅之，晉侯端委以入。太宰以王命命冕服，内史贊之，三命而後即冕服。既畢，賓、饗、贈、餞如公命侯伯之禮，而加之以宴好。内史興歸，以告王曰：「晉，不可不善也。其君必霸，逆王命敬，奉禮義成。敬王命，順之道也；成禮義，德之則也。則德以導諸侯，諸侯必歸之。且禮所以觀忠、信、仁、義也，忠所以分也，仁所以行也，信所以守也，義所以節也。忠分則均，仁行則報，信守則固，義節則度。分均無怨，行報無匱，守固不偷，節度不攜。若民不怨而財不匱，令不偷而動不攜，其何事不濟！中能應外，忠也；施三服義，仁也；守節不淫，信也；行禮不疚，義也。臣入晉境，四者不失，臣故曰：『晉侯其能禮矣，王其善之！』樹於有禮，艾人必豐。」王從之，使於晉者，道相逮也。及惠后之難，王出在鄭，晉侯納之。

襄王十六年，立晉文公。二十一年，以諸侯朝王于衡雍，且獻楚捷，遂爲踐土之盟，於是乎始霸。

《國語·晉語二》 驪姬謂公曰：「吾聞申生之謀逾深。日，吾固告君曰得衆，衆不利，焉能勝狄？今矜狄之善，其志益廣。狐突不順，故不出。吾聞之，申生甚好信而彊，又失言於衆矣，雖欲有退，衆將責焉。言不可食，衆不可弭，是以深謀。君若不圖，難將至矣！」公曰：「吾不忘也，抑未有以致罪焉。」

驪姬告優施曰：「君既許我殺太子而立奚齊矣，吾難里克，奈何！」優施曰：「吾來里克，一日而已。子爲我具特羊之饗，吾以從之飲酒。我優也，言無郵。」驪姬許諾，乃具，使優施飲里克酒。中飲，優施起舞，謂里克妻曰：「主孟啗我，我教兹暇豫事君。」乃歌曰：「暇豫之吾吾，不如鳥烏。人皆集於苑，己獨集於枯。」里克笑曰：「何謂苑？何謂枯？」優施曰：「其母爲夫人，其子爲君，可不謂苑乎？其母既死，其子又有謗，可不謂枯乎？枯且有傷。」

優施出，里克辟奠，不飧而寢。夜半，召優施，曰：「曩而言戲乎？抑有所聞之乎？」曰：「然。君既許驪姬殺太子而立奚齊，謀既成矣。」里克曰：「吾秉君以殺太子，吾不忍。通復故交，吾不敢。中立其免乎？」優施曰：「免。」

旦而里克見丕鄭，曰：「夫史蘇之言將及矣！優施告我，君謀成矣，將立奚齊。」丕鄭曰：「子謂何？」曰：「吾對以中立。」丕鄭曰：「惜也！不如曰不信以疏之，亦固太子以攜之，多爲之故，以變其志，志少疏，乃可閒也。今子曰中立，況固其謀也，彼有成矣，難以得閒。」里克曰：「往言不可及也，且人中心唯無忌之，何可敗也！子將何如？」丕鄭曰：「我無心。是故事君者，君爲我心，制不在我。」里克曰：「弑君以爲廉，長廉以驕心，因驕以制人家，吾不敢。抑撓志以從君，爲廢人以自利也，利方以求成人，吾不能。將伏也！」明日，稱疾不朝。三旬，難乃成。

驪姬以君命命申生曰：「今夕君夢齊姜，必速祠而歸福。」申生許諾，乃祭于曲沃，歸福于絳。公田，驪姬受福，乃寘鴆于酒，寘堇于肉。公至，召申生獻，公祭之地，地墳。申生恐而出。驪姬與犬肉，犬斃；飲小臣酒，亦斃。公命殺杜原款。申生奔新城。

杜原款將死，使小臣圉告于申生，曰：「款也不才，寡智不敏，不能教導，以至于死。不能深知君之心度，棄寵求廣土而竄伏焉；小心狷介，不敢行也。是以言至而無所訟之也，故陷於大難，乃逮于讒。然款也不敢愛死，唯與讒人鈞是惡也。吾聞君子不去情，不反讒，讒行身死可也，猶有令名焉。死不遷情，彊也。守情説父，孝也。殺身以成志，仁也。死不忘君，敬也。孺子勉之！死必遺愛，死民之思，不亦可乎？」申生許諾。

人謂申生曰：「非子之罪，何不去乎？」申生曰：「不可。去而罪釋，必歸於君，是怨君也。章父之惡，取笑諸侯，吾誰鄉而入？内困於父母，外困於諸侯，是重困也。棄君去罪，是逃死也。吾聞之：『仁不怨君，智不重困，勇不逃死。』若罪不釋，去而必重。去而罪重，不智。逃死而怨君，不仁。有罪不死，無勇。去而厚怨，惡不可重，死不可避，吾將伏以俟命。」

驪姬見申生而哭之，曰：「有父忍之，況國人乎？忍父而求好人，人孰好之？殺父以求利人，人孰利之？皆民之所惡也，難以長生！」驪姬退，申生乃雉經于新城之廟。將死，乃使猛足言於狐突曰：「申生有罪，不聽伯氏，以至于死。申生不敢愛其死，雖然，吾君老矣，國家多難，伯氏不出，奈吾君何？伯氏苟出而圖吾君，申生受賜以至于死，雖死何悔！」是以謚爲共君。

驪姬既殺太子申生，又譖二公子曰：「重耳、夷吾與知共君之事。」公令閹楚刺重耳，重耳逃于狄；令賈華刺夷吾，夷吾逃于梁。盡逐羣公子，乃立奚齊焉。始爲令，國無公族焉。

二十二年，公子重耳出亡，及柏谷，卜適齊、楚。狐偃曰：「無卜焉。夫齊、楚道遠而望大，不可以困往。道遠難通，望大難走，困往多悔。困且多悔，不可以走望。若以偃之慮，其狄乎！夫狄近晉而不通，愚陋而多怨，走之易達。不通可以竄惡，多怨可與共憂。今若休憂於狄，以觀晉國，且以監諸侯之爲，其無不成。」乃遂之狄。

處一年，公子夷吾亦出奔，曰：「盍從吾兄竄於狄乎？」冀芮曰：「不可。後出同走，不免於罪。且夫偕出偕入難，聚居異情惡，不若走梁。梁近於秦，秦親吾君。吾君老矣，子往，驪姬懼，必援於秦。以吾存也，且必告悔，是吾免也。」乃遂之梁。居二年，驪姬使奄楚以環釋言。四年，復爲君。【略】

二十六年，獻公卒。里克將殺奚齊，先告荀息曰：「三公子之徒將殺孺子，子將如何？」荀息曰：「死吾君而殺其孤，吾有死而已，吾蔑從之矣！」里克曰：「子死，孺子立，不亦可乎？子死，孺子廢，焉用死？」荀息曰：「昔君問臣事君於我，我對以忠貞。君曰：『何謂也？』我對曰：『可以利公室，力有所能，無不爲，忠也。葬死者，養生者，死人復生不悔，生人不媿，貞也。』吾言既往矣，豈能欲行吾言而又愛吾身乎？雖死，焉避之？」

里克告丕鄭曰：「三公子之徒將殺孺子，子將何如？」丕鄭曰：「荀息謂何？」對曰：「荀息曰『死之』。」丕鄭曰：「子勉之。夫二國士之所圖，無不遂也。我爲子行之。子帥七輿大夫以待我。我使狄以動之，援秦以摇之。立其薄者可以得重賂，厚者可使無入。國，誰之國也！」里克曰：「不可。克聞之，夫義者，利之足也；貪者，怨之本也。廢義則利不立，厚貪則怨生。夫孺子豈獲罪於民？將以驪姬之惑蠱君而誣國人，讒羣公子而奪之利，使君迷亂，信而亡之，殺無罪以爲諸侯笑，使百姓莫不有藏惡於其心中，恐其如壅大川，潰而不可救禦也。是故將殺奚齊而立公子之在外者，以定民弭憂，於諸侯且爲援，庶幾曰諸侯義而撫之，百姓欣而奉之，國可以固。今殺君而賴其富，貪且反義。貪則民怨，反義則富不爲賴。賴富而民怨，亂國而身殆，懼爲諸侯載，不可常也。」丕鄭許諾。於是殺奚齊、卓子及驪姬，而請君于秦。

既殺奚齊，荀息將死之。人曰：「不如立其弟而輔之。」荀息立卓子。里克又殺卓子，荀息死之。君子曰：「不食其言矣。」

既殺奚齊、卓子，里克及丕鄭使屠岸夷告公子重耳於狄，曰：「國亂民擾，得國在亂，治民在擾，子盍入乎？吾請爲子鉥。」重耳告舅犯曰：「里克欲納我。」舅犯曰：「不可。夫堅樹在始，始不固本，終必槁落。夫長國者，唯知哀樂喜怒之節，是以導民。不哀喪而求國，難；因亂以入，殆。以喪得國，則必樂喪，樂喪必哀生。因亂以入，則必喜亂，喜亂必怠德。是哀樂喜怒之節易也，何以導民？民不我導，誰長？」重耳曰：「非喪誰代？非亂誰納我？」舅犯曰：「偃也聞之，喪亂有小大。大喪大亂之剡也，不可犯也。父母死爲大喪，讒在兄弟爲大亂。今適當之，是故難。」公子重耳出見使者，曰：「子惠顧亡人重耳，父生不得供備灑掃之臣，死又不敢涖喪以重其罪，且辱大夫，敢辭。夫固國者，在親衆而善鄰，在因民而順之。苟衆所利，鄰國所立，大夫其從之。重耳不敢違。」

呂甥及郤稱亦使蒲城午告公子夷吾于梁，曰：「子厚賂秦人以求入，吾主子。」夷吾告冀芮曰：「呂甥欲納我。」冀芮曰：「子勉之。國亂民擾，大夫無常，不可失也。非亂何入？非危何安？幸苟君之子，唯其索之也。方亂以擾，孰適禦我？大夫無常，苟衆所置，孰能勿從？子盍盡國以賂外內，無愛虛以求入，既入而後圖聚。」公子夷吾出見使者，再拜稽首許諾。

呂甥出告大夫曰：「君死自立則不敢，久則恐諸侯之謀，徑召君於外也，則民各有心，恐厚亂，盍請君于秦乎？」大夫許諾。乃使梁由靡告于秦穆公曰：「天降禍于晉國，讒言繁興，延及寡君之紹續昆裔，隱悼播越，託在草莽，未有所依。又重之以寡君之不祿，喪亂並臻。以君之靈，鬼神降衷，罪人克伏其辜，羣臣莫敢寧處，將待君命。君若惠顧社稷，不忘先君之好，辱收其逋遷裔胄而建立之，以主其祭祀，且鎮撫其國家及其民人，雖四鄰諸侯之聞之也，其誰不儆懼於君之威，而欣喜於君之德？終君之重愛，受君之重貺，而羣臣受其大德，晉國其誰非君之羣隸臣也？」

秦穆公許諾。反使者，乃召大夫子明及公孫枝，曰：「夫晉國之亂，吾誰使先，若夫二公子而立之？以爲朝夕之急。」大夫子明曰：「君使縶也。縶敏且知禮，敬以知微。敏能竄謀，知禮可使；敬不墜命，微知可否。君其使之。」

乃使公子縶弔公子重耳于狄，曰：「寡君使縶弔公子之憂，又重之以喪。寡人聞之，得國常於喪，失國常於喪。時不可失，喪不可久，公子其圖之！」重耳告舅犯。舅犯曰：「不可。亡人無親，信仁以爲親，是故置之者不殆。父死在堂而求利，人孰仁我？人實有之，我以徼倖，人孰信我？不仁不信，將何以長利？」公子重耳出見使者，曰：「君惠弔亡臣，又重有命。重耳身亡，父死不得與於哭泣之位，又何敢有他志以辱君義？」再拜不稽首，起而哭，退而不私。

公子縶退，弔公子夷吾于梁，如弔公子重耳之命。夷吾告冀芮曰：「秦人勤我矣！」冀芮曰：「公子勉之。亡人無狷潔，狷潔不行。重賂配德，公子盡之，無愛財！人實有之，我以徼倖，不亦可乎？」公子夷吾出見使者，再拜稽首，起而不哭，退而私於公子縶曰：「中大夫里克與我矣，吾命之以汾陽之田百萬。丕鄭與我矣，吾命之以負蔡之田七十萬。君苟輔我，蔑天命矣！亡人苟入掃宗廟，定社稷，亡人何國之與有？君實有郡縣，且入河外列城五。豈謂君無有，亦爲君之東游津梁之上，無有難急也。亡人之所懷挾纓纕，以望君之塵垢者。黃金四十鎰，白玉之珩六雙，不敢當公子，請納之左右。」

公子縶反，致命穆公。穆公曰：「吾與公子重耳，重耳仁。再拜不稽首，不没爲後也。起而哭，愛其父也。退而不私，不没於利也。」公子縶曰：「君之言過矣。君若求置晉君而載之，置仁不亦可乎？君若求置晉君以成名於天下，則不如置不仁以猾其中，且可以進退。臣聞之曰：『仁有置，武有置。仁置德，武置服。』」是故先置公子夷吾，寔爲惠公。

《國語・晉語三》六年，秦歲定，帥師侵晉。【略】公孫枝進諫曰：「昔君之不納公子重耳而納晉君，是君之不置德而置服也。置而不遂，擊而不勝，其若爲諸侯笑何？君盍待之乎？」穆公曰：「然。昔吾之不納公子重耳而納晉君，是吾不置德而置服也。然公子重耳實不肯，吾又奚言哉？殺其內主，背其外賂，彼塞我施，若無天乎？若有天，吾必勝之。」君揖大夫就車，君鼓而進之。晉師潰，戎馬濘而止。公號慶鄭曰：「載我！」慶鄭曰：「忘善而背德，又廢吉卜，何我之載？鄭之車不足以辱君避也！」梁由靡御韓簡，輅秦公，將止之，慶鄭曰：「釋來救君！」亦不克救，遂止于秦。

穆公歸，至于王城，合大夫而謀曰：「殺晉君與逐出之，與以歸之，與復之，孰利？」公子縶曰：「殺之利。逐之恐搆諸侯，以歸則國家多慝，復之則君臣合作，恐爲君憂，不若殺之。」公孫枝曰：「不可。恥大國之士於中原，又殺其君以重之，子思報父之仇，臣思報君之讎。雖微秦國，天下孰弗患？」公子縶曰：「吾豈將徒殺之？吾將以公子重耳代之。晉君之無道莫不聞，公子重耳之仁莫不

知。戰勝大國，武也。殺無道而立有道，仁也。勝無後害，智也。」公孫枝曰：「恥一國之士，又曰余納有道以臨女，無乃不可乎？若不可，必爲諸侯笑。戰而取笑諸侯，不可謂武。殺其弟而立其兄，兄德我而忘其親，不可謂仁。若弗忘，是再施不遂也，不可謂智。」君曰：「然則若何？」公孫枝曰：「不若以歸，以要晉國之成，復其君而質其適子，使子父代處秦，國可以無害。」是故歸惠公而質子圉，秦始知河東之政。

《國語・晉語四》 文公在狄十二年，狐偃曰：「日，吾來此也，非以狄爲榮，可以成事也。吾曰：『奔而易達，困而有資，休以擇利，可以戾也。』今戾久矣，戾久將底。底著滯淫，誰能興之？盍速行乎！吾不適齊、楚，避其遠也。蓄力一紀，可以遠矣。齊侯長矣，而欲親晉。管仲歿矣，多讒在側。謀而無正，衷而思始。夫必追擇前言，求善以終，饜邇逐遠，遠人入服，不爲郵矣。會其季年可也，茲可以親。」皆以爲然。

乃行，過五鹿，乞食於野人。野人舉塊以與之，公子怒，將鞭之。子犯曰：「天賜也。民以土服，又何求焉！天事必象，十有二年，必獲此土。二三子志之。歲在壽星及鶉尾，其有此土乎！天以命矣，復於壽星，必獲諸侯。天之道也，由是始之。有此，其以戊申乎！所以申土也。」再拜稽首，受而載之。遂適齊。

齊侯妻之，甚善焉。有馬二十乘，將死於齊而已矣。曰：「民生安樂，誰知其他？」

桓公卒，孝公即位。諸侯叛齊。子犯知齊之不可以動，而知文公之安齊而有終焉之志也，欲行，而患之，與從者謀於桑下。蠶妾在焉，莫知其在也。妾告姜氏，姜氏殺之，而言於公子曰：「從者將以子行，其聞之者吾以除之矣。子必從之，不可以貳，貳無成命。《詩》云：『上帝臨女，無貳爾心。』先王其知之矣，貳將可乎？子去晉難而極於此。自子之行，晉無寧歲，民無成君。天未喪晉，無異公子，有晉國者，非子而誰？子其勉之！上帝臨子，貳必有咎。」

公子曰：「吾不動矣，必死於此。」姜曰：「不然。《周詩》曰：『莘莘征夫，每懷靡及。』夙夜征行，不遑啓處，猶懼無及。況其順身縱欲懷安，將何及矣！人不求及，其能及乎？日月不處，人誰獲安？西方之書有之曰：『懷與安，實疚大事。』《鄭詩》云：『仲可懷也，人之多言，亦可畏也。』昔管敬仲有言，小妾聞之，曰：『畏威如疾，民之上也。從懷如流，民之下也。見懷思威，民之中也。畏威如疾，乃能威民。威在民上，弗畏有刑。從懷如流，去威遠矣，故謂之下。其在辟也，吾從中也。《鄭詩》之言，吾其從之。』此大夫管仲之所以紀綱齊國，裨輔先君而成霸者也。子而棄之，不亦難乎？齊國之政敗矣，晉之無道久矣，從者之謀忠矣，時日及矣，公子幾矣。君國可以濟百姓，而釋之者，非人也。敗不可處，時不可失，忠不可棄，懷不可從，子必速行。吾聞晉之始封也，歲在大火，閼伯之星也，實紀商人。商之饗國三十一王。瞽史之紀曰：『唐叔之世，將如商數。』今未半也。亂不長世，公子唯子，子必有晉。若何懷安？」公子弗聽。

姜與子犯謀，醉而載之以行。醒，以戈逐子犯，曰：「若無所濟，吾食舅氏之肉，其知饜乎！」舅犯走，且對曰：「若無所濟，余未知死所，誰能與豺狼爭食？若克有成，公子無亦晉之柔嘉，是以甘食。偃之肉腥臊，將焉用之？」遂行。

過衛，衛文公有邢、狄之虞，不能禮焉。甯莊子言於公曰：「夫禮，國之紀也；親，民之結也；善，德之建也。國無紀不可以終，民無結不可以固，德無建不可以立。此三者，君之所慎也。今君棄之，無乃不可乎！晉公子善人也，而衛親也，君不禮焉，棄三德矣。臣故云君其圖之。康叔，文之昭也。唐叔，武之穆也。周之大功在武，天祚將在武族。苟姬未絶周室，而俾守天聚者，必武族也。武族唯晉實昌，晉胤公子實德。晉仍無道，天祚有德，晉之守祀，必公子也。若復而修其德，鎮撫其民，必獲諸侯，以討無禮。君弗蚤圖，衛而在討。小人是懼，敢不盡心。」公弗聽。

自衛過曹，曹共公亦不禮焉，聞其駢脅，欲觀其狀，止其舍，諜其將浴，設微薄而觀之。僖負覊之妻言於負覊曰：「吾觀晉公子賢人也，其從者皆國相也，以相一人，必得晉國。得晉國而討無禮，曹其首誅也。子盍蚤自貳焉？」僖負覊饋飧，寘璧焉。公子受飧反璧。

負覊言於曹伯曰：「夫晉公子在此，君之匹也，不亦禮焉？」曹伯曰：「諸侯之亡公子其多矣，誰不過此！亡者皆無禮者也，余焉能盡禮焉！」對曰：「臣聞之：愛親明賢，政之幹也。禮賓矜窮，禮之宗也。禮以紀政，國之常也。失常不立，君所知也。國君無親，以國爲親。先君叔振，出自文王，晉祖唐叔，出自武王，文、武之功，實建諸姬。故二王之嗣，世不廢親。今君棄之，不愛親也。晉公子生十七年而亡，卿材三人從之，可謂賢矣，而君蔑之，是不明賢也。謂晉公子之亡，不可不憐也。比之賓客，不可不禮也。失此二者，是不禮賓，不憐窮也。守天之聚，將施於宜。宜而不施，聚必有闕。玉帛酒食，猶糞土也，愛糞土以毀三常，失位而闕聚，是之不難，無乃不可乎？君其圖之。」公弗聽。

公子過宋，與司馬公孫固相善，公孫固言於襄公曰：「晉公子亡，長幼矣，而好善不厭，父事狐偃，師事趙衰，而長事賈佗。狐偃其舅也，而惠以有謀。趙衰其先君之戎御，趙夙之弟也，而文以忠貞。賈佗公族也，而多識以恭敬。此三人者，實左右之。公子居則下之，動則諮焉，成幼而不倦，殆有禮矣。樹於有禮，必有艾。《商頌》曰：『湯降不遲，聖敬日躋。』降，有禮之謂也。君其圖之。」襄公從之，贈以馬二十乘。

公子過鄭，鄭文公亦不禮焉。叔詹諫曰：「臣聞之：親有天，用前訓，禮兄弟，資窮困，天所福也。今晉公子有三祚焉，天將啓之。同姓不婚，惡不殖也。狐氏出自唐叔。狐姬，伯行之子也，實生重耳。成而雋才，離違而得所，久約而無釁，一也。同出九人，唯重耳在，離外之患，而晉國不靖，二也。晉侯日載其怨，外內棄之；重耳日載其德，狐、趙謀之，三也。在《周頌》曰：『天作高山，大王荒之。』荒，大之也。大天所作，可謂親有天矣。晉、鄭兄弟也，吾先君武公與晉文侯戮力一心，股肱周室，夾輔平王，平王勞而德之，而賜之盟質，曰：『世相起也。』若親有天，獲三祚者，可謂大天。若用前訓，文侯之功，武公之業，可謂前訓。若禮兄弟，晉、鄭之親，王之遺命，可謂兄弟。若資窮困，亡在長幼，還軫諸侯，可謂窮困。棄此四者，以徼天禍，無乃不可乎？君其圖之。」弗聽。

叔詹曰：「若不禮焉，則請殺之。諺曰：『黍稷無成，不能爲榮。黍不爲黍，不能蕃廡。稷不爲稷，不能蕃殖。所生不疑，唯德之基。』」公弗聽。

遂如楚，楚成王以周禮享之，九獻，庭實旅百。公子欲辭，子犯曰：「天命也，君其饗之。亡人而國薦之，非敵而君設之，非天，誰啓之心！」既饗，楚子問於公子曰：「子若克復晉國，何以報我？」公子再拜稽首對曰：「子女玉帛，則君有之。羽旄齒革，則君地生焉。其波及晉國者，君之餘也，又何以報？」王曰：「雖然，不穀願聞之。」對曰：「若以君之靈，得復晉國，晉、楚治兵，會于中原，其避君三舍。若不獲命，其左執鞭弭，右屬櫜鞬，以與君周旋。」

令尹子玉曰：「請殺晉公子。弗殺，而反晉國，必懼楚師。」王曰：「不可。楚師之懼，我不修也。我之不德，殺之何爲！天之祚楚，誰能懼之？楚不可祚，冀州之土，其無令君乎？且晉公子敏而有文，約而不諂，三材侍之，天祚之矣。天之所興，誰能廢之？」子玉曰：「然則請止狐偃。」王曰：「不可。《曹詩》曰：『彼己之子，不遂其媾。』郵之也。夫郵而效之，郵又甚焉。效郵，非禮也。」於是懷公自秦逃歸。秦伯召公子於楚，楚子厚幣以送公子于秦。

秦伯歸女五人，懷嬴與焉。公子使奉匜沃盥，既而揮之。嬴怒曰：「秦、晉匹也，何以卑我？」公子懼，降服囚命。秦伯見公子曰：「寡人之適，此爲才。子圉之辱，備嬪嬙焉，欲以成婚，而懼離其惡名。非此，則無故。不敢以禮致之，懽之故也。公子有辱，寡人之罪也。唯命是聽。」【略】

公子謂子犯曰：「何如？」對曰：「將奪其國，何有於妻，唯秦所命從也。」謂子餘曰：「何如？」對曰：「《禮志》有之曰：『將有請於人，必先有入焉。欲人之愛己也，必先愛人。欲人之從己也，必先從人。無德於人，而求用於人，罪也。』今將婚媾以從秦，受好以愛之，聽從以德之，懼其未可也，又何疑焉？」乃歸女而納幣，且逆之。

他日，秦伯將享公子，公子使子犯從。子犯曰：「吾不如衰之文也，請使衰從。」乃使子餘從。秦伯享公子如享國君之禮，子餘相如賓。卒事，秦伯謂其大夫曰：「爲禮而不終，恥也。中不勝貌，恥也。華而不實，恥也。不度而施，恥也。施而不濟，恥也。恥門不閉，不可以封。非此，用師則無所矣。二三子敬乎！」

明日宴，秦伯賦《采菽》，子餘使公子降拜。秦伯降辭。子餘曰：「君以天子之命服命重耳，重耳敢有安志，敢不降拜？」成拜卒登，子餘使公子賦《黍苗》。子餘曰：「重耳之仰君也，若黍苗之仰陰雨也。若君實庇廕膏澤之，使能成嘉穀，薦在宗廟，君之力也。君若昭先君之榮，東行濟河，整師以復彊周室，重耳之望也。重耳若獲集德而歸載，使主晉民，成封國，其何實不從。君若恣志以用重耳，四方諸侯，其誰不惕惕以從命！」秦伯歎曰：「是子將有焉，豈專在寡人乎！」秦伯賦《鳩飛》，公子賦《河水》。秦伯賦《六月》，子餘使公子降拜。秦伯降辭。子餘曰：「君稱所以佐天子匡王國者以命重耳，重耳敢有惰心，敢不從德？」

公子親筮之，曰：「尚有晉國。」得貞《屯》、悔《豫》，皆八也。筮史占之，皆曰：「不吉。閉而不通，爻無爲也。」司空季子曰：「吉。是在《周易》，皆利建侯。不有晉國，以輔王室，安能建侯？我命筮曰『尚有晉國』，筮告我曰『利建侯』，得國之務也，吉孰大焉！《震》，車也。《坎》，水也。《坤》，土也。《屯》，厚也。豫，樂也。車班外內，順以訓之，泉原以資之，土厚而樂其實。不有晉國，何以當之？《震》，雷也，車也。《坎》，勞也，水也，衆也。主雷與車，而尚水與衆。車有震，武也。衆而順，文也。文武具，厚之至也。故曰《屯》。其繇曰：『元亨利貞，

勿用有攸往，利建侯。』主震雷，長也，故曰元。衆而順，嘉也，故曰亨。內有震雷，故曰利貞。車上水下，必伯。小事不濟，壅也。故曰勿用有攸往，一夫之行也。衆順而有武威，故曰『利建侯』。《坤》，母也。《震》，長男也。母老子彊，故曰《豫》。其繇曰：『利建侯行師。』居樂、出威之謂也。是二者，得國之卦也。」

十月，惠公卒。十二月，秦伯納公子。及河，子犯授公子載璧，曰：「臣從君還軫，巡於天下，怨其多矣！臣猶知之，而況君乎？不忍其死，請由此亡。」公子曰：「所不與舅氏同心者，有如河水。」沈璧以質。

董因迎公於河，公問焉，曰：「吾其濟乎？」對曰：「歲在大梁，將集天行。元年始受，實沈之星也。實沈之墟，晉人是居。所以興也。今君當之，無不濟矣。君之行也，歲在大火。大火，閼伯之星也，是謂大辰。辰以成善，后稷是相，唐叔以封。瞽史記曰：嗣續其祖，如穀之滋，必有晉國。臣筮之，得《泰》之八。曰：是謂天地配亨，小往大來。今及之矣，何不濟之有？且以辰出而以參入，皆晉祥也，而天之大紀也。濟且秉成，必霸諸侯。子孫賴之，君無懼矣。」

公子濟河，召令狐、臼衰、桑泉，皆降。晉人懼，懷公奔高梁。呂甥、冀芮帥師，甲午，軍于廬柳。秦伯使公子縶如師，師退，次于郇。辛丑，狐偃及秦、晉大夫盟于郇。壬寅，公入于晉師。甲辰，秦伯還。丙午，入于曲沃。丁未，入絳，即位于武宮。戊申，刺懷公于高梁。

初，獻公使寺人勃鞮伐公於蒲城，文公踰垣，勃鞮斬其袪。及入，勃鞮求見，公辭焉，曰：「驪姬之讒，爾射余於屏內，困余於蒲城，斬余衣袪。又爲惠公從余於渭濱，命曰三日，若宿而至。若干二命，以求殺余。余於伯楚屢困，何舊怨也？退而思之，異日見我。」對曰：「吾以君爲已知之矣，故入；猶未知之也，又將出矣。事君不貳是謂臣，好惡不易是謂君。君君臣臣，是謂明訓。明訓能終，民之主也。二君之世，蒲人、狄人，余何有焉？除君之惡，唯力所及，何貳之有？今君即位，其無蒲、狄乎？伊尹放太甲而卒以爲明王，管仲賊桓公而卒以爲侯伯。乾時之役，申孫之矢集于桓鉤，鉤近於袪，而無怨言，佐相以終，克成令名。今君之德宇，何不寬裕也？惡其所好，其能久矣？君實不能明訓，而棄民主。余，罪戾之人也，又何患焉？且不見我，君其無悔乎！」

於是呂甥、冀芮畏偪，悔納文公，謀作亂，將以己丑焚公宮，公出救火而遂殺之，伯楚知之，故求見公。公遽出見之，曰：「豈不如女言，然是吾惡心也，吾請去之。」伯楚以呂、郤之謀告公。公懼，乘馹自下，脫會秦伯于王城，告之亂故。及己丑，公宮火，二子求公不獲，遂如河上，秦伯誘而殺之。

文公之出也，豎頭須，守藏者也，不從。公入，乃求見，公辭焉以沐。謂謁者曰：「沐則心覆，心覆則圖反，宜吾不得見也。從者爲羈紲之僕，居者爲社稷之守，何必罪居者！國君而讎匹夫，懼者衆矣。」謁者以告，公遽見之。

元年春，公及夫人嬴氏至自王城。秦伯納衛三千人，實紀綱之僕。公屬百官，賦職任功。棄責薄斂，施舍分寡。救乏振滯，匡困資無。輕關易道，通商寬農。懋穡勸分，省用足財。利器明德，以厚民性。舉善援能，官方定物，正名育類。昭舊族，愛親戚，明賢良，尊貴寵，賞功勞，事耇老，禮賓旅，友故舊。胥、籍、狐、箕、欒、郤、柏、先、羊舌、董、韓，寔掌近官。諸姬之良，掌其中官。異姓之能，掌其遠官。公食貢，大夫食邑，士食田，庶人食力，工商食官，皁隸食職，官宰食加。政平民阜，財用不匱。

冬，襄王避昭叔之難，居于鄭地汜。使來告難，亦使告于秦。子犯曰：「民親而未知義也，君盍納王以教之義。若不納，秦將納之，則失周矣，何以求諸侯？不能修身而又不能宗人，人將焉依？繼文之業，定武之功，啓土安疆，於此乎在矣，君其務之。」公說，乃行賂于草中之戎與麗土之狄，以啓東道。【略】

文公學讀書於臼季，三日，曰：「吾不能行也咫，聞則多矣。」對曰：「然而多聞以待能者，不猶愈也？」

文公問於郭偃曰：「始也，吾以治國爲易，今也難。」對曰：「君以爲易，其難也將至矣。君以爲難，其易也將至焉。」

文公問於胥臣曰：「吾欲使陽處父傅讙也而教誨之，其能善之乎？」對曰：「是在讙也。蘧蒢不可使俯，戚施不可使仰，僬僥不可使舉，侏儒不可使援，矇瞍不可使視，嚚瘖不可使言，聾聵不可使聽，童昏不可使謀。質將善而賢良贊之，則濟可竢。若有違質，教將不入，其何善之爲！臣聞昔者大任娠文王不變，少溲於豕牢，而得文王不加疾焉。文王在母不憂，在傅弗勤，處師弗煩，事王不怒，孝友二虢，而惠慈二蔡，刑于大姒，比於諸弟。《詩》云：『刑于寡妻，至于兄弟，以御于家邦。』於是乎用四方之賢良。及其即位也，詢于『八虞』，而諮于『二虢』，度於閎夭而謀於南宮，諏於蔡、原而訪於辛、尹，重之以周、邵、畢、榮，億寧百神，而柔和萬民。故《詩》云：『惠于宗公，神罔時恫。』若是，則文王非專教誨之力也。」公曰：「然則教無益乎？」對曰：「胡爲文，益其質。故人生而學，非學不入。」公曰：「奈夫八疾何！」對曰：「官師之所材也，戚施直鎛，蘧蒢蒙璆，侏儒扶盧，矇

瞍修聲，聾聵司火。童昏、嚚瘖、僬僥，官師之所不材也，以實裔土。夫教者，因體能質而利之者也。若川然有原，以卬浦而後大。」

《國語・晉語五》 臼季使，舍於冀野。冀缺薅，其妻饁之，敬，相待如賓。從而問之，冀芮之子也，與之歸。既復命，而進之曰：「臣得賢人，敢以告。」文公曰：「其父有罪，可乎？」對曰：「國之良也，滅其前惡，是故舜之刑也殛鯀，其舉也興禹，今君之所聞也。齊桓公親舉管敬子，其賊也。」公曰：「子何以知其賢也？」對曰：「臣見其不忘敬也。夫敬，德之恪也。恪於德以臨事，其何不濟！」公見之，使爲下軍大夫。

《禮記・檀弓上》 晉獻公將殺其世子申生，公子重耳謂之曰：「子蓋言子之志於公乎？」世子曰：「不可。君安驪姬，是我傷公之心也。」曰：「然則蓋行乎？」世子曰：「不可。君謂我欲弒君也。天下豈有無父之國哉！吾何行如之？」使人辭於狐突曰：「申生有罪，不念伯氏之言也，以至于死。申生不敢愛其死。雖然，吾君老矣，子少，國家多難，伯氏不出而圖吾君。伯氏苟出而圖吾君，申生受賜而死。」再拜稽首乃卒。是以爲恭世子也。

《禮記・檀弓下》 晉獻公之喪，秦穆公使人弔公子重耳，且曰：「寡人聞之，亡國恒於斯，得國恒於斯。雖吾子儼然在憂服之中，喪亦不可久也，時亦不可失也。孺子其圖之！」以告舅犯。舅犯曰：「孺子其辭焉！喪人無寶，仁親以爲寶。父死之謂何？又因以爲利，而天下其孰能説之？孺子其辭焉！」公子重耳對客曰：「君惠弔亡臣重耳，身喪父死，不得與於哭泣之哀，以爲君憂。父死之謂何？或敢有他志，以辱君義。」稽顙而不拜，哭而起，起而不私。子顯以致命於穆公。穆公曰：「仁夫公子重耳！夫稽顙而不拜，則未爲後也，故不成拜。哭而起，則愛父也；起而不私，則遠利也。」

《呂氏春秋・離俗覽・上德》 晉獻公爲麗姬遠太子。太子申生居曲沃，公子重耳居蒲，公子夷吾居屈。麗姬謂太子曰：「往昔君夢見姜氏。」太子祠而膳於公，麗姬易之。公將嘗膳，姬曰：「所由遠，請使人嘗之。」嘗人人死，食狗狗死，故誅太子。太子不肯自釋，曰：「君非麗姬，居不安，食不甘。」遂以劍死。公子夷吾自屈奔梁。公子重耳自蒲奔翟。去翟過衛，衛文公無禮焉。過五鹿如齊，齊桓公死。去齊之曹，曹共公視其駢脅，使袒而捕池魚。去曹過宋，宋襄公加禮焉。之鄭，鄭文公不敬，被瞻諫曰：「臣聞賢主不窮窮。今晉公子之從者，皆賢者也。君不禮也，不如殺之。」鄭君不聽。去鄭之荆，荆成王慢焉。去荆之秦，秦繆公入之。晉既定，興師攻鄭，求被瞻。被瞻謂鄭君曰：「不若以臣與之。」鄭君曰：「此孤之過也。」被瞻曰：「殺臣以免國，臣願之。」被瞻入晉軍，文公將烹之。被瞻據鑊而呼曰：「三軍之士皆聽瞻也，自今以來，無有忠於其君，忠於其君者將烹。」文公謝焉，罷師，歸之於鄭。且被瞻忠於其君，而君免於晉患也，行義於鄭，而見説於文公也，故義之爲利博矣。

《呂氏春秋・季冬紀・介立》 以貴富有人易，以貧賤有人難。今晉文公出亡，周流天下，窮矣賤矣，而介子推不去，有以有之也。反國有萬乘，而介子推去之，無以有之也。能其難，不能其易，此文公之所以不王也。晉文公反國，介子推不肯受賞，自爲賦詩曰：「有龍于飛，周徧天下。五蛇從之，爲之丞輔。龍反其鄉，得其處所。四蛇從之，得其露雨。一蛇羞之，橋死於中野，懸書公門，而伏於山下。」文公聞之曰：「譆！此必介子推也。」避舍變服，令士庶人曰：「有能得介子推者，爵上卿，田百萬。」或遇之山中，負釜蓋簦，問焉曰：「請問介子推安在？」應之曰：「夫介子推苟不欲見而欲隱，吾獨焉知之？」遂背而行，終身不見。人心之不同，豈不甚哉？今世之逐利者，早朝晏退，焦脣乾嗌，日夜思之，猶未之能得，今得之而務疾逃之，介子推之離俗遠矣。

《呂氏春秋・不苟論・當賞》 晉文公反國，賞從亡者，而陶狐不與。左右曰：「君反國家，爵祿三出，而陶狐不與，敢問其説。」文公曰：「輔我以義，導我以禮者，吾以爲上賞。教我以善，彊我以賢者，吾以爲次賞。拂吾所欲，數舉吾過者，吾以爲末賞。三者所以賞有功之臣也。若賞唐國之勞徒，則陶狐將爲首矣。」周內史興聞之曰：「晉公其霸乎！昔者聖王先德而後力，晉公其當之矣。」

《韓詩外傳》卷二 晉文公反國，酌士大夫酒，召舅犯而將之，召艾陵而相之，授田百萬。介子推無爵。齒而就位。觴三行，介子推奉觴而起，曰：「有龍矯矯，將失其所。有蛇從之，周流天下。龍既入深淵，得其安所。蛇脂盡乾，獨不得甘雨。此何謂也？」文公曰：「嘻！是寡人之過也。吾爲子爵與，待旦之朝也。吾爲子田與，河東陽之間。」介子推曰：「推聞君子之道，謁而得位，道士不居也，爭而得財，廉士不受也。」文公曰：「使我得反國者，子也。吾將以成子之名。」介子推曰：「推聞君子之道，爲人子而不能承其父者，則不敢當其後。爲人臣而不見察於其君者，則不敢立於其朝。然推亦無索於天下矣。」遂去而之介山之上。文公使人求之，不得，爲之辟寢三月，號呼朞年。《詩》曰：「逝將去汝，適彼樂郊。適彼樂郊，誰之永號。」此之謂也。

《韓詩外傳》卷一〇　晉文公重耳亡過曹，里鳧須從，因盜重耳資而亡。重耳無糧，餒不能行，子推割股肉以食重耳，然後能行。及重耳反國，國中多不附重耳者。於是里鳧須造見曰：「臣能安晉國。」文公使人應之曰：「子尚何面目來見寡人欲安晉也！」里鳧須曰：「君沐邪？」使者曰：「否。」里鳧須曰：「臣聞沐者其心倒，心倒者其言悖。今君不沐，何言之悖也？」使者以聞。文公見之，里鳧須仰首曰：「離國久，臣民多過君，君反國而民皆自危。里鳧須又襲竭君之資，避於深山，而君以餒，介子推割股，天下莫不聞。臣之爲賊亦大矣，罪至十族，未足塞責。然君誠赦之罪，與驂乘遊於國中，百姓見之，必知不念舊惡，人自安矣。」於是文公大悦，從其計，使驂乘於國中。百姓見之，皆曰：「夫里鳧須且不誅而驂乘，吾何懼也！」是以晉國大寧。故《書》云：「文王卑服，即康功田功。」若里鳧須，罪無赦者也。《詩》曰：「濟濟多士，文王以寧。」

《史記》卷三五《管蔡世家》　共公十六年，初，晉公子重耳其亡過曹，曹君無禮，欲觀其駢脅。釐負羈諫，不聽，私善於重耳。二十一年，晉文公重耳伐曹，虜共公以歸，令軍毋入釐負羈之宗族閭。或説晉文公曰：「昔齊桓公會諸侯，復異姓；今君囚曹君，滅同姓，何以令於諸侯？」晉乃復歸共公。

劉向《説苑・復恩》　晉文公出亡，周流天下，舟之僑去虞而從焉。文公返國，擇可爵而爵之，擇可禄而禄之，舟之僑獨不與焉。文公酌諸大夫酒，酒酣，文公曰：「二三子盍爲寡人賦乎？」舟之僑進曰：「君子爲賦，小人請陳其辭。辭曰：『有龍矯矯，頃失其所，一蛇從之，周流天下。龍反其淵，安寧其處，一蛇耆乾，獨不得其所。』」文公瞿然曰：「子欲爵邪，請待旦日之期；子欲禄邪，請今命廩人。」舟之僑曰：「請而得其賞，廉者不受也；言盡而名至，仁者不爲也。今天油然作雲，沛然下雨，則苗草興起，莫之能禦。今爲一人言施一人，猶爲一塊土下雨也，土亦不生之矣。」遂歷階而去。文公求之不得，終身誦《甫田》之詩。

劉向《説苑・敬慎》　大功之效，在於用賢積道，浸章浸明；衰滅之過，在於得意而怠，浸蹇浸亡。晉文公是其效也。晉文公出亡，修道不休，得至於饗國。饗國之時，上無明天子，下無賢方伯，强楚主會，諸侯背畔，天子失道，出居於鄭。文公於是憫中國之微，任咎犯、先軫、陽處父，畜愛百姓，厲養戎士。四年，政治内定，則舉兵而伐衛，執曹伯，還敗强楚，威震天下。明王法，率諸侯而朝天子，莫敢不聽，天下曠然平定，周室尊顯。故曰，大功之效，在於用賢積道，浸章浸明。文公於是霸功立，期至意得，湯、武之心作而忘其衆。一年三用師，且弗休息，遂進而圍許，兵亟弊不能服罷諸侯而歸，自此而怠政事，爲狄泉之盟，不親至，信衰義缺，如羅不補，威武詘折不信，則諸侯不朝，鄭遂叛，夷狄内侵，衞遷於商丘。故曰，衰滅之道，在於得意而怠，浸蹇浸亡。

劉向《説苑・政理》　晉文公時，翟人有封狐、文豹之皮者。文公喟然嘆曰：「封狐、文豹何罪哉，以其皮爲罪也。」大夫欒枝曰：「地廣而不平，財聚而不散，獨非狐、豹之罪乎？」文公曰：「善哉！説之。」欒枝曰：「地廣而不平，人將平之；財聚而不散，人將争之。」於是列地以分民，散財以賑貧。

晉文侯問政於舅犯，舅犯對曰：「分熟不如分腥，分腥不如分地。割以分民而益其爵禄，是以上得地而民知富，上失地而民知貧，古之所謂致師而戰者，其此之謂也。」

袁康《越絶書》卷三《吴内傳》　晉公子重耳之時，天子微弱，諸侯力政，彊者爲君。文公爲所侵暴，失邦，奔於翟。三月得反國政，敬賢明法，率諸侯朝天子。於是諸侯皆從，天子乃尊。此所謂晉公子重耳反國定天下。

梁玉繩《人表考》卷四《中上・晉文公》　晉文公始見《詩・渭陽》序、《左》僖九，獻公子始見《左》僖廿四。母大戎狐季姬。《左》莊廿八、昭十三，而《檀弓》上疏引作犬戎，疑今本《左傳》譌大字，《晉語》四注亦云犬戎。名重耳。始見莊廿八。骨體駢脅。《左》僖廿三、《論衡・骨相》。亦曰公子重耳，僖廿三。亦曰晉侯重耳，僖三十二《春秋》。亦曰晉重，《左》定四。亦曰晉耳，《李商隱集・爲某先輩獻集賢相公啓》。亦曰晉公，《吕氏春秋・當賞》。亦曰文君，《楚辭・惜往日》、《淮南・齊俗》、《説山》。亦曰晉文，《左》昭四、《孟子》。亦單稱文。《文選・思玄賦》、《真誥・闡幽微》二稱水官司命，妄也。立九年卒。《史・年表》、《晉世家》。葬絳縣東南二十里。《一統志》。

備論

《論語・憲問》　子曰：「晉文公譎而不正，齊桓公正而不譎。」

《國語・楚語上》　白公又諫，【略】「齊桓、晉文，皆非嗣也，還軫諸侯，不敢淫逸，心類德音，以德有國。近臣諫，遠臣謗，輿人誦，以自詰也。是以其入也，四封不備一同，而至於有畿田，以屬諸侯，至於今爲令君。桓、文皆然。君不度憂於二令君，而欲自逸也，無乃不可乎？《周詩》有之曰：『弗躬弗親，庶民弗

信。」臣懼民之不信君也，故不敢不言。不然，何急其以言取罪也。」

《墨子・兼愛中》　昔者晉文公好士之惡衣，故文公之臣皆牂羊之裘，韋以帶劍，練帛之冠，入以見於君，出以踐於朝。是其故何也？君說之，故臣爲之也。

《柳宗元集》卷四《辯議・晉文公問守原議》　晉文公既受原於王，難其守。問寺人㪍鞮，以畀趙衰。余謂守原，政之大者也，所以承天子，樹霸功，致命諸侯，不宜謀及媟近，以忝王命。而晉君擇大任，不公議於朝，而私議於宮；不博謀於卿相，而獨謀於寺人。雖或衰之賢足以守，國之政不爲敗，而賊賢失政之端，由是滋矣。況當其時不乏言議之臣乎？狐偃爲謀臣，先軫將中軍，晉君疏而不咨，外而不求，乃卒定於內豎，其可以爲法乎？且晉君將襲齊桓之業，以翼天子，乃大志也。然而齊桓任管仲以興，進豎刁以敗。則獲原啓疆，適其始政，所以觀示諸侯也，而乃背其所以興，跡其所以敗。然而能霸諸侯者，以土則大，以力則强，以義則天子之册也。誠畏之矣，烏能得其心服哉！其後景監得以相衛鞅，弘、石得以殺望之，誤之者晉文公也。

嗚呼！得賢臣以守大邑，則問非失舉也，蓋失問也。然猶羞當時陷後代若此，況於問與舉又兩失者，其何以救之哉？余故著晉君之罪，以附《春秋》許世子止、趙盾之義。

洪邁《容齋隨筆》卷四《晉文公》　晉公子重耳自狄適它國凡七，衛成公、曹共公、鄭文公皆不禮焉，齊桓公妻以女，宋襄公贈以馬，楚成王享之，秦穆公納之，卒以得國。衛、曹、鄭皆同姓，齊、宋、秦、楚皆異姓，非所謂「豈無他人，不如同姓」也。晉文公卒未葬，秦師伐鄭滅滑，無預晉事。晉先軫以爲秦不哀吾喪，而伐吾同姓，背秦大惠，使襄公墨衰絰而伐之。雖幸勝於殽，終啓焚舟之戰，兩國交兵，不復修睦者數百年。先軫是年死於狄，至孫縠而誅滅，天也。

《朱子語類》卷一三四《歷代一》　楚地最廣，今之襄漢皆是，儘是强大。齊晉若不更伯，楚必吞周而有天下。緣他極强大，所以齊威晉文責之，皆是没緊要底事。威公豈不欲將僭王猾夏之事責之？但恐無收殺，故只得如此。至如晉文城濮之戰，依舊委曲還他許多禮數，亦如威公之意。然此處亦足以見先王不忍戕民之意未泯也。設使威文所以責之者不少假借，他定不肯服。兵連禍結，何時而已！到得戰國，斬首動是數萬，無復先王之意矣！

葉適《習學記言序目》卷一〇《左傳一》　城濮之戰，宛然戰國楚漢間事，與齊桓迥殊，不謂時變如此之亟。至策命侯伯，又不止楚漢，莽操之風見矣。譬之詐力如魚肉既成羹胾，小小錯綜以禮義，猶鹽梅醯醬調和之。吁，可畏哉！

吕祖謙《左氏傳說》卷四《戰于城濮》　晉文公凡出外許多時，直到成霸業，皆是趙衰、狐偃二人，爲之謀主。文公自僖之二十四年入國，至僖二十七年蒐于被廬，方始命狐偃將上軍，狐偃則讓於狐毛而佐之。命趙衰爲卿，則又讓於欒枝、先軫。若以後世論之，二人自入國便合處於高官大職可也，何故經涉許多年，方命他將上軍及爲卿之任，他又相遜，二人初不曾計較官職，以此知二人是心腹宗臣，與社稷同休戚，初不論職位之高下。又見得古之體國之臣，但欲成國事，不曾計較官職。且如齊桓公之伯，全在管仲。仲只爲下卿，及平戎于王，王以上卿之禮享之，仲不敢受，曰有天子之二守國、高在。當時國子、高子，常爲齊上卿，然國、高初無功於齊，所以讓者，是不計較官職之高下。漢高祖之興，張良實在三傑之列，叔孫通初無大功，後來立太子，使叔孫通爲太傅，良止爲少傅，自常人處之，必有憤然不平之心。凡此皆國之宗臣，初不曾計較官職高下，專以推賢讓能，使之利害相謀，是非相參而已。又見人材不厭多，夫晉文之有子犯，亦猶齊桓之有管仲相似。晉文一箇霸諸侯之規模，皆是子犯出。然文公之規模，與齊桓大段不同。桓公是三十年工夫，方做得成，所以優游。文公兩三年盡做許多事，所以急迫。桓公雖有兵車之會，然史無可書之事，亦無可喜之功。至於文公事業，載在史册，粲然可觀。如城濮一戰，功業森然在目。齊桓成霸業卻無迹，晉文公霸業便有迹。桓公霸業緩成，文公霸業速就，此晉文所以不如齊桓處。試又舉其大者言之，如齊桓之興，便去封已滅之衛，歸公乘馬，凡牛羊豕雞狗門材，皆以與衛。閔二年救邢，復具邢器用而遷之，又與城邢。其存植亡國如此。晉文公於僖二十八年伐衛，使衛失國，其一國君臣，互相屠戮，又執曹伯，至使其國亂亡，方復曹伯。桓公封衛遷邢，以存亡國。文公執曹伯、衛侯，使其國亂。桓公遷邢封衛，一舉便得安迹；文公復曹衛，反使其國家危亂。足見文公不如桓公處。然不特此，初晉文公於僖之二十三年欲歸國，及鄭，鄭文公不爲之禮，後來於僖之二十八年城濮既勝之後，鄭伯使子人九行成于晉。晉使欒枝與盟，五月文公及鄭伯盟于衡雍。凡與鄭盟者再矣，亦可以釋怨。至僖三十年復與秦圍鄭，看得文公度量不廣，未到坦然大度處，所以記人之怨而不忘，其不及齊桓又如此。齊桓九合諸侯，一正天下，無非尊王室，天子亦未嘗親出慰勞；若文公踐土之盟，河陽之狩，兩屈天子之尊。蓋周王不畏齊而畏晉，天子視齊桓乃

忠臣，不過一誠實，而晉文權謀高大，所以畏晉不畏齊也。舉天子畏與不畏，又見文公不如桓公。看得晉文公既種種不如桓公，然桓公霸業不繼，而文公雖死，霸業不絶，何故？只緣有一件勝如齊桓，此晉文所以霸業相繼不絶。前說管仲一身任事，不能爲齊求人材，而晉專務收人材，看得晉國人材之盛，皆出於狐、趙。初閒使狐偃將上軍，則讓於狐毛而佐之；命趙衰爲卿，則讓於欒枝、先軫。及先軫死，復使且居將中軍，又佐之。晉人材之所以盛，緣狐、趙之徒，倡推賢讓能之風於上，一國所以皆有此風。至臼季見冀缺於田野之閒，其夫婦敬相待如賓，臼季歸，既薦之於文公，文公以爲下軍大夫，以此見非特朝廷如此相遜，而田野之閒，亦莫不皆然。一國所以皆有推賢讓能之風，趙衰、狐偃實倡之也。直至景公時，范宣子讓，其下皆讓，其波流之及，直至如此。故晉之霸業所以長久，桓公之霸業所以不永也。

鍾惺《隱秀軒集》卷二三《論二・城濮之戰》 善制勝者，審機執權，中有主而外不測，操縱在我而於天下無所不用，無所不用而後敵失其所以勝，此制勝之道也。晉文公城濮之戰，其謀舅犯始之，先軫中之，又終之。總以善用曹、衛爲主。曹、衛，楚之與國。楚之有曹、衛，猶晉之有宋也。楚伐宋，晉不救宋而執曹伯，分曹、衛之田畀宋，以累楚人之心，而宋之圍自解。及楚人請復衛侯而封曹，乃私許復曹、衛以攜之，曹、衛告絶於楚。曹、衛告絶於楚，而晉又有曹、衛，曹、衛之形反化爲宋。曹、衛之形化爲宋而楚孤，楚孤而晉之勝楚，不待戰而決矣。其顛倒不測之妙，能使我之伐曹、衛者收曹、衛，而楚之庇曹、衛者反以失曹、衛。用與國，用敵國，又用敵國之與國，還以困敵國。其繩索收放，皆在我而不在人。譎則譎矣，然而不可謂不妙也。吁，此制勝之道也！

馬驌《繹史》卷五一《晉文公霸業論》 《唐風・采苓》之篇，刺信讒也，曰：「人之爲言，苟亦無信，苟亦無從。」夫知爲讒而從信者寡矣。父子之親，其天性也，而謂信讒以殺之，有是理哉？嗟乎！讒人亦多術矣，陽譽陰譖，以深其謀；歌笑流涕，以堅其說；牀笫之閒，燕居之際，每乘人之昏昧閒隙而巧中之，讒人誠可畏哉！晉獻公滅國辟土，亦雄傑之主也，卒不能勝一驪姬之讒，愛色授情，二五成耦，中大夫比黨爲謀，大臣方疑於苑枯；爲申生者，仁孝性生，遭家多難，處偏鄙則進退咸辜，委彊翟則勝敗交罪，銜骨有日，毒胙忽發，無論獻公不及察，申生亦不忍辯也。於是寧甘己罪，而惡傷君心，再拜受賜，不敢愛死。讀史者至此，誰能不三復流涕焉。重耳、夷吾，弗敢寧處，彼讒人者，自謂羽翼已成矣，抑知三怨之伏，晉禍正未有艾乎？荀息忠貞而善謀，獻公知其賢也，以奚齊屬之。原夫廢立之謀，荀息未嘗與聞也，唯是公疾方篤，二公子越在鄰國，先君之子，聊主社稷，舍其君而外求君，寧云易乎？既已頓首受命，不得不奉先君之志以周旋。迨夫里克作難，申大義以殄女戎，荀息至是，雖心知其不能勝任，顧白圭之義，已不可爽矣。重耳既長且賢，其出亡也，國士從之，是內外所欲援立者也。乃夷吾乘閒得入，輒復食言，烝賈君而閉公子，背兩賂而忘汎舟，秦、晉交絶，夷吾孤矣，韓原被獲，幸而得反，身死而子爲戮，固惠、懷之無親，亦天之有以啓霸主也。文公之反國，年已六十二矣，路車乘黄，方報秦施，而吕、郤之難内作，以遲暮之年，當禍亂之後，霸業一成，數世因之，何其遇之艱而功之偉乎！昔齊桓既殁，楚氛日惡，泓戰敗則宋公求成，頓子納則陳侯聽命，且齊孝廢職，魯人乞援，以宗國之大，儼然托重於蛇豕焉，晉若不興，中國之勢，必至大潰，楚將肆其彊暴，以薦食上國，區區齊、宋，而可與抗乎？文公見晉業之成，在此一舉也，即諸夏之振，在此一舉也，先信義以服民，敦《詩》、《書》以選將，謀定計成，奮志決策，挾必勝之勢，而後用兵焉。一戰得雋，荆、蠻敗衄，楚方收其殘夷，而晉之霸業已赫然於天下矣。當齊桓之世，楚人非不彊也，然而用師不過江、淮之閒，既而召陵觀兵，屈完來盟，齊無亡矢遺鏃之費，而楚服焉。今也，楚方號召中國，盟薄以來，諸夏咸拱手聽命，非用大創，楚豈肯服？即泗上之諸侯，亦未敢輕相信也。文公復二國以自助，執宛春以怒敵，我得其利，楚受其愚，師會城濮，諸侯并力協謀，又出奇兵以擊之，楚師大潰，於是天王錫命，王子涖盟，中國睦而楚人不敢北視矣。故召陵之師，以不戰爲武，城濮之役，以克敵爲威，時勢不同，遲速異效，齊桓、晉文之事，所由竝著於《春秋》也。說者謂文之入也，龍蛇作歌，腁胝居後，誅觀狀於鄭國，責乘軒於曹人，請隧召王，威陵天子，凡其所爲，往往報私怨而違禮義，君子猶有譏焉。曰，是則然，譎而不正，孔子固言之矣。《春秋》之於霸者，姑略其心而言其事，若夫齊桓死，五子争立，霸業遂衰，晉則文公既卒，而襄公能繼之，墨絰敗秦，獲狄子，討楚黨，一歲而服三彊，文、襄之烈，是以竝稱，此又晉之踰於齊者也。

高士奇《左傳紀事本末》卷二五《晉文公之伯論》 晉文公避驪姬之亂，經歷狄、鄭、衛、齊、宋、曹、楚、秦諸國，備嘗險阻，以老其才，凡十有九年，卒反晉國。棄責薄斂、分寡救乏、振滯匡困、舉善授能、官方定物諸大政，犂然一變晉國之常度。伐原示信，大蒐示禮，定王示義，用能出穀戍、解宋圍，一戰而收館穀之功，

齊桓以後，功烈未有如是之赫者也。然而晉伯所基，惟在定王一舉。當時天子蒙塵，使簡師父告於晉，亦使左鄢父告於秦。秦伯會師河上，將納王。使秦得專定王之美，則天下之望走將在秦，晉之大事去矣。曹操先得獻帝，而袁紹不能爭；朱梁既反乘輿，而克用不能抗。名分所在，形格埶禁，自然之理也。所以狐偃言於晉侯曰「求諸侯，莫如勤王，取威定霸之謀於是乎在」。而文能聽之，蓋亦賢矣。獨其受南陽之賞，陽樊不服，至用師以圍之，王之姻親，幾爲俘馘。妄行請隧，瀆亂王章，而不知翼戴天子，止諸侯之常職，此非純臣之所爲也。若城濮功高，而信先軫之詭謀，許復曹、衛，拘留宛春，一意敗楚，而無按兵修禮之風。比之召陵，誠所謂「譎而不正」者耶。大約文公之爲人，不逮齊桓遠甚。而其臣子犯、趙衰、先軫之屬，亦無有知大體如管夷吾者。是以桓能忘濱死之怨，忍手劍之辱，而文反國之後，惟以報復爲事。懷與塊之恨，則出衞君於襄牛；銜觀裸之憤，則責曹君以獻狀。卒使釁於晉陽，辱於深室，而衞之受禍尤烈。君臣交獄，兄弟相殘，拂人道之經，亂上下之分，必如是而後快心。即以鄭之小郄，不能捐棄，連秦伯以伐之，結釁殘民，兵端不息。迹文之所爲，直睚眦必報之人耳。子犯授璧，子推自焚，蓋有以窺見文之褊心，而以爲不能録功略過也。世但見其能忍於豎頭里鳧須而稱之，其亦未之考矣。踐土作宫，傳三覲之美；而河陽召王，功不塞咎。非聖人原情，文其罪魁乎！襄公繼伯，惟於温覲王一事，不隕家聲，而導之者，先且居也。其他矜威恃力，舉動多不中禮，而殽之役爲尤甚。夫秦穆手挈文公而歸之，晉德最深，襄又秦之自出。秦伯勞師襲遠，雖有利可乘，而大惠未泯，何至興墨絰之戈，矯牛鳴之命，忍死先君，而快心於一擊？以父言之，則不孝；以甥舅之戚言之，則不義；以報施言之，則不恕；以在喪不與兵革之事言之，則不懷；邀人於險阻，則不仁。至於敗殽不已，而繼以彭衙；彭衙不已，而繼以取汪。秦固怨晉，晉何爲而致死於秦也？若楚師在江，不能悉索以急纓冠之義，僅僅以一處父之師門方城，而江患轉劇。襄之霸功，不遠愧於乃父哉！

魏禧《魏叔子文集》外篇卷二《城濮》　古之善制勝者，必履天下之險，攻天下之難攻，而勝其所不可勝。蓋不犯其至險，則不足享天下之至安；不出其至難，則不足收天下之至易，其勢然也。且夫事有先難而後易者，亦有先易而後難者。吾力足舉其難，則易者必靡，如陳湯之破郅支，而呼韓入朝之類是也。力不足以舉其難，則姑肆意于其易，以豐吾之力而徐爲之圖，如司馬錯不攻三川周室，而教秦惠王起兵伐蜀之類是也。難易之間，要無定勢。顧非吾力之所必不能及，則必爲其難者，以從事于一勞而長逸之勢。

昔者楚方强大，侵食江、漢之諸侯。齊桓公欲修方伯之威，興師問罪于陘，帥八國之車徒，徘徊于召陵之間，以待其盟而不敢戰。至于晉文，反國三祀，遽與楚師大戰于城濮。觀其拘宛春，私復曹、衛，其君臣之所相與謀，若唯恐其不得戰而遂已者。此少年輕鋭，僥倖萬一者之所爲耳。然文公卒以大勝而霸諸侯。今夫天下之險不可以徒犯，而艱難重大之事，非有百全之謀，定計于内而成功于外，不可以輕出。文公外結齊、秦之大援，内有諸謀臣誘敵制勝之計。楚之君臣，其謀不協于内，而子玉以剛愎之才，僅將六卒。蓋勝楚之略先定于胸中，是以横挑其釁而輕于一戰。

宋真宗時，契丹大入。寇準建親征之策，固請渡河。于是契丹怖駭，不戰而請盟，其後數十年間卒無邊患，此蓋所謂出險犯難以成大功者。後之人觀其飲博歌呼，克禦大敵，疑若有鬼神天幸之助。然當其渡河，準言于帝曰：「王超領勁兵屯中山以搤其吭，李繼隆、石保吉分大陣以扼其左右肘，四方征鎮赴援者日至，此取威決勝之時也。」彼豈無百全之計而以天子爲孤注哉？若寇準者，蓋自唐、宋以來一人而已矣。

藝文

《詩序》《渭陽》，康公念母也。康公之母，晉獻公之女。文公遭麗姬之難，未反，而秦姬卒。穆公納文公，康公時爲大子，贈送文公于渭之陽，念母之不見也。我見舅氏，如母存焉。及其即位，思而作是詩也。

《詩經·秦風·渭陽》　我送舅氏，曰至渭陽。何以贈之？路車乘黄。○我送舅氏，悠悠我思。何以贈之？瓊瑰玉珮。

《詩序》《采苓》，刺晉獻公也。獻公好聽讒焉。

《詩經·唐風·采苓》　采苓采苓，首陽之巔。人之爲言，苟亦無信。舍旃舍旃，苟亦無然。人之爲言，胡得焉。○采苦采苦，首陽之下。人之爲言，苟亦無與。舍旃舍旃，苟亦無然。人之爲言，胡得焉。○采葑采葑，首陽之東。人之爲言，苟亦無從。舍旃舍旃，苟亦無然。人之爲言，胡得焉。

《楚辭·屈原〈九章·惜往日〉》 吴信讒而弗味兮，子胥死而後憂。介子忠而立枯兮，文君寤而追求；封介山而爲之禁兮，報大德之優游。思久故之親身兮，因縞素而哭之。

王嘉《拾遺記》卷三《魯僖公》 僖公十四年，晉文公焚林以求介之推。有白鵶遶煙而噪，或集之推之側，火不能焚。晉人嘉之，起一高臺，名曰思煙臺。種仁壽木，木似柏而枝長柔軟，其花堪食，故《吕氏春秋》云：「木之美者，有仁壽之華焉。」即此是也。或云戒所焚之山數百里居人不得設網羅，呼曰「仁烏」。俗亦謂烏白臆者爲慈烏，則其類也。

秦穆公部

綜述

《史記》卷五《秦本紀》 成公立四年卒。子七人，莫立，立其弟繆公。

繆公任好元年，自將伐茅津，勝之。四年，迎婦於晉，晉太子申生姊也。其歲，齊桓公伐楚，至邵陵。

五年，晉獻公滅虞、虢，虜虞君與其大夫百里傒，以璧馬賂於虞故也。既虜百里傒，以爲秦繆公夫人媵於秦。百里傒亡秦走宛，楚鄙人執之。繆公聞百里傒賢，欲重贖之，恐楚人不與，乃使人謂楚曰：「吾媵臣百里傒在焉，請以五羖羊皮贖之。」楚人遂許與之。當是時，百里傒年已七十餘。繆公釋其囚，與語國事。謝曰：「臣亡國之臣，何足問！」繆公曰：「虞君不用子，故亡，非子罪也。」固問，語三日，繆公大説，授之國政，號曰五羖大夫。百里傒讓曰：「臣不及臣友蹇叔，蹇叔賢而世莫知。臣常游困於齊而乞食銍人，蹇叔收臣。臣因而欲事齊君無知，蹇叔止臣，臣得脱齊難，遂之周。周王子頽好牛，臣以養牛干之。及頽欲用臣，蹇叔止臣，臣去，得不誅。事虞君，蹇叔止臣。臣知虞君不用臣，臣誠私利禄爵，且留。再用其言，得脱；一不用，及虞君難：是以知其賢。」於是繆公使人厚幣迎蹇叔，以爲上大夫。

秋，繆公自將伐晉，戰於河曲。晉驪姬作亂，太子申生死新城，重耳、夷吾出犇。

九年，齊桓公會諸侯於葵丘。

晉獻公卒。立驪姬子奚齊，其臣里克殺奚齊。荀息立卓子，克又殺卓子及荀息。夷吾使人請秦，求入晉。於是繆公許之，使百里傒將兵送夷吾。夷吾謂曰：「誠得立，請割晉之河西八城與秦。」及至，已立，而使丕鄭謝秦，背約不與河西城，而殺里克。丕鄭聞之，恐，因與繆公謀曰：「晉人不欲夷吾，實欲重耳。今背秦約而殺里克，皆吕甥、郤芮之計也。願君以利急召吕、郤，吕、郤至，則更入重耳便。」繆公許之，使人與丕鄭歸，召吕、郤。吕、郤等疑丕鄭有閒，乃言夷吾殺丕鄭。丕鄭子丕豹奔秦，説繆公曰：「晉君無道，百姓不親，可伐也。」繆公曰：「百姓苟不便，何故能誅其大臣？能誅其大臣，此其調也。」不聽，而陰用豹。

十二年，齊管仲、隰朋死。

晉旱，來請粟。丕豹説繆公勿與，因其饑而伐之。繆公問公孫支，支曰：「饑穰更事耳，不可不與。」問百里傒，傒曰：「夷吾得罪於君，其百姓何罪？」於是用百里傒、公孫支言，卒與之粟。以船漕車轉，自雍相望至絳。

十四年，秦饑，請粟於晉。晉君謀之羣臣。虢射曰：「因其饑伐之，可有大功。」晉君從之。十五年，興兵將攻秦。繆公發兵，使丕豹將，自往擊之。九月壬戌，與晉惠公夷吾合戰於韓地。晉君棄其軍，與秦争利，還而馬鷙。繆公與麾下馳追之，不能得晉君，反爲晉軍所圍。晉擊繆公，繆公傷。於是岐下食善馬者三百人馳冒晉軍，晉軍解圍，遂脱繆公而反生得晉君。初，繆公亡善馬，岐下野人共得而食之者三百餘人，吏逐得，欲法之。繆公曰：「君子不以畜産害人。吾聞食善馬肉不飲酒，傷人。」乃皆賜酒而赦之。三百人者聞秦擊晉，皆求從，從而見繆公窘，亦皆推鋒争死，以報食馬之德。於是繆公虜晉君以歸，令於國，齊宿，吾將以晉君祠上帝。周天子聞之，曰「晉我同姓」，爲請晉君。夷吾姊亦爲繆公夫人，夫人聞之，乃衰絰跣，曰：「妾兄弟不能相救，以辱君命。」繆公曰：「我得晉君以爲功，今天子爲請，夫人是憂。」乃與晉君盟，許歸之，更舍上舍，而饋之七牢。十一月，歸晉君夷吾，夷吾獻其河西地，使太子圉爲質於秦。秦妻子圉以宗女。是時秦地東至河。

十八年，齊桓公卒。二十年，秦滅梁、芮。

二十二年，晉公子圉聞晉君病，曰：「梁，我母家也，而秦滅之。我兄弟多，即君百歲後，秦必留我，而晉輕，亦更立他子。」子圉乃亡歸晉。二十三年，晉惠公卒，子圉立爲君。秦怨圉亡去，乃迎晉公子重耳於楚，而妻以故子圉妻。重耳初謝，後乃受。繆公益禮厚遇之。二十四年春，秦使人告晉大臣，欲入重耳。晉許之，於是使人送重耳。二月，重耳立爲晉君，是爲文公。文公使人殺子圉。子圉是爲懷公。

其秋，周襄王弟帶以翟伐王，王出居鄭。二十五年，周王使人告難於晉、秦。秦繆公將兵助晉文公入襄王，殺王弟帶。二十八年，晉文公敗楚於城濮。三十年，繆公助晉文公圍鄭。鄭使人言繆公曰：「亡鄭厚晉，於晉而得矣，而秦未有利。晉之彊，秦之憂也。」繆公乃罷兵歸。晉亦罷。三十二年冬，晉文公卒。

鄭人有賣鄭於秦曰：「我主其城門，鄭可襲也。」繆公問蹇叔、百里傒，對曰：「徑數國千里而襲人，希有得利者。且人賣鄭，庸知我國人不有以我情告鄭者乎？不可。」繆公曰：「子不知也，吾已決矣。」遂發兵，使百里傒子孟明視，蹇叔子西乞術及白乙丙將兵。行日，百里傒、蹇叔二人哭之。繆公聞，怒曰：「孤發兵而子沮哭吾軍，何也？」二老曰：「臣非敢沮君軍。軍行，臣子與往；臣老，遲還恐不相見，故哭耳。」二老退，謂其子曰：「汝軍即敗，必於殽阨矣。」三十三年春，秦兵遂東，更晉地，過周北門。周王孫滿曰：「秦師無禮，不敗何待！」兵至滑，鄭販賣賈人弦高，持十二牛將賣之周，見秦兵，恐死虜，因獻其牛，曰：「聞大國將誅鄭，鄭君謹修守禦備，使臣以牛十二勞軍士。」秦三將軍相謂曰：「將襲鄭，鄭今已覺之，往無及已。」滅滑。滑，晉之邊邑也。

當是時，晉文公喪尚未葬。太子襄公怒曰：「秦侮我孤，因喪破我滑。」遂墨衰絰，發兵遮秦兵於殽，擊之，大破秦軍，無一人得脱者。虜秦三將以歸。文公夫人，秦女也，爲秦三囚將請曰：「繆公之怨此三人入於骨髓，願令此三人歸，令我君得自快烹之。」晉君許之，歸秦三將。三將至，繆公素服郊迎，嚮三人哭曰：「孤以不用百里傒、蹇叔言以辱三子，三子何罪乎？子其悉心雪恥，毋怠。」遂復三人官秩如故，愈益厚之。

三十四年，楚太子商臣弑其父成王代立。

繆公於是復使孟明視等將兵伐晉，戰于彭衙。秦不利，引兵歸。

戎王使由余於秦。由余，其先晉人也，亡入戎，能晉言。聞繆公賢，故使由余觀秦。秦繆公示以宮室、積聚。由余曰：「使鬼爲之，則勞神矣。使人爲之，亦苦民矣。」繆公怪之，問曰：「中國以詩書禮樂法度爲政，然尚時亂，今戎夷無此，何以爲治，不亦難乎？」由余笑曰：「此乃中國所以亂也。夫自上聖黄帝作爲禮樂法度，身以先之，僅以小治。及其後世，日以驕淫。阻法度之威，以責督於下，下罷極則以仁義怨望於上，上下交争怨而相篡弑，至於滅宗，皆以此類也。夫戎夷不然。上含淳德以遇其下，下懷忠信以事其上，一國之政猶一身之治，不知所以治，此真聖人之治也。」於是繆公退而問内史廖曰：「孤聞鄰國有聖人，敵國之憂也。今由余賢，寡人之害，將柰之何？」内史廖曰：「戎王處辟匿，未聞中國之聲。君試遺其女樂，以奪其志；爲由余請，以疏其閒；留而莫遣，以失其期。戎王怪之，必疑由余。君臣有閒，乃可虜也。且戎王好樂，必怠於政。」繆公曰：「善。」因與由余曲席而坐，傳器而食，問其地形與其兵勢盡詧，而後令内史廖以女樂二八遺戎王。戎王受而説之，終年不還。於是秦乃歸由余。由余數諫不聽，繆公又數使人閒要由余，由余遂去降秦。繆公以客禮禮之，問伐戎之形。

三十六年，繆公復益厚孟明等，使將兵伐晉，渡河焚船，大敗晉人，取王官及鄗，以報殽之役。晉人皆城守不敢出。於是繆公乃自茅津渡河，封殽中尸，爲發喪，哭之三日。乃誓於軍曰：「嗟士卒！聽無譁，余誓告汝。古之人謀黄髮番番，則無所過。」以申思不用蹇叔、百里傒之謀，故作此誓，令後世以記余過。君子聞之，皆爲垂涕，曰：「嗟乎！秦繆公之與人周也，卒得孟明之慶。」

三十七年，秦用由余謀伐戎王，益國十二，開地千里，遂霸西戎。天子使召公過賀繆公以金鼓。三十九年，繆公卒，葬雍。從死者百七十七人，秦之良臣子輿氏三人名曰奄息、仲行、鍼虎，亦在從死之中。秦人哀之，爲作歌《黄鳥》之詩。君子曰：「秦繆公廣地益國，東服彊晉，西霸戎夷，然不爲諸侯盟主，亦宜哉。死而棄民，收其良臣而從死。且先王崩，尚猶遺德垂法，況奪之善人良臣百姓所哀者乎？是以知秦不能復東征也。」繆公子四十人，其太子罃代立，是爲康公。

雜録

姚彦渠《春秋會要》卷一《世系》 成公，德公子，宣公弟。魯莊公二十一年立，在位四年。謚曰「成」。

穆公，名任好，德公子，成公弟。魯僖公元年立，在位三十九年。謚曰「穆」。

執政：小子慭、百里奚、由余、孟明視、西乞術、白乙丙。

備録

《尚書·秦誓》 公曰：「嗟！我士，聽無譁。予誓告汝群言之首。古人有言曰：『民訖自若是多盤，責人斯無難，惟受責俾如流，是惟艱哉！』我心之憂，日月逾邁，若弗云來。

「惟古之謀人，則曰未就予忌；惟今之謀人，姑將以爲親。雖則云然，尚猷詢兹黄髮，則罔所愆。番番良士，旅力既愆，我尚有之。仡仡勇夫，射御不違，我尚不欲。惟截截善諞言，俾君子易辭，我皇多有之。

「昧昧我思之，如有一介臣，斷斷猗，無他技，其心休休焉，其如有容。人之有技，若己有之，人之彥聖，其心好之，不啻如自其口出，是能容之，以保我子孫黎民，亦職有利哉！人之有技，冒疾以惡之。人之彥聖而違之，俾不達，是不能容，以不能保我子孫黎民，亦曰殆哉！

「邦之杌隉，曰由一人，邦之榮懷，亦尚一人之慶。」

《國語・晉語二》 呂甥出告大夫曰：「君死自立則不敢，久則恐諸侯之謀，徑召君於外也，則民各有心，恐厚亂，盍請君于秦乎？」大夫許諾。乃使梁由靡告于秦穆公曰：「天降禍于晉國，讒言繁興，延及寡君之紹續昆裔，隱悼播越，託在草莽，未有所依。又重之以寡君之不祿，喪亂並臻。以君之靈，鬼神降衷，罪人克伏其辜，羣臣莫敢寧處，將待君命。君若惠顧社稷，不忘先君之好，辱收其逋遷裔胄而建立之，以主其祭祀，且鎮撫其國家及其民人，雖四鄰諸侯之聞之也，其誰不儆懼於君之威，而欣喜於君之德？終君之重愛，愛君之重貺，而羣臣受其大德，晉國其誰非君之羣隸臣也？」

秦穆公許諾。反使者，乃召大夫子明及公孫枝，曰：「夫晉國之亂，吾誰使先，若夫二公子而立之？以爲朝夕之急。」大夫子明曰：「君使縶也。縶敏且知禮，敬以知微。敏能竄謀，知禮可使；敬不墜命，微知可否。君其使之。」

《墨子》佚文 秦穆王遺戎王以女樂二八，戎王沈於女樂，不顧國亡，政國之禍。

《列子・說符》 秦穆公謂伯樂曰：「子之年長矣，子姓有可使求馬者乎？」伯樂對曰：「良馬可形容筋骨相也。天下之馬者，若滅若没，若亡若失。若此者絶塵弭䡵。臣之子皆下才也，可告以良馬，不可告以天下之馬也。臣有所與共擔纆薪菜者，有九方皋，此其於馬非臣之下也。請見之。」穆公見之，使行求馬。三月而反報曰：「已得之矣，在沙丘。」穆公曰：「何馬也？」對曰：「牝而黄。」使人往取之，牡而驪。穆公不説，召伯樂而謂之曰：「敗矣，子所使求馬者！又何馬之能知也？」伯樂喟然太息曰：「一至於此乎！是乃其所以千萬臣而無數者也。若皐之所觀天機也，得其精而忘其麤，在其內而忘其外；見其所見，不見其所不見；視其所視，而遺其所不視。若皐之相者，乃有貴乎馬者也。」馬至，果天下之馬也。

《呂氏春秋・仲秋紀・愛士》 昔者秦繆公乘馬而車爲敗，右服失而埜人取之。繆公自往求之，見埜人方將食之於岐山之陽。繆公嘆曰：「食駿馬之肉而不還飲酒，余恐其傷女也！」於是偏飲而去。處一年，爲韓原之戰，晉人已環繆公之車矣，晉梁由靡已扣繆公之左驂矣，晉惠公之右路石奮投而擊繆公之甲，中之者已六札矣。埜人之嘗食馬肉於岐山之陽者三百有餘人，畢力爲繆公疾鬭於車下，遂大克晉，反獲惠公以歸。此《詩》之所謂曰「君君子則正，以行其德；君賤人則寬，以盡其力」者也。人主其胡可以無務行德愛人乎？行德愛人則民親其上，民親其上則皆樂爲其君死矣。

《史記》卷三二《齊太公世家》 三十五年夏，【略】晉獻公卒，里克殺奚齊、卓子，秦穆公以夫人入公子夷吾爲晉君。桓公於是討晉亂，至高梁，使隰朋立晉君，還。是時周室微，唯齊、楚、秦、晉爲彊。晉初與會，獻公死，國内亂。秦穆公辟遠，不與中國會盟。楚成王初收荆蠻有之，夷狄自置。唯獨齊爲中國會盟，而桓公能宣其德，故諸侯賓會。

四十一年，秦穆公虜晉惠公，復歸之。是歲，管仲、隰朋皆卒。

昭公元年，晉文公敗楚於城濮，而會諸侯踐土，朝周，天子使晉稱伯。六年，翟侵齊。晉文公卒。秦兵敗於殽。十二年，秦穆公卒。

《史記》卷八八《蒙恬列傳》 昔者秦穆公殺三良而死，罪百里奚而非其罪也，故立號曰「繆」。

《史記》卷一〇五《扁鵲倉公列傳》 扁鵲曰：「血脈治也，而何怪！昔秦穆公嘗如此，七日而寤。寤之日，告公孫支與子輿曰：『我之帝所甚樂。吾所以久者，適有所學也。帝告我：「晉國且大亂，五世不安。其後將霸，未老而死。霸者之子且令而國男女無別。」』公孫支書而藏之，秦策於是出。夫獻公之亂，文公之霸，而襄公敗秦師於殽而歸縱淫，此子之所聞。今主君之病與之同，不出三日必閒，閒必有言也。」

劉向《説苑・臣術》 秦穆公使賈人載鹽，徵諸賈人，賈人買百里奚以五羖羊之皮，使將車之秦。秦穆公觀鹽，見百里奚牛肥，曰：「任重道遠以險，而牛何以肥也？」對曰：「臣飲食之以時，使之不以暴，有險先後之以身，是以肥也。」穆公知其君子也，令有司具沐浴爲衣冠，坐與語，公大悦。異日與公孫支論政，公孫支大不寧，曰：「君耳目聰明，思慮審察，君其得聖人乎？」公曰：「然，吾悦夫奚之言，彼類聖人也。」公孫支遂歸取鴈以賀，曰：「君得社稷之聖臣，敢賀社稷之福。」公不辭，再拜而受。明日，公孫支乃致上卿以讓百里奚，曰：「秦國處僻，民陋以愚無知，危亡之本也。臣自知不足以處其上，請以讓之。」公不許。公孫

支曰：「君不用賓相而得社稷之聖臣，君之禄也；臣見賢而讓之，臣之禄也。今君既得其禄矣，而使臣失禄，可乎？請終致之。」公不許。公孫支曰：「臣不肖而處上位，是君失倫也。不肖失倫，臣之過，進賢而退不肖，君之明也。今臣處位，廢君之德而逆臣之行也，臣將逃。」公乃受之。故百里奚爲上卿以制之，公孫支爲次卿以佐之也。

《漢書》卷二五上《郊祀志上》　後十三年，秦穆公立，病臥五日不寤；寤，乃言夢見上帝，上帝命穆公平晉亂。史書而藏之府。而後世皆曰上天。

穆公立九年，齊桓公既霸，會諸侯於葵丘，而欲封禪。【略】是歲，秦穆公納晉君夷吾。其後三置晉國之君，平其亂。穆公立三十九年而卒。

《漢書》卷九四上《匈奴傳上》　當是時，秦晉爲强國。晉文公攘戎翟，居于西河圁、洛之間，號曰赤翟、白翟。而秦穆公得由余，西戎八國服於秦。故隴以西有緜諸、畎戎、狄獂之戎，在岐、梁、涇、漆之北有義渠、大荔、烏氏、朐衍之戎，而晉北有林胡、樓煩之戎，燕北有東胡、山戎。各分散谿谷，自有君長，往往而聚者百有餘戎，然莫能相壹。

酈道元《水經注》卷四《河水》　又南至華陰潼關，渭水從西來注之。汲郡《竹書紀年》曰：晉惠公十五年，秦穆公帥師送公子重耳，涉自河曲。《春秋左氏·僖公二十四年》，秦伯納之，及河，子犯以璧授公子曰：臣負羈紲從君巡于天下，臣之罪多矣，臣猶知之，而况君乎？請由此亡。公子曰：所不與舅氏同心者，有如白水。投璧于此。子推笑曰：天開公子，子犯以爲功，吾不忍與同位，遂逃焉。

酈道元《水經注》卷六《汾水》　西南過高梁邑西，【略】汾水又南逕高梁故城西，故高梁之墟也。《春秋·僖公二十四年》，秦穆公納公子重耳于晉，殺懷公于此。

酈道元《水經注》卷六《涑水》　又南過解縣東，又西南注于張陽池。涑水又西逕猗氏縣故城北。《春秋·文公七年》，晉敗秦于令狐，至于刳首，先蔑奔秦，士會從之。闞駰曰：令狐即猗氏也。刳首在西三十里，縣南對澤，即猗頓之故居也。《孔叢》曰：猗頓，魯之窮士也，耕則常饑，桑則常寒。聞朱公富，往而問術焉。朱公告之曰：子欲速富，當畜五牸。于是乃適西河，大畜牛羊于猗氏之南，十年之間，其息不可計，貲擬王公，馳名天下，以興富于猗氏，故曰猗頓也。涑水又西逕郇城，《詩》云郇伯勞之。蓋其故國也。杜元凱《春秋釋地》云：今解縣西北有郇城。服虔曰：郇國在解縣東，郇瑕氏之墟也。余按《竹書紀年》云，晉惠公十有四年，秦穆公率師送公子重耳，圍令狐，桑泉、臼衰，皆降于秦師，狐毛與先軫禦秦，至于廬柳，乃謂秦穆公，使公子縶來與師言，退舍，次于郇，盟于軍。京相璠《春秋土地名》曰：桑泉、臼衰竝在解東南，不言解，明不至解。可知《春秋》之文，與《竹書》不殊。今解故城東北二十四里有故城，在猗氏故城西北，鄉俗名之爲郇城，考服虔之説，又與俗符，賢于杜氏單文孤證矣。涑水又西南逕解縣故城南。《春秋》：晉惠公因秦返國，許秦以河外五城，内及解梁，即斯城也。涑水又西南逕瑕城，晉大夫詹嘉之故邑也。《春秋·僖公三十年》，秦、晉圍鄭，鄭伯使燭之武謂秦穆公曰：晉許君焦、瑕，朝濟而夕設版者也。京相璠曰：今河東解縣西南五里有故瑕城。

酈道元《水經注》卷一八《渭水》　又東過武功縣北，【略】又有鳳臺、鳳女祠。秦穆公時，有簫史者，善吹簫，能致白鵠、孔雀，穆公女弄玉好之，公爲作鳳臺以居之。積數十年，一旦隨鳳去。云雍宫世有簫管之聲焉。今臺傾祠毁，不復然矣。

酈道元《水經注》卷一九《渭水》　又東過霸陵縣北，霸水從縣西北流注之。霸者，水上地名也，古曰滋水矣。秦穆公霸世，更名滋水爲霸水，以顯霸功。

梁玉繩《人表考》卷四《中上·秦繆公》　秦穆公始見《書·秦誓》序、《詩·黄鳥》、《晨風》序、《左》成十三、《晉語》二，成公弟始見《史·秦紀》。名任好。《左》文六。亦曰秦穆，文三、四、六。亦曰秦公，《晉語》三。亦單稱穆。成十三。立三十九年。《史·秦紀》、《年表》。葬雍橐泉宫祈年館下。《秦紀》及本書《劉向傳》。案秦伯之謚，《公羊》、《史記》作繆，與穆同。而《史·蒙恬傳》、《風俗通皇霸篇》以繆爲惡謚，讀靡幼反，宋姚鉉《唐文粹》有皮日休《秦穆論謚》及明楊慎《二伯論》並從之。惟唐段成式《酉陽雜俎·續集》云：《論衡》言秦穆爲繆，音謬，可笑也。何休於《公羊》文十、十二、十八注以穆公子康公罃爲穆公，蓋因《春秋》不書穆公卒，遂誤認子作父耳。

備論

《韓非子·十過》　奚謂耽於女樂？昔者戎王使由余聘於秦，穆公問之曰：

「寡人嘗聞道而未得目見之也，願聞古之明主得國失國何常以？」由余對曰：「臣嘗得聞之矣，常以儉得之，以奢失之。」穆公曰：「寡人不辱而問道於子，子以儉對寡人，何也？」由余對曰：「臣聞昔者堯有天下，飯於土簋，飲於土鉶。其地南至交趾，北至幽都，東西至日月之所出入者，莫不賓服。堯禪天下，虞舜受之，作爲食器，斬山木而財之削鋸修之迹，流漆墨其上，輸之於宮以爲食器。諸侯以爲益侈，國之不服者十三。舜禪天下而傳之於禹，禹作爲祭器，墨染其外，而朱畫其內，縵帛爲茵，蔣席頗緣，觴酌有采，而樽俎有飾。此彌侈矣，而國之不服者三十三。夏后氏没，殷人受之，作爲大路，而建九旒，食器雕琢，觴酌刻鏤，四壁堊墀，茵席雕文。此彌侈矣，而國之不服者五十三。君子皆知文章矣，而欲服者彌少。臣故曰儉其道也。」由余出，公乃召内史廖而告之，曰：「寡人聞鄰國有聖人，敵國之憂也。今由余，聖人也，寡人患之，吾將奈何？」内史廖曰：「臣聞戎王之居，僻陋而道遠，未聞中國之聲。君其遺之女樂，以亂其政，而後爲由余請期，以疏其諫。彼君臣有間而後可圖也。」君曰：「諾。」乃使史廖以女樂二八遺戎王，因爲由余請期。戎王許諾，見其女樂而説之，設酒張飲，日以聽樂，終歲不遷，牛馬半死。由余歸，因諫戎王，戎王弗聽，由余遂去之秦。秦穆公迎而拜之上卿，問其兵勢與其地形。既以得之，舉兵而伐之，兼國十二，開地千里。故曰：耽於女樂，不顧國政，亡國之禍也。

吕祖謙《左氏傳説》卷三《晉敗秦師于殽》 五霸莫盛于桓文。以桓公初時一箇規模宏遠，豈晉文之所能及，桓公身死之後，未幾五公子争立，其國遂亂。晉文之後，襄、靈、景、厲、悼六七君，迭相爲霸，與春秋相爲終始，何故？此蓋有兩説：其一是齊之所以霸，獨倚一管仲。管仲以一身任齊國事，更不旁招俊乂，爲齊子孫之計。晉文雖死，有狐、趙輩相與維持，風聲氣習，接續不絶，此一説也。其二桓公之後，孝公懦弱無志，不能激昂奮厲，紹桓公已成之業。且如鹿上之盟，既頫首聽宋人之命，其後宋敗，方敢舉伐宋之師，大抵畏彊陵弱，豈是霸者規模？此所以不能復齊桓之業。晉文既死，襄公殽之役雖未必是，然既能勝彊敵，終不至於委靡。此又一説也。此二説也，固可見齊晉霸業之久近。

吕祖謙《左氏傳説》卷四《蹇叔言師之所爲鄭必知之》 秦穆公興兵伐鄭，而蹇叔諫勞師襲遠，非所聞也，師之所爲，鄭必知之，且行千里，其誰不知？秦伯不用蹇叔之言，終於出師，所以有殽之敗。論蹇叔諫秦伯一段，爲秦穆公謀甚忠。後世論蹇叔能料事情於千里之外如此之審，自今觀之，大抵看書考古今成敗，不當隨成敗論。若以成敗看，蹇叔爲秦穆公逆料事情於千里之外如此精審，雖蓍龜亦不過如是，此未免爲隨事迹論人。若深考事情，蹇叔意甚忠，所以諫秦伯之辭，當時所料，未爲精審。如謂師之所爲，鄭未必知，幸然鄭商人弦高將市於周，方知秦師之出，以牛十二犒秦師，詐爲鄭辭以款秦師，使傳告於鄭。鄭聞其言，然後使視客館，方見束載厲兵秣馬，以此知秦師出。路上不遇弦高，鄭未必知，秦未必不成功。則蹇叔師行千里其誰不知之言，未爲精審，這未見得事情。舉此一段看古今成敗，不當以迹看。雖然，蹇叔之言，其中自有精審處。若「勤而無所，必有悖心」，此兩句卻最精審。何故？其勞師千里，既無所成，必不肯空手歸，所以滅滑。當時本要滅鄭，不要滅滑，所以既勤而無所，所以滅滑而還，果中蹇叔之所料。當時秦聞鄭知便歸，時尚可以全師，蹇叔前幾句雖忠，未料得事情，惟是此兩句料得事情出，所以最爲精審。

吕祖謙《左氏傳説》卷四《秦伯猶用孟明》 秦穆公用孟明，有殽之敗，左右皆罪孟明。公獨舉周芮良夫之詩，且曰「孤實貪以禍夫子」，復使爲政。穆公悔過，《秦誓》見之詳矣。參之以此段，方見得穆公自知得病源在於貪。向使穆公不知病源所在，則雖欲悔過，亦無下工夫處。惟穆公既自知得病源，所以悔過，又能刻意消除之，此所以遂霸西戎。大抵學者要做工夫，亦須各自知得病源，方會長進。且如《易》之《噬嗑》卦，口中有物，欲噬而嗑之，故謂之噬嗑。其爻辭曰：「利用獄，何取夫獄。」蓋獄之情有間，亦如口中有物，須是推究獄情，知其病之所在而噬嗑之。殽之敗，穆公再用孟明，未足爲難。及彭衙再衄之後，猶用孟明，實天下之至難也。蓋一敗雖不足以沮穆公之心，再敗而不沮者實寡，穆公所以能爲天下至難之事者，只緣他見得定處，故能信之不移，任之不易也。大凡人君任人，須是要見得端的，方能如此。

顧炎武《日知録》卷二《秦誓》 有秦誓故列《秦誓》，有秦詩故録《秦詩》，述而不作也。謂天子逆知天下之將並於秦而存之者，小之乎知聖人矣。秦穆公之盛，僅霸西戎，未嘗爲中國盟主，無論齊桓、晉文，即亦不敢望楚之靈王、吴之夫差合諸侯而制天下之柄。春秋以後，秦蓋中衰。吴淵穎曰：「秦之興，始於孝公之用商鞅，成於惠王之取巴蜀。蠶食六國，并吞二周，戰國之秦也，非春秋之秦也。其去夫子之卒也久矣，夫子惡知周之必并於秦哉！」若所云「後世男子，自稱秦始皇，入我房，顛倒我衣裳，至沙丘而亡」者，近於圖澄、寶誌之流，非所以言孔子矣。

《甘誓》，天子之事也；《胤征》，諸侯之事也。並存之，見諸侯之事可以繼天

子也。《費誓》、《秦誓》之存猶是也。

馬驌《繹史》卷五四《秦穆公霸西戎論》 中國不可一日無霸也，齊桓既没，晉文未興，曠八年而無霸矣，無霸而有霸，則秦穆公爲之也。穆公之初年，齊桓方盛，會盟征伐，不一及秦。不惟不及秦，且不及晉。晉獻公内亂，易樹子，以妾爲妻，葵丘之首戒也，興師致討，宜莫如晉，而桓公若罔聞焉，何居？桓猶獻也，如夫人者六人，五公子皆求立，已則多瑕，何以正人？故里克兩弑，莫能問也。穆公於是再置晉君，輔以紀綱之僕，文公得是藉也，以霸諸侯，故曰，晉之霸也，秦穆公其有焉，定獻之亂，成文之功，中國再振，是齊桓所不能爲者，穆能爲之矣。秦、晉世好，締以昏媾，乃圍鄭之役，秦受私盟，二國之畔，於兹焉始。既而秦復襲鄭，晉襄墨絰以擊之，隻輪不反，《春秋》於是大惡秦也，斥而貶之，爲其貪遠國，違黄髮，亂人男女，喪其師徒也。穆公悔過，而能用賢，彭衙再敗，又復修德，三舉而晉不能争，轉敗爲功，賢孰大焉。内削戎患，辟地千里，《左氏》大其悔過也，爲張其辭曰：「遂霸西戎。」豈不韙哉！《書》載《秦誓》，取其悔過；《詩》録《黄鳥》，譏其殺良。其亂命可戒，其用人可法，秦穆之爲秦穆，盡於此矣。

高士奇《左傳紀事本末》卷五二《秦穆公伯西戎論》 秦穆公，春秋之賢諸侯也。驪姬之亂，晉君數弑，國幾亡。穆公立夷吾，及夷吾背德，有韓原之戰，執晉侯以歸，而卒反之。晉饑，又輸之粟，曰：「吾怨其君，而矜其民。」惠、懷無親，外内棄之，則又置文公以定其難。襄王之未入也，秦伯師於河上，將納王，以晉文公納之而止。此其天資仁厚，舉動光偉，加於人一等矣。生平之失，惟貪燭之武東道主之言，而背晉；惑杞子、逢孫、楊孫之説，而襲鄭，則皆利令智昏之所致耳。然自敗殽之後，素服郊次，深自怨艾，作悔過之誓。聖人序《書》，特列於百篇之末。日月之更，殆難以一眚掩矣。至其報恨王官，封尸殽坻，成濟河焚舟之功焉。其舉人之周，與人之壹，天下稱之。孟明之始敗也，曰：「孤實貪以禍夫子，夫子何罪？」及再敗彭衙，三敗取汪，猶不替孟明，因而增脩國政，使趙成子聞聲而知懼。子桑知人，而終信以視。楚殺得臣，晉人竊喜；魯用曹沫，齊桓反地，其得失不深切著明哉？百里奚，虞之俘囚也，舉之牛口之下；蹇叔賢而世莫知，五羖大夫薦達之，迎以爲上大夫；由余，戎之賢臣也，及其來歸，以客禮之。爰是益國十二，開地千里，遂霸西戎，天子使召公賀以金鼓。當是時，秦國之强，儕於齊、晉、荆楚，則亦改過不吝，用人惟己之所致矣。獨其僻在西陲，禮未同於中國，而用子車氏之三子以殉，《黄鳥》之詩作焉，秦自此不復能東征矣。君子是以惜其盛德之累也。

魏禧《魏叔子文集》外篇卷二《殽一》 王者之師，計義而後動；伯者之師，計利而後動。苟有以自利其國而卒免于後害，則違德拂義，顧有所不暇論，是則伯者之圖也。昔者晉與秦有數大惠而無毫髮之怨，晉無故而敗其師于殽，以先釁于强國。當是時，先軫以「不哀吾喪而伐同姓」爲秦罪。且夫滅曹分衛，晉身爲不道矣，而顧秦是責，何哉？夫予人者驕人，受人者制于人，此以知因人者之必不能免于自禍也。

子糾依魯，見殺于生竇。宋納厲公，責賂而無厭，鄭不能堪。獻公之死也，晉國内亂，夷吾因秦師，反辟于晉，其後卒敝之于韓原。吾觀夷吾背惠反德，繆行誅殺，有自取死之道，亡國僇身不足爲怪。然晉以新起最勝之國，師徒撓敗，菲骨郊原，秦人廢置其君，曾如反覆手之易。蓋晉不足取重于秦，而諸侯亦自此而輕晉矣。

且夫文公復國，既又用秦人之力，文公死而襄公立，是故以分則秦大父也，以德則造國者也。父死而孤立，則國家多難安危治亂之一日也。晉之君臣以爲不立威則無以聲諸侯，而讐秦人非望之心，不戰勝强國則無以立威。昔者齊桓公死，其子孝公因宋襄以定位。齊之後無復能伯諸侯者，則以孝公因人定位，不能立威故也。山西之國最强莫如秦。秦有廬柳之恩而又有韓原之威，今方過軼于殽，乘其阻而戹之，制勝萬全而無後慮。此先軫所謂天奉之一時，不可失也。于是卒敗秦師而伯諸侯。雖然，悖天道，絶人理，足以動天下之兵。晉之不終覆於秦也，蓋亦幸哉！

魏禧《魏叔子文集》外篇卷二《殽二》 秦之襲鄭也，與二三大臣陰計于戟門之内，千里襲人。然晉人知其出師之故，其君臣之謀議所以從違之意，皆得而知之，如耳聞而面命然。古人之于敵，固未有不用間而能成功也。漢景之世，七國反叛，周亞夫討之。趙涉説曰：「吴王知將軍行，必置間人于殽、澠阸陿之間。」及亞夫至滎陽，使吏搜殽、澠間，果得之，于是安驅至于昌邑。吴、楚之謀，亦固欲以間人勝也。孟明徑師于殽，而不虞人之乘其險，不知出趙涉之計，此所以爲晉禽哉！

用間有四：有事于其國陷釁而圖之者；有餌其臣僕漏言于我者；有離其君臣將相之交者；有使人入其境諜其事以告者。春秋時衛欲伐邢，禮至以昆弟仕

之，掖殺國子而滅邢；韓鄭國事秦，勸之開渠以罷其力：此所謂事于其國者也。越賂太宰嚭，而句踐反國；漢通項伯，沛公免死：此所謂餌其臣僕者也。秦欲圖趙而先去廉頗，漢欲滅楚而豫疎范增：此所謂離其交者也。趙括不知秦用武安君而敗，淮陰侯知趙不用李左車而勝：此所謂諜其事者也。夫用間而僅諜事以告，爭勝負于一時，此亦策之最下者。世之爲將者，則併舉其下策而棄之也。

藝文

《詩序》 《黃鳥》，哀三良也。國人刺穆公以人從死，而作是詩也。

《詩經·秦風·黃鳥》 交交黃鳥，止于棘。誰從穆公？子車奄息。維此奄息，百夫之特。臨其穴，惴惴其慄。彼蒼者天，殲我良人！如可贖兮，人百其身。○交交黃鳥，止于桑。誰從穆公？子車仲行。維此仲行，百夫之防。臨其穴，惴惴其慄。彼蒼者天，殲我良人！如可贖兮，人百其身。○交交黃鳥，止于楚。誰從穆公？子車鍼虎。維此鍼虎，百夫之禦。臨其穴，惴惴其慄。彼蒼者天，殲我良人！如可贖兮，人百其身。

《楚辭·屈原〈九章·惜往日〉》 聞百里之爲虜兮，伊尹烹於庖廚。呂望屠於朝歌兮，甯戚歌而飯牛。不逢湯、武與桓、繆兮，世孰云而知之！

《墨子·明鬼下》 昔者(鄭)〔秦〕穆公當晝日中處乎廟，有神入門而左，鳥身，素服三絶，面狀正方。(鄭)〔秦〕穆公見之，乃恐懼，犇，神曰：「無懼！帝享女明德，使予錫女壽十年有九，使若國家蕃昌，子孫茂，毋失。」(鄭)〔秦〕穆公再拜稽首曰：「敢問神名？」曰：「予爲句芒。」若以(鄭)〔秦〕穆公之所身見爲儀，則鬼神之有豈可疑哉？

《建安七子集》卷三《王粲集·詠史詩二首》 自古無殉死，達人共所知。秦穆殺三良，惜哉空爾爲。結髮事明君，受恩良不訾。臨歿要之死，焉得不相隨。妻子當門泣，兄弟哭路垂。臨穴呼蒼天，涕下如綆縻。人生各有志，終不爲此移。同知埋身劇，心亦有所施。生爲百夫雄，死爲壯士規。《黃鳥》作悲詩，至今聲不虧。

《建安七子集》卷五《阮瑀集·詠史詩二首》 誤哉秦穆公，身没從三良。忠臣不違命，隨軀就死亡。低頭闚壙户，仰視日月光。誰謂此可處？恩義不可忘。路人爲流涕，黃鳥鳴高桑。

庾信《庾子山集》卷一〇《秦穆王飲盜駿馬讚》 駿馬遇盜，秦王不嗔。先傾美酒，翻畏傷人。鄰兵向國，窮寇侵秦。於時大盜，還作功臣。

《柳宗元集》卷四三《詠三良》 束帶值明后，顧盼流輝光。一心在陳力，鼎列夸四方。款款効忠信，恩義皎如霜。生時亮同體，死没寧分張？壯軀閉幽隧，猛志填黃腸。殉死禮所非，況乃用其良？霸基弊不振，晉楚更張皇。疾病命固亂，魏氏言有章。從邪陷厥父，吾欲討彼狂。

《蘇東坡集》卷一《秦穆公墓》 橐泉在城東，墓在城中無百步。乃知昔未有此城，秦人以泉識公墓。昔公生不誅孟明，豈有死之日而忍用其良？乃知三子徇公意，亦如齊之二子從田橫。古人感一飯，尚能殺其身。今人不復見此等，乃以所見疑古人。古人不可望，今人益可傷。

《蘇東坡集》卷八《詛楚文》 碑獲於開元寺土下。今在太守便廳。秦穆公葬於雍橐泉祈年觀下，今墓在開元寺之東南數十步，則寺豈祈年之故基耶？淮南王遷於蜀，至雍道病卒，則雍非長安，此乃古雍也。

峥嶸開元寺，髣髴祈年觀。舊築掃成空，古碑埋不爛。詛書雖可讀，字法嗟久換。詞云秦嗣王，敢使祝用瓚。先君穆公世，與楚約相捍。質之於巫咸，萬葉期不叛。今其後嗣王，乃敢搆多難。刳胎殺無罪，親族遭圉絆。計其所稱訴，何啻桀紂亂。吾聞古秦俗，面詐背不汗。豈惟公子卬，社鬼亦遭謾。遼哉千歲後，發我一笑粲。

《王十朋全集·詩集》卷一〇《詠史詩·秦穆公》 秦穆平生善用兵，孟明三敗始功成。後人不識兵家勢，異議紛從勝負生。

高啓《高青丘集》卷二《詠三良》 殉葬古所禁，秦國固戎風。穆公臨棄朝，要此三臣從。三臣百夫良，不與親暱同。一旦使俱斃，無人國將空。捐生豈不難，忠義感素衷。長恐先朝露，無由奉君終。遺命凛在耳，焉能惜微躬。但懼嗣主孤，誰當共成功？高墳荆棘間，玄雲閉幽宫。壯魄同此歸，冥冥路安通。國人痛莫贖，灑淚呼彼穹。傷哉《黃鳥》詩，流哀竟無窮！

董説《七國考》卷七《秦音樂·鈞天之樂》 《碧巖大乘注》云：「秦繆公夢饗於帝庭，得《鈞天廣樂》而下。其後繆公因作《鈞天之樂》。」《西京賦》云：「昔者(天)〔大〕帝悦秦繆公而觀之，饗以《鈞天廣樂》。帝有醉焉，乃爲金策，錫用此土，而翦諸鶉首。」

董説《七國考》卷九《秦雜祀·鳳女祠》 《列仙傳》：「秦穆公時，蕭史夫婦皆隨鳳凰飛去，故秦人爲作鳳女祠於雍宫中，時有簫聲而已。」

董説《七國考》卷一三《秦災異·雷火化爲雀》 《尚書中候》云：「秦穆公出狩，至於咸陽。天震大雷，下有火化爲雀，銜緑丹書，集於公車，文曰『秦伯霸』。」又按魚豢《典略》：「秦伯出獵，至於咸陽，有大鳥流下，化爲白雀，銜緑丹書，集於公車。」即其事也。

董説《七國考》卷一四《秦瑣徵·輕粉》 秦穆公作輕粉，見《物原》。蕭史與秦穆公鍊飛雪丹，第一轉與弄玉塗之，今之水銀膩粉是也。見《古今注》。

百里奚部

綜述

《史記》卷五《秦本紀》 五年，晉獻公滅虞、虢，虜虞君與其大夫百里傒，以璧馬賂於虞故也。既虜百里傒，以爲秦繆公夫人媵於秦。百里傒亡秦走宛，楚鄙人執之。繆公聞百里傒賢，欲重贖之，恐楚人不與，乃使人謂楚曰：「吾媵臣百里傒在焉，請以五羖羊皮贖之。」楚人遂許與之。當是時，百里傒年已七十餘。繆公釋其囚，與語國事。謝曰：「臣亡國之臣，何足問！」繆公曰：「虞君不用子，故亡，非子罪也。」固問，語三日，繆公大説，授之國政，號曰五羖大夫。百里傒讓曰：「臣不及臣友蹇叔，蹇叔賢而世莫知。臣常游困於齊而乞食銍人，蹇叔收臣。臣因而欲事齊君無知，蹇叔止臣，臣得脱齊難，遂之周。周王子頹好牛，臣以養牛干之。及頹欲用臣，蹇叔止臣，臣去，得不誅。事虞君，蹇叔止臣。臣知虞君不用臣，臣誠私利祿爵，且留。再用其言，得脱；一不用，及虞君難：是以知其賢。」於是繆公使人厚幣迎蹇叔，以爲上大夫。

秋，繆公自將伐晉，戰於河曲。晉驪姬作亂，太子申生死新城，重耳、夷吾出犇。

九年，齊桓公會諸侯於葵丘。

晉獻公卒。立驪姬子奚齊，其臣里克殺奚齊。荀息立卓子，克又殺卓子及荀息。夷吾使人請秦，求入晉。於是繆公許之，使百里傒將兵送夷吾。

三十六年，繆公復益厚孟明等，使將兵伐晉，渡河焚船，大敗晉人，取王官及鄗，以報殽之役。晉人皆城守不敢出。於是繆公乃自茅津渡河，封殽中尸，爲發喪，哭之三日。乃誓於軍曰：「嗟士卒！聽無譁，余誓告汝。古之人謀黄髮番番，則無所過。」以申思不用蹇叔、百里傒之謀，故作此誓，令後世以記余過。君子聞之，皆爲垂涕，曰：「嗟乎！秦繆公之與人周也，卒得孟明之慶。」

雜録

備録

《莊子・田子方》 百里奚爵祿不入於心，故飯牛而牛肥，使秦穆公忘其賤，與之政也。有虞氏死生不入於心，故足以動人。

《呂氏春秋・孝行覽・慎人》 百里奚之未遇時也，亡虢而虜晉，飯牛於秦，傳鬻以五羊之皮。公孫枝得而説之，獻諸繆公，三日，請屬事焉。繆公曰：「買之五羊之皮而屬事焉，無乃天下笑乎？」公孫枝對曰：「信賢而任之，君之明也；讓賢而下之，臣之忠也。君爲明君，臣爲忠臣。彼信賢，境内將服，敵國且畏，夫誰暇笑哉？」繆公遂用之。謀無不當，舉必有功，非加賢也。使百里奚雖賢，無得繆公，必無此名矣。今焉知世之無百里奚哉？故人主之欲求士者，不可不務博也。

《呂氏春秋・不苟論・不苟》 秦繆公相百里奚，晉使叔虎、齊使東郭蹇如秦，公孫枝請見之。公曰：「請見客，子之事歟？」對曰：「非也。」「相國使子乎？」對曰：「不也。」公曰：「然則子事非子之事也。秦國僻陋戎夷，事服其任，人事其事，猶懼爲諸侯笑。今子爲非子之事，退，將論而罪。」公孫枝出，自敷於百里氏。百里奚請之。公曰：「此所聞於相國歟。枝無罪奚請？有罪奚請焉？」百里奚歸，辭公孫枝。公孫枝徙，自敷於街。百里奚令吏行其罪。定分官，此古人之所以爲法也。今繆公鄉之矣，其霸西戎，豈不宜哉？

《韓詩外傳》卷七 百里奚自賣五羊之皮，爲秦伯牧牛，舉爲大夫，則遇秦繆公也。

劉向《説苑・臣術》 秦穆公使賈人載鹽，徵諸賈人，賈人買百里奚以五羖羊之皮，使將軍之秦，秦穆公觀鹽，見百里奚牛肥，曰：「任重道遠以險，而牛何以肥也？」對曰：「臣飲食以時，使之不以暴；有險，先後之以身，是以肥也。」穆公知其君子也，令有司其沐浴爲衣冠與坐，公大悦。異日與公孫支論政，公孫支大不寧曰：「君耳目聰明，思慮審察，君其得聖人乎！」公曰：「然，吾悦夫奚之

言，彼類聖人也。」公孫支遂歸取鴈以賀曰：「君得社稷之聖臣，敢賀社稷之福。」公不辭，再拜而受。明日，公孫支乃致上卿以讓百里奚，曰：「秦國處僻民陋以愚無知，危亡之本也，臣自知不足以處其上，請以讓之。」公不許，公孫支曰：「君不用賓相而得社稷之聖臣，君之禄也；臣見賢而讓之，臣之禄也。今君既得其禄矣，而使臣失禄可乎？請終致之！」公不許。公孫支曰：「臣不肖而處上位，是君失倫也，不肖失倫，臣之過，進賢而退不肖，君之明也。今臣處位，廢君之德而逆臣之行也，臣將逃。」公乃受之。故百里奚爲上卿以制之，公孫支爲次卿以佐之也。

應劭《風俗通義·佚文·情遇》 百里奚爲秦相，堂上作樂，所賃澣婦，自言知音，呼之，搏髀援琴，撫絃而歌者三。其一曰：「百里奚，五羊皮，憶别時，烹伏雌，炊扊扅，今日富貴忘我爲。」其二曰：「百里奚，初娶我時五羊皮，臨當别時烹乳雞，今適富貴忘我爲。」其三曰：「百里奚，百里奚，母已死，葬南谿，墳以瓦，覆以柴，舂黄藜，搤伏雞，西入秦，五羖皮，今日富貴捐我爲。」問之，乃其故妻，還爲夫婦也。

梁玉繩《人表考》卷三《上下智人·百里奚》 百里奚始見《孟子》及諸子書。百又作伯，《韓子·難言》。奚又作傒，《管子·小問》。又作傒。《史·秦紀》。虞之公族，《唐書》白氏世系表。號五羖大夫，《史·秦紀·商君傳》。亦曰百里子，亦曰百里氏，亦曰百里，亦單稱百。並見下。秦穆公殺之而非其罪。《史·蒙恬傳》、《風俗通·皇霸》。案余弟《左通》曰：僖十三年《傳》百里，《通志·氏族略》三云：百里奚，家于百里，因氏焉。此説未敢信。果以所居爲氏，傳不應單舉其氏。愚謂百乃氏，里其字，奚名也。《荀子·成相》亦祇稱百里，《韓子·難言篇》：伯里子道乞。或其氏以伯爲百。僖三十二年《正義》遂以百里爲姓。檢隱十一年有許大夫百里，亦得謂單舉其氏乎？觀《廣韻》百字下引百里奚不言複姓可證。《氏族略》引《風俗通》：百里氏，秦大夫百里奚之後。蓋子孫以字爲氏，寧得謂奚即氏百里耶？余弟所辨甚新，更補一證曰：《楚辭》王逸《九思》：百貿易兮傳鬻。但究以氏百里爲愜，即單舉其氏亦無不可。不獨《荀子》稱百里，《楚辭·惜往日》曰：聞百里之爲虜。《鶡冠子·世賢》曰：百里醫秦。《備知》曰：秦用百里。《易林·隨之復》曰：穆違百里。《升之坤》曰：百里南行。況《呂氏春秋·不苟篇》明言百里氏，與《公》、《穀》百里子，《韓子》伯里子同。故僖三十二年疏依杜《世族譜》以百里爲姓。而居于百里之説，《通志》本《風俗通》，《唐書》白氏表亦載之。我所疑者，《左傳》之百里耳。《傳》先云百里，後云孟明，又云百里孟明視，則百里者是孟明，而非百里奚也。杜注：百里，秦大夫。極有斟酌。史遷《秦紀》謬以百里傒實之，大遷且合奚與井伯作一人，何怪誤認孟明爲奚乎？奚之行事，《左傳》不見，《公》、《穀》曾一及之。孟明乃奚之族，其舉用由公孫枝。杜《譜》從《史》謂孟明，奚子，《呂覽·悔過》謂蹇叔子，均屬傳譌妄記。又《孟子》言奚去虞入秦，年已七十。考魯僖五年，晉滅虞，至僖三十二，秦襲鄭，奚尚在，則年百歲矣。《商君傳》曰相秦六七年，蓋專指其爲相言之。《金石録·五羖碣》，諸侯受封百里，因氏。

梁玉繩《漢書人表考補·百里奚》 《九域志》：墓在鄧州。《寰宇記》：在南陽縣西南七里。

備論

《孟子·萬章上》 萬章問曰：「或曰，百里奚自鬻於秦養牲者五羊之皮，食牛，以要秦繆公，信乎？」

孟子曰：「否。不然。好事者爲之也。百里奚，虞人也。晉人以垂棘之璧與屈産之乘，假道於虞以伐虢，宫之奇諫，百里奚不諫，知虞公之不可諫而去之秦，年已七十矣，曾不知以食牛干秦繆公之爲汙也，可謂智乎？不可諫而不諫，可謂不智乎？知虞公之將亡而先去之，不可謂不智也。時舉於秦，知繆公之可與有行也而相之，可謂不智乎？相秦而顯其君於天下，可傳於後世，不賢而能之乎？自鬻以成其君，鄉黨自好者不爲，而謂賢者爲之乎？」

俞正燮《癸巳類稿》卷一一《百里奚事異同論》 百里奚之自賣也，以爲賣於養牲者：《孟子·萬章》云，百里奚自鬻於秦養牲者五羊之皮，食牛以要秦穆公。《説苑·臣術篇》云，賈人買百里奚，以五羊皮使將鹽車之秦。《善説篇》云，百里奚自賣五羊之皮，爲秦人虜。《史記·商君列傳》云，自賣於秦客是也。謂即賣於秦穆公者：《韓詩外傳》云，百里奚自賣五羊皮，爲秦伯牧牛。《管子·小問篇》云，百里奚秦之飯牛者也。《韓非子·説難》云，百里奚爲虜，以干上也。《難一》云，爲虜於穆公，不辭卑辱。《難二》云，自以爲虜於穆公，虜所辱也。蒙辱而接君上，賢者之憂世急也。虜即是奴。《鹽鐵論》御史云，百里奚以飯牛要穆公，始爲苟合，何言不從，何道不行？是韓非之餘論。謂賣於公孫枝者：《呂氏春秋·慎人》云，百里奚之未遇時也，亡虢而虜晉，飯牛於秦，傳鬻以五羊之皮。公孫枝得而説之，獻諸繆公。則賣于秦客，賣于繆公，賣于公孫枝，有三説也。謂

係奴者，《史記・孔子世家》云，起縲紲之中，與語三日。《呂氏春秋・慎人篇》云，百里奚虞亡虜縛；《知度篇》云，百里奚霸王之船驥也，任僕虜。《鶡冠子・世兵篇》云，百里奚官奴。或爲晉所虜係，或在秦，又自陷於刑科。《說苑・尊賢篇》云，親舉五羖大夫於係縲之中。又《文選・演連珠》注引《韓詩外傳》禽息云，奚陷刑臣之罪也。則奚于秦以罪爲奴。《周官・司厲》注云，今之奴婢，古之罪人。《晏子春秋・雜上》云，越石父爲人臣僕。《史記・晏子列傳》云，在縲紲中是也。其賣也，《秦策》云，百里奚虞之乞人，傳賣以五羊之皮。《韓非子・難言》云，百里奚道乞。《韓詩外傳》云，百里奚逐於齊，自賣五羊之皮，爲一軛之車入秦。《淮南子・修務訓》云，百里奚轉賣。《說苑・雜言篇》云，自賣取五羊皮。《尊賢篇》云，導之於路，傳賣五羊之皮。《漢書・王襃傳》云，百里爲自賣。王逸《九思》云，百貿易兮傳賣。《北堂書鈔》引《風俗通》云，奚妻歌曰：初娶我時，五羊皮。又曰，西入秦，五羊皮。依《雜言》則自賣取五羊皮以西入秦，依《尊賢》則爲人略賣。依《修務訓》注，轉行自賣則以智自脱，轉資秦客入秦。依《風俗通》則奚好羊皮，事事資之。《莊子・庚桑楚》篇釋文云，百里奚好秦而拘於宛，故秦穆公以五羖皮贈之於楚。或曰奚好五色羊裘，故穆公因其好也，此《莊子》所謂籠百里奚者。《韓詩》及《九思》亦言，奚販羊裘也。《秦策》云，奚虞之乞人。《史記・鄒陽傳》云，百里奚乞食於道路。注應劭云，聞穆公賢，欲往干之，乏資乞食以自致。《孟子》云，百里奚舉於市。注云，奚之秦隱於都市。都市固販裘之所，亦乞食所也。其飯牛也，《莊子・田子方》云，百里奚爵禄不入於心，故飯牛而牛肥。《說苑・臣術篇》云，穆公觀鹽，見其牛肥，問之。《藝文類聚》張溫《自理》云，百里奚賢秦穆公，欲干之。穆公好牛，奚因賃養牛。劉孝標《世說》注云，《相牛經》曰：牛經出甯戚傳，百里奚相牛亦一藝，不試，故藝不爲非也。其舉也，孟子云，於市；《史記・孔子世家》云，於縲紲之中；《商君列傳》云，於牛口之下。案，魏李康《運命論》云，伊尹、太公、百里奚、張良，名在于籙圖，事應乎天人。《北齊書・樊遜傳》云，百里奚相秦，名存雀籙。則是讖緯所著。《史記・趙世家》云，秦讖於是出矣，當穆公時。是穆公披圖求賢，志在必得其人。故李斯云，東得百里奚於宛。揚雄云，百里入而秦喜，爲秦相之求奚也。其進奚者，《後漢書・朱暉傳》注、《文選・演連珠》注並引《韓詩外傳》云，禽息薦百里奚於穆公，以爲私而加刑焉，後禽息以首觸楹而死。《漢書・杜鄴傳》注應劭云，穆公出，禽息當車，以頭擊闑，腦乃播出，穆公感悟，乃用百里奚。《論衡・儒增篇》云，儒言禽息碎首，當是撲頭。《韓非子・說林上》則云，公孫友自刖而尊百里。《說苑・臣術篇》云，公孫支致上卿，以讓百里奚。奚爲上卿以制之，支爲次卿以佐之。《呂氏春秋・慎人篇》云，公孫枝得而說之。知友即支，枝所薦爲百里視，非奚也，奚實賢者，後人喜稱説之，增加事蹟，不能强同。《史記・秦本紀》云，百里奚嘗游困於齊而乞食，蹇叔收之。奚欲事齊君無知，蹇叔止之，脱齊難，遂之周。周王子穨好牛，奚以養牛干穨，穨欲用奚，蹇叔又止。奚及去，事虞君，不用蹇叔言，爲晉所執，以媵秦穆姬。又亡秦走宛，楚鄙人執之。穆公欲重贖之，恐楚人不與，乃以五羖羊皮贖之。此實事也。《商君列傳》云，五羖大夫，荆之鄙人也。正義云，南陽宛人。《李斯列傳》正義云，《新序》曰：百里奚，楚宛人，仕於虞。虞亡入秦。《晉世家》云，滅虞，虜其大夫井伯百里奚以媵秦穆姬。正義引《南雍州記》云，百里奚字井伯，宛人也。劉孝標《世說》注引《楚國先賢傳》云，百里奚字井伯，楚國人，少仕於虞，爲大夫。奚，宛人，故亡秦走宛。宛，楚鄙也。《水經・淯水注》云，梅溪水南逕百里奚故宅。奚宛人也，於秦爲賢大夫，所謂迷虞智秦者也。本紀不言何地人者，以見《商君傳》。傳言，被褐食牛，與紀周秦不同者，傳自趙良之言。史載其言，不得改之。《困學紀聞》引范太史，謂遷言自爲違異，此范亦可謂不達史體矣。史傳皆云楚宛人，而《孟子》云虞人也，閻若璩云址貫已見，其説不然。《秦策》秦王謂陳軫曰，子秦人也，而軫實楚人。高誘注云，軫元仕秦，故曰秦人。《漢書・鄒陽傳》注應劭云，百里奚虞人也。《韓信傳》注云，本虞臣也。《呂氏春秋・尊師篇》高注云，百里奚故虞臣也。高有《孟子注》，知解孟子亦如此。證以陳軫秦人，知戰國時語本如此。《孟子》疏云，虞人，虞國大夫，有古義也。若璩又云，舉於市，爲沽酒市脯之市。毛奇齡《經問》謬與之同。《孟子》所列，曰畎畝之中，曰版築之間，曰魚鹽之中，曰士曰海，皆地與官寺，而獨以市爲買，非孟子旨也。奚之卒也，《商君傳》言之詳矣。《蒙恬列傳》云，秦穆公殺三良而死罪。百里奚而非其罪，故立號曰繆。此又蒙恬傳聞之異。《風俗通・五霸》云，秦繆公殺賢臣百里奚，以子車氏爲殉，故謚曰繆，則以古時民間無史多異說。史言奚爲晉所執，以媵秦穆姬，故《荀子・成相》云，子胥見殺百里徙。《楚辭・惜往日》云，聞百里之爲虜。而後人據《古今人表》，井伯、百里爲二人，奚無媵秦事，合於《孟子》。孟子非柱史，周室班爵禄不得其詳。本朝取民之制，推《詩・大田篇》而知之，百里奚異時異國，何當必能悉其出處。閻若璩辨此事云，妙義仍在此數卷，故書中嘗取其義以讀《人表》，表弟四有士會，第六

有井伯，第二有范武子，第三有百里奚。士會、井伯以奔亡在第四第六，范武子、百里奚以立功名在第二第三。推之南容以慎言在第三，南宫敬叔以魯臣在第四，范蠡以立功在第三，計然以致富在第四，一人兩見，人表例也。知其例而唐人可無疑於士會，宋人可無疑於井伯矣。

藝文

《李太白全集》卷一《鞠歌行》 玉不自言如桃李，魚目笑之卞和恥。楚國青蠅何太多，連城白璧遭讒毁。荆山長號泣血人，忠臣死爲刖足鬼。聽曲知甯戚，夷吾因小妻。秦穆五羊皮，買死百里奚。洗拂青雲上，當時賤如泥。朝歌鼓刀叟，虎變磻溪中。一舉釣六合，遂荒營丘東。平生渭水曲，誰識（一作「數」）此老翁？奈何今之人，雙目送飛鴻。

《全唐詩》卷五六九李羣玉《薛侍御處乞韡》 越客南來誇桂麖，良工用意巧縫成。看時共説茱萸皺，著處嫌無鸜鴒鳴。百里奚身悲甚似，五羊皮價敢全輕。日於文苑陪高步，羸得芳塵接武名。

《全唐詩》卷七二八周曇《百里奚》 船驥由來是股肱，在虞虞滅在秦興。裁量何異刀將尺，祇繫用之能不能。

孫叔敖部

綜述

《史記》卷一一九《循吏列傳》　孫叔敖者，楚之處士也。虞丘相進之於楚莊王，以自代也。三月爲楚相，施教導民，上下和合，世俗盛美，政緩禁止，吏無姦邪，盜賊不起。秋冬則勸民山採，春夏以水，各得其所便，民皆樂其生。

莊王以爲幣輕，更以小爲大，百姓不便，皆去其業。市令言之相曰：「市亂，民莫安其處，次行不定。」相曰：「如此幾何頃乎？」市令曰：「三月頃。」相曰：「罷，吾今令之復矣。」後五日，朝，相言之王曰：「前日更幣，以爲輕。今市令來言曰『市亂，民莫安其處，次行之不定』。臣請遂令復如故。」王許之，下令三日而市復如故。

楚民俗好庳車，王以爲庳車不便馬，欲下令使高之。相曰：「令數下，民不知所從，不可。王必欲高車，臣請教閭里使高其梱。乘車者皆君子，君子不能數下車。」王許之。居半歲，民悉自高其車。

此不教而民從其化，近者視而效之，遠者四面望而法之。故三得相而不喜，知其材自得之也；三去相而不悔，知非己之罪也。

馬驌《繹史》卷五七引《孫叔敖碑》　楚相孫君諱饒字叔敖，本是縣人也。君受純靈之精，懷絶世之材，有大賢次聖之質。少見枝首蛇，對其母泣：「吾將死。」母問其故，曰：「吾聞見枝首蛇者死。今日見之。」母曰：「若奈之何？」「吾㷍殺通，行數十步，念獨吾死可，空復令他人見之死爲？因埋掩其荆刑作形。」母曰：「若無憂焉。其陰德玄善。」遂爲父母九族所異。及其爲相，布政以道，考天象之度，敬授民時，藂聚同藏於山，殖物於藪，宣導川谷，波被通障源淥泉同，溉灌坏澤，堤防湖浦以爲池沼，鍾天地之美，收九罣澤同之利，以慇殷同潤國家。家富人喜，優贍同樂業，式序在朝，野無螟蟘蟘，豐年蕃庶。人有曾、閔貞孝之行，四民美好，從容中節，高梱改幣，一朝而化。其憂國忘私，乘馬三年，不別牝牡。繼高陽，重黎五伍通，舉子文之統。其忠信廉勇，禮樂文章，軌儀同制，其富國充民，明天時，盡地力，霆堅、禹、稷不能踰也。專國權寵而不榮華，一旦可得百金，至於歿齒而無分銖之蓄。破玉玦，不以寶財遺子孫，終始若失。去不善如絶絃，辟患害於無刑形通，徹節高義，敦良奇介，自曹臧、孤竹、吳札、子罕之倫不能驂也。生於季末，仕於靈王。立溷濁而澄清，處幽闇而照明。其遺武餘典，恨不與戲皇帝代同世。世爲列妊姬同，國在朝廷，其意常墨墨，若冠章甫而坐塗炭也。病其臨卒，將無棺槨，令其子曰：「優孟曾許千金貸吾。」孟，故楚之樂長，與相君相善。雖言千金，實不貸也。卒後數年，莊王置酒以爲樂，優孟乃言孫君相楚之功，即慷慨高歌，曲曰：「貪吏而可爲而不可爲，廉吏而可爲而不可爲。貪吏而不可爲者，當時有污名；而可爲者，子孫以家成。廉吏而可爲者，當時有清名；而不可爲者，子孫困窮，披褐而負薪。貪吏常苦富，廉吏常苦貧。獨不見楚相孫叔敖，廉潔不受錢。」涕泣數行，若投首王。王心感動覺悟，問孟，孟具列對。即來其子而加封焉。子辭父有命，如楚不忘亡臣社稷圖而欲有賞，必於潘國下濕境埆，人所不貪，遂封潘鄉。

雜録

備録

《莊子・田子方》　肩吾問於孫叔敖曰：「子三爲令尹而不榮華，三去之而無憂色。吾始也疑子，今視子之鼻間栩栩然，子之用心獨奈何？」孫叔敖曰：「吾何以過人哉！吾以其來不可卻也，其去不可止也，吾以爲得失之非我也，而無憂色而已矣。我何以過人哉！且不知其在彼乎，其在我乎？其在彼也，亡乎我；在我也，亡乎彼。方將躊躇，方將四顧，何暇至乎人貴人賤哉！」仲尼聞之曰：「古之真人，知者不得説，美人不得濫，盜人不得劫，伏戲、黄帝不得友。死生亦大矣，而無變乎己，況爵禄乎！若然者，其神經乎大山而無介，入乎淵泉而不濡，處卑細而不憊，充滿天地，既以與人，己愈有。」

《莊子・徐無鬼》　仲尼之楚，楚王觴之，孫叔敖執爵而立，市南宜僚受酒而祭曰：「古之人乎！於此言已。」曰：「丘也聞不言之言矣，未之嘗言，於此乎言

之。市南宜僚弄丸而兩家之難解，孫叔敖甘寢秉羽而郢人投兵。丘願有喙三尺。」彼之謂不道之道，此之謂不言之辯。故德總乎道之所一，而言休乎知之所不知，至矣。道之所一者，德不能同也；知之所不能知者，辯不能舉也。名若儒、墨而凶矣。故海不辭東流，大之至也。聖人并包天地，澤及天下，而不知其誰氏。是故生無爵，死無謚，實不聚，名不立，此之謂大人。狗不以善吠爲良，人不以善言爲賢，而況爲大乎！夫爲大不足以爲大，而況爲德乎！夫大備矣，莫若天地；然奚求焉，而大備矣。知大備者，無求、無失、無棄，不以物易己也。反己而不窮，循古而不摩，大人之誠。

《荀子·非相》 楚之孫叔敖，期思之鄙人也。突秃長左，軒較之下，而以楚霸。

《荀子·堯問》 語曰：「繒丘之封人見楚相孫叔敖曰：『吾聞之也：處官久者士妒之，禄厚者民怨之，位尊者君恨之。今相國有此三者而不得罪楚之士民，何也？』孫叔敖曰：『吾三相楚而心瘉卑，每益禄而施瘉博，位滋尊而禮瘉恭，是以不得罪於楚之士民也。』」

《韓非子·喻老》 楚莊王既勝狩於河雍，歸而賞孫叔敖。孫叔敖請漢間之地，沙石之處。楚邦之法，禄臣再世而收地，唯孫叔敖獨在。此不以其邦爲收者，瘠也，故九世而祀不絶。故曰：「善建不拔，善抱不脱，子孫以其祭祀世世不輟。」孫叔敖之謂也。

《韓非子·外儲説左下》 孫叔敖相楚，棧車牝馬，糲餅菜羹，枯魚之膳，冬羔裘，夏葛衣，面有飢色，則良大夫也，其儉偪下。

《吕氏春秋·孟冬紀·異寶》 古人之非無寶也，其所寶者異也。孫叔敖疾，將死，戒其子曰：「王數封我矣，吾不受也。爲我死，王則封汝，必無受利地。楚、越之間有寢之丘者，此其地不利，而名甚惡。荆人畏鬼，而越人信機。可長有者，其唯此也。」孫叔敖死，王果以美地封其子，而子辭，請寢之丘，故至今不失。孫叔敖之知，知不以利爲利矣，知以人之所惡爲己之所喜，此有道者之所以異乎俗也。

《吕氏春秋·不苟論·贊能》 孫叔敖、沈尹莖相與友。叔敖遊於郢三年，聲問不知，修行不聞。沈尹莖謂孫叔敖曰：「説義以聽，方術信行，能令人主上至於王，下至於霸，我不若子也。耦世接俗，説義調均，以適主心，子不若我也。子何以不歸耕乎？吾將爲子游。」沈尹莖遊於郢五年，荆王欲以爲令尹，沈尹莖辭曰：「期思之鄙人有孫叔敖者，聖人也。王必用之，臣不若也。」荆王於是使人以王輿迎叔敖以爲令尹，十二年而莊王霸，此沈尹莖之力也。功無大乎進賢。

《韓詩外傳》卷七 孫叔敖遇狐丘丈人。狐丘丈人曰：「僕聞之，有三利必有三患，子知之乎？」孫叔敖蹵然易容曰：「小子不敏，何足以知之。敢問何謂三利？何謂三患？」狐丘丈人曰：「夫爵高者，人妬之。官大者，主惡之。禄厚者，怨歸之。此之謂也。」孫叔敖曰：「不然。吾爵益高，吾志益下。吾官益大，吾心益小。吾禄益厚，吾施益博。可以免於患乎？」狐丘丈人曰：「善哉言乎！堯舜其猶病諸。」《詩》曰：「温温恭人，如集於木。惴惴小心，如臨于谷。」

《韓詩外傳》卷一〇 楚莊王將興師伐晉，告士大夫曰：「有敢諫者死無赦。」孫叔敖曰：「臣聞畏鞭箠之嚴而不敢諫其父，非孝子也。懼斧鉞之誅而不敢諫其君，非忠臣也。」於是遂進諫曰：「臣園中有榆，其上有蟬。蟬方奮翼悲鳴，欲飲清露，不知螳蜋之在後，曲其頸，欲攫而食之也。螳蜋方欲食蟬，而不知黄雀在後，舉其頸，欲啄而食之也。黄雀方欲食螳蜋，不知童子挾彈丸在榆下，迎而欲彈之。童子方欲彈黄雀，不知前有深坑，後有掘株也。此皆貪前之利，而不顧後害者也。非獨昆蟲衆庶若此也，人主亦然。君今知貪彼之土，而樂其士卒。」楚國不殆，而晉以寧，孫叔敖之力也。

《淮南子·人間訓》 天下有三危：少德而多寵，一危也；才下而位高，二危也；身無大功而受厚禄，三危也。故物或損之而益，或益之而損。何以知其然也？昔者楚莊王既勝晉於河、雍之間，歸而封孫叔敖，辭而不受，病疽將死，謂其子曰：「吾則死矣，王必封女。女必讓肥饒之地，而受沙石之間有寢丘者，其地确石而名醜。荆人鬼，越人禨，人莫之利也。」孫叔敖死，王果封其子以肥饒之地，其子辭而不受，請有寢之丘。楚國之俗，功臣二世而爵禄，惟孫叔敖獨存。此所謂損之而益也。

《淮南子·道應訓》 狐丘丈人謂孫叔敖曰：「人有三怨，子知之乎？」孫叔敖曰：「何謂也？」對曰：「爵高者士妬之，官大者主惡之，禄厚者怨處之。」孫叔敖曰：「吾爵益高，吾志益下；吾官益大，吾心益小；吾禄益厚，吾施益博。是以免三怨，可乎？」故老子曰：「貴必以賤爲本，高必以下爲基。」

賈誼《新書·春秋》 孫叔敖之爲嬰兒也，出遊而還，憂而不食。其母問其故。泣而對曰：「今日吾見兩頭蛇，恐去死無日矣。」其母曰：「今蛇安在？」曰：「吾聞見兩頭蛇者死，吾恐他人又見，吾已埋之也。」其母曰：「無憂，汝不

死。吾聞之，有陰德者，天報以福。」人聞之，皆諭其能仁也。及爲令尹，未治而國人信之。

劉向《説苑·至公》 楚令尹虞丘子復於莊王曰：「臣聞奉公行法，可以得榮；能淺行薄，無望上位；不名仁智，無求顯榮；才之所不著，無當其處。臣爲令尹十年矣，國不加治，獄訟不息，處士不昇，淫禍不討，久踐高位，妨群賢之路，尸禄素餐，貪慾無厭，臣之罪當稽於理。臣竊選國俊，下里之士曰孫叔敖，秀羸多能，其性無欲，君舉而授之政，則國可使治，而士民可使附。」莊王曰：「子輔寡人，寡人得以長於中國，令行於絶域，遂霸諸侯，非子如何？」虞丘子曰：「久固禄位者，貪也；不進賢達能者，誣也；不讓以位者，不廉也。不能三者，不忠也。爲人臣不忠，君王又何以爲忠？臣願固辭。」莊王從之，賜虞丘子采地三百，號曰「國老」，以孫叔敖爲令尹。少焉，虞丘子家干法，孫叔敖執而戮之，虞丘子喜，入見於王，曰：「臣言孫叔敖果可使持國政，奉國法而不黨，施刑戮而不骫，可謂公平。」莊王曰：「夫子之賜也已！」

劉向《新序·雜事》 楚莊王問於孫叔敖曰：「寡人未得所以爲國是也。」孫叔敖曰：「國之有是，衆非之所惡也，臣恐王之不能定也。」王曰：「不定，獨在君乎？亦在臣乎？」孫叔敖曰：「國君驕士，曰士非我無逌貴富。士驕君，曰國非士無逌安强。人君或至失國而不悟，士或至飢寒而不進，君臣不合，國是無逌定矣。夏桀、殷紂，不定國是，而以合其取舍者爲是，以不合其取舍者爲非，故致亡而不知。」莊王曰：「善哉。顧相國與諸士大夫共定國是，寡人豈敢以褊國而驕士民哉。」

《史記》卷一一九《循吏列傳》裴駰集解引 《皇覽》曰：「孫叔敖冢在南郡江陵故城中白土里。民傳孫叔敖曰『葬我廬江陂，後當爲萬户邑』。去故楚都郢城北三十里所。或曰孫叔敖激沮水作雲夢大澤之池也。」

梁玉繩《人表考》卷三《上下智人·孫叔敖》 孫叔敖始見《左》宣十二。蒍賈之子，宣十一疏引服注。別爲孫氏，《唐》孫氏表。其相突秃長左，《荀子·非相》。亦曰蒍敖，亦曰孫叔，宣十二。亦曰蒍艾獵，宣十一。亦曰叔孫，司馬貞《索隱·循吏贊》。葬南郡江陵城中白土里。《續郡國志》注。 案《隸釋·叔敖碑》云名饒，恐不足信，碑中舛謬處頗多。余弟《左通》曰：敖、饒聲相近而傅會耳。又《左》宣十一、襄十五疏云：《世本》艾獵，叔敖之兄，馮，艾獵子。表不列蒍子馮。則馮是叔敖兄子也。杜《集解釋例》皆以蒍艾獵、叔敖爲一人，馮是叔敖子。《世本》多誤，杜當得其真。據此，則襄十五杜注謂蒍子馮，叔敖從子，與孔疏違，必今本之譌，或後人依《世本》妄改。從字疑當作之字。至毛氏奇齡《經問》第九及《四書索解》力辨叔敖乃期思之處士，非楚公族蒍氏，並以蒍艾獵、蒍敖、孫叔敖爲三人，逞臆好奇，識者非之。

洪亮吉《卷施閣文》乙集卷三《楚相孫叔敖廟碑》 隆古以來，吾知之矣。高卑甫形，君與民近，天子猶一方之吏，九重有並耕之説。沾體塗足，日接于巍巍；茅茨土階，不隔于攘攘。夐哉上乎！九紀以降，五遷以前，惠民之實，事歸于元首乎？由周以來，亢鋸益密。閶闔九重，黔首不能歷其一；繁露十二，圓顱不能瞻其杪。又人列十等，國及數圻，非夫實心之宰，莫就小康之俗。而循吏一傳，權輿于司馬；春秋五人，兆始于南郢，則實惟楚相孫叔敖云。

相君期思之鄙夫，荆楚之下士。推其登進之由，投分之始，則婉孌之一人，膺薦賢之上賞焉。道由于莊王罷朝，樊姬立侍，牀第一語，史臣書于廟策；朝宁三歎，尸臣易其常度。人以謂南服之霸，非君王之謂，樊姬之力也；吾以謂令尹之進，非虞邱之功，掩袖之效也。然相君本幼而神靈，長而秀羸。殆庶鄰于亞聖，儀表出于齊俗，有多能之稱，禀無欲之性。一日出見岐頭蛇，殺而埋之，啜其泣矣，是將死矣，其誰知之？母也聖善，庸何傷乎？子有陰德。是知一成而爲敦，蛇邱以之著號；兩首謂之枳，妖德因而自戕。

及其相也，四境咸喜，一人獨弔。相君降赤芾之尊，聆白冠之語，位益高而志下，宦益大而心小。同虎乳之三已，凛狐邱之六言。四牡戒其疾，則利牝馬之貞；一狐怯其温，方縫羖羊之韝。利前害後，悟主于蟬翼；泉輕幣重，利民于蟻鼻。迨夫百事具舉，精心爲政。衡前于軛，三年而不知；輪庳于梱，半歲而自易。百金之玦，無益而可碎；三尺之喙，不言而奚事。又修僕區之法，擇鸞熊之典，舉荆尸之政，紹封汝之規。惟此文德，益之武烈。《詩》曰「元戎十乘」，軍志曰「先聲奪人」，盛矣哉！勝則河雍之濱，封武軍之尸；敗則敖鄗之間，食嬖人之肉。霸業之定，由勝算之先與。至夫爲于一日，利及千祀，築芍陂，濬陽泉。《淮南王書》曰「決期思之流，以灌雩婁之野」。《皇覽》云「激沮水之波，以作雲夢之澤」。後有知者，楚南大澤之池；誰其嗣之，廬江萬户之邑。謹案祀典曰：「法施于民，勞以定國。」非是之謂乎？夫其三仕三黜，勤拳于當國；十世二世，綢繆于家事。固知尺帛之暖，不逮于牛前；負薪之困，將貽于身後。而存資相工之益，没餘伶人之助。越禨荆鬼，避一名于寢邱；戾岡妒谷，環萬祼于封邑。君子

之澤，非將斬于五世；廉吏可爲，行有奮于百代焉。

廟蓋創于西京之初，修于延熹之歲。棟宇隳壞，則感夢示之兆；輪奐聿新，則遷秩酬其德。迄二千年，有舉莫廢。知縣謝君，慕潘國之政，紹魏郡之績。方校輿地，著士女之志；遂覽勝蹟，涉名賢之庭。見夫曠而不修，憬焉而懼。又以其地逼隘，遂移先賢句子之祠祭于別所。增其式廓，需以時日。廟成，乞爲文于石。

時予方助修縣志，校勘《圖經》。陵谷未變，長掖之碑已迷；淮流方漲，北隅之基宛在。竊以爲既食其利，必報其功。連山之竹木，相君之所植；九罫之蓄膴，小民之所利。平田納秸，則一畝浮于十鍾；方舟下粟，則數鄉濟于百縣。昔云境埆下濕，今惟沃饒上土。惠此中國，遺于孫子矣。余感夫循良之首，美利之廣。宣尼未生，不及流遺愛之涕；蔿賈先隕，無由識治民之效。而使東南之民，日出而尸祝；百世之下，春祠而歌舞。中興主相，聞縣名而動色；末世嗣續，入崇廡而頒胙。則奉法舉職、守死善道之吏，均未得及焉。是以班固作史，宰相入于良吏；范氏紀載，司空儕于牧守。莫不舉此成法，譜彼風愛。斯所謂知致治之體，得核實之道矣。則夫綰黃綬，乘墨車至祠下者，流連乎堂户，留覽于豆俎，遐哉渺焉！蓋移風易俗之事，孰不由于此焉。

備論

《呂氏春秋・仲春紀・情慾》 世人之事君者，皆以孫叔敖之遇荆莊王爲幸，自有道者論之則不然，此荆國之幸。荆莊王好周遊田獵，馳騁弋射，歡樂無遺，盡傳其境内之勞與諸侯之憂於孫叔敖，孫叔敖日夜不息，不得以便生爲故，故使莊王功迹著乎竹帛，傳乎後世。

《史記》卷一二九《循吏列傳論》 孫叔敖出一言，郢市復。子產病死，鄭民號哭。公儀子見好布而家婦逐。石奢縱父而死，楚昭名立。李離過殺而伏劍，晉文以正國法。

《史記》卷一一九《循吏列傳》司馬貞述贊 奉職循理，爲政之先。恤人體國，良史述焉。叔孫、鄭產，自昔稱賢。拔葵一利，赦父非僁。李離伏劍，爲法而然。

呂祖謙《左氏傳説》卷五《令尹蔿艾獵城沂使封人慮事》 孫叔敖城沂，此一段見得築城規模，曲折詳細精密處，正要學者看此。如版築之事，孫叔敖已洞曉，如何卻使封人慮事。蓋不親細務，深得爲上之大體，規模曲折，雖自知之，又須是衆謀，使親其事者，具上規模條目將來，然後從而增損裁正之，下不侵有司之事。築城是大事，獨問守封疆之小臣，此亦見深慮無不當。「量功命日」，量功是量用功之多寡，命日是度其日子多少。「分財用」者，財用謂芻茭版築，分謂看四隅所費多少，而分配撥料之。「平版幹」，平是商量，必平其高低厚薄，板幹謂合當築幾雉。「稱畚築」，稱謂一人可以運幾工，一人可以築幾堵，畚是度其負土之多寡，不使虛費，人得預其閒，築下手也。「程土物」，程是料度用得多少，土是泥也，物是材木也。「議遠邇」，謂就近取水取土，如百步與五十步，去百步內取，已爭一半。「略基址」，略是巡行也，先巡略基址闊狹高下，方圓曲直，都安排之。「具餱糧」，謂先辦其役夫之糧食。「度有司」，是審度有司，各稱其材，謂如材有餘者，可以領大事，至若無材之人，卻能謹信者，則可使之監視，有便利輕捷者，可以供來往。度謂如使謹信者治財卻不得，若令監視，則必專其才，亦不至於無用，所謂度者如此。惟其精密詳細如此，所以「事三旬而成，不愆于素」。蓋謂今日用事，與前日所料條目一般，並無增損，至後來用事，這裏添一件，那裏又退一件，如此是愆于素也。大抵左氏載版築用兵救焚之事，如世務曲折，條目所裁，纖悉備具，所載甚詳，亦足以見當時風聲氣習，近於三代，其人皆是着實做工夫，皆爲有用之學，非尚虛文也。今人爲學，多尚虛文，不於着實處下工夫，到臨事之際，種種不曉。學者須當爲有用之學。

藝文

庾信《庾子山集》卷一〇《孫叔敖逢蛇讚》 叔敖朝出，容悴歸家。母氏顧訪，知埋怪蛇。爾有陰德，陽報將加。終爲楚相，卒享榮華。

《全唐詩》卷七二八周曇《孫叔敖》 童稚逢蛇歎不祥，慮悲來者爲埋藏。是知陽報由陰施，天爵昭然契日彰。

楚莊王部

綜述

《史記》卷四〇《楚世家》 穆王立，以其太子宫予潘崇，使爲太師，掌國事。穆王三年，滅江。四年，滅六、蓼。六、蓼，皋陶之後。八年，伐陳。十二年，卒。子莊王侶立。

莊王即位三年，不出號令，日夜爲樂，令國中曰：「有敢諫者死無赦！」伍舉入諫。莊王左抱鄭姬，右抱越女，坐鍾鼓之間。伍舉曰：「願有進隱。」曰：「有鳥在於阜，三年不蜚不鳴，是何鳥也？」莊王曰：「三年不蜚，蜚將沖天；三年不鳴，鳴將驚人。舉退矣，吾知之矣。」居數月，淫益甚。大夫蘇從乃入諫。王曰：「若不聞令乎？」對曰：「殺身以明君，臣之願也。」於是乃罷淫樂，聽政，所誅者數百人，所進者數百人，任伍舉、蘇從以政，國人大説。是歲滅庸。六年，伐宋，獲五百乘。

八年，伐陸渾戎，遂至洛，觀兵於周郊。周定王使王孫滿勞楚王。楚王問鼎小大輕重，對曰：「在德不在鼎。」莊王曰：「子無阻九鼎！楚國折鉤之喙，足以爲九鼎。」王孫滿曰：「嗚呼！君王其忘之乎？昔虞夏之盛，遠方皆至，貢金九牧，鑄鼎象物，百物而爲之備，使民知神姦。桀有亂德，鼎遷於殷，載祀六百。殷紂暴虐，鼎遷於周。德之休明，雖小必重；其姦回昏亂，雖大必輕。昔成王定鼎于郟鄏，卜世三十，卜年七百，天所命也。周德雖衰，天命未改。鼎之輕重，未可問也。」楚王乃歸。

九年，相若敖氏。人或讒之王，恐誅，反攻王，王擊滅若敖氏之族。十三年，滅舒。

十六年，伐陳，殺夏徵舒。徵舒弑其君，故誅之也。已破陳，即縣之。羣臣皆賀，申叔時使齊來，不賀。王問，對曰：「鄙語曰，牽牛徑人田，田主取其牛。徑者則不直矣，取之牛不亦甚乎？且王以陳之亂而率諸侯伐之，以義伐之而貪其縣，亦何以復令於天下！」莊王乃復國陳後。

十七年春，楚莊王圍鄭，三月克之。入自皇門，鄭伯肉袒牽羊以逆，曰：「孤不天，不能事君，君用懷怒，以及敝邑，孤之罪也。敢不惟命是聽！賓之南海，若以臣妾賜諸侯，亦惟命是聽。若君不忘厲、宣、桓、武，不絶其社稷，使改事君，孤之願也，非所敢望也。敢布腹心。」楚羣臣曰：「王勿許。」莊王曰：「其君能下人，必能信用其民，庸可絶乎！」莊王自手旗，左右麾軍，引兵去三十里而舍，遂許之平。潘尫入盟，子良出質。夏六月，晉救鄭，與楚戰，大敗晉師河上，遂至衡雍而歸。

二十年，圍宋，以殺楚使也。圍宋五月，城中食盡，易子而食，析骨而炊。宋華元出告以情。莊王曰：「君子哉！」遂罷兵去。

二十三年，莊王卒，子共王審立。

姚彦渠《春秋會要》卷一《世系》 穆王，名商臣，魯文公二年弑父自立，在位十二年。謚曰「穆」。

執政：成大心、成嘉、潘崇。

莊王，名旅，穆王子。魯文公十四年立，在位二十三年。謚曰「莊」。

執政：鬭班、鬭椒、蔿艾獵、蔿賈、公子嬰齊。

雜録

備録

《國語・楚語上》 莊王使士亹傅太子箴，辭曰：「臣不才，無能益焉。」王曰：「賴子之善善之也。」對曰：「夫善在太子，太子欲善，善人將至；若不欲善，善則不用。故堯有丹朱，舜有商均，啓有五觀，湯有太甲，文王有管、蔡。是五王者，皆有元德也，而有姦子。夫豈不欲其善，不能故也。若民煩，可教訓。蠻、夷、戎、狄，其不賓也久矣，中國所不能用也。」王卒使傅之。

問於申叔時，叔時曰：「教之春秋，而爲之聳善而抑惡焉，以戒勸其心；教之世，而爲之昭明德而廢幽昏焉，以休懼其動；教之詩，而爲之導廣顯德，以耀明其志；教之禮，使知上下之則；教之樂，以疏其穢而鎮其浮；教之令，使訪物

官；教之語，使明其德，而知先王之務用明德於民也；教之故志，使知廢興者而戒懼焉；教之訓典，使知族類，行比義焉。

「若是而不從，動而不悛，則文詠物以行之，求賢良以翼之。悛而不攝，則身勤之，多訓典刑以納之，務慎惇篤以固之。攝而不徹，則明施舍以導之忠，明久長以導之信，明度量以導之義，明等級以導之禮，明恭儉以導之孝，明敬戒以導之事，明慈愛以導之仁，明昭利以導之文，明除害以導之武，明精意以導之罰，明正德以導之賞，明齊肅以耀之臨。若是而不濟，不可爲也。

「且夫誦詩以輔相之，威儀以先後之，體貌以左右之，明行以宣翼之，制節義以動行之，恭敬以臨監之，勤勉以勸之，孝順以納之，忠信以發之，德音以揚之，教備而不從者，非人也，其可興乎！夫子踐位則退，自退則敬，否則赧。」【略】

昔莊王方弱，申公子儀父爲師，王子燮爲傅，使師崇、子孔帥師以伐舒。燮及儀父施二帥而分其室。師還至，則以王如廬，廬戢黎殺二子而復王。或譖析公臣於王，王弗是，析公奔晉，晉人用之。寔讒敗楚，使不規東夏，則析公之爲也。

《韓非子・喻老》 楚莊王莅政三年，無令發，無政爲也。右司馬御座而與王隱曰：「有鳥止南方之阜，三年不翅不飛不鳴，嘿然無聲，此爲何名？」王曰：「三年不翅，將以長羽翼。不飛不鳴，將以觀民則。雖無飛，飛必沖天；雖無鳴，鳴必驚人。子釋之，不穀知之矣。」處半年，乃自聽政，所廢者十，所起者九，誅大臣五，舉處士六，而邦大治。舉兵誅齊，敗之徐州，勝晉於河雍，合諸侯於宋，遂霸天下。莊王不爲小害善，故有大名；不蚤見示，故有大功。故曰：「大器晚成，大音希聲。」

楚莊王欲伐越，杜子諫曰：「王之伐越何也？」曰：「政亂兵弱。」杜子曰：「臣愚患之。智如目也，能見百步之外而不能自見其睫。王之兵自敗於秦、晉，喪地數百里，此兵之弱也。莊蹻爲盜於境内而吏不能禁，此政之亂也。王之弱亂非越之下也，而欲伐越，此智之如目也。」王乃止。故知之難，不在見人，在自見。故曰：「自見之謂明。」

《韓非子・外儲説右上》 荆莊王有茅門之法曰：「羣臣大夫諸公子入朝，馬蹄踐霤者，廷理斬其輈，戮其御。」於是太子入朝，馬蹄踐霤，廷理斬其輈，戮其御。太子怒，入爲王，泣曰：「爲我誅戮廷理。」王曰：「法者，所以敬宗廟，尊社稷。故能立法從令尊敬社稷者，社稷之臣也，焉可誅也？夫犯法廢令不尊敬社稷者，是臣乘君而下尚校也。臣乘君則主失威，下尚校則上位危。威失位危，社稷不守，吾將何以遺子孫？」於是太子乃還走，避舍露宿三日，北面再拜請死罪。

《荀子・堯問》 魏武侯謀事而當，羣臣莫能逮，退朝而有喜色。吴起進曰：「亦嘗有以楚莊王之語聞於左右者乎？」武侯曰：「楚莊王之語何如？」吴起對曰：「楚莊王謀事而當，羣臣莫逮，退朝而有憂色。申公巫臣進問曰：『王朝而有憂色，何也？』莊王曰：『不穀謀事而當，羣臣莫能逮，是以憂也。其在中蘬之言也，曰：「諸侯自爲得師者王，得友者霸，得疑者存，自爲謀而莫己若者亡。」今以不穀之不肖而羣臣莫吾逮，吾國幾於亡乎！是以憂也。』楚莊王以憂，而君以憙。」武侯逡巡再拜曰：「天使夫子振寡人之過也。」

《吕氏春秋・似順論・似順》 荆莊王欲伐陳，使人視之。使者曰：「陳不可伐也。」莊王曰：「何故？」對曰：「城郭高，溝洫深，蓄積多也。」寧國曰：「陳可伐也。夫陳，小國也，而蓄積多，賦斂重也，則民怨上矣；城郭高，溝洫深，則民力罷矣。興兵伐之，陳可取也。」莊王聽之，遂取陳焉。

《吕氏春秋・不苟論・貴富》 荆有善相人者，所言無遺策，聞於國。莊王見而問焉。對曰：「臣非能相人也，能觀人之友也。觀布衣也，其友皆孝悌純謹畏令，如此者，其家必日益，身必日榮，此所謂吉人也。觀事君者也，其友皆誠信有行好善，如此者，事君日益，官職日進，此所謂吉臣也。觀人主也，其朝臣多賢，左右多忠，主有失，皆交争証諫，如此者，國日安，主日尊，天下日服，此所謂吉主也。臣非能相人也，能觀人之友也。」莊王善之，於是疾收士，日夜不懈，遂霸天下。故賢主之時見文藝之人也，非特具之而已也，所以就大務也。夫事無大小，固相與通。田獵馳騁，弋射走狗，賢者非不爲也，爲之而智日得焉，不肖主爲之而智日惑焉。《志》曰：「驕惑之事，不亡奚待？」

賈誼《新書・先醒》 昔楚莊王即位，自静三年，以講得失，乃退辟邪而進忠正，能者任事而後在高位，内領國政，辟草而施教，百姓富，民恒一，路不拾遺，國無獄訟。當是時也，周室壞微，天子失制，宋、鄭無道，欺昧諸侯。莊王圍宋伐鄭，鄭伯肉袒牽羊，奉簪而獻國。莊王曰：「古之伐者，亂則整之，服則舍之，非利之也。」遂弗受。乃南與晉人戰於兩棠，大克晉人，會諸侯於漢陽，申天子之辟禁，而諸侯説服。莊王歸過申侯之邑，申侯進飯，日中而王不食。申侯請罪曰：「臣齋而具食甚潔，日中而不飯，臣敢請罪。」莊王喟然嘆曰：「非子之罪也。吾聞之曰，其君賢君也，而又有師者王；其君中君也，而又有師者伯；其君下君

也，而羣臣又莫若者亡。今我下君也，而羣臣又莫若不穀，不穀恐亡無日也。吾聞之，世不絶賢。天下有賢，而我獨不得，若吾生者，何以食爲？」故莊王戰服大國，義從諸侯，戚然憂恐，聖智在身，而自(錯)〔惜〕不肖，思得賢佐，日中忘飯，可謂明君矣。此之謂「先寤所以存亡」，此先醒者也。

《史記》卷三五《管蔡世家》　莊侯三年，齊桓公卒。十四年，晉文公敗楚於城濮。二十年，楚太子商臣弒其父成王代立。二十五年，秦穆公卒。三十三年，楚莊王即位。三十四年，莊侯卒，子文侯申立。

文侯十四年，楚莊王伐陳，殺夏徵舒。十五年，楚圍鄭，鄭降楚，楚復醳之。二十年，文侯卒，子景侯固立。

景侯元年，楚莊王卒。四十九年，景侯爲太子般娶婦於楚，而景侯通焉。太子弒景侯而自立，是爲靈侯。

《史記》卷四二《鄭世家》　襄公元年，楚怒鄭受宋賂縱華元，伐鄭。鄭背楚，與晉親。五年，楚復伐鄭，晉來救之。六年，子家卒，國人復逐其族，以其弒靈公也。

七年，鄭與晉盟鄢陵。八年，楚莊王以鄭與晉盟，來伐，圍鄭三月，鄭以城降楚。楚王入自皇門，鄭襄公肉袒掔羊以迎，曰：「孤不能事邊邑，使君王懷怒以及獘邑，孤之罪也。敢不惟命是聽。君王遷之江南，及以賜諸侯，亦惟命是聽。若君王不忘厲、宣王，桓、武公，哀不忍絶其社稷，錫不毛之地，使復得改事君王，孤之願也，然非所敢望也。敢布腹心，惟命是聽。」莊王爲卻三十里而後舍。楚羣臣曰：「自郢至此，士大夫亦久勞矣。今得國舍之，何如？」莊王曰：「所爲伐，伐不服也。今已服，尚何求乎？」卒去。晉聞楚之伐鄭，發兵救鄭。其來持兩端，故遲，比至河，楚兵已去。晉將率或欲渡，或欲還，卒渡河。莊王聞，還擊晉。鄭反助楚，大破晉軍於河上。十年，晉來伐鄭，以其反晉而親楚也。

十一年，楚莊王伐宋，宋告急于晉。晉景公欲發兵救宋，伯宗諫晉君曰：「天方開楚，未可伐也。」乃求壯士得霍人解揚，字子虎，誆楚，令宋毋降。過鄭，鄭與楚親，乃執解揚而獻楚。楚王厚賜與約，使反其言，令宋趣降，三要乃許。於是楚登解揚樓車，令呼宋。遂負楚約而致其晉君命曰：「晉方悉國兵以救宋，宋雖急，慎毋降楚，晉兵今至矣！」楚莊王大怒，將殺之。解揚曰：「君能制命爲義，臣能承命爲信。受吾君命以出，有死無隕。」莊王曰：「若之許我，已而背之，其信安在？」解揚曰：「所以許王，欲以成吾君命也。」將死，顧謂楚軍曰：「爲人臣無忘盡忠得死者！」楚王諸弟皆諫王赦之，於是赦解揚使歸。晉爵之爲上卿。

《淮南子·齊俗訓》　楚莊王裾衣博袍，令行乎天下，遂霸諸侯。

《淮南子·道應訓》　楚莊王問詹何曰：「治國奈何？」對曰：「何明於治身，而不明於治國。」楚王曰：「寡人得立宗廟社稷，願學所以守之。」詹何對曰：「臣未嘗聞身治而國亂者也，未嘗聞身亂而國治者也，故本任於身，不敢對以末。」楚王曰：「善。」故老子曰：「脩之身，其德乃真也。」

令尹子佩請飲莊王，莊王許諾。子佩疏揖，北面立於殿下曰：「昔者，君王許之，今不果往，意者，臣有罪乎？」莊王曰：「吾聞子具於强臺。强臺者，南望料山，以臨方皇，左江而右淮，其樂忘死。若吾德薄之人，不可以當此樂也，恐留而不能反。」故老子曰：「不見可欲，使心不亂。」

《韓詩外傳》卷二　楚莊王聽朝罷晏。樊姬下堂而迎之，曰：「何罷之晏也，得無飢倦乎？」莊王曰：「今日聽忠賢之言，不知飢倦也。」樊姬曰：「王之所謂忠賢者，諸侯之客歟？國中之士歟？」莊王曰：「則沈令尹也。」樊姬掩口而笑。王曰：「姬之所笑者何等也？」姬曰：「妾得侍於王，尚湯沐，執巾櫛，振衽席，十有一年矣。然妾未嘗不遣人之梁鄭之間，求美人而進之於王也。與妾同列者十人，賢於妾者二人。妾豈不欲擅王之愛，專王之寵哉？不敢以私願蔽衆美也，欲王之多見，則知人能也。今沈令尹相楚數年矣，未嘗見進賢而退不肖也，又焉得爲忠賢乎？」莊王旦朝，以樊姬之言告沈令尹。令尹避席而進孫叔敖。叔敖治楚三年，而楚國霸。楚史援筆而書之於策曰：「楚之霸，樊姬之力也。」《詩》曰：「百爾所思，不如我所之。」樊姬之謂也。

《韓詩外傳》卷三　楚莊王寢疾，卜之，曰「河爲祟」。大夫曰：「請用牲。」莊王曰：「止。古者聖王之制，祭不過望。濉、漳、江、漢，楚之望也。寡人雖不德，河非所獲罪也。」遂不祭，三日而疾有瘳。孔子聞之曰：「楚莊王之霸，其有方矣。制節守職，反身不貳，其霸不亦宜乎！」《詩》曰：「嗟嗟保介。」莊王之謂也。

《韓詩外傳》卷六　昔者楚莊王謀事而當，居有憂色。申公巫臣問曰：「王何爲有憂也？」莊王曰：「吾聞諸侯之德，能自取師者王，能自取友者霸，而與居不若其身者亡。以寡人之不肖也，諸大夫之論莫有及於寡人，是以憂也。」莊王之德宜君人，威服諸侯，曰猶恐懼，思索賢佐，此其先生者也。

《韓詩外傳》卷九　楚莊王使使賫金百斤聘北郭先生。先生曰：「臣有箕箒之使，願入計之。」即謂婦人曰：「楚欲以我爲相，今日相，即結駟列騎，食方丈於

前，如何？」婦人曰：「夫子以織屨爲食，食粥毚履，無怵惕之憂者何哉？與物無治也。今如結駟列騎，所安不過容膝，食方丈於前，所甘不過一肉。以容膝之安，一肉之味，而殉楚國之憂，其可乎？」於是遂不應聘，與婦去之。《詩》曰：「彼美淑姬，可與晤言。」

劉向《説苑·君道》 楚莊王好獵，大夫諫曰：「晉、楚敵國也，楚不謀晉，晉必謀楚。今王無乃耽於樂乎？」王曰：「吾獵將以求士也。其人榛藂刺虎豹者，吾是以知其勇也；其攫犀搏兕者，吾是以知其勁有力也；罷田而分所得，吾是以知其仁也。因是道也，而得三士焉，楚國以安。」故曰「苟有志則無非事者」，此之謂也。

楚莊王見天不見妖而地不出孽，則禱於山川曰：「天其亡予歟！」君子曰：此能求過於天，必不逆諫矣。安不忘危，故能終而成霸功焉。

楚莊王既服鄭伯，敗晉師，將軍子重三言而不當。莊王歸，過申侯之邑，申侯進飯，日中而王不食，申侯請罪。莊王喟然歎曰：「吾聞之，其君賢君也，而又有師者王；其君中君也，而又有師者霸；其君下君也，而群臣又莫若君者亡。今我下君也，而群臣又莫若不穀，不穀恐亡。且世不絶聖，國不絶賢，天下有賢而我獨不得，若吾生者，何以食爲？」故戰服大國，義從諸侯，戚然憂恐，聖知不在乎身，自惜不肖，思得賢佐，日中忘飯，可謂明君矣。

劉向《説苑·立節》 楚莊王獵於雲夢，射科雉得之。申公子倍攻而奪之，王將殺之，大夫諫曰：「子倍自好也，爭王雉必有説，王姑察之。」不出三月，子倍病而死。邲之戰，楚大勝晉。歸而賞功，申公子倍之弟進，請賞於王曰：「人之有功也，賞於車下。」句有脱誤。王曰：「奚謂也？」對曰：「臣之兄讀故記曰：『射科雉者，不出三月，必死。』臣之兄爭而得之，故夭死也。」王命發平府而視之，於記果有焉，乃厚賞之。

劉向《説苑·復恩》 楚莊王賜群臣酒，日暮酒酣，燈燭滅，乃有人引美人之衣者。美人援絶其冠纓，告王曰：「今者燭滅，有引妾衣者，妾援得其冠纓持之矣，趣火來上，視絶纓者。」王曰：「賜人酒，使醉失禮，奈何欲顯婦人之節而辱士乎？」乃命左右曰：「今日與寡人飲，不絶冠纓者不歡。」群臣百有餘人，皆絶去其冠纓而上火，卒盡懽而罷。居二年，晉與楚戰，有一臣常在前，五合五獲甲首，却敵，卒得勝之。莊王怪而問曰：「寡人德薄，又未嘗異子，子何故出死不疑如是？」對曰：「臣當死，往者醉失禮，王隱忍不暴而誅也。臣終不敢以蔭蔽之德，而不顯報王也。常願肝腦塗地，用頸血湔敵久矣。臣乃夜絶纓者也。」遂斥晉軍，楚得以强。此有陰德者，必有陽報也。

劉向《説苑·正諫》 楚莊王立爲君，三年不聽朝，乃令於國曰：「寡人惡爲人臣而遽諫其君者。今寡人有國家，立社稷，有諫則死無赦！」蘇從曰：「處君之高爵，食君之厚禄，愛其死而不諫其君，則非忠臣也。」乃入諫。莊王立鍾鼓之間，「鍾鼓」二字原倒，從劉氏《斠補》乙正。左伏楊姬，右擁越姬，左裯衽，右朝服，曰：「吾鍾鼓之不暇，何諫之聽！」蘇從曰：「臣聞之，好道者多資，好樂者多迷；好道者多糧，好樂者多亡。荆國亡無日矣，死臣敢以告王。」王曰：「善。」左執蘇從手，右抽金刀，刎鍾鼓之懸。明日，授蘇從爲相。

楚莊王伐陽夏，師久而不罷，群臣欲諫而莫敢。莊王獵於雲夢，椒舉進諫曰：「王所以多得獸者，馬也，王之國亡，王之馬豈可得哉？」莊王曰：「善。不穀知詘强國之可以長諸侯也，知得地之可以爲富也，而忘吾民之不用也。」明日，飲諸大夫酒，以椒舉爲上客，罷陽夏之師。

楚莊王築層臺，延石千里，延壤百里，士有反三月之糧者。大臣諫者七十二人，皆死矣。有諸御己者，違楚百里而耕，謂其耦曰：「吾將入見於王。」其耦曰：「以身乎？吾聞之，説人主者皆閒暇之人也，然且至而死矣。今子特草茅之人耳！」諸御己曰：「若與予同耕則比力也，至於説人主不與子比智矣。」委其耕而入見莊王。莊王謂之曰：「諸御己來，汝將諫邪？」諸御己曰：「君有義之用，有法之行。且己聞之，土負水者平，木負繩者正，君受諫者聖。君築層臺，延石千里，延壤百里，民之釁咎血成於通塗，然且未敢諫也，己何敢諫乎？顧臣愚，竊聞昔者虞不用宫之奇而晉並之；陳不用子家羈而楚並之；曹不用僖負羈而宋並之；萊不用子猛而齊並之；吴不用子胥而越並之；秦不用蹇叔之言而秦國危；桀殺關龍逢而湯得之；紂殺王子比干而武王得之；宣王殺杜伯而周室卑。此三天子、六諸侯皆不能尊賢辯士之言，故身死而國亡。」遂趨而出，楚王遽而追之曰：「己，子反矣！吾將用子之諫。先日説寡人者，其説也，不足以動寡人之心，又危加諸寡人，故皆至而死。今子之説，足以動寡人之心，又不危加諸寡人，故吾將用子之諫。」明日，令曰：「有能入諫者吾將與爲兄弟。」遂解層臺而罷民。楚人歌之曰：「薪乎萊乎，無諸御己訖無子乎！萊乎薪乎，無諸御己訖無人乎！」

劉向《説苑・奉使》 楚莊王欲伐晉，使豚尹觀焉。反曰：「不可伐也，其憂在上，其樂在下，且賢臣在焉，曰沈駒。」明年，又使豚尹觀。反曰：「可矣。初之賢人死矣，謟諛多在君之廬者，其君好樂而無禮，其下危處以怨上，上下離心，興師伐之，其民必先反。」莊王從之，果如其言矣。

劉向《説苑・權謀》 楚莊王欲伐陳，使人視之，使者曰：「陳不可伐也。」莊王曰：「何故？」對曰：「其城郭高，溝壑深，蓄積多，其國寧也。」王曰：「陳可伐也。夫陳小國也而蓄積多，蓄積多則賦斂重，賦斂重則民怨上矣。城郭高，溝壑深，則民力罷矣。」興兵伐之，遂取陳。

楚莊王與晉戰，勝之，懼諸侯之攻己也，乃築爲五仞之臺，臺成而觴諸侯，諸侯請約。莊王曰：「我薄德之人也。」諸侯請爲觴，乃仰而曰：「將將之臺，窅窅其謀，我言而不當，諸侯伐之。」於是遠者來朝，近者入賓。

劉向《説苑・指武》 楚莊王伐陳，吴救之。雨十日十夜，晴，左史倚相曰：「吴師必夜至，甲列壘壞，彼必薄我，何不行列，鼓出待之。」吴師至，見楚成陳而還。左史倚相曰：「追之。」吴行六十里而無功，王罷卒寢，果擊之，大敗吴師。

趙曄《吴越春秋》卷三《王僚使公子光傳》 五年，楚之亡臣伍子胥來奔吴。伍子胥者，楚人也，名員。員父奢，兄尚。其前名曰伍舉，以直諫事楚莊王。王即位三年，不聽國政，沉湎於酒，淫於聲色，左手擁秦姬，右手抱越女，身坐鐘鼓之間而令曰：「有敢諫者，死！」於是伍舉進諫曰：「有一大鳥，集楚國之庭，三年不飛亦不鳴，此何鳥也？」於是莊王曰：「此鳥不飛，飛則沖天。不鳴，鳴則驚人。」伍舉曰：「不飛不鳴，將爲射者所圖。弦矢卒發，豈得沖天而驚人乎？」於是莊王棄其秦姬、越女，罷鐘鼓之樂，用孫叔敖，任以國政，遂霸天下，威伏諸侯。

酈道元《水經注》卷五《河水》 又東過滎陽縣北，蒗蕩渠出焉。【略】河水又東逕卷縣北，晉、楚之戰，晉軍争濟，舟中之指可掬，楚莊祀河告成而還，即是處也。

酈道元《水經注》卷二三《陰溝水》 東南至沛，爲過水。【略】過水又東逕大棘城南，故鄭之大棘鄉也。《春秋・宣公二年》，宋華元與鄭公子歸生戰于大棘，獲華元。《左傳》曰：華元殺羊食士，不及其御，將戰，羊斟曰：疇昔之羊，子爲政；今日之事，我爲政。遂御入鄭，故見獲焉。後其地爲楚莊所並。故圈稱曰：大棘，楚地，有楚太子建之墳及伍員釣臺。池沼具存。

酈道元《水經注》卷二八《沔水》 又東過荆城東。【略】又東北出城，西南注于龍陂。陂，古天井水也，廣圓二百餘步，在靈溪東江堤内，水至淵深，有龍見于其中，故曰龍陂。陂北有楚莊王釣臺，高三丈四尺，南北六丈，東西九丈。

梁玉繩《人表考》卷四《中上・楚嚴王》 楚莊王始見《左》文十四、《楚語》上，穆王子始見《史・楚世家》。名旅，《左氏》、《公羊春秋》宣十八。又作吕，《穀梁春秋》。又作侣。《史・年表》、《世表》。亦曰荆莊王，《吕氏春秋・情欲》、《當染》、《重言》、《似順》。亦曰莊君，《荀子・性惡》。亦曰楚莊，《淮南・繆稱》、《隸續嚴訢碑》作楚壯。亦曰荆莊，《韓子・有度》。亦曰楚嚴，《後漢・朱穆傳》。亦曰楚莊公。《真誥・協昌期》一。立二十三年卒。《年表》、《世家》。葬江陵縣西龍山鄉三十里。唐余知古《渚宫舊事》、《寰宇記》百四十六。案吕、侣音相近，而《説文》吕、膂本一字，則旅即膂之省文。

備論

董仲舒《春秋繁露・楚莊王》 楚莊王殺陳夏徵舒，《春秋》貶其文，不予專討也。靈王殺齊慶封，而直稱楚子，何也？曰：莊王之行賢，而徵舒之罪重。以賢君討重罪，其於人心善。若不貶，孰知其非正經。《春秋》常於其嫌得者，見其不得也。是故齊桓不予專地而封，晉文不予致王而朝，楚莊弗予專殺而討。三者不得，則諸侯之得，殆此矣，此楚靈之所以稱子而討也。《春秋》之辭，多所況，是文約而法明。問者曰：不予諸侯之專封，復見於陳蔡之滅。不予諸侯之專討，獨不復見於慶封之殺，何也？曰：《春秋》之用辭，已明者去之，未明者著之。今諸侯之不得專討，固已明矣，而慶封之罪未有所見也，故稱楚子以伯討之，著其罪之宜死，以爲天下大禁。曰：人臣之行，貶主之位，亂國之臣，雖不篡殺，其罪皆宜死，比於此其云爾也。

吕祖謙《左氏傳説》卷六《邲之戰晉楚軍制》 邲之戰，如晉楚之所以勝敗，前固嘗論之。然而晉楚軍制，惟此一戰所載甚詳。晉出師時爲三軍，荀林父將中軍，士會將上軍，趙朔將下軍。到後來賞搴之功，方分爲六軍，然以邲之戰考之，當此時，晉雖未分六軍之名，已有六軍部分了。何故？當晉師臨河，自隨武子以下，皆不欲進，惟彘子以中軍佐先濟，當時若止是三軍，時中軍將自是荀林

父，毳子安能分軍先濟？以此知當時雖未有六軍之名，已有六軍部分。何故？荀林父是中軍帥，毳子是中軍佐；士會是上軍帥，郤克是上軍佐，趙朔是下軍帥，欒書是下軍佐。以此知當時六軍已自分了，所以毳子獨能以中軍佐濟。若當時六軍部分未分，毳子雖剛狠，然區區一夫，安能獨濟！所以韓獻子謂荀林父曰：「毳子以偏師陷。」是則六軍部分已分了。晉固如是，然當時楚之軍制尤詳。當時楚亦有三軍，如子重左，子反右，所謂三軍是正軍。時孫叔敖爲令尹，秉國之政，不在三軍之數，是統三軍者。且如南轅反旆，其或進或退，軍之號令，皆由令尹，以此知令尹是統三軍者。當時三軍是正軍，其君之戎，分爲二廣，内官序當其夜，是親軍，亦不在三軍之數。常隨禁軍者，到得率游闕四十乘從唐侯，遊闕自是楚兵，亦不是親兵，亦不是正軍往來補闕者，看甚處薄，遊闕則從而補之，此所謂奇軍。奇軍便是正軍中旋分出，不是正軍之外別有奇軍，但不係步伍之數者，臨時看厚薄，旋分補。到後來楚既敗晉，以乙卯日敗，丙辰楚重方至，以此知輜軍常後正軍一日到。蓋楚之軍甚有法，輜重不過正軍一日，若與正軍大過相遠時，便有邀擊之患；大過近時，重兵才亂，便亂了正軍。後世用兵，先擊輜重，取勝者甚多，只緣不是太近則太遠不近之間。然楚之軍制，不特如此。看他所謂軍行，右轅，左追蓐，前茅慮無，中權後勁，此尤詳備。軍行時，敵在右，則持轅以備；敵在左，尋水草爲宿之備。軍若宿後旋求水草，則亦有邀擊之患。惟軍正行時，右則持轅，左則尋草，頓兵相接，截然整齊，所謂前茅，今之所謂達白之類。前茅，旗名，或遇山險，或遇敵，前舉旗，則後面可以爲備。中權是中軍大將軍，進退之權，三軍之心在此。所謂後勁，（晉）〔楚〕精兵在後，大抵後來勁兵多在前，多被人擊敗，後面無繼，惟精兵在後，可以爲前之備。百官象物而動，物是旗，如《周禮》公卿建旜，大夫士建物，隨旗所向，看舉甚處，公卿都隨，此是師之耳目處。然其書如此，夜又甚嚴。何故？舉親兵論之可見。右廣初駕，數及日中，左則受之，以至于昏。内官序當其夜。親兵之軍十五乘，當駕在這裏，晝夜相輪。凡宿當夜，今之所謂當更，如此則敵人掩襲不得。看楚軍制如此之詳，安得不取勝？又看楚之戰亦有法。當時楚既陳，晉未成列，孫叔敖三軍皆進。當時楚王在中間，中軍與晉中軍相對。臨戰時，又分左右拒。右拒時當晉下軍，左拒時當晉上軍，兩者陳相對。及戰時，晉中下軍皆望風而走，至於争舟，舟中之指可掬，惟上軍未動。時楚左拒正對上軍之整，恐左拒獨當不得，楚于告唐侯使潘黨以四十乘，從唐侯以爲左拒，以從上軍。何故添游闕四十乘，又添唐侯一軍，只緣中下軍皆散了，惟上軍未動。若見添生軍時也退，何故？見他添生軍多。惟晉之上軍見他添生軍多，所以説楚師方壯，緣此三軍都走。此又楚戰之法。

趙彦衛《雲麓漫鈔》卷一　春秋晉楚戰於邲，「邲」又音汳，即汴河，或悲有反，文改從「汴」。

馬驌《繹史》卷五七《楚莊王争霸論》　楚成王在位四十餘年，無日不以争霸爲事，召陵之會，楚人斂翼，及齊桓公没，遂越漢東以陵上國。晉文公爲城濮之戰以挫之，楚氛始息，伺釁則起，勢阻則退，鷙伏狐攫，戰守竝用，其才類有能過人者，而卒不能得志於中國，則中國之有霸故也。及乎穆王弑立，而中國少衰矣，楚得肆其詐力以蠶食小國，江、六之區，騷然不寧。既而晉襄即世，益復不支，穆王於是乘間竊發，觀兵汝、潁之上，陳、蔡、鄭、宋，靡然服從，其圖北方也，鋭於成王矣。夫穆王蠭目豺聲，其殘忍不亞於父，其遠略未必及也，然而戰勝攻取，師出必利，其故何與？晉靈公少，趙盾專政，秦、晉日戰，楚反休息，盾也弗能和輯國家，務爲殺戮，處父、姑射之倫，相繼死亡焉，晉之不在諸侯也，夫人而知之矣。荆蠻伺隙，誰其禦之？厥貉之會，宋人望風而服，固其宜也。天相其衷，穆王隕命，晉是以稍得息肩，而從楚者漸服，穆若不死，野戰伏尸，恐不俟鄭伯牽羊之日也。莊王初立，外有庸、濮之憂，内有儀、燮之亂，方擁姬抱女，身坐鐘鼓之閒，晉不能於此時謀楚，坐而失時，暨乎三年之後，莊則奮發有爲，蒙故業，進賢人，修甲兵，築城郭，辰陵之役，諸侯俛首而請從焉。經無貶辭，説《春秋》者，至此竟以霸目楚子矣。嗚呼！病霸者楚也，一旦而予楚以霸，聖人豈得已哉！晉自靈公無道，會盟皆出於大夫，文、襄之業遂衰，然猶曰晉侯弱故也，諸侯失望久矣。至於成公之立，國有長君，執魯伐陳，聲罪討貳，《春秋》猶有幸焉。而究之陳、鄭之郊，無歲不有楚患，曰：「政由趙氏。」成公猶靈公也，在位不永，志弗克終。彼楚莊王者，深謀遠畧，非穆王儔也，晉方多故，奚堪與敵邪？楚欲效桓、文之事，故强爲仁義之言，其於陳也，既縣而復封之，則曰：「不貪其富。」於是乎釋陳而得陳矣。其於鄭也，既入而復和之，則曰：「其君下人。」於是乎釋鄭而得鄭矣。其於宋也，既困而復盟之，則曰：「爾無我虞。」於是乎釋宋而得宋矣。邲戰不競，晉國震驚，清丘弗信，衛人渝盟，莊王至此，尚何憚于晉乎？知三國之不可取而不取，以德爲威，諸夏盡得，故申叔不賀，而獻蹊田之喻，子反在師，而受登牀之盟，君臣之閒，若有成謀，操之舍之，總以收中國之霸權而已。信哉，曾人

之料楚也！欒武子曰：「楚自克庸以來，其君不驕。」隨武子曰：「民不罷勞，君無怨讟。」楚莊之不可與敵也，晉固已知之矣。知之而不能避之，是諸卿之智，不若楚一變人也，寧可歸罪於彘子哉？

魏禧《魏叔子文集》外篇卷二《邲》　善戰者不敗。善敗者持其勢而制之，不至于大潰而不可止。晉林父之戰于邲也，吾謂先縠獨濟之後，有可以救敗之道，而林父三失之。《兵法》曰：「順命爲上，有功次之。」昔城濮之役，祁瞞姦命，舟之僑先歸，而顛頡負從亡功，咸殺無赦。蓋威克愛者勝，愛克威者敗，所固然也。今夫毒蛇螫人指人則拔刀而斷之，非其指之不足愛，以爲愛指之足以賊吾身，故寧忍其小以不忍于其大。當是時，林父按甲堅壘，命司馬追斬先縠，狥于師，以厲三軍之用命，三軍之士必戰栗激發以致死。苟其不能，則舉先縠而委之，或請濟師以戰，或全師而退焉，以尸亡屬之罪，此不過棄其一指而不足恤，何林父之弗講也？惑于韓厥專罪分惡之謀，使違命者益驕而不可制。彼旃、錡何所懲哉？且夫旃、錡固嘗求公族與卿而弗得者也。夫拂于人者則不可用人，非其人之所欲則不可以使。奉使召盟，非二子之志明甚，而苟焉許之以重其釁，其一敗不可救毋惑也。

方楚之逐旃而薄晉軍，林父鼓于軍中曰：「先濟者有賞。」中下之軍爭舟而不得濟，是以大敗。吾觀搴之戰也，郤克傷于矢，流血及屨，鼓音不絕，遂大敗齊師，三逐而徑其國。林父其時使以先濟之賞賞陷陣之士，以鼓先濟者而鼓楚師，下令曰：「楚人薄我，我退不得濟，必殲于河；進而死敵，可以生。」林父請身先之。如此則士氣百倍，有死無二，吾未見楚之必勝而晉必敗也。士會、郤克僅殿上軍而不敗，況以三軍禦楚而不能自全，必不然矣。嗚呼！致之死地而後生，背水決戰，爭必勝之勢，此韓信所以破趙，而惜夫林父之不知此也。

高士奇《左傳紀事本末》卷二六論　晉自文、襄以來，主盟中夏，本非楚匹也。自靈、成、景、厲，昏庸相繼，無有先君之明；趙盾當國，亦頗專恣；荀林父雖忠，將略非所長；趙穿、先穀、魏錡、趙旃之徒進而參之，亦無先大夫之肅。楚則適遇莊王之賢，庸大鳥之諷，屏鐘鼓而不御；卻子佩之飲，罷强臺而不登；求賢如不及，則當饋而歎；保邦於未危，則求過於天；絕美人之纓，則鬭士奮；納沈尹之經，則賢相登；蓋亦一時之令主也。而其臣如蔿敖、伍舉、申叔時輩，又皆盡忠竭智，翊贊於其間。用能爭衡上國，狎主齊犧，而晉反處其下矣。夫伯主之所以足爲中原倚庇者，勤而撫之，思患而豫綢繆之，然後敵有所悚懼，而不敢有輕量我之心。今觀范山之言曰「晉君少，不在諸侯，北方可圖也」，於是楚有狼淵之師。吁！晉君雖少，盾大夫安在乎？既不能消釁於未然，而又無武震。合四國之兵以救鄭，而不及楚師宇下，安得不籍籍多事哉？《傳》曰「以懲不恪」，蓋晉伯不競之由，未有失策於此者也。且晉之於楚，鬭力不如鬭智，鬭智尤不如鬭義。義莫大於誅亂臣、討賊子。自厥貉次而二三，與國半折而入於楚。晉之所爲攘楚者，無他奇策，止新城一歃，乞靈於鬼神耳。至皇皇大義，可恃以無恐，而不知取也。舍雖無威，齊君也，商人烏得而弒之？則合六國以討齊，而竟以賂還。一失也。宋有杵臼之變，覆載所不容。宣子請討，則曰「非國之急也」，靈已不君矣。已而治兵振旅，鳴鐘鼓以至於宋，庶幾快舉，而又以利褰。二失也。陳靈宣淫，固云不道。然人臣無將，徵舒敢以一矢加遺，洿瀦不足蔽其辜。晉爲伯主，置若罔聞，而以問罪之聲遺之荆楚。三失也。此三者，皆大義所關，晉不能爲而楚爲之，其何以服諸侯，而係天下之望？故自取賂釋宋，而鄭穆公溥其不足與，乃受盟於楚。人心解體，伯執陵夷，職是之故哉！鬭椒救鄭，趙盾計無復之，而託之將斃，諉曰「姑益其病」，何不思之甚也！至縣陳而尋復其封，入鄭而又退之舍，楚事事合義，晉事事褰義。而知難冒進，自貽掬指之羞，將誰懟哉？滅蕭而同清丘之歃，圍宋而馳虛聲之使，晉之不能，亦可知矣。其原則自君臣泄泄，不在諸侯，而又不知以義服人之過也。然而晉雖弱，伯也；若楚雖强，安得以伯許之？此問鼎、觀兵所以見黜於《春秋》也。

藝文

《王十朋全集・詩集》卷一〇《詠史詩・楚莊王》　周衰外國最跳梁，楚入春秋勢更强。能用一言存滅國，賢哉猶有一莊王。

子産部

綜述

《史記》卷四二《鄭世家》 簡公元年，諸公子謀欲誅相子駟，子駟覺之，反盡誅諸公子。二年，晉伐鄭，鄭與盟，晉去。冬，又與楚盟。子駟畏誅，故兩親晉、楚。三年，相子駟欲自立爲君，公子子孔使尉止殺相子駟而代之。子孔又欲自立，子産曰：「子駟爲不可，誅之，今又效之，是亂無時息也。」於是子孔從之而相鄭簡公。

四年，晉怒鄭與楚盟，伐鄭，鄭與盟。楚共王救鄭，敗晉兵。簡公欲與晉平，楚又囚鄭使者。

十二年，簡公怒相子孔專國權，誅之，而以子産爲卿。十九年，簡公如晉請衛君還，而封子産以六邑。子産讓，受其三邑。二十二年，吳使延陵季子於鄭，見子産如舊交，謂子産曰：「鄭之執政者侈，難將至，政將及子。子爲政，必以禮；不然，鄭將敗。」子産厚遇季子。二十三年，諸公子争寵相殺，又欲殺子産。公子或諫曰：「子産仁人，鄭所以存者子産也，勿殺！」乃止。

二十五年，鄭使子産於晉，問平公疾。平公曰：「卜而曰實沈、臺駘爲祟，史官莫知，敢問？」對曰：「高辛氏有二子，長曰閼伯，季曰實沈，居曠林，不相能也，日操干戈以相征伐。后帝弗臧，遷閼伯于商丘，主辰，商人是因，故辰爲商星。遷實沈于大夏，主參，唐人是因，服事夏、商，其季世曰唐叔虞。當武王邑姜方娠大叔，夢帝謂己：『余命而子曰虞，乃與之唐，屬之參而蕃育其子孫。』及生有文在其掌曰『虞』，遂以命之。及成王滅唐而國大叔焉。故參爲晉星。由是觀之，則實沈，參神也。昔金天氏有裔子曰昧，爲玄冥師，生允格、臺駘。臺駘能業其官，宣汾、洮，障大澤，以處太原。帝用嘉之，國之汾川。沈、姒、蓐、黄實守其祀。今晉主汾川而滅之。由是觀之，則臺駘，汾、洮神也。然是二者不害君身。山川之神，則水旱之菑禁之；日月星辰之神，則雪霜風雨不時禁之；若君疾，飲食哀樂女色所生也。」平公及叔嚮曰：「善，博物君子也！」厚爲之禮於子産。

二十七年夏，鄭簡公朝晉。冬，畏楚靈王之彊，又朝楚，子産從。二十八年，鄭君病，使子産會諸侯，與楚靈王盟於申，誅齊慶封。

三十六年，簡公卒，子定公寧立。秋，定公朝晉昭公。

定公元年，楚公子棄疾弒其君靈王而自立，爲平王。欲行德諸侯，歸靈王所侵鄭地于鄭。

四年，晉昭公卒，其六卿彊，公室卑。子産謂韓宣子曰：「爲政必以德，毋忘所以立。」

六年，鄭火，公欲禳之。子産曰：「不如修德。」

八年，楚太子建來奔。十年，太子建與晉謀襲鄭。鄭殺建，建子勝奔吳。

十一年，定公如晉。晉與鄭謀，誅周亂臣，入敬王于周。

十三年，定公卒，子獻公蠆立。獻公十三年卒，子聲公勝立。當是時，晉六卿彊，侵奪鄭，鄭遂弱。

聲公五年，鄭相子産卒，鄭人皆哭泣，悲之如亡親戚。子産者，鄭成公少子也。爲人仁愛人，事君忠厚。孔子嘗過鄭，與子産如兄弟云。及聞子産死，孔子爲泣曰：「古之遺愛也！」

雜録

《史記》卷一一九《循吏列傳》 子産者，鄭之列大夫也。鄭昭君之時，以所愛徐摯爲相，國亂，上下不親，父子不和。大宫子期言之君，以子産爲相。爲相一年，竪子不戲狎，斑白不提挈，僮子不犂畔。二年，市不豫賈。三年，門不夜關，道不拾遺。四年，田器不歸。五年，士無尺籍，喪期不令而治。治鄭二十六年而死，丁壯號哭，老人兒啼，曰：「子産去我死乎！民將安歸？」

備録

《國語・晉語八》 鄭簡公使公孫成子來聘，平公有疾，韓宣子贊授客館。客問君疾，對曰：「寡君之疾久矣，上下神祇無不徧諭，而無除。今夢黄熊入於寢門，不知人殺乎，抑厲鬼邪！」子産曰：「以君之明，子爲大政，其何厲之有？

僑聞之，昔者鮌違帝命，殛之于羽山，化爲黄熊，以入于羽淵，實爲夏郊，三代舉之。夫鬼神之所及，非其族類，則紹其同位，是故天子祀上帝，公侯祀百辟，自卿以下不過其族。今周室少卑，晉實繼之，其或者未舉夏郊邪？」宣子以告，祀夏郊，董伯爲尸，五日，公見子産，賜之莒鼎。

《莊子·德充符》 申徒嘉，兀者也，而與鄭子産同師於伯昏無人。子産謂申徒嘉曰：「我先出，則子止；子先出，則我止。」其明日，又與合堂同席而坐。子産謂申徒嘉曰：「我先出，則子止；子先出，則我止。今我將出，子可以止乎，其未邪？且子見執政而不違，子齊執政乎？」申徒嘉曰：「先生之門，固有執政焉如此哉？子而説子之執政而後人者也！聞之曰：『鑑明則塵垢不止，止則不明也。久與賢人處，則無過。』今子之所取大者，先生也，而猶出言若是，不亦過乎！」子産曰：「子既若是矣，猶與堯争善，計子之德不足以自反邪？」申徒嘉曰：「自狀其過以不當亡者衆，不狀其過以不當存者寡。知不可奈何而安之若命，惟有德者能之。遊於羿之彀中，中央者，中地也，然而不中者，命也。人以其全足笑吾不全足者多矣。我怫然而怒，而適先生之所，則廢然而反。不知先生之洗我以善邪！吾與夫子遊十九年矣，而未嘗知吾兀者也。今子與我遊於形骸之内，而子索我於形骸之外，不亦過乎！」子産蹵然改容更貌曰：「子無乃稱！」

《韓非子·難三》 鄭子産晨出，過東匠之閭，聞婦人之哭，撫其御之手而聽之，有閒，遣吏執而問之，則手絞其夫者也。異日，其御問曰：「夫子何以知之？」子産曰：「其聲懼。凡人於其親愛也，始病而憂，臨死而懼，已死而哀。今哭已死不哀而懼，是以知其有姦也。」

或曰：子産之治，不亦多事乎？姦必待耳目之所及而後知之，則鄭國之得姦者寡矣。不任典成之吏，不察參伍之政，不明度量，恃盡聰明，勞智慮而以知姦，不亦無術乎？且夫物衆而智寡，寡不勝衆，智不足以徧知物，故因物以治物。下衆而上寡，寡不勝衆者，言君不足以徧知臣也，故因人以知人。是以形體不勞而事治，智慮不用而姦得。故宋人語曰：「一雀過羿，羿必得之，則羿誣矣。以天下爲之羅，則雀不失矣。」夫知姦亦有大羅，不失其一而已矣。不修其理，而以己之胸察爲之弓矢，則子産誣矣。老子曰：「以智治國，國之賊也。」其子産之謂矣。

《韓非子·内儲説上》 子産相鄭，病將死，謂游吉曰：「我死後，子必用鄭，必以嚴莅人。夫火形嚴，故人鮮灼；水形懦，人多溺。子必嚴子之形，無令溺子之懦。」故子産死，游吉不肯嚴形，鄭少年相率爲盜，處於萑澤，將遂以爲鄭禍。游吉率車騎與戰，一日一夜，僅能剋之。游吉喟然歎曰：「吾蚤行夫子之教，必不悔至於此矣。」

有相與訟者，子産離之而無使得通辭，倒其言以告而知之。

《韓非子·外儲説左上》 子産相鄭。簡公謂子産曰：「飲酒不樂也，俎豆不大，鍾鼓竽瑟不鳴，寡人之事不一，國家不定，百姓不治，耕戰不輯睦，亦子之罪。子有職，寡人亦有職，各守其職。」子産退而爲政五年，國無盜賊，道不拾遺，桃棗蔭於街者莫有援也，錐刀遺道三日可反，三年不變，民無飢也。

《韓非子·外儲説左下》 子産者，子國之子也。子産忠於鄭君，子國譙怒之曰：「夫介異於人臣，而獨忠於主。主賢明，能聽汝；不明，將不汝聽。聽與不聽，未可必知，而汝已離於羣臣。離於羣臣，則必危汝身矣。非徒危己也，又且危父矣。」

《呂氏春秋·慎大覽·下賢》 子産相鄭，往見壺丘子林，與其弟子坐必以年，是倚其相於門也。夫相萬乘之國而能遺之，謀志論行，而以心與人相索，其唯子産乎？故相鄭十八年，刑三人，殺二人，桃李之垂於行者莫之援也，錐刀之遺於道者莫之舉也。

《韓詩外傳》卷三 季孫之治魯也，衆殺人而必當其罪，多罰人而必當其過。子貢曰：「暴哉治乎！」季孫聞之，曰：「吾殺人必當其罪，罰人必當其過，先生以爲暴，何也？」子貢曰：「夫奚不若子産之治鄭？一年而負罰之過省，二年而刑殺之罪亡，三年而庫無拘人。故民歸之如水就下，愛之如孝子敬父母。子産病將死，國人皆吁嗟曰：『誰可使代子産死者乎？』及其不免死也，士大夫哭之於朝，商賈哭之於市，農夫哭之於野。哭子産者，皆如喪父母。今竊聞夫子疾之時，則國人喜，活則國人皆駭。以死相賀，以生相恐，非暴而何哉？賜聞之，託法而治謂之暴，不戒致期謂之虐，不教而誅謂之賊，以身勝人謂之責。責者失身，賊者失臣，虐者失政，暴者失民。且賜聞居上位行此四者而不亡者，未之有也。」於是季孫稽首謝曰：「謹聞命矣。」《詩》曰：「載色載笑，匪怒伊教。」

《史記》卷四〇《楚世家》 靈王三年六月，楚使使告晉，欲會諸侯。諸侯皆會楚于申。伍舉曰：「昔夏啓有鈞臺之饗，商湯有景亳之命，周武王有盟津之誓，成王有岐陽之蒐，康王有豐宫之朝，穆王有塗山之會，齊桓有召陵之師，晉文有踐土之盟，君其何用？」靈王曰：「用桓公。」時鄭子産在焉。於是晉、宋、魯、

衛不往。靈王已盟，有驕色。伍舉曰：「桀爲有仍之會，有緡叛之。紂爲黎山之會，東夷叛之。幽王爲太室之盟，戎、翟叛之。君其慎終！」

《史記》卷六七《仲尼弟子列傳》 孔子之所嚴事：於周則老子；於衛，蘧伯玉；於齊，晏平仲；於楚，老萊子；於鄭，子產；於魯，孟公綽。數稱臧文仲、柳下惠、銅鞮伯華、介山子然，孔子皆後之，不並世。

王充《論衡・變虚篇》 宋、衛、陳、鄭之俱災也，氣變見天。梓慎知之，請於子產，有以除之，子產不聽。天道當然，人事不能卻也。使子產聽梓慎，四國能無災乎？堯遭鴻水，時臣必有梓慎、子韋之知矣，然而不卻除者，堯與子產同心也。

王充《論衡・死僞篇》 鄭伯有貪愎而多欲，子晳好在人上，二子不相得。子晳攻伯有，伯有出奔。駟帶率國人以伐之，伯有死。其後九年，鄭人相驚以伯有，曰：「伯有至矣。」則皆走，不知所往。後歲，人或夢見伯有介而行，曰：「壬子，余將殺帶也。明年壬寅，余又將殺段也。」及壬子之日，駟帶卒，國人益懼。後至壬寅日，公孫段又卒，國人愈懼。子產爲之立後以撫之，乃止矣。其後子產適晉，趙景子問曰：「伯有猶能爲鬼乎？」子產曰：「能。人生始化曰魄，既生魄，陽曰魂。用物精多，則魂魄彊，是以有精爽至於神明。疋夫疋婦彊死，其魂魄猶能憑依人以爲淫厲，况伯有，我先君穆公之冑，子良之孫，子耳之子，弊邑之卿，從政三世矣。鄭雖無腆，抑諺曰『蕞爾小國』，而三世執其政柄，其用物弘矣，其取精多矣。其族又大，所憑厚矣。而彊死，能爲鬼，不亦宜乎？」伯有殺駟帶、公孫段不失日期，神審之驗也。子產立其後而止，知鬼神之操也。知其操，則知其實矣。實有不空，故對問不疑。子產，智人也，知物審矣。如死者無知，何以能殺帶與段？如不能爲鬼，子產何以不疑？

曰：與伯有爲怨者，子晳也。子晳攻之，伯有犇，駟帶乃率國人遂伐伯有。公孫段隨駟帶，不造本辯，其惡微小。殺駟帶不報子晳，公孫段惡微，與帶俱死，是則伯有之魂無知，爲鬼報仇，輕重失宜也。且子產言曰：「彊死者能爲鬼。」何謂彊死？謂伯有命未當死而人殺之邪？將謂伯有無罪而人冤之也？如謂命未當死而人殺之，未當死而死者多；如謂無罪人冤之，被冤者亦非一。伯有彊死能爲鬼，比干、子胥不爲鬼。春秋之時，弑君三十六。君爲所弑，可謂彊死矣。典長一國，用物之精可謂多矣。繼體有土，非直三世也。貴爲人君，非與卿位同也。始封之祖，必有穆公、子良之類也。以至尊之國君，受亂臣之弑禍，其魂魄爲鬼，必明於伯有；報仇殺讎，禍繁於帶、段。三十六君無爲鬼者，三十六臣無見報者。如以伯有無道，其神有知，世間無道莫如桀、紂，桀、紂誅死，魄不能爲鬼。然則子產之説，因成事者也。見伯有彊死，則謂彊死之人能爲鬼；如有不彊死爲鬼者，則將云不彊死之人能爲鬼。子晳在鄭，與伯有何異？死與伯有何殊？俱以無道爲國所殺，見《左》昭二年《傳》。伯有能爲鬼，子晳不能。彊死之説，通於伯有，塞於子晳。然則伯有之説，杜伯之語也。杜伯未可然，伯有亦未可是也。

《史記》卷一一九《循吏列傳》司馬貞索隱 《鄭系家》云子產，鄭成公之少子，事簡公、定公。簡公封子產以六邑，子產受其半。子產不事昭君，亦無徐摯作相之事。蓋別有所出，太史記異耳。

子期亦鄭之公子也。《左傳》、《國語》亦無其説。案：《系家》鄭相子駟、子孔與子產同時，蓋亦子期之兄弟也。

《左傳》及《系家》云子產死，孔子泣曰「子產，古之遺愛也」。又《韓詩》稱子產卒，鄭人耕者輟耒，婦人捐其佩玦也。

《史記》卷一一九《循吏列傳》裴駰集解 《皇覽》曰：「子產冢在河南新鄭，城外大冢是也。」

顧炎武《日知録》卷四《子大叔之廟》 昭公十二年，「鄭簡公卒，將爲葬除。及游氏之廟，將毀焉，子大叔使其除徒執用以立，而無庸毀，曰：『子產過女，而問何故不毀，乃曰：不忍廟也。諾，將毀矣。』既如是，子產乃使辟之」。十八年，「簡兵大蒐，將爲蒐除。子太叔之廟在道南，其寢在道北，其庭小。過期三日，使除徒陳於道南廟北，曰：『子產過女，而命速除，乃毀於而鄉。』子產朝，過而怒之。除者南毀。子產及衝，使從者止之，曰：『毀於北方。』」此亦一事，而記者或以爲葬，或以爲蒐，《傳》兩存之，而失删其一耳。

梁玉繩《人表考》卷二《上中仁人・鄭子產》 子產始見《左》襄八、《晉語》八、《論語》。名僑。襄廿五、《晉語》。又作喬。《後漢・陳寵傳》、《呂覽・下賢》注、《隸釋・元賓碑》。又字子美，襄廿五。謚成子。《晉語》。鄭穆公之孫子國之子。《晉語》注。杜《世族譜》云：子國，公子發、惠子。公子發見《春秋》襄五，子國見《左》成五，惠子未見。公子之子稱公孫，《儀禮・喪服傳》。故曰公孫僑，亦曰公孫成子。襄廿二、《晉語》。以父字爲氏，故曰國僑，司馬貞補《史記》、《舊唐書》高宗顯慶二年《紀》及《傅彦伯》、《薛登傳》。以父字爲氏，鄭漁仲《通志・氏族略》序中言之矣。《孟子》疏云：據後而言，故稱

國僑。恐未然。亦曰國子，《後書・王充等傳》論。亦曰喬子，《易林・井之大壯》。亦曰鄭喬，亦曰鄭僑，《後書・陳寵》、《馮衍傳》。亦曰鄭產，司馬貞《史・循吏傳》述贊。亦曰東里子產。《論語》。其相曰角。《御覽》三百六十三引管子。初官少正，襄廿二。子產以襄十九年爲卿，卿謂之正，襄廿五《傳》賂晉六正是也。然則少正即少卿矣。後相鄭。襄三十。葬河南密縣陘山。《續郡國志》注、《水經溱水注》。案錢宫詹大昕《後漢書考異》云：《陳寵傳》美鄭喬之仁政，《春秋傳》喬作僑。古人名、字恒相應，產者，生也，木高曰喬，有生長之義，故名喬字子產，後人增加人旁。然考《説文》：僑，高也。與產之義亦合。木之高大者爲美材，故別字子美。蓋僑、喬古通，《左傳》長狄僑如、叔孫僑如，《釋文》、《史・魯世家》、本書《五行志》上並作喬。《劉向傳》張子僑，師古曰：或作喬。《列仙傳》王子喬，《隸釋・樊敏碑》作僑。張注《列子・説符篇》異伎云僑人，鄭注《山海經》長股國言有喬國，今伎家僑人象此。

梁玉繩《漢書人表考補・鄭子產》 亦曰國產，見《亢倉子政道篇》。

備論

《論語・憲問》 或問子產。子曰：「惠人也。」

《列子・楊朱》 子產相鄭，專國之政，三年，善者服其化，惡者畏其禁，鄭國以治，諸侯憚之。而有兄曰公孫朝，有弟曰公孫穆。朝好酒，穆好色。朝之室也，聚酒千鍾，積麴成封，望門百步，糟漿之氣逆於人鼻。方其荒於酒也，不知世道之安危，人理之悔吝，室内之有亡，九族之親疏，存亡之哀樂也。雖水火兵刃交於前，弗知也。穆之後庭，比房數十，皆擇稚齒婑媠者以盈之。方其耽於色也，屏親昵，絶交遊，逃於後庭，以晝足夜，三月一出，意猶未愜。鄉有處子之娥姣者，必賄而招之，媒而挑之，弗獲而後已。子產日夜以爲戚，密造鄧析而謀之，曰：「僑聞治身以及家，治家以及國，此言自於近至於遠也。僑爲國則治矣，而家則亂矣，其道逆邪？將奚方以救二子？子其詔之。」鄧析曰：「吾怪之久矣，未敢先言。子奚不時其治也，喻以性命之重，誘以禮義之尊乎？」子產用鄧析之言，因閒以謁其兄弟，而告之曰：「人之所以貴於禽獸者，智慮。智慮之所將者，禮義。禮義成，則名位至矣。若觸情而動，耽於嗜慾，則性命危矣。子納僑之言，則朝自悔而夕食禄矣。」朝、穆曰：「吾知之久矣，擇之亦久矣，豈待若言而後識之哉？凡生之難遇，而死之易及。以難遇之生，俟易及之死，可孰念哉？而欲尊禮義以夸人，矯情性以招名，吾以此爲弗若死矣。爲欲盡一生之歡，窮當年之樂，唯患腹溢而不得恣口之飲，力憊而不得肆情於色，不遑憂名聲之醜、性命之危也。且若以治國之能夸物，欲以説辭亂我之心，榮禄喜我之意，不亦鄙而可憐哉？我又欲與若別之。夫善治外者，物未必治而身交苦；善治内者，物未必亂而性交逸。以若之治外，其法可暫行於一國，未合於人心。以我之治内，可推之於天下，君臣之道息矣。吾常欲以此術而喻之，若反以彼術而教我哉？」子產忙然無以應之。他日以告鄧析，鄧析曰：「子與真人居而不知也，孰謂子智者乎？鄭國之治偶耳，非子之功也。」

《荀子・王制》 子產，取民者也，未及爲政也。

《呂氏春秋・審應覽・離謂》 鄭國多相縣以書者。子產令無縣書，鄧析致之。子產令無致書，鄧析倚之。令無窮，則鄧析應之亦無窮矣。是可不可無辨也。可不可無辨，而以賞罰，其罰愈疾，其亂愈疾，此爲國之禁也。故辨而不當理則僞，知而不當理則詐，詐僞之民，先王之所誅也。理也者，是非之宗也。

子產治鄭，鄧析務難之，與民之有獄者約，大獄一衣，小獄襦袴。民之獻衣襦袴而學訟者，不可勝數。以非爲是，以是爲非，是非無度，而可與不可日變。所欲勝因勝，所欲罪因罪。鄭國大亂，民口讙譁。子產患之，於是殺鄧析而戮之，民心乃服，是非乃定，法律乃行。今世之人，多欲治其國，而莫之誅鄧析之類，此所以欲治而愈亂也。

《孔叢子・雜訓》 懸子問子思曰：「吾聞同聲者相求，同志者相好。子之先君見子產，則兄事之，而世謂子產仁愛，稱夫子聖人，是謂聖道事仁愛也，吾未諭其人之孰先後也，故質于子。」子思曰：「然，子之問也。昔季孫問子游，亦若子之言也。子游答曰：『以子產之仁愛譬夫子，其猶浸水之與膏雨乎？』康子曰：『子產死，鄭人丈夫舍玦佩，婦女舍珠瑱，巷哭三月，竽瑟不作。夫子之死也，吾未聞魯人之若是也，奚故哉？』子游曰：『夫浸水之所及也則生，其所不及則死，故民皆知焉。膏雨之所生也，廣莫大焉，民之受賜也普矣，莫識其由來者。上德不德，是以無德。』季孫曰：『善。』」懸子曰：「其然。」

《史記》卷一三〇《太史公自序》 桓公之東，太史是庸。及侵周禾，王人是議。祭仲要盟，鄭久不昌。子產之仁，紹世稱賢。三晉侵伐，鄭納於韓。嘉厲公納惠王，作《鄭世家》第十二。

王符《潛夫論·思賢》 子產有言：「未能操刀而使之割，其傷實多。」是故世主之於貴戚也，愛其嬖媚之美，不量其材而授之官，不使立功自託於民，而苟務高其爵位，崇其賞賜，令結怨於下民，縣罪於惡，積過既成，豈有不顛隕者哉？此所謂「子之愛人，傷之而已」哉！

王充《論衡·非韓篇》 鄭子產晨出，過東匠之宫，聞婦人之哭也，撫其僕之手而聽之。有間，使吏執而問之，手殺其夫者也。翼日，其僕問曰：「夫子何以知之？」子產曰：「其聲不慟。凡人於其所親愛也，知病而憂，臨死而懼，已死而哀。今哭夫已死，不哀而懼，是以知其有姦也。」韓子聞而非之曰：「子產不亦多事乎？姦必待耳目之所及而後知之，則鄭國之得姦寡矣。不任典城之吏，察參伍之正，不明度量，待盡聰明、勞知慮而以知姦，不亦無術乎？」

韓子之非子產，是也；其非繆公，非也。夫婦人之不哀，猶龐㓉子不孝也。非子產持(待)耳目以知姦，獨欲繆公須問以定邪。子產不任典城之吏，而以耳〔聞〕定實；繆公亦不任吏，而以口問立誠。夫耳聞口問，一實也，俱不任吏，皆不參伍。厲伯之對不可以立實，猶婦人之哭不可以定誠矣。不可〔以〕定誠，使吏執而問之；不可以立實，不使吏考，獨信厲伯口，以罪不考之姦，如何？

《張耒集》卷三九《子產論》 天下之大患，莫大於不量力，而不量力之患，起於好高。今夫使人皆量力而無慕于賢己者，宜若怠惰而無志，而不知夫力之所受于天者，莫不有極，强任而過使之，則將有禍。嗚呼！怠惰而無志，不猶愈於禍歟？吾知量力之不可廢也。

今夫天下之才，自匹夫以至聖人，其别無窮，然大要有三而已，上智、中人、下愚是也。昔者聖人之治天下，使民畏也，有不待刑；使人愛也，有不待賞。夫無刑賞而畏愛行焉，此天下之純德也，夫惟聖人而後能之。而使中人之才，其爲治也，去賞與刑，以求天下之畏愛，曰：「吾將學聖人也」，則亦敗而已矣。使量力而行之，治刑以明威，信賞以施愛，其誰曰不可？以爲德不及於聖人耶，不猶愈于敗乎？夫烏獲之力至于舉千鈞，而弱者至不舉一石，以一石之力而負千鈞，則脅絶而死，此又天下之所知也。

昔者鄭國有災，有勸子產使遷國者，子產曰：「吾不足以定遷矣。」夫遷國以免災，與安坐以待不測之禍，二者孰利也？然子產知其力之不能及，則寧爲安坐之計，姑求其力之所及者而行之，豈其心以爲不能定遷，則其患將甚於安坐而待患歟？蓋子產嘗鑄刑書，而叔向非之，子產卒行之也，彼以爲議事以制不爲刑辟者，非我之所能故也。予讀書至此，未嘗不竊歎古之君子其智慮深遠而較利害也詳，量分審力而不誘于天下之浮説，而深悲後世之説者。夫宋襄公之小諸侯，徐偃王之行仁義，卒無所就而敗隨之，而世之人遂悲仁義之不效，而予不知二人者，果能爲文武之事者歟？非仁義之負二人，二人之負于仁義也。

或曰：「天下之士不可好卑而務近，而量力之論不可以訓。」嗚呼！使無妄學聖人者，是豈使無學其德耶？吾惡夫無其德而僭其事者也。彼聖人之爲聖，豈好高而爲之哉？其中之所有，舉而措之而已。使誠有其德，吾何愛聖人之事而不使爲之哉？

《朱子語類》卷五七《孟子七·離婁下·子產聽鄭國之政章》 鄭之虎牢，即漢之成皋也。虎牢之下，即溱洧之水，後又名爲汜水關，子產以乘輿濟人之所也。聞人務德以爲孟子之言非是。其説以爲，溱洧之水，其深不可以施梁柱，其淺不可以涉，豈可以濟乘輿！蓋溱洧之水底皆是沙，故不可以施梁柱，但可用舟渡而已。李先生以爲疑，或是偶然橋梁壞，故子產用其車以渡人。然此類亦何必深考。孟子之意，但言爲政者當務民之宜，而不徒以小惠耳。僩。卓録云：「或問：『車輿豈可以涉水？』曰：『想有可涉處。』」閩人，秀州人。

問：「子產之事，以《左傳》考之，類非不知爲政者。孟子之言，姑以其乘輿濟人一事而議之耳。而夫子亦止以『惠人』目之，又謂其『猶衆人之母，知食而不知教』，豈非子產所爲終以惠勝歟？」曰：「致堂於『惠人也』，論此一段甚詳。東坡云『有及人之近利，無經世之遠圖』，亦説得盡。『都鄙有章』，只是行惠人底規模。若後世所謂政者，便只是惠。」必大。

王應麟《困學紀聞》卷六《左氏》 古者，「孫以王父字爲氏」。成十五年《公羊傳》文。子產，子國之子，《國語》謂公孫成子，《左傳》謂公孫僑。【原注】子產之子，始爲國民。致堂作《子產傳》，曰「國僑」，非也。

顧炎武《日知録》卷二七《左傳注》 十二年，「子產相鄭伯，辭於享，請免喪而後聽命」。禮也。子產能守喪制，晉人不奪，皆爲合禮。解但得其一偏者亡。

馬驌《繹史》卷七四《子產相鄭論》 國非有彊弱也，得其人者昌，不得其人者亡。鄭小國耳，居南北之衝，自莊、厲以來，晉、楚交躪其地，國之不亡倖矣。乃以五歲即位之簡公，國家内亂，疆埸外擾，悼、共方争，邊吏日警，而不數年閒，外患以平，内政以修，解甲息民，國家晏然稱治焉，謂非子產之力乎？其始從政也，輿人謗之，同列猜之，追其後誰嗣歌矣；甚至鑄刑書，作丘賦，而民不怨，賢

能任矣；甚至放游楚，殺駟黑，而大夫不怒，使當大國，而權藉憑焉，管仲、蔿獵之功，不足多也。乃受政之日，惴惴然國偪族寵之是懼，有子皮左右先後之，猶懼弗克勝，無他，春秋之國，鄭稱多事，固難治也。自桓、文霸而鄭始病，自悼、共争而鄭始危，成公從楚，鄢陵不振，僖公從晉，鄬會不終，鄭蓋不可問矣。齊桓之世，鄭雖受兵，而三良爲政，諸侯莫之敢輕。今則子駟之侈焉而死，子孔之專焉而死，伯有之愎焉而死，伯石、豐卷之流，猶眈眈焉，鄭益不可問矣。子產奔晉，子皮止之，委以大權，而子產乃得行其志。鄭之有子皮，齊之有鮑叔牙也。子產之功，不及管仲者，則以無大國耳。雖然，有幸焉，晉悼霸而鄭人賴以反正，晉、楚成而鄭人得以休息，蕭魚以後，國無外敵，入陳以後，國有兵威，子產爲政，正鄭國化弱爲彊之時也，而子產之賢，足以任之，是以列國之君卿大夫，咸欽其人，而重其才，外交固，內事舉，民賴以安，惠孔厚也。死之日，鄭人丈夫舍玦珮，婦人舍珠珥，丁壯號哭，老人兒啼，曰：「子產去我死乎！民將安歸？」嗚呼！生令民愛，死令民哀，如子產者，所稱古良臣哉！

高士奇《左傳紀事本末》卷四四《子產相鄭論》 鄭之爲國，族大寵多，俗淫而侈，又介晉、楚之閒，疆埸日駭，民生墊隘，未易以爲治。而子產之相鄭，則大有可觀矣。方子國、子耳之侵蔡而獲公子燮也，國人皆喜，子產年猶童子，即慮晉、楚兵争之禍，固已奇矣。西宫之亂，庀羣司，閉府庫，而後出兵，倉卒之中，具有成畫。子孔載書之誤，則力請焚之，使反側子自安。子皙與子南争室，子南以戈擊子皙傷，數其五奸，抗法不少貸。及子皙欲去游氏而代其位，將作亂，使吏切責，尸諸衢而加木焉，刑政肅矣。其治民也，有惠愛之心，而濟之以猛。水濡火烈之喻，殆即亂國用重典之意乎！他若鑄刑書，制參辟，立謗政，作封洫，行之一年，而豎子不戲狎，班白不提挈；二年，市不豫賈；三年，門不夜關，道不拾遺；四年，田器不歸；五年，士無尺籍，喪期不令而治。至妖妄誕譎之習，凡可以惑民聽、沮教令者，屏之務絶。伯有之厲，立其祀以安之。龍鬬洧焉，則置而弗問。裨竈請禳火，則始終援天道人道以折之。此其卓識遠見，豈流輩所能及哉？若夫馳詞執禮，以當晉、楚之鋒；徵朝，則歷述比歲之勤；重幣，則寓宣子之書；獻捷，則士莊伯不能詰；壞館垣，則叔向歎其有辭；卻逆女，則楚人垂橐而入；拒玉環之請，則杜無厭之求；申登陴之對，則寢問罪之端；問駟乞之立，則語以縣鄙之懼。而多聞博物，又足以傾動四國之諸侯，而照耀乎壇坫。是以外捍牧圉，內庇民社，而遺愛所被，既没而悲之如亡親戚也。子產不誠賢相矣哉！雖然，無罕虎，則子產之賢不彰；無子大叔，則子產之賢亦不傳。此君子所以重汲引也。

藝文

韓愈《韓昌黎文集》卷二《子產不毁鄉校頌》 我思古人，伊鄭之僑；以禮相國，人未安其教；遊于鄉之校，衆口囂囂。或謂子產，毁鄉校則止。曰：「何患焉，可以成美。夫豈多言，亦各其志。善也吾行，不善吾避，維善維否，我於此視。川不可防，言不可弭，下塞上聾，邦其傾矣！」既鄉校不毁，而鄭國以理。

在周之興，養老乞言；及其已衰，謗者使監：成敗之迹，昭哉可觀。

維是子產，執政之式，維其不遇，化止一國。誠率是道，相天下君，交暢旁達，施及無垠？於虖！四海所以不理，有君無臣。誰其嗣之，我思古人。

袁枚《小倉山房文集》卷一《子產不毁游廟頌》 奕奕游廟，南道而居。將葬簡公，鞫荒難驅。繼爲火社，馬更契需。葬除蒐除，豈子產私歟？當官而行，毁之毅如。乃有太叔，操具而立。似毁不毁，探刺顏色。冀危得之，毋乃用術！子產過時，有睟其容。問不毁故，感動于中。顧曰「舍之，以妥其宗」。一之已甚，太叔乃再！恃巧干仁，愚者亦怪。子產不然，稱心而待。寧墮彼術，以行吾愛。嗚呼子產，隆赫嚴明！凶人必殺，《刑書》必成。火焚不動，龍鬥不驚。乃至毁廟，肫肫其情。爲國教孝，匪己求名。展如之人，孔子所敬。執國之法，順人之性。其死也哀，其生也慶。借頌爲箴，今之從政。

晏嬰部

綜述

《史記》卷六二《管晏列傳》 晏平仲嬰者，萊之夷維人也。事齊靈公、莊公、景公，以節儉力行重於齊。既相齊，食不重肉，妾不衣帛。其在朝，君語及之，即危言；語不及之，即危行。國有道，即順命；無道，即衡命。以此三世顯名於諸侯。

越石父賢，在縲紲中。晏子出，遭之塗，解左驂贖之，載歸。弗謝，入閨。久之，越石父請絶。晏子戄然，攝衣冠謝曰：「嬰雖不仁，免子於戹，何子求絶之速也？」石父曰：「不然。吾聞君子詘於不知己而信於知己者。方吾在縲紲中，彼不知我也。夫子既已感寤而贖我，是知己；知己而無禮，固不如在縲紲之中。」晏子於是延入爲上客。

晏子爲齊相，出，其御之妻從門閒而闚其夫。其夫爲相御，擁大蓋，策駟馬，意氣揚揚，甚自得也。既而歸，其妻請去。夫問其故。妻曰：「晏子長不滿六尺，身相齊國，名顯諸侯。今者妾觀其出，志念深矣，常有以自下者。今子長八尺，乃爲人僕御，然子之意自以爲足，妾是以求去也。」其後夫自抑損。晏子怪而問之，御以實對。晏子薦以爲大夫。

鄭樵《通志》卷九二《晏子列傳》 晏平仲嬰，萊之夷維人，桓子弱之子也。及事靈公、莊公、景公。

初，晉大夫欒盈得罪奔楚，晉于是會諸侯于商任以錮之。莊公三年，欒盈自楚來奔，晏子言於公，曰：「商任之會，受命於晉，今納欒氏，將焉用之？小所以事大，信也；失信不立，君其圖之。」弗聽。退告陳文子曰：「君人執信，臣人執共，忠信篤敬，上下同之，天之道也。君自棄也，弗能久矣。」欒盈猶在齊，晏子曰：「禍將作矣，晉將來伐，不可以不懼。」既而明年果有晉師。

五年，崔杼弒莊公，晏子聞難往赴，立於崔氏之門外。其人曰：「死乎？」曰：「獨吾君也乎哉？吾死也？」曰：「行乎？」曰：「吾罪也乎哉？吾亡也？」曰：「歸乎？」曰：「君死安歸？君民者豈以陵民，社稷是主；臣君者豈爲其口實，社稷是養。故君爲社稷死，則死之；爲社稷亡，則亡之；若爲己死而已亡，非其私暱，誰敢任之。且人有君而弒之，吾焉得死之，而焉得亡之，將庸何歸！」門啓而入，枕尸股而哭，興，三踊而出。人謂崔子必殺之，崔子曰：「民之望也，舍之得民。」崔杼立靈公孽子杵臼而相之，是爲景公。慶封爲左相，盟國人於大宮，曰：「所不與崔、慶者。」晏子仰天嘆曰：「嬰所不爲忠於君，利社稷者是與，有如上帝！」乃歃。及慶氏敗，公與晏子邶殿其鄙六十，弗受。子尾曰：「富，人之所欲也，何獨弗欲？」對曰：「慶氏之邑足欲，故亡；吾邑不足欲也，益之邶殿乃足欲，足欲，亡無日矣。在外不得宰吾一邑，不受邶殿，非惡富也，恐失富也。且夫富，如帛布之有幅焉，爲之制度，使無遷也。夫民生厚而用利，於是乎正德以幅之，使無黜嫚，謂之幅利，利過則爲敗，吾不敢貪多，所爲幅也。」

景公四年，吳季札來聘，見晏子，相得甚歡，説其納邑與政，故晏子因陳桓子而納之。九年，公使晏子請繼室於晉，曰：「寡君使嬰曰：『寡人願事君朝夕不倦，將奉質幣以無失時，則國家多難，是以不獲。不腆先君之適，以備內官，焜燿寡人之望，則又無禄，早世隕命，寡人失望。君若不忘先君之好，惠顧齊國，辱收寡人，徼福於太公丁公，照臨敝邑，鎮撫其社稷，則猶有先君之適，乃遺姑姊妹，若而人。君若不棄敝邑，而辱使董振擇之，以備嬪嬙，寡人之望也。』」韓宣子使叔向對曰：「寡君之願也。寡君不能獨任其社稷之事，未有伉儷，在縗絰之中，是以未敢請，君有辱命，惠莫大焉。若惠顧敝邑，撫有晉國，賜之內主，豈惟寡君與羣臣實受其貺，其自唐叔以下，實寵嘉之。」既成昏，晏子受禮，叔向從之宴，相與語。叔向曰：「齊其何如？」晏子曰：「此季世也，吾弗知，齊其爲陳氏矣，公棄其民而歸於陳氏。齊舊四量，豆、區、釜、鍾，四升爲豆，各自其四，以登於釜，釜十則鍾。陳氏三量皆登一焉，鍾乃大矣，以家量貸，而以公量收之。山木如市，弗加於山，魚鹽蜃蛤，弗加於海，民參其力，二入於公，而衣食其一。公聚朽蠹，而三老凍餒，國之諸市，屨賤踊貴，民人痛疾，而或燠休之。其愛之如父母，而歸之如流水，欲無獲民，將焉辟之。箕伯、直柄、虞遂、伯戲，其相胡公、太姬已在齊矣。」叔向曰：「然。雖吾公室，今亦季世也。戎馬不駕，卿無軍行，公乘無人，卒列無長。庶民罷敝，而宮室滋侈，道殣相望，而女富溢尤。民聞公命，如逃寇讎。欒郤、胥原、狐續、慶伯降在皁隸，政在家門，民無所依，君日不悛，以樂慆憂，公室之卑，其何日之有！讒鼎之銘曰：『昧旦丕顯，後世猶怠。』況日不悛，其

能久乎！」晏子曰：「子將若何？」叔向曰：「晉之公族盡矣。肸聞之，公室將卑，其宗族枝葉先落，則公從之。肸之宗十一族，唯羊舌氏在而已，肸又無子，公室無度，幸而得死，豈其獲祀。」初，公欲更晏子之宅，曰：「子之宅近市，湫隘囂塵，不可以居，請更諸爽塏者。」辭曰：「君之先臣容焉，臣不足以嗣之，於臣侈矣。且小人近市，朝夕得所求小人之利也，敢煩里旅。」公笑曰：「子近市，識貴賤乎？」對曰：「既近之，敢不識乎。」公曰：「何貴？何賤？」於是公方繁刑，有鬻踊者，故對曰：「踊貴屨賤。」既已告於君，故與叔向語而稱之，公以是省刑焉。及晏子在晉，公更其宅，反則成矣。既拜，乃毀之，而爲里室皆如其舊，則使宅人反之，「且諺曰：『非宅是卜，唯鄰是卜。』二三子先卜鄰矣，違卜不祥。君子不犯非禮，小人不犯不祥，古之制也，吾敢違諸乎！」卒復其舊宅。公弗許，因陳桓子以請，乃許之。

公孫竈卒，司馬竈見晏子曰：「又喪子雅矣。」晏子曰：「惜也！子旗不免，殆哉！姜族弱矣，而嬀將始昌，二惠競爽，可又弱一个焉，姜其危哉！」鄭罕虎娶子尾氏，晏子驟見之。陳桓子問其故，對曰：「能用善人，民之主也。」

十六年，欒、高、陳、鮑之亂，子良謀欲得公以自輔，公不聽，遂伐虎門。晏平仲端委立於虎門之外，四族召之，無所往。其徒曰：「助陳、鮑乎？」曰：「何善焉！」「助欒、高乎？」曰：「庸勝乎！」「然則歸乎？」曰：「君伐，焉歸！」公召之而後入。及欒、高敗，陳、鮑分其室，晏子謂陳桓子必致諸公：「讓，德之主也。讓之謂懿德，凡有血氣，皆有争心，故利不可彊，思義爲愈；義，利之本也，蘊利生孽，姑使無蘊乎，可以滋長。」桓子盡致諸公，而請老于莒。

二十六年，公疥，遂痁，期而不瘳，諸侯之賓問疾者多在，梁丘據與裔欵言於公曰：「吾事鬼神豐，於先君有加矣，今君疾病爲諸侯憂，是祝史之罪也。諸侯不知，其謂我不敬，君盍誅於祝固、史嚚以辭賓。」公説，告晏子，晏子曰：「日宋之盟，屈建問范會之德於趙武，趙武曰：『夫子之家事治，言於晉國，竭情無私，其祝史祭祀，陳信不愧，其家事無猜，其祝史不祈。』以語康王，康王曰：『神人無怨，宜其光輔五君，以爲盟主也。』」公曰：「據與欵謂寡人能事鬼神，故欲誅於祝史，子稱是語，何故？」對曰：「若有德之君，外内不廢，上下無怨，動無違事，其祝史薦信，無愧心矣。是以鬼神用饗，國受其福，祝史與焉，其所以蕃祉老壽者，爲信君使也，其言忠信於鬼神。其適遇淫君，外内頗邪，上下怨疾，動作辟違，從欲厭私，高臺深池，撞鐘舞女，斬刈民力，輸掠其聚，以成其違，不恤後人，暴虐淫從，肆行非度，無所還忌，不思謗讟，不憚鬼神，神怒民痛，無悛於心，其祝史薦信，是言罪也，其蓋失數美，是矯誣也，進退無辭，則虚以求媚。是以鬼神不饗其國以禍之，祝史與焉，所以夭昏孤疾者，爲暴君使也，其言僭嫚於鬼神。」公曰：「然則若之何？」對曰：「不可爲也。山之林木，衡鹿守之；澤之萑蒲，舟鮫守之；藪之薪蒸，虞候守之；海之鹽蜃，祈望守之。縣鄙之人，入從其政；偪介之關，暴征其私；承嗣大夫，彊易其賄；布常無藝，徵斂無度；宫室日更，淫樂不違；内寵之妾肆奪於市，外寵之臣僭令於鄙；私欲養求，不給則應。民人苦病，夫婦皆詛，祝有益也，詛亦有損。聊、攝以東，姑、尤以西，其爲人多矣，雖則善祝，豈能勝億兆之詛？君若欲誅於祝史，修德而後可。」公説，使有司寬政，毁關去禁，薄斂已責。

公田于沛，既還，晏子侍于遄臺，子猶馳而造焉。公曰：「唯據與我和夫？」晏子對曰：「據亦同也，焉得爲和。」公曰：「和與同異乎？」對曰：「異。和如和羹焉，水火醯醢鹽梅，以亨魚肉，燀之以薪，宰夫和之，齊之以味，濟其不及，以洩其過，君子食之，以平其心。君臣亦然。君所謂可，而有否焉，臣獻其否，以成其可；君所謂否，而有可焉，臣獻其可，以去其否。是以政平而民不干，民無争心。故《詩》曰：『亦有和羹，既戒既平，鬷假無言，時靡有争。』先王之濟五味，和五聲也，以平其心，成其聲也。聲亦如味，一氣、二體、三類、四物、五聲、六律、七音、八風、九歌，以相成也；清濁小大，短長疾徐，哀樂剛柔，遲速高下，出入周疏，以相濟也。君子聽之，以平其心，心平德和，故《詩》曰：『德音不瑕。』今據不然，君所謂可，據亦曰可；君所謂否，據亦曰否。若以水濟水，誰能食之；若琴瑟之專壹，誰能聽之。同之不可也如是。」飲酒樂，公曰：「古而無死，其樂若何？」晏子對曰：「古而無死，則古之樂也，君何得焉！昔爽鳩氏始居此地，季萴因之，有逢伯陵因之，蒲姑氏因之，而後太公因之。古若無死，爽鳩氏之樂，非君所願也。」

三十有二年，有彗見于國，公念自傷。晏子曰：「君高臺深池，賦斂如弗得，刑罰恐弗勝，茀星將出，彗星何懼乎！」公曰：「禳之若何？」對曰：「無益也，而祇取誣焉。天道不謟，不貳其命，若之何禳之！且天之有彗，以除穢也，君無穢德，又何禳焉；若德之穢，禳之何損。今怨者已衆，而君令一人禳之，安能勝衆口乎！」時公治宫室，聚狗馬，厚賦重刑，故晏子以此諫之。

公與晏子坐于路寢，公歎曰：「美哉室，其誰有此乎！」晏子曰：「敢問何謂也？」公曰：「吾以爲在德。」對曰：「如君之言，其陳氏乎。陳氏雖無大德，而有

施於民，豆、區、釜、鍾之數，其取之公也薄，其施之民也厚。公務於斂，陳氏務施，民歸之矣。《詩》曰：『雖無德與女，式歌且舞。』陳氏之施，民歌舞之矣。後世若少惰，陳氏而不亡，則國其國也。」公曰：「善哉！是可若何？」對曰：「唯禮可以已之。在禮家施不及國，民不遷，農不移，工賈不變，士不濫，官不滔，大夫不收公利。」公曰：「善哉！我不能已，吾今而後知禮之可以爲國也。」對曰：「禮之可以爲國也久矣，與天地並。君令臣共，父慈子孝，兄愛弟敬，夫和妻柔，姑慈婦聽，禮也。君令而不違，臣共而不貳，父慈而教，子孝而箴，兄愛而友，弟敬而順，夫和而義，妻柔而正，姑慈而從，婦聽而婉，禮之善物也。」公曰：「善哉！寡人今而後聞此禮之上也。」對曰：「先王所稟於天地，以爲其民也，是以先王上之。」

時越石父賢，在縲紲之中，晏子出，遭之塗，解左驂贖之，載與歸，弗謝，入閨，久之，越石父請絶，晏子戄然攝衣冠謝曰：「嬰雖不仁，免子於難，何子求絶之速也？」石父曰：「不然。吾聞君子詘於不知己，而伸於知己者。方吾在縲紲之中，彼不知我也，夫子既以感悟而贖我，是知己矣，知己而無禮，固不如在縲紲之中。」晏子於是延入爲上客。

晏子爲相時，出，其御之妻從門闚見其夫，擁大蓋，策駟馬，意氣甚自得。已而歸，其妻請去。夫問其故，妻曰：「晏子長不滿六尺，身相齊國，名顯諸侯，今者妾觀其出，志念深矣，常有以自下者。今子長八尺，爲人僕御，然子之意自以爲足，妾是以求去也。」其後夫自抑損，晏子怪而問之，御以實對，晏子薦以爲大夫。

晏子卒，有子曰國。

雜録

備録

《孟子·梁惠王下》 孟子對曰：「昔者，齊景公問於晏子曰：『吾欲觀於轉附、朝儛，遵海而南，放於琅邪，吾何修而可以比於先王觀也？』晏子對曰：『善哉問也！天子適諸侯曰巡狩，巡狩者，巡所守也。諸侯朝于天子曰述職，述職者，述所職也。無非事者，春省耕而補不足，秋省斂而助不給。王不游，吾何以休？吾王不豫，吾何以助？一遊一豫，爲諸侯度。今也不然，師行而糧食，飢者弗食，勞者弗息，睊睊胥讒，民乃作慝。方命虐民，飲食若流；流連荒亡，爲諸侯憂。從流下而忘反謂之流，從流上而忘反謂之連，從獸無厭謂之荒，樂酒無厭謂之亡；先王無流連之樂，荒亡之行，惟君所行也。』景公説，大戒於國，出舍於郊，於是始興發，補不足。召大師曰：『爲我作君臣相説之樂。』蓋《徵招》、《角招》是也。其詩曰：『畜君何尤？』畜君者，好君也。」

《禮記·禮器》 晏平仲祀其先人，豚肩不揜豆，澣衣濯冠以朝，君子以爲隘矣。

《吕氏春秋·季冬紀·士節》 齊有北郭騷者，結罘罔，捆蒲葦，織萉屨，以養其母，猶不足，踵門見晏子曰：「願乞所以養母。」晏子之僕謂晏子曰：「此齊國之賢者也，其義不臣乎天子，不友乎諸侯，於利不苟取，於害不苟免。今乞所以養母，是説夫子之義也，必與之。」晏子使人分倉粟分府金而遺之，辭金而受粟。有間，晏子見疑於齊君，出奔，過北郭騷之門而辭。北郭騷沐浴而出見晏子曰：「夫子將焉適？」晏子曰：「見疑於齊君，將出奔。」北郭子曰：「夫子勉之矣。」晏子上車，太息而歎曰：「嬰之亡豈不宜哉？亦不知士甚矣。」晏子行。北郭子召其友而告之曰：「説晏子之義，而當乞所以養母焉。吾聞之曰：養及親者，身伉其難。』今晏子見疑，吾將以身死白之。」著衣冠，令其友操劍奉笥而從，造於君庭，求復者曰：「晏子，天下之賢者也，去則齊國必侵矣。必見國之侵也，不若先死。請以頭託白晏子也。」因謂其友曰：「盛吾頭於笥中，奉以託。」退而自刎也。其友因奉以託。其友謂觀者曰：「北郭子爲國故死，吾將爲北郭子死也。」又退而自刎。齊君聞之，大駭，乘馹而自追晏子，及之國郊，請而反之。晏子不得已而反，聞北郭騷之以死白己也，曰：「嬰之亡豈不宜哉？亦愈不知士甚矣。」

《吕氏春秋·先識覽·觀世》 晏子之晉，見反裘負芻息於塗者，以爲君子也，使人問焉，曰：「曷爲而至此？」對曰：「齊人累之，名爲越石父。」晏子曰：「譆！」遽解左驂以贖之，載而與歸。至舍，弗辭而入。越石父怒，請絶。晏子使人應之曰：「嬰未嘗得交也，今免子於患，吾於子猶未邪也？」越石父曰：「吾聞君子屈乎不己知者，而伸乎己知者，吾是以請絶也。」晏子乃出見之曰：「嚮也見

客之容而已，今也見客之志。嬰聞察實者不留聲，觀行者不譏辭。嬰可以辭而無棄乎！」越石父曰：「夫子禮之，敢不敬從。」晏子遂以爲客。俗人有功則德，德則驕；今晏子功免人於阸矣，而反屈下之，其去俗亦遠矣。此令功之道也。

《呂氏春秋·恃君覽·知分》 晏子與崔杼盟，其辭曰：「不與崔氏而與公孫氏者受其不祥。」晏子俛而飲血，仰而呼天曰：「不與公孫氏而與崔氏者受此不祥。」崔杼不説，直兵造胷，句兵鉤頸，謂晏子曰：「子變子言，則齊國吾與子共之；子不變子言，則今是已。」晏子曰：「崔子！子獨不爲夫詩乎？詩曰：『莫莫葛藟，延于條枚，凱弟君子，求福不回。』嬰且可以回而求福乎？子惟之矣。」崔杼曰：「此賢者，不可殺也。」罷兵而去。晏子授綏而乘，其僕將馳，晏子無良其僕之手曰：「安之！毋失節。疾不必生，徐不必死。鹿生於山而命懸於廚。今嬰之命，有所懸矣。」晏子可謂知命矣。命也者，不知所以然而然者也，人事智巧以舉錯者不得與焉。故命也者，就之未得，去之未失。國士知其若此也，故以義爲之決而安處之。

《淮南子·精神訓》 晏子與崔杼盟，臨死地而不易其義。殖、華將戰而死，莒君厚賂而止之，不改其行。故晏子可迫以仁，而不可劫以兵；殖、華可止以義，而不可縣以利。君子義死，而不可以富貴留也；義爲，而不可以死亡恐也。彼則直爲義耳，而尚猶不拘於物，又況無爲者矣！

《韓詩外傳》卷四 晏子聘魯，上堂則趨，授玉則跪。子貢怪之，問孔子曰：「晏子知禮乎？今者晏子來聘魯，上堂則趨，授玉則跪，何也？」孔子曰：「其有方矣。待其見我，我將問焉。」俄而晏子至，孔子問之。晏子對曰：「夫上堂之禮，君行一，臣行二。今君行疾，臣敢不趨乎？今君之授幣也卑，臣敢不跪乎？」孔子曰：「善！禮中又有禮。賜寡使也，何足以識禮也！」《詩》曰：「禮義卒度，笑語卒獲。」晏子之謂也。

《韓詩外傳》卷八 晉平公使范昭觀齊國之政。景公錫之宴。晏子在前。范昭趨曰：「願君之倅樽以爲壽。」景公顧左右曰：「酌寡人樽獻之客。」范昭已飲，晏子曰：「徹去樽。」范昭不説，起舞，顧太師曰：「子爲我奏成周之樂，吾爲子舞之。」太師對曰：「盲臣不習。」范昭起出門。景公謂晏子曰：「夫晉，天下大國也，使范昭來觀齊國之政，今子怒大國之使者，將奈何？」晏子曰：「范昭之爲人也，非陋而不知禮也，是欲試吾君臣，嬰故不從。」於是景公召太師而問之曰：「范昭使子奏成周之樂，何故不調？」對如晏子。於是范昭歸報平公曰：「齊未可并也。吾試其君，晏子知之。吾犯其樂，太師知之。」孔子聞之曰：「善乎晏子，不出俎豆之間，折衝千里之外。」《詩》曰：「實右序有周，薄言振之，莫不震疊。」

齊有得罪於景公者，景公大怒，縛置之殿下，召左右肢解之，敢諫者誅。晏子左手持頭，右手磨刀，仰而問曰：「古者明王聖主，其肢解人，不審從何肢始也？」景公離席曰：「縱之！罪在寡人。」《詩》曰：「好是正直。」

《韓詩外傳》卷九 齊景公縱酒，醉而解衣冠，鼓琴以自樂，顧左右曰：「仁人亦樂此乎？」左右曰：「仁人耳目猶人，何爲不樂乎！」景公曰：「駕車以迎晏子。」晏子聞之，朝服而至。景公曰：「今者寡人此樂，願與大夫同之。請去禮。」晏子曰：「君言過矣。自齊國五尺已上，力皆能勝嬰與君，所以不敢亂者，畏禮也。故自天子無禮則無以守社稷，諸侯無禮則無以守其國。爲人上無禮則無以使其下，爲人下無禮則無以事其上。大夫無禮則無以治其家，兄弟無禮則不同居。人而無禮，不若遄死。」景公色媿，離席而謝曰：「寡人不仁，無良左右，淫湎寡人，以至於此。請殺左右以補其過。」晏子曰：「左右無過。君好禮，則有禮者至，無禮者去。君惡禮，則無禮者至，有禮者去。左右何罪乎？」景公曰：「善哉！」乃更衣而坐，觴酒三行，晏子辭去，景公拜送。《詩》曰：「人而無禮，胡不遄死！」

齊景公出弋昭華之池，使顔斲聚主鳥而亡之，景公怒而欲殺之。晏子曰：「夫斲聚有死罪四，請數而誅之。」景公曰：「諾。」晏子曰：「斲聚！汝爲吾君主鳥而亡之，是罪一也。使吾君以鳥之故而殺人，是罪二也。使四國諸侯聞之，以吾君重鳥而輕士，是罪三也。天子聞之，必將貶絀吾君，危其社稷，絶其宗廟，是罪四也。此四罪者，故當殺無赦，臣請加誅焉。」景公曰：「止！此吾過矣。願夫子爲寡人敬謝焉。」《詩》曰：「邦之司直。」

《韓詩外傳》卷一〇 齊景公遊於牛山之上，而北望齊，曰：「美哉國乎！鬱鬱蓁蓁，使古而無死者，則寡人將去此而何之！」俯而泣下沾襟。國子、高子曰：「然！臣賴君之賜，疏食惡肉可得而食也，駑馬柴車可得而乘也，且猶不欲死，而況君乎！」又俯而泣。晏子笑曰：「樂哉，今日嬰之游也！見怯君一而諛臣二。使古而無死者，則太公至今猶存，吾君方今將被蓑笠而立乎畎畝之中，惟農事之恤，何暇念死乎！」景公慙而舉觴自罰，因罰二臣。

齊景公遣晏子南使楚。楚王聞之，謂左右曰：「齊遣晏子使寡人之國，幾至矣。」左右曰：「晏子，天下之辯士也。與之議國家之務，則不如也。與之論往古

之術，則不如也。王獨可以與晏子坐，使有司束人過王，王問之，使言齊人善盜，故束之。是宜可以困之。」王曰：「善。」晏子至，即與之坐。圖國之急務，辨當世之得失，再舉再窮，王默然無以續語。居有間，束徒以過之。王曰：「何爲者也？」有司對曰：「是齊人善盜，束而詣吏。」王欣然大笑曰：「齊乃冠帶之國，辯士之化，固善盜乎？」晏子曰：「然。固取之。王不見夫江南之樹乎？名橘，樹之江北，則化爲枳。何則？土地使然爾。夫子處齊之時，冠帶而立，儼有伯夷之廉，今居楚而善盜，意土地之化使然爾，王又何怪乎？」《詩》曰：「無言不酬，無德不報。」

齊景公出田，十有七日而不反。晏子乘而往。比至，衣冠不正。景公見而怪之曰：「夫子何遽乎？得無有急乎？」晏子對曰：「然，有急。國人皆以君爲惡民所禽。臣聞之：魚鼈厭深淵而就乾淺，故得於釣網。禽獸厭深山而下於都澤，故得於田獵。今君出田十有七日而不反，不亦過乎？」景公曰：「不然。爲賓客莫應待邪？則行人子牛在。爲宗廟而不血食邪？則祝人太宰在。爲獄不中邪？則大理子幾在。爲國家有餘不足邪？則巫賢在。寡人有四子，猶有四肢也，而得代焉，不可患焉！」晏子曰：「然，人心有四肢而得代焉則善矣，令四肢無心，十有七日不死乎？」景公曰：「善哉言！」遂援晏子之手，與驂乘而歸。若晏子者，可謂善諫者矣。

《史記》卷三二《齊太公世家》 十七年，頃公卒，子靈公環立。

靈公九年，晉欒書弑其君厲公。十年，晉悼公伐齊，齊令公子光質晉。十九年，立子光爲太子，高厚傅之，令會諸侯盟於鍾離。二十七年，晉使中行獻子伐齊。齊師敗，靈公走入臨菑。晏嬰止靈公，靈公弗從。曰：「君亦無勇矣！」晉兵遂圍臨菑，臨菑城守不敢出，晉焚郭中而去。

二十八年，初，靈公取魯女，生子光，以爲太子。仲姬，戎姬。戎姬嬖，仲姬生子牙，屬之戎姬。戎姬請以爲太子，公許之。仲姬曰：「不可。光之立，列於諸侯矣，今無故廢之，君必悔之。」公曰：「在我耳。」遂東太子光，使高厚傅牙爲太子。靈公疾，崔杼迎故太子光而立之，是爲莊公。莊公殺戎姬。五月壬辰，靈公卒，莊公即位，執太子牙於句竇之丘，殺之。八月，崔杼殺高厚。晉聞齊亂，伐齊，至高唐。

莊公三年，晉大夫欒盈奔齊，莊公厚客待之。晏嬰、田文子諫，公弗聽。四年，齊莊公使欒盈閒入晉曲沃爲內應，以兵隨之，上太行，入孟門。欒盈敗，齊兵還，取朝歌。

六年，初，棠公妻好，棠公死，崔杼取之。莊公通之，數如崔氏，以崔杼之冠賜人。侍者曰：「不可。」崔杼怒，因其伐晉，欲與晉合謀襲齊而不得閒。莊公嘗笞宦者賈舉，賈舉復侍，爲崔杼閒公以報怨。五月，莒子朝齊，齊以甲戌饗之。崔杼稱病不視事。乙亥，公問崔杼病，遂從崔杼妻。崔杼妻入室，與崔杼自閉戶不出，公擁柱而歌。宦者賈舉遮公從官而入，閉門，崔杼之徒持兵從中起。公登臺而請解，不許；請盟，不許；請自殺於廟，不許。皆曰：「君之臣杼疾病，不能聽命。近於公宮。陪臣爭趣有淫者，不知二命。」公踰墻，射中公股，公反墜，遂弑之。晏嬰立崔杼門外，曰：「君爲社稷死則死之，爲社稷亡則亡之。若爲己死己亡，非其私暱，誰敢任之！」門開而入，枕公尸而哭，三踊而出。人謂崔杼：「必殺之。」崔杼曰：「民之望也，舍之得民。」

丁丑，崔杼立莊公異母弟杵臼，是爲景公。景公母，魯叔孫宣伯女也。景公立，以崔杼爲右相，慶封爲左相。二相恐亂起，乃與國人盟曰：「不與崔、慶者死！」晏子仰天曰：「嬰所不(獲)唯忠於君利社稷者是從！」不肯盟。慶封欲殺晏子，崔杼曰：「忠臣也，舍之。」齊太史書曰「崔杼弑莊公」，崔杼殺之。其弟復書，崔杼復殺之。少弟復書，崔杼乃舍之。

景公元年，初，崔杼生子成及彊，其母死，取東郭女，生明。東郭女使其前夫子無咎與其弟偃相崔氏。成有罪，二相急治之，立明爲太子。成請老於崔(杼)，崔杼許之，二相弗聽，曰：「崔，宗邑，不可。」成、彊怒，告慶封。慶封與崔杼有郤，欲其敗也。成、彊殺無咎、偃於崔杼家，家皆奔亡。崔杼怒，無人，使一宦者御，見慶封。慶封曰：「請爲子誅之。」使崔杼仇盧蒲嫳攻崔氏，殺成、彊，盡滅崔氏，崔杼婦自殺。崔杼毋歸，亦自殺。慶封爲相國，專權。

三年十月，慶封出獵。初，慶封已殺崔杼，益驕，嗜酒好獵，不聽政令。慶舍用政，已有內郤。田文子謂桓子曰：「亂將作。」田、鮑、高、欒氏相與謀慶氏。慶舍發甲圍慶封宮，四家徒共擊破之。慶封還，不得入，奔魯。齊人讓魯，封奔吳。吳與之朱方，聚其族而居之，富於在齊。其秋，齊人徙葬莊公，僇崔杼尸於市以説衆。

九年，景公使晏嬰之晉，與叔向私語曰：「齊政卒歸田氏。田氏雖無大德，以公權私，有德於民，民愛之。」十二年，景公如晉，見平公，欲與伐燕。十八年，公復如晉，見昭公。二十六年，獵魯郊，因入魯，與晏嬰俱問魯禮。三十一年，魯

昭公辟季氏難，奔齊。齊欲以千社封之，子家止昭公，昭公乃請齊伐魯，取鄆以居昭公。

三十二年，彗星見。景公坐柏寢，嘆曰：「堂堂！誰有此乎？」羣臣皆泣，晏子笑，公怒。晏子曰：「臣笑羣臣諛甚。」景公曰：「彗星出東北，當齊分野，寡人以爲憂。」晏子曰：「君高臺深池，賦斂如弗得，刑罰恐弗勝，茀星將出，彗星何懼乎？」公曰：「可禳否？」晏子曰：「使神可祝而來，亦可禳而去也。百姓苦怨以萬數，而君令一人禳之，安能勝衆口乎？」是時景公好治宮室，聚狗馬，奢侈，厚賦重刑，故晏子以此諫之。

四十二年，吳王闔閭伐楚，入郢。

四十七年，魯陽虎攻其君，不勝，奔齊，請齊伐魯。鮑子諫景公，乃囚陽虎。陽虎得亡，奔晉。

四十八年，與魯定公好會夾谷。犂鉏曰：「孔丘知禮而怯，請令萊人爲樂，因執魯君，可得志。」景公害孔丘相魯，懼其霸，故從犂鉏之計。方會，進萊樂，孔子歷階上，使有司執萊人斬之，以禮讓景公。景公慙，乃歸魯侵地以謝，而罷去。是歲，晏嬰卒。

《史記》卷六七《仲尼弟子列傳》 孔子之所嚴事：於周則老子；於衛，蘧伯玉；於齊，晏平仲。

《史記》卷一一二《平津侯主父列傳》 臣聞管仲相齊，有三歸，侈擬於君，桓公以霸，亦上僭於君。晏嬰相景公，食不重肉，妾不衣絲，齊國亦治，此下比於民。

劉向《新序·雜事》 晉平公欲伐齊，使范昭往觀焉。景公觴之，酒酣，范昭曰：「願請君之樽酌。」公曰：「酌寡人之樽，進之于客。」范昭已飲，晏子曰：「徹樽，更之。」樽觶具矣，范昭佯醉，不悅而起舞，謂太師曰：「能爲我調成周之樂乎？吾爲子舞之。」太師曰：「冥臣不習。」范昭趨而出。景公謂晏子曰：「晉大國也，使人來，將觀吾政也。今子怒大國之使者，將奈何？」晏子曰：「夫范昭之爲人，非陋而不識禮也，且欲試吾君臣，故絶之也。」景公謂太師曰：「子何以不爲客調成周之樂乎？」太師對曰：「夫成周之樂，天子之樂也，若調之，必人主舞之。今范昭，人臣也，而欲舞天子之樂，臣故不爲也。」范昭歸，以告平公曰：「齊未可伐也。臣欲試其君，而晏子識之；臣欲犯其禮，而太師知之。」仲尼聞之曰：「不出於樽俎之閒，而知衝千里之外，其晏子之謂也。可謂折衝矣，而太師其與焉。」

劉向《新序·雜事》 齊有彗星，齊侯使祝禳之。晏子曰：「無益也，祇取誣焉。天道不諂，不貳其命，若之何禳之也。且天之有彗，以除穢也，君無穢德，又何禳焉；若德之穢，禳之何益。《詩》曰：『惟此文王，小心翼翼，昭事上帝，聿懷多福，厥德不回，以受方國。』方國將至，何患於彗。《詩》曰：『我無所監，夏后及商，用亂之故，民卒流亡。』若德之回亂，民將流亡，祝史之爲，無能補也。」公説乃止。

齊侯問於晏子曰：「忠臣之事君也何若？」對曰：「有難不死，出亡不送。」君曰：「列地而與之，疏爵而貴之，君有難不死，出亡不送，可謂忠乎？」對曰：「言而見用，終身無難，臣奚死焉；諫而見從，終身不亡，臣奚送焉。若言不見用，有難而死，是妄死也；諫不見從，出亡而送，是作爲也。故忠臣也者，能盡善與君，而不能與君陷於難。」

劉向《晏子春秋敘録》 護左都水使者光禄大夫臣向言：所校中書《晏子》十一篇，臣向謹與長社尉臣參校讎，太史書五篇，臣向書一篇，參書十三篇，凡中外書三十篇，爲八百三十八章。除復重二十二篇六百三十八章，定著八篇二百一十五章，外書無有三十六章，中書無有七十一章，中外皆有以相定，中書以「夭」爲「芳」，「又」爲「備」，「先」爲「牛」，「章」爲「長」，如此類者多，謹頗略椾，皆已定以殺青，書可繕寫。

晏子名嬰，謚平仲，萊人，萊者，今東萊地也。晏子博聞彊記，通於古今，事齊靈公、莊公、景公，以節儉力行，盡忠極諫道齊，國君得以正行，百姓得以附親，不用則退耕于野，用則必不詘義，不可脅以邪，白刃雖交胸，終不受崔杼之劫，諫齊君懸而至，順而刻。及使諸侯，莫能詘其辭。其博通如此，蓋次管仲。內能親親，外能厚賢，居相國之位，受萬鍾之禄，故親戚待其禄而衣食五百餘家，處士待而舉火者亦甚衆。晏子衣苴布之衣，麋鹿之裘，駕敝車疲馬，盡以禄給親戚朋友，齊人以此重之。晏子蓋短……

其書六篇，皆忠諫其君，文章可觀，義理可法，皆合《六經》之義。又有復重，文辭頗異，不敢遺失，復列以爲一篇。又有頗不合經術，似非晏子言，疑後世辯士所爲者，故亦不敢失，復以爲一篇。凡八篇，其六篇可常置旁御觀，謹第録。臣向昧死上。

《孔叢子·詰墨》 孔子見景公，公曰：「先生素不見晏子乎？」對曰：「晏

子事三君而得順焉，是有三心，所以不見也。」公告晏子，晏子曰：「三君皆欲其國安，是以嬰得順也。聞君子獨立不慙于影，今孔子伐樹削迹，不自以爲辱，身窮陳、蔡，不自以爲約。始吾望儒貴之，今則疑之。」景公祭路寢，聞哭聲，問梁丘據。對曰：「魯孔子之徒也。其母死，服喪三年，哭泣甚哀。」公曰：「豈不可哉？」晏子曰：「古者聖人非不能也，而不爲者，知其無補於死者，而深害生事故也。」

《晉書》卷一二七《慕容德傳》 德如齊城，登營丘，望晏嬰冢，顧謂左右曰：「禮，大夫不逼城葬。平仲古之賢人，達禮者也，而生居近市，死葬近城，豈有意乎？」青州秀才晏謨對曰：「孔子稱臣先人平仲賢，則賢矣。豈不知高其梁，豐其禮？蓋政在家門，故儉以矯世。存居湫隘，卒豈擇地而葬乎！所以不遠門者，猶冀悟平生意也。」遂以謨從至漢城陽景王廟，讌庶老于申池，北登社首山，東望鼎足，因目牛山而歎曰：「古無不死！」愴然有終焉之志。

王應麟《困學紀聞》卷六《左氏》 欒王鮒毀叔向，以平公不好賢也；梁丘據不毀晏子，以景公好賢也。二臣皆從君者，易地則皆然。《顧子》曰：「昔梁丘據之諫景公也於房，晏嬰之諫景公也於朝。然晏嬰之忠著於竹素，梁丘之佞於今不絶。」梁丘據豈能諫景公哉？斯言繆矣。

于欽《齊乘》卷五《亭館下》 晏子墓，臨淄古城北三里。唐貞觀中，禁十五步內不得樵採。高密、平原又各有墓云。

于欽《齊乘》卷六《人物》 晏平仲故宅，在臨淄小城北門，即《左傳》「近市」宅也，墓亦在焉。

馬驌《繹史》卷七七《晏子相齊》引《子華子》 晏子問於子華子曰：「聖人尚儉，於傳有之乎？」子華子曰：「有之。夫儉，聖人之寶也，所以御世之具也，三皇、五帝之所留察也。」晏子曰：「嬰聞之，堯不以土階爲陋，而有虞氏怵戒於塗髹，其尚儉之謂歟？」子華子曰：「何哉，大夫之所謂儉者？夫儉在内不在外也，儉在我不在物也。心居中虛，以治五官，精氣動溝，神化回潏，嗇其所以出，而謹節其所受，然後神宇泰定，而精不摇，其格物也明，其過事也剛，此之謂儉，而聖人之所寶也，所以御世之具也，三皇、五帝之所留察也，何哉，大夫之所謂儉者？夫視入以爲出，庾氏之職業也；操贏而制餘，商賈子之所爲也；中人之家，計口然後食，閭里之志也。乃若天子者大宫也，有天下者大器也，臨萬品，御萬民，窮天之産，罄地之毛，無有不共，無有不備，此則古今常尊之勢也，奈何而以閭里之所志，商賈子之所爲，庾氏之職業，仰而議夫堯、舜之量哉？此腐儒之所守，而汙俗之所以相欺者也。土階塗髹之説，野人之所稱道，而於傳所不傳者也。本聞之，堯居於衢室之宫，垂衣而襞幅，邃如神明之居，輯五瑞以見羣后，襞幅焉而入覲者，如衆星之拱北，堯則若固有之也。舜遊於嚴廊之上，被袗衣而鼓五絃之琴，畫日月於大常，備十有二章，黻黻玄黄爛如也，出固有鸞和，動則有佩環，步趨中於《莖》《韶》之節，舜亦若固有之也。夫堯、舜之備物也如此，而惡有所謂土階三尺，茅茨不翦者？惡有所謂塗髹以自怵戒者？此腐儒之所守，而汙俗之所以相欺者也，故記所不道也。桀、紂之亡天下也，以不仁而不以奢也。戒奢者有禮存焉，禮之所存，可約則殺，可豐則腆，豈有攬四海之賦，受九垓之經，人而土階以届，欲以塗髹而不敢也，其不然也必矣。且先王之制也，改王則改行，旂旒冕璪，以示登降之品；今汙世人不通於禮也，處尊而偪賤，居大而侵小矣。以王公之尊，而圉隸以自奉，難爲其下矣。不惟以陋於厥躬也，而又旁無以施其族黨，上不豐其宗祧，曰吾以是爲儉也，不亦夷貊之人矣乎？」晏子曰：「善，微吾子，嬰無所聞之也，終不敢以論約。」

梁玉繩《人表考》卷二《上中仁人·晏平仲》 晏平仲始見《左》襄廿六、《論語》。平謚，仲字，名嬰，父桓子。《史·管晏傳·索隱》。故曰晏嬰，襄十七。亦曰晏子，《晏子春秋》。亦曰晏平。《三國·魏志·曹真傳》、《晉·陵雲傳·歲暮賦》。萊之夷維人，長不滿六尺，《史傳》、宋黄庭堅《山谷集·送時中攝東曹獄掾詩》云：不滿三尺齊晏嬰，恐誤。其相月角。《御覽》三百六十三引《管子》。葬臨淄城北門外東北故宅，後人名之曰清節里。《水經淄水注》，而《史·傳·集解》、《續郡國志》注並引《皇覽》云冢在臨淄城南桓公冢西北，非。 案明宋濂《凝道記》謂管、晏不當列第二，然《論語》許管仲以仁，故班氏置諸二等，非晏子比也。

備論

《論語·公冶長》 子曰：「晏平仲善與人交，久而敬之。」

《荀子·大略》 子謂子家駒續然大夫，不如晏子；晏子，功用之臣也，不如子產；子產，惠人也，不如管仲。管仲之爲人，力功不力義，力知不力仁，野人也，不可以爲天子大夫。

《韓非子・難二》 景公過晏子曰：「子宮小，近市，請徙子家豫章之圃。」晏子再拜而辭曰：「且嬰家貧，待市食，而朝暮趨之，不可以遠。」景公笑曰：「子家習市，識貴賤乎？」是時景公繁於刑，晏子對曰：「踊貴而屨賤。」景公曰：「何故？」對曰：「刑多也。」景公造然變色曰：「寡人其暴乎！」於是損刑五。

或曰：晏子之貴踊，非其誠也，欲便辭以止多刑也，此不察治之患也。夫刑當無多，不當無少。無以不當聞，而以太多說，無術之患也。敗軍之誅以千百數，猶北不止。即治亂之刑如恐不勝，而姦尚不盡。今晏子不察其當否，而以太多爲說，不亦妄乎？夫惜草茅者耗禾穗，惠盜賊者傷良民。今緩刑罰，行寬惠，是利姦邪而害善人也，此非所以爲治也。

《韓非子・外儲說右上》 景公與晏子游於少海，登柏寢之臺而還望其國，曰：「美哉！泱泱乎，堂堂乎！後世將孰有此？」晏子對曰：「其田成氏乎？」景公曰：「寡人有此國也，而曰田成氏有之，何也？」晏子對曰：「夫田成氏甚得齊民。其於民也，上之請爵禄行諸大臣，下之私大斗斛區釜以出貸，小斗斛區釜以收之。殺一牛，取一豆肉，餘以食士。終歲，布帛取二制焉，餘以衣士。故市木之價不加貴於山，澤之魚鹽龜鼈蠃蚌不加貴於海。君重斂，而田成氏厚施。齊嘗大飢，道旁餓死者不可勝數也，父子相牽而趨田成氏者不聞不生。故周秦之民相與歌之曰：『謳乎，其已乎！苞乎，其往歸田成子乎！』《詩》曰：『雖無德與女，式歌且舞。』今田成氏之德，而民之歌舞，民德歸之矣。故曰：其田成氏乎。」公泫然出涕曰：「不亦悲乎！寡人有國而田成氏有之。今爲之奈何？」晏子對曰：「君何患焉？若君欲奪之，則近賢而遠不肖，治其煩亂，緩其刑罰，振貧窮而恤孤寡，行恩惠而給不足，民將歸君，則雖有十田成氏，其如君何？」

《大戴禮記・衛將軍文子》 其言曰：「君雖不量於臣，臣不可以不量於君。是故君擇臣而使之，臣擇君而事之，有道順君，無道横命。」晏平仲之行也。

《禮記・檀弓下》 曾子曰：「晏子可謂知禮也已，恭敬之有焉。」有子曰：「晏子一狐裘三十年，遣車一乘，及墓而反。國君七个，遣車七乘；大夫五个，遣車五乘。晏子焉知禮？」曾子曰：「國無道，君子恥盈禮焉。國奢則示之以儉，國儉則示之以禮。」

《史記》卷六二《管晏列傳論》 吾讀管氏《牧民》、《山高》、《乘馬》、《輕重》、《九府》，及《晏子春秋》，詳哉其言之也。既見其著書，欲觀其行事，故次其傳。至其書，世多有之，是以不論，論其軼事。【略】方晏子伏莊公尸哭之，成禮然後去，豈所謂「見義不爲無勇」者邪？至其諫説，犯君之顔，此所謂「進思盡忠，退思補過」者哉！假令晏子而在，余雖爲之執鞭，所忻慕焉。

《史記》卷六二《管晏列傳》司馬貞索隱 太史公之羨慕仰企平仲之行，假令晏生在世，己雖與之爲僕隸，爲之執鞭，亦所忻慕，其好賢樂善如此。賢哉良史，可以示人臣之炯戒也。

《史記》卷六二《管晏列傳》司馬貞述贊 夷吾成霸，平仲稱賢。粟乃實廩，豆不掩肩。轉禍爲福，危言獲全。孔賴左衽，史忻執鞭。成禮而去，人望存焉。

《文苑英華》卷七四四引唐楊夔《二賢論》 子貢以管夷吾之奢、晏平仲之儉質於宣尼，宣尼以管仲之奢賢大夫也而難爲上，晏平仲賢大夫也而難爲下，蓋譏其僭上偪下之失，或謂無所輕重。予敢繼其末以論先後焉。夫齊桓承襄公之失政，接無知之亂常，久亡於外，自莒先入，有國之後，鋭心以求其治，及叔牙言夷吾之能，脱囚服，秉國政，有鮑叔之助，隰朋之佐，遂能九合諸侯以成霸業，此逢時之大者也。若平仲者，立於衰替之朝，有田、國之彊，有欒、高之侈，時非曩時，君非賢君，當崔杼之弑也，能廷然易其盟，陳氏之大也，能曉然商其短，獨立於讒陷之伍，自全於紛擾之中，人無間言，時莫與偶。若桓公九合諸侯不以兵車，信夷吾之力也，使晏子居桓公之世，有鮑、隰之助，則其尊周室，覇諸侯，功豈減於管氏乎！以其鏤簋而朱紘，孰若豚肩不掩豆，以其三歸而反坫，孰若一狐裘三十年，矧國之破家之亡者，以奢乎？以儉乎？語曰：「奢則不遜儉則固，與其不遜也寧固。」然後知聖人輕重之旨斯在。

《柳宗元集》卷四《議辯・辯晏子春秋》 司馬遷讀《晏子春秋》，高之，而莫知其所以爲書。或曰晏子爲之，而人接焉；或曰晏子之後爲之，皆非也。吾疑其墨子之徒有齊人者爲之。

墨好儉，晏子以儉名於世，故墨子之徒尊著其事，以增高爲己術者。且其旨多尚同、兼愛、非樂、節用、非厚葬久喪者，是皆出墨子。又非孔子，好言鬼事，非儒、明鬼，又出墨子。其言問棗及古冶子等，尤怪誕；又往往言墨子聞其道而稱之，此甚顯白者。

自劉向、歆、班彪、固父子，皆録之儒家中。甚矣，數子之不詳也！蓋非齊人不能具其事，非墨子之徒，則其言不若是。後之録諸子書者，宜列之墨家。非晏子爲墨也，爲是書者，墨之道也。

蘇轍《古史》卷二五《管晏列傳論》 管子以桓公霸，然其家淫侈，不能身蹈

禮義。晏子之爲人勇於義，篤於禮，管子蓋有愧焉。然晏子事靈、莊、景公，皆庸君，功業不足道，使晏子而得君如管仲之於桓公，其所成就，當與鄭子産比耳，至於糾合諸侯，攘却戎狄，未必能若管子也。唐姚元崇、宋璟皆中興賢相，然元崇好權利，事武后，立於羣枉之中，未嘗有一言犯之，及事明皇帝，時亦有所縱弛，太廟棟毁，巡游東都，以爲無害；至於宋璟介絜，特立於武后世，排斥權倖，身危者數矣，其於明皇帝亦未嘗有取容之言。故世嘗以元崇比管仲，璟比晏子，或庶幾焉。

洪邁《容齋隨筆》卷一三《晏子揚雄》 齊莊公之難，晏子不死不亡，而曰：「君爲社稷死則死之，爲社稷亡則亡之，若爲己死而爲己亡，非其私暱，誰敢任之。」及崔杼、慶封盟國人曰「所不與崔、慶者」，晏子歎曰：「嬰所不唯忠於君，利社稷者是與，有如上帝。」晏子此意，正與豫子所言「衆人遇我」之義同，特不以身殉莊公耳。至於毅然據正以社稷爲辭，非豫子可比也。

馬驌《繹史》卷七七《晏子相齊論》 晏平仲之在齊也，歷事三君，皆暗主也。崔、慶既亡，陳氏得政，所際之時，則季世也。方莊公之弑，晏子伏尸成禮，大宫之歃，舍命不渝，是可謂仁者之勇矣。景公嗣位，若能委權任用，承霸國之餘烈，晉失諸侯，齊國之興，日可俟也。乃景公固非能大有爲之君也，所寵任者梁丘據、裔款之流，所好者宫室臺榭之崇，聲色狗馬之玩，嬰也隨事補救，以諷諫匡君心者，朝夕不怠，危行言孫，故能身處亂世，顯名諸侯，而齊國賴之以安也。雖然，景固非能大有爲者也，當靈、莊殘暴之餘，國脈漸削，而弗能濟之以仁儉，崔、慶弑逆之時，賊臣亂國，而弗能震之以威權，修桓公之政，則晏嬰可以爲仲父；有馬千駟，則壤地甲兵，不減於九合一匡時也。奈何景公志無遠圖，惟繁刑嗜酒，田獵游觀之是尚，嬰數爲諫之，景數爲違之，欲以紹前烈而逮先君之後，不亦難乎？值晉霸已衰之日，在位日久，雖意存代興，而卒無成業，故子朝亂周而不能定，季氏逐君而不能討，北燕、徐、莒，兵耀小國，以是求伯，勢必無成，况又政在陳氏乎？勢重者人主之淵魚，而圃池之德歸於私家，彗星見于上，祝詛交于下，登牛山而隕涕，其氣衰，其志惰矣。此晏子所由對叔嚮而私憂，亦莫如之何也已。

藝文

《全唐詩》卷二三六錢起《小園招隱》 支離鮮兄弟，形影如手足。但遂飲冰節，甘辭代耕禄。斑衣在林巷，始覺無羈束。交柯低户陰，閒鳥將雛宿。窮通世情阻，日夜苔徑緑。誰言北郭貧，能分晏嬰粟。

《全唐詩》卷七二八周曇《晏嬰》 正人徒以刃相危，貪利忘忠死不爲。麋鹿命懸當有處，驅車何必用奔馳。

《全唐詩》卷七五二徐鉉《賦得霍將軍辭第》 漢將承恩久，圖勳肯顧私。匈奴猶未滅，安用以家爲。郢匠雖聞詔，衡門竟不移。寧煩張老頌，無待晏嬰辭。甲乙人徒費，親鄰我自持。悠悠千載下，長作帥臣師。

《全唐詩》卷八三三貫休《和毛學士舍人早春》 陋巷冬將盡，東風細雜籠。解牽窗夢遠，先是潤梅諳。茶癖金鐺快，松香玉露含。書齋山帚撅，盤饌藥花甘。雅得琴中妙，常援臉似酣。雪消聞苦蟄，氣候似宜蠶。密勿須清甲，朝歸遠碧潭。丹心空拱北，新作繼周南。竹杖無斑點，紗巾不著簪。大朝名益重，後進力皆覃。至理雖亡一，臣時亦説三。不知門下客，誰上晏嬰驂。

高啓《高青丘集》卷一七《晏嬰》 一裘身著久經年，禄米分炊幾户烟。盡説大夫能養士，却於尼叟惜封田。

司馬穰苴部

綜述

《史記》卷六四《司馬穰苴列傳》 司馬穰苴者，田完之苗裔也。齊景公時，晉伐阿、甄，而燕侵河上，齊師敗績。景公患之。晏嬰乃薦田穰苴曰：「穰苴雖田氏庶孽，然其人文能附衆，武能威敵，願君試之。」景公召穰苴，與語兵事，大説之，以爲將軍，將兵扞燕、晉之師。穰苴曰：「臣素卑賤，君擢之閭伍之中，加之大夫之上，士卒未附，百姓不信，人微權輕，願得君之寵臣，國之所尊，以監軍，乃可。」於是景公許之，使莊賈往。穰苴既辭，與莊賈約曰：「旦日日中會於軍門。」穰苴先馳至軍，立表下漏待賈。賈素驕貴，以爲將己之軍而己爲監，不甚急；親戚左右送之，留飲。日中而賈不至。穰苴則仆表決漏，入，行軍勒兵，申明約束。約束既定，夕時，莊賈乃至。穰苴曰：「何後期爲？」賈謝曰：「不佞大夫親戚送之，故留。」穰苴曰：「將受命之日則忘其家，臨軍約束則忘其親，援枹鼓之急則忘其身。今敵國深侵，邦内騷動，士卒暴露於境，君寢不安席，食不甘味，百姓之命皆懸於君，何謂相送乎！」召軍正問曰：「軍法期而後至者云何？」對曰：「當斬。」莊賈懼，使人馳報景公，請救。既往，未及反，於是遂斬莊賈以徇三軍。三軍之士皆振慄。久之，景公遣使者持節赦賈，馳入軍中。穰苴曰：「將在軍，君令有所不受。」問軍正曰：「馳三軍法何？」正曰：「當斬。」使者大懼。穰苴曰：「君之使不可殺之。」乃斬其僕，車之左駙，馬之左驂，以徇三軍。遣使者還報，然後行。士卒次舍井竈飲食問疾醫藥，身自拊循之。悉取將軍之資糧享士卒，身與士卒平分糧食。最比其羸弱者，三日而後勒兵。病者皆求行，爭奮出爲之赴戰。晉師聞之，爲罷去。燕師聞之，度水而解。於是追擊之，遂取所亡封内故境而引兵歸。未至國，釋兵旅，解約束，誓盟而後入邑。景公與諸大夫郊迎，勞師成禮，然後反歸寢。既見穰苴，尊爲大司馬。田氏日以益尊於齊。

已而大夫鮑氏、高、國之屬害之，譖於景公。景公退穰苴，苴發疾而死。田乞、田豹之徒由此怨高、國等。其後及田常殺簡公，盡滅高子、國子之族。至常曾孫和，因自立爲齊威王，用兵行威，大放穰苴之法，而諸侯朝齊。

齊威王使大夫追論古者《司馬兵法》而附穰苴於其中，因號曰《司馬穰苴兵法》。

雜録

備録

《晏子春秋》卷五 景公飲酒，夜移于晏子，前驅款門曰：「君至！」晏子被元端，立于門曰：「諸侯得微有故乎？國家得微有事乎？君何爲非時而夜辱？」公曰：「酒醴之味，金石之聲，願與夫子樂之。」晏子對曰：「夫布薦席，陳簠簋者，有人，臣不敢與焉。」公曰：「移于司馬穰苴之家。」前驅款門，曰：「君至！」穰苴介胄操戟立于門曰：「諸侯得微有兵乎？大臣得微有叛者乎？君何爲非時而夜辱？」公曰：「酒醴之味，金石之聲，願與將軍樂之。」穰苴對曰：「夫布薦席，陳簠簋者，有人，臣不敢與焉。」公曰：「移于梁丘據之家。」前驅款門，曰：「君至！」梁丘據左操瑟，右挈竽，行歌而出。公曰：「樂哉！今夕吾飲也。微此二子者，何以治吾國；微此一臣者，何以樂吾身。」君子曰：「聖賢之君，皆有益友，無偷樂之臣，景公弗能及，故兩用之，僅得不亡。」

《戰國策·齊六》 齊負郭之民有孤狐咺者，正議閔王，斮之檀衢，百姓不附。齊孫室子陳舉直言，殺之東閭，宗族離心。司馬穰苴爲政者也，殺之，大臣不親。以故燕舉兵，使昌國君將而擊之。齊使向子將而應之。齊軍破，向子以輿一乘亡。達子收餘卒，復振，與燕戰，求所以償者，閔王不肯與，軍破走。

梁玉繩《人表考》卷五《中中·司馬穰苴》 司馬穰苴始見《晏子春秋·雜上》、《戰國齊策》。亦曰田穰苴。田完之苗裔，爲大司馬。《史》本傳。宋徽宗宣和五年封横山侯。《宋史·禮志》。案穰苴皆稱在齊景公時，惟《齊策》言湣王殺穰苴，《秦策》亦有田單、司馬之語。疑莫能定，恐非春秋時人。

備論

《史記》卷六四《司馬穰苴列傳論》 余讀《司馬兵法》，閎廓深遠，雖三代征伐，未能竟其義，如其文也，亦少褒矣。若夫穰苴，區區爲小國行師，何暇及《司馬兵法》之揖讓乎？世既多《司馬兵法》，以故不論，著穰苴之列傳焉。

《史記》卷六四《司馬穰苴列傳》司馬貞述贊 燕侵河上，齊師敗績。嬰薦穰苴，武能威敵。斬賈以徇，三軍驚惕。我卒既彊，彼寇退壁。法行《司馬》，實賴宗戚。

《蘇軾文集》卷六五《司馬穰苴》 《史記》：「司馬穰苴，齊景公時人也。」其事至偉。而《左氏》不載，予嘗疑之。《戰國策》：「司馬穰苴，爲政者也，閔王殺之，大臣不親。」則其去景公也遠矣。太史公取《戰國策》作《史記》，當以《戰國策》爲信。凡《史記》所書大事，而《左氏》無有者，皆可疑。如程嬰、杵臼之類是也。穰苴之事不可誣，抑不在春秋之世，當更徐考之。

葉適《習學記言序目》卷二〇《史記二・列傳》 《左氏》前後載齊事甚詳，使有穰苴暴起立功，不應遺落也。況伐阿、鄄，侵河上，皆景公時所無，大司馬亦非齊官，遷故稱「田乞豹由此怨高、國」，若不考信于《左氏》者。蓋作書之人夸大其詞，而遷信之爾。

《全元文》卷四二二戴表元《讀司馬穰苴》 田穰苴之事薄矣，太史公爲之論次以爲之傳，非賢之也。《易》曰：「臣殺其君，子殺其父，非一朝一夕之故。其所由來者，漸也。」田穰苴之斬莊賈也，盜齊之漸也。方穰苴以羈旅之餘，受兵戎之任，名實未必深孚於齊。而莊賈者，齊侯之寵臣也。夫以寵臣預兵，而加於羈旅之臣之右，其驕蹇而難制固宜，然而穰苴之所自請也。已自爲將，而請君之寵臣以爲監，既許之矣，而逆爲之約，迫爲之期，待其至也，而借爲之辭而斬之，此豈有不忍於齊國哉。且燕、晉之師，於齊非有旦暮之急，遣一素貴幸之臣，而親戚左右爲之效杯酒殷勤之歡，此人情之所有也。藉令穰苴欲申其兵法，當先爲之令，俟其不受而後誅之。或不可已，則遷刑於僕御，亦未太沮屈也，而若是不能終日焉，何耶？賈誅而馳赦者僅免，會燕、晉亦解，侵疆悉還。齊之君臣，惴惴焉拱手重足，以須犬馬之命。田氏之篡齊而有之，豈待海上一城之遷哉。嗚呼！自戰國以來，篡殺遂爲常事，而權臣盜將，未有不先立威於君側者，皆用穰苴之道也。漢衛青伐匈奴，蘇建盡棄其軍，青不敢自擅專誅於境外，而聽天子自裁，曰「以風爲人臣不敢專權」者。郭子儀以九節度兵圍鄴，制於魚朝恩爲軍容宣慰使，而無所統一，以至於敗。歸又爲朝恩所困，然終身不敢失爲人臣禮，此非將帥之事也哉！

方孝孺《遜志齋集》卷四《雜著・讀司馬法》 周司馬有用兵之法，至齊威王，欲尊用田穰苴遺書，追論古司馬法，附穰苴之書於其中，號《司馬穰苴司馬法》。《漢・藝文志》百三十篇，今所傳者五篇。蓋周書之存者寡矣，而其言論猶有先王之遺意焉。先王之兵非黷武好勝也，將止亂而已。此書所謂以戰止戰者，得之。先王之兵以愛民爲本，此書所謂不因兇，不加喪，冬夏不興師者，得之。先王之世寓兵於農，農隙講武。此書所謂忘戰必危者，得之。以德不以力，王道之盛也，非此書所謂六德者乎？正名而不尚詭，王道之要也，非此書所謂遍告諸侯，彰明有罪者乎？所謂舉賢立明，正復厥職，則興滅繼絶之事也。所謂以仁爲本，以義治之，則王者之政，文武之所由興也。若是者非穰苴所能言，其爲遺書無疑。

至有駁而不純，譎而不正者，則皆穰苴之法，而亦非戰國之談兵者所能及，蓋兵書之所道者也。嗚呼！王者之不作也久矣，人心之趨下也，日以滋矣，於是英君謀士以譎詐爲奇，以屠戮爲武。若唐太宗、李靖之問答，惟知有孫吴之術，而司馬法爲虚語矣，況有出於孫吴之不忍言者乎，悲夫！

鍾惺《史懷》卷七《司馬穰苴列傳》 穰苴誅莊賈之意，在請賈爲監軍時已定矣。使者持節赦賈，馳入軍中，斬其僕車之左駙馬之左驂以徇三軍，然後行，士卒次舍，井竈飲食，問疾醫藥，身自拊循之，悉取將軍之資糧享士卒。誅賈後，自然少不得此一番舉動，非惟厲衆服人，以穰苴人微權輕，一旦誅君之寵臣，辱其使者，不如此無以自信于君。然使穰苴胸中本無人微權輕之疑，則亦不必請賈而誅之矣。

藝文

《全唐詩》卷八〇張昌宗《少年行》 少年不識事，落魄遊韓魏。珠軒流水車，玉勒浮雲騎。縱橫意不一，然諾心無二。白璧贈穰苴，黃金奉毛遂。妙舞飄

龍管，清歌吟鳳吹。三春小苑遊，千日中山醉。直言身可沈，誰論名與利。依倚孟嘗君，自知能市義。

《全唐詩》卷五四一李商隱《驕兒詩》 袞師我驕兒，美秀乃無匹。文葆未周晬，固已知六七。四歲知名姓，眼不視梨栗。交朋頗窺觀，謂是丹穴物。前朝尚器貌，流品方第一。不然神仙姿，不爾燕鶴骨。安得此相謂，欲慰衰朽質。青春妍和月，朋戲渾甥姪。繞堂復穿林，沸若金鼎溢。門有長者來，造次請先出。客前問所須，含意下吐實。歸來學客面，闒敗秉爺笏。或謔張飛胡，或笑鄧艾吃。豪鷹毛崱屴，猛馬氣佶傈。截得青篔簹，騎走恣唐突。忽復學參軍，按聲喚蒼鶻。又復紗燈旁，稽首禮夜佛。仰鞭罥蛛網，俯首飲花蜜。欲争蛺蝶輕，未謝柳絮疾。階前逢阿姊，六甲頗輸失。凝走弄香奩，拔脱金屈〔戌〕(戍)。抱持多反側，威怒不可律。曲躬牽窗網，衉唾拭琴漆。有時看臨書，挺立不動膝。古錦請裁衣，玉軸亦欲乞。請爺書春勝，春勝宜春日。芭蕉斜卷箋，辛夷低過筆。爺昔好讀書，懇苦自著述。顦顇欲四十，無肉畏蚤虱。兒慎勿學爺，讀書求甲乙。穰苴司馬法，張良黄石術。便爲帝王師，不假更纖悉。況今西與北，羌戎正狂悖。誅赦兩未成，將養如痼疾。兒當速成大，探雛入虎穴。當爲萬户侯，勿守一經帙。

《全唐詩》卷五四八薛逢《送靈州田尚書》 陰風獵獵滿旗竿，白草颼颼劍氣攢。九姓羌渾隨漢節，六州蕃落從戎鞍。霜中入塞琱弓硬，月下翻營玉帳寒。今日路傍誰不指，穰苴門户慣登壇。

《全唐詩》卷六五二方干《賊退後贈劉將軍》 非唯吴起與穰苴，今古推排盡不如。白馬知無髀上肉，黄巾泣向箭頭書。二年戰地成桑茗，千里荒榛作比閭。功業更多身轉貴，佇看幢節引戎車。

《全唐詩》卷七二九周曇《前涼張軌》 官從主簿至專征，誰遣涼王破趙名。益信用賢由拔擢，穰苴不是將家生。

蘇轍《欒城集》卷九《詩·次韻子瞻人日獵城西》 將賢士氣振，令肅軍聲悄。晨登戲馬臺，一試胡騣褭。城空巷無人，里社轉相曉。吾公庶無疾，但恐園囿小。荆榛一焚蕩，雉兔皆驚矯。翩翩白馬將，手把青絲挑。少小事邊徼，斬刈輕茶蓼。殿前賜鞍勒，珂月明皎皎。自言得所事，强暴無不了。廟算本詩書，下策禁焚燎。當令百鍊剛，甘就一指繞。低回未嘗試，坐被世人少。秋霜一朝下，淩厲見鷙鳥。爲君整驕惰，重立穰苴表。

闔閭部

綜述

《史記》卷三一《吴太伯世家》 王僚二年，公子光伐楚，敗而亡王舟。光懼，襲楚，復得王舟而還。

五年，楚之亡臣伍子胥來犇，公子光客之。公子光者，王諸樊之子也。常以爲吾父兄弟四人，當傳至季子。季子即不受國，光父先立。即不傳季子，光當立。陰納賢士，欲以襲王僚。

八年，吴使公子光伐楚，敗楚師，迎楚故太子建母於居巢以歸。因北伐，敗陳、蔡之師。九年，公子光伐楚，拔居巢、鍾離。初，楚邊邑卑梁氏之處女與吴邊邑之女争桑，二女家怒相滅，兩國邊邑長聞之，怒而相攻，滅吴之邊邑。吴王怒，故遂伐楚，取兩都而去。

伍子胥之初犇吴，説吴王僚以伐楚之利。公子光曰：「胥之父兄爲僇於楚，欲自報其仇耳，未見其利。」於是伍員知光有他志，乃求勇士專諸，見之光。光喜，乃客伍子胥。子胥退而耕於野，以待專諸之事。

十二年冬，楚平王卒。十三年春，吴欲因楚喪而伐之，使公子蓋餘、燭庸以兵圍楚之六、灊。使季札於晉，以觀諸侯之變。楚發兵絶吴兵後，吴兵不得還。於是吴公子光曰：「此時不可失也。」告專諸曰：「不索何獲！我真王嗣，當立，吾欲求之。季子雖至，不吾廢也。」專諸曰：「王僚可殺也。母老子弱，而兩公子將兵攻楚，楚絶其路。方今吴外困於楚，而内空無骨鯁之臣，是無柰我何。」光曰：「我身，子之身也。」四月丙子，光伏甲士於窟室，而謁王僚飲。王僚使兵陳於道，自王宫至光之家，門階户席，皆王僚之親也，人夾持鈹。公子光詳爲足疾，入于窟室，使專諸置匕首於炙魚之中以進食。手匕首刺王僚，鈹交於匈，遂弒王僚。公子光竟代立爲王，是爲吴王闔廬。闔廬乃以專諸子爲卿。

季子至，曰：「苟先君無廢祀，民人無廢主，社稷有奉，乃吾君也。吾敢誰怨乎？哀死事生，以待天命。非我生亂，立者從之，先人之道也。」復命，哭僚墓，復位而待。吴公子燭庸、蓋餘二人將兵遇圍於楚者，聞公子光弒王僚自立，乃以其兵降楚，楚封之於舒。

王闔廬元年，舉伍子胥爲行人而與謀國事。楚誅伯州犂，其孫伯嚭亡奔吴，吴以爲大夫。

三年，吴王闔廬與子胥、伯嚭將兵伐楚，拔舒，殺吴亡將二公子。光謀欲入郢，將軍孫武曰：「民勞，未可，待之。」四年，伐楚，取六與灊。五年，伐越，敗之。六年，楚使子常囊瓦伐吴。迎而擊之，大敗楚軍於豫章，取楚之居巢而還。

九年，吴王闔廬請伍子胥、孫武曰：「始子之言郢未可入，今果如何？」二子對曰：「楚將子常貪，而唐、蔡皆怨之。王必欲大伐，必得唐、蔡乃可。」闔廬從之，悉興師，與唐、蔡西伐楚，至於漢水。楚亦發兵拒吴，夾水陳。吴王闔廬弟夫槩欲戰，闔廬弗許。夫槩曰：「王已屬臣兵，兵以利爲上，尚何待焉？」遂以其部五千人襲冒楚，楚兵大敗，走。於是吴王遂縱兵追之。比至郢，五戰，楚五敗。楚昭王亡出郢，奔鄖。鄖公弟欲弒昭王，昭王與鄖公犇隨，而吴兵遂入郢。子胥、伯嚭鞭平王之尸以報父讎。

十年春，越聞吴王之在郢，國空，乃伐吴。吴使别兵擊越。楚告急秦，秦遣兵救楚擊吴，吴師敗。闔廬弟夫槩見秦、越交敗吴，吴王留楚不去，夫槩亡歸吴而自立爲吴王。闔廬聞之，乃引兵歸，攻夫槩。夫槩敗奔楚。楚昭王乃得以九月復入郢，而封夫槩於堂谿，爲堂谿氏。十一年，吴王使太子夫差伐楚，取番。楚恐而去郢徙鄀。

十五年，孔子相魯。

十九年夏，吴伐越，越王句踐迎擊之檇李。越使死士挑戰，三行造吴師，呼，自剄。吴師觀之，越因伐吴，敗之姑蘇，傷吴王闔廬指，軍卻七里。吴王病傷而死。闔廬使立太子夫差，謂曰：「爾而忘句踐殺汝父乎？」對曰：「不敢！」三年，乃報越。

袁康《越絶書》卷三《越絶吴内傳》 越王句踐欲伐吴王闔廬，范蠡諫曰：「不可，臣聞之，天貴持盈。持盈者，言不失陰陽、日月、星辰之綱紀。地貴定傾。定傾者，言地之長生，丘陵平均，無不得宜，故曰地貴定傾。人貴節事。節事者，言王者已下，公卿大夫，當調陰陽，和順天下，事來應之，物來知之，天下莫不盡其忠信，從其政教，謂之節事。節事者，至事之要也。天道盈而不溢，盛而不驕者，言天生萬物，以養天下；蠉飛蠕動，各得其性；春生夏長，秋收冬藏，不失其

常，故曰天道盈而不溢，盛而不驕者也。地道施而不德，勞而不矜其功者也，言地生長五穀，持養萬物，功盈德博，是所施而不德，勞而不矜其功者矣。言天地之施，大而不有功者也。人道不逆四時者，言王者以下，至於庶人，皆當和陰陽四時之變，順之者有福，逆之者有殃，故曰人道不逆四時之謂也。因惛視動者，言存亡吉凶之應，善惡之叙，必有漸也。天道未作，不先爲客者。」

范蠡值吳伍子胥教化，天下從之，未有死亡之失，故以天道未作，不先爲客，言客者，去其國，入人國。地兆未發，不先動衆，言王者以下，至於庶人，非暮春中夏之時，不可以種五穀、興土利；國家不見死亡之失，不可伐也。故地兆未發，不先動衆，此之謂也。

吳人敗於就李，吳之戰地。敗者，言越之伐吳，未戰，吳闔廬卒，敗而去也。卒者，闔廬死也。天子稱崩，諸侯稱薨，大夫稱卒，士稱不祿。闔廬，諸侯也，不稱薨而稱卒者，何也？當此之時，上無明天子，下無賢方伯，諸侯力政，彊者爲君。南夷與北狄交爭，中國不絶如綫矣。臣弑君，子弑父，天下莫能禁止。於是孔子作《春秋》，方據魯以王。故諸侯死皆稱卒，不稱薨，避魯之謚也。

雜録

備録

《墨子・非攻中》 古者吳闔閭教七年，奉甲執兵，奔三百里而舍焉，次注林，出於冥隘之徑，戰於柏舉，中楚國而朝宋與及魯。

《墨子・魯問》 齊將伐魯，子墨子謂項子牛曰：「伐魯，齊之大過也。昔者吳王東伐越，棲諸會稽；西伐楚，葆昭王於隨；北伐齊，取國子以歸於吳。諸侯報其讎，百姓苦其勞而弗爲用，是以國爲虛戾，身爲刑戮也。昔者智伯伐范氏與中行氏，兼三晉之地，諸侯報其讎，百姓苦其勞而弗爲用，是故大國之攻小國，是交相賊也，過必反於國。」

《韓非子・説林下》 闔廬攻郢，戰三勝，問子胥曰：「可以退乎？」子胥對曰：「溺人者一飲而止則無逆者，以其不休也，不如乘之以沈之。」

《呂氏春秋・仲秋紀・簡選》 吳闔廬選多力者五百人，利趾者三千人，以爲前陳，與荆戰，五戰五勝，遂有郢。東征至于庳廬，西伐至于巴、蜀，北迫齊、晉，令行中國。

《淮南子・泰族訓》 闔閭伐楚，五戰入郢，燒高府之粟，破九龍之鐘，鞭荆平王之墓，舍昭王之宫。昭王奔隨，百姓父兄攜幼扶老而隨之，乃相率而爲致勇之寇，皆方命奮臂而爲之鬬。當此之時，無將卒以行列之，各致其死，却吳兵，復楚地。

賈誼《新書・諭誠》 楚昭王當房而立，愀然有寒色，曰：「寡人朝饑饉時，酒二䣢，重裘而立，猶憯然有寒氣，將奈我元元之百姓何？」是日也，出府之裘以衣寒者，出倉之粟以賑饑者。居二年，闔閭襲郢，昭王奔隨。諸當房之賜者，請還，至死之寇。闔閭一夕而十徙卧，不能賴楚，曳師而去。昭王乃復。當房之德也。

劉向《説苑・權謀》 齊景公以其子妻闔廬，送諸郊，泣曰：「余死不汝見矣！」高夢子曰：「齊負海而縣山，縱不能全收天下，誰干我君？愛則勿行。」公曰：「余有齊國之固，不能以令諸侯，又不能聽，是生亂也。寡人聞之，不能令則莫若從。且夫吳若蜂蠆然，不棄毒於人則不静，余恐棄毒於我也。」遂遣之。

劉向《説苑・指武》 吳王闔廬與荆人戰於柏舉，大勝之。至於郢郊，五敗荆人。闔廬之臣五人進諫曰：「夫深入遠報，非王之利也，王其返乎？」五人將鍥頭，闔廬未之應，五人之頭墜於馬前。闔廬懼，召伍子胥而問焉。子胥曰：「五臣者懼也。夫五敗之人者，其懼甚矣。王姑少進。」遂入郢，南至江，北至方城，方三千里，皆服於吳矣。

劉向《列女傳》卷四 伯嬴者，秦穆公之女，楚平王之夫人，昭王之母也。楚與吳爲伯莒之戰，吳勝楚，入郢，昭王亡，闔閭盡妻其後宫，次至伯嬴。伯嬴持刀曰：「妾聞天子者，天下之表也；公侯者，一國之儀也。是以明王之制，使男女不親授受，坐不同席，食不共器，殊椸枷，異巾櫛，所以遠之也。若諸侯外淫者絶，卿大夫外淫者放，士庶人外淫者宫割。夫然者，仁失可復以義，義失可復以禮，男女之失，亂亡興焉。公侯之所絶，天子之所誅也。今君王棄儀表之行，縱亂亡之欲，犯誅絶之事，何以行令訓民？妾聞生而辱，不若死而榮，以死守之，不敢承命。」於是吳王慙，遂退舍。伯嬴與其保阿，閉永巷之門，皆不釋兵，三旬，秦救至，昭王乃復矣。

袁康《越絶書》卷二《越絶外傳記吳地傳第三》 昔者，吳之先君太伯，周之世，武王封太伯於吳，到夫差，計二十六世，且千歲。闔廬之時，大霸，築吳越城。

城中有小城二。徙治胥山。後二世而至夫差，立二十三年，越王句踐滅之。
闔廬宫，在高平里。
射臺二：一在華池昌里，一在安陽里。
南越宫，在長樂里，東到春申君府。
秋冬治城中，春夏治姑胥之臺。旦食於紐山，晝遊於胥母。射於軀陂，馳於遊臺，興樂越，走犬長洲。
吴王大霸，楚昭王、孔子時也。
吴大城，周四十七里二百一十步二尺。陸門八，其二有樓。水門八。南面十里四十二步五尺，西面七里百一十二步三尺，北面八里二百二十六步三尺，東面十一里七十九步一尺。闔廬所造也。吴郭周六十八里六十步。
吴小城，周十二里。其下廣二丈七尺，高四丈七尺。門三，皆有樓，其二增水門二，其一有樓，一增柴路。
東宫周一里二百七十步。路西宫在長秋，周一里二十六步。秦始皇帝十一年，守宫者照燕失火，燒之。
伍子胥城，周九里二百七十步。
小城東西從武里，面從小城北。
邑中徑從閶門到婁門，九里七十二步，陸道廣二十三步；平門到蛇門，十里七十五步，陸道廣三十三步。水道廣二十八步。
吴古故陸道，出胥明，奏出土山，度灌邑，奏高頸，過猶山，奏太湖，隨北顧以西，度陽下溪，過歷山陽、龍尾西大决，通安湖。
吴古故水道，出平門，上郭池，入瀆，出巢湖，上歷地，過梅亭，入楊湖，出漁浦，入大江，奏廣陵。
吴古故從由拳辟塞，度會夷，奏山陰。辟塞者，吴備候塞也。
居東城者，闔廬所遊城也，去縣二十里。
柴碎亭到語兒、就李，吴侵以爲戰地。
百尺瀆，奏江，吴以達糧。
千里廬虚者，闔廬以鑄干將劍。歐冶僮女三百人。去縣二里，南達江。
閶門外高頸山東桓石人，古者名「石公」，去縣二十里。
閶門外郭中冢者，闔廬冰室也。
闔廬冢，在閶門外，名虎丘。下池廣六十步，水深丈五尺。銅槨三重。墳池六尺。玉鳧之流。扁諸之劍三千，方圓之口三千。時耗、魚腸之劍在焉。千萬人築治之。取土臨湖口。築三日而白虎居上，故號爲虎丘。
虎丘北莫格冢，古賢者避世冢，去縣二十里。
被奏冢，鄧大冢是也，去縣四十里。
闔廬子女冢，在閶門外道北。下方池廣四十八步，水深二丈五尺。池廣六十步，水深丈五寸。隧出廟路以南，通姑胥門。并周六里。舞鶴吴市，殺生以送死。
餘杭城者，襄王時神女所葬也。神多靈。
巫門外麋湖西城，越宋王城也。時與摇城王周宋君戰於語招，殺周宋君。毋頭騎歸，至武里死亡，葬武里南城。午日死也。
巫門外冢者，闔廬冰室也。
巫門外大冢，吴王客、齊孫武冢也，去縣十里。善爲兵法。
地門外塘波洋中世子塘者，故曰王世子造以爲田。塘去縣二十五里。
洋中塘，去縣二十六里。
蛇門外大丘，吴王不審名冢也，去縣十五里。
築塘北山者，吴王不審名冢也，去縣二十里。
近門外欐溪櫝中連鄉大丘者，吴故神巫所葬也，去縣十五里。
婁門外馬亭溪上復城者，故越王餘復君所治也，去縣八十里。是時烈王歸於越，所載襄王之後，不可繼述。其事書之馬亭溪。
婁門外鴻城者，故越王城也，去縣百五十里。
婁門外雞陂墟，故吴王所畜雞，使李保養之。去縣二十里。
胥門外有九曲路，闔廬造以游姑胥之臺，以望太湖，中闚百姓。去縣三十里。
齊門，闔廬伐齊，大克，取齊王女爲質子，爲造齊門，置於水海虚。其臺在車道左、水海右，去縣七十里。齊女思其國死，葬虞西山。
吴北野禺櫟東所舍大畷者，吴王田也，去縣八十里。
吴西野鹿陂者，吴王田也。今分爲耦瀆。胥卑虚，去縣二十里。
吴北野胥主畷者，吴王女胥主田也，去縣八十里。
麋湖城者，闔廬所置麋也，去縣五十里。
欐溪城者，闔廬所置船宫也。闔廬所造。
婁門外力士者，闔廬所造，以備外越。
巫欐城者，闔廬所置諸侯遠客離城也，去縣十五里。

由鍾窮隆山者，古赤松子所取赤石脂也，去縣二十里。子胥死，民思祭之。

莋碓山，故爲鶴阜山，禹遊天下，引湖中柯山置之鶴阜，更名莋碓。

放山者，在莋碓山南。以取長之莋碓山下，故有鄉名莋邑。吳王惡其名，内郭中，名通陵鄉。

莋碓山南有大石，古者名爲「墜星」，去縣二十里。

撫侯山者，故闔廬治以諸侯冢次，去縣二十里。

吳東徐亭東西南北通溪者，越荆王所置，與麋湖相通也。

馬安溪上干城者，越干王之城也，去縣七十里。

巫門外冤山大冢，故越王王史冢也，去縣二十里。

摇城者，吳王子居焉，後越摇王居之。稻田三百頃，在邑東南，肥饒，水絶。去縣五十里。

胥女大冢，吳王不審名冢也，去縣四十五里。

蒲姑大冢，吳王不審名冢也，去縣三十里。

古城者，吳王闔廬所置美人離城也，去縣七十里。

通江南陵，摇越所鑿，以伐上舍君。去縣五十里。

婁東十里坑者，古名長人坑，從海上來。去縣十里。

海鹽縣，始爲武原鄉。

婁北武城，闔廬所以候外越也，去縣三十里。今爲鄉也。

宿甲者，吳宿兵候外越也，去縣百里，其東大冢，摇王冢也。

烏程、餘杭、黝、歙、無湖、石城縣以南，皆故大越徙民也。秦始皇帝刻石徙之。

烏傷縣常山，古人所採藥也。高且神。

齊鄉，周十里二百一十步，其城六里三十步，墻高丈二尺，百七十步，竹格門三，其二有屋。

虞山者，巫咸所出也。虞故神出奇怪。去縣百五里。

鍾惺《史懷》卷六　伍員奔吳，不歸王僚而客公子光，員欲有光而用之也。伐楚之利，光不使員之説得行于王僚，光欲有員而用之也。英雄心計，各不相讓而相爲用如此。員知光有他志，乃求勇士專諸進之光，轉想甚捷，解人相遇，點頭即知，千載在目。光喜乃客員，員退而耕于野，以待專諸之事，藏身觀世，節次地步，何其妙也！然殺人之君，以自快其父兄之仇，能無天道！屬鏤之報，有由然耳。

梁玉繩《人表考》卷八《下中・吳王闔廬》　闔廬始見《左》昭廿七，吳王闔廬始見《史・吳》、《越世家》。廬又作閭。《淮南・泰族》、《史・侯表》、《吳越春秋》二。即公子光，昭十七、二十、廿三、廿七。亦曰王子光，《呂覽・首時》。亦曰吳子光，《春秋》定十四。亦曰吳光。昭卅、《楚辭・天問》。亦與壽夢稱闔、夢。《天問》。越靈姑浮以戈擊之，傷將指，卒。定十四。葬吳閶門外虎丘。《越絶・記地》。案昭廿七疏、《世家集解》、《索隱》引《世本》云夷昧生光。高誘《呂氏春秋・當染》、《簡選》、《察微》注，《春秋分記》皆用《世本》爲説。而《世家》及《刺客傳》謂光是諸樊子，《新序・節士》、《吳越春秋》一、《天問》王注，《公羊》襄廿九何注，《左》昭十七、廿七杜注並同，未知孰是。

備論

《史記》卷四一《越王勾踐世家》司馬貞述贊　越祖少康，至于允常。其子始霸，與吳爭彊。檇李之役，闔閭見傷。會稽之恥，句踐欲當。種誘以利，蠡悉其良。折節下士，致膽思嘗。卒復讎寇，遂殄大邦。後不量力，滅於無彊。

呂祖謙《左氏傳説》卷一六《吳公子光弑其君僚》　吳公子光弑其君僚，考《左氏》所載本末，公子光固不能無罪，然吳王亦不知根本之虚。因楚喪而伐楚，親賢國之望，使公子掩餘、公子燭庸伐潛，用兵於外，而季子又使之聘于上國，遂至于晉，以觀諸侯之强弱。一時親近之臣，皆安頓在外，故公子光得窺伺間隙，得行其謀而作亂，此見得吳王不知根本之虚處。大抵爲國之根本，莫大於親賢兩字。有親則可以藩屏王室，有賢則可以鎮重朝廷。雖有姦賊，不敢覬覦。今則吳王親如掩餘、燭庸，則使之帥師圍潛；賢如季子，則使之出聘于外，此公子光所以成篡弑之禍。使數子皆在王之左右，安得至此？公子光包藏禍心，固已久矣，至此方得逞其志。大抵篡弑之臣，乘間投隙，固不足論，所可罪者吳子也。向使他不知公子光之姦，愈信他爲腹心，如此則是不覺不悟，不足深罪。觀公子光伏甲享王之時，吳王亦自知其謀。觀其使甲坐于道及其門，門階户席，皆王之親，當時設備如此其嚴，然終不免於禍，是明知其謀，而明陷於禍。吳王既明知他有篡弑之心，須當兢兢業業，遵養時晦，於此上做工夫。既不會於此上做工

夫，而親信之臣，如掩餘、燭庸、季子之徒，不當使之在外，數子既在外，安得不致篡弒之禍！以此觀之，則罪不專在公子光，實吴王之罪。

馬驌《繹史》卷八九《吴入郢論》 吴自壽夢之世，號稱彊大，既而巢隕諸樊，閽戕餘祭，楚康之際，吴其衰乎！夷昧立而楚靈方驕，入吴朱方，執齊慶封，比年以來，三尋師焉。楚暴吴弱，宜若不敵。乃平王初立，吴人乘釁而滅州來，固非甘心下楚者也。王僚之立，長岸一戰，而師壓楚境，雞父再役，而七國喪敗，楚常詘而吴常伸，豈僚之賢能，度越前人哉？史稱平王立，施惠百姓，存恤國中，傳稱簡兵息民，五年後戰。平儒王也，志存靖國，然而疆埸不寧，烽燧時警，雖欲息民，何自而息哉？城郟，城城父，城州來，城郢，城州屈，城丘皇，用以保固牧圉者，綢繆恐後；雖然，亂生於外者易禦，亂生於內者難圖，平王密邇讒人，喪太子而誅伍奢，考厥所由，則無異《衛風》之刺《新臺》、賦《乘舟》也。嬻偷寡恥，視靈王而加穢焉。幸而獲没，寧免後罰。昭王嗣位，吴僚被弒，楚人欲因吴亂而取之；不知闔廬之發憤爲雄，遠過前代，而昭王之信讒寵佞，猶然平王之子也。吴人一舉，而滅徐，再舉而伐越，既而楚瓦貪賂，晉不能伐，闔廬內因胥、嚭之怨，外因唐、蔡之讎，用孫武權謀之師，長驅入郢，君舍其君之寢，臣居其臣之室，毁其宗廟，徙其重器，伍員掘平王之墓，鞭尸三百，左足踐腹，右手抉目，而誚之，猶曰：「報其子，不及其身，莫釋予怨也。」是役也，因蔡之請，以義興師，五戰五勝，昭王出走，即未嘗獻捷成周，而攘楚之效，高於桓、文矣。柏舉書子，嘉其救患，入郢書吴，貶其從狄。然而分災恤難，中國之事也，晉定公不能救蔡而授權於吴，《春秋》惜焉。故郢不稱滅，若欲存楚；闔廬削子，若欲抑吴，聖人始有微旨乎！昭王借秦師以反國，休養數年，滅頓滅胡，非不耀武自奮也；然終不敢以一矢加吴，慰先君於地下，吴之彊，從可知矣。且晉自會向以來，不復通吴，而季札之聘，反日接於上國，國有仁賢，修其禮治，是以篡弒雖作，勾吴卒彊，良有以哉。

高士奇《左傳紀事本末》卷五〇《闔閭入郢論》 楚自熊通以來，奄王坐大，薦食諸姬。齊桓、晉文僅能攘斥，未嘗即其國都而大創之也。闔閭徇蔡侯之請，踰越江、淮，五戰遂至於郢，焚高府之粟，破九龍之鐘，昭王出走，幾定其國。然而仁義不施，宣淫窮毒。楚雖撓敗，父兄子弟怨吴入於骨髓，争起而逐之，不待《無衣》賦而知吴人之不能久於楚矣。伍員抱父兄之痛，貫弓橐劍，側身閒道，痛哭於荒江，乞食於吴市，不忘尋仇，卒酬所願。此心即皇天后土，猶將鑒之。至其淫逞之過，乃託於「日暮途窮，倒行逆施」之説，嘻！其甚矣！夫父死不受誅，子復仇可也。不又曰「君命天也，死天命，誰敢讎之乎」？且員父兄之見殺，爲之首惡者，費無極也。平王爲讒人所構，失在不聰，員所欲得而甘心者，宜在無極，而不在平王也。及無極被誅，恨亦可以少釋矣。未幾平王復殂，乃謂白公勝曰，「平王卒，吾志不悉矣」。然則非手刃平王，將遂不得伸其志耶？至鞭尸墟墓，班宫處室，辱逮父母之邦，慘被樂扈之曲，恐奢、尚有知，亦傷心而不忍聞矣。子胥復讎，其事最烈，亦最奇。一時江上丈人掩壺漿而自覆，瀨水女子哀王孫而湛身。乃至孫子之用兵，戮及寵姬；專諸之刺僚，禍生魚腹；要離之刺慶忌，如捽嬰兒；莫邪水走而亡楚，鴻稽一呼而著胸，皆事之最奇者。若夫楚失一胥而郢幾墟，吴得一嚭而國終破。天以兩楚人爲報復相尋之終始，不尤異哉！

藝文

《楚辭·屈原〈天問〉》 勳闔、夢生，少離散亡。何壯武厲，能流厥嚴？【略】悟過改更，我又何言？吴光争國，久余是勝。

《白居易集》卷二四《登閶門閒望》 閶門四望鬱蒼蒼，始覺州雄土俗強。十萬夫家供課稅，五千子弟守封疆。闔閭城碧鋪秋草，烏鵲橋紅帶夕陽。處處樓前飄管吹，家家門外泊舟航。雲埋虎寺山藏色，月耀娃宫水放光。曾賞錢唐嫌茂苑，今來未敢苦誇張。

《全唐詩》卷二〇六李嘉祐《傷吴中》 館娃宫中春已歸，闔閭城頭鶯已飛。復見花開人又老，横塘寂寂柳依依。憶昔吴王在宫闕，館娃滿一作賣眼看花發。舞袖朝欺陌上春，歌聲夜怨江邊月。古來人事亦猶今，莫厭清觴與緑琴。獨向西山聊一笑，白雲芳草自知心。

高啟《高青丘集》卷一《闔閭篇》 天門迎旭開紫霞，八表洞達春無涯。閣道縈迴度鸞車，羽旗揚彩鐘鼓撾。後宫三千人，秀色掩盡世上花。宸遊時過廣成家，瑤觴再壽盛露華。一仁興，萬福加。何須慕神仙，辛勤煉丹砂。小臣微詞欲拜獻，帝德自大非爲誇。

高啟《高青丘集》卷一五《闔閭墓》 水銀爲海接黄泉，一穴曾勞萬卒穿。漫設深機防盗賊，難令朽骨化神仙。空山虎去秋風後，廢樹烏啼夜月邊。地下應知無敵國，何須深葬劍三千？

季札部

綜述

《史記》卷三一《吳太伯世家》 王壽夢二年，楚之亡大夫申公巫臣怨楚將子反而奔晉，自晉使吳，教吳用兵乘車，令其子爲吳行人，吳於是始通於中國。吳伐楚。十六年，楚共王伐吳，至衡山。

二十五年，王壽夢卒。壽夢有子四人，長曰諸樊，次曰餘祭，次曰餘眛，次曰季札。季札賢，而壽夢欲立之，季札讓不可，於是乃立長子諸樊，攝行事當國。

王諸樊元年，諸樊已除喪，讓位季札。季札謝曰：「曹宣公之卒也，諸侯與曹人不義曹君，將立子臧，子臧去之，以成曹君，君子曰『能守節矣』。君義嗣，誰敢干君！有國，非吾節也。札雖不材，願附於子臧之義。」吳人固立季札，季札棄其室而耕，乃舍之。秋，吳伐楚，楚敗我師。四年，晉平公初立。

十三年，王諸樊卒。有命授弟餘祭，欲傳以次，必致國於季札而止，以稱先王壽夢之意，且嘉季札之義，兄弟皆欲致國，令以漸至焉。季札封於延陵，故號曰延陵季子。

王餘祭三年，齊相慶封有罪，自齊來奔吳。吳予慶封朱方之縣，以爲奉邑，以女妻之，富於在齊。

四年，吳使季札聘於魯，請觀周樂。爲歌《周南》、《召南》。曰：「美哉，始基之矣，猶未也。然勤而不怨。」歌《邶》、《鄘》、《衛》。曰：「美哉，淵乎，憂而不困者也。吾聞衛康叔、武公之德如是，是其《衛風》乎？」歌《王》。曰：「美哉，思而不懼，其周之東乎？」歌《鄭》。曰：「其細已甚，民不堪也，是其先亡乎？」歌《齊》。曰：「美哉，泱泱乎大風也哉。表東海者，其太公乎？國未可量也。」歌《豳》。曰：「美哉，蕩蕩乎，樂而不淫，其周公之東乎？」歌《秦》。曰：「此之謂夏聲。夫能夏則大，大之至也，其周之舊乎？」歌《魏》。曰：「美哉，渢渢乎，大而寬，儉而易，行以德輔，此則盟主也。」歌《唐》。曰：「思深哉，其有陶唐氏之遺風乎？不然，何憂之遠也？非令德之後，誰能若是！」歌《陳》。曰：「國無主，其能久乎？」自《鄶》以下，無譏焉。歌《小雅》。曰：「美哉，思而不貳，怨而不言，其周德之衰乎？猶有先王之遺民也。」歌《大雅》。曰：「廣哉，熙熙乎，曲而有直體，其文王之德乎？」歌《頌》。曰：「至矣哉，直而不倨，曲而不詘，近而不偪，遠而不攜，遷而不淫，復而不厭，哀而不愁，樂而不荒，用而不匱，廣而不宣，施而不費，取而不貪，處而不底，行而不流。五聲和，八風平，節有度，守有序，盛德之所同也。」見舞《象箾》、《南籥》者，曰：「美哉，猶有感。」見舞《大武》，曰：「美哉，周之盛也其若此乎？」見舞《韶護》者，曰：「聖人之弘也，猶有慚德，聖人之難也！」見舞《大夏》，曰：「美哉，勤而不德！非禹其誰能及之？」見舞《招箾》曰：「德至矣哉，大矣，如天之無不燾也，如地之無不載也，雖甚盛德，無以加矣。觀止矣，若有他樂，吾不敢觀。」

去魯，遂使齊。說晏平仲曰：「子速納邑與政。無邑無政，乃免於難。齊國之政將有所歸；未得所歸，難未息也。」故晏子因陳桓子以納政與邑，是以免於欒高之難。

去齊，使於鄭。見子產，如舊交。謂子產曰：「鄭之執政侈，難將至矣，政必及子。子爲政，慎以禮。不然，鄭國將敗。」去鄭，適衛。說蘧瑗、史狗、史鰌、公子荊、公叔發、公子朝曰：「衛多君子，未有患也。」

自衛如晉，將舍於宿，聞鍾聲，曰：「異哉！吾聞之，辯而不德，必加於戮。夫子獲罪於君以在此，懼猶不足，而又可以畔乎？夫子之在此，猶燕之巢于幕也。君在殯而可以樂乎？」遂去之。文子聞之，終身不聽琴瑟。

適晉，說趙文子、韓宣子、魏獻子曰：「晉國其萃於三家乎！」將去，謂叔向曰：「吾子勉之！君侈而多良，大夫皆富，政將在三家。吾子直，必思自免於難。」

季札之初使，北過徐君。徐君好季札劍，口弗敢言。季札心知之，爲使上國，未獻。還至徐，徐君已死，於是乃解其寶劍，繫之徐君冢樹而去。從者曰：「徐君已死，尚誰予乎？」季子曰：「不然。始吾心已許之，豈以死倍吾心哉！」

七年，楚公子圍弒其王夾敖而代立，是爲靈王。十年，楚靈王會諸侯而以伐吳之朱方，以誅齊慶封。吳亦攻楚，取三邑而去。十一年，楚伐吳，至雩婁。十二年，楚復來伐，次於乾谿，楚師敗走。

十七年，王餘祭卒，弟餘眛立。王餘眛二年，楚公子棄疾弒其君靈王代立焉。

四年，王餘昧卒，欲授弟季札。季札讓，逃去。於是吳人曰：「先王有命，兄卒弟代立，必致季子。季子今逃位，則王餘昧後立。今卒，其子當代。」乃立王餘昧之子僚爲王。

王僚二年，公子光伐楚，敗而亡王舟。光懼，襲楚，復得王舟而還。

五年，楚之亡臣伍子胥來犇，公子光客之。公子光者，王諸樊之子也。常以爲吾父兄弟四人，當傳至季子。季子即不受國，光父先立。即不傳季子，光當立。陰納賢士，欲以襲王僚。

八年，吳使公子光伐楚，敗楚師，迎楚故太子建母於居巢以歸。因北伐，敗陳、蔡之師。

九年，公子光伐楚，拔居巢、鍾離。初，楚邊邑卑梁氏之處女與吳邊邑之女争桑，二女家怒相滅，兩國邊邑長聞之，怒而相攻，滅吳之邊邑。吳王怒，故遂伐楚，取兩都而去。

伍子胥之初犇吳，說吳王僚以伐楚之利。公子光曰：「胥之父兄爲僇於楚，欲自報其仇耳。未見其利。」於是伍員知光有他志，乃求勇士專諸，見之光。光喜，乃客伍子胥。子胥退而耕於野，以待專諸之事。

十二年冬，楚平王卒。十三年春，吳欲因楚喪而伐之，使公子蓋餘、燭庸以兵圍楚之六、灊。使季札於晉，以觀諸侯之變。楚發兵絕吳兵後，吳兵不得還。於是吳公子光曰：「此時不可失也。」告專諸曰：「不索何獲！我真王嗣，當立，吾欲求之。季子雖至，不吾廢也。」專諸曰：「王僚可殺也。母老子弱，而兩公子將兵攻楚，楚絕其路。方今吳外困於楚，而內空無骨鯁之臣，是無奈我何。」光曰：「我身，子之身也。」四月丙子，光伏甲士於窟室，而謁王僚飲。王僚使兵陳於道，自王宮至光之家，門階户席，皆王僚之親也，人夾持鈹。公子光詳爲足疾，入于窟室，使專諸置匕首於炙魚之中以進食。手匕首刺王僚，鈹交於匈，遂弑王僚。公子光竟代立爲王，是爲吳王闔廬。闔廬乃以專諸子爲卿。

季子至，曰：「苟先君無廢祀，民人無廢主，社稷有奉，乃吾君也。吾敢誰怨乎？哀死事生，以待天命。非我生亂，立者從之，先人之道也。」復命，哭僚墓，復位而待。吳公子燭庸、蓋餘二人將兵遇圍於楚者，聞公子光弑王僚自立，乃以其兵降楚，楚封之於舒。

趙曄《吳越春秋》卷二《吳王壽夢傳》　十七年，壽夢以巫臣子狐庸爲相，任以國政。

二十五年，壽夢病，將卒。有子四人，長曰諸樊，次曰餘祭，次曰餘昧，次曰季札。季札賢，壽夢欲立之。季札讓曰：「禮有舊制，奈何廢前王之禮，而行父子之私乎？」壽夢乃命諸樊曰：「我欲傳國及札，爾無忘寡人之言。」諸樊曰：「周之太王知西伯之聖，廢長立少，王之道興。今欲授國於札，臣誠耕於野。」王曰：「昔周行之德加於四海，今汝於區區之國、荆蠻之鄉，奚能成天子之業乎？且今子不忘前人之言，必授國以次及於季札。」諸樊曰：「敢不如命？」壽夢卒，諸樊以適長攝行事，當國政。

吳王諸樊元年，已除喪，讓季札，曰：「昔前王未薨之時，嘗晨昧不安，吾望其色也，意在於季札。又復三朝悲吟而命我曰：『吾知公子札之賢。』欲廢長立少，重發言於口。雖然，我心已許之。然前王不忍行其私計，以國付我，我敢不從命乎？今國者，子之國也。吾願達前王之義。」季札謝曰：「夫適長當國，非前王之私，乃宗廟社稷之制，豈可變乎？」諸樊曰：「苟可施於國，何先王之命有？太王改爲季歷，二伯來入荆蠻，遂城爲國，周道就成，前人誦之不絕於口，而子之所習也。」札復謝曰：「昔曹公卒，庶存適亡，諸侯與曹人不義而立於國。子臧聞之，行吟而歸。曹君懼，將立子臧。子臧去之，以成曹之道。札雖不才，願附子臧之義，吾誠避之。」吳人固立季札，季札不受而耕於野，吳人舍之。諸樊驕恣，輕慢鬼神，仰天求死。將死，命弟餘祭曰：「必以國及季札。」乃封季札於延陵，號曰「延陵季子」。

餘祭十二年，楚靈王會諸侯伐吳，圍朱方，誅慶封。慶封數爲吳伺祭，故晉、楚伐之也。吳王餘祭怒曰：「慶封窮來奔吳，封之朱方，以效不恨士也。」即舉兵伐楚，取二邑而去。

十三年，楚怨吳爲慶封故伐之，心恨不解，伐吳，至乾溪。吳擊之，楚師敗走。

十七年，餘祭卒。餘昧立，四年，卒，欲授位季札。季札讓，逃去，曰：「吾不受位，明矣。昔前君有命，已附子臧之義。潔身清行，仰高履尚，惟仁是處。富貴之於我，如秋風之過耳。」遂逃歸延陵。吳人立餘昧子州于，號爲吳王僚也。

雜録

備録

《禮記・檀弓》 延陵季子適齊，於其反也，其長子死，葬於嬴、博之間。孔子曰：「延陵季子，吳之習於禮者也。」往而觀其葬焉。其坎深不至於泉，其斂以時服，既葬而封，廣輪揜坎，其高可隱也。既封，左袒，右還其封且號者三，曰：「骨肉歸復于土，命也！若魂氣則無不之也，無不之也。」而遂行。孔子曰：「延陵季子之於禮也，其合矣乎！」

《韓詩外傳》卷一〇 吳延陵季子遊於齊，見遺金，呼牧者取之。牧者曰：「何子居之高，視之下，貌之君子，而言之野也！吾有君不臣，有友不友，當暑衣裘，吾豈取金者乎？」延陵子知其爲賢者，請問姓字。牧者曰：「子乃皮相之士也，何足語姓字哉！」遂去。延陵季子立而望之，不見乃止。孔子曰：「非禮勿視，非禮勿聽。」

劉向《説苑・政理》 延陵季子游於晉，入其境，曰：「嘻，暴哉國乎！」入其都，曰：「嘻，力屈哉國乎！」立其朝，曰：「嘻，亂哉國乎！」從者曰：「夫子之入晉境未久也，何其名之不疑也？」延陵季子曰：「然，吾入其境，田畝荒穢而不休，雜增崇高，吾是以知其國之暴也。吾入其都，新室惡而故室美，新墻卑而故墻高，吾是以知其民力之屈也。吾立其朝，君能視而不下問，其臣善伐而不上諫，吾是以知其國之亂也。」

劉向《新序・節士》 延陵季子將西聘晉，帶寶劍以過徐君。徐君觀劍，不言而色欲之。延陵季子爲有上國之使，未獻也，然其心已許之矣。致使於晉，顧反，則徐君死於楚，於是脱劍致之嗣君。從者止之曰：「此吳國之寶，非所以贈也。」延陵季子曰：「吾非贈之也，先日吾來，徐君觀吾劍，不言而其色欲之，吾爲有上國之使，未獻也，雖然，吾心許之矣。今死而不進，是欺心也，愛劍僞心，廉者不爲也。」遂脱劍致之嗣君。嗣君曰：「先君無命，孤不敢受劍。」於是季子以劍帶徐君墓樹而去。徐人嘉而歌之曰：「延陵季子兮不忘故，脱千金之劍兮帶丘墓。」

延陵季子者，吳王之子也。嫡同母昆弟四人，長曰遏，次曰餘祭，次曰夷昧，次曰札。札即季子，最小而賢，兄弟皆愛之，既除喪，將立季子。季子辭曰：「曹宣公之卒也，諸侯與曹人不義曹君，將立子臧，子臧去之，遂不爲也，以成曹君。君子曰：能守節矣。君義嗣也，誰敢干君。有國，非吾節也，札雖不才，願附子臧，以無失節。」固立之，棄其室而耕，乃舍之。遏曰：「今若作而與季子，季子必不受，請無與子而與弟，弟兄迭爲君，而致諸侯乎季子。」皆曰：「諾。」故諸兄爲君者，皆輕死爲勇，飲食必祝曰：「天若有吾國，必疾有禍予身。」故遏也死，餘祭立；餘祭死，夷昧立；夷昧死，而國宜之季子也，季子使而未還。僚者，長子之庶兄也，自立爲吳王。季子使而還，致而君事之。遏之子曰王子光，號曰闔閭，不悦曰：「先君之所爲不與子而與弟者，凡爲季子也。將從先君之命，則國宜之季子也；如不從先君之命而與子，我宜當立者也，僚惡得爲君。」於是使專諸刺僚，而致國乎季子。季子曰：「爾殺我君，吾受爾國，是吾與爾爲亂也；爾殺我兄，吾又殺爾，是父子兄弟相殺終身無已也。」去而之延陵，終身不入吳國，故號曰延陵季子。君子以其不受國爲義，以其不殺爲仁，是以《春秋》賢季子而尊貴之也。

揚雄《法言・問神》 或問「經之艱易」。曰：「存亡。」或人不諭。曰：「其人存則易，亡則艱。延陵季子之於樂也，其庶矣乎！如樂弛，雖札末如之何矣。如周之禮樂庶事之備也，每可以爲不難矣。如秦之禮樂庶事之不備也，每可以爲難矣。」

鍾惺《史懷》卷二 吳公子札來聘，見叔孫穆子説之，謂穆子曰：「子其不得死乎！好善而不能擇人。」好善，美名也，一不能擇，其効至于不得死者，何也？所不好者與爲怨，而所好者不以爲德，無德有怨，其誰能堪之！甚矣！人不可無識也。

季札請觀周樂，歌《周南》《召南》以下，字字是反覆想像光景，舞《象箾》以下語便着實。歌屬聞，舞屬見，聞虚見實，虚則疑，實則信，慧不必言，其慎如此。

梁玉繩《人表考》卷二《上中仁人・吳季札》 札始見《春秋》襄廿九，季札始見《左》襄十四。吳季子之名也。《公羊》襄廿九。吳王壽夢少子，《左》襄十注。諸樊少弟，襄十四注。故曰季子。襄卅一、昭廿七《公羊傳》。封于延陵，《吳世家》，本《公羊傳》。故曰延陵季子。《檀弓》下。後復封州來，《左》襄廿九注、《水經淮水注》。故曰延州來季子。襄卅一、昭廿七、哀十，《説苑・尊賢篇》來作萊，而《檀弓》注疏及襄卅一疏引《釋

例》以延州來爲一地名，非也。亦曰吴公子札，襄廿九。亦曰延州。梁江淹《雜體詩》、《真誥闡幽微》一稱北明公，妄也。年蓋九十餘。哀十注。葬吴毘陵縣南上湖中暨陽鄉。《續郡國志》注引《越絶》、《皇覽》又《困學紀聞》八引唐張説表云：孔篆吴札之墳，言孔篆見此。

備論

《史記》卷三一《吴太伯世家論》 孔子言「太伯可謂至德矣，三以天下讓，民無得而稱焉」。余讀《春秋》古文，乃知中國之虞與荆蠻句吴兄弟也。延陵季子之仁心，慕義無窮，見微而知清濁。嗚呼，又何其閎覽博物君子也！

《史記》卷三一《吴太伯世家》司馬貞述贊 太伯作吴，高讓雄圖。周章受國，別封於虞。壽夢初霸，始用兵車。三子遞立，延陵不居。光既篡位，是稱闔閭。王僚見殺，賊由專諸。夫差輕越，取敗姑蘇。甬東之恥，空慙伍胥。

王安石《王文公文集》卷二六《季子》 先王酌乎人情之中以制喪禮，使哀有餘者俯而就之，哀不足者企而及之。哀不足者，非聖人之所甚善也，善之者，善其能勉于禮而已。

延陵季子，其長子死，既封而號者三，遂行。孔子曰：「延陵季子之于禮，其合矣乎。」夫長子之喪，聖人爲之三年之服，蓋以謂父子之親，而長子者爲親之後，人情之所至重也。今季子三號遂行，則於先王之禮爲不及矣。今論者曰：當是之時，季子聘于齊，將君之命。若夫季子之心，則以謂不可以私義而緩君命，有勢不得以兩全者，則當忍哀以徇于尊者之事矣。今將命而聘，既聘而反，遂少緩而盡哭之哀，則于事君之義豈爲不足而害于使事哉？君臣父子之義，勢足以兩全而不爲之盡禮也，則亦薄于骨肉之親而不用先王之禮爾。其言曰：「骨肉歸復于土，命也；若魂氣，則無所不之矣。」夫骨肉之復于土，魂氣之無不之，是人情之所哀者矣。君子無所不言命，至于喪則有性焉，獨不可以謂命也。昔莊周喪其妻，鼓盆而歌；東門吴喪其子，比於未有。此棄人齊物之道，吾儒之罪人也。觀季子之説，蓋亦周、吴之徒矣。

父子之親，仁義之所由始，而長子者繼祖考之重，故喪之三年，所以重祖考也。今季子不爲之盡禮，則近于棄仁義、薄祖考矣。孔子曰：「喪事不敢不勉也。」又曰：「臨喪不哀，吾何以觀之哉？」臨人之喪而不哀，孔子猶以爲不足觀也，況禮之喪三年者乎？然則此言宜非取之矣。蓋記其葬深不至于泉，斂以時服，既葬而封，廣輪掩坎，其高可隱。孔子之稱之，蓋稱其葬之合于禮爾。獨稱葬之合于禮，則哀之不足可知也。衛有送葬者，夫子觀之，曰：「善哉，此可以爲法矣！」若此，則夫子之所美也。聖人之言，辭隱而義顯，豈徒然哉？學者之所不可不思也。

《全元文》卷一四三〇鄭玉《季札論》 唐、虞禪夏后，殷、周繼春秋，兼帝王之道，可以子則子，可以賢則賢。然與子者必先於立嫡，與賢者則在於得人。苟合其道，雖百世傳子，《春秋》不以爲私；苟有其德，雖受人之天下，《春秋》不以爲泰：貴於得宜而已。王僚之弒，由季札之讓也。初，吴壽夢有四子，長曰諸樊，次曰餘祭，次曰夷末，次曰季札。壽夢賢季札，欲立以爲嗣。札辭不可，後立諸樊。諸樊既除喪，則致國於季子，季子又辭而去之。諸樊乃捨其子以立弟，約以次傳，必及季子。故諸樊卒而餘祭立，餘祭卒而夷末立。夷末卒，季子終不受命，辭位以逃，立夷末之子僚。僚既立，諸樊之子光曰：「先君所以不與子國而與弟者，凡爲季子爾。將從先君之命，則季子宜有國也。如不從先君之命，則我宜立，僚烏得爲君！」於是使專諸刺僚。季子始而父立之，於次爲幼，辭而不立，是蓋以天倫爲重，未爲過也。及夷末卒而復立季子，則父兄之情亦至矣，羣公子之賢不肖亦明矣。以季子之賢，嗣位君吴，以成父兄之志，以靖國家之難，乃爲合於時中爾。既不能取法季歷之興周以安吴，乃附子臧之末節以亂國，斯爲過矣。至於王僚見弒，討賊之責季子尤所當先，乃曰：「苟先君無廢祀，民人無廢主，社稷有奉，國家無傾，乃吾之願也。吾誰敢怨！哀死事生，以待天命。非我生亂，立者從之。」此亂臣賊子無君父之言也，豈可出於季子之口哉！觀光將弒，謂專諸曰「事若克，季子雖歸，不吾廢」之語，則季子爲國輕重亦可見矣。季子然問：「仲由、冉求可謂大臣歟？」子曰：「可謂具臣矣！弒父與君，亦不從也。」今季子而曰「立者從之」，曾由、求之不若，又何敢望其如孔子之沐浴請討，以正邦刑哉！然則變父兄相讓之風，爲君臣相弒之禍，斯實季子之罪也。雖不與乎弒，有以成其弒矣。原其初，不過守匹夫之末節，失君子之時中爾。先儒謂《春秋》書國以弒者，當國之大臣之罪也。吴之大臣，捨季子將誰歸乎！夫子之息，蓋罪季子也，讀者不可不知。

袁了凡、王鳳洲《袁王綱鑒合編・周紀》王鳳洲評 余每讀宋人語，謂季札

之才近伯夷，未嘗不爲之失笑也。季札而似伯夷，誰不知者？季札蓋智人也，得老氏之精而用之，夫以諸樊之爲長焉，而讓餘祭、餘昧之爲仲爲叔焉，而讓即中人亦勉能，之餘昧没而猶讓，則非中人所能也。彼見夫吴之俗，狠戾而好戰，日尋楚之干戈，而僚以貪愎躁勇之性，光以狡悍忍詬之資左右焉，其人目睨而齒擊，蓋未嘗一日忘乎王位也。札欲以禮息鬥而不能以義割恩，而不忍其身之不恤，而何有於國？故熟計而舍之，非得已也。彼二人者，感札之予位而不忮，安札之無欲而不疑。以其屬尊而不之逼，而札始得爲札矣。彼吴之亟亂而亟定，數衂而數勝，若無札焉，至百歲而猶能將師以救賊，尚猶以老氏之道待楚，雖以夫差之好勝而弗之責也。夫差之將亡，吴天下之人皆知之，札聽樂而辨六國之興衰，獨不知吴之將亡而默無心救乎？彼不欲以其身殉鴟夷也。伯夷則不然，其爲夫差之叔父也，必爲比干。故曰，札智人也，得老氏之精而用之者也。

吴裕垂《史案》卷四《吴延陵季子札》 昔泰伯偕仲逃蠻，知古公欲傳位公季也。壽夢欲立季札，夫亦猶行古之道也。諸樊與餘祭、夷昧三人，皆義季子而欲立之，所謂人不間于其父母昆弟之言者，季子有焉。假令諸樊仰承泰伯之志，藉端遠引，挾諸弟而偕行，俾季子安受無辭，吾知其克明克類，克長克君，勤王家而修王季之業，王道其易易矣。豈僅以退處延陵，克承讓國之高風已哉。三昆計不是出，乃曰請無立子而立弟，弟兄迭爲君，而致國乎季子。夫季子君子也，泰伯以君子之腹，測君子之心，所由託采藥而先逃也。伯夷亦念不及此，叔齊所以接踵而偕隱歟。況專諸之刺，特假季子爲名耳。就令季子不讓，終季子之世，無釁可乘，又安保其後之不爭乎。季子之苦衷，微泰伯其孰能知之。獨孤及以小人之心，度君子之腹，其爲桀犬之吠也宜哉。韓友一曰：吴處南方，其初不通中國，故會盟之事罕見。其國之賢人君子，亦未之聞也。然實周之嫡嗣，聖人之後，其始封因泰伯，而其既也，天又生一季札，實以開夫江南風氣之先，豈苟然而已。

馬驌《左傳事緯》卷七《吴季札讓國論》 讓國正乎？曰，季札不宜立者也。不宜立，雖與弗受，有識者皆能之，況季札之賢哉。昔壽夢四子，札弱而才，其兄皆欲立之，而札不聽，故三君迭立，皆好勇輕生，欲以終致季子，飲食必祝曰：「天苟有吴，尚速有悔于予身。」誠如是也，札似可以受矣。雖然，季子秉志守節，是豈可以移哉。昔伯夷逃而叔齊亦逃，雖國人立其中子，而孤竹終以不昌，後世不以叔之逃爲非者，賢其能以義自處也。況今季札不以父命立，而三兄交讓，季札懼焉，棄室耕野，甘同匹夫，受命通嗣，義秉臣禮。有國不立，屈狐庸而知之矣，三君乃不知哉！且三君未聞道矣。當楚康之世，吴、楚交争，國方多難，吴之欲立札，以永吴也。札既不受，可以已矣，而輕生以危社稷，巢隕閽戕，令荆人得肆志于疆埸，幾何不亡其國，而謂季子安乎？先君安乎？先儒不察，謂季札讓國以生亂。夫亂生于三君，而不在季子也。曾以蠻夷之公子近效子臧之節，遠符叔齊之義，而反以生亂責之，以爲後世竊位者之口實哉。

馬驌《繹史》卷六二《吴通上國論》 勾吴之大，自壽夢始。成公七年春，吴伐郯，是秋，吴入州來，一歲而兵再，見吴能驟彊也。晉之會吴，始于鍾離。先是景公盟蒲，吴人不至，厲公合七國以會吴，而吴至焉。悼公立，爲雞澤之會，吴又不至，越二年，爲會于戚，魯、衛先之，而吴至焉。夫吴自太伯端委以治周禮，仲雍嗣之，斷髮文身，不通中國，吴固蠻也，義當驅攘，而晉乃亟亟會之，何哉？將以病楚也。會于柤，遂滅偪陽，以通吴使。會于向，諸樊新立，爲吴謀楚。凡晉之會吴有四，惟戚則吴人來，餘皆諸侯往也。來會則叙吴，往會則殊吴，遇吴有禮，不憚其道路之勤矣。彼楚人鷙悍，以薦食上國，諸侯之能與爲敵者，惟秦與齊，齊既攜貳，秦且棄晉以合楚焉，楚獲彊助，晉勢漸孤，厲、悼之際，欲起而制楚，誠難也。吴居其肘腋之下，壽夢方鋭，巫臣啓謀，晉、吴既通，吴爲晉用，楚師未出則撓其旁，既出則議其後，故鳩兹未定，楚駕已取，鄧廖、子重，一朝盡喪，楚雖伐吴，而吴常獲其勝矣。楚人畏吴之偪也，無暇北視，悼公繼好息民，三駕而楚不能争，此遠交近攻，因時制變之權衡也。會向以後，吴、楚之釁已成，晉亦不復會吴，吴有公子季札，賢而守節，再辭君位，復以公侯之介弟，受命通嗣，歷聘上國，雍容齊、魯、鄭、衛之邦，聞樂以知德，見微以識遠，列國之卿士大夫，樂與從游，賢如僑、肸，莫不傾蓋締交焉；雖三君迭立，好勇輕生，欲終致國於季子，季子義辭弗受也。有臣如此，《春秋》於是乎直進吴於中國矣。其後嗣立之君，猶不忘遣使通路，以修前好，再傳而闔廬卒能破楚入郢，亦諸姬振患雪恥之一快舉哉。

高士奇《左傳紀事本末》卷四九《吴通上國論》 吴雖泰伯之裔，僻處荆蠻，椎髻文身，無中國之禮，檝馬舟宫，雲合鳥散，亦未嘗有射御、驅侵、戰陣之法也。自屈巫銜分室之怨，導晉通吴，又使其子狐庸往爲謀主，凡中國之長技皆與吴共之，於是渡江争長，楚之邊鄙無歲不有吴師。於蒲、雞澤二役，諸侯期吴，而吴不至，已有輕上國之心。晉人不悟，必欲連諸侯以暱就之，吴自是益大，壽夢遂僭

號稱王。晉之意不過謂用吳可以制楚，不知退一豺，復進一狼，曾何愈於楚？則吳之得通中國，楚有以成之，而晉亦自撤其藩籬也。壽夢賢季札欲立之，又牽於少長之序，約以次傳，必致國於季子，此與宋杜太后之欲太祖兄弟並爲天子，而終反之於德昭，皆誤計也。無論歲月綿邈，事體未可料，假令諸樊、餘祭、夷昧俱登大耋，而季子或不幸而先死，則惓惓與賢之意成子虛矣。至札之讓國，固出至誠；然子臧之義可慕，而父兄之志亦不可違也。季札過徐，徐君欲其寶劍，還役而徐君已死，掛其劍於墓樹，曰：「吾已心許之。」吁！徐君傾蓋之交也，深體其心，至於如此，獨於父兄之志不能曲成，無乃輕重之不倫耶？至夷昧既卒，又不反國，而歸之諸樊之子光，使王僚越次得立，以啓争端。專諸之刃難免，由我之憾矣。身爲叔父，社稷之鎮，公子乃坐視骨肉相殘，如秦、越之肥瘠，莫之匡正，其得謂之賢乎？觀其嬴、博掩坎，三號遽去，札蓋曠達而遠於情理者也。從來曠達之士，視萬物如芻狗，齊得喪於一致，札之能委千乘者，以此；而其不能綏定吳國者，亦以此，尚何責焉？若其觀《詩》而知列國之興亡，入境而辨晉邦之將亂，當時名聞諸侯，所至傾動，顧不翩翩濁世之賢公子哉？惜其知經而不知權，過讓以生亂，《春秋》所以備責賢者也。

藝文

庾信《庾子山集》卷一〇《延陵季子遇徐君讚》　徐君有禮，季子惟賢。經過一遇，如舊依然。人非別後，心許生前。長松雖合，寶劍猶懸。

《全唐詩》卷二四四韓翃《宴吳王宅》　玉管簫聲合，金盃酒色殷。聽歌吳季札，縱飲漢中山。稱壽争離席，留歡輒上關。莫言辭客醉，猶得曳裾還。

《全唐詩》卷二七一竇常《故祕監丹陽郡公延陵包公挽歌詞》　卓絶明時第，孤貞貴後貧。郤詵爲胄子，季札是鄉人。筆下調金石，花開領搢紳。那堪歸葬日，哭渡柳楊津。

《元稹集》卷二四《立部伎》　胡部新聲錦筵坐，中庭漢振高音播。太宗廟樂傳子孫，取類羣凶陣初破。戢戢攢槍霜雪耀，騰騰擊鼓風雷磨。初疑遇敵身啓行，終象由文士憲左。昔日高宗常立聽，曲終然後臨玉座。如今節將一掉頭，電卷風收盡摧挫。宋晉鄭女歌聲發，滿堂會客齊喧歌。珊珊佩玉動腰身，一一貫珠隨咳唾。頃向圓丘見郊祀，亦曾正旦親朝賀。太常雅樂備宫懸，九奏未終百寮惰。淴濼難令季札辨，遲迴但恐文侯卧。工師盡取聾昧人，豈是先王作之過？宋沇嘗傳天寶季，《法曲》胡音忽相和。明年十月燕寇來，九廟千門虜塵涴。我聞此語歎復泣，古來邪正將誰奈？奸聲入耳佞入心，侏儒飽飯夷齊餓。

《全唐詩》卷七二八周曇《季札》　吹毛霜刃過千金，生許徐君死挂林。寶劍徒稱無價寶，行心更貴不欺心。

《蘇軾文集》卷二一《延州來季子贊並序》　魯襄公十二年，吳子壽夢卒。延州來季子，其少子也，以讓國聞於諸侯，則非童子矣。至哀公十年冬，楚令尹子期伐陳，季子救陳，謂子期曰：「二君不務德而力争諸侯，民何罪焉。我請退，以爲子名，務德而安民。」乃還。時去壽夢卒，蓋七十七年矣，而能千里將兵，季子何其壽而康也。然其卒不書於《春秋》。哀公之元年，吳王夫差敗越於夫椒，句踐使大夫種因太宰嚭以行成於吳，吳王許之，子胥諫不聽，則吳之亡形成矣。季子觀樂於魯，知列國之廢興於百年之前，方其救陳也，去吳之亡十三年耳，而謂季子不知，可乎？闔廬之自立也，曰：「季子雖至，不吾廢也。」是季子德信於吳人，而言行於其國也。且帥師救陳，不戰而去之，以爲敵國名，則季子之於吳，蓋亦少專矣。救陳之明年，而子胥死。季子知國之必亡，而終無一言於夫差，知言之無益也。夫子胥以闔廬霸，而夫差殺之如皁隸，豈獨難於季子乎！烏乎悲夫，吾是以知夫差之不道，至於使季子不敢言也。蘇子曰：延州來季子、張子房，皆不死者也。江左諸人好談子房、季札之賢，有以也夫。此可與知者論，難與俗人言也。作《延州來季子贊》曰：

泰伯之德，鍾於先生。棄國如遺，委蜕而行。坐閲春秋，幾五之二。古之真人，有化無死。

伍子胥部

綜述

《史記》卷六六《伍子胥列傳》 伍子胥者，楚人也，名員。員父曰伍奢。員兄曰伍尚。其先曰伍舉，以直諫事楚莊王，有顯，故其後世有名於楚。

楚平王有太子名曰建，使伍奢爲太傅，費無忌爲少傅。無忌不忠於太子建。平王使無忌爲太子取婦於秦，秦女好，無忌馳歸報平王曰：「秦女絶美，王可自取，而更爲太子取婦。」平王遂自取秦女而絶愛幸之，生子軫。更爲太子取婦。

無忌既以秦女自媚於平王，因去太子而事平王。恐一旦平王卒而太子立，殺己，乃因讒太子建。建母，蔡女也，無寵於平王。平王稍益疏建，使建守城父，備邊兵。

頃之，無忌又日夜言太子短於王曰：「太子以秦女之故，不能無怨望，願王少自備也。自太子居城父，將兵，外交諸侯，且欲入爲亂矣。」平王乃召其太傅伍奢考問之。伍奢知無忌讒太子於平王，因曰：「王獨柰何以讒賊小臣疏骨肉之親乎？」無忌曰：「王今不制，其事成矣。王且見禽。」於是平王怒，囚伍奢，而使城父司馬奮揚往殺太子。行未至，奮揚使人先告太子：「太子急去，不然將誅。」太子建亡奔宋。

無忌言於平王曰：「伍奢有二子，皆賢，不誅且爲楚憂。可以其父質而召之，不然且爲楚患。」王使使謂伍奢曰：「能致汝二子則生，不能則死。」伍奢曰：「尚爲人仁，呼必來。員爲人剛戾忍詢，能成大事，彼見來之并禽，其勢必不來。」王不聽，使人召二子曰：「來，吾生汝父；不來，今殺奢也。」伍尚欲往，員曰：「楚之召我兄弟，非欲以生我父也，恐有脱者後生患，故以父爲質，詐召二子。二子到，則父子俱死。何益父之死？往而令讎不得報耳。不如奔他國，借力以雪父之恥，俱滅，無爲也。」伍尚曰：「我知往終不能全父命。然恨父召我以求生而不往，後不能雪恥，終爲天下笑耳。」謂員：「可去矣！汝能報殺父之讎，我將歸死。」尚既就執，使者捕伍胥。伍胥貫弓執矢嚮使者，使者不敢進，伍胥遂亡。聞太子建之在宋，往從之。奢聞子胥之亡也，曰：「楚國君臣且苦兵矣。」伍尚至楚，楚並殺奢與尚也。

伍胥既至宋，宋有華氏之亂，乃與太子建俱奔於鄭。鄭人甚善之。太子建又適晉，晉頃公曰：「太子既善鄭，鄭信太子。太子能爲我内應，而我攻其外，滅鄭必矣。滅鄭而封太子。」太子乃還鄭。事未會，會自私欲殺其從者，從者知其謀，乃告之於鄭。鄭定公與子産誅殺太子建。建有子名勝。伍胥懼，乃與勝俱奔吴。到昭關，昭關欲執之。伍胥遂與勝獨身步走，幾不得脱。追者在後。至江，江上有一漁父乘船，知伍胥之急，乃渡伍胥。伍胥既渡，解其劍曰：「此劍直百金，以與父。」父曰：「楚國之法，得伍胥者賜粟五萬石，爵執珪，豈徒百金劍邪！」不受。伍胥未至吴而疾，止中道，乞食。至於吴，吴王僚方用事，公子光爲將。伍胥乃因公子光以求見吴王。

久之，楚平王以其邊邑鍾離與吴邊邑卑梁氏俱蠶，兩女子爭桑相攻，乃大怒，至於兩國舉兵相伐。吴使公子光伐楚，拔其鍾離、居巢而歸。伍子胥説吴王僚曰：「楚可破也。願復遣公子光。」公子光謂吴王曰：「彼伍胥父兄爲戮於楚，而勸王伐楚者，欲以自報其讎耳。伐楚未可破也。」伍胥知公子光有内志，欲殺王而自立，未可説以外事，乃進專諸於公子光，退而與太子建之子勝耕於野。

五年而楚平王卒。初，平王所奪太子建秦女生子軫，及平王卒，軫竟立爲後，是爲昭王。吴王僚因楚喪，使二公子將兵往襲楚。楚發兵絶吴兵之後，不得歸。吴國内空，而公子光乃令專諸襲刺吴王僚而自立，是爲吴王闔廬。闔廬既立，得志，乃召伍員以爲行人，而與謀國事。

楚誅其大臣郤宛、伯州犂，伯州犂之孫伯嚭亡奔吴，吴亦以嚭爲大夫。前王僚所遣二公子將兵伐楚者，道絶不得歸。後聞闔廬弑王僚自立，遂以其兵降楚，楚封之於舒。闔廬立三年，乃興師與伍胥、伯嚭伐楚，拔舒，遂禽故吴反二將軍。因欲至郢，將軍孫武曰：「民勞，未可，且待之。」乃歸。

四年，吴伐楚，取六與灊。五年，伐越，敗之。六年，楚昭王使公子囊瓦將兵伐吴。吴使伍員迎擊，大破楚軍於豫章，取楚之居巢。

九年，吴王闔廬謂子胥、孫武曰：「始子言郢未可入，今果何如？」二子對曰：「楚將囊瓦貪，而唐、蔡皆怨之。王必欲大伐之，必先得唐、蔡乃可。」闔廬聽之，悉興師與唐、蔡伐楚，與楚夾漢水而陳。吴王之弟夫概將兵請從，王不聽，遂以其屬五千人擊楚將子常。子常敗走，奔鄭。於是吴乘勝而前，五戰，遂至郢。

己卯，楚昭王出奔。庚辰，吳王入郢。

昭王出亡，入雲夢；盜擊王，王走鄖。鄖公弟懷曰：「平王殺我父，我殺其子，不亦可乎！」鄖公恐其弟殺王，與王奔隨。吳兵圍隨，謂隨人曰：「周之子孫在漢川者，楚盡滅之。」隨人欲殺王，王子綦匿王，已自爲王以當之。隨人卜與王於吳，不吉，乃謝吳不與王。

始伍員與申包胥爲交，員之亡也，謂包胥曰：「我必覆楚。」包胥曰：「我必存之。」及吳兵入郢，伍子胥求昭王。既不得，乃掘楚平王墓，出其尸，鞭之三百，然後已。申包胥亡於山中，使人謂子胥曰：「子之報讎，其以甚乎！吾聞之，人衆者勝天，天定亦能破人。今子故平王之臣，親北面而事之，今至於僇死人，此豈其無天道之極乎！」伍子胥曰：「爲我謝申包胥曰，吾日莫途遠，吾故倒行而逆施之。」於是申包胥走秦告急，求救於秦。秦不許。包胥立於秦廷，晝夜哭，七日七夜不絕其聲。秦哀公憐之，曰：「楚雖無道，有臣若是，可無存乎！」乃遣車五百乘救楚擊吳。六月，敗吳兵於稷。會吳王久留楚求昭王，而闔廬弟夫概乃亡歸，自立爲王。闔廬聞之，乃釋楚而歸，擊其弟夫概。夫概敗走，遂奔楚。楚昭王見吳有内亂，乃復入郢，封夫概於堂谿，爲堂谿氏。楚復與吳戰，敗吳，吳王乃歸。

後二歲，闔廬使太子夫差將兵伐楚，取番。楚懼吳復大來，乃去郢，徙於鄀。當是時，吳以伍子胥、孫武之謀，西破彊楚，北威齊、晉，南服越人。

其後四年，孔子相魯。

後五年，伐越。越王句踐迎擊，敗吳於姑蘇，傷闔廬指，軍卻。闔廬病創將死，謂太子夫差曰：「爾忘句踐殺爾父乎？」夫差對曰：「不敢忘。」是夕，闔廬死。夫差既立爲王，以伯嚭爲太宰，習戰射。二年後伐越，敗越於夫湫。越王句踐乃以餘兵五千人棲於會稽之上，使大夫種厚幣遺吳太宰嚭以請和，求委國爲臣妾。吳王將許之。伍子胥諫曰：「越王爲人能辛苦。今王不滅，後必悔之。」吳王不聽，用太宰嚭計，與越平。

其後五年，而吳王聞齊景公死而大臣争寵，新君弱，乃興師北伐齊。伍子胥諫曰：「句踐食不重味，弔死問疾，且欲有所用之也。此人不死，必爲吳患。今吳之有越，猶人之有腹心疾也。而王不先越而乃務齊，不亦謬乎！」吳王不聽，伐齊，大敗齊師於艾陵，遂威鄒魯之君以歸。益疏子胥之謀。

其後四年，吳王將北伐齊，越王句踐用子貢之謀，乃率其衆以助吳，而重寶以獻遺太宰嚭。太宰嚭既數受越賂，其愛信越殊甚，日夜爲言於吳王。吳王信用嚭之計。伍子胥諫曰：「夫越，腹心之病，今信其浮辭詐僞而貪齊。破齊，譬猶石田，無所用之。且《盤庚之誥》曰：『有顛越不恭，劓殄滅之，俾無遺育，無使易種于茲邑。』此商之所以興。願王釋齊而先越；若不然，後將悔之無及。」而吳王不聽，使子胥於齊。子胥臨行，謂其子曰：「吾數諫王，王不用，吾今見吳之亡矣。汝與吳俱亡，無益也。」乃屬其子於齊鮑牧，而還報吳。

吳太宰嚭既與子胥有隙，因讒曰：「子胥爲人剛暴，少恩，猜賊，其怨望恐爲深禍也。前日王欲伐齊，子胥以爲不可，王卒伐之而有大功。子胥恥其計謀不用，乃反怨望。而今王又復伐齊，子胥專愎彊諫，沮毁用事，徒幸吳之敗以自勝其計謀耳。今王自行，悉國中武力以伐齊，而子胥諫不用，因輟謝，詳病不行。王不可不備，此起禍不難。且嚭使人微伺之，其使於齊也，乃屬其子於齊之鮑氏。夫爲人臣，内不得意，外倚諸侯，自以爲先王之謀臣，今不見用，常鞅鞅怨望。願王早圖之。」吳王曰：「微子之言，吾亦疑之。」乃使使賜伍子胥屬鏤之劍，曰：「子以此死。」伍子胥仰天歎曰：「嗟乎！讒臣嚭爲亂矣，王乃反誅我。我令若父霸。自若未立時，諸公子争立，我以死争之於先王，幾不得立。若既得立，欲分吳國予我，我顧不敢望也。然今若聽諛臣言以殺長者。」乃告其舍人曰：「必樹吾墓上以梓，令可以爲器；而抉吾眼縣吳東門之上，以觀越寇之入滅吳也。」乃自剄死。吳王聞之大怒，乃取子胥尸盛以鴟夷革，浮之江中。吳人憐之，爲立祠於江上，因命曰胥山。

吳王既誅伍子胥，遂伐齊。齊鮑氏殺其君悼公而立陽生。吳王欲討其賊，不勝而去。其後二年，吳王召魯衛之君會之橐皋。其明年，因北大會諸侯於黄池，以令周室。越王句踐襲殺吳太子，破吳兵。吳王聞之，乃歸，使使厚幣與越平。後九年，越王句踐遂滅吳，殺王夫差；而誅太宰嚭，以不忠於其君，而外受重賂，與己比周也。

伍子胥初所與俱亡故楚太子建之子勝者，在於吳。吳王夫差之時，楚惠王欲召勝歸楚。葉公諫曰：「勝好勇而陰求死士，殆有私乎！」惠王不聽。遂召勝，使居楚之邊邑鄢，號爲白公。白公歸楚三年而吳誅子胥。

袁康《越絶書》卷一《荆平王内傳》 昔者，荆平王有臣伍子奢。奢得罪於王，且殺之，其二子出走，伍子尚奔吳，伍子胥奔鄭。王召奢而問之，曰：「若召子，孰來也？」子奢對曰：「王問臣，對而畏死，不對不知子之心者。尚爲人也，仁且智，來之必入；胥爲人也，勇且智，來必不入。胥且奔吳邦，君王必早閉而

晏開，胥將使邊境有大憂。」

於是王即使使者召子尚於吴，曰：「子父有罪，子入，則免之；不入，則殺之。」子胥聞之，使人告子尚於吴：「吾聞荆平王召子，子必毋入。胥聞之，入者窮，出者報仇。入者皆死，是不智也；死而不報父之仇，是非勇也。」子尚對曰：「入則免父之死，不入則不仁。愛身之死，絶父之望，賢士不爲也。意不同，謀不合，子其居，尚請入。」

荆平王復使使者召子胥於鄭，曰：「子入，則免父死；不入，則殺之。」子胥介胄彀弓，出見使者，謝曰：「介胄之士，固不拜矣。請有道於使者：王以奢爲無罪，赦而蓄之，其子又何適乎？」使者還報荆平王。王知子胥不入也，殺子奢而並殺子尚。

子胥聞之，即從横領上大山，北望齊晉，謂其舍人曰：「去，此邦堂堂，被山帶河，其民重移。」於是乃南奔吴。至江上，見漁者。曰：「來，渡我。」漁者知其非常人也，欲往渡之，恐人知之，歌而往過之，曰：「日昭昭，侵以施，與子期甫蘆之碕。」子胥即從漁者之蘆碕。日入，漁者復歌往，曰：「心中目施，子可渡河，何爲不出？」船到即載，入船而伏。半江，而仰謂漁者曰：「子之姓爲誰？還，得報子之厚德。」漁者曰：「縱荆邦之賊者，我也；報荆邦之仇者，子也。兩而不仁，何相問姓名爲？」子胥即解其劍，以與漁者，曰：「吾先人之劍，直百金，請以與子也。」漁者曰：「吾聞荆平王有令曰：得伍子胥者，購之千金。今吾不欲得荆平王之千金，何以百金之劍爲？」漁者渡於于斧之津，乃發其簞飯，清其壺漿而食，曰：「亟食而去，毋令追者及子也。」子胥曰：「諾。」子胥食已而去，顧謂漁者曰：「掩爾壺漿，無令之露。」漁者曰：「諾。」子胥行，即覆船，挾匕首自刎而死江水之中，明無洩也。

子胥遂行。至溧陽界中，見一女子擊絮於瀨水之中，子胥曰：「豈可得託食乎？」女子曰：「諾。」即發簞飯，清其壺漿而食之。子胥食已而去，□女子曰：「掩爾壺漿，毋令之露。」女子曰：「諾。」子胥行五步，還顧女子，自縱於瀨水之中而死。

子胥遂行至吴。徒跣被髮，乞於吴市。三日，市正疑之，而道於闔廬曰：「市中有非常人，徒跣被髮，乞於吴市三日矣。」闔廬曰：「吾聞荆平王殺其臣伍子奢而非其罪，其子子胥，勇且智，彼必經諸侯之邦可以報其父仇者。」王即使召子胥。入，吴王下階迎而唁數之，曰：「吾知子非恒人也，何素窮如此？」子胥跪而垂泣曰：「胥父無罪而平王殺之，而並其子尚。子胥遯逃出走，唯大王可以歸骸骨者，惟大王哀之。」吴王曰：「諾。」上殿與語，三日三夜，語無復者。王乃號令邦中：「無貴賤長少，有不聽子胥之教者，猶不聽寡人也，罪至死，不赦！」

子胥居吴三年，大得吴衆。闔廬將爲之報仇，子胥曰：「不可。臣聞諸侯不爲匹夫興師。」於是止。其後荆將伐蔡，子胥言之闔廬，即使子胥救蔡而伐荆。十五戰，十五勝。荆平王已死，子胥將卒六千，操鞭捶笞平王之墓而數之曰：「昔者吾先人無罪而子殺之，今此報子也！」

後，子昭王、臣司馬子其、令尹子西歸，相與計謀：「子胥不死，又不入荆，邦猶未得安，爲之奈何？莫若求之而與之同邦乎？」昭王乃使使者報子胥於吴，曰：「昔者吾先人殺子之父，而非其罪也。寡人尚少，未有所識也。今子大夫報寡人也特甚，然寡人亦不敢怨子。今子大夫何不來歸子故墳墓丘冢爲？我邦雖小，與子同有之；民雖少，與子同使之。」子胥曰：「以此爲名，名即章；以此爲利，利即重矣。前爲父報仇，後求其利，賢者不爲也。父已死，子食其禄，非父之義也。」使者遂還，乃報荆昭王曰：「子胥不入荆邦，明矣。」

袁康《越絶書》卷三《吴内傳》　吴何以稱人乎？夷狄之也。憂中邦奈何乎？伍子胥父誅於楚，子胥挾弓，身干闔廬。闔廬曰：「士之甚，勇之甚。」將爲之報仇，子胥曰：「不可，諸侯不爲匹夫報仇。臣聞事君猶事父也，虧君之行，報父之仇，不可。」於是止。

袁康《越絶書》卷六《越絶外傳計策考》　昔者，吴王闔廬始得子胥之時，甘心以賢之，以爲上客，曰：「聖人前知乎千歲，後覩萬世。深問其國，世何昧昧，得無衰極？子其精焉，寡人垂意，聽子之言。」子胥唯唯不對。王曰：「子其明之。」子胥曰：「對而不明，恐獲其咎。」王曰：「願一言之，以試直士。夫仁者樂，知者好，誠秉禮者探幽索隱。明告寡人。」子胥曰：「難乎言哉！邦其不長，王其圖之，存無忘傾，安無忘亡。臣始入邦，伏見衰亡之證，當霸吴厄會之際，後王復空。」王曰：「何以言之？」子胥曰：「後必將失道。王食禽肉，坐而待死。佞諂之臣，將至不久。安危之兆，各有明紀。虹蜺牽牛，其異女，黄氣在上，青黑於下。太歲八會，壬子數九。王相之氣，自十一倍。死由無氣，如法而止。太子無氣，其異三世。日月光明，歷南斗。吴越爲鄰，同俗并土；西州大江，東絶大海；兩邦同城，相亞門户，憂在於斯，必將爲咎。越有神山，難與爲鄰，願王定之，毋洩臣言。」

吴使子胥救蔡，誅彊楚，笞平王墓，久而不去，意欲報楚。楚乃購之千金，衆人莫能止之。有野人謂子胥曰：「止！吾是于斧掩壺漿之子、發簞飯於船中者。」子胥乃知是漁者也，引兵而還。故無往不復，何德不報！漁者一言，千金歸焉，因是還去。

范蠡興師戰於就李，闔廬見中於飛矢，子胥還師，中媿於吴，被秦號年。至夫差復霸諸侯，興師伐越，任用子胥。雖夫差驕奢，釋越之圍，子胥諫而誅。宰嚭諛心，卒以亡吴。夫差窮困，請爲匹夫，范蠡不許，滅於五湖。子胥策於吴，可謂明乎！【略】

子胥至直，不同邪曲。捐軀切諫，虧命爲邦；愛君如軀，憂邦如家；是非不諱，直言不休，庶幾正君，反以見疏！讒人間之，身且以誅。范蠡聞之，以爲不通：「知數不用，知懼不去，豈謂智與？」胥聞，歎曰：「吾背楚荆，挾弓以去，義不止窮。吾前獲功，後遇戮，非吾智衰，先遇闔廬，後遭夫差也。胥聞事君猶事父也，愛同也，嚴等也。太古以來，未嘗見人君虧恩，爲臣報仇也。臣獲大譽，功名顯著，胥知分數，終於不去。先君之功，且猶難忘，吾願腐髮弊齒，何去之有？蠡見其外，不知吾內。今雖屈寃，猶止死焉！」子貢曰：「胥執忠信，死貴於生；蠡審凶吉，去而有名；種留封侯，不知令終。二賢比德，種獨不榮。」范蠡智能同均，於是之謂也。

伍子胥父子奢，爲楚王大臣。爲世子聘秦女，夫有色，王私悦之，欲自御焉。奢盡忠入諫，守朝不休，欲匡正之。而王拒之諫，策而問之，以奢乃害於君。絶世之臣，聽讒邪之辭，係而囚之，待二子而死。尚孝而入，子胥勇而難欺。累世忠信，不遇其時，奢諫於楚，胥死於吴。詩云：「讒人罔極，交亂四國。」是之謂也。

太宰者，官號；嚭者，名也，伯州之孫。伯州爲楚臣，以過誅，嚭以困奔於吴。是時吴王闔廬伐楚，悉召楚仇而近之。嚭爲人覽聞辯見，目達耳通，諸事無所不知。因其時自納於吴，言伐楚之利。闔廬用之伐楚，令子胥、孫武與嚭將師入郢，有大功。還，吴王以嚭爲太宰，位高權盛，專邦之枋。未久，闔廬卒，嚭見夫差內無柱石之堅，外無斷割之勢，諛心自納，操獨斷之利，夫差終以從焉。而忠臣箝口，不得一言。嚭知往而不知來，夫差至死，悔不早誅。《傳》曰：「見清知濁，見曲知直；人君選士，各象其德。」夫差淺短，以是與嚭專權，伍胥爲之惑，是之謂也。

袁康《越絶書》卷一四《越絶德序外傳記》 子胥賜劍將自殺，歎曰：「嗟乎！衆曲矯直，一人固不能獨立。吾挾弓矢以逸鄭楚之間，自以爲可復吾見凌之仇，乃先王之功，想得報焉，自致於此。吾先得榮，後僇者，非智衰也；先遇明，後遭險，君之易移也已矣。坐不遇時，復何言哉！此吾命也，亡將安之？莫如早死，從吾先王於地下，蓋吾之志也。」吴王將殺子胥，使馮同徵之。胥見馮同，知爲吴王來也，洩言曰：「王不親輔弼之臣而親衆豕之言，是吾命短也。高置吾頭，必見越人入吴也，我王親爲禽哉！捐我深江，則亦已矣！」胥死之後，吴王聞，以爲妖言，甚咎子胥。王使人捐於大江口。勇士執之，乃有遺響，發憤馳騰，氣若奔馬；威凌萬物，歸神大海；仿佛之間，音兆常在。後世稱述，蓋子胥水僊也。

子胥挾弓去楚，唯夫子獨知其道。事□世□有退，至今實之，實秘文之事。深述厥兆，徵爲其戒。齊人歸女，其後亦重。各受一篇，文辭不既，經傳外章，輔發其類。故聖人見微知著，覩始知終。由此觀之，夫子不王可知也。恭承嘉惠，述暢往事。夫子作經，攬史記，憤懣不泄，兼道事後，覽承傳説。厥意以爲周道不敝，《春秋》不作。蓋夫子作《春秋》，記元於魯，大義立，微言屬，五經八藝，爲之檢式。垂意於越，以觀枉直。陳其本末，抽其統紀，章決句斷，各有終始。吴越之際，夫差弊矣，是之謂也。故觀乎《太伯》，能知聖賢之分；觀乎《荆平》，能知信勇之變；觀乎《吴越》，能知陰謀之慮；觀乎《計倪》，能知陰陽消息之度；觀乎《請糴》，能知□人之使敵邦賢不肖；觀乎《九術》，能知取人之真，轉禍之福；觀乎《兵法》，能知却敵之路；觀乎《陳恒》，能知古今相取之術；觀乎《德叙》，能知忠直所死，狂懜通拙。經百八章，上下相明。齊桓興盛，執操以同。管仲達於霸紀，范蠡審乎吉凶終始。夫差不能□邦之治。察乎馮同、宰嚭，能知諂臣之所移，哀彼離德信不用。內痛子胥忠諫邪君，反受其咎。夫差誅子胥，自此始亡之謂也。

雜録

備録

《吕氏春秋・孟冬紀・異寶》 五員亡，荆急求之，登太行而望鄭曰：「蓋是

國也，地險而民多知，其主俗主也，不足與舉。」去鄭而之許，見許公而問所之。許公不應，東南嚮而唾。五員載拜受賜曰：「知所之矣。」因如吳。過於荆，至江上，欲涉，見一丈人，刺小船，方將漁，從而請焉。丈人度之。絶江，問其名族，則不肯告，解其劍以予丈人，曰：「此千金之劍也，願獻之丈人。」丈人不肯受曰：「荆國之法，得五員者，爵執圭，禄萬檐，金千鎰。昔者子胥過，吾猶不取，今我何以子之千金劍爲乎？」五員過於吳，使人求之江上則不能得也，每食必祭之，祝曰：「江上之丈人！天地至大矣，至衆矣，將奚不有爲也？而無以爲。爲矣而無以爲之，名不可得而聞，身不可得而見，其惟江上之丈人乎？」

《吕氏春秋・孝行覽・首時》 伍子胥欲見吳王而不得。客有言之於王子光者，見之而惡其貌，不聽其説而辭之。客請之王子光，王子光曰：「其貌適吾所甚惡也。」客以聞伍子胥，伍子胥曰：「此易故也。願令王子居於堂上，重帷而見其衣若手，請因説之。」王子許。伍子胥説之半，王子光舉帷，搏其手而與之坐。説畢，王子光大説。伍子胥以爲有吳國者必王子光也，退而耕於野七年。王子光代吳王僚爲王，任子胥。子胥乃修法制，下賢良，選練士，習戰鬭；六年，然後大勝楚於柏舉，九戰九勝，追北千里，昭王出奔隨，遂有郢，親射王宫，鞭荆平之墳三百。鄉之耕，非忘其父之讎也，待時也。

《吕氏春秋・貴直論・知化》 吳王夫差將伐齊，子胥曰：「不可。夫齊之與吳也，習俗不同，言語不通，我得其地不能處，得其民不得使。夫吳之與越也，接土鄰境，壤交通屬，習俗同，言語通，我得其地能處之，得其民能使之。越於我亦然。夫吳、越之勢不兩立。越之於吳也，譬若心腹之疾也，雖無作，其傷深而在内也。夫齊之於吳也，疥癬之病也，不苦其已也，且其無傷也。今釋越而伐齊，譬之猶懼虎而刺猏，雖勝之，其後患未央。」太宰嚭曰：「不可。君王之令所以不行於上國者，齊、晉也。君王若伐齊而勝之，徙其兵以臨晉，晉必聽命矣，是君王一舉而服兩國也，君王之令必行於上國。」夫差以爲然，不聽子胥之言，而用太宰嚭之謀。子胥曰：「天將亡吳矣，則使君王戰而勝。天將不亡吳矣，則使君王戰而不勝。」夫差不聽。子胥兩袪高蹶而出於廷，曰：「嗟乎！吳朝必生荆棘矣。」夫差興師伐齊，戰於艾陵，大敗齊師，反而誅子胥。子胥將死曰：「與！吾安得一目以視越人之入吳也？」乃自殺。夫差乃取其身而流之江，抉其目，著之東門，曰：「女胡視越人之入我也？」居數年，越報吳，殘其國，絶其世，滅其社稷，夷其宗廟，夫差身爲擒。夫差將死曰：「死者如有知也，吾何面以見子胥於地下？」乃爲幎以冒面死。夫患未至，則不可告也；患既至，雖知之無及矣。故夫差之知慙於子胥也，不若勿知。

《淮南子・人間訓》 費無忌復於荆平王曰：「晉之所以霸者，近諸夏也。而荆之所以不能與之争者，以其僻遠也。楚王若欲從諸侯，不若大城城父，而令太子建守焉，以來北方，王自收其南，是得天下也。」楚王悦之，因命太子建守城父，命伍子奢傅之。居一年，伍子奢游人於王側，言太子甚仁且勇，能得民心。王以告費無忌，無忌曰：「臣固聞之，太子内撫百姓，外約諸侯，齊、晉又輔之，將以害楚，其事已構矣。」王曰：「爲我太子，又尚何求？」曰：「以秦女之事怨王。」王因殺太子建而誅伍子奢。

賈誼《新書・耳痺》 故昔者楚平王有臣曰伍子胥，王殺其父而無罪，奔走而之吳，曰：「父死而不死，則非父之子也；死而非補，則過計也；與吾死而不一明，不若舉天地以成名。」於是紆身而不□，適闔閭，治味以求親。闔閭甚而安之，説其謀，果其舉，反其聽，用而任吳國之政也。民保命而不失，歲時熟而不凶，五官公而不私，上下調而無尤，天下服而無御，四境静而無虞。然後忿心發怒，出凶言，陰必死，提邦以伐楚。五戰而五勝，伏尸數十萬，城郢之門，執高庫之兵，傷五藏之實，毀十龍之鍾，撻平王之墓。昭王失國而奔，妻生虜而入吳。故楚平王懷陰賊，殺無罪，殃既至此矣。

子胥發鬱冒忿，輔闔閭而行大虐。還十五年，闔閭没而夫差即位，乃與越人戰江上，棲之會稽。越王之窮至乎喫山草，飲腑水，易子而食。於是履甓戴璧，號唫告毋罪，呼皇天，使大夫種行成於吳王。吳王將許，子胥曰：「不可，越國之俗，勤勞而不慍，好亂而無禮，谿徼而輕絶，好詛而倍盟。放此類者，鳥獸之儕徒，狐狸之醜類也，生之爲患，殺之無咎，請無與成。」大夫種拊心嗥啼，沬泣而言信，割白馬而爲犧，指九天而爲證，請婦人爲妾，大夫爲臣，百世名寶因閒官爲積，孤身爲關内諸侯，世爲忠臣。吳王不忍，縮師與成。還，謀而伐齊，子胥進争不聽，忠言不用。越既得成，稱善累德，以求民心。於是上帝降禍，絶吳命乎直江。君臣乖而不調，置社稷而分裂，容臺榭而掩敗，犬羣嗥而入淵，彘銜菹而適奥，燕雀剖而蚖蛇生；食蘊菹而蛭日，浴清水而遇蠆。伍子胥見事之不可爲也，何籠而自投水，自抉而珥東門，身鴟夷而浮江。懷賊行逆，深報而殃不辜，禍至乎身矣！越於是果逆謀負約，襲邦剄夫差，兼吳而拊。事濟功成，范蠡負石而蹈五湖，大夫種絷領謝室，渠如處車裂回泉。自此之後，句踐不樂，憂悲薦至，内崩

而死。

劉向《説苑・正諫》 吴王欲從民飲酒，伍子胥諫曰：「不可，昔白龍下清冷之淵化爲魚，漁者豫且射中其目，白龍上訴天帝，天帝曰：『當是之時，若安置而形？』白龍對曰：『我下清冷之淵化爲魚。』天帝曰：『魚固人之所射也，若是，豫且何罪。』夫白龍，天帝貴畜也，豫且，宋國賤臣也，白龍不化，豫且不射，今棄萬乘之位，而從布衣之士飲酒，臣恐其有豫且之患矣。」王乃止。

劉向《説苑・至公》 吴王闔廬爲伍子胥興師復讎於楚。子胥諫曰：「諸侯不爲匹夫興師。且事君猶事父也，虧君之義，復父之讎，臣不爲也。」於是止。其後因事而後復其父讎也。如子胥可謂不以公事趨私矣。

劉向《新序・善謀》 楚平王殺伍子胥之父，子胥出亡，挾弓而干闔閭。闔閭曰：「大之甚，勇之甚。」爲是而欲興師伐楚。子胥諫曰：「不可。臣聞之，君不爲匹夫興師，且事君猶事父也，虧君之義，復父之讐，臣不爲也。」於是止。蔡昭公朝於楚，有美裘，楚令尹囊瓦求之，昭公不予，於是拘昭公於郢，數年而後歸之。昭公濟漢水，沉璧曰：「諸侯有伐楚者，寡人請爲前列。」楚人聞之怒，於是興師伐蔡，蔡請救于吴。子胥曰：「蔡非有罪也，楚人無道也，君若有憂中國之心，則若此時可矣。」於是興師伐楚，遂敗楚人於柏舉，而成霸道，子胥之謀也。故《春秋》美而褒之。

《羅隱集・讒書》卷一《吴宫遺事》 越心未平而夫差有憂色。一旦復築臺於姑蘇之左，俾參政事者以聽百姓之疾苦焉，以察四方之兵革焉。一之日，視之以伍員，未三、四級，且奏曰：「王之民飢矣，王之兵疲矣，王之國危矣。」夫差不悦，俾嚭以代焉。畢九層而不奏，且倡曰：「四國畏王，百姓歌王，彼員者欺王。」員曰：「彼徒欲其身之亟高，固不暇爲王之視也，亦不爲百姓謀也，豈臣之欺乎？」王賜員死，而嚭用事。明年，越入吴。

梁玉繩《人表考》卷四《中上・五子胥》 子胥始見《左》昭卅一。名員。伍奢子，伍尚弟。適吴，昭廿。吴與之申地，《吴語》注。故曰申胥。《吴語》、《越絶》五。亦曰伍胥，《史》本傳。亦曰申子，《楚辭・七諫》。亦曰申氏，《説苑・奉使》。亦曰伍子。《楚辭・涉江》。身長丈，腰十圍，眉閒一尺。《吴越春秋・傳》三。吴王夫差賜之屬鏤以死，《左》哀十一。烹其尸，《論衡・書虚》、《命義》、《刺孟》。乃盛鴟夷而投之江。《吴語》。元成宗大德三年封爲忠孝威惠顯聖王。《元史・本紀》。案五、伍古通。《吕氏春秋・異寶》、《抱朴子・嘉遁》皆作五員，本書《藝文志》亦作五子胥也。又《釋文》：員音云。但《唐書》員半千，其先本劉氏，以忠烈自比伍員，因改姓員。宋董衝《新唐書釋音》曰：員，壬問切。《廣韻》平去二員字注並音運，姓也。《通志・氏族略》四同。然則員雖讀云，並可作云。而惟姓與名專音去聲，故子胥之名，半千之姓，均當音運。《唐書・張嘉貞傳》：當時語云：令君四俊，苗、吕、崔、員。尤足取證。後人讀伍員平聲，即唐人詩亦作平聲用，蓋仍《釋文》之誤。王觀國《學林》十曾辨之。《路史・後紀》八注以讀運爲好異，《通雅》廿卷以作去聲爲非，皆未深攷耳。又《吴語》子胥有縣目東門之言，《史・吴》、《越世家》及本傳皆述之，乃一時忿辭，非實有其事，而《莊子・盜跖》、《吕氏春秋・知化》、《韓詩外傳》七、賈誼《新書・耳痺》、《楚辭》劉向《九歎》並稱子胥抉眼，又《荀子・宥坐》謂磔東門外，《吴越春秋》三謂斷頭置高樓，恐俱傳聞之異。

梁玉繩《漢書人表考補・伍子胥》 唐昭宗景福二年封廣惠侯。一云唐封廣衛，錢武肅王奏改惠應，旋晉吴安王。宋真宗大中祥符五年賜忠清廟額，封英烈王。徽宗政和六年加封威顯。高宗紹興三十年加封忠壯。一云改封忠壯侯。寧宗嘉定十七年累封忠武英烈威德顯聖王。一云忠武英烈顯聖安福王。元封順祐一作佑。忠孝威惠一作德。顯聖王。雍正三年改封英衛公。宋嘉熙三年曾建英衛閣，理宗御書。見嵇曾筠《浙江通志》、李衛《西湖志》。

備論

《荀子・臣道》 若子胥之於夫差，可謂下忠矣。

《史記》卷六六《伍子胥列傳論》 怨毒之於人甚矣哉！王者尚不能行之於臣下，況同列乎！向令伍子胥從奢俱死，何異螻蟻。棄小義，雪大恥，名垂於後世，悲夫！方子胥窘於江上，道乞食，志豈嘗須臾忘郢邪？故隱忍就功名，非烈丈夫孰能致此哉？白公如不自立爲君者，其功謀亦不可勝道者哉！

袁康《越絶書》卷一五《越絶篇敘外傳記》 問曰：「子胥妻楚王母，無罪而死於吴。其行如是，何義乎？」曰：「孔子固貶之矣。賢其復仇，惡其妻楚王母也。然《春秋》之義，量功掩過也。賢之，親親也。」「子胥與吴何親乎？」曰：「子胥以困干闔廬，闔廬勇之甚，將爲復仇，名譽甚著。《詩》云：『投我以桃，報之以李。』夫差下愚不移，終不可奈何。言不用，策不從，昭然知吴將亡也。受闔廬厚

恩，不忍去而自存，欲著其諫之功也，故先吴敗而殺也。死人且不負，而況面在乎？昔者管仲生，伯業興；子胥死，伯名成；周公貴一概，不求備於一人。及外篇各有差叙，師不説。」

問曰：「子胥未賢耳！賢者所過化，子胥賜劍，欲無死，得乎？」「盲者不可示以文繡，聾者不可語以調聲。瞽瞍不移，商均不化；湯繫夏臺，文王拘於殷。時人謂舜不孝，堯不慈，聖人不悦下愚，而況乎子胥？當困於楚，劇於吴，信不去耳，何拘之有？孔子貶之奈何？其報楚也。稱子胥妻楚王母，及乎夷狄，貶之，言吴人也。」

《史記》卷三一《吴太伯世家》司馬貞述贊　太伯作吴，高讓雄圖。周章受國，別封於虞。壽夢初霸，始用兵車。三子遞立，延陵不居。光既篡位，是稱闔閭。王僚見殺，賊由專諸。夫差輕越，取敗姑蘇。甬東之恥，空慙伍胥。

《史記》卷六六《伍子胥列傳》司馬貞述贊　讒人罔極，交亂四國。嗟彼伍氏，被兹凶慝！員獨忍詬，志復冤毒。霸吴起師，伐楚逐北。鞭尸雪恥，抉眼棄德。

袁康《越絶書》卷一五《越絶篇叙外傳紀》　問曰：「句踐何德也？」曰：「伯德，賢君也。」「《傳》曰：『危人自安，君子弗爲；奪人自與，伯夷不多。』行僞以勝，滅人以伯，其賢奈何？」曰：「是固伯道也。祺道厭駁，一善一惡。當時無天子，彊者爲右，使句踐無權，滅邦久矣。子胥信而得衆道，范蠡善僞以勝。當明王天下太平，諸侯和親，四夷樂德，款塞貢珍，屈膝請臣，子胥何由乃困於楚？范蠡不久乃爲狂者？句踐何當屬莝養馬？遭逢變亂，權以自存，不亦賢乎？行伯非賢，晉文之能因時順宜，隨而可之。故空社易爲福，危民易爲德，是之謂也。」

問曰：「子胥、范蠡何人也？」「子胥勇而智，正而信；范蠡智而明。皆賢人。」問曰：「子胥死，范蠡去，二人行違，皆稱賢，何？」「《論語》曰：『陳力就列，不能者止。』事君以道言耳。范蠡單身入越，主於伯，有所不合，故去也。」問曰：「不合何不死？」曰：「去止，事君之義也。義無死，胥死者，受恩深也。今蠡猶重也，不明甚矣。」問曰：「受恩死，死之善也。臣事君，猶妻事夫，何以去？」「《論語》曰：『三日不朝，孔子行。』行者，去也。《傳》曰：『孔子去魯，燔俎無肉；曾子去妻，藜蒸不熟。』微子去，比干死，孔子並稱仁：行雖有異，其義同。」「死與生，敗與成，其同奈何？」「《論語》曰：『有殺身以成仁。』子胥重其信，范蠡貴其義。信從中出，義從外出。微子去者，痛殷道也；比干死者，忠於紂也；箕子亡者，正其紀也：皆忠信之至，相爲表裏耳。」問曰：「二子孰愈乎？」曰：「以爲同耳。然子胥無爲能自免於無道之楚，不忘舊功，滅身爲主。合，即能以霸；不合，可去則去，可死則死。范蠡遭世不明，被髮佯狂，無正不行，無主不止。色斯而舉，不害於道。億則屢中，貨財殖聚。作詐成伯，不合乃去。三遷避位，名聞海内。去越入齊，老身西陶。仲子由楚，傷中而死。二子行有始終，子胥可謂兼人乎？」

問曰：「子胥伐楚宫，射其子，不殺，何也？」「弗及耳。楚世子奔逃雲夢之山。子胥兵笞卒主之墓，昭王遣大夫申包胥入秦請救。于斧漁子進諫子胥，子胥適會秦救至，因引兵還。越見其榮於無道之楚，興兵伐吴。子胥以不得已，迎之就李。」問曰：「笞墓何名乎？」「子之復仇，臣之討賊，至誠感天，矯枉過直。乳狗哺虎，不計禍福；大道不誅，誅首惡。子胥笞墓不究也。」

維子胥之述吴越也，因事類，以曉後世。著善爲誡，譏惡爲誡。句踐以來，至乎更始之元，五百餘年，吴越相復見於今。百歲一賢，猶爲比肩。記陳厥説，略其有人。以去爲姓，得衣乃成；厥名有米，覆之以庚。禹來東征，死葬其疆。不直自斥，託類自明；寫精露愚，略以事類，俟告後人。文屬辭定，自于邦賢。邦賢以口爲姓，丞之以天。楚相屈原，與之同名。明於古今，德配顔淵。時莫能與，伏竄自容。年加申酉，懷道而終。友臣不施，猶夫子得麟。覽覩厥意，嗟嘆其文，於乎哀哉！温故知新，述暢子胥，以喻來今。經世歷覽，論者不得，莫能達焉。猶《春秋》鋭精堯舜，垂意周文。配之天地，著於五經；齊德日月，比智陰陽。《詩》之《伐柯》，以己喻人。後生可畏，蓋不在年。以口爲姓，萬事道也。丞之以天，德高明也。屈原同名，意相應也。百歲一賢，賢復生也。明於古今，知識宏也。德比顔淵，不可量也。時莫能用，籥口鍵精，深自誠也。猶子得麟，丘道窮也。姓有去，不能容也。得衣乃成，賢人衣之能章也。名有米，八政寶也。覆以庚，兵絶之也。於乎哀哉，莫肯與也。屈原隔界，放於南楚，自沉湘水，蠡所有也。

《柳宗元集》卷四五《非國語下・伍員》　伍員伏劍而死。

非曰：伍子胥者，非吴之暱親也。其始交闔閭以道，故由其謀。今於嗣君已不合，言見進則讒者勝，國無可救者。於是焉，去之可也。出則以孥累於人，而又入以即死，是固非吾之所知也。然則員者果很人也歟？

《蘇軾文集》卷五《論伍子胥》　楚平王既殺伍奢、伍尚，而伍子胥亡入吴，事吴王闔閭。及楚平王卒，子昭王立。後，子胥與孫武興兵及唐、蔡伐楚，夾漢水

而陣，楚大敗。於是吳王乘勝而前，五戰遂至郢。楚昭王出亡，吳兵入郢。子胥求昭王，既不得，乃掘平王墓，出其尸，鞭之五百，以報父兄之讎。

蘇子曰：子胥、種、蠡皆人傑，而揚雄曲士也，欲以區區之學，疵瑕此三人者。以三諫不去，鞭尸籍館，爲子胥之罪。以不强諫勾踐，而棲之會稽，爲種、蠡之過。雄聞古有三諫當去之說，即欲以律天下士，豈不陋哉！

三諫而去，爲人臣交淺者言之，如宫之奇、洩冶乃可耳。至於子胥，吳之宗臣，與國存亡者也，去將安往哉？百諫不聽，繼之以死可也。孔子去魯，未嘗一諫，又安用三。父受誅，子復讎，禮也。生則斬首，死則鞭尸，發其至痛，無所擇也。是以昔之君子，皆哀而恕之，雄獨非人子乎。至於籍館，闔閭與羣臣之罪，非子胥意也。勾踐困於會稽，乃能用二子。若先戰而彊諫以死之，則雄又當以子胥之罪罪之矣。此皆兒童之見，無足論者。不忍三子之見誣，故爲一言。

李贄《藏書》卷二七《名臣傳八・伍子胥》評　伍員既没，而後楚有屈原。雖生不並世，要皆楚之烈也。第原自欲死，而員乃爲人所死。屈原決擇於死生之際，唯死爲可，故卒就死，以明己之生真不如死也。伍員知吳之必亡，而不知己之先亡，吳猶未亡，而身先亡於太宰嚭之手矣。其視屈大夫實大逕庭，吾是以後之。雖然，伍子胥之必覆楚也，申包胥之必復楚也，絶孝純忠，驚天震地。此中若妄有褒彈，是誠滅卻一隻眼矣。豈可！豈可！

吳偉業《吳梅村全集》卷二三《伍胥復讎論》　子胥之鞭平王尸也，《左氏》不載，其見於《穀梁傳》者曰：「壞宗廟，徙陳器，撻平王之墓。」鄭康成曰：「鞭其君之尸。」夫撻墓之與鞭尸，則有間矣。雖然，此吳之君臣爲之，未有言子胥者也。《史記》則以子胥求昭王不得，乃掘楚平王墓，出其尸，鞭之三百。《越絶書》則以子胥操鞭捶笞平王之墓而數之。《吳越春秋》則以伍胥掘平王之墓，出其尸，左足踐腹，右手抉其目。以余論之，此三書者未可以盡信也。

子胥之父誅於楚也，挾弓持矢而去楚，以伐楚之利干吳王僚，公子光阻之。公子光立，是爲闔閭。闔閭欲爲興師而復讎於楚，子胥又自止之曰：「諸侯不爲匹夫興師。」逮楚釁而後動。入郢之役，子胥之父死十有七年，平王之亡亦十有二年矣。子胥之爲人，深沉好謀，彊忍有濟，固非負其勇氣，逞於一決，不顧其後者也。伍參以郊之役食采於椒，舉與鳴皆邑大夫，而奢則太子太傅，貴顯於楚者四世。費無忌以同官之忮，傾世臣而覆其宗，平王聽用其語，其子之不愛，又何有於臣？子胥之讎宜首無忌，不專在平王也。太子建廢非其罪，竟死於鄭，子胥所痛心疾首者，不徒奢、尚之死，而在建之不得立。蓋欲借兵於吳，扶建之子勝立之楚，以無忘乃父之志；廢昭王，誅其讒佞，而存楚之社稷，則子胥之忠孝可白，而吳之霸業可成，爲吳即其所以爲楚也。彼肯以其名讓之申包胥哉？乃吳師驟勝而驕，楚舊臣伯嚭之徒在吳軍中用事，傾其故國以奉其新主，甚至廢毁宗廟，瀆亂男女，而秦人起於外，夫概反於内，不能定楚而歸，大非子胥之心矣。

夫子胥固其兄尚所稱仁者智者也。彼遲之十七年之久，以待其必克，縱不能復立故太子之子以得之闔廬，亦宜按兵休甲，持楚人之心。無故戮辱先君之尸以怒楚，楚之宿將舊臣，將圜視而起矣。此騎劫之所以敗於齊也，而謂子胥仁且智者爲之耶？且子胥之先，自參以下四世皆葬於楚，子胥之復讎，以爲孝也，獨不慮先人一坏土，楚人尤而效之乎？設令吳兵去楚，昭王復國，哭於共、襄之廟，收先王之遺骨而葬以衣冠，然後盡發伍氏之丘隴而污瀦之，以告諸侯，子胥何以自立於天下？乃紀載不聞其事，是豈子胥能復奢、尚之讎，而楚昭不能復平王之讎？雖吳强而楚弱，必不得之數也。

或曰：吳君臣以班處宫，蓋有欲妻楚王之母者，又何有於君之尸！曰：吳，蠻夷也，其君臣逞其凶威而蹈於不義，料子胥力諫而不從也。《吳越春秋》乃曰子胥令闔閭妻昭王夫人，子胥亦妻囊瓦、司馬成之妻。夫費無忌殺伍奢，而囊瓦殺之，是有德於子胥者，莫囊瓦若也，而謂子胥爲之，其説尚可信乎？昭王之奔鄖也，鄖公辛之弟懷將弑王，曰：「平王殺我父，我殺其子，不亦可乎！」辛曰：「君討臣，誰敢讎之！君命天也，若死天命，將誰讎？」《公羊》曰：「父不受誅，子復讎可也。父受誅，子復讎，推刃之道也。」夫無極之譖，伍奢之寃，其不受誅明矣，非鄖公比也，君子固以復讎許之矣。然而吳師未入，則楚吾讎也；吳師既入，則楚又吾君也。《公羊傳》曰：「復讎不除害。」其道以爲雖遇昭王，猶將爲之請也。夫不忍得生王之頭祭死父之壟，而謂讎死君之骨以快生臣之忿哉！

然則爲此説者何居？曰：夫差忘人之殺其父而赦勾踐，不聽子胥之諫而賜之屬鏤以死，後之紀事者甚子胥之復讎，所以深著夫差之罪也。不知夫差之所遇者敵國也，讎也；子胥之所遇者讎也，故君也。故君可讎而不可讎，非可以一例論也。爲人臣者不知《春秋》，則有味於復讎之義者矣，吾故辯子胥之事以正告之焉。

吴裕垂《史案》卷四《伍子胥員》 莫親於父，莫尊於君。伍氏知有父，而不知有君，猶胡人知有母，而不知有父也。爲父而弑君，與爲母而弑父，其爲罪人一也。員薦專諸於光，而弑吴王僚，則前此之爲建謀也，安在無簒弑之漸。費無極謂建欲爲亂，量非無因。就令奢死無辜，員爲父兄報讐，尸戮無極足矣，乃以鞭尸班處之慘，加之君王，員罪所以過通於天下。王世貞謂員爲俠客之雄，吾猶嗟其譽也。而太史公竟目爲烈丈夫云。

《方苞集》卷二《讀伍子胥傳》 世人皆悲子胥以忠死，吾獨惜其所以處死者未得也。其諫夫差，語皆闊於事情。使員曰：吴之於越，非伐國而求其服也。王忘王之使人立於庭，出入呼王而告以先王之痛乎？匹夫含怨，猶必剚刃仇人之胸；況句踐親用戈於先王，傷未及舍而卒。非函句踐之首，以入先王之廟，則臣子之事不終。今力實能誅而縱焉，吾恐先王負恫於九原，而不歆王祀也！如是，則夫差雖慚忿以殺子胥，而必不釋句踐。句踐死，則越不爲沼，而吴亦不至大泯矣。子胥之智非不及此也，毋乃少歷閔凶，功見名立，而重犯忌諱以危身與？而竟不能保其終，惜哉！

姚鼐《惜抱軒全集》卷一《伍子胥論》 昔者嘗怪樂毅之於燕，伍子胥之於吴，皆以受任於先君之時，及至嗣子棄之，於是毅遂超然遠引，而子胥乃戀戀不去，終以諫死于吴，若是之不同，何也？蓋古所謂忠臣之行，必度其心之所安而後爲，非以苟託於名義以自居，而遂可也。今夫毅之仕燕也，所任者軍旅之事耳。惠王死而兵權奪，毅雖留，固無可爲矣。當伍子胥困屈楚鄭之郊，飄摇江海之間，結吴光于草野之際，一旦攝吴國而乘之，卒以君臣相倚，報父仇而成君之名于天下。其與吴相得如父子手足，員雖烏集起事，而其實與世胄同國休戚者等。吾意闔廬之死也，必以吴託之子胥，子胥亦必慨然任而不辭。子胥之心，方以爲受先君之恩，寄社稷之重，思盡其輔弼之任，雖播棄而不忍自疏，而不料夫差之終愎不悛，遂泯絶其身而莫之復省也。設令子胥于驟諫不用之時，即引身去國，人亦誰得而議之？而樂毅之書，至謂子胥不知主之不同量，是其行固不免爲天下之所譏。而子胥終不肯以彼易此者，蓋彼徒以求其心之慊然而無憾者，夫豈以行事求白於衆多之口也哉？

或曰，子胥之諫夫差，其時季札與同立于朝，季子親于吴而反不以諫死，何耶？蓋自諸樊戴吴，欲以位傳季子，而季子又以賢得民。彼夫差者，忌而遠之，甚矣。微子啓，帝乙之長子也，疑于紂而紂疏之，故抱器適周，而奉商祀。微子、季札之不諫，知不可諫而以身存宗也；伍員之諫，恃夙昔之恩而冀君之一悟也。而柳宗元乃從而非之，以爲非吴親屬，諫死爲過。夫彼謂爲親屬者，固宜死也，而微子季札之不死，又豈非親屬者哉！

藝文

王安石《王文公文集》卷三五《伍子胥廟記》 予觀子胥出死亡逋竄之中，以客寄之一身，卒以説吴，折不測之楚，讐執耻雪，名震天下，豈不壯哉！及其危疑之際，能自慷慨不顧萬死，畢諫於所事，此其志與夫自恕以偷一時之利者異也。孔子論古之士大夫，若管夷吾、臧武仲之屬，苟志於善而有補於當世者，咸不廢也，然則子胥之義又曷可少耶？

康定二年，予過所謂胥山者，周行廟庭，嘆吴亡千有餘年，事之興壞廢革者不可勝數，獨子胥之祠不徙不絶，何其盛也！豈獨神之事吴之所興，蓋亦子胥之節有以動後世，而愛尤在於吴也。後九年，樂安蔣公爲杭使，其州人力而新之，余與爲銘也。

烈烈子胥，發節窮逋。遂爲册臣，奮不圖軀。諫合謀行，隆隆之吴。厥廢不遂，邑都俄墟。以智死昏，忠則有餘。胥山之巔，殿屋渠渠。千載之祠，如祠之初。孰作新之，民勸而趨。維忠肆懷，維孝肆孚。我銘祠庭，示後不誣。

高啓《高青丘集》卷二《弔伍子胥辭》 覽勾吴之故墟兮，灌莽鬱其蘢葱。館娃廢而爲沼兮，巋伍胥之遺宫。奚千祀而勿毀兮，緊若人之死忠！昔窮逋而渡江兮，奮孤跡於羈旅。既入郢而雪耻兮，又棲越而攘侮。使彼吴之强大兮，非夫子而孰爲？何夫差之自喜兮，遽忽戒而荒嬉。陳昌言之悃款兮，實不忍視國之阽危！衆以子爲叵信兮，肆讒辭之詆欺。夫豈不能全身遠適以自庇兮，顧先王之舊德。卒待隕而抗言兮，恨終不能悟君之變惑。載鴟夷兮浮游，魂悍悍兮在中流。江神念子兮哀憤，鼓洪濤于高秋。嗟君子之出輔兮，孰不願爲伊臯？使言從而志行兮，致雍熙之陶陶。何齟齬而多患兮，惟重華之不可以屢遭。鄂侯諍而就醢兮，龍逢諫而見屠。蓋自古而有之兮，匪夫子獨罹乎此辜！身雖殁而義安兮，又舍是將焉適？彼循默而苟容兮，寧獲免乎泚額！想子猶念夫故都兮，或乘雲而來歸。顧荆棘之多露兮，應攬涕而歔欷。余亦何爲而感慨兮，懼直道

之墜也。聊陳詞而表烈兮，亦邦人之志也。

高啟《高青丘集》卷一五《謁伍相祠》 地老天荒伯業空，曾於青史見遺功。鞭尸楚墓生前孝，抉目吳門死後忠。魂壓怒濤翻白浪，劍埋寃血起腥風。我來無限傷心事，盡在越山煙雨中。

吳偉業《吳梅村全集》卷一四《胥王廟》 伍相丹青像，鬚眉見老臣。三江籌楚越，一劍答君親。雲壑埋忠憤，風濤訴苦辛。生平家國恨，偏遇故鄉人。

吳偉業《吳梅村全集》卷一九《伍員》 投金瀨畔敢安居，覆楚奔吳數上書。手把屬鏤思往事，九原歸去遇包胥。

孔子部

綜述

《史記》卷四七《孔子世家》 孔子生魯昌平鄉陬邑。其先宋人也，曰孔防叔。防叔生伯夏，伯夏生叔梁紇。紇與顔氏女野合而生孔子，禱於尼丘得孔子。魯襄公二十二年而孔子生。生而首上圩頂，故因名曰丘云。字仲尼，姓孔氏。丘生而叔梁紇死，葬於防山。防山在魯東，由是孔子疑其父墓處，母諱之也。孔子爲兒嬉戲，常陳俎豆，設禮容。孔子母死，乃殯五父之衢，蓋其慎也。郰人輓父之母誨孔子父墓，然後往合葬於防焉。

孔子要絰，季氏饗士，孔子與往。陽虎絀曰：「季氏饗士，非敢饗子也。」孔子由是退。

孔子年十七，魯大夫孟釐子病且死，誡其嗣懿子曰：「孔丘，聖人之後，滅於宋。其祖弗父何始有宋而嗣讓厲公。及正考父佐戴、武、宣公，三命兹益恭，故鼎銘云：『一命而僂，再命而傴，三命而俯，循墻而走，亦莫敢余侮。饘於是，粥於是，以餬余口。』其恭如是。吾聞聖人之後，雖不當世，必有達者。今孔丘年少好禮，其達者歟？吾即没，若必師之。」及釐子卒，懿子與魯人南宫敬叔往學禮焉。是歲，季武子卒，平子代立。

孔子貧且賤。及長，嘗爲季氏史，料量平；嘗爲司職吏而畜蕃息。由是爲司空。已而去魯，斥乎齊，逐乎宋、衛，困於陳蔡之閒，於是反魯。孔子長九尺有六寸，人皆謂之「長人」而異之。魯復善待，由是反魯。

魯南宫敬叔言魯君曰：「請與孔子適周。」魯君與之一乘車，兩馬，一豎子俱，適周問禮，蓋見老子云。辭去，而老子送之曰：「吾聞富貴者送人以財，仁人者送人以言。吾不能富貴，竊仁人之號，送子以言，曰：『聰明深察而近於死者，好議人者也。博辯廣大危其身者，發人之惡者也。爲人子者毋以有己，爲人臣者毋以有己。』」孔子自周反于魯，弟子稍益進焉。

是時也，晋平公淫，六卿擅權，東伐諸侯；楚靈王兵彊，陵轢中國；齊大而近於魯。魯小弱，附於楚則晋怒；附於晋則楚來伐；不備於齊，齊師侵魯。

魯昭公之二十年，而孔子蓋年三十矣。齊景公與晏嬰來適魯，景公問孔子曰：「昔秦穆公國小處辟，其霸何也？」對曰：「秦，國雖小，其志大；處雖辟，行中正。身舉五羖，爵之大夫，起纍紲之中，與語三日，授之以政。以此取之，雖王可也，其霸小矣。」景公說。

孔子年三十五，而季平子與郈昭伯以鬭雞故得罪魯昭公，昭公率師擊平子，平子與孟氏、叔孫氏三家共攻昭公，昭公師敗，奔於齊，齊處昭公乾侯。其後頃之，魯亂。孔子適齊，爲高昭子家臣，欲以通乎景公。與齊太師語樂，聞《韶》音，學之，三月不知肉味，齊人稱之。

景公問政孔子，孔子曰：「君君，臣臣，父父，子子。」景公曰：「善哉！信如君不君，臣不臣，父不父，子不子，雖有粟，吾豈得而食諸！」他日又復問政於孔子，孔子曰：「政在節財。」景公說，將欲以尼谿田封孔子。晏嬰進曰：「夫儒者滑稽而不可軌法；倨傲自順，不可以爲下；崇喪遂哀，破産厚葬，不可以爲俗；游説乞貸，不可以爲國。自大賢之息，周室既衰，禮樂缺有閒。今孔子盛容飾，繁登降之禮，趨詳之節，累世不能殫其學，當年不能究其禮。君欲用之以移齊俗，非所以先細民也。」後景公敬見孔子，不問其禮。異日，景公止孔子曰：「奉子以季氏，吾不能。」以季孟之閒待之。齊大夫欲害孔子，孔子聞之。景公曰：「吾老矣，弗能用也。」孔子遂行，反乎魯。

孔子年四十二，魯昭公卒於乾侯，定公立。定公立五年，夏，季平子卒，桓子嗣立。季桓子穿井得土缶，中若羊，問仲尼云「得狗」。仲尼曰：「以丘所聞，羊也。丘聞之，木石之怪夔、罔閬，水之怪龍、罔象，土之怪墳羊。」

吴伐越，隳會稽，得骨節專車。吴使使問仲尼：「骨何者最大？」仲尼曰：「禹致羣神於會稽山，防風氏後至，禹殺而戮之，其節專車，此爲大矣。」吴客曰：「誰爲神？」仲尼曰：「山川之神足以綱紀天下，其守爲神，社稷爲公侯，皆屬於王者。」客曰：「防風何守？」仲尼曰：「汪罔氏之君守封、禺之山，爲釐姓。在虞、夏、商爲汪罔，於周爲長翟，今謂之大人。」客曰：「人長幾何？」仲尼曰：「僬僥氏三尺，短之至也。長者不過十之，數之極也。」於是吴客曰：「善哉聖人！」

桓子嬖臣曰仲梁懷，與陽虎有隙。陽虎欲逐懷，公山不狃止之。其秋，懷益驕，陽虎執懷。桓子怒，陽虎因囚桓子，與盟而醳之。陽虎由此益輕季氏。季氏亦僭於公室，陪臣執國政，是以魯自大夫以下皆僭離於正道。故孔子不仕，退而

脩詩書禮樂，弟子彌衆，至自遠方，莫不受業焉。

定公八年，公山不狃不得意於季氏，因陽虎爲亂，欲廢三桓之適，更立其庶孽陽虎素所善者，遂執季桓子。桓子詐之，得脱。定公九年，陽虎不勝，奔于齊。是時孔子年五十。

公山不狃以費畔季氏，使人召孔子。孔子循道彌久，温温無所試，莫能己用，曰：「蓋周文武起豐鎬而王，今費雖小，儻庶幾乎！」欲往。子路不説，止孔子。孔子曰：「夫召我者豈徒哉？如用我，其爲東周乎！」然亦卒不行。

其後定公以孔子爲中都宰，一年，四方皆則之。由中都宰爲司空，由司空爲大司寇。

定公十年春，及齊平。夏，齊大夫黎鉏言於景公曰：「魯用孔丘，其勢危齊。」乃使使告魯爲好會，會於夾谷。魯定公且以乘車好往。孔子攝相事，曰：「臣聞有文事者必有武備，有武事者必有文備。古者諸侯出疆，必具官以從。請具左右司馬。」定公曰：「諾。」具左右司馬。會齊侯夾谷，爲壇位，土階三等，以會遇之禮相見，揖讓而登。獻酬之禮畢，齊有司趨而進曰：「請奏四方之樂。」景公曰：「諾。」於是旍旄羽袚矛戟劍撥鼓噪而至。孔子趨而進，歷階而登，不盡一等，舉袂而言曰：「吾兩君爲好會，夷狄之樂何爲於此！請命有司！」有司卻之，不去，則左右視晏子與景公。景公心怍，麾而去之。有頃，齊有司趨而進曰：「請奏宮中之樂。」景公曰：「諾。」優倡侏儒爲戲而前。孔子趨而進，歷階而登，不盡一等，曰：「匹夫而營惑諸侯者罪當誅！請命有司！」有司加法焉，手足異處。景公懼而動，知義不若，歸而大恐，告其羣臣曰：「魯以君子之道輔其君，而子獨以夷狄之道教寡人，使得罪於魯君，爲之柰何？」有司進對曰：「君子有過則謝以質，小人有過則謝以文。君若悼之，則謝以質。」於是齊侯乃歸所侵魯之鄆、汶陽、龜陰之田以謝過。

定公十三年夏，孔子言於定公曰：「臣無藏甲，大夫毋百雉之城。」使仲由爲季氏宰，將墮三都。於是叔孫氏先墮郈。季氏將墮費，公山不狃、叔孫輒率費人襲魯。公與三子入于季氏之宮，登武子之臺。費人攻之，弗克，入及公側。孔子命申句須、樂頎下伐之，費人北。國人追之，敗諸姑蔑。二子奔齊，遂墮費。將墮成，公歛處父謂孟孫曰：「墮成，齊人必至于北門。且成，孟氏之保鄣，無成是無孟氏也。我將弗墮。」十二月，公圍成，弗克。

定公十四年，孔子年五十六，由大司寇行攝相事，有喜色。門人曰：「聞君子禍至不懼，福至不喜。」孔子曰：「有是言也。不曰『樂其以貴下人』乎？」於是誅魯大夫亂政者少正卯。與聞國政三月，粥羔豚者弗飾賈；男女行者別於塗；塗不拾遺；四方之客至乎邑者不求有司，皆予之以歸。

齊人聞而懼，曰：「孔子爲政必霸，霸則吾地近焉，我之爲先并矣。盍致地焉？」黎鉏曰：「請先嘗沮之；沮之而不可則致地，庸遲乎！」於是選齊國中女子好者八十人，皆衣文衣而舞《康樂》，文馬三十駟，遺魯君。陳女樂文馬於魯城南高門外。季桓子微服往觀再三，將受，乃語魯君爲周道游，往觀終日，怠於政事。子路曰：「夫子可以行矣。」孔子曰：「魯今且郊，如致膰乎大夫，則吾猶可以止。」桓子卒受齊女樂，三日不聽政；郊，又不致膰俎於大夫。孔子遂行，宿乎屯。而師己送，曰：「夫子則非罪。」孔子曰：「吾歌可夫？」歌曰：「彼婦之口，可以出走；彼婦之謁，可以死敗。蓋優哉游哉，維以卒歲！」師己反，桓子曰：「孔子亦何言？」師己以實告。桓子喟然歎曰：「夫子罪我以羣婢故也夫！」

孔子遂適衛，主於子路妻兄顔濁鄒家。衛靈公問孔子：「居魯得祿幾何？」對曰：「奉粟六萬。」衛人亦致粟六萬。居頃之，或譖孔子於衛靈公。靈公使公孫余假一出一入。孔子恐獲罪焉，居十月，去衛。

將適陳，過匡，顔刻爲僕，以其策指之曰：「昔吾入此，由彼缺也。」匡人聞之，以爲魯之陽虎。陽虎嘗暴匡人，匡人於是遂止孔子。孔子狀類陽虎，拘焉五日。顔淵後，子曰：「吾以汝爲死矣。」顔淵曰：「子在，回何敢死！」匡人拘孔子益急，弟子懼。孔子曰：「文王既没，文不在兹乎？天之將喪斯文也，後死者不得與于斯文也。天之未喪斯文也，匡人其如予何！」孔子使從者爲甯武子臣於衛，然後得去。

去即過蒲。月餘，反乎衛，主蘧伯玉家。靈公夫人有南子者，使人謂孔子曰：「四方之君子不辱欲與寡君爲兄弟者，必見寡小君。寡小君願見。」孔子辭謝，不得已而見之。夫人在絺帷中。孔子入門，北面稽首。夫人自帷中再拜，環珮玉聲璆然。孔子曰：「吾鄉爲弗見，見之禮答焉。」子路不説。孔子矢之曰：「予所不者，天厭之！天厭之！」居衛月餘，靈公與夫人同車，宦者雍渠參乘，出，使孔子爲次乘，招摇市過之。孔子曰：「吾未見好德如好色者也。」於是醜之，去衛，過曹。是歲，魯定公卒。

孔子去曹適宋，與弟子習禮大樹下。宋司馬桓魋欲殺孔子，拔其樹。孔子去。弟子曰：「可以速矣。」孔子曰：「天生德於予，桓魋其如予何！」

孔子適鄭，與弟子相失，孔子獨立郭東門。鄭人或謂子貢曰：「東門有人，其顙似堯，其項類皋陶，其肩類子產，然自要以下不及禹三寸，纍纍若喪家之狗。」子貢以實告孔子。孔子欣然笑曰：「形狀，末也。而謂似喪家之狗，然哉！然哉！」

孔子遂至陳，主於司城貞子家。歲餘，吳王夫差伐陳，取三邑而去。趙鞅伐朝歌。楚圍蔡，蔡遷于吳。吳敗越王句踐會稽。

有隼集于陳廷而死，楛矢貫之，石砮，矢長尺有咫。陳湣公使使問仲尼。仲尼曰：「隼來遠矣，此肅慎之矢也。昔武王克商，通道九夷百蠻，使各以其方賄來貢，使無忘職業。於是肅慎貢楛矢石砮，長尺有咫。先王欲昭其令德，以肅慎矢分大姬，配虞胡公而封諸陳。分同姓以珍玉，展親；分異姓以遠方職，使無忘服。故分陳以肅慎矢。」試求之故府，果得之。

孔子居陳三歲，會晉楚爭彊，更伐陳，及吳侵陳，陳常被寇。孔子曰：「歸與歸與！吾黨之小子狂簡，進取不忘其初。」於是孔子去陳。

過蒲，會公叔氏以蒲畔，蒲人止孔子。弟子有公良孺者，以私車五乘從孔子。其爲人長賢，有勇力，謂曰：「吾昔從夫子遇難於匡，今又遇難於此，命也已。吾與夫子再罹難，寧鬭而死。」鬭甚疾。蒲人懼，謂孔子曰：「苟毋適衛，吾出子。」與之盟，出孔子東門。孔子遂適衛。子貢曰：「盟可負邪？」孔子曰：「要盟也，神不聽。」

衛靈公聞孔子來，喜，郊迎。問曰：「蒲可伐乎？」對曰：「可。」靈公曰：「吾大夫以爲不可。今蒲，衛之所以待晉楚也，以衛伐之，無乃不可乎？」孔子曰：「其男子有死之志，婦人有保西河之志。吾所伐者不過四五人。」靈公曰：「善。」然不伐蒲。

靈公老，怠於政，不用孔子。孔子喟然歎曰：「苟有用我者，朞月而已，三年有成。」孔子行。

佛肸爲中牟宰。趙簡子攻范、中行，伐中牟。佛肸畔，使人召孔子。孔子欲往。子路曰：「由聞諸夫子，『其身親爲不善者，君子不入也』。今佛肸親以中牟畔，子欲往，如之何？」孔子曰：「有是言也。不曰堅乎，磨而不磷；不曰白乎，涅而不淄。我豈匏瓜也哉，焉能繫而不食？」

孔子擊磬。有荷蕢而過門者，曰：「有心哉，擊磬乎！硜硜乎，莫己知也夫而已矣！」

孔子學鼓琴師襄子，十日不進。師襄子曰：「可以益矣。」孔子曰：「丘已習其曲矣，未得其數也。」有閒，曰：「已習其數，可以益矣。」孔子曰：「丘未得其志也。」有閒，曰：「已習其志，可以益矣。」孔子曰：「丘未得其爲人也。」有閒，有所穆然深思焉，有所怡然高望而遠志焉。曰：「丘得其爲人，黯然而黑，幾然而長，眼如望羊，如王四國，非文王其誰能爲此也！」師襄子辟席再拜，曰：「師蓋云《文王操》也。」

孔子既不得用於衛，將西見趙簡子。至於河而聞竇鳴犢、舜華之死也，臨河而歎曰：「美哉水，洋洋乎！丘之不濟此，命也夫！」子貢趨而進曰：「敢問何謂也？」孔子曰：「竇鳴犢，舜華，晉國之賢大夫也。趙簡子未得志之時，須此兩人而後從政；及其已得志，殺之乃從政。丘聞之也，刳胎殺夭則麒麟不至郊，竭澤涸漁則蛟龍不合陰陽，覆巢毀卵則鳳皇不翔。何則？君子諱傷其類也。夫鳥獸之於不義也尚知辟之，而況乎丘哉！」乃還息乎陬鄉，作爲《陬操》以哀之。而反乎衛，入主蘧伯玉家。

他日，靈公問兵陳。孔子曰：「俎豆之事則嘗聞之，軍旅之事未之學也。」明日，與孔子語，見蜚鴈，仰視之，色不在孔子。孔子遂行，復如陳。

夏，衛靈公卒，立孫輒，是爲衛出公。六月，趙鞅內太子蒯聵于戚。陽虎使太子絻，八人衰絰，僞自衛迎者，哭而入，遂居焉。冬，蔡遷于州來。是歲魯哀公三年，而孔子年六十矣。齊助衛圍戚，以衛太子蒯聵在故也。

夏，魯桓釐廟燔，南宮敬叔救火。孔子在陳，聞之，曰：「災必於桓釐廟乎？」已而果然。

秋，季桓子病，輦而見魯城，喟然歎曰：「昔此國幾興矣，以吾獲罪於孔子，故不興也。」顧謂其嗣康子曰：「我即死，若必相魯；相魯，必召仲尼。」後數日，桓子卒，康子代立。已葬，欲召仲尼。公之魚曰：「昔吾先君用之不終，終爲諸侯笑。今又用之，不能終，是再爲諸侯笑。」康子曰：「則誰召而可？」曰：「必召冉求。」於是使使召冉求。冉求將行，孔子曰：「魯人召求，非小用之，將大用之也。」是日，孔子曰：「歸乎歸乎！吾黨之小子狂簡，斐然成章，吾不知所以裁之。」子贛知孔子思歸，送冉求，因誡曰「即用，以孔子爲招」云。

冉求既去，明年，孔子自陳遷于蔡。蔡昭公將如吳，吳召之也。前昭公欺其臣遷州來，後將往，大夫懼復遷，公孫翩射殺昭公。楚侵蔡。秋，齊景公卒。

明年，孔子自蔡如葉。葉公問政，孔子曰：「政在來遠附邇。」他日，葉公問

孔子於子路，子路不對。孔子聞之，曰：「由，爾何不對曰『其爲人也，學道不倦，誨人不厭，發憤忘食，樂以忘憂，不知老之將至』云爾。」

去葉，反于蔡。長沮、桀溺耦而耕，孔子以爲隱者，使子路問津焉。長沮曰：「彼執輿者爲誰？」子路曰：「爲孔丘。」曰：「是魯孔丘與？」曰：「然。」曰：「是知津矣。」桀溺謂子路曰：「子爲誰？」曰：「爲仲由。」曰：「子，孔丘之徒與？」曰：「然。」桀溺曰：「悠悠者天下皆是也，而誰以易之？且與其從辟人之士，豈若從辟世之士哉！」耰而不輟。子路以告孔子，孔子憮然曰：「鳥獸不可與同羣。天下有道，丘不與易也。」

他日，子路行，遇荷蓧丈人，曰：「子見夫子乎？」丈人曰：「四體不勤，五穀不分，孰爲夫子！」植其杖而芸。子路以告，孔子曰：「隱者也。」復往，則亡。

孔子遷于蔡三歲，吴伐陳。楚救陳，軍于城父。聞孔子在陳蔡之閒，楚使人聘孔子。孔子將往拜禮，陳蔡大夫謀曰：「孔子賢者，所刺譏皆中諸侯之疾。今者久留陳蔡之閒，諸大夫所設行皆非仲尼之意。今楚，大國也，來聘孔子。孔子用於楚，則陳蔡用事大夫危矣。」於是乃相與發徒役圍孔子於野。不得行，絶糧。從者病，莫能興。孔子講誦弦歌不衰。子路愠見曰：「君子亦有窮乎？」孔子曰：「君子固窮，小人窮斯濫矣。」

子貢色作。孔子曰：「賜，爾以予爲多學而識之者與？」曰：「然。非與？」孔子曰：「非也。予一以貫之。」

孔子知弟子有愠心，乃召子路而問曰：「《詩》云『匪兕匪虎，率彼曠野』。吾道非邪？吾何爲於此？」子路曰：「意者吾未仁邪？人之不我信也。意者吾未知邪？人之不我行也。」孔子曰：「有是乎！由，譬使仁者而必信，安有伯夷、叔齊？使知者而必行，安有王子比干？」

子路出，子貢入見。孔子曰：「賜，《詩》云『匪兕匪虎，率彼曠野』。吾道非邪？吾何爲於此？」子貢曰：「夫子之道至大也，故天下莫能容夫子。夫子蓋少貶焉？」孔子曰：「賜，良農能稼而不能爲穡，良工能巧而不能爲順。君子能脩其道，綱而紀之，統而理之，而不能爲容。今爾不脩爾道而求爲容。賜，而志不遠矣！」

子貢出，顔回入見。孔子曰：「回，《詩》云『匪兕匪虎，率彼曠野』。吾道非邪？吾何爲於此？」顔回曰：「夫子之道至大，故天下莫能容。雖然，夫子推而行之，不容何病，不容然後見君子！夫道之不脩也，是吾醜也。夫道既已大脩而不用，是有國者之醜也。不容何病，不容然後見君子！」孔子欣然而笑曰：「有是哉顔氏之子！使爾多財，吾爲爾宰。」

於是使子貢至楚。楚昭王興師迎孔子，然後得免。

昭王將以書社地七百里封孔子。楚令尹子西曰：「王之使使諸侯有如子貢者乎？」曰：「無有。」「王之輔相有如顔回者乎？」曰：「無有。」「王之將率有如子路者乎？」曰：「無有。」「王之官尹有如宰予者乎？」曰：「無有。」「且楚之祖封於周，號爲子男五十里。今孔丘述三五之法，明周召之業，王若用之，則楚安得世世堂堂方數千里乎？夫文王在豐，武王在鎬，百里之君卒王天下。今孔丘得據土壤，賢弟子爲佐，非楚之福也。」昭王乃止。其秋，楚昭王卒于城父。

楚狂接輿歌而過孔子，曰：「鳳兮鳳兮，何德之衰！往者不可諫兮，來者猶可追也。已而已而，今之從政者殆而！」孔子下，欲與之言。趨而去，弗得與之言。

於是孔子自楚反乎衛。是歲也，孔子年六十三，而魯哀公六年也。

其明年，吴與魯會繒，徵百牢。太宰嚭召季康子。康子使子貢往，然後得已。

孔子曰：「魯衛之政，兄弟也。」是時，衛君輒父不得立，在外，諸侯數以爲讓。而孔子弟子多仕於衛，衛君欲得孔子爲政。子路曰：「衛君待子而爲政，子將奚先？」孔子曰：「必也正名乎！」子路曰：「有是哉，子之迂也！何其正也？」孔子曰：「野哉由也！夫名不正則言不順，言不順則事不成，事不成則禮樂不興，禮樂不興則刑罰不中，刑罰不中則民無所錯手足矣。夫君子爲之必可名，言之必可行。君子於其言，無所苟而已矣。」

其明年，冉有爲季氏將師，與齊戰於郎，克之。季康子曰：「子之於軍旅，學之乎？性之乎？」冉有曰：「學之於孔子。」季康子曰：「孔子何如人哉？」對曰：「用之有名；播之百姓，質諸鬼神而無憾。求之至於此道，雖累千社，夫子不利也。」康子曰：「我欲召之，可乎？」對曰：「欲召之，則毋以小人固之，則可矣。」而衛孔文子將攻太叔，問策於仲尼。仲尼辭不知，退而命載而行，曰：「鳥能擇木，木豈能擇鳥乎！」文子固止。會季康子逐公華、公賓、公林，以幣迎孔子，孔子歸魯。

孔子之去魯凡十四歲而反乎魯。

魯哀公問政，對曰：「政在選臣。」季康子問政，曰：「舉直錯諸枉，則枉者直。」康子患盜，孔子曰：「苟子之不欲，雖賞之不竊。」然魯終不能用孔子，孔子亦不求仕。

孔子之時，周室微而禮樂廢，《詩》《書》缺。追迹三代之禮，序《書傳》，上紀唐虞之際，下至秦繆，編次其事。曰：「夏禮吾能言之，杞不足徵也。殷禮吾能言之，宋不足徵也。足，則吾能徵之矣。」觀殷夏所損益，曰：「後雖百世可知也，以一文一質。周監二代，郁郁乎文哉。吾從周。」故《書傳》、《禮記》自孔氏。

孔子語魯大師：「樂其可知也。始作翕如，縱之純如，皦如，繹如也，以成。」「吾自衛反魯，然後樂正，雅頌各得其所。」

古者《詩》三千餘篇，及至孔子，去其重，取可施於禮義，上采契后稷，中述殷周之盛，至幽厲之缺，始於衽席，故曰「《關雎》之亂以爲《風》始，《鹿鳴》爲《小雅》始，《文王》爲《大雅》始，《清廟》爲《頌》始」。三百五篇孔子皆弦歌之，以求合《韶武》《雅》《頌》之音。禮樂自此可得而述，以備王道，成六藝。

孔子晚而喜《易》，序《彖》、《繫》、《象》、《説卦》、《文言》。讀《易》，韋編三絶。曰：「假我數年，若是，我於《易》則彬彬矣。」

孔子以詩書禮樂教，弟子蓋三千焉，身通六藝者七十有二人。如顔濁鄒之徒，頗受業者甚衆。

孔子以四教：文，行，忠，信。絶四：毋意，毋必，毋固，毋我。所慎：齊，戰，疾。子罕言利與命與仁。不憤不啓，舉一隅不以三隅反，則弗復也。

其於鄉黨，恂恂似不能言者。其於宗廟朝廷，辯辯言，唯謹爾。朝，與上大夫言，誾誾如也；與下大夫言，侃侃如也。

入公門，鞠躬如也；趨進，翼如也。君召使儐，色勃如也。君命召，不俟駕行矣。

魚餒，肉敗，割不正，不食。席不正，不坐。食於有喪者之側，未嘗飽也。

是日哭，則不歌。見齊衰、瞽者，雖童子必變。

「三人行，必得我師。」「德之不脩，學之不講，聞義不能徙，不善不能改，是吾憂也。」使人歌，善，則使復之，然後和之。

子不語：怪，力，亂，神。

子貢曰：「夫子之文章，可得聞也。夫子言天道與性命，弗可得聞也已。」顔淵喟然歎曰：「仰之彌高，鑽之彌堅。瞻之在前，忽焉在後。夫子循循然善誘人，博我以文，約我以禮，欲罷不能。既竭我才，如有所立，卓爾。雖欲從之，蔑由也已。」達巷黨人（童子）曰：「大哉孔子，博學而無所成名。」子聞之曰：「我何執？執御乎？執射乎？我執御矣。」牢曰：「子云『不試，故藝』。」

魯哀公十四年春，狩大野。叔孫氏車子鉏商獲獸，以爲不祥。仲尼視之，曰：「麟也。」取之。曰：「河不出圖，雒不出書，吾已矣夫！」顔淵死，孔子曰：「天喪予！」及西狩見麟，曰：「吾道窮矣！」喟然歎曰：「莫知我夫！」子貢曰：「何爲莫知子？」子曰：「不怨天，不尤人，下學而上達，知我者其天乎！」

「不降其志，不辱其身，伯夷、叔齊乎！」謂「柳下惠、少連降志辱身矣」。謂「虞仲、夷逸隱居放言，行中清，廢中權」。「我則異於是，無可無不可。」

子曰：「弗乎弗乎，君子病没世而名不稱焉。吾道不行矣，吾何以自見於後世哉？」乃因史記作《春秋》，上至隱公，下訖哀公十四年，十二公。據魯，親周，故殷，運之三代。約其文辭而指博。故吴楚之君自稱王，而《春秋》貶之曰「子」；踐土之會實召周天子，而《春秋》諱之曰「天王狩於河陽」：推此類以繩當世。貶損之義，後有王者舉而開之。《春秋》之義行，則天下亂臣賊子懼焉。

孔子在位聽訟，文辭有可與人共者，弗獨有也。至於爲《春秋》，筆則筆，削則削，子夏之徒不能贊一辭。弟子受《春秋》，孔子曰：「後世知丘者以《春秋》，而罪丘者亦以《春秋》。」

明歲，子路死於衛。孔子病，子貢請見。孔子方負杖逍遥於門，曰：「賜，汝來何其晚也？」孔子因歎，歌曰：「太山壞乎！梁柱摧乎！哲人萎乎！」因以涕下。謂子貢曰：「天下無道久矣，莫能宗予。夏人殯於東階，周人於西階，殷人兩柱閒。昨暮予夢坐奠兩柱之閒，予始殷人也。」後七日卒。

孔子年七十三，以魯哀公十六年四月己丑卒。

哀公誄之曰：「旻天不弔，不慭遺一老，俾屏余一人以在位，煢煢余在疚。嗚呼哀哉！尼父，毋自律！」子貢曰：「君其不没於魯乎！夫子之言曰：『禮失則昏，名失則愆。失志爲昏，失所爲愆。』生不能用，死而誄之，非禮也。稱『余一人』，非名也。」

孔子葬魯城北泗上，弟子皆服三年。三年心喪畢，相訣而去，則哭，各復盡哀；或復留。唯子贛廬於冢上，凡六年，然後去。弟子及魯人往從冢而家者百有餘室，因命曰孔里。魯世世相傳以歲時奉祠孔子冢，而諸儒亦講禮鄉飲大射於孔子冢。孔子冢大一頃。故所居堂弟子内，後世因廟藏孔子衣冠琴車書，至于漢二百餘年不絶。高皇帝過魯，以太牢祠焉。諸侯卿相至，常先謁然後從政。

孔子生鯉，字伯魚。伯魚年五十，先孔子死。

伯魚生伋，字子思，年六十二。嘗困於宋。子思作《中庸》。

子思生白，字子上，年四十七。子上生求，字子家，年四十五。子家生箕，字子

京，年四十六，子京生穿，字子高，年五十一。子高生子慎，年五十七，嘗爲魏相。

子慎生鮒，年五十七，爲陳王涉博士，死於陳下。

鮒弟子襄，年五十七。嘗爲孝惠皇帝博士，遷爲長沙太守。長九尺六寸。

子襄生忠，年五十七。忠生武，武生延年及安國。安國爲今皇帝博士，至臨淮太守，蚤卒。安國生卬，卬生驩。

《孔子家語》卷九《本姓解》 孔子之先，宋之後也，微子啓，帝乙之元子，紂之庶兄，以圻内諸侯，入爲王卿士。初，武王剋殷，封紂之子武庚於朝歌，使奉湯祀，武王崩，而與管、蔡、霍三叔作難，周公相成王，東征之。二年，罪人斯得，乃命微子代殷後，作《微子之命》申之，與國於宋，徙殷之子孫，唯微子先往事周，故封之，賢微子。卒，其弟曰仲思，名衍，嗣微之後，故號微仲。生宋公稽，冑子雖遷爵易位，而班級不及其故者，得以故官爲稱，故二微雖爲宋公，而猶以微之號自終，至於稽乃稱公焉。宋公生丁公申，申生湣公共及襄公熙，熙生弗父何及厲公方祀，方祀以下，世爲宋卿。弗父何生宋父周，周生世子勝，勝生正考甫，考甫生孔父嘉，五世親盡，别爲公族，故後以孔爲氏焉。一曰，孔父者，生時所賜號也，是以子孫遂以氏族。孔父生子木金父，金父生睪夷，睪夷生防叔，避華氏之禍而奔魯。防叔生伯夏，伯夏生叔梁紇，雖有九女，而無子，其妾生孟皮。孟皮一字伯尼，有足病，於是乃求婚於顔氏，顔氏有三女，其小曰徵在，顔父問三女曰：「陬大夫雖父祖爲士，然其先聖王之裔，今其人身長十尺，武力絶倫，吾甚貪之，雖年長性嚴，不足爲疑。三子孰能爲之妻？」二女莫對，徵在曰：「從父所制，將何問焉。」父曰：「即爾能矣。」遂以妻之。徵在既往廟見，以夫之年大，懼不時有男，而私禱尼丘之山以祈焉，生孔子，故名丘字仲尼。孔子三歲，而叔梁紇卒，葬於防，至十九，娶於宋之亓官氏，一歲而生伯魚。魚之生也，魯昭公以鯉魚賜孔子，榮君之貺，故因以名曰鯉而字伯魚，年五十，先孔子卒。

《孔子家語》卷九《終記解》 孔子蚤晨作，負手曳杖，逍遥于門，而歌曰：「泰山其頽乎！梁木其壞乎！哲人其萎乎！」既歌而入，當户而坐。子貢聞之，曰：「泰山其頽，則吾將安仰？梁木其壞，吾將安杖？哲人其萎，吾將安放？夫子殆將病也。」遂趨而入。夫子嘆而言曰：「賜，汝來何遲？予疇昔夢坐奠于兩楹之間。夏后氏殯于東階之上，則猶在阼。殷人殯于兩楹之間，則與賓主夾之。周人殯于西階之上，則猶賓之。而丘也即殷人。夫明王不興，則天下其孰能宗余？余逮將死。」遂寢病，七日而終，時年七十二矣。

哀公誄曰：「旻天不吊，不慭遺一老，俾屏余一人以在位，煢煢余在疚。于乎哀哉！尼父，無自律。」

子貢曰：「公其不没于魯乎？夫子有言曰：『禮失則昏，名失則愆。失志爲昏，失所爲愆。生不能用，死而誄之，非禮也。稱一人，非名，君兩失之矣。』」

既葬，有自燕來觀者，舍于子夏氏。子夏謂之曰：「吾亦人之葬聖人，非聖人之葬人，子奚觀焉？昔夫子言曰：『吾見封若夏屋者，見若斧矣，從若斧者也。』馬鬣封之謂也。今徒一日三斬板而以封，尚行夫子之志而已，何觀乎哉？」

二三子三年喪畢，或留或去，惟子貢廬于墓六年。自後群弟子及魯人處于墓如家者百有餘家，因名其居曰孔里焉。

《史記》卷四七《孔子世家》張守節正義引 《括地志》云：「故鄒城在兖州泗水縣東南六十里。昌平山在泗水縣南六十里。孔子生昌平鄉，蓋鄒取山爲名。故闕里在泗水縣南五十里。《輿地志》云鄒城西界闕里有尼丘山。」按：今尼丘山在兖州鄒城，闕里即此也。《括地志》云：「兖州曲阜縣魯城西南三里有闕里，中有孔子宅，宅中有廟。伍緝之《從征記》云闕里背邾面泗，即此也。」按：夫子生在鄒，長徙曲阜，仍號闕里。

馬驌《繹史》卷八六《先聖年譜》

周靈王二十一年，魯襄公二十二年庚戌，孔子生。	
二歲	
三歲，父叔梁紇卒，葬于防。	
四歲	
五歲	
六歲，爲兒戲，陳俎豆，設禮容。	
七歲，弟子顔無繇生。	
周景王元年丁巳，八歲。	
九歲	
十歲，仲由生。	

（續表）

魯昭公元年庚申，十一。	十二，漆雕開生。	十三	十四，有若生。	十五，志於學。	十六，閔損生。	十七，孟孫何忌、南宫説往學禮。	十八	十九，娶宋（开）〔亓〕官氏。	二十，子鯉生。爲委吏。
二十一，爲乘田。	二十二	二十三	二十四，母顔氏卒。	二十五	二十六	二十七，問禮於郯子，學琴於師襄。	二十八	二十九	三十，冉雍、冉求、商瞿、梁鱣生。
三十一，適齊。高柴、巫馬施生。《史記》顔回生，其年不合。	三十二，在齊，辭廩丘之養。端木賜生。	周敬王元年壬午，三十三。	三十四，適周，問禮老聃，觀明堂，入后稷廟。反魯。	三十五，適齊。	三十六，在齊聞《韶》。	三十七，反魯。原憲、樊須生。《家語》是年有若生。	三十八	三十九。或云是年顔回生，年三十二死，在孔鯉後。	四十，澹臺滅明生。
四十一，秦商、陳亢生。	四十二	魯定公元年壬辰，四十三。公西赤生。	四十四	四十五，卜商生。	四十六，言偃生。	四十七，爲中都宰。曾參、顔辛生。	四十八，爲司空。	四十九，顓孫師生。	五十，爲司寇。宓不齊生。
五十一，誅少正卯。顔高、叔仲會、冉孺、伯虔、曹卹生。	五十二，會夾谷，攝行相事。	五十三	五十四，墮三都。公孫龍生。《年表》齊歸女樂，孔子行。	五十五。《年表》：是年適衛，禄之如魯。	五十六。《世家》云是年攝相事，誅少正卯，去魯。《年表》是年適陳。	五十七。將適陳，圍于匡，反衛，去衛過曹，適宋，適鄭，遂至陳。	魯哀公元年丁未，五十八，在陳。	五十九。去陳過蒲，適衛，將如晉，至河反。至衛，復如陳。	六十，在陳。《年表》是年過宋，桓魋惡之。
六十一，自陳遷蔡。	六十二	六十三，自蔡如葉。將適楚，厄於陳、蔡之間。至楚，反衛。	六十四，在衛。	六十五	六十六	六十七	六十八，自衛反魯。删《詩》《書》，定《禮》《樂》，贊《易》。	六十九，子鯉卒。	七十，顔回卒。
七十一，西狩獲麟，作《春秋》。始平王四十九年己未，終敬王三十九年庚申。	七十二，仲由死衛難。	七十三，哀公十有六年壬戌，孔子卒。							

據《史記》、《家語》並參《闕里志》、《素王事紀》、《先聖大訓》諸書，略知出處大槩。雖諸説異同，要以《史記》爲主，爲其近古也。諸弟子之年，如《史》云仲由少孔子九歲，則當生於孔子之十歲。舊譜即生於九歲，今悉正之。

雜録

備録

《國語·魯語下》 季桓子穿井，獲如土缶，其中有羊焉。使問之仲尼曰：「吾穿井而獲狗，何也？」對曰：「以丘之所聞，羊也。丘聞之：木石之怪曰夔、蝄蜽，水之怪曰龍、罔象，土之怪曰羵羊。」

公父文伯卒，其母戒其妾曰：「吾聞之：好内，女死之；好外，士死之。今吾子夭死，吾惡其以好内聞也。二三婦之辱共先者祀，請無瘠色，無洵涕，無掐膺，無憂容，有降服，無加服。從禮而靜，是昭吾子也。」仲尼聞之曰：「女知莫若婦，男知莫若夫。公父氏之婦智也夫！欲明其子之令德。」

吴伐越，墮會稽，獲骨焉，節專車。吴子使來好聘，且問之仲尼，曰：「無以吾命。」賓發幣於大夫，及仲尼，仲尼爵之。既徹俎而宴，客執骨而問曰：「敢問骨何爲大？」仲尼曰：「丘聞之：昔禹致羣神於會稽之山，防風氏後至，禹殺而戮之，其骨節專車。此爲大矣。」客曰：「敢問誰守爲神？」仲尼曰：「山川之靈，足以紀綱天下者，其守爲神；社稷之守者，爲公侯。皆屬於王者。」客曰：「防風何守也？」仲尼曰：「汪芒氏之君也，守封、嵎之山者也，爲漆姓。在虞、夏、商爲汪芒氏，於周爲長狄，今爲大人。」客曰：「人長之極幾何？」仲尼曰：「僬僥氏長三尺，短之至也。長者不過十之，數之極也。」

仲尼在陳，有隼集于陳侯之庭而死，楛矢貫之，石砮其長尺有咫。陳惠公使人以隼如仲尼之館問之。仲尼曰：「隼之來也遠矣！此肅慎氏之矢也。昔武王克商，通道于九夷、百蠻，使各以其方賄來貢，使無忘職業。於是肅慎氏貢楛矢、石砮，其長尺有咫。先王欲昭其令德之致遠也，以示後人，使永監焉，故銘其栝曰『肅慎氏之貢矢』，以分大姬，配虞胡公而封諸陳。古者，分同姓以珍玉，展親也；分異姓以遠方之職貢，使無忘服也。故分陳以肅慎氏之貢。君若使有司求諸故府，其可得也。」使求，得之金櫝，如之。

季康子欲以田賦，使冉有訪諸仲尼。仲尼不對，私於冉有曰：「求來！女不聞乎？先王制土，籍田以力，而砥其遠邇；賦里以入，而量其有無；任力以夫，而議其老幼。於是乎有鰥、寡、孤、疾，有軍旅之出則徵之，無則已。其歲，收田一井，出稯禾、秉芻、缶米，不是過也。先王以爲足。若子季孫欲其法也，則有周公之籍矣；若欲犯法，則苟而賦，又何訪焉！」

《孟子·萬章上》 萬章問曰：「或謂孔子於衛主癰疽，於齊主侍人瘠環，有諸乎？」

孟子曰：「否。不然也。好事者爲之也。於衛主顔讎由。彌子之妻，與子路之妻，兄弟也。彌子謂子路曰：『孔子主我，衛卿可得也。』子路以告。孔子曰：『有命。』孔子進以禮，退以義，得之不得曰有命，而主癰疽與侍人瘠環，是無義無命也。孔子不悦於魯衛，遭宋桓司馬將要而殺之，微服而過宋。是時孔子當阨，主司城貞子，爲陳侯周臣。吾聞觀近臣，以其所爲主；觀遠臣，以其所主。若孔子主癰疽與侍人瘠環，何以爲孔子？」

《孟子·盡心下》 孟子曰：「孔子之去魯，曰『遲遲吾行也』，去父母國之道也。去齊，接淅而行，去他國之道也。」

《禮記·檀弓上》 孔子少孤，不知其墓，殯於五父之衢。人之見之者，皆以爲葬也。其慎也，蓋殯也。問於郰曼父之母，然後得合葬於防。

孔子之喪，門人疑所服。子貢曰：「昔者夫子之喪顔淵，若喪子而無服。喪子路亦然。請喪夫子若喪父而無服。」

孔子之喪，公西赤爲志焉。飾棺墻，置翣設披，周也。設崇，殷也。綢練設旐，夏也。孔子之喪，二三子皆絰而出，羣居則絰，出則否。

《墨子·非儒下》 齊景公問晏子曰：「孔子爲人何如？」晏子不對，公又復問，不對。景公曰：「以孔某語寡人者衆矣，俱以賢人也。今寡人問之，而子不對，何也？」晏子對曰：「嬰不肖，不足以知賢人。雖然，嬰聞所謂賢人者，入人之國，必務合其君臣之親，而弭其上下之怨。孔某之荆，知白公之謀，而奉之以石乞，君身幾滅，而白公僇。嬰聞賢人得上不虚，得下不危，言聽於君必利人，教行下必於上，是以言明而易知也，行明而易從也，行義可明乎民，謀慮可通乎君臣。今孔某深慮同謀以奉賊，勞思盡知以行邪，勸下亂上，教臣殺君，非賢人之

行也；入人之國而與人之賊，非義之類也；知人不忠，趣之爲亂，非仁義之也。逃人而後謀，避人而後言，行義不可明於民，謀慮不可通於君臣，嬰不知孔某之有異於白公也，是以不對。」景公曰：「嗚乎！貺寡人者衆矣，非夫子，則吾終身不知孔某之與白公同也。」

孔某之齊，見景公。景公説，欲封之以尼谿，以告晏子。晏子曰：「不可。夫儒，浩居而自順者也，不可以教下；好樂而淫人，不可使親治；立命而怠事，不可使守職；宗喪循哀，不可使慈民；機服勉容，不可使導衆。孔某盛容脩飾以蠱世，弦歌鼓舞以聚徒，繁登降之禮以示儀，務趨翔之節以觀衆，博學不可使議世，勞思不可以補民，絫壽不能盡其學，當年不能行其禮，積財不能贍其樂，繁飾邪術以營世君，盛爲聲樂以淫遇民，其道不可以期世，其學不可以導衆。今君封之，以利齊俗，非所以導國先衆。」公曰：「善！」於是厚其禮，留其封，敬見而不問其道。孔某乃恚，怒於景公與晏子，乃樹鴟夷子皮於田常之門，告南郭惠子以所欲爲，歸於魯。有頃，閒齊將伐魯，告子貢曰：「賜乎！舉大事於今之時矣！」乃遣子貢之齊，因南郭惠子以見田常，勸之伐吳，以教高、國、鮑、晏，使毋得害田常之亂，勸越伐吳。三年之内，齊吳破國之難，伏尸以言術數，孔某之誅也。

孔某爲魯司寇，舍公家則奉季孫。季孫相魯君而走，季孫與邑人争門關，決植。

孔某窮於蔡陳之閒，藜羹不糂，十日，子路爲享豚，孔某不問肉之所由來而食；號人衣以酤酒，孔某不問酒之所由來而飲。哀公迎孔某席不端弗坐，割不正弗食。子路進，請曰：「何其與陳、蔡反也？」孔某曰：「來！吾語女。曩與女爲苟生，今與女爲苟義。」夫飢約則不辭妄取以活身，贏飽則僞行以自飾。

孔某與其門弟子閒坐，曰：「夫舜見瞽叟就然，此時天下圾乎！周公旦非其人也邪？何爲舍亓家室而託寓也？」孔某所行，心術所至也。其徒屬弟子皆效孔某，子貢、季路輔孔悝亂乎衛，陽貨亂乎齊，佛肸以中牟叛，桼雕刑殘，莫大焉。夫爲弟子後生，其師，必脩其言，法其行，力不足、知弗及而後已。今孔某之行如此，儒士則可以疑矣。

《墨子·耕柱》　葉公子高問政於仲尼曰：「善爲政者若之何？」仲尼對曰：「善爲政者，遠者近之，而舊者新之。」子墨子聞之曰：「葉公子高未得其問也，仲尼亦未得其所以對也。葉公子高豈不知善爲政者之遠者近也，而舊者新是哉？問所以爲之若之何也。不以人之所不智告人，以所智告之，故葉公子高未得其問也，仲尼亦未得其所以對也。」

《莊子·人間世》　顔回見仲尼請行。曰：「奚之？」曰：「將之衛。」曰：「奚爲焉？」曰：「回聞衛君，其年壯，其行獨，輕用其國，而不見其過，輕用民死，死者以國量乎澤，若蕉，民其無如矣。回嘗聞之夫子曰：『治國去之，亂國就之，醫門多疾。』願以所聞思其則，庶幾其國有瘳乎！」仲尼曰：「譆！若殆往而刑耳！夫道不欲雜，雜則多，多則擾，擾則憂，憂而不救。古之至人，先存諸己，而後存諸人。所存於己者未定，何暇至於暴人之所行！且若亦知夫德之所蕩，而知之所爲出乎哉？德蕩乎名，知出乎争。名也者，相軋也；知也者，争之器也。二者凶器，非所以盡行也。」

《莊子·則陽》　孔子之楚，舍於蟻丘之漿。其鄰有夫妻臣妾登極者，子路曰：「是稯稯何爲者邪？」仲尼曰：「是聖人僕也。是自埋於民，自藏於畔。其聲銷，其志無窮，其口雖言，其心未嘗言，方且與世違而心不屑與之俱。是陸沈者也，是其市南宜僚邪？」子路請往召之。孔子曰：「已矣！彼知丘之著於己也，知丘之適楚也，以丘爲必使楚王之召己也，彼且以丘爲佞人也。夫若然者，其於佞人也羞聞其言，而況親見其身乎！而何以爲存？」子路往視之，其室虚矣。

仲尼問於大史大弢、伯常騫、狶韋曰：「夫衛靈公飲酒湛樂，不聽國家之政；田獵畢弋，不應諸侯之際。其所以爲靈公者何邪？」大弢曰：「是因是也。」伯常騫曰：「夫靈公有妻三人，同濫而浴。史鰌奉御而進所，搏幣而扶翼。其慢若彼之甚也，見賢人若此其肅也，是其所以爲靈公也。」狶韋曰：「夫靈公也死，卜葬於故墓不吉，卜葬於沙丘而吉。掘之數仞，得石槨焉，洗而視之，有銘焉，曰：『不馮其子，靈公奪而里之。』夫靈公之爲靈也久矣，之二人何足以識之？」

《莊子·盜跖》　孔子與柳下季爲友，柳下季之弟名曰盜跖。盜跖從卒九千人，横行天下，侵暴諸侯，穴室樞户，驅人牛馬，取人婦女，貪得忘親，不顧父母兄弟，不祭先祖。所過之邑，大國守城，小國入保，萬民苦之。

孔子謂柳下季曰：「夫爲人父者，必能詔其子；爲人兄者，必能教其弟。若父不能詔其子，兄不能教其弟，則無貴父子兄弟之親矣。今先生，世之才士也，弟爲盜跖，爲天下害，而弗能教也，丘竊爲先生羞之。丘請爲先生往説之。」柳下季曰：「先生言『爲人父者必能詔其子，爲人兄者必能教其弟』，若子不聽父之

詔，弟不受兄之教，雖今先生之辯，將奈之何哉？且跖之爲人也，心如涌泉，意如飄風，强足以距敵，辯足以飾非，順其心則喜，逆其心則怒，易辱人以言。先生必無往。」孔子不聽，顔回爲御，子貢爲右，往見盗跖。盗跖乃方休卒徒太山之陽，膾人肝而餔之。

孔子下車而前，見謁者曰：「魯人孔丘，聞將軍高義，敬再拜謁者。」謁者入通，盗跖聞之大怒，目如明星，髮上指冠，曰：「此夫魯國之巧僞人孔丘非邪？爲我告之：『爾作言造語，妄稱文、武，冠枝木之冠，帶死牛之脅，多辭繆説，不耕而食，不織而衣，摇脣鼓舌，擅生是非，以迷天下之主，使天下學士不反其本，妄作孝弟而徼倖於封侯富貴者也。子之罪大極重，疾走歸！不然，我將以子肝益晝餔之膳。』」孔子復通曰：「丘得幸於季，願望履幕下。」謁者復通，盗跖曰：「使來前！」孔子趨而進，避席反走，再拜盗跖。盗跖大怒，兩展其足，案劍瞋目，聲如乳虎，曰：「丘，來前！若所言，順吾意則生，逆吾心則死。」孔子曰：「丘聞之，凡天下有三德：生而長大，美好無雙，少長貴賤見而皆説之，此上德也；知維天地，能辯諸物，此中德也；勇悍果敢，聚衆率兵，此下德也。凡人有此一德者，足以南面稱孤矣。今將軍兼此三者，身長八尺二寸，面目有光，脣如激丹，齒如齊貝，音中黄鐘，而名曰盗跖，丘竊爲將軍恥不取焉。將軍有意聽臣，臣請南使吴、越，北使齊、魯，東使宋、衛，西使晉、楚，使爲將軍造大城數百里，立數十萬户之邑，尊將軍爲諸侯，與天下更始，罷兵休卒，收養昆弟，共祭先祖。此聖人才士之行，而天下之願也。」盗跖大怒曰：「丘來前！夫可規以利而可諫以言者，皆愚陋恒民之謂耳。今長大美好，人見而悦之者，此吾父母之遺德也。丘雖不吾譽，吾獨不自知邪？且吾聞之：『好面譽人者，亦好背而毁之。』今丘告我以大城衆民，是欲規我以利而恒民畜我也，安可久長也？城之大者，莫大乎天下矣。堯、舜有天下，子孫無置錐之地，湯、武立爲天子而後世絶滅，非以其利大故邪？且吾聞之：古者禽獸多而人少，於是民皆巢居以避之，晝拾橡栗，暮栖木上，故命之曰有巢氏之民。古者民不知衣服，夏多積薪，冬則煬之，故命之曰知生之民。神農之世，卧則居居，起則于于，民知其母，不知其父，與麋鹿共處，耕而食，織而衣，無有相害之心，此至德之隆也。然而黄帝不能致德，與蚩尤戰於涿鹿之野，流血百里。堯、舜作，立羣臣，湯放其主，武王殺紂。自是之後，以强陵弱，以衆暴寡。湯、武以來，皆亂人之徒也。今子修文、武之道，掌天下之辯，以教後世，縫衣淺帶，矯言僞行，以迷惑天下之主，而欲求富貴焉，盗莫大於子，天下何故不謂子爲盗丘而乃謂我爲盗跖？子以甘辭説子路而使從之，使子路去其危冠，解其長劍，而受教於子，天下皆曰『孔丘能止暴禁非』。其卒之也，子路欲殺衛君而事不成，身菹於衛東門之上，是子教之不至也。子自謂才士、聖人邪！則再逐於魯，削迹於衛，窮於齊，圍於陳、蔡，不容身於天下。子教子路菹此患，上無以爲身，下無以爲人，子之道豈足貴邪？世之所高，莫若黄帝，黄帝尚不能全德，而戰涿鹿之野，流血百里。堯不慈，舜不孝，禹偏枯，湯放其主，武王伐紂，文王拘羑里。此六子者，世之所高也，孰論之，皆以利惑其真而强反其情性，其行乃甚可羞也！世之所謂賢士，伯夷、叔齊，伯夷、叔齊辭孤竹之君，而餓死於首陽之山，骨肉不葬。鮑焦飾行非世，抱木而死。申徒狄諫而不聽，負石自投於河，爲魚鼈所食。介子推至忠也，自割其股以食文公，文公後背之，子推怒而去，抱木而燔死。尾生與女子期於梁下，女子不來，水至不去，抱梁柱而死。此六子者，無異於磔犬、流豕、操瓢而乞者，皆離名輕死，不念本養壽命者也。世之所謂忠臣者，莫若王子比干、伍子胥，子胥沈江，比干剖心。此二子者，世謂忠臣也，然卒爲天下笑。自上觀之，至於子胥、比干，皆不足貴也。丘之所以説我者，若告我以鬼事，則我不能知也；若告我以人事者，不過此矣，皆吾所聞知也。今吾告子以人之情：目欲視色，耳欲聽聲，口欲察味，志氣欲盈。人上壽百歲，中壽八十，下壽六十，除病瘦、死喪、憂患，其中開口而笑者，一月之中不過四五日而已矣。天與地無窮，人死者有時。操有時之具而託於無窮之間，忽然無異騏驥之馳過隙也。不能説其志意，養其壽命者，皆非通道者也。丘之所言，皆吾之所棄也，亟去走歸，無復言之！子之道，狂狂汲汲，詐巧虚僞事也，非可以全真也，奚足論哉？」

孔子再拜趨走，出門上車，執轡三失，目芒然無見，色若死灰，據軾低頭，不能出氣。歸到魯東門外，適遇柳下季。柳下季曰：「今者闕然數日不見，車馬有行色，得微往見跖邪？」孔子仰天而歎曰：「然。」柳下季曰：「跖得無逆汝意若前乎？」孔子曰：「然。丘所謂無病而自灸也。疾走料虎頭，編虎須，幾不免虎口哉！」

《荀子·宥坐》 孔子觀於魯桓公之廟，有欹器焉。孔子問於守廟者曰：「此爲何器？」守廟者曰：「此蓋爲宥坐之器。」孔子曰：「吾聞宥坐之器者，虚則欹，中則正，滿則覆。」孔子顧謂弟子曰：「注水焉！」弟子挹水而注之，中而正，滿而覆，虚而欹。孔子喟然而歎曰：「吁！惡有滿而不覆者哉！」子路曰：「敢問持滿有道乎？」孔子曰：「聰明聖知，守之以愚；功被天下，守之以讓；勇力

撫世，守之以怯；富有四海，守之以謙。此所謂挹而損之之道也。」

孔子爲魯攝相，朝七日而誅少正卯。門人進問曰：「夫少正卯，魯之聞人也，夫子爲政而始誅之，得無失乎？」孔子曰：「居！吾語女其故。人有惡者五，而盜竊不與焉：一曰心達而險，二曰行辟而堅，三曰言僞而辯，四曰記醜而博，五曰順非而澤。此五者有一於人，則不得免於君子之誅，而少正卯兼有之。故居處足以聚徒成羣，言談足以飾邪營衆，强足以反是獨立，此小人之桀雄也，不可不誅也。是以湯誅尹諧，文王誅潘止，周公誅管叔，太公誅華仕，管仲誅付里乙，子産誅鄧析、史付，此七子者，皆異世同心，不可不誅也。《詩》曰：『憂心悄悄，愠于羣小。』小人成羣，斯足憂矣。」

孔子爲魯司寇，有父子訟者，孔子拘之，三月不别。其父請止，孔子舍之。季孫聞之不説，曰：「是老也欺予，語予曰：『爲國家必以孝。』今殺一人以戮不孝，又舍之。」冉子以告。孔子慨然歎曰：「嗚呼！上失之，下殺之，其可乎！不教其民而聽其獄，殺不辜也。三軍大敗，不可斬也；獄犴不治，不可刑也，罪不在民故也。嫚令謹誅，賊也；今生也有時，斂也無時，暴也；不教而責成功，虐也。已此三者，然後刑可即也。《書》曰：『義刑義殺，勿庸以即，予維曰未有順事。』言先教也。」故先王既陳之以道，上先服之；若不可，尚賢以綦之；若不可，廢不能以單之；邪民不從，然後俟之以刑，則民知罪矣。《詩》曰：『尹氏大師，維周之氐，秉國之均，四方是維，天子是庳，卑民不迷。』是以威厲而不試，刑錯而不用，此之謂也。今之世則不然：亂其教，繁其刑，其民迷惑而墮焉，則從而制之，是以刑彌繁而邪不勝。三尺之岸而虚車不能登也，百仞之山任負車登焉，何則？陵遲故也。數仞之墻而民不踰也，百仞之山而竪子馮而游焉，陵遲故也。今夫世之陵遲亦久矣，而能使民勿踰乎！《詩》曰：『周道如砥，其直如矢。君子所履，小人所視。眷焉顧之，潸焉出涕！』豈不哀哉！

《詩》曰：「瞻彼日月，悠悠我思。道之云遠，曷云能來！」子曰：「伊稽首，不其有來乎？」

孔子觀於東流之水，子貢問於孔子曰：「君子之所以見大水必觀焉者是何？」孔子曰：「夫水，大偏與諸生而無爲也，似德。其流也埤下，裾拘必循其理，似義。其洸洸乎不淈盡，似道。若有決行之，其應佚若聲響，其赴百仞之谷不懼，似勇。主量必平，似法。盈不求概，似正。淖約微達，似察。以出以入，以就鮮絜，似善化。其萬折也必東，似志。是故君子見大水必觀焉。」

孔子曰：「吾有恥也，吾有鄙也，吾有殆也：幼不能彊學，老無以教之，吾恥之。去其故鄉，事君而達，卒遇故人，曾無舊言，吾鄙之。與小人處者，吾殆之也。」

孔子曰：「如垤而進，吾與之；如丘而止，吾已矣。」今學曾未如肬贅，則具然欲爲人師。

孔子南適楚，戹於陳、蔡之閒，七日不火食，藜羹不糂，弟子皆有飢色。子路進問之曰：「由聞之：爲善者天報之以福，爲不善者天報之以禍。今夫子累德、積義、懷美，行之日久矣，奚居之隱也？」孔子曰：「由不識，吾語女。女以知者爲必用邪？王子比干不見剖心乎！女以忠者爲必用邪？關龍逢不見刑乎！女以諫者爲必用邪？吴子胥不磔姑蘇東門外乎！夫遇不遇者，時也；賢不肖者，材也。君子博學深謀不遇時者多矣。由是觀之，不遇世者衆矣，何獨丘也哉！且夫芷蘭生於深林，非以無人而不芳。君子之學，非爲通也；爲窮而不困，憂而意不衰也，知禍福終始而心不惑也。夫賢不肖者，材也；爲不爲者，人也；遇不遇者，時也；死生者，命也。今有其人不遇其時，雖賢，其能行乎？苟遇其時，何難之有？故君子博學、深謀、脩身、端行以俟其時。」孔子曰：「由！居！吾語女。昔晉公子重耳霸心生於曹，越王句踐霸心生於會稽，齊桓公小白霸心生於莒。故居不隱者思不遠，身不佚者志不廣。女庸安知吾不得之桑落之下！」

子貢觀於魯廟之北堂，出而問於孔子曰：「鄉者賜觀於太廟之北堂，吾亦未輟，還復瞻被九蓋皆繼，被有説邪？匠過絶邪？」孔子曰：「太廟之堂，亦嘗有説。官致良工，因麗節文，非無良材也，蓋曰貴文也。」

《荀子・子道》 魯哀公問於孔子曰：「子從父命，孝乎？臣從君命，貞乎？」三問，孔子不對。孔子趨出，以語子貢曰：「鄉者君問丘也，曰：『子從父命，孝乎？臣從君命，貞乎？』三問而丘不對，賜以爲何如？」子貢曰：「子從父命，孝矣；臣從君命，貞矣。夫子有奚對焉？」孔子曰：「小人哉！賜不識也。昔萬乘之國有争臣四人，則封疆不削；千乘之國有争臣三人，則社稷不危；百乘之家有争臣二人，則宗廟不毁。父有争子，不行無禮；士有争友，不爲不義。故子從父，奚子孝？臣從君，奚臣貞？審其所以從之之謂孝，之謂貞也。」

子路問於孔子曰：「有人於此，夙興夜寐，耕耘樹藝，手足胼胝，以養其親，然而無孝之名，何也？」孔子曰：「意者身不敬與？辭不遜與？色不順與？古之人有言曰：『衣與，繆與，不女聊。』今夙興夜寐，耕耘樹藝，手足胼胝，以養其親，

無此三者，則何以爲而無孝之名也？」孔子曰：「由，志之，吾語女。雖有國士之力，不能自舉其身，非無力也，勢不可也。故入而行不脩，身之罪也；出而名不章，友之過也。故君子入則篤行，出則友賢，何爲而無孝之名也？」

子路問於孔子曰：「魯大夫練而牀，禮邪？」孔子曰：「吾不知也。」子路出，謂子貢曰：「吾以夫子爲無所不知，夫子徒有所不知。」子貢曰：「女何問哉？」子路曰：「由問魯大夫練而牀，禮邪？夫子曰：『吾不知也。』」子貢曰：「吾將爲女問之。」子貢問曰：「練而牀，禮邪？」孔子曰：「非禮也。」子貢出，謂子路曰：「女謂夫子爲有所不知乎？夫子徒無所不知，女問非也。禮，居是邑，不非其大夫。」

子路盛服見孔子，孔子曰：「由，是裾裾何也？昔者江出於岷山，其始出也，其源可以濫觴，及其至江之津也，不放舟，不避風則不可涉也，非維下流水多邪？今女衣服既盛，顔色充盈，天下且孰肯諫女矣？由！」子路趨而出，改服而入，蓋猶若也。孔子曰：「志之，吾語女。奮於言者華，奮於行者伐，色知而有能者，小人也。故君子知之曰知之，不知曰不知，言之要也；能之曰能之，不能曰不能，行之至也。言要則知，行至則仁。既知且仁，夫惡有不足矣哉！」

子路入，子曰：「由，知者若何？仁者若何？」子路對曰：「知者使人知己，仁者使人愛己。」子曰：「可謂士矣。」子貢入，子曰：「賜，知者若何？仁者若何？」子貢對曰：「知者知人，仁者愛人。」子曰：「可謂士君子矣。」顔淵入，子曰：「回，知者若何？仁者若何？」顔淵對曰：「知者自知，仁者自愛。」子曰：「可謂明君子矣。」

子路問於孔子曰：「君子亦有憂乎？」孔子曰：「君子，其未得也，則樂其意，既已得之，又樂其治，是以有終身之樂，無一日之憂。小人者，其未得也，則憂不得，既已得之，又恐失之，是以有終身之憂，無一日之樂也。」

《荀子·法行》 子貢問於孔子曰：「君子之所以貴玉而賤珉者，何也？爲夫玉之少而珉之多邪？」孔子曰：「惡！賜，是何言也？夫君子豈多而賤之，少而貴之哉！夫玉者，君子比德焉。溫潤而澤，仁也；縝栗而理，知也；堅剛而不屈，義也；廉而不劌，行也；折而不橈，勇也；瑕適並見，情也；扣之，其聲清揚而遠聞，其止輟然，辭也。故雖有珉之雕雕，不若玉之章章。《詩》曰：『言念君子，溫其如玉。』此之謂也。」【略】

孔子曰：「君子有三恕。有君不能事，有臣而求其使，非恕也；有親不能報，有子而求其孝，非恕也；有兄不能敬，有弟而求其聽令，非恕也。士明於此三恕，則可以端身矣。」

孔子曰：「君子有三思，而不可不思也。少而不學，長無能也；老而不教，死無思也；有而不施，窮無與也。是故君子少思長則學，老思死則教，有思窮則施也。」

《荀子·哀公》 魯哀公問於孔子曰：「吾欲論吾國之士，與之治國，敢問何如取之邪？」孔子對曰：「生今之世，志古之道，居今之俗，服古之服，舍此而爲非者，不亦鮮乎？」哀公曰：「然則夫章甫、絢屨、紳而搢笏者，此賢乎？」孔子對曰：「不必然。夫端衣、玄裳、絻而乘路者，志不在於食葷；斬衰、菅屨、杖而啜粥者，志不在於酒肉。生今之世，志古之道，居今之俗，服古之服，舍此而爲非者，雖有，不亦鮮乎！」哀公曰：「善！」

孔子曰：「人有五儀：有庸人，有士，有君子，有賢人，有大聖。」哀公曰：「敢問何如斯可謂庸人矣？」孔子對曰：「所謂庸人者，口不能道善言，心不知色色；不知選賢人善士託其身焉以爲己憂，勤行不知所務，止交不知所定；日選擇於物，不知所貴；從物如流，不知所歸；五鑿爲正，心從而壞：如此則可謂庸人矣。」哀公曰：「善！敢問何如斯可謂士矣？」孔子對曰：「所謂士者，雖不能盡道術，必有率也；雖不能徧美善，必有處也。是故知不務多，務審其所知；言不務多，務審其所謂；行不務多，務審其所由。故知既已知之矣，言既已謂之矣，行既已由之矣，則若性命肌膚之不可易也。故富貴不足以益也，卑賤不足以損也，如此，則可謂士矣。」哀公曰：「善！敢問何如斯可謂之君子矣？」孔子對曰：「所謂君子者，言忠信而心不德，仁義在身而色不伐，思慮明通而辭不爭，故猶然如將可及者，君子也。」哀公曰：「善！敢問何如斯可謂賢人矣？」孔子對曰：「所謂賢人者，行中規繩而不傷於本，言足法於天下而不傷於身，富有天下而無怨財，布施天下而不病貧，如此，則可謂賢人矣。」哀公曰：「善！敢問何如斯可謂大聖矣？」孔子對曰：「所謂大聖者，知通乎大道，應變而不窮，辨乎萬物之情性者也。大道者，所以變化遂成萬物也；情性者，所以理然不取舍也。是故其事大辨乎天地，明察乎日月，總要萬物於風雨，繆繆肫肫，其事不可循，若天之嗣，其事不可識，百姓淺然不識其鄰，若此，則可謂大聖矣。」哀公曰：「善！」

魯哀公問舜冠於孔子，孔子不對。三問，不對。哀公曰：「寡人問舜冠於子，何以不言也？」孔子對曰：「古之王者，有務而拘領者矣，其政好生而惡殺

焉，是以鳳在列樹，麟在郊野，烏鵲之巢可附而窺也。君不此問而問舜冠，所以不對也。」

魯哀公問於孔子曰：「寡人生於深宫之中，長於婦人之手，寡人未嘗知哀也，未嘗知憂也，未嘗知勞也，未嘗知懼也，未嘗知危也。」孔子曰：「君之所問，聖君之問也。丘，小人也，何足以知之？」曰：「非吾子無所聞之也。」孔子曰：「君入廟門而右，登自胙階，仰視榱棟，俛見几筵，其器存，其人亡，君以此思哀，則哀將焉而不至矣！君昧爽而櫛冠，平明而聽朝，一物不應，亂之端也，君以此思憂，則憂將焉而不至矣！君平明而聽朝，日昃而退，諸侯之子孫必有在君之末庭者，君以此思勞，則勞將焉而不至矣！君出魯之四門以望魯四郊，亡國之虚則必有數蓋焉，君以此思懼，則懼將焉而不至矣！且丘聞之：君者舟也，庶人者水也。水則載舟，水則覆舟，君以此思危，則危將焉而不至矣！」

魯哀公問於孔子曰：「紳、委、章甫，有益於仁乎？」孔子蹴然曰：「君號然也！資衰、苴杖者不聽樂，非耳不能聞也，服使然也。黼衣、黻裳者不茹葷，非口不能味也，服使然也。且丘聞之：好肆不守折，長者不爲市。竊其有益與其無益，君其知之矣。」

魯哀公問於孔子曰：「請問取人？」孔子對曰：「無取健，無取詌，無取口啍。健，貪也；詌，亂也；口啍，誕也。故弓調而後求勁焉，馬服而後求良焉，士信慤而後求知能焉。士不信慤而有多知能，譬之其豺狼也，不可以身尒也。語曰：『桓公用其賊，文公用其盜。』故明主任計不信怒，闇主信怒不任計。計勝怒則彊，怒勝計則亡。」

《荀子・堯問》 子貢問於孔子曰：「賜爲人下而未知也。」孔子曰：「爲人下者乎？其猶土也？深抇之而得甘泉焉，樹之而五穀蕃焉，草木殖焉，禽獸育焉，生則立焉，死則入焉，多其功而不息。爲人下者，其猶土也。」

《韓非子・説林下》 孔子謂弟子曰：「孰能導子西之釣名也？」子貢曰：「賜他能。」乃導之，不復疑也。孔子曰：「寬哉，不被於利；絜哉，民性有恒。曲爲曲，直爲直。孔子曰子西不免。」白公之難，子西死焉。故曰：「直於行者曲於欲。」

《韓非子・内儲説上》 魯哀公問於孔子曰：「鄙諺曰：『莫衆而迷。』今寡人舉事，與羣臣慮之，而國愈亂，其故何也？」孔子對曰：「明主之問臣，一人知之，一人不知也。如是者，明主在上，羣臣直議於下。今羣臣無不一辭同軌乎季孫者，舉魯國盡化爲一。君雖問境内之人，猶不免於亂也。」

魯哀公問於仲尼曰：「《春秋》之記曰：『冬十二月賈霜不殺菽。』何爲記此？」仲尼對曰：「此言可以殺而不殺也。夫宜殺而不殺，桃李冬實。天失道，草木猶犯干之，而況於人君乎？」

殷之法，刑棄灰于街者，子貢以爲重，問之仲尼。仲尼曰：「知治之道也。夫棄灰於街必掩人，掩人，人必怒，怒則鬬，鬬必三族相殘也。此殘三族之道也，雖刑之可也。且夫重罰者，人之所惡也；而無棄灰，人之所易也。使人行之所易，而無離所惡，此治之道。」

《韓非子・外儲説左下》 孔子相衛，弟子子皋爲獄吏，刖人足，所跀者守門。人有惡孔子於衛君者曰：「尼欲作亂。」衛君欲執孔子。孔子走，弟子皆逃。子皋從出門，跀危引之而逃之門下室中，吏追不得。夜半，子皋問跀危曰：「吾不能虧主之法令而親跀子之足，是子報仇之時也，而子何故乃肯逃我？我何以得此於子？」跀危曰：「吾斷足也，固吾罪當之，不可奈何。然方公之獄治臣也，公傾側法令，先後臣以言，欲臣之免也甚，而臣知之。及獄決罪定，公憱然不悦，形於顔色，臣見又知之。非私臣而然也，夫天性仁心固然也。此臣之所以悦而德公也。」

哀公問於孔子曰：「吾聞夔一足，信乎？」曰：「夔，人也，何故一足？彼其無他異，而獨通於聲。堯曰：『夔一而足矣』，使爲樂正。故君子曰：『夔有一，足。』非一足也。」

孔子御坐於魯哀公，哀公賜之桃與黍。哀公曰：「請用。」仲尼先飯黍而後啗桃。左右皆揜口而笑。哀公曰：「黍者，非飯之也，以雪桃也。」仲尼對曰：「丘知之矣。夫黍者，五穀之長也，祭先王爲上盛。果蓏有六，而桃爲下，祭先王不得入廟。丘之聞也，君子以賤雪貴，不聞以貴雪賤。今以五穀之長雪果蓏之下，是從上雪下也。丘以爲妨義，故不敢以先於宗廟之盛也。」

《韓非子・外儲説右上》 季孫相魯，子路爲郈令。魯以五月起衆爲長溝。當此之爲，子路以其私秩粟爲漿飯，要作溝者於五父之衢而飡之。孔子聞之，使子貢往覆其飯，擊毁其器，曰：「魯君有民，子奚爲乃飡之？」子路怫然怒，攘肱而入，請曰：「夫子疾由之爲仁義乎？所學於夫子者，仁義也。仁義者，與天下共其所有而同其利者也。今以由之秩粟而飡民，不可，何也？」孔子曰：「由之野也！吾以女知之，女徒未及也。女故如是之不知禮也！女之飡之，爲愛之也。

夫禮，天子愛天下，諸侯愛境内，大夫愛官職，士愛其家，過其所愛曰侵。今魯君有民而子擅愛之，是子侵也，不亦誣乎！」言未卒，而季孫使者至，讓曰：「肥也起民而使之，先生使弟子令徒役而飡之，將奪肥之民耶？」孔子駕而去魯。以孔子之賢，而季孫非魯君也，以人臣之資，假人主之術，蚤禁於未形，而子路不得行其私惠，而害不得生，況人主乎！以景公之勢而禁田常之侵也，則必無劫弑之患矣。

《韓非子·難三》 葉公子高問政於仲尼，仲尼曰：「政在悦近而來遠。」哀公問政於仲尼，仲尼曰：「政在選賢。」齊景公問政於仲尼，仲尼曰：「政在節財。」三公出，子貢問曰：「三公問夫子政一也，夫子對之不同，何也？」仲尼曰：「葉都大而國小，民有背心，故曰政在悦近而來遠。魯哀公有大臣三人，外障距諸侯四鄰之士，内比周而以愚其君，使宗廟不掃除、社稷不血食者，必是三臣也，故曰政在選賢。齊景公築雍門，爲路寢，一朝而以三百乘之家賜者三，故曰政在節財。」

或曰：仲尼之對，亡國之言也。葉民有倍心，而説之悦近而來遠，則是教民懷惠。惠之爲政，無功者受賞，而有罪者免，此法之所以敗也。法敗而政亂，以亂政治敗民，未見其可也。且民有倍心者，君上之明有所不及也，不紹葉公之明，而使之悦近而來遠，是舍吾勢之所能禁而使與不行惠以争民，非能持勢者也。夫堯之賢，六王之冠也，舜一從而咸包，而堯無天下矣。有人無術以禁下，恃爲舜而不失其民，不亦無術乎？明君見小姦於微，故民無大謀；行小誅於細，故民無大亂。此謂圖難於其所易也，爲大者於其所細也。今有功者必賞，賞者不得君，力之所至也；有罪者必誅，誅者不怨上，罪之所生也。民知誅罰之皆起於身也，故疾功利於業，而不受賜於君。「太上，下智有之。」此言太上之下民無説也，安取懷惠之民？上君之民無利害，説以悦近來遠，亦可舍已。哀公有臣外障距内比周以愚其君，而説之以選賢，此非功伐之論也，選其心之所謂賢者也。使哀公知三子外障距内比周也，則三子不一日立矣。哀公不知選賢，選其心之所謂賢，故三子得任事。燕子噲賢子之而非孫卿，故身死爲僇。夫差智太宰嚭而愚子胥，故滅於越。魯君不必知賢，而説以選賢，是使哀公有夫差、燕噲之患也。明君不自舉臣，臣相進也；不自賢，功自徇也。論之於任，試之於事，課之於功，故羣臣公政而無私，不隱賢，不進不肖。然則人主奚勞於選賢？景公以百乘之家賜，而説以節財，是使景公無術使智□之侈，而獨儉於上，未免於貧也。有君以千里養其口腹，則雖桀、紂不侈焉。齊國方三千里，而桓公以其半自養，是侈於桀、紂也，然而能爲五霸冠者，知侈儉之地也。爲君不能禁下而自禁者謂之劫，不能飾下而自飾者謂之亂，不節下而自節者謂之貧。明君使人無私，以詐而食者禁；力盡於事，歸利於上者必聞，聞者必賞；污穢爲私者必知，知者必誅。然故忠臣盡忠於方公，民士竭力於家，百官精剋於上，侈倍景公，非國之患也。然則説之以節財，非其急者也。夫對三公一言而三公可以無患，知下之謂也。知下明則禁於微，禁於微則姦無積，姦無積則無比周，無比周則公私分，公私分則朋黨散，朋黨散則無外障距内比周之患。知下明則見精沐，見精沐則誅賞明，誅賞明則國不貧。故曰一對而三公無患，知下之謂也。

《吕氏春秋·季春紀·先己》 《詩》曰：「執轡如組。」孔子曰：「審此言也可以爲天下。」子貢曰：「何其躁也？」孔子曰：「非謂其躁也，謂其爲之於此，而成文於彼也，聖人組修其身，而成文於天下矣。」故子華子曰：「丘陵成而穴者安矣，大水深淵成而魚鼈安矣，松柏成而塗之人已蔭矣。」

孔子見魯哀公，哀公曰：「有語寡人曰：『爲國家者，爲之堂上而已矣。』寡人以爲迂言也。」孔子曰：「此非迂言也。丘聞之：『得之於身者得之人，失之於身者失之人。』不出於門户而天下治者，其唯知反於己身者乎！」

《吕氏春秋·孟冬紀·安死》 魯季孫有喪，孔子往弔之。入門而左，從客也。主人以璵璠收，孔子徑庭而趨，歷級而上，曰：「以寶玉收，譬之猶暴骸中原也。」徑庭歷級，非禮也；雖然，以救過也。

《吕氏春秋·孟冬紀·異用》 孔子之弟子從遠方來者，孔子荷杖而問之曰：「子之公不有恙乎？」搏杖而揖之，問曰：「子之父母不有恙乎？」置杖而問曰：「子之兄弟不有恙乎？」杙步而倍之，問曰：「子之妻子不有恙乎？」故孔子以六尺之杖，諭貴賤之等，辨疏親之義，又況於以尊位厚禄乎？

《吕氏春秋·孝行覽·慎人》 孔子窮於陳、蔡之間，七日不嘗食，藜羹不糝。宰予備矣，孔子弦歌於室，顔回擇菜於外。子路與子貢相與而言曰：「夫子逐於魯，削迹於衛，伐樹於宋，窮於陳、蔡，殺夫子者無罪，藉夫子者不禁，夫子弦歌鼓舞，未嘗絶音，蓋君子之無所醜也若此乎？」顔回無以對，入以告孔子。孔子憱然推琴，喟然而歎曰：「由與賜，小人也。召，吾語之。」子路與子貢入。子貢曰：「如此者可謂窮矣。」孔子曰：「是何言也？君子達於道之謂達，窮於道之謂窮。今丘也拘仁義之道，以遭亂世之患，其所也，何窮之謂？故内省而不疚於

道，臨難而不失其德。大寒既至，霜雪既降，吾是以知松柏之茂也。昔桓公得之莒，文公得之曹，越王得之會稽。陳、蔡之阨，於丘其幸乎！」孔子烈然返瑟而弦，子路抗然執干而舞。子貢曰：「吾不知天之高也，不知地之下也。」古之得道者，窮亦樂，達亦樂。所樂非窮達也，道得於此，則窮達一也，爲寒暑風雨之序矣。故許由虞乎潁陽，而共伯得乎共首。

《呂氏春秋・先識覽・樂成》 孔子始用於魯。魯人鷖誦之曰：「麛裘而韠，投之無戾；韠而麛裘，投之無郵。」用三年，男子行乎塗右，女子行乎塗左，財物之遺者，民莫之舉。大智之用，固難踰也。子產始治鄭，使田有封洫，都鄙有服。民相與誦之曰：「我有田疇，而子產賦之。要我有衣冠，而子產貯之。孰殺子產，吾其與之。」後三年，民又誦之曰：「我有田疇，而子產殖之。我有子弟，而子產誨之。子產若死，其使誰嗣之？」使鄭簡、魯哀當民之誹訩也而因弗遂用，則國必無功矣，子產、孔子必無能矣。非徒不能也，雖罪施，於民可也。今世皆稱簡公、哀公爲賢，稱子產、孔子爲能，此二君者，達乎任人也。

《呂氏春秋・審分覽・任數》 孔子窮乎陳、蔡之間，藜羹不斟，七日不嘗粒，晝寢。顏回索米，得而爨之，幾熟。孔子望見顏回攫其甑中而食之。選間，食熟，謁孔子而進食。孔子佯爲不見之。孔子起曰：「今者夢見先君，食潔而後饋。」顏回對曰：「不可。嚮者煤室入甑中，棄食不祥，回攫而飯之。」孔子歎曰：「所信者目也，而目猶不可信；所恃者心也，而心猶不足恃。弟子記之，知人固不易矣。」故知非難也，孔子之所以知人難也。

《呂氏春秋・審應覽・精諭》 孔子見溫伯雪子，不言而出。子貢曰：「夫子之欲見溫伯雪子好矣，今也見之而不言，其故何也？」孔子曰：「若夫人者，目擊而道存矣，不可以容聲矣。」故未見其人而知其志，見其人而心與志皆見，天符同也。聖人之相知，豈待言哉？

白公問於孔子曰：「人可與微言乎？」孔子不應。白公曰：「若以石投水奚若？」孔子曰：「沒人能取之。」白公曰：「若以水投水奚若？」孔子曰：「淄、澠之合者，易牙嘗而知之。」白公曰：「然則人不可與微言乎？」孔子曰：「胡爲不可？唯知言之謂者爲可耳。」白公弗得也。知謂則不以言矣。言者，謂之屬也。求魚者濡，爭獸者趨，非樂之也。故至言去言，至爲無爲，淺智者之所爭則末矣。此白公之所以死於法室。

《呂氏春秋・審應覽・淫辭》 空雄之遇，秦、趙相與約約曰：「自今以來，秦之所欲爲，趙助之；趙之所欲爲，秦助之。」居無幾何，秦興兵攻魏，趙欲救之。秦王不說，使人讓趙王曰：「約曰『秦之所欲爲，趙助之；趙之所欲爲，秦助之』。今秦欲攻魏，而趙因欲救之，此非約也。」趙王以告平原君。平原君以告公孫龍。公孫龍曰：「亦可以發使而讓秦王曰：『趙欲救之，今秦王獨不助趙，此非約也。』」

孔穿、公孫龍相與論於平原君所，深而辯，至於藏三牙，公孫龍言藏之三牙甚辯，孔穿不應，少選，辭而出。明日，孔穿朝。平原君謂孔穿曰：「昔者公孫龍之言甚辯。」孔穿曰：「然。幾能令藏三牙矣。雖然難。願得有問於君，謂藏三牙甚難而實非也，謂藏兩牙甚易而實是也，不知君將從易而是者乎？將從難而非者乎？」平原君不應。明日，謂公孫龍曰：「公無與孔穿辯。」

《呂氏春秋・離俗覽・高義》 孔子見齊景公，景公致廩丘以爲養，孔子辭不受，入謂弟子曰：「吾聞君子當功以受祿。今說景公，景公未之行而賜之廩丘，其不知丘亦甚矣。」令弟子趣駕，辭而行。孔子布衣也，官在魯司寇，萬乘難與比行，三王之佐不顯焉，取舍不苟也夫！

《呂氏春秋・慎行論・壹行》 孔子卜，得賁。孔子曰：「不吉。」子貢曰：「夫賁亦好矣，何謂不吉乎？」孔子曰：「夫白而白，黑而黑，夫賁又何好乎？」故賢者所惡於物，無惡於無處。

《韓詩外傳》卷一 孔子南遊適楚，至於阿谷之隧，有處子佩璜而浣者。孔子曰：「彼婦人其可與言矣乎？」抽觴以授子貢，曰：「善爲之辭，以觀其語。」子貢曰：「吾北鄙之人也，將南之楚。逢天之暑，思心潭潭，願乞一飲，以表我心。」婦人對曰：「阿谷之隧，隱曲之汜，其水載清載濁，流而趨海，欲飲則飲，何問於婢子！」受子貢觴，迎流而挹之，奐然而棄之，從流而挹之，奐然而溢之，坐置之沙上，曰：「禮固不親授。」子貢以告。孔子曰：「丘知之矣。」抽琴去其軫，以授子貢曰：「善爲之辭，以觀其語。」子貢曰：「嚮子之言，穆如清風，不悖我語，和暢我心。於此有琴而無軫，願借子以調其音。」婦人對曰：「吾野鄙之人也，僻陋而無心，五音不知，安能調琴？」子貢以告。孔子曰：「丘知之矣。」抽絺紘五兩以授子貢，曰：「善爲之辭，以觀其語。」子貢曰：「吾北鄙之人也，將南之楚。於此有絺紘五兩，吾不敢以當子身，敢置之水浦。」婦人對曰：「行客之人，嗟然永久，分其資財，棄之野鄙。吾年甚少，何敢受子？子不早去，今竊有狂夫守之者矣。」《詩》曰：「南有喬木，不可休思。漢有游女，不可求思。」此之謂也。

哀公問孔子曰：「有智者壽乎？」孔子曰：「然。人有三死而非命也者，自取之也。居處不理，飲食不節，佚勞過度者，病共殺之。居下而好干上，嗜欲無厭，求索不止者，刑共殺之。少以敵衆，弱以侮强，忿不量力者，兵共殺之。故有三死而非命也者，自取之也。」《詩》曰：「人而無儀，不死何爲。」

《韓詩外傳》卷二　傳曰：孔子遭齊程本子於郯之間，傾蓋而語終日，有間，顧子路曰：「由來！取束帛以贈先生。」子路不對。有間，又顧曰：「取束帛以贈先生。」子路率爾而對曰：「昔者由也聞之於夫子，士不中道相見，女無媒而嫁者，君子不行也。」孔子曰：「夫《詩》不云乎：『野有蔓草，零露漙兮。有美一人，青陽宛兮，邂逅相遇，適我願兮。』且夫齊程本子，天下之賢士也，吾於是而不贈，終身不之見也。大德不踰閑，小德出入可也。」

《韓詩外傳》卷四　孔子見客。客去，顏淵曰：「客仁也？」孔子曰：「恨兮其心，顙兮其口，仁則吾不知也。」顏淵蹙然變色，曰：「良玉度尺，雖有十仞之土，不能掩其光。良珠度寸，雖有百仞之水，不能掩其瑩。夫形體之包心也，閔閔乎其薄也。苟有溫良在其中，則眉睫著之矣。疵瑕在其中，則眉睫亦不匿之。」《詩》曰：「鼓鐘于宮，聲聞于外。」言有諸中必形諸外也。

《韓詩外傳》卷五　子夏問曰：「《關雎》何以爲《國風》始也？」孔子曰：「《關雎》至矣乎！夫《關雎》之人，仰則天，俯則地，幽幽冥冥，德之所藏，紛紛沸沸，道之所行，雖神龍化，斐斐文章。大哉《關雎》之道也，萬物之所繫，羣生之所懸命也。河洛出《書》《圖》，麟鳳翔乎郊。不由《關雎》之道，則《關雎》之事將奚由至矣哉？夫六經之策，皆歸論汲汲，蓋取之乎《關雎》。《關雎》之事大矣哉！馮馮翊翊，自東自西，自南自北，無思不服。子其勉强之，思服之。天地之間，生民之屬，王道之原，不外此矣。」子夏喟然嘆曰：「大哉《關雎》，乃天地之基也。」《詩》曰：「鐘鼓樂之。」

孔子抱聖人之心，仿徨乎道德之域，逍遥乎無形之鄉，倚天理，觀人情，明終始，知得失。故興仁義，厭勢利，以持養之。于時周室微，王道絶，諸侯力政，强劫弱，衆暴寡，百姓靡安，莫之紀綱，禮儀廢壞，人倫不理。於是孔子自東自西，自南自北，匍匐救之。

孔子學鼓琴於師襄子而不進，師襄子曰：「夫子可以進矣。」孔子曰：「丘已得其曲矣，未得其數也。」有間，曰：「夫子可以進矣。」曰：「丘已得其數矣，未得其意也。」有間，復曰：「夫子可以進矣。」曰：「丘已得其意矣，未得其人也。」有間，復曰：「夫子可以進矣。」曰：「丘已得其人矣，未得其類也。」有間，曰：「邈然遠望，洋洋乎，翼翼乎，必作此樂也。黯然而黑，幾然而長，以王天下，以朝諸侯者，其惟文王乎。」師襄子避席再拜曰：「善！師以爲文王之操也。」故孔子持文王之聲，知文王之爲人。師襄子曰：「敢問何以知其文王之操也？」孔子曰：「然。夫仁者好韋，和者好粉，智者好彈，有慇懃之意者好麗。丘是以知文王之操也。」傳曰：聞其末而達其本者，聖也。

孔子侍坐於季孫，季孫之宰通曰：「君使人假馬，其與之乎？」孔子曰：「吾聞君取於臣謂之取，不曰假。」季孫悟，告宰通，曰：「自今以往，君有取謂之取，無曰假。」故孔子正假馬之名，而君臣之義定矣。《論語》曰：「必也正名乎。」《詩》曰：「君子無易由言。」言名正也。

《韓詩外傳》卷六　子路治蒲三年，孔子過之，入其境而善之，曰：「善哉！由恭敬以信矣。」入其邑，曰：「善哉！由忠信以寬矣。」至其庭，曰：「善哉！由明察以斷矣。」子貢執轡而問曰：「夫子未見由，而三稱善，可得聞乎？」孔子曰：「我入其境，田疇甚易，草萊甚辟。此恭敬以信，故其民盡力。入其邑，墉屋甚尊，樹木甚茂。此忠信以寬，故其民不偷。入其庭，甚閑，故其民不擾也。」《詩》曰：「夙興夜寐，灑掃庭內。」

孔子行，簡子將殺陽虎，孔子似之，帶甲以圍孔子舍。子路慍怒，奮戟將下。孔子止之曰：「由！何仁義之寡裕也。夫《詩》《書》之不習，禮樂之不講，是丘之罪也。若我非陽虎而以我爲陽虎，則非丘之罪也。命也夫！歌予和若。」子路歌，孔子和之，三終而圍罷。《詩》曰：「來游來歌。」以陳盛德之和而無爲也。

《韓詩外傳》卷七　孔子困於陳蔡之間，即三經之席，七日不食，藜羹不糝，弟子有飢色，讀《詩》《書》習禮樂不休。子路進諫曰：「爲善者，天報之以福。爲不善者，天報之以禍。今夫子積德累仁，爲善久矣。意者尚有遺行乎，奚居之隱也？」孔子曰：「由來！汝小人也，未講於論也。居，吾語汝。子以知者爲無罪乎，則王子比干何爲刳心而死？子以義者爲聽乎，則伍子胥何爲抉目而懸吴東門？子以廉者爲用乎，則伯夷、叔齊何爲餓於首陽之山？子以忠者爲用乎，則鮑叔何爲而不用，葉公子高終身不仕，鮑焦抱木而立，子推登山而燔？故君博學深謀，不遇時者衆矣，豈獨丘哉？賢不肖者材也，遇不遇者時也。今無有時，賢安所用哉？故虞舜耕於歷山之陽，立爲天子，其遇堯也。傳説負土而版築，以爲大夫，其遇武丁也。伊尹故有莘氏僮也，負鼎操俎調五味，而立爲相，其遇湯也。

呂望行年五十，賣食棘津，年七十屠於朝歌，九十乃爲天子師，則遇文王也。管夷吾束縛自檻車，以爲仲父，則遇齊桓公也。百里奚自賣五羊之皮，爲秦伯牧牛，舉爲大夫，則遇秦繆公也。虞丘名聞於天下，以爲令尹，讓於孫叔敖，則遇楚莊王也。伍子胥前功多，後戮死，非知有盛衰也，前遇闔閭，後遇夫差也。夫驥罷鹽車，此非無形容也，莫知之也。使驥不得伯樂，安得千里之足？造父亦無千里之手矣。夫蘭茝生於茂林之中，深山之間，不爲人莫見之故不芬。夫學者非爲通也。爲窮而不困，憂而志不衰，先知禍福之終始，而心無惑焉。故聖人隱居深念，獨聞獨見。夫舜亦賢聖矣，南面而治天下，惟其遇堯也。使舜居桀紂之世，能自免於刑戮之中，則爲善矣，亦何位之有？桀殺關龍逢，紂殺王子比干，當此之時，豈關龍逢無知，而王子比干不慧乎哉？此皆不遇時也。故君子務學，脩身端行而須其時者也，子無惑焉。」《詩》曰：「鶴鳴九皋，聲聞于天。」

孔子遊於景山之上，子路、子貢、顔淵從。孔子曰：「君子登高必賦。小子願者，何言其願，丘將啓汝。」子路曰：「由願奮長戟，盪三軍，乳虎在後，讎敵在前，蠡躍蛟奮，進救兩國之患。」孔子曰：「勇士哉！」子貢曰：「兩國構難，壯士列陣，塵埃漲天，賜不持一尺之兵，一斗之糧，解兩國之難。用賜者存，不用賜者亡。」孔子曰：「辯士哉！」顔回不願。孔子曰：「回何不願？」顔淵曰：「二子已願，故不敢願。」孔子曰：「不同，意各有事焉。回其願，丘將啓汝。」顔淵曰：「願得小國而相之。主以道制，臣以德化，君臣同心，外内相應。列國諸侯，莫不從義嚮風，壯者趨而進，老者扶而至。教行乎百姓，德施乎四蠻，莫不釋兵，輻輳乎四門。天下咸獲永寧，蝖飛蠕動，各樂其性。進賢使能，各任其事。於是君綏於上，臣和於下，垂拱無爲，動作中道，從容得禮。言仁義者賞，言戰鬬者死。則由何進而救？賜何難之解？」孔子曰：「聖士哉！大人出，小子匿。聖者起，賢者伏。回與執政，則由、賜焉施其能哉！」《詩》曰：「雨雪瀌瀌，曣晛聿消。」

昔者孔子鼓瑟，曾子、子貢側門而聽。曲終，曾子曰：「嗟乎！夫子瑟聲殆有貪狼之志，邪僻之行，何其不仁趨利之甚？」子貢以爲然，不對而入。夫子望見子貢有諫過之色，應難之狀，釋瑟而待之。子貢以曾子之言告。子曰：「嗟乎！夫參，天下賢人也，其習知音矣。鄉者丘鼓瑟，有鼠出游，狸見於屋，循楔微行，造焉而避，厭目曲脊，求而不得。丘以瑟淫其音。參以丘爲貪狼邪僻，不亦宜乎！」《詩》曰：「鼓鐘于宮，聲聞于外。」

《韓詩外傳》卷八　子賤治單父，其民附。孔子曰：「告丘之所以治之者。」對曰：「不齊時發倉廩，振困窮，補不足。」孔子曰：「是小人附耳，未也。」對曰：「賞有能，招賢才，退不肖。」孔子曰：「是士附耳，未也。」對曰：「所父事者三人，所兄事者五人，所友者十有二人，所師者一人。」孔子曰：「所父事者三人，足以教孝矣。所兄事者五人，足以教弟矣。所友者十有二人，足以祛壅蔽矣。所師者一人，足以慮無失策，舉無敗功矣。昔者堯舜清微其身，以聽觀天下，務來賢人。夫舉賢者，百福之宗也，而神明之主也。惜乎不齊之所爲者小也。爲之大，功乃與堯舜參矣。」《詩》曰：「愷悌君子，民之父母。」子賤其似之矣。

傳曰：予小子使爾繼邵公之後。受命者必以其祖命之。孔子爲魯司寇，命之曰：「宋公之子弗甫何孫，魯孔丘，命爾爲司寇。」孔子曰：「弗甫敦及厥辟將不堪。」公曰：「不妄。」傳曰：諸侯之有德，天子錫之。一錫車焉，再錫衣服，三錫虎賁，四錫樂器，五錫納陛，六錫朱户，七錫弓矢，八錫鈇鉞，九錫秬鬯，謂之「九錫」也。《詩》曰：「釐爾圭瓚，秬鬯一卣。」

齊景公謂子貢曰：「先生何師？」對曰：「魯仲尼。」曰：「仲尼賢乎？」曰：「聖人也，豈直賢哉！」景公嘻然而笑曰：「其聖何如？」子貢曰：「不知也。」景公悖然作色，曰：「始言聖人，今言不知，何也？」子貢曰：「臣終身戴天，不知天之高也。終身踐地，不知地之厚也。若臣之事仲尼，譬猶渴操壺杓，就江海而飲之，腹滿而去，又安知江海之深乎？」景公曰：「先生之譽，得無太甚乎？」子貢曰：「臣賜何敢甚言，尚慮不及耳。臣譽仲尼，譬猶兩手捧土而附泰山，其無益亦明矣。使臣不譽仲尼，譬猶兩手杷泰山，無損亦明矣。」景公曰：「善！豈其然？善！豈其然？」《詩》曰：「民民翼翼，不測不克。」

孔子燕居，子貢攝齊而前曰：「弟子事夫子有年矣，才竭而智罷，倦於學問，不能復進，請一休焉。」孔子曰：「賜也欲焉休乎？」曰：「賜欲休於事君。」孔子曰：「《詩》云：『夙夜匪懈，以事一人。』爲之若此其不易也，若之何其休也！」曰：「賜欲休於事父母。」孔子曰：「《詩》云：『孝子不匱，永錫爾類。』爲之若此其不易也，如之何其休也！」曰：「賜欲休於事兄弟。」孔子曰：「《詩》云：『妻子好合，如鼓瑟琴。兄弟既翕，和樂且耽。』爲之若此其不易也，如之何其休也！」曰：「賜欲休於畊田。」孔子曰：「《詩》云：『晝爾于茅，宵爾索綯，亟其乘屋，其始播百穀。』爲之若此其不易也，若之何其休也！」子貢曰：「君子亦有休乎？」孔子曰：「『闔棺兮乃止播兮，不知其時之易遷兮。』此之謂君子所休也。故學而不已，闔棺乃止。」《詩》曰：「日就月將。」言學者也。

《韓詩外傳》卷九　孔子出行，聞哭聲甚悲。孔子曰：「驅之驅之！前有賢者。」至則皋魚也，被褐擁鐮，哭於道旁。孔子辟車與之言，曰：「子非有喪，何哭之悲也？」皋魚曰：「吾失之三矣。少而好學，周游諸侯，以殁吾親，失之一也。高尚吾志，簡吾事，不事庸君，而晚事無成，失之二也。與友厚而中絶之，失之三矣。夫樹欲静而風不止，子欲養而親不待，往而不可追者年也，去而不可得見者親也，吾請從此辭矣。」立槁而死。孔子曰：「弟子識之，足以誡矣。」於是門人辭歸而養親者十有三人。

孔子出遊少源之野，有婦人中澤而哭，其音甚哀。孔子怪之，使弟子問焉，曰：「夫人何哭之哀？」婦人曰：「鄉者刈蓍薪而亡吾蓍簪，吾是以哀也。」弟子曰：「刈蓍薪而亡蓍簪，有何悲焉？」婦人曰：「非傷亡簪也，吾所以悲者，蓋不忘故也。」《詩》曰：「代馬依北風，飛鳥揚故巢。」皆不忘故之謂也。

劉向《說苑・政理》　魯有父子訟者，康子曰：「殺之。」孔子曰：「未可殺也。夫民不知子父訟之不善者久矣！是則上過也，上有道，是人亡矣。」康子曰：「夫治民以孝爲本，今殺一人以戮不孝，不亦可乎？」孔子曰：「不孝者不教而誅之，是虐殺不辜也。三軍大敗，不可誅也；訟獄不治，不可刑也。上陳之教先服之，則百姓從風矣。躬行不從，而後俟之以刑，則民知罪矣。夫一仞之墻，民不能踰；百仞之山，童子升而遊焉，凌遲故也。今世仁義之凌遲久矣！能謂民弗踰乎？《詩》曰：『俾民不迷。』昔者，君子導其百姓不使迷，是以威厲而不至，刑錯而不用也。」於是訟者聞之，乃請無訟。

劉向《說苑・至公》　夫子行說七十諸侯無定處，意欲使天下之民各得其所，而道不行；退而修《春秋》，采毫毛之善，貶纖介之惡；人事浹，王道備；精和聖制，上通於天而麟至，此天之知夫子也。於是喟然而嘆曰：「天以至明爲不可蔽乎，日何爲而食？地以至安爲不可危乎，地何爲而動？天地而尚有動蔽，是故聖賢說於世而不得行其道，故災異並作也。」夫子曰：「不怨天，不尤人，下學而上達，知我者其天乎！」

孔子生於亂世，莫之能容也。故言行於君，澤加於民，然後仕；言不行於君，澤不加於民則處。孔子懷天覆之心，挾仁聖之德，憫時俗之污泥，傷紀綱之廢壞，服重歷遠，周流應聘，乃俟幸施道以子百姓，而當世諸侯莫能任用。是以德積而不肆，大道屈而不伸，海内不蒙其化，群生不被其恩，故喟然嘆曰：「而有用我者則吾其爲東周乎！」故孔子行說，非欲私身運德於一城，將欲舒之於天下，而建之於群生者耳。

劉向《新序・雜事》　哀公問孔子曰：「寡人生乎深宫之中，長於婦人之手，寡人未嘗知哀也，未嘗知憂也，未嘗知勞也，未嘗知懼也，未嘗知危也。」孔子辟席曰：「吾君之問，乃聖君之問也，丘小人也，何足以言之。」哀公曰：「否。吾子就席，微吾子，無所聞之矣。」孔子就席，曰：「君入廟門，升自阼階，仰見榱棟，俯見几筵，其器存，其人亡，君以此思哀，則哀將安不至矣。君昧爽而櫛冠，平旦而聽朝，一物不應，君以此思憂，則憂將安不至矣。君平旦而聽朝，日昃而退，諸侯之子孫，必有在君之門廷者，君以此思勞，則勞將安不至矣。君出魯之四門，以望魯之四郊，亡國之虚列，必有數矣，君以此思懼，則懼將安不至矣。丘聞之，君者，舟也，庶人者，水也。水則載舟，水則覆舟，君以此思危，則危將安不至矣。夫執國之柄，履民之上，懔乎如以腐索御奔馬。《易》曰：履虎尾。《詩》曰：如履薄冰。不亦危乎。」哀公再拜曰：「寡人雖不敏，請事斯語矣。」

又　孔子北之山戎氏，有婦人哭於路者，其哭甚哀。孔子立輿而問曰：「曷爲哭哀至於此也？」婦人對曰：「往年虎食我夫，今虎食我子，是以哀也。」孔子曰：「嘻，若是則曷爲不去也？」曰：「其政平，其吏不苛，吾以是不能去也。」孔子顧子貢曰：「弟子記之，夫政之不平，而吏苛，乃甚於虎狼矣。」《詩》曰：「降喪饑饉，斬伐四國。」夫政不平，乃斬伐四國，而況二人乎。其不去，宜哉。

孔子侍坐於季孫，季孫之宰通曰：「君使人假馬，其與之乎？」孔子曰：「吾聞君取於臣謂之取，不曰假。」季孫悟，告宰曰：「自今以來，君有取謂之取，無曰假。」故孔子正假馬之名，而君臣之義定矣。《論語》曰：「必也正名。」《詩》曰：「無易由言，無曰苟矣。」可不慎乎。

劉晝《劉子・心隱》　少正卯在魯，與孔子同時。孔子門人三盈三虚，唯顔淵不去，獨知聖人之德也。夫門人去仲尼而皈少正卯，非徒不知仲尼之聖，亦不知少正卯之佞。子貢曰：「少正卯，魯之文人也，夫子爲政，何以先誅之？」子曰：「賜也，退！非爾所及也。夫少正卯心達而險，行僻而堅，言僞而辯，詞鄙而博，順非而澤，有此五僞而亂聖人。」以子貢之明，而不能見，知人之難也。

洪邁《容齋隨筆》卷六《孔子欲討齊》　陳成子弑齊簡公，孔子告於魯哀公，請討之。公曰：「告夫三子者。」之三子告，不可。《左傳》曰：「孔子請伐齊，公曰：『魯爲齊弱久矣，子之伐之，將若之何？』對曰：『陳常弑其君，民之不與者半，以魯之衆，加齊之半，可伐也。』」說者以爲孔子豈校力之强弱，但明其義而

已。能順人心而行天討，何患不克！使魯君從之，孔子其使於周，請命乎天子，正名其罪。至其所以勝齊者，孔子之餘事也。予以爲魯之不能伐齊，三子之不欲伐齊，周之不能討齊，通國知之矣。孔子爲此舉，豈真欲以魯之半力敵之哉？蓋是時三子無君，與陳氏等，孔子上欲悟哀公，下欲警三子。使哀公悟其意，必察三臣之擅國，思有以制之，起孔子而付以政，其正君君、臣臣之分，不難也。使三子者警，必將曰：魯小於齊，齊臣弒君而欲致討，吾三臣或如是，彼齊、晉大國肯置而不問乎！惜其君臣皆不識聖人之深旨。自是二年，孔子亡，又十一年，哀公竟偪於三子而孫於越，比之簡公，僅全其身爾。

洪邁《容齋三筆》卷五《孔子正名》 子路曰：「衛君待子而爲政，子將奚先？」子曰：「必也正名乎。」子路曰：「子之迂也，奚其正？」夫子責數之以爲「野」。蓋是時，夫子在衛，當輒爲君之際，留連最久，以其拒父而竊位，故欲正之，此意明白。然子欲適晉，聞其殺鳴犢，臨河而還，謂其無罪而殺士也。里名勝母，曾子不入；邑稱朝歌，墨子回車。邑里之名不善，兩賢去之，安有命世聖人，而肯居無父之國，事不孝之君哉！是可知已。夫子所過者化，不令而行，不言而信，衛輒待以爲政，當非下愚而不移者。苟其用我，必將導之以天理，而趣反其真，所謂命駕虚左而迎其父不難也，則其有補於名義，豈不大哉。爲是故不忍亟去以須之。既不吾用，於是慨然反魯，則輒之冥頑悖亂，無所逃於天地之間矣。子路曾不能詳味聖言，執迷不悟，竟於身死其難，惜哉。

《顔元集·習齋先生記餘遺著·孔子嘆晉鑄刑鼎説》 觀《左傳》至簡子鑄刑鼎，孔子歎曰：「晉其亡乎？失其度矣。」以爲晉之亡在任刑威耳。而下文乃曰：「銘在鼎矣，何以尊貴？何業之守？」蓋其失不在刑書，而在鑄刑書於鼎。夫法度操於人，則民知範吾功罪者吾上也，司吾生死者吾上也，時而出入輕重以爲平允者皆吾上也。天下凛王，一國凛君，一獄凛吏，士、農、工、商罔敢愆於職中，逸於職外者，惟吾上是神，是嚴也；而上下定矣，貴賤辨矣，賢德彰矣。今銘在鼎，則國人必將以鼎爲依據，而不知受法於天者王，守法者君，序守者卿、大夫，百執事，是使之忽人而重鼎。民不見所尊，必將不遵其度；不遵其度，必不守其業。故曰「何以尊貴，何業之守」也。貴賤無序，何以爲國？嗟乎！簡子但以刑書鑄於鼎，而孔子知其亡；況漢、宋之儒，全以道法摩於書，至使天下不知尊人，不尚德，不貴才，而曰「宰相必用讀書人」，不幾以守鼎吏爲政乎？其所亡又豈止一晉乎！是以至此極也。非孔子至聖，孰能見鑄鼎之弊乎！吾願天下急思孔子之言，吾願上天急生孔子之人也。

梁玉繩《人表考》卷一《上上聖人·仲尼》 仲尼屢見《論語》、《孝經》、《左傳》、《禮記》。其先爲宋孔父嘉，五世親盡，别爲孔氏，避華氏之禍，奔魯。魏王肅《孔子家語·本姓解》。孔子有兄伯居，第二曰仲。《儀禮·士冠禮》疏，《史·孔子世家·索隱》引《家語》云：梁紇妾生孟皮，是孔子庶兄也。賈疏謂兄伯，與《孝經》邢疏謂字伯並誤。今本《家語》謂孟皮一字伯尼，尤妄。庶長曰孟，安得稱伯？孔子以禱尼山生，故字尼，孟何以亦稱尼？且古無名字排行者。父叔梁紇，母顔氏，《世家》。名徵在，《禮·檀弓》下。禱于尼丘，以魯襄公二十二年《世家》。十月《穀梁傳》。庚子《穀梁》、《公羊傳》。生孔子于魯昌平鄉陬邑，爲曲阜女陵山空桑之地。《世家》及《正義》引唐魏王泰《括地志》、晉干寶《三日記》，而劉書《新論·命相》本《春秋》緯《演孔圖》，謂顔徵感黑帝生者，妄也。又《路史·餘論》六引《五行書》謂孔子甲申時生，亦難信。首類尼丘山，《白虎通·姓名章》。圩頂，因名丘字仲尼。《世家》，《孝經·釋文》曰尼，又音夷，字作尼，古夷字。引《援神契》云：蟲也。邢琉述漢張禹以爲仲者，中也，尼者，和也。言孔子有中和之德。又引梁武帝以丘爲聚，以尼爲和。俱歧説，無取。面如蒙倛，《荀子·非相》。河目隆顙似黄帝，《世家》云：其顙似堯。脩肱龜背似湯，並《孔叢·嘉言》。項類皋陶，肩類子産，要以下不及禹三寸，長九尺六寸，人謂之長人，《世家》，而漢韓嬰《詩外傳》九云：得堯之顙，舜之目，禹之頸，皋陶之喙。小異。有四十九表。《路史·後紀》十。爲兒嬉戲，常陳俎豆。《世家》。聚于宋之并官氏，生伯魚。《家語》。并官氏，據《隸釋·韓勑禮器碑》、《通志·氏族略》四、晉白褒《魯先賢傳》、《通考》四十三、錢宫詹大昕《潛研堂金石文跋尾》再續六載元至順詔石刻。而《廣韻》官字注引《魯先賢傳》譌爲亓官，今本《家語》、左桓六疏引《家語》、《十六國春秋·前涼録·索綏傳》、《宋史·禮志》、《元史·文宗紀》並作幵官，亦誤。以魯哀公十六年四月十八日乙丑卒，《春秋續經》杜注。年七十三。葬魯城北泗上。《世家》。哀公誄之曰尼父，《檀弓》上、《左》哀十六、鄭注《儀禮·士冠禮》作尼甫。後儒稱爲素王。杜《左傳》序及疏，本《書董仲舒》傳，《淮南·主術》，《論衡·超奇》、《定賢》。見《莊子·天道》。《史·殷紀》、《始皇紀》論亦讀平聲。《左·釋文》：王音於況反。《家語》齊太史子餘曰：天其素王之乎！自當音去聲。而此二字本書《平帝紀》。魏太和十六年改謚文聖尼父，《魏書·孝文紀》。平帝元始元年追謚褒成宣尼公。周大象二年封鄒國公。《周書·宣帝紀》。孔子生於聊鄉，《説文》從邑取聲，亦作鄹、陬。此封鄒國，誤也。《水經泗水注》亦誤以鄹爲鄒。唐初因隋大業以前祀孔子爲先聖，太宗貞觀十一年尊爲宣父，高宗永徽中以爲先師，顯慶二年復爲先聖，乾封元年詔贈太師，武后天授元年封隆道公，明皇開元廿七年追謚文宣王。《舊唐書·禮儀志》、《新唐書·禮樂

志》。宋大中祥符元年欲追謚爲帝，或言不當加帝號，遂謚曰玄聖文宣王，玄聖二字出《莊子・天道》、《後書》班固《典引》、《王充等傳》論李賢注。《演孔圖》云：孔子母夢感黑帝而生，故曰玄聖。封并官氏鄆國夫人。《通考》、《元史》並作鄆國。五年以國諱改謚孔子爲至聖文宣王。《宋史・真宗紀》、《禮志》。元武宗初加號大成至聖文宣王，《元史・武宗紀》。至順三年加封并官氏大成至聖文宣王夫人。《元史・文宗紀》。明嘉靖九年定號至聖先師孔子。《明史・世宗紀》。故稱孔子者，或單稱尼，《韓子外儲説左下》。亦曰孔父，《後書・申屠剛傳》。亦曰孔聖，《續漢書・律曆志》中。亦曰孔公，《文選》漢楊脩《答臨淄侯牋》、晉潘岳《西征賦》。亦曰宣尼，《風俗通・窮通》、《文選》晉劉琨《贈盧諶詩》。亦曰孔宣，唐劉知幾《史通鑒識》。亦曰宣聖。《通考》四十四、宋常秩《晃服議》。　案《隸釋夏堪碑》以仲尼爲仲泥，雖古字通借，未免侮聖。至宋周密《癸辛雜識・別集》下云：或語天台陳召：先聖本名兵，已乃去其下二筆，則又誕矣。他若《莊子・盜跖篇》謂孔子爲盜丘，梁僧祐《弘明集》慧通《駁夷夏論》引經稱爲光淨童子，據《路史・化胡篇》注是《清淨法行經》，光淨作淨光。《路史・發揮・老子化胡篇》注引《造天地經》號爲儒童菩薩，唐段成式《酉陽雜俎・玉格》以孔子爲玄宮仙，此皆無稽之談，不足道也。《真靈位業圖》稱孔子太極上真君，治九嶷山，稱顔淵爲明晨侍郎，後爲三天司直，並妄。

梁玉繩《漢書人表考補・仲尼》　宋熙寧中欲加孔子謚至神元聖帝，禮臣李邦直執不可，卒從其議。見王明清《揮麈録》。又西夏仁宗仁孝，嘗尊孔子爲文宣帝。見《宋史・夏國傳》。

備論

《禮記・大學》　仲尼祖述堯舜，憲章文武；上律天時，下襲水土。辟如天地之無不持載，無不覆幬，辟如四時之錯行，如日月之代明。萬物並育而不相害，道並行而不相悖，小德川流，大德敦化，此天地之所以爲大也。

《孟子・公孫丑上》　可以仕則仕，可以止則止，可以久則久，可以速則速，孔子也。自有生民以來，未有孔子也。

《孟子・滕文公下》　世衰道微，邪説暴行有作，臣弑其君者有之，子弑其父者有之，孔子懼，作《春秋》。《春秋》，天子之事也。是故孔子曰：「知我者其惟《春秋》乎，罪我者其惟《春秋》乎？」【略】昔者禹抑洪水而天下平，周公兼夷狄、驅猛獸而百姓寧，孔子成《春秋》而亂臣賊子懼。【略】

聖王不作，諸侯放恣，處士横議，楊朱、墨翟之言盈天下，天下之言，不歸楊則歸墨。楊氏爲我，是無君也。墨氏兼愛，是無父也。無父無君，是禽獸也。公明儀曰：「庖有肥肉，廄有肥馬，民有飢色，野有餓莩，此率獸而食人也。」楊墨之道不息，孔子之道不著，是邪説誣民，充塞仁義也。仁義充塞，則率獸食人，人將相食。吾爲此懼，閑先聖之道，距楊墨，放淫辭，邪説者不得作。

《孟子・萬章下》　孟子曰：【略】孔子之去齊，接淅而行。去魯，曰：『遲遲吾行也，去父母國之道也。』可以速而速，可以久而久，可以處而處，可以仕而仕，孔子也。」

孟子曰：「伯夷，聖之清者也；伊尹，聖之任者也；柳下惠，聖之和者也；孔子，聖之時者也。孔子之謂集大成。集大成也者，金聲而玉振之也。金聲也者，始條理也；玉振之也者，終條理也。始條理者，智之事也。終條理者，聖之事也。智，譬則巧也。聖，譬則力也。由射於百步之外也，其至，爾力也。其中，非爾力也。」

《孟子・盡心下》　萬章問曰：「孔子在陳曰：『盍歸乎來！吾黨之士狂簡，進取，不忘其初。』孔子在陳，何思魯之狂士？」

孟子曰：「孔子『不得中道而與之，必也狂獧乎！狂者進取，獧者有所不爲也。』孔子豈不欲中道哉？不可必得，故思其次也。」

「敢問何如斯可謂狂矣？」

曰：「如琴張、曾皙、牧皮者，孔子之所謂狂矣。」

「何以謂之狂也？」

曰：「其志嘐嘐然，曰古之人，古之人，夷考其行而不掩焉者也。狂者又不可得，欲得不屑不絜之士而與之，是獧也是又其次也。孔子曰：『過我門而不入我室，我不憾焉者，其惟鄉原乎！鄉原，德之賊也。』」

曰：「何如斯可謂之鄉原矣？」

曰：「何以是嘐嘐也？言不顧行，行不顧言，則曰古之人，古之人。行何爲踽踽涼涼？生斯世也，爲斯世也，善斯可矣。閹然媚於世也者，是鄉原也。」

萬子曰：「一鄉皆稱原人焉，無所往而不爲原人。孔子以爲德之賊，何哉？」

曰：「非之無舉也，刺之無刺也，同乎流俗，合乎污世，居之似忠信，行之似廉潔，衆皆悦之，自以爲是，而不可與入堯舜之道，故曰德之賊也。孔子曰：『惡似而非者：惡莠，恐其亂苗也；惡佞，恐其亂義也；惡利口，恐其亂信也；惡鄭聲，恐其亂樂也；惡紫，恐其亂朱也；惡鄉原，恐其亂德也。』君子反經而已矣。經正則庶民興，庶民興，斯無邪慝矣。」

孟子曰：「由堯舜至於湯五百有餘歲，若禹、皋陶則見而知之，若湯則聞而知之。由湯至於文王五百有餘歲，若伊尹、萊朱則見而知之，若文王則聞而知之。由文王至於孔子五百有餘歲，若太公望、散宜生則見而知之，若孔子則聞而知之。由孔子而來至於今百有餘歲，去聖人之世若此其未遠也，近聖人之居若此其甚也，然而無有乎爾，則亦無有乎爾！」

《韓非子・五蠹》 仲尼，天下聖人也，修行明道以遊海內，海內説其仁，美其義，而爲服役者七十人，蓋貴仁者寡，能義者難也。故以天下之大，而爲服役者七十人，而仁義者一人。魯哀公，下主也，南面君國，境內之民莫敢不臣。民者固服於勢，誠易以服人，故仲尼反爲臣，而哀公顧爲君。仲尼非懷其義，服其勢也。故以義則仲尼不服於哀公，乘勢則哀公臣仲尼。今學者之説人主也，不乘必勝之勢，而務行仁義則可以王，是求人主之必及仲尼，而以世之凡民皆如列徒，此必不得之數也。

《韓非子・顯學》 世之顯學，儒、墨也。儒之所至，孔丘也。墨之所至，墨翟也。自孔子之死也，有子張之儒，有子思之儒，有顏氏之儒，有孟氏之儒，有漆雕氏之儒，有仲良氏之儒，有孫氏之儒，有樂正氏之儒。自墨子之死也，有相里氏之墨，有相夫氏之墨，有鄧陵氏之墨。故孔、墨之後，儒分爲八，墨離爲三，取舍相反、不同，而皆自謂真孔、墨，孔、墨不可復生，將誰使定世之學乎？

《史記》卷四七《孔子世家論》 《詩》有之：「高山仰止，景行行止。」雖不能至，然心鄉往之。余讀孔氏書，想見其爲人。適魯，觀仲尼廟堂車服禮器，諸生以時習禮其家，余祗迴留之不能去云。天下君王至於賢人衆矣，當時則榮，没則已焉。孔子布衣，傳十餘世，學者宗之。自天子王侯，中國言《六藝》者折中於夫子，可謂至聖矣！

《史記》卷四七《孔子世家》司馬貞索隱 孔子非有諸侯之位，而亦稱系家者，以是聖人爲教化之主，又代有賢哲，故稱系家焉。

《史記》卷四七《孔子世家》張守節正義 孔子無侯伯之位，而稱世家者，太史公以孔子布衣傳十餘世，學者宗之，自天子王侯，中國言《六藝》者宗於夫子，可謂至聖，故爲世家。

《史記》卷四七《孔子世家》司馬貞述贊 孔子之胄，出於商國。弗父能讓，正考銘勒。防叔來奔，鄒人掎足。尼丘誕聖，闕里生德。七十升堂，四方取則。卯誅兩觀，攝相夾谷。歌鳳遽衰，泣麟何促！九流仰鏡，萬古欽躅。

《蘇軾文集》卷五《論孔子》 魯定公十二年，孔子言於公曰：「臣無藏甲，大夫無百雉之城。」使仲由爲季氏宰，將墮三都。於是叔孫氏先墮郈。季氏將墮費，公山弗狃、叔孫輒率費人襲公，公與三子入於季氏之宫。孔子命申句須、樂頎下伐之，費人北，二子奔齊，遂墮費。將墮成，公斂處父以成叛。公圍成，弗克。或曰：殆哉，孔子之爲政也，亦危而難成矣。孔融曰：「古者王畿千里，寰內不以封建諸侯。」曹操疑其論建漸廣，遂殺融。融特言之耳，安能爲哉。操以爲天子有千里之畿，將不利己，故殺之不旋踵。季氏親逐昭公，公死於外，從公者皆不敢入，雖子家羈亦亡，季氏之忌克忮害如此，雖地勢不及曹氏，然君臣相猜，蓋不減操也，孔子安能以是時墮其名都，而出其藏甲也哉！考於《春秋》，方是時，三桓雖若不悦，然莫能違孔子也。以爲孔子用事於魯，得政與民，而三桓畏之歟？則季桓子之受女樂也，孔子能却之矣。彼婦之口，可以出走，是孔子畏季氏，季氏不畏孔子也。夫孔子盍姑修其政刑，以俟三桓之隙也哉？

蘇子曰：此孔子之所以聖也。蓋田氏、六卿不服，則齊、晉無不亡之道。三桓不臣，則魯無可治之理。孔子之用於世，其政無急於此者矣。彼晏嬰者亦知之，曰：「田氏之僭，惟禮可以已之。在禮，家施不及國，大夫不收公利。」齊景公曰：「善哉。吾今而後知禮之可以爲國也。」嬰能知之，而莫能爲之。嬰非不賢也，其浩然之氣，以直養而無害，塞乎天地之間者，不及孔、孟也。孔子以羈旅之臣，得政朞月，而能舉治世之禮，以律亡國之臣，墮名都，出藏甲，而三桓不疑其害己，此必有不言而信，不怒而威者矣。孔子之聖，見於行事，至此爲無疑也。嬰之用於齊也，久於孔子，景公之信其臣也，愈於定公，而田氏之禍不少衰。吾是以知孔子之難也。孔子以哀公十六年卒。十四年，陳恒弑其君，孔子沐浴而朝，告於哀公，請討之。吾是以知孔子之欲治列國之君臣，使如《春秋》之法者，至於老且死而不忘也。

或曰：孔子知哀公與三子之必不從，而以禮告也歟？曰：否。孔子實欲伐齊。孔子既告公，公曰：「魯爲齊弱久矣，子之伐之，將若之何？」對曰：「陳恒

弒其君，民之不與者半。以魯之衆，加齊之半，可克也。」此豈禮告而已哉！哀公患三桓之偪，嘗欲以越伐魯而去之。夫以蠻夷伐國，民不與也，皋如、出公之事，斷可見矣。豈若從孔子而伐齊乎？若從孔子而伐齊，則凡所以勝齊之道，孔子任之有餘矣。既克田氏，則魯之公室自張，三桓不治而自服矣。此孔子之志也。

《蘇軾文集》卷六五《孔子誅少正卯》 孔子爲魯司寇，七日而誅少正卯。或以爲太速。此叟蓋自知其頭方命薄，必不得久在相位，故汲汲及其未去發之。使更遲疑兩三日，已爲少正卯所圖矣。

《全元文》卷九九七譚景星《孔子論》 夫子之道，始於家而及於國，以被於天之下。知愚賢不肖，皆得以行其道。是道也，在乎平居常行之間，飲食起居之際，而人日用不自知，其如布帛菽粟之於世，不可一日無之，萬世之下，蔑以有加，聖人復起，不可以易者。其爲道易明，而其爲教易行也。夫子不過因其道而爲教，又無甚高難行，故易明而易行。是以愈遠而愈明，愈明而愈行。要其終也，茫乎不知其畔岸，浩乎不知其窮極。原其始也，天下之所共知、之所共行。天地自然之理，古今不易之道，於是而盡之矣。然天下後世，所不可及者，以其道平易正直，可以悠久常行也。夫子眇焉小乎，所以屬乎人。曠焉大哉，所以屬乎天。子貢以其猶天之不可階而升，如日月無得而踰。孟子以其賢於堯舜。夫子祖述堯舜者，蓋二帝之道，至夫子而大成，其賢且遠，殆不爲過矣。其爲教也，曰君臣、父子、夫婦、兄弟、朋友而已矣。君臣有道，父子有親，夫婦有別，兄弟有愛，朋友有信，則其道備矣，其教行矣。文中子遊孔子廟，出而歌曰：「君君臣臣，父父子子，兄兄弟弟夫夫婦婦，夫子之力也。道不啻天地父母，通於夫子，受罔極之恩。」若文中子，其知德者歟。夫人秉彝倫，生天地間，特因其本有彝常倫理，而叙之以爲之教。其文則《易》、《書》、《詩》、《春秋》，其法則禮樂政刑，其位則君臣父子，其民則士農工賈，莫不有規矩於其間。夫子言必稱先王，未嘗爲放言高論，嘗以平易正直，雖匹夫匹婦，可與知之，可與行之。及其至也，亦有所不知，有所不能，此其所以爲夫子之道也。然夫子何嘗以師道自居，萇弘、老聃、郯子之徒，其賢不及孔子，乃有擇善而從之謂。而夫子之道，至於後世，愈尊而愈不可及，彼三人者，奄然無聞焉。夫子没，諸子異端，蜂蝟而起。覬於名世，而無以尚之，乃更爲浮游荒唐，猖狂顛倒。託之聖賢，駕以己見。肆爲異說而不顧，敢爲高論而不遜。旁午穿鑿，亂聖人之道。求其所以異於夫子者，其弊於艱深，而忽於平易。旁行一隅，而不知通流。然終不可以須臾行於天下後世，徒以驚世駭俗也。夫子之道，於是益明而益行矣。殊不知夫子之道，在乎人者，未嘗有異論，後世卒無以及之。士生千載之後，去聖逾遠，是非真僞，無從而質，則亦求乎義理之安，而合乎人情之常者，夫子之道也，其不可以行之者，異端之説也，而後修文者，有所折中矣。吁，老莊之後，其禍流於申、商、韓之屬，有紹仲尼之業，是人不得而讓也。窮閻阨巷，槁項黄馘，老死於啜菽飲水，衣帛食肉，易明而易行，可由而不可知者，此其所以爲夫子之道歟。

馬驌《繹史》卷八六《孔子類記論》 昔者，夫子生於魯而不見用，唯定公能一用，用又弗終，以至周遊列國，列國亦弗克用，終老於魯。嗚呼！聖人之窮也。定公十年，及齊平，公會齊侯於夾谷，齊、魯之不協久矣，一旦以玉帛相見，實夫子司寇攝相之日，齊犂鉏之言曰：「魯用孔子，其勢危齊。」爲是變計而修好，非畏魯國，蓋畏魯國之能用聖人焉。乃齊復懷詐，孔子歷階以却之，義正辭嚴，寓折衝於樽俎，罷會歸田，齊之君臣，固心服焉，文事武備之説，猶其後矣。夫子爲政，化行俗美，而章甫作誦，教施政洽，而賈鬻無欺，既而紬藏甲，墮私都，三桓乃滋懼矣。夫三家秉政，亟欲自樹，然而陪臣内叛，彊鄰外援，安内攘外，誰非孔子不爲功，而不虞其病已也。齊之君臣，日謀所以去孔子而不得，而魯人且將自去之。女樂來饋，彼婦興歌，而孔子不果留矣。前此爲委吏，宰中都，小試於魯，夫子不辭其卑。由司空而司寇，由司寇而攝相，是時夫子年五十餘矣，二年之内，若將大行，而復中沮。於是適衛，適鄭，適曹，適楚，畏於匡，困於宋，厄於陳、蔡之間，皆非夫子所得已也。夫子所眷眷不忍去者，惟是父母之邦耳，轍環數載，興懷擇木，魯人召之，而卒不能用也。夫子知天下之終不我用也，退而修《詩》、《書》，正《禮》、《樂》，贊《易象》，作《春秋》，未幾，夫子卒矣。是時，哀公微弱，三桓益彊，用田賦而不禁，討陳恒而不從，乃犖犖一誅，徒致慨於哲人其萎，之後哀公之不振，是又昭、定之弗若也。嗚呼！使夫子而爲帝也，聖不適堯、舜；使夫子而爲王也，賢不過湯、文；使夫子而爲相也，功業不過稷、契、伊、周，若夫垂憲百王，作法萬世，天之篤生夫子，非區區魯國所得私也，則魯之不用夫子也固宜。

高士奇《左傳紀事本末》卷一五《孔子仕魯論》 天之生孔子，爲天下萬世也，非爲魯也，故魯卒不得而用之。然而聖人大可爲之兆，已略見於魯矣。夾谷之會，犂彌言於齊侯曰，「孔丘知禮而無勇，若以萊人劫魯侯，必得志焉」。吁！孔子豈無勇者哉？聖人所以勝天下者，理而已。仁義足以爲甲胄，忠信足以爲

干櫓，故曾子謂子襄曰「吾嘗聞大勇於夫子矣：自反而不縮，雖褐寬博，吾〔不〕惴焉；自反而縮，千萬人，吾往矣」。大勇者，理勝之謂也。登壇數語，而裔俘卻，兵車拒，野享罷，久縕之三田，不待兵革而自歸。魯於時不誠赫然一變其積弱之舊哉！夫鄰封震慴，而內之蝥賊不除，則公室欲張而不得也，爲是申「大都不耦國」「家富不藏甲」之制，墮三都，翦羽翼，揮申須之戈，從容以定變，誅亂政之首，次第以改絃。當是時，使不以彼婦之口，中沮其用，俾至於期月、三年，東周之治，豈徒托諸空言哉！惜乎，魯之不能用也！諸弟子多才多藝，文武兼資。由之信義，著於諸侯，至以千乘之國，不信於盟，而重其言。三都之墮，由實左右之。賜也掉三寸之舌，屢抗長蛇之吻。康子不出門，敦槃不再設，藩舍之衛君，獲有寧宇。而於郊稷曲之役，遲也慫恿之，求也用矛以入之。柴雖儒，其儒行亦足以光重魯國，則不可謂聖賢之無益於時也。若夫田賦用而微詞以示箴，舒州弒而抗聲以請討，聖人雖老不得志，何嘗忘心當世者？傷麟道窮，兩楹告夢，生不能用，死乃誄之，誠可惜也！雖然，聖人之生，非爲魯也，爲天下萬世也。

顧棟高《春秋大事表》卷四五《春秋亂賊表·孔子成〈春秋〉而亂臣賊子懼論》　或曰：「子謂《春秋》之文因魯史，魯史之文因赴告，如是則弒逆之事得以自成隱諱，何以稱孔子成《春秋》而亂臣賊子懼乎？」余應之曰：「子謂亂臣賊子懼者，第書其弒逆之名於策而懼乎？吾恐元兇劭及安慶緒、史朝義之徒，雖日揭其策以示於前，而彼不知懼也。且此亦夫人能書之，何待聖人。況人已成爲篡弒而懼之，亦復何益。聖人之作《春秋》，蓋有防微杜漸之道，爲爲人君父者言之，則《書》所云制治於未亂，保邦於未危是也；爲爲人臣子者言之，則《禮》所云齒路馬有誅是也。聖人嘗自發其作《春秋》之旨於《坤卦》之《文言》曰：『臣弒其君，子弒其父，非一朝一夕之故，其所由來者漸矣，由辨之不早辨也。』是故兵權不可竊，翬帥師、公子慶父帥師及鄭公子歸生帥師必書，謹其漸也。盟會不可專，公子遂盟晉，盟雒戎必書，晉趙盾盟於衡雍，楚公子圍會於虢必書，亦謹其漸也。人君知其漸而豫爲之防，則無太阿旁落之患；臣子懍其漸而力爲之避，則無功高震主之疑。此則游、夏不能贊一辭，聖人獨斷之於心而書之於策，以詔天下萬世者也。且人而忍推刃於其君父，是人而禽獸也，禽獸焉知懼。惟當夫威權已逼，聲勢漸成，覬覦初萌，形迹未露，是人禽之界，聖人燭其隱微而大書特書以愓之，俾天下萬世之讀是編者，人人恥爲大惡，而不敢一毫踰臣子之常分，有以寢邪謀而戢異志。此聖人之作《春秋》，所爲撥亂世而反諸正也。孟子謂孔子作《春秋》以存幾希之統，直接堯、舜、湯、文者，端在於此。若謂聖人第從其實而書之，且或未得其實而欲訪求傳聞而得之，則聖人豈能從百年後竊司寇之大權，而妄欲與魯史爭直僞哉！」

顧棟高《春秋大事表》卷四五《春秋亂賊表·孔子請討陳恆論》　案左氏續《經傳》：「哀十四年，齊陳恆弒其君壬於舒州。孔子齊三日，而請伐齊。公曰：『魯爲齊弱久矣，子之伐之，將若之何？』對曰：『陳恒弒其君，民之不予者半。以魯之衆加齊之半，可克也。』」嗟乎！此誠知己知彼，乘機赴會，足徵大聖人經濟不外尋常理勢之中。而子程子顧絀之，謂如是是以力，不以義，孔子之所以勝齊者，特其餘事耳，豈計魯人之衆寡。嗚呼！先生此言殆失之矣。夫興師討罪，兵兇戰危，必計出萬全而後可舉事。若不計其力之不能，則如王玄謨之伐魏，韓侂胄之伐金，何嘗不名正言順，而卒喪師辱國，蹙地千里。若謂名其爲賊，無憂不服，則如漢翟義之討莽，唐徐敬業之討武氏，海內翕然稱義舉，終於家族誅夷，身首異處。又其甚者，董承、伏完之於曹氏，毒流帝后，漢祚旋移，是皆無益於事而禍敗隨之。是以君子必審計利害，而不忍輕以民命爲嘗試也。且其言曰上告天子，下告方伯，此尤迂緩不識時務之論。夫陳氏之愚其民久矣，獨當驟弒簡公，人心惶駭，齊之義士尚有挾公憤而思食其肉者，簡公之人尚有念故君而欲報其仇者，故其道可急取，不可緩圖，宜獨斷，不宜牽制。必若告於天子方伯，無論周天子守府，而當日之方伯則晉也，且聽命於韓、趙、魏，與陳氏脣齒耳，告之萬萬無益。而周、晉去魯俱二千餘里，往返動羈時日，徒令陳氏得以其閒收合人心，誅鋤異己，雖復討之，勢必不克。且程子之謂告之者，豈謂其真能命將興討罪之師乎？抑明知其不可而姑告之以爲名乎？不知其不可，是愚也；明知其不可而姑告之，是僞也，曾謂大聖人而出此。然則孔子之志宜奈何？曰：魯之兵權在三子，而三子之兵權在家臣，觀陽貨、弗擾且能以其衆畔，而冉求、季路獨不可出其兵以仗義討賊乎！孔子能使由、求墮費墮郈，而三子靡然聽從，豈孔子當日奉魯君之命，命家臣出其卒，而三子敢或梗令乎！誠得哀公一言，聽許委夫子以兵權，空魯國之甲，使家臣將之，此時子路雖仕衛，而冉有自在也，加以樊遲，有若皆勇鋭之士，移檄遠近，聲罪致討，吾知四鄰諸侯必有聞風嚮應，而齊之甲士且倒戈來迎，縱不能梟陳恒之首，亦當誅當日之推刃於齊君者，而更定齊嗣。如此則國威可振，周道可興，夫豈空言而不可見諸實事者哉！宋

之儒者以力爲諱，而但執正誼不謀利之説，謂事第當揆於義，不論其力之能不能，如此則《書》所謂「同力度德」、孔子「好謀而成」非矣。孔明之成敗利鈍，非所逆睹，蓋謂其謀出萬全，至事之萬有一失，則聽之天耳，夫豈僥倖以嘗試者哉！余向惡夫世之詆訾宋儒者，至先生此論，心竊疑其有未然，故備論之。

藝文

《阮籍集》卷上《誄·孔子誄》 養徒三千，升堂七十。潛神演思，因史作書。考混元於無形，本造化於太初。

《陸機集》卷九《孔子贊》 孔子叡聖，配天弘道。風扇玄流，思探神寶。明發懷周，興言謨老。靈魄有行，言觀蒼昊。清歌先誡，丹書有造。

王嘉《拾遺記》卷三《周靈王》 周靈王立二十一年，孔子生於魯襄公之世。夜有二蒼龍自天而下，來附徵在之房，因夢而生夫子。有二神女，擎香露於空中而來，以沐浴徵在。天帝下奏鈞天之樂，列以顔氏之房。空中有聲，言天感生聖子，故降以和樂笙鏞之音，異於俗世也。又有五老列於徵在之庭，則五星之精也。夫子未生時，有麟吐玉書於闕里人家，文云：「水精之子，係衰周而素王。」故二龍繞室，五星降庭。徵在賢明，知爲神異，乃以繡紱繫麟角，信宿而麟去。相者云：「夫子係殷湯，水德而素王。」至敬王之末，魯定公二十四年，魯人鉏商田於大澤，得麟，以示夫子，繫角之紱，尚猶在焉。夫子知命之將終，乃抱麟解紱，涕泗滂沱。且麟出之時，及解紱之歲，垂百年矣。

《陶淵明集》卷六《讀史述九章·七十二弟子》 恂恂舞雩，莫曰匪賢。俱映日月，共飡至言。慟由才難，感爲情牽。回也早夭，賜獨長年。

蘇洵《嘉祐集》卷一六《又答陳公美三首》 仲尼魯司寇，官職亦已優。從祭肉不及，戴冕奔諸侯。當時不之知，爲肉誠可羞。君子意有在，衆人但愆尤。置之待後世，皎皎無足憂。

仲尼爲羣婢，一走十四年。荀卿老不出，五十干諸田。顧彼二夫子，豈其陷狂顛？出處固無定，不失稱聖賢。彼亦誠自信，誰能邺多言。

公孫昔放逐，牧羊滄海濱。勉强聽鄉里，垂老西游秦。自固未爲壯，徒爲久辛勤。君子豈必隱？孔孟皆旅人。

老子部

綜述

《史記》卷六三《老子韓非列傳》 老子者，楚苦縣厲鄉曲仁里人也，姓李氏，名耳，字聃，周守藏室之史也。

孔子適周，將問禮於老子。老子曰：「子所言者，其人與骨皆已朽矣，獨其言在耳。且君子得其時則駕，不得其時則蓬累而行。吾聞之，良賈深藏若虛，君子盛德容貌若愚。去子之驕氣與多欲，態色與淫志，是皆無益於子之身。吾所以告子，若是而已。」孔子去，謂弟子曰：「鳥，吾知其能飛；魚，吾知其能游；獸，吾知其能走。走者可以爲罔，游者可以爲綸，飛者可以爲矰。至於龍，吾不能知其乘風雲而上天。吾今日見老子，其猶龍邪！」

老子脩道德，其學以自隱無名爲務。居周久之，見周之衰，迺遂去。至關，關令尹喜曰：「子將隱矣，彊爲我著書。」於是老子迺著書上下篇，言道德之意五千餘言而去，莫知其所終。

或曰：老萊子亦楚人也，著書十五篇，言道家之用，與孔子同時云。

蓋老子百有六十餘歲，或言二百餘歲，以其脩道而養壽也。

自孔子死之後百二十九年，而史記周太史儋見秦獻公曰：「始秦與周合，合五百歲而離，離七十歲而霸王者出焉。」或曰儋即老子，或曰非也，世莫知其然否。老子，隱君子也。

老子之子名宗，宗爲魏將，封於段干。宗子注，注子宫，宫玄孫假，假仕於漢孝文帝。而假之子解爲膠西王卬太傅，因家于齊焉。

世之學老子者則絀儒學，儒學亦絀老子。「道不同不相爲謀」，豈謂是邪？李耳無爲自化，清静自正。

皇甫謐《高士傳》卷上《老子李耳》 老子李耳，字伯陽，陳人也。生於殷時，爲周柱下史，好養精氣，貴接而不施。轉爲守藏史。積八十餘年，《史記》云二百餘年。時稱爲隱君子，謚曰聃。仲尼至周，見老子，知其聖人，乃師之。后周德衰，乃乘青牛車去，入大秦。過西關，關令尹喜望氣先知焉，乃物色遮候之。已而老子果至，乃强使著書，作《道德經》五千餘言，爲道家之宗。以其年老，故號其書爲《老子》。

皇甫謐《帝王世紀》補遺 老聃初生而髮白，故曰老子。

《史記》卷六三《老子韓非列傳》張守節正義引 《朱韜玉札》及《神仙傳》云：「老子，楚國苦縣瀨鄉曲仁里人。姓李，名耳，字伯陽，一名重耳，外字聃。身長八尺八寸，黄色美眉，長耳大目，廣額疏齒，方口厚脣，額有三五達理，日角月懸，鼻有雙柱，耳有三門，足蹈二五，手把十文。周時人，李母八十一年而生。」又《玄妙内篇》云：「李母懷胎八十一載，逍遥李樹下，迺割左腋而生。」又云：「玄妙玉女夢流星入口而有娠，七十二年而生老子。」又《上元經》云：「李母晝夜見五色珠，大如彈丸，自天下，因吞之，即有娠。」張君相云：「老子者是號，非名。老，考也。子，孳也。考教衆理，達成聖孳，乃孳生萬物，善化濟物無遺也。」

馬驌《繹史》卷八三《老子道教》引《神仙傳》 老子者，名重耳，其母感大流星而有娠，雖受氣天然，見於李家，猶以李爲姓。或云，老子先天地生。或云，天之精魂，蓋神靈之屬。或云，母懷之七十二年乃生，生時剖母左腋而出，生而首白，故謂之老子。或云，其母無夫，老子是母家之姓。或云，老子之母適至李樹下而生，老子生而能言，指李樹曰：「以此爲我姓。」或云，上三皇時，爲玄中法師，下三皇時，爲金闕帝君，伏羲時爲鬱華子，神農時爲九靈老子，祝融時爲廣壽子，黄帝時爲廣成子，顓頊時爲赤精子，帝嚳時爲禄圖子，堯時爲務成子，舜時爲尹壽子，夏禹時爲真行子，殷湯時爲錫則子，文王時爲文邑先生，一云守藏史。或云，在越爲范蠡，在齊爲鴟夷子，在吴爲陶朱公。或云，老子欲西度關，關令尹喜知其非常人也，從之問道，老子驚怪，故吐舌聃然，遂有老聃之號。老子黄白色，美目，廣顙長耳，大目疎齒，方口厚唇，額有三五達理，日角月懸，鼻純骨雙柱，耳有三漏門，足蹈二五，手把十乂。以周文王時爲守藏史，至武王時爲柱下史。時俗見其久壽，故號之爲老子。老子恬淡無欲，專以長生爲務者，故在周雖久，而名位不遷者，蓋欲和光同塵，内實自然，道成乃去，蓋僊人也。老子將去，而西出關，以昇崑崙，關令尹喜占風氣，逆知當有神人來過，乃埽道四十里，見老子而知是也。老子在中國都未有所授，知喜命應得道，乃停關中。老子有客徐甲，少賃於老子，約日雇百錢，計欠甲七百二十萬錢。甲見老子出關遊行，速索償，不可得，乃倩人作辭詣關令，以言老子，而爲作辭者，亦不知甲已隨老子二百

餘年矣。唯計甲所應得直之多，許以女嫁甲，甲見女美尤喜，遂通辭於尹喜，得辭大驚，乃見老子。老子問甲曰：「汝久應死，吾昔賃汝，爲官卑家貧，無有使役，故以太玄清生符與汝，所以至今日，汝何以言吾？吾語汝，到安息國，固當以黄金計直還汝，汝何以不能忍？」乃使甲張口向地，其太玄真符立出於地，丹書文字如新，甲成一聚枯骨矣。喜知老子神人，能復使甲生，乃爲甲叩頭請命，乞爲老子出錢還之。老子復以《太玄符》投之，甲立更生。喜即以錢二百萬與甲，遣之而去，並執弟子之禮，具以長生之事授喜。喜又請教誡，老子語之五千言，喜退而書之，名曰《道德經》焉。尹喜行其道，亦得僊。

雜録

備録

《莊子·養生主》 老聃死，秦失弔之，三號而出。弟子曰：「非夫子之友邪？」曰：「然。」「然則弔焉若此，可乎？」曰：「然。始也，吾以爲其人也，而今非也。向吾入而弔焉，有老者哭之，如哭其子；少者哭之，如哭其母。彼其所以會之，必有不蘄言而言，不蘄哭而哭者。是遁天倍情，忘其所受，古者謂之遁天之刑。適來，夫子時也；適去，夫子順也。安時而處順，哀樂不能入也，古者謂是帝之縣解。」指窮於爲薪，火傳也，不知其盡也。

《莊子·德充符》 魯有兀者叔山無趾，踵見仲尼。仲尼曰：「子不謹，前既犯患若是矣，雖今來，何及矣？」無趾曰：「吾唯不知務而輕用吾身，吾是以亡足。今吾來也，猶有尊足者存，吾是以務全之也。夫天無不覆，地無不載，吾以夫子爲天地，安知夫子之猶若是也！」孔子曰：「丘則陋矣。夫子胡不入乎？請講以所聞！」無趾出。孔子曰：「弟子勉之！夫無趾，兀者也，猶務學以復補前行之惡，而況全德之人乎！」無趾語老聃曰：「孔丘之於至人，其未邪！彼何賓賓以學子爲？彼且蘄以諔詭幻怪之名聞，不知至人之以是爲己桎梏邪？」老聃曰：「胡不直使彼以死生爲一條，以可不可爲一貫者，解其桎梏，其可乎？」無趾曰：「天刑之，安可解？」

《莊子·應帝王》 陽子居見老聃曰：「有人於此，嚮疾强梁，物徹疏明，學道不勌。如是者，可比明王乎？」老聃曰：「是於聖人也，胥易技係，勞形怵心者也。且也虎豹之文來田，猨狙之便、執斄之狗來藉。如是者，可比明王乎？」陽子居蹵然曰：「敢問明王之治。」老聃曰：「明王之治，功蓋天下而似不自己，化貸萬物而民弗恃，有莫舉名，使物自喜，立乎不測，而遊於無有者也。」

《莊子·在宥》 崔瞿問於老聃曰：「不治天下，安藏人心？」老聃曰：「汝慎無攖人心。人心排下而進上，上下囚殺，淖約柔乎剛强。廉劌雕琢，其熱焦火，其寒凝冰。其疾俛仰之間，而再撫四海之外。其居也淵而静，其動也縣而天。僨驕而不可係者，其唯人心乎！昔者黄帝始以仁義攖人之心，堯、舜於是乎股無胈，脛無毛，以養天下之形，愁其五藏以爲仁義，矜其血氣以規法度，然猶有不勝也。堯於是放讙兜於崇山，投三苗於三峗，流共工於幽都，此不勝天下也夫！施及三王而天下大駭矣。下有桀、跖，上有曾、史，而儒、墨畢起。於是乎喜怒相疑，愚知相欺，善否相非，誕信相譏，而天下衰矣；大德不同，而性命爛漫矣；天下好知，而百姓求竭矣。於是乎釿鋸制焉，繩墨殺焉，椎鑿決焉。天下脊脊大亂，罪在攖人心。故賢者伏處大山嵁巖之下，而萬乘之君憂慄乎廟堂之上。今世殊死者相枕也，桁楊者相推也，刑戮者相望也，而儒、墨乃始離跂攘臂乎桎梏之間。意！甚矣哉！其無愧而不知恥也甚矣！吾未知聖知之不爲桁楊椄槢也，仁義之不爲桎梏鑿枘也，焉知曾、史之不爲桀、跖嚆矢也！故曰：『絶聖棄知而天下大治。』」

《莊子·天道》 孔子西藏書於周室，子路謀曰：「由聞周之徵藏史有老聃者，免而歸居。夫子欲藏書，則試往因焉。」孔子曰：「善。」往見老聃，而老聃不許，於是繙十二經以說。老聃中其說，曰：「大謾，願聞其要。」孔子曰：「要在仁義。」老聃曰：「請問：仁義，人之性邪？」孔子曰：「然。君子不仁則不成，不義則不生。仁義，真人之性也，又將奚爲矣？」老聃曰：「請問何謂仁義？」孔子曰：「中心物愷，兼愛無私，此仁義之情也。」老聃曰：「意！幾乎後言！夫兼愛，不亦迂乎！無私焉，乃私也。夫子若欲使天下無失其牧乎？則天地固有常矣，日月固有明矣，星辰固有列矣，禽獸固有羣矣，樹木固有立矣。夫子亦放德而行，循道而趨，已至矣，又何偈偈乎揭仁義，若擊鼓而求亡子焉？意！夫子亂人之性也！」

士成綺見老子而問曰：「吾聞夫子聖人也，吾固不辭遠道而來，願見，百舍

重趼而不敢息。今吾觀子，非聖人也。鼠壤有餘蔬，而棄妹之者，不仁也；生熟不盡於前，而積斂無崖。」老子漠然不應。士成綺明日復見，曰：「昔者吾有刺於子，今吾心正卻矣，何故也？」老子曰：「夫巧知神聖之人，吾自以爲脱焉。昔者子呼我牛也而謂之牛，呼我馬也而謂之馬。苟有其實，人與之名而弗受，再受其殃。吾服也恒服，吾非以服有服。」士成綺雁行避影，履行，遂進而問：「修身若何？」老子曰：「而容崖然，而目衝然，而顙頯然，而口闞然，而狀義然，似繫馬而止也。動而持，發也機，察而審，知巧而覩於泰，凡以爲不信。邊竟有人焉，其名爲竊。」

夫子曰：「夫道，於大不終，於小不遺，故萬物備。廣廣乎其無不容也，淵乎其不可測也。形德仁義，神之末也，非至人孰能定之！夫至人有世，不亦大乎！而不足以爲之累。天下奮棅而不與之偕，審乎無假而不與利遷，極物之真，能守其本，故外天地，遺萬物，而神未嘗有所困也。通乎道，合乎德，退仁義，賓禮樂，至人之心有所定矣。」

《莊子·天運》 孔子行年五十有一而不聞道，乃南之沛，見老聃。老聃曰：「子來乎？吾聞子北方之賢者也，子亦得道乎？」孔子曰：「未得也。」老子曰：「子惡乎求之哉？」曰：「吾求之於度數，五年而未得也。」老子曰：「子又惡乎求之哉？」曰：「吾求之於陰陽，十有二年而未得。」老子曰：「然。使道而可獻，則人莫不獻之於其君；使道而可進，則人莫不進之於其親；使道而可以告人，則人莫不告其兄弟；使道而可以與人，則人莫不與其子孫。然而不可者，無佗也，中無主而不止，外無正而不行。由中出者，不受於外，聖人不出；由外入者，無主於中，聖人不隱。名，公器也，不可多取。仁義，先王之蘧廬也，止可以一宿而不可以久處，覯而多責。古之至人，假道於仁，託宿於義，以遊逍遥之虚，食於苟簡之田，立於不貸之圃。逍遥，無爲也；苟簡，易養也；不貸，無出也。古者謂是采真之遊。以富爲是者，不能讓禄；以顯爲是者，不能讓名。親權者，不能與人柄。操之則慄，舍之則悲，而一無所鑒，以闚其所不休者，是天之戮民也。怨、恩、取、與、諫、教、生、殺，八者，正之器也，唯循大變無所湮者，爲能用之。故曰：正者，正也。其心以爲不然者，天門弗開矣。」

孔子見老聃而語仁義。老聃曰：「夫播穅眯目，則天地四方易位矣；蚊虻噆膚，則通昔不寐矣。夫仁義憯然，乃憤吾心，亂莫大焉。吾子使天下無失其樸，吾子亦放風而動，總德而立矣，又奚傑然若負建鼓而求亡子者邪？夫鵠不日浴而白，烏不日黔而黑。黑白之樸，不足以爲辯；名譽之觀，不足以爲廣。泉涸，魚相與處於陸，相呴以溼，相濡以沫，不若相忘於江湖。」

孔子見老聃歸，三日不談。弟子問曰：「夫子見老聃，亦將何歸哉？」孔子曰：「吾乃今於是乎見龍。龍合而成體，散而成章，乘乎雲氣而養乎陰陽。予口張而不能嗋，予又何規老聃哉！」子貢曰：「然則人固有尸居而龍見，雷聲而淵默，發動如天地者乎？賜亦可得而觀乎？」遂以孔子聲見老聃。老聃方將倨堂而應微曰：「予年運而往矣，子將何以戒我乎？」子貢曰：「夫三王、五帝之治天下不同，其係聲名一也。而先生獨以爲非聖人，如何哉？」老聃曰：「小子少進！子何以謂不同？」對曰：「堯授舜，舜授禹，禹用力而湯用兵，文王順紂而不敢逆，武王逆紂而不肯順，故曰不同。」老聃曰：「小子少進！余語汝三皇、五帝之治天下。黄帝之治天下，使民心一，民有其親死不哭而民不非也。堯之治天下，使民心親，民有爲其親殺其殺而民不非也。舜之治天下，使民心競，民孕婦十月生子，子生五月而能言，不至乎孩而始誰，則人始有夭矣。禹之治天下，使民心變，人有心而兵有順，殺盜非殺，人自爲種而天下耳，是以天下大駭，儒、墨皆起。其作始有倫，而今乎婦女，何言哉！余語汝：三皇、五帝之治天下，名曰治之，而亂莫甚焉。三皇之知，上悖日月之明，下睽山川之精，中墮四時之施。其知憯於蠣蠆之尾，鮮規之獸，莫得安其性命之情者，而猶自以爲聖人，不可恥乎？其無恥也！」子貢蹵蹵然立不安。

孔子謂老聃曰：「丘治《詩》、《書》、《禮》、《樂》、《易》、《春秋》六經，自以爲久矣，孰知其故矣，以奸者七十二君，論先王之道而明周、召之迹，一君無所鉤用。甚矣夫！人之難説也，道之難明邪！」老子曰：「幸矣，子之不遇治世之君也！夫《六經》，先王之陳迹也，豈其所以迹哉！今子之所言，猶迹也。夫迹，履之所出，而迹豈履哉！夫白鶂之相視，眸子不運而風化；蟲，雄鳴於上風，雌應於下風而風化。類自爲雌雄，故風化。性不可易，命不可變，時不可止，道不可壅。苟得其道，無自而不可；失焉者，無自而可。」孔子不出三月，復見，曰：「丘得之矣。烏鵲孺，魚傅沫，細要者化，有弟而兄啼。久矣夫，丘不與化爲人！不與化爲人，安能化人！」老子曰：「可。丘得之矣。」

《莊子·田子方》 孔子見老聃，老聃新沐，方將被髮而乾，慹然似非人。孔子便而待之，少焉見曰：「丘也眩與？其信然與？向者先生形體掘若槁木，似遺物離人而立於獨也。」老聃曰：「吾遊心於物之初。」孔子曰：「何謂邪？」曰：

「心困焉而不能知，口辟焉而不能言，嘗爲女議乎其將。至陰肅肅，至陽赫赫；肅肅出乎天，赫赫發乎地；兩者交通成和而物生焉，或爲之紀而莫見其形。消息滿虚，一晦一明，日改月化，日有所爲，而莫見其功。生有所乎萌，死有所乎歸，始終相反乎無端，而莫知其所窮。非是也，且孰爲之宗！」孔子曰：「請問遊是。」老聃曰：「夫得是，至美至樂也。得至美而遊乎至樂，謂之至人。」孔子曰：「願聞其方。」曰：「草食之獸不疾易藪，水生之蟲不疾易水，行小變而不失其大常也，喜怒哀樂不入於胸次。夫天下也者，萬物之所一也。得其所一而同焉，則四肢百體將爲塵垢，而死生終始將爲晝夜而莫之能滑，而況得喪禍福之所介乎！棄隸者若棄泥塗，知身貴於隸也，貴在於我而不失於變。且萬化而未始有極也，夫孰足以患心！已爲道者解乎此。」孔子曰：「夫子德配天地，而猶假至言以修心，古之君子，孰能脱焉？」老聃曰：「不然。夫水之於汋也，無爲而才自然矣。至人之於德也，不修而物不能離焉，若天之自高，地之自厚，日月之自明，夫何修焉！」孔子出，以告顔回曰：「丘之於道也，其猶醯雞與！微夫子之發吾覆也，吾不知天地之大全也。」

《莊子·庚桑楚》 南榮趎贏糧，七日七夜至老子之所。老子曰：「子自楚之所來乎？」南榮趎曰：「唯。」老子曰：「子何與人偕來之衆也？」南榮趎懼然顧其後。老子曰：「子不知吾所謂乎？」南榮趎俯而慙，仰而歎曰：「今者吾忘吾答，因失吾問。」老子曰：「何謂也？」南榮趎曰：「不知乎？人謂我朱愚。知乎？反愁我軀。不仁則害人，仁則反愁我身；不義則傷彼，義則反愁我已。我安逃此而可？此三言者，趎之所患也，願因楚而問之。」老子曰：「向吾見若眉睫之間，吾因以得汝矣，今汝又言而信之。若規規然若喪父母，揭竿而求諸海也。女亡人哉！惘惘乎汝欲反汝情性而無由入，可憐哉！」南榮趎請入就舍，召其所好，去其所惡，十日自愁，復見老子。老子曰：「汝自灑濯，熟哉鬱鬱乎！然而其中津津乎猶有惡也。夫外韄者不可繁而捉，將内揵；内韄者不可繆而捉，將外揵。外、内韄者，道德不能持，而況放道而行者乎！」南榮趎曰：「里人有病，里人問之，病者能言其病，然其病病者猶未病也。若趎之聞大道，譬猶飲藥以加病也，趎願聞衛生之經而已矣。」老子曰：「衛生之經，能抱一乎？能勿失乎？能無卜筮而知吉凶乎？能止乎？能已乎？能舍諸人而求諸己乎？能翛然乎？能侗然乎？能兒子乎？兒子終日嗥而嗌不嗄，和之至也；終日握而手不掜，共其德也；終日視而目不瞚，偏不在外也。行不知所之，居不知所爲，與物委蛇，而同其波。是衛生之經已。」南榮趎曰：「然則是至人之德已乎？」曰：「非也。是乃所謂冰解凍釋者能乎？夫至人者，相與交食乎地而交樂乎天，不以人物利害相攖，不相與爲怪，不相與爲謀，不相與爲事，翛然而往，侗然而來。是謂衛生之經已。」曰：「然則是至乎？」曰：「未也。吾固告汝曰：『能兒子乎？』兒子動不知所爲，行不知所之，身若槁木之枝而心若死灰矣。若是者，禍亦不至，福亦不來。禍福無有，惡有人災也？」

《莊子·寓言》 陽子居南之沛，老聃西遊於秦，邀於郊，至於梁而遇老子。老子中道仰天而歎曰：「始以汝爲可教，今不可也。」陽子居不答。至舍，進盥漱巾櫛，脱屨户外，膝行而前曰：「向者弟子欲請夫子，夫子行不閒，是以不敢。今閒矣，請問其過。」老子曰：「而睢睢盱盱，而誰與居？大白若辱，盛德若不足。」陽子居蹵然變容曰：「敬聞命矣。」其往也，舍者迎將其家，公執席，妻執巾櫛，舍者避席，煬者避竈。其反也，舍者與之争席矣。

《戰國策·楚四》 或謂黄齊曰：「人皆以謂公不善於富摯。公不聞老萊子之教孔子事君乎？示之其齒之堅也，六十而盡相靡也。今富摯能，而公重不相善也，是兩盡也。諺曰：『見君之乘，下之；見杖，起之。』今也，王愛富摯，而公不善也，是不臣也。」

劉向《説苑·敬慎》 常摐有疾，老子往問焉，曰：「先生疾甚矣，無遺教可以語諸弟子者乎？」常摐曰：「子雖不問，吾將語子。」常摐曰：「過故鄉而下車，子知之乎？」老子曰：「過故鄉而下車，非謂其不忘故邪？」常摐曰：「嘻！是已。」常摐曰：「過喬木而趨，子知之乎？」老子曰：「過喬木而趨，非謂其敬老耶？」常摐曰：「嘻！是已。」張其口而示老子曰：「吾舌存乎？」老子曰：「然。」「吾齒存乎？」老子曰：「亡。」常摐曰：「子知之乎？」老子曰：「夫舌之存也，豈非以其柔耶？齒之亡也，豈非以其剛耶？」常摐曰：「嘻！是已。天下之事已盡矣，何以復語子哉！」

《史記》卷六三《老子韓非列傳》張守節正義 太史公疑老子或是老萊子，故書之。《列仙傳》云：「老萊子，楚人。當時世亂，逃世耕於蒙山之陽，莞葭爲牆，蓬蒿爲室，杖木爲牀，蓍艾爲席，菹芰爲食，墾山播種五穀。楚王至門迎之，遂去，至於江南而止。曰：『鳥獸之解毛可績而衣，其遺粒足食也。』」

《史記》卷六三《老子韓非列傳》裴駰集解引《列仙傳》曰：「關令尹喜者，周大夫也。善内學星宿，服精華，隱德行仁，時人莫知。老子西游，喜先見其氣，

知真人當過，候物色而迹之，果得老子。老子亦知其奇，爲著書。與老子俱之流沙之西，服巨勝實，莫知其所終。亦著書九篇，名《關令子》。」

《史記》卷六三《老子韓非列傳》司馬貞索隱　此前古好事者據《外傳》，以老子生年至孔子時，故百六十歲。或言二百餘歲者，即以周太史儋爲老子，故二百餘歲也。

王應麟《困學紀聞》卷一〇《諸子》　老子見孔子從弟子五人，問曰：「前爲誰？」對曰：「子路，勇且多力。其次子貢，爲智。曾子爲孝。顔回爲仁。子張爲武。」老子歎曰：「吾聞南方有鳥，名爲鳳凰。之所居也，積石千里，河水出下，鳳鳥居上。天爲生食，其樹名瓊枝，高百仞，以璆琳琅玕爲實。天又爲生離珠，一人三頭，遞起以伺琅玕。鳳鳥之文，戴聖嬰仁，右賢左智。」

梁玉繩《人表考》卷四《中上・老子》　老子屢見諸子。是爲老聃。《禮・曾子問》。陳國苦縣厲鄉曲仁里人。《釋文》、《史》本傳。生即皓然，故號老子。三國葛玄《道德經序》。名耳，字聃，李氏。《史・傳》。又《神仙傳》云：名重耳。《呂覽・不二》、《重言篇》聃作耽。李出嬴姓，爲伯益子恩成之冑。老子父乾，字元杲，周上御史大夫。娶益壽氏女嬰敷，生聃。《唐書・宗室表》、《路史・後紀》七。而《新》、《舊唐書・玄宗紀》稱老子父名敬，《通典・禮》十三作復。《酉陽雜俎・玉格》以老子母爲玄妙玉女。又云洪氏，又云元君。《路史》注又云滕氏。葛玄《序》及《神仙傳》直謂李氏女。母感飛星，震十有二年。《路史》。而《史・正義》、《神仙傳》、《十六國春秋・前涼索綏傳》、《酉陽雜俎》或云孕七十二年，或云八十一年，或云八十年，或云三千七百年。以二月十五日《宋史・徽宗紀》號貞元節。剖左腋而出，白首能言，《神仙傳》。形長九尺，黄色鳥喙，耳長七寸，三門無輪，眉長五寸，如北斗，色緑，鼻雙柱，齒六八，額有三理，方瞳龍顔，身緑毛白，血足，有八卦。《抱朴子・雜應》、《酉陽雜俎》。始名玄禄，《路史》。亦曰老君，《水經陰溝水注》。亦曰李叟，《水經河水四注》、《弘明集》劉勰《滅惑論》、《廣弘明集》釋道宣《辨惑篇序》。亦曰李老，《後書・朱穆傳》。亦曰柱下翁，《弘明集》宋宗炳《明佛論》。亦曰摩訶迦葉。《弘明集》慧通《駁夷夏論》、《路史・發揮・化胡篇》注引《造天地經》。死葬槐里。《水經渭水注》、《廣弘明集》道宣《辨惑序》及《疑問反訊篇跋》。唐乾封元年追號太上玄元皇帝。天寶二年加號大聖祖，《新》、《舊唐書・高宗》、《玄宗紀》。尊聖祖父爲先天太上皇，母先天太后。《舊書・玄宗紀》。天寶八年加號聖祖大道玄元皇帝。《舊書・禮儀志》。宋大中祥符六年加號太上老君混元上德皇帝。《宋史・真宗紀》。

案馬遷作傳，疑老萊子、太史儋即老子，《路史》附會之。高誘注《呂子・當梁》、《重言》，以舜所友之伯陽，周幽王時之伯陽父，並指爲老子。故《隸釋・老子銘》、《神仙傳》、《抱朴子》、《唐表》、《通志略》四、《路史》皆謂老子字伯陽。今本《史・老子傳》有字伯陽句，乃後人妄竄，《索隱》辨之。甚且如葛玄謂老子爲國師，代代不休。《神仙傳》俱載之。《酉陽・玉格》言老君具三十六號，七十二名，又有九名，別有九天上皇等號。而其生或云先天地出，《神仙傳》。或云從開闢以來，身一千二百變，《莊子・天地篇・釋文》引《通變經》。或云生于殷王陽甲之世，《列仙傳》、《高士傳》。或云在周三百餘年，爲文王、武王史，《神仙傳》。或云生于昭王二十四年，《路史・發揮・恒星篇》。或云生于宣王四十二年，平王時爲太史，《路史・後紀》七注。或云生于莊王十年，《路史・恒星篇》。或云生桓王丁卯歲，終景王壬午，壬午是敬王元年。或云生定王三年乙卯九月十四子時，乙卯是定元年。至敬王元年庚辰，年八十五化胡。庚辰是景王廿四年，並見《廣弘明集》卷一、卷十三。其壽或云不知其所終，或云二百餘歲，或云百六十餘，《史傳》。或云百九十六歲，《廣弘明集》十三。或云二百七十，《路史》注。或云孔子没十九歲，而聃入秦，西歷流沙，化胡成佛，壽四百有四十。《路史》。凡此衆説，緣世人多以老子爲神靈異類，復因釋、道兩家競相依託，妖妄怪幻，當存而不論。至今本老子有列在第一等者，攷《舊唐書・禮儀志》，天寶元年詔：《史記・古今人表》玄元皇帝昇入上聖（按：史記二字非誤即衍，《唐會要》卷五〇無）。宋趙希弁《讀書附志》言徽宗詔《史記・老子傳》升列傳之首，自爲一帙，《前漢・古今人表》列于上聖。是唐、宋人改刊，非班氏元本也。而《隸釋》漢邊韶《老子銘》詆《人表》抑老子與楚子西同科爲失，張晏注亦然，殊非，通論已辨，見卷一。

梁玉繩《漢書人表考補・老子》　《唐書》：則天后光宅元年追尊老子母爲先天太后。

備論

《莊子・天下》　以本爲精，以物爲粗，以有積爲不足，澹然獨與神明居，古之道術有在於是者，關尹、老聃聞其風而悦之。建之以常無有，主之以太一，以濡弱謙下爲表，以空虚不毁萬物爲實。關尹曰：「在己無居，形物自著。其動若水，其静若鏡，其應若響。芴乎若亡，寂乎若清，同焉者和，得焉者失。未嘗先人

而常隨人。」老聃曰：「知其雄，守其雌，爲天下谿；知其白，守其辱，爲天下谷。」人皆取先，己獨取後，曰：「受天下之垢。」人皆取實，己獨取虛，無藏也故有餘，巋然而有餘。其行身也，徐而不費，無爲也而笑巧。人皆求福，己獨曲全，曰：「苟免於咎。」以深爲根，以約爲紀，曰：「堅則毀矣，鋭則挫矣。」常寬容於物，不削於人，可謂至極。關尹、老聃乎！古之博大真人哉！

《史記》卷六三《老子韓非列傳論》 老子所貴道，虛無，因應變化於無爲，故著書辭稱微妙難識。莊子散道德，放論，要亦歸之自然。申子卑卑，施之於名實。韓子引繩墨，切事情，明是非，其極慘礉少恩。皆原於道德之意，而老子深遠矣。

《史記》卷六三《老子韓非列傳》司馬貞述贊 伯陽立教，清浄無爲。道尊東魯，迹竄西垂。莊蒙栩栩，申害卑卑。刑名有術，説難極知。悲彼周防，終亡李斯。

王安石《王文公文集》卷二〇七《老子》 道有本有末。本者，萬物之所以生也；末者，萬物之所以成也。本者，出之自然，故不假乎人之力而萬物以生也；末者，涉乎形器，故待人力而後萬物以成也。夫其不假人之力而萬物以生，則是聖人可以無言也、無爲也；至乎有待於人力而萬物以成，則是聖人之所以不能無言也、無爲也。故昔聖人之在上而以萬物爲己任者，必制四術焉。四術者，禮、樂、刑、政是也，所以成萬物者也。故聖人唯務修其成萬物者，不言其生萬物者，蓋生者尸之于自然，非人力之所得與矣。

老子者獨不然，以爲涉乎形器者皆不足言也、不足爲也，故抵去禮、樂、刑、政而唯道之稱焉。是不察于理而務高之過矣。夫道之自然者，又何預乎？唯其涉乎形器，是以必待于人之言也、人之爲也。其書曰：「三十輻共一轂，當其無，有車之用。」夫轂輻之用，固在于車之無用，然工之琢削未嘗及於無者，蓋無出于自然之力，可以無與也。今之治車者知治其轂輻，而未嘗及于無也，然而車以成者，蓋轂輻具，則無必爲用矣。如其知無爲用而不治轂輻，則爲車之術固已疏矣。

今知無之爲車用，無之爲天下用，然不知所以爲用也。故無之所以爲用者，以有轂輻也；無之所以爲天下用者，以有禮、樂、刑、政也。如其廢轂輻于車，廢禮、樂、刑、政于天下，不坐求其無之爲用也，則亦近于愚矣。

蘇轍《欒城應詔集》卷三《老聃論》 善與人言者，因其人之言而爲之言，則天下之爲辯者服矣。與其里人言，而曰「吾父以爲不然」，則誰肯信以爲爾父之是是？故不若與之論其曲直，雖楚人可以與秦人言之而無害。故夫天下之所爲多言，以排夫異端而終以不明者，唯不務其是非利害，而以父屈人也。

夫聖人之所爲尊於天下，爲其知夫理之所在也。而周公、仲尼之所爲信於天下，以其弟子而知之也。故非其弟子，則天下有不知周公之爲周公，而仲尼之爲仲尼者矣。是故老聃、莊周其爲説不可以周、孔辯也。何者？彼且以爲周、孔之不足信也。夫聖人之於言，譬如規矩之於方圓爾。天下之人信規矩之於方圓，而以規矩辯天下之不方不圓，則不若求其至方極圓，以陰合於規矩。使規而有不圓，矩而有不方，則亦無害於吾説，若此則其勢易以折天下之異論。

昔者天下之士，其論老聃、莊周與夫佛之道者，皆未嘗得其要也。老聃之説曰：「去仁義，絶禮樂，而後天下安。」而吾之説曰：仁義禮樂，天下之所待以治安者。佛之説曰：棄父絶子，不爲夫婦，放雞豚，食菜茹，而後萬物遂。而吾之説曰：父子夫婦，食雞豚，以遂萬物之性。夫彼且以其説，而吾亦以吾説。彼之不吾信，如吾之不彼信也。蓋天下之不從，莫急於未信而强劫之。故夫仁以安人，而行之以義，節之以禮，而播之以樂，守之以君臣，而維之以父子兄弟，食肉而飲酒，此明於孔子者之所知也，而欲以諭其所不知之人，而曰：「孔子則然。」嗟夫，難哉！

愚則不然，曰：天下之道，唯其辯之而無窮，攻之而無間；辯之而有窮，攻之而有間，則是不足以爲道。果孔子而有窮也，亦將舍而他之，惟其無窮，是以知其爲道而無疑。蓋天下有能平其心而觀焉，而不牽夫仲尼、老聃之名，而後可與語此也。

天下之道，惟其辯之而無窮，攻之而無間；辯之而有窮，攻之而有間，則是不足以爲道。

昔者六國之際，處士横議，以熒惑天下。楊氏「爲我」，而墨氏「兼愛」。凡天下之有以君臣父子之親而不相顧者，舉皆歸於楊子；而道路之人皆可以爲父兄子弟者，舉皆歸於墨子也。夫天下之人，不可以絶其相屬之親而合其無故之歡，此其勢然矣。故老聃、莊周知夫天下之不從也，而起而承之。以爲「兼愛」、「爲我」之不足以收天下，是以不爲「爲我」，不爲「兼愛」，而處乎「兼愛」、「爲我」之際。此其意以爲，不「兼愛」則天下議其無親，不「爲我」則天下譏其爲人。故兩無所適處，而泛泛焉浮游其間，而我皆無所與，以爲是足以自免而逃天下之是

非矣。

夫天下之人，惟是其所是，而非其所非，是以其説可得而考其終。今夫老、莊無所是非，而其終歸於無有，此其思之亦已詳矣。楊氏之「爲我」，墨氏之「兼愛」，此其爲道莫不有所執也。故「爲我」者，爲「兼愛」之所詆；而「兼愛」者，爲「爲我」之所毀。是二者，其地皆不可居也。然而得其間而固守之，則可以杜天下之異端而絶其口。蓋古之聖人，惟其得而居之，是以天下大服，而其道遂傳於後世。今老聃、莊周不得由其大道，而見其隙，竊入於其間，而執其機，是以其論縱横堅固而不可破也。

且夫天下之事，安可以一説治也。彼二子者，欲一之以「兼愛」，斷之以「爲我」，故其説有時焉而遂窮。夫惟聖人能處於其間而制其當，然「兼愛」、「爲我」亦莫棄也，而能用之以無失乎道，處天下之紛紜而不失其當，故曰：「伯夷、叔齊不降其志，不辱其身；而柳下惠、少連降志而辱身。言中倫，行中慮，虞仲夷逸隱居放言，身中清，廢中權，我則異於是，無可無不可。」夫無可無不可，此老聃、莊周之所以爲辯也，而仲尼亦云。則夫老聃、莊周，其思之不可以爲不深矣。蓋嘗聞之，聖人之道，處於可、不可之際，而遂從而實之，是以其説萬變而不可窮。老聃、莊周從而虚之，是以其説汗漫而不可詰。今將以求夫仲尼、老聃之是非者，惟能知虚實之可用與否而已矣。

蓋天下固有物也，有物而物相遭，則固亦有事矣。是故聖人從其有而制其御有之道，以治其有實之事，則天下夫亦何事之不可爲？而區區焉平其有以納之於無，則其用力不已甚勞矣哉！夫老聃、莊周則亦嘗自知其窮矣，夫其窮者何也？不若從其有而有之之爲易也。故曰：「常無欲以觀其妙。」而又曰：「常有欲以觀其徼。」既曰：「無之以爲用。」而又曰：「有之以爲利。」而至於佛者，則亦曰：「斷滅。」而又曰：「無斷無滅。」夫既曰無矣，而又恐無之反以爲窮。既曰「斷滅」矣，而又恐斷滅之適以爲累。則夫其情可以見矣。仲尼有言曰：「君子之中庸也，君子而時中；小人之中庸也，小人而無忌憚也。」夫老聃、莊周其亦近於中庸，而無忌憚者哉！

《張耒集》卷四二《老子議》 夫人之生，不殺之于衽席飲食之疾病，則殺之于盜賊刑戮者，過半矣。則人之于死，實未嘗知畏也。而世之馭物者而欲物之畏，不過示之以死，亦惑矣。故曰：「民不畏死，奈何以死懼之。」苟爲畏死耶，則吾取爲奇者而殺之，宜民之不復爲奇也。天下未嘗無刑，而爲奇者不止，則死之不足以懼物也明矣。故曰：「若使人常畏死，而爲奇者吾得執而殺之，孰敢也？」夫物不患夫殺之者也，萬物泯泯必歸于滅盡而後止，則有常有司殺者殺之矣。竊司殺者之常理而私之以行其畏，非徒不足以懼物，而亦有不及者也。故曰：「常有司殺者殺之。夫代有司殺，是代大匠斲，代大匠斲，希有不傷其手矣。」然則操政刑生死之柄，驅一世之民使從之，殆非也。

王夫之《薑齋文集》卷一《老莊申韓論》 建之爲道術，推之爲治法，内以求心，勿損其心，出以安天下，勿賊天下，古之聖人，仁及萬世，儒者修明之而見諸行事，唯此而已。求合於此而不能，因流於詖者，老莊也。損其心以任氣，賊天下以立權，明與聖人之道背馳而毒及萬世者，申韓也。與聖人之道背馳則峻拒之者，儒者之責，勿容辭也。拒其説，必力絶其所爲，絶其所爲，必厚戒於其心，而後許之爲君子儒。言治道者吾惑焉。於老莊則遠之惟恐不夙，於申韓則暗襲其所爲而陰挾其心，吾是以惑而甚惑其惑之甚也。夫師老莊以應天下，吾聞之漢文景矣。其終遠於聖人之治而不能合者，老莊亂之也。然而心猶人之心，天下則已異乎食荼卧棘之天下矣。下此則何晏、王戎以弛天下而使亂。然其所爲，求之聖人之道而不得，求之老莊而亦不得。虚與誕，聖人之所弗尚；躁與貪，亦老莊之所弗尚，則遠之必夙者正也。老莊之所弗尚，則不得舉何晏、王戎之罪罪老莊也。夫申韓而豈但此哉。韓愈氏曰：「仁義之言，藹如也。」聖人之欲正天下也亟，其論治也詳。今讀其書，繹其言，蔑不藹如也。其言藹如也，其政油如也，患天下之相賊，而不以賊懲賊，懲天下之賊，規乎其大凡而止，雖有刀鋸，而不損其不忍人之心。略其毫毛，拚其幽隱，以使容於覆載之間，而民氣以静。是故匹夫之蹶然以惡怒，非可逆也；匹夫之蹶然以愉快，非不可獲譽也。然而聖人不忍徇之，以致善治之名。有人於此，匹夫蹶然而怒，其可殺邪？從而殺之，匹夫蹶然而喜，喜怒如匹夫之心，則明斷之譽蹶然而興，而氣茀然，而權赫然，静反諸心，而心固怵然，起視天下，而天下紜然。爲君子儒者以此爲愉快，則抑不得爲聖人之徒矣。聞之曰，惡不仁者，不使不仁加於其身；未聞惡不仁者，不使不仁者之留遺種於天下也。悲夫！自宋以來，爲君子儒者，言則聖人而行則申韓也，抑以聖人之言文申韓而爲言也。曹操之雄也，申韓術行而敺天下以思媚於司馬氏，不勞而奪諸几席。諸葛孔明之貞也，扶劉氏之裔以申大義，申韓術行而不能再世。申韓之效，亦昭然矣。宋之儒者，胡憯莫徵而潛用之以徇匹夫一往之情。吾聞以閨房醉飽之過掠治婦人，以徵士大夫之罪矣。吾聞其聞有

赦而急取罪人屠割之矣。非申韓孰與任此，而爲君子儒者以爲愉快，復何望夫袴褶之夫、刀筆之吏乎！是其爲術也，三代以上，無尚之者也；仲尼之徒，無道之者也；三苗之所以分北也，鄧析之所以服刑也。自申韓起，而言治者一不審，而即趨於其塗。申韓以矯老莊，而拒老莊者揖進之。夫老莊則固盡然傷心於此矣。老莊非也，其盡然傷心於此者，未嘗非也。仲尼不以徇魯衛，而老於下位。文王不以徇商紂，而囚於羑里。我知其盡然傷心者倍甚於老莊，則已知老莊之賤名法以蘄安天下，未能合聖人之道，而固不敢背以馳也，愈於申韓遠矣。晝之以一定之法，申之以繁重之科，臨之以憤盈之氣，出之以戌削之詞，督之以違心之奔走，迫之以畏死之憂患，如是以使之仁不忘親，義不背長。不率，則殺然以委之霜刃之鋒曰，吾以使人履仁而戴義也。夫申韓固亦曰，吾以使人履仁而戴義也，何患乎無名而要。豈有不忍人之心者所幸有其名，以彈壓羣論乎。易動而難戢者，氣也。往而不易反者，惡怒之情也。羣起而焚人以逞者，匹夫蹶然之恩怨也。是以君子貴知擇焉。弗擇，而聖人之道且以文邪慝而有餘。以文老莊而有老莊之儒，以文浮屠而有浮屠之儒，以文申韓而有申韓之儒。下至於申韓之儒，而賊天下以賊其心者甚矣。後世之天下死於申韓之儒者積焉，爲君子儒者潛移其心於彼者，實致之也。

《方苞集》卷二《書老子傳後》 太史公傳老子，著其國焉，著其邑焉，著其鄉焉，著其里焉，外此無有也；著其氏焉，著其名焉，著其字焉，著其謚焉，著其官守焉，外此無有也；著其子焉，著其孫焉，著其孫之玄來焉；於其子孫玄來，仍著其爵焉，著其封焉，著其仕之時與國焉，著其家之地焉，外此無有也。蓋世傳老子，多幻奇荒怪之跡；故特詳之，以見其生也有國邑、鄉里、名字，其仕也有官守，其終有謚，其身雖隱而子孫世有封爵、里居，則衆説之誕，不辨而自熄矣。

世傳所以多幻怪者，蓋因老子見周之衰而隱去，莫知所終，故不詳其年壽所極，而同時有老萊子，言道家之用；後百餘年有周太史儋號爲能前知；儋聃同音，故其傳與老子相混，「世莫知其然否」？列序及此，然後正言以斷之曰：「老子，隱君子也。」則非有幻怪明矣。終之曰：「李耳無爲自化，清静自正。」則著書言道德者乃李耳，而儋與老萊子別爲二人明矣。

始吾友崑繩實爲是解。微崑繩，不知太史公用意如此也；而崑繩既殁，其所述蓋無傳焉。由是言之，凡古書之存，而後人不得其意，與得之而其説無傳者，可勝道哉！

《戴名世集》卷一四《老子論》 自孔子没而出而惑世誣民者有兩家，曰老，曰佛，爲後世儒家之所訾譏。顧其言誠怪誕，聖人之所弗取，而學者之於聖人之道未知果能窺見萬一否，但能訾譏兩家即號曰儒。儒若是易也，則爲聖道害者不止此兩家矣。余嘗讀老子之書，反覆紬繹，其言頗有可採，而非佛氏之所及者。佛之盛也，乘中國氣虚而入，其言荒唐不可致詰，而託於天人性命之理，學士大夫多惑之。其尤荒謬不通者，輪迴生死之説，而愚人信之，亦或往往有所忌憚，故亦可藉以懾服天下之人，使稍斂其邪志。嗚呼！孔子之道不能以教天下，而必假手於佛，吾嘆之久矣。

昔孔子明王道，述古文，未嘗不於異端爲兢兢，假使如後世儒者之論，謂老子爲異端，夫子獨不能辭而闢之耶？既不能辭而闢之，而復與其弟子間關道路，從之問禮，且嘆服而許與之，將謂孔子者亦老氏之徒耶？然則老子之負謗於天下者，非老氏之過也，爲老氏之説者之過也。莊周、列禦寇之流，其言依倣老子，吾觀其書，大抵憫世之昏濁，爲洸洋自恣以適己志，此文人學士之雄者耳，不得與老子並。而申不害、韓非之流，慘礉少恩，假託老子以自重，其實未得老子之萬一也。太史公著《史記》，謂申、韓「原於道德」，吾又疑之久矣。

且夫佛之爲聖道害也，往往創立名字，分别宗門，顯與孔子爲敵，而老子固未嘗有是也。當其爲周守藏室之史，固非無意於世者，見周之衰，遂去，出關而隱。自關令尹强之，乃著上、下篇，言道德之意五千餘言而去，莫知所終，亦未嘗有意爲文字留人間以逞其説，而冀天下之從己也。吾觀其出處行藏，非有謬於聖人，而其書不過哀斯人之愚迷，而自道其淡泊無爲之意，蓋春秋時之一隱君子耳。後之爲老子説者亦莫知老子，或稱之反過其實。太史公曰：「世之學老子者則絀儒，學儒者亦絀老子。」夫老子與孔子當日未嘗相絀也，則學者過也。

嗚呼！自申不害、韓非假託老子之説，而使老子蒙詬於萬世。浸尋而至於秦、漢以後，爲老子之徒者，築宫以祀之，刻木以像之，造立鬼神名字而自異其衣冠，往往禱賽祈請，又依倣浮屠氏之書，作爲鄙俚無稽怪誕之言，曰「是老子也」。則老子之寃，亘萬世而莫之白矣。夫巫覡，自老子未出而其興已久矣。巫見佛之盛也，顧己無所宗，乃假託老子自重，以擬於佛而敢與孔子抗，此豈老子之罪乎？神仙之事不見於經傳，其説惝恍荒忽，而嘗見於諸子百家之書，大抵爲其術者，屏紛囂，守清净，其説近老子，故亦時時稱誦老子之道，而世又以老子真怪迂矣。

嗚呼！老子一隱君子耳，不幸姓名言語落在人間。尊之者曰聖人，斥之者曰異端，濫觴於莊、列，決裂於申、韓，誣於巫覡，而晦於神仙，而遂以爲聖道之害。噫！此後世之老子，非孔子時之老子也。

或曰：「子以老子之言頗有可採者，其説可得聞乎？」曰：「老子之書具在，吾非敢臆而説也，後之人以異端之解解之，此其所以與聖人亂也。孔子適周見老子，其叮嚀付授不過數語，而孔子嘆異之，其後所著書上、下篇，大抵不出此數語之中。吾不知孔子當日曾見其書與否，而數語叮嚀夫子不以爲非，則其書未可盡非也。吾觀其書，其大旨不過謂恃法則法亡，争功則功去，不知足者召禍，可欲者喪身，静可以觀動，柔可以勝剛，其於禍福之相倚，盈謙之相越，天道人事得失，諄諄乎反覆言之而深切，不見其有謬戾聖人者也。而獨其有數言不能爲老子解者，曰『禮者，忠信之薄而亂之首』，曰『大道廢，有仁義』，曰『絶聖棄智，民利百倍；絶仁棄義，民復孝慈』。蓋所謂大道者，混混之時，悶悶之風也。所謂仁義者，煦煦之仁，孑孑之義也。彼見世之溷濁，而慨想於太古荒遠之事以爲憤激之言，又其視仁義太小不可爲訓，此老子所以不得爲聖人也。其他所論著，往往多有與聖賢相發明。而世之蕩檢踰閑、放棄禮法、無復忌憚者曰『老氏』，人亦從而指之曰此『老氏』也，不知此固老氏之所深戒，而猥以擬之，不已謬乎。

「今夫佛氏之爲教也，戕賊其身，枯槁其性，歸於空虚無有，夫空虚無有誠不足以治天下。而老子所言皆行己治人，涉歷世故之道，初非等於頹墮滉瀁不可致詰者。而世又有樸遫迂謹、頑鈍寂寞之徒，託之『老氏』以自掩其無能，不知此又老子之所深戒而不取也。」

或曰：「子之誦法者孔子，孔子之道，亘萬世莫之及矣，而子猶欲爲老氏别白者，何耶？」曰：「所以尊孔子者也。自三代之後，老也，佛也，儼然與孔子並立而爲三者也。夫老子非孔子匹也，周衰之時，一隱君子而不大謬戾於聖人者也。吾所以云云者，以後世尊老子爲聖人，而欲以抗孔子，又或斥以爲異端，而謂有害於孔子，皆非老子也。吾以告夫世之論老子者也。」

馬驌《繹史》卷八三《老子道教論》 史稱老子所貴道虚無，因應變化於無爲，故著書辭，稱微妙難識。《莊子》稱以本爲精，以物爲粗，以有積爲不足，淡然獨與神明居。蓋其道以無爲爲宗，以守柔藏虚爲質，清静澹泊，伏處遠禍，不與世競其紛華，史以爲隱君子者也。著書五千言，貴道德而薄仁義，後世道家者流，咸以是爲宗焉。世之言老子者，多神怪不經，謂壽且數百歲；或言生於周初，而神仙家言其先天地生，歷三皇、五帝，變易名號，神化莫測。孔子適周，過而問禮，故與弟子言禮，嘗以聃爲徵。聃博通好古，爲周守藏史，蓋在景、敬之世，前此未聞也，烏有所謂生於太古，壽考無窮者乎？道家稱爲老氏之書者多附託，不具録，録其五千言焉。

藝文

王嘉《拾遺記》卷三 老聃在周之末，居反景日室之山，與世人絶跡。帷有黄髮老叟五人，或乘鴻鶴，或衣羽毛，耳出於頂，瞳子皆方，面色玉潔，手握青筠之杖，與聃共談天地之數。及聃退跡爲柱下史，求天下服道之術，四海名士，莫不争至。五老即五方之精也。

浮提之國，獻神通善書二人，乍老乍少，隱形則出影，聞聲則藏形。出肘間金壺四寸，上有五龍之檢，封以青泥。壺中有黑汁如淳漆，灑地及石，皆成篆隸科斗之字。記造化人倫之始，佐老子撰《道德經》垂十萬言。寫以玉牒，編以金繩，貯以玉函，晝夜精勤，形勞神倦。及金壺汁盡，二人刳心瀝血，以代墨焉。遞鑽腦骨取髓，代爲膏燭。及髓血皆竭，探懷中玉管，中有丹藥之屑，以塗其身，骨乃如故。老子曰：「更除其繁紊，存五千言。」及至經成工畢，二人亦不知所往。

〔蕭綺〕録曰：莊周云：「德配天地，猶假至言。」觀乎老氏，崇謙柔以爲要，挹虚寂以歸真，知大樸之既漓，發玄文以示世。孰能辨其虚無，究斯深寂？是以仲尼責其德，叶以神靈，極譬二人，以爲龍矣。師曠設數千問，卒其春秋之末。《抱朴子》謂爲「知音之聖」也。雖容成之妙，大撓之推曆，夔、襄之理樂，延州之聽，故未之能過也。

《阮籍集》卷上《老子贊》 陰陽不測，變化無倫，飄飖太素，歸虚反真。

《白居易集》卷三二《律詩・讀老子》 言者不知知者默，此語吾聞於老君。若道老君是知者，緣何自著五千文？

夫差部

綜述

《史記》卷三一《吳太伯世家》 十九年夏，吳伐越，越王句踐迎擊之檇李。越使死士挑戰，三行造吳師，呼，自剄。吳師觀之，越因伐吳，敗之姑蘇，傷吳王闔廬指，軍卻七里。吳王病傷而死。闔廬使立太子夫差，謂曰：「爾而忘句踐殺汝父乎？」對曰：「不敢！」三年，乃報越。

王夫差元年，以大夫伯嚭爲太宰。習戰射，常以報越爲志。二年，吳王悉精兵以伐越，敗之夫椒，報姑蘇也。越王句踐乃以甲兵五千人棲於會稽，使大夫種因吳太宰嚭而行成，請委國爲臣妾。吳王將許之，伍子胥諫曰：「昔有過氏殺斟灌以伐斟尋，滅夏后帝相。帝相之妃后緡方娠，逃於有仍而生少康。少康爲有仍牧正。有過又欲殺少康，少康奔有虞。有虞思夏德，於是妻之以二女而邑之於綸，有田一成，有衆一旅。後遂收夏衆，撫其官職。使人誘之，遂滅有過氏，復禹之績，祀夏配天，不失舊物。今吳不如有過之彊，而句踐大於少康。今不因此而滅之，又將寬之，不亦難乎！且句踐爲人能辛苦，今不滅，後必悔之。」吳王不聽，聽太宰嚭，卒許越平，與盟而罷兵去。

七年，吳王夫差聞齊景公死而大臣爭寵，新君弱，乃興師北伐齊。子胥諫曰：「越王句踐食不重味，衣不重采，弔死問疾，且欲有所用其衆。此人不死，必爲吳患。今越在腹心疾而王不先，而務齊，不亦謬乎！」吳王不聽，遂北伐齊，敗齊師於艾陵。至繒，召魯哀公而徵百牢。季康子使子貢以周禮説太宰嚭，乃得止。因留略地於齊魯之南。九年，爲騶伐魯，至，與魯盟乃去。十年，因伐齊而歸。十一年，復北伐齊。

越王句踐率其衆以朝吳，厚獻遺之，吳王喜。唯子胥懼，曰：「是棄吳也。」諫曰：「越在腹心，今得志於齊，猶石田，無所用。且《盤庚之誥》有顛越勿遺，商之以興。」吳王不聽，使子胥於齊，子胥屬其子於齊鮑氏，還報吳王。吳王聞之，大怒，賜子胥屬鏤之劍以死。將死，曰：「樹吾墓上以梓，令可爲器。抉吾眼置之吳東門，以觀越之滅吳也。」

齊鮑氏弒齊悼公。吳王聞之，哭於軍門外三日，乃從海上攻齊。齊人敗吳，吳王乃引兵歸。

十三年，吳召魯、衛之君會於橐皋。

十四年春，吳王北會諸侯於黄池，欲霸中國以全周室。六月(戊)〔丙〕子，越王句踐伐吳。乙酉，越五千人與吳戰。丙戌，虜吳太子友。丁亥，入吳。吳人告敗於王夫差，夫差惡其聞也，或泄其語，吳王怒，斬七人於幕下。七月辛丑，吳王與晉定公爭長。吳王曰：「於周室我爲長。」晉定公曰：「於姬姓我爲伯。」趙鞅怒，將伐吳，乃長晉定公。吳王已盟，與晉別，欲伐宋。太宰嚭曰：「可勝而不能居也。」乃引兵歸國。國亡太子，內空，王居外久，士皆罷敝，於是乃使厚幣以與越平。

十五年，齊田常殺簡公。

十八年，越益彊。越王句踐率兵(使)〔復〕伐敗吳師於笠澤。楚滅陳。

二十年，越王句踐復伐吳。二十一年，遂圍吳。二十三年十一月丁卯，越敗吳。越王句踐欲遷吳王夫差於甬東，予百家居之。吳王曰：「孤老矣，不能事君王也。吾悔不用子胥之言，自令陷此。」遂自剄死。越王滅吳，誅太宰嚭，以爲不忠，而歸。

袁康《越絶書》卷五《請糴内傳》 昔者，越王句踐與吳王夫差戰，大敗，保棲於會稽山上，乃使大夫種求行成於吳。吳許之。越王去會稽，入官於吳。三年，吳王歸之。大夫種始謀曰：「昔者吳夫差不顧義而媿吾王。種觀夫吳甚富而財有餘，其刑繁法逆；民習於戰守，莫不知也；其大臣好相傷，莫能信也；其德衰而民好負善。且夫吳王又喜安佚而不聽諫，細誣而寡智，信讒諛而遠士，數傷人而亟亡之，少明而不信人，希須臾之名而不顧後患。君王盍少求卜焉？」越王曰：「善。卜之道何若？」大夫種對曰：「君王卑身重禮，以素忠爲信，以請糴於吳。天若棄之，吳必許諾。」

於是乃卑身重禮，以素忠爲信，以請於吳。將與，申胥進諫曰：「不可。夫王與越也，接地鄰境，道徑通達，仇讎敵戰之邦；三江環之，其民無所移，非吳有越，越必有吳。且夫君王，兼利而弗取，輸之粟與財，財去而凶來，凶來而民怨其上，是養寇而貧邦家也。與之不爲德，不若止。且越王有智臣曰范蠡，勇而善謀，將修士卒，飾戰具，以伺吾間也。胥聞之，夫越王之謀，非有忠素。請糴也，

將以此試我，以此卜要君王，以求益親，安君王之志。我君王不知省也而救之，是越之福也。」吳王曰：「我卑服越，有其社稷。句踐既服爲臣，爲我駕舍，却行馬前，諸侯莫不聞知。今以越之饑，吾與之食，我知句踐必不敢。」申胥曰：「越無罪，吾君王急之。不遂絶其命，又聽其言，此天之所反也。忠諫者逆，而諛諫者反親。今狐雉之戲也，狐體卑而雉懼之。夫獸蟲尚以詐相就，而況於人乎！」吳王曰：「越王句踐有急，而寡人與之，其德章而未靡，句踐其敢與諸侯反我乎？」申胥曰：「臣聞聖人有急，則不羞爲人臣僕，而志氣見人。今越王爲吾浦伏約辭，服爲臣下，其執禮過，吾君不知省也而已，故勝威之。臣聞狼子野心、仇讎之人，不可親也。夫鼠忘壁，壁不忘鼠，今越人不忘吳矣！胥聞之，拂勝，則社稷固；諛勝，則社稷危。胥，先王之老臣，不忠不信，則不得爲先王之老臣。君王胡不覽觀夫武王之伐紂也？今不出數年，鹿豕遊於姑胥之臺矣。」

太宰嚭從旁對曰：「武王非紂臣耶？率諸侯以殺其君，雖勝，可謂義乎？」申胥曰：「武王則已成名矣。」太宰嚭曰：「親僇主成名，弗忍行。」申胥曰：「美惡相入，或甚美以亡，或甚惡以昌，故在前世矣。嚭何惑吾君王也？」太宰嚭曰：「申胥爲人臣也，辨其君何必翽翽乎？」申胥曰：「太宰嚭面諛以求親，乘吾君王，幣帛以求，威諸侯以成富焉。今我以忠辨吾君王，譬浴嬰兒，雖啼勿聽，彼將有厚利。嚭無乃諛吾君王之欲，而不顧後患乎？」吳王曰：「嚭止。子無乃向寡人之欲乎？此非忠臣之道。」太宰嚭曰：「臣聞春日將至，百草從時。君王動大事，群臣竭力以佐謀。」

因遜遯之舍，使人微告申胥於吳王曰：「申胥進諫，外貌類親，中情甚疏，類有外心。君王常親覩其言也，胥則無父子之親、君臣之施矣。」吳王曰：「夫申胥，先王之忠臣，天下之健士也。胥殆不然乎哉，子毋以事相差，毋以私相傷，以動寡人，此非子所能行也。」太宰嚭對曰：「臣聞父子之親，張户别居，贈臣妾、馬牛，其志加親；若不與一錢，其志斯疏。父子之親猶然，而況於士乎？且有知不竭，是不忠；竭而顧難，是不勇；下而令上，是無法。」

吳王乃聽太宰嚭之言，果與粟。申胥遜遯之舍，歎曰：「於乎嗟！君王不圖社稷之危，而聽一日之説。弗對，以斥傷大臣，而王用之。不聽輔弼之臣，而信讒諛容身之徒，是命短矣！以爲不信，胥願廓目於邦門，以觀吳邦之大敗也。越人之入，我王親所禽哉！」

太宰嚭之交逢同，謂太宰嚭曰：「子難人申胥，請爲卜焉。」因往見申胥，胥方與被離坐。申胥謂逢同曰：「子事太宰嚭，又不圖邦權而惑吾君王，君王之不省也，而聽衆彘之言。君王忘邦，嚭之罪也！亡日不久也！」逢同出，造太宰嚭曰：「今日爲子卜於申胥，胥誹謗其君不用胥，則無後。而君王覺而遇矣。」謂太宰嚭曰：「子勉事後矣。吳王之情在子乎？」太宰嚭曰：「智之所生，不在貴賤長少，此相與之道。」

逢同出見吳王，慚然有憂色。逢同垂泣不對。吳王曰：「夫嚭，我之忠臣；子爲寡人遊目長耳，將誰怨乎？」逢同對曰：「臣有患也。臣言而君行之，則無後憂；若君王弗行，臣言而死矣！」王曰：「子言，寡人聽之。」逢同曰：「今日往見申胥，申胥與被離坐，其謀慚然，類欲有害我君王。今申胥進諫類忠，然中情至惡，内其身而心野狼。君王親之不親？逐之不逐？親之乎？彼聖人也，將更然有怨心不已。逐之乎？彼賢人也，知能害我君王。殺之爲乎？可殺之，亦必有以也。」吳王曰：「今圖申胥，將何以？」逢同對曰：「君王興兵伐齊，申胥必諫曰不可；王無聽而伐齊，必大克，乃可圖之。」

於是吳王欲伐齊。召申胥，對曰：「臣老矣，耳無聞，目無見，不可與謀。」吳王召太宰嚭而謀，嚭曰：「善哉，王興師伐齊也。越在我猶疥癬，是無能爲也。」吳王復召申胥而謀，申胥曰：「臣老矣，不可與謀。」吳王請申胥謀者三，對曰：「臣聞愚夫之言，聖主擇焉。胥聞越王句踐罷吳之年，宫有五竈，食不重味；省妻妾，不别所愛；妻操斗，身操概，自量而食，適饑不費。是人不死，必爲國害！越王句踐食不殺而饜，衣服純素，不袀不玄，帶劍以布。是人不死，必爲大故。越王句踐寢不安席，食不求飽，而善貴有道。是人不死，必爲邦寶。越王句踐衣弊而不衣新，行慶賞，不刑戮。是人不死，必成其名。越在我，猶心腹有積聚，不發則無傷，動作者有死亡。欲釋齊，以越爲憂。」吳王不聽，果興師伐齊，大克還，以申胥爲不忠，賜劍殺申胥，髡被離。

申胥且死，曰：「昔者桀殺關龍逢，紂殺王子比干。今吳殺臣，參桀紂而顯吳邦之亡也。」王孫駱聞之，旦即不朝。王召駱而問之：「子何非寡人而旦不朝？」王孫駱對曰：「臣不敢有非，臣恐矣。」吳王曰：「子何恐？以吾殺胥爲重乎？」王孫駱對曰：「君王氣高胥之下位而殺之，不與群臣謀之，臣是以恐矣。」王曰：「我非聽子而殺胥，胥乃圖謀寡人。」王孫駱曰：「臣聞君人者，必有敢言之臣；在上位者，必有敢言之士。如是，即慮日益進而智益生矣。胥，先王之老臣，不忠不信，不得爲先王臣矣。」王意欲殺太宰嚭，王孫駱對曰：「不可。王若

殺之，是殺二胥矣。」吳王近駱如故。

太宰嚭又曰：「圖越，雖以我邦爲事，王無憂。」王曰：「寡人屬子邦，請早暮無時。」太宰嚭對曰：「臣聞駟馬方馳，驚前者斬，其數必正。若是，越難成矣。」王曰：「子制之，斷之。」

居三年，越興師伐吳，至五湖。太宰嚭率徒謂之曰。謝戰者五父。越王不忍，而欲許之。范蠡曰：「君王圖之廊廟，失之中野，可乎？謀之七年，須臾棄之。王勿許，吳易兼也！」越王曰：「諾。」居軍三月，吳自罷。太宰嚭遂亡，吳王率其有祿與賢良遯而去。越追之，至餘杭山，禽夫差，殺太宰嚭。越王謂范蠡殺吳王，蠡曰：「臣不敢殺主。」王曰：「刑之。」范蠡曰：「臣不敢刑主。」越王親謂吳王曰：「昔者上蒼以越賜吳，吳不受也；夫申胥無罪，殺之；進讒諛容身之徒，殺忠信之士，大過者三，以至滅亡。子知之乎？」吳王曰：「知之。」越王與之劍，使自圖之。吳王乃旬日而自殺也。越王葬於卑猶之山，殺太宰嚭，逢同與其妻、子。

袁康《越絶書》卷一〇《越絶外傳記吳王占夢》 昔者，吳王夫差之時，其民殷衆，禾稼登熟，兵革堅利，其民習於鬥戰：闔廬□剬子胥之教，行有日，發有時。道於姑胥之門，晝卧姑胥之臺。覺寤而起，其心惆悵，如有所悔。即召太宰而占之，曰：「向者晝卧，夢入章明之宫。入門，見兩鑑炊而不蒸；見兩黑犬嗥以北，嗥以南；見兩鏵倚吾宫堂；見流水湯湯，越吾宫墻；見前園横索生樹桐；見後房鍛者扶挾鼓小震。子爲寡人精占之，吉則言吉，凶則言凶，無諛寡人之心所從。」太宰嚭對曰：「善哉，大王興師伐齊。夫章明者，伐齊克，天下顯明也。見兩鑑炊而不蒸者，大王聖氣有餘也。見兩黑犬嗥以北，嗥以南，四夷已服，朝諸侯也。兩鏵倚吾宫堂，夾田夫也。見流水湯湯，越吾宫墻，獻物已至，則有餘也。見前園横索生樹桐，樂府吹巧也。見後房鍛者扶挾鼓小震者，宫女鼓樂也。」吳王大悦，而賜太宰嚭雜繒四十疋。

王心不已，召王孫駱而告之。對曰：「臣智淺能薄，無方術之事，不能占大王夢。臣知有東掖門亭長越公弟子公孫聖，爲人幼而好學，長而憙遊，博聞彊識，通於方來之事，可占大王所夢，臣請召之。」吳王曰：「諾。」王孫駱移記，曰：「今日壬午，左校司馬王孫駱，受教告東掖門亭長公孫聖：吳王晝卧，覺寤而心中惆悵也，如有悔。記到，車馳詣姑胥之臺。」

聖得記，發而讀之，伏地而泣，有頃不起。其妻大君從旁接而起之，曰：「何若子性之大也！希見人主，卒得急記，流涕不止。」公孫聖仰天嘆曰：「嗚呼，悲哉！此固非子之所能知也。今日壬午，時加南方，命屬蒼天，不可逃亡。伏地而泣者，不能自惜。但吳王諛心而言，師道不明；正言直諫，身死無功。」大君曰：「汝彊食自愛，慎勿相忘。」伏地而書，既成篇，即與妻把臂而决，涕泣如雨。上車不顧，遂至姑胥之臺，謁見吳王。

吳王勞曰：「越弟子公孫聖也，寡人晝卧姑胥之臺，夢入章明之宫。入門，見兩鑑炊而不蒸；見兩黑犬嗥以北，嗥以南；見兩鏵倚吾宫堂；見流水湯湯，越吾宫墻；見前園横索生樹桐；見後房鍛者扶挾鼓小震。子爲寡人精占之，吉則言吉，凶則言凶，無諛寡人心所從。」公孫聖伏地，有頃而起，仰天嘆曰：「悲哉！夫好船者溺，好騎者墮，君子各以所好爲禍。諛讒申者，師道不明。正言切諫，身死無功。伏地而泣者，非自惜，因悲大王。夫章者，戰不勝，走傽偟；明者，去昭昭，就冥冥。見兩鑑炊而不蒸者，王且不得火食。見兩黑犬嗥以北，嗥以南者，大王身死，魂魄惑也。見兩鏵倚吾宫堂者，越人入吳邦，伐宗廟，掘社稷也。見流水湯湯，越吾宫墻者，大王宫堂虚也。前園横索生樹桐者，桐不爲器用，但爲甬，當與人俱葬。後房鍛者鼓小震者，大息也。王毋自行，使臣下可矣。」太宰嚭、王孫駱惶怖，解冠幘，肉袒而謝。吳王忿聖言不祥，乃使其身自受其殃。王乃使力士石番，以鐵杖擊聖，中斷之爲兩頭。聖仰天嘆曰：「蒼天知冤乎！直言正諫，身死無功！令吾家無葬我，提我山中，後世爲聲響。」吳王使人提於秦餘杭之山：「虎狼食其肉，野火燒其骨，東風至，飛揚汝灰，汝更能爲聲哉！」太宰嚭前再拜，曰：「逆言已滅，讒諛已亡，因酌行觴，時可以行矣。」吳王曰：「諾。」

王孫駱爲左校司馬，太宰嚭爲右校司馬，王從騎三千，旌旗羽蓋，自處中軍。伐齊，大剋。師兵三月不去，過伐晉。晉知其兵革之罷倦，糧食盡索，興師擊之，大敗吳師。涉江，流血浮尸者，不可勝數。吳王不忍，率其餘兵，相將至秦餘杭之山。饑餓，足行乏糧，視瞻不明。據地飲水，持籠稻而飡之。顧謂左右曰：「此何名？」群臣對曰：「是籠稻也。」吳王曰：「悲哉！此公孫聖所言，王且不得火食。」太宰嚭曰：「秦餘杭山西坂閒燕，可以休息，大王亟飡而去，尚有十數里耳。」吳王曰：「吾嘗戮公孫聖於斯山，子試爲寡人前呼之，即尚在耶，當有聲響。」太宰嚭即上山三呼，聖三應。吳王大怖，足行屬腐，面如死灰色，曰：「公孫聖令寡人得邦，誠世世相事！」言未畢，越王追至。兵三圍吳，大夫種處中。范

蠡數吳王曰：「王有過者五，寧知之乎？殺忠臣伍子胥、公孫聖。胥爲人先知、忠信，中斷之入江；聖正言直諫，身死無功。此非大過者二乎？夫齊無罪，空復伐之，使鬼神不血食，社稷廢蕪，父子離散，兄弟異居。此非大過者三乎？夫越王句踐，雖東僻，亦得繫於天皇之位，無罪，而王恒使其芻莖秩馬，比於奴虜。此非大過者四乎？太宰嚭讒諛佞諂，斷絶王世，聽而用之。此非大過者五乎？」吳王曰：「今日聞命矣。」

越王撫步光之劍，杖屈盧之弓，瞋目謂范蠡曰：「子何不早圖之乎？」范蠡曰：「臣不敢殺主。臣存主若亡，今日遜敬，天報微功。」越王謂吳王曰：「世無千歲之人，死一耳。」范蠡左手持鼓，右手操枹而鼓之，曰：「上天蒼蒼，若存若亡。何須軍士，斷子之頸，挫子之骸，不亦繆乎？」吳王曰：「聞命矣！以三寸之帛，冥吾兩目，使死者有知，吾慚見伍子胥、公孫聖，以爲無知吾恥生。」越王則解綬以冥其目，遂伏劍而死。越王殺太宰嚭，戮其妻子，以其不忠信，斷絶吳之世。

雜録

備録

《國語·吳語》　吳王夫差起師伐越，越王句踐起師逆之。大夫種乃獻謀曰：「夫吳之與越，唯天所授，王其無庸戰。夫申胥、華登簡服吳國之士於甲兵，而未嘗有所挫也。夫一人善射，百夫決拾，勝未可成也。夫謀必素見成事焉，而後履之，不可以授命。王不如設戎，約辭行成，以喜其民，以廣侈吳王之心。吾以卜之於天，天若棄吳，必許吾成而不吾足也，將必寬然有伯諸侯之心焉。既罷弊其民，而天奪之食，安受其燼，乃無有命矣。」

越王許諾，乃命諸稽郢行成於吳，曰：「寡君句踐使下臣郢不敢顯然布幣行禮，敢私告於下執事曰：昔者越國見禍，得罪於天王。天王親趨玉趾，以心孤句踐，而又宥赦之。君王之於越也，緊起死人而肉白骨也。孤不敢忘天災，其敢忘君王之大賜乎！今句踐申禍無良，草鄙之人，敢忘天王之大德，而思邊垂之小怨，以重得罪於下執事？句踐用帥二三之老，親委重罪，頓顙於邊。

「今君王不察，盛怒屬兵，將殘伐越國。越國固貢獻之邑也，君王不以鞭箠使之，而辱軍士使寇令焉。句踐請盟：一介嫡女，執箕箒以晐姓於王宫；一介嫡男，奉槃匜以隨諸御；春秋貢獻，不解於王府。天王豈辱裁之？亦征諸侯之禮也。

「夫諺曰：『狐埋之而狐搰之，是以無成功。』今天王既封植越國，以明聞於天下，而又刈亡之，是天王之無成勞也。雖四方之諸侯，則何實以事吳？敢使下臣盡辭，唯天王秉利度義焉！」

吳王夫差乃告諸大夫曰：「孤將有大志於齊，吾將許越成，而無拂吾慮。若越既改，吾又何求？若其不改，反行，吾振旅焉。」

申胥諫曰：「不可許也。夫越非實忠心好吳也，又非懾畏吾兵甲之彊也。大夫種勇而善謀，將還玩吳國於股掌之上，以得其志。夫固知君王之蓋威以好勝也，故婉約其辭，以從逸王志，使淫樂於諸夏之國，以自傷也。使吾甲兵鈍獘，民人離落，而日以憔悴，然後安受吾燼。夫越王好信以愛民，四方歸之，年穀時熟，日長炎炎。及吾猶可以戰也，爲虺弗摧，爲蛇將若何？」

吳王曰：「大夫奚隆於越，越曾足以爲大虞乎？若無越，則吾何以春秋曜吾軍士？」乃許之成。

將盟，越王又使諸稽郢辭曰：「以盟爲有益乎？前盟口血未乾，足以結信矣。以盟爲無益乎？君王舍甲兵之威以臨使之，而胡重於鬼神而自輕也？」吳王乃許之，荒成不盟。

吳王夫差既許越成，乃大戒師徒，將以伐齊。申胥進諫曰：「昔天以越賜吳，而王弗受。夫天命有反，今越王句踐恐懼而改其謀，舍其愆令，輕其征賦，施民所善，去民所惡，身自約也，裕其衆庶，其民殷衆，以多甲兵。越之在吳，猶人之有腹心之疾也。夫越王之不忘敗吳，於其心也侙然，服士以伺吾閒。今王非越是圖，而齊、魯以爲憂。夫齊、魯譬諸疾，疥癬也，豈能涉江、淮而與我爭此地哉？將必越實有吳土。

「王其盍亦鑑於人，無鑑於水。昔楚靈王不君，其臣箴諫以不入。乃築臺於章華之上，闕爲石郭，陂漢，以象帝舜。罷弊楚國，以閒陳、蔡。不修方城之內，踰諸夏而圖東國，三歲於沮、汾以服吳、越。其民不忍饑勞之殃，三軍叛王於乾谿。王親獨行，屏營仿偟於山林之中，三日乃見其涓人疇。王呼之曰：『余不食三日矣。』疇趨而進，王枕其股以寢於地。王寐，疇枕王以墣而去之。王覺而無

見也，乃匍匐將入於棘闈，棘闈不納，乃入芋尹申亥氏焉。王縊，申亥負王以歸，而土埋之其室。此志也，豈遽忘於諸侯之耳乎？

「今王既變鮌、禹之功，而高高下下，以罷民於姑蘇。天奪吾食，都鄙薦饑。今王將很天而伐齊。夫吳民離矣，體有所傾，譬如羣獸然，一个負矢，將百羣皆奔，王其無方收也。越人必來襲我，王雖悔之，其猶有及乎？」

王弗聽。十二年，遂伐齊。齊人與戰於艾陵，齊師敗績，吳人有功。

吳王夫差既勝齊人於艾陵，乃使行人奚斯釋言於齊，曰：「寡人帥不腆吳國之役，遵汶之上，不敢左右，唯好之故。今大夫國子興其衆庶，以犯獵吳國之師徒，天若不知有罪，則何以使下國勝！」

吳王還自伐齊，乃訊申胥曰：「昔吾先王體德明聖，達於上帝，譬如農夫作耦，以刈殺四方之蓬蒿，以立名於荆，此則大夫之力也。今大夫老，而又不自安恬逸，而處以念惡，出則罪吾衆，撓亂百度，以妖孽吳國。今天降衷於吳，齊師受服。孤豈敢自多，先王之鍾鼓，寔式靈之。敢告於大夫。」

申胥釋劍而對曰：「昔吾先王世有輔弼之臣，以能遂疑計惡，以不陷於大難。今王播棄黎老，而孩童焉比謀，曰『余令而不違』。夫不違，乃違也。夫不違，亡之階也。夫天之所棄，必驟近其小喜，而遠其大憂。王若不得志於齊，而以覺寤王心，而吳國猶世。吾先君得之也，必有以取之；其亡之也，亦有以棄之。用能援持盈以没，而驟救傾以時。今王無以取之，而天禄亟至，是吳命之短也。員不忍稱疾辟易，以見王之親爲越之擒也。員請先死。」遂自殺。將死，曰：「以懸吾目於東門，以見越之入，吳國之亡也。」王慍曰：「孤不使大夫得有見也。」乃使取申胥之尸，盛以鴟鴺，而投之於江。

吳王夫差既殺申胥，不稔於歲，乃起師北征。闕爲深溝，通於商、魯之間，北屬之沂，西屬之濟，以會晉公午於黄池。

於是越王句踐乃命范蠡、舌庸，率師沿海泝淮以絶吳路。敗王子友於姑熊夷。越王句踐乃率中軍泝江以襲吳，入其郛，焚其姑蘇，徙其大舟。

吳、晉爭長未成，邊遽乃至，以越亂告。吳王懼，乃合大夫而謀曰：「越爲不道，背其齊盟。今吾道路修遠，無會而歸，與會而先晉，孰利？」王孫雒曰：「夫危事不齒，雒敢先對。二者莫利。無會而歸，越聞章矣，民懼而走，遠無正就。齊、宋、徐、夷曰：『吳既敗矣！』將夾溝而㢋我，我無生命矣。會而先晉，晉既執諸侯之柄以臨我，將成其志以見天子。吾須之不能，去之不忍。若越聞愈章，吾民恐叛。必會而先之。」

王乃步就王孫雒曰：「先之，圖之將若何？」王孫雒曰：「王其無疑，吾道路悠遠，必無有二命，焉可以濟事。」王孫雒進，顧揖諸大夫曰：「危事不可以爲安，死事不可以爲生，則無爲貴智矣。民之惡死而欲貴富以長没也，與我同。雖然，彼近其國，有遷；我絶虑，無遷。彼豈能與我行此危事也哉？事君勇謀，於此用之。今夕必挑戰，以廣民心。請王勵士，以奮其朋勢。勸之以高位重畜，備刑戮以辱其不勵者，令各輕其死。彼將不戰而先我，我既執諸侯之柄，以歲之不穫也，無有誅焉，而先罷之，諸侯必説。既而皆入其地，王安挺志，一日惕，一日留，以安步王志。必設以此民也，封於江、淮之閒，乃能至於吳。」吳王許諾。

吳王昏乃戒，令秣馬食士。夜中，乃令服兵擐甲，係馬舌，出火竈，陳士卒百人，以爲徹行百行。行頭皆官師，擁鐸拱稽，建肥胡，奉文犀之渠。十行一嬖大夫，建旌提鼓，挾經秉枹。十旌一將軍，載常建鼓，挾經秉枹。萬人以爲方陣，皆白裳、白旂、素甲、白羽之矰，望之如荼。王親秉鉞，載白旗以中陳而立。左軍亦如之，皆赤裳、赤旟、丹甲、朱羽之矰，望之如火。右軍亦如之，皆玄裳、玄旗、黑甲、烏羽之矰，望之如墨。爲帶甲三萬，以勢攻，雞鳴乃定。既陳，去晉軍一里。昧明，王乃秉枹，親就鳴鐘鼓，丁寧、錞于振鐸，勇怯盡應，三軍皆譁釦以振旅，其聲動天地。

晉師大駭不出，周軍飭壘，乃令董褐請事，曰：「兩君偃兵接好，日中爲期。今大國越録，而造於弊邑之軍壘，敢請亂故。」

吳王親對之曰：「天子有命，周室卑約，貢獻莫入，上帝鬼神而不可以告。無姬姓之振也，徒遽來告。孤日夜相繼，匍匐就君。君今非王室不平安是憂，億負晉衆庶，不式諸戎、狄、楚、秦；將不長弟，以力征一二兄弟之國。孤欲守吾先君之班爵，進則不敢，退則不可。今會日薄矣，恐事之不集，以爲諸侯笑。孤之事君在今日，不得事君亦在今日。爲使者之無遠也，孤用親聽命於藩籬之外。」

董褐將還，王稱左畸曰：「攝少司馬茲與王士五人，坐於王前。」乃皆進，自剄於客前以酬客。

董褐既致命，乃告趙鞅曰：「臣觀吳王之色，類有大憂，小則嬖妾、嫡子死，不則國有大難；大則越入吳。將毒，不可與戰。主其許之先，無以待危，然而不可徒許也。」趙鞅許諾。

晉乃令董褐復命曰：「寡君未敢觀兵身見，使褐復命曰：『曩君之言，周室

既卑，諸侯失禮於天子，請貞於陽卜，收文、武之諸侯。孤以下密邇於天子，無所逃罪，訊讓日至，曰：「昔吳伯父不失，春秋必率諸侯以顧在余一人。今伯父有蠻、荆之虞，禮世不續，用命孤禮佐周公，以見我一二兄弟之國，以休君憂。今君掩王東海，以淫名聞於天子，君有短垣，而自踰之，況蠻、荆則何有於周室？夫命圭有命，固曰吳伯，不曰吳王。諸侯是以敢辭。夫諸侯無二君，而周無二王，君若無卑天子，以干其不祥，而曰吳公，孤敢不順從君命長弟！」許諾。」

吳王許諾，乃退就幕而會。吳公先歃，晉侯亞之。吳王既會，越聞愈章，恐齊、宋之爲己害也，乃命王孫雒先與勇獲帥徒師，以爲過賓於宋，以焚其北郛焉而過之。

吳王夫差既退于黃池，乃使王孫苟告勞于周，曰：「昔者楚人爲不道，不承共王事，以遠我一二兄弟之國。吾先君闔廬不貰不忍，被甲帶劍，挺鈹搢鐸，以與楚昭王毒逐於中原柏舉。天舍其衷，楚師敗績，王去其國，遂至于郢。王總其百執事，以奉其社稷之祭。其父子、昆弟不相能，夫概王作亂，是以復歸於吳。今齊侯壬不鑒於楚，又不承共王命，以遠我一二兄弟之國。夫差不貰不忍，被甲帶劍，挺鈹搢鐸，遵汶伐博，簦笠相望於艾陵。天舍其衷，齊師還。夫差豈敢自多，文、武寔舍其衷。歸不稔於歲，余沿江泝淮，闕溝深水，出於商、魯之閒，以徹於兄弟之國。夫差克有成事，敢使苟告於下執事。」

周王答曰：「苟，伯父令女來，明紹享余一人，若余嘉之。昔周室逢天之降禍，遭民之不祥，余心豈忘憂恤，不唯下土之不康靖。今伯父曰：『勠力同德。』伯父若能然，余一人兼受而介福。伯父多歷年以没元身，伯父秉德已侈大哉！」

吳王夫差還自黃池，息民不戒。越大夫種乃唱謀曰：「吾謂吳王將遂涉吾地，今罷師而不戒以忘我，我不可以怠。日臣嘗卜於天，今吳民既罷，而大荒薦饑，市無赤米，而困鹿空虛，其民必移就蒲嬴於東海之濱。天占既兆，人事又見，我蔑卜筮矣。王若今起師以會，奪之利，無使夫悛。夫吳之邊鄙遠者，罷而未至，吳王將恥不戰，必不須至之會也，而以中國之師與我戰。若事幸而從我，我遂踐其地，其至者亦將不能之會也已，吾用禦兒臨之。吳王若慍而又戰，奔遂可出。若不戰而結成，王安厚取名而去之。」越王曰：「善哉！」乃大戒師，將伐吳。

楚申包胥使於越，越王句踐問焉，曰：「吳國爲不道，求殘我社稷宗廟，以爲平原，弗使血食。吾欲與之徼天之衷，唯是車馬、兵甲、卒伍既具，無以行之。請問戰奚以而可？」包胥辭曰：「不知。」王固問焉，乃對曰：「夫吳，良國也，能博取於諸侯。敢問君王之所以與之戰者？」王曰：「在孤之側者，觴酒、豆肉、簞食，未嘗敢不分也。飲食不致味，聽樂不盡聲，求以報吳。願以此戰。」包胥曰：「善則善矣，未可以戰也。」王曰：「越國之中，疾者吾問之，死者吾葬之，老其老，慈其幼，長其孤，問其病，求以報吳。願以此戰。」包胥曰：「善則善矣，未可以戰也。」王曰：「越國之中，吾寬民以子之，忠惠以善之。吾修令寬刑，施民所欲，去民所惡，稱其善，掩其惡，求以報吳。願以此戰。」包胥曰：「善則善矣，未可以戰也。」王曰：「越國之中，富者吾安之，貧者吾與之，救其不足，裁其有餘，使貧富皆利之，求以報吳。願以此戰。」包胥曰：「善則善矣，未可以戰也。」王曰：「越國南則楚，西則晉，北則齊，春秋皮幣、玉帛、子女以賓服焉，未嘗敢絶，求以報吳。願以此戰。」包胥曰：「善哉，蔑以加焉，然猶未可以戰也。夫戰，智爲始，仁次之，勇次之。不智，則不知民之極，無以銓度天下之衆寡；不仁，則不能與三軍共饑勞之殃；不勇，則不能斷疑以發大計。」越王曰：「諾。」

越王句踐乃召五大夫，曰：「吳爲不道，求殘吾社稷宗廟，以爲平原，不使血食。吾欲與之徼天之衷，唯是車馬、兵甲、卒伍既具，無以行之。吾問於王孫包胥，既命孤矣；敢訪諸大夫，問戰奚以而可？句踐願諸大夫言之，皆以情告，無阿孤，孤將以舉大事。」大夫舌庸乃進對曰：「審賞則可以戰乎？」王曰：「聖。」大夫苦成進對曰：「審罰則可以戰乎？」王曰：「猛。」大夫種進對曰：「審物則可以戰乎？」王曰：「辯。」大夫蠡進對曰：「審備則可以戰乎？」王曰：「巧。」大夫皋如進對曰：「審聲則可以戰乎？」王曰：「可矣。」王乃命有司大令於國曰：「苟任戎者，皆造於國門之外。」王乃命於國曰：「國人欲告者來告，告孤不審，將爲戮不利，及五日必審之，過五日，道將不行。」

王乃入命夫人。王背屏而立，夫人向屏。王曰：「自今日以後，內政無出，外政無入。內有辱，是子也；外有辱，是我也。吾見子於此止矣。」王遂出，夫人送王，不出屏，乃闔左闔，填之以土，去笄側席而坐，不掃。王背檐而立，大夫向檐。王命大夫曰：「食土不均，地之不修，內有辱於國，是子也；軍士不死，外有辱，是我也。自今日以後，內政無出，外政無入，吾見子於此止矣。」王遂出，大夫

送王不出檐，乃闔左闔，填之以土，側席而坐，不掃。

王乃之壇列，鼓而行之，至於軍，斬有罪者以徇，曰：「莫如此以環瑱通相問也。」明日徙舍，斬有罪者以徇，曰：「莫如此不從其伍之令。」明日徙舍，斬有罪者以徇，曰：「莫如此不用王命。」明日徙舍，至於禦兒，斬有罪者以徇，曰：「莫如此淫逸不可禁也。」

王乃命有司大徇於軍，曰：「有父母耆老而無昆弟者，以告。」王親命之曰：「我有大事，子有父母耆老，而子爲我死，子之父母將轉於溝壑，子爲我禮已重矣。子歸，殁而父母之世。後若有事，吾與子圖之。」明日徇於軍，曰：「有兄弟四五人皆在此者，以告。」王親命之曰：「我有大事，子有昆弟四五人皆在此，事若不捷，則是盡也。擇子之所欲歸者一人。」明日徇於軍，曰：「有眩瞀之疾者，以告。」王親命之曰：「我有大事，子有眩瞀之疾，其歸若已。後若有事，吾與子圖之。」明日徇於軍，曰：「筋力不足以勝甲兵，志行不足以聽命者歸，莫告。」明日，遷軍接龢，斬有罪者以徇，曰：「莫如此志行不果。」於是人有致死之心。王乃命有司大徇於軍，曰：「謂二三子歸而不歸，處而不處，進而不進，退而不退，左而不左，右而不右，身斬，妻子鬻。」

於是吴王起師，軍於江北，越王軍於江南。越王乃中分其師以爲左右軍，以其私卒君子六千人爲中軍。明日將舟戰於江，及昏，乃令左軍銜枚泝江五里以須，亦令右軍銜枚踰江五里以須。夜中，乃命左軍、右軍涉江鳴鼓中水以須。吴師聞之，大駭，曰：「越人分爲二師，將以夾攻我師。」乃不待旦，亦中分其師，將以禦越。越王乃令其中軍銜枚潛涉，不鼓不譟以襲攻之，吴師大北。越之左軍、右軍乃遂涉而從之，又大敗之於没，又郊敗之，三戰三北，乃至於吴。越師遂入吴國，圍王臺。

吴王懼，使人行成，曰：「昔不穀先委制於越君，君告孤請成，男女服從。孤無奈越之先君何，畏天之不祥，不敢絶祀，許君成，以至於今。今孤不道，得罪於君王，君王以親辱於弊邑。孤敢請成，男女服爲臣御。」越王曰：「昔天以越賜吴，而吴不受；今天以吴賜越，孤敢不聽天之命，而聽君之令乎？」乃不許成。因使人告於吴王曰：「天以吴賜越，孤不敢不受。以民生之不長，王其無死！民生於地上，寓也，其與幾何？寡人其達王於甬句東，夫婦三百，唯王所安，以没王年。」夫差辭曰：「天既降禍於吴國，不在前後，當孤之身，寔失宗廟社稷。凡吴土地人民，越既有之矣，孤何以視於天下！」夫差將死，使人説於子胥曰：「使死者無知，則已矣；若其有知，吾何面目以見員也！」遂自殺。

越滅吴，上征上國，宋、鄭、魯、衛、陳、蔡執玉之君皆入朝。夫唯能下其羣臣，以集其謀故也。

《墨子・非攻中》 至夫差之身，北而攻齊，舍於汶上，戰於艾陵，大敗齊人而葆之大山；東而攻越，濟三江五湖，而葆之會稽。九夷之國莫不賓服。於是退不能賞孤，施舍羣萌，自恃其力，伐其功，譽其智，怠於教，遂築姑蘇之臺，七年不成。及若此，則吴有離罷之心。

《禮記・檀弓下》 吴侵陳，斬祀殺厲。師還出竟，陳大宰嚭使於師，夫差謂行人儀曰：「是夫也多言。盍嘗問焉？師必有名，人之稱斯師也者，則謂之何？」大宰嚭曰：「古之侵伐者，不斬祀，不殺厲，不獲二毛。今斯師也，殺厲與？其不謂之殺厲之師與？」曰：「反爾地，歸爾子，則謂之何？」曰：「君王討敝邑之罪，又矜而赦之，師與有無名乎？」

《淮南子・人間訓》 昔者，衛君朝於吴，吴王囚之，欲流之於海。説者冠蓋相望，而弗能止。魯君聞之，撤鐘鼓之縣，縞素而朝。仲尼入見曰：「君胡爲有憂色？」魯君曰：「諸侯無親，以諸侯爲親。大夫無黨，以大夫爲黨。今衛君朝於吴王，吴王囚之而欲流之於海。孰意衛君之仁義而遭此難也！吾欲免之而不能，爲奈何？」仲尼曰：「若欲免之，則請子貢行。」魯君召子貢，授之將軍之印。子貢辭曰：「貴無益於解患，在所由之道。」斂躬而行，至於吴，見太宰嚭。太宰嚭甚悦之，欲薦之於王。子貢曰：「子不能行説於王，奈何吾因子也！」太宰嚭曰：「子焉知嚭之不能也？」子貢曰：「衛君之來也，衛國之半曰，不若朝於晉；其半曰，不若朝於吴。然衛君以爲吴可以歸骸骨也，故束身以受命。今子受衛君而囚之，又欲流之於海，是賞言朝於晉者，而罰言朝於吴也。且衛君之來也，諸侯皆以爲蓍龜兆。今朝於吴而不利，則皆移心於晉矣。子之欲成霸王之業，不亦難乎！」太宰嚭入，復之於王。王報出令於百官曰：「比十日，而衛君之禮不具者死！」子貢可謂知所以説矣。

梁玉繩《人表考》卷九《下下愚人・吴王夫差》 吴王夫差始見《左》定十四、哀元，《吴》、《越語》。父闔廬。定十四，而《吴越春秋・闔閭内傳》謂夫差是闔閭太子波之子，恐非。亦單稱差。《楚辭・九思》。越滅吴，夫差縊，哀廿二，《吴》、《越語》。葬卑猶。《越絶・記吴地》、《誰■》、《吴越春秋・夫差内傳》。《一統志》云：在長洲縣西北卑猶山。

備論

吕祖謙《左氏傳説》卷二〇《於越敗吴于檇李》　吴伐越，越子勾踐禦之，陳于檇李。勾踐患吴之整也，使死士再禽焉，不動。使罪人三行，屬劍於頸而辭曰：「二君有治，臣姦旗鼓，不敏於君之行前，不敢逃刑，敢歸死。」遂自剄也。師屬之目，越子因而伐之，大敗之。靈姑浮以戈擊闔廬，闔廬傷將指，取其一屨，還，卒於陘。到此吴方爲越所敗，闔廬傷而死。吴之陳所以如此整，乃當時申公巫臣、孫武之餘教。何故？他當時適吴，舍偏兩之卒於吴，教他伍乘之法。後來又從孫武，教宫人戰陳，斬其犯命者。則陳法吴人講之精，雖闔廬末年，尚承餘教遺習，以越之剽悍輕易，猶畏而不敢前，以此知用兵不可無法制。何故越出其計，變吴人耳目，終爲所敗？蓋兵有正有奇，正則可效，奇則不可效。所謂行列卒伍分布之法，固可傳得，千變萬化，移换耳目，則不可教。若使巫臣、孫武在，則必不到陳亂地位。既無巫臣、孫武之臣，徒守巫臣、孫武之法，便到敗處。以此知天下之事，有傳者，有不可傳者。闔廬既敗死，其子夫差使人立於庭，苟出入，必謂己曰：「夫差？而忘越王之殺而父乎？」其復讎之志甚堅。惟其立志之堅，所以幾滅越國，後來何故爲勾踐甘言重幣所誘，聽太宰嚭讒臣之説，志滿意得，終爲越滅。若以常理論之，坐薪嘗膽之時，爲之則易；志滿意得之時，持之甚難。然觀夫差本源發處，其志已不全了，所以常使人立於庭，出入必謂己，是常要人唤省他。使其志堅如火之必熱，如水之必濕，如江河之不可轉移，則復讎之念，豈有間斷！今必待人提起他意思，則知他當時工夫，已自有間斷隔絶處了。所以終至於志滿意得，爲越所滅。學者觀此事，最當警戒。今學者能親直諒之友，朝夕警省，亦是大段有志之人，然而須以夫差事自警戒，見得人終靠不得志滿意得地位，便自見學者做工夫，須到不待人地位方堅固。

鍾惺《史懷》卷二　吴赦越未爲大失，但「爾忘越王之殺而父乎」一語，覺此時無歸着耳。且其意不出于哀矜而出于驕盈，其致敗在此，不係于赦越也。若赦越之後，脩備治國，桓文之業也，越其如吴何？楚子西曰，夫差次有臺榭陂池焉，宿有妃嬙嬪御焉，一日之行，所欲必成，玩好必從，珍異是聚，觀樂是務，視民如讐而用之日新，此夫養致敗定案也，于赦越何與！

鍾惺《史懷》卷三　吴晉會于黄池，越襲吴，入其郛，焚其姑蘇，徙其大舟，區區猶欲與晉争一歃之先，其駁極矣。然夫差此時外對彊敵，内有大亂，猶能整兵以待，意氣不亂，辭令如故，不露危敗之形，其膽量亦自過人。其失在忘越患而舍其國都，以從齊晉于艾陵、黄池之閒，所謂魚脱于淵，不在戰之勝與不勝，盟之先與不先也。

鍾惺《史懷》卷六　夫差之報父仇，自是千古孝義男子。「爾忘越王之殺而父乎？對曰不敢。」二語可泣幽明。子胥抱父兄之恨，機緣本末，尋對正爾相值。赦越王一段，若不以驕心出之，豈不是英雄收放。觀劉項、吴越成敗之際，可見古今霸王，其君若臣，無樸心而慈性者。

藝文

干寶《搜神記》卷一六《紫玉》　吴王夫差小女，名曰紫玉，年十八，才貌俱美。童子韓重，年十九，有道術。女悦之，私交信問，許爲之妻。重學於齊魯之間，臨去，屬其父母，使求婚。王怒，不與女。玉結氣死，葬閶門之外。三年重歸，詰其父母，父母曰：「王大怒，玉結氣死，已葬矣。」重哭泣哀慟，具牲幣，往弔于墓前。玉魂從墓出，見重，流涕謂曰：「昔爾行之後，令二親從王相求，度必克從大願。不圖别後，遭命奈何！」玉乃左顧宛頸而歌曰：「南山有烏，北山張羅。烏既高飛，羅將奈何！意欲從君，讒言孔多。悲結生疾，没命黄壚。命之不造，冤如之何！羽族之長，名爲鳳凰。一日失雄，三年感傷。雖有衆鳥，不爲匹雙。故見鄙姿，逢君輝光。身遠心近，何當暫忘。」歌畢，歔欷流涕，要重還冢。重曰：「死生異路。懼有尤愆，不敢承命。」玉曰：「死生異路，吾亦知之。然今一别，永無後期。子將畏我爲鬼而禍子乎？欲誠所奉，寧不相信。」重感其言，送之還冢。玉與之飲讌，留三日三夜，盡夫婦之禮。臨出，取徑寸明珠以送重，曰：「既毁其名，又絶其願，復何言哉！時節自愛。若至吾家，致敬大王。」重既出，遂詣王，自説其事。王大怒曰：「吾女既死，而重造訛言，以玷穢亡靈。此不過發冢取物，託以鬼神。」趣收重。重走脱，至玉墓所訴之。玉曰：「無憂。今歸白王。」王粧梳，忽見玉，驚愕悲喜，問曰：「爾緣何生？」玉跪而言曰：「昔諸生韓

重，來求玉，大王不許，玉名毁義絶，自致身亡。重從遠還，聞玉已死，故齎牲幣，詣冢弔唁。感其篤終，輒與相見，因以珠遺之。不爲發冢，願勿推治。」夫人聞之，出而抱之，玉如煙然。

《宋之問集》卷二《浣紗篇贈陸上人》 越女顔如花，越王聞浣紗。國微不自寵，獻作吴宫娃。山藪半潛匿，苧羅更蒙遮。一行霸勾踐，再顧傾夫差。艷色奪常人，斆嚬亦相誇。一朝還舊都，靚粧尋若耶。鳥驚入松網，魚畏沉荷花。始覺冶容妄，方悟羣心邪。欽子秉幽意，世人共稱嗟。願言托君懷，倘類蓬生麻。家住雷門曲，高閣凌飛霞。淋漓翠羽帳，旖旎采雲車。春風艷楚舞，秋月纏胡笳。自昔專嬌愛，襲玩唯矜奢。達本知空寂，棄彼如泥沙。永割偏執性，自長薰修牙。攜妾不障道，來止妾西家。

《全唐詩》卷三四八陳羽《經夫差廟》 姑蘇城畔千年木，刻作夫差廟裏神。冠蓋寂寥塵滿室，不知簫鼓樂何人。

《王十朋全集·詩集》卷一〇《詠史詩·吴王夫差》 西施未必解亡吴，祇爲讒臣害霸圖。早使夫差誅宰嚭，不應麋鹿到姑蘇。

孫武部

綜述

《史記》卷六五《孫子吳起列傳》 孫子武者，齊人也。以兵法見於吳王闔廬。闔廬曰：「子之十三篇，吾盡觀之矣，可以小試勒兵乎？」對曰：「可。」闔廬曰：「可試以婦人乎？」曰：「可。」於是許之，出宮中美女，得百八十人。孫子分爲二隊，以王之寵姬二人各爲隊長，皆令持戟。令之曰：「汝知而心與左右手背乎？」婦人曰：「知之。」孫子曰：「前，則視心；左，視左手；右，視右手；後，即視背。」婦人曰：「諾。」約束既布，乃設鈇鉞，即三令五申之。於是鼓之右，婦人大笑。孫子曰：「約束不明，申令不熟，將之罪也。」復三令五申而鼓之左，婦人復大笑。孫子曰：「約束不明，申令不熟，將之罪也；既已明而不如法者，吏士之罪也。」乃欲斬左右隊長。吳王從臺上觀，見且斬愛姬，大駭。趣使使下令曰：「寡人已知將軍能用兵矣。寡人非此二姬，食不甘味，願勿斬也。」孫子曰：「臣既已受命爲將，將在軍，君命有所不受。」遂斬隊長二人以徇。用其次爲隊長，於是復鼓之。婦人左右前後跪起皆中規矩繩墨，無敢出聲。於是孫子使使報王曰：「兵既整齊，王可試下觀之，唯王所欲用之，雖赴水火猶可也。」吳王曰：「將軍罷休就舍，寡人不願下觀。」孫子曰：「王徒好其言，不能用其實。」於是闔廬知孫子能用兵，卒以爲將。西破彊楚，入郢，北威齊晉，顯名諸侯，孫子與有力焉。

雜録

備録

曹操《注孫子序》 操聞：上古有「弧矢」之利，《論語》曰「足兵」，《尚書》「八政」曰「師」，《易》曰「師貞，丈人吉」，《詩》曰「王赫斯怒，爰征其旅」，黃帝、湯、武咸用干戚以濟世也。《司馬法》曰「人故殺人，殺之可也」。恃武者滅，恃文者亡，夫差、偃王是也。聖人之用兵，戢而時動，不得已而用之。吾觀兵書戰策多矣，孫武所著深矣，審計重舉，明畫深圖，不可相誣。而但世人未之深亮訓說，況文煩富，行於世者，失其旨要，故撰爲《略解》焉。

杜牧《注孫子序》 兵者刑也，刑者政事也，爲夫子之徒，實仲由、冉有之事也。今者，據案聽訟，械繫罪人，笞死於市者，吏之所爲也。驅兵數萬，摲其城郭，係累其妻子，斬其罪人，亦吏之所爲也。木索兵刃，無異意也；笞之與斬，無異刑也。小而易制，用力少者，木索笞也；大而難制，用力多者，兵刃斬也。俱期於除去惡民，安活善人。爲國家者，使教化通流，無敢輒有不由我而自恣者，其取吏無他術也，無異道也，俱止於仁義忠信，智勇嚴明也。苟得其道一二者，可以使之爲小吏；盡得其道者，可以使之爲大吏。故用力少者，其吏易得也，功易見也。用力多者，其吏難得也，功難就也。止此而已，無他術也，無異道也。自三代已降，皆由斯也。

子貢訟夫子之德曰：「文武之道，未墜於地。在人賢者，識其大者、遠者；不賢者，識其小者、近者。」季孫問冉有曰：「子於戰，學之乎，性達之也？」對曰：「學之。」季孫曰：「事孔子，惡乎學？」冉有曰：「即學之於孔子者。大聖兼該，文武並用。適聞其戰法，猶未之詳也。」復不知自何代、何人分爲二道，曰文、曰武，離而俱行。因使搢紳之士不敢言兵，或恥言之；苟有言者，世以爲粗暴異人，人不比數。嗚呼！亡失根本，斯最爲甚。

周公相成王，制禮作樂，尊大儒術，有淮夷叛，則出征之。夫子相魯公，會於夾谷，曰：「有文事者，必有武備。」叱辱齊侯，服不敢動。是二大聖人豈不知兵乎？周有齊太公，秦有王翦，兩漢有韓信、趙充國、耿弇、虞詡、段熲，魏有司馬懿，吳有周瑜，蜀有諸葛武侯，晉有羊祜、杜公元凱，梁有韋叡，元魏有崔浩，周有韋孝寬，隋有楊素，國朝李靖、李勣、裴行儉、郭元振，如此人者，當其一時，其所出計畫，皆考古校今，奇秘長遠，策先定於內，功後成於外。彼壯健輕死善擊刺者，供其呼召指使耳，豈可知其由來哉？

某幼讀《禮》，至於「四郊多壘，卿大夫辱也」，謂其書真不虛說。年十六時，見盜起，圜二三千里，係戮將相，族誅刺史及其官屬，屍塞城郭，山東崩壞，殷殷焉聲震朝廷。當其時，使將兵行誅者，則必壯健善擊刺者。卿大夫行列進退，一

如常時，笑歌嬉遊，輒不爲辱。非當辱不辱，以爲山東亂事，非我輩所宜當知。某自此謂幼所讀《禮》，真妄人之言，不足取信，不足爲教。及年二十，始讀《尚書》、《毛詩》、《左傳》、《國語》、十三代史書，見其樹立其國，滅亡其國，未始不由兵也。主兵者，聖賢材能、多聞博識之士，則必樹立其國也；壯健擊刺，不學之徒，則必敗亡其國也。然後信知爲國家者，兵最爲大，非賢卿大夫，不可堪任其事；苟有敗滅，真卿大夫之辱，信不虛也。因求自古以兵著書列於後世，可以教於後生者，凡十數家，且百萬言。其孫武所著十三篇，自武死後凡千歲，將兵者有成者，有敗者，勘其事跡，皆與武所著書一一相抵當，猶印圈模刻，一不差跌。武之所論，大約用仁義，使機權也。武所著書，凡數十萬言。曹魏武帝削其繁剩，筆其精切，凡十三篇，成爲一編。曹自爲序，因注解之，曰：「吾讀兵書戰策多矣，孫武深矣。」然其所爲注解，十不釋一。此者，蓋非曹不能盡注解也。予尋《魏志》，見曹自作兵書十餘萬言。諸將征伐，皆以《新書》從事，從令者尅捷，違教者負敗。意曹自於《新書》中馳驟其說，自成一家事業，不欲隨孫武後，盡解其書；不然者，曹豈不能耶？今《新書》已亡，不可復知。予因取孫武書，備其注。曹之所注，亦盡存之，分爲上、中、下三卷。後之人，有讀武書予解者，因而學之，猶盤中走丸。丸之走盤，横斜圓直，計於臨時，不可盡知；其必可知者，是知丸不能出於盤也。議於廊廟之上，兵形已成，然後付之於將。漢祖言「指蹤者人也，獲兔者犬也」，此其是也。彼爲相者曰：「兵非吾事，吾不當知。」君子曰：「叨居其位可也。」

歐陽修《孫子後序》 世所傳《孫武》十三篇，多用曹公、杜牧、陳皡《注》，號三家《孫子》。余頃與撰《四庫書目》，所見孫子注者尤多。一有「至二十餘家」五字。武之書本於兵，兵之術非一，而以不窮爲奇，宜其說者之多也。凡人之用智有短長，其施設各異，故或膠其說於偏見，然無出所謂「三家」者。三家之注，皡最後，其說時時攻牧之短。牧亦慨然最喜論兵，欲試而不得者。其學能道春秋戰國時事，甚博而詳。然前世言善用兵，稱曹公。曹公嘗與董、呂、諸袁角其力而勝之，遂與吴、蜀分漢而王。《傳》言：魏之諸將，出兵千里，一有「公」字。每坐計勝敗，授其成算，諸將用之，十不失一，一有違者，兵輒敗北。故魏世用兵，悉以《新書》從事。其精於兵也如此。牧謂曹公於《注孫子》尤略，蓋惜其所得，自爲一書，是曹公悉得武之術也。然武嘗以其書干吴王闔閭，闔閭用之，西破楚，北服齊、晉，而霸諸侯。夫使武自用其書，止於彊伯；及曹公用之，然亦終不能滅吴、蜀，豈武之術盡於此乎，抑用之不極其能也？後之學者，徒見其書，又各牽於己見，是以注者雖多，而少當也。獨吾友聖俞不然，嘗評武之書曰：「此戰國相傾之説也，三代王者之師，《司馬》『九伐』之法，武不及也。」然亦愛其文略而意深，其行師用兵、料敵制勝亦皆有法，其言甚有次序，而注者汩之，或失其意，乃自爲注。凡膠於偏見者，皆抉一作「排」。去，傅以己意而發之。然後武之説不汩而明。吾知此書當與三家並傳，而後世取其説者，往往於吾聖俞多焉。聖俞爲人謹質、温恭，一有「仁厚而明」四字。衣冠進趨，眇然儒者也。後世之視其書者，與太史公疑張子房爲壯夫何異？

鄭友賢《十家註孫子遺説並序》 求之而益深者，天下之備法也；叩之而不窮者，天下之能言也。爲法、立言，至於益深不窮，而後可以垂教於當時，而傳諸後世矣。儒家者流，惟苦《易》之爲書，其道深遠而不可窮；學兵之士，嘗患武之爲説，微妙而不可究，則亦儒者之《易》乎？蓋《易》之爲言也，兼三才，備萬物，以陰陽不測爲神。是以仁者見之謂之仁，智者見之謂之智，百姓日用而不知。武之爲法也，包四種，籠百家，以奇正相生爲變。是以謀者見之謂之謀，巧者見之謂之巧，三軍由之而莫能知之。迨夫九師百氏之説興，而益見大《易》之義，如日月星辰之神，徒推步其輝光之迹，而不能考其所以爲神之深。十家之註出，而愈見十三篇之法如五聲、五色之變，惟詳其耳目之所聞見，而不能悉其所以爲變之妙。是則武之意，不得謂盡於十家之註也。然而學兵之徒，非十家之説，亦不能窺武之藩籬。尋流而之源，由徑而入户，於武之法，不可謂無功矣。頃因餘暇，摭武之微旨而出於十家之不解者，略有數十事，託或者之問，具其應荅之義，名曰《十註遺説》。學者見其説之有遺，則始信益深之法，不窮之言，庶幾大《易》不測之神矣。

或問：死生之地，何以先存亡之道？曰：武意以兵事之大，在將得其人。將能，則兵勝而生；兵生於外，則國存於內。將不能，則兵敗而死；兵死於外，則國亡於內。是外之生死，繫內之存亡也。是故兵敗長平而趙亡，師喪遼水而隋滅。太公曰：「無智略大謀，彊勇輕戰，敗軍散衆，以危社稷，王者慎勿使爲將。」此其先後之次也。故曰：「知兵之將，生民之司命，國家安危之主也。」

或問：得算之多，得算之少，況於無算，何以是多、少、無之義？曰：武之文，固不汗漫而無據也。蓋經之以「五事」，校之以「七計」，彼我之算，盡於此矣。「五事」之經，得三、四者爲多，得一、二者爲少。「七計」之校，得四、五者爲多，得

二、三者爲少。五、七俱得者爲全勝，不得者爲無算。所謂冥冥而決事，先戰而求勝，圖乾没之利，出浪戰之師者也。

或問：計利之外，所佐者何勢？曰：兵法之傳有常，而其用之也有變。常者，法也；變者，勢也。書者，可以盡常之言，而言不能盡變之意。「五事」、「七計」者，常法之利也；「詭道」不可先傳者，權勢之變也。守常而求勝，如膠柱鼓瑟，以書御馬。趙括所以能書而不能戰，易言而不知變也。盡法在書之傳，而勢在人之用。武之意，初求用於吴，恐吴王得書聽計而棄己也，故以此辭動之，乃謂書之外，尚有「因利制權」之勢，在我能用耳。

或問：「因糧於敵」者，無遠輸之費也；「取用必於國」者何也？曰：兵械之用，不可假人，亦不可假於人。器之於人，固在積習便熟，而適其短長重輕之宜，與夫手足不相鉏鋙，而後可以濟用而害敵矣。吾之器，敵不便於用；敵之器，吾不習其利。非國中自備，而習慣於三軍，則安可一旦倉卒，假人之兵，而給己之用哉？《易》曰：「萃除戎器，以戒不虞。」太公曰：「慮不先設，器械不備。」此皆言取用於國，不可因於人也。

或問：兵以伐謀爲上者，以其有屈人之易，而無血刃之難；「伐兵」、「攻城」爲之次下明矣；「伐交」之智，何異於「伐謀」之工而又次之？曰：破謀者，不費而勝；破交者，未勝而費。帷幄樽俎之間，而揣摩折衝，心戰計勝其未形已成之策，不煩毫氂之費，而彼奔北降服之不暇者，「伐謀」之義也。或遣使介，約車乘聘幣之奉；或使間諜，出土地金玉之資。張儀散六國之從，陰厚者數年；尉繚子破諸侯之援，出金三十萬。如此之類，費已廣而敵未服，非加以征伐之勢，則未見全勝之功，宜乎次於晏嬰、子房、寇恂、荀彧之智也。

或問：武之書皆法也，獨曰「此謀攻之法也」、「此軍争之法也」？曰：餘法概論兵家之術，惟二篇之説及於用，誠其易用而稱其所難。夫告人以所難，而不濟之以成法，則不足爲完書。蓋「謀攻」之法，以全爲上，以破次之。得其法，則兵不鈍而利可全；非其法，則有殺士三分之災。「軍争」之法，以迂爲直，以患爲利。得其法，則後發而先至；非其法，則至於擒三將軍。此二者，豈用兵之易哉？乃云「必以全争於天下」，又云「莫難於軍争」，難之之辭也。欲濟其所難者，必詳其法。凡所謂「屈人非戰」、「拔城非攻」、「毁國非久」者，乃「謀攻」之法也。凡所謂「十一而至」、「先知迂直之計」者，乃「軍争」之法也。見其法，而知其難於餘篇矣。

或問：「將能而君不御者勝」，後魏太武命將出師，從命者無不制勝，違教者率多敗失；齊神武任用將帥出討，奉行方略，罔不克捷，違失指教，多致奔亡。二者不幾於御之而後勝哉？曰：知此而後可以起武之意。既曰「將能而君不御者勝」，則其意固謂將不能而君御之則勝也。夫將帥之列，才不一概，智愚、勇怯，隨器而任。能者，付之以閫寄；不能者，授之以成算。亦猶後世責曹公使諸將以《新書》從事，殊不識公之御將，因其才之小大而縱抑之。張遼、樂進，守鬭之偏才也，合淝之戰，封以函書，節宣其用；夏侯惇兄弟，有大帥之略，假以節度，便宜從事，不拘科制，何嘗一概而御之邪？《傳》曰：「將能而君御之，則爲縻軍；將不能而君委之，則爲覆軍。」惟公得武法之深，而後太武、神武庶幾公之英略耳，非司馬宣王，安能發武之藴哉？

或問：「勝可知而不可爲」者，以其在彼者也；「佚而勞之」、「親而離之」，佚與親在敵，而吾能勞且離之，豈非可爲歟？曰：《傳》稱「用師觀釁而動」，敵有釁，不可失。蓋吾觀敵人無可乘之釁，不能彊使爲吾可勝之資者，「不可爲」之義也。敵人既有可乘之隙，吾能置術於其間，而不失敵之敗者，「可知」之義也。使敵人主明而賢，將智而忠，不信小説而疑，不見小利而動，其佚也，安能勞之？其親也，安能離之？有楚子之暗與囊瓦之貪，而後吴人亟肆以疲之；有項王之暴與范增之隘，而後陳平以反間疏之。夫釁隙之端，隱於佚親之前，勞離之策，發於釁隙之後者，乃所謂「可知」也；則惟無釁隙者，乃「不可爲」也。

或問：「守則不足，攻則有餘」，其義安在？曰：謂吾所以守者力不足，吾所以攻者力有餘者，曹公也。謂力不足者可以守，力有餘者可以攻者，李筌也。謂非彊弱爲辭者，衛公也。謂守之法要在示敵以不足，攻之法要在示敵以有餘者，太宗也。夫攻守之法，固非己實彊弱，亦非虚形示敵也。蓋正用其有餘不足之形勢，以固己勝敵。夫所謂「不足」者，吾隱形於微，而敵不能窺也；「有餘」者，吾乘勢於盛，而敵不能支也。「不足」者，微之稱也。當吾之守也，滅跡於不可見，韜聲於不可聞，藏形於微妙不足之際，而使敵不知其所攻矣，所謂「藏於九地之下」者是也。「有餘」者，盛之稱也。當吾之攻也，若迅雷驚雷、壞山決塘，作勢於盛彊有餘之極，而使敵不知其所守矣，所謂「動於九天之上」者是也。此「有餘」、「不足」之義也。

或問：「三軍之衆，可使必受敵而無敗者，奇正是也」，「受敵」、「無敗」，二義也，其於「奇」、「正」有所主乎？曰：武論「分數」、「形名」、「奇正」、「虚實」四者，

獨於「奇正」云云者，知其法之深而二義所主未白也。復曰「凡戰，以正合，以奇勝」，「正合」者，「正」主於受敵也；「奇勝」者，「奇」主於無敗也。以「合」爲受敵，以「勝」爲無敗，不其明哉？

或問：武論「奇」、「正」之變，二者相依而生，何獨曰「善出奇者」？曰：闕文也。凡所謂如「天地」、「江河」、「日月」、「四時」、「五色」、「五味」，皆取無窮無竭、相生相變之義，故首論以「正合」、「奇勝」，終之以「奇正之變，不可勝窮，相生如循環之無端」，豈以一「奇」而能生變，交相無已哉？宜曰：「善出奇正者，無窮如天地」也。

或問：「其勢險」者，其義易明，「其節短」者，其旨安在？曰：力雖甚勁者，非節量短近而適其宜，則不能害物。魯縞之脆也，彊弩之末不能穿；毫末之輕也，衝風之衰不能起；鷙鳥雖疾也，高下而遠來，至於竭羽翼之力，安能擊搏而毀折哉？嘗以遠形爲難戰者此也。是故麴義破公孫瓚也，發伏於數十步之内；周訪敗杜曾也，奔赴於三十步之外，得「節短」之義也。

或問：十三篇之法，各本於篇名乎？曰：其義各主於題篇之名，未嘗泛濫而爲言也。如《虚實》者，一篇之義，首尾次序，皆不離虚、實之用，但文辭差異耳。其意所主，非實即虚，非虚即實，非我實而彼虚，則我虚而彼實。不然，則虚實在於彼此，而善者變實而爲虚，變虚而爲實也。雖周流萬變，而其要不出此二端而已。凡所謂「待敵者佚」者，力實也；「趨戰者勞」者，力虚也。「致人」者，虚在彼也；「不致於人」者，實在我也。「利之也」者，役彼於虚也；「害之也」者，養我之實也。「佚能勞之」、「飽能飢之」、「安能動之」者，佚、飽、安，實也；勞、飢、動，虚也。彼實而我能虚之也。「行於無人之地」者，趨彼之虚，而資我之實也。「攻其所不守」者，避實而擊虚也。「守其所不攻」者，措實而備虚也。「敵不知所守」者，闕敵之虚也；「敵不知所攻」者，犯我之實也。「無形」、「無聲」者，虚實之極而入神微也。「不可禦」者，乘敵備之虚也；「不可追」者，畜我力之實也。「攻所必救」者，乘虚則實者虚也；「乘其所之」者，能實則虚者實也。「形人」而「敵分」者，見彼虚實之審也；「無形」而「我專」者，示吾虚實之妙也。「所與戰約」者，彼虚無以當吾之實也。「寡而備人者」，不識虚實之形也；「衆而備己」者，能料虚實之情也。「千里會戰」者，預見虚實也。「左右不能救」者，信人之虚實也。「越人無益於勝敗」者，越將不識吴之虚實也。「策之」、「候之」、「形之」、「角之」者，辨虚實之術也。「得」也、「動」也、「生」也、「有餘」也者，實也；「失」也、「静」也、「死」也、「不足」也者，虚也。「不能窺謀」者，外以虚實之變惑敵人也；「莫知吾制勝之形」者，内以虚實之法愚士衆也。「水因地制流，兵因敵制勝」者，以水之高下喻吾虚實變化不常之神也。五行勝者，實也；囚者，虚也。四時來者，實也；往者，虚也。日長者，實也；短者，虚也。月生者，實也；死者，虚也。皆虚實之類，不可拘也。以此推之，餘十二篇之義皆倣於此，但説者不能詳之耳。

或問：「軍争爲利，衆争爲危」，軍之與衆也，利之與危也，義果異乎？曰：武之辭未嘗妄發而無謂也。「軍争爲利者」，下所謂「軍争之法」也；夫惟所争而得此「軍争之法」，然後獲勝敵之利矣。「衆争爲危」者，下所謂「舉軍而争利」也；夫惟全舉三軍之衆而争，則不及於利而反受其危矣。蓋「軍争」者，案法而争也；「衆争」者，舉軍而趨也。「爲利」者，後發而先至也；「爲危」者，擒三將軍也。

或問：「兵以詐立，以利動，以分合爲變」，「立」也、「動」也、「變」也三者先後而用乎？曰：先王之道，兵家者流，所用皆有本末先後之次，而所尚不同耳。蓋先王之道，尚仁義而濟之以權；兵家者流，貴詐利而終之以變。《司馬法》以仁爲本，孫武以詐立；《司馬法》以義治之，孫武以利動；《司馬法》以正不獲意權則，孫武以分合爲變。蓋本仁者，治必爲義；立詐者，動必爲利。在聖人謂之權，在兵家名曰變。非本與立，無以自修；非治與動，無以趨時；非權與變，無以勝敵。有本、立，而後能治、動；能治、動，而後可以權、變。權、變所以濟治、動，治、動所以輔本、立。此本末先後之次略同耳。

或問：武所論「舉軍」、「動衆」，皆法也，獨稱「此用衆之法」者何也？曰：武之法，奇正貴乎相生，節制、權變兩用而無窮。既以正兵節制，自治其軍，未嘗不以奇兵權變而勝敵。其於論勢也，以「分數」、「形名」居前者，自治之節制也；以「奇正」、「虚實」居後者，勝敵之權變也。是先節制而後權變也。凡所謂「立於不敗之地，而不失敵之敗」、「修道而保法」、「自保而全勝」者，皆相生兩用先後之術也。蓋「鼓鐸、旌旗，所以一人之耳目。人既專一，勇者不得獨進，怯者不得獨退」，此何法也？是節制自治之正法也，止能用吾三軍之衆而已。其法也，固未嘗及於勝人之奇也。談兵之流，往往至此而止矣。武則不然，曰：此用吾衆之法也。凡所謂變人之耳目而奪敵之心氣，是權謀勝敵之奇法也。

或問：奪氣者必曰「三軍」，奪心者必曰「將軍」，何也？曰：三軍主於鬬，將軍主於謀；鬬者乘於氣，謀者運於心。夫鼓作鬬争，不顧萬死者，氣使之也；深

思遠慮，以應萬變者，心主之也。氣奪，則怯於鬬；心奪，則亂於謀。下者不能鬬，上者不能謀，敵人上下怯亂，則吾一舉而乘之矣。《傳》曰「一鼓作氣，三而竭」者，奪鬬氣也；「先人有奪人之心」者，奪謀心也。「三軍」、「將軍」之事異矣。

或問：自《計》及《間》，上下之法皆要妙也，獨云「此用兵之法妙」者，何也？曰：夫事至於可疑，而後知不疑者，爲明；機至於難決，而後知能決者，爲智。用兵之法，出於衆人之所不可必者，而吾之明智了然不至於猶豫者，其所得固過於衆人，而通於法之至妙也。所謂「高陵勿向」、「背丘勿逆」，蓋亦有可向、可逆之機。「佯北勿從」、「鋭卒勿攻」，亦有可從、可攻之利。「餌兵勿食」、「歸兵勿遏」，亦有可食、可遏之理。「圍師必闕」、「窮寇勿追」，亦有不闕、可追之勝。此兵家常法之外，尚有反復微妙之術，智者不疑而能決，所謂「用兵之法妙」也。

或問：「九變」之法，所陳五事者何？曰：「九變」者，「九地」之變也。「散」、「輕」、「爭」、「交」、「衢」、「重」、「圮」、「圍」、「死」，此「九地」之名也。「一其志」、「使之屬」、「趨其後」、「謹其守」、「固其結」、「繼其食」、「進其塗」、「塞其闕」、「示不活」，此「九地」之變也。九而言五者，闕而失次也。下文曰：「將通於九變之地利者，知用兵矣；將不通九變之利者，雖知地形，不能得地之利矣」，是「九變」主於「九地」明矣。故特於《九地篇》曰：「九地之變，人情之理，不可不察也。」然則既有「九地」，何用「九變」之文乎？曰：武所論「將不通九變之利」，又曰「治兵不知九變之術」，蓋「九地」者，陳變之利，故曰「不知變，不得地之利」；「九變」者，言術之用，故曰「不知術，不得人之用」。是故「六地」有形，「九地」有名；九名有變，九變有術。知形而不知名，決事於冥冥；知名而不知變，驅衆而浪戰；知變而不知術，臨用而事屈。此所以「六地」、「九地」、「九變」皆論地利，而爲篇異也。李筌以「塗有所不由」而下「五利」兼之爲十變者，誤也；復指下文爲「五利」，何嘗有「五利」之義也？「絶地無留」，當作「輕地」，蓋「輕」有「無止」之辭。

或問：「凡軍好高而惡下」，太公曰「凡三軍處山之高，則爲敵所棲」，豈「好高」之義乎？曰：武之「高」，非太公之「高」也。公所論，天下之絶險也，高山盤石，其上亭亭，無有草木，四面受敵。蓋無草木，則乏芻牧樵採之利；四面受敵，則絶出入運饋之路。可上而不可下，可死而不可久，此固有棲之之害也。武之所論，假勢利之便也。處隆高丘陵之地，使敵人來戰，則有登隆、向陵、逆丘之害，而我得因高乘下、建瓴走丸、轉石決水之勢；加以養生處實，先利糧道，戰則有乘勢之便，守則有處實之固，居則有養生足食之利，去則有便道向生之路，雖有百萬之敵，安能棲我於高哉？太武棲姚興於天渡，李先計令遣奇兵邀伏，絶柴壁之糧道，此興犯處高之忌，而先得棲敵之法，明矣。學孫武者，深明「好高」之論，而不悟處於太公之「絶險」，知其勢利之便者，後可與議其書矣。

或問：「六地」者，地形也，復論將有「六敗」者何？曰：恐後世學兵者泥勝負之理於地形也。故曰「地形者，兵之助」，非上將之道也。太公論主帥之道：擇善地利者三人而委之，則地形固非將軍之事也。所謂「料敵制勝」者，上將之道也。知此爲將之道者，戰則必勝；不知此爲將之道者，戰則必敗。凡所言「曰走」、「曰弛」、「曰崩」、「曰陷」、「曰亂」、「曰北」者，此六者，敗之道，將之至任，不可不察也。是勝敗之理，不可泥於地形，而繫於將之工拙也。至於「九地」亦然。曰「剛柔皆得，地之理也」、「將軍之事，静以幽正以治」、「驅三軍之衆，如羣羊往來，不知其所之」者，將軍之事也。特垂誡於「六地」、「九地」者，孫武之深旨也。

或問：「死焉不得士人盡力」，諸家釋爲二句者何？曰：夫人之情，就其甚難者，不顧其甚易；捨其至大者，不吝其至微。死，難於生也；甘其萬死之難，則況出於生之甚易者哉？身，大於力也；棄其一身之大，則況用於力之至微者哉？武意以謂，三軍之士，投之無所往，則白刃在前，有所不避也；死且不避，況於生乎？身猶不慮，況於力乎？故曰「死且不北」。夫三軍之士，不畏死之難者，安得不人人盡其力乎？「死焉不得士人盡力」，諸家斷爲二句者，非武之本意也。

或曰：「方馬埋輪」，諸家釋「方」爲縛，或謂縛馬爲方陳者，何也？曰：解「方」爲縛者，義不經；據縛而方之者，非武本辭。蓋「方」當作「放」字。武之説本乎：人心離散，則雖彊爲固止，而不足恃也；固止之法，莫過於柅其所行。古者用兵，人乘車而戰，車駕馬而行。今欲使人固止而不散，不得「齊勇」之政，雖放去其馬而牧之，陷輪於地而埋之，亦不足恃之爲不散也。噫！車中之士，轄不得馬而駕，輪不得轍而馳，尚且奔走散亂而不一，則固在以政而齊其心也。

或問：「兵情主速」，又曰「爲兵之事」，夫「情」與「事」義果異乎？曰：不可探測而藴於中者，情也；見於施爲而成乎其外者，事也。情隱於事之前，而事顯於情之後。此用兵之法，隱顯先後之不同也。所謂「兵之情主速」者，蓋吾之所由、所攻，欲出於敵人之不虞、不誡也。夫以神速之兵，出於人之所不能虞度而誡備者，固在中情祕密而不露，雖智者、深間不能前謀、先窺也。所謂「爲兵之事」者，蓋敵意既順而可詳，敵釁已形而可乘，一向并敵之勢，千里殺敵之將，使陳不暇戰而城不及守者，彼敗事已顯，而吾兵業已成於外也。故曰「所謂巧能成

事者」，此也。是則情、事之異，隱顯先後也。

或曰：「九地」之中復有「絶地」者，何也？曰：興師動衆，去吾之國中，越吾之境土，而初入敵人之地，疆場之限，所過關梁津要，使吾踵軍在後，告畢書絶者，所以禁人内顧之情，而止其還遁之心也。《司馬法》曰：「書親絶，是謂絶顧壹慮。」《尉繚子·踵軍令》曰：「遇有還者，誅之。」此「絶地」之謂也。然而不預「九地」者何？「九地」之法皆有變，而「絶地」無變，故論於「九地」之中，而不得列其數也。或以「越境」爲越人之國，如秦越晉伐鄭者，鑿也。

或問：「不知諸侯之謀，不能預交；不知山林、險阻、沮澤之形，不能行軍；不用鄉導，不能得地利」，重言於《軍事》、《九地》二篇者，何也？曰：此三法者，皆行師争利、出没往來、遲速先後之術也。蓋「軍争」之法，「變迂爲直」、「後發先至」之爲急也；「九地」之利，盛言「爲客」深入利害之爲大也，非此三法，安能舉哉？噫！與人争迂直之變，趨險阻之地，踐敵人之生地，求不識之迷塗，若非和鄰國之援爲之引軍，明山川林麓、險難阻厄、沮洳濡澤之形而爲之標表，求鄉人之習熟者爲之前導，則動而必迷，舉而必窮，何異即鹿無虞，惟入於林，不行其野，彊違其馬，欲争迂直之勝，圖深入之利，安能得其便乎？稱之二篇，不其旨哉！

或問：何謂「無法之賞」、「無政之令」？曰：治軍御衆，行賞之法，施令之政，蓋有常理。今欲犯三軍之衆，使不知其利害，多方誤敵，而因利制權，故賞不可以拘常法，令不可以執常政。噫！常法之賞不足以愚衆，常政之令不足以惑人，則賞有時而不拘，令有時而不執者，將軍之權也。夫進有重賞，有功必賞，賞法之常也。吴子相敵，北者有賞，馬隆募士，未戰先賞，此無法之賞也。先庚後甲，三令五申，政令之常也。武曰：「若驅羣羊往來，莫知所之。」李愬襲元濟，初出，衆請所向，曰：「東六十里止。」至張柴，諸將請所止，復曰：「入蔡州。」此無政之令也。

或問：用間、使間，「聖智」、「仁義」，其旨安在？曰：用間者，用間之道也，或以事，或以權，不必人也。聖者無所不通，智者深思遠慮；非此聖智之明，安能坐以事權間敵哉？使間者，使人爲間也。吾之與間，彼此有可疑之勢。吾疑間有覆舟之禍，間疑我有害己之計。非仁恩不足以結間之心，非義斷不足以決己之惑。主無疑於客，客無猜於主，而後可以出入於萬死之地而圖功矣。秦王使張儀相魏，數年無效；而陰厚之者，恩結間之心也。高祖使陳平用金數十萬離楚君臣，平，楚之亡虜也，吾無問其出入者，義決己之惑也。

或問：伊摯、吕牙，古之聖人也，豈嘗爲商、周之間邪？武之所稱，豈非尊間之術而重之哉？曰：古之人，立大事，就大業，未嘗不守於正；正不獲宜，則未嘗不假權以濟道。夫事業至於用權，則何所不爲哉？但處之有道，而卒反於正，則權無害於聖人之德也。蓋在兵家名曰「間」，在聖人謂之「權」。湯不得伊摯，不能悉夏政之惡；伊摯不在夏，不能成湯之美。武不得吕牙，不能審商王之罪；吕牙不在商，不能就武之德。非此二人者，不能立順天應人、伐罪弔民之仁義，則非爲間於夏、商而何？惟其處之有道而終歸於正，故名曰「權」。兵家之間，流而不反，不能合道，而入於詭詐之域，故名曰「間」。所謂以上智成人功者，真伊、吕之權也。權與間，實同而名異。

或問：間何以終於篇之末？曰：用兵之法，惟間爲深微神妙，而不可易言也。所謂「非聖智不能用間，非微妙不能得間之實」者，難之之辭也。武始以十三篇干吴者，亦欲以其書之法教闔閭之知兵也。教人之初，蒙昧之際，要在從易而入難，先明而後幽，本末次序而導之，使不惑也。是故始教以計量、校算之法，而次及於戰攻、形勢、虚實、軍争之術，漸至於行軍、九變、地形、地名、火攻之備。諸法皆通，而後可以論間道之深矣。噫！教人之始者，務令明白易曉，而遽期之以聖智微妙之所難，則求之愈勞，而索之愈迷矣，何異王通謂不可驟而語《易》者哉？或曰：廟堂多算，非不難也，何不列之終篇也？曰：計之難者，「經之以五事，校之以七計而索其情」也。夫敵人之情，最爲難知，不可取於鬼神，不可求象於事，不可驗於度，先知者必在於間。蓋計待情而後校，情因間而後知，宜乎以間爲深而以計爲淺也。孫武之藴至於此，而後知十家之説不能盡矣。

方孝孺《遜志齋集》卷四《雜著·讀孫子》 戰非聖人之得已也。聖人之所謂戰者，不城而人莫敢逾，不池而人莫敢近，無戈矛劍戟弓矢之器，而姦謀邪慮消沮於萬里之外，是之謂道德之師。其次，導之以禮樂，申之以政令，誅暴而伐罪，救民而不求利，不戰而服人，不殺一卒而勝國，是之謂仁義之師。下此，則以材相用，以詐相欺而已矣。若孫武子者，亦其一也。然其十三篇之所論，先計謀而後攻戰，先知而後料敵，用兵之事周備明白，雖不足與於仁義之師，苟以之戰，則豈非良將乎？視彼恃力之徒，驅赤子而陷之死地者，猶狼殘虎噬耳。嗚呼，武亦安可得哉？

孫星衍《孫子兵法序》 黄帝《李法》，周公《司馬法》已佚，太公《六韜》原本

今不傳，兵家言惟《孫子》十三篇最古。古人學有所受，孫子之學或即出於黄帝，故其書通三才、五行，本之仁義，佐以權謀，其説甚正。古之名將，用之則勝，違之則敗，稱爲「兵經」，比於《六藝》，良不媿也。孫子爲吴將兵，以三萬破楚二十萬，入郢，威齊晉之功歸之子胥，故《春秋傳》不載其名，蓋功成不受官。《越絶書》稱「巫門外大冢，吴王客孫武冢」，是其證也。其著兵書八十二篇，圖九卷，見《藝文志》。其圖「八陳」，有「苹車」之陳，見《周官》鄭《注》。有《算經》，今存。有《雜占》、《六甲兵法》，見《隋志》。其與吴王問答，見於《吴越春秋》諸書者甚多，或即八十二篇之文。今惟傳此十三篇者，《史記》稱闔閭有「十三篇吾盡觀之」之語。《七録》《孫子兵法》三卷，《史記正義》云「十三篇爲上卷，又有中下二卷」，則上卷是孫子手定，見於吴王，故歷代傳之勿失也。秦漢已來，用兵皆用其法，而或祕其書，不肯注以傳世。魏武始爲之法，云「撰爲《畧解》」，謙言解其觕畧。《漢官解詁》稱「魏氏瑣連孫武之法，則謂其《捷要》」，杜牧疑爲魏武刪削者，謬也。此本十五卷，爲宋吉天保所集，見《宋藝文志》，稱《十家會注》。十家者：一魏武，二梁孟氏，三唐李筌，四杜牧，五陳皞，六賈林，七宋梅聖俞，八王晳，九何延錫，十張預也。書中或改「曹公」爲「曹操」，或以孟氏置唐人之後，或不知何延錫之名，稱爲「何氏」，或多出杜佑，而置在其孫杜牧之後。吉天保之不深究此書可知。今皆校勘更正。杜佑實未注《孫子》，其文即《通典》也，多與曹《注》同，而文較備。疑佑用曹公、王凌、孟氏諸人古注，故有「王子曰」，即凌也，今或非全。注本《孫子》有王凌、張子尚、賈詡、沈友，鄭本所採不足，今佚矣。曩，予游關中，讀華陰嶽廟《道藏》，見有此書，後有鄭友賢《遺説》一卷。友賢亦見鄭樵《通志》，蓋宋人。又從大興朱氏處見明人刻本，餘則世無傳者。國家令甲，以《孫子》校士，所傳本或多錯謬，當用古本是正其文。適吴念湖太守、畢恬溪孝廉皆爲此學，所得或過於予，遂刊一編，以課武士。

孔子曰：「軍旅之事，未之學。」又曰：「我戰則克。」孔子定禮正樂，兵則「五禮」之一，不必以爲專門之學，故云「未學」。所爲聖人有所不知。或行軍好謀則學之，或善將將如伍子胥之用孫子，又何必自學之？故又曰「我戰則克」也。今世泥孔子之言，以爲兵書不足觀。又泥「趙括徒能讀父書」之言，以爲成法不足用。又見兵書有權謀，有反間，以爲非聖人之法，皆不知吾儒之學者。吏之治事，可習而能，然古人猶有學制之懼。兵凶戰危，將不素習，未可以人命爲嘗試，則十三篇之不可不觀也。項梁教籍兵法，籍畧知其意，不肯竟學，卒以傾覆。不知兵法之弊，可勝言哉？宋襄、徐偃仁而敗。兵者危機，當用權謀。孔子猶有「要盟勿信」、微服過宋之時，安得妄責孫子以言之不純哉？

孫子蓋陳書之後。陳書見《春秋傳》，稱孫書。《姓氏書》以爲景公賜姓，言非無本。又泰山新出《孫夫人碑》，亦云與齊同姓。史遷未及深考。吾家出樂安，真孫子之後，媿余徒讀祖書，考證文字，不通方畧，亦享承平之福者久也。陽湖孫星衍撰。

魏源《孫子集注序》 《易》，其言兵之書乎？「亢之爲言也，知進而不知退，知存而不知亡，知得而不知喪」，所以動而有悔也，吾於斯見兵之情。《老子》其言兵之書乎？「天下莫柔弱於水，而攻堅者莫之能先」，吾於斯見兵之形。《孫武》其言兵之書乎？「百戰百勝，非善之善者也；不戰而屈人之兵，善之善者也。故善用兵者，無智名，無勇功」，吾於斯見兵之精。故夫經之《易》也，子之《老》也，兵家之《孫》也，其道皆冒萬有，其心皆照宇宙，其術皆合天人、綜常變者也。

而蘇洵曰：「按言以責行，孫武不能辭三失；久暴師而越釁乘，縱鞭墓而荆怒激，失秦交而鮑救至。言兵則吴劣於孫，用兵則孫劣於吴，矧祖其餘論故智者乎？」嗚呼！吴，澤國文身封豕之蠻耳，一朝滅郢，氣溢於頂，主驁臣驕，據宫而寢，子胥之智不能争，季札之親且賢不能禁，一羈旅臣能已之乎？故《越絶書》稱「巫門外有吴王客孫武冢」。是則客卿將兵，功成不受官，以不盡行其説故也。

或又謂：將才非人力，運用存一心，括讀父書，徒取秦禽。是又不然。兵列「五禮」，學禮易及，「有文事者必有武備」，「好謀而成」，「我戰則克」，「學矛夫子，獲甲三百」。特兵危事而括易言之，正與兵書相背故也。

「弩生於弓，弓生於彈，彈生於古之孝子」。殺人以生人，匪謀曷成？謀定而後戰，斯常夫可制變。上謀之天，下謀之地，中謀之人，人謀敵謀，乃通於神，非神之力也，心之變化所極也。變化者，仁術也。上古聖人，以其至仁之心捖水火而勝之，捖龍蛇虎豹犀象而勝之。恩生於害，害生於恩。微觀於五行相生相克之原，天地間無往而非兵也，無兵而非道也，無道而非情也。精之又精，習與性成，造父得之以御名，羿得之以射名，稷得之以稼名，宜僚以丸，秋以弈，越女以劍。雖得諸心，口不能云；口即能云，不能宣其所以云。若夫由其云以通其所以云，微乎微乎，深乎深乎！夫非知《易》與《老》之旨者，孰與言乎！

畢以珣《孫子敘録》 《史記》曰：「孫子武者，齊人也，以《兵法》見於吴王闔閭，卒以爲將。」

《吴越春秋》曰：「吴王登臺，向南風而嘯，有頃而嘆，羣臣莫有曉王意者。子胥知王之不定，乃薦孫子於王。孫子者，吴人也，善爲兵法，辟隱幽居，世人莫知其能。」

按：孫子本齊人，後奔吴，故《吴越春秋》謂之吴人也。鄧名世《姓氏辨證書》曰：「齊敬仲五世孫書，爲齊大夫，伐莒有功，景公賜姓孫氏，食采於樂安，生馮，爲齊卿。馮生武，字長卿，以田、鮑四族謀作亂，奔吴，爲將軍。」是也。

《史記》又曰：「後百餘歲，有孫臏，亦武之後世孫也。」

按：《姓氏辨證書》曰：「武生三子：馳、明、敵。明食采於富春，生臏，即破魏軍、擒太子申者也。」按此所説，則臏乃武之孫也。《史記》之言，猶爲未審。

又按：紹興四年，鄧名世上其書。胡松年稱其學有淵源，多所按據。《序》又云：「自《五經》、子史，以及《風俗通》、《姓苑》、《百家譜》、《姓纂》諸書，凡有所長，盡用其説。」是其書内所云，皆可依據也。

《越絶書》曰：「巫門外大冢，吴王客孫武冢也，去縣十里。」

按：武惟爲客卿，故《春秋左氏傳》言伍員，而不詳孫武也；其史稱伐楚及齊、晉者，蓋武以客卿將兵故也。

《史記》：「闔閭曰：『可以小試勒兵乎？』對曰：『可。』闔閭曰：『可試以婦人乎？』曰：『可。』於是許之，出宫中美人，得百八十人。孫子分爲二隊，以王之寵姬二人各爲隊長，皆令持戟。令之曰：『汝知而心與左右手背乎？』婦人曰：『知之。』孫子曰：『前，則視心；左，視左手；右，視右手；後，即視背。』婦人曰：『諾。』約束既布，乃設鈇鉞，即三令五申之。於是，鼓之右，婦人大笑。孫子曰：『約束不明，申令不熟，將之罪也。』復三令五申，而鼓之左，婦人復大笑。孫子曰：『約束不明，申令不熟，將之罪也；既已明，而不如法者，吏士之罪也。』乃欲斬左右隊長。吴王在臺上觀，見且斬愛姬，大駭，趣使使下，令曰：『寡人已知將軍能用兵矣，寡人非此二姬，食不甘味，願勿斬也。』孫子曰：『臣既已受命爲將，將在軍，君命有所不受。』遂斬隊長二人以徇，用其次爲隊長。於是，復鼓之。婦人左右、前後、跪起，皆中規矩繩墨，無敢出聲。於是孫子使使報王曰：『兵既整齊，王可試下觀之，唯王所欲用之，雖赴水火猶可也。』吴王曰：『將軍罷休就舍，寡人不願下觀。』孫子曰：『王徒好其言，不能用其實。』於是闔閭知孫子能用兵，卒以爲將，西破彊楚，入郢，北威齊、晉，顯名諸侯，孫子與有力焉。」

《吴越春秋》曰：「吴王問曰：『兵法寧可以小試耶？』孫子曰：『可。可以小試於後宫之女。』王曰：『諾。』孫子曰：『得大王寵姬二人，以爲軍隊長，各將一隊。』令三百人皆被甲兜鍪，操劒盾而立，告以軍法，隨鼓進退，左右迴旋，使知其禁。乃令曰：『一鼓皆振，二鼓操進，三鼓爲戰形。』於是宫女皆掩口而笑。孫子乃親自操枹擊鼓，三令五申，其笑如故。孫子顧視諸女連笑不止，孫子大怒，兩目忽張，聲如駭虎，髮上衝冠，項旁絶纓，顧謂執法曰：『取鈇鑕！』孫子曰：『約束不明，申令不信，將之罪也；既以約束，三令五申，卒不却行，士之過也，軍法如何？』執法曰：『斬！』武乃令斬隊長二人，即吴王之寵姬也。吴王登臺觀望，正見斬二愛姬，馳使下之，令曰：『寡人已知將軍能用兵矣。寡人非此二姬，食不甘味，宜勿斬之。』孫子曰：『臣既已受命爲將，將在軍，君雖有令，臣不受之。』孫子復撝鼓之，當左右、進退、迴旋規矩，不敢瞬目，二隊寂然，無敢顧者。於是乃報吴王曰：『兵已整齊，願王觀之，惟所欲用，使赴水火猶無難矣，而可以定天下。』吴王忽然不悦，曰：『寡人知子善用兵，雖可以霸，然而無所施也。將軍罷兵就舍，寡人不願。』孫子曰：『王徒好其言，而不用其實。』子胥諫曰：『臣聞兵者凶事，不可空試。故爲兵者，誅伐不行，兵道不明。今大王虔心思士，欲興兵戈以誅暴楚，以霸天下而威諸侯，非孫武之將，而誰能涉淮踰泗，越千里而戰者乎？』於是吴王大悦，因鳴鼓會軍，集而攻楚。孫子爲將，拔舒，殺吴亡將二公子蓋餘、燭傭。」

《史記》曰：「光謀欲入郢，將軍孫武曰：『民勞，未可，且待之。』」

又曰：「闔廬謂伍子胥、孫武曰：『始子之言郢未可入，今果何如？』二子對曰：『楚將子常貪，而唐、蔡皆怨之。王必欲大伐，必得唐、蔡乃可。』闔廬從之，悉興師。五戰，楚五敗，遂入郢。」

《吴越春秋》曰：「吴王謀欲入郢，孫武曰：『民勞，未可恃也。』楚聞吴使孫子、伍子胥、白喜爲將，楚國苦之，羣臣皆怨。」

又曰：「闔閭聞楚得湛盧之劒，遂使孫武、伍胥、白喜伐楚，拔六與潛二邑。」

又曰：「楚使公子囊瓦伐吴，吴使伍胥、孫武擊之，圍於豫章，大破之。」

又曰：「吴王謂子胥、孫武曰：『始子言郢不可入，今果何如？』二將曰：『夫戰，借勝以成其威，非常勝之道。』吴王曰：『何謂也？』二將曰：『楚之爲兵，天下彊敵也，今臣與之爭鋒，十亡一存，而王入郢者，天也。臣不敢必。』吴王曰：『吾欲復擊楚，奈何而有功？』伍胥、孫武曰：『囊瓦者，貪而多過於諸侯，而唐、蔡怨之。王必伐，得唐、蔡。』」

又曰：「樂師扈子非荆王信讒佞，作《窮劫》之曲曰：『吴王哀痛助忉怛，垂涕舉兵將西伐，伍胥、白喜、孫武決，三戰破郢王奔發。』」

《淮南子》曰：「君臣乖心，則孫子不能以應敵。」

劉向《新序》曰：「孫武以三萬破楚二十萬者，楚無法故也。」

《漢官解詁》曰：「魏氏瑣連孫武之法。」

《史記》又曰：「孫武以《兵法》見於吴王闔閭，闔閭曰：『子之十三篇，吾盡觀之矣。』」

按：《史記》惟言「以《兵法》見闔閭」，不言十三篇作於何時。考魏武《序》云：「爲吴王闔閭作《兵法》一十三篇，試之婦人，卒以爲將。」則是十三篇特作之以干闔閭者也。今考其首篇云「將聽吾計，用之必勝，留之；將不聽吾計，用之必敗，去之」，言聽從吾計，則必勝，吾將留之；不聽吾計，則必敗，吾將去之。是其干之之事也。

又按：《虚實篇》云：「越人之兵雖多，亦奚益於勝敗哉？」是爲闔閭言之也。《九地篇》云：「吴人與越人相惡也，當其同舟而濟，遇風，其相救也如左右手。」亦對闔閭言也。故魏武云「爲吴王闔閭作之」，其言信已。

《吴越春秋》曰：「吴王召孫子，問以兵法；每陳一篇，王不知口之稱善。」

按：十三篇之外，又有問答之辭，見於諸書徵引者，蓋武未見闔閭，作十三篇以干之；既見闔閭，相與問答，武又定著爲若干篇，皆在《漢志》八十二篇之内也。

吴王問孫武曰：「散地士卒顧家，不可與戰，則必固守不出。若敵攻我小城，掠吾田野，禁吾樵採，塞吾要道，待吾空虚，而急來攻，則如之何？」武曰：「敵人深入吾都，多背城邑，士卒以軍爲家，專志輕鬥；吾兵在國，安土懷生，以陳則不堅，以鬥則不勝，當集人合衆，聚穀蓄帛，保城備險，遣輕兵絶其糧道。彼挑戰不得，轉輸不至，野無所掠，三軍困餒，因而誘之，可以有功。若與野戰，則必因勢，依險設伏；無險，則隱於天氣陰晦昏霧，出其不意，襲其懈怠，可以有功。」

吴王問孫武曰：「吾至輕地，始入敵境，士卒思還，難進易退；未背險阻，三軍恐懼；大將欲進，士卒欲退，上下異心。敵守其城壘，整其車騎，或當吾前，或擊吾後，則如之何？」武曰：「軍至輕地，士卒未專，以入爲務，無以戰爲。故無近其名城，無由其通路，設疑佯惑，示若將去。乃選驍騎，銜枚先入，掠其牛馬六畜。三軍見得，進乃不懼。分吾良卒，密有所伏，敵人若來，擊之勿疑；若其不至，捨之而去。」

吴王問孫武曰：「争地，敵先至，據要保利，簡兵練卒，或出或守，以備我奇，則如之何？」武曰：「争地之法，讓之者得，争之者失。敵得其處，慎勿攻之，引而佯走；建旗鳴鼓，趣其所愛；曳柴揚塵，惑其耳目；分吾良卒，密有所伏，敵必出救；人欲我與，人棄吾取。此争先之道。若我先至，而敵用此術，則選吾鋭卒，固守其所；輕兵追之，分伏險阻；敵人還鬥，伏兵旁起。此全勝之道也。」

吴王問孫武曰：「交地，吾將絶敵，令不得來，必全吾邊城，修其所備，深絶通道，固其阨塞。若不先圖，敵人已備，彼可得來，而吾不可往，衆寡又均，則如之何？」武曰：「既我不可以往，彼可以來，吾分卒匿之，守而易怠，示其不能。敵人且至，設伏隱廬，出其不意，可以有功也。」

吴王問孫武曰：「衢地必先，吾道遠，發後，雖馳車驟馬，至不能先，則如之何？」武曰：「諸侯參屬，其道四通；我與敵相當，而傍有國。所謂先者，必重幣輕使，約和傍國，交親結恩，兵雖後至，衆以屬矣。簡兵練卒，阻利而處，親吾軍事，實吾資糧，令吾車騎，出入瞻候。我有衆助，彼失其黨；諸國犄角，震鼓齊攻。敵人驚恐，莫知所當。」

吴王問孫武曰：「吾引兵深入重地，多所踰越，糧道絶塞。設欲歸還，勢不可過。欲食於敵，持兵不失，則如之何？」武曰：「凡居重地，士卒輕男，轉輸不通，則掠以繼食。下得粟帛，皆貢於上，多者有賞，士無歸意。若欲還出，切爲戒備，深溝高壘，示敵且久。敵疑通途，私除要害之道，乃令輕車，銜枚而行，塵埃氣揚，以牛馬爲餌。敵人若出，鳴鼓隨之，陰伏吾士，與之中期，内外相應，其敗可知。」

吴王問孫武曰：「吾入圮地，山川險阻，難從之道，行久卒勞；敵在吾前，而伏吾後，營居吾左，而守吾右，良車驍騎，要吾隘道，則如之何？」武曰：「先進輕車，去軍十里，與敵相候，接期險阻。或分而左、或分而右，大將四觀，擇空而取，皆會中道，倦而乃止。」

吴王問孫武曰：「吾入圍地，前有强敵，後有險難，敵絶糧道，利我走勢，敵鼓噪不進，以觀吾能，則如之何？」武曰：「圍地之宜，必塞其闕，示無所往，則以軍爲家，萬人同心，三軍齊力，並炊數日，無見火煙，故爲毁亂寡弱之形。敵人見我，備之必輕。告勵士卒，令其奮怒；陳伏良卒，左右險阻，擊鼓而出。敵人若當，

疾擊務突，前門後拓，左右犄角。」

又問曰：「敵在吾圍，伏而深謀，示我以利，縈我以旗，紛紛若亂，不知所之，奈何？」武曰：「千人操旍，分塞要道；輕兵進挑，陳而勿搏，交而勿去，此敗謀之法。」

已上皆《孫子》遺文，見《通典》。

又曰：「軍入敵境，敵人固壘不戰，士卒思歸，欲退且難，謂之輕地。當選驍騎伏要路，我退敵追，來則擊之也。」

吴王問孫武曰：「吾師出境，軍於敵人之地，敵人大至，圍我數重，欲突以出，四塞不通，欲勵士激衆，使之投命潰圍，則如之何？」武曰：「深溝高壘，示爲守備；安静勿動，以隱吾能；告令三軍，示不得已；殺牛燔車，以饗吾士；燒盡糧食，填夷井竈；割髮捐冠，絶去生慮。將無餘謀，士有死志。於是砥甲礪刃，并氣一力，或攻兩旁，震鼓疾譟，敵人亦懼，莫知所當。鋭卒分兵，疾攻其後，此是失道而求生。故曰：困而不謀者窮，窮而不戰者亡。」吴王曰：「若我圍敵，則如之何？」武曰：「山峻谷險，難以踰越，謂之窮寇，擊之之法：伏卒隱廬，開其去道，示其走路；求生逃出，必無鬥志，因而擊之，雖衆必破。」《兵法》又曰：「若敵人在死地，士卒勇氣，欲擊之法：順而勿抗，陰守其利，絶其糧道，恐有奇兵，隱而不覩，使吾弓弩，俱守其所。」按：何氏引此文，亦云「兵法曰」，則知問答之詞亦在八十二篇之内也。

已上見何氏《注》。

按：此皆釋《九地篇》義，辭意甚詳，故其篇帙不能不多也。

吴王問孫武曰：「敵勇不懼，驕而無慮，兵衆而强，圖之奈何？」武曰：「詘而待之，以順其意，無令省覺，以益其懈怠；因敵遷移，潛伏候待；前行不瞻，後往不顧，中而擊之，雖衆可取。攻驕之道，不可争鋒。」

見《通典》。

吴王問孫武曰：「敵人保據山險，擅利而處之，糧食又足，挑之則不出，乘間則侵掠，爲之奈何？」武曰：「分兵守要，謹備勿懈；潛探其情，密候其怠；以利誘之，禁其樵牧。按：「牧」字誤，當作「採」。久無所得，自然變改；待離其固，奪其所愛。敵據險隘，我能破之也。」

見《通典》及《太平御覽》。

按：以上問答，皆非十三篇文。《吴越春秋》所云「問以兵法，不知口之稱善」者是也。

孫子曰：「將者：智也，仁也，敬也，信也，勇也，嚴也。」是故智以折敵，仁以附衆，敬以招賢，信以必賞，勇以益氣，嚴以一令。故折敵，則能合變；衆附，則思力戰；賢智集，則陰謀利；賞罰必，則士盡力；氣勇益，則兵威令自倍；威令一，則惟將所使。

按：此所釋《計篇》「五事」，亦答闔閭之問也，見《潛夫論》。

孫子曰：「凡地多陷曲，曰天井。」

按：此釋《行軍篇》義，見《太平御覽》。

孫子曰：「故曰：深草蓊穢者，所以逃遁也；深谷險阻者，所以止禦車騎也；隘塞山林者，所以少擊衆也；沛澤杳冥者，所以匿其形也。」

見《通典》。

孫子曰：「强弱，長短雜用。」

又曰：「遠則用弩，近則用兵。兵、弩相解也。」

又曰：「以步兵十人，擊騎一匹。」

亦見《通典》。

孫子曰：「人效死，而士能用之，雖優游暇譽，令猶行也。」

又曰：「長陳爲甄。」

又曰：「其鎮如岳，其停如淵。」

見《文選注》。

按：已上七條，今十三篇内亦無之。

孫子「八陣」，有「苹車之乘」。

見鄭君《周禮注》。

按：《隋經籍志》有《孫子八陣圖》一卷，此其遺文也。

《孫子占》曰：「三軍將行，其旌旗從容以向前，是爲天送，必亟擊之，得其大將。三軍將行，其旌旗墊音店然若雨，是爲天霑，其帥失。三軍將行，旍旗亂於上，東西南北無所主方，其軍不還。三軍將陣，雨師，是爲浴師，勿用陣戰。三軍將戰，有雲其上而赤，勿用陣；先陣戰者，莫復其迹。三軍方行，大風飄起於軍前，右周絶軍，其將亡；右周中，其師得糧。」

見《太平御覽》。

按：《隋志》又有《孫子雜占》四卷，此其遺文也。

又按：《北堂書鈔》引《孫子兵法》云：「貴之而無驕，委之而不專，扶之而無隱，危之而不懼。故良將之動也，猶璧玉之不可污也。」《太平御覽》以爲出諸葛亮《兵要》。又引《孫子兵法祕要》云：「良將思計如飢，所以戰必勝，攻必克也。」按：《兵法祕要》，孫子無其書。魏武有《兵法接要》一卷，或亦名爲《孫子兵法接要》，猶魏武所作《兵法》，亦名爲《續孫子兵法》也。《北堂書鈔》又引《孫子兵法論》云：「非文無以平治，非武無以治亂。善用兵者，有三畧焉：上畧伐智，中畧伐義，下畧伐勢。」按：此亦不似孫武語，蓋後世言兵多祖孫武，故作《兵法論》，即名爲《孫子兵法論》也。附識於此，以備考。

陳振孫《書録解題》曰：「孫武事吴闔閭，而事不見於《春秋傳》，未知其果何代人也。」

又曰：「《孫》、《吴》或是古書。」

按：孫子生於敬王之代，故周、秦、兩漢諸書，皆多襲用其文。陳氏於此，猶有不盡信之言，疏謬甚矣。

《戰國策》孫臏曰：「兵法：百里而趨利者，蹶上將；五十里走者，軍半至。」語本《孫子·軍争篇》。

又曰：「馬陵道狹，而旁多阻險，可伏兵。」語意本《行軍篇》。

又曰：「攻其懈怠，出其不意。」語出《計篇》。

吴起曰：「投之無所往，天下莫當。」語本《九地篇》。

又曰：「凡過山川邱陵，亟行勿留。」語本《行軍篇》。

又曰：「治寡如治衆。」語出《勢篇》。

又曰：「以半擊倍，百戰不殆。」語意本《謀攻篇》。

又曰：「必死則生，幸生則死。」語意本《九變篇》。

又曰：「以近待遠，以佚待勞，以飽待飢。」語出《軍争篇》。

又曰：「夫鼙鼓金鐸，所以威目；旌旗麾幟，所以威耳。」語意本《軍争篇》。

又曰：「晝以旌旗旛幟爲節，夜以金鼓笳笛爲節。」語意本《軍争篇》。

又曰：「遇諸邱陵、林谷、深山、大澤，疾行亟去，勿得從容。」語意本《行軍篇》。

又曰：「敵若絶水，半渡而擊之。」語出《行軍篇》。

又，趙奢救閼與，軍士許歷曰：「先據北山者勝，後至者敗。」語意本《地形篇》。

《尉繚子》曰：「守法：一而當十。」語意本《謀攻篇》。

又曰：「治兵者，若祕於地，若邃於天。」語意本《形篇》。

《鶡冠子》曰：「發如鏃矢，聲如雷霆。」語意本《軍争篇》。

又曰：「執急，節短。」語出《勢篇》。

又曰：「百戰而勝，非善之善者也；不戰而勝，善之善者也。」語本《謀攻篇》。

《史記》陳餘曰：「吾聞《兵法》：十則圍之，倍則戰之。」語出《謀攻篇》。

又，黥布擊楚，或説楚將曰：「《兵法》：『自戰其地，爲散地。』」語出《九地篇》。

又，高帝遣劉敬視匈奴，劉敬曰：「此必『能而示之不能』。」語出《計篇》。

又，韓信曰：「《兵法》不曰：陷之死地而後生，置之亡地而後存乎？」語出《九地篇》。

《吕氏春秋》曰：「若鷙鳥之擊也，搏攫則殪。」語出《勢篇》。

又曰：「夫兵，貴不可勝；不可勝在己，可勝在彼。聖人必在己者，不必在彼者。」語本《形篇》。

《淮南子》曰：「高者爲生，下者爲死。」語本《計篇》及《行軍篇》。

又曰：「同舟而濟於江，卒遇風波，捷捽抬杼船，若左右手。」語本《九地篇》。

又曰：「主孰賢，將孰能。」語本《計篇》。

又曰：「卒如雷霆，疾如風雨；若從地出，若從天下。」語本《軍争》及《形篇》。

又曰：「不襲堂堂之寇，不擊填填之旗。」語出《軍争篇》。

又曰：「勇者不得獨進，怯者不得獨退。」語出《軍争篇》。

又曰：「如決積水於千仞之隄，若轉員石於萬丈之谿。」語本《勢篇》。

又曰：「是故令之以文，齊之以武，是謂必取。」語出《行軍篇》。

又曰：「疾如彍弩，勢如發矢。」語本《勢篇》。

又曰：「晝則多旌，夜則多火。」語本《軍争篇》。

又曰：「避實就虚，若驅羣羊。」語出《勢篇》及《九地篇》。

又曰：「故曰：無恃其不吾奪也，恃吾不可奪。」語本《九變篇》。

又曰：「飢者能食之，勞者能息之，有功者能得之。」語意本《虚實篇》。

《太元經》曰：「卵破石碫。」語本《勢篇》。

《潛夫論》曰：「將者，民之司命，而國安危之主也。」語出《作戰篇》。

又曰：「其敗者，非天之所災，將之過也。」語出《地形篇》。

按：孫子惟爲古書，故先秦、兩漢多述其文。東漢以後，諸傳記所徵引者，更不可以悉舉。乃陳氏忽疑其書，並疑其人何也？

孫子曰：「不知三軍之事，而同三軍之政，則軍士惑矣；不知三軍之權，而同三

軍之任，則軍士疑矣。」

按：《孫子》古書，多存古義，今畧舉數事，以袪陳氏之惑。

按：「同」有冒義，故字從「同」也。《釋言》云：「弇，蓋也；弇，同也。」是「同」有覆冒之義也。「同三軍之政」、「同三軍之任」者，猶言奄有其政、奄有其任也。此古訓，不作「同」、「異」解，向來注者殊夢夢。

又按：《尚書》「太保奉同瑁」，馬氏以「同瑁」爲一物，天子所執玉瑞名也。

孫子曰：「芑秆一石，當吾二十石。」

按：「芑」，《説文》作「萁」，豆稭也。「其」、「忌」聲同，故又作「芑」也。《詩》云「夜如何其」，「其」，語助；以聲同，又借「忌」爲之。《詩》又云「抑釋掤忌，抑鬯弓忌」是也。此「萁」作「芑」者，春秋已後或體字也，諸字書皆缺載。

孫子曰：「朝氣鋭，晝氣惰，暮氣歸。」

按：《廣雅》：「歸，息也。」《列子》云：「鬼，歸也。」又云：「古者，謂死人爲歸人。」是「歸」乃滅息之義也。《左氏》「一鼓作氣，再而衰，三而竭」，「竭」，盡，正與滅息義相發明。今杜佑等以「欲歸」釋之，言若士卒暮而欲歸，不明古義，疏矣。

孫子曰：「爲兵之事，在於順詳敵之意。」

按：曹《注》曰：「佯，愚也。」是以「詳」爲「佯」，古通用字也。

孫子曰：「不得已則鬥。」

按：書内「鬥」字皆如此。《説文》云「鬥，兩士相對，兵杖在後，象鬥形」也。今諸書皆假「鬭」爲之，「鬥」字弗著於篇矣。

孫子曰：「勵於廟堂之上，以誅其事。」

按：《説文》：「誅，討也。」「討，治也。」故「誅」亦得爲「治」也。又「誅」、「治」聲近，故可假借爲之，猶「且」得爲「此」，「期」得爲「近」，「析」得爲「斯」之類是也，他字書皆不載。

孫子曰：「絶水必遠水。」

按：「絶」者，越也，言過水而處軍，則必遠於水也。故上文云「絶山依谷」，言過山而處軍，必依於谷也。又云「絶斥澤，唯亟去勿留」，言過斥澤，則不可處軍，必亟去之，勿留也。《爾雅》曰「正絶流曰亂」，「正絶流」，猶言直渡水也，其名爲「亂」者，亦「厲」之意，即《爾雅》「以衣涉水爲厲」是也。《詩》云「涉渭爲亂」，鄭君云「絶流而南」，是鄭固以「絶」爲越也。至孔穎達，則云「水以流爲順，橫渡則絶其流」，是爲隔絶之義。唐人不達古訓，無足怪也。又，《吕氏春秋》曰：「章子令人視水可絶者，有芻水旁者曰：水淺深易知，荆人所盛守者，皆其淺者也；所簡守，皆其深者也。」是「絶」訓爲「越」之證也。

又按：此古訓，諸字書皆缺載。

孫子曰：「將者，君之輔也。輔周則國必强，輔隙則國必弱。」

按：「周」者，無缺也；「隙」者，有缺也。「周」、「隙」相對言之，古語之常，故云「圍師必闕」。「圍」者，周也；「闕」者，隙也。此言將之智勇，能周則强，不能周則弱也。今賈氏以「才周其國」釋「周」字，以「内懷其貳」釋「隙」字，不明對文之義，疏矣。

孫子曰：「犯三軍之衆，若使一人。」

按：曹《注》謂「犯」爲「用」，非。當云：「犯，動也。」故下文云：「犯之以事，勿告以言；犯之以利，勿告以害。」若以「用」釋之，下文不可通矣。又，「犯」字本無「用」意。蓋凡文字，皆有本訓，有轉訓。「犯」爲侵，故又得爲動。魏武不明於聲音、訓詁之源流，以「用」釋「犯」，既不經見，妄爲之説，謬已。

孫子曰：「是故方馬埋輪，不足恃也。」

按：「方」者，繫縛之也。曹《注》：「方，縛也。」是已。《説文》：「方，象兩舟，總其頭。」謂聚束兩船之頭也。《爾雅》：「諸侯維舟，大夫方舟。」維繫四舟曰「維舟」，繫併兩舟曰「方舟」。故「方」又有併義。《吕氏春秋》曰：「竊木方版，以爲舟楫。」言併其版，亦拘縛之意也。又爲「法」，爲「所」。《論語》「遊必有方」，是「方」爲「所」，亦繫定之意也。《論語》又曰：「子貢方人」，鄭《注》謂「言人過惡」，言以禮法拘縛人也。陸德明《釋文》云：「鄭本『方』作『謗』。」按：此似唐以後人不明注意，以爲言人過惡，無當於「方人」之義，率臆改之，非鄭原本也。

又按：此古訓，諸字書皆缺載。

又按：書内古義，多不經見，而精當不可移易，真古書也。後之爲字書者，以其兵家言，不悉置意，故多漏畧。陳氏不察，而妄議之，謬之謬矣。

又按：今所傳《孫子算經》三卷，無名字。《宋史·藝文志》云：「不知名。」考《孫子兵法·形篇》云：「兵法：一曰度，二曰量，三曰數，四曰稱，五曰勝。地生度，度生量，量生數，數生稱，稱生勝。」而《算經》則云：「度之所起，起於忽；稱之所起，起於黍；量之所起，起於粟。凡大數之法：萬萬曰億。」篇首即以「度」、「量」、「數」、「稱」四事分爲四節，與他算書不同，則斷知其爲孫武之書無

疑也。

又，《中興書目》云：「或云《五曹算經》出於孫武。」

按：此所説是也。「五曹」者：一爲「田曹」，地利爲先也；既有田疇，必資人力，故次「兵曹」；人衆，必用食飲，次「集曹」；衆既會集，必務儲蓄，次「倉曹」；倉廪、貨幣相交質，次「金曹」。而其意則以兵爲要。田疇、食幣，皆爲兵用也。

又按：夏侯陽《算經》曰：「田曹云：度之所起，起於忽。倉曹云：量之所起，起於粟。」以《孫子算經》之文，而謂之「五曹」，則固知其爲一人之書也。《書目》之言，信足徵已。

《孫子》篇卷異同：

《漢藝文志·兵權謀家》：吴《孫子兵法》八十二篇，圖九卷。

按：八十二篇者，其一爲十三篇，未見闔閭時所作，今所傳《孫子兵法》是也。其一爲《問答》若干篇，既見闔閭所作，即諸傳記所引遺文是也。一爲《八陣圖》，鄭注《周禮》引之是也。一爲《兵法雜占》，《太平御覽》所引是也。外又有《牝八變陣圖》、《戰鬭六甲兵法》，俱見《隋經籍志》。又有《三十二壘經》，見《唐藝文志》。按：《漢志》惟云八十二篇，而《隋唐志》于十三篇之外，又有數種，可知其具在八十二篇之内也。

《七録》：《孫子兵法》三卷。《史記正義》曰：案十三篇爲上卷，又有中下二卷。

案：此《孫子》本書，無注文，其云「又有中下二卷」，則唐時故書猶存，不僅今所傳之十三篇也。

又按：所云「三卷」者，蓋十三篇爲上卷，問答之辭爲中、下卷也。其《八陣圖》、《雜占》諸書，則別本行之。故《隋唐志》諸書亦皆別出。

又按：《宋藝文志》有孫武《孫子》三卷，朱服校定。《孫子》三卷即此也。

《隋書·經籍志》兵部：《孫子兵法》二卷，吴將孫武撰，魏武注，梁三卷；諸書皆云三卷，惟晁氏《讀書志》以爲一卷，《文獻通考》因之。《孫子兵法》一卷，魏武、王凌集解；諸書無著録，惟《通志畧》有之。《孫武兵經》二卷，張子尚注；《通志畧》云三卷，諸書無録。《鈔孫子兵法》一卷，魏太尉賈詡鈔；諸書無録，《通志畧》有之。梁有《孫子兵法》二卷，孟子解詁；亦見《唐志》及《通志畧》。《孫子兵法》二卷，吴處士沈友撰；見《唐志》及《通志畧》。《唐志》云三卷，《通志畧》云二卷。又《孫子八陣圖》一卷，亡；亦見《通志畧》。吴《孫子牝八變陣圖》二卷；見《通志畧》。《孫子兵法雜占》四卷；見《通志畧》。梁有《孫子戰鬭六甲兵法》一卷。諸書皆不著録。

《新唐書藝文志》兵書類：魏武《注孫子》三卷；孟氏解《孫子》二卷；沈友注孫子三卷，《孫子三十二壘經》一卷；《通志畧》作「三十三壘經」，蓋字誤。李筌注《孫子》二卷；晁氏《讀書志》作三卷，《文獻通考》因之，《通志畧》及《宋史》皆云一卷。杜牧注《孫子》三卷；《通志畧》云一卷。案：杜牧注最爲詳贍，故諸書皆録爲三卷，作一卷者誤。陳皞注《孫子》一卷；晁氏《志》云三卷，《通考》因之。賈林注《孫子》一卷。晁氏《志》無録，《文獻通考》同。

按：《唐志》又有《兵書捷要》七卷，孫武撰。此字誤，當云「魏武」也，見《隋志》及《通志畧》。

《郡齋讀書志》兵家類：魏武《注孫子》一卷；李筌《注》三卷；杜牧《注》三卷；陳皞《注》三卷；紀燮《注》三卷；梅聖俞《注》三卷；《宋志》無録，《通志畧》云一卷。王皙《注》三卷；《宋志》無録。何氏《注》三卷。《宋志》無録，《通志畧》云一卷。又，晁氏云：「未詳其名，近代人也。」按：何氏名延錫，見《通志畧》。

《直齋書録解題》兵書類：《孫子》三卷，《漢志》八十一篇，魏武削其繁冗，定爲十三篇。杜牧之注《孫子》三卷。

按：《書録解題》惟載曹、杜二家注，他書皆未及見也。

《通志·兵畧》：《孫子兵法》三卷，吴將孫武撰，魏武注；又一卷，魏武、王凌集解；又二卷，蕭吉注；《隋》《唐志》無録。又二卷，孟氏解詁；又二卷，吴沈友撰；又一卷，唐李筌撰；又一卷，唐杜牧撰；又一卷，唐陳皞注；又一卷，唐賈林注；又一卷，何延錫注；又一卷，張預注；《宋志》無録。又三卷，王皙注；又一卷，梅堯臣撰。《孫武兵經》三卷，張子尚注；《鈔孫子兵法》一卷，魏太尉賈詡鈔；《續孫子兵法》二卷，魏武撰；《孫子遺説》一卷，鄭友賢撰。右兵書。《孫子八陣圖》一卷；吴《孫子牝八變陣圖》二卷。右營陣。吴《孫子三十三壘經》一卷；《孫子兵法雜占》四卷。右兵陰陽。

《文獻通考》：魏武《注孫子》一卷；李筌《注》三卷；杜牧《注》三卷；陳皞《注》三卷；紀燮《注》三卷；梅聖俞《注》三卷；王皙《注》三卷；何氏《注》三卷。

按：《通考》所録，悉本晁公武《讀書志》。

《宋史·藝文志》兵書類：孫武《孫子》三卷；朱服校定《孫子》三卷；魏武《注孫子》三卷；蕭吉注《孫子》一卷，或題曹、蕭注；賈林注《孫子》一卷；陳皞注《孫

子》一卷；宋奇《孫子解》並《武經簡要》二卷；諸書皆不著録。李筌注《孫子》一卷；《五家注孫子》三卷，魏武、杜牧、陳皞、賈林、孟氏；杜牧《孫子注》三卷；曹、杜注孫子三卷；吉天保《十家孫子會注》十五卷。按：今本十三篇爲十三卷。又按：梅堯臣、王晳、何延錫、張預四家注，《志》内皆不著録。

杜牧曰：「孫武書數十萬言，魏武削其繁剩，筆其精粹，成此書。」

按：《孫子》十三篇者，出於手定，《史記》兩稱之，而杜牧以爲魏武筆削所成，誤已。

晁公武曰：「唐李筌以魏武所解多誤，約歷代史，依遁甲注成三卷。」

又曰：「唐杜牧以武書大畧用仁義，使機權；曹公所注解，十不釋一，蓋惜其所得，自爲《新書》爾。因備注之。世謂牧慨然最喜論兵，欲試而不得者。其學能道春秋、戰國時事，甚博而詳，知兵者有取焉。」

又曰：「唐陳皞以曹公《注》隱微，杜牧《注》闊疎，重爲之注。」

又曰：「唐紀燮集唐孟氏、賈林、杜佑三家所解。」

歐陽修曰：「世所傳《孫子》十三篇，多用曹公、杜牧、陳皞注，號三家。」

又曰：「三家之注，皞最後，其説時時攻牧之短。」

晁公武曰：「王晳以古本校正闕誤，又爲之注。仁廟天下承平，人不習兵；元昊既叛，邊將數敗，朝廷頗訪知兵者，士大夫人人言兵矣。故本朝注解孫武書者，大抵皆當時人也。」

按：今《孫子集注》本，由華陰《道藏》録出，即宋吉天保所合《十家注》也。十家者：一魏武，二李筌，三杜牧，四陳皞，五賈林，六孟氏，七梅堯臣，八王晳，九何延錫，十張預也。《十家》本内，又有杜佑君卿注。案：杜佑乃作《通典》，引《孫子》語而訓釋之，非注也。《通典》引《孫子》曰「利而誘之，親而離之」，注云：「以利誘之，使五間并入，辯士馳説，親彼君臣，分離其形勢，若秦遣反間誑趙，使廢廉頗而任趙奢之子是也。」考「利而誘之」「親而離之」二語，孫子本文不相屬，《通典》摘引之，又爲之注，求其意義，幾成一事，與《孫子》句各爲義者異已。

又按：杜佑注例，每先引曹《注》，下附己意，故前之所説，後或不同也。

又，杜佑注自引用曹注之外，亦或間引孟氏。

又按：《十家注》自魏武之後，孟氏爲先，見《隋書・經籍志》，原本次於陳皞、賈林之後，誤也，今改正。晁公武以爲唐人，亦誤也。

又按：杜佑雖非爲《孫子》作注，然既引用其文，不當次於賈林之後，梅氏之前，今改正，次孟氏。

又按：杜牧者，佑之孫也，原本列牧於佑前，大謬。

又：《孫子》《道藏》原本題曰「《集注》」，大興朱氏本題曰「《注解》」，今改爲「《孫子十家注》」，從《宋志》也。

又，《道藏》本有鄭友賢《孫子遺説》一卷，見《通志・藝文畧》，今仍原本，附刻於後。

《孫子》篇目：

《計篇》第一；
《作戰篇》第二；
《謀攻篇》第三；
《形篇》第四；
《勢篇》第五；
《虚實篇》第六；
《軍争篇》第七；
《九變篇》第八；
《行軍篇》第九；
《地形篇》第十；
《九地篇》第十一；
《火攻篇》第十二；
《用間篇》第十三。

備論

梁玉繩《人表考》卷五《中中・吴孫武》 孫武始見《史・律書》及本傳。字長卿。《唐表》七十三下。亦曰孫子。《史傳》。葬吴巫門外，去縣十里。《越絶》二。宋宣和五年封滬瀆侯。《宋史・禮志》。案武本齊田完之後，因奔吴爲吴人，説在中上孫臏下。

《漢書》卷二三《刑法志》 春秋之後，滅弱吞小，並爲戰國，稍增講武之禮，

以爲戲樂，用相夸視。而秦更名角抵，先王之禮没於淫樂中矣。雄桀之士因勢輔時，作爲權詐以相傾覆，吴有孫武，齊有孫臏，魏有吴起，秦有商鞅，皆禽敵立勝，垂著篇籍。當此之時，合從連衡，轉相攻伐，代爲雌雄。

《蘇軾文集》卷三《孫武論》 古之善言兵者，無出於孫子矣。利害之相權，奇正之相生，職守攻圍之法，蓋以百數，雖欲加之而不知所以加之矣。然其所短者，智有餘而未知其所以用智，此豈非其所大闕歟？

夫兵無常形，而逆爲之形，勝無常處，而多爲之地。是以其説屢變而不同，縱横委曲，期於避害而就利，雜然舉之，而聽用者之自擇也。是故不難於用，而難於擇。擇之爲難者，何也？鋭於西而忘於東，見其利而不見其所窮，得其一説，而不知其又有一説也，此豈非用智之難歟？

夫智本非所以教人，以智而教人者，是君子之急於有功也。變詐汩其外，而無守於其中，則是五尺童子皆欲爲之，使人勇而不自知，貪而不顧，以陷於難，則有之矣。深山大澤，有天地之寶，無意於寶者得之。操舟於河，舟之逆順，與水之曲折，忘於水者見之。是故惟天下之至廉爲能貪，惟天下之至静爲能勇，惟天下之至信爲能詐。何者？不役於利也。夫不役於利，則其見之也明。見之也明，則其發之也果。

古之善用兵者，見其害而後見其利，見其敗而後見其成。其心閑而無事，是以若此明也。不然，兵未交而先志於得，則將臨事而惑，雖有大利，尚安得而見之！若夫聖人則不然。居天下於貪，而自居於廉，故天下之貪者，皆可得而用。居天下於勇，而自居於静，故天下之勇者，皆可得而役。居天下於詐，而自居於信，故天下之詐者，皆可得而使。天下之人欲有功於此，而即以此自居，則功不可得而成。是故君子居晦以御明，則明者畢見，居陰以御陽，則陽者畢赴。夫然後孫子之智，可得而用也。

《易》曰：「介於石，不終日。貞吉。」君子方其未發也，介然如石之堅，若將終身焉者；及其發也，不終日而作。故曰：不役於利，則其見之也明。見之也明，則其發之也果。今夫世俗之論則不然，曰：兵者，詭道也。非貪無以取，非勇無以得，非詐無以成。廉静而信者，無用於兵者也。嗟夫，世俗之説行，則天下紛紛乎如鳥獸之相搏，嬰兒之相擊，强者傷，弱者廢，而天下之亂何從而已乎！

夫武，戰國之將也，知爲吴慮而已矣。是故以將用之則可，以君用之則不可。今其書十三篇，小至部曲營壘芻糧器械之間，而大不過於攻城拔國用間之際，蓋亦盡於此矣。天子之兵，天下之勢，武未及也。

其書曰：「將能而君不御者勝。」爲君而言者，有此而已。竊以爲天子之兵，莫大於御將。天下之勢，莫大於使天下樂戰而不好戰。夫天下之患，不在於寇賊，亦不在於敵國，患在於將帥之不力，而以寇賊敵國之勢内邀其君。是故將帥多，而敵國愈强，兵加，而寇賊愈堅。敵國愈强，而寇賊愈堅，則將帥之權愈重。將帥之權愈重，則爵賞不得不加。夫如此，則是盗賊爲君之患，而將帥利之；敵國爲君之讎，而將帥幸之。舉百倍之勢，而立毫芒之功，以藉其口，而邀利於其上，如此而天下不亡者，特有所待耳。

昔唐之亂，始於明皇，自肅宗復兩京，而不能乘勝并力盡取河北之盗。德宗收潞博，幾定魏地，而不能斬田悦於孤窮之中。至於憲宗，天下略平矣，而其餘孽之存者，終不能盡去。夫唐之所以屢興而終莫之振者，何者？將帥之臣，養寇以自封也。故曰：天子之兵，莫大於御將。御將之術，開之以其所利，而授之以其所忌。如良醫之用藥，鳥喙蝮蝎，皆得自効於前，而不敢肆其毒。何者？授之以其所畏也。憲宗將討劉闢，以爲非高崇文則莫可用，而劉澭者崇文之所忌也，故告之曰：「闢之不克，將澭實汝代。」是以崇文決戰，不旋踵擒劉闢，此天子御將之法也。

夫使天下樂戰而不好戰者，何也？天下不樂戰，則不可與從事於危；好戰，則不可與從事於安。昔秦人之法，使吏士自爲戰，戰勝而利歸於民，所得於敵者，即以有之，使民之所以養生送死者，非殺敵無由取也。故其民以好戰并天下，而亦以亡。夫始皇雖已墮名城，殺豪傑，銷鋒鏑，而民之好戰之心，囂然其未已也，是故不可與休息而至於亡。若夫王者之兵，要在於使之知愛其上而讎其敵，使之知其上之所以驅之於戰者，凡皆以爲我也，是以樂其戰而甘其死。至於其戰也，務勝敵而不務得財。其賞也，發公室而行之於廟，使其利不在於殺人。是故其民不志於好戰。夫然後可以作之於安居之中，而休之於争奪之際，可與安，可與危，而不可與亂。此天下之勢也。

蘇洵《嘉祐集》卷三《孫武》 求之而不窮者，天下奇才也。天下之士與之言兵，而曰我不能者幾人？求之於言而不窮者幾人？言不窮矣，求之於用而不窮者幾人？嗚呼！至於用而不窮者，吾未之見也。

《孫武十三篇》，兵家舉以爲師。然以吾評之，其言兵之雄乎！今其書，論奇權密機，出入神鬼，自古以兵著書者罕所及。以是而揣其爲人，必謂有應敵無窮

之才。不知武用兵乃不能必克，與書所言遠甚。吳王闔廬之入郢也，武爲將軍，及秦、楚交敗其兵，越王入踐其國，外禍内患，一旦迭發，吳王奔走，自救不暇，武殊無一謀以弭斯亂。

若按武之書以責武之失，凡有三焉。《九地》曰：「威加於敵，則交不得合。」而武使秦得聽包胥之言，出兵救楚，無忌吳之心。斯不威之甚，其失一也。《作戰》曰：「久暴師則鈍兵挫鋭，屈力殫貨，則諸侯乘其弊而起。」且武以九年冬伐楚，至十年秋始還，可謂久暴矣，越人能無乘間入國乎？其失二也。又曰：「殺敵者，怒也。」今武縱子胥、伯嚭鞭平王屍，復一夫之私忿以激怒敵，此司馬戌、子西、子期所以必死讐吳也。勾踐不頽舊塚而吳服，田單譎燕掘墓而齊奮，知謀與武遠矣。武不達此，其失三也。然始吳能以入郢，乃因胥、嚭、唐、蔡之怒，及乘楚瓦之不仁，武之功蓋亦鮮耳。夫以武自爲書，尚不能自用以取敗北，況區區祖其故智餘論者而能將乎！

且吳起與武，一體之人也，皆著書言兵，世稱之曰「孫吳」。然而吳起之言兵也，輕法制，草略無所統紀，不若武之書詞約而意盡，天下之兵説皆歸其中。然吳起始用於魯，破齊；及入魏，又能制秦兵；入楚，楚復霸。而武之所爲反如是，書之不足信也，固矣。

今夫外御一隸，内治一妾，是賤丈夫亦能，夫豈必有人而教之？及夫御三軍之衆，闔營而自固，或且有亂，然則是三軍之衆惑之也。故善將者，視三軍之衆與視一隸一妾無加焉，故其心常若有餘。夫以一人之心，當三軍之衆，而其中恢恢然猶有餘地，此韓信之所以「多多而益善」也。故夫用兵，豈有異術哉？能物視其衆而已矣。

藝文

《全唐詩》卷八李璟《遊後湖賞蓮花》 蓼花蘸水火不滅，水鳥驚魚銀梭投。滿目荷花千萬頃，紅碧相雜敷清流。孫武已斬吳宫女，琉璃池上佳人頭。

《全唐詩》卷六五二方干《狂寇後上劉尚書》 孫武傾心與萬夫，削平妖孽在斯須。纔施偃月行軍令，便見台星逼座隅。獨柱擎天寰海正，雄名蓋世古今無。聖君爭不酬功業，仗下高懸破賊圖。

《羅隱集·甲乙集·題杜甫集》 楚水悠悠浸楚亭，楚南天地兩無情。忍教孫武重泉下，不見時人説用兵。

《全唐詩》卷六六六羅虬《比紅兒詩》 總似紅兒媚態新，莫論千度笑爭春。任伊孫武心如鐵，不辦軍前殺此人。

《全唐詩》卷七二八周曇《孫武》 理國無難似理兵，兵家法令貴遵行。行刑不避君王寵，一笑隨刀八陣成。

勾踐部

綜述

《史記》卷四一《越王句踐世家》 越王句踐，其先禹之苗裔，而夏后帝少康之庶子也。封於會稽，以奉守禹之祀。文身斷髮，披草萊而邑焉。後二十餘世，至於允常。允常之時，與吳王闔廬戰而相怨伐。允常卒，子句踐立，是爲越王。

元年，吳王闔廬聞允常死，乃興師伐越。越王句踐使死士挑戰，三行，至吳陳，呼而自剄。吳師觀之，越因襲擊吳師，吳師敗於檇李，射傷吳王闔廬。闔廬且死，告其子夫差曰：「必毋忘越。」

三年，句踐聞吳王夫差日夜勒兵，且以報越，越欲先吳未發往伐之。范蠡諫曰：「不可。臣聞兵者凶器也，戰者逆德也，争者事之末也。陰謀逆德，好用凶器，試身於所末，上帝禁之，行者不利。」越王曰：「吾已決之矣。」遂興師。吳王聞之，悉發精兵擊越，敗之夫椒。越王乃以餘兵五千人保棲於會稽。吳王追而圍之。

越王謂范蠡曰：「以不聽子故至於此，爲之柰何？」蠡對曰：「持滿者與天，定傾者與人，節事者以地。卑辭厚禮以遺之，不許，而身與之市。」句踐曰：「諾。」乃令大夫種行成於吳，膝行頓首曰：「君王亡臣句踐使陪臣種敢告下執事：句踐請爲臣，妻爲妾。」吳王將許之。子胥言於吳王曰：「天以越賜吳，勿許也。」種還，以報句踐。句踐欲殺妻子，燔寶器，觸戰以死。種止句踐曰：「夫吳太宰嚭貪，可誘以利，請閒行言之。」於是句踐乃以美女寶器令種閒獻吳太宰嚭。嚭受，乃見大夫種於吳王。種頓首言曰：「願大王赦句踐之罪，盡入其寶器。不幸不赦，句踐將盡殺其妻子，燔其寶器，悉五千人觸戰，必有當也。」嚭因說吳王曰：「越以服爲臣，若將赦之，此國之利也。」吳王將許之。子胥進諫曰：「今不滅越，後必悔之。句踐賢君，種、蠡良臣，若反國，將爲亂。」吳王弗聽，卒赦越，罷兵而歸。

句踐之困會稽也，喟然嘆曰：「吾終於此乎？」種曰：「湯繫夏臺，文王囚羑里，晉重耳犇翟，齊小白犇莒，其卒王霸。由是觀之，何遽不爲福乎？」

吳既赦越，越王句踐反國，乃苦身焦思，置膽於坐，坐臥即仰膽，飲食亦嘗膽也。曰：「女忘會稽之恥邪？」身自耕作，夫人自織，食不加肉，衣不重采，折節下賢人，厚遇賓客，振貧弔死，與百姓同其勞。欲使范蠡治國政，蠡對曰：「兵甲之事，種不如蠡；填撫國家，親附百姓，蠡不如種。」於是舉國政屬大夫種，而使范蠡與大夫柘稽行成，爲質於吳。二歲而吳歸蠡。

句踐自會稽歸七年，拊循其士民，欲用以報吳。大夫逢同諫曰：「國新流亡，今乃復殷給，繕飾備利，吳必懼，懼則難必至。且鷙鳥之擊也，必匿其形。今夫吳兵加齊、晉，怨深於楚、越，名高天下，實害周室，德少而功多，必淫自矜。爲越計，莫若結齊，親楚，附晉，以厚吳。吳之志廣，必輕戰。是我連其權，三國伐之，越承其弊，可克也。」句踐曰：「善。」

居二年，吳王將伐齊。子胥諫曰：「未可。臣聞句踐食不重味，與百姓同苦樂。此人不死，必爲國患。吳有越腹心之疾，齊與吳，疥瘲也。願王釋齊先越。」吳王弗聽，遂伐齊，敗之艾陵，虜齊高、國以歸。讓子胥。子胥曰：「王毋喜！」王怒，子胥欲自殺，王聞而止之。越大夫種曰：「臣觀吳王政驕矣，請試嘗之貸粟，以卜其事。」請貸，吳王欲與，子胥諫勿與，王遂與之，越乃私喜。子胥言曰：「王不聽諫，後三年吳其墟乎！」太宰嚭聞之，乃數與子胥争越議，因讒子胥曰：「伍員貌忠而實忍人，其父兄不顧，安能顧王？王前欲伐齊，員彊諫，已而有功，用是反怨王。王不備伍員，員必爲亂。」與逢同共謀，讒之王。王始不從，乃使子胥於齊，聞其託子於鮑氏，王乃大怒，曰：「伍員果欺寡人！」役反，使人賜子胥屬鏤劍以自殺。子胥大笑曰：「我令而父霸，我又立若，若初欲分吳國半予我，我不受，已，今若反以讒誅我。嗟乎，嗟乎，一人固不能獨立！」報使者曰：「必取吾眼置吳東門，以觀越兵入也！」於是吳任嚭政。

居三年，句踐召范蠡曰：「吳已殺子胥，導諛者衆，可乎？」對曰：「未可。」

至明年春，吳王北會諸侯於黄池，吳國精兵從王，惟獨老弱與太子留守。句踐復問范蠡，蠡曰「可矣」。乃發習流二千人，教士四萬人，君子六千人，諸御千人，伐吳。吳師敗，遂殺吳太子。吳告急於王，王方會諸侯於黄池，懼天下聞之，乃祕之。吳王已盟黄池，乃使人厚禮以請成越。越自度亦未能滅吳，乃與吳平。

其後四年，越復伐吳。吳士民罷弊，輕鋭盡死於齊、晉。而越大破吳，因而留圍之三年，吳師敗，越遂復棲吳王於姑蘇之山。吳王使公孫雄肉袒膝行而前，

請成越王曰：「孤臣夫差敢布腹心，異日嘗得罪於會稽，夫差不敢逆命，得與君王成以歸。今君王舉玉趾而誅孤臣，孤臣惟命是聽，意者亦欲如會稽之赦孤臣之罪乎？」句踐不忍，欲許之。范蠡曰：「會稽之事，天以越賜吴，吴不取。今天以吴賜越，越其可逆天乎？且夫君王蚤朝晏罷，非爲吴邪？謀之二十二年，一旦而棄之，可乎？且夫天與弗取，反受其咎。『伐柯者其則不遠』，君忘會稽之戹乎？」句踐曰：「吾欲聽子言，吾不忍其使者。」范蠡乃鼓進兵，曰：「王已屬政於執事，使者去，不者且得罪。」吴使者泣而去。句踐憐之，乃使人謂吴王曰：「吾置王甬東，君百家。」吴王謝曰：「吾老矣，不能事君王！」遂自殺。乃蔽其面，曰：「吾無面以見子胥也！」越王乃葬吴王而誅太宰嚭。

句踐已平吴，乃以兵北渡淮，與齊、晉諸侯會於徐州，致貢於周。周元王使人賜句踐胙，命爲伯。句踐已去，渡淮南，以淮上地與楚，歸吴所侵宋地於宋，與魯泗東方百里。當是時，越兵横行於江、淮，東諸侯畢賀，號稱霸王。

范蠡遂去，自齊遺大夫種書曰：「蜚鳥盡，良弓藏；狡兔死，走狗烹。越王爲人長頸鳥喙，可與共患難，不可與共樂。子何不去？」種見書，稱病不朝。人或讒種且作亂，越王乃賜種劍曰：「子教寡人伐吴七術，寡人用其三而敗吴，其四在子，子爲我從先王試之。」種遂自殺。

句踐卒，子王鼫與立。王鼫與卒，子王不壽立。王不壽卒，子王翁立。王翁卒，子王翳立。王翳卒，子王之侯立。王之侯卒，子王無彊立。

姚彦渠《春秋會要》卷一《世系》 允常，夫康子。魯昭公五年始見，會瑣。卒於魯定公十三年。句踐，允常子。魯定公十四年立，卒在春秋後。

雜録

備録

《國語·越語上》 越王句踐棲於會稽之上，乃號令於三軍曰：「凡我父兄昆弟及國子姓，有能助寡人謀而退吴者，吾與之共知越國之政。」大夫種進對曰：「臣聞之賈人，夏則資皮，冬則資絺，旱則資舟，水則資車，以待乏也。夫雖無四方之憂，然謀臣與爪牙之士，不可不養而擇也。譬如蓑笠，時雨既至必求之。今君王既棲於會稽之上，然後乃求謀臣，無乃後乎？」句踐曰：「苟得聞子大夫之言，何後之有？」執其手而與之謀。

遂使之行成於吴，曰：「寡君句踐乏無所使，使其下臣種，不敢徹聲聞於天王，私於下執事曰：寡君之師徒不足以辱君矣，願以金玉、子女賂君之辱，請句踐女女於王，大夫女女於大夫，士女女於士。越國之寶器畢從，寡君帥越國之衆，以從君之師徒，唯君左右之。若以越國之罪爲不可赦也，將焚宗廟，係妻孥，沈金玉於江，有帶甲五千人將以致死，乃必有偶。是以帶甲萬人事君也，無乃即傷君王之所愛乎？與其殺是人也，寧其得此國也，其孰利乎？」

夫差將欲聽與之成，子胥諫曰：「不可。夫吴之與越也，仇讎敵戰之國也。三江環之，民無所移，有吴則無越，有越則無吴，將不可改於是矣。員聞之，陸人居陸，水人居水。夫上黨之國，我攻而勝之，吾不能居其地，不能乘其車。夫越國，吾攻而勝之，吾能居其地，吾能乘其舟。此其利也，不可失也已，君必滅之。失此利也，雖悔之，必無及已。」

越人飾美女八人納之太宰嚭，曰：「子苟赦越國之罪，又有美於此者將進之。」太宰嚭諫曰：「嚭聞古之伐國者，服之而已。今已服矣，又何求焉。」夫差與之成而去之。

句踐説於國人曰：「寡人不知其力之不足也，而又與大國執讎，以暴露百姓之骨於中原，此則寡人之罪也。寡人請更。」於是葬死者，問傷者，養生者，弔有憂，賀有喜，送往者，迎來者，去民之所惡，補民之不足。然後卑事夫差，宦士三百人於吴，其身親爲夫差前馬。

句踐之地，南至於句無，北至於禦兒，東至於鄞，西至於姑蔑，廣運百里。乃致其父母昆弟而誓之曰：「寡人聞，古之賢君，四方之民歸之，若水之歸下也。今寡人不能，將帥二三子夫婦以蕃。」令壯者無取老婦，令老者無取壯妻。女子十七不嫁，其父母有罪；丈夫二十不娶，其父母有罪。將免者以告，公令醫守之。生丈夫，二壺酒，一犬；生女子，二壺酒，一豚。生三人，公與之母；生二人，公與之餼。當室者死，三年釋其政；支子死，三月釋其政。必哭泣葬埋之，如其子。令孤子、寡婦、疾疹、貧病者，納宦其子。其達士，絜其居，美其服，飽其食，而摩厲之於義。四方之士來者，必廟禮之。句踐載稻與脂於舟以行，國之孺子之遊者，無不餔也，無不歠也，必問其名。非其身之所種則不食，非其夫人之所

織則不衣，十年不收於國，民俱有三年之食。

國之父兄請曰：「昔者夫差恥吾君於諸侯之國，今越國亦節矣，請報之。」句踐辭曰：「昔者之戰也，非二三子之罪也，寡人之罪也。如寡人者，安與知恥？請姑無庸戰。」父兄又請曰：「越四封之內，親吾君也，猶父母也。子而思報父母之仇，臣而思報君之讎，其有敢不盡力者乎？請復戰。」句踐既許之，乃致其衆而誓之曰：「寡人聞古之賢君，不患其衆之不足也，而患其志行之少恥也。今夫差衣水犀之甲者億有三千，不患其志行之少恥也，而患其衆之不足也。今寡人將助天滅之。吾不欲匹夫之勇也，欲其旅進旅退。進則思賞，退則思刑，如此則有常賞。進不用命，退則無恥，如此則有常刑。」果行，國人皆勸，父勉其子，兄勉其弟，婦勉其夫，曰：「孰是君也，而可無死乎？」是故敗吳於囿，又敗之於没，又郊敗之。

夫差行成，曰：「寡人之師徒，不足以辱君矣。請以金玉、子女賂君之辱。」句踐對曰：「昔天以越予吳，而吳不受命；今天以吳予越，越可以無聽天之命，而聽君之令乎！吾請達王甬句東，吾與君爲二君乎。」夫差對曰：「寡人禮先壹飯矣，君若不忘周室，而爲弊邑宸宇，亦寡人之願也。君若曰：『吾將殘汝社稷，滅汝宗廟。』寡人請死，余何面目以視於天下乎！」越君其次也，遂滅吳。

袁康《越絶書》卷三《吳内傳》 越王句踐反國六年，皆得士民之衆，而欲伐吳。於是乃使之維甲。維甲者，治甲系斷。修内矛赤雞稽繇者也，越人謂「人鎩」也。方舟航買儀塵者，越人往如江也。治須慮者，越人謂船爲「須慮」。亟怒紛紛者，怒貌也，怒至。士擊高文者，躍勇士也。習之於夷，夷，海也。宿之於萊，萊，野也。致之於單，單者，堵也。

袁康《越絶書》卷四《計倪内經》 昔者，越王句踐既得反國，欲陰圖吳，乃召計倪而問焉，曰：「吾欲伐吳，恐弗能取。山林幽冥，不知利害所在。西則迫江，東則薄海，水屬蒼天，下不知所止。交錯相過，波濤濬流，沈而復起，因復相還。浩浩之水，朝夕既有時，動作若驚駭，聲音若雷霆。波濤援而起，船失不能救，未知命之所維。念樓船之苦，涕泣不可止。非不欲爲也，時返不知所在，謀不成而息，恐爲天下咎。以敵攻敵，未知誰負。大邦既已備，小邑既已保，五穀既已收。野無積庾，廩糧則不屬，無所安取？恐津梁之不通，勞軍紆吾糧道。吾聞先生明於時交，察於道理，恐動而無功，故問其道。」計倪對曰：「是固不可。興師者必先蓄積食、錢、布、帛。不先蓄積，士卒數饑。饑則易傷，重遲不可戰。戰則耳目不聰明，耳不能聽，視不能見；什部之不能使，退之不能解，進之不能行。饑饉不可以動，神氣去而萬里。伏弩而乳，郅頭而皇皇。彊弩不彀，發不能當。旁軍見弱，走之如犬逐羊。靡從部分，伏地而死，前頓後僵。與人同時而戰，獨受天之殃，未必天之罪也，亦在其將。王興師以年數，恐一旦而亡，失邦無明，筋骨爲野。」越王曰：「善，請問其方。吾聞先生明於治歲，萬物盡長，欲聞其治術，可以爲教常。子明以告我，寡人弗敢忘。」

計倪對曰：「人之生無幾，必先憂積蓄，以備妖祥。凡人生或老或弱，或彊或怯，不早備生，不能相葬，王其審之。必先省賦斂，勸農桑；饑饉在問，或水或塘，因熟積以備四方。師出無時，未知所當。應變而動，隨物常羊。卒然有師，彼日以弱，我日以彊。得世之和，擅世之陽，王無忽忘。慎無如會稽之饑，不可再更，王其審之。嘗言息貨，王不聽，臣故退而不言。處於吳、楚、越之間，以魚三邦之利，乃知天下之易反也。臣聞君自耕，夫人自織，此竭於庸力，而不斷時與智也。時斷則循，智斷則備。知此二者，形於體萬物之情，短長逆順，可觀而已。臣聞炎帝有天下，以傳黃帝。黃帝於是上事天，下治地。故少昊治西方，蚩尤佐之，使主金；玄冥治北方，白辨佐之，使主水；太皞治東方，袁何佐之，使主木；祝融治南方，僕程佐之，使主火；后土治中央，后稷佐之，使主土。並有五方，以爲綱紀。是以易地而輔，萬物之常。王審用臣之議，大則可以王，小則可以霸，於何有哉？」

越王曰：「請問其要。」計倪對曰：「太陰三歲處金則穰，三歲處水則毁，三歲處木則康，三歲處火則旱。故散有時積，糴有時領，則決萬物不過三歲而發矣。以智論之，以決斷之，以道佐之。斷長續短，一歲再倍，其次一倍，其次而反。水則資車，旱則資舟，物之理也。天下六歲一穰，六歲一康，凡十二歲一饑，是以民相離也。故聖人早知天地之反，爲之預備。故湯之時，比七年旱而民不饑；禹之時，比九年水而民不流。其主能通習源流，以任賢使能，則轉轂乎千里外，貨可來也；不習，則百里之内，不可致也。人主所求，其價十倍；其所擇者，則無價矣。夫人主利源流，非必身爲之也。視民所不足，及其有餘，爲之命以利之。而來諸侯，守法度，任賢使能，償其成事，傳其驗而已。如此，則邦富兵强而不衰矣。群臣無空恭之禮、淫佚之行，務有於道術。不習源流，又不任賢使能，諫者則誅，則邦貧兵弱。刑繁，則群臣多空恭之禮、淫佚之行矣。夫諛者反有德，忠者反有刑，去刑就德，人之情也，邦貧兵弱致亂，雖有聖臣，亦不諫也，務在

諛主而已矣。今夫萬民有明父母，亦如邦有明主。父母利源流，明其法術，以任賢子，徼成其事而已，則家富而不衰矣。不能利源流，又不任賢子；賢子有諫者憎之，如此者，不習於道術也。愈信其意而行其言，後雖有敗，不自過也。夫父子之爲親也，非得不諫。諫而不聽，家貧致亂，雖有聖子亦不治也，務在於諛之而已。父子不和，兄弟不調，雖欲富也，必貧而日衰。」

越王曰：「善。子何年少，於物之長也？」計倪對曰：「人固不同。惠種生聖，癡種生狂；桂實生桂，桐實生桐。先生者未必能知，後生者未必不能明。是故聖主置臣不以少長，有道者進，無道者退。愚者日以退，聖者日以長，人主無私，賞者有功。」

越王曰：「善。論事若是其審也。物有妖祥乎？」計倪對曰：「有。陰陽萬物，各有紀綱。日月、星辰、刑德，變爲吉凶；金木水火土更勝，月朔更建，莫主其常。順之有德，逆之有殃。是故聖人能明其刑而處其鄉，從其德而避其衡。凡舉百事，必順天地四時，參以陰陽。用之不審，舉事有殃。人生不如卧之頃也，欲變天地之常，數發無道，故貧而命不長。是聖人并苞而陰行之，以感愚夫。衆人容容，盡欲富貴，莫知其鄉。」越王曰：「善。請問其方。」計倪對曰：「從寅至未，陽也。太陰在陽，歲德在陰，歲美在是。聖人動而應之，制其收發。常以太陰在陰而發，陰且盡之歲，亟賣六畜貨財，以益收五穀，以應陽之至也；陽且盡之歲，亟發糴，以收田宅、牛馬，積斂貨財，聚棺木，以應陰之至也。此皆十倍者也。其次五倍。天有時而散，是故聖人反其刑，順其衡，收聚而不散。」

越王曰：「善。今歲比熟，尚有貧乞者，何也？」計倪對曰：「是故不等，猶同母之人，異父之子，動作不同術，貧富故不等。如此者，積負於人，不能救其前後。志意侵下，作務日給；非有道術，又無上賜，貧乞故長久。」越王曰：「善。大夫佚同，若成，嘗與孤議於會稽石室，孤非其言也。今大夫言獨與孤比，請遂受教焉。」計倪曰：「糴石二十則傷農，九十則病末。農傷則草木不辟，末病則貨不出。故糴高不過八十，下不過三十，農末俱利矣。故古之治邦者本之，貨物官市開而至。」越王曰：「善。」計倪乃傳其教而圖之，曰：「審金木水火，別陰陽之明，用此不患無功。」越王曰：「善。從今以來，傳之後世以爲教。」

乃著其法，治牧江南，七年而禽吴也。甲貨之户曰粢，爲上物，賈七十；乙貨之户曰黍，爲中物，石六十；丙貨之户曰赤豆，爲下物，石五十；丁貨之户曰稻粟，令爲上種，石四十；戊貨之户曰麥，爲中物，石三十；己貨之户曰大豆，爲下物，石二十；庚貨之户曰穬，比疏食，故無賈；辛貨之户曰菓，比疏食，無賈；壬、癸無貨。

袁康《越絶書》卷八《越絶外傳記地傳》 無餘初封大越，都秦餘望南，千有餘歲而至句踐。句踐徙治山北，引屬東海，内、外越别封削焉。句踐伐吴，霸關東，從瑯琊起觀臺。臺周七里，以望東海。死士八千人，戈船三百艘。居無幾，躬求賢聖。孔子從弟子七十人，奉先王雅琴，治禮往奏。句踐乃身被賜夷之甲，帶步光之劍，杖物盧之矛，出死士三百人，爲陣關下。孔子有頃姚稽到越。越王曰：「唯唯，夫子何以教之？」孔子對曰：「丘能述五帝三王之道，故奉雅琴至大王所。」句踐喟然嘆曰：「夫越性脆而愚，水行而山處；以船爲車，以楫爲馬；往若飄風，去則難從；鋭兵任死，越之常性也。夫子異則不可。」於是孔子辭，弟子莫能從乎。

越王夫鐔以上至無餘，久遠，世不可紀也。夫鐔子允常。允常子句踐，大霸稱王，徙瑯琊，都也。句踐子與夷，時霸。與夷子子翁，時霸。子翁子不揚，時霸。不揚子無疆，時霸，伐楚，威王滅無疆。無疆子之侯，竊自立爲君長。之侯子尊，時君長。尊子親，失衆，楚伐之，走南山。親以上至句踐，凡八君，都瑯琊二百二十四歲。無疆以上，霸，稱王。之侯以下微弱，稱君長。

句踐小城，山陰城也。周二里二百二十三步，陸門四，水門一。今倉庫是其宫臺處也。周六百二十步，柱長三丈五尺三寸，霤高丈六尺。宫有百户，高丈二尺五寸。大城周二十里七十二步，不築北面。而滅吴，徙治姑胥臺。【略】

稷山者，句踐齋戒臺也。

龜山者，句踐起怪游臺也。東南司馬門，因以炤龜。又仰望天氣，觀天怪也。高四十六丈五尺二寸，周五百三十二步，今東武里。一曰怪山。怪山者，往古一夜自來，民怪之，故謂怪山。

駕臺，周六百步，今安城里。

離臺，周五百六十步，今淮陽里丘。

美人宫，周五百九十步，陸門二，水門一，今北壇利里丘土城，句踐所習教美女西施、鄭旦宫臺也。女出於苧蘿山，欲獻於吴，自謂東垂僻陋，恐女樸鄙，故近大道居。去縣五里。

樂野者，越之弋獵處，大樂，故謂樂野。其山上石室，句踐所休謀也。去縣七里。

中指臺馬丘，周六百步，今高平里丘。

東郭外南小城者，句踐冰室。去縣三里。

句踐之出入也，齊於稷山，往從田里；去從北郭門，炤龜龜山；更駕臺，馳於離丘；遊於美人宫，興樂，中宿；過歷馬丘，射於樂野之衢；走犬若耶，休謀石室；食於冰厨。領功銓士，已作昌土臺。藏其形，隱其情。一曰：冰室者，所以備膳羞也。

浦陽者，句踐軍敗失衆，懣於此。去縣五十里。

夫山者，句踐絶糧，困也。其山上大冢，句踐庶子冢也。去縣十五里。

句踐與吴戰於浙江之上，石買爲將。耆老、壯長進諫曰：「夫石買，人與爲怨，家與爲仇，貪而好利，細人也，無長策。王而用之，國必不遂。」王不聽，遂遣之。石買發行至浙江上，斬殺無罪，欲專威服軍中，動摇將率，獨專其權。士衆恐懼，人不自聊。兵法曰：「視民如嬰兒，故可與赴深溪。」士衆魚爛而買不知，尚猶峻法隆刑。子胥獨見可奪之證，變爲奇謀，或北或南，夜舉火擊鼓，畫陳詐兵。越師潰墜，政令不行，背叛乖離。還報其王，王殺買，謝其師，號聲聞吴。吴王恐懼，子胥私喜：「越軍敗矣！胥聞之，狐之將殺，噆脣吸齒。今越句踐其已敗矣，君王安意，越易兼也。」使人入問之，越師請降，子胥不聽。越棲於會稽之山，吴退而圍之。句踐喟然用種、蠡計，轉死爲霸。一人之身，吉凶更至；盛衰存亡，在於用臣；治道萬端，要在得賢。越棲於會稽日，行成於吴，吴引兵而去。句踐將降，西至浙江，待詔入吴，故有雞鳴墟。其入辭曰：「亡臣孤句踐，故將士衆，入爲臣虜。民可得使，地可得有。」吴王許之。子胥大怒，目若夜光，聲若哮虎：「此越未戰而服，天以賜吴，其逆天乎？臣唯君王急剬之！」吴不聽，遂許之浙江是也。

陽城里者，范蠡城也。西至水路，水門一，陸門二。

北陽里城，大夫種城也。取土西山以濟之，徑百九十四步。或爲南安。

富陽里者，外越賜義也。處里門，美以練塘田。

安城里高庫者，句踐伐吴，禽夫差，以爲勝兵，築庫高閣之。周二百三十步，今安城里。

故禹宗廟，在小城南門外大城内。禹稷在廟西，今南里。

獨山大冢者，句踐自治以爲冢。徙瑯琊，冢不成。去縣九里。

麻林山，一名多山。句踐欲伐吴，種麻以爲弓弦，使齊人守之，越謂齊人「多」，故曰「麻林多」，以防吴。以山下田封功臣。去縣一十二里。

會稽山上城者，句踐與吴戰，大敗，棲其中。因以下爲目魚池，其利不租。

會稽山北城者，子胥浮兵以守城是也。

若耶大冢者，句踐所徙葬先君夫鐔冢也。去縣二十五里。

葛山者，句踐罷吴，種葛，使越女織治葛布，獻於吴王夫差。去縣七里。

姑中山者，越銅官之山也，越人謂之銅姑瀆。長二百五十步。去縣二十五里。

富中大塘者，句踐治以爲義田，爲肥饒，謂之富中。去縣二十里二十二步。

犬山者，句踐罷吴，畜犬獵南山白鹿，欲得獻吴，神不可得，故曰犬山。其高爲犬亭。去縣二十五里。

白鹿山，在犬山之南。去縣二十九里。

雞山、豕山者，句踐以畜雞豕，將伐吴，以食士也。雞山在錫山南，去縣五十里；豕山在民山西，去縣六十三里。洹江以來屬越，疑豕山在餘暨界中。

練塘者，句踐時采錫山爲炭，稱「炭聚」，載從炭瀆至練塘，各因事名之。去縣五十里。

木客大冢者，句踐父允常冢也。初徙瑯琊，使樓船卒二千八百人伐松柏以爲桴，故曰木客。去縣十五里。一曰句踐伐善材，文刻獻於吴，故曰木客。

官瀆者，句踐工官也。去縣十四里。

苦竹城者，句踐伐吴還，封范蠡子也。其僻居，徑六十步。因爲民治田，塘長千五百三十三步。其冢名土山。范蠡苦勤功篤，故封其子於是。去縣十八里。

北郭外、路南溪北城者，句踐築鼓鍾宫也。去縣七里。其邑爲龔錢。

舟室者，句踐船宫也。去縣五十里。

民西大冢者，句踐客秦伊善炤龜者冢也，因名冢爲秦伊山。

射浦者，句踐教習兵處也。今射浦去縣五里。射卒陳音死，葬民西，故曰陳音山。

種山者，句踐所葬大夫種也。樓船卒二千人，鈞足羨，葬之三蓬下。種將死，自策：「後有賢者，百年而至。置我三蓬，自章後世。」句踐葬之，食傳三賢。

巫里，句踐所徙巫爲一里，去縣二十五里。其亭祠今爲和公羣社稷墟。

巫山者，越䰠，神巫之官也，死葬其上。去縣十三里許。

六山者，句踐鑄銅。鑄銅不爍，埋之東坂。其上馬箠，句踐遣使者取於南社，徙種六山，飾治爲馬箠，獻之吴。去縣三十五里。

江東中巫葬者，越神巫無杜子孫也。死，句踐於中江而葬之。巫神，欲使覆禍吴人船。去縣三十里。

石塘者，越所害軍船也。塘廣六十五步，長三百五十三步。去縣四十里。

防塢者，越所以遏吴軍也。去縣四十里。

杭塢者，句踐杭也。二百石長、買卒七士人，度之會夷。去縣四十里。

塗山者，禹所取妻之山也。去縣五十里。

朱餘者，越鹽官也。越人謂鹽曰「餘」。去縣三十五里。

句踐已滅吴，使吴人築吴塘，東西千步，名辟首。後因以爲名曰塘。

獨婦山者，句踐將伐吴，徙寡婦致獨山上，以爲死士示，得專一也。去縣四十里。後説之者，蓋句踐所以遊軍士也。

馬嗥者，吴伐越，道逢大風，車敗馬失，騎士墮死，疋馬啼嗥。事見吴矣。

浙江南路西城者，范蠡敦兵城也。其陵固可守，故謂之固陵。所以然者，以其大船軍所置也。

山陰古故陸道，出東郭，隨直瀆陽春亭；山陰故水道，出東郭，從郡陽春亭。去縣五十里。

女陽亭者，句踐入官於吴，夫人從，道産女此亭，養於李鄉，句踐勝吴，更名女陽，更就李爲語兒鄉。

吴王夫差伐越，有其邦，句踐服爲臣。三年，吴王復還封句踐於越，東西百里，北鄉臣事吴，東爲右，西爲左。大越故界，浙江至就李，南姑末、寫干。

袁康《越絶書》卷九《越絶外傳計倪》 昔者，越王句踐近侵於彊吴，遠媿於諸侯，兵革散空，國且滅亡，乃脅諸臣而與之盟：「吾欲伐吴，奈何有功？」群臣默然而無對。王曰：「夫主憂臣辱，主辱臣死，何大夫易見而難使也？」計倪官卑年少，其居在後，舉首而起，曰：「殆哉！非大夫易見難使，是大王不能使臣也。」王曰：「何謂也？」計倪對曰：「夫官位財幣，王之所輕；死者，是士之所重也。王愛所輕，責士所重，豈不艱哉？」王自揖，進計倪而問焉。

計倪對曰：「夫仁義者，治之門；士民者，君之根本也。闓門固根，莫如正身。正身之道，謹選左右。左右選，則孔主日益上；不選，則孔主日益下。二者貴質浸之漸也。願君王公選於衆，精煉左右，非君子至誠之士，無與居家。使邪僻之氣無漸以生，仁義之行有階，人知其能，官知其治。爵賞刑罰，一由君出，則臣下不敢毁譽以言，無功者不敢干治。故明主用人，不由所從，不問其先，説取一焉。是故周文、齊桓，躬於任賢；太公、管仲，明於知人。今則不然，臣故曰殆哉。」越王勃然曰：「孤聞齊威淫泆，九合諸侯，一匡天下，蓋管仲之力也。寡人雖愚，唯在大夫。」計倪對曰：「齊威除管仲罪，大責任之，至易。此故南陽蒼句。太公九十而不伐，磻溪之餓人也。聖主不計其辱，以爲賢者，一乎仲，二乎仲，斯可致王，但霸何足道！桓稱仲父，文稱太公，計此二人，曾無跬步之勞、大呼之功，乃忘弓矢之怨，授以上卿。《傳》曰：『直能三公。』今置臣而不尊，使賢而不用，譬如門户像設，倚而相欺，蓋智士所恥，賢者所羞，君王察之。」越王曰：「誠者不能匿其辭，大夫既在，何須言哉！」計倪對曰：「臣聞智者不妄言，以成其勞；賢者始於難動，終於有成。《傳》曰：『《易》之謙遜對過問，抑威權勢，利器不可示人。』言賞罰由君，此之謂也。故賢君用臣，略責於絶，施之職而成其功；遠使，以效其誠；内告以匿，以知其信；與之講事，以觀其智；飲之以酒，以觀其態：選士以備，不肖者無所置。」

越王大媿，乃壞池填塹，開倉穀，貸貧乏；乃使群臣身問疾病，躬視死喪；不厄窮僻，尊有德；與民同苦樂，激河泉井，示不獨食。行之六年，士民一心，不謀同辭，不呼自來，皆欲伐吴，遂有大功而霸諸侯。孔子曰：「寬則得衆。」此之謂也。

夫有勇見於外，必有仁於内。子胥戰於就李，闔廬傷焉，軍敗而還。是時死傷者不可稱數，所以然者，罷頓不得已。子胥内憂：「爲人臣，上不能令主，下令百姓被兵刃之咎。」自責内傷，莫能知者。故身操死持傷及被兵者，莫不悉於子胥之手，垂涕啼哭，欲伐而死。三年自咎，不親妻子，饑不飽食，寒不重綵，結心於越，欲復其仇。師事越公，録其述。印天之兆，牽牛南斗。赫赫斯怒，與天俱起。發令告民，歸如父母。當胥之言，唯恐爲後。師衆同心，得天之中。

越乃興師，與戰西江。二國争疆，未知存亡。子胥知時變，爲詐兵，爲兩翼，夜火相應。句踐大恐，振旅服降。進兵圍越會稽填山。子胥微策可謂神，守戰數年，句踐行成。子胥争諫，以是不容。宰嚭許之，引兵而還。夫差聽嚭，不殺仇人。興師十萬，與不敵同。聖人譏之，是以《春秋》不差其文。故《傳》曰：「子胥賢者，尚有就李之恥。」此之謂也。

哀哉！夫差不信伍子胥，而任太宰嚭，乃此禍晉之驪姬、亡周之褒姒，盡妖

妍於圖畫，極凶悖於人理。傾城傾國，思昭示於後王；麗質冶容，宜求監於前史。古人云：「苦藥利病，苦言利行。」伏念居安思危，日謹一日。《易》曰：「知進而不知退，知存而不知亡，知得而不知喪。」又曰：「進退存亡，不失其正者，唯聖人乎？」由此而言，進有退之義，存有亡之幾，得有喪之理。愛之如父母，仰之如日月，敬之如神明，畏之如雷霆，此其可以卜祚遐長，而禍亂不作也。

袁康《越絶書》卷一一《越絶外傳記寶劍》　昔者，越王句踐有寶劍五，聞於天下。客有能相劍者，名薛燭，王召而問之，曰：「吾有寶劍五，請以示之。」薛燭對曰：「愚理不足以言，大王請，不得已。」乃召掌者，王使取毫曹。薛燭對曰：「毫曹，非寶劍也。夫寶劍，五色並見，莫能相勝。毫曹已擅名矣，非寶劍也。」王曰：「取巨闕。」薛燭曰：「非寶劍也。寶劍者，金錫和銅而不離。今巨闕已離矣，非寶劍也。」王曰：「然巨闕初成之時，吾坐於露壇之上，宫人有四駕白鹿而過者，車奔鹿驚，吾引劍而指之，四駕上飛揚，不知其絶也。穿銅釜，絶鐵鑩，胥中決如粢米，故曰巨闕。」王取純鈞，薛燭聞之，忽如敗。有頃，懼如悟，下階而深惟，簡衣而坐望之。手振拂揚，其華捽如芙蓉始出。觀其釽，爛如列星之行；觀其光，渾渾如水之溢於溏；觀其斷，巖巖如瑣石；觀其才，煥煥如冰釋。「此所謂純鈞耶？」王曰：「是也。客有直之者，有市之鄉二、駿馬千疋、千户之都二，可乎？」薛燭對曰：「不可。當造此劍之時，赤堇之山，破而出錫；若耶之溪，涸而出銅；雨師掃灑，雷公擊橐；蛟龍捧鑪，天帝裝炭；太一下觀，天精下之。歐冶乃因天之精神，悉其伎巧，造爲大刑三、小刑二：一曰湛盧，二曰純鈞，三曰勝邪，四曰魚腸，五曰巨闕。吴王闔廬之時，得其勝邪、魚腸、湛盧。闔廬無道，子女死，殺生以送之，湛盧之劍去之如水。行秦過楚，楚王卧而寤，得吴王湛盧之劍，將首魁漂而存焉。秦王聞而求，不得，興師擊楚，曰：『與我湛盧之劍，還師去汝。』楚王不與。時闔廬又以魚腸之劍刺吴王僚，使披腸夷之甲三事。闔廬使專諸爲奏炙魚者，引劍而刺之，遂弑王僚。此其小試於敵邦，未見其大用於天下也。今赤堇之山已合，若耶溪深而不測。群神不下，歐冶子即死。雖復傾城量金，珠玉竭河，猶不能得此一物，有市之鄉二、駿馬千疋、千户之都二，何足言哉！」

楚王召風胡子而問之曰：「寡人聞吴有干將，越有歐冶子，此二人甲世而生，天下未嘗有。精誠上通天，下爲烈士。寡人願齎邦之重寶，皆以奉子，因吴王請此二人作鐵劍，可乎？」風胡子曰：「善。」於是乃令風胡子之吴，見歐冶子、干將，使人作鐵劍。歐冶子、干將鑿茨山，洩其溪，取鐵英，作爲鐵劍三枚：一曰龍淵，二曰泰阿，三曰工布。畢成，風胡子奏之楚王。楚王見此三劍之精神，大悦風胡子。問之曰：「此三劍何物所象？其名爲何？」風胡子對曰：「一曰龍淵，二曰泰阿，三曰工布。」楚王曰：「何謂龍淵、泰阿、工布？」風胡子對曰：「欲知龍淵，觀其狀，如登高山、臨深淵；欲知泰阿，觀其釽，巍巍翼翼，如流水之波；欲知工布，釽從文起，至脊而止，如珠不可衽，文若流水不絶。」

晉鄭王聞而求之，不得，興師圍楚之城，三年不解。倉穀粟索，庫無兵革，左右羣臣、賢士，莫能禁止。於是楚王聞之，引泰阿之劍，登城而麾之。三軍破敗，士卒迷惑，流血千里，猛獸歐瞻。江水折揚，晉鄭之頭畢白。楚王於是大悦，曰：「此劍威耶？寡人力耶？」風胡子對曰：「劍之威也，因大王之神。」楚王曰：「夫劍，鐵耳，固能有精神若此乎？」風胡子對曰：「時各有使然。軒轅、神農、赫胥之時，以石爲兵，斷樹木爲宫室，死而龍臧。夫神聖主使然。至黄帝之時，以玉爲兵，以伐樹木爲宫室，鑿地。夫玉，亦神物也，又遇聖主使然，死而龍臧。禹穴之時，以銅爲兵，以鑿伊闕、通龍門，決江導河，東注於東海。天下通平，治爲宫室，豈非聖主之力哉？當此之時，作鐵兵，威服三軍。天下聞之，莫敢不服。此亦鐵兵之神，大王有聖德。」楚王曰：「寡人聞命矣。」

袁康《越絶書》卷一二《越絶内經九術》　昔者，越王句踐問大夫種曰：「吾欲伐吴，奈何能有功乎？」大夫種對曰：「伐吴有九術。」王曰：「何謂九術？」對曰：「一曰尊天地，事鬼神；二曰重財幣，以遺其君；三曰貴糴粟槀，以空其邦；四曰遺之好美，以爲勞其志；五曰遺之巧匠，使起宫室高臺，盡其財，疲其力；六曰遺其諛臣，使之易伐；七曰疆其諫臣，使之自殺；八曰邦家富而備器；九曰堅厲甲兵，以承其弊。故曰九者勿患，戒口勿傳，以取天下不難，況於吴乎？」越王曰：「善。」

於是作爲策楯，嬰以白璧，鏤以黄金，類龍蛇而行者，乃使大夫種獻之於吴，曰：「東海役臣孤句踐，使者臣種，敢修下吏，問於左右。賴有天下之力，竊爲小殿，有餘財，再拜獻之大王。」吴王大悦。申胥諫曰：「不可，王勿受。昔桀起靈門，紂起鹿臺，陰陽不和，五穀不時，天與之災，邦國空虚，遂以之亡。大王受之，是後必有災。」吴王不聽，遂受之而起姑胥臺。三年聚材，五年乃成。高見二百里，行路之人，道死尸哭。

越乃飾美女西施、鄭旦，使大夫種獻之於吴王，曰：「昔者，越王句踐竊有天

之遺西施、鄭旦，越邦洿下貧窮，不敢當，使下臣種再拜獻之大王。」吳王大悦。申胥諫曰：「不可，王勿受。臣聞五色令人目不明，五音令人耳不聰。桀易湯而滅，紂易周文而亡。大王受之，後必有殃。胥聞越王句踐晝書不倦，晦誦竟旦，聚死臣數萬，是人不死，必得其願。胥聞越王句踐服誠行仁，聽諫，進賢士，是人不死，必得其名。胥聞越王句踐冬披毛裘，夏披絺綌，是人不死，必爲利害。胥聞賢士，邦之寶也；美女，邦之咎也。夏亡於末喜，殷亡於妲己，周亡於褒姒。」吳王不聽，遂受其女，以申胥爲不忠而殺之。

越乃興師伐吳，大敗之於秦餘杭山。滅吳，禽夫差，而戮太宰嚭與其妻、子。

酈道元《水經注》卷七《濟水》 又東過冤朐縣南，又東過定陶縣南，【略】戰國之世，范蠡既雪會稽之恥，乃變姓名寓于陶，爲朱公。以陶天下之中，諸侯四通，貨物之所交易也。治産致千金，富好行德，子孫修業，遂致巨萬。故言富者，皆曰陶朱公也。

梁玉繩《人表考》卷四《中上·越句踐》 越王句踐始見《左》定十四、《吳語》、《越語》。允常子始見《史·越世家》。是爲菼執。《竹書》。徙都琅邪。《吳越春秋》六、《越絶》二、八、《竹書》、《水經漸江水注》。嘗吳王溲惡，後遂病口臭，范蠡令左右食芩草亂其氣。《吳越春秋》四。

備論

《墨子·非攻中》 越王句踐視吳上下不相得，收其衆以復其讐，入北郭，徙大內，圍王宮，而吳國以亡。

《韓非子·內儲説上·七術》 越王問於大夫文種曰：「吾欲伐吳可乎？」對曰：「可矣。吾賞厚而信，罰嚴而必。君欲知之，何不試焚宮室？」於是遂焚宮室，人莫救之。乃下令曰：「人之救火者死，比死敵之賞；救火而不死者，比勝敵之賞；不救火者，比降北之罪。」人塗其體，被濡衣而走火者，左三千人，右三千人。此知必勝之勢也。

《韓非子·內儲説上》 越王慮伐吳，欲人之輕死也，出見怒鼃，乃爲之式。從者曰：「奚敬於此？」王曰：「爲其有氣故也。」明年之請以頭獻王者歲十餘人。由此觀之，譽之足以殺人矣。

一曰：越王句踐見怒鼃而式之。御者曰：「何爲式？」王曰：「鼃有氣如此，可無爲式乎？」士人聞之曰：「鼃有氣，王猶爲式，況士人之有勇者乎！」是歲，人有自剄死以其頭獻者。故越王將復吳而試其教，燔臺而鼓之，使民赴火者，賞在火也；臨江而鼓之，使人赴水者，賞在水也；臨戰而使人絶頭刳腹而無顧心者，賞在兵也。又況據法而進賢，其助甚此矣。

《吕氏春秋·季秋紀·順民》 越王苦會稽之耻，欲深得民心，以致必死於吳。身不安枕席，口不甘厚味，目不視靡曼，耳不聽鐘鼓。三年苦身勞力，焦脣乾肺。內親羣臣，下養百姓，以來其心。有甘脆不足分，弗敢食；有酒流之江，與民同之。身親耕而食，妻親織而衣。味禁珍，衣禁襲，色禁二。時出行路，從車載食，以視孤寡老弱之漬病、困窮顔色愁悴不贍者，必身自食之。於是屬諸大夫而告之，曰：「願一與吳徼天下之衷。今吳、越之國，相與俱殘，士大夫履肝肺，同日而死，孤與吳王接頸交臂而僨，此孤之大願也。若此而不可得也，內量吾國不足以傷吳，外事之諸侯不能害之，則孤將棄國家，釋羣臣，服劍臂刃，變容貌，易名姓，執箕帚而臣事之，以與吳王爭一旦之死。孤雖知要領不屬，首足異處，四枝布裂，爲天下戮，孤之志必將出焉。」於是異日果與吳戰於五湖，吳師大敗，遂大圍王宮，城門不守，禽夫差，戮吳相，殘吳二年而霸，此先順民心也。

《吕氏春秋·孝行覽·長功》 越國大饑，王恐，召范蠡而謀。范蠡曰：「王何患焉？今之饑，此越之福而吳之禍也。夫吳國甚富而財有餘，其王年少，智寡材輕，好須臾之名，不思後患。王若重幣卑辭以請糴於吳，則食可得也。食得，其卒越必有吳，而王何患焉？」越王曰：「善。」乃使人請食於吳，吳王將與之。伍子胥進諫曰：「不可與也。夫吳之與越，接土鄰境，道易人通，仇讎敵戰之國也，非吳喪越，越必喪吳。若燕、秦、齊、晉，山處陸居，豈能踰五湖九江，越十七阸以有吳哉？故曰非吳喪越，越必喪吳。今將輸之粟，與之食，是長吾讎而養吾仇也。財匱而民恐，悔無及也。不若勿與而攻之，固其數也，此昔吾先王之所以霸。且夫饑，代事也，猶淵之與阪，誰國無有？」吳王曰：「不然。吾聞之：『義兵不攻服，仁者食饑餓。』今服而攻之，非義兵也；饑而不食，非仁體也。不仁不義，雖得十越，吾不爲也。」遂與之食。不出三年而吳亦饑，使人請食於越，越王弗與，乃攻之，夫差爲禽。

《淮南子·人間訓》 昔越王句踐卑下吳王夫差，請身爲臣，妻爲妾，奉四時之祭祀，而入春秋之貢職，委社稷，效民力，隱居爲蔽，而戰爲鋒行，禮甚卑，辭甚

服，其離叛之心遠矣，然而甲卒三千人以擒夫差於姑胥。

《韓詩外傳》卷八 越王勾踐使廉稽獻民於荆王。荆王使者曰：「越，夷狄之國也。臣請欺其使者。」荆王曰：「越王，賢人也，其使者亦賢，子其慎之。」使者出見廉稽，曰：「冠則得以俗見，不冠不得見。」廉稽曰：「夫越亦周室之列封也，不得處於大國，而處江海之陂，與魭鱣魚鼈爲伍，文身翦髮而後處焉。今來至上國，必曰冠得俗見，不冠不得見，如此，則上國使適越，亦將劓墨文身翦髮而後得以俗見，可乎？」荆王聞之，披衣出謝。孔子曰：「使於四方，不辱君命，可謂士矣。」

《韓詩外傳》卷一〇 天子有争臣七人，雖無道，不失其天下。昔殷王紂殘賊百姓，絶逆天道，至斮朝涉，刳孕婦，脯鬼侯，醢梅伯。然所以不亡者，以其有箕子、比干之故。微子去之，箕子執囚爲奴，比干諫而死，然後周加兵而誅絶之。諸侯有争臣五人，雖無道，不失其國。吴王夫差爲無道，至驅一市之民以葬闔閭，然所以不亡者，有伍子胥之故也。胥以死，越王勾踐欲伐之。范蠡諫曰：「子胥之計策，尚未忘於吴王之腹心也。」子胥死後三年，越乃能攻之。大夫有争臣三人，雖無道，不失其家。季氏爲無道，僭天子，舞八佾，旅泰山以《雍》徹。孔子曰：「是可忍也，孰不可忍也！」然不亡者，以冉有、季路爲宰臣也。故曰：「有諤諤争臣者其國昌，有默默諛臣者其國亡。」《詩》曰：「不明爾德，以無陪無側。爾德不明，以無陪無側。」言文王咨嗟，痛殷商無輔弼諫諍之臣而亡天下矣。

王充《論衡·率性篇》 且闔廬嘗試其士於五湖之側，皆加刃於肩，血流至地。句踐亦試其士於寢宫之庭，赴火死者，不可勝數。

王充《論衡·定賢篇》 以居位治人，得民心歌詠之爲賢乎？則夫得民心者，與彼得士意者，無以異也。爲虚恩拊循其民，民之欲得，即喜樂矣。何以效之？齊田成子、越王句踐是也。成子欲專齊政，以大斗貸、小斗收而民悦；句踐欲雪會稽之耻，拊循其民，弔死問病而民喜。二者皆自有所欲爲於他，而僞誘屬其民，誠心不加，而民亦説。

藝文

馬驌《繹史》卷九六引《述異記》 句踐得范蠡之謀，乃示民以耕桑，延四方之士，作臺於外而館賢士。今會稽山有越王臺。今交州麻林，一名紵林，句踐種麻將以弦弓。交州糠頭山，句踐貯米於其上，舂積糠爲山。今會稽之上有越王鑄劍洲、箭鏃洲，往往有得古箭鏃，蓋古制也。

王嘉《拾遺記》卷三《周靈王》 越謀滅吴，蓄天下奇寶、美人、異味進於吴。殺三牲以祈天地，殺龍蛇以祠川岳。矯以江南億萬户民，輸吴爲傭保。越又有美女二人，一名夷光，二名脩明，以貢於吴。吴處以椒華之房，貫細珠爲簾幌，朝下以蔽景，夕捲以待月。二人當軒並坐，理鏡靚妝於珠幌之内。竊窺者莫不動心驚魄，謂之神人。吴王妖惑忘政。及越兵入國，乃抱二女以逃吴苑。越軍亂入，見二女在樹下，皆言神女，望而不敢侵。今吴城蛇門内有朽株，尚爲祠神女之處。初，越王入吴國，有丹烏夾王而飛，故勾踐之霸也，起望烏臺，言丹烏之異也。

《梅堯臣集》卷二三《西施》 濺濺溪流散，苒苒石髮開，一朝辭浣沙，去上姑蘇臺。歌舞學未穩，越兵俄已來，門上子胥目，吴人豈不哀。層宫有麋鹿，朱顔爲土灰。水邊同時伴，貧賤猶摘梅。食梅莫厭酸，禍福不我猜。

《王十朋全集·詩集》卷一〇《詠史詩·越王勾踐》 機會由來貴速投，姑蘇事與會稽侔。謀臣不早麾兵進，嘗膽徒勞二十秋。

陸游《劍南詩稿》卷三三《病後往來湖山間戲書》 周公居東三食新，夷吾在魯丘厄陳。聖賢憂患尚如此，況我本是羈窮人。今秋危病輒不死，餘業自笑堅頑身。結茅所幸得佳處，石帆天鏡無纖塵。捫蘿峭壁上采藥，腰斧長歌行負薪。尋僧獨泛若耶月，攜友共采湘湖蓴。蠡亡範金陋勾踐，斯頌刻石憎嬴秦。不如一酹禹祠去，惡衣菲食真吾鄰。禹祠在吾廬東南十餘里。

范蠡部

綜述

《史記》卷四一《越王句踐世家》 范蠡事越王句踐，既苦身勠力，與句踐深謀二十餘年，竟滅吴，報會稽之恥，北渡兵於淮以臨齊、晉，號令中國，以尊周室，句踐以霸，而范蠡稱上將軍。還反國，范蠡以爲大名之下，難以久居，且句踐爲人可與同患，難與處安，爲書辭句踐曰：「臣聞主憂臣勞，主辱臣死。昔者君王辱於會稽，所以不死，爲此事也。今既以雪恥，臣請從會稽之誅。」句踐曰：「孤將與子分國而有之。不然，將加誅于子。」范蠡曰：「君行令，臣行意。」乃裝其輕寶珠玉，自與其私徒屬乘舟浮海以行，終不反。於是句踐表會稽山以爲范蠡奉邑。

范蠡浮海出齊，變姓名，自謂鴟夷子皮，耕于海畔，苦身戮力，父子治産。居無幾何，致産數十萬。齊人聞其賢，以爲相。范蠡喟然歎曰：「居家則至千金，居官則至卿相，此布衣之極也。久受尊名，不祥。」乃歸相印，盡散其財，以分與知友鄉黨，而懷其重寶，閒行以去，止于陶，以爲此天下之中，交易有無之路通，爲生可以致富矣。於是自謂陶朱公。復約要父子耕畜，廢居，候時轉物，逐什一之利。居無何，則致貲累巨萬。天下稱陶朱公。

朱公居陶，生少子。少子及壯，而朱公中男殺人，囚於楚。朱公曰：「殺人而死，職也。然吾聞千金之子不死於市。」告其少子往視之。乃裝黄金千溢，置褐器中，載以一牛車。且遣其少子，朱公長男固請欲行，朱公不聽。長男曰：「家有長子曰家督，今弟有罪，大人不遣，乃遣少弟，是吾不肖。」欲自殺。其母爲言曰：「今遣少子，未必能生中子也，而先空亡長男，柰何？」朱公不得已而遣長子，爲一封書遺故所善莊生。曰：「至則進千金于莊生所，聽其所爲，慎無與争事。」長男既行，亦自私齎數百金。

至楚，莊生家負郭，披藜藋到門，居甚貧。然長男發書進千金，如其父言。莊生曰：「可疾去矣，慎毋留！即弟出，勿問所以然。」長男既去，不過莊生而私留，以其私齎獻遺楚國貴人用事者。

莊生雖居窮閻，然以廉直聞於國，自楚王以下皆師尊之。及朱公進金，非有意受也，欲以成事後復歸之以爲信耳。故金至，謂其婦曰：「此朱公之金。有如病不宿誡，後復歸，勿動。」而朱公長男不知其意，以爲殊無短長也。

莊生閒時入見楚王，言「某星宿某，此則害於楚」。楚王素信莊生，曰：「今爲柰何？」莊生曰：「獨以德爲可以除之。」楚王曰：「生休矣，寡人將行之。」王乃使使者封三錢之府。楚貴人驚告朱公長男曰：「王且赦。」曰：「何以也？」曰：「每王且赦，常封三錢之府。昨暮王使使封之。」朱公長男以爲赦，弟固當出也，重千金虚棄莊生，無所爲也，乃復見莊生。莊生驚曰：「若不去邪？」長男曰：「固未也。初爲事弟，弟今議自赦，故辭生去。」莊生知其意欲復得其金，曰：「若自入室取金。」長男即自入室取金持去，獨自歡幸。

莊生羞爲兒子所賣，乃入見楚王曰：「臣前言某星事，王言欲以修德報之。今臣出，道路皆言陶之富人朱公之子殺人囚楚，其家多持金錢賂王左右，故王非能恤楚國而赦，乃以朱公子故也。」楚王大怒曰：「寡人雖不德耳，柰何以朱公之子故而施惠乎！」令論殺朱公子，明日遂下赦令。朱公長男竟持其弟喪歸。

至，其母及邑人盡哀之，唯朱公獨笑，曰：「吾固知必殺其弟也！彼非不愛其弟，顧有所不能忍者也。是少與我俱，見苦，爲生難，故重棄財。至如少弟者，生而見我富，乘堅驅良逐狡兔，豈知財所從來，故輕棄之，非所惜吝。前日吾所爲欲遣少子，固爲其能棄財故也。而長者不能，故卒以殺其弟，事之理也，無足悲者。吾日夜固以望其喪之來也。」

故范蠡三徙，成名於天下，非苟去而已，所止必成名。卒老死于陶，故世傳曰陶朱公。

《史記》卷一二九《貨殖列傳》 昔者越王句踐困於會稽之上，乃用范蠡、計然。計然曰：「知鬬則修備，時用則知物，二者形則萬貨之情可得而觀已。故歲在金，穰；水，毁；木，饑；火，旱。旱則資舟，水則資車，物之理也。六歲穰，六歲旱，十二歲一大饑。夫糶，二十病農，九十病末。末病則財不出，農病則草不辟矣。上不過八十，下不減三十，則農末俱利，平糶齊物，關市不乏，治國之道也。積著之理，務完物，無息幣。以物相貿，易腐敗而食之貨勿留，無敢居貴。論其有餘不足，則知貴賤。貴上極則反賤，賤下極則反貴。貴出如糞土，賤取如珠玉。財幣欲其行如流水。」修之十年，國富，厚賂戰士，士赴矢石，如渴得飲，遂

報彊吳，觀兵中國，稱號「五霸」。

范蠡既雪會稽之恥，乃喟然而嘆曰：「計然之策七，越用其五而得意。既已施於國，吾欲用之家。」乃乘扁舟浮於江湖，變名易姓，適齊爲鴟夷子皮，之陶爲朱公。朱公以爲陶天下之中，諸侯四通，貨物所交易也，乃治産積居，與時逐而不責於人。故善治生者，能擇人而任時。十九年之中三致千金，再分散與貧交疏昆弟。此所謂富好行其德者也。後年衰老而聽子孫，子孫脩業而息之，遂至巨萬。故言富者皆稱陶朱公。

袁康《越絶書》卷七《越絶外傳記范伯》 昔者，范蠡其始居楚，曰范伯。自謂衰賤，未嘗世禄，故自菲薄。飲食則甘天下之無味，居則安天下之賤位。復被髮佯狂，不與於世。謂大夫種曰：「三王則三皇之苗裔也，五伯乃五帝之末世也。天運歷紀，千歲一至。黄帝之元，執辰破巳。霸王之氣，見於地户。子胥以是挾弓干吳王。」於是要大夫種入吳。

此時馮同相與，共戒之：伍子胥在，自與不能關其辭。蠡曰：「吳越二邦，同氣共俗，地户之位，非吳則越。」乃入越。越王常與言盡日。大夫石買，居國有權，辯口，進曰：「衒女不貞，衒士不信。客歷諸侯，渡河津，無因自致，殆非真賢。夫和氏之璧，求者不爭賈；騏驥之才，不難阻險之路。□□□□之邦，歷諸侯無所售，道聽之徒，唯大王察之。」於是范蠡退而不言，遊於楚越之間。大夫種進曰：「昔者市偷自衒於晉，晉用之而勝楚；伊尹負鼎入殷，遂佐湯取天下。有智之士，不在遠近取也，謂之帝王求備者亡。《易》曰：『有高世之才，必有負俗之累；有至智之明者，必破庶衆之議。』成大功者不拘於俗，論大道者不合於衆，唯大王察之。」

於是石買益疏。其後使將兵於外，遂爲軍士所殺。是時句踐失衆，棲於會稽之山，更用種、蠡之策，得以存。故虞舜曰：「以學乃時而行，此猶良藥也。」王曰：「石買知往而不知來，其使寡人棄賢。」後遂師二人，竟以禽吳。

子貢曰：「薦一言，得及身；任一賢，得顯名。」傷賢喪邦，蔽能有殃；負德忘恩，其反形傷。壞人之善毋後世，敗人之成天誅行。故冤子胥僇死，由重譖子胥於吳，吳虚重之，無罪而誅。《傳》曰：「寧失千金，毋失一人之心。」是之謂也。

《史記》卷四一《越王勾踐世家》張守節正義引 《會稽典録》云：「范蠡字少伯，越之上將軍也。本是楚宛三户人，佯狂倜儻負俗。文種爲宛令，遣吏謁奉。吏還曰：『范蠡本國狂人，生有此病。』種笑曰：『吾聞士有賢俊之姿，必有佯狂之譏，内懷獨見之明，外有不知之毀，此固非二三子之所知也。』駕車而往，蠡避之。後知種之必來謁，謂兄嫂曰：『今日有客，願假衣冠。』有頃種至，抵掌而談，旁人觀者聳聽之矣。」

雜録

備録

《國語·越語下》 越王句踐即位三年而欲伐吳，范蠡進諫曰：「夫國家之事，有持盈，有定傾，有節事。」王曰：「爲三者，奈何？」對曰：「持盈者與天，定傾者與人，節事者與地。王不問，蠡不敢言。天道盈而不溢，盛而不驕，勞而不矜其功。夫聖人隨時以行，是謂守時。天時不作，弗爲人客；人事不起，弗爲之始。今君王未盈而溢，未盛而驕，不勞而矜其功，天時不作而先爲人客，人事不起而創爲之始，此逆於天而不和於人。王若行之，將妨於國家，靡王躬身。」王弗聽。

范蠡進諫曰：「夫勇者，逆德也；兵者，凶器也；争者，事之末也。陰謀逆德，好用凶器，始於人者，人之所卒也；淫佚之事，上帝之禁也，先行此者，不利。」王曰：「無是貳言也，吾已斷之矣！」果興師而伐吳，戰於五湖，不勝，棲於會稽。

王召范蠡而問焉，曰：「吾不用子之言，以至於此，爲之奈何？」范蠡對曰：「君王其忘之乎？持盈者與天，定傾者與人，節事者與地。」王曰：「與人奈何？」對曰：「卑辭尊禮，玩好女樂，尊之以名。如此不已，又身與之市。」王曰：「諾。」乃令大夫種行成於吳，曰：「請士女女於士，大夫女女於大夫，隨之以國家之重器。」吳人不許。大夫種來而復往，曰：「請委管籥屬國家，以身隨之，君王制之。」吳人許諾。王曰：「蠡爲我守於國。」對曰：「四封之內，百姓之事，蠡不如種也。四封之外，敵國之制，立斷之事，種亦不如蠡也。」王曰：「諾。」令大夫種守於國，與范蠡入宦於吳。

三年，而吳人遣之。歸及至於國，王問於范蠡曰：「節事奈何？」對曰：「節事者與地。唯地能包萬物以爲一，其事不失，生萬物，容畜禽獸，然後受其名而兼其利。美惡皆成，以養其生。時不至，不可彊生；事不究，不可彊成。自若以處，以度天下，待其來者而正之，因時之所宜而定之。同男女之功，除民之害，以避天殃。田野開闢，府倉實，民衆殷。無曠其衆，以爲亂梯。時將有反，事將有間，必有以知天地之恒制，乃可以有天下之成利。事無間，時無反，則撫民保教以須之。」

王曰：「不穀之國家，蠡之國家也，蠡其圖之！」對曰：「四封之内，百姓之事，時節三樂，不亂民功，不逆天時，五穀睦熟，民乃蕃滋，君臣上下交得其志，蠡不如種也。四封之外，敵國之制，立斷之事，因陰陽之恒，順天地之常，柔而不屈，彊而不剛，德虐之行，因以爲常；死生因天地之刑，天因人，聖人因天；人自生之，天地形之，聖人因而成之。是故戰勝而不報，取地而不反，兵勝於外，福生於内，用力甚少而名聲章明，種亦不如蠡也。」王曰：「諾。」令大夫種爲之。

四年，王召范蠡而問焉，曰：「先人就世，不穀即位。吾年既少，未有恒常，出則禽荒，入則酒荒。吾百姓之不圖，唯舟與車。上天降禍於越，委制於吳。吳人之那不穀，亦又甚焉。吾欲與子謀之，其可乎？」對曰：「未可也。蠡聞之，上帝不考，時反是守，彊索者不祥。得時不成，反受其殃。失德滅名，流走死亡。有奪，有予，有不予，王無蚤圖。夫吳，君王之吳也，王若蚤圖之，其事又將未可知也。」王曰：「諾。」

又一年，王召范蠡而問焉，曰：「吾與子謀吳，子曰『未可也』。今吳王淫於樂而忘其百姓，亂民功，逆天時；信讒喜優，憎輔遠弼，聖人不出，忠臣解骨；皆曲相御，莫適相非，上下相偷。其可乎？」對曰：「人事至矣，天應未也，王姑待之。」王曰：「諾。」

又一年，王召范蠡而問焉，曰：「吾與子謀吳，子曰『未可也』。今申胥驟諫其王，王怒而殺之，其可乎？」對曰：「逆節萌生。天地未形，而先爲之征，其事是以不成，雜受其刑。王姑待之。」王曰：「諾。」

又一年，王召范蠡而問焉，曰：「吾與子謀吳，子曰『未可也』。今其稻蟹不遺種，其可乎？」對曰：「天應至矣，人事未盡也，王姑待之。」王怒曰：「道固然乎，妄其欺不穀邪？吾與子言人事，子應我以天時；今天應至矣，子應我以人事。何也？」范蠡對曰：「王姑勿怪。夫人事必將與天地相參，然後乃可以成功。今其禍新民恐，其君臣上下，皆知其資財之不足以支長久也，彼將同其力，致其死，猶尚殆。王其且馳騁弋獵，無至禽荒；宫中之樂，無至酒荒；肆與大夫觴飲，無忘國常。彼其上將薄其德，民將盡其力，又使之望而不得食，乃可以致天地之殛。王姑待之。」

至於玄月，王召范蠡而問焉，曰：「諺有之曰：『觥飯不及壺飧。』今歲晚矣，子將奈何？」對曰：「微君王之言，臣故將謁之。臣聞從時者，猶救火、追亡人也，蹶而趨之，唯恐弗及。」王曰：「諾。」遂興師伐吳，至於五湖。

吳人聞之，出而挑戰，一日五反。王弗忍，欲許之。范蠡進諫曰：「夫謀之廊廟，失之中原，其可乎？王姑勿許也。臣聞之，得時無怠，時不再來，天予不取，反爲之災。贏縮轉化，後將悔之。天節固然，唯謀不遷。」王曰：「諾。」弗許。

范蠡曰：「臣聞古之善用兵者，贏縮以爲常，四時以爲紀，無過天極，究數而止。天道皇皇，日月以爲常，明者以爲法，微者則是行。陽至而陰，陰至而陽；日困而還，月盈而匡。古之善用兵者，因天地之常，與之俱行。後則用陰，先則用陽；近則用柔，遠則用剛。後無陰蔽，先無陽察，用人無藝，往從其所。剛彊以禦，陽節不盡，不死其野。彼來從我，固守勿與。若將與之，必因天地之災，又觀其民之饑飽勞逸以參之，盡其陽節、盈吾陰節而奪之。宜爲人客，剛彊而力疾；陽節不盡，輕而不可取。宜爲人主，安徐而重固；陰節不盡，柔而不可迫。凡陳之道，設右以爲牝，益左以爲牡，蚤晏無失，必順天道，周旋無究。今其來也，剛彊而力疾，王姑待之。」王曰：「諾。」弗與戰。

居軍三年，吳師自潰。吳王帥其賢良，與其重禄，以上姑蘇。使王孫雒行成於越，曰：「昔者上天降禍於吳，得罪於會稽。今君王其圖不穀，不穀請復會稽之和。」王弗忍，欲許之。范蠡進諫曰：「臣聞之，聖人之功，時爲之庸。得時不成，天有還形。天節不遠，五年復反，小凶則近，大凶則遠。先人有言曰：『伐柯者其則不遠。』今君王不斷，其忘會稽之事乎？」王曰：「諾。」不許。

使者往而復來，辭愈卑，禮愈尊，王又欲許之。范蠡諫曰：「孰使我蚤朝而晏罷者，非吳乎？與我争三江、五湖之利者，非吳耶？夫十年謀之，一朝而棄之，其可乎？王姑勿許，其事將易冀已。」王曰：「吾欲勿許，而難對其使者，子其對之。」范蠡乃左提鼓，右援枹，以應使者，曰：「昔者上天降禍於越，委制於吳，而吳不受。今將反此義以報此禍，吾王敢無聽天之命，而聽君王之命乎？」王孫雒曰：「子范子，先人有言曰：『無助天爲虐，助天爲虐者不祥。』今吳稻蟹不遺種，

子將助天爲虐，不忌其不祥乎？」范蠡曰：「王孫子，昔吾先君固周室之不成子也，故濱於東海之陂，黿鼉魚鱉之與處，而鼃黽之與同渚。余雖靦然而人面哉，吾猶禽獸也，又安知是諓諓者乎？」王孫雒曰：「子范子將助天爲虐，助天爲虐不祥。雒請反辭於王。」范蠡曰：「君王已委制於執事之人矣。子往矣，無使執事之人得罪於子。」

使者辭反。范蠡不報於王，擊鼓興師以隨使者，至於姑蘇之宮，不傷越民，遂滅吴。

反至五湖，范蠡辭於王曰：「君王勉之，臣不復入越國矣。」王曰：「不穀疑子之所謂者何也？」對曰：「臣聞之，爲人臣者，君憂臣勞，君辱臣死。昔者君王辱於會稽，臣所以不死者，爲此事也。今事已濟矣，蠡請從會稽之罰。」王曰：「所不掩子之惡，揚子之美者，使其身無終没於越國。子聽吾言，與子分國。不聽吾言，身死，妻子爲戮。」范蠡對曰：「臣聞命矣。君行制，臣行意。」遂乘輕舟以浮於五湖，莫知其所終極。

王命工以良金寫范蠡之狀而朝禮之，浹日而令大夫朝之，環會稽三百里者以爲范蠡地，曰：「後世子孫，有敢侵蠡之地者，使無終没於越國，皇天后土、四鄉地主正之。」

《韓非子·内儲説下》 越王攻吴，王吴王謝而告服，越王欲許之。范蠡、大夫種曰：「不可。昔天以越與吴，吴不受，今天反夫差，亦天禍也。以吴予越，再拜受之，不可許也。」太宰嚭遺大夫種書曰：「狡兔盡則良犬烹，敵國滅則謀臣亡。大夫何不釋吴而患越乎？」大夫種受書讀之，太息而歎曰：「殺之，越與吴同命。」

《吕氏春秋·孝行覽·長攻》 越國大饑，王恐，召范蠡而謀。范蠡曰：「王何患焉？今之饑，此越之福而吴之禍也。夫吴國甚富而財有餘，其王年少，智寡材輕，好須臾之名，不思後患。王若重幣卑辭以請糴於吴，則食可得也。食得，其卒越必有吴，而王何患焉？」越王曰：「善。」乃使人請食於吴，吴王將與之。伍子胥進諫曰：「不可與也。夫吴之與越，接土鄰境，道易人通，仇讎敵戰之國也，非吴喪越，越必喪吴。若燕、秦、齊、晉，山處陸居，豈能踰五湖九江、越十七阸以有吴哉？故曰非吴喪越，越必喪吴。今將輸之粟，與之食，是長吾讎而養吾仇也。財匱而民恐，悔無及也。不若勿與而攻之，固其數也，此昔吾先王之所以霸。且夫饑，代事也，猶淵之與阪，誰國無有？」吴王曰：「不然。吾聞之：『義兵不攻服，仁者食饑餓。』今服而攻之，非義兵也；饑而不食，非仁體也。不仁不義，雖得十越，吾不爲也。」遂與之食。不出三年而吴亦饑，使人請食於越，越王弗與，乃攻之，夫差爲禽。

袁康《越絶書》卷三《吴内傳》 越王句踐欲伐吴王闔廬，范蠡諫曰：「不可。臣聞之，天貴持盈。持盈者，言不失陰陽、日月、星辰之綱紀。地貴定傾。定傾者，言地之長生，丘陵平均，無不得宜，故曰地貴定傾。人貴節事。節事者，言王者已下，公卿大夫，當調陰陽，和順天下，事來應之，物來知之，天下莫不盡其忠信，從其政教，謂之節事。節事者，至事之要也。天道盈而不溢，盛而不驕者，言天生萬物，以養天下；蠉飛蠕動，各得其性；春生夏長，秋收冬藏，不失其常，故曰天道盈而不溢，盛而不驕者也。地道施而不德，勞而不矜其功者也。言地生長五穀，持養萬物，功盈德博，是所施而不德，勞而不矜其功者矣。言天地之施，大而不有功者也。人道不逆四時者，言王者以下，至於庶人，皆當和陰陽四時之變，順之者有福，逆之者有殃，故曰人道不逆四時之謂也。因惛視動者，言存亡吉凶之應，善惡之敘，必有漸也。大道未作，不先爲客者。」

范蠡值吴伍子胥教化，天下從之，未有死亡之失，故以天道未作，不先爲客。言客者，去其國，入人國。地兆未發，不先動衆，言王者以下，至於庶人，非暮春中夏之時，不可以種五穀、興土利；國家不見死亡之失，不可伐也。故地兆未發，不先動衆，此之謂也。

袁康《越絶書》卷六《越絶外傳計策考》 范蠡其始居楚也，生於宛橐，或伍户之虚。其爲結僮之時，一癡一醒，時人盡以爲狂。然獨有聖賢之明，人莫可與語，以内視若盲，反聽若聾。大夫種入其縣，知有賢者，未覩所在，求邑中，不得其邑人，以爲狂夫多賢士，衆賤有君子，汎求之焉。得蠡而悦，乃從官屬，問治之術。蠡修衣冠，有頃而出，進退揖讓，君子之容，終日而語，疾陳霸王之道。志合意同，胡越相從。俱見霸兆出於東南，捐其官位，相要而往臣。小有所虧，大有所成，捐止於吴。或任子胥，二人以爲胥在，無所關其辭。種曰：「今將安之？」蠡曰：「彼爲我，何邦不可乎？」去吴之越，句踐賢之。種躬正内，蠡治出外；内濁不煩，外無不得。臣主同心，遂霸越邦。種善圖始，蠡能慮終。越承二賢，邦以安寧。始有災變，蠡專其明，可謂賢焉，能屈能申。

袁康《越絶書》卷一三《越絶外傳枕中》 昔者，越王句踐問范子曰：「古之賢主、聖王之治，何左何右？何去何取？」范子對曰：「臣聞聖主之治，左道右

術，去末取實。」越王曰：「何謂道？何謂術？何謂末？何謂實？」范子對曰：「道者，天地先生，不知老；曲成萬物，不名巧，故謂之道。道生氣，氣生陰，陰生陽，陽生天地。天地立，然後有寒暑、燥濕、日月、星辰、四時，而萬物備。術者，天意也。盛夏之時，萬物遂長。聖人緣天心，助天喜，樂萬物之長。故舜彈五絃之琴，歌《南風》之詩，而天下治，言其樂與天下同也。當是之時，頌聲作。所謂末者，名也。故名過實，則百姓不附親，賢士不爲用，而外□諸侯，聖主不爲也。所謂實者，穀□也，得人心，任賢士也。凡此四者，邦之寶也。」【略】

越王既已勝吴三日，反邦未至，息，自雄，問大夫種曰：「夫聖人之術，何以加於此乎？」大夫種曰：「不然。王德范子之所言，故天地之符應邦，以藏聖人之心矣。然而范子豫見之策，未肯爲王言者也。」越王愀然而恐，面有憂色，請於范子，稱曰：「寡人用夫子之計，幸得勝吴，盡夫子之力也。寡人聞夫子明於陰陽進退，豫知未形，推往引前，後知千歲，可得聞乎？寡人虚心垂意，聽於下風。」范子曰：「夫陰陽進退，前後幽冥，未見未形。此持殺生之柄，而王制於四海，此邦之重寶也。王而毋泄此事，臣請爲王言之。」越王曰：「夫子幸教寡人，願與之自藏，至死不敢忘！」范子曰：「陰陽進退者，固天道自然，不足怪也。夫陰入淺者即歲善，陽入深者則歲惡。幽幽冥冥，豫知未形。故聖人見物不疑，是謂知時，固聖人所不傳也。夫堯、舜、禹、湯，皆有豫見之勞，雖有凶年而民不窮。」越王曰：「善。」以丹書帛，置之枕中，以爲邦寶。

范子已告越王，立志入海，此謂天地之圖也。

袁康《越絶書》卷一四《越絶德序外傳記》　昔者，越王句踐困於會稽，嘆曰：「我其不伯乎！」欲殺妻子，角戰以死。蠡對曰：「殆哉！王失計也，愛其所惡。且吴王賢不離，不肖不去，若卑辭以地讓之，天若棄彼，彼必許。」句踐曉焉，曰：「豈然哉！」遂聽能以勝。越王句踐即得平吴，春祭三江，秋祭五湖。因以其時，爲之立祠，垂之來世，傳之萬載。鄰邦樂德，以來取足。范蠡内視若盲，反聽若聾，度天關，涉天機，後衽天人，前帶神光。當是時言之者，□其去甚微甚密，王已失之矣，然終難復見得。於是度兵徐州，致貢周室。元王以之中興，號爲州伯，以爲專句踐之功，非王室之力。是時越行伯道，沛歸於宋；浮陵以付楚；臨期、開陽，復之於魯。中邦侵伐，因斯衰止。以其誠行於内，威發於外，越專其功，故曰越絶是也。故《傳》曰：「桓公迫於外子，能以覺悟；句踐執於會稽，能因以伯。」堯舜雖聖，不能任狼致治。管仲能知人，桓公能任賢；蠡善慮患，句踐能行焉；臣主若斯，其不伯，得乎？《易》曰：『君臣同心，其利斷金。』此之謂也。」

鍾惺《史懷》卷三　越王大戒師將伐吴，楚申包胥使于越，此吴楚夙世寃對頭相值也。越王勾踐請問戰，奚以而可，包胥對以知仁勇。人知包胥之借秦以救楚，不知其借越以滅吴，乃可以終其復楚之局，而快其讐吴之志也。古人不欺其君與友如此。

越王勾踐即位三年而欲伐吴，范蠡進曰：「國家之事，有持盈，有定傾，有節事。」王曰：「爲三者奈何？」范蠡對曰：「持盈者與天，定傾者與人，節事者與地。一戰而天地人之理備焉，古人不輕言兵如此。」王不聽，伐吴不勝，棲于會稽。使蠡不能早見于事前，而徒與庸種諸謀臣補救于會稽之後，亦何以爲范蠡也。

越滅吴，置酒文臺，羣臣爲樂，文種祝越王之詞曰：「王不忘臣，臣敢盡力。」二語可憐，兔死烏盡之悲，隱然言外，庶幾其保全以有終耳。然以此望烏喙之主，自是癡心，此范蠡五湖之去，超然出種輩之上也。

鍾惺《史懷》卷六　朱公不得已遣長男，已知中子之必死矣，屬之曰：「聽其所爲，慎無與争事。」二語正庸鄙富人所難。朱公不遣長男，意正在此。若少子去則不須爲此言矣。莊生謂長男，亦曰可疾去矣慎毋留。即弟出，勿問其所以然，數語正是無與争事之意。智謀所見，自然暗合。長男蠢物不知，亦何足怪！使莊生長者，以通家年少見遇，正當憐之，終始周全，其解紛之仁，不取之義，不必見諒于賈竪之長男，亦何患不見信于知己之朱公！乃硜硜一念，必殺一朋友之子，以自明其不取金，小人哉莊生，何其忍而狹也！

馬驌《繹史》卷九六《越滅吴》引《養魚經》　威王聘朱公，問之曰：「聞公在湖爲漁父，在齊爲鴟夷子皮，在西戎爲赤精子，在越爲范蠡，有之乎？」曰：「有之。」曰：「公任足千萬，家累億金，何術乎？」朱公曰：「夫治生之法有五，水畜第一。水畜所謂魚池也，以六畝地爲池，池中有九洲，求懷子鯉魚長三尺者二十頭，牡鯉魚長三尺者四頭，以二月上庚日納池中，令水無聲，魚必生。至四月納一神守，六月納二神守，八月納三神守。神守者，鼈也。所以納鼈者，魚滿三百六十，則蛟龍爲之長，而將魚飛去，納鼈則魚不復去，在池中周繞九洲無窮，自謂江湖也。至來年二月，得鯉魚長一尺者一萬五千枚，三尺者四萬五千枚，二尺者萬枚，枚直五十，得錢一百二十五萬。至明年，得長一尺者十萬枚，長二尺者五萬枚，長三尺者五萬枚，長四尺者四萬枚，留長二尺者二千枚作種，所餘皆取錢

五百一十五萬錢，候至明年，不可勝計也。」王乃於後苑治池，一年得錢三十餘萬。池中九洲八谷，谷上立水二尺，又谷中立水六尺，所以養鯉者，鯉不相食又易長也。

馬驌《繹史》卷九六《越滅吳》引《述異記》 洞庭湖中有釣洲，昔范蠡乘扁舟，至此遇風，止釣於洲上，刻石記焉。有一陂，陂中有范蠡魚。昔范蠡釣得大魚烹食之，小者放於陂中。陂邊有范蠡石牀、石硯、鉆𨪜。范蠡宅在湖中，多桑紵英果，有海杏大如拳，若年楸。

梁玉繩《人表考》卷三《上下智人・范蠡》 范蠡始見《越語》。字少伯，《列仙傳》、《呂氏春秋・當染》注。南陽人。《史・越世家・集解》引司馬遷《素王妙論》。故《呂・當染》注云：楚三户人。《水經清水注》云：宛人。《越絶》六云：生于宛橐。惟《列仙傳》以爲徐人，恐非。亦曰子范子，《越語》。亦曰范公，《易林・蒙之需》、《抱朴子・知止》。亦曰范伯，《越絶》七。亦曰范生。《抱朴子・審舉》、《任命》、《安貧》。又辭越，浮海出齊，變姓名曰鴟夷子皮。《世家》、《墨子・非儒》。又止陶，稱陶朱公，死于陶。《世家》。而《集解》引晉張華謂朱公冢在南郡華容縣西，非也，乃蠡之後晉西戎令范君墓，《水經夏水注》辨其誤。宋徽宗宣和五年封爲遂武侯。《宋史・禮志》。

備論

《史記》卷一二九《越王勾踐世家論》 禹之功大矣，漸九川，定九州，至于今諸夏艾安。及苗裔句踐，苦身焦思，終滅彊吳，北觀兵中國，以尊周室，號稱霸王。句踐可不謂賢哉！蓋有禹之遺烈焉。范蠡三遷皆有榮名，名垂後世。臣主若此，欲毋顯得乎！

《史記》卷四一《越王勾踐世家》司馬貞述贊 越祖少康，至于允常。其子始霸，與吳爭彊。檇李之役，闔閭見傷。會稽之恥，句踐欲當。種誘以利，蠡悉其良。折節下士，致膽思嘗。卒復讎寇，遂殄大邦。後不量力，滅於無彊。

《蘇軾文集》卷五《論范蠡》 越既滅吳，范蠡以爲勾踐爲人長頸鳥喙，可與共患難，不可與同安樂，乃以其私徒屬浮海而行。至齊，以書遺大夫種曰：「蜚鳥盡，良弓藏。狡兔死，走狗烹。子可以去矣。」

蘇子曰：范蠡獨知相其君而已，以吾相蠡，蠡亦鳥喙也。夫好貨，天下之賤士也。以蠡之賢，豈聚斂積實者，何至耕於海濱，父子力作，以營千金，屢散而復積，此何爲者哉？豈非才有餘而道不足，故功成、名遂、身退，而心終不能自放者乎！使勾踐有大度，能始終用蠡，蠡亦非清浄無爲以老於越者也。吾故曰：「蠡亦鳥喙者也。」

魯仲連既退秦軍，平原君欲封連，以千金爲壽。連笑曰：「所貴於天下士者，爲人排難解紛而無所取也。即有取，是商賈之事，連不忍爲也。」遂去，終身不復見，逃隱於海上，曰：「吾與其富貴而詘於人，寧貧賤而輕世肆志焉。」使范蠡之去如魯仲連，則去聖人不遠矣。嗚呼，春秋以來用舍進退未有如范蠡之全者也，而不足於此，吾是以累歎而深悲焉。

《朱子語類》卷一三四《歷代一》 越都會稽，今東門外所在。土地只如今閩狹。後並吳了，却移都平江，亦名會稽。秦後於平江立會稽郡。吳越國勢人物亦不爭多，越尚著許多氣力。今虜何止於吳！所以圖之者，又不及越，如何濟事？今做時，亦須著喫些艱辛，如越始得范蠡、文種，未是難。二人皆在越籠絡中，此是難。某在紹興，想像越當時事，亦自快人。越止一小國，當時亦未甚大段富貴。在越自克如此，亦未是難事。然自越之後，後來不曾見更有一人似之，信立事之難也！

「范蠡載西子以往。王銍性之言，歷攷文書無此事。其原出杜牧之詩云：『西子下吳會，一舸隨鴟夷。』王解此意又不然。」曰：「王性之不成器。如這般發事，渠讀書多，攷究得甚精且多也。」

葉適《習學記言序目》卷一九《史記一・世家》 遷載范蠡，殊不足據。《越語》固言其去矣，而遷取雜説，既言其相齊，又去齊爲陶朱公，又子殺人于楚，又行千金書遺莊生，又莊生怒長子，卒敗其事。信如是，則蠡逼側亂世，以狡獪賈豎爲業，何異吕不韋之流，何必稱賢也！當遷去蠡時尚近，而不能斷其是非，使蠡蒙羞，惜哉！《越王句踐》

《全元文》卷一三三九謝應芳《論吳人不當祀范蠡書》 投老異鄉，如龜藏六，未嘗敢輒造公卿大人之門，爲遊説之客也。今一造焉，亦不敢如方朔自譽、毛遂自薦以求其用，亦非敢有富國强兵之策、驚世駭俗之論以衒其能。特以古人一事有關風化，敢請爲閣下陳之。僕近過吳江，嘗遊三高祠，顧瞻遺像，覽前人記載，金石之文，見所謂三高者，曰范蠡、曰張翰、曰陸龜蒙，謂其清風峻節，天下共高之，邑人爲東家丘而祀之。僕于是竊有感焉。夫季膺、魯望，吳産者也，

吴之人慕爲東家丘是已。嗚夷子皮，始終事越，間嘗以行成留于吴，其心未嘗一日忘乎越也。進美女，納寶器以惑吴之君臣，乘虚進兵以滅吴之宗社，大率皆蠡之謀。越人論功，蠡居第一，豈非吴之大仇乎？惟其功成名遂，遯迹而去，其識見固高于常人。然浮海適齊，則裝其珍寶珠玉以行。在齊，復嘗致千金之産。僕嘗自齊之陶，懷其重寶而去。居陶而父子耕畜轉物逐利，又致累巨萬之資。僕嘗觀太史公以是屢書不一書者，蓋深鄙之，非取之也。較諸子房辭漢，倏然從赤松子遊，相去萬萬矣。又觀杜牧之詩、蘇子瞻之詩，皆謂范蠡、西施以申公、夏姬爲比，由是而言，謂其人爲貪、爲穢，亦不爲過，尚何清風峻節之足慕乎。今也以吴人馨香之黍稷，享敵國貪穢之仇讎，于理其可乎哉！《禮》「民不祀非族」，況仇讎乎。或曰：「有其舉之不可廢也。」僕應之曰：「吴有三高人，特未之思耳。若太伯、仲雍、延陵季子，真可謂天下所共高者也。凡爲吴人，苟非土木，孰不有高山景行之思，雖欲至之而不能也。唯當道君子，循名核寔，改而易之，寔足以稱三高之名，雪千載之羞，而厭服輿人之心矣。」然斯言也，僕不往告之他人而特告于閣下者，誠以閣下心止而理明，學博而識高，見義所在，勇于有爲。凡以正人心、厚風俗之事，知無不行，特此一端，偶未之及耳。及聞僕所説，必不以人廢言，此僕所以發其久箝之口也。惟閣下參秉鈞衡之暇，稽諸祀典，以理裁之，以義決之，爲之改作。奉三讓至德之聖人祠于堂上，配以二賢，仍以季膺、魯望列之從祀。如此則正前人之謬，新生民之耳目，振高風，崇禮讓，激衰世薄俗而勸之，其于風化豈小補哉。唯大人君子垂察焉。若謂蠡之有功而祀之，則越人祀之宜矣。若諸葛武侯之賢，蜀人祀之，吴、魏亦未嘗有祠焉。斯理之公，古今不殊。幽明無間，所謂質諸鬼神而無疑者也。第恐不知者，以僕之言，既不足以謀身，又不急于用世，斥其迂濶而譏笑之，僕于心誠無愧焉。古語云：可語與智者道，難與俗人言。所恃高明，必蒙鑒察。區區干瀆崇嚴，不勝悚息。

藝文

王嘉《拾遺記》卷三　范蠡相越，日致千金。家童閑算術者萬人，收四海難得之貨，盈積於越都，以爲器。銅鐵之類，積如山阜，或藏之井塹，謂之「寶井」。奇容麗色，溢於閨房，謂之「遊宫」。歷古以來，未之有也。

《王十朋全集・詩集》卷一〇《詠史詩・范蠡》　久與君王共苦辛，功成身退肯逡巡。五湖渺渺烟波闊，誰是扁舟第二人。

墨子部

綜述

《史記》卷七四《孟子荀卿列傳》　蓋墨翟，宋之大夫，善守禦，爲節用。或曰並孔子時，或曰在其後。

葛洪《神仙傳》卷四《墨子》　墨子者名翟，宋人也，仕宋爲大夫。外治經典，内修道術，著書十篇，號爲《墨子》。世多學者，與儒家分途，務尚儉約，頗毀孔子。有公輸般者，爲楚造雲梯之械，以攻宋。墨子聞之，往詣楚。脚壞，裂裳裹足，七日七夜到。見公輸般而説之，曰：「子爲雲梯以攻宋，宋何罪之有？有餘於地而不足於民，殺所不足而争所有餘，不可謂智；宋無罪而攻之，不可謂仁；知而不争，不可謂忠；争而不得，不可謂彊。」公輸般曰：「吾不可以已，言於王矣。」墨子見王，曰：「於今有人，捨其文軒，隣有一弊輿而欲竊之；舍其錦繡，隣有短褐而欲竊之；舍其粱肉，隣有糟糠而欲竊之。此爲何若人也？」王曰：「若然者，必有狂疾。」翟曰：「楚有雲夢之麋鹿，江漢之魚黿，爲天下富，宋無雉兔鮒魚，猶粱肉與糟糠也；楚有杞梓豫章，宋無數丈之木，此猶錦繡之與短褐也。臣聞大王更議攻宋，有與此同。」王曰：「善哉。然公輸般已爲雲梯，謂必取宋。」於是見公輸般。墨子解帶爲城，以幞爲械，公輸般乃設攻城之機，九變而墨子九拒之，公輸之攻城械盡，而墨子之守有餘也。公輸般曰：「吾知所以攻子矣，吾不言。」墨子曰：「吾知子所以攻我，我亦不言。」王問其故。墨子曰：「公輸之意，不過殺臣，謂宋莫能守耳。然臣弟子禽滑釐等三百人，早已操臣守禦之器，在宋城上而待楚寇矣！雖殺臣，不能絶也。」楚乃止，不復攻宋。

墨子年八十有二，乃歎曰：「世事已可知，榮位非常保，將委流俗以從赤松子游耳！」乃入周狄山，精思道法，想像神仙。於是數聞左右山閒有誦書聲者，墨子卧後，又有人來以衣覆足。墨子乃伺之，忽見一人，乃起問之曰：「君豈非山岳之靈氣乎？將度世之神仙乎？願且少留，誨以道要。」神人曰：「知子有志好道，故來相候。子欲何求？」墨子曰：「願得長生，與天地相畢耳。」於是神人授以素書、朱英丸方、道靈教戒、五行變化，凡二十五篇。告墨子曰：「子有仙骨，又聰明，得此便成，不復須師。」墨子拜受合作，遂得其驗。乃撰集其要，以爲《五行記》，乃得地仙，隱居以避戰國。至漢武帝時，遣使者楊違，束帛加璧以聘墨子。墨子不出，視其顔色常如五十許人。周游五嶽，不止一處。

孫詒讓《墨子傳略》　墨氏之學亡於秦季，故墨子遺事在西漢時已莫得其詳。太史公述其父談論六家之恉，尊儒而宗道，墨蓋非其所意。故《史記》攟采極博，於先秦諸子，自儒家外，老、莊、韓、吕、蘇、張、孫、吴之倫，皆論列言行爲傳，唯於墨子則僅於《孟荀傳》末附綴姓名，尚不能質定其時代，遑論行事？然則非徒世代縣邈，舊聞散佚，而《墨子》七十一篇其時具存，史公實未嘗詳事校覈，亦其疏也。今去史公又幾二千年，周秦故書雅記百無一存，而七十一篇亦復書闕有閒，徵討之難，不翅倍蓰。然就今存《墨子》書五十三篇鉤攷之，尚可得其較略。蓋生於魯而仕宋，其平生足跡所及，則嘗北之齊，西使衛，又屢游楚，前至郢，後客魯陽，復欲適越而未果。《文子》書偁墨子無煖席，班固亦云「墨突不黔」，斯其譣矣。至其止魯陽文君之攻鄭，絀公輸般以存宋，而辭楚越書社之封，蓋其犖犖大者。勞者苦志以振世之急，權略足以持危應變，而脱屣利禄，不以累其心。所學尤該綜道蓺，洞究象數之微。其於戰國諸子，有吴起、商君之才而濟以仁厚，節操似魯連而質實亦過之，彼韓、吕、蘇、張輩復安足算哉！謹甄討羣書，次弟其先後，略攷始末，以裨史遷之闕，俾學者知墨家持論雖閒涉偏駮，而墨子立身應世具有本末，自非孟、荀大儒，不宜輕相排笮。彼竊耳食之論以爲詬病者，其亦可以少息乎！

墨子名翟，姓墨氏。魯人，或曰宋人。

案：此蓋因墨子爲宋大夫，遂以爲宋人。以本書攷之，似當以魯人爲是。畢沅、武億以魯爲魯陽，則是楚邑。攷古書無言墨子爲楚人者。《渚宫舊事》載魯陽文君説楚惠王曰「墨子，北方賢聖人」，則非楚人明矣。畢、武説殊謬。

蓋生於周定王時。

《漢書・藝文志》云「墨子在孔子後」。【略】

案：《漢書・藝文志》墨家以《尹佚》二篇列首，是墨子之學出於史佚。魯惠公使宰讓請郊廟之禮於天子，桓王使史角往，惠公止之，其後在於魯，墨子學焉。

史角疑即尹佚之後也。

其學務不侈於後世，不靡於萬物，不暉於數度，以繩墨自矯而備世之急。作爲《非樂》，命之曰《節用》，生不歌，死無服，汜愛兼利而非鬭，好學而博，不異。又曰兼愛、尚賢、右鬼、非命，以爲儒者禮煩擾而不悦，厚葬靡財而貧民，久服傷生而害事，故背周道而用夏政。其稱道曰：「昔者禹之湮洪水、決江河而通四夷九州也，名川三百，支川三千，小者無數。禹親自操橐耜而九雜天下之川，腓無胈，脛無毛，沐甚雨，櫛疾風，置萬國。禹大聖也，而形勞天下如此。」故使學者以裘褐爲衣，以跂蹻爲服，日夜不休，以自苦爲極，曰：「不能如此，非禹之道也，不足謂墨。」亦道堯、舜，又善守禦。爲世顯學，徒屬弟子充滿天下。

案：淮南王書謂孔、墨皆脩先聖之術，通六藝之論。今攷六藝爲儒家之學，非墨氏所治也。墨子之學蓋長於《詩》《書》《春秋》，故本書引《詩》三百篇與孔子所删同，引《尚書》如《甘誓》、《仲虺之誥》、《説命》、《大誓》、《洪範》、《吕刑》，亦與百篇之《書》同。又曰「吾嘗見百國春秋」。而於禮則法夏絀周，樂則又非之，與儒家六藝之學不合。淮南所言非其事實也。

其居魯也，魯君謂之曰：「吾恐齊之攻我也，可救乎？」墨子曰：「可。昔者三代之聖王禹、湯、文、武，百里之諸侯也，説忠行義取天下；三代之暴王桀、紂、幽、厲，讐怨行暴失天下。吾願主君之上者尊天事鬼，下者愛利百姓，厚爲皮幣，卑辭令，亟徧禮四鄰諸侯，敺國而以事齊，患可救也。非此，顧無可爲者。」魯君謂墨子曰：「我有二子，一人者好學，一人者好分人財，孰以爲太子而可？」墨子曰：「未可知也。或所爲賞譽爲是也，釣者之恭，非爲魚賜也；餌鼠以蟲，疑當作「蟲」。非愛之也。吾願主君之合其志功而觀焉。」

楚人常與越人舟戰於江，楚惠王時，公輸般自魯南游楚焉，始爲舟戰之器，作爲鉤拒之備，楚人因此若勢，亟敗越人。公輸子善其巧，以語墨子曰：「我舟戰有鉤拒，不知子之義亦有鉤拒乎？」墨子曰：「我義之鉤拒，賢於子舟戰之鉤拒。我鉤拒，我鉤之以愛，揣之以恭；弗鉤以愛則不親，弗揣以恭則速狎，狎而不親則速離。故交相愛、交相恭，猶若相利也。今子鉤而止人，人亦鉤而止子，子拒而距人，人亦拒而距子，交相鉤、交相拒，猶若相害也。故我義之鉤拒，賢子舟戰之鉤拒。」

公輸般爲楚造雲梯之械，成，將以攻宋。墨子聞之，起於魯，行十日十夜而至於郢，見公輸般。公輸般曰：「夫子何命焉爲？」墨子曰：「北方有侮臣，願藉子殺之。」公輸般不説。墨子曰：「請獻十金。」公輸般曰：「吾義固不殺人。」墨子起，再拜，曰：「請説之。吾從北方聞子爲梯，將以攻宋，宋何罪之有？荆國有餘於地，而不足於民，殺所不足而争所有餘，不可謂智；宋無罪而攻之，不可謂仁；知而不争，不可謂忠；争而不得，不可謂强；義不殺少而殺衆，不可謂知類。」公輸般服。墨子曰：「然，胡不已乎？」公輸般曰：「不可。吾既已言之王矣。」墨子曰：「胡不見我於王？」公輸般曰：「諾。」墨子見王，曰：「今有人於此，舍其文軒，鄰有敝轝而欲竊之；舍其錦繡，鄰有短褐而欲竊之；舍其粱肉，鄰有糟糠而欲竊之，此爲何若人？」王曰：「必爲竊疾矣。」墨子曰：「荆之地方五千里，宋之地方五百里，此猶文軒之與敝轝也；荆有雲夢，犀兕麋鹿滿之，江漢之魚鼈黿鼉爲天下富，宋所爲無雉兔鮒魚者也，此猶粱肉之與糟糠也；荆有長松文梓楩枏豫章，宋無長木，此猶錦繡之與短褐也。臣以王吏之攻宋也，爲與此同類。」王曰：「善哉！雖然，公輸般爲我爲雲梯，必取宋。」於是見公輸般。墨子解帶爲城，以褋爲械。公輸般九設攻城之機變，墨子九距之。公輸般之攻械盡，墨子之守圉有餘。公輸般詘，而曰：「吾知所以距子矣，吾不言。」墨子亦曰：「吾知子之所以距我，吾不言。」楚王問其故，墨子曰：「公輸子之意不過欲殺臣。殺臣，宋莫能守，乃可攻也。然臣之弟子禽滑釐等三百人，已持臣守圉之器在宋城上，而待楚寇矣。雖殺臣，不能絶也。」楚王曰：「善哉！吾請無攻宋矣。」公輸子謂墨子曰：「吾未得見之時，我欲得宋。自我得見之後，予我宋而不義，我不爲。」墨子曰：「翟之未得見之時也，子欲得宋；自翟得見子之後，予子宋而不義，子弗爲，是我予子宋也。子務爲義，翟又將予子天下。」

案：墨子止楚攻宋，本書不云在何時，鮑彪《戰國策注》謂當宋景公時，至爲疏謬。惟《渚宫舊事》載於惠王時，墨子獻書之前，最爲近之。蓋公輸子當生於魯昭、定之間，至惠王四十年以後、五十年以前，約六十歲左右，而是時墨子未及三十，正當壯歲，故百舍重繭而不以爲勞。惠王亦未甚老，故尚能見墨子。以情事揆之，無不符合。蘇時學謂即聲王五年圍宋時事，非徒與王曰「請無攻宋」之言不合，而公輸子至聲王時殆逾百歲，其必不可通明矣。

楚惠王五十年，墨子至郢，獻書惠王。王受而讀之，曰：「良書也。寡人雖不得天下，而樂養賢人。」墨子辭曰：「翟聞賢人進，道不行不受其賞，義不聽不處其朝。今書未用，請遂行矣。」將辭王而歸，王使穆賀以老辭。穆賀見墨子，墨

子説穆賀，穆賀大説，謂墨子曰：「子之言則誠善矣。而君王，天下之大王也，毋乃曰賤人之所爲而不用乎？」墨子曰：「唯其可行。譬若藥然，一草之本，天子食之以順其疾，豈曰一草之本而不食哉？今農夫入其税於大人，大人爲酒醴粢盛以祭上帝鬼神，豈曰賤人之所爲而不享哉？故雖賤人也，上比之農，下比之藥，曾不若一草之本乎？」魯陽文君言於王曰：「墨子，北方賢聖人，君王不見，又不爲禮，毋乃失士。」乃使文君追墨子，以書社五里封之，不受而去。

案：楚惠王在位五十七年，墨子獻書在五十年，年齒已高，故以老辭。余知古之説蓋可信也。以墨子生於定王初年計之，年蓋甫及三十，所學已成，故流北方賢聖之譽矣。

嘗游弟子公尚過於越。公尚過説越王，越王大悦，謂公尚過曰：「先生苟能使墨子至於越而教寡人，請裂故吴之地方五百里以封墨子。」公尚過許諾。遂爲公尚過束車五十乘以迎墨子於魯，曰：「吾以夫子之道説越王，越王大説，謂過曰：『苟能使墨子至於越而教寡人，請裂故吴之地方五百里以封子。』」墨子曰：「子之觀越王也，能聽吾言，用吾道乎？」公尚過曰：「殆未能也。」墨子曰：「不唯越王不知翟之意，雖子亦不知翟之意。意越王將聽吾言，用吾道，則翟將往，量腹而食，度身而衣，自比於羣臣，奚能以封爲哉？抑越不聽吾言，不用吾道，而吾往焉，則是我以義糶也。鈞之糶，亦於中國耳，何必於越哉？」

後又游楚，謂魯陽文君曰：「大國之攻小國，譬猶童子之爲馬也。童子之爲馬，足用而勞。今大國之攻小國也，攻者，農夫不得耕，婦人不得織，以守爲事；攻人者，亦農夫不得耕，婦人不得織，以攻爲事。故大國之攻小國也，譬猶童子之爲馬也。」又謂魯陽文君曰：「今有一人於此，羊牛犓豢，雍人但割而和之，食之不可勝食也，見人之作餅，則還然竊之，曰：『舍余食。』不知明安不足乎？其有竊疾乎？」魯陽文君曰：「有竊疾也。」墨子曰：「楚四竟之田，曠蕪而不可勝辟，呼虚數千，不可勝入，見宋、鄭之閒邑，則還然竊之。此與彼異乎？」魯陽文君曰：「是猶彼也，實有竊疾也！」

魯陽文君將攻鄭，墨子聞而止之，謂文君曰：「今使魯四竟之内，大都攻其小都，大家伐其小家，殺其人民，取其牛馬狗豕、布帛米粟貨財，則何若？」文君曰：「魯四竟之内，皆寡人之臣也。今大都攻其小都，大家伐其小家，奪之貨財，則寡人必將厚罰之。」墨子曰：「夫天之兼有天下也，亦猶君之有四竟之内也。今舉兵將以攻鄭，天誅其不至乎？」文君曰：「先生何止我攻鄭也？我攻鄭順於天之志。鄭人三世殺其父，天加誅焉，使三年不全，我將助天誅也。」墨子曰：「鄭人三世殺其父而天加誅焉，使三年不全，天誅足矣。今又舉兵將以攻鄭，曰：『吾攻鄭也，順於天之志。』譬有人於此，其子强梁不材，故其父笞之，其鄰家之父舉木而擊之，曰：『吾擊之也，順於其父之志。』則豈不悖哉！」

案：「三世殺其父」當作「二世殺其君」。此指鄭人弒哀公及韓武子殺幽公而言，蓋當在楚簡王九年以後，鄭繻公初年事也。或謂三世兼駟子陽弒繻公而言，則當在楚悼王六年以後，與魯陽文君年代不相及，不足據。

宋昭公時，嘗爲大夫。

案：墨子仕宋，鮑彪謂當景公、昭公時，非也。以墨子前後時事校之，其爲宋大夫當正在昭公時。景公卒於魯哀公以二十六年，下距齊太公田和元年，凡八十三年，墨子晚年及見田和之爲諸侯，則必不能仕於景公時審矣。

嘗南遊使於衛，謂公良桓子曰：「衛，小國也，處於齊、晉之閒，猶貧家之處於富家之閒也。貧家而學富家之衣食多用，則速亡必矣。今簡子之家，飾車數百乘，馬食菽粟者數百匹，婦人衣文繡者數百人。吾取飾車食馬之費與繡衣之財以畜士，必千人有餘。若有患難，則使數百人處於前，數百人處於後，與婦人數百人處前後，孰安？吾以爲不若畜士之安也。」昭公末年，司城皇喜專政劫君，

《韓非子·内儲説下》篇云：「戴驩爲宋大宰，皇喜重於君，二人争事而相害也。皇喜遂殺宋君而奪其政。」又《外儲説右下》篇云「司城子罕殺宋君而奪政」。司城子罕當即皇喜。其事《史記·宋世家》不載。《史記·鄒陽傳》稱子罕囚墨子。以墨子年代校之，前不逮景公，後不逮辟公，所相直者惟昭公、悼公、休公三君。《吕氏春秋·召類》篇高注云：「《春秋》：子罕殺昭公。」攷宋有兩昭公，一在魯文公時，與墨子相去遠甚；一在春秋後魯悼公時，與墨子時代正相當。子罕所殺宜爲後之昭公。惟高云春秋時，則誤並兩昭公爲一耳。《宋世家》雖不云昭公被弒，然秦漢古籍所紀匪一，高説不爲無徵。賈子《新書·先醒》篇、《韓詩外傳》六並云昭公出亡而復國。而《説苑》云子罕逐君專政，或昭公實爲子罕所逐而失國，因誤傳爲被殺，亦未可知。《宋世家》於春秋後事頗多疏略，如宋辟公被弒，見《索隱》引《紀年》。而《史》亦不載，是其例矣。

而囚墨子。

子冉，不知子冉是何人。文穎云：「子冉，子罕也。」《文選》鄒陽獄中上書自明，亦作子冉，注引文穎説同，又云：「冉音任，善云：未詳。」《新序》三亦作子冉，蓋皆子罕之誤。

老而至齊，見太王田和，曰：「今有刀於此，試之人頭，倅然斷之，可謂利乎？」太王曰：「利。」墨子曰：「多試之人頭，倅然斷之，可謂利乎？」太王曰：「利。」墨子曰：「刀則利矣，孰將受其不祥？」太王曰：「刀受其利，試者受其不祥。」墨子曰：「併國覆軍，賊殺百姓，孰將受其不祥？」太王俯仰而思之曰：「我受其不祥。」

齊將伐魯，墨子謂齊將項子牛曰：「伐魯，齊之大過也。昔者吳王東伐越，棲諸會稽；西伐楚，葆昭王於隨；北伐齊，取國子以歸於吳。諸侯報其讎，百姓苦其勞而弗爲用，是以國爲虛戾，身爲刑戮也。昔者智伯伐范氏與中行氏，兼三晉之地，諸侯報其讎，百姓苦其勞而弗爲用，是以國爲虛戾，身爲刑戮。用是也，故大國之攻小國也，是交相賊也，過必反於國。」卒蓋在周安王末年，當八九十歲。

案：墨子卒年無攷，以本書校之，《親士》篇説吳起車裂事，在安王二十一年；《非樂》篇説齊康公興樂，康公卒於安王二十三年，自是以後，更無所見。則墨子或即卒於安王末年。葛洪《神仙傳》載墨子年八十有二，入周狄山學道。其説虛誕不足論，然墨子年壽必逾八十，則近之耳。

所箸書，漢劉向校録之，爲七十一篇。

案：《墨子》書今存五十三篇，蓋多門弟子所述，不必其自箸也。《神仙傳》作十篇，《荀子》楊注作三十五篇，並非。

孫詒讓《墨子年表序》 史遷云：「墨翟，或曰並孔子時，或曰在其後。」劉向云：「在七十子之後。」班固云：「在孔子後。」張衡云：「當子思時。」衆説舛啎，無可質定。近代治《墨子》書者，畢沅以爲六國時人，至周末猶存，既失之太後；汪中沿宋鮑彪之説，謂仕宋得當景公世，又失之太前，殆皆不攷之過。竊以今五十三篇之書推校之，墨子前及與公輸般、魯陽文子相問答，而後及見齊太公和。與齊康公興樂、楚吳起之死，上距孔子之卒，幾及百年，則墨子之後孔子，蓋信。審覈前後，約略計之，墨子當與子思並時，而生年尚在其後，當生於周定王之初年，而卒於安王之季，蓋八九十歲，亦壽考矣。其仕宋蓋當昭公之世。鄒陽書云「宋信子罕之計而囚墨翟」，其事他書不經見。秦漢諸子多言子罕逐君，高誘則云子罕殺昭公，又韓子説皇喜殺宋君，子罕與喜當即一人。竊疑昭公實被放殺，而史失載。墨子之囚，殆即昭之末年事與？先秦遺聞，百不存一，儒家惟孔子生卒年月明箸於《春秋經》、《傳》，然尚不無差異。七十子之年，孔壁古文《弟子籍》所傳者亦不能備。外此，則孟、荀諸賢，皆不能質言其年壽，豈徒墨子然哉？今取定王元年迄安王二十六年，凡九十有三年，表其年數，而以五十三篇書關涉諸國及古書説墨子佚事附箸之。雖不能詳塙，猶瘉於馮虛臆測，舛繆不驗者爾。

雜録

備録

《墨子・公輸》 公輸盤爲楚造雲梯之械成，將以攻宋。子墨子聞之，起於齊，行十日十夜而至於郢，見公輸盤。公輸盤曰：「夫子何命焉爲？」子墨子曰：「北方有侮臣，願藉子殺之。」公輸盤不説。子墨子曰：「請獻十金。」公輸盤曰：「吾義固不殺人。」子墨子起，再拜曰：「請説之。吾從北方聞子爲梯，將以攻宋。宋何罪之有？荆國有餘於地，而不足於民，殺所不足，而爭所有餘，不可謂智。宋無罪而攻之，不可謂仁。知而不爭，不可謂忠。爭而不得，不可謂强。義不殺少而殺衆，不可謂知類。」公輸盤服。子墨子曰：「然乎不已乎？」公輸盤曰：「不可。吾既已言之王矣。」子墨子曰：「胡不見我於王？」公輸盤曰：「諾。」

子墨子見王，曰：「今有人於此，舍其文軒，鄰有敝轝，而欲竊之；舍其錦繡，鄰有短褐，而欲竊之；舍其粱肉，鄰有糠糟，而欲竊之。此爲何若人？」王曰：「必爲竊疾矣。」子墨子曰：「荆之地，方五千里，宋之地，方五百里，此猶文軒之與敝轝也；荆有雲夢，犀兕麋鹿滿之，江漢之魚鼈黿鼉爲天下富，宋所爲無雉兔狐狸者也，此猶粱肉之與糠糟也；荆有長松、文梓、楩枏、豫章，宋無長木，此猶錦繡之與短褐也。臣以三事之攻宋也，爲與此同類，臣見大王之必傷義而不得。」王曰：「善哉！雖然，公輸盤爲我爲雲梯，必取宋。」

於是見公輸盤，子墨子解帶爲城，以牒爲械，公輸盤九設攻城之機變，子墨子九距之，公輸盤之攻械盡，子墨子之守圉有餘。公輸盤詘，而曰：「吾知所以距子矣，吾不言。」子墨子亦曰：「吾知子之所以距我，吾不言。」楚王問其故，子

墨子曰：「公輸子之意，不過欲殺臣。殺臣，宋莫能守，可攻也。然臣之弟子禽滑釐等三百人，已持臣守圉之器，在宋城上而待楚寇矣。雖殺臣，不能絶也。」楚王曰：「善哉！吾請無攻宋矣。」

子墨子歸，過宋，天雨，庇其閭中，守閭者不内也。故曰：「治於神者，衆人不知其功，争於明者，衆人知之。」

《晏子春秋・内篇問上》景公外傲諸侯，内輕百姓，好勇力，崇樂以從嗜慾，諸侯不説，百姓不親。公患之，問於晏子曰：「古之聖王，其行若何？」晏子對曰：「其行公正而無邪，故讒人不得入；不阿黨，不私色，故羣徒之卒不得容；薄身厚民，故聚斂之人不得行；不侵大國之地，不耗小國之民，故諸侯皆欲其尊；不劫人以甲兵，不威人以衆彊，故天下皆欲其彊；德行教訓加於諸侯，慈愛利澤加於百姓，故海内歸之若流水。今衰世君人者，辟邪阿黨，故讒諂羣徒之卒繁；厚身養，薄視民，故聚斂之人行；侵大國之地，耗小國之民，故諸侯不欲其尊；劫人以兵甲，威人以衆彊，故天下不欲其彊；災害加於諸侯，勞苦施於百姓，故讎敵進伐，天下不救，貴戚離散，百姓不興。」公曰：「然則何若？」對曰：「請卑辭重幣，以説於諸侯，輕罪省功，以謝於百姓，其可乎？」公曰：「諾。」於是卑辭重幣，而諸侯附，輕罪省功，而百姓親，故小國入朝，燕魯共貢。墨子聞之曰：「晏子知道，道在人爲，而失爲己。爲人者重，自爲者輕。景公自爲而小國不爲與，爲人而諸侯爲役，則道在爲人，而行在反己矣。故晏子知道矣！」

《韓非子・外儲説左上》楚王謂田鳩曰：「墨子者，顯學也。其身體則可，其言多而不辯，何也？」曰：「昔秦伯嫁其女於晉公子，令晉爲之飾裝，從衣文之媵七十人。至晉，晉人愛其妾而賤公女。此可謂善嫁妾而未可謂善嫁女也。楚人有賣其珠於鄭者，爲木蘭之櫝，薰以桂椒，綴以珠玉，飾以玫瑰，輯以翡翠。鄭人買其櫝而還其珠。此可謂善賣櫝矣，未可謂善鬻珠也。今世之談也，皆道辯説文辭之言，人主覽其文而忘有用。墨子之説，傳先王之道，論聖人之言以宣告人。若辯其辭，則恐人懷其文忘其直，以文害用也。此與楚人鬻珠、秦伯嫁女同類，故其言多不辯。」

墨子爲木鳶，三年而成，蜚一日而敗。弟子曰：「先生之巧，至能使木鳶飛。」墨子曰：「不如爲車輗者巧也，用咫尺之木，不費一朝之事，而引三十石之任，致遠力多，久於歲數。今我爲鳶三年成，蜚一日而敗。」惠子聞之曰：「墨子大巧，巧爲輗，拙爲鳶。」

《吕氏春秋・離俗覽・高義》子墨子游公上過於越。公上過語墨子之義，越王説之，謂公上過曰：「子之師苟肯至越，請以故吴之地，陰江之浦，書社三百，以封夫子。」公上過往復於子墨子。子墨子曰：「子之觀越王也，能聽吾言、用吾道乎？」公上過曰：「殆未能也。」墨子曰：「不唯越王不知翟之意，雖子亦不知翟之意。若越王聽吾言、用吾道，翟度身而衣，量腹而食，比於賓萌，未敢求仕。越王不聽吾言、不用吾道，雖全越以與我，吾無所用之。越王不聽吾言、不用吾道，而受其國，是以義翟也，義翟何必越，雖於中國亦可。」凡人不可不熟論。秦之野人，以小利之故，弟兄相獄，親戚相忍；今可得其國，恐虧其義而辭之，可謂能守行矣；其與秦之野人相去亦遠矣。

《吕氏春秋・開春論・期賢》公輸般爲高雲梯，欲以攻宋。墨子聞之，自魯往，裂裳裹足，日夜不休，十日十夜而至於郢，見荆王曰：「臣北方之鄙人也，聞大王將攻宋，信有之乎？」王曰：「然。」墨子曰：「必得宋乃攻之乎？亡其不得宋且不義猶攻之乎？」王曰：「必不得宋，且有不義，則曷爲攻之？」墨子曰：「甚善。臣以宋必不可得。」王曰：「公輸般，天下之巧工也，已爲攻宋之械矣。」墨子曰：「請令公輸般試攻之，臣請試守之。」於是公輸般設攻宋之械，墨子設守宋之備。公輸般九攻之，墨子九却之，不能入，故荆輟不攻宋。墨子能以術禦荆，免宋之難者，此之謂也。

《淮南子・泰族訓》墨子服役者百八十人，皆可使赴火蹈刃，死不還踵，化之所致也。

劉向《説苑・反質》禽滑釐問於墨子曰：「錦綉絺紵，將安用之？」墨子曰：「惡，是非吾用務也。古有無文者得之矣，夏禹是也，卑小宫室，損薄飲食，土階三等，衣裳細布。當此之時，黼黻無所用而務在於完堅。「黼」字原脱，從劉氏《斠補》補。殷之盤庚，大其先王之室，而改造於殷，茅茨不剪，采椽不斲，以變天下之視。當此之時，文采之帛，將安所施。大品庶非有心也，以人主爲心，苟上不爲，下惡用之。二王者以身先於天下，「身」上原衍「化」字，從《拾補》删。故化隆於其時，成名於今世也。且夫錦綉絺紵，亂君之所造也，其本皆興於齊景公，喜奢而忘儉，幸有晏子以儉鐫之，然猶幾不能勝。夫奢安可窮哉？紂爲鹿臺糟丘，酒池肉林，宫墻文畫，彫琢刻鏤，錦綉被堂，金玉珍瑋，婦女優倡，鐘鼓管絃，流漫不禁，而天下愈竭，故卒身死國亡，爲天下戮，非惟錦綉絺紵之用耶！今當凶年，有欲予子隨侯之珠者，不得賣也，珍寶而以爲飾，又欲予子一鍾粟者，得珠者不得

粟，得粟者不得珠，子將何擇？」禽滑釐曰：「吾取粟耳，可以救窮。」墨子曰：「誠然，則惡在事夫奢也，長無用，好末淫，非聖人之所急也。故食必常飽，然後求美；衣必常暖，然後求麗；居必常安，然後求樂。爲可長，行可久，先質而後文，此聖人之務。」禽滑釐曰：「善。」

《晉書》卷九四《隱逸傳·魯勝傳》 其著述爲世所稱，遭亂遺失，惟注《墨辯》，存其叙曰：

名者所以别同異，明是非，道義之門，政化之準繩也。孔子曰：「必也正名，名不正則事不成。」墨子著書，作《辯經》以立名本，惠施、公孫龍祖述其學，以正别名顯於世。孟子非墨子，其辯言正辭則與墨同。荀卿、莊周等皆非毁名家，而不能易其論也。

名必有形，察形莫如别色，故有堅白之辯。名必有分明，分明莫如有無，故有無序之辯。是有不是，可有不可，是名兩可。同而有異，異而有同，是之謂辯同異。至同無不同，至異無不異，是謂辯同辯異。同異生是非，是非生吉凶，取辯於一物而原極天下之汙隆，名之至也。

自鄧析至秦時名家者，世有篇籍，率頗難知，後學莫復傳習，於今五百餘歲，遂亡絶。《墨辯》有上下《經》，《經》各有《説》，凡四篇，與其書衆篇連第，故獨存。今引《説》就《經》，各附其章，疑者闕之。又采諸衆雜集爲《刑》《名》二篇，略解指歸，以俟君子。其或興微繼絶者，亦有樂乎此也！

王應麟《困學紀聞》卷二《書》 墨子南使衛，載書甚多。弦唐子見而怪之。墨子曰：「昔周公旦朝讀書百篇，夕見七十二士。相天下猶如此，吾安敢廢此也！」「外史掌三皇五帝之書」，「《大訓》在西序」，「讀書百篇」，謂此類也。

梁玉繩《人表考》卷四《中上·墨翟》 墨翟始見《孟子》、《戰國齊策》。宋之大夫。《史·孟荀傳》。魯人。《呂氏春秋·當染》、《愼大》注，而《神仙傳》以爲宋人。姓墨，《廣韻》注。本墨台氏所改。《通志·氏族略》四。名翟。本書《藝文志》、《呂氏·當染》、《愼大》、《淮南·脩務》注。亦曰墨氏，《孟子》。亦曰墨子，《孟子》、《宋策》、《墨子書》。亦曰子墨子，《墨子書》、《呂覽·高義》。亦曰翟子。《文選》齊孔稚圭《北山移文》。

案孟子、楊、墨並言，諸子每云孔、墨，《抱朴子名實篇》稱班、墨，則墨其姓也。《墨子·耕柱》、《貴義》、《公孟》、《魯問》及《呂覽高義》多自稱翟，則翟其名也。乃元伊世珍《瑯嬛記》引賈子《説林》失名。謂墨子姓翟名烏，其母夢日中赤烏入室，驚覺生烏，遂名之，誕不足信。

備論

《莊子·天下》 古之道術有在於是者。墨翟、禽滑釐聞其風而説之。爲之大過，已之大循。作爲《非樂》，命之曰《節用》，生不歌，死無服。墨子汎愛兼利而非鬬，其道不怒；又好學而博，不異，不與先王同，毁古之禮樂。黄帝有《咸池》，堯有《大章》，舜有《大韶》，禹有《大夏》，湯有《大濩》，文王有辟雍之樂，武王、周公作《武》。古之喪禮，貴賤有儀，上下有等，天子棺槨七重，諸侯五重，大夫三重，士再重。今墨子獨生不歌，死不服，桐棺三寸而無槨，以爲法式。以此教人，恐不愛人；以此自行，固不愛己。未敗墨子道，雖然，歌而非歌，哭而非哭，樂而非樂，是果類乎？其生也勤，其死也薄，其道大觳，使人憂，使人悲，其行難爲也，恐其不可以爲聖人之道，反天下之心，天下不堪。墨子雖能獨任，奈天下何！離於天下，其去王也遠矣。【略】使後世之墨者多以裘褐爲衣，以跂蹻爲服，日夜不休，以自苦爲極，曰：「不能如此，非禹之道也，不足謂墨。」

《荀子·富國》 墨子之言，昭昭然爲天下憂不足。夫不足，非天下之公患也，特墨子之私憂過計也。今是土之生五穀也，人善治之則畝數盆，一歲而再獲之，然後瓜桃棗李一本數以盆鼓，然後葷菜百疏以澤量，然後六畜禽獸一而剸車，黿鼉、魚鱉、鰌鱣以時别，一而成羣，然後飛鳥鳧雁若烟海，然後昆蟲萬物生其閒，可以相食養者不可勝數也。夫天地之生萬物也，固有餘足以食人矣；麻葛、繭絲，鳥獸之羽毛齒革也，固有餘足以衣人矣。夫有餘不足，非天下之公患也，特墨子之私憂過計也。天下之公患，亂傷之也。胡不嘗試相與求亂之者誰也？我以墨子之「非樂」也則使天下亂，墨子之「節用」也則使天下貧，非將墮之也，説不免焉。墨子大有天下，小有一國，將蹙然衣麤食惡，憂戚而非樂。若是則瘠，瘠則不足欲，不足欲則賞不行。墨子大有天下，小有一國，將少人徒，省官職，上功勞苦，與百姓均事業，齊功勞，若是則不威，不威則罰不行。賞不行，則賢者不可得而進也；罰不行，則不肖者不可得而退也。賢者不可得而進也，不肖者不可得而退也，則能不能不可得而官也。若是則萬物失宜，事變失應，上失天時，下失地利，中失人和，天下敖然，若燒若焦。墨子雖爲之衣褐帶索，嚽菽飲水，惡能足之乎？既以伐其本，竭其原，而焦天下矣。故先王聖人爲之不然。知

夫爲人主上者不美不飾之不足以一民也，不富不厚之不足以管下也，不威不强之不足以禁暴勝悍也。故必將撞大鐘、擊鳴鼓、吹笙竽、彈琴瑟以塞其耳，必將錭琢、刻鏤、黼黻、文章以塞其目，必將芻豢稻粱、五味芬芳以塞其口，然後衆人徒、備官職、漸慶賞、嚴刑罰以戒其心。使天下生民之屬皆知己之所願欲之舉在是於也，故其賞行；皆知己之所畏恐之舉在是於也，故其罰威。賞行罰威，則賢者可得而進也，不肖者可得而退也，能不能可得而官也。若是，則萬物得宜，事變得應，上得天時，下得地利，中得人和，則財貨渾渾如泉源，汸汸如河海，暴暴如丘山，不時焚燒，無所臧之，夫天下何患乎不足也？故儒術誠行，則天下大而富，使而功，撞鐘擊鼓而和。《詩》曰：「鐘鼓喤喤，管磬瑲瑲，降福穰穰。降福簡簡，威儀反反。既醉既飽，福禄來反。」此之謂也。故墨術誠行則天下尚儉而彌貧，非鬭而日争，勞苦頓萃而愈無功，愀然憂戚非樂而日不和。《詩》曰：「天方薦瘥，喪亂弘多。民言無嘉，憯莫懲嗟。」此之謂也。

《荀子·非十二子》 不知壹天下、建國家之權稱，上功用，大儉約而僈差等，曾不足以容辨異、縣君臣；然而其持之有故，其言之成理，足以欺惑愚衆，是墨翟、宋鈃也。

韓愈《韓昌黎文集》卷一《讀墨子》 儒譏墨以上同、兼愛、上賢、明鬼，而孔子畏大人，居是邦不非其大夫，《春秋》譏專臣，不「上同」哉？孔子泛愛親仁，以博施濟衆爲聖，不「兼愛」哉？孔子賢賢，以四科進褒弟子，疾殁世而名不稱，不「上賢」哉？孔子祭如在，譏祭如不祭者，曰我祭則受福，不「明鬼」哉？

儒墨同是堯舜，同非桀紂，同修身正心以治天下國家，奚不相悦如是哉？余以爲辯生於末學，各務售其師之説，非二師之道本然也。

孔子必用墨子，墨子必用孔子；不相用，不足爲孔墨。

王安石《王文公文集》卷二六《楊墨》 楊墨之道，得聖人之一而廢其百者是也。聖人之道，兼楊墨而無可無不可者是也。墨子之道，摩頂放踵以利天下，而楊子之道，利天下拔一毛而不爲也。夫禹之於天下，九年之間三過其門，聞呱呱之泣而不一省其子，此亦可謂爲人矣。顔回之於身，簞食瓢飲以獨樂於陋巷之間，視天下之亂若無見者，此亦可謂爲己矣。楊墨之道，獨以爲人、爲己得罪於聖人者，何哉？此蓋所謂得聖人之一而廢其百者也。是故由楊子之道則不義，由墨子之道則不仁，於仁義之道無所遺而用之不失其所者，其唯聖人之徒歟？二子之失於仁義而不見天地之全，則同矣，及其所以得罪，則又有可論者也。楊子之所執者爲己，爲己，學者之本也。墨子之所學者爲人，爲人，學者之末也。是以學者之事必先爲己，其爲己有餘而天下之勢可以爲人矣，則不可以不爲人。故學者之學也，始不在於爲人，而卒所以能爲人也。今夫始學之時，其道未足以爲己，而其志已在於爲人也，則亦可謂謬用其心矣。謬用其心者，雖有志於爲人，其能乎哉？由是言之，楊子之道雖不足以爲人，固知爲己矣。墨子之志雖在於爲人，吾知其不能也。嗚呼，楊子知爲己之爲務，而不能達於大禹之道也，則亦可謂惑矣。墨子者，廢人物親疏之别，方以天下爲己任，是其所欲以利人者，適所以爲天下害患也，豈不過甚哉？故楊子近於儒，而墨子遠於道，其異於聖人則同，而其得罪則宜有間也。

《二程集》卷一八《伊川先生語四》 問：「退之《讀墨》篇如何？」曰：「此篇意亦甚好，但言不謹嚴，便有不是處。且孟子言墨子愛其兄之子猶鄰之子，墨子書中何嘗有如此等言？但孟子拔本塞源，知其流必至於此。大凡儒者學道，差之毫釐，繆以千里。楊朱本是學義，墨子本是學仁，但所學者稍偏，故其流遂至於無父無君，孟子欲正其本，故推至此。退之樂取人善之心，可謂忠恕，然持教不知謹嚴，故失之。至若言孔子尚同兼愛，與墨子同，則甚不可也。後之學者，又不及楊、墨。楊、墨本學仁義，後人乃不學仁義。但楊、墨之過，被孟子指出，後人無人指出，故不見其過也。」

汪中《述學》卷二《墨子序》 《墨子》七十一篇，亡十八篇，今見五十三篇。明陸穩所叙刻，視它本爲完。其書多誤字，文義昧晦不可讀。今以意粗爲是正，闕所不知，又采古書之涉於《墨子》者，别爲《表微》一卷，而爲之叙曰：

周太史尹佚實爲文王所訪，克商營洛，祝筴遷鼎，有勞於王室。成王聽朝，與周、召、太公同爲四輔，數有論諫，身没而言立。東遷以後，魯季文子、惠伯、晉荀偃、叔向、秦子桑、后子及左邱明，並見引重。遺書二篇，劉向校書，列諸墨六家之首。《説苑·政理》篇亦載其文。莊周述墨家之學而原其始，曰：「不侈於後世，不靡於萬物，不暉於數度，以繩墨自矯而備世之急，古之道術有在於是者。」可謂知言矣。古之史官，實秉禮經以成國典，其學皆有所受。魯惠公請郊廟之禮於天子，桓王使史角往，惠公止之，其後在於魯，墨子學焉。其淵源所漸，固可攷而知也。劉向以爲出於清廟之守。夫有事於廟者，非巫則史，史佚、史角皆其人也。史佚之書至漢具存，而夏之禮在周已不足徵，則莊周、禽滑釐傳之禹者，非也。

司馬遷云：「墨翟，宋大夫。或曰並孔子時，或曰在其後。」今按《耕柱》、《魯問》二篇，墨子於魯陽文子多所陳說。《楚語》「惠王以梁與魯陽文子」，韋昭注「文子，平王之孫，司馬子期之子」，其言實出《世本》。故《貴義》篇墨子南游於楚，見獻惠王，獻惠王以老辭。獻惠王之爲惠王，猶頃襄王之爲襄王。由是言之，墨子實與楚惠王同時，其仕宋當景公、昭公之世。其年於孔子差後，或猶及見孔子矣。《蓺文志》以爲在孔子後者，是也。《非攻中》篇言知伯以好戰亡，事在春秋後二十七年；又言蔡亡，則爲楚惠王四十二年，墨子並當時及見其事。《非攻下》篇言今天下好戰之國齊、晉、楚、越，又言唐叔、吕尚邦齊、晉，今與楚、越四分天下。《節葬下》篇言諸侯力征，南有楚、越之王，北有齊、晉之君。明在句踐稱伯之後，秦獻公未得志之前，全晉之時，三家未分，齊未爲陳氏也。《檀弓下》「季康子之母死，公輸般請以機封」，此事不得其年。季康子之卒在哀公二十七年，楚惠王以哀公七年即位，般固逮事惠王。《公輸》篇「楚人與越人舟戰於江，公輸子自魯南游楚，作鉤强以備越」，亦吴亡後，楚與越爲鄰國事。惠王在位五十七年，本書既載其以老辭墨子，則墨子亦壽考人與？

《親士》、《脩身》二篇，其言淳實，與曾子《立事》相表裏，爲七十子後學者所述。《經上》至《小取》六篇，當時謂之《墨經》，莊周稱「相里勤之弟子五侯之徒，南方之墨者古獲、已齒、鄧陵子之屬，以堅白異同之辨相訾，以觭偶不仵之辭相應」者也。公孫龍爲平原君客，當趙惠文、孝成二王之世；惠施相魏，當惠、襄二王之世，二子實始爲是學。是時墨子之没久矣，其徒誦之，並非《墨子》本書。《所染》篇亦見《吕氏春秋》，其言宋康染於唐鞅、田不禮，宋康之滅在楚惠王卒後一百五十七年。墨子蓋嘗見染絲者而歎之，爲墨之學者增成其說耳。故本篇稱禽子，《吕氏春秋》並稱墨子。《親士》篇錯入道家言二條，與前後不類，今出而附之篇末。又言吴起之裂，起之裂以楚悼王二十一年，亦非墨子之所知也。今定其書爲内外二篇，又以其徒之所附著爲襍篇，倣劉向校《晏子春秋》例，輒於篇末述所以進退之意，覽者詳之。

墨子之學，其自言者曰：「國家昏亂，則語之尚賢、尚同；國家貧，則語之節用、節葬；國家憙音沈湎，則語之非樂、非命；國家淫僻無禮，則語之尊天、事鬼；國家務奪侵陵，則語之兼愛、非攻。」此其救世亦多術矣。《備城門》以下，臨敵應變纖悉周密，斯其所以爲才士與！傳曰：世之學老子者則絀儒學，儒學亦絀老子。惟儒墨則亦然，儒之絀墨子者，孟氏、荀氏。荀之《禮論》、《樂論》爲王者治定功成盛德之事，而墨之節葬、非樂所以救衰世之敝，其意相反而相成也。若夫兼愛，特墨之一端，然其所謂兼者，欲國家慎其封守，而無虐其鄰之人民畜産也。雖昔先王制爲聘問弔恤之禮，以睦諸侯之邦交者，豈有異哉！彼且以兼愛教天下之爲人子者，使以孝其親，而謂之無父，斯已枉矣。後之君子日習《孟子》之説，而未覩《墨子》之本書，其以耳食，無足怪也。世莫不以其誣孔子爲墨子辠。雖然，自今日言之，孔子之尊固生民以來所未有矣。自當日言之，則孔子魯之大夫也，而墨子宋之大夫也，其位相埒，其年又相近，其操術不同而立言務以求勝，雖欲平情覈實，其可得乎？是故墨子之誣孔子，猶孟子之誣墨子也，歸於不相爲謀而已矣。吾讀其書，惟以三年之喪爲敗男女之交，有悖於道。至其述堯舜，陳仁義，禁攻暴，止淫用，感王者之不作，而哀生人之長勤，百世之下如見其心焉，《詩》所謂「凡民有喪，匍匐救之」之仁人也！其在九流之中，惟儒足與之相抗，自餘諸子皆非其比。歷觀周、漢之書，凡百餘條，並孔墨、儒墨對舉。楊朱之書惟貴放逸，當時亦莫之宗，躋之於墨，誠非其倫。

自墨子没，其學離而爲三，徒屬充滿天下，吕不韋再稱鉅子，韓非謂之顯學，至楚、漢之際而微，孝武之世猶有傳者，見於司馬談所述，於後遂無聞焉。惜夫！以彼勤生薄死，而務急國家之事，後之從政者固宜假正議以惡之哉！乾隆上章困敦涂月，選拔貢生江都汪中述。

汪中《述學》卷二《墨子後序》 中既治《墨子》，牽於人事，且作且止。越六年，友人陽湖孫季仇星衍以刊本示余，則巡撫畢侍郎、盧學士咸有事焉。出入羣籍，以是正文字，博而能精。中不勞日力，於是書盡通其癥結。且舊文抓學，得二三好古君子與我同志，於是有三喜焉。既受而卒業，意有未盡，乃爲後叙，以復於季仇曰：季仇謂墨子之學出於禹，其論偉矣！非獨禽滑釐有是言也，莊周之書則亦道之曰：「不以自苦爲極者，非禹之道。」是皆謂墨之道與禹同耳，非謂其出於禹也。昔在成周，禮器大備，凡古之道術，皆設官以掌之。官失其業，九流以興，於是各執其一術以爲學。諱其所從出，而託於上古神聖，以爲名高，不曰神農，則曰黄帝。墨子質實，未嘗援人以自重。其則古昔，稱先王，言堯、舜、禹、湯、文、武者六，言禹、湯、文、武者四，言文王者三，而未嘗專及禹。墨子固非儒而不非周也，又不言其學之出於禹也。公孟謂君子必古言服然後仁，墨子既非之，而曰子法周而未法夏，則子之古非古也。此因其所好而激之，且屬之言服，甚明而易曉。然則謂墨子背周而從夏者，非也。惟夫墨離爲三，取舍相反，

倍譎不同，自謂別墨，然後託於禹以尊其術，而淮南著之書爾。雖然，謂墨子之學出於禹，未害也。謂禹制三月之喪，則尸子之誤也，從而信之，非也。何以明其然也？古者喪期無數，黄帝、堯、舜垂衣裳而天下治，則五服精粗之制立矣。放勳殂落，百姓如喪考妣，其可見者也。夏后氏三年之喪，既殯而致事，則夏之爲父三年矣。禹崩，三年之喪畢，益避禹之子於箕山之陰，則夏之爲君三年矣。從是觀之，它服術可知也。《士喪禮》，自小斂奠，大斂奠，朔月半薦，遣奠，大遣奠，皆用夏祝。使夏后氏制喪三月，祝豈能習其禮，以贊周人三年之喪哉？若夫陵死葬陵，澤死葬澤，此爲天下大水不能具禮者言之也。荒政殺哀，周何嘗不因於夏禮以聚萬民哉！行有死人，尚或殣之，此節葬也。斂首足形，還葬而無槨，此又節葬也。豈可執是以言周禮哉。若然，夏不節喪，史佚固節喪與？夫下殤墓遠，棺斂於宫中，召公爲言於周公，而後行之，若是其篤終也。先王制禮，其敢有不至者哉！墨子者蓋學焉而自爲其道者也，故其節葬曰「聖王制爲節葬之法」，又曰「墨子制爲節葬之法」。則謂墨子自制者是也。故曰「墨之治喪，以薄爲其道」，曰「墨子生不歌，死不服，桐棺三寸而無槨，以爲法式」，曰「墨者之葬也，冬日冬服，夏日夏服，桐棺三寸，服喪三月」。使夏后氏有是制，三子者不以之蔽墨子矣。

孫星衍《墨子注》後叙　乾隆四十八年癸卯十二月，弇山先生既刊所注《墨子》成，以星衍涉於諸子之學，命作後叙。星衍以固陋辭，不獲命，叙曰：

墨子與孔異者，其學出於夏禮。司馬遷稱其善守禦，爲節用。班固稱其貴儉，兼愛，上賢，明鬼，非命，上同。此其所長，而皆不知墨學之所出。淮南王知之，其作《要略訓》云：「墨子學儒者之業，受孔子之術，以爲其禮煩擾而不説，厚葬靡財而貧民，服傷生而害事，故背周道而用夏政。」其識過於遷、固。古人不虚作，諸子之教或本夏，或本殷，故韓非著書亦載棄灰之法。《墨子》有《節用》，節用，禹之教也。孔子曰：「禹菲飲食，惡衣服，卑宫室，吾無閒然。」又曰：「禮，與其奢寧儉。」又曰：「道千乘之國，節用。」是孔子未嘗非之。又有《明鬼》，是致孝鬼神之義；《兼愛》，是盡力溝洫之義。孟子稱墨子摩頂放踵，利天下爲之。而莊子稱禹親自操橐耜而褋天下之川，腓無胈，脛無毛，沐甚風，櫛甚雨。列子稱禹身體偏枯，手足胼胝。吕不韋稱禹憂其黔首，顔色黎墨，竅藏不通，步不相過。皆與《書》《傳》所云「予弗子，惟荒度土功」、「三過其門而不入，思天下有溺者猶己溺之」同。其節葬，亦禹法也。尸子稱禹之喪法「死於陵者葬於陵，死於澤者葬於澤，桐棺三寸，制喪三日」，見《後漢書注》。《淮南子·要略》稱禹之時，天下大水，死陵者葬陵，死澤者葬澤，故節財、薄葬、閑服生焉。又《齊俗》稱三月之服，是絶哀而迫切之性也，高誘注云「三月之服是夏后氏之禮」。《韓非子·顯學》稱墨者之葬也，冬日冬服，夏日夏服，桐棺三寸，服喪三月。而此書《公孟》篇墨子謂公孟曰「子法周而未法夏也，子之古非古也」，又公孟謂子墨子曰「子以三年之喪爲非，子之三日當爲「月」。之喪亦非也」云云，然則三月之喪，夏有是制，墨始法之矣。孔子則曰：「吾説夏禮，杞不足徵；吾學周禮，今用之，吾從周。」又曰：「周監於二代，郁郁乎文哉，吾從周。」周之禮尚文，又貴賤有法，其事具《周官》、《儀禮》、《春秋傳》，則與《墨》書節用、兼愛、節葬之旨甚異。孔子生於周，故尊周禮而不用夏制。孟子亦周人而宗孔，故於墨非之，勢則然焉。

若覽其文，亦辨士也。《親士》、《脩身》、《經上》、《經下》及《説》凡六篇，皆翟自著。《經上》《下》略似《爾雅·釋詁》文，而不解其意指。又怪漢唐以來，通人碩儒，博貫諸子，獨此數篇莫能引其字句，以至於今，傳寫譌錯，更難鉤乙。《晉書·魯勝傳》云：「勝注《墨辨》，存其《叙》曰：墨子著書，作《辯經》以立名本，惠施、公孫龍祖其學，以正刑名顯於世。孟子非墨子，其辯言正詞則與墨同。荀卿、莊周等皆非毁名家，而不能易其論也。」又曰：「《墨辯》有《上》《下經》，《經》各有《説》，凡四篇，與其書衆篇連第，故獨存。今引《説》就《經》，各附其章，疑者闕之。又采諸衆雜集爲《刑》《名》二篇，略解指歸，以俟君子。」如所云，則勝曾引《説》就《經》各附其篇，恨其注不傳，無可徵也。

《備城門》諸篇具古兵家言，惜其脱誤難讀，而弇山先生於此書，悉能引據傳注類書，匡正其失。又其古字古言，通以聲音訓故之原，豁然解釋，是當與高誘注《吕氏春秋》、司馬彪注《莊子》、許君注《淮南子》、張湛注《列子》並傳於世，其視楊倞、盧辯空疏淺略，則倜然過之。

時則有仁和盧學士抱經、大興翁洗馬覃谿及星衍三人者，不謀同時共爲其學，皆折衷於先生。或此書當顯，幸其成帙，以惠來學，不覺僭而識其末也。陽湖孫星衍撰。

張惠言《茗柯文編》初編《書〈墨子·經説〉解後》　右《墨子》《經上》《下》及《説》，凡四篇。《晉書·魯勝傳》云「勝注《墨辯》，引《説》就《經》，各附其章」，即此也。《墨子》書多奥言錯字，而此四篇爲甚。勝注既不傳世，莫得其讀。今正

其句投，通其旨要，合爲二篇，略可指説，疑者闕之。

古者楊、墨塞路，孟子辭而闢之。自孟子之後至今千七百餘年，而楊氏遂亡，墨氏書雖存，讀者蓋鮮。大哉，聖賢之功若此盛矣！墨氏之言脩身、親士，多善言，其義託之堯禹。自韓愈氏以爲與聖賢同指，孔、墨必相爲用，向無孟子，則後之儒者習其説而好之者豈少哉！老氏之言，其始也微，不得孟子之辨，而佛氏之出又絶在孟子後，是以蔓蔓延延，日熾月息，而楊、墨泯焉遂微。吾以悲老、佛之不遭孟子也。當孟子時，百家之説衆矣，而孟子獨距楊、墨。今觀《墨子》之書，《經》、《説》、《大》、《小取》盡同異堅白之術，蓋縱横、名、法家惠施、公孫龍、申、韓之屬皆出焉。然則當時諸子之説，楊、墨爲統宗，孟子以爲楊、墨息而百家之學將銷歇而不足售也。獨有告子者，與墨爲難，而自謂勝爲仁，故孟子之書亦辯斥之。嗚呼！豈知其後復有烈於是者哉！

墨子之言誖於理而逆於人心者，莫如非命、非樂、節葬。此三言者，偶識之士可以立折，而孟子不及者，非墨之本也。墨之本在兼愛，而兼愛者，墨之所以自固而不可破。兼愛之言曰，愛人者人亦愛之，利人者人亦利之，仁君使天下聰明耳目相爲視聽，股肱畢强相爲動宰，此其與聖人所以治天下者復何以異？故凡墨氏之所以自託於堯禹者，兼愛也。尊天、明鬼、尚同、節用者，其支流也。非命、非樂、節葬，激而不得不然者也。天下之人唯惑其兼愛之説，故雖誖於理，不安於心，皆從而和之，不以爲疑。孟子不攻其流而攻其本，不誅其説而誅其心，斷然被之以無父之罪，而其説始無以自立。嗟夫！藉使《墨子》之書盡亡，至於今何以見孟子之辯嚴而審、簡而有要如是哉！孟子曰：「我知言。」嗚呼，此其驗矣。後之讀此書者，覽其義，則於孟子之道猶引弦以知矩乎。乾隆五十七年十二月一日，張惠言書。

藝文

王安石《王文公文集》卷三八《讀墨》 誰爲堯舜徒，孔子而已矣。人皆是堯舜，未必知孔子。伯夷不辱身，柳下援而止。孔子尚有言，我則異於是。兼愛爲無父，排斥固其理。孔墨必相用，自古寧有此？退之嘲魯連，顧未知之耳。如何蔽於斯，獨有見於彼。凡人工自私，翟也信奇偉。惜乎不見正，遂與中庸詭。退之醇孟軻，而駁荀楊氏。至其趣舍間，亦又蔽於己。化而不自知，此語孰云俚？咏言以自警，吾詩非好詆。

魏文侯部

綜述

《史記》卷四四《魏世家》 桓子之孫曰文侯都。魏文侯元年，秦靈公之元年也。與韓武子、趙桓子、周威王同時。【略】

文侯受子夏經藝，客段干木，過其閭，未嘗不軾也。秦嘗欲伐魏，或曰：「魏君賢人是禮，國人稱仁，上下和合，未可圖也。」文侯由此得譽於諸侯。

任西門豹守鄴，而河内稱治。

魏文侯謂李克曰：「先生嘗教寡人曰『家貧則思良妻，國亂則思良相』。今所置非成則璜，二子何如？」李克對曰：「臣聞之，卑不謀尊，疏不謀戚。臣在闕門之外，不敢當命。」文侯曰：「先生臨事勿讓。」李克曰：「君不察故也。居視其所親，富視其所與，達視其所舉，窮視其所不爲，貧視其所不取，五者足以定之矣，何待克哉！」文侯曰：「先生就舍，寡人之相定矣。」李克趨而出，過翟璜之家。翟璜曰：「今者聞君召先生而卜相，果誰爲之？」李克曰：「魏成子爲相矣。」翟璜忿然作色曰：「以耳目之所覩記，臣何負於魏成子？西河之守，臣之所進也。君内以鄴爲憂，臣進西門豹。君謀欲攻中山，臣進樂羊。中山以拔，無使守之，臣進先生。君之子無傅，臣進屈侯鮒。臣何以負於魏成子！」李克曰：「且子之言克於子之君者，豈將比周以求大官哉？君問而置相『非成則璜，二子何如』？克對曰：『君不察故也。居視其所親，富視其所與，達視其所舉，窮視其所不爲，貧視其所不取，五者足以定之矣，何待克哉！』是以知魏成子之爲相也。且子安得與魏成子比乎？魏成子以食禄千鍾，什九在外，什一在内，是以東得卜子夏、田子方、段干木。此三人者，君皆師之。子之所進五人者，君皆臣之。子惡得與魏成子比也？」翟璜逡巡再拜曰：「璜，鄙人也，失對，願卒爲弟子。」

《史記》卷四三《趙世家》 烈侯元年，魏文侯伐中山，使太子擊守之。六年，魏、韓、趙皆相立爲諸侯，追尊獻子爲獻侯。

雜録

備録

吴起《吴子・吴子初見文侯》 吴起儒服，以兵機見魏文侯。文侯曰：「寡人不好軍旅之事。」起曰：「臣以見占隱，以往察來，主君何言與心違？今君四時使斬離皮革，掩以朱漆，畫以丹青，爍以象犀，冬日衣之則不温，夏日衣之則不凉。爲長戟二丈四尺，短戟一丈二尺，革車掩户，縵輪籠轂，觀之於目則不麗，乘之於田則不輕，不識主君安用此也？若以備進戰退守而不求能用者，譬猶伏鷄之搏狸，乳犬之犯虎，雖有鬬心，隨之死矣。昔承桑氏之君，修德廢武以滅其國，有扈氏之君，恃衆好勇以喪其社稷。明主鑒兹，必内修文德，外治武備。故當敵而不進，無逮於義矣。僵尸而哀之，無逮於仁矣。」於是文侯身自布席，夫人捧觴，醮吴起於廟，立爲大將，守西河，與諸侯大戰七十六，全勝六十四，餘則均解。闢土四面，拓地千里，皆起之功也。

《莊子・田子方》 田子方侍坐於魏文侯，數稱谿工。文侯曰：「谿工，子之師邪？」子方曰：「非也，無擇之里人也，稱道數當，故無擇稱之。」文侯曰：「然則子無師邪？」子方曰：「有。」曰：「子之師誰邪？」子方曰：「東郭順子。」文侯曰：「然則夫子何故未嘗稱之？」子方曰：「其爲人也真，人貌而天虚，緣而葆真，清而容物。物無道，正容以悟之，使人之意也消。無擇何足以稱之！」子方出，文侯儻然終日不言，召前立臣，而語之曰：「遠矣全德之君子！始吾以聖知之言、仁義之行爲至矣，吾聞子方之師，吾形解而不欲動，口鉗而不欲言。吾所學者直土梗耳，夫魏真爲我累耳！」

《韓非子・外儲説左上》 魏文侯與虞人期獵。明日，會天疾風，左右止文侯。不聽，曰：「不可。以風疾之故而失信，吾不爲也。」遂自驅車往，犯風而罷虞人。

《戰國策・魏一》 文侯與虞人期獵。是日，飲酒樂，天雨。文侯將出，左右曰：「今日飲酒樂，天又雨，公將焉之？」文侯曰：「吾與虞人期獵，雖樂，豈可不

一會期哉！」乃往，身自罷之。魏於是乎始强。

魏文侯與田子方飲酒而稱樂。文侯曰：「鍾聲不比乎，左高。」田子方笑。文侯曰：「奚笑？」子方曰：「臣聞之，君明則樂官，不明則樂音。今君審於聲，臣恐君之聾於官也。」文侯曰：「善，敬聞命。」

《戰國策·中山》 魏文侯欲殘中山。常莊談謂趙襄子曰：「魏并中山，必無趙矣。公何不請公子傾以爲正妻，因封之中山，是中山復立也。」

《戰國策·趙一》 魏文侯借道於趙攻中山。趙侯將不許。趙利曰：「過矣。魏攻中山而不能取，則魏必罷，罷則趙重。魏拔中山，必不能越趙而有中山矣。是用兵者，魏也；而得地者，趙也。君不如許之，許之大勸，彼將知矣利之也，必輟。君不如借之道，而示之不得已。」

《吕氏春秋·慎大覽·下賢》 魏文侯見段干木，立倦而不敢息，反見翟黄，踞於堂而與之言。翟黄不説。文侯曰：「段干木官之則不肯，禄之則不受。今女欲官則相位，欲禄則上卿，既受吾實，又責吾禮，無乃難乎？」故賢主之畜人也，不肯受實者其禮之。禮士莫高乎節欲，欲節則令行矣。文侯可謂好禮士矣。好禮士故南勝荆於連隄，東勝齊於長城，虜齊侯，獻諸天子，天子賞文侯以上卿。

《吕氏春秋·先識覽·樂成》 舟車之始見也，三世然後安之。夫開善豈易哉？故聽無事治。事治之立也，人主賢也。魏攻中山，樂羊將，已得中山，還反報文侯，有貴功之色。文侯知之，命主書曰：「羣臣賓客所獻書者，操以進之。」主書舉兩篋以進，令將軍視之，書盡難攻中山之事也。將軍還走，北面再拜曰：「中山之舉，非臣之力，君之功也。」當此時也，論士殆之日幾矣，中山之不取也，奚宜二篋哉？一寸而亡矣。文侯賢主也，而猶若此，又況於中主邪？中主之患，不能勿爲，而不可與莫爲。凡舉無易之事，氣志視聽動作無非是者，人臣且孰敢以非是邪疑爲哉？皆壹於爲，則無敗事矣。此湯、武之所以大立功於夏、商，而句踐之所以能報其讎也。以小弱皆壹於爲而猶若此，又況於以彊大乎？

《吕氏春秋·離俗覽·舉難》 魏文侯弟曰季成，友曰翟璜。文侯欲相之而未能決，以問李克。李克對曰：「君欲置相，則問樂騰與王孫苟端孰賢？」文侯曰：「善。」以王孫苟端爲不肖，翟璜進之；以樂騰爲賢，季成進之；故相季成。凡聽於主，言人不可不慎。季成，弟也，翟璜，友也，而猶不能知，何由知樂騰與王孫苟端哉？疏賤者知，親習者不知，理無自然。自然而斷相過，李克之對文侯也亦過。雖皆過，譬之若金之與木，金雖柔猶堅於木。

孟嘗君問於白圭曰：「魏文侯名過桓公，而功不及五伯，何也？」白圭對曰：「文侯師子夏，友田子方，敬段干木，此名之所以過桓公也。卜相曰『成與璜孰可』？此功之所以不及五伯也。相也者，百官之長也。擇者欲其博也。今擇而不去二人，與用其讎亦遠矣。且師友也者，公可也；戚愛也者，私安也。以私勝公，衰國之政也。然而名號顯榮者，三士羽之也。」

《吕氏春秋·開春論·察賢》 今有良醫於此，治十人而起九人，所以求之萬也。故賢者之致功名也，必乎良醫，而君人者不知疾求，豈不過哉？今夫塞者，勇力、時日、卜筮、禱祠無事焉，善者必勝。立功名亦然，要在得賢。魏文侯師卜子夏，友田子方，禮段干木，國治身逸。天下之賢主，豈必苦形愁慮哉？執其要而已矣。雪霜雨露時，則萬物育矣，人民修矣，疾病妖厲去矣。故曰堯之容若委衣裘，以言少事也。

《吕氏春秋·開春論·期賢》 魏文侯過段干木之閭而軾之，其僕曰：「君胡爲軾？」曰：「此非段干木之閭歟？段干木蓋賢者也，吾安敢不軾？且吾聞段干木未嘗肯以己易寡人也，吾安敢驕之？段干木光乎德，寡人光乎地；段干木富乎義，寡人富乎財。」其僕曰：「然則君何不相之？」於是君請相之，段干木不肯受。則君乃致禄百萬，而時往館之。於是國人皆喜，相與誦之曰：「吾君好正，段干木之敬；吾君好忠，段干木之隆。」居無幾何，秦興兵欲攻魏，司馬唐諫秦君曰：「段干木賢者也，而魏禮之，天下莫不聞，無乃不可加兵乎！」秦君以爲然，乃按兵輟不敢攻之。魏文侯可謂善用兵矣。嘗聞君子之用兵，莫見其形，其功已成，其此之謂也。野人之用兵也，鼓聲則似雷，號呼則動地，塵氣充天，流矢如雨，扶傷輿死，履腸涉血，無罪之民其死者量於澤矣，而國之存亡、主之死生猶不可知也，其離仁義亦遠矣。

《吕氏春秋·不苟論·自知》 魏文侯燕飲，皆令諸大夫論己。或言君之智也。至於任座，任座曰：「君不肖君也。得中山不以封君之弟，而以封君之子，是以知君之不肖也。」文侯不説，知於顔色。任座趨而出。次及翟黄，翟黄曰：「君賢君也。臣聞其主賢者，其臣之言直。今者任座之言直，是以知君之賢也。」文侯喜曰：「可反歟？」翟黄對曰：「奚爲不可？臣聞忠臣畢其忠，而不敢遠其死。座殆尚在於門。」翟黄往視之，任座在於門，以君令召之。任座入，文侯下階而迎之，終座以爲上客。文侯微翟黄，則幾失忠臣矣。上順乎主心以顯賢者，其

唯翟黄乎？

《淮南子·説山訓》　近之而濡，望之而隧。夫照鏡見眸子，微察秋豪，明照晦冥。故和氏之璧，隨侯之珠，出於山淵之精，君子服之，順祥以安寧，侯王寶之，爲天下正。陳成子恒之劫子淵捷也，子罕之辭其所不欲而得其所欲，孔子之見黏蟬者，白公勝之倒杖策也，衛姬之請罪於桓公，子見子夏曰「何肥也」，魏文侯見之反被裘而負芻也，兒説之爲宋王解閉結也，此皆微眇可以觀論者。

《淮南子·人間訓》　或有罪而可賞也，或有功而可罪也。西門豹治鄴，廩無積粟，府無儲錢，庫無甲兵，官無計會，人數言其過於文侯。文侯身行其縣，果若人言。文侯曰：「翟璜任子治鄴，而大亂。子能道則可，不能，將加誅於子。」西門豹曰：「臣聞：王主富民，霸主富武，亡國富庫。今王欲爲霸王者也，臣故稸積於民。君以爲不然，臣請升城鼓之，甲兵粟米可立具也。」於是乃升城而鼓之。一鼓，民被甲括矢，操兵弩而出。再鼓，負輦粟而至。文侯曰：「罷之！」西門豹曰：「與民約信，非一日之積也。一舉而欺之，後不可復用也。燕常侵魏八城，臣請北擊之，以復侵地。」遂舉兵擊燕，復地而後反。此有罪而可賞者也。解扁爲東封，上計而入三倍，有司請賞之。文侯曰：「吾土地非益廣也，人民非益衆也，入何以三倍？」對曰：「以冬伐木而積之，於春浮之河而鬻之。」文侯曰：「民春以力耕，暑以强耘，秋以收斂。冬間無事，以伐林而積之，負軛而浮之河，是用民不得休息也。民以敝矣，雖有三倍之入，將焉用之？」此有功而可罪者也。賢主不苟得，忠臣不苟利。

《韓詩外傳》卷三　魏文侯欲置相，召李克問曰：「寡人欲置相，非翟黄則魏成子。願卜之於先生。」李克避席而辭曰：「臣聞之：『卑不謀尊，疏不間親。』臣外居者也，不敢當命。」文侯曰：「先生臨事勿讓。」李克曰：「夫觀士也，居則視其所親，富則視其所與，達則視其所舉，窮則視其所不爲，貧則視其所不取。此五者足以觀矣。」文侯曰：「請先生就舍，寡人之相定矣。」李克出遇翟黄，翟黄曰：「今日聞君召先生而卜相，果誰爲之？」李克曰：「魏成子爲之。」翟黄悖然作色曰：「吾何負於魏成子？西河之守，吾所進也。君以鄴爲憂，吾進西門豹。君欲伐中山，吾進樂羊。中山既拔，無守之者，吾進先生。君欲置太子傅，吾進趙蒼唐。皆有成功就事。吾何負於魏成子？」克曰：「子之言克於子之君也，豈比周以求大官哉？君問置相非成則黄，二子如何？臣對曰：『君不察故也。居則視其所親，富則視其所與，達則視其所舉，窮則視其所不爲，貧則視其所不取。五者足以定矣，何待克哉！』是以知魏成子爲相也。且子焉得與魏成子比乎？魏成子食禄千鍾，什一在内，九在外，以聘約天下之士。是以東得卜子夏、田子方、段干木。此三人君皆師友之。子之所進皆臣之，子焉得與魏成子比乎？」翟黄逡巡再拜曰：「鄙人固陋，失對於夫子。」《詩》曰：「明昭有周，式序在位。」

《韓詩外傳》卷八　魏文侯有子曰擊，次曰訴，訴少而立之以爲嗣，封擊於中山，三年莫往來。其傅趙蒼唐諫曰：「父忘子，子不可忘父。何不遣使乎？」擊曰：「願之，而未有所使也。」蒼唐曰：「臣請使。」擊曰：「諾。」於是乃問君之所好與所嗜。曰：「君好北犬，嗜晨鴈。」遂求北犬、晨鴈賫行。蒼唐至，曰：「北蕃中山之君，有北犬、晨鴈，使蒼唐再拜獻之。」文侯曰：「嘻！擊知吾好北犬，嗜晨鴈也。」則見使者。文侯曰：「擊無恙乎？」蒼唐唯唯而不對。三問而三不對。文侯曰：「不對何也？」蒼唐曰：「臣聞諸侯不名君。既已賜弊邑，使得小國侯，君問以名，不敢對也。」文侯曰：「中山之君無恙乎？」蒼唐曰：「今者臣之來，拜送於郊。」文侯曰：「中山之君長短若何矣？」蒼唐曰：「問諸侯，比諸侯。諸侯之朝，則側者皆人臣，無所比之。然則所賜衣裘幾能勝之矣。」文侯曰：「中山之君亦何好乎？」對曰：「好《詩》。」文侯曰：「於《詩》何好？」曰：「好《黍離》與《晨風》。」文侯曰：「《黍離》何哉？」對曰：「『彼黍離離，彼稷之苗。行邁靡靡，中心搖搖。知我者謂我心憂，不知我者謂我何求。悠悠蒼天，此何人哉！』」文侯曰：「怨乎？」曰：「非敢怨也，時思也。」文侯曰：「《晨風》謂何？」對曰：「『鴥彼晨風，鬱彼北林。未見君子，憂心欽欽。如何如何，忘我實多。』此自以忘我者也。」於是文侯大悦，曰：「欲知其子視其母，欲知其人視其友，欲知其君視其所使。中山君不賢，惡能得賢？」遂廢太子訴，召中山君以爲嗣。《詩》曰：「鳳凰于飛，翽翽其羽，亦集爰止。藹藹王多吉士，惟君子使，媚於天子。」君子曰：「夫使非直敝車罷馬而已，亦將喻誠信，通氣志，明好惡，然後可使也。」

魏文侯問狐卷子曰：「父賢足恃乎？」對曰：「不足。」「子賢足恃乎？」對曰：「不足。」「兄賢足恃乎？」對曰：「不足。」「弟賢足恃乎？」對曰：「不足。」「臣賢足恃乎？」對曰：「不足。」文侯勃然作色而怒曰：「寡人問此五者於子，一一以爲不足者何也？」對曰：「父賢不過堯，而丹朱放。子賢不過舜，而瞽瞍拘。兄賢不過舜，而象放。弟賢不過周公，而管叔誅。臣賢不過湯武，而桀紂伐。望人者不至，恃人者不久。君欲治，從身始。人何可恃乎？」《詩》曰：「自求伊祜。」此之謂也。

魏文侯問李克曰：「人有惡乎？」李克曰：「有。夫貴者則賤者惡之，富者則貧者惡之，智者則愚者惡之。」文侯曰：「善。行此三者，使人勿惡，亦可乎？」李克曰：「可。臣聞貴而下賤，則衆弗惡也。富而分貧，則窮士弗惡也。智而教愚，則童蒙者弗惡也。」文侯曰：「善哉言乎！堯舜其猶病諸。寡人雖不敏，請守斯語矣。」《詩》曰：「不遑啓處。」

《韓詩外傳》卷九　魏文侯問於解狐曰：「寡人將立西河之守，誰可用者？」解狐對曰：「荆伯柳者賢人，殆可。」文侯曰：「是非子之讎也？」對曰：「君問可，非問讎也。」於是將以荆伯柳爲西河守。荆伯柳問左右：「誰言我於吾君？」左右皆曰：「解狐。」荆伯柳往見解狐而謝之曰：「子乃寬臣之過也，言於君。謹再拜謝。」解狐曰：「言子者公也，怨子者私也。公事已行，怨子如故。」張弓射之，走十步而没，可謂勇矣。《詩》曰：「邦之司直。」

《韓詩外傳》卷一〇　魏文侯問里克曰：「吴之所以亡者何也？」里克對曰：「數戰而數勝。」文侯曰：「數戰數勝，國之福也，其獨亡何也？」里克對曰：「數戰則民疲，數勝則主驕。驕則恣，恣則極。物疲則怨，怨則極慮。上下俱極，吴之亡猶晚矣。此夫差所以自喪於干遂。」《詩》曰：「天降喪亂，滅我立王。」

劉向《説苑・復恩》　魏文侯與田子方語，有兩僮子衣錦衣而侍於君前。子方曰：「此君之寵子乎？」文侯曰：「非也，其父死於戰，此其幼孤也，寡人收之。」子方曰：「臣以君之賊心爲足矣，今滋甚。君之寵此子也，又且以誰之父殺之乎？」文侯愍然曰：「寡人受命矣。」自是以後，兵革不用。

劉向《説苑・尊賢》　魏文侯從中山奔命安邑，田子方後，太子擊遇之，下車而趨，子方坐乘如故，告太子曰：「爲我請君，待我朝歌。」太子不説，因謂子方曰：「不識貧窮者驕人乎？富貴者驕人乎？」子方曰：「貧窮者驕人，富貴者安敢驕人。人主驕人而亡其國，吾未見以國待亡者也。大夫驕人而亡其家，吾未見以家待亡者也。貧窮者若不得意，納履而去，安往不得貧窮乎？貧窮者驕人，富貴者安敢驕人。」太子及文侯，道田子方之語。文侯嘆曰：「微吾子之故，吾安得聞賢人之言！吾下子方以行，得而友之。自吾友子方也，君臣益親，百姓益附，吾是以得友士之功。我欲伐中山，吾以武下樂羊，三年而中山爲獻於我，我是以得友武之功。吾所以不少進於此者，吾未見以智驕我者也。若得以智驕我者，豈不及古之人乎？」

劉向《説苑・善説》　魏文侯與大夫飲酒，使公乘不仁爲觴政，曰：「飲不釂者浮以大白。」文侯飲而不盡釂，公乘不仁舉白浮君，君視而不應。侍者曰：「不仁退，君已醉矣。」公乘不仁曰：「《周書》曰：『前車覆，後車戒。』蓋言其危。爲人臣者不易，爲君亦不易。今君已設令，令不行可乎？」君曰：「善。」舉白而飲，飲畢曰：「以公乘不仁爲上客。」

劉向《説苑・政理》　魏文侯問李克曰：「爲國如何？」對曰：「臣聞爲國之道，食有勞而禄有功，使有能而賞必行，罰必當。」文侯曰：「吾賞罰皆當而民不與，何也？」對曰：「國其有淫民乎？臣聞之曰，奪淫民之禄，以來四方之士。其父有功而禄，其子無功而食之。出則乘車馬，衣美裘，以爲榮華；入則脩竽瑟鍾石之聲，而安其子女之樂，以亂鄉曲之教。如此者奪其禄，以來四方之士，此之謂奪淫民也。」

劉向《説苑・反質》　魏文侯問李克曰：「刑罰之源安生？」李克曰：「生於姦邪淫泆之行。凡姦邪之心，飢寒而起，淫泆者，久飢之詭也。彫文刻鏤，害農事者也；錦綉纂組，傷女工者也。農事害，則飢之本也；女工傷，則寒之原也。飢寒並至，而能不爲姦邪者未之有也。男女飾美以相矜，而能無淫泆者，未嘗有也。故上不禁技巧，則國貧民侈。國貧民侈，則貧窮者爲姦邪，而富足者爲淫泆，則驅民而爲邪也。民以爲邪，因以法隨，誅之不赦其罪，則是爲民設陷也。刑罰之起有原，人主不塞其本而督其末，傷國之道乎！」文侯曰：「善。以爲法服也。」

劉向《新序・雜事》　魏文侯與士大夫坐，問曰：「寡人何如君也？」羣臣皆曰：「君仁君也。」次至翟黄，曰：「君非仁君也。」曰：「子何以言之？」對曰：「君伐中山，不以封君之弟，而以封君之長子，臣以此知君之非仁君也。」文侯怒而逐翟黄，翟黄趨而出。次至任座，文侯問：「寡人何如君也？」任座對曰：「君仁君也。」曰：「子何以言之？」對曰：「臣聞之，其君仁者其臣直。向翟黄之言直，臣是以知君仁君也。」文侯曰：「善。」復召翟黄入，拜爲上卿。

魏文侯出遊，見路人反裘而負芻。文侯曰：「胡爲反裘而負芻？」對曰：「臣愛其毛。」文侯曰：「若不知其裏盡而毛無所恃邪？」明年，東陽上計銖布十倍，大夫畢賀。文侯曰：「此非所以賀我也。譬無異夫路人反裘而負芻也，將愛其毛，不知其裏盡毛無所恃也。今吾田地不加廣，士民不加衆，而銖十倍，必取之士大夫也。吾聞之，下不安者，其上不可居也，此非所以賀我也。」

公季成謂魏文侯曰：「田子方雖賢人，然而非有土之君也，君常與之齊禮，

假有賢於子方者，君有何以加之。」文侯曰：「如子方者，非成所得議也。子方，仁人也，仁人也者，國之寶也；智士也者，國之器也；博通之士也者，國之尊也。故國有仁人，則羣臣不爭；國有智士，則無四鄰諸侯之患；國有博通之士，則人主尊。固非成之所得議也。」公季成自退於郊，三日請罪。

劉向《新序·刺奢》 魏文侯見箕季，其墻壞而不築，文侯曰：「何爲不築？」對曰：「不時。」其墻枉而不端，問曰：「何不端？」曰：「固然。」從者食其園之桃，箕季禁之。少焉，日晏，進糲餐之食，瓜瓠之羹。文侯出，其僕曰：「君亦無得於箕季矣。曩者進食，臣竊窺之，糲餐之食，瓜瓠之羹。」文侯曰：「吾何無得於季也，吾一見季而得四焉。其墻壞不築，云待時者，教我無奪農時也；墻枉而不端，對曰固然者，教民無侵封疆也；從者食園桃，箕季禁之，豈愛桃哉，教我下無侵上也；食我以糲餐者，季豈不能具五味哉，教我無多斂於百姓，以省飲食之費也。」

備論

梁玉繩《人表考》卷四《中上·魏文侯》 魏文侯始見《禮樂記》、《戰國·秦》、《魏策》。桓子孫始見《史·魏世家》。名斯。《樂記》疏、《世家·索隱》引《世本》。亦曰孺子𤘽。《索隱》引《世本》。立二十一年爲侯，又十七年卒，凡三十八年。《史·六國表》、《魏世家》。而《竹書》作五十四年，《索隱》引《紀年》作五十年，並非。 葬汾州孝義縣西五里。《一統志》。 案《世本》，桓子生文侯，惟《世家》以文侯爲桓子孫，未定孰是。文侯之名，《史表》、《世本》並作斯，《國策》吳注作勘，乃斯之譌也。《唐表》七十二中謂名都，殊非。蓋《世家》云桓子之孫曰文侯，都魏，讀者誤絶都字爲句，以魏字連下，文侯元年作一句。又各本攙徐廣注于都字下，遂錯認爲名耳。

王充《論衡·非韓篇》 段干木闔門不出，魏文敬之，表式其閭，秦軍聞之，卒不攻魏。秦兵入境，境上危亡。秦，彊國也，兵無不勝。兵加於魏，魏國必破，三軍兵頓，流血千里。今魏文式闔門之士，卻彊秦之兵，全魏國之境，濟三軍之衆，功莫大焉，賞莫先焉。

應劭《風俗通義·皇霸》 六世田成殺簡公。其三世曰和，遷康公於海上，食一城以祠太公以下。後魏文侯乃使使言周天子及諸侯，列言於周室。

張華《博物志》卷八《史補》 趙襄子率徒十萬狩於中山，藉芿燔林，扇赫百里。有人從石壁中出，隨煙上下，若無所之經涉者。襄子以爲物，徐察之，乃人也。問其奚道而處石，奚道而入火，其人曰：「奚物爲火？」其人曰：「不知也？」魏文侯聞之，問於子夏曰：「彼何人哉？」子夏曰：「以商所聞於夫子，和者同於物，物無得而傷，閱者遊金石之間及蹈於水火皆可也。」文侯曰：「吾子奚不爲之？」子夏曰：「刳心知智，商未能也。雖試語之，而即暇矣。」文侯曰：「夫子奚不爲之？」子夏曰：「夫子能而不爲。」文侯不悅。

洪邁《容齋續筆》卷二《卜子夏》 魏文侯以卜子夏爲師。案《史記》所書，子夏少孔子四十四歲，孔子卒時，子夏年二十八矣。是時，周敬王四十一年，後一年元王立，歷貞定王、考王，至威烈王二十三年，魏始爲侯，去孔子卒時七十五年。文侯爲大夫二十二年而爲侯，又十六年而卒。姑以始侯之歲計之，則子夏已百三歲矣，方爲諸侯師，豈其然乎？

葉適《習學記言序目》卷一八《戰國策·魏》 魏文侯講韓趙而諸侯朝，身罷獵而國强，此戰國初事也。其後不復有，不惟戰國，漢魏以後亦無矣。周世宗近之。

藝文

葉適《習學記言序目》卷一九《史記一·世家》 卜子夏、田子方、段干木在魏文侯時，風致不同，孔子之學行於世者，僅有此耳。上追文武，閎、散之徒既不可繼；下傳戰國，至於後世，遂無復有此事。道之行，士之遇合，夫豈易哉！

《全唐詩》卷七二八周曇《魏文侯》 冒雨如何固出畋，虞乖羣約失乾乾。文侯不是貪禽者，示信將爲教化先。

李悝部

綜述

《漢書》卷二四上《食貨志上》 陵夷至於戰國，貴詐力而賤仁誼，先富有而後禮讓。是時，李悝爲魏文侯作盡地力之教，以爲地方百里，提封九萬頃，除山澤邑居參分去一，爲田六百萬畮，治田勤謹則畮益三升，不勤則損亦如之。地方百里之增減，輒爲粟百八十萬石矣。又曰糴甚貴傷民，甚賤傷農；民傷則離散，農傷則國貧。故甚貴與甚賤，其傷一也。善爲國者，使民毋傷而農益勸。今一夫挾五口，治田百畮，歲收畮一石半，爲粟百五十石，除十一之稅十五石，餘百三十五石。食，人月一石半，五人終歲爲粟九十石，餘有四十五石。石三十，爲錢千三百五十，除社閭嘗新春秋之祠，用錢三百，餘千五十。衣，人率用錢三百，五人終歲用千五百，不足四百五十。不幸疾病死喪之費，及上賦斂，又未與此。此農夫所以常困，有不勸耕之心，而令糴至於甚貴者也。是故善平糴者，必謹觀歲有上中下孰。上孰其收自四，餘四百石；中孰自三，餘三百石；下孰自倍，餘百石。小飢則收百石，中飢七十石，大飢三十石。故大孰則上糴三而舍一，中孰則糴二，下孰則糴一，使民適足，賈平則止。小飢則發小孰之所斂，中飢則發中孰之所斂，大飢則發大孰之所斂，而糶之。故雖遇饑饉水旱，糴不貴而民不散，取有餘以補不足也。行之魏國，國以富彊。

雜録

備録

《韓非子・内儲説上》 李悝爲魏文侯上地之守，而欲人之善射也，乃下令曰：「人之有狐疑之訟者，令之射的，中之者勝，不中者負。」令下而人皆疾習射，日夜不休。乃與秦人戰，大敗之，以人之善射也。

《韓非子・外儲説左上》 李悝警其兩和曰：「謹警敵人，旦暮且至擊汝。」如是者再三而敵不至。兩和懈怠，不信李悝。居數月，秦人來襲之，至幾奪其軍。此不信患也。

一曰：李悝與秦人戰，謂左和曰：「速上，右和已上矣。」又馳而至右和曰：「左和已上矣。」左右和曰：「上矣。」於是皆争上。其明年，與秦人戰，秦人襲之，至，幾奪其軍。此不信之患。

《漢書》卷三〇《藝文志》 《李子》三十二篇。名悝，相魏文侯，富國彊兵。

《晉書》卷三〇《刑法志》 是時承用秦漢舊律，其文起自魏文侯師李悝。悝撰次諸國法，著《法經》。以爲王者之政，莫急於盜賊，故其律始於《盜賊》。盜賊須劾捕，故著《網》、《捕》二篇。其輕狡、越城、博戲、借假不廉、淫侈、踰制以爲《雜律》一篇，又以《具律》具其加減。是故所著六篇而已，然皆罪名之制也。商君受之以相秦。

長孫無忌《唐律疏議》卷一《名例一》 魏文侯師於李悝，集諸國刑典，造《法經》六篇：一盜法，二賊法，三囚法，四捕法，五雜法，六具法。商鞅傳授，改灋爲律。漢相蕭何更加悝所造户、興、廄三篇，謂《九章之律》。

董説《七國考》卷一二《魏刑法・法經》 桓譚《新書》：「魏文侯師李悝著《法經》，以爲王者之政莫急於盜賊，故其律始於盜賊。盜賊須劾捕，故著《囚》、《捕》二篇。其輕狡、越城、博戲、假借、不廉、淫侈、踰制爲《雜律》一篇。又以《具律》具其加減，所著六篇而已。衛鞅受之，入相於秦，是以秦、魏二國深文峻法相近。」《正律》略曰：殺人者誅，籍其家，及其妻氏。殺二人，及其母氏。大盜戍爲守卒，重則誅。窺宫者臏，拾遺者刖，曰爲盜心焉。其《雜律》略曰：夫有一妻二妾，其刑聝；夫有二妻則誅，妻有外夫則宫，曰淫禁。盜符者誅，籍其家；盜璽者誅；議國法令者誅，一作法禁。籍其家，及其妻氏，曰狡禁。越城一人則誅，自十人以上夷其鄉及族，曰城禁。博戲罰金三市，太子博戲則笞，不止則特笞，不止則更立，曰嬉禁。羣相居一日以上則問，三日四日五日則誅，曰徒禁。丞相受金，左右伏誅；犀首以下受金則誅；金自鎰以下罰，不誅也，曰金禁。大夫之家有侯物，自一以上者族。其《減律》略曰：罪人年十五以下，罪高三減，罪卑一

減。年六十以上，小罪情減，大罪理減。〔自〕武侯以下，守爲□法矣。

梁玉繩《人表考》卷三《上下智人·李悝》 李悝始見《呂覽驕恣》、《史·孟荀傳》。亦曰李子，相魏文侯。李書《藝文志》。 案悝盡地力之教，是商鞅流也，何以列第三？

備論

《呂氏春秋·恃君覽·驕恣》 魏武侯謀事而當，攘臂疾言於庭曰：「大夫之慮莫如寡人矣！」立有間，再三言。李悝趨進曰：「昔者楚莊王謀事而當，有大功，退朝而有憂色。左右曰：『王有大功，退朝而有憂色，敢問其說。』王曰：『仲虺有言，不穀說之。曰：「諸侯之德，能自爲取師者王，能自取友者存，其所擇而莫如己者亡。」今以不穀之不肖也，羣臣之謀又莫吾及也，我其亡乎？』曰，此霸王之所憂也，而君獨伐之，其可乎？」武侯曰：「善。」人主之患也，不在於自少，而在於自多。自多則辭受，辭受則原竭。李悝可謂能諫其君矣，壹稱而令武侯益知君人之道。

杜佑《通典》卷二《食貨二·水利田》 魏文侯使李悝作盡地力之教，以爲地方百里，提封九萬頃，除山澤邑居三分去一，爲田六百萬畝。理田勤謹則畝益三斗，不勤則損亦如之。地方百里之增減，輒爲粟百八十萬石。必雜五種，以備災害。力耕數耘，收穫如寇盜之至。還廬樹桑，菜茹有畦，瓜瓠果蓏，殖於疆埸。至曾孫襄王，以史起爲鄴令，起進曰：「魏氏之行田也以百畝，鄴獨二百畝，是田惡也。漳水在其旁，西門豹爲鄴令不知用，是不知也。」於是，遂引漳水溉鄴，以富魏之河內。民歌之曰：「鄴有賢令兮爲史公，決漳水兮灌鄴旁，終古舄鹵兮生稻粱。」

洪邁《容齋續筆》卷七《田租輕重》 李悝爲魏文侯作盡地力之教，云：「一夫治田百畮，歲收粟百五十石，除十一之稅十五石，餘百三十五石。」蓋十一之外，更無他數也。今時大不然，每當輸一石，而義倉省耗別爲一斗二升，官倉明言十加六，復於其間用米之精麤爲說，分若干甲，有至七八甲者，則數外之取亦如之。庚人執槩從而輕重其手，度二石二三斗乃可給。至於水脚、頭子、市例之類，其名不一，合爲七八百錢，以中價計之，并僦船負擔，又須五斗，殆是一而取三。以予所見，唯會稽爲輕，視前所云不能一半也。董仲舒爲武帝言：「民一歲力役，三十倍於古，而田租口賦，二十倍於古。」謂一歲之中，失其資産三十及二十倍也。又云：「或耕豪民之田，見税什五。」言下户貧民自無田，而耕墾豪富家田，十分之中以五輸本田主，今吾鄉俗正如此，目爲主客分云。

《朱子語類》卷五六《孟子六·離婁上》 求也爲季氏宰章

至之問：「如李悝盡地力之類，不過欲教民而已，孟子何以謂任土地者亦次於刑？」曰：「只爲他是欲富國，不是欲爲民。但强佔土地開墾將去，欲爲己物耳，皆爲君聚斂之徒也。」

「辟草萊，任土地者次之」，「如李悝盡地力，商鞅開阡陌」。他欲致富强而已，無教化仁愛之本，所以爲可罪也。

藝文

梁章鉅《退菴詩存》卷一二《爲幕客岑可樓題鑑湖歸舟圖即以贈别》 李悝造《法經》，了無刻深意。蕭曹尚清浄，畫一守規制。後代虫虫情，萬變隨遇異。令甲因之繁，無已入苛細。網縱三面開，羅猶一目致。斟酌比附間，脗合必符契。在昔堯舜君，皋陶居士位。尚言罪疑輕，五聽勞汎刺。已死復生難，之生致死易。鑑空而衡平，君最曉斯義。商量洞綮肯，剖析鮮留滯。轉瞬秋讞臨，一一登棘寺。明以翊欽恤，隱以澹菑沴。第免寃殺人，無煩怵吏議。

孫士毅《百一山房詩集》卷一二《喜長孫均至蜀并得蘇園公書》 失喜搏沙聚，摩挱病眼開。夕陽吾已老，遠道汝能來。族大憂欒縶，邊荒戒李悝。江流日東下，鄉夢一低徊。

張澍《養素堂詩集》卷一一《入都中集·潞河》 睥睨壓河隈，糧艘百萬來。宜其民免餓，仍仰歲捐災。治水有關並，劭農無李悝。慨慷誰與語，畊上牧羊臺。

吴起部

综述

《史記》卷六五《孫子吴起列傳》 吴起者，衛人也，好用兵。嘗學於曾子，事魯君。齊人攻魯，魯欲將吴起，吴起取齊女爲妻，而魯疑之。吴起於是欲就名，遂殺其妻，以明不與齊也。魯卒以爲將。將而攻齊，大破之。

魯人或惡吴起曰：「起之爲人，猜忍人也。其少時，家累千金，游仕不遂，遂破其家。鄉黨笑之，吴起殺其謗己者三十餘人，而東出衛郭門。與其母訣，齧臂而盟曰：『起不爲卿相，不復入衛。』遂事曾子。居頃之，其母死，起終不歸。曾子薄之，而與起絶。起乃之魯，學兵法以事魯君。魯君疑之，起殺妻以求將。夫魯小國，而有戰勝之名，則諸侯圖魯矣。且魯衛兄弟之國也，而君用起，則是棄衛。」魯君疑之，謝吴起。

吴起於是聞魏文侯賢，欲事之。文侯問李克曰：「吴起何如人哉？」李克曰：「起貪而好色，然用兵司馬穰苴不能過也。」於是魏文侯以爲將，擊秦，拔五城。

起之爲將，與士卒最下者同衣食。卧不設席，行不騎乘，親裹贏糧，與士卒分勞苦。卒有病疽者，起爲吮之。卒母聞而哭之。人曰：「子卒也，而將軍自吮其疽，何哭爲？」母曰：「非然也。往年吴公吮其父，其父戰不旋踵，遂死於敵。吴公今又吮其子，妾不知其死所矣，是以哭之。」

文侯以吴起善用兵，廉平，盡能得士心，乃以爲西河守，以拒秦、韓。

魏文侯既卒，起事其子武侯。武侯浮西河而下，中流，顧而謂吴起曰：「美哉乎山河之固，此魏國之寶也！」起對曰：「在德不在險。昔三苗氏左洞庭，右彭蠡，德義不修，禹滅之。夏桀之居，左河濟，右泰華，伊闕在其南，羊腸在其北，修政不仁，湯放之。殷紂之國，左孟門，右太行，常山在其北，大河經其南，修政不德，武王殺之。由此觀之，在德不在險。若君不修德，舟中之人盡爲敵國也。」武侯曰：「善。」

(即封)吴起爲西河守，甚有聲名。魏置相，相田文。吴起不悦，謂田文曰：「請與子論功，可乎？」田文曰：「可。」起曰：「將三軍，使士卒樂死，敵國不敢謀，子孰與起？」文曰：「不如子。」起曰：「治百官，親萬民，實府庫，子孰與起？」文曰：「不如子。」起曰：「守西河而秦兵不敢東鄉，韓趙賓從，子孰與起？」文曰：「不如子。」起曰：「此三者，子皆出吾下，而位加吾上，何也？」文曰：「主少國疑，大臣未附，百姓不信，方是之時，屬之於子乎？屬之於我乎？」起默然良久，曰：「屬之子矣。」文曰：「此乃吾所以居子之上也。」吴起乃自知弗如田文。

田文既死，公叔爲相，尚魏公主，而害吴起。公叔之僕曰：「起易去也。」公叔曰：「柰何？」其僕曰：「吴起爲人節廉而自喜名也。君因先與武侯言曰：『夫吴起賢人也，而侯之國小，又與彊秦壤界，臣竊恐起之無留心也。』武侯即曰：『柰何？』君因謂武侯曰：『試延以公主，起有留心則必受之，無留心則必辭矣。以此卜之。』君因召吴起而與歸，即令公主怒而輕君。吴起見公主之賤君也，則必辭。」於是吴起見公主之賤魏相，果辭魏武侯。武侯疑之而弗信也。吴起懼得罪，遂去，即之楚。

楚悼王素聞起賢，至則相楚。明法審令，捐不急之官，廢公族疏遠者，以撫養戰鬭之士。要在彊兵，破馳説之言從横者。於是南平百越；北并陳蔡，卻三晉；西伐秦。諸侯患楚之彊。故楚之貴戚盡欲害吴起。及悼王死，宗室大臣作亂而攻吴起，吴起走之王尸而伏之。擊起之徒因射刺吴起，并中悼王。悼王既葬，太子立，乃使令尹盡誅射吴起而并中王尸者，坐射起而夷宗死者七十餘家。

《韓非子·外儲説右上》 吴起，衛左氏中人也，使其妻織組而幅狹於度。吴子使更之。其妻曰：「諾。」及成，復度之，果不中度，吴子大怒。其妻對曰：「吾始經之而不可更也。」吴子出之。其妻請其兄而索入。其兄曰：「吴子，爲法者也。其爲法也，且欲以與萬乘致功，必先踐之妻妾然後行之，子毋幾索入矣。」其妻之弟又重於衛君，乃因以衛君之重請吴子。吴子不聽，遂去衛而入荆也。

雜録

備録

吴起《吴子·圖國》 吴起曰：「昔之圖國家者，必先教百姓而親萬民。有

四不和：不和地國，不可以出軍；不和於軍，不可以出陳；不和於陳，不可以進戰；不和於戰，不可以決勝。是以有道之主，將用其民，先和而造大事，不敢信其私謀，必告於祖廟，啓於元龜，參之天時，吉乃後舉。民知君之愛其命，惜其死，若此之至，而與之臨難，則士以進死爲榮，退生爲辱矣。」

吴子曰：「凡制國治軍，必教之以禮，勵之以義，使有恥也。夫人有恥，在大足以戰，在小足以守矣。然戰勝易，守勝難。故曰：天下戰國，五勝者禍，四勝者弊，三勝者霸，二勝者王，一勝者帝。是以數勝得天下者稀，以亡者衆。」【略】

吴子曰：「凡兵之所起者有五：一曰争名，二曰争利，三曰積惡，四曰内亂，五曰因饑。其名又有五：一曰義兵，二曰强兵，三曰剛兵，四曰暴兵，五曰逆兵。禁暴救亂曰義，恃衆以伐曰强，因怒興師曰剛，棄禮貪利曰暴，國亂人疲、舉事動衆曰逆。五者之服，各有其道：義必以禮服，强必以謙服，剛必以辭服，暴必以詐服，逆必以權服。」

武侯問曰：「願聞陳必定，守必固，戰必勝之道。」起對曰：「立見且可，豈直聞乎？君能使賢者居上，不肖者處下，則陳已定矣；民安其田宅，親其有司，則守已固矣；百姓皆是吾君而非鄰國，則戰已勝矣。」

吴起《吴子・料敵》　武侯謂吴起曰：「今秦脅吾西，楚帶吾南，趙衝吾北，齊臨吾東，燕絶吾後，韓據吾前。六國之兵四守，勢甚不便，憂此奈何？」起對曰：「夫安國家之道，先戒爲寶。今君已戒，禍其遠矣。臣請論六國之俗：夫齊陳重而不堅，秦陳散而自鬭，楚陳整而不久，燕陳守而不走，三晉陳治而不用。夫齊性剛，其國富，君臣驕奢，而簡於細民，其政寬，而禄不均，一陳兩心，前重後輕，故重而不堅。擊此之道，必三分之，獵其左右，脅而從之，其陳可壞。秦性强，其地險，其政嚴，其賞罰信，其人不讓，皆有鬭心，故散而自戰。擊此之道，必先示之以利，而引去之，士貪於得而離其將，乘乖獵散，設伏投機，其將可取。楚性弱，其地廣，其政騷，其民疲，故整而不久。擊此之道，襲亂其屯，先奪其氣，輕進速退，弊而勞之，勿與争戰，其軍可敗。燕性慤，其民慎，好勇義，寡詐謀，故守而不走。擊此之道，觸而迫之，陵而遠之，馳而後之，則上疑而下懼，謹我車騎必避之路，其將可虜。三晉者，中國也，其性和，其政平，其民疲於戰，習於兵，輕其將，薄其禄，士無死志，故治而不用。擊此之道，阻陳而壓之，衆來則拒之，去則追之，以倦其師，此其勢也。然則一軍之中，必有虎賁之士，力輕扛鼎，足輕戎馬，搴旗斬將，必有能者，若此之等，選而別之，愛而貴之，是謂軍命。其有工用五兵，材力健疾，志在吞敵者，必加其爵列，可以決勝，厚其父母妻子，勸賞畏罰，此堅陳之士，可與持久。能審料此，可以擊倍。」武侯曰：「善。」【略】

武侯問敵必可擊之道。起對曰：「用兵必須審敵虚實，而趨其危。敵人遠來新至，行列未定，可擊；既食未設備，可擊；奔走，可擊；勤勞，可擊；未得地利，可擊；失時不從，可擊；涉長道，後行未息，可擊；涉水半渡，可擊；險道狹路，可擊；旌旗亂動，可擊；陳數移動，可擊；將離士卒，可擊；心怖，可擊。凡若此者，選鋭衝之，分兵繼之，急擊勿疑。」

吴起《吴子・治兵》　武侯問曰：「三軍進止，豈有道乎？」起對曰：「無當天竈，無當龍頭。天竈者，大谷之口。龍頭者，大山之端。必左青龍，右白虎，前朱雀，後玄武，招摇在上，從事於下。將戰之時，審候風所從來，風順致呼而從之，風逆堅陳以待之。」

武侯問曰：「凡畜卒騎，豈有方乎？」起對曰：「夫馬必安其處所，適其水草，節其飢飽，冬則温廐，夏則涼廡，刻剔毛鬣，謹落四下，戢其耳目，無令驚駭，習其馳逐，閑其進止，人馬相親，然後可使。車騎之具，鞍勒銜轡，必令完堅。凡馬不傷於末，必傷於始，不傷於飢，必傷於飽，日暮道遠，必數上下，寧勞於人，慎勿勞馬，常令有餘，備敵覆我。能明此者，横行天下。」

吴起《吴子・論將》　吴子曰：「夫總文武者，軍之將也。兼剛柔者，兵之事也。凡人論將，常觀於勇，勇之於將，乃數分之一耳。夫勇者必輕合，輕合而不知利，未可也。故將之所慎者五：一曰理，二曰備，三曰果，四曰戒，五曰約。理者，治衆如治寡；備者，出門如見敵；果者，臨敵不懷生；戒者，雖克如始戰；約者，法令省而不煩。受命而不辭家，敵破而後言返，將之禮也。故師出之日，有死之榮，無生之辱。」【略】

吴子曰：「夫鼙鼓金鐸，所以威耳；旌旗麾幟，所以威目；禁令刑罰，所以威心。耳威於聲，不可不清；目威於色，不可不明；心威於刑，不可不嚴。三者不立，必敗於敵。故曰：將之所麾，莫不從移。將之所指，莫不前死。」

吴子曰：「凡兵有四機：一曰氣機，二曰地機，三曰事機，四曰力機。三軍之衆，百萬之師，張設輕重，在於一人，是謂氣機。路狹道險，名山大塞，十夫所守，千夫不過，是謂地機。善行閒諜，輕兵往來，分散其衆，使其君臣相怨，上下相咎，是謂事機。車堅管轄，舟利櫓楫，士習戰陳，馬閑馳逐，是謂力機。知此四者，乃可爲將。然其威德仁勇，必足以率下安衆，怖敵決疑，施令而下不犯，所在

寇不敢敵，得之國强，去之國亡，是謂良將。」

武侯問曰：「兩軍相望，不知其將，我欲相之，其術如何？」起對曰：「令賤而勇者，將輕鋭以嘗之，務於北，無務於得，觀敵之來，一坐一起，其政以理，其追北佯爲不及，其見利佯爲不知，如此將者，名爲智將，勿與戰矣。若其衆讙譁，旌旗煩亂，其卒自行自止，其兵或縱或横，其追北恐不及，見利恐不得，此爲愚將，雖衆可獲。」

吴起《吴子·勵士》 武侯問曰：「嚴刑明賞，足以勝乎？」起對曰：「嚴明之事，臣不能悉；雖然，非所恃也。夫發號布令，而人樂聞；興師動衆，而人樂戰；交兵接刃，而人樂死。此三者，人主之所恃也。」武侯曰：「致之奈何？」對曰：「君舉有功而進饗之，無功而勵之。」於是武侯設坐廟庭，爲三行，饗士大夫。上功坐前行，餚席兼重器上牢；次功坐中行，餚席器差減；無功坐後行，餚席無重器。饗畢而出，又頒賜有功者父母妻子於廟門外，亦以功爲差。有死事之家，歲遣使者勞賜其父母，著不忘於心。行之三年，秦人興師，臨於西河，魏士聞之，不待吏令，介胄而奮擊之者以萬數。武侯召吴起而謂曰：「子前日之教行矣。」起對曰：「臣聞人有短長，氣有盛衰。君試發無功者五萬人，臣請率以當之，脱其不勝，取笑於諸侯，失權於天下矣。今使一死賊，伏於壙野，千人追之，莫不梟視狼顧，何者？恐其暴起而害己也。是以一人投命，足懼千夫。今臣以五萬之衆，而爲一死賊率以討之，故難敵矣。」於是武侯從之，兼車五百，乘騎三千匹，而破秦五十萬衆，此勵士之功也。先戰一日，吴起令三軍曰：「諸吏士當從，受敵車騎與徒。若車不得車，騎不得騎，徒不得徒，雖破軍皆無功。」故戰之日，其令不煩，而威震天下。

《戰國策·秦三》 吴起事悼王，使私不害公，讒不蔽忠，言不取苟合，行不取苟容，行義不固毁譽，必有伯主强國，不辭禍凶。

《戰國策·魏一》 魏公叔痤爲魏將，而與韓、趙戰澮北，禽樂祚。魏王説，迎郊，以賞田百萬禄之。公叔痤反走，再拜辭曰：「夫使士卒不崩，直而不倚，撓揀而不辟者，此吴起餘教也，臣不能爲也。前脈形埊之險阻，決利害之備，使三軍之士不迷惑者，巴寧、爨襄之力也。縣賞罰於前，使民昭然信之於後者，王之明法也。見敵之可也鼓之，不敢怠倦者，臣也。王特爲臣之右手不倦賞臣，何也？若以臣之有功，臣何力之有乎？」王曰：「善。」於是索吴起之後，賜之田二十萬，巴寧、爨襄田各十萬。王曰：「公叔豈非長者哉！既爲寡人勝强敵矣，又不遺賢者之後，不揜能士之迹，公叔何可無益乎？」故又與田四十萬，加之百萬之上，使百四十萬。故《老子》曰：「聖人無積，盡以爲人，己愈有；既以與人，己愈多。」公叔當之矣。

魏武侯與諸大夫浮於西河。稱曰：「河山之險，豈不亦信固哉！」王鍾侍王，曰：「此晉國之所以强也。若善脩之，則霸王之業具矣。」吴起對曰：「吾君之言，危國之道也；而子又附之，是危也。」武侯忿然曰：「子之言有説乎？」

吴起對曰：「河山之險，信不足保也；是伯王之業，不從此也。昔者，三苗之居，左彭蠡之波，右有洞庭之水，文山在其南，而衡山在其北。恃此險也，爲政不善，而禹放逐之。夫夏桀之國，左天門之陰，而右天谿之陽，廬、睪在其北，伊、洛出其南。有此險也，然爲政不善，而湯伐之。殷紂之國，左孟門而右漳、釜，前帶河，後被山。有此險也，然爲政不善，而武王伐之。且君親從臣而勝降城，城非不高也，人民非不衆也，然而可得併者，政惡故也。從是觀之，地形險阻，奚足以霸王矣！」

武侯曰：「善。吾乃今日聞聖人之言也！西河之政，專委之子矣。」

《荀子·堯問》 魏武侯謀事而當，羣臣莫能逮，退朝而有喜色。吴起進曰：「亦嘗有以楚莊王之語聞於左右者乎？」武侯曰：「楚莊王之語何如？」吴起對曰：「楚莊王謀事而當，羣臣莫逮，退朝而有憂色。申公巫臣進問曰：『王朝而有憂色，何也？』莊王曰：『不穀謀事而當，羣臣莫能逮，是以憂也。其在中蘬之言也，曰：「諸侯自爲得師者王，得友者霸，得疑者存，自爲謀而莫己若者亡。」今以不穀之不肖而羣臣莫吾逮，吾國幾於亡乎！是以憂也。』楚莊王以憂，而君以憙。」武侯逡巡再拜曰：「天使夫子振寡人之過也。」

《韓非子·説林上》 魯季孫新弑其君，吴起仕焉。或謂起曰：「夫死者，始死而血，已血而衂，已衂而灰，已灰而土，及其土也，無可爲者矣。今季孫乃始血，其毋乃未可知也。」吴起因去之晉。

《韓非子·内儲説上》 吴起爲魏武侯西河之守。秦有小亭臨境，吴起欲攻之。不去，則甚害田者；去之，則不足以徵甲兵。於是乃倚一車轅於北門之外而令之曰：「有能徙此南門之外者賜之上田上宅。」人莫之徙也。及有徙之者，還，賜之如令。俄又置一石赤菽東門之外而令之曰：「有能徙此於西門之外者賜之如初。」人争徙之。乃下令曰：「明日且攻亭，有能先登者，仕之國大夫，賜之上田宅。」人争趨之。於是攻亭，一朝而拔之。

《韓非子・和氏》 昔者吳起教楚悼王以楚國之俗曰：「大臣太重，封君太衆，若此則上偪主而下虐民，此貧國弱兵之道也。不如使封君之子孫三世而收爵祿，絕滅百吏之祿秩，損不急之枝官，以奉選練之士。」悼王行之期年而薨矣，吳起枝解於楚。

《韓非子・外儲說左上》 吳起爲魏將而攻中山。軍人有病疽者，吳起跪而自吮其膿。傷者之母立泣。人問曰：「將軍於若子如是，尚何爲而泣？」對曰：「吳起吮其父之創而父死，今是子又將死也，今吾是以泣。」

吳起出，遇故人而止之食。故人曰：「諾，今返而御。」吳子曰：「待公而食。」故人至暮不來，起不食待之。明日早，令人求故人，故人來，方與之食。

《尉繚子・制談》 有提七萬之衆而天下莫當者，誰？曰：吳起也。

《尉繚子・武議》 吳起臨戰，左右進劍，起曰：「將專主旗鼓爾。臨難決疑，揮兵指刃，此將事也。一劍之任，非將事也。」三軍成行一舍，而後成三舍，三舍之餘，如決川源。望敵在前，因其所長而用之，敵白者堊之，赤者赭之。吳起與秦戰，未合，一夫不勝其勇，前獲雙首而還，吳起立斬之。軍吏諫曰：「此材士也，不可斬。」起曰：「材士則是也，非吾令也。」斬之。

《呂氏春秋・審分覽・執一》 吳起謂商文曰：「事君果有命矣夫！」商文曰：「何謂也？」吳起曰：「治四境之内，成馴教，變習俗，使君臣有義，父子有序，子與我孰賢？」商文曰：「吾不若子。」曰：「今日置質爲臣，其主安重；今日釋璽辭官，其主安輕；子與我孰賢？」商文曰：「吾不若子。」曰：「士馬成列，馬與人敵，人在馬前，援桴一鼓，使三軍之士，樂死若生，子與我孰賢？」商文曰：「吾不若子。」吳起曰：「三者，子皆不吾若也，位則在吾上，命也夫事君！」商文曰：「善。子問我，我亦問子。世變主少，羣臣相疑，黔首不定，屬之子乎？屬之我乎？」吳起默然不對，少選曰：「與子。」商文曰：「是吾所以加於子之上已。」吳起見其所以長，而不見其所以短，知其所以賢，而不知其所以不肖，故勝於西河，而困於王錯，傾造大難，身不得死焉。夫吳勝於齊，而不勝於越；齊勝於宋，而不勝於燕；故凡能全國完身者，其唯知長短贏絀之化邪。

《呂氏春秋・恃君覽・觀表》 吳起治西河之外，王錯譖之於魏武侯，武侯使人召之。吳起至於岸門，止車而休，望西河，泣數行而下。其僕謂之曰：「竊觀公之志，視舍天下若舍屣。今去西河而泣，何也？」吳起雪泣而應之，曰：「子弗識也。君誠知我，而使我畢能，秦必可亡，而西河可以王。今君聽讒人之議，而不知我，西河之爲秦也不久矣，魏國從此削矣。」吳起果去魏入荆，而西河畢入秦，魏日以削，秦日益大。此吳起之所以先見而泣也。

《呂氏春秋・開春覽・貴卒》 吳起謂荆王曰：「荆所有餘者地也，所不足者民也。今君王以所不足益所有餘，臣不得而爲也。」於是令貴人往實廣虛之地，皆甚苦之。荆王死，貴人皆來，尸在堂上，貴人相與射吳起。吳起號呼曰：「吾示子吾用兵也。」拔矢而走，伏尸插矢而疾言曰：「羣臣亂王。」吳起死矣。且荆國之法，麗兵於王尸者，盡加重罪，逮三族。吳起之智，可謂捷矣。

《淮南子・道應訓》 吳起爲楚令尹，適魏，問屈宜若曰：「王不知起之不肖，而以爲令尹，先生試觀起之爲人也。」屈子曰：「將柰何？」吳起曰：「將衰楚國之爵而平其制祿，損其有餘而綏其不足，砥礪甲兵，時爭利於天下。」屈子曰：「宜若聞之，昔善治國家者，不變其故，不易其常。今子將衰楚國之爵而平其制祿，損其有餘而綏其不足，是變其故，易其常也，行之者不利！宜若聞之曰：『怒者，逆德也；兵者，凶器也；爭者，人之所本也。』今子陰謀逆德，好用凶器，始人之所本，逆之至也。且子用魯兵，不宜得志於齊，而得志焉。子用魏兵，不宜得志於秦，而得志焉。宜若聞之，非禍人，不能成禍。吾固惑吾王之數逆天道，戾人理，至今無禍，差須夫子也。」吳起惕然曰：「尚可更乎？」屈子曰：「成形之徒，不可更也。子不若敦愛而篤行之。」老子曰：「挫其鋭，解其紛，和其光，同其塵。」

《淮南子・泰族訓》 吳起爲楚減爵祿之令，而功臣畔矣。吳起之用兵也，天下之善者也。然吳起以兵弱楚，習於行陳之事，而不知廟戰之權也。

桓寬《鹽鐵論・毀學》 文學曰：「君子懷德，小人懷土。賢士徇名，貪夫死利。李斯貪其所欲，致其所惡。孫叔敖早見於未萌，三去相而不悔，非樂卑賤而惡重祿也，慮患遠而避害謹也。夫郊祭之牛，養食朞年，衣之文繡，以入廟堂，太宰執其鸞刀以啓其毛，方此之時，願任重而上峻坂，不可得也。商鞅困於彭池，吳起之伏王屍，願被布褐而處窮鄙之蒿廬，不可得也。李斯相秦，席天下之勢，志小萬乘，及其囚於囹圄，車裂於雲陽之市，亦願負薪入東門，行上蔡曲街徑，不可得也。蘇秦、吳起以權勢自殺，商鞅、李斯以尊重自滅，皆貪祿慕榮以没其身，從車百乘，曾不足以載其禍也！」

劉向《說苑・建本》 魏武侯問元年於吳子，吳子對曰：「言國君必慎始也。」「慎始奈何？」曰：「正之。」「正之奈何？」「明智。智不明何以見正，多聞而

擇焉，所以明智也。是故古者君始聽治，大夫而一言，士而一見，庶人有謁必達，公族請問必語，四方至者勿距，可謂不壅蔽矣。分禄必及，用刑必中，君心必仁，思民之利，除民之害，可謂不失民衆矣。君身必正，近臣必選，大夫不兼官，執民柄者不在一族，可謂不權勢矣。此皆《春秋》之意而元年之本也。」

劉晝《劉子·妄瑕》 昔魏文侯問於李克曰：「吴起何如人也？」克對曰：「起貪而好色，然其善用兵，司馬穰苴不能過也。」乃以爲將，拔秦五城，北滅燕、趙，蓋起之力也。魏無知薦陳平於漢王，或人讒之曰：「平雖美丈夫，如冠玉耳，其中未必有可用也。且聞盜嫂而受金。」王乃疏平，讓無知。無知曰：「臣進奇謀之士，誠足以利國耳。且其小過，豈妨公家之大務哉！」乃擢爲護軍，得施其策。故范增疽發死而楚國亡，閼氏開陣而漢軍全者，平之謀也。高祖棄陳平之小釁，採六奇之大謀；文侯舍吴起之小失，而取五城之大功。嚮使二主以其小過，棄彼良材，則魏國之存亡不可知，而漢、楚之雄雌未可決也。而吴起必埋名於貪婬，陳平陷身於賄盗矣。

劉晝《劉子·貴速》 昔吴起相楚，貴族攻之，起欲討讎，而插矢王屍；陽虎在圍，魯人出之，虎欲報德，而傷之以戈。謀不斯須，而讎德兩報，其智可謂應時而知矣。

梁玉繩《人表考》卷六《中下·吴起》 吴起始見《秦》、《魏策》、《荀子堯問》。衛左氏中人。《韓子·外儲右上》。學于曾子。《吕氏春秋·當染》，據《釋文序録》是曾申。中矢而死。《吕氏春秋·貴卒》、《史·本傳》，而《秦策》、《韓子·難言》、《問田》作枝解，《韓詩外傳》一、《吕覽·執一》注作車裂。宋宣和五年封廣宗伯。《宋史·禮志》。

備論

《吕氏春秋·似順論·慎小》 吴起治西河，欲諭其信於民，夜日置表於南門之外，令於邑中曰：「明日有人僨南門之外表者，仕長大夫。」明日日晏矣，莫有僨表者。民相謂曰：「此必不信。」有一人曰：「試往僨表，不得賞而已，何傷？」往僨表，來謁吴起。吴起自見而出，仕之長大夫。夜日又復立表，又令於邑中如前。邑人守門争表，表加植，不得所賞。自是之後，民信吴起之賞罰。賞罰信乎民，何事而不成，豈獨兵乎？

《史記》卷六五《孫子吴起列傳論》 世俗所稱師旅，皆道《孫子》十三篇，吴起《兵法》，世多有，故弗論，論其行事所施設者。語曰：「能行之者未必能言，能言之者未必能行。」孫子籌策龐涓明矣，然不能蚤救患於被刑。吴起説武侯以形勢不如德，然行之於楚，以刻暴少恩亡其軀。悲夫！

《史記》卷六五《孫子吴起列傳》司馬貞述贊 吴起相魏，西河稱賢；慘礉事楚，死後留權。

《張耒集》卷三九《吴起論》 吾讀《吴起傳》，觀與田文論功，發三問，文不得一，然則起之才豈淺淺者耶？及田文爲之言：「主少國疑，大臣未附，百姓不信，當是時屬之子乎？屬之我乎？」起曰：「屬之子矣。」吾嘗疑起才何獨短於此，而不敢與文較。及觀起之相楚，方悼王之死，未幾而楚之宗臣大臣起而殺吴起。方是時，悼王死，起相新君，可謂主少國疑矣，起也於是乎不免。然則起之才是誠短乎此，則其始無以抗田文之言，蓋無足怪，而田文之於知人也，亦明矣。然則田文之知起之不足以處此者，何説也？起之爲人也，明厲而不達於變，從事於法而不知權，是二者，蓋相疑國、輔少主、親未附而安不信者之所深忌也。

昔者鄭國有難，而子孔當國，乃爲載書以序位聽政辟，而子産請焚之。夫子孔之爲載書，叙羣臣而使之聽政，豈有所不可哉？而子産請焚，而鄭國果定，何也？蓋誠未加於物，則吾之所爲，衆之所疑，故急之則亂，繩之則怨。方是時，法有所不行，是非有所不較，徒知吾法之不欺，而不顧物之情，此取禍之道也。故曰：「衆怒難犯，專欲難成。」蓋當新造之國，與夫衆情反側之際者，不可以求定乎法，而取必於理之是非，而其權乃在夫人情可否之際，此子産所以焚之而國定也。

史稱吴起治楚，明法審令，捐不急之官，廢公族疏遠者。夫起當新難之國，輔未壯之主，而馭不附之大臣與不信之百姓，而其所行顧若是而不知變，是其死也，不亦宜乎！嗚呼！智士因變，聖人乘時，一龍一蛇，與化推移，庸得而制之哉？吾悲吴起之志，故論其説云。

王應麟《困學紀聞》卷一〇《諸子》 《韓子·内儲説上》云：「吴起欲攻秦小亭，置一石赤菽東門外，令人能徙此於西門外者，賜之上田宅，人争徙之。乃下令曰：『明日攻秦，能先登者，仕之大夫，賜之上田宅。』於是攻之，一朝而拔。」《吕氏春秋·似順論·慎小篇》云：「吴起治西河，欲諭其信於民，夜日置表於南門之外，令於邑中曰：『明日有人能僨南門之外表者，仕長大夫。』明日日晏矣，莫

有債表者。民相謂曰：『此必不信。』有一人曰：『試往債表，不得賞則已，何傷？』往債表，來謁吴起。起自見而出，仕之長大夫。自是之後，民信吴起之賞罰。」愚按商鞅入秦，在吴起死後二十一年，徙木予金，事見《史記・商君列傳》。其祖吴起之遺智歟？

《胡宏集・書・上光堯皇帝書》 昔魏武侯浮西河而下中流，顧謂吴起曰：「美哉！山河之固，此魏國之寶也。」起對曰：「在德，不在險。君若不脩德，舟中之人皆敵國也。」魏氏失於不知本，吴起失於不知末。夫道有污隆，勢有强弱，因時處事，體用不遺，本末並行，然後爲得也。是故聖王明於天險，尊卑之分，貴賤之等，定天下之制，而姦邪莫能越。明於地險，山川丘陵以爲阻，城郭溝池以爲固，而暴客莫能干。險設如是，然後能守其國矣。不然，天險廢亂，雖潼關，何有於秦？地險不脩，雖仁義，何有於趙？

葉適《習學記言序目》卷二〇《史記二・列傳》 信如遷所稱，吴起能以吮疽使士，而不以險守西河，然則行之於楚，安得以刻暴少恩亡其軀？蓋「要在强兵，而破馳説之言從横者」，戰國腹心之疾也。雖欲治國家，保民人，終不可得，而相隨以亡。起以是相楚，其所交貴戚大臣怨惡者衆矣，一日君死而難作耳。（《孫子吴起》）

《全元文》卷四二二戴表元《讀吴起傳》 世儒言吴起，未有不艴然異之也。嘗讀其傳而得其爲人，蓋魏公子所謂節廉而自喜名者，起之實録也。當戰國時，士之道先王而守禮義者鮮矣。魯俗猶爲後衰，而起也及事曾子。曾子以孝聞魯，而議起者曰：「起之學於其門也，齧母而訣，殺妻而求將，世有學於曾子而齧母殺妻者乎？」若其答魏文侯舟中之問，與夫逐田文，辭尚主，趣舍進退，從容可觀，則猶曾子之教爾。學不勝質，溺於技勇。後人循跡而議，置其輕者，推其重者，名之爲薄。夫君子惡居下流，其是之謂哉。

方孝孺《遜志齋集》卷四《雜著・讀吴子》 衛人吴起書六篇，兵書也。起嘗受學於曾子，故其書間談仁義，然起烏足以知仁義哉！起嘗殺婦而求將，嚙臂與母盟。其天資固刻忍之人，是以見棄於曾子之門，而卒以兵顯。觀其論兵，則孫武之亞也，而武之説爲明備矣。起嘗與魏武侯言，在德不在險，信戰國時之名言。特以無行，見少於世，亦可以見聖人之教入人者深，而是非之公，終不可泯也。於乎，豈不足爲喜功者之戒哉？

李贄《藏書》卷四七《武臣傳一・大將・吴起》評 吴起料敵制勝，號知兵矣，而卒困於公叔之僕何哉？其廢公族，疏遠以養戰士，所以强楚者以是，所以殺身者亦以是。其最錯之徒與？任事者必任怨，雖殺身可也。又曰：李克亦可人哉，使訪之程正叔輩，必以貪財好色見殺矣，孰與富國强兵乎？

袁了凡、王鳳洲《袁王綱鑒合編・周紀》丁南湖評 吴起以修德説武侯矣，兹乃以殘忍亡於楚，其太史公所謂能言之者，未必能行乎？抑以殘忍進者必以殘忍亡也。

丁氏評 吴起之對，其得告君之正而非立國之常也。吾聞守國必設險，故王公設險以守其國，是德固本而所當先，險亦末而不可廢。故爲治者非修德，無以守險，而修德者又不可以不設險也。修德設險，本末俱備，此立國之常也。起爲武侯恃山河之固而不知修德爲本，故特略其末而不重，雖知道者告君當不過此。而起顧能之，但遠人未服則修文德以來之，而兵非聖人得已者。蓋起得專習兵法，力鬭天下而不引君當道在德不在險，此固武侯所不知，而在德不在兵，是豈起所能達耶！

藝文

《白居易集》卷一《慈烏夜啼》 慈烏失其母，啞啞吐哀音。晝夜不飛去，經年守故林。夜夜夜半啼，聞者爲沾襟。聲中如告訴，未盡反哺心。百鳥豈無母？爾獨哀怨深。應是母慈重，使爾悲不任。昔有吴起者，母殁喪不臨。嗟哉斯徒輩，其心不如禽！慈烏復慈烏，鳥中之曾參。

《全唐詩》卷五六〇薛能《舟行至平羌》 貔虎直沙壖，嚴更護早眠。簇霜孤驛樹，落日下江船。暫去非吴起，終休愛魯連。平羌無一術，候吏莫加籩。

《全唐詩》卷六五二方干《賊退後贈劉將軍》 非唯吴起與穰苴，今古推排盡不如。白馬知無髀上肉，黄巾泣向箭頭書。二年戰地成桑茗，千里荒榛作比閭。功業更多身轉貴，佇看幢節引戎車。

《全唐詩》卷七二八周曇《公叔》 吴起南奔魏國荒，必聽公叔失賢良。無謀縱欲離安邑，可免河溝徙大梁。

商鞅部

綜述

《史記》卷六八《商君列傳》 商君者，衛之諸庶孽公子也，名鞅，姓公孫氏，其祖本姬姓也。鞅少好刑名之學，事魏相公叔座爲中庶子。公叔座知其賢，未及進。會座病，魏惠王親往問病，曰：「公叔病有如不可諱，將柰社稷何？」公叔曰：「座之中庶子公孫鞅，年雖少，有奇才，願王舉國而聽之。」王嘿然。王且去，座屏人言曰：「王即不聽用鞅，必殺之，無令出境。」王許諾而去。公叔座召鞅謝曰：「今者王問可以爲相者，我言若，王色不許我。我方先君後臣，因謂王即弗用鞅，當殺之。王許我。汝可疾去矣，且見禽。」鞅曰：「彼王不能用君之言任臣，又安能用君之言殺臣乎？」卒不去。惠王既去，而謂左右曰：「公叔病甚，悲乎，欲令寡人以國聽公孫鞅也，豈不悖哉！」

公叔既死，公孫鞅聞秦孝公下令國中求賢者，將修繆公之業，東復侵地，迺遂西入秦，因孝公寵臣景監以求見孝公。孝公既見衛鞅，語事良久，孝公時時睡，弗聽。罷而孝公怒景監曰：「子之客妄人耳，安足用邪！」景監以讓衛鞅。衛鞅曰：「吾説公以帝道，其志不開悟矣。」後五日，復求見鞅。鞅復見孝公，益愈，然而未中旨。罷而孝公復讓景監，景監亦讓鞅。鞅曰：「吾説公以王道而未入也。請復見鞅。」鞅復見孝公，孝公善之而未用也。罷而去。孝公謂景監曰：「汝客善，可與語矣。」鞅曰：「吾説公以霸道，其意欲用之矣。誠復見我，我知之矣。」衛鞅復見孝公。公與語，不自知厀之前於席也。語數日不厭。景監曰：「子何以中吾君？吾君之驩甚也。」鞅曰：「吾説君以帝王之道比三代，而君曰：『久遠，吾不能待。且賢君者，各及其身顯名天下，安能邑邑待數十百年以成帝王乎？』故吾以彊國之術説君，君大説之耳。然亦難以比德於殷周矣。」

孝公既用衛鞅，鞅欲變法，恐天下議己。衛鞅曰：「疑行無名，疑事無功。且夫有高人之行者，固見非於世；有獨知之慮者，必見敖於民。愚者闇於成事，知者見於未萌。民不可與慮始而可與樂成。論至德者不和於俗，成大功者不謀於衆。是以聖人苟可以彊國，不法其故；苟可以利民，不循其禮。」孝公曰：「善。」甘龍曰：「不然。聖人不易民而教，知者不變法而治。因民而教，不勞而成功；緣法而治者，吏習而民安之。」衛鞅曰：「龍之所言，世俗之言也。常人安於故俗，學者溺於所聞。以此兩者居官守法可也，非所與論於法之外也。三代不同禮而王，五伯不同法而霸。智者作法，愚者制焉；賢者更禮，不肖者拘焉。」杜摯曰：「利不百，不變法；功不十，不易器。法古無過，循禮無邪。」衛鞅曰：「治世不一道，便國不法古。故湯武不循古而王，夏殷不易禮而亡。反古者不可非，而循禮者不足多。」孝公曰：「善。」以衛鞅爲左庶長，卒定變法之令。

令民爲什伍，而相牧司連坐。不告姦者腰斬，告姦者與斬敵首同賞，匿姦者與降敵同罰。民有二男以上不分異者，倍其賦。有軍功者，各以率受上爵；爲私鬭者，各以輕重被刑大小。僇力本業，耕織致粟帛多者復其身。事末利及怠而貧者，舉以爲收孥。宗室非有軍功論，不得爲屬籍。明尊卑爵秩等級，各以差次名田宅，臣妾衣服以家次。有功者顯榮，無功者雖富無所芬華。

令既具，未布，恐民之不信，已乃立三丈之木於國都市南門，募民有能徙置北門者予十金。民怪之，莫敢徙。復曰「能徙者予五十金」。有一人徙之，輒予五十金，以明不欺。卒下令。

令行於民朞年，秦民之國都言初令之不便者以千數。於是太子犯法。衛鞅曰：「法之不行，自上犯之。」將法太子。太子，君嗣也，不可施刑，刑其傅公子虔，黥其師公孫賈。明日，秦人皆趨令。行之十年，秦民大説，道不拾遺，山無盜賊，家給人足。民勇於公戰，怯於私鬭，鄉邑大治。秦民初言令不便者有來言令便者，衛鞅曰「此皆亂化之民也」，盡遷之於邊城。其後民莫敢議令。

於是以鞅爲大良造。將兵圍魏安邑，降之。居三年，作爲築冀闕宫庭於咸陽，秦自雍徙都之。而令民父子兄弟同室内息者爲禁。而集小(都)鄉邑聚爲縣，置令、丞，凡三十一縣。爲田開阡陌封疆，而賦税平。平斗桶權衡丈尺。行之四年，公子虔復犯約，劓之。居五年，秦人富彊，天子致胙於孝公，諸侯畢賀。

其明年，齊敗魏兵於馬陵，虜其太子申，殺將軍龐涓。其明年，衛鞅説孝公曰：「秦之與魏，譬若人之有腹心疾，非魏并秦，秦即并魏。何者？魏居領阨之西，都安邑，與秦界河而獨擅山東之利。利則西侵秦，病則東收地。今以君之賢聖，國賴以盛。而魏往年大破於齊，諸侯畔之，可因此時伐魏。魏不支秦，必東徙。東徙，秦據河山之固，東鄉以制諸侯，此帝王之業也。」孝公以爲然，使衛鞅

將而伐魏。魏使公子卬將而擊之。軍既相距，衛鞅遺魏將公子卬書曰：「吾始與公子驩，今俱爲兩國將，不忍相攻，可與公子面相見，盟，樂飲而罷兵，以安秦魏。」魏公子卬以爲然。會盟已，飲，而衛鞅伏甲士而襲虜魏公子卬，因攻其軍，盡破之以歸秦。魏惠王兵數破於齊、秦，國内空，日以削，恐，乃使使割河西之地獻於秦以和。而魏遂去安邑，徙都大梁。梁惠王曰：「寡人恨不用公叔座之言也。」衛鞅既破魏還，秦封之於、商十五邑，號爲商君。

商君相秦十年，宗室貴戚多怨望者。趙良見商君，商君曰：「鞅之得見也，從孟蘭皋，今鞅請得交，可乎？」趙良曰：「僕弗敢願也。孔丘有言曰：『推賢而戴者進，聚不肖而王者退。』僕不肖，故不敢受命。僕聞之曰：『非其位而居之曰貪位，非其名而有之曰貪名。』僕聽君之義，則恐僕貪位貪名也。故不敢聞命。」商君曰：「子不説吾治秦與？」趙良曰：「反聽之謂聰，内視之謂明，自勝之謂彊。虞舜有言曰：『自卑也尚矣。』君不若道虞舜之道，無爲問僕矣。」商君曰：「始秦戎翟之教，父子無别，同室而居。今我更制其教，而爲其男女之别，大築冀闕，營如魯衛矣。子觀我治秦也，孰與五羖大夫賢？」趙良曰：「千羊之皮，不如一狐之掖；千人之諾諾，不如一士之諤諤。武王諤諤以昌，殷紂墨墨以亡。君若不非武王乎，則僕請終日正言而無誅，可乎？」商君曰：「語有之矣，貌言華也，至言實也，苦言藥也，甘言疾也。夫子果肯終日正言，鞅之藥也。鞅將事子，子又何辭焉！」趙良曰：「夫五羖大夫，荆之鄙人也。聞秦繆公之賢而願望見，行而無資，自粥於秦客，被褐食牛。期年，繆公知之，舉之牛口之下，而加之百姓之上，秦國莫敢望焉。相秦六七年，而東伐鄭，三置晉國之君，一救荆國之禍。發教封内，而巴人致貢；施德諸侯，而八戎來服。由余聞之，款關請見。五羖大夫之相秦也，勞不坐乘，暑不張蓋，行於國中，不從車乘，不操干戈，功名藏於府庫，德行施於後世。五羖大夫死，秦國男女流涕，童子不歌謠，舂者不相杵。此五羖大夫之德也。今君之見秦王也，因嬖人景監以爲主，非所以爲名也。相秦不以百姓爲事，而大築冀闕，非所以爲功也。刑黥太子之師傅，殘傷民以駿刑，是積怨畜禍也。教之化民也深於命，民之效上也捷於令。今君又左建外易，非所以爲教也。君又南面而稱寡人，日繩秦之貴公子。《詩》曰：『相鼠有體，人而無禮；人而無禮，何不遄死。』以《詩》觀之，非所以爲壽也。公子虔杜門不出已八年矣，君又殺祝懽而黥公孫賈。《詩》曰：『得人者興，失人者崩。』此數事者，非所以得人也。君之出也，後車十數，從車載甲，多力而駢脅者爲驂乘，持矛而操闟戟者旁車而趨。此一物不具，君固不出。《書》曰：『恃德者昌，恃力者亡。』君之危若朝露，尚將欲延年益壽乎？則何不歸十五都，灌園於鄙，勸秦王顯巖穴之士，養老存孤，敬父兄，序有功，尊有德，可以少安。君尚將貪商於之富，寵秦國之教，畜百姓之怨，秦王一旦捐賓客而不立朝，秦國之所以收君者，豈其微哉？亡可翹足而待。」商君弗從。

後五月而秦孝公卒，太子立。公子虔之徒告商君欲反，發吏捕商君。商君亡至關下，欲舍客舍。客人不知其是商君也，曰：「商君之法，舍人無驗者坐之。」商君喟然歎曰：「嗟乎，爲法之敝一至此哉！」去之魏。魏人怨其欺公子卬而破魏師，弗受。商君欲之他國。魏人曰：「商君，秦之賊。秦彊而賊入魏，弗歸，不可。」遂内秦。商君既復入秦，走商邑，與其徒屬發邑兵北出擊鄭。秦發兵攻商君，殺之於鄭黽池。秦惠王車裂商君以徇，曰：「莫如商鞅反者！」遂滅商君之家。

《史記》卷四四《魏世家》 三十一年，秦、趙、齊共伐我，秦將商君詐我將軍公子卬而襲奪其軍，破之。秦用商君，東地至河，而齊、趙數破我，安邑近秦，於是徙治大梁。以公子赫爲太子。

三十三年，秦孝公卒，商君亡秦歸魏，魏怒，不入。三十五年，與齊宣王會平阿南。

雜録

備録

《韓非子·内儲説上》 公孫鞅之法也重輕罪。重罪者，人之所難犯也；而小過者，人之所易去也。使人去其所易，無離其所難，此治之道。夫小過不生，大罪不至，是人無罪而亂不生也。

一曰：公孫鞅曰：「行刑重其輕者，輕者不至，重者不來，是謂以刑去刑。」

《韓非子·五蠹》 民之所譽，上之所禮，亂國之術也。今境内之民皆言治，藏商、管之法者家有之，而國愈貧，言耕者衆，執耒者寡也。

《韓非子·姦劫弑臣》 商君説秦孝公以變法易俗而明公道，賞告姦，困末

作而利本事。當此之時，秦民習故俗之有罪可以得免、無功可以得尊顯也，故輕犯新法。於是犯之者其誅重而必，告之者其賞厚而信，故姦莫不得而被刑者衆，民疾怨而衆過日聞。孝公不聽，遂行商君之法。民後知有罪之必誅，而私姦者衆也，故民莫犯，其刑無所加。是以國治而兵强，地廣而主尊。此其所以然者，匿罪之罰重，而告姦之賞厚也。此亦使天下必爲己視聽之道也。至治之法術已明矣，而世學者弗知也。

《戰國策·秦三》（蔡）澤曰：「若秦之商君，楚之吴起，越之大夫種，其卒亦可願矣。」應侯知蔡澤之欲困己以説，復曰：「何爲不可？夫公孫鞅事孝公，極身毋二，盡公不還私，信賞罰以致治，竭智能，示情素，蒙怨咎，欺舊交，虜魏公子卬，卒爲秦禽將，破敵軍，攘地千里。」

《戰國策·魏一》魏公叔痤病，惠王往問之，曰：「公叔病，即不可諱，將柰社稷何？」公孫痤對曰：「痤有御庶子公孫鞅，願王以國事聽之也。爲弗能聽，勿使出竟。」王弗應，出而謂左右曰：「豈不悲哉！以公叔之賢，而謂寡人必以國事聽鞅，不亦悖乎！」

公叔痤死，公孫鞅聞之，已葬，西之秦，孝公受而用之。秦果日以强，魏日以削。此非公叔之悖也，惠王之悖也。悖者之患，固以不悖者爲悖。

《戰國策·齊五》昔者魏王擁土千里，帶甲三十六萬，其强而拔邯鄲，西圍定陽，又從十二諸侯朝天子，以西謀秦。秦王恐之，寢不安席，食不甘味，令於境内，盡堞中爲戰具，竟爲守備，爲死士置將，以待魏氏。衛鞅謀於秦王曰：「夫魏氏其功大，而令行於天下，有十二諸侯而朝天子，其與必衆。故以一秦而敵大魏，恐不如。王何不使臣見魏王，則臣請必北魏矣。」秦王許諾。衛鞅見魏王曰：「大王之功大矣，令行於天下矣。今大王之所從十二諸侯，非宋、衛也，則鄒、魯、陳、蔡，此固大王之所以鞭箠使也，不足以王天下。大王不若北取燕，東伐齊，則趙必從矣；西取秦，南伐楚，則韓必從矣。大王有伐齊、楚心，而從天下之志，則王業見矣。大王不如先行王服，然後圖齊、楚。」魏王説於衛鞅之言也，故身廣公宮，制丹衣柱，建九斿，從七星之旟。此天子之位也，而魏王處之。於是齊、楚怒，諸侯奔齊，齊人伐魏，殺其太子，覆其十萬之軍。魏王大恐，跣行按兵於國，而東次於齊，然後天下乃舍之。當是時，秦王垂拱受西河之外，而不以德魏王。故曰衛鞅之始與秦王計也，謀約不下席，言於尊俎之間，謀成於堂上，而魏將以禽於齊矣；衝櫓未施，而西河之外入於秦矣。

《吕氏春秋·慎行論·無義》公孫鞅之於秦，非父兄也，非有故也，以能用也，欲堙之責，非攻無以，於是爲秦將而攻魏。魏使公子卬將而當之。公孫鞅之居魏也，固善公子卬，使人謂公子卬曰：「凡所爲游而欲貴者，以公子之故也。今秦令鞅將，魏令公子當之，豈且忍相與戰哉？公子言之公子之主，鞅請亦言之主，而皆罷軍。」於是將歸矣，使人謂公子曰：「歸未有時相見，願與公子坐而相去别也。」公子曰：「諾。」魏吏争之曰：「不可。」公子不聽，遂相與坐。公孫鞅因伏卒與車騎以取公子卬。秦孝公薨，惠王立，以此疑公孫鞅之行，欲加罪焉。公孫鞅以其私屬與母歸魏。襄疵不受，曰：「以君之反公子卬也，吾無道知君。」故士自行不可不審也。

賈誼《新書·時變》商君違禮義，棄倫理，并心於進取，行之二歲，秦俗日敗。秦人有子，家富子壯則出分，家貧子壯則出贅。假父耰鉏杖篲，耳慮有德色矣；母取瓢椀箕帚，慮立訊語。抱哺其子，與公併踞；婦姑不相説，則反唇而睨。其慈子嗜利而輕簡父母也，慮非有倫理也，亦不同禽獸僅焉耳。然猶并心而赴時者，曰功成而敗義耳。蹷六國，兼天下，求得矣；然不知反廉恥之節、仁義之厚，信并兼之法，遂進取之業，凡十三歲而社稷爲墟。不知守成之數，得之之術也，悲夫！

劉向《新序·善謀》秦孝公欲用衛鞅之言，更爲嚴刑峻法，易古三代之制度。恐大臣不從，於是召衛鞅、甘龍、杜摯三大夫御於君，慮世事之變，討正法之本，使民之道。君曰：「代位不亡社稷，君之道也；錯法務明主長，臣之行也。今吾欲更法以教民，吾恐天下之議我也。」公孫鞅曰：「臣聞疑行無名，疑事無功。君亟定變法之慮，行之無疑，殆無顧天下之議。且夫有高人之行者，固負非於世；有獨知之慮者，必見謷於民。語曰：愚者暗成事，知者見未萌。民不可與慮始，可與樂成功。郭偃之法曰：論至德者，不和於俗；成大功者，不謀於衆。法者所以愛民也，禮者所以便事也。是故聖人苟可以治國，不法其故；苟可以利民，不循其禮。」孝公曰：「善。」甘龍曰：「不然。臣聞聖人不易民而教，知者不變法而治。因民而教者，不勞而功成；據法而治者，吏習而民安之。今若變法不循故，更禮以教民，臣恐天下之議君，願君孰慮之。」公孫鞅曰：「子之所言，世俗之所知也。常人安於故習，學者溺於所聞，此兩者，所以居官而守法也，非所與論於典法之外也。三代不同道而王，五霸不同法而霸。知者作法，而愚者制焉；賢者更禮，不肖者拘焉。拘禮之人，不足以言事；制法之人，不足與

論治。君無疑矣。」杜摯曰：「利不百，不變法；功不什，不易器。臣聞之，法古無過，循禮無邪，君其圖之。」公孫鞅曰：「前世不同教，何古之法；帝王者不相復，何禮之循。伏犧、神農，教而不誅；黄帝、堯舜，誅而不怒；及至文武，各當其時而立法，因事而制禮。禮法兩定，制令各宜，甲兵器備，各便其用。臣故曰：治世不一道，便國不必古。故湯武之王也不循古，殷夏之滅也不易禮。然則反古者未可非也，循禮者未足多也。君無疑矣。」孝公曰：「善。吾聞窮鄉多怪，學多辯，愚者之笑，知者哀焉，狂夫之樂，賢者憂焉。拘世之議，寡人心不疑矣。」於是孝公違龍、摯之善謀，遂從衛鞅之過言，法嚴而酷，刑深而必，守之以公，當時取彊，遂封鞅爲商君。及孝公死，國人怨商君，至於車裂之。其患流漸至始皇，赤衣塞路，羣盜滿山，卒以亂亡，削刻無恩之所致也。三代積德而王，齊桓繼絶而伯，秦、項嚴暴而亡，漢王垂仁而帝。故仁恩，謀之本也。

董説《七國考》卷二《秦食貨·轅田》 《漢地理志》：「秦孝公用商鞅，制轅田，開阡陌。」杜氏《通典》云：「孝公用商鞅。鞅以三晉地狹人貧，秦地廣人寡，故草不盡墾，地利不盡出。於是誘三晉之人，利其田地，復三代，無知兵事，務本於内，而使秦人應敵於外。故廢井田，開阡陌，任其所耕，不限多少。數年之間，國富兵彊，天下無敵。」吴氏曰：「井田受之於公，毋得粥賣。故《王制》曰：『田里不粥。』秦開阡陌，遂得買賣。又戰得甲首者，益田宅，五甲首而隸役五家。兼併之患，自此始矣。民田多者以千畝爲畔，無復限制。」王氏曰：「古者遂廣二尺，溝四尺，洫八尺，澮二尋，則丈有六尺矣。徑容車馬，畛容大車，涂容乘車一軌，道二軌，路三軌，則幾二丈矣。此其水陸占地，不得爲田者頗多，所以正經界，止侵争，時畜洩，備水旱，爲永久之計。今商君除一時之害，而千古聖賢傳授精微之旨失矣。蔡澤稱商君曰：『決裂阡陌。』決裂云者，井田之制分畫堅明，封表深固，非大用其力以決裂之，不能掃滅其跡也。」陸深《傳疑録》曰：「商鞅佐秦，以一夫力餘，地利不盡。於是改制二百四十步爲畝。」秦孝十二年，周顯十九年。《秦别紀》作昭襄王四年，初爲田，開阡陌。

梁玉繩《人表考》卷四《中上·商鞅》 商鞅始見《史》本傳。衛庶孽公子。名鞅，氏公孫。秦孝公以爲相，封之于商，號商君，故曰公孫鞅，亦曰衛鞅。惠王車裂之。《史傳》、《秦》、《魏策》。案鞅刻薄少恩，卒受惡名于秦。其書言民不可學問，以禮、樂、《詩》、《書》等爲六蝨。若鞅者，何以居中上哉！

備論

《荀子·議兵》 若夫招近募選，隆埶詐，尚功利之兵，則勝不勝無常，代翕代張，代存代亡，相爲雌雄耳矣。夫是之謂盜兵，君子不由也。故齊之田單，楚之莊蹻，秦之衛鞅，燕之繆蟣，是皆世俗之所謂善用兵者也；是其巧拙强弱則未有以相君也，若其道一也，未及和齊也，掎契司詐，權謀傾覆，未免盜兵也。

《韓詩外傳》卷一 水濁則魚喁，令苛則民亂，城峭則崩，岸峭則陂。故吴起峭刑而車裂，商鞅峻法而支解。治國者譬若乎張琴然，大絃急則小絃絶矣。故急轡御者，非千里之御也。有聲之聲不過百里，無聲之聲延及四海。故禄過其功者削，名過其實者損，情行合而名副之，禍福不虛至矣。《詩》云：「何其處也，必有與也。何其久也，必有以也。」故惟其無爲，能長生久視，而無累於物矣。

《淮南子·泰族訓》 商鞅爲秦立相坐之法，而百姓怨矣；【略】商鞅之立法也，天下之善者也。然商鞅之法亡秦，察於刀筆之跡，而不知治亂之本也。

《淮南子·人間訓》 公孫鞅之所以抵罪於秦，而不得入魏也，功非不大也，然而累足無所踐者，不義之故也。

《史記》卷六八《商君列傳論》 商君，其天資刻薄人也。跡其欲干孝公以帝王術，挾持浮説，非其質矣。且所因由嬖臣，及得用，刑公子虔，欺魏將卬，不師趙良之言，亦足發明商君之少恩矣。余嘗讀商君開塞耕戰書，與其人行事相類。卒受惡名於秦，有以也夫！

《史記》卷七九《范雎蔡澤列傳》 蔡澤曰：「今主之親忠臣不忘舊故不若孝公、悼王、句踐，而君之功績愛信親幸又至盛而不返道理，不居卑退處儉約之患也。夫商君爲秦孝公明法令，禁姦本，尊爵必賞，有罪必罰，平權衡，正度量，調輕重，決裂阡陌，以静生民之業而一其俗，勸民耕農利土，一室無二事，力田稸積，習戰陳之事，是以兵動而地廣，兵休而國富，故秦無敵於天下，立威諸侯，成秦國之業。功已成矣，而遂以車裂。」

桓寬《鹽鐵論·非鞅》 大夫曰：「昔商君相秦也，内立法度，嚴刑罰，飭政教，姦僞無所容。外設百倍之利，收山澤之税，國富民强，器械完飾，蓄積有餘。是以征敵伐國，攘地斥境，不賦百姓而師以贍。故利用不竭而民不知，地盡西河

而民不苦。鹽、鐵之利，所以佐百姓之急，足軍旅之費。務蓄積以備乏絕，所給甚衆，有益於國，無害於人。百姓何苦爾，而文學何憂也？」

文學曰：「昔文帝之時，無鹽、鐵之利而民富；今有之而百姓困乏，未見利之所利也，而見其害也。且利不從天來，不從地出，一取之民間，謂之百倍，此計之失者也。無異於愚人反裘而負薪，愛其毛，不知其皮盡也。夫李梅實多者，來年爲之衰；新穀熟而舊穀爲之虧。自天地不能兩盈，而況於人事乎？故利於彼者必耗於此，猶陰陽之不並曜，晝夜之有長短也。商鞅峭法長利，秦人不聊生，相與哭孝公。吴起長兵攻取，楚人搔動，相與泣悼王。其後楚日以危，秦日以弱。故利蓄而怨積，地廣而禍搆，惡在利用不竭而民不知，地盡西河而人不苦也？今商鞅之册任於內，吴起之兵用於外，行者勤於路，居者匱於室，老母號泣，怨女歎息；文學雖欲無憂，其可得也？」

大夫曰：「秦任商君，國以富强，其後卒并六國而成帝業。及二世之時，邪臣擅斷，公道不行，諸侯叛弛，宗廟隳亡。《春秋》曰：『末言爾，祭仲亡也。』夫善歌者使人續其聲，善作者使人紹其功。椎車之蟬攫，負子之教也。周道之成，周公之力也。雖有裨諶之草創，無子産之潤色，有文、武之規矩，而無周、吕之鑿枘，則功業不成。今以趙高之亡秦而非商鞅，猶以崇虎亂殷而非伊尹也。」

文學曰：「善鑿者建周而不拔，善基者致高而不蹷。伊尹以堯、舜之道爲殷國基，子孫紹位，百代不絕。商鞅以重刑峭法爲秦國基，故二世而奪。刑既嚴峻矣，又作爲相坐之法，造誹謗，增肉刑，百姓齋栗，不知所措手足也。賦斂既煩數矣，又外禁山澤之原，內設百倍之利，民無所開説容言。崇利而簡義，高力而尚功，非不廣壤進地也，然猶人之病水，益水而疾深，知其爲秦開帝業，不知其爲秦致亡道也。狐刺之鑿，雖公輸子不能善其枘。畚土之基，雖良匠不能成其高。譬若秋蓬被霜，遭風則零落，雖有十子産，如之何？故扁鵲不能肉白骨，微、箕不能存亡國也。」

大夫曰：「言之非難，行之爲難。故賢者處實而效功，亦非徒陳空文而已。昔商君明於開塞之術，假當世之權，爲秦致利成業，是以戰勝攻取，并近滅遠，乘燕、趙，陵齊、楚，諸侯斂衽，西面而向風。其後，蒙恬征胡，斥地千里，踰之河北，若壞朽折腐。何者？商君之遺謀，備飭素脩也。故舉而有利，動而有功。夫畜積籌策，國家之所以强也。故弛廢而歸之民，未覩巨計而涉大道也。」

文學曰：「商鞅之開塞，非不行也；蒙恬却胡千里，非無功也；威震天下，非不强也；諸侯隨風西面，非不從也；然而皆秦之所以亡也。商鞅以權數危秦國，蒙恬以得千里亡秦社稷：此二子者，知利而不知害，知進而不知退，故果身死而衆敗。此所謂戀朐之智，而愚人之計也，夫何大道之有？故曰：『小人先合而後忤，初雖乘馬，卒必泣血。』此之謂也。」

大夫曰：「淑好之人，戚施之所妬也；賢知之士，闒茸之所惡也。是以上官大夫短屈原於頃襄，公伯寮愬子路於季孫。夫商君起布衣，自魏入秦，期年而相之，革法明教，而秦人大治。故兵動而地割，兵休而國富。孝公大説，封之於、商之地方五百里，功如丘山，名傳後世。世人不能爲，是以相與嫉其能而疵其功也。」

文學曰：「君子進必以道，退不失義，高而勿矜，勞而不伐，位尊而行恭，功大而理順；故俗不疾其能，而世不妬其業。今商鞅棄道而用權，廢德而任力，峭法盛刑，以虐戾爲俗，欺舊交以爲功，刑公族以立威，無恩於百姓，無信於諸侯，人與之爲怨，家與之爲讎，雖以獲功見封，猶食毒肉愉飽而罹其咎也。蘇秦合縱連横，統理六國，業非不大也；桀、紂與堯、舜並稱，至今不亡，名非不長也；然非者不足貴。故事不苟多，名不苟傳也。」

大夫曰：「縞素不能自分於緇墨，賢聖不能自理於亂世。是以箕子執囚，比干被刑。伍員相闔閭以霸，夫差不道，流而殺之。樂毅信功於燕昭，而見疑於惠王。人臣盡節以徇名，遭世主之不用。大夫種輔翼越王，爲之深謀，卒擒强吴，據有東夷，終賜屬鏤而死。驕主背恩德，聽流説，不計其功故也，豈身之罪哉？」

文學曰：「比干剖心，子胥鴟夷，非輕犯君以危身，强諫以干名也。憯怛之忠誠，心動於內，忘禍患之發於外，志在匡君救民，故身死而不怨。君子能行是不能禦非，雖在刑戮之中，非其罪也。是以比干死而殷人怨，子胥死而吴人恨。今秦怨毒商鞅之法，甚於私讎，故孝公卒之日，舉國而攻之，東西南北莫可奔走，仰天而歎曰：『嗟乎，爲政之弊，至於斯極也！』卒車裂族夷，爲天下笑。斯人自殺，非人殺之也。」

《漢書》卷二三《刑法志》 陵夷至於戰國，韓任申子，秦用商鞅，連相坐之法，造參夷之誅；增加肉刑、大辟，有鑿顛、抽脅、鑊亨之刑。

劉晝《劉子·履信》 秦孝公使商鞅攻魏，魏遣公子昂逆而拒之。鞅謂昂曰：「昔鞅與公子善，今俱爲兩國將，不忍相攻，願一飲醼，以休二師。」公子許焉，遂與之會。鞅伏甲虜公子，擊破魏軍。及惠王即位，疑其行詐，遂車裂於市。

夫商鞅，秦之柱臣，名重於海内，貪詐僞之小功，棄誠信之大義，一爲不信，終身見尤，卒至屠滅，爲天下所笑也。嗚呼！無信之弊，一至於此，豈不重乎？

《史記》卷六八《商君列傳》司馬貞述贊　衛鞅入秦，景監是因。王道不用，霸術見親。政必改革，禮豈因循。既欺魏將，亦怨秦人。如何作法，逆旅不賓！

《蘇軾文集》卷五《論商鞅》　商鞅用於秦，變法定令，行之十年，秦民大悦，道不拾遺，山無盜賊，家給人足，民勇於公戰，怯於私鬬，秦人富彊，天子致胙於孝公，諸侯畢賀。

蘇子曰：此皆戰國之遊士邪説詭論，而司馬遷闇於大道，取以爲史。吾嘗以爲遷有大罪二，其先黄老後六經，退處士進姦雄，蓋其小小者耳。所謂大罪二，則論商鞅、桑弘羊之功也。自漢以來，學者耻言商鞅、桑弘羊，而世主獨甘心焉，皆陽諱其名，而陰用其實，甚者則名實皆宗之，庶幾其成功，此司馬遷之罪也。

秦固天下之彊國，而孝公亦有志之君也，修其政刑十年，不爲聲色畋游之所敗，雖微商鞅，有不富彊乎！秦之所以富彊者，孝公敦本力穡之效，非鞅流血刻骨之功也。而秦之所以見疾於民，如豺虎毒藥，一夫作難，而子孫無遺種，則鞅實使之。至於桑弘羊，斗筲之才，穿窬之智，無足言者。而遷之言曰「不加賦而上用足」。善乎司馬光之言也曰：「天下安有此理。天地所生財貨百物，止有此數，不在民則在官。譬如雨澤，夏澇則秋旱。不加賦而上用足，不過設法陰奪民利，其害甚於加賦也。」二子之名在天下，如蛆蠅糞穢也，言之則汙口舌，書之則汙簡牘。二子之術，用於世者，滅國殘民，覆族亡軀者，相踵也，而世主獨甘心焉，何哉？樂其言之便己也。

夫堯、舜、禹、湯，世主之父師也。諫臣弼士，世主之藥石也。恭敬慈儉，勤勞憂畏，世主之繩約也。今使世主日臨父師而親藥石，履繩約，非其所樂也。故爲商鞅、桑弘羊之術者，必先鄙堯笑舜而陋禹也。曰，所謂賢主者，專以天下適己而已。此世主所以人人甘心而不悟也。

世有食鍾乳、烏喙而縱酒色以求長年者，蓋始於何晏。晏少而富貴，故服寒食散以濟其欲，無足怪者。彼之所爲，足以殺身滅族者，日相繼也，得死於服寒食散，豈不幸哉，而吾獨何爲效之？世之服寒食散疽背嘔血者，相踵也，用商鞅、桑弘羊之術破國亡宗者，皆是也。然而終不悟者，樂其言之美便，而忘其禍之慘烈也。

《蘇軾文集》卷六五《商君功罪》　商君之法，使民務本力農，勇於公戰，怯於私鬬，食足兵強，以成帝業。然其民見刑而不見德，知利而不知義，卒以此亡。故帝秦者商君也，亡秦者亦商君也。其生有南面之福，既足以報其帝秦之功矣；而死有車裂之禍，蓋僅足以償其亡秦之罰。理勢自然，無足怪者。後之君子，有商君之罪，而無商君之功，饗商君之福，而未受其禍者，吾爲之懼矣。元豐三年九月十五日，讀《戰國策》書。

《張耒集》卷三九《商君論》　昔者商君之治秦，貴利尚功，明賞罰，信號令，使其民日夜趨於功利之域，而無閑暇樂生之心，勇於公戰，怯於私鬬。蓋凡所以養生者，非從事於公不得也。不過十年，而秦遂以强，後世因之，以有天下。蓋始皇之王，自商君啓之，而世之議者，以爲秦以商君而興，而不知商君之術，是秦之所由亡也。

今夫世之善養生者，和其血氣，平其心志，安養而徐用之，導引屈伸，以宣其滯而導其和，故藥石飲食，平易而舒緩。惟其然，故其效也，得其所欲而無後害。有賤丈夫焉，不知其爲如此，不能忍歲月之勤，而急其效於耳目之前，於是服毒石、餌惡草以激之。方其效也，剛壯勇力倍於平時，然不過數年之後，草石之力已盡，而遺毒餘孽潰裂四出，故癰疽壞決之變，一日皆作而不可制，至於是而不死者，未之有也。嗚呼！用民之道，亦何以異於此。

昔者三代之聖人也，其得天下也，不爲旦夕之謀，揉伏其民而和輯其國，一出於愷悌忠厚之政，使其民無勉强不得已之心。故其功成事立，而民莫有厭之之意，是以享國長久而無後憂。彼商君以爲仁人之術非所以速功，朝有所爲而夕望其利，日夜峻治其刑罰以驅迫其民，斬艾懲創以齊肅其怠惰之氣，汲汲然常若不可以終日。故方其效也，所求者得，所敵者破，徭役使令，莫不如意。然至於後世，天下已定，而吾之所欲已得，而後前日怨毒之志，乃始大發而不可制，故更二世而秦亡，原其所以取怨於下者，豈一日之積歟？嗚呼！商君實首之也。

夫民之力，人之血氣，一也，可以徐治，而不可以求近功。夫欲求近功，則必出於深刑、痛罰、毒石、惡草。夫四者用，而危亡之禍可立而待。故曰：商君之術，是亡國之術也。

葉適《習學記言序目》卷一八《戰國策・秦》　衛鞅相秦，天下滅亡之始也。自古帝王之外，諸侯無大國，雖更衰亂，或相攻伐併吞，然力不得盡肆，而誅討之義已明矣。桀紂皆以王者身欲爲暴，湯武尚滅除之，況小國乎！此諸侯所以能

相恃而存也。天下滅亡，其漸有三：周既東遷，平王不君，舉宗周而棄之，秦人取奪無禁，一朝而開地八百，一也；楚起荆山，騁詐任力，漢陽諸侯噬食皆盡，東被舒、徐，北綿襄、鄧，自爲大邦，二也；晋以殘滅肇基，文公號名侯伯，實兼土地以自封殖，王畿之壤不免攻圍，遂至數圻，雄視天下，三也。然猶雜假禮義，旁出文告，互興迭廢，乍存乍没，未有全舉宇内之規也。及鞅入相於秦，盡壞帝王法程，挈關中而强諸夏，天下之勢始偏重於一隅，山東諸侯亦各自棄其國守，典章法度無一存者，朝從暮横，第與秦相軒輊而已，故鞅雖見殺於秦，不百年而天下爲秦矣。是故非三國廣大土宇，無以成戰國相雄强之勢；非商鞅破壞王制，無以爲暴秦一天下之資。嗚呼！豈天意耶？抑聖人之不作，其理自當然也？孟子曰「不仁而得天下，未之有也」；鞅之不仁，足以亡天下爾，何足以得之！（《孝公》）

王應麟《困學紀聞》卷一〇《諸子》　《韓子·和氏篇》曰：「商君教秦孝公燔《詩》《書》而明法令。」愚按《史記·商君傳》不言燔《詩》《書》。蓋《詩》《書》之道廢，與李斯之焚之無異也。

《胡宏集·皇王大紀論·商鞅變法》　先王之所以溝封田井者，畝數一定，不可詭移，一也；邑里阻固，雖有戎車，不可超越，二也；道路有制，雖有姦宄，不可羣逞，三也。此三利者，絶兼并之端，止獄訟之原，沮寇盜，禁姦宄於未兆，所以均平天下，行政教，美風俗，保世永年之大法也。秦一廢之，及今千六百歲，而弊日益深，而戎馬不可禁矣，可勝嘆哉！

章炳麟《訄書》第三五《商鞅》　商鞅之中於讒誹也二千年，而今世爲尤甚。其説以爲自漢以降，抑奪民權，使人君縱恣者，皆商鞅法家之説爲之倡。烏虖！是惑於淫説也甚矣！

法者，制度之大名。周之六官，官别其守而陳其典，以擾乂天下，是之謂法。故法家者流，則猶西方所謂政治家也，非膠於刑律而已。

後世之有律，自蕭何作《九章》始，遠不本鞅，而近不本李斯。張湯、趙禹之徒起，踵武何説而文飾之，以媚人主，以震百辟，以束下民，於是乎廢《小雅》。此其罪則公孫弘爲之魁，而湯爲之輔，於商鞅乎何與？

鞅之作法也，盡九變以籠五官，覈其憲度而爲治本。民有不率，計畫至無俚，則始濟之以擾殺援噬。此以刑維其法，而非以刑爲法之本也。故大史公稱之曰：「行法十年，秦民大説，道不拾遺，山無盜賊，家給人足。」今夫家給人足，而出於虔劉之政乎？功堅其心，糾其民於農牧，使鄉之游惰無所業者，轉而傅井畝。是故蓋臧有餘，而賦税亦不至於缺乏。其始也觳，其終也交足，異乎其厲民以鞭箠而務充君之左臧者也。

及夫張湯，則專以見知、腹誹之法，震怖臣下，誅鉏諫士，艾殺豪傑，以稱天子專制之意。此其鵠惟在於刑，其刑惟在於簿書筐篋，而五官之大法勿與焉，任天子之重征斂，恣調發而已矣。有拂天子意者，則已爲天子深文治之，并非能自持其刑也。是故商鞅行法而秦日富，張湯行法而漢日貧，觀於汲黯之所譏，則可知矣。繇湯之法，終於盜賊滿山，直指四出，上下相蒙，以空文爲治。何其與鞅反也？鞅知有大法，而湯徒知有狴獄之制耳。法家與刀筆吏，其優絀誠不可較哉！

且非特效之優絀而已，其心術亦殊絶矣。迹鞅之進身與處交游，誠多可議者，獨其當官，則正如櫽栝而不可紾。方孝公以國事屬鞅，鞅自是得行其意，政令出内，雖乘輿亦不得違法而任喜怒。其賢於湯之闚人主意以爲高下者，亦遠矣。辱大子，刑公子虔，知後有新主能爲禍福，而不欲屈法以求容閲。烏虖！其魁壘而骨骾也，庸渠若弘、湯之徒，專乞哀於人主，藉其苛細以行佞媚之術者乎？

夫鞅之一日刑七百人以赤渭水，其酷烈或過於湯，而苛細則未有也。觀其定令，如《列傳》所言，略已具矣。吾以爲酷烈與苛細者，則治亂之殊，直佞之所繇分也。何者？誅意之律，反脣之刑，非有所受也。湯以爲不如是不足以媚人主，故瘁心力而裁制之，若鞅則無事此矣。周興、來俊臣之酷烈也，又過於鞅，然割剥之憯，亂越無條理。且其意亦以行媚，而非以佐治，則鞅於此又不屑焉。嗟乎！牛羊之以族蠡傳者，慮其敗羣，牧人去之而無所遴。刑七百人，蓋所以止刑也。俄而家給人足，道不拾遺矣，雖不刑措，其執將偃齊斧以攻榱桷。世徒見鞅初政之酷烈，而不考其後之成效，若鞅之爲人，終日持鼎鑊以宰割其民者，豈不繆哉！余觀漢氏以降，刀筆吏之説，多傅《春秋》。其義恣君抑臣，流貤而及於民。湯之用《決事比》，其最傚矣。自是可稱道者，持旌旗之以文無害之名，而不能謂之有益於百姓。是其於法家，則猶大巖之與壑也。今綴學者不能持其故，而以抑民恣君蔽罪於商鞅。烏虖！其遠於事情哉，且亦未論鞅之世矣。

夫使民有權者，必其辯慧之士可與議令者也。今秦自三良之死，後嗣無法，民無所則效，至鞅之世，而冥頑固以甚矣。後百餘歲，荀子猶曰「秦無儒」。此其

惷愚無知之效也。以惷愚無知之民，起而議政令，則不足以廣益，而祇以淆亂是非，非禁之，將何道哉？後世有秀民矣，而上必彊闕之，使不得與議令。故人君尊嚴若九天之上，萌庶縮朒若九地之下。此誠昉於弘、湯之求媚，而非其取法於鞅也。

藉弟令效鞅，鞅固救時之相而已。其法取足以濟一時，其書取足以明其所行之法，非若儒墨之箸書，欲行其説於後世者也。後世不察鞅之用意，而彊以其物色效之，如孫復、胡安國者，則謂之愚之尤；如公孫弘、張湯者，則謂之佞之尤。此其咎皆基於自取，而鞅奚罪焉？

吾所爲讞鞅者，則在於毀孝弟、敗天性而已。有知其毒之酋臘而制之，其勿害一也。昔者蜀相行鞅術，至德要道弗踣焉。賈生亦好法矣，而非其遺禮義、棄仁恩。乃若夫輓近之言新法者，以父子異財爲憲典，是則法乎鞅之秕稗者也。寶其秕稗而於其善政則放絶之，人言之戾也，一至是哉！

夫民權者，文祖五府之法，上聖之所以成《既濟》也。有其法矣，而無其人，有其人矣，而無其時，則三統之王者起而治之。降而無王，則天下蕩蕩無文章綱紀，國政陵夷，民生困敝，其危不可以終一餔。當是時，民不患其作亂，而患其駘蘯姚易，以大亡其身。於此有法家焉，雖小器也，能綜覈名實，而使上下交蒙其利，不猶瘉於蕩乎？苟曰：吾寧國政之不理，民生之不遂，而必不欲使法家者整齊而撙絀之，是則救饑之必待於侊飯，而誠食壺飧者以寧爲道殣也。

悲夫！以法家之鷙，終使民生；以法家之刻，終使民膏澤。而世之仁人流涕洟以憂天下者，猥以法家與刀筆吏同類而醜娸之，使九流之善，遂喪其一，而莫不府罪於商鞅。嗟乎！鞅既以刑公子虔故，蒙惡名於秦，而今又蒙惡名於後世。此骨鯁之臣之所以不可爲，而公孫弘、張湯之徒，寧以佞媚持其禄位者也。

藝文

杜甫《杜詩詳注》卷一二《述古三首》【略】市人日中集，於利競錐刀。置膏烈火上，哀哀自煎熬。農人望歲稔，相率除蓬蒿。所務穀爲本，邪贏無乃勞。舜舉十六相，身尊道何高。秦時任商鞅，法令如牛毛。【略】

陳焯《宋元詩會》卷二三劉攽《齊魯》 齊魯大儒師，專門盛章句。應物非已長，何因責成務。乃其忠孝心，足以事君父。不如商利徒，反道趨詭遇。剥牀已及膚，泉貨山嶽聚。賜金再百斤，封邑成千户。若無天事變，豈不厚且固。商鞅既誅夷，桑羊亦刀鋸。寄言縫衣人，施施幸安步。

高啓《高青丘集》卷一七《商鞅》 徒誇闔戟衛華軒，渭水何能洗衆冤？想到出亡無舍日，應思不用趙良言。

尤珍《滄湄詩鈔》卷一《咏史二首》（其二） 秦用商鞅法，刈人如草菅。漢興習爲常，夸族指顧閒。酷吏皆凶終，天道恒好還。東漢有梁統，亦在名臣班。建議增法律，子孫罹後艱。一語傷天和，罪孽浮丘山。緬想刑措風，三章亦堪删。欲廣好生德，肆赦與贖鍰。

秦孝公部

綜述

《史記》卷五《秦本紀》 獻公元年，止從死。二年，城櫟陽。四年正月庚寅，孝公生。十一年，周太史儋見獻公曰：「周故與秦國合而別，別五百歲復合，合十七歲而霸王出。」十六年，桃冬花。十八年，雨金櫟陽。二十一年，與晉戰於石門，斬首六萬，天子賀以黼黻。二十三年，與魏、晉戰少梁，虜其將公孫痤。二十四年，獻公卒，子孝公立，年已二十一歲矣。

孝公元年，河山以東彊國六，與齊威、楚宣、魏惠、燕悼、韓哀、趙成侯並。淮泗之閒小國十餘。楚、魏與秦接界。魏築長城，自鄭濱洛以北，有上郡。楚自漢中，南有巴、黔中。周室微，諸侯力政，争相併。秦僻在雍州，不與中國諸侯之會盟，夷翟遇之。孝公於是布惠，振孤寡，招戰士，明功賞。下令國中曰：「昔我繆公自岐雍之閒，修德行武，東平晉亂，以河爲界，西霸戎翟，廣地千里，天子致伯，諸侯畢賀，爲後世開業，甚光美。會往者厲、躁、簡公、出子之不寧，國家内憂，未遑外事，三晉攻奪我先君河西地，諸侯卑秦，醜莫大焉。獻公即位，鎮撫邊境，徙治櫟陽，且欲東伐，復繆公之故地，脩繆公之政令。寡人思念先君之意，常痛於心。賓客羣臣有能出奇計彊秦者，吾且尊官，與之分土。」於是乃出兵東圍陝城，西斬戎之獂王。

衛鞅聞是令下，西入秦，因景監求見孝公。

二年，天子致胙。

三年，衛鞅説孝公變法修刑，内務耕稼，外勸戰死之賞罰，孝公善之。甘龍、杜摯等弗然，相與争之。卒用鞅法，百姓苦之；居三年，百姓便之。乃拜鞅爲左庶長。其事在《商君》語中。

七年，與魏惠王會杜平。八年，與魏戰元里，有功。十年，衛鞅爲大良造，將兵圍魏安邑，降之。十二年，作爲咸陽，築冀闕，秦徙都之。併諸小鄉聚，集爲大縣，縣一令，四十一縣。爲田開阡陌。東地渡洛。十四年，初爲賦。十九年，天子致伯。二十年，諸侯畢賀。秦使公子少官率師會諸侯逢澤，朝天子。

二十一年，齊敗魏馬陵。

二十二年，衛鞅擊魏，虜魏公子卬。封鞅爲列侯，號商君。

二十四年，與晉戰鴈門，虜其將魏錯。

孝公卒，子惠文君立。是歲，誅衛鞅。鞅之初爲秦施法，法不行，太子犯禁。鞅曰：「法之不行，自於貴戚。君必欲行法，先於太子。太子不可黥，黥其傅師。」於是法大用，秦人治。及孝公卒，太子立，宗室多怨鞅，鞅亡，因以爲反，而卒車裂以徇秦國。

雜録

孫楷《秦會要》卷一《世系一》 孝公，諱渠梁，獻公子也。獻公四年生，立時年二十一。十三年，始都咸陽。二十四年卒。

備録

《商君書・更法》 孝公平畫，公孫鞅、甘龍、杜摯三大夫御於君，慮世事之變，討正法之本，求使民之道。君曰：「代立不忘社稷，君之道也。錯法務民主張，臣之行也。今吾欲變法以治，更禮以教百姓，恐天下之議我也。」公孫鞅曰：「臣聞之，疑行無成，疑事無功。君亟定變法之慮，殆無顧天下之議之也。且夫有高人之行者，固見負於世，有獨知之慮者，必見驁於民。語曰：『愚者闇於成事，知者見於未萌。民不可與慮始，而可與樂成。』郭偃之法曰：『論至德者不和於俗，成大功者不謀於衆。』法者，所以愛民也；禮者，所以便事也。是以聖人苟可以彊國，不法其故；苟可以利民，不循其禮。」孝公曰：「善！」甘龍曰：「不然。臣聞之：聖人不易民而教，知者不變法而治。因民而教者，不勞而功成；據法而治者，吏習而民安。今若變法，不循秦國之故，更禮以教民，臣恐天下之議君。願孰察之。」公孫鞅曰：「子之所言，世俗之言也。夫常人安於故習，學者溺於所聞。此兩者，所以居官而守法，非所與論於法之外也。三代不同禮而王，五霸不同法而霸。故知者作法，而愚者制焉；賢者更禮，而不肖者拘焉。拘禮

之人，不足與言事；制法之人，不足與論變。君無疑矣。」杜摯曰：「臣聞之：利不百，不變法；功不十，不易器。臣聞法古無過，循禮無邪。君其圖之。」公孫鞅曰：「前世不同教，何故之法？帝王不相復，何禮之循？伏羲、神農教而不誅，黄帝、堯、舜誅而不怒。及至文、武，各當時而立法，因事而制禮；禮法以時而定，制令各順其宜，兵甲器備各便其用。臣故曰：『治世不一道，便國不必法古。』湯、武之王也，不脩古而興；夏殷之滅也，不易禮而亡。然則反古者未必可非，循禮者未足多是也。君無疑矣。」孝公曰：「善！吾聞窮巷多怪，曲學多辨。愚者笑之，知者哀焉；狂夫之樂，賢者喪焉。拘世以議，寡人不之疑矣。」於是遂出《墾草令》。

《戰國策·秦一》 衛鞅亡魏入秦，孝公以爲相，封之於商，號曰商君。商君治秦，法令至行，公平無私，罰不諱强大，賞不私親近，法及太子，黥劓其傅。期年之後，道不拾遺，民不妄取，兵革大强，諸侯畏懼。然刻深寡恩，特以强服之耳。

孝公行之八年，疾且不起，欲傳商君，辭不受。孝公已死，惠王代後，莅政有頃，商君告歸。

人説惠王曰：「大臣太重者國危，左右太親者身危。今秦婦人嬰兒皆言商君之法，莫言大王之法。是商君反爲主，大王更爲臣也。且夫商君，固大王仇讎也，願大王圖之。」商君歸還，惠王車裂之，而秦人不憐。

《韓非子·和氏》 商君教秦孝公以連什伍，設告坐之過，燔詩書而明法令，塞私門之請而遂公家之勞，禁游宦之民而顯耕戰之士。孝公行之，主以尊安，國以富强。八年而薨，商君車裂於秦。楚不用吴起而削亂，秦行商君法而富强，二子之言也已當矣，然而枝解吴起而車裂商君者何也？大臣苦法而細民惡治也。當今之世，大臣貪重，細民安亂，甚於秦、楚之俗，而人主無悼王、孝公之聽，則法術之士，安能蒙二子之危也而明己之法術哉！此世所以亂無霸王也。

《淮南子·要略》 秦國之俗，貪狼强力，寡義而趨利，可威以刑，而不可化以善，可勸以賞，而不可厲以名，被險而帶河，四塞以爲固，地利形便，畜積殷富，孝公欲以虎狼之勢而吞諸侯，故商鞅之法生焉。

《漢書》卷二四上《食貨志上》 及秦孝公用商君，壞井田，開仟伯，急耕戰之賞，雖非古道，猶以務本之故，傾鄰國而雄諸侯。然王制遂滅，僭差亡度。庶人之富者累鉅萬，而貧者食糟糠；有國彊者兼州域，而弱者喪社稷。至於始皇，遂併天下，内興功作，外攘夷狄，收泰半之賦，發閭左之戍，男子力耕不足糧饟，女子紡績不足衣服。竭天下之資財以奉其政，猶未足以澹其欲也。海内愁怨，遂用潰畔。

孫楷《秦會要》卷一《世系一》 惠文王，諱駟，《索隱》。孝公子也。立時年十九，《始皇本紀》。十四年，更爲元年。後元十四年卒。相張儀、樂池。

孫楷《秦會要》卷二《世系二·太子》 孝公太子惠文君。初，衛鞅爲秦施法不行，太子犯禁，鞅曰：「法之不行，自於貴戚，君必欲行法，先於太子。太子不可黥，黥其傅師。」《秦本紀》。

孫楷《秦會要》卷三《世系三·公子》 公子虔爲孝公太子傅。太子犯法，鞅曰：「君嗣也，不可刑，刑其傅。」四年，公子虔復犯約，劓之。杜門不出者八年。孝公卒，太子立，公子虔之徒告商君欲反。《商君列傳》。

梁玉繩《人表考》卷六《中下·秦孝公》 孝公始見《秦策》，獻公子始見《秦紀》、《秦記》。名渠梁，《秦紀·索隱》。亦曰秦孝，《秦策》蔡澤語、《抱朴子·官理》。亦曰平王，《越絶·外傳記地》。亦曰秦王。《齊策》蘇子説閔王。正月庚寅生，年二十一立。《秦紀》。徙都咸陽。立二十四年。《秦紀》、《秦記》、《六國表》，而《越絶》作二十三，非。葬弟圉。《秦紀》。

備論

杜佑《通典》卷一《食貨一·田制上》 秦孝公任商鞅，鞅以三晉地狹人貧，秦地廣人寡，故草不盡墾，地利不盡出。於是誘三晉之人，利其田宅，復三代無知兵事，而務本於内，而使秦人應敵於外。故廢井田，制阡陌，任其所耕，不限多少，數年之間，國富兵强，天下無敵。

《朱子語類》卷一三四《歷代一》 問：「關中形勝，周用以興，到得後來，秦又用以興。」曰：「此亦在人做。當春秋時，秦亦爲齊、晉所軋，不得伸。到戰國時，六國又皆以夷狄擯之，使不得與中國會盟。及孝公因此發憤，致得商鞅而用之，遂以强大。後來又得惠文、武、昭襄，皆是會做底，故相繼做起來。若其間有一二君昏庸，則依舊做壞了。以此見得形勝也須是要人相副。」因言：「昭王因范雎傾穰侯之故，却盡收得許多權柄，秦遂益强，豈不是會？」

陳仲亨以義剛所疑問云：「商鞅説孝公帝王道不從，乃説以伯道。鞅亦不曉帝王道，但是先將此説在前者，渠知孝公決不能從，且恁地説，庶可以堅後面伯道之説耳。」先生曰：「鞅又如何理會得帝王之道！但是大拍頭去揮那孝公耳。他知孝公是行不得，他恁地説，只是欲人知道我無所不曉。」義剛問：「不知温公削去前一截，是如何？」曰：「他説無此事，不肯信。」又問：「如子房招『四皓』，伊川取之，以爲得『納約自牖』之義，而温公亦削之，如何？」曰：「是他意裏不愛，不合他意底則削去。某常説，陳平説高祖曰，項王能敬人，故多得廉節之士。大王慢侮人，故廉節之士多不爲用。然廉節士終不可得。臣願得數萬斤金以間疏楚君臣。這便是商鞅説孝公底一般。他知得高祖決不能不嫚侮以求廉節之士，但直説他，則恐未必便從，故且將去嚇他一嚇，等他不從後，却説之，此政與商鞅之術同。而温公也削去。若是有此一段時，見得他説得有意思；今削去了，則都無情意。他平白無事，教把許多金來用，問高祖便肯。如此等類，被他削去底多，如何恁地得善善惡惡，是是非非，皆著存得在那裏？其間自有許多事，若是不好底便不載時，孔子一部《春秋》便都不是了，那裏面何所不有？」

齊威王部

綜述

《史記》卷四六《田敬仲完世家》　六年，救衛。桓公卒，子威王因齊立。是歲，故齊康公卒，絕無後，奉邑皆入田氏。

齊威王元年，三晉因齊喪來伐我靈丘。三年，三晉滅晉後而分其地。六年，魯伐我，入陽關。晉伐我，至博陵。七年，衛伐我，取薛陵。九年，趙伐我，取甄。

威王初即位以來，不治，委政卿大夫，九年之間，諸侯並伐，國人不治。於是威王召即墨大夫而語之曰：「自子之居即墨也，毀言日至。然吾使人視即墨，田野闢，民人給，官無留事，東方以寧。是子不事吾左右以求譽也。」封之萬家。召阿大夫語曰：「自子之守阿，譽言日聞。然使使視阿，田野不闢，民貧苦。昔日趙攻甄，子弗能救。衛取薛陵，子弗知。是子以幣厚吾左右以求譽也。」是日，烹阿大夫，及左右嘗譽者皆并烹之。遂起兵西擊趙、衛，敗魏於濁澤而圍惠王。惠王請獻觀以和解，趙人歸我長城。於是齊國震懼，人人不敢飾非，務盡其誠，齊國大治。諸侯聞之，莫敢致兵於齊二十餘年。

騶忌子以鼓琴見威王，威王説而舍之右室。須臾，王鼓琴，騶忌子推户入曰：「善哉鼓琴！」王勃然不説，去琴按劍曰：「夫子見容未察，何以知其善也？」騶忌子曰：「夫大弦濁以春温者，君也；小弦廉折以清者，相也；攫之深，醳之愉者，政令也；鈞諧以鳴，大小相益，回邪而不相害者，四時也：吾是以知其善也。」王曰：「善語音。」騶忌子曰：「何獨語音，夫治國家而弭人民皆在其中。」王又勃然不説曰：「若夫語五音之紀，信未有如夫子者也。若夫治國家而弭人民，又何爲乎絲桐之閒？」騶忌子曰：「夫大弦濁以春温者，君也；小弦廉折以清者，相也；攫之深而舍之愉者，政令也；鈞諧以鳴，大小相益，回邪而不相害者，四時也。夫復而不亂者，所以治昌也；連而徑者，所以存亡也：故曰琴音調而天下治。夫治國家而弭人民者，無若乎五音者。」王曰：「善。」

騶忌子見三月而受相印。淳于髡見之曰：「善説哉！髡有愚志，願陳諸前。」騶忌子曰：「謹受教。」淳于髡曰：「得全全昌，失全全亡。」騶忌子曰：「謹受令，請謹毋離前。」淳于髡曰：「狶膏棘軸，所以爲滑也，然而不能運方穿。」騶忌子曰：「謹受令，請謹事左右。」淳于髡曰：「弓膠昔幹，所以爲合也，然而不能傅合疏罅。」騶忌子曰：「謹受令，請謹自附於萬民。」淳于髡曰：「狐裘雖敝，不可補以黄狗之皮。」騶忌子曰：「謹受令，請謹擇君子，毋雜小人其閒。」淳于髡曰：「大車不較，不能載其常任；琴瑟不較，不能成其五音。」騶忌子曰：「謹受令，請謹脩法律而督姦吏。」淳于髡説畢，趨出，至門，而面其僕曰：「是人者，吾語之微言五，其應我若響之應聲，是人必封不久矣。」居朞年，封以下邳，號曰成侯。

威王二十三年，與趙王會平陸。二十四年，與魏王會田於郊。魏王問曰：「王亦有寶乎？」威王曰：「無有。」梁王曰：「若寡人國小也，尚有徑寸之珠照車前後各十二乘者十枚，奈何以萬乘之國而無寶乎？」威王曰：「寡人之所以爲寶與王異。吾臣有檀子者，使守南城，則楚人不敢爲寇東取，泗上十二諸侯皆來朝。吾臣有肦子者，使守高唐，則趙人不敢東漁於河。吾吏有黔夫者，使守徐州，則燕人祭北門，趙人祭西門，徙而從者七千餘家。吾臣有種首者，使備盜賊，則道不拾遺。將以照千里，豈特十二乘哉！」梁惠王慙，不懌而去。

二十六年，魏惠王圍邯鄲，趙求救於齊。齊威王召大臣而謀曰：「救趙孰與勿救？」騶忌子曰：「不如勿救。」段干朋曰：「不救則不義，且不利。」威王曰：「何也？」對曰：「夫魏氏并邯鄲，其於齊何利哉？且夫救趙而軍其郊，是趙不伐而魏全也。故不如南攻襄陵以獘魏，邯鄲拔而乘魏之獘。」威王從其計。

其後成侯騶忌與田忌不善，公孫閱謂成侯忌曰：「公何不謀伐魏，田忌必將。戰勝有功，則公之謀中也；戰不勝，非前死則後北，而命在公矣。」於是成侯言威王，使田忌南攻襄陵。十月，邯鄲拔，齊因起兵擊魏，大敗之桂陵。於是齊最彊於諸侯，自稱爲王，以令天下。

三十三年，殺其大夫牟辛。

三十五年，公孫閱又謂成侯忌曰：「公何不令人操十金卜於市，曰『我田忌之人也。吾三戰而三勝，聲威天下。欲爲大事，亦吉乎不吉乎』？」卜者出，因令人捕爲之卜者，驗其辭於王之所。田忌聞之，因率其徒襲攻臨淄，求成侯，不勝而犇。

三十六年，威王卒，子宣王辟彊立。

黄震《古今紀要》卷一《齊》　田齊威王，朝周，烹阿封即墨。以人爲寶，用孫臏伐魏救趙。自稱王，最强。三十六年卒。

雜録

備録

《韓非子・外儲説右上》　薛公相齊，齊威王夫人死，中有十孺子皆貴於王，薛公欲知王所欲立而請置一人以爲夫人。王聽之，則是説行於王而重於置夫人也；王不聽，是説不行而輕於置夫人也。欲先知王之所欲置以勸王置之，於是爲十玉珥而美其一而獻之。王以賦十孺子。明日坐，視美珥之所在而勸王以爲夫人。

《戰國策・齊一》　鄒忌脩八尺有餘，身體昳麗。朝服衣冠窺鏡，謂其妻曰：「我孰與城北徐公美？」其妻曰：「君美甚，徐公何能及公也！」城北徐公，齊國之美麗者也。忌不自信，而復問其妾曰：「吾孰與徐公美？」妾曰：「徐公何能及君也！」旦日客從外來，與坐談，問之客曰：「吾與徐公孰美？」客曰：「徐公不若君之美也！」

明日，徐公來。孰視之，自以爲不如；窺鏡而自視，又弗如遠甚。暮，寢而思之曰：「吾妻之美我者，私我也；妾之美我者，畏我也；客之美我者，欲有求於我也。」

於是入朝見威王曰：「臣誠知不如徐公美，臣之妻私臣，臣之妾畏臣，臣之客欲有求於臣，皆以美於徐公。今齊地方千里，百二十城，宮婦左右，莫不私王；朝廷之臣，莫不畏王；四境之内，莫不有求於王。由此觀之，王之蔽甚矣！」王曰：「善。」乃下令：「羣臣吏民，能面刺寡人之過者，受上賞；上書諫寡人者，受中賞；能謗議於市朝，聞寡人之耳者，受下賞。」

令初下，羣臣進諫，門庭若市。數月之後，時時而間進。期年之後，雖欲言，無可進者。燕、趙、韓、魏聞之，皆朝於齊。此所謂戰勝於朝廷。

秦假道韓、魏以攻齊，齊威王使章子將而應之。與秦交和而舍，使者數相往來，章子爲變其徽章，以雜秦軍。候者言章子以齊入秦，威王不應。頃之間，候者復言章子以齊兵降秦，威王不應。而此者三。有司請曰：「言章子之敗者，異人而同辭，王何不發將而擊之？」王曰：「此不叛寡人明矣，曷爲擊之！」

頃間，言齊兵大勝，秦軍大敗，於是秦王拜西藩之臣而謝於齊。左右曰：「何以知之？」曰：「章子之母啓得罪其父，其父殺之而埋馬棧之下。吾使者章子將也，勉之曰：『夫子之强，全兵而還，必更葬將軍之母。』對曰：『臣非不能更葬先妾也。臣之母啓得罪臣之父。臣之父未教而死。夫不得父之教而更葬母，是欺死父也，故不敢。』夫爲人子而不欺死父，豈爲人臣欺生君哉？」

《戰國策・趙三》　辛垣衍曰：「秦稱帝之害將奈何？」魯仲連曰：「昔齊威王嘗爲仁義矣，率天下諸侯而朝周。周貧且微，諸侯莫朝，而齊獨朝之。居歲餘，周烈王崩，諸侯皆弔，齊後往。周怒，赴於齊曰：『天崩地坼，天子下席。東藩之臣田嬰齊後至，則斮之。』威王勃然怒曰：『叱嗟，而母婢也。』卒爲天下笑。故生則朝周，死則叱之，誠不忍其求也。彼天子固然，其無足怪。」

《淮南子・氾論訓》　齊威王設大鼎於庭中，而數無鹽令曰：「子之譽，日聞吾耳。察子之事，田野蕪，倉廩虚，囹圄實。子以姦事我者也。」乃烹之。齊以此三十二歲道路不拾遺。此刑省姦禁者也。

《史記》卷四一《越王句踐世家》　王無彊時，越興師北伐齊，西伐楚，與中國争彊。當楚威王之時，越北伐齊，齊威王使人説越王曰：「越不伐楚，大不王，小不伯。圖越之所爲不伐楚者，爲不得晉也。韓、魏固不攻楚。韓之攻楚，覆其軍，殺其將，則葉、陽翟危；魏亦覆其軍，殺其將，則陳、上蔡不安。故二晉之事越也，不至於覆軍殺將，馬汗之力不效。所重於得晉者何也？」越王曰：「所求於晉者，不至頓刃接兵，而況於攻城圍邑乎？願魏以聚大梁之下，願齊之試兵南陽莒地，以聚常、郯之境，則方城之外不南，淮、泗之閒不東，商、於、析、酈、宗胡之地，夏路以左，不足以備秦，江南、泗上不足以待越矣。則齊、秦、韓、魏得志於楚也，是二晉不戰而分地，不耕而穫之。不此之爲，而頓刃於河山之閒以爲齊秦用，所待者如此其失計，奈何其以此王也？」齊使者曰：「幸也越之不亡也！吾不貴其用智之如目，見豪毛而不見其睫也。今王知晉之失計，而不自知越之過，是目論也。王所待於晉者，非有馬汗之力也，又非可與合軍連和也，將待之以分楚衆也。今楚衆已分，何待於晉？」越王曰：「奈何？」曰：「楚三大夫張九軍，北圍曲沃、於中，以至無假之關者三千七百里，景翠之軍北聚魯、齊、南陽，分有

大此者乎？且王之所求者，鬭晉楚也；晉楚不鬭，越兵不起，是知二五而不知十也。此時不攻楚，臣以是知越大不王，小不伯。復讎、龐、長沙，楚之粟也；竟澤陵，楚之材也。越窺兵通無假之關，此四邑者不上貢事於郢矣。臣聞之，圖王不王，其敝可以伯。然而不伯者，王道失也。故願大王之轉攻楚也。」

於是越遂釋齊而伐楚。楚威王興兵而伐之，大敗越，殺王無彊，盡取故吳地至浙江，北破齊於徐州。而越以此散，諸族子爭立，或爲王，或爲君，濱於江南海上，服朝於楚。

《史記》卷六四《司馬穰苴列傳》 齊威王用兵行威，大放穰苴之法，而諸侯朝齊。

齊威王使大夫追論古者《司馬兵法》而附穰苴於其中，因號曰《司馬穰苴兵法》。

《史記》卷六五《孫子吳起列傳》 齊使者如梁，孫臏以刑徒陰見，説齊使。齊使以爲奇，竊載與之齊。齊將田忌善而客待之。忌數與齊諸公子馳逐重射。孫子見其馬足不甚相遠，馬有上、中、下輩。於是孫子謂田忌曰：「君弟重射，臣能令君勝。」田忌信然之，與王及諸公子逐射千金。及臨質，孫子曰：「今以君之下駟與彼上駟，取君上駟與彼中駟，取君中駟與彼下駟。」既馳三輩畢，而田忌一不勝而再勝，卒得王千金。於是忌進孫子於威王。威王問兵法，遂以爲師。

其後魏伐趙，趙急，請救於齊。齊威王欲將孫臏，臏辭謝曰：「刑餘之人不可。」於是乃以田忌爲將，而孫子爲師，居輜車中，坐爲計謀。田忌欲引兵之趙，孫子曰：「夫解雜亂紛糾者不控捲，救鬭者不搏撠，批亢擣虛，形格勢禁，則自爲解耳。今梁趙相攻，輕兵鋭卒必竭於外，老弱罷於内。君不若引兵疾走大梁，據其街路，衝其方虛，彼必釋趙而自救。是我一舉解趙之圍而收獘於魏也。」田忌從之，魏果去邯鄲，與齊戰於桂陵，大破梁軍。

劉向《説苑・臣術》 齊威王遊於瑶臺，成侯卿來奏事，從車羅騎甚衆。王望之，謂左右曰：「來者何爲者也？」左右曰：「成侯卿也。」王曰：「國至貧也，何出之盛也？」左右曰：「與人者有以責之也，受人者有以易之也，王試問其説。」成侯卿至，上謁曰：「忌也。」王不應。又曰：「忌也。」王不應。又曰：「忌也。」王曰：「國至貧也，何出之盛也？」成侯卿曰：「赦其死罪，使臣得言其説。」王曰：「諾。」對曰：「忌舉田居子爲西河而秦、梁弱；忌舉田解子爲南城而楚人抱羅綺而朝，忌舉黔涿子爲冥州而燕人給牲，趙人給盛；忌舉田種首子爲即墨而於齊足究；忌舉北郭刁勃子爲大士而九族益親，民益富。舉此數良人者，王枕而臥耳，何患國之貧哉！」

劉向《新序・雜事》 昔者鄒忌以鼓琴見齊宣王，宣王善之。鄒忌曰：「夫琴者所以象政也。」遂爲王言琴之象政狀，及霸王之事。宣王大悦，與語三日，遂拜以爲相。齊有稷下先生，喜議政事，鄒忌既爲齊相，稷下先生淳于髡之屬七十二人，皆輕忌，以謂設以辭，鄒忌不能及，乃相與俱往見鄒忌。淳于髡之徒禮倨，鄒忌之禮卑。淳于髡等曰：「狐白之裘，補之以弊羊皮，何如？」鄒忌曰：「敬諾，請不敢雜賢以不肖。」淳于髡曰：「方内而員釭，何如？」鄒忌曰：「敬諾，請謹門内，不敢留賓客。」淳于髡等曰：「三人共牧一羊，羊不得食，人亦不得息，何如？」鄒忌曰：「敬諾，減吏省員，使無擾民也。」淳于髡等三稱，鄒忌三知之，如應響。淳于髡等辭屈而去，鄒忌之禮倨，淳于髡之禮卑。故所以尚干將、莫邪者，貴其立斷也；所以尚騏驥者，爲其立至也。必且歷日曠久乎，絲氂猶能挈石，駑馬亦能致遠。是以聰明捷敏，人之美材也。子貢曰：「回也聞一以知十。」美敏捷也。

劉向《古列女傳》卷六《辯通傳》 虞姬者，名娟之，齊威王之姬也。威王即位，九年不治，委政大臣。佞臣周破胡專權擅勢，嫉賢妒能。即墨大夫賢，而日毀之；阿大夫不肖，反日譽之。虞姬謂王曰：「破胡，讒諛之臣也，不可不退。齊有北郭先生者，賢明有道，可置左右。」破胡聞之，乃惡虞姬曰：「其幼弱在於閭巷之時，嘗與北郭先生通。」王疑之，乃閉虞姬於九層之臺，而使有司即窮驗問。破胡賂執事者，使竟其罪，執事者誣其辭而上之，王視其辭，不合於意，乃召虞姬而自問焉。虞姬對曰：「妾娟之幸得蒙先人之遺體，生於天壤之間，去蓬廬之下，侍明王之讌昵，附王着薦床蔽席，供執埽除，掌奉湯沐，至今十餘年矣。惓惓之心，冀幸補一言，而爲讒臣所擠，湮於百重之下，不意大王乃復見與之語。妾聞玉石墜泥不爲污，柳下覆寒，女不爲亂，積之於大雅，故不見疑也。經瓜田不納履，過李園不正冠，妾不避，此罪一也。既陷難中，有司受賂，聽用邪人，卒見覆冒，不能自明。妾聞寡婦哭城，城爲之崩；亡士嘆市，市爲之罷。誠信發内，感動城市。妾之冤明於白日，雖獨號於九層之内，而衆人莫爲毫釐，妾之罪二也。既有污名，而加此二罪，義固不可以生。所以生者，爲莫白妾之污名也。且自古有之，伯奇放野，申生被患。孝順至明，反以爲殘。妾既當死，不復重陳，然願戒大王，群臣爲邪，破胡最甚。王不執政，國殆危矣。」於是王大寤，出虞姬，顯

之於朝市，封即墨大夫以萬户，烹阿大夫與周破胡，遂起兵收故侵地。齊國震懼，人知烹阿大夫，不敢飾非，務盡其職，齊國大治。君子謂虞姬好善。詩云：「既見君子，我心則降。」此之謂也。

頌曰：齊國惰政，不治九年。虞姬譏刺，反害其身。姬列其事，上指皇天。威王覺寤，卒距强秦。

王充《論衡·定賢篇》 齊威王以毁封即墨大夫，以譽烹阿大夫。即墨有功而無譽，阿無效而有名也。

梁玉繩《人表考》卷五《中中·齊威王》 齊威王始見《齊》、《趙策》，桓侯子始見《史田完世家》。亦曰田侯。《齊策》、《莊子則陽》。名因，《史·穰苴傳》。又名牟。《莊子》。三十六年卒。《史·六國表》、《世家》、《淳于髡傳》。葬臨淄縣東。《一統志》。威、宣、湣、襄四王並葬此，《水經淄水注》所謂四豪冢也。 案威王之名，《年表》、《世家》、《魯仲連傳》作因，《齊》、《趙策》作嬰齊，並傳寫誤。時田嬰用事，決無君臣同名之理。而齊王自不當以齊爲名。 蓋威有二名，其一曰因，不但《穰苴傳》可證，《莊子·釋文》固云威王名因，古不避嫌名，故有嬰子也。其一曰牟，惟見《莊子》。《史》于威王二十三年書殺其夫人牟辛，今本作大夫。牟爲夫人之姓，故亦不避。

備論

《史記》卷三二《齊太公世家》 康公二年，韓、魏、趙始列爲諸侯。十九年，田常曾孫田和始爲諸侯，遷康公海濱。二十六年，康公卒，吕氏遂絶其祀。田氏卒有齊國，爲齊威王，彊於天下。

《史記》卷四〇《楚世家》 宣王六年，周天子賀秦獻公。秦始復彊，而三晉益大，魏惠王、齊威王尤彊。

《史記》卷七四《孟子荀卿列傳》 當是之時，秦用商君，富國彊兵；楚、魏用吴起，戰勝弱敵；齊威王、宣王用孫子、田忌之徒，而諸侯東面朝齊。

藝文

厲鶚《宋詩紀事》卷八十七何師韞《自題嬾愚室》 君不見南岳嬾殘師，佯狂啖殘食。粥涕任垂頤，嬾爲俗人拭。又不見愚谿子柳子，堂堂古遺直。因以愚名溪，于今慕其德。二子真吾師，欲見不可得。唯有嬾愚樹，終日對顔色。齊威勤讀書，輪扁巧斲輪。勤巧動心志，何如嬾愚真。哀年髮已皤，行少坐時多。亦欲效勤巧，奈此嬾愚何。

歸有光《震川先生集别集》卷一〇《咏史》 昔在齊威王，選人以治洰。惟彼阿大夫，籍籍日有聲。唯此即墨宰，小人共讒傾。是非並顛倒，四境交侵兵。安得召左右，阿黨盡爲烹？

黄汝亨《寓林集》寓林詩集卷一《聞言》 齊威不可測，毁封譽乃烹。雖非聖哲規，燭此末世情。客言徐君美，攬鏡還自明。醜好因有分，睚眦好相傾。不見清泠淵，所居淡而平。

張文虎《舒藝室詩存》舒藝室詩存三《阿城别有感》 安民在知人，中佞豈難曉。應機不立斷，事過神反擾。吾愛齊威王，勇決千古少。一鳴信驚人，去惡如折槁。檥舟古阿城，故迹訴遺老。濟水此伏流，舊井封碧草。鉤吻充黄精，雁鼎世共寶。良無洗眼泉，瀆辨徒自嬲。未聞渾河流，能以寸膠了。

孫臏部

綜述

《史記》卷六五《孫子吳起列傳》 孫武既死，後百餘歲有孫臏。臏生阿鄄之閒，臏亦孫武之後世子孫也。孫臏嘗與龐涓俱學兵法。龐涓既事魏，得爲惠王將軍，而自以爲能不及孫臏，乃陰使召孫臏。臏至，龐涓恐其賢於己，疾之，則以法刑斷其兩足而黥之，欲隱勿見。

齊使者如梁，孫臏以刑徒陰見，説齊使。齊使以爲奇，竊載與之齊。齊將田忌善而客待之。忌數與齊諸公子馳逐重射。孫子見其馬足不甚相遠，馬有上、中、下輩。於是孫子謂田忌曰：「君弟重射，臣能令君勝。」田忌信然之，與王及諸公子逐射千金。及臨質，孫子曰：「今以君之下駟與彼上駟，取君上駟與彼中駟，取君中駟與彼下駟。」既馳三輩畢，而田忌一不勝而再勝，卒得王千金。於是忌進孫子於威王。威王問兵法，遂以爲師。

其後魏伐趙，趙急，請救於齊。齊威王欲將孫臏，臏辭謝曰：「刑餘之人不可。」於是乃以田忌爲將，而孫子爲師，居輜車中，坐爲計謀。田忌欲引兵之趙，孫子曰：「夫解雜亂紛糾者不控捲，救鬭者不搏撠，批亢擣虛，形格勢禁，則自爲解耳。今梁趙相攻，輕兵鋭卒必竭於外，老弱罷於內。君不若引兵疾走大梁，據其街路，衝其方虛，彼必釋趙而自救。是我一舉解趙之圍而收弊於魏也。」田忌從之，魏果去邯鄲，與齊戰於桂陵，大破梁軍。

後十三歲，魏與趙攻韓，韓告急於齊。齊使田忌將而往，直走大梁。魏將龐涓聞之，去韓而歸，齊軍既已過而西矣。孫子謂田忌曰：「彼三晉之兵素悍勇而輕齊，齊號爲怯，善戰者因其勢而利導之。兵法，百里而趣利者蹶上將，五十里而趣利者軍半至。使齊軍入魏地爲十萬竈，明日爲五萬竈，又明日爲三萬竈。」龐涓行三日，大喜，曰：「我固知齊軍怯，入吾地三日，士卒亡者過半矣。」乃棄其步軍，與其輕鋭倍日并行逐之。孫子度其行，暮當至馬陵。馬陵道陜，而旁多阻隘，可伏兵，乃斫大樹白而書之曰「龐涓死於此樹之下」。於是令齊軍善射者萬弩，夾道而伏，期曰「暮見火舉而俱發」。龐涓果夜至斫木下，見白書，乃鑽火燭之。讀其書未畢，齊軍萬弩俱發，魏軍大亂相失。龐涓自知智窮兵敗，乃自剄，曰：「遂成豎子之名！」齊因乘勝盡破其軍，虜魏太子申以歸。孫臏以此名顯天下，世傳其兵法。

雜録

備録

《孫臏兵法・擒龐涓》 昔者，梁君將攻邯鄲，使將軍龐涓帶甲八萬至於茬丘。齊君聞之，使將軍忌子帶甲八萬至〔上缺〕競。龐子攻衛，取叩頙。將軍忌〔上缺〕衛叩頙，救與曰：「若不救衛，將何爲？」孫子曰：「請南攻平陵。平陵，其城小而縣大，人衆甲兵盛，東陽戰邑，難攻也，吾將示之疑。吾攻平陵，南有宋，北有衛，當涂有市丘，是吾糧涂絶也，吾將示之不智事。」於是徙舍而走平陵。

□□陵，忌子召孫子而問曰：「事將何爲？」孫子曰：「都大夫孰爲不識事？」曰：「齊城、高唐。」孫子曰：「請取所□□□□□□□□二大夫合以□□□□□吺都横卷，四達環涂，□横卷所□陳也，環涂輘甲之所處也。吾末甲勁，本甲不斷，環涂毄(繫)柀其後，二大夫可殺也。」於是段齊城、高唐爲兩，直將蟻傅平陵，挾苷環涂，夾毄(擊)其後，齊城、高唐當術而大敗。將軍忌子召孫子問曰：「吾攻平陵不得，而亡齊城、高唐，當術而厥，事將何爲？」孫子曰：「請遣經車西馳梁郊，以怒其氣，分卒而從之，示之寡！」於是爲之。龐子果棄其輜重，兼取舍而至。孫子弗息而毄(擊)之桂陵，而禽(擒)龐涓。故曰，孫子之所以爲者盡矣。

《孫臏兵法・見威王》 孫子見威王曰：「夫兵者，非士恒埶(勢)也，此先王之傅道也。戰勝，則所以在亡國而繼絶世也；戰不勝，則所以削地而危社稷也。是故兵者不可不察。然夫樂兵者亡，而利勝者辱。兵非所樂也，而勝非所利也，事備而後動。故城小而守固者，有委也；卒寡而兵强者，有義也。夫守而無委，戰而無義，天下無能以固且强者。堯有天下之時，詘(黜)王命而弗行者七，夷有

二，中國四，素佚而至利也。戰勝而强立，故天下服矣。昔者神戎戰斧遂，黄帝戰蜀禄，堯伐共工，舜伐劇□□而並三苗□〔下缺〕管，湯汸桀，武王伐紂，帝奄反，故周公淺之。故曰：德不若五帝，而能不及三王，知不若周公，曰我將欲責仁義，式禮樂，垂衣常，以禁争捝，此堯舜非弗欲也，不可得，故舉兵繩之。」

《孫臏兵法・威王問》 齊威王問用兵孫子曰：「兩軍相當，兩將相望，皆堅而固，莫敢先舉，爲之奈何？」孫子合(答)曰：「以輕卒嘗之，賤而勇者將之，期於北，毋期於得，爲之微陳以觸其厠，是胃(謂)大得。」威王曰：「用衆用寡，有道乎？」孫子曰：「有。」威王曰：「我强適(敵)弱，我衆適(敵)寡，用之奈何？」孫子再拜曰：「明王之問！夫衆且强，猶問用之，則安國之道也。命之曰『贊師』，毀卒亂行，以順其志，則必戰矣。」威王曰：「適(敵)衆我寡，適(敵)强我弱，用之奈何？」孫子曰：「命曰『讓威』，必臧(藏)其尾，令之能歸，長兵在前，短兵在□，爲之流弩，以助其急者，□□毋動，以侍(待)適(敵)能。」威王曰：「我出適(敵)出，未知衆少，用之奈何？」孫子：「命曰『險險成成』，適(敵)將爲正，出爲三陳，一〔下缺〕」

威王曰：「毄(擊)窮寇奈何？」孫子〔下缺〕可以侍(待)生計矣。威王曰：「毄(擊)鈞奈何？」孫子曰：「營而離之，我並卒而毄(擊)之，毋令適(敵)知之。然而不離，案而止，毋毄(擊)疑。」威王曰：「以一毄(擊)十，有道乎？」孫子曰：「有。功(攻)其無備，出其不意。」威王曰：「地平卒齊，合而北者何也？」孫子曰：「其陳無逢(鋒)也。」威王曰：「令民素聽，奈何？」孫子曰：「素信。」威王曰：「善哉！言兵埶不窮。」

田忌問孫子曰：「患兵者何也？困適(敵)者何也？壁延不得者何也？失天者何也？失地者何也？失人者何也？請問此六者，有道乎？」孫子曰：有。患兵者，地也。困適(敵)者，險也。故曰：三里籓洳，將患軍〔下缺四字或五字〕涉將留大甲。故曰：患兵者地也，困適(敵)者險也，壁延不得者蚩塞也，〔下缺約十字〕奈何？孫子曰：「鼓而坐之，十而揄之。」田忌曰：「行陳已定，動而令士必聽，奈何？」孫子曰：「嚴而視之利。」田忌曰：「賞罰者，兵之急者邪？」孫子曰：「非。夫賞者，所以喜衆，令士忘死也；罰者，所以正亂，令民畏上也；可以益勝，非其急者也。」田忌曰：「權、埶、謀、詐，兵之急者邪？」孫子曰：「非也。夫權者，所以聚衆也；埶者，所以令士必鬭也；謀者，所以令適(敵)無備也；詐者，所以困適(敵)也；可以益勝，其非急者也。」田忌忿然作色：「此六者，皆善者所用，而子夫曰非其急者也，然則其急者何也？」孫子曰：「繚適(敵)計險，必察遠近，〔上缺〕將之道也。必攻不守，兵之急者也。〔下缺〕骨也。」田忌問孫子曰：「張軍毋戰有道？」孫子曰：「有。倅險增壘，諍戒毋動，毋可□□毋可怒。」田忌曰：「適(敵)衆且武，必戰，有道乎？」孫子曰：「有。埤壘廣志，嚴正輯衆，辟(避)而驕之，引而勞之，攻其無備，出其不意，必以爲久。」田忌問孫子曰：「錐行者何也？鴈行者何也？篡卒力士者何也？勁弩趨發者何也？剽風之陳者何也？衆卒者何也？」孫子曰：「錐行者，所以衝堅毁兑(鋭)也。鴈行者，所以觸厠應□□。篡卒力士者，所以絶陳取將也。勁弩趨發者，所以甘戰持久也；剽風之陳者，所以回□□□。衆卒者，所以分功有勝也。」孫子曰：「明主知道之將，不以衆卒幾功。」

孫子出，而弟子問曰：「威王、田忌臣主之問何如？」孫子曰：「威王問九，田忌問七，幾知兵矣，而未達於道也。吾聞『素信者昌，立義用兵，無備者傷，窮兵者亡』，齊三叶其憂矣。」

《孫臏兵法・篡卒》 孫子曰：兵之勝在於篡卒，其勇在於制，其巧在於埶，其利在於信，其德在於道，其富在於亟歸，其强在於休民，其傷在於數戰。

孫子曰：德行者，兵之厚積也。信者，兵□(之)明賞也。惡戰者，兵之王器也。取衆者，勝之勝者也。

孫子曰：恒勝有五：得主剸制，勝。知道，勝。得衆，勝。左右和，勝。量適(敵)計險，勝。

孫子曰：恒不勝有五：御將，不勝。不知道，不勝。乖將，不勝。不用間，不勝。不得衆，不勝。

孫子曰：勝在盡□，明賞，撰卒，乘適(敵)之□，是胃(謂)泰武之葆。

孫子曰：不得主弗將也。〔下缺約十三字〕□□令，一曰信，二曰忠，三曰敢。安忠忠王，安信信賞，安敢敢去不善。不忠於王，不敢用其兵。不信於賞，百生(姓)弗德。不敢去不善，百生(姓)弗畏。

《孫臏兵法・八陳》 孫子曰：知不足，將兵，自侍(恃)也。勇不足，將兵，自廣也。不知道，數戰不足，將兵，幸也。夫安萬乘國，廣萬乘王，全萬乘之民命者，唯知，知道，道者，上知天之道，下知地之理，内得其民之心，外知適(敵)之請(情)，陳則知八陳之經。見勝而戰，弗見而諍，此王者之將也。

孫子曰：用八陳戰者，因地之利，用八陳之宜。用陳參分，誨陳有蚩，誨逢

有後，皆侍(待)令而動。鬭一守二，以一侵適(敵)，以二收。適(敵)弱以亂，先其選卒以乘之；適(敵)强以治，先其下卒以誘之。車騎與戰者，分以爲三，一在於右，一在於左，一在於後。易則多其車，險則多其騎，厄則多其弩。險易必知生地死地，居生毄(擊)死。

《孫臏兵法·奇正》 天地之理，至則反，盈則敗，□□是也。代興代廢，四時是也。有勝有不勝，五行是也。

有生有死，萬物是也。有能有不能，萬生是也。有所有餘，有所不足，刑(形)埶是也。故有刑(形)之徒，莫不可名。有名之徒，莫不可勝。故聖人以萬物之勝勝萬物，故其勝不屈。戰者，以刑(形)相勝者也。刑(形)莫不可以勝，而莫智(知)其所以勝之刑(形)。刑(形)勝之變，與天地相敝而不窮。

刑(形)勝，以楚越之竹書之而不足。刑(形)者皆以其勝勝者也。以一刑(形)之勝勝萬刑(形)，不可。所以裚(制)刑(形)壹也，所以勝不可壹也。故善戰者，見適(敵)之所長，則智(知)其所短；見適(敵)之所不足，則智(知)其所有餘。見勝如見日月。其錯勝也，如以水勝火。刑(形)以應刑(形)，正也；無刑(形)而裚(制)刑(形)，奇也。奇正無窮，分也。分之以奇數，裚(制)之以五行，斲(鬬)之以□□。分定則有刑(形)矣，刑(形)定則有名□□□□則□□，同不足以相勝也，故以異爲奇。是以静爲動奇，失(佚)爲勞奇，飽爲飢奇，治爲亂奇，衆爲寡奇。奇發而爲正，其未發者，奇也。奇發而不報，則勝矣。有餘奇者，過勝者也。故一節痛，百節不用，同禮(體)也。前敗而後不用，同刑(形)也。故戰埶，大陳□斷，小陳□解。後不得乘前，前不得然後，進者有道出，退者有道入。賞未行，罰未用，而民聽令者，其令，民之所能行也。賞高罰下，而民不聽其令者，其令，民之所不能行也。使民唯(雖)不利，進死而不筍(旋)踵，孟賁之所難也，而責之民，是使水逆留(流)也。故戰埶，勝者益之，敗者代之，勞者息之，飢者食之。故民見□人而未見死，道白刃而不筍(旋)踵。故行水得其理，剽石折舟。用民得其生(性)，則令行如留(流)。

《戰國策·齊一》 田忌爲齊將，係梁太子申，禽龐涓。孫子謂田忌曰：「將軍可以爲大事乎？」田忌曰：「奈何？」孫子曰：「將軍無解兵而入齊。使彼罷弊於先弱守於主。主者，循軼之途也，鎋擊摩車而相過。使彼罷弊先弱守於主，必一而當十，十而當百，百而當千。然後背太山，左濟，右天唐，軍重踵高宛，使輕車鋭騎衝雍門。若是，則齊君可正，而成侯可走。不然，則將軍不得入於齊矣。」田忌不聽，果不入齊。

《吕氏春秋·審分覽·不二》 聽羣衆人議以治國，國危無日矣。何以知其然也？老耽貴柔，孔子貴仁，墨翟貴廉，關尹貴清，子列子貴虚，陳駢貴齊，陽生貴己，孫臏貴勢，王廖貴先，兒良貴後。

《史記》卷四四《魏世家》 十七年，與秦戰元里，秦取我少梁。圍趙邯鄲。十八年，拔邯鄲。趙請救於齊，齊使田忌、孫臏救趙，敗魏桂陵。【略】

三十年，魏伐趙，趙告急齊。齊宣王用孫子計，救趙擊魏。魏遂大興師，使龐涓將，而令太子申爲上將軍。過外黄，外黄徐子謂太子曰：「臣有百戰百勝之術。」太子曰：「可得聞乎？」客曰：「固願效之。」曰：「太子自將攻齊，大勝并莒，則富不過有魏，貴不益爲王。若戰不勝齊，則萬世無魏矣。此臣之百戰百勝之術也。」太子曰：「諾，請必從公之言而還矣。」客曰：「太子雖欲還，不得矣。彼勸太子戰攻，欲啜汁者衆。太子雖欲還，恐不得矣。」太子因欲還，其御曰：「將出而還，與北同。」太子果與齊人戰，敗於馬陵。齊虜魏太子申，殺將軍涓，軍遂大破。

《史記》卷四六《田敬仲完世家》 宣王元年，秦用商鞅。周致伯於秦孝公。

二年，魏伐趙。趙與韓親，共擊魏。趙不利，戰於南梁。宣王召田忌復故位。韓氏請救於齊。宣王召大臣而謀曰：「蚤救孰與晚救？」騶忌子曰：「不如勿救。」田忌曰：「弗救，則韓且折而入於魏，不如蚤救之。」孫子曰：「夫韓、魏之兵未弊而救之，是吾代韓受魏之兵，顧反聽命於韓也。且魏有破國之志，韓見亡，必東面而愬於齊矣。吾因深結韓之親而晚承魏之弊，則可重利而得尊名也。」宣王曰：「善。」乃陰告韓之使者而遣之。韓因恃齊，五戰不勝，而東委國於齊。齊因起兵，使田忌、田嬰將，孫子爲(帥)〔師〕，救韓、趙以擊魏，大敗之馬陵，殺其將龐涓，虜魏太子申。其後三晉之王皆因田嬰朝齊王於博望，盟而去。

《史記》卷八三《魯仲連鄒陽列傳》 以敝聊之民距全齊之兵，是墨翟之守也。食人炊骨，士無反外之心，是孫臏之兵也。

桓寬《鹽鐵論·論勇》 大夫曰：「【略】。世言强楚勁鄭，有犀兕之甲，棠谿之鋌也。内據金城，外任利兵，是以威行諸夏，强服敵國。故孟賁奮臂，衆人輕之；怯夫有備，其氣自倍。況以吴、楚之士，舞利劍，蹶强弩，以與貉虜騁於中原？一人當百，不足道也！夫如此，則貉無交兵，力不支漢，其勢必降。此商君之走魏，而孫臏之破梁也。」

王符《潛夫論・賢難》 夫國不乏於妒男也，猶家不乏於妒女也。近古以來，自外及內，其爭功名妒過己者豈希也？予以惟兩賢爲宜不相害乎？然也，范睢絀白起，公孫弘抑董仲舒，此同朝共君寵禄争故耶？惟殊邦異途利害不干者爲可以免乎？然也，孫臏修能於楚，龐涓自魏變色，誘以刖之；韓非明治於韓，李斯自秦作思，致而殺之。嗟士之相妒豈若此甚乎！

葛洪《抱朴子外篇・時難》 夫以賢説聖，猶未必即受，故伊尹干湯，至於七十也。以智告愚，則必不入，故文王諫紂，終於不納也。言不見信，猶之可也。若乃李斯之誅韓非，龐涓之刖孫臏，上官之毀屈平，袁盎之中鼂錯，不可勝載也。爲臣不易，豈一塗也哉！

葛洪《抱朴子外篇・擢才》 孫臏思騁其祕略，而司馬刖之；韓非願建治績，而李斯殺之；賈誼慷慨，懷經國之術，而武夫排之；子政忠良，有匡危之具，而恭、顯陷之。和氏所以抱璞而泣血，禽息所以發憤而碎首也。

葛洪《抱朴子外篇・博喻》 抱朴子曰：「仁忍有天淵之絶，善否猶有無之覺。騶虞側足以蹈虚，豺狼掩羣以害生，虞卿捐相印以濟窮，華公讓三事以推賢，李斯疾勝己而殺韓非，龐涓患不如而刑孫臏。」

劉晝《劉子・兵術》 五德者，智信仁勇嚴也。二柄者，賞罰也。智以能謀，信以約束，仁以愛人，勇以陵敵，嚴以鎮衆，賞以勸功，罰以懲過。故智者，變通之源，運奇之府也。兵者，詭道而行，以其製勝也。是以萬弩上彀，孫臏之奇；千牛俱奔，田單之策；囊土壅水，韓信之權；曳柴揚塵，欒枝之譎；舒軍豕突，尹子之術；雲梯煙浮，魯生之巧。用奇出於不意，少可以挫多，弱可以折强。況夫以衆擊寡，以明攻昧。

《史記》卷四四《魏世家》張守節正義 虞喜《志林》云：「馬陵在濮州鄄城縣東北六十里，有陵，澗谷深峻，可以置伏。」按：龐涓敗即此也。徐説馬陵在魏州元城縣東南一里，龐涓敗非此地也。《田完世家》云：「宣王二年，魏伐趙，趙與韓親，共擊魏，趙不利，戰於南梁。韓氏請於齊，齊使田忌、田嬰將，孫子爲師，救韓、趙，以擊魏，大破之馬陵。」按：南梁在汝州。又此傳云「太子爲上將軍，過外黄」。又《孫臏傳》云「魏與趙攻韓，韓告急齊，齊使田忌將而往，直走大梁。魏將龐涓聞之，去韓而歸齊，軍已過而西矣」。按：孫子減竈退軍，三日行至馬陵，遂殺龐涓，虜魏太子申，大破魏軍，當如虞喜之説，從汴州外黄退至濮州東北六十里是也。然趙、韓共擊魏，戰困於南梁，韓急，請救於齊，齊師走大梁，敗魏馬陵，豈合更渡河北，至魏州元城哉？徐説定非也。

洪邁《容齋隨筆》卷一三《孫臏減竈》 孫臏勝龐涓之事，兵家以爲奇謀，予獨有疑焉。云：「齊軍入魏地爲十萬竈，明日爲五萬竈，又明日爲二萬竈。」方師行逐利，每夕而興此役，不知以幾何人給之，又必人人各一竈乎！龐涓行三日而大喜，曰：「齊士卒亡者過半。」則是所過之處，必使人枚數之矣。是豈救急赴敵之師乎！又云：「度其暮當至馬陵，乃斫大樹，白而書之，曰『龐涓死於此樹之下』。遂伏萬弩，期日暮見火舉而俱發。涓果夜至斫木下，見白書，鑽火燭之，讀未畢，萬弩俱發。」夫軍行遲速，既非他人所料，安能必其以暮至不差晷刻乎！古人坐於車中，既云暮矣，安知樹間之有白書，且必舉火讀之乎！齊弩尚能俱發，而涓讀八字未畢，皆深不可信。殆好事者爲之而不精考耳。

《朱子語類》卷一三四《歷代一》 「常思孫臏料龐涓暮當至馬陵，如何料得如此好？」僩曰：「使其不燭火看白書，則如之何？」曰：「臏料龐涓是箇絮底人，必看無疑。此有三樣：上智底人，他曉得必不看；下智獃底人，亦不必看；中智底人必看，看則墮其機矣。嘗思古今智士之謀略詭譎，固不可及。然記之者能如此曲折書之而不失其意，則其智亦不可及矣。」

梁玉繩《人表考》卷四《中上・孫臏》 孫臏始見《史孫子傳》。又作髕。《唐書・世系》孫氏表。亦曰孫子。《齊》、《魏策》。葬河間府吴橋縣東南十五里。《一統志》。宋徽宗宣和五年追封武清伯。《宋史・禮志》。案《史》以孫武爲齊人，以臏爲武後。而《吴越春秋・闔閭内傳》稱武吴人，本書《藝文志》于武云吴孫子，于臏云齊孫子，此表第五等亦稱吴孫武。據《唐》孫氏表云：田桓子無宇子書字子占，伐莒有功，景公賜姓孫，生憑字起宗，生武字長卿，奔吴，子明食采富春，爲富春人。明生臏。則臏爲武後審矣。蓋明雖食采富春，未久仍歸齊，故《史傳》言臏生阿、鄄之間。至《吕覽・不二》注謂臏楚人，與《史》、《漢》異，恐非。《廣韻》以武、臏爲衛孫氏後，亦非。腓刑曰臏，因刑刖兩足而號之，其名不傳，惜哉！

備論

賈誼《新書・過秦上》 於是六國之士，有甯越、徐尚、蘇秦、杜赫之屬爲之謀，齊明、周最、陳軫、召滑、樓緩、翟景、蘇厲、樂毅之徒通其意，吴起、孫臏、帶

佗、倪良、王廖、田忌、廉頗、趙奢之朋制其兵。

《史記》卷六五《孫子吴起列傳論》 世俗所稱師旅，皆道《孫子》十三篇，吴起《兵法》，世多有，故弗論，論其行事所施設者。語曰：「能行之者未必能言，能言之者未必能行。」孫子籌策龐涓明矣，然不能蚤救患於被刑。吴起説武侯以形勢不如德，然行之於楚，以刻暴少恩亡其軀。悲夫！

《漢書》卷二三《刑法志》 春秋之後，滅弱吞小，並爲戰國，稍增講武之禮，以爲戲樂，用相夸視。而秦更名角抵，先王之禮没於淫樂中矣。雄桀之士因勢輔時，作爲權詐以相傾覆，吴有孫武，齊有孫臏，魏有吴起，秦有商鞅，皆禽敵立勝，垂著篇籍。當此之時，合從連衡，轉相攻伐，代爲雌雄。

《史記》卷六五《孫子吴起列傳》司馬貞述贊 《孫子兵法》，一十三篇。美人既斬，良將得焉。其孫臏脚，籌策龐涓。吴起相魏，西河稱賢；慘礉事楚，死後留權。

《史記》卷六五《孫子吴起列傳》司馬貞索隱引 王劭〔按〕：《紀年》云「梁惠王十七年，齊田忌敗梁於桂陵，至二十七年十二月，齊田盼敗梁於馬陵」，計相去無十三歲。

藝文

韓愈《韓昌黎詩系年》卷五《贈崔立之評事》 崔侯文章苦捷敏，高浪駕天輪不盡。曾從關外來上都，隨身卷軸車連軫。朝爲百賦猶鬱怒，暮作千詩轉遒緊。摇毫擲簡自不供，頃刻青紅浮海蜃。才豪氣猛易語言，往往蛟螭雜螻蚓。知音自古稱難遇，世俗乍見那妨哂。勿嫌法官未登朝，猶勝赤尉長趨尹。時命雖乖心轉壯，技能虛富家逾窘。念昔塵埃兩相逢，争名齟齬持矛楯，子時專場誇觜距，余始張軍嚴韅靷。爾來但欲保封疆，莫學龐涓怯孫臏。竄逐新歸厭聞鬧，齒髮早衰嗟可閔。

《全唐文》卷七二二楊宏真《螢光照字賦》 儒有貧居在陰，志學無必。思照字之物類，得聚螢於心術。散點熠熠，文彩之旁流；開卷熒熒，古今之洞出。曈曨隱映，積小而成。臨竹簡而增美，歷銀鉤而轉明。讀周室之書，每見日中之字；覽龐涓之傳，猶疑火照其營。既有求於時習，奚勿用而宵行。想夫交錯積中，英華發外。魚鳥飛動，鉛黄晻靄。無心於處暗，彌見精專；取足於臨文，豈勞光大。炫晃無窮，心勤飭躬。泛凝暉於垂露，翻碎影於彫蟲。筆精之體無隱，藻思之文有融。既的皪於六身之上，復浸淫於三家之中。則知雅善後宜，功能自勵。時當炎燠，嗟映雪而未期；義涉穿窬，忌偷光之失計。是用聿求昭質，承乏華燈。每揚之自此知照，况燭之因以輝宏。斯作者所以警清士而體物，俾無忘其所能。

《全唐詩》卷六四七胡曾《馬陵》 墜葉蕭蕭九月天，驅兵獨過馬陵前。路傍古木蟲書處，記得將軍破敵年。

《全唐詩》卷七二八周曇《孫臏》 曾嫌勝己害賢人，鑽火明知速自焚。斷足爾能行不足，逢君誰肯不酬君。

淳于髡部

綜述

《史記》卷七四《孟子荀卿列傳》 淳于髡，齊人也。博聞彊記，學無所主。其諫説，慕晏嬰之爲人也，然而承意觀色爲務。客有見髡於梁惠王，惠王屏左右，獨坐而再見之，終無言也。惠王怪之，以讓客曰：「子之稱淳于先生，管、晏不及，及見寡人，寡人未有得也。豈寡人不足爲言邪？何故哉？」客以謂髡。髡曰：「固也。吾前見王，王志在驅逐；後復見王，王志在音聲：吾是以默然。」客具以報王，王大駭，曰：「嗟乎，淳于先生誠聖人也！前淳于先生之來，人有獻善馬者，寡人未及視，會先生至。後先生之來，人有獻謳者，未及試，亦會先生來。寡人雖屏人，然私心在彼，有之。」後淳于髡見，壹語連三日三夜無倦。惠王欲以卿相位待之，髡因謝去。於是送以安車駕駟，束帛加璧，黄金百鎰。終身不仕。

《史記》卷一二六《滑稽列傳》 淳于髡者，齊之贅壻也。長不滿七尺，滑稽多辯，數使諸侯，未嘗屈辱。齊威王之時喜隱，好爲淫樂長夜之飲，沈湎不治，委政卿大夫。百官荒亂，諸侯並侵，國且危亡，在於旦暮，左右莫敢諫。淳于髡説之以隱曰：「國中有大鳥，止王之庭，三年不蜚又不鳴，王知此鳥何也？」王曰：「此鳥不飛則已，一飛沖天；不鳴則已，一鳴驚人。」於是乃朝諸縣令長七十二人，賞一人，誅一人，奮兵而出。諸侯振驚，皆還齊侵地。威行三十六年。語在《田完世家》中。

威王八年，楚大發兵加齊。齊王使淳于髡之趙請救兵，齎金百斤，車馬十駟。淳于髡仰天大笑，冠纓索絶。王曰：「先生少之乎？」髡曰：「何敢？」王曰：「笑豈有説乎？」髡曰：「今者臣從東方來，見道傍有禳田者，操一豚蹄，酒一盂，祝曰：『甌窶滿篝，汙邪滿車，五穀蕃熟，穰穰滿家。』臣見其所持者狹而所欲者奢，故笑之。」於是齊威王乃益齎黄金千溢，白璧十雙，車馬百駟。髡辭而行，至趙。趙王與之精兵十萬，革車千乘。楚聞之，夜引兵而去。

威王大説，置酒後宫，召髡賜之酒。問曰：「先生能飲幾何而醉？」對曰：「臣飲一斗亦醉，一石亦醉。」威王曰：「先生飲一斗而醉，惡能飲一石哉！其説可得聞乎？」髡曰：「賜酒大王之前，執法在傍，御史在後，髡恐懼俯伏而飲，不過一斗徑醉矣。若親有嚴客，髡帣韝鞠𦝫，侍酒於前，時賜餘瀝，奉觴上壽，數起，飲不過二斗徑醉矣。若朋友交遊，久不相見，卒然相覩，歡然道故，私情相語，飲可五六斗徑醉矣。若乃州閭之會，男女雜坐，行酒稽留，六博投壺，相引爲曹，握手無罰，目眙不禁，前有墮珥，後有遺簪，髡竊樂此，飲可八斗而醉二參。日暮酒闌，合尊促坐，男女同席，履舄交錯，杯盤狼藉，堂上燭滅，主人留髡而送客，羅襦襟解，微聞薌澤，當此之時，髡心最歡，能飲一石。故曰酒極則亂，樂極則悲；萬事盡然，言不可極，極之而衰。」以諷諫焉。齊王曰：「善。」乃罷長夜之飲，以髡爲諸侯主客。宗室置酒，髡嘗在側。

雜録

備録

《孟子・離婁上》 淳于髡曰：「男女授受不親，禮與？」

孟子曰：「禮也。」

曰：「嫂溺，則援之以手乎？」

曰：「嫂溺不援，是豺狼也。男女授受不親，禮也。嫂溺援之以手者，權也。」

曰：「今天下溺矣！夫子之不援，何也？」

曰：「天下溺，援之以道；嫂溺，援之以手。子欲手援天下乎？」

《孟子・告子下》 淳于髡曰：「先名實者，爲人也。後名實者，自爲也。夫子在三卿之中，名實未加於上下而去之，仁者固如此乎？」

孟子曰：「居下位，不以賢事不肖者，伯夷也。五就湯、五就桀者，伊尹也。不惡汙君，不辭小官者，柳下惠也。三子者不同道，其趨一也。」

「一者，何也？」

曰：「仁也。君子亦仁而已矣，何必同。」

曰：「魯繆公之時，公儀子爲政，子柳、子思爲臣，魯之削也滋甚。若是乎賢

者之無益於國也。」

曰：「虞不用百里奚而亡，秦繆公用之而霸。不用賢則亡，削何可得與？」

曰：「昔者王豹處於淇而河西善謳，緜駒處於高唐而齊右善歌，華周、杞梁之妻善哭其夫而變國俗，有諸內必形諸外，爲其事而無其功者，髡未嘗覩之也。是故無賢者也，有則髡必識之。」

曰：「孔子爲魯司寇，不用，從而祭，燔肉不至，不稅冕而行。不知者以爲爲肉也，其知者以爲爲無禮也。乃孔子則欲以微罪行，不欲爲苟去，君子之所爲，衆人固不識也。」

《戰國策·齊三》 孟嘗君在薛，荆人攻之。淳于髡爲齊使於荆，還反過薛，而孟嘗令人體貌而親郊迎之。謂淳于髡曰：「荆人攻薛，夫子弗憂，文無以復侍矣。」淳于髡曰：「敬聞命。」

至於齊，畢報。王曰：「何見於荆？」對曰：「荆甚固，而薛亦不量其力。」王曰：「何謂也？」對曰：「薛不量其力，而爲先王立清廟。荆固而攻之，清廟必危。故曰薛不量力，而荆亦甚固。」齊王和其顔色曰：「嘻！先君之廟在焉！」疾興兵救之。

顛蹶之請，望拜之謁，雖得則薄矣。善説者，陳其勢，言其方，人之急也，若自在隘窘之中，豈用强力哉！

淳于髡一日而見七人於宣王。王曰：「子來，寡人聞之，千里而一士，是比肩而立；百世而一聖，若隨踵而至也。今子一朝而見七士，則士不亦衆乎？」淳于髡曰：「不然。夫鳥同翼者而聚居，獸同足者而俱行。今求柴葫、桔梗於沮澤，則累世不得一焉。及之睪黍、梁父之陰，則郄車而載耳。夫物各有疇，今髡賢者之疇也。王求士於髡，譬若挹水於河，而取火於燧也。髡將復見之，豈特七士也。」

齊欲伐魏。淳于髡謂齊王曰：「韓子盧者，天下之疾犬也。東郭逡者，海內之狡兔也。韓子盧逐東郭逡，環山者三，騰山者五，兔極於前，犬廢於後，犬兔俱罷，各死其處。田父見之，無勞勸之苦，而擅其功。今齊、魏久相持，以頓其兵，弊其衆，臣恐强秦大楚承其後，有田父之功。」齊王懼，謝將休士也。

《戰國策·魏三》 齊欲伐魏，魏使人謂淳于髡曰：「齊欲伐魏，能解魏患，唯先生也。敝邑有寶璧二雙，文馬二駟，請致之先生。」淳于髡曰：「諾。」入説齊王曰：「楚，齊之仇敵也；魏，齊之與國也。夫伐與國，使仇敵制其餘敝，名醜而實危，爲王弗取也。」齊王曰：「善。」乃不伐魏。

客謂齊王曰：「淳于髡言不伐魏者，受魏之璧、馬也。」王以謂淳于髡曰：「聞先生受魏之璧、馬，有諸？」曰：「有之。」「然則先生之爲寡人計之何如？」淳于髡曰：「伐魏之事不便，魏雖刺髡，於王何益？若誠不便，魏雖封髡，於王何損？且夫王無伐與國之誹，魏無見亡之危，百姓無被兵之患，髡有璧、馬之寶，於王何傷乎？」

《慎子·內篇》 鄒忌以鼓琴見齊王，齊王善之。鄒忌子曰：「夫琴，所以象政也。」遂以爲王言霸王之事，宣王大悦，舍之右室，與語三日，拜以爲相。稷下先生皆輕忌，以謂設以辭不能及。淳于髡、慎到、田駢、接予、環淵，相與往見鄒忌子。淳于髡、慎到之屬禮倨，鄒忌之禮卑。謂鄒忌子曰：「善説哉。竊有愚志，願陳諸前。」鄒忌子曰：「謹受教。」淳于髡曰：「得全全昌，失全全亡。」鄒忌子曰：「謹受令，請謹毋離前。」田駢曰：「豨膏棘軸，所以爲滑也，然而不能運方穿。」鄒忌子曰：「謹受令，請謹事左右。」環淵曰：「弓膠昔幹，所以爲合也，然而不能傅合疏罅。」鄒忌子曰：「謹受令，請謹自附於萬民。」接予曰：「狐裘雖敝，不可補以犬羊之皮。」鄒忌子曰：「謹受令，請謹擇君子，毋雜小人其間。」慎到曰：「大車不較，不能載其常任；琴瑟不較，不能成其五音。」鄒忌子曰：「謹受令，請謹修法律，而督姦吏。」淳于髡等説畢，趨出，至門，而面其友曰：「是人者，吾輩語之微言五，其應我若響之應聲，是人必封不久矣。」居期年，封以邳，號曰成侯。

《呂氏春秋·貴直論·壅塞》 齊王欲以淳于髡傅太子，髡辭曰：「臣不肖，不足以當此大任也，王不若擇國之長者而使之。」齊王曰：「子無辭也。寡人豈責子之令太子必如寡人也哉？寡人固生而有之也。子爲寡人令太子如堯乎？其如舜也？」凡説之行也，道不智聽智，從自非受是也。今自以賢過於堯、舜，彼且胡可以開説哉？説必不入。不聞存君。

《呂氏春秋·審應覽·離謂》 齊人有淳于髡者，以從説魏王。魏王辯之，約車十乘，將使之荆。辭而行，有以横説魏王，魏王乃止其行。失從之意，又失横之事。夫其多能不若寡能，其有辯不若無辯。周鼎著倕而齕其指，先王有以見大巧之不可爲也。

《韓詩外傳》卷六 孟子説齊宣王而不説。淳于髡侍。孟子曰：「今日説公之君，公之君不説，意者其未知善之爲善乎？」淳于髡曰：「夫子亦誠無善耳。

昔者瓠巴鼓瑟而潛魚出聽，伯牙鼓琴而六馬仰秣。魚馬猶知善之爲善，而况君人者也？」孟子曰：「夫雹雷之起也，破竹折木，震驚天下，而不能使聾者卒有聞。日月之明，徧照天下，而不能使盲者卒有見。今公之君若此也。」淳于髡曰：「不然。昔者揖封生高商，齊人好歌。杞梁之妻悲哭，而人稱詠。夫聲無細而不聞，行無隱而不形。夫子苟賢，居魯而魯國之削，何也？」孟子曰：「不用賢，削何有也？吞舟之魚不居潛澤，度量之士不居汙世。夫蓺冬至必彫，吾亦時矣。《詩》曰：『不自我先，不自我後。』非遭彫世者歟？」

王充《論衡・知識篇》 客有見淳于髡於梁惠王者，再見之，終無言也。惠王怪之，以讓客曰：「子之稱淳于生，言管、晏不及，及見寡人，寡人未有得也。寡人未足爲言邪？」客謂髡。〔髡〕曰：「固也！吾前見王志在遠，後見王志在音，吾是以黯然。」客具報。王大駭曰：「嗟乎！淳于生誠聖人也！前淳于生之來，人有獻龍馬者，寡人未及視，會生至。後來，人有獻謳者，未及試，亦會生至。寡人雖屏左右，私心在彼。」夫髡之見惠王在遠與音也，雖湯、禹之察，不能過也。志在胷臆之中，藏匿不見，髡能知之。以髡等爲聖，則髡聖人也；如以髡等非聖，則聖人之知，何以過？髡之知惠王也，觀色以窺心，皆有因緣以准的之。

劉向《説苑・尊賢》 十三年，諸侯舉兵以伐齊。齊王聞之，惕然而恐，召其群臣大夫告曰：「有智爲寡人用之。」於是博士淳于髡仰天大笑而不應；王復問之，又大笑不應；三問，三笑不應。王艴然作色不悦曰：「先生以寡人語爲戲乎？」對曰：「臣非敢以大王語爲戲也。臣笑臣鄰之祠田也，以一奩飯、一壺酒、三鮒魚，祝曰：『蟹堁者宜禾，洿邪者百車，傳之後世，洋洋有餘。』臣笑其賜鬼薄而請之厚也。」於是王乃立淳于髡爲上卿，賜之千金，革車百乘，與平諸侯之事。諸侯聞之，立罷其兵，休其士卒，遂不敢攻齊，此非淳于髡之力乎？

劉向《説苑》佚文 齊遣淳于髡到楚，髡爲人短小，楚王甚薄之，謂曰：「齊無人耶？而使子來，子何長也？」對曰：「臣無所長，腰中七尺劍，欲斬無狀《新序》誤壯。王。」王曰：「止，吾但戲子耳。」即與髡共飲酒，謂髡曰：「吾有讎在吳國，子寧能爲吾報之乎？」對曰：「臣來見道旁野民，持一頭魚，上田祝曰：『高得萬束，下得千斛。』臣竊笑之，以爲禮薄而望多也。王今與吾半日之樂而委以吳，王非其計。」楚王嘿然。

王應麟《困學紀聞》卷六《左氏》 齊人歌曰：「唯其儒書，以爲二國憂。」哀二十一年。春秋之季，已輕儒矣。至戰國，而淳于髡有「賢者無益」之譏，秦昭王有「儒無益」之問，末流極於李斯。

王應麟《困學紀聞》卷一二《考史》 《御覽》七百十八載淳于髡《十酒説》曰：「羅襦排門，翠笄窺牖。」蓋好事者因《滑稽傳》而廣之，非戰國時語也。

葉適《習學記言序目》卷一八《戰國策・中山》 中山君好士，李疵請伐之，以爲「務名不存本，耕者惰，戰士懦」，此語本出於玩薄。然如齊稷下、四公子所禮士，其間豈爲無賢？而致用之道雜，乃受攻之本也。淳于髡身爲無用，姦人之雄，反自曰「無賢者，有則髡必識之」。然則人主以好士爲名，而不知士之賢否，無開治之實，何救於亡！

王謨輯《漢魏遺書鈔》第二集引淳于髡等《王度記》（附《三正記》） **《王度記》** 天子冢宰一人，爵禄如天子之大夫。

子男三，卿一，卿命於天子。

臣致仕於君者，養之，以其禄之半。

天子鬯，諸侯薰，大夫芑蘭，士蕭，庶人艾。

玉者有象君之德，澡不輕，濕不重，薄不撓，廉不傷，疵不掩，是以人君寶之。

反之以玦，其不待放者，亦與之物。

大夫俟放於郊，三年，得環乃還，得玦乃去。

百户爲里，里一尹，其禄如庶人在官者。

天子駕六馬，諸侯駕四，大夫三，士二，庶人一。

《三正記》

王者二社。爲天下立社曰大社，自爲立社曰王社。諸侯爲百姓立社曰國社，自爲立社曰侯社。大社爲天下報功，王社爲京師報功。

正朔三而改，文質再而復也。質法天，文法地也。

天子龜長一尺二寸，諸侯一尺，大夫八寸，士六寸。龜陰，故數偶也。天子蓍長九尺，諸侯七尺，大夫五尺，士三尺。蓍陽，故數奇也。

灼龜以荆。以火動龜，不以水動蓍。

江、河、淮、濟爲四瀆。瀆者，通也，所以通中國垢濁，民陵居，殖五穀也。江者，貢也，珍物可貢獻也。河者，播爲九流，出龍圖也。淮者，均，均其務也。濟者，齊，齊其度量也。

大夫蓍五尺，故立筮；士之蓍三尺，當坐筮。

三王各以正月祭天南郊，日用上辛。

梁玉繩《人表考》卷五《中中・淳于髡》 淳于髡始見《孟子》、《齊策》。齊人。《史・孟荀傳》。長不滿七尺，滑稽多辯。《史・滑稽傳》。慕晏嬰之爲人，故齊人頌云：炙轂過髡。過作輠。亦曰稷下先生，亦曰淳于先生。《孟荀傳》。葬淄州淄川縣東六十七里。《寰宇記》十九。又《一統志》云在登州黄縣東北蔚陽山下。又云在東昌茌平縣西二里。《魏書・地形志》又謂在鄃縣。

備論

桓寬《鹽鐵論・論儒》 御史曰：「文學祖述仲尼，稱誦其德，以爲自古及今，未之有也。然孔子脩道魯、衛之間，教化洙、泗之上，弟子不爲變，當世不爲治，魯國之削滋甚。齊宣王褒儒尊學，孟軻、淳于髡之徒，受上大夫之祿，不任職而論國事，蓋齊稷下先生千有餘人，當此之時，非一公孫弘也。弱燕攻齊，長驅至臨淄，湣王遁逃，死於莒而不能救；王建禽於秦，與之俱虜而不能存。若此，儒者之安國尊君，未始有效也。」

鍾惺《史懷》卷七《孟子荀卿列傳》 淳于髡見梁惠王，壹語連三日三夜，欲以卿相待之，遂謝去，終身不仕。觀其覩於事先，游於事外，玩世藏身，自是魯仲連流亞。其數譏刺孟子，生戰國時，冷眼熱心，見能救世者，惟孟子一人，故望之深而責之備耳。史遷謂其博聞彊記，學無所主，看髡甚高。又曰：「其諫説慕晏嬰之爲人也，然而承意觀色爲務。」其於梁惠王，一見知其志在驅逐，再見知其志在音樂，默然無言，王聞之大駭曰，前先生之來，人有獻善馬者，寡人未及視，後人有獻謳者，寡人未及試，會先生來，寡人雖屏人，然私心在彼有之。髡無他神術，只是承意觀色四字，用之入微耳。「未及視、未及試」六字妙甚，「私心在彼有之」二語，從此生出。承意觀色，正於此著精神，若已視且試之，則已了然，不待髡而知之矣。然承意觀色學問，戰國策士用以取容希世，孟子比之妾婦，而髡用之以重其言，重其身，則其品較然矣。

藝文

《劉禹錫集》卷三七《題淳于髡墓》 生爲齊贅壻，死作楚先賢。應以客卿葬，故臨官道邊。寓言本多興，放意能合權。我有一石酒，置君墳樹前。

《全唐詩》卷七二八周曇《淳于髡》 穰穰何禱手何賚，一呷村漿與隻雞。以少求多誠可笑，還如輕幣欲全齊。

厲鶚《宋詩紀事》卷一六劉攽《襄州淳于髡墓》 微言動相國，大笑絶冠纓。流轉有餘智，滑稽全姓名。師儒空稷下，衡蓋盡南荆。贅壻不爲辱，旅墳知客卿。

張儀部

綜述

《史記》卷七〇《張儀列傳》　張儀者，魏人也。始嘗與蘇秦俱事鬼谷先生，學術，蘇秦自以不及張儀。

張儀已學而游説諸侯。嘗從楚相飲，已而楚相亡璧，門下意張儀，曰：「儀貧無行，必此盜相君之璧。」共執張儀，掠笞數百，不服，醳之。其妻曰：「嘻！子毋讀書游説，安得此辱乎？」張儀謂其妻曰：「視吾舌尚不在？」其妻笑曰：「舌在也。」儀曰：「足矣。」

蘇秦已説趙王而得相約從親，然恐秦之攻諸侯，敗約後負，念莫可使用於秦者，乃使人微感張儀曰：「子始與蘇秦善，今秦已當路，子何不往游，以求通子之願？」張儀於是之趙，上謁求見蘇秦。蘇秦乃誡門下人不爲通，又使不得去者數日。已而見之，坐之堂下，賜僕妾之食。因而數讓之曰：「以子之材能，乃自令困辱至此。吾寧不能言而富貴子，子不足收也。」謝去之。張儀之來也，自以爲故人，求益，反見辱，怒，念諸侯莫可事，獨秦能苦趙，乃遂入秦。

蘇秦已而告其舍人曰：「張儀，天下賢士，吾殆弗如也。今吾幸先用，而能用秦柄者，獨張儀可耳。然貧，無因以進。吾恐其樂小利而不遂，故召辱之，以激其意。子爲我陰奉之。」乃言趙王，發金幣車馬，使人微隨張儀，與同宿舍，稍稍近就之，奉以車馬金錢，所欲用，爲取給，而弗告。張儀遂得以見秦惠王。惠王以爲客卿，與謀伐諸侯。

蘇秦之舍人乃辭去。張儀曰：「賴子得顯，方且報德，何故去也？」舍人曰：「臣非知君，知君乃蘇君。蘇君憂秦伐趙敗從約，以爲非君莫能得秦柄，故感怒君，使臣陰奉給君資，盡蘇君之計謀。今君已用，請歸報。」張儀曰：「嗟乎，此在吾術中而不悟，吾不及蘇君明矣！吾又新用，安能謀趙乎？爲吾謝蘇君，蘇君之時，儀何敢言。且蘇君在，儀寧渠能乎！」張儀既相秦，爲文檄告楚相曰：「始吾從若飲，我不盜而璧，若笞我。若善守汝國，我顧且盜而城！」

苴蜀相攻擊，各來告急於秦。秦惠王欲發兵以伐蜀，以爲道險狹難至，而韓又來侵秦，秦惠王欲先伐韓，後伐蜀，恐不利，欲先伐蜀，恐韓襲秦之敝，猶豫未能決。司馬錯與張儀爭論於惠王之前，司馬錯欲伐蜀，張儀曰：「不如伐韓。」王曰：「請聞其説。」

儀曰：「親魏善楚，下兵三川，塞什谷之口，當屯留之道，魏絶南陽，楚臨南鄭，秦攻新城、宜陽，以臨二周之郊，誅周王之罪，侵楚、魏之地。周自知不能救，九鼎寶器必出。據九鼎，案圖籍，挾天子以令於天下，天下莫敢不聽，此王業也。今夫蜀，西僻之國而戎翟之倫也，敝兵勞衆不足以成名，得其地不足以爲利。臣聞爭名者於朝，爭利者於市。今三川、周室，天下之朝市也，而王不爭焉，顧爭於戎翟，去王業遠矣。」

司馬錯曰：「不然。臣聞之，欲富國者務廣其地，欲彊兵者務富其民，欲王者務博其德，三資者備而王隨之矣。今王地小民貧，故臣願先從事於易。夫蜀，西僻之國也，而戎翟之長也，有桀紂之亂。以秦攻之，譬如使豺狼逐羣羊。得其地足以廣國，取其財足以富民繕兵，不傷衆而彼已服焉。拔一國而天下不以爲暴，利盡西海而天下不以爲貪，是我一舉而名實附也，而又有禁暴止亂之名。今攻韓，劫天子，惡名也，而未必利也，又有不義之名，而攻天下所不欲，危矣。臣請謁其故：周，天下之宗室也；齊，韓之與國也。周自知失九鼎，韓自知亡三川，將二國并力合謀，以因乎齊、趙而求解乎楚、魏，以鼎與楚，以地與魏，王弗能止也。此臣之所謂危也。不如伐蜀完。」

惠王曰：「善，寡人請聽子。」卒起兵伐蜀，十月，取之，遂定蜀，貶蜀王更號爲侯，而使陳莊相蜀。蜀既屬秦，秦以益彊，富厚，輕諸侯。

秦惠王十年，使公子華與張儀圍蒲陽，降之。儀因言秦復與魏，而使公子繇質於魏。儀因説魏王曰：「秦王之遇魏甚厚，魏不可以無禮。」魏因入上郡、少梁，謝秦惠王。惠王乃以張儀爲相，更名少梁曰夏陽。

儀相秦四歲，立惠王爲王。居一歲，爲秦將，取陝。築上郡塞。

其後二年，使與齊、楚之相會齧桑。東還而免相，相魏以爲秦，欲令魏先事秦而諸侯效之。魏王不肯聽儀。秦王怒，伐取魏之曲沃、平周，復陰厚張儀益甚。張儀慚，無以歸報。留魏四歲而魏襄王卒，哀王立。張儀復説哀王，哀王不聽。於是張儀陰令秦伐魏。魏與秦戰，敗。

明年，齊又來敗魏於觀津。秦復欲攻魏，先敗韓申差軍，斬首八萬，諸侯震

恐。而張儀復說魏王曰：「魏地方不至千里，卒不過三十萬。地四平，諸侯四通輻湊，無名山大川之限。從鄭至梁二百餘里，車馳人走，不待力而至。梁南與楚境，西與韓境，北與趙境，東與齊境，卒戍四方，守亭鄣者不下十萬。梁之地勢，固戰場也。梁南與楚而不與齊，則齊攻其東；東與齊而不與趙，則趙攻其北；不合於韓，則韓攻其西；不親於楚，則楚攻其南：此所謂四分五裂之道也。

「且夫諸侯之爲從者，將以安社稷尊主彊兵顯名也。今從者一天下，約爲昆弟，刑白馬以盟洹水之上，以相堅也。而親昆弟同父母，尚有爭錢財，而欲恃詐僞反覆蘇秦之餘謀，其不可成亦明矣。

「大王不事秦，秦下兵攻河外，據卷、衍、〔燕〕、酸棗，劫衛取陽晉，則趙不南，趙不南而梁不北，梁不北則從道絶，從道絶則大王之國欲毋危不可得也。秦折韓而攻梁，韓怯於秦，秦韓爲一，梁之亡可立而須也。此臣之所爲大王患也。

「爲大王計，莫如事秦。事秦則楚、韓必不敢動；無楚、韓之患，則大王高枕而卧，國必無憂矣。

「且夫秦之所欲弱者莫如楚，而能弱楚者莫如梁。楚雖有富大之名而實空虛；其卒雖多，然而輕走易北，不能堅戰。悉梁之兵南面而伐楚，勝之必矣。割楚而益梁，虧楚而適秦，嫁禍安國，此善事也。大王不聽臣，秦下甲士而東伐，雖欲事秦，不可得矣。

「且夫從人多奮辭而少可信，說一諸侯而成封侯，是故天下之游談士莫不日夜搤腕瞋目切齒以言從之便，以說人主。人主賢其辯而牽其說，豈得無眩哉。

「臣聞之，積羽沈舟，羣輕折軸，衆口鑠金，積毀銷骨，故願大王審定計議，且賜骸骨辟魏。」

哀王於是乃倍從約而因儀請成於秦。張儀歸，復相秦。三歲而魏復背秦爲從。秦攻魏，取曲沃。明年，魏復事秦。

秦欲伐齊，齊楚從親，於是張儀往相楚。楚懷王聞張儀來，虛上舍而自館之，曰：「此僻陋之國，子何以教之？」儀說楚王曰：「大王誠能聽臣，閉關絶約於齊，臣請獻商於之地六百里，使秦女得爲大王箕帚之妾，秦楚娶婦嫁女，長爲兄弟之國。此北弱齊而西益秦也，計無便此者。」楚王大說而許之。羣臣皆賀，陳軫獨弔之。楚王怒曰：「寡人不興師發兵得六百里地，羣臣皆賀，子獨弔，何也？」陳軫對曰：「不然，以臣觀之，商於之地不可得而齊秦合，齊秦合則患必至矣。」楚王曰：「有說乎？」陳軫對曰：「夫秦之所以重楚者，以其有齊也。今閉關絶約於齊，則楚孤。秦奚貪夫孤國，而與之商於之地六百里？張儀至秦，必負王，是北絶齊交，西生患於秦也，而兩國之兵必俱至。善爲王計者，不若陰合而陽絶於齊，使人隨張儀。苟與吾地，絶齊未晚也；不與吾地，陰合謀計也。」楚王曰：「願陳子閉口毋復言，以待寡人得地。」乃以相印授張儀，厚賂之。於是遂閉關絶約於齊，使一將軍隨張儀。

張儀至秦，詳失綏墮車，不朝三月。楚王聞之，曰：「儀以寡人絶齊未甚邪？」乃使勇士至宋，借宋之符，北罵齊王。齊王大怒，折節而下秦。秦齊之交合，張儀乃朝，謂楚使者曰：「臣有奉邑六里，願以獻大王左右。」楚使者曰：「臣受令於王，以商於之地六百里，不聞六里。」還報楚王，楚王大怒，發兵而攻秦。陳軫曰：「軫可發口言乎？攻之不如割地反以賂秦，與之并兵而攻齊，是我出地於秦，取償於齊也，王國尚可存。」楚王不聽，卒發兵而使將軍屈匄擊秦。秦齊共攻楚，斬首八萬，殺屈匄，遂取丹陽、漢中之地。楚又復益發兵而襲秦，至藍田，大戰，楚大敗，於是楚割兩城以與秦平。

秦要楚欲得黔中地，欲以武關外易之。楚王曰：「不願易地，願得張儀而獻黔中地。」秦王欲遣之，口弗忍言。張儀乃請行。惠王曰：「彼楚王怒子之負以商於之地，是且甘心於子。」張儀曰：「秦彊楚弱，臣善靳尚，尚得事楚夫人鄭袖，袖所言皆從。且臣奉王之節使楚，楚何敢加誅。假令誅臣而爲秦得黔中之地，臣之上願。」遂使楚。楚懷王至則囚張儀，將殺之。靳尚謂鄭袖曰：「子亦知子之賤於王乎？」鄭袖曰：「何也？」靳尚曰：「秦王甚愛張儀而不欲出之，今將以上庸之地六縣賂楚，以美人聘楚，以宮中善歌謳者爲媵。楚王重地尊秦，秦女必貴而夫人斥矣。不若爲言而出之。」於是鄭袖日夜言懷王曰：「人臣各爲其主用。今地未入秦，秦使張儀來，至重王。王未有禮而殺張儀，秦必大怒攻楚。妾請子母俱遷江南，毋爲秦所魚肉也。」懷王後悔，赦張儀，厚禮之如故。

張儀既出，未去，聞蘇秦死，乃說楚王曰：「秦地半天下，兵敵四國，被險帶河，四塞以爲固。虎賁之士百餘萬，車千乘，騎萬匹，積粟如丘山。法令既明，士卒安難樂死，主明以嚴，將智以武，雖無出甲，席卷常山之險，必折天下之脊，天下有後服者先亡。且夫爲從者，無以異於驅羣羊而攻猛虎，虎之與羊不格明矣。今王不與猛虎而與羣羊，臣竊以爲大王之計過也。

「凡天下彊國，非秦而楚，非楚而秦，兩國交爭，其勢不兩立。大王不與秦，秦下甲據宜陽，韓之上地不通。下河東，取成皋，韓必入臣，梁則從風而動。秦

攻楚之西，韓、梁攻其北，社稷安得毋危？

「且夫從者聚羣弱而攻至彊，不料敵而輕戰，國貧而數舉兵，危亡之術也。臣聞之，兵不如者勿與挑戰，粟不如者勿與持久。夫從人飾辯虛辭，高主之節，言其利不言其害，卒有秦禍，無及爲已。是故願大王之孰計之。

「秦西有巴蜀，大船積粟，起於汶山，浮江已下，至楚三千餘里。舫船載卒，一舫載五十人與三月之食，下水而浮，一日行三百餘里，里數雖多，然而不費牛馬之力，不至十日而距扞關。扞關驚，則從境以東盡城守矣，黔中、巫郡非王之有。秦舉甲出武關，南面而伐，則北地絕。秦兵之攻楚也，危難在三月之內，而楚待諸侯之救，在半歲之外，此其勢不相及也。夫（待）〔恃〕弱國之救，忘彊秦之禍，此臣所以爲大王患也。

「大王嘗與吳人戰，五戰而三勝，陣卒盡矣；偏守新城，存民苦矣。臣聞功大者易危，而民敝者怨上。夫守易危之功而逆彊秦之心，臣竊爲大王危之。

「且夫秦之所以不出兵函谷十五年以攻齊、趙者，陰謀有合天下之心。楚嘗與秦構難，戰於漢中，楚人不勝，列侯執珪死者七十餘人，遂亡漢中。楚王大怒，興兵襲秦，戰於藍田。此所謂兩虎相搏者也。夫秦楚相敝而韓魏以全制其後，計無危於此者矣。願大王孰計之。

「秦下甲攻衛陽晉，必大關天下之匈。大王悉起兵以攻宋，不至數月而宋可舉，舉宋而東指，則泗上十二諸侯盡王之有也。

「凡天下而以信約從親相堅者蘇秦，封武安君，相燕，即陰與燕王謀伐破齊而分其地；乃詳有罪出走入齊，齊王因受而相之；居二年而覺，齊王大怒，車裂蘇秦於市。夫以一詐僞之蘇秦，而欲經營天下，混一諸侯，其不可成亦明矣。

「今秦與楚接境壤界，固形親之國也。大王誠能聽臣，臣請使秦太子入質於楚，楚太子入質於秦，請以秦女爲大王箕帚之妾，效萬室之都以爲湯沐之邑，長爲昆弟之國，終身無相攻伐。臣以爲計無便於此者。」

於是楚王已得張儀而重出黔中地與秦，欲許之。屈原曰：「前大王見欺於張儀，張儀至，臣以爲大王烹之；今縱弗忍殺之，又聽其邪説，不可。」懷王曰：「許儀而得黔中，美利也。後而倍之，不可。」故卒許張儀，與秦親。

張儀去楚，因遂之韓，説韓王曰：「韓地險惡山居，五穀所生，非菽而麥，民之食大抵（飯）菽（飯）藿羹。一歲不收，民不饜糟糠。地不過九百里，無二歲之食。料大王之卒，悉之不過三十萬，而廝徒負養在其中矣。除守徼亭鄣塞，見卒不過二十萬而已矣。秦帶甲百餘萬，車千乘，騎萬匹，虎賁之士跿跔科頭貫頤奮戟者，至不可勝計。秦馬之良，戎兵之衆，探前趹後蹄閒三尋騰者，不可勝數。山東之士被甲蒙冑以會戰，秦人捐甲徒裼以趨敵，左挈人頭，右挾生虜。夫秦卒與山東之卒，猶孟賁之與怯夫；以重力相壓，猶烏獲之與嬰兒。夫戰孟賁、烏獲之士以攻不服之弱國，無異垂千鈞之重於鳥卵之上，必無幸矣。

「夫羣臣諸侯不料地之寡，而聽從人之甘言好辭，比周以相飾也，皆奮曰『聽吾計可以彊霸天下』。夫不顧社稷之長利而聽須臾之説，詿誤人主，無過此者。

「大王不事秦，秦下甲據宜陽，斷韓之上地，東取成皋、滎陽，則鴻臺之宮、桑林之苑非王之有也。夫塞成皋，絕上地，則王之國分矣。先事秦則安，不事秦則危。夫造禍而求其福報，計淺而怨深，逆秦而順楚，雖欲毋亡，不可得也。

「故爲大王計，莫如爲秦。秦之所欲莫如弱楚，而能弱楚者莫如韓。非以韓能彊於楚也，其地勢然也。今王西面而事秦以攻楚，秦王必喜。夫攻楚以利其地，轉禍而説秦，計無便於此者。」

韓王聽儀計。張儀歸報，秦惠王封儀五邑，號曰武信君。使張儀東説齊湣王曰：「天下彊國無過齊者，大臣父兄殷衆富樂。然而爲大王計者，皆爲一時之説，不顧百世之利。從人説大王者，必曰『齊西有彊趙，南有韓與梁。齊，負海之國也，地廣民衆，兵彊士勇，雖有百秦，將無柰齊何』。大王賢其説而不計其實。夫從人朋黨比周，莫不以從爲可。臣聞之，齊與魯三戰而魯三勝，國以危亡隨其後，雖有戰勝之名，而有亡國之實。是何也？齊大而魯小也。今秦之與齊也，猶齊之與魯也。秦趙戰於河漳之上，再戰而趙再勝秦；戰於番吾之下，再戰又勝秦。四戰之後，趙之亡卒數十萬，邯鄲僅存，雖有戰勝之名而國已破矣。是何也？秦彊而趙弱。

「今秦楚嫁女娶婦，爲昆弟之國。韓獻宜陽；梁效河外；趙入朝澠池，割河閒以事秦。大王不事秦，秦驅韓梁攻齊之南地，悉趙兵渡清河，指博關，臨菑、即墨非王之有也。國一日見攻，雖欲事秦，不可得也。是故願大王孰計之也。」

齊王曰：「齊僻陋，隱居東海之上，未嘗聞社稷之長利也。」乃許張儀。

張儀去，西説趙王曰：「敝邑秦王使使臣效愚計於大王。大王收率天下以賓秦，秦兵不敢出函谷關十五年。大王之威行於山東，敝邑恐懼懾伏，繕甲厲兵，飾車騎，習馳射，力田積粟，守四封之內，愁居懾處，不敢動搖，唯大王有意督過之也。

「今以大王之力，舉巴蜀，并漢中，包兩周，遷九鼎，守白馬之津。秦雖僻遠，然而心忿含怒之日久矣。今秦有敝甲凋兵，軍於澠池，願渡河踰漳，據番吾，會邯鄲之下，願以甲子合戰，以正殷紂之事，敬使使臣先聞左右。

「凡大王之所信爲從者恃蘇秦。蘇秦熒惑諸侯，以是爲非，以非爲是，欲反齊國，而自令車裂於市。夫天下之不可一亦明矣。今楚與秦爲昆弟之國，而韓梁稱爲東藩之臣，齊獻魚鹽之地，此斷趙之右臂也。夫斷右臂而與人鬭，失其黨而孤居，求欲毋危，豈可得乎？

「今秦發三將軍：其一軍塞午道，告齊使興師渡清河，軍於邯鄲之東；一軍軍成皋，驅韓梁軍於河外；一軍軍於澠池。約四國爲一以攻趙，趙(服)〔破〕，必四分其地。是故不敢匿意隱情，先以聞於左右。臣竊爲大王計，莫如與秦王遇於澠池，面相見而口相結，請案兵無攻。願大王之定計。」

趙王曰：「先王之時，奉陽君專權擅勢，蔽欺先王，獨擅綰事，寡人居屬師傅，不與國謀計。先王棄羣臣，寡人年幼，奉祀之日新，心固竊疑焉，以爲一從不事秦，非國之長利也。乃且願變心易慮，割地謝前過以事秦。方將約車趨行，適聞使者之明詔。」趙王許張儀，張儀乃去。

北之燕，説燕昭王曰：「大王之所親莫如趙。昔趙襄子嘗以其姊爲代王妻，欲并代，約與代王遇於句注之塞。乃令工人作爲金斗，長其尾，令可以擊人。與代王飲，陰告廚人曰：『即酒酣樂，進熱啜，反斗以擊之。』於是酒酣樂，進熱啜，廚人進斟，因反斗以擊代王，殺之，王腦塗地。其姊聞之，因摩笄以自刺，故至今有摩笄之山。代王之亡，天下莫不聞。

「夫趙王之很戾無親，大王之所明見，且以趙王爲可親乎？趙興兵攻燕，再圍燕都而劫大王，大王割十城以謝。今趙王已入朝澠池，效河間以事秦。今大王不事秦，秦下甲雲中、九原，驅趙而攻燕，則易水、長城非大王之有也。

「且今時趙之於秦猶郡縣也，不敢妄舉師以攻伐。今王事秦，秦王必喜，趙不敢妄動，是西有彊秦之援，而南無齊趙之患，是故願大王孰計之。」

燕王曰：「寡人蠻夷僻處，雖大男子裁如嬰兒，言不足以采正計。今上客幸教之，請西面而事秦，獻恒山之尾五城。」燕王聽儀。儀歸報，未至咸陽而秦惠王卒，武王立。武王自爲太子時不説張儀，及即位，羣臣多讒張儀曰：「無信，左右賣國以取容。秦必復用之，恐爲天下笑。」諸侯聞張儀有郤武王，皆畔衡，復合從。

秦武王元年，羣臣日夜惡張儀未已，而齊讓又至。張儀懼誅，乃因謂秦武王曰：「儀有愚計，願效之。」王曰：「柰何？」對曰：「爲秦社稷計者，東方有大變，然後王可以多割得地也。今聞齊王甚憎儀，儀之所在，必興師伐之。故儀願乞其不肖之身之梁，齊必興師而伐梁。梁齊之兵連於城下而不能相去，王以其閒伐韓，入三川，出兵函谷而毋伐，以臨周，祭器必出。挾天子，按圖籍，此王業也。」秦王以爲然，乃具革車三十乘，入儀之梁。齊果興師伐之。梁哀王恐。張儀曰：「王勿患也，請令罷齊兵。」乃使其舍人馮喜之楚，借使之齊，謂齊王曰：「王甚憎張儀；雖然，亦厚矣王之託儀於秦也！」齊王曰：「寡人憎儀，儀之所在，必興師伐之，何以託儀？」對曰：「是乃王之託儀也。夫儀之出也，固與秦王約曰：『爲王計者，東方有大變，然後王可以多割得地。今齊王甚憎儀，儀之所在，必興師伐之。故儀願乞其不肖之身之梁，齊必興師伐之。齊梁之兵連於城下而不能相去，王以其閒伐韓，入三川，出兵函谷而無伐，以臨周，祭器必出。挾天子，案圖籍，此王業也。』秦王以爲然，故具革車三十乘而入之梁也。今儀入梁，王果伐之，是王內罷國而外伐與國，廣鄰敵以內自臨，而信儀於秦王也。此臣之所謂『託儀』也。」齊王曰：「善。」乃使解兵。

張儀相魏一歲，卒於魏也。

陳軫者，游説之士。與張儀俱事秦惠王，皆貴重，爭寵。張儀惡陳軫於秦王曰：「軫重幣輕使秦楚之閒，將爲國交也。今楚不加善於秦而善軫者，軫自爲厚而爲王薄也。且軫欲去秦而之楚，王胡不聽乎？」王謂陳軫曰：「吾聞子欲去秦之楚，有之乎？」軫曰：「然。」王曰：「儀之言果信矣。」軫曰：「非獨儀知之也，行道之士盡知之矣。昔子胥忠於其君而天下爭以爲臣，曾參孝於其親而天下願以爲子。故賣僕妾不出閭巷而售者，良僕妾也；出婦嫁於鄉曲者，良婦也。今軫不忠其君，楚亦何以軫爲忠乎？忠且見棄，軫不之楚何歸乎？」王以其言爲然，遂善待之。

居秦期年，秦惠王終相張儀，而陳軫奔楚。楚未之重也，而使陳軫使於秦。過梁，欲見犀首。犀首謝弗見。軫曰：「吾爲事來，公不見軫，軫將行，不得待異日。」犀首見之。陳軫曰：「公何好飲也？」犀首曰：「無事也。」曰：「吾請令公厭事可乎？」曰：「柰何？」曰：「田需約諸侯從親，楚王疑之，未信也。公謂於王曰：『臣與燕、趙之王有故，數使人來，曰「無事何不相見」，願謁行於王。』王雖許公，公請毋多車，以車三十乘，可陳之於庭，明言之燕、趙。」燕、趙客聞之，馳車

告其王，使人迎犀首。楚王聞之大怒，曰：「田需與寡人約，而犀首之燕、趙，是欺我也。」怒而不聽其事。齊聞犀首之北，使人以事委焉。犀首遂行，三國相事皆斷於犀首。軫遂至秦。

韓魏相攻，期年不解。秦惠王欲救之，問於左右。左右或曰救之便，或曰勿救便，惠王未能爲之決。陳軫適至秦，惠王曰：「子去寡人之楚，亦思寡人不？」陳軫對曰：「王聞夫越人莊舃乎？」王曰：「不聞。」曰：「越人莊舃仕楚執珪，有頃而病。楚王曰：『舃故越之鄙細人也，今仕楚執珪，貴富矣，亦思越不？』中謝對曰：『凡人之思故，在其病也。彼思越則越聲，不思越則楚聲。』使人往聽之，猶尚越聲也。今臣雖棄逐之楚，豈能無秦聲哉！」惠王曰：「善。今韓魏相攻，期年不解，或謂寡人救之便，或曰勿救便，寡人不能決，願子爲子主計之餘，爲寡人計之。」陳軫對曰：「亦嘗有以夫卞莊子刺虎聞於王者乎？莊子欲刺虎，館豎子止之，曰：『兩虎方且食牛，食甘必爭，爭則必鬭，鬭則大者傷，小者死，從傷而刺之，一舉必有雙虎之名。』卞莊子以爲然，立須之。有頃，兩虎果鬭，大者傷，小者死。莊子從傷者而刺之，一舉果有雙虎之功。今韓魏相攻，期年不解，是必大國傷，小國亡，從傷而伐之，一舉必有兩實。此猶莊子刺虎之類也。臣主與王何異也。」惠王曰：「善。」卒弗救。大國果傷，小國亡，秦興兵而伐，大剋之。此陳軫之計也。

犀首者，魏之陰晉人也，名衍，姓公孫氏。與張儀不善。

張儀爲秦之魏，魏王相張儀。犀首弗利，故令人謂韓公叔曰：「張儀已合秦魏矣，其言曰『魏攻南陽，秦攻三川』。魏王所以貴張子者，欲得韓地也。且韓之南陽已舉矣，子何不少委焉以爲衍功，則秦魏之交可錯矣。然則魏必圖秦而棄儀，收韓而相衍。」公叔以爲便，因委之犀首以爲功。果相魏。張儀去。

義渠君朝於魏。犀首聞張儀復相秦，害之。犀首乃謂義渠君曰：「道遠不得復過，請謁事情。」曰：「中國無事，秦得燒掇焚杅君之國；有事，秦將輕使重幣事君之國。」其後五國伐秦。會陳軫謂秦王曰：「義渠君者，蠻夷之賢君也，不如賂之以撫其志。」秦王曰：「善。」乃以文繡千純，婦女百人遺義渠君。義渠君致羣臣而謀曰：「此公孫衍所謂邪？」乃起兵襲秦，大敗秦人李伯之下。

張儀已卒之後，犀首入相秦，嘗佩五國之相印，爲約長。

雜録

備録

《韓非子・内儲説上》 張儀欲以秦、韓與魏之勢伐齊、荆，而惠施欲以齊、荆偃兵。二人爭之，羣臣左右皆爲張子言，而以攻齊、荆爲利，而莫爲惠子言。王果聽張子，而以惠子言爲不可。攻齊、荆事已定。惠子入見。王言曰：「先生毋言矣。攻齊、荆之事果利矣，一國盡以爲然。」惠子因說：「不可不察也。夫齊、荆之事也誠利，一國盡以爲利，是何智者之衆也？攻齊、荆之事誠不利，一國盡以爲利，何愚者之衆也？凡謀者，疑也。疑也者，誠疑，以爲可者半，以爲不可者半。今一國盡以爲可，是王亡半也。劫主者固亡其半者也。」

《戰國策・秦一》 張儀説秦王曰：「臣聞之，弗知而言爲不智，知而不言爲不忠。爲人臣不忠當死，言不審亦當死。雖然，臣願悉言所聞，大王裁其罪。臣聞，天下陰燕陽魏，連荆固齊，收餘韓成從，將西南以與秦爲難。臣竊笑之。世有三亡，而天下得之，其此之謂乎！臣聞之曰：『以亂攻治者亡，以邪攻正者亡，以逆攻順者亡』。今天下之府庫不盈，囷倉空虛，悉其士民，張軍數千百萬，白刃在前，斧質在後，而皆去走，不能死，罪其百姓不能死也，其上不能殺也。言賞則不與，言罰則不行，賞罰不行，故民不死也。

「今秦出號令而行賞罰，不攻無攻相事也。出其父母懷衽之中，生未嘗見寇也，聞戰頓足徒裼，犯白刃，蹈煨炭，斷死於前者比是也。夫斷死與斷生也不同，而民爲之者是貴奮也。一可以勝十，十可以勝百，百可以勝千，千可以勝萬，萬可以勝天下矣。今秦地形，斷長續短，方數千里，名師數百萬，秦之號令賞罰，地形利害，天下莫如也。以此與天下，天下不足兼而有也。是知秦戰未嘗不勝，攻未嘗不取，所當未嘗不破也。開地數千里，此甚大功也。然而甲兵頓，士民病，蓄積索，田疇荒，囷倉虛，四隣諸侯不服，伯王之名不成，此無異故，謀臣皆不盡其忠也。

「臣敢言往昔。昔者齊南破荆，中破宋，西服秦，北破燕，中使韓、魏之君，地

廣而兵强，戰勝攻取，詔令天下，濟清河濁，足以爲限，長城、鉅坊，足以爲塞。齊，五戰之國也，一戰不勝而無齊。故由此觀之，夫戰者萬乘之存亡也。

「且臣聞之曰：『削株掘根，無與禍鄰，禍乃不存。』秦與荆人戰，大破荆，襲郢，取洞庭、五都、江南。荆王亡奔走，東伏於陳。當是之時，隨荆以兵，則荆可舉。舉荆，則其民足貪也，地足利也。東以强齊、燕，中陵三晉。然則是一舉而伯王之名可成也，四隣諸侯可朝也。而謀臣不爲，引軍而退，與荆人和。今荆人收亡國，聚散民，立社主，置宗廟，令帥天下西面以與秦爲難，此固已無伯王之道一矣。天下有比志而軍華下，大王以詐破之，兵至梁郭，圍梁數旬，則梁可拔。拔梁，則魏可舉。舉魏，則荆、趙之志絶。荆、趙之志絶，則趙危。趙危而荆孤。東以强齊、燕，中陵三晉，然則是一舉而伯王之名可成也，四隣諸侯可朝也。而謀臣不爲，引軍而退，與魏氏和。令魏氏收亡國，聚散民，立社主，置宗廟，此固已無伯王之道二矣。前者穰侯之治秦也，用一國之兵，而欲以成兩國之功。是故兵終身暴靈於外，士民潞病於內，伯王之名不成，此固已無伯王之道三矣。

「趙氏，中央之國也，雜民之所居也。其民輕而難用，號令不治，賞罰不信，地形不便，上非能盡其民力。彼固亡國之形也，而不憂民氓，悉其士民，軍於長平之下，以爭韓之上黨，大王以詐破之，拔武安。當是時，趙氏上下不相親也，貴賤不相信，然則是邯鄲不守，拔邯鄲，完河間，引軍而去，西攻脩武，踰羊腸，降代、上黨。代三十六縣，上黨十七縣，不用一領甲，不苦一民，皆秦之有也。代、上黨不戰而已爲秦矣，東陽河外不戰而已反爲齊矣，中呼池以北不戰而已爲燕矣。然則是舉趙則韓必亡，韓亡則荆、魏不能獨立。荆、魏不能獨立，則是一舉而壞韓，蠹魏，挾荆，以東弱齊、燕，決白馬之口，以流魏氏。一舉而三晉亡，從者敗。大王拱手以須，天下徧隨而伏，伯王之名可成也。而謀臣不爲，引軍而退，與趙氏爲和。以大王之明，秦兵之强，伯王之業，地尊不可得，乃取欺於亡國，是謀臣之拙也。且夫趙當亡不亡，秦當伯不伯，天下固量秦之謀臣一矣。乃復悉卒乃攻邯鄲，不能拔也，棄甲兵怒，戰慄而却，天下固量秦力二矣。軍乃引退，并於李下，大王又并軍而致與戰，非能厚勝之也，又交罷却，天下固量秦力三矣。內者量吾謀臣，外者極吾兵力。由是觀之，臣以天下之從，豈其難矣。內者吾甲兵頓，士民病，蓄積索，田疇荒，囷倉虛；外者天下比志甚固。願大王有以慮之也。

「且臣聞之，戰戰慄慄，日慎一日。苟慎其道，天下可有也。何以知其然也？昔者紂爲天子，帥天下將甲百萬，左飲於淇谷，右飲於洹水，淇水竭而洹水不流，以與周武爲難。武王將素甲三千領，戰一日，破紂之國，禽其身，據其地，而有其民，天下莫不傷。智伯帥三國之衆，以攻趙襄主於晉陽，決水灌之，三年，城且拔矣。襄主錯龜，數策占兆，以視利害，何國可降，而使張孟談。於是潛行而出，反智伯之約，得兩國之衆，以攻智伯之國，禽其身，以成襄子之功。今秦地斷長續短，方數千里，名師數百萬，秦國號令賞罰，地形利害，天下莫如也。以此與天下，天下可兼而有也。

「臣昧死望見大王，言所以舉破天下之從，舉趙亡韓，臣荆、魏，親齊、燕，以成伯王之名，朝四隣諸侯之道。大王試聽其說，一舉而天下之從不破，趙不舉，韓不亡，荆、魏不臣，齊、燕不親，伯王之名不成，四隣諸侯不朝，大王斬臣以徇於國，以主爲謀不忠者。」

張儀欲假秦兵以救魏。左成謂甘茂曰：「子不予之。魏不反秦兵，張子不反秦。魏若反秦兵，張子得志於魏，不敢反於秦矣。張子不去秦，張子必高子。」

司馬錯與張儀爭論於秦惠王前。司馬錯欲伐蜀，張儀曰：「不如伐韓。」王曰：「請聞其說。」

對曰：「親魏善楚，下兵三川，塞轘轅、緱氏之口，當屯留之道，魏絶南陽，楚臨南鄭，秦攻新城、宜陽，以臨二周之郊，誅周主之罪，侵楚、魏之地。周自知不救，九鼎寶器必出。據九鼎，桉圖籍，挾天子以令天下，天下莫敢不聽，此王業也。今夫蜀，西辟之國，而戎狄之長也，弊兵勞衆不足以成名，得其地不足以爲利。臣聞：『爭名者於朝，爭利者於市。』今三川、周室，天下之市朝也，而王不爭焉，顧爭於戎狄，去王業遠矣。」

司馬錯曰：「不然。臣聞之，欲富國者，務廣其地；欲强兵者，務富其民；欲王者，務博其德。三資者備，而王隨之矣。今王之地小民貧，故臣願從事於易。夫蜀，西辟之國也，而戎狄之長也，而有桀、紂之亂。以秦攻之，譬如使豺狼逐羣羊也。取其地，足以廣國也；得其財，足以富民；繕兵不傷衆，而彼已服矣。故拔一國，而天下不以爲暴；利盡西海，諸侯不以爲貪。是我一舉而名實兩附，而又有禁暴正亂之名。今攻韓劫天子，劫天子，惡名也，而未必利也，又有不義之名，而攻天下之所不欲，危。臣請謁其故：周，天下之宗室也；齊，韓、周之與國也。周自知失九鼎，韓自知亡三川，則必將二國并力合謀，以因于齊、趙，而求解乎楚、魏。以鼎與楚，以地與魏，王不能禁。此臣所謂『危』，不如伐蜀之

完也。」惠王曰：「善！寡人聽子。」

卒起兵伐蜀，十月取之，遂定蜀。蜀主更號爲侯，而使陳莊相蜀。蜀既屬，秦益強富厚，輕諸侯。

張儀之殘，樗里疾也，重而使之楚。因令楚王爲之請相於秦。張子謂秦王曰：「重樗里疾而使之者，將以爲國交也。今身在楚，楚王因爲請相於秦。臣聞其言曰：『王欲窮儀於秦乎？臣請助王。』楚王以爲然，故爲請相也。今王誠聽之，彼必以國事楚王。」秦王大怒，樗里疾出走。

張儀欲以漢中與楚，請秦王曰：「有漢中，蠹。種樹不處者，人必害之；家有不宜之財，則傷本。漢中南邊爲楚利，此國累也。」甘茂謂王曰：「地大者，固多憂乎！天下有變，王割漢中以爲和楚，楚必畔天下而與王。王今以漢中與楚，即天下有變，王何以市楚也？」

楚攻魏。張儀謂秦王曰：「不如與魏以勁之，魏戰勝，復聽於秦，必入西河之外；不勝，魏不能守，王必取之。」

王用儀言，取皮氏卒萬人，車百乘，以與魏。犀首戰勝威王，魏兵罷弊，恐畏秦，果獻西河之外。

張儀又惡陳軫於秦王，曰：「軫馳楚、秦之間，今楚不加善秦而善軫，然則是軫自爲而不爲國也。且軫欲去秦而之楚，王何不聽乎？」

王謂陳軫曰：「吾聞子欲去秦而之楚，信乎？」陳軫曰：「然。」王曰：「儀之言果信也。」曰：「非獨儀知之也，行道之人皆知之。曰：『孝己愛其親，天下欲以爲子；子胥忠乎其君，天下欲以爲臣。賣僕妾售乎閭巷者，良僕妾也；出婦嫁鄉曲者，良婦也。』吾不忠於君，楚亦何以軫爲忠乎？忠且見棄，吾不之楚，何適乎？」秦王曰：「善。」乃必之也。

陳軫去楚之秦。張儀謂秦王曰：「陳軫爲王臣，常以國情輸楚。儀不能與從事，願王逐之。即復之楚，願王殺之。」王曰：「軫安敢之楚也。」

王召陳軫告之曰：「吾能聽子言，子欲何之？請爲子車約。」對曰：「臣願之楚。」王曰：「儀以子爲之楚，吾又自知子之楚。子非楚，且安之也！」軫曰：「臣出，必故之楚，以順王與儀之策，而明臣之楚與不也。楚人有兩妻者，人誂其長者，詈之；誂其少者，少者許之。居無幾何，有兩妻者死。客謂誂者曰：『汝取長者乎？少者乎？』『取長者。』客曰：『長者詈汝，少者和汝，汝何爲取長者？』曰：『居彼人之所，則欲其許我也。今爲我妻，則欲其爲我詈人也。』今楚王明主也，而昭陽賢相也。軫爲人臣，而常以國輸楚王，王必不留臣，昭陽將不興臣從事矣。以此明臣之楚與不。」

軫出，張儀入，問王曰：「陳軫果安之？」王曰：「夫軫天下之辯士也，孰視寡人曰：『軫必之楚。』寡人遂無柰何也。寡人因問曰：『子必之楚也，則儀之言果信矣！』軫曰：『非獨儀之言也，行道之人皆知之。昔者子胥忠其君，天下皆欲以爲臣；孝己愛其親，天下皆欲以爲子。故賣僕妾不出里巷而取者，良僕妾也；出婦嫁於鄉里者，善婦也。臣不忠於王，楚何以軫爲？忠尚見棄，軫不之楚，而何之乎？』」王以爲然，遂善待之。

《戰國策・秦二》 齊助楚攻秦，取曲沃。其後，秦欲伐齊，齊、楚之交善，惠王患之，謂張儀曰：「吾欲伐齊，齊、楚方懽，子爲寡人慮之，柰何？」張儀曰：「王其爲臣約車并幣，臣請試之。」

張儀南見楚王曰：「弊邑之王所説甚者，無大大王；唯儀之所甚願爲臣者，亦無大大王。弊邑之王所甚憎者，亦無先齊王；唯儀之甚憎者，亦無大齊王。今齊王之罪，其於弊邑之王甚厚，弊邑欲伐之，而大國與之懽，是以弊邑之王不得事令，而儀不得爲臣也。大王苟能閉關絶齊，臣請使秦王獻商於之地方六百里。若此，齊必弱，齊弱則必爲王役矣。則是北弱齊，西德於秦，而私商於之地以爲利也，則此一計而三利俱至。」

楚王大説，宣言之於朝廷，曰：「不穀得商於之田方六百里。」羣臣聞見者畢賀，陳軫後見，獨不賀。楚王曰：「不穀不煩一兵，不傷一人，而得商於之地六百里，寡人自以爲智矣！諸士大夫皆賀，子獨不賀，何也？」陳軫對曰：「臣見商於之地不可得，而患必至也，故不敢妄賀。」王曰：「何也？」對曰：「夫秦所以重王者，以王有齊也。今地未可得而齊先絶，是楚孤也，秦又何重孤國？且先出地絶齊，秦計必弗爲也。先絶齊後責地，且必受欺於張儀。受欺於張儀，王必惋之。是西生秦患，北絶齊交，則兩國兵必至矣。」楚王不聽，曰：「吾事善矣！子其弭口無言，以待吾事。」楚王使人絶齊，使者未來，又重絶之。

張儀反，秦使人使齊，齊、秦之交陰合。楚因使一將軍受地於秦。張儀至，稱病不朝。楚王曰：「張子以寡人不絶齊乎？」乃使勇士往詈齊王。張儀知楚絶齊也，乃出見使者曰：「從某至某，廣從六里。」使者曰：「臣聞六百里，不聞六里。」儀曰：「儀固以小人，安得六百里？」使者反報楚王，楚王大怒，欲興師伐秦。陳軫曰：「臣可以言乎？」王曰：「可矣。」軫曰：「伐秦非計也，王不如因而

賂之一名都，與之伐齊，是我亡於秦而取償於齊也。楚國不尚全事。王今已絶齊，而責欺於秦，是吾合齊、秦之交也，固必大傷。」

楚王不聽，遂舉兵伐秦。秦與齊合，韓氏從之。楚兵大敗於杜陵。故楚之土壤士民非削弱，僅以救亡者，計失於陳軫，過聽於張儀。

秦惠王死，公孫衍欲窮張儀。李讎謂公孫衍曰：「不如召甘茂於魏，召公孫顯於韓，起樗里子於國。三人者，皆張儀之讎也，公用之，則諸侯必見張儀之無秦矣！」

《戰國策·齊一》 張儀爲秦連横齊王曰：「天下强國無過齊者，大臣父兄殷衆富樂，無過齊者。然而爲大王計者，皆爲一時説而不顧萬世之利。從人説大王者，必謂齊西有强趙，南有韓、魏，負海之國也，地廣人衆，兵强士勇，雖有百秦，將無奈我何！大王覽其説，而不察其至實。

「夫從人朋黨比周，莫不以從爲可。臣聞之，齊與魯三戰而魯三勝，國以危，亡隨其後，雖有勝名而有亡之實，是何故也？齊大而魯小。今趙之與秦也，猶齊之於魯也。秦、趙戰於河漳之上，再戰而再勝秦；戰於番吾之下，再戰而再勝秦。四戰之後，趙亡卒數十萬，邯鄲僅存，雖有勝秦之名，而國破矣！是何故也？秦强而趙弱也。今秦、楚嫁子取婦，爲昆弟之國；韓獻宜陽，魏效河外，趙入朝黽池，割河間以事秦。大王不事秦，秦驅韓、魏攻齊之南地，悉趙涉河關，指摶關，臨淄、即墨非王之有也。國一日被攻，雖欲事秦，不可得也。是故願大王熟計之。」

齊王曰：「齊僻陋隱居，託於東海之上，未嘗聞社稷之長利。今大客幸而教之，請奉社稷以事秦。」獻魚鹽之地三百於秦也。

《戰國策·齊二》 張儀事秦惠王。惠王死，武王立。左右惡張儀，曰：「儀事先王不忠。」言未已，齊讓又至。

張儀聞之，謂武王曰：「儀有愚計，願効之王。」王曰：「奈何？」曰：「爲社稷計者，東方有大變，然後王可以多割地。今齊王甚憎張儀，儀之所在，必舉兵而伐之。故儀願乞不肖身而之梁，齊必舉兵而伐之。齊、梁之兵連於城下，不能相去，王以其間伐韓，入三川，出兵函谷而無伐，以臨周，祭器必出，挾天子，案圖籍，此王業也。」王曰：「善。」乃具革車三十乘，納之梁。

齊果舉兵伐之，梁王大恐。張儀曰：「王勿患，請令罷齊兵。」乃使其舍人馮喜之楚，藉使之齊。齊、楚之事已畢，因謂齊王：「王甚憎張儀，雖然，厚矣王之託儀於秦王也。」齊王曰：「寡人甚憎儀，儀之所在，必舉兵伐之，何以託儀也？」對曰：「是乃王之託儀也。儀之出秦，因與秦王約曰：『爲王計者，東方有大變，然後王可以多割地。齊王甚憎儀，儀之所在，必舉兵伐之。故儀願乞不肖身而之梁，齊必舉兵伐梁。梁、齊之兵連於城下不能去，王以其間伐韓，入三川，出兵函谷而無伐，以臨周，祭器必出，挾天子，案圖籍，是王業也。』秦王以爲然，與革車三十乘而納儀於梁。而果伐之，是王内自罷而伐與國，廣鄰敵以自臨，而信儀於秦王也。此臣之所謂託儀也。」王曰：「善。」乃止。

犀首以梁爲齊戰於承匡而不勝。張儀謂梁王不用臣言以危國。梁王因相儀，儀以秦、梁之齊合横親。犀首欲敗，謂衛君曰：「衍非有怨於儀也，值所以爲國者不同耳。君必解衍。」衛君爲告儀，儀許諾，因與之參坐於衛君之前。犀首跪行，爲儀千秋之祝。明日張子行，犀首送之至於齊疆。齊王聞之，怒於儀，曰：「衍也吾讎，而儀與之俱，是必與衍鬻吾國矣。」遂不聽。

《戰國策·楚一》 張儀爲秦破從連横，説楚王曰：「秦地半天下，兵敵四國，被山帶河，四塞以爲固。虎賁之士百餘萬，車千乘，騎萬疋，粟如丘山。法令既明，士卒安難樂死。主嚴以明，將知以武。雖無出兵甲，席卷常山之險，折天下之脊，天下後服者先亡。且夫爲從者，無以異於驅羣羊而攻猛虎也。夫虎之與羊，不格明矣。今大王不與猛虎而與羣羊，竊以爲大王之計過矣。

「凡天下强國，非秦而楚，非楚而秦。兩國敵侔交爭，其勢不兩立。而大王不與秦，秦下甲兵，據宜陽，韓之上地不通；下河東，取成皋，韓必入臣於秦。韓入臣，魏則從風而動。秦攻楚之西，韓、魏攻其北，社稷豈得無危哉？

「且夫約從者，聚羣弱而攻至强也。夫以弱攻强，不料敵而輕戰，國貧而驟舉兵，此危亡之術也。臣聞之，兵不如者，勿與挑戰；粟不如者，勿與持久。夫從人者，飾辯虛辭，高主之節行，言其利而不言其害，卒有楚禍，無及爲已，是故願大王之熟計之也。

「秦西有巴蜀，方船積粟，起於汶山，循江而下，至郢三千餘里。舫船載卒，一舫載五十人，與三月之糧，下水而浮，一日行三百餘里；里數雖多，不費馬汗之勞，不至十日而距扞關；扞關驚，則從竟陵已東，盡城守矣，黔中、巫郡非王之有已。秦舉甲出之武關，南面而攻，則北地絶。秦兵之攻楚也，危難在三月之内，而楚恃諸侯之救，在半歲之外，此其勢不相及也。夫恃弱國之救，而忘强秦之禍，此臣之所以爲大王之患也。且大王嘗與吴人五戰三勝而亡之，陳卒盡

矣；有偏守新城而居民苦矣。臣聞之，攻大者易危，而民弊者怨於上。夫守易危之功，而逆强秦之心，臣竊爲大王危之。

「且夫秦之所以不出甲於函谷關十五年以攻諸侯者，陰謀有吞天下之心也。楚嘗與秦構難，戰於漢中。楚人不勝，通侯、執珪死者七十餘人，遂亡漢中。楚王大怒，興師襲秦，戰於藍田，又卻。此所謂兩虎相搏者也。夫秦、楚相弊，而韓、魏以全制其後，計無過於此者矣，是故願大王熟計之也。

「秦下兵攻衛、陽晉，必開扃天下之匈。大王悉起兵以攻宋，不至數月而宋可舉。舉宋而東指，則泗上十二諸侯，盡王之有已。

「凡天下所信約從親堅者蘇秦，封爲武安君而相燕，即陰與燕王謀破齊共分其地。乃佯有罪，出走入齊，齊王因受而相之。居二年而覺，齊王大怒，車裂蘇秦於市。夫以一詐僞反覆之蘇秦，而欲經營天下，混一諸侯，其不可成也亦明矣。

「今秦之與楚也，接境壤界，固形親之國也。大王誠能聽臣，臣請秦太子入質於楚，楚太子入質於秦，請以秦女爲大王箕箒之妾，效萬家之都，以爲湯沐之邑，長爲昆弟之國，終身無相攻擊。臣以爲計無便於此者。故敝邑秦王，使使臣獻書大王之從車下風，須以決事。」

楚王曰：「楚國僻陋，託東海之上。寡人年幼，不習國家之長計。今上客幸教以明制，寡人聞之，敬以國從。」乃遣使車百乘，獻鷄駭之犀、夜光之璧於秦王。

張儀相秦，謂昭雎曰：「楚無鄢、郢、漢中，有所更得乎？」曰：「無有。」曰：「無昭雎、陳軫，有所更得乎？」曰：「無所更得。」張儀曰：「爲儀謂楚王逐昭雎、陳軫，請復鄢、郢、漢中。」昭雎歸報楚王，楚王説之。

有人謂昭雎曰：「甚矣，楚王不察於爭名者也。韓求相工陳籍而周不聽；魏求相綦母恢而周不聽，何以也？周是列縣畜我也。今楚，萬乘之强國也；大王，天下之賢主也。今儀曰逐君與陳軫而王聽之，是楚自行不如周，而儀重於韓、魏之王也。且儀之所行，有功名者秦也，所欲貴富者魏也。欲爲攻於魏，必南伐楚。故攻有道，外絶其交，内逐其謀臣。陳軫，夏人也，習於三晉之事，故逐之，則楚無謀臣矣。今君能用楚之衆，故亦逐之，則楚衆不用矣。此所謂内攻之者也，而王不知察。今君何不見臣於王，請爲王使齊交不絶。齊交不絶，儀聞之，其效鄢、郢、漢中必緩矣。是昭雎之言不信也，王必薄之。」

《戰國策·楚二》 楚懷王拘張儀，將欲殺之。靳尚爲儀謂楚王曰：「拘張儀，秦王必怒。天下見楚之無秦也，楚必輕矣。」又謂王之幸夫人鄭袖曰：「子亦自知且賤於王乎？」鄭袖曰：「何也？」尚曰：「張儀者，秦王之忠信有功臣也。今楚拘之，秦王欲出之。秦王有愛女而美，又簡擇宮中佳翫麗好翫習音者，以懽從之；資之金玉寶器，奉以上庸六縣爲湯沐邑，欲因張儀内之楚王。楚王必愛，秦女依强秦以爲重，挾寶地以爲資，勢爲王妻以臨于楚。王惑於虞樂，必厚尊敬親愛之而忘子，子益賤而日疏矣。」鄭袖曰：「願委之於公，爲之奈何？」曰：「子何不急言王，出張子。張子得出，德子無已時，秦女必不來，而秦必重子。子内擅楚之貴，外結秦之交，畜張子以爲用，子之子孫必爲楚太子矣，此非布衣之利也。」鄭袖遽説楚王出張子。

楚王將出張子，恐其敗己也，靳尚謂楚王曰：「臣請隨之。儀事王不善，臣請殺之。」

楚小臣，靳尚之仇也，謂張旄曰：「以張儀之知，而有秦、楚之用，君必窮矣。君不如使人微要靳尚而刺之，楚王必大怒儀也。彼儀窮，則子重矣。楚、秦相難，則魏無患矣。」

張旄果令人要靳尚刺之。楚王大怒，秦構兵而戰。秦、楚爭事魏，張旄果大重。

《戰國策·楚三》 楚王逐張儀於魏。陳軫曰：「王何逐張子？」曰：「爲臣不忠不信。」曰：「不忠，王無以爲臣；不信，王勿與爲約。且魏臣不忠不信，於王何傷？忠且信，於王何益？逐而聽則可，若不聽，是王令困也。且使萬乘之國免其相，是城下之事也。」

張儀之楚，貧。舍人怒而歸。張儀曰：「子必以衣冠之敝，故欲歸。子待我爲子見楚王。」當是之時，南后、鄭褎貴於楚。

張子見楚王，楚王不説。張子曰：「王無所用臣，臣請北見晉君。」楚王曰：「諾。」張子曰：「王無求於晉國乎？」王曰：「黄金珠璣犀象出於楚，寡人無求於晉國。」張子曰：「王徒不好色耳？」王曰：「何也？」張子曰：「彼鄭、周之女，粉白墨黑，立於衢閭，非知而見之者，以爲神。」楚王曰：「楚，僻陋之國也，未嘗見中國之女如此其美也。寡人之獨何爲不好色也？」乃資之以珠玉。

南后、鄭褎聞之大恐，令人謂張子曰：「妾聞將軍之晉國，偶有金千斤，進之左右，以供芻秣。」鄭褎亦以金五百斤。

張子辭楚王曰：「天下關閉不通，未知見日也，願王賜之觴。」王曰：「諾。」乃觴之。張子中飲，再拜而請曰：「非有他人於此也，願王召所便習而觴之。」王曰：「諾。」乃召南后、鄭褎而觴之。張子再拜而請曰：「儀有死罪於大王。」王

曰：「何也？」曰：「儀行天下徧矣，未嘗見人如此其美也。而儀言得美人，是欺王也。」王曰：「子釋之。吾固以爲天下莫若是兩人也。」

楚王令昭雎之秦重張儀，未至，惠王死。武王逐張儀。楚王因收昭雎以取齊。桓臧爲雎謂楚王曰：「横親之不合也，儀貴惠王而善雎也。今惠王死，武王立，儀走，公孫郝、甘茂貴。甘茂善魏，公孫郝善韓。二人固不善雎也，必以秦合韓、魏。韓、魏之重儀，儀有秦而雎以楚重之。今儀困秦而雎收楚，韓、魏欲得秦，必善二人者。將收韓、魏輕儀而伐楚，方城必危。王不如復雎，而重儀於韓、魏。儀據楚勢，挾魏重，以與秦爭。魏不合秦，韓亦不從，則方城無患。」

張儀逐惠施於魏。惠子之楚，楚王受之。

馮郝謂楚王曰：「逐惠子者，張儀也。而王親與約，是欺儀也，臣爲王弗取也。惠子爲儀者來，而惡王之交於張儀，惠子必弗行也。且宋王之賢惠子也，天下莫不聞也。今之不善張儀也，天下莫不知也。今爲事之故，棄所貴於讎人，臣以爲大王輕矣。且爲事耶？王不如舉惠子而納之於宋，而謂張儀曰：『請爲子勿納也。』儀必德王。而惠子窮人，而王奉之，又必德王。此不失爲儀之實，而可以德惠子。」楚王曰：「善。」乃奉惠子而納之宋。

陳軫告楚之魏。張儀惡之於魏王曰：「軫猶善楚，爲求地甚力。」左爽謂陳軫曰：「儀善於魏王，魏王甚信之，公雖百説之，猶不聽也。公不如以儀之言爲資，而得復楚。」陳軫曰：「善。」因使人以儀之言聞於楚。楚王喜，欲復之。

《戰國策·趙二》 張儀爲秦連横，説趙王曰：「弊邑秦王使臣敢獻書於大王御史。大王收率天下以儐秦，秦兵不敢出函谷關十五年矣。大王之威，行於天下山東。弊邑恐懼懾伏，繕甲厲兵，飾車騎，習馳射，力田積粟，守四封之内，愁居懾處，不敢動摇，唯大王有意督過之也。今秦以大王之力，西舉巴蜀，并漢中，東收兩周而西遷九鼎，守白馬之津。秦雖辟遠，然而心忿悁含怒之日久矣。今宣君有微甲鈍兵，軍於澠池，願渡河踰漳，據番吾，迎戰邯鄲之下。願以甲子之日合戰，以正殷紂之事。敬使臣先以聞於左右。

「凡大王之所信以爲從者，恃蘇秦之計，熒惑諸侯，以是爲非，以非爲是，欲反覆齊國而不能，自令車裂於齊之市。夫天下之不可一亦明矣。今楚與秦爲昆弟之國，而韓、魏稱爲東蕃之臣，齊獻魚鹽之地，此斷趙之右臂也。夫斷右臂而求與人鬭，失其黨而孤居，求欲無危，豈可得哉？今秦發三將軍，一軍塞午道，告齊使興師度清河，軍於邯鄲之東；一軍軍於成皋，敺韓、魏而軍於河外；一軍軍於澠池。約曰，四國爲一以攻趙，破趙而四分其地。是故不敢匿意隱情，先以聞於左右。臣切爲大王計，莫如與秦遇於澠池，面相見而身相結也。臣請案兵無攻，願大王之定計。」

趙王曰：「先王之時，奉陽君相，專權擅勢，蔽晦先王，獨制官事。寡人宫居，屬於師傅，不能與國謀。先王棄羣臣，寡人年少，奉祠祭之日淺，私心固竊疑焉。以爲一從不事秦，非國之長利也。乃且願變心易慮，剖地謝前過以事秦。方將約車趨行，而適聞使者之明詔。」於是乃以車三百乘入朝澠池，割河間以事秦。

《戰國策·魏一》 張儀爲秦連横，説魏王曰：「魏地方不至千里，卒不過三十萬人。埊四平，諸侯四通，條達輻湊，無有名山大川之阻。從鄭至梁，不過百里；從陳至梁，二百餘里。馬馳人趨，不待倦而至梁。南與楚境，西與韓境，北與趙境，東與齊境，卒戍四方，守亭障者參列。粟糧漕庾，不下十萬。魏之埊勢，故戰場也。魏南與楚而不與齊，則齊攻其東；東與齊而不與趙，則趙攻其北；不合於韓，則韓攻其西；不親於楚，則楚攻其南。此所謂四分五裂之道也。

「且夫諸侯之爲從者，以安社稷、尊主、强兵、顯名也。合從者，一天下、約爲兄弟、刑白馬以盟於洹水之上以相堅也。夫親昆弟，同父母，尚有争錢財，而欲恃詐僞反覆蘇秦之餘謀，其不可以成亦明矣。

「大王不事秦，秦下兵攻河外，拔卷、衍、燕、酸棗，劫衛取晉陽，則趙不南；趙不南，則魏不北；魏不北，則從道絶；從道絶，則大王之國欲求無危不可得也。秦挾韓而攻魏，韓劫於秦，不敢不聽。秦、韓爲一國，魏之亡可立而須也，此臣之所以爲大王患也。爲大王計，莫如事秦，事秦則楚、韓必不敢動；無楚、韓之患，則大王高枕而卧，國必無憂矣。

「且夫秦之所欲弱莫如楚，而能弱楚者莫若魏。楚雖有富大之名，其實空虚；其卒雖衆，多言而輕走，易北，不敢堅戰。魏之兵南面而伐，勝楚必矣。夫虧楚而益魏，攻楚而適秦，内嫁禍安國，此善事也。大王不聽臣，秦甲出而東，雖欲事秦而不可得也。

「且夫從人多奮辭而寡可信，説一諸侯之王，出而乘其車；約一國而反，成而封侯之基。是故天下之遊士，莫不日夜搤腕瞋目切齒以言從之便，以説人主。人主覽其辭，牽其説，惡得無眩哉？臣聞積羽沉舟，羣輕折軸，衆口鑠金，故願大王之熟計之也。」

魏王曰：「寡人蠢愚，前計失之。請稱東藩，築帝宫，受冠帶，祠春秋，效河外。」

張儀惡陳軫於魏王曰：「軫善事楚，爲求壤埊也，甚力之。」左華謂陳軫曰：「儀善於魏王，魏王甚愛之。公雖百説之，猶不聽也。公不如儀之言爲資，而反於楚王。」陳軫曰：「善。」因使人先言於楚王。

張儀欲窮陳軫，令魏王召而相之，來將悟之。將行，其子陳應止其公之行，曰：「物之湛者，不可不察也。鄭彊出秦曰，應爲知。夫魏欲絶楚、齊，必重迎公。郢中不善公者，欲公之去也，必勸王多公之車。公至宋，道稱疾而毋行，使人謂齊王曰：『魏之所以迎我者，欲以絶齊、楚也。』」齊王曰：「子果無之魏而見寡人也，請封子。」因以魯侯之車迎之。

張儀走之魏，魏將迎之。張丑諫於王，欲勿内，不得於王。張丑退，復諫於王曰：「王亦聞老妾事其主婦者乎？子長色衰，重家而已。今臣之事王，若老妾之事其主婦者。」魏王因不納張儀。

張儀欲以魏合於秦、韓而攻齊、楚。惠施欲以魏合於齊、楚以案兵。人多爲張子於王所。惠子謂王曰：「小事也，謂可者謂不可者正半，况大事乎？以魏合於秦、韓而攻齊、楚，大事也，而王之羣臣皆以爲可。不知是其可也，如是其明耶？而羣臣之知術也，如是其同耶？是其可也，未如是其明也，而羣臣之知術也，又非皆同也，是有其半塞也。所謂劫主者，失其半者也。」

張子儀以秦相魏，齊、楚怒而欲攻魏。雍沮謂張子曰：「魏之所以相公者，以公相則國家安，而百姓無患。今公相而魏受兵，是魏計過也。齊、楚攻魏，公必危矣。」張子曰：「然則柰何？」雍沮曰：「請令齊、楚解攻。」雍沮謂齊、楚之君曰：「王亦聞張儀之約秦王乎？曰：『王若相儀於魏，齊、楚惡儀，必攻魏。魏戰而勝，是齊、楚之兵折，而儀固得魏矣；若不勝魏，魏必事秦以持其國，必割地以賂王。若欲復攻，其敝不足以應秦。』此儀之所以與秦王陰相結也。今儀相魏而攻之，是使儀之計當於秦也，非所以窮儀之道也。」齊、楚之王曰：「善。」乃遽解攻於魏。

張儀欲并相秦、魏，故謂魏王曰：「儀請以秦攻三川，王以其間約南陽，韓氏亡。」史厭謂趙獻曰：「公何不以楚佐儀求相之於魏，韓恐亡，必南走楚。儀兼相秦、魏，則公亦必并相楚、韓也。」

魏王將相張儀，犀首弗利，故令人謂韓公叔曰：「張儀以合秦、魏矣。其言曰：『魏攻南陽，秦攻三川，韓氏必亡。』且魏王所以貴張子者，欲得埊，則韓之南陽舉矣。子盍少委焉，以爲衍功，則秦、魏之交可廢矣。如此，則魏必圖秦而棄儀，收韓而相衍。」公叔以爲信，因而委之，犀首以爲功，果相魏。

楚許魏六城，與之伐齊而存燕。張儀欲敗之，謂魏王曰：「齊畏三國之合也，必反燕地以下楚，楚、趙必聽之，而不與魏六城。是王失謀於楚、趙，而樹怨而於齊、秦也。齊遂伐趙，取乘丘，收侵地，虚、頓丘危。楚破南陽九夷，内沛，許、鄢陵危。王之所得者，新觀也。而道塗宋、衛爲制，事敗爲趙驅，事成功縣宋、衛。」魏王弗聽也。

張儀告公仲，令以饑故，賞韓王以近河外。魏王懼，問張子。張子曰：「秦欲救齊，韓欲攻南陽，秦、韓合而欲攻南陽，無異也。且以遇卜王，王不遇秦，韓之卜也決矣。」魏王遂尚遇秦，信韓、廣魏，救趙，尺楚人，遽於萆下。伐齊之事遂敗。

《戰國策・韓一》張儀爲秦連横説韓王曰：「韓地險惡，山居，五穀所生，非麥而豆；民之所食，大抵豆飯藿羹；一歲不收，民不饜糟糠；地方不滿九百里，無二歲之所食。料大王之卒，悉之不過三十萬，而廝徒負養在其中矣，爲除守徼亭鄣塞，見卒不過二十萬而已矣。秦帶甲百餘萬，車千乘，騎萬匹，虎摯之士，跿跔科頭，貫頤奮戟者，至不可勝計也。秦馬之良，戎兵之衆，探前趹後，蹄間三尋者，不可稱數也。山東之卒，被甲冒胄以會戰，秦人捐甲徒裎以趨敵，左挈人頭，右挾生虜。夫秦卒之與山東之卒也，猶孟賁之與怯夫也；以重力相壓，猶烏獲之與嬰兒也。夫戰孟賁、烏獲之士，以攻不服之弱國，無以異於墮千鈞之重，集於鳥卵之上，必無幸矣。諸侯不料兵之弱，食之寡，而聽從人之甘言好辭，比周以相飾也，皆言曰：『聽吾計則可以强霸天下。』夫不顧社稷之長利，而聽須臾之説，詿誤人主者，無過於此者矣。大王不事秦，秦下甲據宜陽，斷絶韓之上地；東取成皋、宜陽，則鴻臺之宫，桑林之苑，非王之有已。夫塞成皋，絶上地，則王之國分矣。先事秦則安矣，不事秦則危矣。夫造禍而求福，計淺而怨深，逆秦而順楚，雖欲無亡，不可得也。故爲大王計，莫如事秦。秦之所欲，莫如弱楚，而能弱楚者莫如韓。非以韓能强於楚也，其地勢然也。今王西面而事秦以攻楚，爲敝邑，秦王必喜。夫攻楚而私其地，轉禍而説秦，計無便於此者也。是故秦王使使臣獻書大王御史，須以決事。」

韓王曰：「客幸而教之，請比郡縣，築帝宫，祠春秋，稱東藩，效宜陽。」

張儀謂齊王曰：「王不如資韓朋，與之逐張儀於魏。魏因相犀首，因以齊、魏廢韓朋，而相公叔以伐秦。公仲聞之，必不入於齊。據公於魏，是公無患。」

鄭彊之走張儀於秦，曰儀之使者，必之楚矣。故謂大宰曰：「公留儀之使者，彊請西圖儀於秦。」故因而請秦王曰：「張儀使人致上庸之地，故使臣再拜

謁秦王。」秦王怒，張儀走。

《戰國策・燕一》 張儀爲秦破從連横，謂燕王曰：「大王之所親，莫如趙。昔趙王以其姊爲代王妻，欲并代，約與代王遇於句注之塞。乃令工人作爲金斗，長其尾，令之可以擊人。與代王飲，而陰告厨人曰：『即酒酣樂，進熱歠，即因反斗擊之。』於是酒酣樂進取熱歠，厨人進斟羹，因反斗而擊之，代王腦塗地。其姊聞之，摩笄以自刺也。故至今有摩笄之山，天下莫不聞。

「夫趙王之狼戾無親，大王之所明見知也。且以趙王爲可親邪？趙興兵而攻燕，再圍燕都而刧大王，大王割十城乃卻以謝。今趙王已入朝澠池，效河間以事秦。大王不事秦，秦下甲雲中、九原，驅趙而攻燕，則易水、長城非王之有也。且今時趙之於秦，猶郡縣也，不敢妄興師以征伐。今大王事秦，秦王必喜，而趙不敢妄動矣。是西有强秦之援，而南無齊、趙之患，是故願大王之熟計之也。」

燕王曰：「寡人蠻夷辟處，雖大男子，裁如嬰兒，言不足以求正，謀不足以决事。今大客幸而教之，請奉社稷西面而事秦，獻常山之尾五城。」

《呂氏春秋・慎大覽・報更》 張儀，魏氏餘子也，將西游於秦，過東周。客有語之於昭文君者曰：「魏氏人張儀，材士也，將西遊於秦，願君之禮貌之也。」昭文君見而謂之曰：「聞客之秦。寡人之國小，不足以留客。雖游然豈必遇哉？客或不遇，請爲寡人而一歸也，國雖小，請與客共之。」張儀還走，北面再拜。張儀行，昭文君送而資之，至於秦，留有間，惠王説而相之。張儀所德於天下者，無若昭文君。周，千乘也，重過萬乘也，令秦惠王師之，逢澤之會，魏王嘗爲御，韓王爲右，名號至今不忘，此張儀之力也。

梁玉繩《人表考》卷六《中下・張儀》 張儀屢見《戰國策》及《孟子》、《荀子・臣道》。魏氏餘子。《呂覽・報更》。其相仳脅。《論衡・骨相》，又《講瑞篇》作騈脅。亦曰張子。《秦》、《楚諸策》。封武信君。《史・本傳》。葬開封縣東北七里，俗以墳形似硯，名硯子臺，與張耳墓南北相對，因謂耳墓南硯臺，此爲北硯臺。《寰宇記》一。

備論

《孟子・滕文公下》 景春曰：「公孫衍、張儀，豈不誠大丈夫哉！一怒而諸侯懼，安居而天下熄。」孟子曰：「是焉得爲大丈夫乎？子未學禮乎：丈夫之冠也，父命之。女子之嫁也，母命之，往送之門，戒之曰：『往之女家，必敬必戒，無違夫子。』以順爲正者，妾婦之道也。居天下之廣居，立天下之正位，行天下之大道，得志與民由之，不得志獨行其道，富貴不能淫，貧賤不能移，威武不能屈，此之謂大丈夫。」

《史記》卷七〇《張儀列傳論》 三晉多權變之士，夫言從衡彊秦者大抵皆三晉之人也。夫張儀之行事甚於蘇秦，然世惡蘇秦者，以其先死，而儀振暴其短以扶其説，成其衡道。要之，此兩人真傾危之士哉！

《史記》卷七〇《張儀列傳》司馬貞述贊 儀未遭時，頻被困辱。及相秦惠，先韓後蜀。連衡齊魏，傾危誑惑。陳軫挾權，犀首騁欲。如何三晉，繼有斯德。

《蘇軾文集》卷六五《張儀欺楚》 張儀欺楚王以商、於之地六百里，既而曰：「臣有奉邑六里。」此與兒戲無異，天下莫不疾張子之詐，而笑楚王之愚也。夫六百里豈足道哉？而張子又非楚之臣，爲秦謀耳，何足深過。若後世之臣欺其君者，曰：「行吾言，天下舉安，四夷畢服，禮樂興而刑罰措。」其君之所欲得者，非特六百里也，而卒無絲毫之獲。豈惟無獲，其所喪已不可勝言矣。則其所以事君者，乃不如張儀之事楚。因讀《晁錯傳》，書此。

《朱子語類》卷一三四《歷代一》 陳仲亨問：「合從便不便？」曰：「温公是説合從爲六國之便。觀當時合從時，秦也是懼。蓋天下盡合爲一，而秦獨守關中一片子地，也未是長策。但它幾箇心難一，如何有箇人兜攬得他，也是難。這箇却須是如孟子之説方得：『如有不嗜殺人者，則天下之人皆引領而望之。』『師文王，大國五年，小國七年，必爲政於天下。』孟子只是責辦于己。設使當時有仁政，則如大旱之望雲霓，民自歸之。秦雖强，亦無如我何。」義剛問：「蘇秦激怒張儀如秦，人皆説它術高，竊以爲正是失策處。」曰：「某謂未必有此事。所謂『激怒』者，只是蘇秦當時做得稱意，後去欺那張儀。而今若説是蘇秦怕秦來敗從，所以激張儀入秦，庶秦不來敗從，那張儀與你有甚人情？這只是蘇秦之徒見他做了這一著後，粧點出此事來謾人。」義剛。夔孫録云：「因説蘇秦激張儀入秦事，曰：『某嘗疑不恁地做得拙。蘇秦豈不知張儀入秦，會翻了他？想是蘇秦輸了這一籌，其徒遂裝撰此等説話。』」人傑録云：「常疑蘇秦資送張儀入秦事，恐無此理。當時范雎、蔡澤之徒，多是乘人間隙而奪之位，何嘗立得事功！吴起務在富國强兵，破遊説之言。縱横者若是立脚務實，自不容此輩紛紜撓亂也。」

葉適《習學記言序目》卷一八《戰國策・秦》 楚懷王信張儀，絶齊取商、於

地，此六國見破于秦最大之證；蓋楚不失計，則秦無自而施禽獮之策，左足舉而右臂見縶矣。是時楚蓋已亡，坐視秦并諸侯，已乃卒滅，與取商、於相去八十餘年。始衛鞅欺公子卬得魏河西，及張儀絕齊于楚，秦之所以兼諸侯，其要在此二事。

鍾惺《隱秀軒集》卷二三《論二・陳軫張儀》 張儀於陳軫，不兩立之勢也。一則曰「軫以國情輸楚」，一則曰「軫必之楚」，其意不殺軫不休。儀所以不能與軫兩立，而必欲殺之者，何也？儀之所自託者莫如秦，秦之所以賴於儀者，莫如以商、於欺楚而絕齊、楚之交。今儀以商、於之地欺楚，令楚絕齊；軫言絕齊之後地不可得，而齊、秦之兵必至。及絕齊之後，地果不可得，齊、秦之交陰合，而兵果至。軫又教楚賂秦一名都，與之伐齊，失之於秦而取償於齊。使楚懷王有中主之資，於軫之策用其一，何至見欺於儀？楚不見欺於儀，則儀之託於秦與秦之所賴於儀者窮矣。儀着着謀之，軫着着敗之。即此一事，儀安能與軫兩立乎？然人臣事君，智者之見用，不如忠者之見信。軫，秦人也而事楚也，其爲楚謀則忠也。故秦王問軫曰：「吾聞子欲去秦而之楚，信乎？」軫曰：「然。」王曰：「儀之言果信也。」曰：「非獨儀知之也，行道之人皆知之。吾不忠於君，楚亦何以軫爲忠？忠且見棄，軫不之楚何之乎？」軫之事楚也忠，而對秦王也又信，其義皆足以感人。秦王雖知軫之爲楚不爲秦，而儀之言卒不能有加於軫，此軫與儀之所以兩立於秦也。曰：秦何以不疑儀也？重軫之忠而惜儀之智也。秦王英主也，秦所以兩得，而楚所以重失也。

鍾惺《史懷》卷六 儀、秦縱横之士，其意以遊説取富貴止耳。然以商、於之約欺楚，楚方甘心于儀，儀請自往謝楚，雖恃有靳尚在內，然膽智亦已過人矣，豈後世謀國者所及！然則游説以取富貴，又豈一切身家趨避之人，所能倖而致乎！

鍾惺《史懷》卷七 蘇秦自以爲不及張儀，人未之許。愚觀兩人皆富貴熱中之人。然儀有功于人國而身享其利，秦苟能享其利，不必有功人國。秦意自六國相印而止，故儀爲秦連衡之前，取蜀，伐魏，伐韓，欺楚，得黔中地。秦爲六國約從之後，實事實效，尺寸無聞焉。秦見疑于燕，乞身之齊，以車裂終。儀見惡于秦，乞身之梁，竟得良死。儀、秦才局，優劣見矣。然七國時，天下所惡莫如秦而勢在秦，故士樂歸秦，猶之三國時，天下所惡莫如魏而勢在魏，故士樂歸魏。蘇秦初著亦在于秦，不得于秦，而後以六國爲退步，非得已也。儀、秦成敗，亦其所託幸不幸耳。

司馬錯與儀爭伐蜀之利，在臣願先從事于易，一易字甚醒，此儀之所以伏也。伐蜀一事，史不爲錯立傳，于張儀傳見之，嘉儀之能爲國以從錯，且伐蜀後秦以富彊輕天下，爲儀連衡地耳。

教六國攻秦者難于弱，蘇秦之于韓是也。教六國事秦者難于彊，張儀之于趙武靈王是也。了此，思過半矣。觀儀之説趙，又與他國不同，抑揚吞吐，綫索機鋒，甚妙甚苦。所謂恫疑虛喝驕矜六字，俱于此見之。

藝文

王嘉《拾遺記》卷四 張儀、蘇秦二人，同志好學，迭剪髮而鬻之，以相養。或傭力寫書，非聖人之言不讀。遇見《墳》《典》，行途無所題記，以墨書掌及股裏，夜還而寫之，析竹爲簡。二人每假食於路，剥樹皮編以爲書帙，以盛天下良書。嘗息大樹之下，假息而寐。有一先生問：「二子何勤苦也？」儀、秦又問之：「子何國人？」答曰：「吾生於歸谷。」亦云鬼谷，鬼者歸也；又云，歸者，谷名也。乃請其術，教以干世出俗之辯，即探胸內，得二卷説書，言輔時之事。《古史考》云：「鬼谷子也，鬼、歸音相近也。」

岑參《岑嘉州詩》卷一《張儀樓》 傳是秦時樓，巍巍至今在。樓南兩江水，千古長不改。曾聞昔時人，歲月不相待。

《杜詩詳注》卷一〇《石犀行》 君不見秦時蜀太守，刻石立作五犀牛。自古雖有厭勝法，天生江水向東流。蜀人矜誇一千載，泛溢不近張儀樓。今日灌口損户口，此事或恐爲神羞。

《全唐詩》卷五二三杜牧《題青雲館》 虯蟠千仞劇羊腸，天府由來百二强。四皓有芝輕漢祖，張儀無地與懷王。雲連帳影蘿陰合，枕遶泉聲客夢凉。深處會容高尚者，水苗三頃百株桑。

《李商隱詩歌集解・商於》 商於朝雨霽，歸路有秋光。背塢猿收果，投巖麝退香。建瓴直得勢，横戟豈能當？割地張儀詐，謀身綺季長。清渠州外月，黄葉廟前霜。今日看雲意，依依入帝鄉。

高啓《高青丘集》卷一七《儀秦》 二子全操七國權，朝談從合暮衡連。天如早爲生民計，各與城南二頃田。

孟子部

綜述

《史記》卷七四《孟子荀卿列傳》 孟軻，騶人也。受業子思之門人。道既通，游事齊宣王，宣王不能用。適梁，梁惠王不果所言，則見以爲迂遠而闊於事情。當是之時，秦用商君，富國彊兵；楚、魏用吳起，戰勝弱敵；齊威王、宣王用孫子、田忌之徒，而諸侯東面朝齊。天下方務於合從連衡，以攻伐爲賢，而孟軻乃述唐、虞、三代之德，是以所如者不合。退而與萬章之徒序《詩》《書》，述仲尼之意，作《孟子》七篇。其後有騶子之屬。

夏洪基《孔門弟子傳略》卷下《孟軻》 孟軻字子輿，一字子車，魯公族孟孫之後也。世居於鄒，故爲鄒人。父名激，字公宜，一云名彥璞。娶仉氏，夢神人乘雲攀龍鳳自泰山來，將止於嶧，凝視久之，忽見片雲墜而寤。時閭巷皆見五色雲覆孟氏居，而孟子生焉。三歲喪父，母有賢德，挾其子以居。始舍近墓，孟子嬉戲爲墓間事，踊躍築埋。母曰：「此非所以居子也。」乃去舍市。乃嬉戲爲賈衒事，母曰：「又非所以居子也。」遂徙舍學宮旁。其嬉戲乃設俎豆，揖讓進退。母曰：「此真可以居子矣。」遂居之。稍長，就學而歸，母方織，問曰：「學何所至矣？」孟子曰：「自若也。」母以刀斷織，孟子懼，問其故。母曰：「子之廢學，若吾斷斯織矣。夫君子學以立名，問以廣知，是以居則安寧，動則遠害。今而廢之，是不免於斯役，而無以離於患難也，何以異於織績而食，中道廢而不爲，寧能衣其夫子，而長不乏食哉？」孟子懼，旦夕勤學不息。既娶，將入私室，其婦袒而在內，孟子不悦，遂去不入。婦辭母求去，曰：「妾聞夫婦之道，私室不與焉。今者妾竊惰在室，夫子見妾而勃然不悦，是客妾也。婦人之義，蓋不客宿，請歸父母。」於是孟母召軻而謂之曰：「夫禮，將上堂，聲必揚，所以戒人也。將入户，視必下，恐見人之過也。今子不察於禮而責於人，不亦遠乎？」孟子遂留婦。孟子年尚幼，請見子思。子思見之，甚悦其志，命子上侍坐焉，禮敬甚崇。客退，子上請曰：「白聞士無介不見，女無媒不嫁。孟孺子無介而見，大人悦而敬之，白也未喻，敢問。」子思曰：「然。吾昔從夫子於郯，遇程子於塗，傾蓋而語，終日而別，命子路將束帛贈焉，以其道同於君子也。今孟子車孺子也，言稱堯舜，性樂仁義，世所希有也，事之猶可，況加敬乎？非爾所及也。」孟子問子思曰：「堯舜文武之道，可力而致乎？」子思曰：「彼人也，我人也，稱其言，履其行，夜思之，晝行之，滋滋焉，汲汲焉，如農之赴時，商之趨利，惡有不至者乎？」又問子思牧民之道何先。子思曰：「先利之。」曰：「君子之所以教民，亦仁義而已，何必曰利。」子思曰：「仁義者，固所以利之也。上不仁則下不得其所，上不義則樂爲亂也，此爲不利大矣。故《易》曰，義者利之和也。又曰，利用安身，以崇德也。此皆利之大者也。」道既通，值梁惠王卑禮厚幣以招賢者，乃至梁，見惠王。王曰：「叟不遠千里而來，亦將有以利吾國乎？」孟子對曰：「王何必曰利，亦有仁義而已矣。王曰，何以利吾國。大夫曰，何以利吾家。士庶人曰，何以利吾身。上下交征利，而國危矣。萬乘之國，弑其君者必千乘之家。千乘之國，弑其君者必百乘之家。萬取千焉，千取百焉，不爲不多矣。苟爲後義而先利，不奪不饜，未有仁而遺其親者也，未有義而後其君者也。王亦曰仁義而已矣，何必曰利。」既而去梁適齊，三見宣王，不言事。門人曰：「曷爲三遇齊王而不言事？」孟子曰：「我先攻其邪心。」宣王問曰：「齊桓、晉文之事，可得聞乎？」孟子對曰：「仲尼之徒，無道桓文之事者，是以後世無傳焉，臣未之聞也。無以，則王乎？」曰德何如則可以王矣？曰：「保民而王，莫之能禦也。」宣王以孟子爲上卿，而不能用。孟子處齊，有憂色，擁楹而嘆。孟母見曰：「子擁楹而嘆，若有憂色，何也？」對曰：「軻聞之，君子稱身而正位，不爲苟得而受賞，不貪榮禄。今道不用於齊，願行，而母老，是以憂也。」孟母曰：「婦人之禮，精五飯，冪酒漿，養舅姑，縫衣裳而已，故有閫内之修，而無境外之志。《易》曰：在中饋，無攸遂。《詩》曰：無非無儀，惟酒食是議。以言婦人無擅制之義，而有三從之道也。故年少則從乎父母，出嫁則從乎夫，夫死則從乎子，禮也。今子成人也，而我老矣。子行乎子義，我行乎我禮，子何憂乎？」於是孟子致爲臣而歸。充虞路問曰：「夫子若有不豫色。然前日虞聞諸夫子曰，君子不怨天，不尤人。」曰：「彼一時，此一時也。五百年必有王者興，其間必有名世者。由周而來七百有餘歲矣，以其數則過矣，以其時考之則可矣。夫天未欲平治天下也，如欲平治天下，當今之世舍我其誰也，吾何爲不豫哉？」當是時，秦用商鞅，富國强兵。楚、魏用吳起，戰勝弱敵。齊威王、宣王用孫子、田忌之徒，而諸侯東面朝齊。天下方務於合縱連

衡，以攻伐爲賢，而孟子乃述唐虞三代之德，則見以爲迂遠而闊於事情，是以所如者不合，退而與萬章之徒序《詩》《書》，述仲尼之意，作《孟子》七篇。孟子之學，以性善、仁義爲宗，以知言、養氣爲要，崇王賤霸，闢楊墨，卑管晏，言必稱堯舜，而乃所願，則學孔子。故嘗曰：「由孔子而來，至於今百有餘歲，去聖人之世若此其未遠也，近聖人之居若此其甚也。」又曰：「予未得爲孔子徒也，予私淑諸人也。」

孔繼汾《闕里文獻考》卷四五《從祀賢儒》 孟軻字子輿，一字子車，鄒人。魯公族孟孫氏之後也。父激，字公宜。孟子幼時，請見子思。子思見之，甚悦其志，命子上侍坐焉，禮敬甚崇。客退，子上請曰：「白聞士無介不見，女無媒不嫁。孟孺子無介而見，大人悦而敬之，何也？」子思曰：「然。昔吾夫子於郯，遇程子於塗，傾蓋而語，終日而别，命子路將束帛贈焉，以其道同於君子也。今孟子車孺子也，言稱堯舜，性樂仁義，世所希有也。事之猶可，况加敬乎？非爾所及也。」遂受業子思之門。道既通，遊事齊宣王，宣王不能用。適梁，梁惠王不果所言，則見以爲迂闊而遠於事情。當是之時，秦用商君富國强兵，楚用吴起戰勝弱敵，齊威王、宣王用孫子、田忌之徒而諸侯東面朝齊，天下方務於合縱連衡，以攻伐爲賢，而孟子乃述唐虞三代之德，是以所如不合，退而與萬章之徒序《詩》《書》，述仲尼之意，作《孟子》七篇。年八十四卒。今孟子父激配食崇聖祠，而孟子之徒，據趙岐注，有樂正克、公都子、萬章、公孫丑、浩生不害、孟仲子、陳臻、充虞、屋廬連、徐辟、陳代、彭更、咸邱蒙、高子、桃應、季孫、子叔凡十七人。宋孫奭又益以盆成括，得十八人。徽宗政和五年，皆追贈爲侯伯。元吴萊作孟子弟子列傳，又益以滕更，凡十九人。而《史記索隱》又以公明高爲孟子弟子。《廣韻》注又稱離婁爲孟子門人。考公明高實受業於曾子，而離婁之説更無稽，不足信，先儒已有辨之者。至子叔、季孫二人，朱子《集註》復以趙岐爲誤。則孟子弟子之傳者，蓋止十有七人也，今惟四人得從祀於廟庭焉。

雜録

備録

《荀子·大略》 孟子三見宣王不言事。門人曰：「曷爲三遇齊王而不言事？」孟子曰：「我先攻其邪心。」

《韓詩外傳》卷四 孟子曰：仁，人心也。義，人路也。舍其路弗由，放其心而弗求。人有雞犬放，則知求之，有放心而不知求，其於心爲不若雞犬哉？不知類之甚矣，悲夫！終亦必亡而已矣。故學問之道無他焉，求其放心而已。《詩》曰：「中心藏之，何日忘之。」

《韓詩外傳》卷六 孟子説齊宣王而不説。淳于髡侍。孟子曰：「今日説公之君，公之君不説，意者其未知善之爲善乎？」淳于髡曰：「夫子亦誠無善耳。昔者瓠巴鼓瑟而潛魚出聽，伯牙鼓琴而六馬仰秣。魚馬猶知善之爲善，而况君人者也？」孟子曰：「夫電雷之起也，破竹折木，震驚天下，而不能使聾者卒有聞。日月之明，徧照天下，而不能使盲者卒有見。今公之君若此也。」淳于髡曰：「不然。昔者揖封生高商，齊人好歌。杞梁之妻悲哭，而人稱詠。夫聲無細而不聞，行無隱而不形。夫子苟賢，居魯而魯國之削，何也？」孟子曰：「不用賢，削何有也？吞舟之魚不居潛澤，度量之士不居汙世。夫藝冬至必彫，吾亦時矣。《詩》曰：『不自我先，不自我後。』非遭彫世者歟？」

《韓詩外傳》卷九 孟子少時誦，其母方織。孟子輟然中止，乃復進。其母知其諠也，呼而問之曰：「何爲中止？」對曰：「有所失復得。」其母引刀裂其織，以此誡之。自是之後，孟子不復諠矣。孟子少時，東家殺豚，孟子問其母曰：「東家殺豚何爲？」母曰：「欲啖汝。」其母自悔失言，曰：「吾懷妊是子，席不正不坐，割不正不食，胎教之也。今適有知而欺之，是教之不信也。」乃買東家豚肉以食之，明不欺也。《詩》曰：「宜爾子孫承承兮。」言賢母使子賢也。

孟子妻獨居，踞。孟子入户視之，白其母曰：「婦無禮，請去之。」母曰：「何也？」曰：「踞。」其母曰：「何知之？」孟子曰：「我親見之。」母曰：「乃汝無禮也，非婦無禮。《禮》不云乎：『將入門，問孰存。將上堂，聲必揚。將入户，視必下。』不掩人不備也。今汝往燕私之處，入户不有聲，令人踞而視之，是汝之無禮也，非婦無禮也。」於是孟子自責，不敢去婦。《詩》曰：「采葑采菲，無以下體。」

劉向《説苑·雜言》 淳于髡謂孟子曰：「先名實者，爲人者也；後名實者，自爲者也。夫子在三卿之中，名實未加上下而去之，仁者固如此乎？」孟子曰：「居下位，不以賢事不肖者，伯夷也；五就湯，五就桀者，伊尹也；不惡汙君，不辭小官者，柳下惠也。三子者不同道，其趣一也。一者何也？曰仁也。君子亦仁而已，何必同？」曰：「魯穆公之時，公儀子爲政，子思、子庚爲臣，魯之削也滋

甚。若是乎賢者之無益於國也。」曰：「虞不用百里奚而亡，秦穆公用之而霸，故不用賢則亡，削何可得也。」曰：「昔者王豹處於淇，而河西善謳；綿駒處於高唐，而齊右善歌。華丹杞梁之妻，善哭其夫而變國俗。有諸內必形於外；爲其事，無其功，髡未睹也。是故無賢者也，有則髡必識之矣。」曰：「孔子爲魯司寇而不用，從祭膰肉不至，不脱冕而行；其不善者以爲爲肉也，其善者以爲爲禮也。乃孔子欲以微罪行，不欲爲苟去，故君子之所爲，衆人固不得識也。」

劉向《新序·雜事》 梁惠王謂孟子曰：「寡人有疾，寡人好色。」孟子曰：「王誠好色，於王何有？」王曰：「若之何好色可以王？」孟子曰：「太王好色。《詩》曰：古公亶甫，來朝走馬，率西水滸，至於岐下。爰及姜女，聿來相宇。太王愛厥妃，出入必與之偕。當是時，內無怨女，外無曠夫。王若好色，與百姓同之，民唯恐王之不好色也。」王曰：「寡人有疾，寡人好勇。」孟子曰：「王誠好勇，於王何有？」王曰：「若之何好勇可以王？」孟子曰：「《詩》曰：王赫斯怒，爰整其旅，以按徂旅，以篤周祜，以對於天下。此文王之勇也。文王一怒而安天下之民，今王亦一怒而安天下之民，民唯恐王之不好勇也。」

劉向《古列女傳》卷一《母儀傳》 鄒孟軻之母也，號孟母。其舍近墓。孟子之少也，嬉游爲墓間之事，踴躍築埋。孟母曰：「此非吾所以居處子也。」乃去舍市傍。其嬉戲爲賈人衒賣之事。孟母又曰：「此非吾所以居處子也。」復徙舍學宫之傍。其嬉游乃設俎豆揖讓進退。孟母曰：「真可以居吾子矣。」遂居之。及孟子長，學六藝，卒成大儒之名。君子謂孟母善以漸化。《詩》云：「彼姝者子，何以予之？」此之謂也。

孟子之少也，既學而歸，孟母方績，問曰：「學何所至矣？」孟子曰：「自若也。」孟母以刀斷其織。孟子懼而問其故，孟母曰：「子之廢學，若吾斷斯織也。夫君子學以立名，問則廣知，是以居則安寧，動則遠害。今而廢之，是不免於斯役，而無以離於禍患也。何以異於織績而食，中道廢而不爲，寧能衣其夫子，而長不乏糧食哉！女則廢其所食，男則墮於修德，不爲竊盜，則爲虜役矣。」孟子懼，旦夕勤學不息，師事子思，遂成天下之名儒。君子謂孟母知爲人母之道矣。《詩》云：「彼姝者子，何以告之？」此之謂也。

孟子既娶，將入私室，其婦袒而在內，孟子不悦，遂去不入。婦辭孟母而求去，曰：「妾聞夫婦之道，私室不與焉。今者妾竊墮在室，而夫子見妾，勃然不悦，是客妾也。婦人之義，蓋不客宿，請歸父母。」於是孟母召孟子而謂之曰：「夫禮，將入門，問孰存，所以致敬也。將上堂，聲必揚，所以戒人也。將入户，視必下，恐見人過也。今子不察於禮，而責禮於人，不亦遠乎！」孟子謝，遂留其婦。君子謂孟母知禮，而明於姑母之道。

孟子處齊，而有憂色。孟母見之曰：「子若有憂色，何也？」孟子曰：「不敏。」异日閒居，擁楹而嘆。孟母見之曰：「鄉見子有憂色，曰不也，今擁楹而嘆，何也？」孟子對曰：「軻聞之：君子稱身而就位，不爲苟得而受賞，不貪榮禄。諸侯不聽，則不達其上。聽而不用，則不踐其朝。今道不用於齊，願行而母老，是以憂也。」孟母曰：「夫婦人之禮，精五飯，冪酒漿，養舅姑，縫衣裳而已矣。故有閨內之修，而無境外之志。《易》曰：『在中饋，無攸遂。』《詩》曰：『無非無儀，惟酒食是議。』以言婦人無擅制之義，而有三從之道也。故年少則從乎父母，出嫁則從乎夫，夫死則從乎子，禮也。今子成人也，而我老矣。子行乎子義，吾行乎吾禮。」君子謂孟母知婦道。《詩》云：「載色載笑，匪怒匪教。」此之謂也。

頌曰：孟子之母，教化列分。處子擇藝，使從大倫。子學不進，斷機示焉。子遂成德，爲當世冠。

應劭《風俗通義·窮通》 孟軻受業於子思，既通，游於諸侯，所言皆以爲迂遠而闊於事情，然終不屈道趣舍，枉尺以直尋。嘗仕於齊，位至卿，後不能用。孟子去齊，尹士曰：「不識王之不可以爲湯、武，則是不明也；識其不可，然且至，則是干禄也；千里而見王，不遇故去，三宿而後出晝，是何濡滯也？」軻曰：「夫尹士烏知予哉！千里而見王，是予所欲也，不遇故去，豈予所欲哉？予不得已也。予三宿而出晝，於予心猶以爲速，王庶幾改諸，王如改之，則必反予。夫出晝而王不予追也，予然後浩然有歸志。」魯平公駕，將見孟子，嬖人臧倉謂曰：「何哉？君所謂輕身以先於匹夫者，以爲賢乎？」樂正子曰：「克告於君，君將爲來見也，嬖人有臧倉者沮君，君是以不果。」曰：「行或使之，止或尼之，行止非人之所能也，吾不遇於魯侯，天也，臧氏之子，焉能使予不遇哉！」又絶糧於鄒、薛，困殆甚，退與萬章之徒，序《詩》、《書》，仲尼之意，作書中、外十一篇，以爲：「聖王不作，諸侯恣行，處士横議，楊朱、墨翟之言，盈於天下，天下之言，不歸楊則歸墨。楊氏爲我，是無君也，墨氏兼愛，是無父也，無父無君，是禽獸也。楊、墨之道不息，孔子之道不著，是邪説誣民，充塞仁義也，仁義充塞，則率獸食人，人將相食也。吾爲此懼，閑先王之道，距楊、墨，放淫辭，正人心，熄邪説，以承三聖者。予豈好辯哉？予不得已也。」梁惠王復聘請之，以爲上卿。

王應麟《困學紀聞》卷八《孟子》　孟子字未聞。《孔叢子・雜訓篇》云「子車」。注：「一作子居。居貧坎軻，故名軻，字子居。亦稱字子輿。」疑皆附會。

【原注】《聖證論》云：「《子思書》、《孔叢子》有孟子居，即是軻也。《傅子》云孟子輿。」

葉適《習學記言序目》卷二〇《史記二・列傳》　以孟子、荀卿冠之諸子，雖於大體不差，而有可憾者，知不言利之爲是，而未知所以不言之意，且於騶衍分數終爲多耳。又言武王仁義，伯夷不食周粟。天下惟一理，武王果仁義，則伯夷何名死之？蓋傳者妄也。後世謂孔孟絶學，秦漢以後無人可到，亦非虚爾。（《孟子荀卿》）

《胡宏集・書・與明應仲書》　昔孟軻氏，聖人之徒，命世之英也，當天下分裂用兵争戰之際，嘗卑管仲合諸侯匡天下之功，而必伊、周自處矣。考其規誨時君之言，則未嘗有奇謀偉畧也。齊王曰「吾好色，好貨，好男」，而不非之，又有公劉、太王、文、武之事導之。不忍一牛之死，則以爲仁術而可以王。又曰：「我非堯、舜之道不敢陳於王前。」而天下後世皆以爲真得堯、舜、文、武、仲尼之傳者，豈非定天下之術，無以易此乎？不然，是直迂誕之論。其曰「以齊王而定天下，猶運之掌」，又足信耶？

顧炎武《日知録》卷七《孟子自齊葬於魯》　「孟子自齊葬於魯」，言葬而不言喪，此改葬也。《禮》「改葬，緦」，事畢而除。故反於齊，止於嬴，而充虞乃得承間而問。若曰奔喪而還，營葬方畢，即出赴齊卿之位，而門人未得發言，可謂「三月無君則皇皇如也」；而身且不行三年之喪，何以教滕世子哉！

顧炎武《日知録》卷七《孟子弟子》　趙岐注《孟子》，以季孫、子叔二人爲孟子弟子：「季孫知孟子意不欲，而心欲使孟子就之，故曰：『異哉，弟子之所聞也。』子叔心疑惑之，亦以爲可就之矣。」「使己爲政」以下，則孟子之言也。又曰：「告子名不害，兼治儒墨之道者。嘗學於孟子，而不能純徹性命之理。」又曰：「高子，齊人也。學於孟子，鄉道而未明，去而學他術。」又曰：「盆成括嘗欲學於孟子，問道，未達而去。」宋徽宗政和五年，封告子不害東阿伯，高子泗水伯，盆成括萊陽伯，季孫豐城伯，子叔乘陽伯，皆以孟子弟子故也。《史記索隱》曰：「《孟子》有萬章、公明高等，並軻之門人。」《廣韻》又云：「離婁，孟子門人。」不知其何所本。元吴萊著《孟子弟子列傳》二卷，今不傳。

《晏子》書稱「西郭徒居布衣之士盆成适，嘗爲孔子門人」。尤誤。

顧炎武《日知録》卷七《孟子引〈論語〉》　《孟子》書引孔子之言凡二十有九，其載於《論語》者八，又多大同而小異。然則夫子之言其不傳於後者多矣，故曰「仲尼没而微言絶」。

顧炎武《日知録》卷七《孟子外篇》　《史記》伍被對淮南王安引《孟子》曰：「紂貴爲天子，死曾不若匹夫。」揚子《法言・修身篇》引《孟子》曰：「夫有意而不至者有矣，未有無意而至者也。」桓寬《鹽鐵論》引《孟子》曰：「吾於《河廣》，知德之至也。」又引《孟子》曰：「堯、舜之道非遠人也，人不思之爾。」《周禮・大行人》注引《孟子》曰：「諸侯有王。」宋鮑照《河清頌》引《孟子》曰：「千載一聖，猶旦暮也。」《顔氏家訓》引《孟子》曰：「圖影失形。」《梁書・處士傳序》引《孟子》曰：「今人之於爵禄，得之若其生，失之若其死。」《廣韻》「圭」字下注曰：「《孟子》：『六十四黍爲一圭，十圭爲一合。』」以及《集注》中程子所引《荀子》：「孟子三見齊王而不言事，門人疑之，孟子曰：『我先攻其邪心。』」今《孟子》書皆無其文，豈所謂「外篇」者邪？《詩・維天之命》傳引《孟仲子》曰：「大哉，天命之無極，而美周之禮也。」《閟宮》傳引《孟仲子》曰：「是禖宫也。」《正義》引趙岐云：「孟仲子，孟子從昆弟，學於孟子者也。」《譜》云：「孟仲子者，子思弟子。」蓋與孟軻共事子思，後學於孟軻，著書論詩，毛氏取以爲說。則又有《孟仲子》之書矣。

梁玉繩《人表考》卷二《上中仁人・孟子》　孟子始見《孟子》書。孟氏出自魯桓公子仲孫之後，爲諱弑閔公之故，更爲孟氏。《廣韻》注、《通志・氏族略》四。名軻，《孟子》。字子居。《孔叢・雜訓》注、《御覽》三百六十三引《聖證論》、顔師古注漢史游《急就篇》。孟子居貧轗軻，故名軻字子居，《御覽》引《聖證論》、《廣韻》注。亦曰子車，《孔叢・雜訓》，本書《藝文志》師古注引《聖證論》與《御覽》所引異。亦曰子輿，唐虞世南《北堂書鈔》引《孟軻傳》，《荀子・非十二子》注，《文選》劉峻《辨命論》及注引《傅子》，蓋晉傅玄所作。亦曰孟叟，《抱朴子・守墒》（按：守字當作安）。亦曰孟生。《抱朴子・仁明》。騶人也。《史・孟荀傳》。父名激字公宜，母仉氏。一云李氏。孟子于周烈王四年四月二日生，赧王二十六年十一月十五冬至日卒，年八十四。娶田氏。《孟子譜》。葬騶城北。《續郡國志》注、《一統志》云鄒縣東北三十里四基山西麓。宋神宗元豐六年追封鄒國公，《宋史・紀》、《志》。明世宗嘉靖九年改稱亞聖孟子。《明史・志》。元仁宗延祐三年詔封孟子父爲邾國公，母爲邾國宣獻夫人。《元史・紀》、《志》。案孟子生卒年月日及父母妻姓名無書傳可考。余嘗見明人所纂《孟氏譜》，其載年名如此，以爲譜傳自孟子四十五代孫孟寧。寧，宋元豐時人。又載元張頍孟母墓碑，云頍讀廟碑，其稱母曰李氏，不知何據。又《後書趙岐傳》曰作《要子章句》，

蓋要爲黽字之譌。本書《地理志》上黨郡沾縣注：大黽谷水經清漳水，注作大要谷也。古要字作■，與黽相似。而孟與黽通，《爾雅・釋詁》孟勉即黽勉，《春秋》昭廿二王子猛，《御覽》五百六十作王子黽。

梁玉繩《漢書人表考補・孟子》 亦曰鄒叟，見宋呂陶《淨德集送范堯夫》詩自注。前史有謂孟子爲鄒叟者。又《瓦釜漫記》孟子父名彥璞。

備論

《荀子・非十二子》 略法先王而不知其統，猶然而材劇志大，聞見雜博。案往舊造説，謂之五行，甚僻違而無類，幽隱而無説，閉約而無解。案飾其辭而祇敬之曰：此真先君子之言也。子思唱之，孟軻和之，世俗之溝猶瞀儒，嚾嚾然不知其所非也，遂受而傳之，以爲仲尼、子游爲茲厚於後世，是則子思、孟軻之罪也。

《史記》卷七四《孟子荀卿列傳論》 余讀《孟子書》，至梁惠王問「何以利吾國」，未嘗不廢書而歎也。曰：嗟乎，利誠亂之始也！夫子罕言利者，常防其原也。故曰「放於利而行，多怨」。自天子至於庶人，好利之獘何以異哉！

揚雄《法言・淵騫》 或問「勇」。曰：「軻也。」曰：「何軻也？」曰：「軻也者，謂孟軻也。若荆軻，君子盜諸。」請問「孟軻之勇」。曰：「勇於義而果於德，不以貧富、貴賤、死生動其心，於勇也，其庶乎！」

趙岐《孟子題辭》 《孟子題辭》者，所以題號孟子之書本末指義文辭之表也。

孟，姓也。子者，男子之通稱也。此書，孟子之所作也，故總謂之《孟子》。其篇目，則各自有名。

孟子，鄒人也。名軻，字則未聞也。鄒本春秋邾子之國，至孟子時改曰鄒矣。國近魯，後爲魯所并；又言邾爲楚所并，非魯也。今鄒縣是也。

或曰：「孟子，魯公族孟孫之後，故孟子仕於齊，喪母而歸葬於魯也。三桓子孫，既以衰微，分適他國。」

孟子生有淑質，夙喪其父，幼被慈母三遷之教。長師孔子之孫子思，治儒術之道，通《五經》，尤長於《詩》《書》。

周衰之末，戰國縱橫，用兵争强，以相侵奪。當世取士，務先權謀，以爲上賢，先王大道，陵遲墮廢，異端並起，若楊朱、墨翟放蕩之言，以干時惑衆者非一。孟子閔悼堯、舜、湯、文、周、孔之業將遂湮微，正塗壅底，仁義荒怠，佞僞馳騁，紅紫亂朱。於是則慕仲尼周流憂世，遂以儒道遊於諸侯，思濟斯民。然由不肯枉尺直尋，時君咸謂之迂闊於事，終莫能聽納其説。

孟子亦自知遭蒼姬以訖録，值炎劉之未奮，進不得佐興唐虞雍熙之和，退不能信三代之餘風，恥没世而無聞焉，是故垂憲言以詒後人。仲尼有云：「我欲託之空言，不如載之行事之深切著明也。」於是退而論集所與高第弟子公孫丑、萬章之徒難疑答問，又自撰其法度之言，著書七篇，二百六十一章，三萬四千六百八十五字。包羅天地，揆叙萬類，仁義道德，性命禍福，粲然靡所不載。帝王公侯遵之，則可以致隆平，頌清廟；卿大夫士蹈之，則可以尊君父，立忠信；守志厲操者儀之，則可以崇高節，抗浮雲。有風人之託物，《二雅》之正言，可謂直而不倨，曲而不屈，命世亞聖之大才者也。

孔子自衛反魯，然後樂正，《雅》《頌》各得其所，乃删《詩》定《書》，繫《周易》，作《春秋》。孟子退自齊、梁，述堯、舜之道而著作焉，此大賢擬聖而作者也。

七十子之疇，會集夫子所言，以爲《論語》。《論語》者，《五經》之錧鎋，《六藝》之喉衿也。《孟子》之書，則而象之。衛靈公問陳於孔子，孔子答以俎豆；梁惠王問利國，孟子對以仁義。宋桓魋欲害孔子，孔子稱：「天生德於予。」魯臧倉毁鬲孟子，孟子曰：「臧氏之子，焉能使予不遇哉？」旨意合同，若此者衆。

又有《外書》四篇：《性善》、《辯文》、《説孝經》、《爲政》。其文不能宏深，不與内篇相似，似非孟子本真，後世依放而託之者也。

孟子既没之後，大道遂絀，逮至亡秦，焚滅經術，坑戮儒生，孟子徒黨盡矣！其書號爲諸子，故篇籍得不泯絶。漢興，除秦虐禁，開延道德，孝文皇帝欲廣遊學之路，《論語》、《孝經》、《孟子》、《爾雅》皆置博士。後罷傳記博士，獨立《五經》而已。訖今諸經通義，得引《孟子》以明事，謂之博文。

孟子長於譬喻，辭不迫切，而意已獨至。其言曰：「説《詩》者不以文害辭，不以辭害志；以意逆志，爲得之矣。」斯言殆欲使後人深求其意，以解其文，不但施於説《詩》也。今諸解者，往往摭取而説之，其説又多乖異不同。孟子以來五百餘載，傳之者亦已衆多。

余生西京，世尋丕祚，有自來矣。少蒙義方，訓涉典文。知命之際，嬰戚於天，遘屯離蹇，詭姓遁身，經營八紘之内，十有餘年，心勤形瘵，何勤如焉！嘗息

肩弛擔於濟、岱之間，或有温故知新，雅德君子，矜我劬瘁，睠我皓首，訪論稽古，慰以大道。余困吝之中，精神退漂，靡所濟集，聊欲係志於翰墨，得以亂思遺老也。惟六籍之學，先覺之士，釋之辯之者既已詳矣。儒家惟有《孟子》，閎遠微妙，緼奥難見，宜在條理之科。於是乃述己所聞，證以經傳，爲之章句，具載本文，章別其恉，分爲上下，凡十四卷。究而言之，不敢以當達者；施於新學，可以寤疑辯惑。愚亦未能審於是非，後之明者，見其違闕，儻改而正諸，不亦宜乎！

《史記》卷七四《孟子荀卿列傳》司馬貞述贊　六國之末，戰勝相雄。軻游齊、魏，其説不通。退而著述，稱吾道窮。蘭陵事楚，騶衍談空。康莊雖列，莫見收功。

王安石《王文公文集》卷二六《三聖人》　孟子曰：「可欲之謂善，有諸己之謂信，充實之謂美，充實而有光輝之謂大，大而化之之謂聖。」聖之爲名，道之極、德之至也。非禮勿動，非禮勿言，非禮勿視，非禮勿聽，此大賢者之事也。賢者之事如此，則可謂備矣，而猶未足以鑽聖人之堅，仰聖人之高，以聖人觀之，猶太山之於嵒陵，河海之於陂澤，然則聖人之事可知其大矣。《易》曰「與天地合其德，與日月合其明，與鬼神合其吉凶」，此蓋聖人之事也。德苟不足以合於天地，明苟不足以合於日月，吉凶苟不足以合於鬼神，則非所謂聖人矣。

孟子論伯夷、伊尹、柳下惠，皆曰聖人也，而又曰伯夷隘，柳下惠不恭，隘與不恭，君子不由也。夫動、言、視、聽，苟有不合於禮者，則不足以爲大賢人，而聖人之名非大賢人之所得擬也，豈隘與不恭者所得僭哉？

蓋聞聖人之言行不苟而已，將以爲天下法也。昔者，伊尹制其行於天下，曰：「何事非君，何使非民，治亦進，亂亦進。」而後世之士多不能求伊尹之心者，由是多進而寡退，苟得而害義，此其流風末俗之弊也。聖人患其弊，於是伯夷出而矯之，制其行於天下，曰：「治則進，亂則退，非其君不事，非其民不使。」而後世之士多不能求伯夷之心者，由是多退而寡進，過廉而復刻，此其流風末世之弊也。聖人又患其弊，於是柳下惠出而矯之，制其行於天下，曰：「不羞污君，不辭小官，遺逸而不怨，厄窮而不憫。」而後世之士多不能求柳下惠之心者，由是多污而寡潔，惡異而尚同，此其流風末世之弊也。此三人者，因時之偏而救之，非天下之中道也，故久必弊。至孔子之時，三聖人之弊，各極於天下矣，故孔子集其行而制成法於天下，曰：「可以速則速，可以久則久，可以仕則仕，可以處則處。」然後聖人之道大具，而無一偏之弊矣。其所以大具而無弊者，豈孔子一人之力哉，四人者相爲終始也。故伯夷不清不足以救伊尹之弊，柳下惠不和不足以救伯夷之弊。聖人之所以能大過人者，蓋能以身救弊於天下耳，如皆欲爲孔子之行而忘天下之弊，則惡在其爲聖人哉？

是故使三人者當孔子之時，則皆足以爲孔子也，然其所以爲之清、爲之任、爲之和者，時耳，豈滯於此一端而已乎？苟在於一端而已，則不足以爲賢人也，豈孟子所謂聖人哉？孟子之所謂隘與不恭，君子不由者，亦言其時爾。且夏之道豈不美哉，而殷人以爲野。殷之道豈不美哉，而周人以爲鬼。所謂隘與不恭者，何以異於是乎？

當孟子之時，有教孟子枉尺直尋者，有教孟子權以援天下者，蓋其俗有似於伊尹之弊時也。是以孟子論是三人者，必先伯夷，亦所以矯天下之弊耳。故曰聖人之言行，豈苟而已，將以爲天下法也。

《蘇軾文集》卷三《孟子論》　昔者仲尼自衛反魯，網羅三代之舊聞，蓋經禮三百，曲禮三千，終年不能究其説。夫子謂子貢曰：「賜，爾以吾爲多學而識之者歟？非也，予一以貫之。」天下苦其難而莫之能用也，不知夫子之有以貫之也。是故堯、舜、禹、湯、文、武、周公之法度禮樂刑政，與當世之賢人君子百氏之書，百工之技藝，九州之内，四海之外，九夷八蠻之事，荒忽誕謾而不可考者，雜然皆列乎胸中，而有卓然不可亂者，此固有以一之也。是以博學而不亂，深思而不惑，非天下之至精，其孰能與於此？

蓋嘗求之於六經，至於《詩》與《春秋》之際，而後知聖人之道，始終本末，各有條理。夫王化之本，始於天下之易行。天下固知有父子也，父子不相賊，而足以爲孝矣。天下固知有兄弟也，兄弟不相奪，而足以爲悌矣。孝悌足而王道備，此固非有深遠而難見，勤苦而難行者也。故《詩》之爲教也，使人歌舞佚樂，無所不至，要在於不失正焉而已矣。雖然，聖人固有所甚畏也。一失容者，禮之所由廢也。一失言者，義之所由亡也。君臣之相攘，上下之相殘，天下大亂，未嘗不始於此道。是故《春秋》力爭於毫釐之間，而深明乎疑似之際，截然其有所必不可爲也。不觀於《詩》，無以見王道之易；不觀於《春秋》，無以知王政之難。

自孔子没，諸子各以所聞著書，而皆不得其源流，故其言無有統要，若孟子，可謂深於《詩》而長於《春秋》者矣。其道始於至粗，而極於至精。充乎天地，放乎四海，而毫釐有所必計。至寬而不可犯，至密而可樂者，此其中必有所守，而後世或未之見也。

且孟子嘗有言矣：「人能充其無欲害人之心，而仁不可勝用也。人能充其無欲爲穿窬之心，而義不可勝用也。士未可以言而言，是以言餂之也。可以言而不言，是以不言餂之也。是皆穿窬之類也。」唯其不爲穿窬也，而義至於不可勝用。唯其未可以言而言、可以言而不言也，而其罪遂至於穿窬。故曰：其道始於至粗，而極於至精，充乎天地，放乎四海，而毫釐有所必計。嗚呼，此其所以爲孟子歟！後之觀孟子者，無觀之他，亦觀諸此而已矣。

《朱子語類》卷九三《孔孟周程張子》 孟子比之孔門原憲，謹守必不似他。然他不足以及人，不足以任道，孟子便擔當得事。淳。孟子。

孟子不甚細膩，如大匠把得繩墨定，千門萬户自在。又記「千門」字上有「東南西北」字。節。

鄧子禮問：「孟子恁地，而公孫、萬章之徒皆無所得。」曰：「也只是逐孟子上上下下，不曾自去理會。」又曰：「孔子於門人恁地提撕警覺，尚有多少病痛！」賀孫。

《朱子語類》卷一〇五《論自注書·孟子要指》 先生因編《孟子要指》云：「《孟子》若讀得無統，也是費力。某從十七八歲讀至二十歲，只逐句去理會，更不通透。二十歲已後，方知不可恁地讀。元來許多長段，都自首尾相照管，脈絡相貫串，只恁地熟讀，自見得意思。從此看《孟子》，覺得意思極通快，亦因悟作文之法。如孟子當時固不是要作文，只言語說出來首尾相應，脈絡相貫，自是合著如此。」又曰：「某當初讀『自暴自棄』章，只恁地鶻突讀去。伊川《易傳》云『拒之以不信，絶之以不爲』，當初也匹似閑看過。後因在舟中偶思量此，將《孟子》上下文看，乃始通串，方始說得是如此，亦温故知新之意。」又曰：「看文字，不可恁地看過便道了。須是時復玩味，庶幾忽然感悟，到得義理與踐履處融會，方是自得。這箇意思，與尋常思索而得，意思不同。」賀孫。

問：「《孟子》首章，是先剖判箇天理人欲，令人曉得，其托始之意甚明。若先生所編《要略》，却是要從源頭說來，所以不同。」曰：「某向時編此書，今看來亦不必。只《孟子》便直恁分曉示人，自是好了。」時舉曰：「孟子前面多是分明說與時君。且如章首說『上下交征利』，其害便至於『不奪不饜』；說仁義，便云未有遺其親，後其君；次章說賢者便有此樂，不賢者便不能有此樂。都是一反一正，言其效驗如此，亦欲人君少知恐懼之意耳。」曰：「也不是要人君知恐懼，但其效自必至此。《孟子》之書，明白親切，無甚可疑者。只要日日熟讀，須教他在吾肚中轉作千百回，便自然純熟。某當初看時，要逐句去看他，便但覺得意思促迫；到後來放寬看，却有條理。然此書不特是義理精明，又且是其次第底文章。某因熟讀後便見，自此也知作文之法。」時舉。

敬之問：「看《要略》，見先生所說《孟子》，皆歸之仁義。如說『性、反』，以後諸處皆然。」曰：「是他見得這道理通透，見得裏面本來都無別物事，只有箇仁義。到得說將出，都離這箇不得，不是要安排如此。道也是離這仁義不得，舍仁義不足以見道。如造化只是箇陰陽，捨陰陽不足以明造化。」問：「古人似各有所主：如曾子只守箇忠恕，子思只守箇誠，孟子只守箇仁義，其實皆一理也。」曰：「也不是他安排要如此，是他見得道理做出都是這箇，說出也只是這箇，只各就地頭說，不是把定這箇將來做。如堯舜是多少道理！到得後來衣鉢之傳，只說『人心惟危，道心惟微，惟精惟一，允執厥中』。緊要在上三句，說會如此，方得箇中，方得箇恰好。這也到這地頭當說中，便說箇中。聖賢言語，初不是著意安排，只遇著這字，便說出這字也。」賀孫。

因整《要略》，謂：「孟子發明許多道理都盡，自此外更無别法。思惟這箇，先從性看。看得這箇物事破了，然後看入裏面去，終不甚費力。要知雖有此數十條，是古人已說過，不得不與他理會。到得做工夫時，却不用得許多。難得勇猛底人，直截便做去。」賀孫。

敬之問《要指》不取「杞柳」一章。曰：「此章自分曉，更無可玩索，不用入亦可。却是『生之謂性』一段難曉，說得來反恐鶻突，故不編入。」賀孫。

《全元文》卷九九七譚景星《孟子論》 性即理也，理具於性。善即未發之中，發而中節之□，不善則發而不中節者。古無不善之性，故無不善之人。後之人，性無分於善不善，而不善者始見於天下，於是禍仁義矣。如使知其本然之性，所欲莫甚於善，則凡所以爲不善者，有不爲矣；所惡莫甚於不善，則凡可以爲善者，無不爲矣。故所欲莫甚於善，所惡莫甚於不善。豈獨聖賢有是性哉，人皆有之。而聖賢無私欲之蔽，極其體之大，而無不盡者耳。夫盡其心，則知其性。盡其性，則知其天。以理言之，謂之天。以禀言之，謂之性。以存諸人者言之，謂之心。天也者，由太虚而有是名也。性也者，合虚與氣而有是名也。心也者，合性與知覺而有是名也。知心故知性，知性故知天。心也，性也，天也，一而已矣。孟子以所聞於子思，子思以所聞於曾子，承先聖之統。而七篇之指，闢邪說，正人心，有大功於斯世，以其性善也。人能知性之爲善，事無足爲也矣。告

子外之，未嘗知義，始有性爲仁義，猶桮棬杞柳。荀子之言惡，已萌於此矣。孟子辟之，而後小變。又以水無分於東西，猶性無分於善不善。揚子之言混，已露於此矣。故不可其不得言，勿求心，而可其不得心，勿求氣。非孟子，無以正之也。是以滕文之見，必稱堯舜。梁惠之對，必曰仁義。存心者君子所以異於人，大人不失其赤子。辭闢之功，不可尚矣。然所如者，皆不合於當時。以爲性不善歟，未嘗不善也。以爲人不善歟，未嘗不善也。性善而人善，區區縱衡變詐，役於功利，失其本心，惜哉。嗚呼！古之今之，同一戴履，日月山川，猶古也；同一賦性，心情耳目，不變也；何善於古而不善於今乎？人能知今之猶古，即爲知孟，而無不善之性、不善之人矣。

李贄《藏書》卷三二《儒臣傳一・德業儒臣・孟軻》評 孟氏之學，識其大者，真若登孔子之堂而受衣鉢也，其足繼孔聖之傳無疑。其言性善亦甚是，然至盡排衆說，猶未免執定說以騁己見，而欲以死語活人也。夫人本至活也，故其善爲至善，而其德爲明德也。至善者，無善無不善之謂也。惟無善無不善，乃爲至善；惟無可無不可，始爲當可耳。若執一定之說，持刊定死本，而欲印行以通天下後世，是執一也。執一便是害道，孟氏已自言之矣。惟夫子之善言性也，曰：「性相近也，習相遠也。上知與下愚不移。」不執一說便可通行，不定死法便足活世。故曰：「孔子其太極乎？萬世之師之也宜也，孟氏知尊夫子而願學之也亦宜也。」然以爲賢於堯舜，以爲生民未有，則亦不自知其言之過矣。夫孔子自謂好古敏求，學而後知之者矣。乃堯舜性之也，何易賢也，若謂舉作用而言，則孔子之舉措，分明是舜以下聖人之舉措也，觀其夢寐周公可見矣。夫周公且非舜比也，而況堯乎！當堯之時，洪水之害極矣。衆方舉鯀，堯故知之，然且順衆而用之。不徒用之，用之且至於九載，至九載而績用弗成也乃已。其舉禹，舉稷，舉皋陶、伯益，舉十六相而誅三兇，且殛鯀也，皆舜攝位以後事也。由此觀之，則堯之端拱成化，後世烏能知之哉！而以爲賢於堯，不過情乎？然此猶可委曰弟子互相神聖其師云耳。乃王霸之辨，則舛謬不通甚矣。夫稱天下之所歸往曰王，前此而王者有三，故曰三王。王者不足爲天下之歸往，則方伯連帥修其職業，佐王者以定諸侯，寧一天下，於是始稱方伯之任，故謂之伯，言其能任伯兄之事，率諸兄弟以宗周，無敢相攻伐也。此其借之之力，固所以修方伯之職，非分外舉也，何以得罪於三王乎？吾以爲正有功於三王者矣。故爲三王易，爲五伯難。夫子曰：「微管仲，吾其披髮左衽矣。」「一匡天下，民到於今受其賜。」二百餘年之周，借是以延長不滅，誰之功耶？而以謂無道桓文之事可歟？蓋孟氏徒知夫子小管仲之器，而不知夫子實心服管仲之功也。其小仲之器者，亦大概爲門弟子云耳。當時如子貢不免以得邦家望夫子，故夫子曰：「待勢而彰，其器小也。」人亦何待功業烜赫而後足以立於世哉！非以夫子之事功爲能有加於仲也。

鍾惺《隱秀軒集》卷二三《善爲國者取於人事》 孟子以命世才生戰國。梁、齊之王，問盡心於國，問保民，以王政對。滕文公問爲國，以民事不可緩對。夫梁、齊之形在戰，滕在守。使孟子盡掩其君臣之口，必使不爲戰守之言，而束其手足，使不復理其事，獨以田里樹畜經界數事當之；三主者，將堅塞兩耳，不待其辭之畢也。戰國之世，亦烏用孟子爲哉？觀其言曰：「深耕易耨，壯者以暇日修其孝弟忠信，可使制梃撻秦、楚之堅甲利兵。」若曰其所以戰守之道，不出此而取之耳。

《方苞集》卷一《讀孟子》 余讀《儀禮》，嘗以謂雖周公生秦、漢以後，用此必有變通；及觀《孟子》，乃益信爲誠然。孟子之言養民也，曰制田里，教樹畜而已；其教民則「謹庠序之教，申之以孝弟之義」，凡昔之聖人所爲深微詳密者無及焉。豈不知其美善哉，誠勢有所不暇也。然由其道層累而精之，則終亦可以至焉。

其言性也亦然。所謂踐形養氣，事天立命，間一及之；而數舉以示人者，則無放其良心以自異於禽獸而已。既揭五性，復開以四端，使知其實不越乎事親從兄，而擴而充之，則自「無欲害人」、「無爲穿窬之心」始。蓋其憂世者深，而拯其陷溺也迫，皆昔之聖人所未發之覆也。

嗚呼！周公之治教備矣，然非因唐、虞、夏、殷之禮俗層累而精之，不能用也；而孟子之言，則更亂世，承污俗，旋舉而立有效焉。有宋諸儒之興，所以治其心性者，信微且密矣，然非士君子莫能喻也；而孟子之言，則雖婦人小子，一旦反之於心而可信爲誠然。然則自事其心與治天下國家者，一以孟子之言爲始事可也。

藝文

《張九齡集》卷一《酬王履震游園林見貽》 宅生惟海縣，素業守郊園。中覽

霸王説，上邀明主恩。一行罷蘭徑，數載歷金門。既負潘生拙，俄從周任言。逶迤戀軒陛，蕭散反丘樊。舊徑稀人迹，前池耗水痕。并看芳樹老，唯覺弊廬存。自我棲丘谷，逢君翳覆盆。孟軻應有命，賈誼得無冤？江上傷行遠，林間偶避喧。地偏人事絶，時霽鳥聲繁。獨善心俱閉，窮居道其尊。樂困南澗藻，憂豈北堂萱。幽意如投漆，新詩重贈軒。平生徇知己，窮達與君論。

《岑參集》卷五《西河郡太守張夫人輓歌》 鵲印慶仍傳，魚軒寵莫先。從夫元凱貴，訓子孟軻賢。龍是雙歸日，鸞非獨舞年。哀容今共盡，悽愴杜陵田。

《全唐詩》卷六九四孫郃《古意二首擬陳拾遺》（其一）魏禮段干木，秦王乃止戈。小國有其人，大國奈之何。賢哲信爲美，兵甲豈云多。君子戰必勝，斯言聞孟軻。

莊子部

綜述

《史記》卷六三《老子韓非列傳》　莊子者，蒙人也，名周。周嘗爲蒙漆園吏，與梁惠王、齊宣王同時。其學無所不闚，然其要本歸於老子之言。故其著書十餘萬言，大抵率寓言也。作《漁父》、《盜跖》、《胠篋》，以詆訿孔子之徒，以明老子之術。《畏累虚》、《亢桑子》之屬，皆空語無事實。然善屬書離辭，指事類情，用剽剝儒、墨，雖當世宿學不能自解免也。其言洸洋自恣以適己，故自王公大人不能器之。

楚威王聞莊周賢，使使厚幣迎之，許以爲相。莊周笑謂楚使者曰：「千金，重利；卿相，尊位也。子獨不見郊祭之犧牛乎？養食之數歲，衣以文繡，以入大廟。當是之時，雖欲爲孤豚，豈可得乎？子亟去，無污我。我寧游戲污瀆之中自快，無爲有國者所羈，終身不仕，以快吾志焉。」

皇甫謐《高士傳》卷中《莊周》　莊周者，宋之蒙人也。少學老子。爲蒙縣漆園史，遂遺世自放，不仕，王公大人皆不得而器之。楚威王使大夫以百金聘周，周方釣於濮水之上，持竿不顧，曰：「吾聞楚有神龜，死二千歲矣，巾笥而藏之於廟堂之上。此龜寧無爲留骨而貴乎？寧生曳尾塗中乎？」大夫曰：「寧掉尾塗中耳。」莊子曰：「往矣，吾方掉尾於塗中。」或又以千金之幣迎周爲相，周曰：「子不見郊祭之犧牛乎，衣以文綉，食以芻菽，及其牽入太廟，欲爲孤豚，其可得乎？」遂終身不仕。

陸德明《經典釋文序録・莊子》　莊子者，姓莊，名周，（太史公云：字子休。）梁國蒙縣人也。六國時，爲漆園吏，與魏惠王、齊宣王、楚威王同時，（李頤云：與齊愍王同時。）齊楚嘗聘以爲相，不應。時人皆尚游説，莊生獨高尚其事，優游自得，依老氏之旨，著書十餘萬言，以逍遥自然無爲齊物而已；大抵皆寓言，歸之於理，不可案文責也。

然莊生弘才命世，辭趣華深，正言若反，故莫能暢其弘致；後人增足，漸失其真。故郭子玄云：「一曲之才，妄竄奇説，若《閼弈》、《意脩》之首，《危言》、《游鳧》、《子胥》之篇，凡諸巧雜，十分有三。」《漢書・藝文志》「《莊子》五十二篇」，即司馬彪、孟氏所注是也。言多詭誕，或似《山海經》，或類《占夢書》，故注者以意去取。其《内篇》衆家並同，自餘或有《外》而無《雜》。惟子玄所《注》，特會莊生之旨，故爲世所貴。徐仙民、李弘範作《音》，皆依郭本。今以郭爲主。

崔譔《注》十卷，二十七篇。（清河人，晉議郎。《内篇》七，《外篇》二十。）

向秀《注》二十卷，二十六篇。（一作二十七篇，一作二十八篇，亦無《雜篇》。爲《音》三卷。）

司馬彪《注》二十一卷，五十二篇。（字紹統，河内人，晉祕書監。《内篇》七，《外篇》二十八，《雜篇》十四，《解説》三。爲《音》三卷。）

郭象《注》三十三卷，三十三篇。（字子玄，河内人，晉太傅主簿。《内篇》七，《外篇》十五，《雜篇》十一。爲《音》三卷。）

李頤《集解》三十卷，三十篇。（字景真，潁川襄城人，晉丞相參軍，自號玄道子。一作三十五篇，爲《音》一卷。）

孟氏《注》十八卷，五十二篇。（不詳何人。）

王叔之《義疏》三卷。（字穆□，琅邪人，宋處士。亦作《注》。）

李軌《音》一卷。

徐邈《音》三卷。

雜録

備録

《莊子・齊物論》　昔者莊周夢爲胡蝶，栩栩然胡蝶也，自喻適志與！不知周也。俄然覺，則蘧蘧然周也。不知周之夢爲胡蝶與，胡蝶之夢爲周與？周與胡蝶，則必有分矣。此之謂物化。

《莊子・天運》　商太宰蕩問仁於莊子。莊子曰：「虎狼，仁也。」曰：「何謂也？」莊子曰：「父子相親，何爲不仁？」曰：「請問至仁。」莊子曰：「至仁無

親。」太宰曰：「蕩聞之：無親則不愛，不愛則不孝。謂至仁不孝，可乎？」莊子曰：「不然。夫至仁尚矣，孝固不足以言之。此非過孝之言也，不及孝之言也。夫南行者至於郢，北面而不見冥山，是何也？則去之遠也。故曰：以敬孝易，以愛孝難；以愛孝易，以忘親難；忘親易，使親忘我難；使親忘我易，兼忘天下難；兼忘天下易，使天下兼忘我難。夫德遺堯、舜而不爲也，利澤施於萬世，天下莫知也，豈直太息而言仁孝乎哉！夫孝悌仁義，忠信貞廉，此皆自勉以役其德者也，不足多也。故曰：至貴，國爵并焉；至富，國財并焉；至願，名譽并焉。是以道不渝。」

《莊子·秋水》 莊子釣於濮水，楚王使大夫二人往先焉，曰：「願以境內累矣！」莊子持竿不顧，曰：「吾聞楚有神龜，死已三千歲矣，王巾笥而藏之廟堂之上。此龜者，寧其死爲留骨而貴乎，寧其生而曳尾於塗中乎？」二大夫曰：「寧生而曳尾塗中。」莊子曰：「往矣！吾將曳尾於塗中。」

惠子相梁，莊子往見之。或謂惠子曰：「莊子來，欲代子相。」於是惠子恐，搜於國中三日三夜。莊子往見之，曰：「南方有鳥，其名爲鵷鶵，子知之乎？夫鵷鶵發於南海而飛於北海，非梧桐不止，非練實不食，非醴泉不飲。於是鴟得腐鼠，鵷鶵過之，仰而視之曰：『嚇！』今子欲以子之梁國而嚇我邪？」

莊子與惠子遊於濠梁之上。莊子曰：「儵魚出遊從容，是魚之樂也。」惠子曰：「子非魚，安知魚之樂？」莊子曰：「子非我，安知我不知魚之樂？」惠子曰：「我非子，固不知子矣；子固非魚矣，子之不知魚之樂全矣。」莊子曰：「請循其本。子曰『汝安知魚樂』云者，既已知吾知之而問我，我知之濠上也。」

《莊子·至樂》 莊子妻死，惠子弔之，莊子則方箕踞鼓盆而歌。惠子曰：「與人居長子，老身死，不哭亦足矣，又鼓盆而歌，不亦甚乎！」莊子曰：「不然。是其始死也，我獨何能無概然！察其始而本無生，非徒無生也，而本無形，非徒無形也，而本無氣。雜乎芒芴之間，變而有氣，氣變而有形，形變而有生，今又變而之死，是相與爲春秋冬夏四時行也。人且偃然寢於巨室，而我噭噭然隨而哭之，自以爲不通乎命，故止也。」

《莊子·山木》 莊子行於山中，見大木，枝葉盛茂，伐木者止其旁而不取也。問其故，曰：「無所可用。」莊子曰：「此木以不材得終其天年。」夫子出於山，舍於故人之家。故人喜，命豎子殺雁而烹之。豎子請曰：「其一能鳴，其一不能鳴，請奚殺？」主人曰：「殺不能鳴者。」明日，弟子問於莊子曰：「昨日山中之木，以不材得終其天年；今主人之雁，以不材死。先生將何處？」莊子笑曰：「周將處乎材與不材之間。材與不材之間，似之而非也，故未免乎累。若夫乘道德而浮游則不然。無譽無訾，一龍一蛇，與時俱化，而無肯專爲；一上一下，以和爲量，浮游乎萬物之祖；物物而不物於物，則胡可得而累邪！此黄帝、神農之法則也。若夫萬物之情，人倫之傳，則不然。合則離，成則毀，廉則挫，尊則議，有爲則虧，賢則謀，不肖則欺，胡可得而必乎哉？悲夫！弟子志之，其唯道德之鄉乎！」

《莊子·知北遊》 東郭子問於莊子曰：「所謂道，惡乎在？」莊子曰：「無所不在。」東郭子曰：「期而後可。」莊子曰：「在螻蟻。」曰：「何其下邪？」曰：「在稊稗。」曰：「何其愈下邪？」曰：「在瓦甓。」曰：「何其愈甚邪？」曰：「在屎溺。」東郭子不應。莊子曰：「夫子之問也，固不足質。正獲之問於監市履狶也，每下愈況。汝唯莫必，無乎逃物。至道若是，大言亦然。周、徧、咸三者，異名同實，其指一也。嘗相與游乎無何有之宮，同合而論，無所終窮乎！嘗相與無爲乎！澹而静乎！漠而清乎！調而閒乎！寥已吾志，無往焉而不知其所至；去而來而不知其所止，吾已往來焉而不知其所終；彷徨乎馮閎，大知入焉而不知其所窮。物物者與物無際，而物有際者，所謂物際者也；不際之際，際之不際者也。謂盈虛衰殺，彼爲盈虛非盈虛，彼爲衰殺非衰殺，彼爲本末非本末，彼爲積散非積散也。」

《莊子·徐無鬼》 莊子曰：「射者非前期而中，謂之善射，天下皆羿也，可乎？」惠子曰：「可。」莊子曰：「天下非有公是也，而各是其所是，天下皆堯也，可乎？」惠子曰：「可。」莊子曰：「然則，儒、墨、楊、秉四，與夫子爲五，果孰是邪？或者若魯遽者邪？其弟子曰：『我得夫子之道矣，吾能冬爨鼎而夏造冰矣。』魯遽曰：『是直以陽召陽，以陰召陰，非吾所謂道也。吾示子乎吾道。』於是爲之調瑟，廢一於堂，廢一於室，鼓宫宫動，鼓角角動，音律同矣。夫或改調一弦，於五音無當也，鼓之二十五弦皆動，未始異於聲，而音之君已。且若是者邪？」惠子曰：「今夫儒、墨、楊、秉，且方與我以辯，相拂以辭，相鎮以聲，而未始吾非也，則奚若矣？」莊子曰：「齊人蹢子於宋者，其命閽也不以完，其求鈃鍾以也束縛，其求唐子也而未始出域，有遺類矣夫！楚人寄而蹢閽者，夜半於無人之時而與舟人鬭，未始離於岑，而足以造於怨也。」

莊子送葬，過惠子之墓，顧謂從者曰：「郢人堊慢其鼻端若蠅翼，使匠石斲

之。匠石運斤成風，聽而斲之，盡堊而鼻不傷，郢人立不失容。宋元君聞之，召匠石曰：『嘗試爲寡人爲之。』匠石曰：『臣則嘗能斲之。雖然，臣之質死久矣。』自夫子之死也，吾無以爲質矣，吾無與言之矣。」

《莊子・外物》 莊周家貧，故往貸粟於監河侯。監河侯曰：「諾。我將得邑金，將貸子三百金，可乎？」莊周忿然作色曰：「周昨來，有中道而呼者。周顧視車轍中，有鮒魚焉。周問之曰：『鮒魚來！子何爲者邪？』對曰：『我，東海之波臣也。君豈有斗升之水而活我哉？』周曰：『諾。我且南遊吴、越之王，激西江之水而迎子，可乎？』鮒魚忿然作色曰：『吾失我常與，我無所處。吾得斗升之水然活耳，君乃言此，曾不如早索我於枯魚之肆！』」

《莊子・外物》 惠子謂莊子曰：「子言無用。」莊子曰：「知無用而始可與言用矣。夫地非不廣且大也，人之所用容足耳。然則廁足而墊之，致黄泉，人尚有用乎？」惠子曰：「無用。」莊子曰：「然則無用之爲用也亦明矣。」

莊子曰：「人有能遊，且得不遊乎？人而不能遊，且得遊乎？夫流遁之志，決絶之行，噫！其非至知厚德之任與！覆墜而不反，火馳而不顧，雖相與爲君臣，時也，易世而無以相賤。故曰：至人不留行焉。夫尊古而卑今，學者之流也。且以狶韋氏之流觀今之世，夫孰能不波？唯至人乃能遊於世而不僻，順人而不失己。彼教不學，承意不彼。

目徹爲明，耳徹爲聰，鼻徹爲顫，口徹爲甘，心徹爲知，知徹爲德。凡道不欲壅，壅則哽，哽而不止則跈，跈則衆害生。物之有知者恃息，其不殷，非天之罪。天之穿之，日夜無降，人則顧塞其竇。胞有重閬，心有天遊。室無空虚，則婦姑勃谿；心無天遊，則六鑿相攘。大林丘山之善於人也，亦神者不勝。

德溢乎名，名溢乎暴，謀稽乎誸，知出乎争，柴生乎守，官事果乎衆宜。春雨日時，草木怒生，銚鎒於是乎始修，草木之到植者過半，而不知其然。

静然可以補病，眥搣可以休老，寧可以止遽。雖然，若是，勞者之務也，非佚者之所未嘗過而問焉。聖人之所以駴天下，神人未嘗過而問焉；賢人所以駴世，聖人未嘗過而問焉；君子所以駴國，賢人未嘗過而問焉；小人所以合時，君子未嘗過而問焉。」

《莊子・寓言》 莊子謂惠子曰：「孔子行年六十而六十化，始時所是，卒而非之，未知今之所謂是之非五十九年非也。」惠子曰：「孔子勤志服知也。」莊子曰：「孔子謝之矣，而其未之嘗言。孔子云：『夫受才乎大本，復靈以生。』鳴而當律，言而當法，利義陳乎前，而好惡是非直服人之口而已矣。使人乃以心服而不敢蘁立，定天下之定。已乎已乎！吾且不得及彼乎！」

《莊子・列禦寇》 人有見宋王者，錫車十乘，以其十乘驕穉莊子。莊子曰：「河上有家貧恃緯蕭而食者，其子没於淵，得千金之珠。其父謂其子曰：『取石來鍛之！夫千金之珠，必在九重之淵而驪龍頷下，子能得珠者，必遭其睡也。使驪龍而寤，子尚奚微之有哉！』今宋國之深，非直九重之淵也；宋王之猛，非直驪龍也。子能得車者，必遭其睡也。使宋王而寤，子爲韲粉夫！」

或聘於莊子，莊子應其使曰：「子見夫犧牛乎？衣以文繡，食以芻叔，及其牽而入於太廟，雖欲爲孤犢，其可得乎！」

莊子將死，弟子欲厚葬之。莊子曰：「吾以天地爲棺槨，以日月爲連璧，星辰爲珠璣，萬物爲齎送。吾葬具豈不備邪？何以加此！」弟子曰：「吾恐烏鳶之食夫子也。」莊子曰：「在上爲烏鳶食，在下爲螻蟻食，奪彼與此，何其偏也！」

以不平平，其平也不平；以不徵徵，其徵也不徵。明者唯爲之使，神者徵之。夫明之不勝神也久矣，而愚者恃其所見入於人，其功外也，不亦悲乎！

《吕氏春秋・孝行覽・必己》 莊子行於山中，見木甚美，長大，枝葉盛茂，伐木者止其旁而弗取，問其故，曰：「無所可用。」莊子曰：「此以不材得終其天年矣。」出於山，及邑，舍故人之家。故人喜，具酒肉，令豎子爲殺鴈饗之。豎子請曰：「其一鴈能鳴，一鴈不能鳴，請奚殺？」主人之公曰：「殺其不能鳴者。」明日，弟子問於莊子曰：「昔者山中之木以不材得終天年，主人之鴈以不材死，先生將何以處？」莊子笑曰：「周將處於材、不材之間。材、不材之間，似之而非也，故未免乎累。若夫道德則不然：無訝無訾，一龍一蛇，與時俱化，而無肯專爲；一上一下，以禾爲量，而浮游乎萬物之祖，物物而不物於物，則胡可得而累？此神農、黄帝之所法。若夫萬物之情、人倫之傳則不然：成則毁，大則衰，廉則剉，尊則虧，直則骫，合則離，愛則隳，多智則謀，不肖則欺，胡可得而必？」

梁玉繩《人表考》卷六《中下・嚴周》 莊周始見《莊子・齊物論》。是爲莊子，《莊子・逍遥遊》諸篇及《荀子・解蔽》。字子休，《釋文・序録》。蒙人。《史・本傳》。楚莊王之後。《通志・氏族略》四。亦曰莊叟，《抱朴子・博喻》。亦曰莊生。《廣弘明集・辨惑篇》序。墓在濠州東二里。《寰宇記》百廿八。《一統志》云在大名府東明縣東北漆園城，又云在鳳陽府臨淮縣東。唐天寶元年號爲南華真人。《舊唐書・玄宗紀》、《禮

儀志》。宋宣和元年詔封微妙元通真君，配享混元皇帝。《宋史・徽宗紀》。元至元三年加封南華至極雄文弘道真君。《元史・順帝紀》。　案本書《王貢兩龔鮑傳》亦云老子嚴周，《敘傳》云貴老、嚴之術，並避諱改稱。

備論

揚雄《法言・問道》　莊周、申、韓不乖寡聖人而漸諸篇，則顔氏之子、閔氏之孫其如台。或曰：「莊周有取乎？」曰：「少欲。」「鄒衍有取乎？」曰：「自持。至周罔君臣之義，衍無知於天地之間，雖鄰不覿也。」

《阮籍集》卷上《論・達莊論》　伊單閼之辰，執徐之歲，萬物權輿之時，季秋遥夜之月，先生徘徊翱翔，迎風而游，往遵乎赤水之上，來登乎隱坌之丘，臨乎曲轅之道，顧乎泱漭及本作莽。之洲，恍然而止，忽然而休，不識曩之所以行，今之所以留；悵然而無樂，愀然而歸白素焉。平晝閒居，隱几而彈琴。

于是縉紳好事之徒相與聞之，共議撰辭合句，啓所常疑。乃闚鑒整飭，嚼齒先引，推年躡踵，相隨俱進。奕奕然步，膰膰然視，投跡蹈階，趨而翔至。差肩而坐，恭袖而檢，猶豫相臨，莫肯先占。

有一人，是其中雄桀也，乃怒目擊勢而大言曰：「吾生乎唐虞之後，長乎文武之裔，游乎成康之隆，盛乎今者之世，誦乎六經之教，習乎吾儒之迹，被裒衣，冠飛翮，垂曲裾，揚雙鵾有日矣，而未聞至道之要，有以異之于斯乎！且大人稱之，細人承之；願聞至教，以發其疑。」先生曰：「何哉，子之所疑者？」客曰：「天道貴生，地道貴貞，聖人修之，以建其名，吉凶有分，是非有經，務利高勢，惡死重生，故天下安而大功成也。今莊周乃齊禍福而一死生，以天地爲一物，以萬類爲一指，無乃激惑以失真，而自以爲誠是也？」

于是先生乃撫琴容與，慨然而歎，俛而微笑，仰而流眄，嘘噏精神，言其所見曰：「昔人有欲觀于閬峯之上者，資端冕，服驊騮，至乎崑崙之下，没而不反。端冕者，常服之飾；驊騮者，凡乘之馬；非所以矯騰增城之上，遊玄圃之中也。且燭龍之光，不照一堂之上，鐘山之口，不談曲室之內。今吾將墮崔巍之高，杜衍謾之流，言子之所由，幾其寤而獲及乎！

天地生于自然，萬物生于天地。自然者無外，故天地名焉；天地者有內，故萬物生焉。當其無外，誰謂異乎？當其有內，誰謂殊乎？地流其燥，天抗其濕。月東出，日西入，隨以相從，解而後合，升謂之陽，降謂之陰。在地謂之理，在天謂之文。蒸謂之雨，散謂之風；炎謂之火，凝謂之冰；形謂之石，象謂之星；朔謂之朝，晦謂之冥；通謂之川，回謂之淵；平謂之土，積謂之山。男女同位，山澤通氣，雷風不相射，水火不相薄。天地合其德，日月順其光，自然一體，則萬物經其常。入謂之幽，出謂之章，一氣盛衰，變化而不傷。是以重陰雷電，非異出也；天地日月，非殊物也。故曰：自其異者視之，則肝膽楚越也；自其同者視之，則萬物一體也。

人生天地之中，體自然之形。身者，陰陽之積氣也；性者，五行之正性也；情者，游魂之變欲也；神者，大地之所以馭者也。以生言之，則物無不壽；推之以死，則物無不夭。自小視之，則萬物莫不小；由大觀之，則萬物莫不大。殤子爲壽，彭祖爲夭；秋毫爲大，泰山爲小；故以死生爲一貫，是非爲一條也。

別而言之，則鬚眉異名；合而說之，則體之一毛也。彼六經之言，分處之教也；莊周之云，致意之辭也。大而臨之，則至極無外；小而理之，則物有其制。夫守什伍之數，審左右之名，一曲之說也；循自然，小天地者，寥廓之談也。凡耳目之任，名分之施，處官不易司，舉奉其身，非以絶手足，裂肢體也。然後世之好異者不顧其本，各言我而已矣，何待旌彼。殘生害性，還爲讐敵，斷割肢體，不以爲痛；目視色而不顧耳之所聞，耳所聽而不待心之所思，心奔欲而不適性之所安，故疾癘萌則生意盡，禍亂作則萬物殘矣。

至人者，恬於生而静於死。生恬則情不惑，死静則神不離，故能與陰陽化而不易，從天地變而不移。生究其壽，死循其宜，心氣平治，消息不虧。是以廣成子處崆峒之山以入無窮之門，軒轅登崑崙之阜而遺玄珠之根，此則潛身者易以爲活，而離本者難以永存也。

馮夷不遇海若，則不以己爲小；雲將不失問于鴻濛，則無以知其少。由斯言之，自是者不章，自建者不立，守其有者有據，持其無者無執。月弦則滿，日朝則襲。咸池不留陽谷之上，而懸車之後將入也。故求得者喪，爭明者失，無欲者自足，空虛者受實。夫山静而谷深者，自然之道也；得之道而正者，君子之實也。是以作智巧者害於物，明著是非者危其身。修飾以顯潔者惑於生，畏死而榮生者失其真。故自然之理不得作，天地不泰而日月爭隨，朝夕失期而晝夜無分；競逐趨利，舛倚横馳，父子不合，君臣乖離。故復言以求信者，梁下之誠

也；克己以爲仁者，郭外之仁也；竊其雉經者，亡家之子也；刳腹割肌者，亂國之臣也；曜青華，被沆瀣者，昏世之士也；履霜露，蒙塵埃者，貪冒之民也；潔己以尤世，修身以明洿者誹謗之屬也；繁稱是非，背質追文者，迷罔之倫也；成非媚悦，以容求乎，故被珠玉以赴水火者，桀紂之終也；含菽采薇，交餓而死，顔夷之窮也。是以名利之途開，則忠信之誠薄；是非之辭著，則醇厚之情爍也。

故至道之極，混一不分，同爲一體，得失無聞。伏羲氏結繩，神農教耕，逆之者死，順之者生。又安知貪洿之爲罰，而貞白之爲名乎！使至德之要，無外而已。大均淳固，不貳其紀，清凈寂寞，空豁以俟，善惡莫之分，是非無所爭，故萬物反其所而得其情也。

儒墨之後，堅白並起，吉凶連物，得失在心，結徒聚黨，辯説相侵。昔大齊之雄，三晉之士，嘗相與瞋目張膽，分別此矣。咸以爲百年之生難致，而日月之蹉無常，皆盛僕馬，修衣裳，美珠玉，飾帷墻，出媚君上，入欺父兄，矯厲才智，競逐縱横，家以慧子殘，國以才臣亡，故不終其天年而夭，自割繫其於世俗也。是以山中之木，本大而莫相傷。吹萬數竅相和，忽焉自已。夫雁之不存，無其質而濁其文；死生無變，而龜之見寶，知吉凶也。故至人清其質而濁其文，死生無變而未始有云。

夫別言者，壞道之談也；折辯者，毁德之端也；氣分者，一身之疾也；二心者，一身之患也。故夫裝束馮軾者，行以離支；慮在成則者，坐而求敵。踰阻攻險者，趙氏之人也；舉山填海者，燕楚之人也。莊周見其若此，故述道德之妙，敍無爲之本，寓言以廣之，假物以延之，聊以娱無爲之心而逍遥於一世，豈將以希咸陽之門而與稷下争辯也哉？

夫善接人者，導焉而已，無所逆之。故公孟季子衣繡而見，墨子弗攻；中山子牟心在魏闕，而詹子不距。因其所以來，用其所以至，循而泰之，使自居之，發而開之，使自舒之。且莊周之書何足道哉！猶未聞夫太始之論，玄古之微言乎！直能不害於物而形以生，物無所毁而神以清，形神在我而道德成，忠信不離而上下平。兹客今談而同古，齊説而意殊，是心能守其本，而口發不相須也。

於是二三子者，風摇波蕩，相視膈脈，亂次而退，踧踖失迹。隨而望之，耳後頗亦以是，知其無實喪氣而慚愧於衰僻也。

葛洪《抱朴子内篇·勤求》 俗人見莊周有大夢之喻，因復競共張齊死生之論。蓋詭道强達，陽作違抑之言，皆仲尼所爲破律應煞者也。今察諸有此談者，被疾病則遽針灸，冒危險則甚畏死。然末俗通弊，不崇真信，背典誥而治子書，若不吐反理之巧辨者，則謂之朴野，非老莊之學。故無骨殖而取偶俗之徒，遂流漂於不然之説，而不能自返也。老子以長生久視爲業，而莊周貴於摇尾塗中，不爲被網之龜，被繡之牛，餓而求粟於河侯，以此知其不能齊死生也。晚學不能考校虚實，偏據一句，不亦謬乎？

葛洪《抱朴子内篇·辨問》 莊周云：盗有聖人之道五焉。妄意而知人之藏者，明也；先入而不疑者，勇也；後出而不懼者，義也；知可否之宜者，知也；分財均同者，仁也。不得此道而成天下大盗者，未之有也。

郭象《莊子序》 夫莊子者，可謂知本矣，故未始藏其狂言，言雖無會而獨應者也。夫應而非會，則雖當無用；言非物事，則雖高不行；與夫寂然不動，不得已而後起者，固有間矣，斯可謂知無心者也。夫心無爲，則隨感而應，應隨其時，言唯謹爾。故與化爲體，流萬代而冥物，豈曾設對獨遘而游談乎方外哉！此其所以不經而爲百家之冠也。

然莊生雖未體之，言則至矣。通天地之統，序萬物之性，達死生之變，而明内聖外王之道，上知造物無物，下知有物之自造也。其言宏綽，其旨玄妙。至至之道，融微旨雅；泰然遣放，放而不敖。故曰不知義之所適，猖狂妄行而蹈其大方；含哺而熙乎澹泊，鼓腹而游乎混芒。至(人)[仁]極乎無親，孝慈終於兼忘，禮樂復乎已能，忠信發乎天光。用其光則其朴自成，是以神器獨化於玄冥之境而源流深長也。

故其長波之所蕩，高風之所扇，暢乎物宜，適乎民願。弘其鄙，解其懸，灑落之功未加，而矜夸所以散。故觀其書，超然自以爲已當，經崐崘，涉太虚，而游惚怳之庭矣。雖復貪婪之人，進躁之士，暫而攬其餘芳，味其溢流，彷彿其音影，猶足曠然有忘形自得之懷，況探其遠情而玩永年者乎！遂綿邈清遐，去離塵埃而返冥極者也。

劉義慶《世説新語》卷上《文學》 庾子嵩讀《莊子》，開卷一尺許便放去，曰：「了不異人意。」

成玄英《莊子序》 夫《莊子》者，所以申道德之深根，述重玄之妙旨，暢無爲之恬淡，明獨化之窅冥，鉗揵九流，括囊百氏，諒區中之至教，實象外之微言者也。

其人姓莊，名周，字子休，生宋國睢陽蒙縣，師長桑公子，受號南華仙人。當戰國之初，降(襄)[衰]周之末，歎蒼生之業薄，傷道德之陵夷，乃慷慨發憤，爰著

斯論。其言大而博，其旨深而遠，非下士之所聞，豈淺識之能究！

所言子者，是有德之嘉號，古人稱師曰子。亦言子是書名，非但三篇之總名，亦是百家之通題。所言《内篇》者，内以待外立名，篇以編簡爲義。古者殺青爲簡，以韋爲編；編簡成篇，猶今連紙成卷也。故元愷云：「大事書之於策，小事簡牘而已。」《内》則談於理本，《外》則語其事迹。事雖彰著，非理不通；理既幽微，非事莫顯；欲先明妙理，故前標《内篇》。《内篇》理深，故每於文外别立篇目，郭象仍於題下即注解之，《逍遥》、《齊物》之類是也。自《外篇》以去，則取篇首二字爲其題目，《駢拇》、《馬蹄》之類是也。

所言《逍遥遊》者，古今解釋不同。今汎舉紘綱，略爲三釋。所言三者：

第一，顧桐柏云：「逍者，銷也；遥者，遠也。銷盡有爲累，遠見無爲理。以斯而遊，故曰逍遥。」

第二，支道林云：「物物而不物於物，故逍然不我待；玄感不疾而速，故遥然靡所不爲。以斯而遊天下，故曰逍遥遊。」

第三，穆夜云：「逍遥者，蓋是放狂自得之名也。至德内充，無時不適；忘懷應物，何往不通！以斯而遊天下，故曰逍遥遊。」

《内篇》明於理本，《外篇》語其事迹，《雜篇》雜明於理事。《内篇》雖明理本，不無事迹；《外篇》雖明事迹，甚有妙理；但立教分篇，據多論耳。

所以《逍遥》建初者，言達道之士，智德明敏，所造皆適，遇物逍遥，故以逍遥命物。夫無待聖人，照機若鏡，既明權實之二智，故能大齊於萬境，故以《齊物》次之。既指馬（蹄）天地，混同庶物，心靈凝澹，可以攝衛養生，故以《養生主》次之。既善惡兩忘，境智俱妙，隨變任化，可以處涉人間，故以《人間世》次之。内德圓滿，故能支離其德，外以接物，既而隨物昇降，内外冥契，故以《德充符》次之。止水流鑑，接物無心，忘德忘形，契外會内之極，可以匠成庶品，故以《大宗師》次之。古之真聖，知天知人，與造化同功，即寂即應，既而驅馭羣品，故以《應帝王》次之。《駢拇》以下，皆以篇首二字爲題，既無别義，今不復次篇也。

而自古高士，晉漢逸人，皆莫不躭翫，爲之義訓；雖注述無可間然，並有美辭，咸能索隱。玄英不揆庸昧，少而習焉，研精覃思三十矣。依子玄所注三十篇，輒爲疏解，總三十卷。雖復詞情疏拙，亦頗有心跡指歸；不敢貽厥後人，聊自記其遺忘耳。

《羅隱集・讒書》卷二《莊周氏弟子》 莊周氏以其術大於楚、魯之間，聞者皆樂以從之，而未有以嘗之。一日，無將特舉其族以學焉。及其門而周戒之曰：「視物如傷者謂之仁，極時而行者謂之義，尊上愛下者謂之禮，識機知變者謂之智，風雨不渝者謂之信。苟去是五者，則吾之堂可躋，室可窺矣。」無將跪而受其教，一年、二年而仁義喪，三年、四年而禮智薄，五年、六年而五常盡，七年，其骨肉雖土木之不如也。周曰：「吾術盡于是。」無將以化其族。其族聚而謀曰：「吾族，儒也。魯人以儒爲宗。今周之教，捨五常以成其名，棄骨肉而崇其術，苟吾復從之，殆絶人倫之法矣。」於是，去無將而歸魯。魯人聞者，亦得以寢其志。故周之著書，擯斥儒學，而儒者亦不願爲其弟子焉。

《蘇軾文集》卷一一《莊子祠堂記》 莊子，蒙人也。嘗爲蒙漆園吏。没千餘歲，而蒙未有祀之者。縣令祕書丞王兢始作祠堂，求文以爲記。

謹按《史記》，莊子與梁惠王、齊宣王同時，其學無所不闚，然要本歸於老子之言。故其著書十餘萬言，大抵率寓言也。作《漁父》、《盜跖》、《胠篋》，以詆訾孔子之徒，以明老子之術。此知莊子之粗者。余以爲莊子蓋助孔子者，要不可以爲法耳。楚公子微服出亡，而門者難之。其僕操箠而罵曰：「隸也不力。」門者出之。事固有倒行而逆施者。以僕爲不愛公子，則不可；以爲事公子之法，亦不可。故莊子之言，皆實予而文不予，陽擠而陰助之，其正言蓋無幾。至於詆訾孔子，未嘗不微見其意。其論天下道術，自墨翟、禽滑釐、彭蒙、慎到、田駢、關尹、老聃之徒，以至於其身，皆以爲一家，而孔子不與，其尊之也至矣。

然余嘗疑《盜跖》、《漁父》，則若真詆孔子者。至於《讓王》、《説劍》，皆淺陋不入於道。反復觀之，得其《寓言》之終曰：「陽子居西遊於秦，遇老子。老子曰：『而睢睢，而盱盱，而誰與居。太白若辱，盛德若不足。』陽子居蹵然變容。其往也，舍者將迎其家，公執席，妻執巾櫛，舍者避席，煬者避竈。其反也，舍者與之爭席矣。」去其《讓王》、《説劍》、《漁父》、《盜跖》四篇，以合於《列禦寇》之篇，曰：「列禦寇之齊，中道而反，曰：『吾驚焉，吾食於十漿，而五漿先餽。』」然後悟而笑曰：「是固一章也。」莊子之言未終，而昧者勦之以入其言，余不可以不辨。凡分章名篇，皆出於世俗，非莊子本意。元豐元年十一月十九日記。

《朱子語類》卷一二五《莊子》 「莊周曾做秀才，書都讀來，所以他説話都説得也是。但不合没拘檢，便凡百了。」或問：「康節近似莊周？」曰：「康節較穩。」

莊子比邵子見較高，氣較豪。他是事事識得，又却蹴踏了，以爲不足爲。邵

子却有規矩。

李夢先問：「莊子、孟子同時，何不一相遇？又不聞相道及，林作：「其書亦不相及。」如何？」曰：「莊子當時也無人宗之，他只在僻處自說，然亦止是楊朱之學。但楊氏説得大了，故孟子力排之。」

問：「孟子與莊子同時否？」曰：「莊子後得幾年，然亦不爭多。」或云：「莊子都不説著孟子一句。」曰：「孟子平生足跡只齊、魯、滕、宋、大梁之間，不曾過大梁之南。莊子自是楚人，想見聲聞不相接。大抵楚地便多有此樣差異底人物學問，所以孟子説陳良云云。」曰：「如今看許行之説如此鄙陋，當時亦有數十百人從他，是如何？」曰：「不特此也，如莊子書中説惠施、鄧析之徒，與夫『堅白異同』之論，歷舉其説。是甚麽學問？然亦自名家。」或云：「他恐是借此以顯理？」曰：「便是禪家要如此。凡事須要倒説，如所謂『不管夜行，投明要到』；如『人上樹，口銜樹枝，手足懸空，却要答話』，皆是此意。」廣云：「《通鑑》中載孔子順與公孫龍辯説數話，似好。」曰：「此出在《孔叢子》，其他説話又不如此。此書必是後漢時人撰者。若是古書，前漢時又都不見説是如何。其中所載孔安國書之類，其氣象萎薾，都不似西京時文章。」

《朱子語類》卷一二五《老莊》 老子猶要做事在，莊子都不要做了，又却説道他會做，只是不肯做。

「莊周是箇大秀才，他都理會得，只是不把做事。觀其第四篇《人間世》及《漁父篇》以後，多是説孔子與諸人語，只是不肯學孔子，所謂『知者過之』者也。如説『《易》以道陰陽，《春秋》以道名分』等語，後來人如何下得！它直是似快刀利斧劈截將去，字字有著落。」公晦曰：「莊子較之老子，較平帖些。」曰：「老子極勞攘，莊子得些，只也乖。莊子跌蕩。老子收斂，齊脚斂手；莊子却將許多道理掀翻説，不拘繩墨。方子録云：「莊子是一箇大秀才，他事事識得。如《天下篇》後面乃是説孔子，似用快刀利斧斫將去，更無些礙，且無一句不著落。如説『《易》以道陰陽』等語，大段説得好，然却不肯如此做去。老子猶是欲斂手齊脚去做，他却將他窠窟一齊踢翻了！」莊子去孟子不遠，其説不及孟子者，亦是不相聞。今亳州明道宫乃老子所生之地。莊子生於蒙，在淮西間。孟子只往來齊、宋、鄒、魯，以至於梁而止，不至於南。然當時南方多是異端，如孟子所謂『陳良，楚産也，悦周公、仲尼之道，北學於中國』；又如説『南蠻鴂舌之人，非先王之道』，是當時南方多異端。」或問：「許行恁地低，也有人從之。」曰：「非獨是許行，如公孫龍『堅白同異』之説，是甚模樣？也使得人終日只弄這箇。」漢卿問：「孔子順許多話却好。」曰：「出於《孔叢子》，不知是否？只《孔叢子》説話，多類東漢人文，其氣軟弱，又全不似西漢人文。兼西漢初若有此等話，何故不略見於賈誼、董仲舒所述？恰限到東漢方突出來？皆不可曉。」

問：「老子與莊子似是兩般説話。」曰：「莊子於篇末自説破矣。」問：「先儒論老子，多爲之出脱，云老子乃矯時之説。以某觀之，不是矯時，只是不見實理，故不知禮樂刑政之所出，而欲去之。」曰：「渠若識得『寂然不動，感而遂通天下之故』，自不應如此。它本不知下一節，欲占一簡徑言之；然上節無實見，故亦不脱洒。今讀《老子》者亦多錯。如《道德經》云『名非常名』，則下文有名、無名，皆是一義，今讀者皆將『有、無』作句。又如『常無欲，以觀其妙；常有欲，以觀其竅』，只是説『無欲、有欲』，今讀者乃以『無、有』爲句，皆非老子之意。」

莊子、老子不是矯時。夷惠矯時，亦未是。

王夫之《薑齋文集》卷一《老莊申韓論》 建之爲道術，推之爲治法，内以求心，勿損其心，出以安天下，勿賊天下，古之聖人，仁及萬世，儒者修明之而見諸行事，唯此而已。求合於此而不能，因流於詖者，老莊也。損其心以任氣，賊天下以立權，明與聖人之道背馳而毒及萬世者，申韓也。與聖人之道背馳則峻拒之者，儒者之責，勿容辭也。拒其説，必力絶其所爲，絶其所爲，必厚戒於其心，而後許之爲君子儒。言治道者吾惑焉。於老莊則遠之惟恐不夙，於申韓則暗襲其所爲而陰挾其心，吾是以惑而甚惑其惑之甚也。夫師老莊以應天下，吾聞之漢文景矣。其終遠於聖人之治而不能合者，老莊亂之也。然而心猶人之心，天下則已異乎食荼臥棘之天下矣。下此則何晏、王戎以弛天下而使亂。然其所爲，求之聖人之道而不得，求之老莊而亦不得。虚與誕，聖人之所弗尚；躁與貪，亦老莊之所弗尚。則遠之必夙者正也。老莊之所弗尚，則不得舉何晏、王戎之罪罪老莊也。夫申韓而豈但此哉。韓愈氏曰：「仁義之言，藹如也。聖人之欲正天下也亟，其論治也詳。今讀其書，繹其言，蔑不藹如也。其言藹如也，其政油如也，患天下之相賊，而不以賊懲賊，懲天下之賊，規乎其大凡而止。雖有刀鋸，而不損其不忍人之心。略其毫毛，捭其幽隱，以使容於覆載之間而民氣以靜。是故匹夫之蹶然以惡怒，非可逆也；匹夫之蹶然以愉快，非不可獲譽也。然而聖人不忍徇之，以致善治之名。有人於此，匹夫蹶然而怒，其可殺邪？從而殺之。匹夫蹶然而喜，喜怒如匹夫之心，則明斷之譽蹶然而興，而氣茀然，而權

赫然，靜反諸心，而心固怵然，起視天下，而天下紜然。爲君子儒者以此爲愉快，則抑不得爲聖人之徒矣。聞之曰，惡不仁者，不使不仁加於其身；未聞惡不仁者，不使不仁者之留遺種於天下也。悲夫！自宋以來，爲君子儒者，言則聖人而行則申韓也，抑以聖人之言文申韓而爲言也。曹操之雄也，申韓術行而歐天下以思媚於司馬氏，不勞而奪諸几席。諸葛孔明之貞也，扶劉氏之裔以申大義，申韓術行而不能再世。申韓之效，亦昭然矣。宋之儒者，胡憯莫懲而潛用之以徇匹夫一往之情。吾聞以閨房醉飽之過掠治婦人，以徵士大夫之罪矣。吾聞其聞有赦而急取罪人屠割之矣。非申韓孰與任此，而爲君子儒者以爲愉快，復何望夫袴褶之夫，刀筆之吏乎！是其爲術也，三代以上，無尚之者也；仲尼之徒，無道之者也；三苗之所以分北也，鄧析之所以服刑也。自申韓起，而言治者一不審，而即趨於其塗。申韓以矯老莊，而拒老莊者揖進之。夫老莊則固盡然傷心於此矣。老莊非也，其盡然傷心於此者，未嘗非也。仲尼不以徇魯衛，而老於下位。文王不以徇商紂，而囚於羑里。我知其盡然傷心者倍甚於老莊，則已知老莊之賤名法以蘄安天下，未能合聖人之道，而固不敢背以馳也，愈於申韓遠矣。畫之以一定之法，申之以繁重之科，臨之以憤盈之氣，出之以戌削之詞，督之以違心之奔走，迫之以畏死之憂患，如是以使之仁不忘親，義不背長。不率，則敎然以委之霜刃之鋒曰，吾以使人履仁而戴義也。夫申韓固亦曰，吾以使人履仁而戴義也，何患乎無名而要。豈有不忍人之心者所幸有其名，以彈壓羣論乎。易動而難戢者，氣也。往而不易反者，惡怒之情也。羣起而焚人以逞者，匹夫蹶然之恩怨也。是以君子貴知擇焉。弗擇，而聖人之道且以文邪慝而有餘。以文老莊而有老莊之儒，以文浮屠而有浮屠之儒，以文申韓而有申韓之儒。下至於申韓之儒，而賊天下以賊其心者甚矣。後世之天下死於申韓之儒者積焉，爲君子儒者潛移其心於彼者，實致之也。

梁章鉅《浪跡三談》卷三《齊物論》 《莊子·齊物論》，今人多以「齊物」二字連讀，而宋人多以「物論」二字連讀，謂「物論」之難齊，而莊子欲齊之也。案《文選·魏都賦》「萬物可齊於一朝」，劉淵林注云：「莊子有齊物之論。」劉琨《答盧諶書》云：「遠慕老、莊之齊物，近嘉阮生之放曠。」皆不以「物論」二字連讀。若《文心雕龍·論説篇》，則直云「莊周《齊物》，以論爲名」，尤可證六朝之舊讀矣。近人多尚古而薄今，而不知宋人之讀「物論」，尚不如今人之讀「齊物」爲有據，且蘇詩中亦云「逍遥齊物追莊周」，即宋人亦何莫不然？

王先謙《莊子集釋序》 郭君子瀞爲《莊子集釋》成，以授先謙讀之，而其年適有東夷之亂，作而歎曰：莊子其有不得已於中乎！夫其遭世否塞，拯之末由，神彷徨乎馮閎，驗小大之無垠，究大地之終始，懼然而爲是言也。

騶衍曰：「儒者所謂中國，於天下乃八十一分居其一分耳。赤縣神州外自有九州，裨海環之，大瀛海環其外。」惠施曰：「我知天下之中央，燕之北，越之南是也。」而莊子稱之，亦言儵與忽鑿混沌死，其説若豫睹將來而推厥終極，亦異人矣哉！

子貢爲挈水之槔，而漢陰丈人笑之。今之機械機事，倍於槔者相萬也。使莊子見之，奈何？蠻觸氏爭地於蝸角，伏尸數萬，逐北旬日。今之蠻觸氏不知其幾也，而莊子奈何？

是故以黄帝爲君而有蚩尤，以堯爲君而有叢枝、宗、膾、胥敖。黄帝、堯非好事也，然而欲虚其國，刑其人，其不能以虚靜治，決矣。彼莊子者，求其術而不得，將遂獨立於寥闊之野，以幸全其身而樂其生，烏足及天下！

且其書嘗暴著於後矣。晉演爲玄學，無解於胡羯之氛；唐尊爲真經，無救於安史之禍。徒以藥世主淫侈，澹末俗利欲，庶有一二之助焉。

而其文又絶奇，郭君愛翫之不已，因有《集釋》之作，附之以文，益之以博，使莊子見之，得毋曰「此猶吾之糟粕」乎？雖然，無迹奚以測履，無糟粕奚以觀於古美矣！郭君於是書爲副墨之子，將羣天下爲洛誦之孫已夫！

光緒二十年歲次甲午冬十二月，長沙愚弟王先謙謹撰。

藝文

《陶淵明集》卷四《擬古九首》（其八） 少時壯且厲，撫劍獨行遊。誰言行遊近？張掖至幽州。饑食首陽薇，渴飲易水流。不見相知人，惟見古時丘。路邊兩高墳，伯牙與莊周。此士難再得，吾行欲何求。

《李太白全集》卷二《古風五十九首》（其九） 莊周夢胡蝶，胡蝶爲莊周。一體更變易，萬事良悠悠。乃知蓬萊水，復作清淺流。青門種瓜人，舊日東陵侯。富貴故如此，營營何所求。

《白居易集》卷三二《律詩·讀莊子》 莊生齊物同歸一，我道同中有不同。遂性逍遥雖一致，鸞凰終校勝蛇蟲。

趙武靈王部

綜述

《史記》卷四三《趙世家》 二十四年，肅侯卒。秦、楚、燕、齊、魏出鋭師各萬人來會葬。子武靈王立。

武靈王元年，陽文君趙豹相。梁襄王與太子嗣，韓宣王與太子倉來朝信宫。武靈王少，未能聽政，博聞師三人，左右司過三人。及聽政，先問先王貴臣肥義，加其秩；國三老年八十，月致其禮。

三年，城鄗。四年，與韓會于區鼠。五年，娶韓女爲夫人。

八年，韓擊秦，不勝而去。五國相王，趙獨否，曰：「無其實，敢處其名乎！」令國人謂己曰「君」。

九年，與韓、魏共擊秦，秦敗我，斬首八萬級。齊敗我觀澤。十年，秦取我中都及西陽。齊破燕。燕相子之爲君，君反爲臣。十一年，王召公子職於韓，立以爲燕王，使樂池送之。十三年，秦拔我藺，虜將軍趙莊。楚、魏王來，過邯鄲。十四年，趙何攻魏。

十六年，秦惠王卒。王遊大陵。他日，王夢見處女鼓琴而歌詩曰：「美人熒熒兮，顔若苕之榮。命乎命乎，曾無我嬴。」異日，王飲酒樂，數言所夢，想見其狀。吳廣之，因夫人而内其女娃，嬴。孟姚也。孟姚甚有寵於王，是爲惠后。

十七年，王出九門，爲野臺，以望齊、中山之境。

十八年，秦武王與孟説舉龍文赤鼎，絶臏而死。趙王使代相趙固迎公子稷於燕，送歸，立爲秦王，是爲昭王。

十九年春正月，大朝信宫。召肥義與議天下，五日而畢。王北略中山之地，至於房子，遂之代，北至無窮，西至河，登黄華之上。召樓緩謀曰：「我先王因世之變，以長南藩之地，屬阻漳、滏之險，立長城，又取藺、郭狼，敗林人於荏，而功未遂。今中山在我腹心，北有燕，東有胡，西有林胡、樓煩、秦、韓之邊，而無彊兵之救，是亡社稷，柰何？夫有高世之名，必有遺俗之累。吾欲胡服。」樓緩曰：「善。」羣臣皆不欲。

於是肥義侍，王曰：「簡、襄主之烈，計胡、翟之利。爲人臣者，寵有孝弟長幼順明之節，通有補民益主之業，此兩者臣之分也。今吾欲繼襄主之跡，開於胡、翟之鄉，而卒世不見也。爲敵弱，用力少而功多，可以毋盡百姓之勞，而序往古之勳。夫有高世之功者，負遺俗之累；有獨智之慮者，任驁民之怨。今吾將胡服騎射以教百姓，而世必議寡人，柰何？」肥義曰：「臣聞疑事無功，疑行無名。王既定負遺俗之慮，殆無顧天下之議矣。夫論至德者不和於俗，成大功者不謀於衆。昔者舜舞有苗，禹袒裸國，非以養欲而樂志也，務以論德而約功也。愚者闇成事，智者覩未形，則王何疑焉。」王曰：「吾不疑胡服也，吾恐天下笑我也。狂夫之樂，智者哀焉；愚者所笑，賢者察焉。世有順我者，胡服之功未可知也。雖驅世以笑我，胡地中山吾必有之。」於是遂胡服矣。

使王緤告公子成曰：「寡人胡服，將以朝也，亦欲叔服之。家聽於親而國聽於君，古今之公行也。子不反親，臣不逆君，兄弟之通義也。今寡人作教易服而叔不服，吾恐天下議之也。制國有常，利民爲本；從政有經，令行爲上。明德先論於賤，而行政先信於貴。今胡服之意，非以養欲而樂志也；事有所止而功有所出，事成功立，然后善也。今寡人恐叔之逆從政之經，以輔叔之議。且寡人聞之，事利國者行無邪，因貴戚者名不累，故願慕公叔之義，以成胡服之功。使緤謁之叔，請服焉。」公子成再拜稽首曰：「臣固聞王之胡服也。臣不佞，寢疾，未能趨走以滋進也。王命之，臣敢對，因竭其愚忠。曰：臣聞中國者，蓋聰明徇智之所居也，萬物財用之所聚也，賢聖之所教也，仁義之所施也，《詩書》禮樂之所用也，異敏技能之所試也，遠方之所觀赴也，蠻夷之所義行也。今王舍此而襲遠方之服，變古之教，易古之道，逆人之心，而佛學者，離中國，故臣願王圖之也。」使者以報。王曰：「吾固聞叔之疾也，我將自往請之。」

王遂往之公子成家，因自請之，曰：「夫服者，所以便用也；禮者，所以便事也。聖人觀鄉而順宜，因事而制禮，所以利其民而厚其國也。夫翦髮文身，錯臂左衽，甌越之民也。黑齒雕題，卻冠秫絀，大吳之國也。故禮服莫同，其便一也。鄉異而用變，事異而禮易。是以聖人果可以利其國，不一其用；果可以便其事，不同其禮。儒者一師而俗異，中國同禮而教離，況於山谷之便乎？故去就之變，智者不能一；遠近之服，賢聖不能同。窮鄉多異，曲學多辯。不知而不疑，異於己而不非者，公焉而衆求盡善也。今叔之所言者俗也，吾所言者所以制俗也。

吾國東有河、薄洛之水，與齊、中山同之，無舟楫之用。自常山以至代、上黨，東有燕、東胡之境，而西有樓煩、秦、韓之邊，今無騎射之備。故寡人無舟楫之用，夾水居之民，將何以守河、薄洛之水；變服騎射，以備燕、三胡、秦、韓之邊。且昔者簡主不塞晉陽以及上黨，而襄主并戎取代以攘諸胡，此愚智所明也。先時中山負齊之彊兵，侵暴吾地，係累吾民，引水圍鄗，微社稷之神靈，則鄗幾於不守也。先王醜之，而怨未能報也。今騎射之備，近可以便上黨之形，而遠可以報中山之怨。而叔順中國之俗以逆簡、襄之意，惡變服之名以忘鄗事之醜，非寡人之所望也。」公子成再拜稽首曰：「臣愚，不達於王之義，敢道世俗之聞，臣之辠也。今王將繼簡、襄之意以順先王之志，臣敢不聽命乎！」再拜稽首。乃賜胡服。明日，服而朝。於是始出胡服令也。

趙文、趙造、周袑、趙俊皆諫止王毋胡服，如故法便。王曰：「先王不同俗，何古之法？帝王不相襲，何禮之循？虙戲、神農教而不誅，黄帝、堯、舜誅而不怒。及至三王，隨時制法，因事制禮。法度制令各順其宜，衣服器械各便其用。故禮也不必一道，而便國不必古。聖人之興也不相襲而王，夏、殷之衰也不易禮而滅。然則反古未可非，而循禮未足多也。且服奇者志淫，則是鄒、魯無奇行也；俗辟者民易，則是吴、越無秀士也。且聖人利身謂之服，便事謂之禮。夫進退之節，衣服之制者，所以齊常民也，非所以論賢者也。故齊民與俗流，賢者與變俱。故諺曰『以書御者不盡馬之情，以古制今者不達事之變』。循法之功，不足以高世；法古之學，不足以制今。子不及也。」遂胡服招騎射。

二十年，王略中山地，至寧葭；西略胡地，至榆中。林胡王獻馬。歸，使樓緩之秦，仇液之韓，王賁之楚，富丁之魏，趙爵之齊。代相趙固主胡，致其兵。

二十一年，攻中山。趙袑爲右軍，許鈞爲左軍，公子章爲中軍，王并將之。牛翦將車騎，趙希并將胡、代。趙與之陘，合軍曲陽，攻取丹丘、華陽、鴟之塞。王軍取鄗、石邑、封龍、東垣。中山獻四邑和，王許之，罷兵。二十三年，攻中山。二十五年，惠后卒。使周袑胡服傅王子何。二十六年，復攻中山，攘地北至燕、代，西至雲中、九原。

二十七年五月戊申，大朝於東宮，傳國，立王子何以爲王。王廟見禮畢，出臨朝。大夫悉爲臣，肥義爲相國，并傅王。是爲惠文王。惠文王，惠后吴娃子也。武靈王自號爲主父。

主父欲令子主治國，而身胡服將士大夫西北略胡地，而欲從雲中、九原直南襲秦，於是詐自爲使者入秦。秦昭王不知，已而怪其狀甚偉，非人臣之度，使人逐之，而主父馳已脱關矣。審問之，乃主父也。秦人大驚。主父所以入秦者，欲自略地形，因觀秦王之爲人也。

惠文王二年，主父行新地，遂出代，西遇樓煩王於西河而致其兵。

三年，滅中山，遷其王於膚施。起靈壽，北地方從，代道大通。還歸，行賞，大赦，置酒酺五日，封長子章爲代安陽君。章素侈，心不服其弟所立。主父又使田不禮相章也。

李兑謂肥義曰：「公子章彊壯而志驕，黨衆而欲大，殆有私乎？田不禮之爲人也，忍殺而驕。二人相得，必有謀陰賊起，一出身徼幸。夫小人有欲，輕慮淺謀，徒見其利而不顧其害，同類相推，俱入禍門。以吾觀之，必不久矣。子任重而勢大，亂之所始，禍之所集也，子必先患。仁者愛萬物而智者備禍於未形，不仁不智，何以爲國？子奚不稱疾毋出，傳政於公子成？毋爲怨府，毋爲禍梯。」肥義曰：「不可。昔者主父以王屬義也，曰：『毋變而度，毋異而慮，堅守一心，以殁而世。』義再拜受命而籍之。今畏不禮之難而忘吾籍，變孰大焉。進受嚴命，退而不全，負孰甚焉。變負之臣，不容於刑。諺曰『死者復生，生者不愧』。吾言已在前矣，吾欲全吾言，安得全吾身！且夫貞臣也難至而節見，忠臣也累至而行明。子則有賜而忠我矣，雖然，吾有語在前者也，終不敢失。」李兑曰：「諾，子勉之矣！吾見子已今年耳。」涕泣而出。李兑數見公子成，以備田不禮之事。

異日肥義謂信期曰：「公子與田不禮甚可憂也。其於義也聲善而實惡，此爲人也不子不臣。吾聞之也，姦臣在朝，國之殘也；讒臣在中，主之蠹也。此人貪而欲大，内得主而外爲暴。矯令爲慢，以擅一旦之命，不難爲也，禍且逮國。今吾憂之，夜而忘寐，飢而忘食。盜賊出入不可不備。自今以來，若有召王者必見吾面，我將先以身當之，無故而王乃入。」信期曰：「善哉，吾得聞此也！」

四年，朝羣臣，安陽君亦來朝。主父令王聽朝，而自從旁觀窺羣臣宗室之禮。見其長子章傫然也，反北面爲臣，詘於其弟，心憐之，於是乃欲分趙而王章於代，計未決而輟。

主父及王游沙丘，異宫，公子章即以其徒與田不禮作亂，詐以主父令召王。肥義先入，殺之。高信即與王戰。公子成與李兑自國至，乃起四邑之兵入距難，殺公子章及田不禮，滅其黨賊而定王室。公子成爲相，號安平君，李兑爲司寇。公子章之敗，往走主父，主父開之，成、兑因圍主父宫。公子章死，公子成、李兑

謀曰：「以章故圍主父，即解兵，吾屬夷矣。」乃遂圍主父。令宮中人「後出者夷」，宮中人悉出。主父欲出不得，又不得食，探爵鷇而食之，三月餘而餓死沙丘宮。主父定死，乃發喪赴諸侯。

是時王少，成、兑專政，畏誅，故圍主父。主父初以長子章爲太子，後得吴娃，愛之，爲不出者數歲，生子何，乃廢太子章而立何爲王。吴娃死，愛弛，憐故太子，欲兩王之，猶豫未決，故亂起，以至父子俱死，爲天下笑，豈不痛乎！

雜録

備録

《戰國策·趙二》 武靈王平晝間居，肥義侍坐，曰：「王慮世事之變，權甲兵之用，念簡、襄之迹，計胡、狄之利乎？」王曰：「嗣立不忘先德，君之道也；錯質務明主之長，臣之論也。是以賢君静而有道民便事之教，動有明古先世之功。爲人臣者，窮有弟長辭讓之節，通有補民益主之業。此兩者，君臣之分也。今吾欲繼襄主之業，啓胡、翟之鄉，而卒世不見也。敵弱者，用力少而功多，可以無盡百姓之勞，而享往古之勳。夫有高世之功者，必負遺俗之累；有獨知之慮者，必被庶人之恐。今吾將胡服騎射以教百姓，而世必議寡人矣。」

肥義曰：「臣聞之，疑事無功，疑行無名。今王即定負遺俗之慮，殆毋顧天下之議矣。夫論至德者，不和於俗；成大功者，不謀於衆。昔舜舞有苗，而禹袒入裸國，非以養欲而樂志也，欲以論德而要功也。愚者闇於成事，智者見於未萌，王其遂行之。」王曰：「寡人非疑胡服也，吾恐天下笑之。狂夫之樂，知者哀焉；愚者之笑，賢者戚焉。世有順我者，則胡服之功未可知也。雖敺世以笑我，胡地中山吾必有之。」

王遂胡服。使王孫緤告公子成曰：「寡人胡服，且將以朝，亦欲叔之服之也。家聽於親，國聽於君，古今之公行也；子不反親，臣不逆主，先王之通誼也。今寡人作教易服，而叔不服，吾恐天下議之也。夫制國有常，而利民爲本；從政有經，而令行爲上。故明德在於論賤，行政在於信貴。今胡服之意，非以養欲而樂志也。事有所出，功有所止。事成功立，然後德且見也。今寡人恐叔逆從政之經，以輔公叔之議。且寡人聞之，事利國者行無邪，因貴戚者名不累。故寡人願募公叔之義，以成胡服之功，使緤謁之叔請服焉。」

公子成再拜曰：「臣固聞王之胡服也，不佞寢疾，不能趨走，是以不先進。王今命之，臣固敢竭其愚忠。臣聞之，中國者，聰明叡知之所居也，萬物財用之所聚也，賢聖之所教也，仁義之所施也，詩書禮樂之所用也，異敏技藝之所試也，遠方之所觀赴也，蠻夷之所義行也。今王釋此，而襲遠方之服，變古之教，易古之道，逆人之心，畔學者，離中國，臣願大王圖之。」

使者報王。王曰：「吾固聞叔之病也。」即之公叔成家，自請之曰：「夫服者，所以便用也；禮者，所以便事也。是以聖人觀其鄉而順宜，因其事而制禮，所以利其民而厚其國也。被髮文身，錯臂左衽，甌越之民也。黑齒雕題，鯷冠秫縫，大吴之國也。禮服不同，其便一也。是以鄉異而用變，事異而禮易。是故聖人苟可以利其民，不一其用；果可以便其事，不同其禮。儒者一師而禮異，中國同俗而教離，又況山谷之便乎？故去就之變，知者不能一；遠近之服，賢聖不能同。窮鄉多異，曲學多辨，不知而不疑，異於己而不非者，公於求善也。今卿之所言者，俗也。吾之所言者，所以制俗也。今吾國東有河、薄洛之水，與齊、中山同之，而無舟檝之用。自常山以至代、上黨，東有燕、東胡之境，西有樓煩、秦、韓之邊，而無騎射之備。故寡人且聚舟檝之用，求水居之民，以守河、薄洛之水；變服騎射，以備其參胡、樓煩、秦、韓之邊。且昔者簡主不塞晉陽，以及上黨，而襄王兼戎取代，以攘諸胡，此愚知之所明也。先時中山負齊之強兵，侵掠吾地，係累吾民，引水圍鄗，非社稷之神靈，即鄗幾不守。先王忿之，其怨未能報也。今騎射之服，近可以備上黨之形，遠可以報中山之怨。而叔也順中國之俗以逆簡、襄之意，惡變服之名，而忘國事之恥，非寡人所望於子！」

公子成再拜稽首曰：「臣愚不達於王之議，敢道世俗之間。今欲繼簡、襄之意，以順先王之志，臣敢不聽令。」再拜。乃賜胡服。

趙文進諫曰：「農夫勞而君子養焉，政之經也。愚者陳意而知者論焉，教之道也。臣無隱忠，君無蔽言，國之禄也。臣雖愚，願竭其忠。」王曰：「慮無惡擾，忠無過罪，子其言乎。」趙文曰：「當世輔俗，古之道也。衣服有常，禮之制也。修法無愆，民之職也。三者，先聖之所以教。今君釋此，而襲遠方之服，變古之教，易古之道，故臣願王之圖之。」王曰：「子言世俗之間。常民溺於習俗，學者

沉於所聞。此兩者，所以成官而順政也，非所以觀遠而論始也。且夫三代不同服而王，五伯不同教而政。知者作教，而愚者制焉。賢者議俗，不肖者拘焉。夫制於服之民，不足與論心；拘於俗之衆，不足與致意。故勢與俗化，而禮與變俱，聖人之道也。承教而動，循法無私，民之職也。知學之人，能與聞遷；達於禮之變，能與時化。故爲己者不待人，制今者不法古，子其釋之。」

趙造諫曰：「隱忠不竭，奸之屬也。以私誣國，賤之類也。犯姦者身死，賤國者族宗。反此兩者，先聖之明刑，臣下之大罪也。臣雖愚，願盡其忠，無遁其死。」王曰：「竭意不諱，忠也。上無蔽言，明也。忠不辟危，明不距人。子其言乎。」

趙造曰：「臣聞之，聖人不易民而教，知者不變俗而動。因民而教者，不勞而成功；據俗而動者，慮徑而易見也。今王易初不循俗，胡服不顧世，非所以教民而成禮也。且服奇者志淫，俗辟者亂民。是以莅國者不襲奇辟之服，中國不近蠻夷之行，非所以教民而成禮者也。且循法無過，脩禮無邪，臣願王之圖之。」

王曰：「古今不同俗，何古之法？帝王不相襲，何禮之循？宓戲、神農教而不誅，黄帝、堯、舜誅而不怒。及至三王，觀時而制法，因事而制禮，法度制令，各順其宜；衣服器械，各便其用。故禮世不必一其道，便國不必法古。聖人之興也，不相襲而王。夏、殷之衰也，不易禮而滅。然則反古未可非，而循禮未足多也。且服奇而志淫，是鄒、魯無奇行也；俗辟而民易，是吴、越無俊民也。是以聖人利身之謂服，便事之謂教，進退之謂節，衣服之制，所以齊常民，非所以論賢者也。故聖與俗流，賢與變俱。諺曰：『以書爲御者，不盡於馬之情。以古制今者，不達於事之變。』故循法之功，不足以高世；法古之學，不足以制今。子其勿反也。」

王立周紹爲傅，曰：「寡人始行縣，過番吾，當子爲子之時，踐石以上者皆道子之孝。故寡人問子以璧，遺子以酒食，而求見子。子謁病而辭。人有言子者曰：『父之孝子，君之忠臣也。』故寡人以子之知慮，爲辨足以道人，危足以持難，忠可以寫意，信可以遠期。詩云：『服難以勇，治亂以知，事之計也。立傅以行，教少以學，義之經也。循計之事，失而累；訪議之行，窮而不憂。』故寡人欲子之胡服以傅王乎。」

周紹曰：「王失論矣，非賤臣所敢任也。」王曰：「選子莫若父，論臣莫若君。君，寡人也。」周紹曰：「立傅之道六。」王曰：「六者何也？」周紹曰：「知慮不躁達於變，身行寬惠達於禮，威嚴不足以易於位，重利不足以變其心，恭於教而不快，和於下而不危。六者，傅之才，而臣無一焉。隱中不竭，臣之罪也。傅命僕官，以煩有司，吏之恥也。王請更論。」

王曰：「知此六者，所以使子。」周紹曰：「乃國未通於王胡服。雖然，臣，王之臣也，而王重命之，臣敢不聽令乎？」再拜，賜胡服。

王曰：「寡人以王子爲子任，欲子之厚愛之，無所見醜。御道之以行義，勿令溺苦於學。事君者，順其意，不逆其志。事先者，明其高，不倍其孤。故有臣可命，其國之禄也。子能行是，以事寡人者畢矣。《書》云：『去邪無疑，任賢勿貳。』寡人與子，不用人矣。」遂賜周紹胡服衣冠，具帶黄金師比，以傅王子也。

趙燕後胡服，王令讓之曰：「事主之行，竭意盡力，微諫而不譁，應對而不怨，不逆上以自伐，不立私以爲名。子道順而不拂，臣行讓而不爭。子用私道者家必亂，臣用私義者國必危。反親以爲行，慈父不子；逆主以自成，惠主不臣也。寡人胡服，子獨弗服，逆主罪莫大焉。以從政爲累，以逆主爲高，行私莫大焉。故寡人恐親犯刑戮之罪，以明有司之法。」趙燕再拜稽首曰：「前吏命胡服，施及賤臣，臣以失令過期，更不用侵辱教，王之惠也。臣敬循衣服，以待今日。」

王破原陽，以爲騎邑。牛贊進諫曰：「國有固籍，兵有常經。變籍則亂，失經則弱。今王破原陽，以爲騎邑，是變籍而棄經也。且習其兵者輕其敵，便其用者易其難。今民便其用而王變之，是損君而弱國也。故利不百者不變俗，功不什者不易器。今王破卒散兵，以奉騎射，臣恐其攻獲之利，不如所失之費也。」

王曰：「古今異利，遠近易用。陰陽不同道，四時不一宜。故賢人觀時，而不觀於時；制兵，而不制於兵。子知官府之籍，不知器械之利；知兵甲之用，不知陰陽之宜。故兵不當於用，何兵之不可易？教不便於事，何俗之不可變？昔者先君襄主與代交地，城境封之，名曰無窮之門，所以昭後而期遠也。今重甲循兵，不可以踰險；仁義道德，不可以來朝。吾聞信不棄功，知不遺時。今子以官府之籍，亂寡人之事，非子所知。」

牛贊再拜稽首曰：「臣敢不聽令乎？」至遂胡服，率騎入胡，出於遺遺之門，踰九限之固，絶五俓之險，至榆中，辟地千里。

《戰國策·中山》 犀首立五王，而中山後持。齊謂趙、魏曰：「寡人羞與中山並爲王，願與大國伐之，以廢其王。」中山聞之，大恐，召張登而告之曰：「寡人且王，齊謂趙、魏曰，羞與寡人並爲王，而欲伐寡人。恐亡其國，不在索王。非子

莫能吾救。」登對曰：「君爲臣多車重幣，臣請見田嬰。」中山之君遣之齊。見嬰子曰：「臣聞君欲廢中山之王，將與趙、魏伐之，過矣。以中山之小，而三國伐之，中山雖益廢王，猶且聽也。且中山恐，必爲趙、魏廢其王而務附焉。是君爲趙、魏驅羊也，非齊之利也。豈若中山廢其王而事齊哉？」

田嬰曰：「柰何？」張登曰：「今君召中山，與之遇而許之王，中山必喜而絶趙、魏。趙、魏怒而攻中山，中山急而爲君難其王，則中山必恐，爲君廢王事齊。彼患亡其國，是君廢其王而亡其國，賢於爲趙、魏驅羊也。」田嬰曰：「諾。」張丑曰：「不可。臣聞之，同欲者相憎，同憂者相親。今五國相與王也，負海不與焉。此是欲皆在爲王，而憂在負海。今召中山，與之遇而許之王，是奪五國而益負海也。致中山而塞四國，四國寒心。必先與之王而故親之，是君臨中山而失四國也。且張登之爲人也，善以微計薦中山之君久矣，難信以爲利。」

田嬰不聽。果召中山君而許之王。張登因謂趙、魏曰：「齊欲伐河東。何以知之？齊羞與中山之爲王甚矣。今召中山，與之遇而許之王，是欲用其兵也。豈若令大國先與之王，以止其遇哉？」趙、魏許諾，果與中山王而親之。中山果絶齊而從趙、魏。

中山與燕、趙爲王，齊閉關不通中山之使，其言曰：「我萬乘之國也，中山千乘之國也，何侔名於我？」欲割平邑以賂燕、趙，出兵以攻中山。

藍諸君患之。張登謂藍諸君曰：「公何患於齊？」藍諸君曰：「齊强，萬乘之國，耻與中山侔名，不憚割地以賂燕、趙，出兵以攻中山。燕、趙好位而貪地，吾恐其不吾據也。大者危國，次者廢王，柰何吾弗患也。」張登曰：「請令燕、趙固輔中山而成其王，事遂定。公欲之乎？」藍諸君曰：「此所欲也。」曰：「請以公爲齊王而登試説公。可，乃行之。」藍諸君曰：「願聞其説。」

登曰：「王之所以不憚割地以賂燕、趙，出兵以攻中山者，其實欲廢中山之王也。王曰：『然。』然則王之爲費且危。夫割地以賂燕、趙，是强敵也；出兵以攻中山，首難也。王行二者，所求中山未必得。王如用臣之道，地不虧而兵不用，中山可廢也。王必曰：『子之道柰何？』」藍諸君曰：「然則子之道柰何？」張登曰：「王發重使，使告中山君曰：『寡人所以閉關不通使者，爲中山之獨與燕、趙爲王，而寡人不與聞焉，是以隘之。王苟舉趾以見寡人，請亦佐君。』中山恐燕、趙之不己據也，今齊之辭云『即佐王』，中山必遁燕、趙，與王相見。燕、趙聞之，怒絶之，王亦絶之，是中山孤，孤何得無廢。以此説齊王，齊王聽乎？」藍諸君曰：「是則必聽矣，此所以廢之，何在其所存之矣。」張登曰：「此王所以存者也。齊以是辭來，因言告燕、趙而無往，以積厚於燕、趙。燕、趙必曰：『齊之欲割平邑以賂我者，非欲廢中山之王也；徒欲以離我於中山，而己親之也。』雖百平邑，燕、趙必不受也。」藍諸君曰：「善。」

遣張登往，果以是辭來。中山因告燕、趙而不往，燕、趙果俱輔中山而使其王。事遂定。

陰姬與江姬爭爲后。司馬憙謂陰姬公曰：「事成，則有土子民；不成，則恐無身。欲成之，何不見臣乎？」陰姬公稽首曰：「誠如君言，事何可豫道者。」司馬憙即奏書中山王曰：「臣聞弱趙强中山。」中山王悦而見之曰：「願聞弱趙强中山之説。」司馬憙曰：「臣願之趙，觀其地形險阻，人民貧富，君臣賢不肖，商敵爲資，未可豫陳也。」中山王遣之。

見趙王曰：「臣聞趙，天下善爲音，佳麗人之所出也。今者，臣來至境，入都邑，觀人民謡俗，容貌顔色，殊無佳麗好美者。以臣所行多矣，周流無所不通，未嘗見人如中山陰姬者也。不知者，特以爲神，力言不能及也。其容貌顔色，固已過絶人矣。若乃其眉目准頞權衡，犀角偃月，彼乃帝王之后，非諸侯之姫也。」趙王意移，大悦曰：「吾願請之，何如？」司馬憙曰：「臣竊見其佳麗，口不能無道爾。即欲請之，是非臣所敢議，願王無泄也。」

司馬憙辭去，歸報中山王曰：「趙王非賢王也。不好道德，而好聲色；不好仁義，而好勇力。臣聞其乃欲請所謂陰姬者。」中山王作色不悦。司馬憙曰：「趙强國也，其請之必矣。王如不與，即社稷危矣；與之，即爲諸侯笑。」中山王曰：「爲將奈何？」司馬憙曰：「王立爲后，以絶趙王之意。世無請后者。雖欲得請之，鄰國不與也。」中山王遂立以爲后，趙王亦無請言也。

主父欲伐中山，使李疵觀之。李疵曰：「可伐也。君弗攻，恐後天下。」主父曰：「何以？」對曰：「中山之君，所傾蓋與車而朝窮閭隘巷之士者，七十家。」主父曰：「是賢君也，安可伐？」李疵曰：「不然。舉士，則民務名不存本；朝賢，則耕者惰而戰士懦。若此不亡者，未之有也。」

《韓非子・外儲説左上》 趙主父令工施鉤梯而緣播吾，刻疏人迹其上，廣三尺，長五尺，而勒之曰：「主父常遊於此。」

趙主父使李疵視中山可攻不也？還報曰：「中山可伐也。君不亟伐，將後齊、燕。」主父曰：「何故可攻？」李疵對曰：「其君見好巖穴之士，所傾蓋、與車

以見窮閭隘巷之士以十數，伉禮下布衣之士以百數矣。」君曰：「以子言論，是賢君也，安可攻？」疵曰：「不然。夫好顯巖穴之士而朝之，則戰士怠於行陣；上尊學者，下士居朝，則農夫惰於田。戰士怠於行陣者則兵弱也，農夫惰於田者則國貧也。兵弱於敵，國貧於內，而不亡者，未之有也。伐之不亦可乎？」主父曰：「善。」舉兵而伐中山，遂滅也。

《史記》卷一一〇《匈奴列傳》 而趙武靈王亦變俗胡服，習騎射，北破林胡、樓煩。築長城，自代並陰山下，至高闕爲塞。而置雲中、鴈門、代郡。

王充《論衡・紀妖篇》 自簡子後，十(七)世至武靈王，吴慶(廣)人其母(女)姓(娃)嬴子孟姚。其後，武靈王遂取中山，并胡地。武靈王之十九年，更爲胡服，國人化之。皆如其言，無不然者。蓋妖祥見於兆，審矣，皆非實事。吉凶之漸，若天告之。

應劭《風俗通義・皇霸》 至武靈王，竟胡服騎射，辟地千里。到王遷，信秦反間之言，殺其良將李牧而任趙括，遂爲所滅。此童謡曰：「趙爲號，秦爲笑，以爲不信，視地上生毛。」

酈道元《水經注》卷三《河水》 屈從縣北東流，

河水又屈而東流，爲北河。漢武帝元朔二年，大將軍衛青絶梓嶺，梁北河是也。東逕高闕南。《史記》：趙武靈王既襲胡服，自代並陰山下，至高闕爲塞。山下有長城，長城之際，連山刺天，其山中斷，兩岸雙闕，善能雲舉，望若闕焉。即狀表目，故有高闕之名也。自闕北出荒中，闕口有城，跨山結局，謂之高闕戍。自古迄今，常置重捍，以防塞道。

葉適《習學記言序目》卷一八《戰國策・趙》 「中國者，聰明睿智之所居也，萬物財用之所聚也，聖賢之所教也，仁義之所施也，詩書禮樂之所用也，異敏技藝之所試也，遠方之所觀赴也，蠻夷之所義行也。」《戰國策》之陋甚矣，公子成不知何人，乃能爲此數十語；然卒再拜而胡服，又可笑也。自荀吴變卒破狄，其兆已見。武靈王雖廣地辟國，無救于殺身，壞法亂紀，卒與六王相隨而滅。然則有國之要信不在此也。(《武靈王》)

鍾惺《史懷》卷四 武靈王胡服之令，行于公子成，又行于周紹。成叔父也，而紹太子之傅也，猶以體貌諭之。趙燕臣隸也，則曰寡人胡服，子弗服也，逆主罪莫大焉，寡人恐親犯刑戮之罪，直劫之以刑矣。

梁玉繩《人表考》卷八《下中・趙武靈王》 武靈王始見《戰國・趙策》，肅侯子始見《史・趙世家》。名雍，《索隱》。亦曰趙靈。《列女傳》、《後書・文苑崔琦傳》。立二十七年傳國，自號主父。《六國表》、《世家》、《秦》、《趙》、《中山策》。年五十，餘百日而死沙丘宫。《大戴禮・保傅》、《説苑・尊賢》、《秦策》、《世家》、《范雎傳》。葬代郡靈丘縣東南三十里。《水經滱水注》、《世家・集解》、《正義》。

備論

《韓非子・喻老》 制在己曰重，不離位曰静。重則能使輕，静則能使躁。故曰：「重爲輕根，静爲躁君。故曰君子終日行不離輜重也。」邦者，人君之輜重也。主父生傳其邦，此離其輜重者也。故雖有代、雲中之樂，超然已無趙矣。主父，萬乘之主，而以身輕於天下。無勢之謂輕，離位之謂躁，是以生幽而死。故曰「輕則失臣，躁則失君」，主父之謂也。

《史記》卷四三《趙世家》司馬貞述贊 趙氏之系，與秦同祖。周穆平徐，乃封造父。帶始事晉，夙初有土。岸賈智誅，韓厥立武。寶符臨代，卒居伯魯。簡夢翟犬，靈歌處女。胡服雖強，建立非所。頗、牧不用，王遷囚虜。

洪邁《容齋續筆》卷四《中山宜陽》 戰國事雜出於諸書，故有不可考信者。魏文侯使樂羊伐中山，克之，以封其子。故任座云：「君得中山不以封君之弟，而以封君之子。」翟璜云：「中山已拔，無使守之，臣進李克。」而《趙世家》書武靈王以中山負齊之強，侵暴其地，鋭欲報之，至於變胡服，習騎射，累年乃與齊、燕共滅之，遷其王於膚施。此去魏文侯時已百年，中山不應既亡而復存，且膚施屬上郡，本魏地，爲秦所取，非趙可得而置他人，誠不可曉。惟《樂毅傳》云：「魏取中山，後中山復國，趙復滅之。」《史記・六國表》：「威烈王十二年，中山武公初立。」徐廣曰：「周定王之孫，西周桓公之子。」此尤不然。宜陽於韓爲大縣，顯王三十四年，秦伐韓，拔之。故屈宜臼云：前年秦拔宜陽。正是昭侯時。歷宣惠王、襄王，而秦甘茂又拔宜陽，相去幾三十年，得非韓嘗失此邑，既而復取之乎？

《朱子語類》卷一三四《歷代一》 趙武靈王也是有英氣，所以做得恁地。也緣是他肚裏事，會恁地做得，但他不合只倚這些子。如後來立後一乖，也是心不正後，感召得這般事來。義剛。

葉適《習學記言序目》卷一九《史記一・世家》 武靈王胡服經營天下，困於

吴娃。

鍾惺《史懷》卷六 武靈王胡服，主意只爲教騎射耳。教騎射可也，何必胡服！人主以騎射之故，率一國而胡服，則騎射重矣。騎射重而後能教民騎射，是胡服之意也。

世有順我者，胡服之功亦可知也。雖驅世以笑我，胡地中山，我必有之，橫態傲語，目無一世，寫出英雄在目，其妙在于頑鈍。惟其頑鈍，所以能勇決。告公子成曰：寡人胡服，將以朝也，亦欲叔服之，家聽于親而國聽于君。又將大道理壓此一輩庸人。事有所止而功有所出，其言何其沈而透也。然作此一段極奇舉止，又須看他此後用人行事部署收放之妙。

武靈王始末規畫，止于彊國。探觳餓死，與齊桓公尸蟲出户，同一結局。若武靈王者，人臣之才略有餘，帝王之識量不足。

藝文

屈大均《屈翁山詩集》卷五《趙武靈王》 夢裏琹聲得孟姚，英雄此刧恨難消。美人一入吴娃館，公子頻從主父朝。西上黄華河活活，北窮大漠草蕭蕭。雲中有路堪南襲，長使秦人氣不驕。

四戰功高屢致兵，河西攘地出長城。招來騎射三胡畏，馳入函關六國驚。上帝若能憐簡子，美人何得與娃□。英雄自作沙丘禍，霸業傷心竟不成。

蘇秦部

綜述

《史記》卷六九《蘇秦列傳》 蘇秦者，東周雒陽人也。東事師於齊，而習之於鬼谷先生。

出游數歲，大困而歸。兄弟嫂妹妻妾竊皆笑之，曰：「周人之俗，治産業，力工商，逐什二以爲務。今子釋本而事口舌，困，不亦宜乎！」蘇秦聞之而慙，自傷，乃閉室不出，出其書徧觀之。曰：「夫士業已屈首受書，而不能以取尊榮，雖多亦奚以爲！」於是得周書《陰符》，伏而讀之。期年，以出揣摩，曰：「此可以說當世之君矣。」求說周顯王。顯王左右素習知蘇秦，皆少之，弗信。

乃西至秦。秦孝公卒。說惠王曰：「秦四塞之國，被山帶渭，東有關河，西有漢中，南有巴蜀，北有代馬，此天府也。以秦士民之衆，兵法之教，可以吞天下，稱帝而治。」秦王曰：「毛羽未成，不可以高蜚；文理未明，不可以并兼。」方誅商鞅，疾辯士，弗用。

乃東之趙。趙肅侯令其弟成爲相，號奉陽君。奉陽君弗説之。

去游燕，歲餘而後得見。説燕文侯曰：「燕東有朝鮮、遼東，北有林胡、樓煩，西有雲中、九原，南有嘑沱、易水，地方二千餘里，帶甲數十萬，車六百乘，騎六千匹，粟支數年。南有碣石、鴈門之饒，北有棗栗之利，民雖不佃作而足於棗栗矣。此所謂天府者也。

「夫安樂無事，不見覆軍殺將，無過燕者。大王知其所以然乎？夫燕之所以不犯寇被甲兵者，以趙之爲蔽其南也。秦趙五戰，秦再勝而趙三勝。秦趙相斃，而王以全燕制其後，此燕之所以不犯寇也。且夫秦之攻燕也，踰雲中、九原，過代、上谷，彌地數千里，雖得燕城，秦計固不能守也。秦之不能害燕亦明矣。今趙之攻燕也，發號出令，不至十日而數十萬之軍軍於東垣矣。渡嘑沱，涉易水，不至四五日而距國都矣。故曰秦之攻燕也，戰於千里之外；趙之攻燕也，戰於百里之內。夫不憂百里之患而重千里之外，計無過於此者。是故願大王與趙從親，天下爲一，則燕國必無患矣。」

文侯曰：「子言則可，然吾國小，西迫彊趙，南近齊，齊、趙彊國也。子必欲合從以安燕，寡人請以國從。」

於是資蘇秦車馬金帛以至趙。而奉陽君已死，即因説趙肅侯曰：「天下卿相人臣及布衣之士，皆高賢君之行義，皆願奉教陳忠於前之日久矣。雖然，奉陽君妬而君不任事，是以賓客游士莫敢自盡於前者。今奉陽君捐館舍，君乃今復與士民相親也，臣故敢進其愚慮。

「竊爲君計者，莫若安民無事，且無庸有事於民也。安民之本，在於擇交。擇交而得則民安，擇交而不得則民終身不安。請言外患：齊、秦爲兩敵而民不得安，倚秦攻齊而民不得安，倚齊攻秦而民不得安。故夫謀人之主，伐人之國，常苦出辭斷絶人之交也。願君慎勿出於口。請別白黑，所以異陰陽而已矣。君誠能聽臣，燕必致旃裘狗馬之地，齊必致魚鹽之海，楚必致橘柚之園，韓、魏、中山皆可使致湯沐之奉，而貴戚父兄皆可以受封侯。夫割地包利，五伯之所以覆軍禽將而求也；封侯貴戚，湯武之所以放弒而爭也。今君高拱而兩有之，此臣之所以爲君願也。

「今大王與秦，則秦必弱韓、魏；與齊，則齊必弱楚、魏。魏弱則割河外，韓弱則效宜陽，宜陽效則上郡絶，河外割則道不通，楚弱則無援。此三策者，不可不孰計也。

「夫秦下軹道，則南陽危；劫韓包周，則趙氏自操兵；據衛取卷，則齊必入朝秦。秦欲已得乎山東，則必舉兵而嚮趙矣。秦甲渡河踰漳，據番吾，則兵必戰於邯鄲之下矣。此臣之所爲君患也。

「當今之時，山東之建國莫彊於趙。趙地方二千餘里，帶甲數十萬，車千乘，騎萬匹，粟支數年。西有常山，南有河漳，東有清河，北有燕國。燕固弱國，不足畏也。秦之所害於天下者莫如趙，然而秦不敢舉兵伐趙者，何也？畏韓、魏之議其後也。然則韓、魏，趙之南蔽也。秦之攻韓、魏也，無有名山大川之限，稍蠶食之，傅國都而止。韓、魏不能支秦，必入臣於秦。秦無韓、魏之規，則禍必中於趙矣。此臣之所爲君患也。

「臣聞堯無三夫之分，舜無咫尺之地，以有天下；禹無百人之聚，以王諸侯；湯武之士不過三千，車不過三百乘，卒不過三萬，立爲天子：誠得其道也。是故明主外料其敵之彊弱，內度其士卒賢不肖，不待兩軍相當而勝敗存亡之機

固已形於胸中矣，豈掩於衆人之言而以冥冥決事哉！

「臣竊以天下之地圖案之，諸侯之地五倍於秦，料度諸侯之卒十倍於秦，六國爲一，并力西鄉而攻秦，秦必破矣。今西面而事之，見臣於秦。夫破人之與破於人也，臣人之與臣於人也，豈可同日而論哉！

「夫衡人者，皆欲割諸侯之地以予秦。秦成，則高臺榭，美宫室，聽竽瑟之音，前有樓闕軒轅，後有長姣美人，國被秦患而不與其憂。是故夫衡人日夜務以秦權恐愒諸侯以求割地，故願大王孰計之也。

「臣聞明主絶疑去讒，屏流言之迹，塞朋黨之門，故尊主廣地彊兵之計臣得陳忠於前矣。故竊爲大王計，莫如一韓、魏、齊、楚、燕、趙以從親，以畔秦。令天下之將相會於洹水之上，通質，刳白馬而盟。要約曰：『秦攻楚，齊、魏各出鋭師以佐之，韓絶其糧道，趙涉河漳，燕守常山之北。秦攻韓、魏，則楚絶其後，齊出鋭師而佐之，趙涉河漳，燕守雲中。秦攻齊，則楚絶其後，韓守城皋，魏塞其道，趙涉河漳、博關，燕出鋭師以佐之。秦攻燕，則趙守常山，楚軍武關，齊涉勃海，韓、魏皆出鋭師以佐之。秦攻趙，則韓軍宜陽，楚軍武關，魏軍河外，齊涉清河，燕出鋭師以佐之。諸侯有不如約者，以五國之兵共伐之。』六國從親以賓秦，則秦甲必不敢出於函谷以害山東矣。如此，則霸王之業成矣。」

趙王曰：「寡人年少，立國日淺，未嘗得聞社稷之長計也。今上客有意存天下，安諸侯，寡人敬以國從。」乃飾車百乘，黄金千溢，白璧百雙，錦繡千純，以約諸侯。

是時周天子致文武之胙於秦惠王。惠王使犀首攻魏，禽將龍賈，取魏之雕陰，且欲東兵。蘇秦恐秦兵之至趙也，乃激怒張儀，入之于秦。

於是説韓宣王曰：「韓北有鞏、成皋之固，西有宜陽、商阪之塞，東有宛、穰、洧水，南有陘山，地方九百餘里，帶甲數十萬，天下之彊弓勁弩皆從韓出。谿子、少府時力、距來者，皆射六百步之外。韓卒超足而射，百發不暇止，遠者括蔽洞胸，近者鏑弇心。韓卒之劍戟皆出於冥山、棠谿、墨陽、合賻、鄧師、宛馮、龍淵、太阿，皆陸斷牛馬，水截鵠鴈，當敵則斬堅甲鐵幕，革抉㕹芮，無不畢具。以韓卒之勇，被堅甲，蹠勁弩，帶利劍，一人當百，不足言也。夫以韓之勁與大王之賢，乃西面事秦，交臂而服，羞社稷而爲天下笑，無大於此者矣。是故願大王孰計之。

「大王事秦，秦必求宜陽、成皋。今茲效之，明年又復求割地。與則無地以給之，不與則棄前功而受後禍。且大王之地有盡而秦之求無已，以有盡之地而逆無已之求，此所謂市怨結禍者也，不戰而地已削矣。臣聞鄙諺曰：『寧爲雞口，無爲牛後。』今西面交臂而臣事秦，何異於牛後乎？夫以大王之賢，挾彊韓之兵，而有牛後之名，臣竊爲大王羞之。」

於是韓王勃然作色，攘臂瞋目，按劍仰天太息曰：「寡人雖不肖，必不能事秦。今主君詔以趙王之教，敬奉社稷以從。」

又説魏襄王曰：「大王之地，南有鴻溝、陳、汝南、許、郾、昆陽、召陵、舞陽、新都、新郪，東有淮、潁、煑棗、無胥，西有長城之界，北有河外、卷、衍、酸棗，地方千里。地名雖小，然而田舍廬廡之數，曾無所芻牧。人民之衆，車馬之多，日夜行不絶，輷輷殷殷，若有三軍之衆。臣竊量大王之國不下楚。然衡人怵王交彊虎狼之秦以侵天下，卒有秦患，不顧其禍。夫挾彊秦之勢以内劫其主，罪無過此者。魏，天下之彊國也；王，天下之賢王也。今乃有意西面而事秦，稱東藩，築帝宫，受冠帶，祠春秋，臣竊爲大王恥之。

「臣聞越王句踐戰敝卒三千人，禽夫差於干遂；武王卒三千人，革車三百乘，制紂於牧野：豈其士卒衆哉，誠能奮其威也。今竊聞大王之卒，武士二十萬，蒼頭二十萬，奮擊二十萬，廝徒十萬，車六百乘，騎五千匹。此其過越王句踐、武王遠矣，今乃聽於羣臣之説而欲臣事秦。夫事秦必割地以效實，故兵未用而國已虧矣。凡羣臣之言事秦者，皆姦人，非忠臣也。夫爲人臣，割其主之地以求外交，偷取一時之功而不顧其後，破公家而成私門，外挾彊秦之勢以内劫其主，以求割地，願大王孰察之。

「《周書》曰：『緜緜不絶，蔓蔓柰何？豪氂不伐，將用斧柯。』前慮不定，後有大患，將柰之何？大王誠能聽臣，六國從親，專心并力壹意，則必無彊秦之患。故敝邑趙王使臣效愚計，奉明約，在大王之詔詔之。」

魏王曰：「寡人不肖，未嘗得聞明教。今主君以趙王之詔詔之，敬以國從。」

因東説齊宣王曰：「齊南有泰山，東有琅邪，西有清河，北有勃海，此所謂四塞之國也。齊地方二千餘里，帶甲數十萬，粟如丘山。三軍之良，五家之兵，進如鋒矢，戰如雷霆，解如風雨。即有軍役，未嘗倍泰山，絶清河，涉勃海也。臨菑之中七萬户，臣竊度之，不下户三男子，三七二十一萬，不待發於遠縣，而臨菑之卒固已二十一萬矣。臨菑甚富而實，其民無不吹竽鼓瑟，彈琴擊筑，鬬雞走狗，六博蹹鞠者。臨菑之塗，車轂擊，人肩摩，連衽成帷，舉袂成幕，揮汗成雨，家殷

人足，志高氣揚。夫以大王之賢與齊之彊，天下莫能當。今乃西面而事秦，臣竊爲大王羞之。

「且夫韓、魏之所以重畏秦者，爲與秦接境壤界也。兵出而相當，不出十日而戰勝存亡之機決矣。韓、魏戰而勝秦，則兵半折，四境不守；戰而不勝，則國已危亡隨其後。是故韓、魏之所以重與秦戰，而輕爲之臣也。今秦之攻齊則不然。倍韓、魏之地，過衛陽晉之道，徑乎亢父之險，車不得方軌，騎不得比行，百人守險，千人不敢過也。秦雖欲深入，則狼顧，恐韓、魏之議其後也。是故恫疑虛猲，驕矜而不敢進，則秦之不能害齊亦明矣。

「夫不深料秦之無柰齊何，而欲西面而事之，是羣臣之計過也。今無臣事秦之名而有彊國之實，臣是故願大王少留意計之。」

齊王曰：「寡人不敏，僻遠守海，窮道東境之國也，未嘗得聞餘教。今足下以趙王詔詔之，敬以國從。」

乃西南説楚威王曰：「楚，天下之彊國也；王，天下之賢王也。西有黔中、巫郡，東有夏州、海陽，南有洞庭、蒼梧，北有陘塞、郇陽，地方五千餘里，帶甲百萬，車千乘，騎萬匹，粟支十年。此霸王之資也。夫以楚之彊與王之賢，天下莫能當也。今乃欲西面而事秦，則諸侯莫不西面而朝於章臺之下矣。

「秦之所害莫如楚，楚彊則秦弱，秦彊則楚弱，其勢不兩立。故爲大王計，莫如從親以孤秦。大王不從〔親〕，秦必起兩軍，一軍出武關，一軍下黔中，則鄢郢動矣。

「臣聞治之其未亂也，爲之其未有也。患至而后憂之，則無及已。故願大王蚤孰計之。

「大王誠能聽臣，臣請令山東之國奉四時之獻，以承大王之明詔，委社稷，奉宗廟，練士厲兵，在大王之所用之。大王誠能用臣之愚計，則韓、魏、齊、燕、趙、衛之妙音美人必充後宫，燕、代橐駝良馬必實外廄。故從合則楚王，衡成則秦帝。今釋霸王之業，而有事人之名，臣竊爲大王不取也。

「夫秦，虎狼之國也，有吞天下之心。秦，天下之仇讎也。衡人皆欲割諸侯之地以事秦，此所謂養仇而奉讎者也。夫爲人臣，割其主之地以外交彊虎狼之秦，以侵天下，卒有秦患，不顧其禍。夫外挾彊秦之威以內劫其主，以求割地，大逆不忠，無過此者。故從親則諸侯割地以事楚，衡合則楚割地以事秦，此兩策者相去遠矣，二者大王何居焉？故敝邑趙王使臣效愚計，奉明約，在大王詔之。」

楚王曰：「寡人之國西與秦接境，秦有舉巴蜀并漢中之心。秦，虎狼之國，不可親也。而韓、魏迫於秦患，不可與深謀，與深謀恐反人以入於秦，故謀未發而國已危矣。寡人自料以楚當秦，不見勝也；內與羣臣謀，不足恃也。寡人卧不安席，食不甘味，心摇摇然如縣旌而無所終薄。今主君欲一天下，收諸侯，存危國，寡人謹奉社稷以從。」

於是六國從合而并力焉。蘇秦爲從約長，并相六國。

北報趙王，乃行過雒陽，車騎輜重，諸侯各發使送之甚衆，疑於王者。周顯王聞之恐懼，除道，使人郊勞。蘇秦之昆弟妻嫂側目不敢仰視，俯伏侍取食。蘇秦笑謂其嫂曰：「何前倨而後恭也？」嫂委虵蒲服，以面掩地而謝曰：「見季子位高金多也。」蘇秦喟然歎曰：「此一人之身，富貴則親戚畏懼之，貧賤則輕易之，況衆人乎！且使我有雒陽負郭田二頃，吾豈能佩六國相印乎！」於是散千金以賜宗族朋友。初，蘇秦之燕，貸人百錢爲資，及得富貴，以百金償之。徧報諸所嘗見德者。其從者有一人獨未得報，乃前自言。蘇秦曰：「我非忘子。子之與我至燕，再三欲去我易水之上，方是時，我困，故望子深，是以後子。子今亦得矣。」

蘇秦既約六國從親，歸趙，趙肅侯封爲武安君，乃投從約書於秦。秦兵不敢闚函谷關十五年。

其後秦使犀首欺齊、魏，與共伐趙，欲敗從約。齊、魏伐趙，趙王讓蘇秦。蘇秦恐，請使燕，必報齊。蘇秦去趙而從約皆解。

秦惠王以其女爲燕太子婦。是歲，文侯卒，太子立，是爲燕易王。易王初立，齊宣王因燕喪伐燕，取十城。易王謂蘇秦曰：「往日先生至燕，而先王資先生見趙，遂約六國從。今齊先伐趙，次至燕，以先生之故爲天下笑，先生能爲燕得侵地乎？」蘇秦大慙，曰：「請爲王取之。」

蘇秦見齊王，再拜，俯而慶，仰而弔。齊王曰：「是何慶弔相隨之速也？」蘇秦曰：「臣聞飢人所以飢而不食烏喙者，爲其愈充腹而與餓死同患也。今燕雖弱小，即秦王之少壻也。大王利其十城而長與彊秦爲仇。今使弱燕爲鴈行而彊秦敝其後，以招天下之精兵，是食烏喙之類也。」齊王愀然變色曰：「然則柰何？」蘇秦曰：「臣聞古之善制事者，轉禍爲福，因敗爲功。大王誠能聽臣計，即歸燕之十城。燕無故而得十城，必喜；秦王知以己之故而歸燕之十城，亦必喜。此所謂棄仇讎而得石交者也。夫燕、秦俱事齊，則大王號令天下，莫敢不聽。是

王以虛辭附秦，以十城取天下。此霸王之業也。」王曰：「善。」於是乃歸燕之十城。

人有毀蘇秦者曰：「左右賣國反覆之臣也，將作亂。」蘇秦恐得罪歸，而燕王不復官也。蘇秦見燕王曰：「臣，東周之鄙人也，無有分寸之功，而王親拜之於廟而禮之於廷。今臣爲王卻齊之兵而(攻)得十城，宜以益親。今來而王不官臣者，人必有以不信傷臣於王者。臣之不信，王之福也。臣聞忠信者，所以自爲也；進取者，所以爲人也。且臣之説齊王，曾非欺之也。臣棄老母於東周，固去自爲而行進取也。今有孝如曾參，廉如伯夷，信如尾生，得此三人者以事大王，何若？」王曰：「足矣。」蘇秦曰：「孝如曾參，義不離其親一宿於外，王又安能使之步行千里而事弱燕之危王哉？廉如伯夷，義不爲孤竹君之嗣，不肯爲武王臣，不受封侯而餓死首陽山下，有廉如此，王又安能使之步行千里而行進取於齊哉？信如尾生，與女子期於梁下，女子不來，水至不去，抱柱而死，有信如此，王又安能使之步行千里卻齊之彊兵哉？臣所謂以忠信得罪於上者也。」燕王曰：「若不忠信耳，豈有以忠信而得罪者乎？」蘇秦曰：「不然。臣聞客有遠爲吏而其妻私於人者，其夫將來，其私者憂之，妻曰『勿憂，吾已作藥酒待之矣』。居三日，其夫果至，妻使妾舉藥酒進之。妾欲言酒之有藥，則恐其逐主母也；欲勿言乎，則恐其殺主父也，於是乎詳僵而棄酒。主父大怒，笞之五十。故妾一僵而覆酒，上存主父，下存主母，然而不免於笞，惡在乎忠信之無罪也？夫臣之過，不幸而類是乎！」燕王曰：「先生復就故官。」益厚遇之。

易王母，文侯夫人也，與蘇秦私通。燕王知之，而事之加厚。蘇秦恐誅，乃説燕王曰：「臣居燕不能使燕重，而在齊則燕必重。」燕王曰：「唯先生之所爲。」於是蘇秦詳爲得罪於燕而亡走齊，齊宣王以爲客卿。

齊宣王卒，湣王即位，説湣王厚葬以明孝，高宫室大苑囿以明得意，欲破敝齊而爲燕。燕易王卒，燕噲立爲王。其後齊大夫多與蘇秦爭寵者，而使人刺蘇秦，不死，殊而走。齊王使人求賊，不得。蘇秦且死，乃謂齊王曰：「臣即死，車裂臣以徇於市，曰『蘇秦爲燕作亂於齊』，如此則臣之賊必得矣。」於是如其言，而殺蘇秦者果自出，齊王因而誅之。燕聞之曰：「甚矣，齊之爲蘇生報仇也！」

蘇秦既死，其事大泄。齊後聞之，乃恨怒燕，燕甚恐。

《史記》卷六九《蘇秦列傳》司馬貞索隱 蘇秦字季子，蓋蘇忿生之後，己姓也。譙周云：「秦兄弟五人，秦最少。兄代，代弟厲及辟、鵠，並爲游説之士。」此下云「秦弟代，代弟厲」也。

雜録

備録

《戰國策・秦一》 蘇秦始將連横説秦惠王曰：「大王之國，西有巴、蜀、漢中之利，北有胡貉、代馬之用，南有巫山、黔中之限，東有肴、函之固。田肥美，民殷富，戰車萬乘，奮擊百萬，沃野千里，蓄積饒多，地勢形便，此所謂天府，天下之雄國也。以大王之賢，士民之衆，車騎之用，兵法之教，可以并諸侯，吞天下，稱帝而治。願大王少留意，臣請奏其效。」

秦王曰：「寡人聞之，毛羽不豐滿者不可以高飛，文章不成者不可以誅罰，道德不厚者不可以使民，政教不順者不可以煩大臣。今先生儼然不遠千里而庭教之，願以異日。」

蘇秦曰：「臣固疑大王之不能用也。昔者神農伐補遂，黄帝伐涿鹿而禽蚩尤，堯伐驩兜，舜伐三苗，禹伐共工，湯伐有夏，文王伐崇，武王伐紂，齊桓任戰而伯天下。由此觀之，惡有不戰者乎？古者使車轂擊馳，言語相結，天下爲一；約從連横，兵革不藏；文士並餝，諸侯亂惑；萬端俱起，不可勝理；科條既備，民多僞態；書策稠濁，百姓不足；上下相愁，民無所聊；明言章理，兵甲愈起；辯言偉服，戰攻不息；繁稱文辭，天下不治；舌弊耳聾，不見成功；行義約信，天下不親。於是，乃廢文任武，厚養死士，綴甲厲兵，效勝於戰場。夫徒處而致利，安坐而廣地，雖古五帝、三王、五伯，明主賢君，常欲坐而致之，其勢不能，故以戰續之。寬則兩軍相攻，迫則杖戟相橦，然後可建大功。是故兵勝於外，義强於內；威立於上，民服於下。今欲并天下，凌萬乘，詘敵國，制海內，子元元，臣諸侯，非兵不可！今之嗣主，忽於至道，皆惛於教，亂於治，迷於言，惑於語，沈於辯，溺於辭。以此論之，王固不能行也。」

説秦王書十上而説不行。黑貂之裘弊，黄金百斤盡，資用乏絶，去秦而歸。羸縢履蹻，負書擔槖，形容枯槁，面目犁黑，狀有歸色。歸至家，妻不下紝，嫂不

爲炊，父母不與言。蘇秦喟歎曰：「妻不以我爲夫，嫂不以我爲叔，父母不以我爲子，是皆秦之罪也。」乃夜發書，陳篋數十，得《太公陰符》之謀，伏而誦之，簡練以爲揣摩。讀書欲睡，引錐自刺其股，血流至足。曰：「安有説人主不能出其金玉錦繡，取卿相之尊者乎？」期年揣摩成，曰：「此真可以説當世之君矣！」

於是乃摩燕烏集闕，見説趙王於華屋之下，抵掌而談。趙王大悦，封爲武安君。受相印，革車百乘，綿繡千純，白璧百雙，黄金萬溢，以隨其後，約從散横，以抑强秦。

故蘇秦相於趙而關不通。當此之時，天下之大，萬民之衆，王侯之威，謀臣之權，皆欲決蘇秦之策。不費斗糧，未煩一兵，未戰一士，未絶一絃，未折一矢，諸侯相親，賢於兄弟。夫賢人在而天下服，一人用而天下從。故曰：式於政，不式於勇；式於廊廟之内，不式於四境之外。當秦之隆，黄金萬溢爲用，轉轂連騎，炫熿於道，山東之國，從風而服，使趙大重。且夫蘇秦特窮巷掘門、桑户棬樞之士耳，伏軾撙銜，横歷天下，廷説諸侯之王，杜左右之口，天下莫之能伉。

將説楚王，路過洛陽，父母聞之，清宫除道，張樂設飲，郊迎三十里。妻側目而視，傾耳而聽；嫂蛇行匍伏，四拜自跪而謝。蘇秦曰：「嫂何前倨而後卑也？」嫂曰：「以季子之位尊而多金。」蘇秦曰：「嗟乎！貧窮則父母不子，富貴則親戚畏懼。人生世上，勢位富貴，蓋可忽乎哉！」

《戰國策·齊一》 蘇秦爲趙合從，説齊宣王曰：「齊南有太山，東有琅邪，西有清河，北有渤海，此所謂四塞之國也。齊地方二千里，帶甲數十萬，粟如丘山。齊車之良，五家之兵，疾如錐矢，戰如雷電，解如風雨，即有軍役，未嘗倍太山、絶清河、涉渤海也。臨淄之中七萬户，臣竊度之，下户三男子，三七二十一萬，不待發於遠縣，而臨淄之卒，固以二十一萬矣。臨淄甚富而實，其民無不吹竽、鼓瑟、擊筑、彈琴、鬭雞、走犬、六博、蹹踘者；臨淄之途，車轂擊，人肩摩，連衽成帷，舉袂成幕，揮汗成雨；家敦而富，志高而揚。夫以大王之賢與齊之强，天下不能當。今乃西面事秦，竊爲大王羞之。

「且夫韓、魏之所以畏秦者，以與秦接界也。兵出而相當，不至十日，而戰勝存亡之機決矣。韓、魏戰而勝秦，則兵半折，四境不守；戰而不勝，以亡隨其後。是故韓、魏之所以重與秦戰而輕爲之臣也。

「今秦攻齊則不然。倍韓、魏之地，至闈陽晉之道，徑亢父之險，車不得方軌，馬不得並行，百人守險，千人不能過也。秦雖欲深入，則狼顧，恐韓、魏之議其後也。是故恫疑虚猲，高躍而不敢進，則秦不能害齊，亦已明矣。夫不深料秦之不奈我何也，而欲西面事秦，是羣臣之計過也。今無臣事秦之名，而有强國之實，臣固願大王之少留計。」

齊王曰：「寡人不敏，今主君以趙王之教詔之，敬奉社稷以從。」

《戰國策·齊三》 楚王死，太子在齊質。蘇秦謂薛公曰：「君何不留楚太子，以市其下東國。」薛公曰：「不可。我留太子，郢中立王，然則是我抱空質而行不義於天下也。」蘇秦曰：「不然。郢中立王，君因謂其新王曰：『與我下東國，吾爲王殺太子。不然，吾將與三國共立之。』然則下東國必可得也。」

蘇秦之事，可以請行；可以令楚王亟入下東國；可以益割於楚；可以忠太子而使楚益入地；可以爲楚王走太子；可以忠太子使之亟去；可以惡蘇秦於薛公；可以爲蘇秦請封於楚；可以使人説薛公以善蘇子；可以使蘇子自解於薛公。

蘇秦謂薛公曰：「臣聞謀泄者事無功，計不決者名不成。今君留太子者，以市下東國也。非亟得下東國者，則楚之計變，變則是君抱空質而負名於天下也。」薛公曰：「善。爲之奈何？」對曰：「臣請爲君之楚，使亟入下東國之地。楚得成，則君無敗矣。」薛公曰：「善。」因遣之。

謂楚王曰：「齊欲奉太子而立之。臣觀薛公之留太子者，以市下東國也。今王不亟入下東國，則太子且倍王之割而使齊奉己。」楚王曰：「謹受命。」因獻下東國。故曰可以使楚亟入地也。

謂薛公曰：「楚之勢可多割也。」薛公曰：「奈何？」「請告太子其故，使太子謁之君，以忠太子，使楚王聞之，可以益入地。」故曰可以益割於楚。

謂太子曰：「齊奉太子而立之，楚王請割地以留太子，齊少其地。太子何不倍楚之割地而資齊，齊必奉太子。」太子曰：「善。」倍楚之割而延齊。楚王聞之恐，益割地而獻之，尚恐事不成。故曰可以使楚益入地也。

謂楚王曰：「齊之所以敢多割地者，挾太子也。今已得地而求不止者，以太子權王也。故臣能去太子。太子去，齊無辭，必不倍於王也。王因馳强齊而爲交，齊辭，必聽王。然則是王去讎而得齊交也。」楚王大悦，曰：「請以國因。」故曰可以爲楚王使太子亟去也。

謂太子曰：「夫剬楚者王也，以空名市者太子也，齊未必信太子之言也，而楚功見矣。楚交成，太子必危矣。太子其圖之。」太子曰：「謹受命。」乃約車而

暮去。故曰可以使太子急去也。

蘇秦使人請薛公曰：「夫勸留太子者蘇秦也。蘇秦非誠以爲君也，且以便楚也。蘇秦恐君之知之，故多割楚以滅迹也。今勸太子者又蘇秦也，而君弗知，臣竊爲君疑之。」薛公大怒於蘇秦。故曰可使人惡蘇秦於薛公也。

又使人謂楚王曰：「夫使薛公留太子者蘇秦也，奉王而代立楚太子者又蘇秦也，割地固約者又蘇秦也，忠王而走太子者又蘇秦也。今人惡蘇秦於薛公，以其爲齊薄而爲楚厚也。願王之知之。」楚王曰：「謹受命。」因封蘇秦爲武貞君。故曰可以爲蘇秦請封於楚也。

又使景鯉請薛公曰：「君之所以重於天下者，以能得天下之士而有齊權也。今蘇秦天下之辯士也，世與少有。君因不善蘇秦，則是圍塞天下士而不利説途也。夫不善君者且奉蘇秦，而於君之事殆矣。今蘇秦善於楚王，而君不蚤親，則是身與楚爲讎也。故君不如因而親之，貴而重之，是君有楚也。」薛公因善蘇秦。故曰可以爲蘇秦説薛公以善蘇秦。

《戰國策·齊四》 蘇秦自燕之齊，見於華章南門。齊王曰：「嘻！子之來也。秦使魏冉致帝，子以爲何如？」對曰：「王之問臣也卒，而患之所從生者微。今不聽，是恨秦也；聽之，是恨天下也。不如聽之以卒秦，勿庸稱也以爲天下。秦稱之，天下聽之，王亦稱之，先後之事，帝名爲無傷也。秦稱之，而天下不聽，王因勿稱，其於以收天下，此大資也。」

蘇秦謂齊王曰：「齊、秦立爲兩帝，王以天下爲尊秦乎？且尊齊乎？」王曰：「尊秦。」「釋帝則天下愛齊乎？且愛秦乎？」王曰：「愛齊而憎秦。」「兩帝立，約伐趙，孰與伐宋之利也？」對曰：「夫約然與秦爲帝，而天下獨尊秦而輕齊；齊釋帝，則天下愛齊而憎秦；伐趙不如伐宋之利。故臣願王明釋帝，以就天下；倍約儐秦，勿使爭重；而王以其間舉宋。夫有宋則衛之陽城危；有淮北則楚之東國危；有濟西則趙之河東危；有陰、平陸則梁門不啓。故釋帝而貳之以伐宋之事，則國重而名尊，燕、楚以形服，天下不敢不聽，此湯、武之舉也。敬秦以爲名，而後使天下憎之，此所謂以卑易尊者也！願王之熟慮之也！」

《戰國策·齊五》 蘇秦説齊閔王曰：「臣聞用兵而喜先天下者憂，約結而喜主怨者孤。夫後起者藉也，而遠怨者時也。是以聖人從事，必藉於權而務興於時。夫權藉者，萬物之率也；而時勢者，百事之長也。故無權籍，倍時勢，而能事成者寡矣。

「今雖干將、莫邪，非得人力，則不能割劌矣。堅箭利金，不得弦機之利，則不能遠殺矣。矢非不銛，而劍非不利也，何則？權藉不在焉。何以知其然也？昔者趙氏襲衛，車舍人不休傅，衛國城割平，衛八門土而二門墮矣，此亡國之形也。衛君跣行，告遡於魏。魏王身被甲底劍，挑趙索戰。邯鄲之中騖，河、山之間亂。衛得是藉也，亦收餘甲而北面，殘剛平，墮中牟之郭。衛非强於趙也，譬之衛矢而魏弦機也，藉力魏而有河東之地。趙氏懼，楚人救趙而伐魏，戰於州西，出梁門，軍舍林中，馬飲於大河。趙得是藉也，亦襲魏之河北，燒棘溝，墜黄城。故剛平之殘也，中牟之墮也，黄城之墜也，棘溝之燒也，此皆非趙、魏之欲也。然二國勸行之者，何也？衛明於時權之藉也。今世之爲國者不然矣。兵弱而好敵强，國罷而好衆怨，事敗而好鞠之，兵弱而憎下人也，地狹而好敵大，事敗而好長詐。行此六者而求伯，則遠矣。

「臣聞善爲國者，順民之意，而料兵之能，然後從於天下。故約不爲人主怨，伐不爲人挫强。如此，則兵不費，權不輕，地可廣，欲可成也。昔者，齊之與韓、魏伐秦、楚也，戰非甚疾也，分地又非多韓、魏也，然而天下獨歸咎於齊者，何也？以其爲韓、魏主怨也。且天下徧用兵矣，齊、燕戰，而趙氏兼中山，秦、楚戰韓、魏不休，而宋、越專用其兵。此十國者，皆以相敵爲意，而獨舉心於齊者，何也？約而好主怨，伐而好挫强也。

「且夫强大之禍，常以王人爲意也；夫弱小之殃，常以謀人爲利也。是以大國危，小國滅也。大國之計，莫若後起而重伐不義。夫後起之籍與多而兵勁，則事以衆强適罷寡也，兵必立也。事不塞天下之心，則利必附矣。大國行此，則名號不攘而至，伯王不爲而立矣。小國之情，莫如僅靜而寡信諸侯。僅靜，則四鄰不反；寡信諸侯，則天下不賣。外不賣，內不反，則檳禍朽腐而不用，幣帛矯蠹而不服矣。小國道此，則不祠而福矣，不貸而見足矣。故曰：祖仁者王，立義者伯，用兵窮者亡。何以知其然也？昔吴王夫差以强大爲天下先，强襲郢而棲越，身從諸侯之君，而卒身死國亡，爲天下戮者，何也？此夫差平居而謀王，强大而喜先天下之禍也。昔者萊、莒好謀，陳、蔡好詐，莒恃越而滅，蔡恃晉而亡，此皆内長詐，外信諸侯之殃也。由此觀之，則强弱大小之禍，可見於前事矣。

「語曰：『麒驥之衰也，駑馬先之；孟賁之倦也，女子勝之。』夫駑馬、女子，筋骨力勁，非賢於麒驥、孟賁也。何則？後起之藉也。今天下之相與也不並滅，有而案兵而後起，寄怨而誅不直，微用兵而寄於義，則亡天下可蹻足而須也。明

於諸侯之故，察於地形之理者，不約親，不相質而固，不趨而疾，衆事而不反，交割而不相憎，俱彊而加以親。何則？形同憂而兵趨利也。何以知其然也？昔者齊、燕戰於桓之曲，燕不勝，十萬之衆盡。胡人襲燕樓煩數縣，取其牛馬。夫胡之與齊非素親也，而用兵又非約質而謀燕也，然而甚於相趨者，何也？何則形同憂而兵趨利也。由此觀之，約於同形則利長，後起則諸侯可趨役也。

「故明主察相，誠欲以伯王也爲志，則戰攻非所先。戰者，國之殘也，而都縣之費也。殘費已先，而能從諸侯者寡矣。彼戰者之爲殘也，士聞戰則輸私財而富軍市，輸飲食而待死士，令折轅而炊之，殺牛而觴士，則是路君之道也。中人禱祝，君翳釀，通都小縣置社，有市之邑莫不止事而奉王，則此虛中之計也。夫戰之明日，尸死扶傷，雖若有功也，軍出費，中哭泣，則傷主心矣。死者破家而葬，夷傷者空財而共藥，完者內酺而華樂，故其費與死傷者鈞。故民之所費也，十年之田而不償也。軍之所出，矛戟折，鐶弦絶，傷弩，破車，罷馬，亡矢之大半。甲兵之具，官之所私出也，士大夫之所匿，廝養士之所竊，十年之田而不償也。天下有此再費者，而能從諸侯寡矣。攻城之費，百姓理襜蔽，舉衝櫓，家雜總，身窟穴，中罷於刀金。而士困於土功，將不釋甲，期數而能拔城者爲亟耳。上倦於教，士斷於兵，故三下城而能勝敵者寡矣。故曰：彼戰攻者，非所先也。何以知其然也？昔智伯瑶攻范、中行氏，殺其君，滅其國，又西圍晉陽，吞兼二國，而憂一主，此用兵之盛也。然而智伯卒身死國亡，爲天下笑者，何謂也？兵先戰攻，而滅二子患也。日者，中山悉起而迎燕、趙，南戰於長子，敗趙氏；北戰於中山，克燕軍，殺其將。夫中山千乘之國也，而敵萬乘之國二，再戰北勝，此用兵之上節也。然而國遂亡，君臣於齊者，何也？不嗇於戰攻之患也。由此觀之，則戰攻之敗，可見於前事。

「今世之所謂善用兵者，終戰比勝，而守不可拔，天下稱爲善，一國得而保之，則非國之利也。臣聞戰大勝者，其士多死而兵益弱；守而不可拔者，其百姓罷而城郭露。夫士死於外，民殘於內，而城郭露於境，則非王之樂也。今夫鵠的非咎罪於人也，便弓引弩而射之，中者則善，不中則愧，少長貴賤，則同心於貫之者，何也？惡其示人以難也。今窮戰比勝，而守必不拔，則是非徒示人以難也，又且害人者也，然則天下仇之必矣。夫罷士露國，而多與天下爲仇，則明君不居也；素用强兵而弱之，則察相不事。彼明君察相者，則五兵不動而諸侯從，辭讓而重賂至矣。故明君之攻戰也，甲兵不出於軍而敵國勝，衝櫓不施而邊城降，士民不知而王業至矣。彼明君之從事也，用財少，曠日遠而爲利長者。故曰：兵後起則諸侯可趨役也。

「臣之所聞，攻戰之道非師者，雖有百萬之軍，比之堂上；雖有闔閭、吴起之將，禽之户內；千丈之城，拔之尊俎之間；百尺之衝，折之衽席之上。故鍾鼓竽瑟之音不絶，地可廣而欲可成；和樂倡優侏儒之笑不之，諸侯可同日而致也。故名配天地不爲尊，利制海內不爲厚。故夫善爲王業者，在勞天下而自佚，亂天下而自安，諸侯無成謀，則其國無宿憂也。何以知其然？佚治在我，勞亂在天下，則王之道也。鋭兵來則拒之，患至則趨之，使諸侯無成謀，則其國無宿憂矣。何以知其然矣？昔者魏王擁土千里，帶甲三十六萬，其强而拔邯鄲，西圍定陽，又從十二諸侯朝天子，以西謀秦。秦王恐之，寢不安席，食不甘味，令於境內，盡堞中爲戰具，竟爲守備，爲死士置將，以待魏氏。衛鞅謀於秦王曰：『夫魏氏其功大，而令行於天下，有十二諸侯而朝天子，其與必衆。故以一秦而敵大魏，恐不如。王何不使臣見魏王，則臣請必北魏矣。』秦王許諾。衛鞅見魏王曰：『大王之功大矣，令行於天下矣。今大王之所從十二諸侯，非宋、衛也，則鄒、魯、陳、蔡，此固大王之所以鞭箠使也，不足以王天下。大王不若北取燕，東伐齊，則趙必從矣；西取秦，南伐楚，則韓必從矣。大王有伐齊、楚心，而從天下之志，則王業見矣。大王不如先行王服，然後圖齊、楚。』魏王説於衛鞅之言也，故身廣公宫，制丹衣柱，建九斿，從七星之旟。此天子之位也，而魏王處之。於是齊、楚怒，諸侯奔齊，齊人伐魏，殺其太子，覆其十萬之軍。魏王大恐，跣行按兵於國，而東次於齊，然後天下乃舍之。當是時，秦王垂拱受西河之外，而不以德魏王。故曰衛鞅之始與秦王計也，謀約不下席，言於尊俎之間，謀成於堂上，而魏將以禽於齊矣；衝櫓未施，而西河之外入於秦矣。此臣之所謂比之堂上，禽將户內，拔城於尊俎之間，折衝席上者也。」

《戰國策·楚一》 蘇秦爲趙合從，説楚威王曰：「楚，天下之强國也。大王，天下之賢王也。楚地西有黔中、巫郡，東有夏州、海陽，南有洞庭、蒼梧，北有汾陘之塞、郇陽。地方五千里，帶甲百萬，車千乘，騎萬匹，粟支十年，此霸王之資也。夫以楚之强與大王之賢，天下莫能當也。今乃欲西面而事秦，則諸侯莫不南面而朝於章臺之下矣。秦之所害於天下莫如楚，楚强則秦弱，楚弱則秦强，此其勢不兩立。故爲王至計，莫如從親以孤秦。大王不從親，秦必起兩軍：一軍出武關；一軍下黔中。若此，則鄢、郢動矣。臣聞治之其未亂，爲之其未有

也；患至而後憂之，則無及已。故願大王之早計之。

「大王誠能聽臣，臣請令山東之國，奉四時之獻，以承大王之明制，委社稷宗廟，練士厲兵，在大王之所用之。大王誠能聽臣之愚計，則韓、魏、齊、燕、趙、衛之妙音美人，必充後宮矣。趙、代良馬橐他，必實於外廄。故從合則楚王，横成則秦帝。今釋霸王之業，而有事人之名，臣竊爲大王不取也。

「夫秦，虎狼之國也，有吞天下之心。秦，天下之仇讎也，横人皆欲割諸侯之地以事秦，此所謂養仇而奉讎者也。夫爲人臣而割其主之地，以外交强虎狼之秦，以侵天下，卒有秦患，不顧其禍。夫外挾强秦之威，以内劫其主，以求割地，大逆不忠，無過此者。故從親，則諸侯割地以事楚；横合，則楚割地以事秦。此兩策者，相去遠矣，有億兆之數。兩者大王何居焉？故弊邑趙王，使臣効愚計，奉明約，在大王命之。」

楚王曰：「寡人之國，西與秦接境，秦有舉巴蜀、并漢中之心。秦，虎狼之國，不可親也。而韓、魏迫於秦患，不可與深謀，恐反人以入於秦，故謀未發而國已危矣。寡人自料，以楚當秦，未見勝焉。内與羣臣謀，不足恃也。寡人卧不安席，食不甘味，心摇摇如懸旌，而無所終薄。今君欲一天下，安諸侯，存危國，寡人謹奉社稷以從。」

《戰國策·楚三》　蘇子謂楚王曰：「仁人之於民也，愛之以心，事之以善言。孝子之於親也，愛之以心，事之以財。忠臣之於君也，必進賢人以輔之。今王之大臣父兄，好傷賢以爲資，厚賦斂諸臣百姓，使王見疾於民，非忠臣也。大臣播王之過於百姓，多賂諸侯以王之地，是故退王之所愛，亦非忠臣也，是以國危。臣願無聽羣臣之相惡也，慎大臣父兄；用民之所善，節身之嗜欲，以百姓。人臣莫難於無妬而進賢。爲主死易，垂沙之事，死者以千數。爲主辱易，自令尹以下，事王者以千數。至於無妬而進賢，未見一人也。故明主之察其臣也，必知其無妬而進賢也。賢之事其主也，亦必無妬而進賢。夫進賢之難者，賢者用且使己廢，貴且使己賤，故人難之。」

蘇秦之楚，三日乃得見乎王。談卒，辭而行。楚王曰：「寡人聞先生，若聞古人。今先生乃不遠千里而臨寡人，曾不肯留，願聞其説。」對曰：「楚國之食貴於玉，薪貴於桂，謁者難得見如鬼，王難得見如天帝。今令臣食玉炊桂，因鬼見帝。」王曰：「先生就舍，寡人聞命矣。」

《戰國策·趙一》　蘇秦説李兑曰：「雒陽乘軒車蘇秦，家貧親老，無罷車駑馬，桑輪蓬篋羸幐，負書擔橐，觸塵埃，蒙霜露，越漳、河，足重繭，日百而舍，造外闕，願見於前，口道天下之事。」李兑曰：「先生以鬼之言見我則可，若以人之事，兑盡知之矣。」蘇秦對曰：「臣固以鬼之言見君，非以人之言也。」李兑見之。蘇秦曰：「今日臣之來也暮，後郭門，藉席無所得，寄宿人田中，傍有大叢。夜半，土梗與木梗鬬曰：『汝不如我，我者乃土也。使我逢疾風淋雨，壞沮，乃復歸土。今汝非木之根，則木之枝耳。汝逢疾風淋雨，漂入漳、河，東流至海，氾濫無所止。』臣竊以爲土梗勝也。今君殺主父而族之，君之立於天下，危於累卵。君聽臣計則生，不聽臣計則死。」李兑曰：「先生就舍，明日復來見兑也。」蘇秦出。

李兑舍人謂李兑曰：「臣竊觀君與蘇公談也，其辯過君，其博過君，君能聽蘇公之計乎？」李兑曰：「不能。」舍人曰：「君即不能，願君堅塞兩耳，無聽其談也。」明日復見，終日談而去。舍人出送蘇君，蘇秦謂舍人曰：「昨日我談粗而君動，今日精而君不動，何也？」舍人曰：「先生之計大而規高，吾君不能用也。乃我請君塞兩耳，無聽談者。雖然，先生明日復來，吾請資先生厚用。」明日來，抵掌而談。李兑送蘇秦明月之珠，和氏之璧，黑貂之裘，黄金百鎰。蘇秦得以爲用，西入於秦。

趙收天下，且以伐齊。蘇秦爲齊上書説趙王曰：「臣聞古之賢君，德行非施於海内也，教順慈愛，非布於萬民也，祭祀時享，非當於鬼神也。甘露降，風雨時至，農夫登，年穀豐盈，衆人喜之，而賢主惡之。今足下功力，非數痛加於秦國，而怨毒積惡，非曾深凌於韓也。臣竊外聞大臣及下吏之議，皆言主前專據，以秦爲愛趙而憎韓。臣竊以事觀之，秦豈得愛趙而憎韓哉？欲亡韓吞兩周之地，故以韓爲餌，先出聲於天下，欲鄰國聞而觀之也。恐其事不成，故出兵以佯示趙、魏。恐天下之驚覺，故微韓以貳之。恐天下疑己，故出質以爲信。聲德於與國，而實伐空韓。臣竊觀其圖之也，議秦以謀計，必出於是。

「且夫説士之計，皆曰韓亡三川，魏滅晉國，恃韓未窮，而禍及於趙。且物固有勢異而患同者，又有勢同而患異者。昔者，楚人久伐而中山亡。今燕盡韓之河南，距沙丘，而至鉅鹿之界三百里；距於扞關，至於榆中千五百里。秦盡韓、魏之上黨，則地與國都邦屬而壤挈者七百里。秦以三軍强弩坐羊唐之上，即地去邯鄲二十里。且秦以三軍攻王之上黨而危其北，則句注之西，非王之有也。今魯句注禁常山而守，三百里通於燕之唐、曲吾，此代馬胡駒不東，而崐山之玉不出也。此三寶者，又非王之有也。今從於彊秦國之伐齊，臣恐其禍出於是矣。

昔者，五國之王，嘗合横而謀伐趙，參分趙國壤地，著之盤盂，屬之讎柞。五國之兵有日矣，韓乃西師以禁秦國，使秦發令素服而聽，反温、枳、高平於魏，反三公、什清於趙，此王之明知也。夫韓事趙宜正爲上交；今乃以抵罪取伐，臣恐其後事王者之不敢自必也。今王收天下，必以王爲得。韓危社稷以事王，天下必重王。然則韓義王以天下就之，下至韓慕王以天下收之，是一世之命，制於王已。臣願大王深與左右羣臣卒計而重謀，先事成慮而熟圖之也。」

蘇秦爲趙王使於秦，反，三日不得見。謂趙王曰：「秦乃者過柱山，有兩木焉。一蓋呼侶，一蓋哭。問其故，對曰：『吾已大矣，年已長矣，吾苦夫匠人，且以繩墨案規矩刻鏤我。』一蓋曰：『此非吾所苦也，是故吾事也。吾所苦夫鐵鉆然，自入而出夫人者。』今臣使於秦，而三日不見，無有謂臣爲鐵鉆者乎？」

《戰國策·趙二》蘇秦從燕之趙，始合從，說趙王曰：「天下之卿相人臣，乃至布衣之士，莫不高賢大王之行義，皆願奉教陳忠於前之日久矣。雖然，奉陽君妬，大王不得任事，是以外賓客遊談之士，無敢盡忠於前者。今奉陽君捐館舍，大王乃今然後得與士民相親，臣故敢獻其愚，效愚忠。爲大王計，莫若安民無事，請無庸有爲也。安民之本，在於擇交。擇交而得則民安，擇交不得則民終身不得安。請言外患：齊、秦爲兩敵，而民不得安；倚秦攻齊，而民不得安；倚齊攻秦，而民不得安。故夫謀人之主，伐人之國，常苦出辭斷絶人之交，願大王慎無出於口也。

「請屏左右，曰言所以異，陰陽而已矣。大王誠能聽臣，燕必致氈裘狗馬之地，齊必致海隅魚鹽之地，楚必致橘柚雲夢之地，韓、魏皆可使致封地湯沐之邑，貴戚父兄皆可以受封侯。夫割地效實，五伯之所以覆軍禽將而求也；封侯貴戚，湯、武之所以放殺而爭也。今大王垂拱而兩有之，是臣之所以爲大王願也。大王與秦，則秦必弱韓、魏；與齊，則齊必弱楚、魏。魏弱則割河外，韓弱則效宜陽。宜陽效則上郡絶，河外割則道不通。楚弱而無援。此三策者，不可不熟計也。夫秦下軹道則南陽動，劫韓包周則趙自銷鑠，據衛取淇則齊必入朝。秦欲已得行於山東，則必舉甲而向趙。秦甲涉河踰漳，據番吾，則兵必戰於邯鄲之下矣。此臣之所以爲大王患也。

「當今之時，山東之建國，莫如趙强。趙地方二千里，帶甲數十萬，車千乘，騎萬匹，粟支十年；西有常山，南有河、漳，東有清河，北有燕國。燕固弱國，不足畏也。且秦之所畏害於天下者，莫如趙。然而秦不敢舉兵甲而伐趙者，何也？畏韓、魏之議其後也。然則韓、魏，趙之南蔽也。秦之攻韓、魏也，則不然。無有名山大川之限，稍稍蠶食之，傅之國都而止矣。韓、魏不能支秦，必入臣。韓、魏臣於秦，秦無韓、魏之隔，禍中於趙矣。此臣之所以爲大王患也。

「臣聞，堯無三夫之分，舜無咫尺之地，以有天下。禹無百人之聚，以王諸侯。湯、武之卒不過三千人，車不過三百乘，立爲天子。誠得其道也。是故明主外料其敵國之强弱，内度其士卒之衆寡、賢與不肖，不待兩軍相當，而勝敗存亡之機節，固已見於胸中矣，豈掩於衆人之言，而以冥冥決事哉！

「臣竊以天下地圖案之。諸侯之地五倍於秦，料諸侯之卒，十倍於秦。六國并力爲一，西面而攻秦，秦破必矣。今見破於秦，西面而事之，見臣於秦。夫破人之與破於人也，臣人之與臣於人也，豈可同日而言之哉！夫横人者，皆欲割諸侯之地以與秦成。與秦成，則高臺，美宮室，聽竽瑟之音，察五味之和，前有軒轅，後有長庭，美人巧笑，卒有秦患，而不與其憂。是故横人日夜務以秦權恐猲諸侯，以求割地。願大王之熟計之也。

「臣聞，明王絶疑去讒，屏流言之迹，塞朋黨之門，故尊主廣地强兵之計，臣得陳忠於前矣。故竊爲大王計，莫如一韓、魏、齊、楚、燕、趙，六國從親，以儐畔秦。令天下之將相，相與會於洹水之上，通質刑白馬以盟之。約曰：秦攻楚，齊、魏各出鋭師以佐之，韓絶食道，趙涉河、漳，燕守常山之北。秦攻韓、魏，則楚絶其後，齊出鋭師以佐之，趙涉河、漳，燕守雲中。秦攻齊，則楚絶其後，韓守成皋，魏塞午道，趙涉河、漳、博關，燕出鋭師以佐之。秦攻燕，則趙守常山，楚軍武關，齊涉渤海，韓、魏出鋭師以佐之。秦攻趙，則韓軍宜陽，楚軍武關，魏軍河外，齊涉渤海，燕出鋭師以佐之。諸侯有先背約者，五國共伐之。六國從親以擯秦，秦必不敢出兵於函谷關以害山東矣！如是則伯業成矣！」

趙王曰：「寡人年少，莅國之日淺，未嘗得聞社稷之長計。今上客有意存天下，安諸侯，寡人敬以國從。」乃封蘇秦爲武安君，飾車百乘，黄金千鎰，白璧百雙，錦繡千純，以約諸侯。

秦攻趙，蘇子爲謂秦王曰：「臣聞明王之於其民也，博論而技藝之，是故官無乏事而力不困；於其言也，多聽而時用之，是故事無敗業而惡不章。臣願王察臣之所謁，而效之於一時之用也。臣聞懷重寶者，不以夜行；任大功者，不以輕敵。是以賢者任重而行恭，知者功大而辭順。故民不惡其尊，而世不妬其業。臣聞之：百倍之國者，民不樂後也；功業高世者，人主不再行也；力盡之民，仁

者不用也；求得而反靜，聖主之制也；功大而息民，用兵之道也。今用兵終身不休，力盡不罷，趙怒必於其己邑，趙僅存哉！然而四輪之國也，今雖得邯鄲，非國之長利也。意者，地廣而不耕，民羸而不休，又嚴之以刑罰，則雖從而不止矣。語曰：『戰勝而國危者，物不斷也。功大而權輕者，地不入也。』故過任之事，父不得於子；無已之求，君不得於臣。故微之爲著者强，察乎息民之爲用者伯，明乎輕之爲重者王。」

秦王曰：「寡人案兵息民，則天下必爲從，將以逆秦。」

蘇子曰：「臣有以知天下之不能爲從以逆秦也。臣以田單、如耳爲大過也。豈獨田單、如耳爲大過哉？天下之主亦盡過矣！夫慮收亡齊，罷楚、敝魏與不可知之趙，欲以窮秦折韓，臣以爲至愚也。夫齊威、宣，世之賢主也，德博而地廣，國富而用民，將武而兵强。宣王用之，後富韓威魏，以南伐楚，西攻秦，爲齊兵困於殽塞之上，十年攘地，秦人遠迹不服，而齊爲虚戾。夫齊兵之所以破，韓、魏之所以僅存者，何也？是則伐楚攻秦，而後受其殃也。今富非有齊威、宣之餘也，精兵非有富韓勁魏之庫也，而將非有田單、司馬之慮也。收破齊、罷楚、弊魏、不可知之趙，欲以窮秦折韓，臣以爲至誤。臣以從一不可成也。客有難者，今臣有患於世。夫刑名之家，皆曰『白馬非馬』也。已如白馬實馬，乃使有白馬之爲也。此臣之所患也。

「昔者，秦人下兵攻懷，服其人，三國從之。趙奢、鮑佞將，楚有四人起而從之。臨懷而不救，秦人去而不從。不識三國之憎秦而愛懷邪？忘其憎懷而愛秦邪？夫攻而不救，去而不從，是以三國之兵困，而趙奢、鮑佞之能也。故裂地以敗於齊。田單將齊之良，以兵横行於中十四年，終身不敢設兵以攻秦折韓也，而馳於封内，不識從之一成惡存也。」

《戰國策·魏一》蘇秦拘於魏，欲走而之韓，魏氏閉關而不通。齊使蘇厲爲之謂魏王曰：「齊請以宋地封涇陽君，而秦不受也。夫秦非不利有齊而得宋埊也，然其所以不受者，不信齊王與蘇秦也。今秦見齊、魏之不合也如此其甚也，則齊必不欺秦，而秦信齊矣。齊、秦合而涇陽君有宋地，則非魏之利也。故王不如復東蘇秦，秦必疑齊而不聽也。夫齊、秦不合，天下無憂，伐齊成，則埊廣矣。」

《戰國策·韓一》蘇秦爲楚合從説韓王曰：「韓北有鞏、洛、成皋之固，西有宜陽、常阪之塞，東有宛、穰、洧水，南有陘山，地方千里，帶甲數十萬。天下之强弓勁弩，皆自韓出。谿子、少府時力、距來，皆射六百步之外。韓卒超足而射，百發不暇止，遠者達胸，近者掩心。韓卒之劍戟，皆出於冥山、棠谿、墨陽、合伯膊。鄧師、宛馮、龍淵、大阿，皆陸斷馬牛，水擊鵠鴈，當敵即斬堅。甲、盾、鞮、鍪、鐵幕、革抉、吠芮，無不畢具。以韓卒之勇，被堅甲，蹠勁弩，帶利劍，一人當百，不足言也。夫以韓之勁，與大王之賢，乃欲西面事秦，稱東藩，築帝宫，受冠帶，祠春秋，交臂而服焉。夫羞社稷而爲天下笑，無過此者矣。是故願大王之熟計之也。大王事秦，秦必求宜陽、成皋。今兹效之，明年又益求割地。與之，即無地以給之；不與，則棄前功而後更受其禍。且夫大王之地有盡，而秦之求無已。夫以有盡之地，而逆無已之求，此所謂市怨而買禍者也，不戰而地已削矣。臣聞鄙語曰：『寧爲鷄口，無爲牛後。』今大王西面交臂而臣事秦，何以異於牛後乎？夫以大王之賢，挾强韓之兵，而有牛後之名，臣竊爲大王羞之。」

韓王忿然作色，攘臂按劍，仰天太息曰：「寡人雖死，必不能事秦。今主君以楚王之教詔之，敬奉社稷以從。」

《戰國策·燕一》蘇秦將爲從，北説燕文侯曰：「燕東有朝鮮、遼東，北有林胡、樓煩，西有雲中、九原，南有呼沱、易水。地方二千餘里，帶甲數十萬，車七百乘，騎六千疋，粟支十年。南有碣石、鴈門之饒，北有棗粟之利，民雖不由田作，棗粟之實，足食於民矣。此所謂天府也。夫安樂無事，不見覆軍殺將之憂，無過燕矣。大王知其所以然乎？夫燕之所以不犯寇被兵者，以趙之爲蔽於南也。秦、趙五戰，秦再勝而趙三勝。秦、趙相弊，而王以全燕制其後，此燕之所以不犯難也。且夫秦之攻燕也，踰雲中、九原，過代、上谷，彌埊踵道數千里，雖得燕城，秦計固不能守也。秦之不能害燕亦明矣。今趙之攻燕也，發興號令，不至十日，而數十萬之衆，軍於東垣矣。度呼沱，涉易水，不至四五日，距國都矣。故曰，秦之攻燕也，戰於千里之外；趙之攻燕也，戰於百里之内。夫不憂百里之患，而重千里之外，計無過於此者。是故願大王與趙從親，天下爲一，則國必無患矣。」

燕王曰：「寡人國小，西迫强秦，南近齊、趙。齊、趙，强國也，今主君幸教詔之，合從以安燕，敬以國從。」於是齎蘇秦車馬金帛以至趙。

奉陽君、李兑甚不取於蘇秦。蘇秦在燕，李兑因爲蘇秦謂奉陽君曰：「齊、燕離則趙重，齊、燕合則趙輕。今君之齊，非趙之利也。臣竊爲君不取也。」

奉陽君曰：「何吾合燕於齊？」

對曰：「夫制於燕者蘇子也。而燕弱國也，東不如齊，西不如趙，豈能東無齊，西無趙哉？而君甚不善蘇秦，蘇秦能抱弱燕而孤於天下哉？是驅燕而使合於齊也。且燕亡國之餘也，其以權立，以重外，以事貴。故爲君計，善蘇秦則取，不善亦取之，以疑燕、齊。燕、齊疑，則趙重矣。齊王疑蘇秦，則君多資。」

奉陽君曰：「善。」乃使使與蘇秦結交。

人有惡蘇秦於燕王者，曰：「武安君，天下不信人也。王以萬乘之下，尊之於廷，示天下與小人羣也。」

武安君從齊來，而燕王不館也。謂燕王曰：「臣東周之鄙人也，見足下身無咫尺之功，而足下迎臣於郊，顯臣於廷。今臣爲足下使，利得十城，功存危燕，足下不聽臣者，人必有言臣不信，傷臣於王者。臣之不信，是足下之福也。使臣信如尾生，廉如伯夷，孝如曾參，三者天下之高行，而以事足下，不可乎？」燕王曰：「可。」曰：「有此，臣亦不事足下矣。」

蘇秦曰：「且夫孝如曾參，義不離親一夕宿於外，足下安得使之之齊？廉如伯夷，不取素飡，汙武王之義而不臣焉，辭孤竹之君，餓而死於首陽之山，廉如此者，何肯步行數千里，而事弱燕之危主乎？信如尾生，期而不來，抱梁柱而死，信至如此，何肯楊燕、秦之威於齊而取大功乎哉？且夫信行者，所以自爲也，非所以爲人也。皆自覆之術，非進取之道也。且夫三王代興，五霸迭盛，皆不自覆也。君以自覆爲可乎？則齊不益於營丘，足下不踰楚境，不窺於邊城之外。且臣有老母於周，離老母而事足下，去自覆之術，而謀進取之道，臣之趣固不與足下合者。足下皆自覆之君也，僕者進取之臣也，所謂以忠信得罪於君者也。」

燕王曰：「夫忠信，又何罪之有也？」

對曰：「足下不知也。臣鄰家有遠爲吏者，其妻私人。其夫且歸，其私之者憂之。其妻曰：『公勿憂也，吾已爲藥酒以待之矣。』後二日，夫至。妻使妾奉卮酒進之。妾知其藥酒也，進之則殺主父，言之則逐主母，乃陽僵棄酒。主父大怒而笞之。故妾一僵而棄酒，上以活主父，下以存主母也。忠至如此，然不免於笞，此以忠信得罪者也。臣之事，適不幸而有類妾之棄酒也。且臣之事足下，亢義益國，今乃得罪，臣恐天下後事足下者，莫敢自必也。且臣之說齊，曾不欺之也。使之說齊者，莫如臣之言也，雖堯、舜之智，不敢取也。」

蘇秦死，其弟蘇代欲繼之，乃北見燕王噲曰：「臣東周之鄙人也，竊聞王義甚高甚順，鄙人不敏，竊釋鉏耨而干大王。至於邯鄲，所聞於邯鄲者，又高於所聞東周。臣竊負其志，乃至燕廷，觀王之羣臣下吏，大王天下之明主也。」

曰：「夫無謀人之心，而令人疑之，拙；有謀人之心，而令人知之，拙；謀未發而聞於外，則危。今臣聞王居處不安，食飲不甘，思念報齊，身自削甲扎，曰有大數矣，妻自組甲絣，曰有大數矣，有之乎？」

王曰：「子聞之，寡人不敢隱也。我有深怨積怒於齊，而欲報之二年矣。齊者，我讎國也，故寡人之所欲伐也。直患國弊，力不足矣。子能以燕敵齊，則寡人奉國而委之於子矣。」

對曰：「凡天下之戰國七，而燕處弱焉。獨戰而不能，有所附則無不重。南附楚則楚重，西附秦則秦重，中附韓、魏則韓、魏重。且苟所附之國重，此必使王重矣。今夫齊王，長主也，而自用也。南攻楚五年，稸積散。西困秦三年，民憔瘁，士罷弊。北與燕戰，覆三軍，獲二將。而又以其餘兵南面而舉五千乘之勁宋，而包十二諸侯。此其君之欲得也，其民力竭也，安猶取哉？且臣聞之，數戰則民勞，久師則兵弊。」

王曰：「吾聞齊有清濟、濁河，可以爲固；有長城、鉅防，足以爲塞。誠有之乎？」

對曰：「天時不與，雖有清濟、濁河，何足以爲固？民力窮弊，雖有長城、鉅防，何足以爲塞？且異日也，濟西不役，所以備趙也；河北不師，所以備燕也。今濟西、河北，盡以役矣，封內弊矣。夫驕主必不好計，而亡國之臣貪於財。王誠能毋愛寵子、母弟以爲質，寶珠玉帛以事其左右，彼且德燕而輕亡宋，則齊可亡已。」

王曰：「吾終以子受命於天矣！」

曰：「內寇不與，外敵不可距。王自治其外，臣自報其內，此乃亡之之勢也。」

燕王噲既立，蘇秦死於齊。蘇秦之在燕也，與其相子之爲婚，而蘇代與子之交。及蘇秦死，而齊宣王復用蘇代。

《戰國策·宋衛》 宋與楚爲兄弟。齊攻宋，楚王言救宋。宋因賣楚重以求講於齊，齊不聽。蘇秦爲宋謂齊相曰：「不如與之，以明宋之賣楚重於齊也。楚怒，必絕於宋而事齊，齊、楚合，則攻宋易矣。」

王充《論衡·案書篇》 案張儀與蘇秦同時，蘇秦之死，儀固知之。儀知各審，宜從儀言，以定其實，而說不明，兩傳其文。

梁玉繩《人表考》卷六《中下・蘇秦》 蘇秦屢見《戰國策》及《荀子・臣道》。東周雒陽人。《史・本傳》。居乘軒里。《趙策》。蓋蘇忿生之後。《史・索隱》。字季子。《秦策》、《史・集解》引譙周以爲字，《索隱》謂其嫂呼小叔耳，未必即其字也。其相骨鼻。《論衡・骨相》。亦曰蘇子，《西周諸策》。亦曰蘇公，《趙策》。亦曰蘇生，《本傳》，又《集解》徐廣曰：生，作先。亦曰蘇君，《史・張儀傳》。亦曰蘇季。宋庠《元憲集・歲晏感事詩》。封武安君。《秦》、《楚》、《燕策》。車裂于齊之市。《楚》、《趙策》、《本傳》。葬洛陽城東御道北孝義里西北隅。《趙策》吴注引《河南志》，而《一統志》云在青州益都縣東廿五里，又見般陽西。

備論

《史記》卷六九《蘇秦列傳論》 蘇秦兄弟三人，皆游説諸侯以顯名，其術長於權變。而蘇秦被反閒以死，天下共笑之，諱學其術。然世言蘇秦多異，異時事有類之者皆附之蘇秦。夫蘇秦起閭閻，連六國從親，此其智有過人者。吾故列其行事，次其時序，毋令獨蒙惡聲焉。

《建安七子集》卷四《徐幹集・七喻》 戰國之際，秦、儀之徒，智略兼人，辯利軼軌，倜儻挾義，觀釁相時。圖爵位則佩六紱，謀貨財則輸海内。一怒而諸侯懼，安居而天下憇。人主見弄於股掌之上，而莫之知惡也。

《史記》卷六九《蘇秦列傳》司馬貞述贊 季子周人，師事鬼谷。揣摩既就，《陰符》伏讀。合從離衡，佩印者六。天王除道，家人扶服。賢哉代、厲，繼榮黨族。

洪邁《容齋續筆》卷二《蘇張説六國》 蘇秦、張儀同學於鬼谷，而其從横之辯，如冰炭水火之不同，蓋所以設心者異耳。蘇欲六國合從以擯秦，故言其彊。謂燕地方二千餘里，帶甲數十萬，車六百乘，騎六千匹；謂趙地亦方二千餘里，帶甲數十萬，車千乘，騎萬匹；謂韓地方九百里，帶甲數十萬，天下之强弓勁弩，皆從韓出，韓卒之勇，一人當百；謂魏地方千里，卒七十萬；齊地方二千餘里，臨菑之卒固已二十一萬；楚地方五千里，帶甲百萬，車千乘，騎萬匹。至於張儀，則欲六國爲横以事秦，故言其弱。謂梁地方不過千里，卒不過三十萬；韓地險惡，卒不過二十萬；臨菑、即墨非齊之有；斷趙右肩；黔、巫非楚有；易水、長城非燕有。然而六王皆聳聽敬從，舉國而付之，未嘗有一語相折難者。彼皆長君，持國之日久，逮其臨事，乃顧如桔槔，隨人俯仰，得不危亡，幸矣哉。且一國之勢，猶一家也。今夫主一家之政者，較量生理，名田若干頃，歲收穀粟若干；藝園若干畝，歲收桑麻若干；邸舍若干區，爲錢若干；下至牛羊犬雞，莫不有數，自非童騃孱愚之人，未有不能件析而枚數者，何待於疏遠游客爲之借箸而籌哉！苟一以爲多，一以爲寡，將遂挈挈然舉而信之乎！鼂錯説景帝曰：「高帝大封同姓，齊七十餘城，楚四十餘城，吴五十餘城，分天下半。」以漢之廣，三國渠能分其半？此錯欲削諸侯，故盛言其大爾。膠西王將與吴反，羣臣諫曰：「諸侯地不能當漢十二，爲叛逆，非計也。」是時反者即吴、楚、諸齊，此膠西臣欲止王之謀，故盛言其小爾。二者視蘇、張之言，疑若相似，而用心則否，聽之者惟能知彼知己，則善矣。

王應麟《困學紀聞》卷一〇《諸子》 《太平御覽》九百八十三《香部》引《蘇子》曰：「蘭以芳自燒，膏以明自焫，翠以羽殃身，蚌以珠致破。」蘇秦能爲此言，而不能保其身。《漢書》楚老父之言，本於此。

李贄《藏書》卷二二《名臣傳七・智謀名臣・蘇秦》評 蘇秦當其難，張儀爲其易。太史公兩人斷語極當，極可賞也。

鍾惺《隱秀軒集》卷二三《論二・蘇秦》 遊士欲用人國以爲所欲爲，必擇其所易用者而先往焉，時爲之也。戰國時智謀之士用秦易而用六國難。非惟六國弱而秦强，抑亦六國之情勢分而秦之情勢一也。觀蘇秦始將連横説秦惠王，可見合從非得已矣。秦王曰：「毛羽不豐滿者，不可以高飛；文章不成者，不可以誅罰；道德不厚者，不可以使民；政教不順者，不可以煩大臣。」亦自是大志略人審勢待時，不肯輕用其國以狥遊士之功名者。蘇秦苦心苦口，至書十上而説不行，金盡裘敝而不絶望於秦者，以爲如是而吾之説得用於秦，猶愈於刺股流血，揣摩期年以説六國也云爾。説六國必刺股流血，揣摩期年而後成，則六國之難於秦可見矣。六國時天下所惡莫如秦，而勢在秦；三國時天下所惡莫如魏，而勢在魏。勢之所在，雖天下之所惡者而必往焉，以其易用而可爲所欲爲也。孟子曰：「天下無道，小從大，弱役强，天也。」無道之天下亦有天焉，得無道之天者亦可以王，可以霸，而不可以久。六國之秦，三國之魏是也。斯固遊士之所必往也，時爲之也。

梁章鉅《浪跡續談》卷六《蘇秦激張儀》 戲綵亭前家宴，有演《投趙激儀》劇

者，諸兒女皆茫然不知所謂，余笑曰：「爾等縱不讀《史記》，亦未觀《列國志》乎？」翼日次兒丁辰即檢《史記》以進，因付兒女徧視之，乃各恍然大悟，讀書即是看戲，看戲即是讀書，良不虛也。因節録其文如左，用便觀者云。

藝文

彭汝礪《鄱陽集》卷八《喜文淵登第因寄二篇之一》 春風吹詔落天涯，喜聽君榮及盛時。桂籍功名知自取，雲臺事業舊相期。騏驎有力爭千里，燕雀無才寄一枝。士稚果能先越石，蘓秦應欲憤張儀。

駱問禮《萬一樓集》卷八《漫成》 歸惡由來過勝遊，乘閒況鼓木蘭舟。今宵骨肉山中夢，肯薄蘓秦尚未侯。

孫枝蔚《溉堂集》續集卷五《送王子重下第歸里》 男兒意氣雄九州，一生遭遇難預謀。管子何曾病三走，卞和亦得傳千秋。才如王生竟不第，益信鬼神擅權勢。久識超宗有鳳毛，（尊公爲涓來太史）莫學蘇秦嘆貂敝。昨朝相見告歸期，愧無錢酒勢臨岐。自笑奇窮如昌谷，聊歌一解贈亞之。

張開東《白蒓詩集》卷一三《答朔平郡守方秋鑑應清舊遊兼索辟塵鼠皮歌》 朔平太守高清操，獨坐邊庭風蕭蕭。中丞之孫觀察子，藹如寒士神不驕。前年逢我馬邑道，遣徒驅車走兔毛。將軍都督萬騎屯，許我孱儒挾纖毫。立馬天山弔青塚，落日黑河生洪濤。蘓武城外李陵臺，長歌一聲天迢遥。材官執爵司馬宴，歌姬冷月蛾眉嬌。大書高樓倚店壁，萬古烽煙落酒瓢。乃知太平皆文教，不用投筆學班超。歸來郡齋復長飲，竟欲勒銘凌荒徼。舊事那堪一回首，楚客游魂不可招。君已蒙戎晏子孤，我亦零落蘓秦貂。感君贈我辟塵鼠，三年不成霜雪凋。南皮北皮都歷盡，由來此物空寥寥。即今重晤思補綴，何須千載誇綈袍。

田單部

綜述

《史記》卷八二《田單列傳》 田單者，齊諸田疏屬也。湣王時，單爲臨菑市掾，不見知。及燕使樂毅伐破齊，齊湣王出奔，已而保莒城。燕師長驅平齊，而田單走安平，令其宗人盡斷其車軸末而傅鐵籠。已而燕軍攻安平，城壞，齊人走，爭塗，以轊折車敗，爲燕所虜，唯田單宗人以鐵籠故得脱，東保即墨。燕既盡降齊城，唯獨莒、即墨不下。燕軍聞齊王在莒，并兵攻之。淖齒既殺湣王於莒，因堅守，距燕軍，數年不下。燕引兵東圍即墨，即墨大夫出與戰，敗死。城中相與推田單，曰：「安平之戰，田單宗人以鐵籠得全，習兵。」立以爲將軍，以即墨距燕。

頃之，燕昭王卒，惠王立，與樂毅有隙。田單聞之，乃縱反閒於燕，宣言曰：「齊王已死，城之不拔者二耳。樂毅畏誅而不敢歸，以伐齊爲名，實欲連兵南面而王齊。齊人未附，故且緩攻即墨以待其事。齊人所懼，唯恐他將之來，即墨殘矣。」燕王以爲然，使騎劫代樂毅。

樂毅因歸趙，燕人士卒忿。而田單乃令城中人食必祭其先祖於庭，飛鳥悉翔舞城中下食。燕人怪之。田單因宣言曰：「神來下教我。」乃令城中人曰：「當有神人爲我師。」有一卒曰：「臣可以爲師乎？」因反走。田單乃起，引還，東鄉坐，師事之。卒曰：「臣欺君，誠無能也。」田單曰：「子勿言也！」因師之。每出約束，必稱神師。乃宣言曰：「吾唯懼燕軍之劓所得齊卒，置之前行，與我戰，即墨敗矣。」燕人聞之，如其言。城中人見齊諸降者盡劓，皆怒，堅守，唯恐見得。單又縱反閒曰：「吾懼燕人掘吾城外冢墓，僇先人，可爲寒心。」燕軍盡掘壟墓，燒死人。即墨人從城上望見，皆涕泣，俱欲出戰，怒自十倍。

田單知士卒之可用，乃身操版插，與士卒分功，妻妾編於行伍之閒，盡散飲食饗士。令甲卒皆伏，使老弱女子乘城，遣使約降於燕，燕軍皆呼萬歲。田單又收民金，得千溢，令即墨富豪遺燕將，曰：「即墨即降，願無虜掠吾族家妻妾，令安堵。」燕將大喜，許之。燕軍由此益懈。

田單乃收城中得千餘牛，爲絳繒衣，畫以五彩龍文，束兵刃於其角，而灌脂束葦於尾，燒其端。鑿城數十穴，夜縱牛，壯士五千人隨其後。牛尾熱，怒而奔燕軍，燕軍夜大驚。牛尾炬火光明炫燿，燕軍視之皆龍文，所觸盡死傷。五千人因銜枚擊之，而城中鼓譟從之，老弱皆擊銅器爲聲，聲動天地。燕軍大駭，敗走。齊人遂夷殺其將騎劫。燕軍擾亂奔走，齊人追亡逐北，所過城邑皆畔燕而歸田單，兵日益多，乘勝，燕日敗亡，卒至河上，而齊七十餘城皆復爲齊。乃迎襄王於莒，入臨菑而聽政。

襄王封田單，號曰安平君。

初，淖齒之殺湣王也，莒人求湣王子法章，得之太史嬓之家，爲人灌園。嬓女憐而善遇之。後法章私以情告女，女遂與通。及莒人共立法章爲齊王，以莒距燕，而太史氏女遂爲后，所謂「君王后」也。

燕之初入齊，聞畫邑人王蠋賢，令軍中曰「環畫邑三十里無入」，以王蠋之故。已而使人謂蠋曰：「齊人多高子之義，吾以子爲將，封子萬家。」蠋固謝。燕人曰：「子不聽，吾引三軍而屠畫邑。」王蠋曰：「忠臣不事二君，貞女不更二夫。齊王不聽吾諫，故退而耕於野。國既破亡，吾不能存；今又劫之以兵爲君將，是助桀爲暴也。與其生而無義，固不如烹！」遂經其頸於樹枝，自奮絶脰而死。齊亡大夫聞之，曰：「王蠋，布衣也，義不北面於燕，況在位食禄者乎！」乃相聚如莒，求諸子，立爲襄王。

雜録

備録

《荀子・議兵》 齊之田單，楚之莊蹻，秦之衛鞅，燕之繆蟣，是皆世俗之所謂善用兵者也。

《戰國策・齊六》 燕攻齊，齊破。閔王奔莒，淖齒殺閔王。田單守即墨之

城，破燕兵，復齊墟。襄王爲太子徵。齊以破燕，田單之立疑，齊國之衆，皆以田單爲自立也。襄王立，田單相之。

過菑水，有老人涉菑而寒，出不能行，坐於沙中。田單見其寒，欲使後車分衣，無可以分者，單解裘而衣之。襄王惡之，曰：「田單之施，將欲以取我國乎？不早圖，恐後之。」左右顧無人，巖下有貫珠者，襄王呼而問之曰：「女聞吾言乎？」對曰：「聞之。」王曰：「女以爲何若？」對曰：「王不如因以爲己善。王嘉單之善，下令曰：『寡人憂民之饑也，單收而食之；寡人憂民之寒也，單解裘而衣之；寡人憂勞百姓，而單亦憂之，稱寡人之意。』單有是善而王嘉之，善單之善，亦王之善已。」王曰：「善！」乃賜單牛酒，嘉其行。

後數日，貫珠者復見王曰：「王至朝日，宜召田單而揖之於庭，口勞之。乃布令求百姓之饑寒者，收穀之。」乃使人聽於閭里，聞丈夫之相□與語，舉□□□□曰：「田單之愛人！嗟，乃王之教澤也！」

貂勃常惡田單，曰：「安平君，小人也。」安平君聞之，故爲酒而召貂勃，曰：「單何以得罪於先生，故常見譽於朝？」貂勃曰：「跖之狗吠堯，非貴跖而賤堯也，狗固吠非其主也。且今使公孫子賢，而徐子不肖。然而使公孫子與徐子鬬，徐子之狗，猶時攫公孫子之腓而噬之也。若乃得去不肖者，而爲賢者狗，豈特攫其腓而噬之耳哉？」安平君曰：「敬聞命。」明日，任之於王。

王有所幸臣九人之屬，欲傷安平君，相與語於王曰：「燕之伐齊之時，楚王使將軍將萬人而佐齊。今國已定，而社稷已安矣，何不使使者謝於楚王？」王曰：「左右孰可？」九人之屬曰：「貂勃可。」貂勃使楚。楚王受而觴之，數日不反。九人之屬相與語於王曰：「夫一人身，而牽留萬乘者，豈不以據勢也哉？且安平君之與王也，君臣無禮，而上下無別。且其志欲爲不善。內牧百姓，循撫其心，振窮補不足，布德於民；外懷戎翟、天下之賢士，陰結諸侯之雄俊豪英。其志欲有爲也，願王之察之。」異日，而王曰：「召相單來。」田單免冠徒跣肉袒而進，退而請死罪。五日，而王曰：「子無罪於寡人，子爲子之臣禮，吾爲吾之王禮而已矣。」

貂勃從楚來，王賜諸前，酒酣，王曰：「召相田單而來。」貂勃避席稽首曰：「王惡得此亡國之言乎？王上者孰與周文王？」王曰：「吾不若也。」貂勃曰：「然，臣固知王不若也。下者孰與齊桓公？」王曰：「吾不若也。」貂勃曰：「然，臣固知王不若也。然則周文王得呂尚以爲太公，齊桓公得管夷吾以爲仲父，今王得安平君而獨曰『單』。且自天地之闢，民人之治，爲人臣之功者，誰有厚於安平君者哉？而王曰『單，單』。惡得此亡國之言乎？且王不能守先王之社稷，燕人興師而襲齊墟，王走而之城陽之山中。安平君以惴惴之即墨，三里之城，五里之郭，敝卒七千，禽其司馬，而反千里之齊，安平君之功也。當是時也，闔城陽而王，城陽、天下莫之能止。然而計之於道，歸之於義，以爲不可，故爲棧道木閣，而迎王與后於城陽山中，王乃得反，子臨百姓。今國已定，民已安矣，王乃曰『單』。且嬰兒之計不爲此。王不亟殺此九子者以謝安平君，不然，國危矣！」王乃殺九子而逐其家，益封安平君以夜邑萬户。

田單將攻狄，往見魯仲子。仲子曰：「將軍攻狄，不能下也。」田單曰：「臣以五里之城，七里之郭，破亡餘卒，破萬乘之燕，復齊墟。攻狄而不下，何也？」上車弗謝而去。遂攻狄，三月而不克之也。

齊嬰兒謡曰：「大冠若箕，脩劍拄頤，攻狄不能，下壘枯丘。」田單乃懼，問魯仲子曰：「先生謂單不能下狄，請聞其說。」魯仲子曰：「將軍之在即墨，坐而織蕢，立則丈插，爲士卒倡曰：『可往矣！宗廟亡矣！云曰尚矣！歸於何黨矣！』當此之時，將軍有死之心，而士卒無生之氣，聞若言，莫不揮泣奮臂而欲戰，此所以破燕也。當今將軍東有夜邑之奉，西有菑上之虞，黄金橫帶，而馳乎淄、澠之間，有生之樂，無死之心，所以不勝者也。」田單曰：「單有心，先生志之矣。」明日，乃厲氣循城，立於矢石之所，乃援枹鼓之，狄人乃下。

《呂氏春秋·恃君覽·行論》 使者行至齊。齊王方大飲，左右官實，御者甚衆，因令使者進報。使者報言燕王之甚恐懼而請罪也，畢，又復之，又矜左右官實。因乃發小使以反令燕王復舍。此濟上之所以敗，齊國以虚也。七十城，微田單固幾不反。湣王以大齊驕而殘，田單以即墨城而立功。詩曰「將欲毀之，必重累之；將欲踣之，必高舉之」，其此之謂乎？累矣而不毀，舉矣而不踣，其唯有道者乎！

《淮南子·氾論訓》 趙襄子以晉陽之城霸，智伯以三晉之地禽，湣王以大齊亡，田單以即墨有功。故國之亡也，雖大不足恃；道之行也，雖小不可輕。

劉向《說苑·指武》 田單爲齊上將軍，興師十萬，將以攻翟，往見魯仲連子，仲連子曰：「將軍之攻翟必不能下矣。」田將軍曰：「單以五里之城，十里之郭，復齊之國，何爲攻翟不能下？」去上車不與言。決攻翟，三月而不能下。齊

嬰兒謠之曰：「大冠如箕，長劍拄頤，攻翟不能下，墨於梧丘。」於是田將軍恐駭，往見仲連子曰：「先生何以知單之攻翟不能下也？」仲連子曰：「夫將軍在即墨之時，坐則織蕢，立則杖臿，爲士卒倡，曰：『宗廟亡矣，魂魄喪矣，歸何黨矣！』故將有死之心，士卒無生之氣。今將軍東有掖邑之封，西有淄上之寶，黄金横帶，馳騁乎淄、澠之間，是以樂生而惡死也。」田將軍明日結髮，徑立矢石之所，乃引枹而鼓之，翟人下之。故將者士之心也，士者將之枝體也，心猶與則枝體不用，田將軍之謂乎！

王充《論衡・紀妖篇》 齊田單保即墨之城，欲詐燕軍，云：「天神下助我。」有一人前曰：「我可以爲神乎？」田單却走再拜事之，竟以神下之言聞於燕軍。燕軍信其有神，又見牛若五采之文，遂信畏懼，軍破兵北。田單卒勝，復獲侵地。此人象鬼之妖也。

劉晝《劉子・兵術》 萬弩上彀，孫臏之奇；千牛俱奔，田單之策。

董説《七國考》卷一四《田齊瑣徵・棧道》 《國策》：「田單爲棧道木閣，迎齊王與后於城陽山中。」王伯厚云：「據此，非但蜀有棧道也。」

梁玉繩《人表考》卷四《中上・田單》 田單屢見《戰國策》。又作陳單。賈誼《新書・胎教》。號安平君。《秦策》。亦曰都平君。《趙策》。宋徽宗宣和五年封昌平伯。《宋史・禮志》。宋張晏注舊在第五，今列第四，乃後人因張注升之。

備論

《史記》卷八二《田單列傳論》 兵以正合，以奇勝。善之者，出奇無窮。奇正還相生，如環之無端。夫始如處女，適人開户；後如脱兔，適不及距：其田單之謂邪！

《史記》卷八二《田單列傳》司馬貞述贊 軍法以正，實尚奇兵。斷軸自免，反閒先行。羣鳥或衆，五牛揚旌。卒破騎劫，皆復齊城。襄王嗣位，乃封安平。

《蘇軾文集》卷六五《田單火牛》 田單使人食必祭，以致烏鳶，又設爲神師，皆近兒戲，無益於事。蓋先以疑似置齊人心中，則夜見火牛龍文，足以駭動，取一時之勝，此其本意也。

葉適《習學記言序目》卷一八《戰國策・齊》 田單立功，不旋踵而有九人之讒，幾死。自古功名之際，無得免者，可畏哉！貂勃一説而殺九子，單以復安，誅佞臣何其易！古今事不同，或當信然，未可知也。

袁了凡、王鳳洲《袁王綱鑑合編・周紀》袁了凡評 田單興齊，厥功甚偉。然人謂樂毅以燕、齊二國之兵，五年不能下莒、即墨，爲單善守，特未考耳。〔按〕史稱淖齒殺齊湣王，而堅守以拒燕。燕君聞湣王之在莒也，并兵攻之，數年不下。則數年不下者莒耳，故即墨亦數年不被攻。及纔攻即墨，即墨之大夫戰死，田單乃代守，而樂毅未幾以讒奔趙矣。要之齊亡國猶有人，人心未忘齊，齊會當復興。田單又善兵，然使燕昭王不殂，騎劫不代，樂毅不奔，惴惴即墨援絶坐困，單不其危乎！

鍾惺《史懷》卷四 襄王立，田單相之。過淄水，有老人涉淄而寒，出不能行，坐于沙中，田單見其寒，欲使後車分衣。無可以分者，單解裘而衣之。襄王惡之曰：「田單之施，將欲以取我國乎？不早圖之，恐後之。」左右顧無人，巖下有貫珠者，襄王呼而問之曰：「女聞吾言乎？」對曰：「聞之。」王曰：「女以爲何若？」對曰：「王不如因以爲己善。王嘉單之善，下令曰，寡人憂民之饑也，單收而食之；寡人憂民之寒也，單解裘而衣之；寡人憂勞百姓而單亦憂之，稱寡人之意。單有是善而王嘉之，雖單之善，亦王之善也。」王曰：「善。」乃賜單牛酒嘉其行。後數日，貫珠者復見王曰：「王至朝日，宜召田單而揖之于庭，口勞之，乃布令求百姓之饑寒者收穀之。」乃使人聽于閭里，聞丈夫之相與語曰，田單之愛人，嗟，乃王之教澤也。齊王忌田單而欲圖之，此密事也，他人不聞而貫珠聞之，爲貫珠者危矣，乃既自全又全單；既全單，又廣王之意，而爲之收譽于民。單有是善而王嘉之，單之善亦王之善已。大哉言乎！所以處王者體面地步甚高，非惟爲君，爲大臣者尤當知之。爲君而妬其臣之善者，自同于臣者也。爲大臣而妬小臣之善者，自同於小臣者也，非高於自處之道也。

鍾惺《史懷》卷七《田單列傳》 戰，勇氣也。李牧與田單，俱在養其氣，不滿不發。而牧之士氣實，法在持之，故謹烽火，多閒諜，厚遇戰士，用其喜；單之士氣虚，法在激之，故令敵人劓降者，掘城外冢墓，用其怒。其滿而後發一也。

兩敵相當，反閒之法，忙中偶一用之可耳，數用則套矣。然千古行之數驗而

數不能識破，是何庸主之多乎！齊之間燕也，曰，齊王已死，城之不拔者二耳。樂毅畏誅而不敢歸，以伐齊爲名，實欲連兵南面而王齊，齊人未附，故且緩攻即墨以待其事。出自田單之謀，故時勢情理，揣摩不甚相遠。不然，燕易王亦非甚庸愚之主也，然此等處不察，即明主與庸愚何異！

爲相者，有若魏成子俸入十九在外，十一在内者乎？爲將者，有若司馬穰苴與士卒平分糧食，田單身操版插與士卒分功，盡散飲食饗士者乎！何者？損己故也。有益于國之事，功名之士所勇于言者也；有損于己之事，身家之士所怯于爲者也，怯于此又安能勇于彼乎？

藝文

《全唐詩》卷六〇二汪遵《聊城》 刃血攻聊已越年，竟憑儒術罷戈鋋。田單漫逞燒牛計，一箭終輸魯仲連。

《全唐詩》卷六四七胡曾《詠史詩·即墨》 即墨門開縱火牛，燕師營裏血波流。固存不得田單術，齊國尋成一土丘。

樂毅部

綜述

《史記》卷八〇《樂毅列傳》　樂毅者，其先祖曰樂羊。樂羊爲魏文侯將，伐取中山，魏文侯封樂羊以靈壽。樂羊死，葬於靈壽，其後子孫因家焉。中山復國，至趙武靈王時復滅中山，而樂氏後有樂毅。

樂毅賢，好兵，趙人舉之。及武靈王有沙丘之亂，乃去趙適魏。聞燕昭王以子之之亂而齊大敗燕，燕昭王怨齊，未嘗一日而忘報齊也。燕國小，辟遠，力不能制，於是屈身下士，先禮郭隗以招賢者。樂毅於是爲魏昭王使於燕，燕王以客禮待之。樂毅辭讓，遂委質爲臣，燕昭王以爲亞卿，久之。

當是時，齊湣王彊，南敗楚相唐眛於重丘，西摧三晉於觀津，遂與三晉擊秦，助趙滅中山，破宋，廣地千餘里。與秦昭王争重爲帝，已而復歸之。諸侯皆欲背秦而服於齊，湣王自矜，百姓弗堪。於是燕昭王問伐齊之事，樂毅對曰：「齊，霸國之餘業也，地大人衆，未易獨攻也。王必欲伐之，莫如與趙及楚、魏。」於是使樂毅約趙惠文王，别使連楚、魏，令趙嚪説秦以伐齊之利。諸侯害齊湣王之驕暴，皆争合從與燕伐齊。樂毅還報，燕昭王悉起兵，使樂毅爲上將軍，趙惠文王以相國印授樂毅。樂毅於是并護趙、楚、韓、魏、燕之兵以伐齊，破之濟西。諸侯兵罷歸，而燕軍樂毅獨追，至于臨菑。齊湣王之敗濟西，亡走，保於莒。樂毅獨留徇齊，齊皆城守。樂毅攻入臨菑，盡取齊寶財物祭器輸之燕。燕昭王大説，親至濟上勞軍，行賞饗士，封樂毅於昌國，號爲昌國君。於是燕昭王收齊鹵獲以歸，而使樂毅復以兵平齊城之不下者。

樂毅留徇齊五歲，下齊七十餘城，皆爲郡縣以屬燕，唯獨莒、即墨未服。會燕昭王死，子立爲燕惠王。惠王自爲太子時嘗不快於樂毅，及即位，齊之田單聞之，乃縱反閒於燕，曰：「齊城不下者兩城耳。然所以不早拔者，聞樂毅與燕新王有隙，欲連兵且留齊，南面而王齊。齊之所患，唯恐他將之來。」於是燕惠王固已疑樂毅，得齊反閒，乃使騎劫代將，而召樂毅。樂毅知燕惠王之不善代之，畏誅，遂西降趙。趙封樂毅於觀津，號曰望諸君。尊寵樂毅以警動於燕、齊。

齊田單後與騎劫戰，果設詐誑燕軍，遂破騎劫於即墨下，而轉戰逐燕，北至河上，盡復得齊城，而迎襄王於莒，入于臨菑。

燕惠王後悔使騎劫代樂毅，以故破軍亡將失齊；又怨樂毅之降趙，恐趙用樂毅而乘燕之弊以伐燕。燕惠王乃使人讓樂毅，且謝之曰：「先王舉國而委將軍，將軍爲燕破齊，報先王之讎，天下莫不震動，寡人豈敢一日而忘將軍之功哉！會先王棄羣臣，寡人新即位，左右誤寡人。寡人之使騎劫代將軍，爲將軍久暴露於外，故召將軍且休，計事。將軍過聽，以與寡人有隙，遂捐燕歸趙。將軍自爲計則可矣，而亦何以報先王之所以遇將軍之意乎？」樂毅報遺燕惠王書曰：

臣不佞，不能奉承王命，以順左右之心，恐傷先王之明，有害足下之義，故遁逃走趙。今足下使人數之以罪，臣恐侍御者不察先王之所以畜幸臣之理，又不白臣之所以事先王之心，故敢以書對。

臣聞賢聖之君不以禄私親，其功多者賞之，其能當者處之。故察能而授官者，成功之君也；論行而結交者，立名之士也。臣竊觀先王之舉也，見有高世主之心，故假節於魏，以身得察於燕。先王過舉，廁之賓客之中，立之羣臣之上，不謀父兄，以爲亞卿。臣竊不自知，自以爲奉令承教，可幸無罪，故受令而不辭。

先王命之曰：「我有積怨深怒於齊，不量輕弱，而欲以齊爲事。」臣曰：「夫齊，霸國之餘業而最勝之遺事也。練於兵甲，習於戰攻。王若欲伐之，必與天下圖之。與天下圖之，莫若結於趙。且又淮北、宋地，楚、魏之所欲也，趙若許而約四國攻之，齊可大破也。」先王以爲然，具符節南使臣於趙。顧反命，起兵擊齊。以天之道，先王之靈，河北之地隨先王而舉之濟上。濟上之軍受命擊齊，大敗齊人。輕卒鋭兵，長驅至國。齊王遁而走莒，僅以身免；珠玉財寶車甲珍器盡收入于燕。齊器設於寧臺，大吕陳於元英，故鼎反乎磿室，薊丘之植植於汶篁，自五伯已來，功未有及先王者也。先王以爲慊於志，故裂地而封之，使得比小國諸侯。臣竊不自知，自以爲奉命承教，可幸無罪，是以受命不辭。

臣聞賢聖之君，功立而不廢，故著於《春秋》；蚤知之士，名成而不毁，故稱於後世。若先王之報怨雪恥，夷萬乘之彊國，收八百歲之蓄積，及至棄

羣臣之日，餘教未衰，執政任事之臣，脩法令，慎庶孽，施及乎萌隷，皆可以教後世。

臣聞之，善作者不必善成，善始者不必善終。昔伍子胥説聽於闔閭，而吴王遠迹至郢；夫差弗是也，賜之鴟夷而浮之江。吴王不寤先論之可以立功，故沈子胥而不悔；子胥不蚤見主之不同量，是以至於入江而不化。

夫免身立功，以明先王之迹，臣之上計也。離毀辱之誹謗，墮先王之名，臣之所大恐也。臨不測之罪，以幸爲利，義之所不敢出也。

臣聞古之君子，交絶不出惡聲；忠臣去國，不絜其名。臣雖不佞，數奉教於君子矣。恐侍御者之親左右之説，不察疏遠之行，故敢獻書以聞，唯君王之留意焉。

於是燕王復以樂毅子樂閒爲昌國君；而樂毅往來復通燕，燕、趙以爲客卿。樂毅卒於趙。

樂閒居燕三十餘年，燕王喜用其相栗腹之計，欲攻趙，而問昌國君樂閒。樂閒曰：「趙，四戰之國也，其民習兵，伐之不可。」燕王不聽，遂伐趙。趙使廉頗擊之，大破栗腹之軍於鄗，禽栗腹、樂乘。樂乘者，樂閒之宗也。於是樂閒奔趙，趙遂圍燕。燕重割地以與趙和，趙乃解而去。

燕王恨不用樂閒，樂閒既在趙，乃遺樂閒書曰：「紂之時，箕子不用，犯諫不怠，以冀其聽；商容不達，身祇辱焉，以冀其變。及民志不入，獄囚自出，然後二子退隱。故紂負桀暴之累，二子不失忠聖之名。何者？其憂患之盡矣。今寡人雖愚，不若紂之暴也；燕民雖亂，不若殷民之甚也。室有語，不相盡，以告鄰里。二者，寡人不爲君取也。」

樂閒、樂乘怨燕不聽其計，二人卒留趙。趙封樂乘爲武襄君。

其明年，樂乘、廉頗爲趙圍燕，燕重禮以和，乃解。後五歲，趙孝成王卒。襄王使樂乘代廉頗。廉頗攻樂乘，樂乘走，廉頗亡入魏。其後十六年而秦滅趙。

其後二十餘年，高帝過趙，問：「樂毅有後世乎？」對曰：「有樂叔。」高帝封之樂卿，號曰華成君。華成君，樂毅之孫也。而樂氏之族有樂瑕公、樂臣公，趙且爲秦所滅，亡之齊高密。樂臣公善修黄帝、老子之言，顯聞於齊，稱賢師。

雜録

備録

《大戴禮記・保傅》 燕昭王得郭隗，而鄒衍、樂毅以齊至，於是舉兵而攻齊，棲閔王於莒。燕支地計衆不與齊均也，然如所以能申意至於此者，由得士也。

《戰國策・燕一》 燕昭王收破燕後即位，卑身厚幣，以招賢者，欲將以報讎。故往見郭隗先生曰：「齊因孤國之亂，而襲破燕。孤極知燕小力少，不足以報。然得賢士與共國，以雪先王之耻，孤之願也。敢問以國報讎者柰何？」

郭隗先生對曰：「帝者與師處，王者與友處，霸者與臣處，亡國與役處。詘指而事之，北面而受學，則百己者至。先趨而後息，先問而後嘿，則什己者至。人趨己趨，則若己者至。馮几據杖，眄視指使，則厮役之人至。若恣睢奮擊，呴籍叱咄，則徒隷之人至矣。此古服道致士之法也。王誠博選國中之賢者，而朝其門下，天下聞王朝其賢臣，天下之士必趨於燕矣。」

昭王曰：「寡人將誰朝而可？」郭隗先生曰：「臣聞古之君人，有以千金求千里馬者，三年不能得。涓人言於君曰：『請求之。』君遣之。三月得千里馬，馬已死，買其首五百金，反以報君。君大怒曰：『所求者生馬，安事死馬而捐五百金？』涓人對曰：『死馬且買之五百金，況生馬乎？天下必以王爲能市馬，馬今至矣。』於是不能期年，千里之馬至者三。今王誠欲致士，先從隗始；隗且見事，況賢於隗者乎？豈遠千里哉？」

於是昭王爲隗築宫而師之。樂毅自魏往，鄒衍自齊往，劇辛自趙往，士争湊燕。燕王弔死問生，與百姓同其甘苦。二十八年，燕國殷富，士卒樂佚輕戰。於是遂以樂毅爲上將軍，與秦、楚、三晉合謀以伐齊。齊兵敗，閔王出走於外。燕兵獨追北入至臨淄，盡取齊寶，燒其宫室宗廟。齊城之不下者，唯獨莒、即墨。

《戰國策・燕二》 昌國君樂毅爲燕昭王合五國之兵而攻齊，下七十餘城，盡郡縣之以屬燕。三城未下，而燕昭王死。惠王即位，用齊人反間，疑樂毅，而

使騎劫代之將。樂毅奔趙，趙封以爲望諸君。齊田單欺詐騎劫，卒敗燕軍，復收七十城以復齊。燕王悔，懼趙用樂毅承燕之弊以伐燕。

燕王乃使人讓樂毅，且謝之曰：「先王舉國而委將軍，將軍爲燕破齊，報先王之讎，天下莫不振動，寡人豈敢一日而忘將軍之功哉！會先王棄羣臣，寡人新即位，左右誤寡人。寡人之使騎劫代將軍者，爲將軍久暴露於外，故召將軍且休計事。將軍過聽，以與寡人有郄，遂捐燕而歸趙。將軍自爲計則可矣，而亦何以報先王之所以遇將軍之意乎？」望諸君乃使人獻書報燕王【略】。

《戰國策・趙三》 齊破燕，趙欲存之。樂毅謂趙王曰：「今無約而攻齊，齊必讎趙，不如請以河東易燕地於齊。趙有河北，齊有河東，燕、趙必不争矣，是二國親也。以河東之地强齊，以燕以趙輔之，天下憎之，必皆事王以伐齊，是因天下以破齊也。」王曰：「善。」乃以河東易齊，楚、魏憎之，令淖滑、惠施之趙，請伐齊而存燕。

《史記》卷三四《燕召公世家》 燕昭王於破燕之後即位，卑身厚幣以招賢者。謂郭隗曰：「齊因孤之國亂而襲破燕，孤極知燕小力少，不足以報。然誠得賢士以共國，以雪先王之恥，孤之願也。先生視可者，得身事之。」郭隗曰：「王必欲致士，先從隗始。況賢於隗者，豈遠千里哉！」於是昭王爲隗改築宫而師事之。樂毅自魏往，鄒衍自齊往，劇辛自趙往，士争趨燕。燕王弔死問孤，與百姓同甘苦。

二十八年，燕國殷富，士卒樂軼輕戰，於是遂以樂毅爲上將軍，與秦、楚、三晉合謀以伐齊。齊兵敗，湣王出亡於外。燕兵獨追北，入至臨淄，盡取齊寶，燒其宫室宗廟。齊城之不下者，獨唯聊、莒、即墨，其餘皆屬燕，六歲。

昭王三十三年卒，子惠王立。

惠王爲太子時，與樂毅有隙；及即位，疑毅，使騎劫代將。樂毅亡走趙。齊田單以即墨擊敗燕軍，騎劫死，燕兵引歸，齊悉復得其故城。湣王死于莒，乃立其子爲襄王。

《史記》卷四三《趙世家》 惠文王十四年，相國樂毅將趙、秦、韓、魏、燕攻齊，取靈丘。與秦會中陽。十五年，燕昭王來見。趙與韓、魏、秦共擊齊，齊王敗走，燕獨深入，取臨菑。

十七年，樂毅將趙師攻魏伯陽。而秦怨趙不與己擊齊，伐趙，拔我兩城。十八年，秦拔我石城。王再之衛東陽，決河水，伐魏氏。大潦，漳水出。魏冄來相趙。十九年，秦〔取〕我二城。趙與魏伯陽。趙奢將，攻齊麥丘，取之。

《史記》卷四六《田敬仲完世家》 〔齊湣王〕四十年，燕、秦、楚、三晉合謀，各出鋭師以伐，敗我濟西。王解而卻。燕將樂毅遂入臨淄，盡取齊之寶藏器。湣王出亡，之衛。衛君辟宫舍之，稱臣而共具。湣王不遜，衛人侵之。湣王去，走鄒、魯，有驕色，鄒、魯君弗内，遂走莒。楚使淖齒將兵救齊，因相齊湣王。淖齒遂殺湣王而與燕共分齊之侵地鹵器。

劉向《説苑・君道》 燕昭王問於郭隗曰：「寡人地狹民寡，齊人取薊八城，匈奴驅馳樓煩之下，以孤之不肖，得承宗廟，恐危社稷，存之有道乎？」郭隗曰：「有，然恐王之不能用也。」昭王避席，願請聞之。郭隗曰：「帝者之臣，其名臣也，其實師也；王者之臣，其名臣也，其實友也；霸者之臣，其名臣也，其實僕也；危國之臣，其名臣也，其實虜也。今王將東面，目指氣使以求臣，則廝役之材至矣；南面聽朝，不失揖讓之禮以求臣，則人臣之材至矣；西面等禮相亢，下之以色，不乘勢以求臣，則朋友之材至矣；北面拘指逡巡而退以求臣，則師傅之材至矣。如此則上可以王，下可以霸，唯王擇焉。」燕王曰：「寡人願學而無師。」郭隗曰：「王誠欲興道，隗請爲天下之士開路。」於是燕王常置郭隗上座南面。居三年，蘇子聞之，從周歸燕；鄒衍聞之，從齊歸燕；樂毅聞之，從趙歸燕；屈景聞之，從楚歸燕。四子畢至，果以弱燕并强齊。夫燕、齊非均權敵戰之國也，所以然者，四子之力也。《詩》曰：「濟濟多士，文王以寧。」此之謂也。

劉向《新序・雜事》 樂毅爲昭王謀，必待諸侯兵，齊乃可伐也。於是乃使樂毅使諸侯，遂合連四國之兵以伐齊，大破之。閔王逃，僅以身脱，匿莒。樂毅追之，遂屠七十餘城，臨淄盡降，惟莒、即墨未下，盡復收寶器而歸，復易王之辱。樂毅謝罷諸侯之兵，而獨圍莒、即墨。時田單爲即墨令，患樂毅善用兵，田單不能詐也，欲去之，昭王又賢，不肯聽讒。會昭王死，惠王立，田單使人讒之惠王，惠王使騎劫代樂毅，樂毅去之趙，不歸燕。騎劫既爲將軍，田單大喜，設詐大破燕軍，殺騎劫，盡復收七十餘城。是時齊閔王已死，田單得太子於莒，立以爲齊襄王。而燕惠王大慚，自悔易樂毅以致此禍，惠王乃使人遺樂毅書曰：「寡人不佞，不能奉順君志，故君捐國而去，寡人不肖明矣。敢謁其願，而君弗肯聽也，故使使者陳愚志，君試論之。語曰：仁不輕絶，智不輕怨。君於先王，世之所明知也。寡人望有非，則君覆蓋之，不虞君明罪之也；望有過，則君教誨之，不虞君明棄之也。寡人之罪，百姓弗聞，君微出明怨，以棄寡人，寡人必有罪矣。然恐君

之未盡厚矣。厚者不損人以自益，仁者不危人以要名。故覆人之邪者，厚之行也；救人之過者，仁之道也。世有覆寡人之邪，救寡人之過，非君惡所望之。今君厚受德於先王以成尊，輕棄寡人以快心，則覆邪救過，難得於君矣。且世有薄而故厚施，行有失而故惠用。今寡人任不肖之罪，而君有失厚之累，於爲君擇無所取。國有封疆，猶家之有垣墻，所以合好覆惡也。室不能相和，出訟鄰家，未爲通計也；怨惡未見，而明棄之，未爲盡厚也。寡人雖不肖，未如殷紂之亂也；君雖未得志，未如商容、箕子之累也。然不內盡寡人，明怨於外，恐其適足以傷高義而薄於行也。非然，苟可以成君之高，明君之義，寡人雖惡名，不難受也。本以明寡人之薄，而君不得厚，揚寡人之辱，而君不得榮，所謂一舉而兩失也。義者不虧人以自益，況傷人以自損乎？願君無以寡人之不肖，累往事之美。昔者柳下季爲理於魯，三絀，而不去。或曰：可以去矣。柳下季曰：『苟與人異，惡往而不絀乎，猶且絀也，寧故國耳。』柳下季不以絀自累，故自前業不忘；不以去爲心，故遠近無議。寡人之罪，國人不知，而議寡人者徧天下。諺曰：『仁不輕絶，知不簡功。』簡棄大功者仇也，輕絶厚利者怨也；仇而棄之，怨而累之，宜在遠者，不望之乎君。今寡人無罪，君豈怨之乎。願君捐忿和怒，追順先王，以復教寡人。意君曰：余將快心以成而過，不顧先王，以明而惡。使寡人進不得脩功，退不得變過，此君所制，唯君圖之。此寡人之愚志，敬以書謁之。」

王符《潛夫論・救邊》 昔樂毅以慱慱之小燕，破滅彊齊，威震天下，真可謂良將矣。然即墨大夫以孤城獨守，六年不下，竟完其民。田單帥窮卒五千，擊走騎劫，復齊七十餘城，可謂善用兵矣。圍聊、莒連年，終不能拔。此皆以至彊攻至弱，以上智圖下愚，而猶不能克者何也？曰：攻常不足，而守恒有餘也。前日諸郡，皆據列城而擁大衆。羌虜之智，非乃樂毅、田單也；郡縣之阸，未若聊、莒、即墨也。然皆不肯專心堅守，而反彊驅劫其民，捐棄倉庫，背城邑走。由此觀之，非苦城乏糧也，但苦將不食爾。

徐幹《中論・慎所從》 夫言或似是而非實，或似美而敗事，或似順而違道，此三者，非至明之君不能察也。燕昭王使樂毅伐齊，取七十餘城，莒與即墨未拔。昭王卒，惠王爲太子時，與毅不平，即墨守者田單，縱反間於燕，使宣言曰：「王已死。城之不拔者三耳。樂毅與新王有隙，懼誅而不敢歸，外以伐齊爲名，實欲因齊人未附，故且緩即墨以待其事。齊人所懼，惟恐他將之來，即墨殘矣。」惠王以爲然，使騎劫代之，大爲田單所破。此則似是而非實者也。

董説《七國考》卷一一《燕兵制》 《戰國陽秋》注云：「樂毅既破齊，昭王親至濟上勞苦，令軍中曰：『將軍得齊祭器，謂之下功；得齊城郭，謂之中功；得齊人民心，謂之上功。上功饗太牢，受鋭賞。其次中功，中功饗少年，受鈞賞。其次下功，下功饗鄉牢。』無功不饗，賜之壺漿，謂之報次，報勞之謂也。」余按：鋭賞、鈞賞，賞義未詳。《易緯》：「鄉牢四。」宋均《注》云：「鄉牢，習牢也。」謂雞鶩之屬。

董説《七國考》卷一二《燕刑法・斬》 《通鑑》：「樂毅圍齊二邑，三年而猶未下，或讒之於燕昭王。昭王於是置酒高會，引言者而讓之曰：『汝何敢言若此。』乃斬之。」

梁玉繩《人表考》卷三《上下智人・樂毅》 樂毅始見《燕策》。其先祖樂羊封靈壽，子孫因家焉。《史本傳》。燕昭王封爲昌國君，奔趙，封望諸君。《齊》、《燕策》、《史傳》。葬邯鄲西數里。《史・集解》。宋徽宗宣和五年封平虜侯。《宋志》。

備論

《史記》卷八〇《樂毅列傳論》 始齊之蒯通及主父偃讀樂毅之報燕王書，未嘗不廢書而泣也。樂臣公學黄帝、老子，其本師號曰河上丈人，不知其所出。河上丈人教安期生，安期生教毛翕公，毛翕公教樂瑕公，樂瑕公教樂臣公，樂臣公教蓋公。蓋公教於齊高密、膠西，爲曹相國師。

《史記》卷八〇《樂毅列傳》裴駰集解引 夏侯玄曰：「觀樂生遺燕惠王書，其殆庶乎知機合道，以禮始終者與！又其喻昭王曰：『伊尹放太甲而不疑，太甲受放而不怨，是存大業於至公而以天下爲心者也。』夫欲極道德之量，務以天下爲心者，必致其主於盛隆，合其趣於先王，苟君臣同符，則大業定矣。于斯時也，樂生之志，千載一遇。夫千載一遇之世，亦將行千載一隆之道，豈其局迹當時，止於兼并而已哉！夫兼并者，非樂生之所屑；彊燕而廢道，又非樂生之所求。不屑苟利，心無近事，不求小成，斯意兼天下者也。則舉齊之事，所以運其機而動四海也。夫討齊以明燕王之義，此兵不興於爲利矣。圍城而害不加於百姓，此仁心著於遐邇矣。舉國不謀其功，除暴不以威力，此至德全於天下矣。邁全

德以率列國，則幾於湯武之事矣。樂生方恢大綱以縱二城，收民明信以待其弊，將使即墨、莒人顧仇其上，願釋干戈賴我，猶親善守之，智無所施之。然則求仁得仁，即墨大夫之義；仕窮則徙，微子適周之道。開彌廣之路，以待田單之徒；長容善之風，以申齊士之志。使夫忠者遂節，勇者義著，昭之東海，屬之華裔，我澤如春，民應如草，道光宇宙，賢智託心，鄰國傾慕，四海延頸，思戴燕主，仰望風聲，二城必從，則王業隆矣。雖淹留於兩邑，乃致速於天下也。不幸之變，世所不圖，敗於垂成，時運固然。若乃逼之以威，劫之以兵，攻取之事，求欲速之功，使燕齊之士流血於二城之下，奓殺傷之殘以示四海之人，是縱暴易亂以成其私，鄰國望之，其猶犲虎。既大墮稱兵之義，而喪濟溺之仁，且虧齊士之節，廢廉善之風，掩宏通之度，棄王德之隆，雖二城幾於可拔，霸王之事逝其遠矣。然則燕雖兼齊，其與世主何以殊哉？其與鄰國何以相傾？樂生豈不知拔二城之速了哉，顧城拔而業乖也。豈不慮不速之致變哉，顧業乖與變同。繇是觀之，樂生之不屠二城，未可量也。」

《史記》卷八〇《樂毅列傳》司馬貞述贊　昌國忠讜，人臣所無。連兵五國，濟西爲墟。燕王受閒，空聞報書。義士慷慨，明君軾閭。閒，乘繼將，芳規不渝。

《蘇軾文集》卷四《樂毅論》　自知其可以王而王者，三王也。自知其不可以王而霸者，五霸也。或者之論曰：「圖王不成，其弊猶可以霸。」嗚呼！使齊桓、晉文而行湯、武之事，將求亡之不暇，雖欲霸，可得乎？」

夫王道者，不可以小用也。大用則王，小用則亡。昔者徐偃王、宋襄公嘗行仁義矣，然終以亡其身，喪其國者，何哉？其所施者，未足以充其所求也。故夫有可以得天下之道，而無取天下之心，乃可與言王矣。范蠡、留侯，雖非湯、武之佐，然亦可謂剛毅果敢，卓然不惑，而能有所必爲者也。觀吳王困於姑蘇之上，而求哀請命於勾踐，勾踐欲赦之，彼范蠡者獨以爲不可，援桴進兵，卒刎其頸。項籍之解而東，高帝亦欲罷兵歸國，留侯諫曰：「此天亡也，急擊勿失。」此二人者，以爲區區之仁義，不足以易吾之大計也。

嗟夫！樂毅戰國之雄，未知大道，而竊嘗聞之，則足以亡其身而已矣。論者以爲燕惠王不肖，用反間，以騎劫代將，卒走樂生。此其所以無成者，出於不幸，而非用兵之罪。然當時使昭王尚在，反間不得行，樂毅終亦必敗。何者？燕之并齊，非秦、楚、三晉之利。今以百萬之師，攻兩城之殘寇，而數歲不決，師老於外，此必有乘其虛者矣。諸侯乘之於內，齊擊之於外。當此時，雖太公、穰苴不能無敗。然樂毅以百倍之衆，數歲而不能下兩城者，非其智力不足，蓋欲以仁義服齊之民，故不忍急攻而至於此也。夫以齊人苦湣王之暴，樂毅苟退而休兵，治其政令，寬其賦役，反其田里，安其老幼，使齊人無復鬥志，則田單者獨誰與戰哉！柰何以百萬之師，相持而不決，此固所以使齊人得徐而爲之謀也。

當戰國時，兵彊相吞者，豈獨在我，以燕、齊之衆壓其城，而急攻之，可滅此而後食，其誰曰不可。嗚呼！欲王則王，不王則審所處，無使兩失焉而爲天下笑也。

《蘇軾文集》卷六五《夏侯玄論樂毅》　《魏氏春秋》云：「夏侯玄著《樂毅》、《張良》及《本無肉刑論》，辭旨通遠，傳於世。」然以予觀之，燕師之伐齊，猶未及桓文之舉也，而以爲幾湯武，豈不過甚矣乎？初，玄好老、莊道德之言，與何晏等皆有盛名。然晏陷曹爽黨中，玄亦不免李豐之禍。晏目玄以《易》之所謂深者，而玄目晏以神。及其遇禍，深與神皆安在乎？羣兒妄作名字，自相刻畫，類如此，可以發千載一笑。

《朱子語類》卷一三四《歷代一》　問：「樂毅伐齊，文中子以爲善藏其用，東坡則責其不合妄效王者事業以取敗。二説孰是？」曰：「這是他們愛去立説，後都不去攷教子細。這只是那田單會守後，不柰他何。當時樂毅自是兼秦、魏之師，又因人怨湣王之暴，故一旦下齊七十餘城。及既殺了湣王，則人心自是休了。它又怕那三國來分他底，連忙發遣了它。以燕之力量，也只做得恁地。更是那田單也忠義，盡死節守那二城。樂毅不是不要取它，也煞費氣力被它善守，後不柰他何。樂毅也只是戰國之士，又何嘗是王者之師？它當時也恣意去鹵掠，正如孟子所謂『毀其宗廟，遷其重器』，不過如此舉措。它當時那鼎也去扛得來，他豈是不要他底？但是田單與他皆會。兩箇相遇，智勇相角，至相持三年。便是樂毅也煞費氣力，但取不得。及用騎劫則是大段無能，後被田單使一箇小術數子，便乘勢殺將去。便是國不可以無人，如齊但有一田單，盡死節恁地守，便不柰他何。」義剛。

常先難而後易，不然，則難將至矣。如樂毅用事，始常懼難，乃心謹畏，不敢忽易，故戰則雖大國堅城，無有不破者。及至勝，則自驕，膽大而恃兵强，因去攻二城，亦攻不下。壽昌。

樂毅莒、即墨之圍，乃用師之道當如此，用速不得。又齊湣王，人多叛之；及死而其子立於莒，則人復惜之，不忍盡亡其國。即墨又有田單，故下之難。使

殺得盡其策，必不失之。光武下一城不得。明帝謂下之太速。揚。

《張耒集》卷四〇《樂毅論》 吾觀夏侯太初之論樂毅，稱毅之書，謂伊尹放太甲而不疑，太甲受放而不怨，以知毅之心不止于兼并，而稱毅之不取莒與即墨，謂明信義于天下，將縱二城而降之，以爲王業之所起。嗚呼！何其言之過歟！

毅，戰國之雄耳，其智豈足以知王者之事哉？一説昭王而平齊，復其數年之仇，毅之才盡是矣，何以知毅之有心于王者之事哉？且以戰國之際，士馳説以干時君，惟恐其言之不足以動人，其所説一切不出于情實，則毅之稱伊尹、太甲之事，是果其心歟？且毅將燕師，一戰而破齊，虜獲其重器而逐其君。燕國之弱小，而五歲勤師于外，親所下者凡七十餘城，則士卒亦少敝，而國之轉輸應接亦少勞矣。故頓于二城之下，盤桓而不能取，且不終毅之計，而騎刧代之矣。由是觀之，毅之不拔二城者，是力有所不足，未得盡用其計謀。而攷毅之用心，固未始有縱二城以收民明信而有意于王業之事也。

且毅嘗一至臨淄，盡取齊寶、財物、祭器，輸之于燕。而下七十餘城，其所殺傷不知幾何！而即墨之大夫出死于戰，齊民之視毅不啻若寇仇。而乃欲以不攻二城以明信示民，毅之爲計必不若是之愚者。且方是時，田單守即墨，單善爲兵，故其守即墨固而不易拔耳。何夏侯生之妄論也！

司馬遷稱異時事，類蘇秦者皆附之秦。故戰國策士之所載多不足信，而遷之所載毅事未始有此，故予皆不信之。

葉適《習學記言序目》卷二〇《史記二・列傳》 余謂樂毅之詞，變化而能知本，流放而不失正，故曰「免身立功以明先王之迹，臣之上計」，雖不得于今君而無子胥、商鞅之僇，君子將有取焉。若夫蒯通、主父偃廢書而泣，何爲於此？遷豈謂二人之好惡亦足以重輕其間乎？殆毅書因是而傳耳。（《樂毅》）

方孝孺《遜志齋集》卷五《雜著・樂毅》 樂毅不拔二城，夏侯太初以爲庶幾乎湯武，蘇子瞻以爲行王道之過。余曰：鄙哉二子之言也。天下豈有行王道而不興者乎！觀人之賢否，當先觀其所爲之事。求其事而不得，當求其用心之邪正。湯武所以伐人之國，其心曷嘗有利天下之意乎？不忍斯民之困於涂炭，挾大義而拯救之。使取錙銖之非義，殺一介之不辜，雖奉海内之籍而歸之，湯武不肯正目而視也。其心顯然著於天地之間，故拔一城，取一國，他國之民惟恐其來之不速，翹足舉首而望之，此其爲王者之師也。使湯武之心少出乎利，匹夫匹婦將持耰鋤而逐之矣，何以爲湯武哉？

彼樂毅之師，豈出於救民行義乎哉？特報仇圖利之舉耳。下齊之國都，不能施行敷惠，以慰齊父子兄弟之心，而遷其重器寶貨於燕，齊之民固已怨毅入骨髓矣！幸而破七十餘城，畏其兵威力强而服之耳，非心願爲燕之臣也。及兵威既振，所不下者莒與即墨。毅之心以爲在吾腹中，可一指顧而取之矣。其心已肆，其氣已怠，士卒之鋭已挫，而二城之怨方堅，齊民之心方奮。用堅奮之人而御怠肆已挫之仇，毅雖百萬之師，固不能拔二城矣。非可拔而姑存之俟其自服也，亦非愛其民而不以兵屠之也。誠使毅有愛民之心，據千里之地而行仁政，秦楚可朝，四夷可服，況蕞爾之二城哉！湯武以一國征諸國，則人靡有不服，毅以二國征二小邑，且猶叛之，謂毅爲行王道可乎？湯武以義，而毅以利，成敗之效所以異也。蘇子乃謂王道不可以小用，小用之則亡。王道特患乎人之不行耳，小用之則小治，大用之則大治。猶之菽粟之療饑，小食之則不死，恒食之則充實，奚可謂菽粟不可少食而寧啖糠核之爲愈乎？太初曲士不足論，獨異蘇子之易於言也。

姚鼐《惜抱軒全集》卷一《伍子胥論》 昔者嘗怪樂毅之於燕，伍子胥之於吴，皆以受任於先君之時，及至嗣子棄之，於是毅遂超然遠引，而子胥乃戀戀不去，終以諫死于吴，若是之不同，何也？蓋古所謂忠臣之行，必度其心之所安而後爲，非以苟託於名義以自居，而遂可也。今夫毅之仕燕也，所任者軍旅之事耳。惠王死而兵權奪，毅雖留，固無可爲矣。當伍子胥困屈楚鄭之郊，飄摇江海之間，結吴光于草野之際，一旦攝吴國而乘之，卒以君臣相倚，報父仇而成君之名于天下。其與吴相得如父子手足，員雖烏集起事，而其實與世胄同國休戚者等。吾意闔廬之死也，必以吴託之子胥，子胥亦必慨然任而不辭。子胥之心，方以爲受先君之恩，寄社稷之重，思盡其輔弼之任，雖播棄而不忍自疏，而不料夫差之終愎不悛，遂泯絶其身而莫之復省也。設令子胥于驟諫不用之時，即引身去國，人亦誰得而議之？而樂毅之書，至謂子胥不知主之不同量，是其行固不免爲天下之所譏。而子胥終不肯以彼易此者，蓋彼徒以求其心之慊然而無憾者，夫豈以行事求白於衆多之口也哉？或曰，子胥之諫夫差，其時季札與同立于朝，季子親于吴而反不以諫死，何耶？蓋自諸樊戴吴，欲以位傳季子，而季子又以賢得民。彼夫差者，忌而遠之，甚矣。微子啓帝乙之長子也，疑于紂而紂疏之，故抱器適周，而奉商祀。微子、季札之不諫，知不可諫而以身存宗也；

伍員之諫，恃夙昔之恩而冀君之一悟也。而柳宗元乃從而非之，以爲非吴親屬，諫死爲過。夫彼謂爲親屬者，固宜死也。而微子、季札之不死，又豈非親屬者哉！

蔣士銓《忠雅堂集》卷一一《樂毅故里》 黄金臺成三士至，辛衍雖來不如毅。將軍在趙已存燕，武靈久易河東地。登壇大合五國兵，報仇連下七十城。齊湣無道國人怨，破竹之勢何能爭？兩邑難攻莒即墨，田單守之不可克。功成去作望諸君，老將誰憐舊昌國？反間玩弄無人知，劓降伐冢弗稍遲。火牛一出騎劫死，貽書報書皆可悲。乘危立功亭茅土，戰國人材紛可數。夏侯泰初强解事，妄以燕人比湯武。嗚呼！召公遺澤九百年，子孫讎怨相鈎連。但憑蘇代堪亡國，更用荆軻遂滅燕。

藝文

《柳宗元集》卷一九《弔樂毅文》 許縱自燕來，曰：燕之南有墓焉，其志曰「樂生之墓」。余聞而哀之。其返也，與之文使弔焉。

大厦之騫兮，風雨萃之。車亡其軸兮，乘者棄之。嗚呼夫子兮，不幸類之。尚何爲哉？昭不可留兮，道不可常。畏死疾走兮，狂顧傍徨。燕復爲齊兮，東海洋洋。嗟夫子之專直兮，不慮後而爲防。胡去規而就矩兮，卒陷滯以流亡。惜功美之不就兮，俾愚昧之周章。豈夫子之不能兮，無亦惡是之遑遑。仁夫對趙之惆款兮，誠不忍其故邦。君子之容與兮，彌億載而愈光。諒遭時之不然兮，匪謀慮之不長。跽陳辭以隕涕兮，仰視天之茫茫。苟偷世之謂何兮，言余心之不臧！

《全元文》卷一三三二楊維楨《樂毅封王蠋基文》 毅聞齊先賢顔蠋論於齊宣王曰：昔者秦攻齊，下令有敢去柳下季壟五十步而採樵者，死不赦。又令曰：有能得齊王首者，封萬户侯。生王之頭曾不若死士之壟，蓋一介之士有賢於萬乘之君者如此。先生，齊之賢人也，毅至畫邑，不敢以軍容入先王之里，請見先生而先生不屑見，遂殉義以死。毅既入齊，而齊王地地王名爲淖齒數罪而懸之廟梁死，毅封先生之基以表齊國之賢。齊王之首，亦不若先生死後之土，是敢援蠋論以爲先生告云。

楚懷王部

綜述

《史記》卷四〇《楚世家》 〔威王〕十一年，威王卒，子懷王熊槐立。魏聞楚喪，伐楚，取我陘山。

懷王元年，張儀始相秦惠王。四年，秦惠王初稱王。

六年，楚使柱國昭陽將兵而攻魏，破之於襄陵，得八邑。又移兵而攻齊，齊王患之。陳軫適爲秦使齊，齊王曰：「爲之柰何？」陳軫曰：「王勿憂，請令罷之。」即往見昭陽軍中，曰：「願聞楚國之法，破軍殺將者何以貴之？」昭陽曰：「其官爲上柱國，封上爵執珪。」陳軫曰：「其有貴於此者乎？」昭陽曰：「令尹。」陳軫曰：「今君已爲令尹矣，此國冠之上。臣請得譬之。人有遺其舍人一卮酒者，舍人相謂曰：『數人飲此，不足以徧，請遂畫地爲蛇，蛇先成者獨飲之。』一人曰：『吾蛇先成。』舉酒而起，曰：『吾能爲之足。』及其爲之足，而後成人奪之酒而飲之，曰：『蛇固無足，今爲之足，是非蛇也。』今君相楚而攻魏，破軍殺將，功莫大焉，冠之上不可以加矣。今又移兵而攻齊，攻齊勝之，官爵不加於此；攻之不勝，身死爵奪，有毀於楚：此爲蛇爲足之說也。不若引兵而去以德齊，此持滿之術也。」昭陽曰：「善。」引兵而去。

燕、韓君初稱王。秦使張儀與楚、齊、魏相會，盟齧桑。

十一年，蘇秦約從山東六國共攻秦，楚懷王爲從長。至函谷關，秦出兵擊六國，六國兵皆引而歸，齊獨後。十二年，齊湣王伐敗趙、魏軍，秦亦伐敗韓，與齊爭長。

十六年，秦欲伐齊，而楚與齊從親，秦惠王患之，乃宣言張儀免相，使張儀南見楚王，謂楚王曰：「敝邑之王所甚說者無先大王，雖儀之所甚願爲門闌之廝者亦無先大王。敝邑之王所甚憎者無先齊王，雖儀之所甚憎者亦無先齊王。而大王和之，是以敝邑之王不得事王，而令儀亦不得爲門闌之廝也。王爲儀閉關而絕齊，今使使者從儀西取故秦所分楚商、於之地方六百里，如是則齊弱矣。是北弱齊，西德於秦，私商、於以爲富，此一計而三利俱至也。」懷王大悅，乃置相璽於張儀，日與置酒，宣言「吾復得吾商、於之地」。羣臣皆賀，而陳軫獨弔。懷王曰：「何故？」陳軫對曰：「秦之所爲重王者，以王之有齊也。今地未可得而齊交先絕，是楚孤也。夫秦又何重孤國哉，必輕楚矣。且先出地而後絕齊，則秦計不爲。先絕齊而後責地，則必見欺於張儀。見欺於張儀，則王必怨之。怨之，是西起秦患，北絕齊交。西起秦患，北絕齊交，則兩國之兵必至。臣故弔。」楚王弗聽，因使一將軍西受封地。

張儀至秦，詳醉墜車，稱病不出三月，地不可得。楚王曰：「儀以吾絕齊爲尚薄邪？」乃使勇士宋遺北辱齊王。齊王大怒，折楚符而合於秦。秦齊交合，張儀乃起朝，謂楚將軍曰：「子何不受地？從某至某，廣袤六里。」楚將軍曰：「臣之所以見命者六百里，不聞六里。」即以歸報懷王。懷王大怒，興師將伐秦。陳軫又曰：「伐秦非計也。不如因賂之一名都，與之伐齊，是我亡於秦，取償於齊也，吾國尚可全。今王已絕於齊而責欺於秦，是吾合秦齊之交而來天下之兵也，國必大傷矣。」楚王不聽，遂絕和於秦，發兵西攻秦。秦亦發兵擊之。

十七年春，與秦戰丹陽，秦大敗我軍，斬甲士八萬，虜我大將軍屈匄、裨將軍逢侯丑等七十餘人，遂取漢中之郡。楚懷王大怒，乃悉國兵復襲秦，戰於藍田，大敗楚軍。韓、魏聞楚之困，乃南襲楚，至於鄧。楚聞，乃引兵歸。

十八年，秦使約復與楚親，分漢中之半以和楚。楚王曰：「願得張儀，不願得地。」張儀聞之，請之楚。秦王曰：「楚且甘心於子，柰何？」張儀曰：「臣善其左右靳尚，靳尚又能得事於楚王幸姬鄭袖，袖所言無不從者。且儀以前使負楚以商、於之約，今秦楚大戰，有惡，臣非面自謝楚不解。且大王在，楚不宜敢取儀。誠殺儀以便國，臣之願也。」儀遂使楚。

至，懷王不見，因而囚張儀，欲殺之。儀私於靳尚，靳尚爲請懷王曰：「拘張儀，秦王必怒。天下見楚無秦，必輕王矣。」又謂夫人鄭袖曰：「秦王甚愛張儀，而王欲殺之，今將以上庸之地六縣賂楚，以美人聘楚王，以宮中善歌者爲之媵。楚王重地，秦女必貴，而夫人必斥矣。夫人不若言而出之。」鄭袖卒言張儀於王而出之。儀出，懷王因善遇儀，儀因說楚王以叛從約而與秦合親，約婚姻。張儀已去，屈原使從齊來，諫王曰：「何不誅張儀？」懷王悔，使人追儀，弗及。是歲，秦惠王卒。

二十(六)年，齊湣王欲爲從長，惡楚之與秦合，乃使使遺楚王書曰：「寡人患

楚之不察於尊名也。今秦惠王死，武王立，張儀走魏，樗里疾、公孫衍用，而楚事秦。夫樗里疾善乎韓，而公孫衍善乎魏；楚必事秦，韓、魏恐，必因二人求合於秦，則燕、趙亦宜事秦。四國爭事秦，則楚爲郡縣矣。王何不與寡人并力收韓、魏、燕、趙，與爲從而尊周室，以案兵息民，令於天下？莫敢不樂聽，則王名成矣。王率諸侯並伐，破秦必矣。王取武關、蜀、漢之地，私吳、越之富而擅江海之利，韓、魏割上黨，西薄函谷，則楚之彊百萬也。且王欺於張儀，亡地漢中，兵銼藍田，天下莫不代王懷怒。今乃欲先事秦！願大王孰計之。」

楚王業已欲和於秦，見齊王書，猶豫不決，下其議羣臣。羣臣或言和秦，或曰聽齊。昭雎曰：「王雖東取地於越，不足以刷恥；必且取地於秦，而後足以刷恥於諸侯。王不如深善齊、韓以重樗里疾，如是則王得韓、齊之重以求地矣。秦破韓宜陽，而韓猶復事秦者，以先王墓在平陽，而秦之武遂去之七十里，以故尤畏秦。不然，秦攻三川，趙攻上黨，楚攻河外，韓必亡。楚之救韓，不能使韓不亡，然存韓者楚也。韓已得武遂於秦，以河山爲塞，所報德莫如楚厚，臣以爲其事王必疾。齊之所信於韓者，以韓公子眛爲齊相也。韓已得武遂於秦，王甚善之，使之以齊、韓重樗里疾，疾得齊、韓之重，其主弗敢棄疾也。今又益之以楚之重，樗里子必言秦，復與楚之侵地矣。」於是懷王許之，竟不合秦，而合齊以善韓。

二十四年，倍齊而合秦。秦昭王初立，乃厚賂於楚。楚往迎婦。二十五年，懷王入與秦昭王盟，約於黄棘。秦復與楚上庸。二十六年，齊、韓、魏爲楚負其從親而合於秦，三國共伐楚。楚使太子入質於秦而請救。秦乃遣客卿通將兵救楚，三國引兵去。

二十七年，秦大夫有私與楚太子鬭，楚太子殺之而亡歸。二十八年，秦乃與齊、韓、魏共攻楚，殺楚將唐眛，取我重丘而去。二十九年，秦復攻楚，大破楚，楚軍死者二萬，殺我將軍景缺。懷王恐，乃使太子爲質於齊以求平。三十年，秦復伐楚，取八城。秦昭王遺楚王書曰：「始寡人與王約爲弟兄，盟于黄棘，太子爲質，至驩也。太子陵殺寡人之重臣，不謝而亡去，寡人誠不勝怒，使兵侵君王之邊。今聞君王乃令太子質於齊以求平。寡人與楚接境壤界，故爲婚姻，所從相親久矣。而今秦楚不驩，則無以令諸侯。寡人願與君王會武關，面相約，結盟而去，寡人之願也。敢以聞下執事。」楚懷王見秦王書，患之。欲往，恐見欺；無往，恐秦怒。昭雎曰：「王毋行，而發兵自守耳。秦虎狼，不可信，有并諸侯之心。」懷王子子蘭勸王行，曰：「柰何絶秦之驩心！」於是往會秦昭王。昭王詐令一將軍伏兵武關，號爲秦王。楚王至，則閉武關，遂與西至咸陽，朝章臺，如蕃臣，不與亢禮。楚懷王大怒，悔不用昭子言。秦因留楚王，要以割巫、黔中之郡。楚王欲盟，秦欲先得地。楚王怒曰：「秦詐我而又彊要我以地！」不復許秦。秦因留之。

楚大臣患之，乃相與謀曰：「吾王在秦不得還，要以割地，而太子爲質於齊，齊、秦合謀，則楚無國矣。」乃欲立懷王子在國者。昭雎曰：「王與太子俱困於諸侯，而今又倍王命而立其庶子，不宜。」乃詐赴於齊，齊湣王謂其相曰：「不若留太子以求楚之淮北。」相曰：「不可，郢中立王，是吾抱空質而行不義於天下也。」或曰：「不然。郢中立王，因與其新王市曰『予我下東國，吾爲王殺太子，不然，將與三國共立之』，然則東國必可得矣。」齊王卒用其相計而歸楚太子。太子横至，立爲王，是爲頃襄王。乃告于秦曰：「賴社稷神靈，國有王矣。」

頃襄王横元年，秦要懷王不可得地，楚立王以應秦，秦昭王怒，發兵出武關攻楚，大敗楚軍，斬首五萬，取析十五城而去。二年，楚懷王亡逃歸，秦覺之，遮楚道，懷王恐，乃從閒道走趙以求歸。趙主父在代，其子惠王初立，行王事，恐，不敢入楚王。楚王欲走魏，秦追至，遂與秦使復之秦。懷王遂發病。頃襄王三年，懷王卒于秦，秦歸其喪于楚。楚人皆憐之，如悲親戚。諸侯由是不直秦。秦楚絶。

雜録

備録

《戰國策・楚二》　秦敗楚漢中。楚王入秦，秦王留之。游騰爲楚謂秦王曰：「王挾楚王，而與天下攻楚，則傷行矣。不與天下共攻之，則失利矣。王不如與之盟而歸之。楚王畏，必不敢倍盟。王因與三國攻之，義也。」

楚襄王爲太子之時，質於齊。懷王薨，太子辭於齊王而歸。齊王隘之：「予

我東地五百里，乃歸子。子不予我，不得歸。」太子曰：「臣有傳，請追而問傳。」傳慎子曰：「獻之地，所以爲身也。愛地不送死父，不義。臣故曰，獻之便。」太子入，致命齊王曰：「敬獻地五百里。」齊王歸楚太子。

太子歸，即位爲王。齊使車五十乘，來取東地於楚。楚王告慎子曰：「齊使來求東地，爲之奈何？」慎子曰：「王明日朝羣臣，皆令獻其計。」

《戰國策·齊三》 楚王死，太子在齊質。蘇秦謂薛公曰：「君何不留楚太子，以市其下東國。」薛公曰：「不可。我留太子，郢中立王，然則是我抱空質而行不義於天下也。」蘇秦曰：「不然。郢中立王，君因謂其新王曰，『與我下東國，吾爲王殺太子。不然，吾將與三國共立之。』然則下東國必可得也。」

蘇秦之事，可以請行；可以令楚王亟入下東國；可以益割於楚；可以忠太子而使楚益入地；可以爲楚王走太子；可以忠太子使之亟去；可以惡蘇秦於薛公；可以爲蘇秦請封於楚；可以使人說薛公以善蘇子；可以使蘇子自解於薛公。

蘇秦謂薛公曰：「臣聞謀泄者事無功，計不決者名不成。今君留太子者，以市下東國也。非亟得下東國者，則楚之計變，變則是君抱空質而負名於天下也。」薛公曰：「善。爲之奈何？」對曰：「臣請爲君之楚，使亟入下東國之地。楚得成，則君無敗矣。」薛公曰：「善。」因遣之。

謂楚王曰：「齊欲奉太子而立之。臣觀薛公之留太子者，以市下東國也。今王不亟入下東國，則太子且倍王之割而使齊奉己。」楚王曰：「謹受命。」因獻下東國。故曰可以使楚亟入地也。

謂薛公曰：「楚之勢可多割也。」薛公曰：「奈何？」「請告太子其故，使太子謁之君，以忠太子，使楚王聞之，可以益入地。」故曰可以益割於楚。

謂太子曰：「齊奉太子而立之，楚王請割地以留太子，齊少其地。太子何不倍楚之割地而資齊，齊必奉太子。」太子曰：「善。」倍楚之割而延齊。楚王聞之恐，益割地而獻之，尚恐事不成。故曰可以使楚益入地也。

謂楚王曰：「齊之所以敢多割地者，挾太子也。今已得地而求不止者，以太子權王也。故臣能去太子。太子去，齊無辭，必不倍於王也。王因馳強齊而爲交，齊辭，必聽王。然則是王去讎而得齊交也。」楚王大悅，曰：「請以國因。」故曰可以爲楚王使太子亟去也。

謂太子曰：「夫剬楚者王也，以空名市者太子也，齊未必信太子之言也，而楚功見矣。楚交成，太子必危矣。太子其圖之。」太子曰：「謹受命。」乃約車而暮去。故曰可以使太子急去也。

蘇秦使人請薛公曰：「夫勸留太子者蘇秦也。蘇秦非誠以爲君也，且以便楚也。蘇秦恐君之知之，故多割楚以滅迹也。今勸太子者又蘇秦也，而君弗知，臣竊爲君疑之。」薛公大怒於蘇秦。故曰可使人惡蘇秦於薛公也。

又使人謂楚王曰：「夫使薛公留太子者蘇秦也，奉王而代立楚太子者又蘇秦也，割地固約者又蘇秦也，忠王而走太子者又蘇秦也。今人惡蘇秦於薛公，以其爲齊薄而爲楚厚也。願王之知之。」楚王曰：「謹受命。」因封蘇秦爲武貞君。故曰可以爲蘇秦請封於楚也。

又使景鯉請薛公曰：「君之所以重於天下者，以能得天下之士而有齊權也。今蘇秦天下之辯士也，世與少有。君因不善蘇秦，則是圍塞天下士而不利說途也。夫不善君者且奉蘇秦，而於君之事殆矣。今蘇秦善於楚王，而君不蚤親，則是身與楚爲讎也。故君不如因而親之，貴而重之，是君有楚也。」薛公因善蘇秦。故曰可以爲蘇秦說薛公以善蘇秦。

《史記》卷五《秦本紀》 昭襄王十年，楚懷王入朝秦，秦留之。薛文以金受免。樓緩爲丞相。十一年，齊、韓、魏、趙、宋、中山五國共攻秦，至鹽氏而還。秦與韓、魏河北及封陵以和。彗星見。楚懷王走之趙，趙不受，還之秦，即死，歸葬。

《史記》卷七一《樗里子甘茂列傳》 武王竟至周，而卒於周。其弟立，爲昭王。王母宣太后，楚女也。楚懷王怨前秦敗楚於丹陽而韓不救，乃以兵圍韓雍氏。韓使公仲侈告急於秦。秦昭王新立，太后楚人，不肯救。公仲因甘茂，茂爲韓言於秦昭王曰：「公仲方有得秦救，故敢扞楚也。今雍氏圍，秦師不下殽，公仲且仰首而不朝，公叔且以國南合於楚。楚、韓爲一，魏氏不敢不聽，然則伐秦之形成矣。不識坐而待伐孰與伐人之利？」秦王曰：「善。」乃下師於殽以救韓。楚兵去。【略】

齊使甘茂於楚，楚懷王新與秦合婚而驩。而秦聞甘茂在楚，使人謂楚王曰：「願送甘茂於秦。」楚王問於范蜎曰：「寡人欲置相於秦，孰可？」對曰：「臣不足以識之。」楚王曰：「寡人欲相甘茂，可乎？」對曰：「不可。夫史舉，下蔡之監門也，大不爲事君，小不爲家室，以苟賤不廉聞於世，甘茂事之順焉。故惠王之明，武王之察，張儀之辯，而甘茂事之，取十官而無罪。茂誠賢者也，然不可相

於秦。夫秦之有賢相，非楚國之利也。且王前嘗用召滑於越，而內行章義之難，越國亂，故楚南塞厲門而郡江東。計王之功所以能如此者，越國亂而楚治也。今王知用諸越而忘用諸秦，臣以王爲鉅過矣。然則王若欲置相於秦，則莫若向壽者可。夫向壽之於秦王，親也，少與之同衣，長與之同車，以聽事。王必相向壽於秦，則楚國之利也。」於是使使請秦相向壽於秦。秦卒相向壽。而甘茂竟不得復入秦，卒於魏。

洪邁《容齋隨筆》卷九《陳軫之説疎》 戰國權謀之士，游説從横，皆趨一時之利，殊不顧義理曲直所在。張儀欺楚懷王，使之絶齊而獻商、於之地。陳軫諫曰：「張儀必負王，商、於不可得而齊、秦合，是北絶齊交，西生秦患。」其言可謂善矣。然至云：「不若陰合而陽絶於齊，使人隨張儀，苟與吾地，絶齊未晚。」是軫不深計齊之可絶與否，但以得地爲意耳。及秦負約，楚王欲攻之。軫又勸曰：「不如因賂之以一名都，與之并兵而攻齊，是我亡地於秦，取償於齊也。」此策尤乖謬不義。且秦加亡道於我，乃欲賂以地，齊本與國，楚無故而絶之，宜割地致幣，卑詞謝罪，復求其援，而反欲攻之，軫之説於是踈矣。乃知魯仲連、虞卿爲豪傑之士，非軫輩所能企及也。

王應麟《困學紀聞》卷八《小學》 秦《詛楚文》作於惠文王之時，所詛者，楚懷王也。懷王遠屈平，邇靳尚，而受商、於之欺，致武關之執，非不幸也。然入秦不反，國人憐之如悲親戚，積怨深怒，發於陳、項，而秦亡也忽焉。六國之滅，楚最無罪，反爾好還，天人之理也。南公曰：「楚雖三户，亡秦必楚。」吁，秦詛楚耶？楚詛秦耶？

顧炎武《日知録》卷二三《嫌名》 衛桓公名完，楚懷王名槐，古人不諱嫌名，故可以爲謚。

梁玉繩《人表考》卷七《下上・楚懷王》 楚懷王始見《楚策》，威王子始見《楚世家》。名槐，《六國表》。又作熊槐。《世家》，而宋方勺《泊宅編》、姚寬《西溪叢語》據秦詛楚文謂名熊相，宋歐陽脩《六一題跋》、董逌《廣川書跋》又謂熊相是頃襄，並非。立三十年。卒于秦。《史記》，而賈誼《新書・春秋篇》云：懷王逃，秦克尹殺之西河。葬凫陵亢。《越絶》二。

備論

賈誼《新書・春秋》 楚懷王心矜好高人，無道而欲有伯王之號，鑄金以象諸侯人君，令大國之王編而先馬，梁王御，宋王驂乘，周、召、畢、陳、滕、薛、衛、中山之君，皆象使隨而趨。諸侯聞之，以爲不宜，故興師而伐之。楚王見士民爲用之不勸也，乃徵役萬人，且掘國人之墓。國人聞之振動，晝旅而夜亂。齊人襲之，楚師乃潰。懷王逃適秦，克尹殺之西河，爲天下笑。此好矜不讓之罪也，不亦羞乎？

《漢書》卷二五下《郊祀志下》 昔周史萇弘欲以鬼神之術輔尊靈王會朝諸侯，而周室愈微，諸侯愈叛。楚懷王隆祭祀，事鬼神，欲以獲福助，卻秦師，而兵挫地削，身辱國危。

葉適《習學記言序目》卷一八《戰國策・秦》 楚懷王信張儀，絶齊取商、於地，此六國見破於秦最大之證；蓋楚不失計，則秦無自而施禽獮之策，左足舉而右臂見縶矣。是時楚蓋已亡，坐視秦并諸侯，已乃卒滅，與取商、於相去八十餘年。始衛鞅欺公子卬得魏河西，及張儀絶齊於楚，秦之所以兼諸侯，其要在此二事。

藝文

《全唐詩》卷七一四崔道融《楚懷王》 宫花一朵掌中開，緩急翻爲敵國媒。六里江山天下笑，張儀容易去還來。

《全唐詩》卷七二八周曇《楚懷王》 不聽陳軫信張儀，六里商於果見欺。既捨黔中西换得，又令生去益堪悲。

《再吟》 不得商於又失齊，楚懷方寸一何迷。明知秦是虎狼國，更忍車輪獨向西。

屈原部

綜述

《史記》卷八四《屈原賈生列傳》 屈原者，名平，楚之同姓也。爲楚懷王左徒。博聞彊志，明於治亂，嫺於辭令。入則與王圖議國事，以出號令；出則接遇賓客，應對諸侯。王甚任之。

上官大夫與之同列，争寵而心害其能。懷王使屈原造爲憲令，屈平屬草稾未定。上官大夫見而欲奪之，屈平不與，因讒之曰：「王使屈平爲令，衆莫不知，每一令出，平伐其功，(曰)以爲『非我莫能爲』也。」王怒而疏屈平。

屈平疾王聽之不聰也，讒諂之蔽明也，邪曲之害公也，方正之不容也，故憂愁幽思而作《離騷》。離騷者，猶離憂也。夫天者，人之始也；父母者，人之本也。人窮則反本，故勞苦倦極，未嘗不呼天也；疾痛慘怛，未嘗不呼父母也。屈平正道直行，竭忠盡智以事其君，讒人閒之，可謂窮矣。信而見疑，忠而被謗，能無怨乎？屈平之作《離騷》，蓋自怨生也。《國風》好色而不淫，《小雅》怨誹而不亂。若《離騷》者，可謂兼之矣。上稱帝嚳，下道齊桓，中述湯武，以刺世事。明道德之廣崇，治亂之條貫，靡不畢見。其文約，其辭微，其志絜，其行廉，其稱文小而其指極大，舉類邇而見義遠。其志絜，故其稱物芳。其行廉，故死而不容自疏。濯淖汙泥之中，蟬蜕於濁穢，以浮游塵埃之外，不獲世之滋垢，皭然泥而不滓者也。推此志也，雖與日月争光可也。

屈平既絀，其後秦欲伐齊，齊與楚從親，惠王患之，乃令張儀詳去秦，厚幣委質事楚，曰：「秦甚憎齊，齊與楚從親，楚誠能絶齊，秦願獻商、於之地六百里。」楚懷王貪而信張儀，遂絶齊，使使如秦受地。張儀詐之曰：「儀與王約六里，不聞六百里。」楚使怒去，歸告懷王。懷王怒，大興師伐秦。秦發兵擊之，大破楚師於丹、淅，斬首八萬，虜楚將屈匄，遂取楚之漢中地。懷王乃悉發國中兵以深入擊秦，戰於藍田。魏聞之，襲楚至鄧。楚兵懼，自秦歸。而齊竟怒不救楚，楚大困。

明年，秦割漢中地與楚以和。楚王曰：「不願得地，願得張儀而甘心焉。」張儀聞，乃曰：「以一儀而當漢中地，臣請往如楚。」如楚，又因厚幣用事者臣靳尚，而設詭辯於懷王之寵姬鄭袖。懷王竟聽鄭袖，復釋去張儀。是時屈平既疏，不復在位，使於齊，顧反，諫懷王曰：「何不殺張儀？」懷王悔，追張儀不及。

其後諸侯共擊楚，大破之，殺其將唐眛。

時秦昭王與楚婚，欲與懷王會。懷王欲行，屈平曰：「秦虎狼之國，不可信，不如毋行。」懷王稚子子蘭勸王行：「柰何絶秦歡！」懷王卒行。入武關，秦伏兵絶其後，因留懷王，以求割地。懷王怒，不聽。亡走趙，趙不内。復之秦，竟死於秦而歸葬。

長子頃襄王立，以其弟子蘭爲令尹。楚人既咎子蘭以勸懷王入秦而不反也。

屈平既嫉之，雖放流，睠顧楚國，繫心懷王，不忘欲反，冀幸君之一悟，俗之一改也。其存君興國而欲反覆之，一篇之中三致志焉。然終無可柰何，故不可以反，卒以此見懷王之終不悟也。人君無愚智賢不肖，莫不欲求忠以自爲，舉賢以自佐，然亡國破家相隨屬，而聖君治國累世而不見者，其所謂忠者不忠，而所謂賢者不賢也。懷王以不知忠臣之分，故内惑於鄭袖，外欺於張儀，疏屈平而信上官大夫、令尹子蘭。兵挫地削，亡其六郡，身客死於秦，爲天下笑。此不知人之禍也。《易》曰：「井泄不食，爲我心惻，可以汲。王明，並受其福。」王之不明，豈足福哉！

令尹子蘭聞之大怒，卒使上官大夫短屈原於頃襄王，頃襄王怒而遷之。

屈原至於江濱，被髮行吟澤畔。顔色憔悴，形容枯槁。漁父見而問之曰：「子非三閭大夫歟？何故而至此？」屈原曰：「舉世混濁而我獨清，衆人皆醉而我獨醒，是以見放。」漁父曰：「夫聖人者，不凝滯於物而能與世推移。舉世混濁，何不隨其流而揚其波？衆人皆醉，何不餔其糟而啜其醨？何故懷瑾握瑜而自令見放爲？」屈原曰：「吾聞之，新沐者必彈冠，新浴者必振衣，人又誰能以身之察察，受物之汶汶者乎！寧赴常流而葬乎江魚腹中耳，又安能以皓皓之白而蒙世俗之温蠖乎！」

乃作《懷沙》之賦。其辭曰：

陶陶孟夏兮，草木莽莽。傷懷永哀兮，汩徂南土。眴兮窈窈，孔静幽墨。冤結紆軫兮，離愍之長鞠；撫情効志兮，俛詘以自抑。

刓方以爲圜兮，常度未替；易初本由兮，君子所鄙。章畫職墨兮，前度未改；内直質重兮，大人所盛。巧匠不斲兮，孰察其揆正？玄文幽處兮，矇謂之不章；離婁微睇兮，瞽以爲無明。變白而爲黑兮，倒上以爲下。鳳皇在笯兮，雞雉翔舞。同糅玉石兮，一槩而相量。夫黨人之鄙妒兮，羌不知吾所臧。

任重載盛兮，陷滯而不濟；懷瑾握瑜兮，窮不得余所示。邑犬羣吠兮，吠所怪也；誹駿疑桀兮，固庸態也。文質疏内兮，衆不知吾之異采；材樸委積兮，莫知余之所有。重仁襲義兮，謹厚以爲豐；重華不可牾兮，孰知余之從容！古固有不並兮，豈知其故也？湯禹久遠兮，邈不可慕也。懲違改忿兮，抑心而自彊；離湣而不遷兮，願志之有象。進路北次兮，日昧昧其將暮；含憂虞哀兮，限之以大故。

亂曰：浩浩沅、湘兮，分流汨兮。脩路幽拂兮，道遠忽兮。曾唫恒悲兮，永歎慨兮。世既莫吾知兮，人心不可謂兮。懷情抱質兮，獨無匹兮。伯樂既歿兮，驥將焉程兮？人生稟命兮，各有所錯兮。定心廣志，餘何畏懼兮？曾傷爰哀，永歎喟兮。世溷不吾知，心不可謂兮。知死不可讓兮，願勿愛兮。明以告君子兮，吾將以爲類兮。

於是懷石遂自(投)〔沈〕汨羅以死。

屈原既死之後，楚有宋玉、唐勒、景差之徒者，皆好辭而以賦見稱；然皆祖屈原之從容辭令，終莫敢直諫。其後楚日以削，數十年竟爲秦所滅。

自屈原沈汨羅後百有餘年，漢有賈生，爲長沙王太傅，過湘水，投書以弔屈原。【略】

其辭曰：共承嘉惠兮，俟罪長沙。側聞屈原兮，自沈汨羅。造託湘流兮，敬弔先生。遭世罔極兮，乃隕厥身。嗚呼哀哉，逢時不祥！鸞鳳伏竄兮，鴟梟翱翔。闒茸尊顯兮，讒諛得志；賢聖逆曳兮，方正倒植。世謂伯夷貪兮，謂盜跖廉；莫邪爲頓兮，鉛刀爲銛。于嗟嚜嚜兮，生之無故！斡棄周鼎兮寶康瓠，騰駕罷牛兮驂蹇驢，驥垂兩耳兮服鹽車。章甫薦屨兮，漸不可久；嗟苦先生兮，獨離此咎！

訊曰：已矣，國其莫我知，獨堙鬱兮其誰語？鳳漂漂其高遰兮，夫固自縮而遠去。襲九淵之神龍兮，沕深潛以自珍。彌融爚以隱處兮，夫豈從螘與蛭螾？所貴聖人之神德兮，遠濁世而自藏。使騏驥可得係羈兮，豈云異夫犬羊！般紛紛其離此尤兮，亦夫子之辜也！瞝九州而相君兮，何必懷此都也？鳳皇翔于千仞之上兮，覽惪煇而下之；見細德之險(微)〔徵〕兮，摇增翮逝而去之。彼尋常之汙瀆兮，豈能容吞舟之魚！横江湖之鱣鱏兮，固將制於蟻螻。

雜録

備録

劉向《新序・節士》 屈原者，名平，楚之同姓大夫，有博通之知，清潔之行，懷王用之。秦欲吞滅諸侯，并兼天下，屈原爲楚東使於齊，以結彊黨。秦國患之，使張儀之楚，貨楚貴臣上官大夫、靳尚之屬，上及令尹子蘭、司馬子椒；内賂夫人鄭袖，共譖屈原。屈原遂放於外，乃作《離騷》。張儀因使楚絶齊，許謝地六百里，懷王信左右之姦謀，聽張儀之邪説，遂絶强齊之大輔。楚既絶齊，而秦欺以六里，懷王大怒，舉兵伐秦，大戰者數，秦兵大敗楚師，斬首數萬級。秦使人願以漢中地謝，懷王不聽，願得張儀而甘心焉。張儀曰：「以一儀而易漢中地，何愛，儀請行。」遂至楚，楚囚之，上官大夫之屬共言之王，王歸之。是時懷王悔不用屈原之策，以至於此，於是復用屈原。屈原使齊還，聞張儀去，大爲王言張儀之罪，懷王使人追之，不及。後秦嫁女於楚，與懷王歡，爲藍田之會。屈原以爲秦不可信，願勿會，羣臣皆以爲可會，懷王遂會，果得囚拘，客死於秦，爲天下笑。懷王子頃襄王，亦知羣臣諂誤懷王，不察其罪，反聽羣讒之口，復放屈原。屈原疾闇王亂俗，汶汶嘿嘿，以是爲非，以清爲濁，不忍見污世，將自投於淵。漁父止之。屈原曰：「世皆醉，我獨醒；世皆濁，我獨清。吾聞之，新浴者必振衣，新沐者必彈冠，又惡能以其泠泠，更事汶汶嘿嘿者哉，吾甯投淵而死。」遂自投湘水汨羅之中而死。

班固《離騷贊序》 《離騷》者，屈原之所作也。屈原初事懷王，甚見信任。同列上官大夫妒害其寵，讒之王，王怒而疏屈原。屈原以忠信見疑，憂愁幽思而作《離騷》。離，猶遭也。騷，憂也。明己遭憂作辭也。是時周室已滅，七國竝争。屈原痛君不明，信用羣小，國將危亡，忠誠之情，懷不能已，故作《離騷》。上陳堯、舜、禹、湯、文王之法，下言羿、澆、桀、紂之失，以風。懷王終不覺寤，信反

閭之説，西朝於秦。秦人拘之，客死不還。至于襄王，復用讒言，逐屈原。在野又作《九章》賦以風諫，卒不見納。不忍濁世，自投汨羅。原死之後，秦果滅楚。其辭爲衆賢所悼悲，故傳於後。

王充《論衡·效力篇》 桓公九合諸侯，一匡天下，管仲之力。管仲有力，桓公能舉之，可謂壯彊矣。吴不能用子胥，楚不能用屈原，二子力重，兩主不能舉也。舉物不勝，委地而去，可也。時或恚怒，斧斲破敗，此則子胥、屈原所取害也。淵中之魚，遞相吞食，度口所能容，然後噉之，口不能受，哽咽不能下。故夫商鞅三説孝公，後説者用，前二難用，後一易行也。觀管仲之《明法》，察商鞅之耕戰，固非弱劣之主所能用也。

王逸《離騷序》 《離騷經》者，屈原之所作也。屈原與楚同姓，仕於懷王，爲三閭大夫。三閭之職，掌王族三姓，曰昭、屈、景。屈原序其譜屬，率其賢良，以厲國士。入則與王圖議政事，決定嫌疑；出則監察羣下，應對諸侯。謀行職修，王甚珍之。同列大夫上官、靳尚妒害其能，共譖毁之。王乃疏屈原。屈原執履忠貞而被讒衺，憂心煩亂，不知所愬，乃作《離騷經》。離，别也。騷，愁也。經，徑也。言己放逐離别，中心愁思，猶依道徑，以風諫君也。故上述唐、虞、三后之制，下序桀、紂、羿、澆之敗，冀君覺悟，反於正道而還己也。是時，秦昭王使張儀譎詐懷王，令絶齊交；又使誘楚，請與俱會武關，遂脅與俱歸，拘留不遣，卒客死於秦。其子襄王，復用讒言，遷屈原於江南。屈原放在草野，復作《九章》，援天引聖，以自證明，終不見省。不忍以清白久居濁世，遂赴汨淵自沈而死。《離騷》之文，依《詩》取興，引類譬諭，故善鳥香草，以配忠貞；惡禽臭物，以比讒佞；靈脩美人，以媲於君；宓妃佚女，以譬賢臣；虬龍鸞鳳，以託君子；飄風雲霓，以爲小人。其詞温而雅，其義皎而朗。凡百君子，莫不慕其清高，嘉其文采，哀其不遇，而愍其志焉。

《羅隱集·讒書》卷三《三閭大夫意》 原出自楚，而又仕懷王朝，雖放逐江湖間，未必有腹江湖意。及發憔悴，述《離騷》，非所以顧望逗留，抑由禮樂去楚，不得不悲吟歎息。夫禮、樂不在朝廷，則在山野。苟有合乎道者，則楚之政未忘，楚之靈未去。原在朝有秉忠履直之過，是上無禮矣；在野有揚波歠醨之歎，是下無禮矣。朝無禮樂，則證諸野；野無禮樂，則楚之政不歸，楚之靈不食。原，忠臣也，楚存與存，楚亡與亡，於是乎死非所怨時也。嗚呼！

《歐陽修全集》卷一五五《論屈宋》 屈原《離騷》，讀之使人頭悶，然摘一二句反復味之，與《風》無異。宋玉比屈原，時有出藍之色。

吴曾《能改齋漫録》卷一〇《議論》 王逸《天問章句》云：「天問者，屈原之所作也。何不言問天，天尊不可問，故曰天問也。」余因悟劉禹錫問大鈞之爲非。

《朱熹集》卷八二《題屈原天問後》 此書多不可曉處，不可强通。亦有顯然謬誤而讀者不覺，又從而妄爲之説者。如「啓棘賓商，《九辨》、《九歌》」，王逸則訓「棘」爲「陳」，訓「賓」爲「列」，謂「商」爲五音之商，固已穿鑿，而洪興祖又以爲急相符契以賓客之禮而作是樂，尤爲迂遠。今詳此乃字以篆文相似而誤，「棘」當作「夢」，「商」當作「天」，言啓夢上賓于天，而得此二樂以歸耳。如《列子》、《史記》所載周穆王、秦穆公、趙簡子等事爾。若《山海經》云夏后上三嬪于天，得《九辨》、《九歌》以下，則是當時此書别本，「賓」字亦誤作「嬪」，故或者因以爲説。雖實怪妄，不足爲據，然「商」字猶作「天」字，則可驗矣。柳子厚「貿嬪」之云，乃爲《山海經》所誤，而或者又誤解之，三寫之□，可勝歎哉！

嘗疑《山海經》與此書相出入處，皆是並緣此書而作。今説者反謂此書爲出於彼而引彼爲説，誤矣。若《淮南子》，則明是此書之訓傳亡疑。然亦未必有所傳聞，只是傅會説合耳。

《朱子語類》卷一三七《戰國漢唐諸子》 且屈原一書，近偶閲之，從頭被人錯解了。自古至今，訛謬相傳，更無一人能破之者，而又爲説以增飾之。看來屈原本是一箇忠誠惻怛愛君底人，觀他所作《離騷》數篇，盡是歸依愛慕，不忍捨去懷王之意，所以拳拳反復，不能自已，何嘗有一句是駡懷王。亦不見他有偏躁之心，後來没出氣處，不奈何，方投河殞命。而今人句句盡解做駡懷王，枉屈説了屈原。只是不曾平心看他語意，所以如此。僩。

葉適《習學記言序目》卷二三《漢書三·列傳》 文詞之變，始于屈原，衍于相如，文士之所慕效也。至揚雄辟而廣之，將一變至道，故爲《反離騷》。然原之本指，雄或未達也，余既數言之矣。自立于淺而不足以知人之深，固學者之大患；自處於深而不知人之未易以淺量也，則其忠蓋有甚矣。（又）

葉適《習學記言序目》卷四四《法言·吾子》 因雄論「吾子少而好賦」，見自屈原，堯舜三代之文始變。數百年間，惟章句經生不能工，而通人俊士未有不由此者。至雄方知以上更有事，故謂「孔氏之門用賦，賈誼昇堂，相如入室，如其不用何」！其語甚大，乃雄回轉關捩處，懷襄浩浩，障止東趨，所以于道有功也。如董仲舒、蕭望之、夏侯勝，非不專守經術，然力微勢弱，不過僅自立而已。蘇氏謂

「《離騷六經》之變者，雖與日月争光可也」；又言「賈誼見孔子，昇堂有餘，不當以賦貶之」。雄正以屈原變《六經》，而誼未免於用賦，致大道分裂不合，豈蘇氏猶未知雄意耶？

王應麟《困學紀聞》卷一〇《諸子》 《楚辭・漁父》：「吾聞之：新沐者必彈冠，新浴者必振衣。安能以身之察察，受物之汶汶者乎！」《荀子・不苟篇》曰：「新浴者振其衣，新沐者彈其冠，人之情也。其誰能以己之僬僬，受人之掝掝者哉！」荀卿適楚，在屈原後，豈用《楚辭》語歟？抑二子皆述古語也？

王應麟《困學紀聞》卷一一《考史》 王逸《注楚辭自序》云：「屈原爲三閭大夫。三閭之職，掌王族三姓，曰昭、屈、景。屈原序其譜屬，率其賢良，以厲國士。」漢興，徙楚昭、屈、景於長陵，以强幹弱支，則三姓至漢初猶盛也。《莊子・庚桑楚》曰：「昭、景也，著戴也；甲氏也，著封也，非一也。」説云：「昭、景、甲三者，皆楚同宗也。」甲氏，其即屈氏歟？秦欲與楚懷王會武關，昭睢、屈平皆諫王無行。襄王自齊歸，齊求東地五百里，昭常請守之，景鯉請西索救於秦，東地復全。三閭之賢者，忠於宗國，所以長久。

王應麟《困學紀聞》卷一七《評文》 汪彦章曰：「左氏、屈原始以文章自爲一家，而稍與經分。」

《離騷》曰：「閨中既以邃遠兮，哲王又不寤。」以楚君之闇，而猶曰「哲王」，蓋屈子以堯、舜之耿介，湯、禹之祗敬望其君，不敢謂之不明也。太史公《列傳》曰：「王之不明，豈足福哉。」此非屈子之意。【略】屈原，楚人，而《涉江》《九章》之二。曰：「哀南夷之莫吾知。」是以楚俗爲夷也。陰邪之類，讒害君子，變於夷矣。

董説《七國考》卷一《楚職官・三閭大夫》 《離騷注》：「屈原名平，與楚同姓，仕於懷王，爲三閭大夫。三閭之職，掌王族三姓，曰昭、屈、景。屈原序其諧屬，率其賢良，以厲國士。入則與王圖議政事，決定嫌疑；出則監羣下，應對諸侯。」按《戰國策》，楚有昭奚恤。《元和姓纂》云：「楚武王子食采於屈，因氏焉。屈重、屈蕩、屈平、屈建，並其後。」又云：「景氏有景差，至漢皆徙關中。」

董説《七國考》卷九《楚雜祀・東皇太一祠》 屈原《九歌》有《東皇太一》。按太一，天之尊神。祠在楚東，以配東帝，故云「東皇」。《淮南子》云：「太微者，太一之庭；紫宫者，太一之居也。」《楚辭注》云：「昔楚南郢之邑，沅、湘之間，其俗信鬼而好祝，其祀必使巫覡作樂，歌舞以娱神。蠻荆陋俗，詞既鄙俚，而其陰陽人鬼之間，又或不能無褻慢淫荒之雜。原既放逐，見而感之，故頗爲更定其詞，去其太甚。」《岳陽風土記》曰：「荆湖民俗，歲時會集或禱祠，多擊鼓，令男女踏歌，謂之歌場。疾病不事醫藥，惟灼龜打瓦，或以雞子占卜，求祟所在，使俚巫治之。皆古楚俗也。」

顧炎武《日知録》卷二六《史記》 《屈原傳》：「雖放流，睠顧楚國，繫心懷王，不忘欲反，卒以此見懷王之終不悟也。」似屈原放流於懷王之時。又云：「令尹子蘭聞之，大怒。卒使上官大夫短屈原於頃襄王，頃襄王怒而遷之。」則實在頃襄之時矣。放流一節當在此文之下，太史公信筆書之，失其次序爾。

顧炎武《日知録》卷二七《楚辭注》 《九章・惜往日》：「甘溘死而流亡兮，恐禍殃之有再。」注謂「罪及父母與親屬」者，非也。蓋懷王以不聽屈原而召秦禍，今頃襄王復聽上官大夫之譖，而遷之江南，一身不足惜，其如社稷何！《史記》所云「楚日以削，數十年竟爲秦所滅」，即原所謂「禍殃之有再」者也。

《大招》：「青春受謝。」注以謝爲去，未明。按古人讀謝爲序，《儀禮・鄉射禮》「豫則鉤楹内」注：「豫，讀如『成周宣榭』之榭，《周禮》作『序』。」《孟子》：「序者，射也。」謂四時之序，終則有始，而春受之爾。

《九思》：「思丁、文兮聖明哲，哀平、差兮迷謬愚。呂、傅舉兮殷、周興，忌、嚭專兮郢、吴虚。」此援古賢不肖君臣各二，丁謂商宗武丁，舉傅説者也。注以丁爲「當」，非。

梁章鉅《浪跡三談》卷三《讀離騷》 昔人言「痛飲酒，熟讀《離騷》，便成名士」，謂《離騷》之不易讀也。余十一歲隨學廈門，先資政公即以此授讀，分日爲課，每讀三百字，凡八日而竟。及長，從鄭蘇年師游，師亦令讀此，則渇應曰：「已讀過。」師愕然曰：「汝亦知讀此乎？」試以句義，茫然不能應，乃悔所業之未精而《離騷》之果不易讀也。最後始得讀吾鄉龔海峯先生之《離騷箋》，則怡然涣然，覺難讀者轉爲易讀。憶在浦城作《七十初度詩》，諸孫有不知「初度」二字者，出《離騷》示之，於是有欣然欲讀者。今年就養東甌，夏日正長，因督佳儒二孫於正課之隙，分日讀之，乃展轉至數旬而不能竟其事。記余在京師時，與伊墨卿談及《離騷》，墨卿自言少侍其尊甫雲林光禄公，值有謬誤事，公怒欲撲責之，門客爲之解勸，公因罰令一夜讀《離騷》自贖，墨卿自初更朗誦至雞三鳴，即能背誦，一字不遺云云。回里時，間與林樾亭先生述其事，先生亦言少時爲其尊甫山陰公名其茂，曾爲山陰令。督責，偕弟香海太史，俱以一夜讀《離騷》終篇，黎明背誦，不誤一字。此二事恰相似，墨卿、樾亭二先生並非有絶人之禀，而古今人之

不相及已如此，然則孰讀《離騷》作名士顧可易言哉！王叔師《離騷序》云：「《離騷》之文，依《詩》取興，引類譬喻，故善鳥香草，以配忠貞；惡禽臭草，以比讒佞；靈修美人，以媲於君；宓妃佚女，以譬賢臣；虬龍鸞鳳，以託君子；飄風雲霓，以爲小人。」只用五十餘字括之，而二十五篇深情隱恨畢露，此靈均之功臣也。

梁玉繩《人表考》卷二《上中仁人・屈原》 屈原始見《楚辭卜居》、《漁父》。字原，《通志・氏族略》三。名平。《史・本傳》。《離騷》所謂皇考伯庸名余正則，字余靈均者也。爲楚三閭大夫，《史・傳》。故稱曰三閭，《後漢・孔融傳》。亦曰原生，《楚辭・九歎》。亦曰屈子。《楚辭》漢王褒《九懷》。以正月庚寅日生，《離騷》。以五月五日梁宗懍《荆楚歲時記》。投汨羅死。《史傳》。唐昭宗天祐元年封爲昭靈侯，《舊唐書・哀帝紀》。宋元豐六年改封忠潔侯，《宋史・神宗紀》。後又封清烈公，《宋史・禮志》。疑徽宗封。元延祐五年加封忠節清烈公。《元史・仁宗紀》。

備論

《史記》卷八四《屈原賈生列傳論》 余讀《離騷》、《天問》、《招魂》、《哀郢》，悲其志。適長沙，觀屈原所自沈淵，未嘗不垂涕，想見其爲人。及見賈生弔之，又怪屈原以彼其材，游諸侯，何國不容，而自令若是。讀《服鳥賦》，同死生，輕去就，又爽然自失矣。

揚雄《法言・吾子》 或問：「屈原智乎？」曰：「如玉如瑩，爰變丹青。如其智！如其智！」

王充《論衡・紀妖篇》 師延自投濮水，形體腐於水中，精氣消於泥塗，安能復鼓琴？屈原自沉於江，屈原善著文，師延善鼓琴，如師延能鼓琴，則屈原能復書矣。楊子雲弔屈原，屈原何不報？屈原生時，文無不作，不能報子雲者，死爲泥塗，手既朽，無用書也。屈原手朽無用書，則師延指敗無用鼓琴矣。孔子當泗水而葬，泗水却流，世謂孔子神而能却泗水。孔子好教授，猶師延之好鼓琴也，師延能鼓琴於濮水之中，孔子何爲不能教授於泗水之側乎？

《史記》卷八四《屈原賈生列傳》司馬貞述贊 屈平行正，以事懷王。瑾瑜比潔，日月爭光。忠而見放，讒者益章。賦《騷》見志，懷沙自傷。百年之後，空悲弔湘。

葉適《習學記言序目》卷二〇《史記二・列傳》 楚爲霸强數百餘年，前後君臣未嘗失計。至懷王愚而信讒，暗而自用，空墮張儀之詖，爲諸侯笑。秦楚雌雄既分，天下之勢始有所歸，而楚遂以亡，此其國之大變也。若屈原之明于治亂，智足以扶危定傾，而疏斥不用，諫争莫行，《離騷》之詞當爲是起；蓋五子作歌，三仁自獻，文義詳略不同，而大指可見矣。遷乃以爲困於上官大夫，故疾其君而作。夫一身之利害，少自好者不露芒刃，而況原乎？《國風》《小雅》雖有其間取義狹者，若夫「好色而不淫，怨誹而不亂」，則淺陋甚矣，聖人何取哉！遷誠貴原，然不足以知之，又習見賈誼賦，詮次失序，本末顛倒。後世因相沿論議，至今不能明，可重嘆也！《屈原賈生》

葉適《習學記言序目》卷二二《漢書二・列傳》 屈原《騷》意，余於前章見之。後世愛《騷》本司馬遷，病《騷》本賈誼，揚雄，雄亦因誼。誼更事少，慮變不深，如古聖賢身履憂患所以垂于文字者，未能知也，直以己能形人不能，己賢揣人之不肖耳，果止是，則事何其易論也！君子于己所不足，則有之矣，而過不在我，謂過在於不去，尤非也。柳下惠三黜，未嘗一言，人猶譏其不去，獨孔子知之。屈原方叫焉號於天，訴於人，宜乎？誼以爲當去，此豈足以知原哉！遷又謂「讀《服鳥賦》，爽然自失」，此又不然。《風》《騷》之廹隘，《莊》《列》之曠達，皆未有能行順正者。誼功名之心久而無所遇，因欲推墮渺莽不可知之間，以此自廣，亦烏能見道也！每見古今文人材士，於屈原、賈誼、司馬遷便留住，志意開展不前，如《離騷》《弔屈原》《服鳥賦》，是大歇止處，及謂「孔顔自有樂地」，史不論此，又全是正墻面而立，此後世問學所以難也。《賈誼》

《全元文》卷一三三二楊維楨《屈原論》 原，楚之宗臣也，又懷王之所寵任也。王西行以啗虎狼之口，原當以死諫，王不從，以身先之，如肥義是也。不則與王俱行，王存而存，王亡而亡，原報王法也。質不委於先王而受嫌於後主，放於江南，至無所自容而卒從彭咸以殞。烏乎！移其葬魚腹者葬虎闕，不爲死之得所哉。

李贄《藏書》卷三七《名臣傳八・直節名臣・屈原》評 予讀《漁父》之詞，而知屈大夫非能言之而不能行也，蓋自不宜行也。人固有怨氣橫臆，如醉如夢，尋死不已者，此等是也。宗國顛覆，姑且勿論，彼見其主日夕愚弄於賊臣之手，安忍坐視乎？勢之所不能活者，情之所不忍活也，其與顧名義而死者異矣。雖同

在節義之列，初非有見於節義之重，而欲博一死以成名也，其屈大夫之謂與？

顧炎武《日知録》卷一《卜筮》 子之必孝，臣之必忠，此不待卜而可知也。其所當爲，雖兇而不可避也。故曰：「欲從靈氛之吉占兮，心猶豫而狐疑。」又曰：「用君之心，行君之意，龜策誠不能知此事。」善哉屈子之言，其聖人之徒歟！

《卜居》，屈原自作，設爲問答，以見此心非鬼神吉凶之所得而移耳。王逸《序》乃曰：「心迷意惑，不知所爲，往至太卜之家，決之蓍龜，冀聞異策，以定嫌疑。」則與屈子之旨大相背戾矣。洪興祖《補注》曰：「此篇上句皆原所從，下句皆原所去。時之人去其所當從，從其所當去。其所謂吉，乃原所謂兇也。」可謂得屈子之心者矣。

藝文

王嘉《拾遺記》卷一〇《洞庭山》 洞庭山浮於水上，其下有金堂數百間，玉女居之。四時聞金石絲竹之聲，徹於山頂。楚懷王之時，舉羣才賦詩於水湄，故云瀟湘洞庭之樂，聽者令人難老，雖《咸池》、《九韶》，不得比焉。每四仲之節，王常繞山以遊宴，各舉四仲之氣以爲樂章。仲春律中夾鐘，乃作輕風流水之詩，醼於山南；律中蕤賓，乃作皓露秋霜之曲。後懷王好進姦雄，羣賢逃越。屈原以忠見斥，隱於沅湘，披蓁茹草，混同禽獸，不交世務，採柏實以合桂膏，用養心神；被王逼逐，乃赴清冷之水。楚人思慕，謂之水仙。其神遊於天河，精靈時降湘浦。楚人爲之立祠，漢末猶在。其山又有靈洞，入中常如有燭於前。中有異香芬馥，泉石明朗。採藥石之人入中，如行十里，迥然天清霞耀，花芳柳暗，丹樓瓊宇，宫觀異常。乃見衆女，霓裳冰顔，艷質與世人殊别。來邀採藥之人，飲以瓊漿金液，延入璇室，奏以簫管絲桐。餞令還家，贈之丹醴之訣。雖懷慕戀，且思其子息，却還洞穴，還若燈燭導前，便絶饑渴，而達舊鄉。已見邑里人户，各非故鄉鄰，唯尋得九代孫。問之，云：「遠祖入洞庭山採藥不還，今經三百年也。」其人説於鄰里，亦失所之。

《陶淵明集》卷六《讀史述九章・屈賈》 進德修業，將以及時。如彼稷契，孰不願之？嗟乎二賢，逢世多疑。候詹寫志，感鵩獻辭。

劉勰《文心雕龍・辨騷》 自《風》《雅》寢聲，莫或抽緒，奇文鬱起，其《離騷》哉！固已軒翥詩人之後，奮飛辭家之前。豈去聖之未遠，而楚人之多才乎！

昔漢武愛《騷》，而淮南作傳，以爲「《國風》好色而不淫，《小雅》怨誹而不亂。若《離騷》者，可謂兼之。蟬蜕穢濁之中，浮游塵埃之外，皭然涅而不緇，雖與日月爭光可也。」

班固以爲露才揚己，忿懟沉江，羿澆二姚，與《左氏》不合；崑崙懸圃，非經義所載；然其文辭麗雅，爲詞賦之宗，雖非明哲，可謂妙才。

王逸以爲詩人提耳，屈原婉順，《離騷》之文，依經立義；駟虬乘鷖，則時乘六龍；崑崙流沙，則《禹貢》敷土。名儒辭賦，莫不擬其儀表，所謂「金相玉質，百世無匹」者也。

及漢宣嗟嘆，以爲皆合經術；揚雄諷味，亦言體同《詩》雅。四家舉以方經，而孟堅謂不合傳。褒貶任聲，抑揚過實，可謂鑒而弗精，翫而未覈者也。

將覈其論，必徵言焉。故其陳堯舜之耿介，稱禹湯之祗敬：典誥之體也。譏桀紂之猖披，傷羿澆之顛隕：規諷之旨也。虬龍以喻君子，雲蜺以譬讒邪：比興之義也。每一顧而掩涕，歎君門之九重：忠怨之辭也。觀兹四事，同於《風》《雅》者也。

至于託雲龍，説迂怪，豐隆求宓妃，鴆鳥媒娀女：詭異之辭也。康回傾地，夷羿彃日，木夫九首，土伯三目：譎怪之談也。依彭咸之遺則，從子胥以自適：狷狹之志也。士女雜坐，亂而不分，指以爲樂；娱酒不廢，沉湎日夜，舉以爲懽：荒淫之意也。摘此四事，異乎經典者也。

故論其典誥則如彼，語其夸誕則如此，固知《楚辭》者，體憲于三代，而風雜于戰國，乃《雅》《頌》之博徒，而詞賦之英傑也。

觀其骨鯁所樹，肌膚所附，雖取鎔經旨，亦自鑄偉辭。

故《騷經》、《九章》，朗麗以哀志；《九歌》、《九辯》，綺靡以傷情；《遠遊》、《天問》，瓌詭而惠巧；《招魂》、《大招》，耀艷而深華。《卜居》標放言之致，《漁父》寄獨往之才。故能氣往轢古，辭來切今，驚采絶艷，難與並能矣。

自《九懷》以下，遽躡其迹；而屈、宋逸步，莫之能追。

故其敘情怨，則鬱伊而易感；述離居，則愴怏而難懷；論山水，則循聲而得貌；言節候，則披文而見時。是以枚、賈追風以入麗，馬、揚沿波而得奇；其衣被詞人，非一代也。

故才高者菀其鴻裁，中巧者獵其豔辭，吟諷者銜其山川，童蒙者拾其香草。若能憑軾以倚《雅》《頌》，懸轡以馭楚篇，酌奇而不失其真，翫華而不墜其實；則顧盼可以驅辭力，欬唾可以窮文致，亦不復乞靈於長卿，假寵於子淵矣。

贊曰：不有屈原，豈見《離騷》！驚才風逸，壯志煙高。山川無極，情理實勞。金相玉式，艷溢錙毫。

《李太白全集》卷二《古風五十九首・其五十一》 殷后亂天紀，楚懷亦已昏。夷羊滿中野，菉葹盈高門。比干諫而死，屈平竄湘源。虎口何婉孌，女嬃空嬋娟。彭咸久淪没，此意與誰論。

《柳宗元集》卷一九《弔屈原文》 後先生蓋千祀兮，余再逐而浮湘。求先生之汨羅兮，擥蘅若以薦芳。願荒忽之顧懷兮，冀陳辭而有光。

先生之不從世兮，惟道是就。支離搶攘兮，遭世孔疚。華蟲薦壤兮，進御羔裘。牝雞咿嗄兮，孤雄束咮。哇咬環觀兮，蒙耳大吕。堇喙以爲羞兮，焚棄稷黍。犴獄之不知避兮，宫庭之不處。陷塗藉穢兮，榮若繡黼。榱折火烈兮，娛娛笑舞。讒巧之嘵嘵兮，惑以爲《咸池》。便媚鞠恧兮，美逾西施。謂謨言之怪誕兮，反寘填而遠違。匿重痼以諱避兮，進俞、緩之不可爲。

何先生之凛凛兮，厲鍼石而從之。但仲尼之去魯兮，曰吾行之遲遲。柳下惠之直道兮，又焉往而可施？今夫世之議夫子兮，曰胡隱忍而懷斯？惟達人之卓軌兮，固僻陋之所疑。委故都以從利兮，吾知先生之不忍；立而視其覆墜兮，又非先生之所志。窮與達固不渝兮，夫唯服道以守義。矧先生之悃愊兮，蹈大故而不貳。沉璜瘞珮兮，孰幽而不光？荃蕙蔽匿兮，胡久而不芳？

先生之貌不可得兮，猶髣髴其文章。託遺編而歎喟兮，涣余涕之盈眶。呵星辰而驅詭怪兮，夫孰救於崩亡？何揮霍夫雷電兮，苟爲是之荒茫。耀姱辭之矘朗兮，世果以是之爲狂。哀余衷之坎坎兮，獨藴憤而增傷。諒先生之不言兮，後之人又何望。忠誠之既内激兮，抑銜忍而不長。芈爲屈之幾何兮，胡獨焚其中腸？

吾哀今之爲仕兮，庸有慮時之否臧！食君之祿畏不厚兮，悼得位之不昌。退自服以默默兮，曰吾言之不行。既媮風之不可去兮，懷先生之可忘！

《全唐詩》卷六九四孫郃《古意二首擬陳拾遺》 屈子生楚國，七雄知其材。介潔世不容，跡合藏蒿萊。道廢固命也，瓢飲亦賢哉。何事葬江水，空使後人哀。

《全唐詩》卷七二八周曇《屈原》 滿朝皆醉不容醒，衆濁如何擬獨清。江上流人真浪死，誰知浸潤誤深誠。

《蘇軾文集》卷一《屈原廟賦》 浮扁舟以適楚兮，過屈原之遺宫。覽江上之重山兮，曰惟子之故鄉。伊昔放逐兮，渡江濤而南遷。去家千里兮，生無所歸而死無以爲墳。悲夫！人固有一死兮，處死之爲難。徘徊江上欲去而未決兮，俯千仞之驚湍。賦《懷沙》以自傷兮，嗟子獨何以爲心。忽終章之慘烈兮，逝將去此而沉吟。吾豈不能高舉而遠遊兮，又豈不能退默而深居？獨嗷嗷其怨慕兮，恐君臣之愈疏。生既不能力争而强諫兮，死猶冀其感發而改行。苟宗國之顛覆兮，吾亦獨何愛於久生。託江神以告冤兮，馮夷教之以上訴。歷九關而見帝兮，帝亦悲傷而不能救。懷瑾佩蘭而無所歸兮，獨惸惸乎中浦。峽山高兮崔嵬，故居廢兮行人哀。子孫散兮安在，况復見兮高臺。自子之逝今千載兮，世愈狹而難存。賢者畏譏而改度兮，隨俗變化斵方以爲圓。黽勉於亂世而不能去兮，又或爲之臣佐。變丹青於玉瑩兮，彼乃謂子爲非智。惟高節之不可以企及兮，宜夫人之不吾與。違國去俗死而不顧兮，豈不足以免於後世。嗚呼！君子之道，豈必全兮。全身遠害，亦或然兮。嗟子區區，獨爲其難兮。雖不適中，要以爲賢兮。夫我何悲，子所安兮。

蘇轍《欒城集》卷一七《屈原廟賦》 淒涼兮秭歸，寂寞兮屈氏。楚之孫兮原之子，伉直遠兮復誰似。宛有廟兮江之浦，予來斯兮酌以醑。吁嗟神兮生何喜？九疑陰兮湘之涘。鼓桂楫兮蘭爲舟，横中流兮風鳴厲。忽自溺兮曠何求？野莽莽兮舜之丘。舜之牆兮繚九周，中有長遂兮可駕以遊。揉玉以爲輪兮，斫冰以爲之輈。伯翳俯以御馬兮，皋陶爲予參乘。慘然愍予之强死兮，泫然涕下而不禁。道予以登夫重丘兮，紛古人其若林。悟伯夷以太息兮，焦衍爲予而歔欷。古固有是兮，予又何怪乎當今。獨有謂予之不然兮，夫豈柳下之展禽。彼其所處之不同兮，又安可以謗予？抱關而擊柝兮，余豈責以必死。宗國隕而不救兮，夫予舍是安去？予將質以重華兮，蹇將語而出涕。予豈如彼婦兮，夫不仁而出訴。慘默默予何言兮？使重華之自爲處。予惟樂夫揖讓兮，坦平夷而無憂。朝而從之遊兮，顧予使予昌言。言出而無忌兮，暮還寢而燕安。嗟平生之所好兮，既死而後能然。彼鄉之人兮，夫孰知予此歡。忽反顧以千載兮，喟故宫之頹垣。

《王十朋全集詩集》卷二〇《題屈原廟》 自古皆有死，先生死忠清。故宅秭

歸江，前山熊繹城。眷言懷此都，不比異姓卿。六經變《離騷》，日月爭光明。

王守仁《王陽明全集》卷一九《外集一·弔屈平賦》正德丙寅，某以罪謫貴陽，取道沅、湘。感屈原之事，爲文而弔之。其詞曰：

山黯慘兮江夜波，風颼颼兮木落森柯。汎中流兮焉泊？湛椒醪兮弔湘纍。雲冥冥兮月星蔽晦，冰崚嶒兮霰又下。纍之宫兮安在？悵無見兮愁予。高岸兮嵚崎，紛糾錯兮樛枝。下深淵兮不惻，穴潁洞兮蛟螭。山岑兮無極，空谷谽谺兮迴寥寂。猿啾啾兮吟雨，熊羆嘷兮虎交蹟。念纍之窮兮焉託處？四山無人兮駭狐鼠；魈魅遊兮羣跳嘯，瞰出入兮爲纍姦宄。嫉纍正直兮反詆爲殃，昵比上官兮子蘭爲臧。幽叢薄兮疇侶，懷故都兮增傷。望九疑兮參差，就重華兮陳辭。沮積雪兮磵道絶，洞庭渺邈兮天路迷。要彭咸兮江潭，召申屠兮使驂。娥鼓瑟兮馮夷舞，聊遨遊兮湘之浦。乘回波兮泊蘭渚，睠故都兮獨延佇。君不還兮郢爲墟，心壹鬱兮欲誰語！郢爲墟兮函峭亦焚，讒鬼逋戮兮快不酬冤。歷千載兮耿忠悃，君可復兮排帝閽。望遁跡兮渭陽，箕罹囚兮其佯以狂。艱貞兮晦明，懷若人兮將予退藏。宗國淪兮摧腑肝，忠憤激兮中道難。勉忤回兮不忍，溘自沈兮心所安。雄之訕兮讒喙，衆狂穉兮謂纍揚。已爲魈爲魅兮爲讒媵妾，纍視若鼠兮佞額有泚。纍忽舉兮雲中龍，荐晻靄兮飄風；橫四海兮倏忽，駟玉虬兮上衝；降望兮大壑，山川蕭條兮洊寥廓。逝遠去兮無窮，懷故都兮蜷局。

亂曰：日西夕兮沅湘流，楚山嵯峨兮無冬秋。纍不見兮涕泗，世愈隘兮孰知我憂！

孟嘗君部

綜述

《史記》卷七五《孟嘗君列傳》 孟嘗君名文，姓田氏。文之父曰靖郭君田嬰。田嬰者，齊威王少子而齊宣王庶弟也。田嬰自威王時任職用事，與成侯鄒忌及田忌將而救韓伐魏。成侯與田忌爭寵，成侯賣田忌。田忌懼，襲齊之邊邑，不勝，亡走。會威王卒，宣王立，知成侯賣田忌，乃復召田忌以爲將。宣王二年，田忌與孫臏、田嬰俱伐魏，敗之馬陵，虜魏太子申而殺魏將龐涓。宣王七年，田嬰使於韓、魏，韓、魏服於齊。嬰與韓昭侯、魏惠王會齊宣王東阿南，盟而去。明年，復與梁惠王會甄。是歲，梁惠王卒。宣王九年，田嬰相齊。齊宣王與魏襄王會徐州而相王也，楚威王聞之，怒田嬰。明年，楚伐敗齊師於徐州，而使人逐田嬰。田嬰使張丑說楚威王，威王乃止。田嬰相齊十一年，宣王卒，湣王即位。即位三年，而封田嬰於薛。

初，田嬰有子四十餘人，其賤妾有子名文，文以五月五日生。嬰告其母曰：「勿舉也。」其母竊舉生之。及長，其母因兄弟而見其子文於田嬰。田嬰怒其母曰：「吾令若去此子，而敢生之，何也？」文頓首，因曰：「君所以不舉五月子者，何故？」嬰曰：「五月子者，長與户齊，將不利其父母。」文曰：「人生受命於天乎？將受命於户邪？」嬰默然。文曰：「必受命於天，君何憂焉。必受命於户，則可高其户耳，誰能至者！」嬰曰：「子休矣。」

久之，文承閒問其父嬰曰：「子之子爲何？」曰：「爲孫。」「孫之孫爲何？」曰：「爲玄孫。」「玄孫之孫爲何？」曰：「不能知也。」文曰：「君用事相齊，至今三王矣，齊不加廣而君私家富累萬金，門下不見一賢者。文聞將門必有將，相門必有相。今君後宫蹈綺縠而士不得(短)[裋]褐，僕妾餘粱肉而士不厭糟糠。今君又尚厚積餘藏，欲以遺所不知何人，而忘公家之事日損，文竊怪之。」於是嬰迺禮文，使主家待賓客。賓客日進，名聲聞於諸侯。諸侯皆使人請薛公田嬰以文爲太子，嬰許之。嬰卒，謚爲靖郭君。而文果代立於薛，是爲孟嘗君。

孟嘗君在薛，招致諸侯賓客及亡人有罪者，皆歸孟嘗君。孟嘗君舍業厚遇之，以故傾天下之士。食客數千人，無貴賤一與文等。孟嘗君待客坐語，而屏風後常有侍史，主記君所與客語，問親戚居處。客去，孟嘗君已使使存問，獻遺其親戚。孟嘗君曾待客夜食，有一人蔽火光。客怒，以飯不等，輟食辭去。孟嘗君起，自持其飯比之。客慙，自剄。士以此多歸孟嘗君。孟嘗君客無所擇，皆善遇之，人人各自以爲孟嘗君親己。

秦昭王聞其賢，乃先使涇陽君爲質於齊，以求見孟嘗君。孟嘗君將入秦，賓客莫欲其行，諫，不聽。蘇代謂曰：「今旦代從外來，見木禺人與土禺人相與語。木禺人曰：『天雨，子將敗矣。』土禺人曰：『我生於土，敗則歸土。今天雨，流子而行，未知所止息也。』今秦，虎狼之國也，而君欲往，如有不得還，君得無爲土禺人所笑乎？」孟嘗君乃止。

齊湣王二十五年，復卒使孟嘗君入秦，昭王即以孟嘗君爲秦相。人或說秦昭王曰：「孟嘗君賢，而又齊族也，今相秦，必先齊而後秦，秦其危矣。」於是秦昭王乃止。囚孟嘗君，謀欲殺之。孟嘗君使人抵昭王幸姬求解。幸姬曰：「妾願得君狐白裘。」此時孟嘗君有一狐白裘，直千金，天下無雙，入秦獻之昭王，更無他裘。孟嘗君患之，徧問客，莫能對。最下坐有能爲狗盜者，曰：「臣能得狐白裘。」乃夜爲狗，以入秦宫臧中，取所獻狐白裘至，以獻秦王幸姬。幸姬爲言昭王，昭王釋孟嘗君。孟嘗君得出，即馳去，更封傳，變名姓以出關。夜半至函谷關。秦昭王後悔出孟嘗君，求之已去，即使人馳傳逐之。孟嘗君至關，關法雞鳴而出客，孟嘗君恐追至，客之居下坐者有能爲雞鳴，而雞齊鳴，遂發傳出。出如食頃，秦追果至關，已後孟嘗君出，乃還。始孟嘗君列此二人於賓客，賓客盡羞之，及孟嘗君有秦難，卒此二人拔之。自是之後，客皆服。

孟嘗君過趙，趙平原君客之。趙人聞孟嘗君賢，出觀之，皆笑曰：「始以薛公爲魁然也，今視之，乃眇小丈夫耳。」孟嘗君聞之，怒。客與俱者下，斫擊殺數百人，遂滅一縣以去。

齊湣王不自得，以其遣孟嘗君。孟嘗君至，則以爲齊相，任政。

孟嘗君怨秦，將以齊爲韓、魏攻楚，因與韓、魏攻秦，而借兵食於西周。蘇代爲西周謂曰：「君以齊爲韓、魏攻楚九年，取宛、葉以北以彊韓、魏，今復攻秦以益之。韓、魏南無楚憂，西無秦患，則齊危矣。韓、魏必輕齊畏秦，臣爲君危之。君不如令敝邑深合於秦，而君無攻，又無借兵食。君臨函谷而無攻，令敝邑以君

之情謂秦昭王曰『薛公必不破秦以彊韓、魏。其攻秦也，欲王之令楚王割東國以與齊，而秦出楚懷王以爲和』。君令敝邑以此惠秦，秦得無破而以東國自免也，秦必欲之。楚王得出，必德齊。齊得東國益彊，而薛世世無患矣。秦不大弱，而處三晉之西，三晉必重齊。」薛公曰：「善。」因令韓、魏賀秦，使三國無攻，而不借兵食於西周矣。是時，楚懷王入秦，秦留之，故欲必出之。秦不果出楚懷王。

孟嘗君相齊，其舍人魏子爲孟嘗君收邑入，三反而不致一入。孟嘗君問之，對曰：「有賢者，竊假與之，以故不致入。」孟嘗君怒而退魏子。居數年，人或毁孟嘗君於齊湣王曰：「孟嘗君將爲亂。」及田甲劫湣王，湣王意疑孟嘗君，孟嘗君迺奔。魏子所與粟賢者聞之，乃上書言孟嘗君不作亂，請以身爲盟，遂自剄宫門以明孟嘗君。湣王乃驚，而蹤跡驗問，孟嘗君果無反謀，乃復召孟嘗君。孟嘗君因謝病，歸老於薛。湣王許之。

其後，秦亡將呂禮相齊，欲困蘇代。代乃謂孟嘗君曰：「周最於齊，至厚也，而齊王逐之，而聽親弗相呂禮者，欲取秦也。齊、秦合，則親弗與呂禮重矣。有用，齊、秦必輕君。君不如急北兵，趨趙以和秦、魏，收周最以厚行，且反齊王之信，又禁天下之變。齊無秦，則天下集齊，親弗必走，則齊王孰與爲其國也！」於是孟嘗君從其計，而呂禮嫉害於孟嘗君。

孟嘗君懼，乃遺秦相穰侯魏冄書曰：「吾聞秦欲以呂禮收齊，齊，天下之彊國也，子必輕矣。齊秦相取以臨三晉，呂禮必并相矣，是子通齊以重呂禮也。若齊免於天下之兵，其讎子必深矣。子不如勸秦王伐齊。齊破，吾請以所得封子。齊破，秦畏晉之彊，秦必重子以取晉。晉國敝於齊而畏秦，晉必重子以取秦。是子破齊以爲功，挾晉以爲重；是子破齊定封，秦、晉交重子。若齊不破，呂禮復用，子必大窮。」於是穰侯言於秦昭王伐齊，而呂禮亡。

後齊湣王滅宋，益驕，欲去孟嘗君。孟嘗君恐，迺如魏。魏昭王以爲相，西合於秦、趙，與燕共伐破齊。齊湣王亡在莒，遂死焉。齊襄王立，而孟嘗君中立於諸侯，無所屬。齊襄王新立，畏孟嘗君，與連和，復親薛公。文卒，謚爲孟嘗君。諸子争立，而齊魏共滅薛。孟嘗絶嗣無後也。

初，馮驩聞孟嘗君好客，躡蹻而見之。孟嘗君曰：「先生遠辱，何以教文也？」馮驩曰：「聞君好士，以貧身歸於君。」孟嘗君置傳舍十日，孟嘗君問傳舍長曰：「客何所爲？」答曰：「馮先生甚貧，猶有一劍耳，又蒯緱。彈其劍而歌曰『長鋏歸來乎，食無魚』。」孟嘗君遷之幸舍，食有魚矣。五日，又問傳舍長。答曰：「客復彈劍而歌曰『長鋏歸來乎，出無輿』。」孟嘗君遷之代舍，出入乘輿車矣。五日，孟嘗君復問傳舍長。舍長答曰：「先生又嘗彈劍而歌曰『長鋏歸來乎，無以爲家』。」孟嘗君不悦。

居朞年，馮驩無所言。孟嘗君時相齊，封萬户於薛。其食客三千人，邑入不足以奉客，使人出錢於薛。歲餘不入，貸錢者多不能與其息，客奉將不給。孟嘗君憂之，問左右：「何人可使收債於薛者？」傳舍長曰：「代舍客馮公形容狀貌甚辯，長者，無他伎能，宜可令收債。」孟嘗君乃進馮驩而請之曰：「賓客不知文不肖，幸臨文者三千餘人，邑入不足以奉賓客，故出息錢於薛。薛歲不入民頗不與其息。今客食恐不給，願先生責之。」馮驩曰：「諾。」辭行，至薛，召取孟嘗君錢者皆會，得息錢十萬。迺多釀酒，買肥牛，召諸取錢者，能與息者皆來，不能與息者亦來，皆持取錢之券書合之。齊爲會，日殺牛置酒。酒酣，乃持券如前合之，能與息者，與爲期；貧不能與息者，取其券而燒之。曰：「孟嘗君所以貸錢者，爲民之無者以爲本業也；所以求息者，爲無以奉客也。今富給者以要期，貧窮者燔券書以捐之。諸君彊飲食。有君如此，豈可負哉！」坐者皆起，再拜。

孟嘗君聞馮驩燒券書，怒而使使召驩。驩至，孟嘗君曰：「文食客三千人，故貸錢於薛。文奉邑少，而民尚多不以時與其息，客食恐不足，故請先生收責之。聞先生得錢，即以多具牛酒而燒券書，何？」馮驩曰：「然。不多具牛酒即不能畢會，無以知其有餘不足。有餘者，爲要期。不足者，雖守而責之十年，息愈多，急，即以逃亡自捐之。若急，終無以償，上則爲君好利不愛士民，下則有離上抵負之名，非所以厲士民彰君聲也。焚無用虚債之券，捐不可得之虚計，令薛民親君而彰君之善聲也，君有何疑焉！」孟嘗君乃拊手而謝之。

齊王惑於秦、楚之毁，以爲孟嘗君名高其主而擅齊國之權，遂廢孟嘗君。諸客見孟嘗君廢，皆去。馮驩曰：「借臣車一乘，可以入秦者，必令君重於國而奉邑益廣，可乎？」孟嘗君乃約車幣而遣之。馮驩乃西説秦王曰：「天下之游士馮軾結靷西入秦者，無不欲彊秦而弱齊；馮軾結靷東入齊者，無不欲彊齊而弱秦。此雄雌之國也，勢不兩立爲雄，雄者得天下矣。」秦王跽而問之曰：「何以使秦無爲雌而可？」馮驩曰：「王亦知齊之廢孟嘗君乎？」秦王曰：「聞之。」馮驩曰：「使齊重於天下者，孟嘗君也。今齊王以毁廢之，其心怨，必背齊；背齊入秦，則齊國之情，人事之誠，盡委之秦，齊地可得也，豈直爲雄也！君急使使載幣陰迎孟嘗君，不可失時也。如有齊覺悟，復用孟嘗君，則雌雄之所在未可知也。」秦王

大悅，迺遣車十乘黄金百鎰以迎孟嘗君。馮驩辭以先行，至齊，説齊王曰：「天下之游士馮軾結靷東入齊者，無不欲彊齊而弱秦者；馮軾結靷西入秦者，無不欲彊秦而弱齊者。夫秦齊雄雌之國，秦彊則齊弱矣，此勢不兩雄。今臣竊聞秦遣使車十乘載黄金百鎰以迎孟嘗君。孟嘗君不西則已，西入相秦則天下歸之，秦爲雄而齊爲雌，雌則臨淄、即墨危矣。王何不先秦使之未到，復孟嘗君，而益與之邑以謝之？孟嘗君必喜而受之。秦雖彊國，豈可以請人相而迎之哉！折秦之謀，而絶其霸彊之略。」齊王曰：「善。」乃使人至境候秦使。秦使車適入齊境，使還馳告之，王召孟嘗君而復其相位，而與其故邑之地，又益以千户。秦之使者聞孟嘗君復相齊，還車而去矣。

自齊王毁廢孟嘗君，諸客皆去。後召而復之，馮驩迎之。未到，孟嘗君太息歎曰：「文常好客，遇客無所敢失，食客三千有餘人，先生所知也。客見文一日廢，皆背文而去，莫顧文者。今賴先生得復其位，客亦有何面目復見文乎？如復見文者，必唾其面而大辱之。」馮驩結轡下拜。孟嘗君下車接之，曰：「先生爲客謝乎？」馮驩曰：「非爲客謝也，爲君之言失。夫物有必至，事有固然，君知之乎？」孟嘗君曰：「愚不知所謂也。」曰：「生者必有死，物之必至也；富貴多士，貧賤寡友，事之固然也。君獨不見夫(朝)趣市(朝)者乎？明旦，側肩争門而入；日暮之後，過市朝者掉臂而不顧。非好朝而惡暮，所期物忘其中。今君失位，賓客皆去，不足以怨士而徒絶賓客之路。願君遇客如故。」孟嘗君再拜曰：「敬從命矣。聞先生之言，敢不奉教焉。」

雜録

備録

《韓非子·外儲説左上》 魏昭王欲與官事，謂孟嘗君曰：「寡人欲與官事。」君曰：「王欲與官事，則何不試習讀法？」昭王讀法十餘簡而睡卧矣。王曰：「寡人不能讀此法。」夫不躬親其勢柄，而欲爲人臣所宜爲者也，睡不亦宜乎。

《戰國策·齊三》 孟嘗君將入秦，止者千數而弗聽。蘇秦欲止之，孟嘗曰：「人事者，吾已盡知之矣；吾所未聞者，獨鬼事耳。」蘇秦曰：「臣之來也，固不敢言人事也，固且以鬼事見君。」

孟嘗君見之。謂孟嘗君曰：「今者臣來，過於淄上，有土偶人與桃梗相與語。桃梗謂土偶人曰：『子，西岸之土也，挺子以爲人，至歲八月，降雨下，淄水至，則汝殘矣。』土偶曰：『不然。吾西岸之土也，土則復西岸耳。今子，東國之桃梗也，刻削子以爲人，降雨下，淄水至，流子而去，則子漂漂者將何如耳。』今秦四塞之國，譬若虎口，而君入之，則臣不知君所出矣。」孟嘗君乃止。

孟嘗君在薛，荆人攻之。淳于髡爲齊使於荆，還反過薛。而孟嘗令人體貌而親郊迎之。謂淳于髡曰：「荆人攻薛，夫子弗憂，文無以復侍矣。」淳于髡曰：「敬聞命。」

至於齊，畢報。王曰：「何見於荆？」對曰：「荆甚固，而薛亦不量其力。」王曰：「何謂也？」對曰：「薛不量其力，而爲先王立清廟。荆固而攻之，清廟必危。故曰薛不量力，而荆亦甚固。」齊王和其顔色曰：「譆！先君之廟在焉！」疾興兵救之。

顛蹶之請，望拜之謁，雖得則薄矣。善説者，陳其勢，言其方，人之急也，若自在隘窘之中，豈用强力哉！

孟嘗君奉夏侯章以四馬百人之食，遇之甚懽。夏侯章每言未嘗不毁孟嘗君也。或以告孟嘗君，孟嘗君曰：「文有以事夏侯公矣，勿言，董之。」繁菁以問夏侯公，夏侯公曰：「孟嘗君重非諸侯也，而奉我四馬百人之食。我無分寸之功而得此，然吾毁之以爲之也。君所以得爲長者，以吾毁之者也。吾以身爲孟嘗君，豈得持言也。」

孟嘗君讌坐，謂三先生曰：「願聞先生有以補之闕者。」一人曰：「訾天下之主，有侵君者，臣請以臣之血湔其衽。」田瞀曰：「車軼之所能至，請掩足下之短者，誦足下之長；千乘之君與萬乘之相，其欲有君也，如使而弗及也。」勝瞀曰：「臣願以足下之府庫財物，收天下之士，能爲君決疑應卒，若魏文侯之有田子方、段干木也。此臣之所爲君取矣。」

孟嘗君舍人有與君之夫人相愛者。或以問孟嘗君曰：「爲君舍人而内與夫人相愛，亦甚不義矣，君其殺之。」君曰：「睹貌而相悦者，人之情也，其錯之勿言也。」

居朞年，君召愛夫人者而謂之曰：「子與文游久矣，大官未可得，小官公又弗欲。衛君與文布衣交，請具車馬皮幣，願君以此從衛君遊。」於衛甚重。齊、衛之交惡，衛君甚欲約天下之兵以攻齊。是人謂衛君曰：「孟嘗君不知臣不肖，以臣欺君。且臣聞齊、衛先君，刑馬壓羊，盟曰：『齊、衛後世無相攻伐，有相攻伐者，令其命如此。』今君約天下之兵以攻齊，是足下倍先君盟約而欺孟嘗君也。願君勿以齊爲心。君聽臣則可；不聽臣，若臣不肖也，臣輒以頸血湔足下衿。」衛君乃止。

齊人聞之曰：「孟嘗君可語善爲事矣，轉禍爲功。」

孟嘗君有舍人而弗悅，欲逐之。魯連謂孟嘗君曰：「猿獮猴錯木據水，則不若魚鼈；歷險乘危，則騏驥不如狐狸。曹沫之奮三尺之劍，一軍不能當；使曹沫釋其三尺之劍，而操銚鎒與農夫居壟畝之中，則不若農夫。故物舍其所長，之其所短，堯亦有所不及矣。今使人而不能，則謂之不肖；教人而不能，則謂之拙。拙則罷之，不肖則棄之，使人有棄逐，不相與處，而來害相報者，豈非世之立教首也哉！」孟嘗君曰：「善。」乃弗逐。

孟嘗君出行國，至楚，獻象床。郢之登徒，直使送之，不欲行。見孟嘗君門人公孫戍曰：「臣，郢之登徒也，直送象床。象床之直千金，傷此若髮漂，賣妻子不足償之。足下能使僕無行，先人有寶劍，願得獻之。」公孫曰：「諾。」

入見孟嘗君曰：「君豈受楚象床哉？」孟嘗君曰：「然。」公孫戍曰：「臣願君勿受。」孟嘗君曰：「何哉？」公孫戍曰：「小國所以皆致相印於君者，聞君於齊能振達貧窮，有存亡繼絶之義。小國英桀之士，皆以國事累君，誠説君之義，慕君之廉也。今君到楚而受象床，所未至之國，將何以待君？臣戍願君勿受。」孟嘗君曰：「諾。」

公孫戍趨而去。未出，至中閨，君召而返之，曰：「子教文無受象床，甚善。今何舉足之高，志之揚也？」公孫戍曰：「臣有大喜三，重之寶劍一。」孟嘗君曰：「何謂也？」公孫戍曰：「門下百數，莫敢入諫，臣獨入諫，臣一喜；諫而得聽，臣二喜；諫而止君之過，臣三喜。輸象床，郢之登徒不欲行，許戍以先人之寶劍。」孟嘗君曰：「善。受之乎？」公孫戍曰：「未敢。」曰：「急受之。」因書門版曰：「有能揚文之名，止文之過，私得寶於外者，疾入諫。」

《戰國策·齊四》 齊人有馮諼者，貧乏不能自存，使人屬孟嘗君，願寄食門下。孟嘗君曰：「客何好？」曰：「客無好也。」曰：「客何能？」曰：「客無能也。」孟嘗君笑而受之曰：「諾。」左右以君賤之也，食以草具。

居有頃，倚柱彈其劍，歌曰：「長鋏歸來乎！食無魚。」左右以告。孟嘗君曰：「食之，比門下之客。」居有頃，復彈其鋏，歌曰：「長鋏歸來乎！出無車。」左右皆笑之，以告。孟嘗君曰：「爲之駕，比門下之車客。」於是乘其車，揭其劍，過其友曰：「孟嘗君客我。」後有頃，復彈其劍鋏，歌曰：「長鋏歸來乎！無以爲家。」左右皆惡之，以爲貪而不知足。孟嘗君問：「馮公有親乎？」對曰：「有老母。」孟嘗君使人給其食用，無使乏。於是馮諼不復歌。

後孟嘗君出記，問門下諸客：「誰習計會，能爲文收責於薛者乎？」馮諼署曰：「能。」孟嘗君怪之，曰：「此誰也？」左右曰：「乃歌夫長鋏歸來者也。」孟嘗君笑曰：「客果有能也，吾負之，未嘗見也。」請而見之，謝曰：「文倦於事，憒於憂，而性懧愚，沉於國家之事，開罪於先生。先生不羞，乃有意欲爲收責於薛乎？」馮諼曰：「願之。」於是約車治裝，載券契而行，辭曰：「責畢收，以何市而反？」孟嘗君曰：「視吾家所寡有者。」

驅而之薛，使吏召諸民當償者，悉來合券。券徧合，起矯命以責賜諸民，因燒其券，民稱萬歲。

長驅到齊，晨而求見。孟嘗君怪其疾也，衣冠而見之，曰：「責畢收乎？來何疾也！」曰：「收畢矣。」「以何市而反？」馮諼曰：「君云『視吾家所寡有者』。臣竊計，君宮中積珍寶，狗馬實外廄，美人充下陳。君家所寡有者以義耳！竊以爲君市義。」孟嘗君曰：「市義柰何？」曰：「今君有區區之薛，不拊愛子其民，因而賈利之。臣竊矯君命，以責賜諸民，因燒其券，民稱萬歲。乃臣所以爲君市義也。」孟嘗君不説，曰：「諾，先生休矣！」

後期年，齊王謂孟嘗君曰：「寡人不敢以先王之臣爲臣。」孟嘗君就國於薛，未至百里，民扶老攜幼，迎君道中。孟嘗君顧謂馮諼：「先生所爲文市義者，乃今日見之。」馮諼曰：「狡兔有三窟，僅得免其死耳。今君有一窟，未得高枕而臥也。請爲君復鑿二窟。」孟嘗君予車五十乘，金五百斤，西遊於梁，謂惠王曰：「齊放其大臣孟嘗君於諸侯，諸侯先迎之者，富而兵强。」於是，梁王虚上位，以故相爲上將軍，遣使者，黄金千斤，車百乘，往聘孟嘗君。馮諼先驅誡孟嘗君曰：「千金，重幣也；百乘，顯使也。齊其聞之矣。」梁使三反，孟嘗君固辭不往也。

齊王聞之，君臣恐懼，遣太傅賫黄金千斤，文車二駟，服劍一，封書謝孟嘗君曰：「寡人不祥，被於宗廟之祟，沉於諂諛之臣，開罪於君，寡人不足爲也。願君顧先

王之宗廟，姑反國統萬人乎？」馮諼誡孟嘗君曰：「願請先王之祭器，立宗廟於薛。」廟成，還報孟嘗君曰：「三窟已就，君姑高枕爲樂矣。」

孟嘗君爲相數十年，無纖介之禍者，馮諼之計也。

孟嘗君爲從。公孫弘謂孟嘗君曰：「君不以使人先觀秦王？意者秦王帝王之主也，君恐不得爲臣，奚暇從以難之？意者秦王不肖之主也，君從以難之，未晚。」孟嘗君曰：「善，願因請公往矣。」

公孫弘敬諾，以車十乘之秦。昭王聞之，而欲媿之以辭。公孫弘見，昭王曰：「薛公之地，大小幾何？」公孫弘對曰：「百里。」昭王笑而曰：「寡人地數千里，猶未敢以有難也。今孟嘗君之地方百里，而因欲難寡人，猶可乎？」公孫弘對曰：「孟嘗君好人，大王不好人。」昭王曰：「孟嘗君之好人也，奚如？」公孫弘曰：「義不臣乎天子，不友乎諸侯，得志不慚爲人主，不得志不肯爲人臣，如此者三人；而治可爲管、商之師，說義聽行，能致其如此者五人；萬乘之嚴主也，辱其使者，退而自刎，必以其血洿其衣，如臣者十人。」昭王笑而謝之，曰：「客胡爲若此，寡人直與客論耳！寡人善孟嘗君，欲客之必諭寡人之志也！」公孫弘曰：「敬諾。」

公孫弘可謂不侵矣。昭王，大國也。孟嘗，千乘也。立千乘之義而不可陵，可謂足使矣。

魯仲連謂孟嘗：「君好士也！雍門養椒亦，陽得子養，飲食、衣裘與之同之，皆得其死。今君之家富於二公，而士未有爲君盡游者也。」君曰：「文不得是二人故也。使文得二人者，豈獨不得盡？」對曰：「君之厩馬百乘，無不被繡衣而食菽粟者，豈有騏麟騄耳哉？後宮十妃，皆衣縞紵，食梁肉，豈有毛廧、西施哉？色與馬取於今之世，士何必待古哉？故曰君之好士未也。」

孟嘗君逐於齊而復反。譚拾子迎之於境，謂孟嘗君曰：「君得無有所怨齊士大夫？」孟嘗君曰：「有。」「君滿意殺之乎？」孟嘗君曰：「然。」譚拾子曰：「事有必至，理有固然，君知之乎？」孟嘗君曰：「不知。」譚拾子曰：「事之必至者，死也；理之固然者，富貴則就之，貧賤則去之。此事之必至，理之固然者。請以市諭。市，朝則滿，夕則虛，非朝愛市而夕憎之也，求存故往，亡故去。願君勿怨。」孟嘗君乃取所怨五百牒削去之，不敢以爲言。

《戰國策·趙一》 趙王封孟嘗君以武城。孟嘗君擇舍人以爲武城吏，而遣之曰：「鄙語豈不曰，借車者馳之，借衣者被之哉？」皆對曰：「有之。」孟嘗君曰：「文甚不取也。夫所借衣車者，非親友，則兄弟也。夫馳親友之車，被兄弟之衣，文以爲不可。今趙王不知文不肖，而封之以武城，願大夫之往也，毋伐樹木，毋發屋室，訾然使趙王悟而知文也。謹使可全而歸之。」

《戰國策·魏三》 秦將伐魏。魏王聞之，夜見孟嘗君，告之曰：「秦且攻魏，子爲寡人謀，奈何？」孟嘗君曰：「有諸侯之救，則國可存也。」王曰：「寡人願子之行也。」重爲之約車百乘。

孟嘗君之趙，謂趙王曰：「文願借兵以救魏。」趙王曰：「寡人不能。」孟嘗君曰：「夫敢借兵者，以忠王也。」王曰：「可得聞乎？」孟嘗君曰：「夫趙之兵，非能彊於魏之兵；魏之兵，非能弱於趙也。然而趙之地不歲危，而民不歲死；而魏之地歲危，而民歲死者，何也？以其西爲趙蔽也。今趙不救魏，魏歃盟於秦，是趙與强秦爲界也，地亦且歲危，民亦且歲死矣。此文之所以忠於大王也。」趙王許諾，爲起兵十萬，車三百乘。

又北見燕王曰：「先日公子常約兩王之交矣。今秦且攻魏，願大王之救之。」燕王曰：「吾歲不熟二年矣，今又行數千里而以助魏，且奈何？」田文曰：「大行數千里而救人者，此國之利也。今魏王出國門而望見軍，雖欲行數千里而助人，可得乎？」燕王尚未許也。田文曰：「臣效便計於王，王不用臣之忠計，文請行矣。恐天下之將有大變也。」王曰：「大變可得聞乎？」曰：「秦攻魏未能克之也，而臺已燔，游已奪矣。而燕不救魏，魏王折節割地，以國之半與秦，秦必去矣。秦已去魏，魏王悉韓、魏之兵，又西借秦兵，以因趙之衆，以四國攻燕，王且何利？利行數千里而助人乎？利出燕南門而望見軍乎？則道里近而輸又易矣，王何利？」燕王曰：「子行矣，寡人聽子。」乃爲之起兵八萬，車二百乘，以從田文。

魏王大說，曰：「君得燕、趙之兵甚衆且亟矣。」秦王大恐，割地請講於魏。因歸燕、趙之兵，而封田文。

《呂氏春秋·慎大覽·報更》 孟嘗君前在於薛，荆人攻之。淳于髡爲齊使於荆，還反，過於薛。孟嘗君令人禮貌而親郊送之，謂淳于髡曰：「荆人攻薛，夫子弗爲憂，文無以復待矣。」淳于髡曰：「敬聞命矣。」至於齊，畢報。王曰：「何見於荆？」對曰：「荆甚固，而薛亦不量其力。」王曰：「何謂也？」對曰：「薛不量其力，而爲先王立清廟，荆固而攻薛，薛清廟必危，故曰薛不量其力，而荆亦甚固。」齊王知顔色，曰：「嘻！先君之廟在焉。」疾舉兵救之，由是薛遂全。顛蹶之

出亡，奔薛。孟嘗君聞之，使人以車迎之。至，而養以芻豢黍粱五味之膳，日三至。冬日被裘罽，夏日服絺紵，出則乘牢車，駕良馬。孟嘗君問之曰：「夫子生於齊，長於齊，夫子亦何思於齊？」對曰：「臣思夫唐子者。」孟嘗君曰：「唐子者，非短子者耶？」曰：「是也。」孟嘗君曰：「子何爲思之？」對曰：「臣之處於齊也，糲粢之飯，藜藿之羹，冬日則寒凍，夏日則暑傷。自唐子之短臣也，以身歸君，食芻豢，飯黍粢，服輕煖，乘牢良，臣故思之。」此謂毁人而反利之者也。

劉向《説苑・善説》 張禄掌門，見孟嘗君曰：「衣新而不舊，倉庾盈而不虚，爲之有道，君亦知之乎？」孟嘗君曰：「衣新而不舊，則是脩也，倉庾盈而不虚，則是富也，爲之奈何？其説可得聞乎？」張禄曰：「願君貴則舉賢，富則振貧，若是則衣新而不舊，倉庾盈而不虚矣。」孟嘗君以其言爲然，説其意，辯其辭。明日使人奉黄金百斤，文織百純，進之張先生，先生辭而不受。後先生復見孟嘗君，孟嘗君曰：「前先生幸教文曰：『衣新而不舊，倉庾盈而不虚，爲之有説，汝亦知之乎。』文竊説教，故使人奉黄金百斤，文織百純，進之先生，以補門内之不贍者，先生曷爲辭而不受乎？」張禄曰：「君將掘君之偶錢，發君之庾粟以補士，則衣弊履穿而不贍耳，何暇衣新而不舊，倉庾盈而不虚乎？」孟嘗君曰：「然則爲之奈何？」張禄曰：「夫秦者四塞國也，遊宦者不得入焉，願君爲吾爲丈尺之書，寄我於秦王，我往而遇乎，固君之入也，往而不遇乎，雖人求間謀，固不遇臣矣。」孟嘗君曰：「敬聞命矣。」因爲之書，寄之秦王，往而大遇，謂秦王曰：「自禄之來，入大王之境，田疇益辟，吏民益治，然而大王有一不得者，大王知之乎？」王曰：「不知。」曰：「夫山東有相，所謂孟嘗君者，其人賢人，天下無急則已，有急則能收天下英乂雄俊之士，與之合交連友者，疑獨此耳。然則大王胡不爲我友之乎？」秦王曰：「敬受命。」奉千金以遺孟嘗君，孟嘗君輟食察之而寤曰：「此張生之所謂衣新而不舊，倉庾盈而不虚者也。」

雍門子周以琴見乎孟嘗君，孟嘗君曰：「先生鼓琴，亦能令文悲乎？」雍門子周曰：「臣何獨能令足下悲哉，臣之所能令悲者，有先貴而後賤，先富而後貧者也。不若身材高妙，適遭暴亂無道之主，妄加不道之理焉；不若處勢隱絶，不及四鄰，詘折儐厭，襲於窮巷，無所告愬；不若交歡相愛，無怨而生離，遠赴絶國，無復相見之時；不若少失二親，兄弟别離，家室不足，憂慼盈胷。當是之時也，固不可以聞飛烏疾風之聲，窮窮焉固無樂已。凡若是者，臣一爲之徽膠援琴而長太息，則流涕沾衿矣。今若足下，千乘之君也。居則廣廈邃房，下羅帷，來

請，坐拜之謁，雖得則薄矣。故善説者，陳其勢，言其方，見人之急也，若自在危厄之中，豈用彊力哉？彊力則鄙矣。説之不聽也，任不獨在所説，亦在説者。

《吕氏春秋・季冬紀・不侵》 孟嘗君爲從，公孫弘謂孟嘗君曰：「君不若使人西觀秦王。意者秦王帝王之主也，君恐不得爲臣，何暇從以難之？意者秦王不肖主也，君從以難之未晚也。」孟嘗君曰：「善。願因請公往矣。」公孫弘敬諾，以車十乘之秦。秦昭王聞之，而欲醜之以辭，以觀公孫弘。公孫弘見昭王，昭王曰：「薛之地小大幾何？」公孫弘對曰：「百里。」昭王笑曰：「寡人之國，地數千里，猶未敢以有難也。今孟嘗君之地方百里，而因欲以難寡人猶可乎？」公孫弘對曰：「孟嘗君好士，大王不好士。」昭王曰：「孟嘗君之好士何如？」公孫弘對曰：「義不臣乎天子，不友乎諸侯，得意則不慙爲人君，不得意則不肯爲人臣，如此者三人。能治可爲管、商之師，説義聽行，其能致主霸王，如此者五人。萬乘之嚴主，辱其使者，退而自刎也，必以其血汙其衣，有如臣者七人。」昭王笑而謝焉曰：「客胡爲若此？寡人善孟嘗君，欲客之必謹諭寡人之意也。」公孫弘敬諾。公孫弘可謂不侵矣。昭王，大王也。孟嘗君，千乘也。立千乘之義而不可凌，可謂士矣。

《韓詩外傳》卷三 孟嘗君請學於閔子，使車往迎閔子。閔子曰：「禮有來學無往教。致師而學不能學，往教則不能化君也。君所謂不能學者也，臣所謂不能化者也。」於是孟嘗君曰：「敬聞命矣。」明日袪衣請受業。《詩》曰：「日就月將。」

《韓詩外傳》卷一〇 楚丘先生披蓑帶索，往見孟嘗君。孟嘗君曰：「先生老矣，春秋高矣，多遺忘矣，何以教文？」楚丘先生曰：「惡將使我老？惡將使我老？意者將使我投石超距乎？追車赴馬乎？逐麋鹿搏虎豹乎？吾則死矣，何暇老哉？將使我深計遠謀乎？役精神而決嫌疑乎？出正辭而當諸侯乎？吾乃始壯耳，何老之有！」孟嘗君赧然，汗出至踵，曰：「文過矣！文過矣！」《詩》曰：「老夫灌灌。」

《淮南子・覽冥訓》 昔雍門子以哭見於孟嘗君，已而陳辭通意，撫心發聲，孟嘗君爲之增欷歍唈，流涕狼戾不可止。精神形於内，而外諭哀於人心，此不傳之道。

《淮南子・兵略訓》 楚國之强，大地計衆，中分天下，然懷王北畏孟嘗君，背社稷之守而委身强秦，兵挫地削，身死不還。

《淮南子・人間訓》 唐子短陳駢子於齊威王，威王欲殺之，陳駢子與其屬

清風，倡優侏儒處前，迭進而諂諛，燕則鬥象棋而舞鄭女，激楚之切風，練色以淫目，流聲以虞耳。水遊則連方舟，載羽旗，鼓吹乎不測之淵；野遊則馳騁弋獵乎平原廣囿，格猛獸；入則撞鍾擊鼓乎深宮之中。方此之時，視天地曾不若一指，忘死與生，雖有善鼓琴者，固未能令足下悲也。」孟嘗君曰：「否否，文固以爲不然。」雍門子周曰：「然，臣之所爲足下悲者一事也。夫聲敵帝而困秦者君也，連五國之約，南面而伐楚者，又君也。天下未嘗無事，不從則橫，從成則楚王，橫成則秦帝，楚王秦帝必報讎於薛矣。夫以秦楚之强，而報讎於弱薛，譬之猶摩蕭斧而伐朝菌也，必不留行矣。天下有識之士，無不爲足下寒心酸鼻者，千秋萬歲之後，廟堂必不血食矣。高臺既以壞，曲池既以塹，墳墓既以平，而青廷矣，嬰兒豎子，樵採薪蕘者，蹢躅其足而歌其上，衆人見之，無不愀焉，爲足下悲之，曰：『夫以孟嘗君尊貴，乃可使若此乎！』」於是孟嘗君泫然泣涕，承睫而未殞。雍門子周引琴而鼓之，徐動宮徵，微揮羽角，切終而成曲。孟嘗君涕浪汗增欷而就之，曰：「先生之鼓琴，令文立若破國亡邑之人也。」

孟嘗君寄客於齊王，三年而不見用，故客反，謂孟嘗君曰：「君之寄臣也，三年而不見用，不知臣之罪也，君之過也。」孟嘗君曰：「寡人聞之，縷因針而入，不因針而急，嫁女因媒而成，不因媒而親。夫子之材必薄矣，尚何怨乎寡人哉！」客曰：「不然，臣聞周氏之嚳，韓氏之盧，天下疾狗也。見菟而指屬，則無失菟矣；望見而放狗也，則累世不能得菟矣。狗非不能，屬之者罪也。」孟嘗君曰：「不然，昔杞梁戰而死，其妻悲之，向城而哭，隅爲之崩，城爲之陁。君子誠能刑於内則物應於外矣。夫土壤且可爲忠，況有食穀之君乎？」客曰：「不然，臣見鷦鷯巢於葦苕，著之髮毛建之，女工不能爲也，可謂完堅矣。大風至則苕折，卵破子死者何也？其所託者使然也。且夫狐者，人之所攻也；鼠者，人之所燻也。臣未嘗見稷狐見攻，社鼠見燻也。何則，所託者然也。」於是孟嘗君復屬之齊，齊王使爲相。

封演《封氏聞見記》卷八《孟嘗鑊》 青州城南佛寺中，有古鐵鑊二口，大者四十石，小者三十石，制作精巧。又有一釜，可受七八石，似瓮而有耳。相傳云是孟嘗君家宅，鑊釜皆是孟嘗君之器也。

至德初，胡寇南侵，司馬李伾毁其大鑊以造兵仗；其小鑊及釜，僧徒懇請得免；至今以鑊燒長明燈，釜以貯油。

按，孟嘗君門客三千人，當時應有此器；然至今千餘歲，累經喪亂，何能使兹二器，如甘棠之勿翦乎？或恐傳者之妄。

梁玉繩《人表考》卷五《中中·孟嘗君》 孟嘗君屢見《戰國策》。孟字，嘗邑名。《史》本傳《索隱》。即田文。《秦》、《齊》、《趙》、《魏策》。父齊威王子靖郭君田嬰以五月五日生文。《史傳》。嬰封于薛，《齊策》。稱薛公。文代立。《史傳》。亦曰薛文，《史·六國表》、《秦紀》。亦曰薛公，《西周》諸策、《荀子·王霸》。亦曰孟嘗。《秦策》、《荀子·臣道》。葬徐州滕縣五十二里。《史·正義》引《括地志》。又《水經泗水注》云冢在薛郭側，《續郡國志》薛國注引《皇覽》冢在城中向門東北邊。

備論

《史記》卷七五《孟嘗君列傳論》 吾嘗過薛，其俗閭里率多暴桀子弟，與鄒、魯殊。問其故，曰：「孟嘗君招致天下任俠，姦人入薛中蓋六萬餘家矣。」世之傳孟嘗君好客自喜，名不虚矣。

《史記》卷七五《孟嘗君列傳》司馬貞述贊 靖郭之子，威王之孫。既彊其國，實高其門。好客喜士，見重平原。雞鳴狗盜，魏子、馮煖。如何承睫，薛縣徒存！

王安石《王文公文集》卷三三《讀孟嘗君傳》 世皆稱孟嘗君能得士，士以故歸之，而卒賴其力以脱于虎豹之秦。嗟乎！孟嘗君特鷄鳴狗盗之雄耳，豈足以言得士？不然，擅齊之强，得一士焉，宜可以南面而制秦，尚何取鷄鳴狗盗之力哉？夫鷄鳴狗盗之出其門，此士之所以不至也。

《蘇軾文集》卷六五《孟嘗君賓禮狗盗》 孟嘗君所賓禮者至於狗盗，皆以客禮食之，其取士亦陋矣。然微此二人，幾不脱於死。當是時，雖道德禮義之士，無所用之。然道德禮義之士，當救之於未危，亦無用此士也。

袁了凡、王鳳洲《袁王綱鑑合編·周紀》丁南湖評 戰國之君以禽獸待人，故豕交獸畜爲孟子所痛斥；及其變也，求進之士以禽獸自比，而郭隗死馬之説作矣；又其變也，孟嘗之客雞鳴狗盗而躬爲禽獸矣。嗟乎！利禄何物也，而令人喪心至此耶？

鍾惺《史懷》卷七《孟嘗君列傳》 田嬰駭人也，五月五日生子，而彊其母勿舉，曰長與户齊，將不利于父母。此與市兒村媪口語何異！既舉而怒責其母，豈人情乎！田文代母答父，便自奇矣，曰，人生受命于天乎！將受命于户耶？受命于户，則高其户耳。語語帶謔，即穎封人闕地及泉隧相見之意。對駭人只宜如

此。用事相齊，門下不見一賢者，責其父以好士，是孟嘗主意，卻問子之子，又及孫之孫，以至玄孫之孫，忽生一散財結客之想，發端奇甚，欲以遺所不知何人透悟之言，喚醒一世貪癡，此達生學問，不獨通于好客而已。

戰國四君好客之説，春申牽入者也，其他則信陵尚矣。平原好客而眼不及孟嘗，然其意猶在爲國，孟嘗則一意工于自爲者也。中立爲諸侯，是其主意歸宿處。然孟嘗絶後，而平原猶得與趙俱亡，有天道焉。孟嘗貸錢求息，其意原在奉客，馮驩收責，舉券燒之，告其民曰，孟嘗君所以貸錢者，爲民之無者，以爲本業也，所以求息者，爲無以奉客也，改換本題，若所重在民，而反以奉客爲第二義者，對民言正宜如此。當機轉境，可悟處事立言之法。

李贄《藏書》卷二三《名臣傳七・智謀名臣・孟嘗君》評　余有《狗盜偈》四句，今附録：「孟嘗門下客三千，狗盜雞鳴絶可憐。自脱秦關歸去後，始知二子會參禪。」

藝文

《全唐詩》卷八〇張昌宗《少年行》　少年不識事，落魄遊韓魏。珠軒流水車，玉勒浮雲騎。縱横意不一，然諾心無二。白璧贈穰苴，黄金奉毛遂。妙舞飄龍管，清歌吟鳳吹。三春小苑遊，千日中山醉。直言身可沈，誰論名與利。依倚孟嘗君，自知能市義。

《李太白全集》卷一六《送薛九被讒去魯》　宋人不辨玉，魯賤東家丘。我笑薛夫子，胡爲兩地遊？黄金消衆口，白璧竟難投。梧桐生蒺藜，緑竹乏佳實。鳳凰宿誰家？遂與羣雞匹。田家養老馬，窮士歸其門。蛾眉笑躄者，賓客去平原。卻斬美人首，三千還駿奔。毛公一挺劍，楚、趙兩相存。孟嘗習狡兔，三窟賴馮諼。信陵奪兵符，爲用侯生言。春申一何愚，刎首爲李園。賢哉四公子，撫掌黄泉裏。借問笑何人？笑人不好士。爾去且勿諠，桃李竟何言。沙丘無漂母，誰肯飯王孫？

《王維集》卷二《送岐州源長史歸》　握手一相送，心悲安可論？秋風正蕭索，客散孟嘗門。故驛通槐里，長亭下槿原。征西舊旌節，從此向河源。

《全唐詩》卷三八九盧仝《走筆追王内丘》　自識夫子面，便獲夫子心。夫子一啓顔，義重千黄金。平原孟嘗骨已土，始有夫子堪知音。忽然夫子不語，帶席帽，騎驢去，余對醁醽不能斟。君且來，余之瞻望心悠哉。零雨其濛愁不散，閒花寂寂斑階苔。不如對此景，含笑傾金罍。莫問四肢暢，暫取眉頭開。弦琴待夫子，夫子來不來。

平原君部

綜述

《史記》卷七六《平原君虞卿列傳》 平原君趙勝者，趙之諸公子也。諸子中勝最賢，喜賓客，賓客蓋至者數千人。平原君相趙惠文王及孝成王，三去相，三復位，封於東武城。

平原君家樓臨民家。民家有躄者，槃散行汲。平原君美人居樓上，臨見，大笑之。明日，躄者至平原君門，請曰：「臣聞君之喜士，士不遠千里而至者，以君能貴士而賤妾也。臣不幸有罷癃之病，而君之後宮臨而笑臣，臣願得笑臣者頭。」平原君笑應曰：「諾。」躄者去，平原君笑曰：「觀此豎子，乃欲以一笑之故殺吾美人，不亦甚乎！」終不殺。居歲餘，賓客門下舍人稍稍引去者過半。平原君怪之，曰：「勝所以待諸君者未嘗敢失禮，而去者何多也？」門下一人前對曰：「以君之不殺笑躄者，以君爲愛色而賤士，士即去耳。」於是平原君乃斬笑躄者美人頭，自造門進躄者，因謝焉。其後門下乃復稍稍來。是時齊有孟嘗，魏有信陵，楚有春申，故爭相傾以待士。

秦之圍邯鄲，趙使平原君求救，合從於楚，約與食客門下有勇力文武備具者二十人偕。平原君曰：「使文能取勝，則善矣。文不能取勝，則歃血於華屋之下，必得定從而還。士不外索，取於食客門下足矣。」得十九人，餘無可取者，無以滿二十人。門下有毛遂者，前，自贊於平原君曰：「遂聞君將合從於楚，約與食客門下二十人偕，不外索。今少一人，願君即以遂備員而行矣。」平原君曰：「先生處勝之門下幾年於此矣？」毛遂曰：「三年於此矣。」平原君曰：「夫賢士之處世也，譬若錐之處囊中，其末立見。今先生處勝之門下三年於此矣，左右未有所稱誦，勝未有所聞，是先生無所有也。先生不能，先生留。」毛遂曰：「臣乃今日請處囊中耳。使遂蚤得處囊中，乃穎脱而出，非特其末見而已。」平原君竟與毛遂偕。十九人相與目笑之而未廢也。

毛遂比至楚，與十九人論議，十九人皆服。平原君與楚合從，言其利害，日出而言之，日中不決。十九人謂毛遂曰：「先生上。」毛遂按劍歷階而上，謂平原君曰：「從之利害，兩言而決耳。今日出而言從，日中不決，何也？」楚王謂平原君曰：「客何爲者也？」平原君曰：「是勝之舍人也。」楚王叱曰：「胡不下！吾乃與而君言，汝何爲者也！」毛遂按劍而前曰：「王之所以叱遂者，以楚國之衆也。今十步之内，王不得恃楚國之衆也，王之命縣於遂手。吾君在前，叱者何也？且遂聞湯以七十里之地王天下，文王以百里之壤而臣諸侯，豈其士卒衆多哉，誠能據其勢而奮其威。今楚地方五千里，持戟百萬，此霸王之資也。以楚之彊，天下弗能當。白起，小豎子耳，率數萬之衆，興師以與楚戰，一戰而舉鄢郢，再戰而燒夷陵，三戰而辱王之先人。此百世之怨而趙之所羞，而王弗知惡焉。合從者爲楚，非爲趙也。吾君在前，叱者何也？」楚王曰：「唯唯，誠若先生之言，謹奉社稷而以從。」毛遂曰：「從定乎？」楚王曰：「定矣。」毛遂謂楚王之左右曰：「取雞狗馬之血來。」毛遂奉銅槃而跪進之楚王曰：「王當歃血而定從，次者吾君，次者遂。」遂定從於殿上。毛遂左手持槃血而右手招十九人曰：「公相與歃此血於堂下。公等録録，所謂因人成事者也。」

平原君已定從而歸，歸至於趙，曰：「勝不敢復相士。勝相士多者千人，寡者百數，自以爲不失天下之士，今乃於毛先生而失之也。毛先生一至楚，而使趙重於九鼎大吕。毛先生以三寸之舌，彊於百萬之師。勝不敢復相士。」遂以爲上客。

平原君既返趙，楚使春申君將兵赴救趙，魏信陵君亦矯奪晉鄙軍往救趙，皆未至。秦急圍邯鄲，邯鄲急，且降，平原君甚患之。邯鄲傳舍吏子李同説平原君曰：「君不憂趙亡邪？」平原君曰：「趙亡則勝爲虜，何爲不憂乎？」李同曰：「邯鄲之民，炊骨易子而食，可謂急矣，而君之後宫以百數，婢妾被綺縠，餘粱肉，而民褐衣不完，糟糠不厭。民困兵盡，或剡木爲矛矢，而君器物鍾磬自若。使秦破趙，君安得有此？使趙得全，君何患無有？今君誠能令夫人以下編於士卒之閒，分功而作，家之所有盡散以饗士，士方其危苦之時，易德耳。」於是平原君從之，得敢死之士三千人。李同遂與三千人赴秦軍，秦軍爲之卻三十里。亦會楚、魏救至，秦兵遂罷，邯鄲復存。李同戰死，封其父爲李侯。

虞卿欲以信陵君之存邯鄲爲平原君請封。公孫龍聞之，夜駕見平原君曰：「龍聞虞卿欲以信陵君之存邯鄲爲君請封，有之乎？」平原君曰：「然。」龍曰：「此甚不可。且王舉君而相趙者，非以君之智能爲趙國無有也。割東武城而封

君者，非以君爲有功也，而以國人無勳，乃以君爲親戚故也。君受相印不辭無能，割地不言無功者，亦自以爲親戚故也。今信陵君存邯鄲而請封，是親戚受城而國人計功也。此甚不可。且虞卿操其兩權，事成，操右券以責；事不成，以虛名德君。君必勿聽也。」平原君遂不聽虞卿。

平原君以趙孝成王十五年卒。子孫代，後竟與趙俱亡。

平原君厚待公孫龍。公孫龍善爲堅白之辯，及鄒衍過趙言至道，乃絀公孫龍。

雜録

備録

《戰國策・趙三》 秦攻趙，平原君使人請救於魏。信陵君發兵至邯鄲城下，秦兵罷。虞卿爲平原君請益地，謂趙王曰：「夫不鬬一卒，不頓一戟，而解二國患者，平原君之力也。用人之力，而忘人之功，不可。」趙王曰：「善。」將益之地。公孫龍聞之，見平原君曰：「君無覆軍殺將之功，而封以東武城。趙國豪傑之士，多在君之右，而君爲相國者以親故。夫君封以東武城不讓無功，佩趙國相印不辭無能，一解國患，欲求益地，是親戚受封，而國人計功也。爲君計者，不如勿受便。」平原君曰：「謹受令。」乃不受封。

魏使人因平原君請從於趙。三言之，趙王不聽。出遇虞卿曰：「爲入必語從。」虞卿入，王曰：「今者平原君爲魏請從，寡人不聽，其於子何如？」虞卿曰：「魏過矣。」王曰：「然，故寡人不聽。」虞卿曰：「王亦過矣。」王曰：「何也？」曰：「凡强弱之舉事，强受其利，弱受其害。今魏求從，而王不聽，是魏求害，而王辭利也。臣故曰，魏過，王亦過矣。」

平原君請馮忌曰：「吾欲北伐上黨，出兵攻燕，何如？」馮忌對曰：「不可。夫以秦將武安君公孫起乘七勝之威，而與馬服之子戰於長平之下，大敗趙師，因以其餘兵，圍邯鄲之城。趙以亡敗之餘衆，收破軍之敝守，而秦罷於邯鄲之下，趙守而不可拔者，以攻難而守者易也。今趙非有七克之威也，而燕非有長平之禍也。今七敗之禍未復，而欲以罷趙攻强燕，是使弱趙爲强秦之所以攻，而使强燕爲弱趙之所以守。而强秦以休兵承趙之敝，此乃强吳之所以亡，而弱越之所以霸。故臣未見燕之可攻也。」平原君曰：「善哉！」

平原君謂平陽君曰：「公子牟游於秦，且東，而辭應侯。應侯曰：『公子將行矣，獨無以教之乎？』曰：『且微君之命命之也，臣固且有效於君。夫貴不與富期，而富至；富不與粱肉期，而粱肉至；粱肉不與驕奢期，而驕奢至；驕奢不與死亡期，而死亡至。累世以前，坐此者多矣。』應侯曰：『公子之所以教之者厚矣。』僕得聞此，不忘於心。願君之亦勿忘也。」平陽君曰：「敬諾。」

《戰國策・韓三》 或謂韓相國曰：「人之所以善扁鵲者，爲有臃腫也；使善扁鵲而無臃腫也，則人莫之爲之也。今君以所事善平原君者，爲惡於秦也；而善平原君乃所以惡於秦也。願君之熟計之也。」

《吕氏春秋・審應覽・淫辭》 空雄之遇，秦、趙相與約約曰：「自今以來，秦之所欲爲，趙助之；趙之所欲爲，秦助之。」居無幾何，秦興兵攻魏，趙欲救之。秦王不説，使人讓趙王曰：「約曰『秦之所欲爲，趙助之，趙之所欲爲，秦助之』。今秦欲攻魏，而趙因欲救之，此非約也。」趙王以告平原君。平原君以告公孫龍。公孫龍曰：「亦可以發使而讓秦王曰：『趙欲救之，今秦王獨不助趙，此非約也。』」

孔穿、公孫龍相與論於平原君所，深而辯，至於藏三牙，公孫龍言藏之三牙甚辯，孔穿不應，少選，辭而出。明日，孔穿朝。平原君謂孔穿曰：「昔者公孫龍之言甚辯。」孔穿曰：「然。幾能令藏三牙矣。雖然難。願得有問於君，謂藏三牙甚難而實非也，謂藏兩牙甚易而實是也，不知君將從易而是者乎？將從難而非者乎？」平原君不應。明日，謂公孫龍曰：「公無與孔穿辯。」

《孔叢子・公孫龍》 公孫龍者，平原君之客也，好刑名，以白馬爲非白馬。或謂子高曰：「此人小辨而毁大道，子盍往正諸？」子高曰：「大道之悖，天下之交往也，吾何病焉？」或曰：「雖然，子爲天下故，往也。」

子高適趙，與龍會平原君家。謂之曰：「僕居魯，遂聞下風，而高先生之行也，願受業之日久矣，然所不敢於先生者，獨不取先生以白馬爲非白馬爾。誠去非白馬之學，則穿請爲弟子。」

公孫龍曰：「先生之言悖也，龍之學，正以白馬爲非白馬者也。今使龍去之，則龍無以教矣。今龍無以教而乃學於龍，不亦悖乎？且夫學於龍者，以智與

學不逮也。今教龍去白馬非白馬，是失教也，失教而後師之，不可也。

「先生之所教龍者，似齊王之問尹文也。齊王曰：『寡人甚好士而齊國無士。』尹文曰：『今有人於此，事君則忠，事親則孝，交友則信，處鄉則順，有此四行者，可謂士乎？』王曰：『善，是真吾所謂士者也。』尹文曰：『王得此人，肯以爲臣乎？』王曰：『所願不可得也。』尹文曰：『使此人於廣庭大衆之中見侮而不敢鬥，王將以爲臣乎？』王曰：『夫士也，見侮而不敢鬥，是辱也，寡人不以爲臣矣。』尹文曰：『雖見侮而不鬥，是未失所以爲士也，然而王不以爲臣，則鄉所謂士者，乃非士乎？夫王之令，殺人者死，傷人者刑。民有畏王令，故見侮終不敢鬥，是全王之法也，而王不以爲臣，是罰之也。且王以不敢鬥爲辱，必以敢鬥爲榮，是王之所賞，吏之所罰也；上之所是，法之所非也。賞罰是非相與曲謬，雖十黄帝固所不能治也。』齊王無以應。

「且白馬非白馬者，乃子先君仲尼之所取也。龍聞楚王張繁弱之弓，載忘歸之矢，以射蛟兕於雲夢之囿，反而喪其弓，左右請求之。王曰：『止也，楚人遺弓，楚人得之，又何求乎？』仲尼聞之曰：『楚王仁義而未遂，亦曰人得之而已矣，何必楚乎？』若是者，仲尼异楚人於所謂人也。夫是仲尼之异楚人於所謂人，而非龍之异白馬於所謂馬，悖也。先生好儒術，而非仲尼之所取也。欲學而使龍去所以教，雖百龍之智，固不能當其前也。」

子高莫之應。退而告人曰：「言非而博，巧而不理，此固吾所不答也。」

异日，平原君會衆賓而延子高。平原君曰：「先生，聖人之後也，不遠千里來顧臨之，欲去夫公孫子白馬之學。今是非未分，而先生翻然欲高逝，可乎？」子高曰：「理之至精者，則自明之。豈在穿之退哉？」

平原君曰：「至精之説，可得聞乎？」答曰：「其説皆取之經傳，不敢以意。《春秋》記六鷁退飛，睹之則六，察之則鷁。鷁猶馬也，六猶白也。睹之則見其白，察之則知其馬，色以名别，内由外顯，謂之白馬，名實當矣。若以絲麻加之女功爲緇素青黄，色名雖殊，其質如一。是以《詩》有素絲，不曰絲素；《禮》有緇布，不曰布緇。牛玄武，此類甚衆。先舉其色，後名其質，萬物之所同，聖賢之所常也。

「君子之論，貴當物理，不貴繁辭。若尹文之折齊王之所言，與其法錯故也。穿之所説於公孫子，高其智悦其行也。去白馬之説，智行固存，是則穿未失其所師者也，稱此云云，没其理矣。是楚王之言，楚人亡弓，楚人得之。先君夫子探其本意，欲以示廣，其實狹之，故曰：『不如亦曰：「人得之而已也。」』是則异楚王之所謂楚，非异楚王之所謂人也，以此爲喻，乃相擊切矣。凡言人之者，總謂人也，亦猶言馬者總謂馬也。楚自國也，白自色也。欲廣其人，宜在去楚；欲正名色，不宜去白。誠察此理，則公孫之辨破矣。」

平原君曰：「先生之言於理善矣。」因顧謂衆賓曰：「公孫子能答此乎？」燕客史由對曰：「辭則有焉，理則否矣。」

公孫龍又與子高汜論於平原君所，辨理至於「臧三耳」。公孫龍言臧之三耳，甚辨析。子高弗應，俄而辭出。明日復見，平原君曰：「疇昔公孫之言，信辨也，先生實以爲何如？」答曰：「然，幾能臧三耳矣。雖然，實難。僕願得又問於君，今爲臧三耳甚難而實非也，謂臧兩耳甚易而實是也，不知君將從易而是者乎，亦其從難而非者乎？」平原君弗能應。明日，謂公孫龍曰：「公無復與孔子高辨事也，其人理勝於辭，公辭勝於理。辭勝於理，終必受詘。」

李寅言曹良於平原君，欲仕之。平原君以問子高，子高曰：「不識也。」平原君曰：「良嘗得見於先生矣，故敢問。」子高曰：「世人多自稱上用我則國無患。夫用智莫若觀其身，其身且由不免於患，國用之亦惡得無患乎？」平原君曰：「良之有患，時不明也。居家理治，可移於官。良能殖貨，故欲仕之。」子高曰：「未可知也。今有人於此，身修計明而貧者，志不存也；身不修會計暗而富者，非盜，無所得之也。」

《孔叢子·儒服》 子高曳長裾，振褒袖，方屐粗翣見平原君。平原君曰：「吾子亦儒服乎？」子高曰：「此布衣之服，非儒服也，儒服非一也。」平原君曰：「請吾子言之。」答曰：「夫儒者居位行道，則有衮冕之服；統御師旅，則有介冑之服；從容徒步，則有若穿之服。故曰非一也。」平原君曰：「儒之爲名何取爾？」子高曰：「取包衆美，兼六藝，動静不失中道耳。」**【略】**

平原君與子高飲，强子高酒曰：「昔有遺諺，堯舜千鍾，孔子百觚，子路嗑嗑，尚飲十榼。古之賢聖，無不能飲也，吾子何辭焉？」子高曰：「以穿所聞，賢聖以道德兼人，未聞以飲食也。」平原君曰：「即如先生所言，則此言何生？」子高曰：「生於嗜酒者，蓋其勸厲獎戲之辭，非實然也。」平原君欣然曰：「吾不戲子，無所聞此雅言也。」

平原君謂子高曰：「吾聞子之先君親見衛夫人南子，又云南游過乎阿谷，而交辭於漂女，信有之乎？」答曰：「士之相保，聞流言而不信者，何哉？以其所已行之事占之也。昔先君在衛，衛君問軍旅焉，拒而不告。色不在己，攝駕而去。

衛君請見，猶不能終，何夫人之能覿乎？古者大饗，夫人與焉，於時禮儀雖廢，猶有行之者。意衛君夫人饗夫子，則夫子亦弗獲已矣。若夫阿谷之言，起於近世，殆是假其類以行其心者之爲也。」

《史記》卷七六《平原君虞卿列傳》裴駰集解引　譙周曰：「長平之陷，乃趙王信間易將之咎，何怨平原受馮亭哉？」

董説《七國考》卷一《趙職官·傳舍吏》　《春秋後語》：「秦急圍邯鄲，邯鄲且欲降。傳舍吏子李同説平原君曰：『今邯鄲之民，析骨而炊，易子而食，可謂急矣；而君之後宫以百數，婢妾被綺縠，餘粱肉。而民敝衣不完，糟糠不厭，君器物鐘鼓自若。使秦破趙，安得而有此哉？』」

梁玉繩《人表考》卷四《中上·平原君》　平原君屢見《秦》、《趙策》。趙惠文王弟。《史·魏公子傳》。名勝，《趙策》。故曰趙勝。《史》本傳。亦曰平原。賈誼《新書·過秦論》。葬直隸廣平府肥鄉縣東南七里。《一統志》。

備論

《史記》卷七六《平原君虞卿列傳論》　平原君，翩翩濁世之佳公子也，然未睹大體。鄙語曰「利令智昏」，平原君貪馮亭邪説，使趙陷長平兵四十餘萬衆，邯鄲幾亡。

《史記》卷七六《平原君虞卿列傳》司馬貞述贊　翩翩公子，天下奇器。笑姬從戮，義士增氣。兵解李同，盟定毛遂。

洪邁《容齋五筆》卷五《史記簡妙處》　太史公書不待稱説，若云褒贊其高古簡妙處，殆是摹寫星日之光輝，多見其不知量也。然予每展讀至《魏世家》、《蘇秦平原君魯仲連傳》，未嘗不驚呼擊節，不自知其所以然。魏公子無忌與王論韓事曰：「韓必德魏愛魏重魏畏魏，韓必不敢反魏。」十餘語之間五用魏字。蘇秦説趙肅侯曰：「擇交而得則民安，擇交而不得則民終身不安。齊、秦爲兩敵而民不得安，倚秦攻齊而民不得安，倚齊攻秦而民不得安。」平原君使楚，客毛遂願行，君曰：「先生處勝之門下幾年於此矣？」曰：「三年於此矣。」君曰：「先生處勝之門下三年於此矣，左右未有所稱誦，勝未有所聞，是先生無所有也。先生不能，先生留。」遂力請行，面折楚王，再言：「吾君在前，叱者何也？」至左手持盤血，而右手招十九人於堂下，其英姿雄風，千載而下，尚可想見，使人畏而仰之，卒定從而歸。至於趙，平原君曰：「勝不敢復相士。勝相士多者千人，寡者百數，今乃於毛先生而失之。毛先生一至楚，而使趙重於九鼎、大吕。毛先生以三寸之舌，强於百萬之師。勝不敢復相士。」秦圍趙，魯仲連見平原君曰：「事將奈何？」君曰：「勝也何敢言事！魏客新垣衍令趙帝秦，今其人在是。勝也何敢言事！」仲連曰：「吾始以君爲天下之賢公子也，吾今然後知君非天下之賢公子也。客安在？」平原往見衍曰：「東國有魯仲連先生者，勝請爲紹介，交之於將軍。」衍曰：「吾聞魯仲連先生，齊國之高士也。衍人臣也，使事有職，吾不願見魯仲連先生。」及見衍，衍曰：「吾視居此圍城之中者，皆有求於平原君者也；今吾觀先生之玉貌，非有求於平原君者也。」又曰：「始以先生爲庸人，吾乃今日知先生爲天下之士也。」是三者重沓熟復，如駿馬下駐千丈坡，其文勢正爾。風行於上而水波，真天下之至文也。

藝文

《高適集·邯鄲少年行》　邯鄲城南游俠子，自矜生長邯鄲裏。千場縱博家仍富，幾度報讎身不死。宅中歌笑日紛紛，門外車馬常如雲。未知肝膽向誰是，令人卻憶平原君。君不見即今交態薄，黄金用盡還疎索。以兹感歎辭舊遊，更於時事無所求。且與少年飲美酒，往來射獵西山頭。

高啓《高青丘集》卷一七《平原君》　朝歌長夜館娃春，總爲妖姬戮諫臣。何事邯鄲貴公子，能因躄者殺佳人？

蔣士銓《忠雅堂集》卷一一《平原君》　躄者先求殺美人，李同毛遂乃呈身。諸君食客知多少，却要如姬助却秦。

信陵君部

綜述

《史記》卷七七《魏公子列傳》 魏公子無忌者，魏昭王少子而魏安釐王異母弟也。昭王薨，安釐王即位，封公子爲信陵君。是時范雎亡魏相秦，以怨魏齊故，秦兵圍大梁，破魏華陽下軍，走芒卯。魏王及公子患之。

公子爲人仁而下士，士無賢不肖皆謙而禮交之，不敢以其富貴驕士。士以此方數千里爭往歸之，致食客三千人。當是時，諸侯以公子賢，多客，不敢加兵謀魏十餘年。

公子與魏王博，而北境傳舉烽，言「趙寇至，且入界」。魏王釋博，欲召大臣謀。公子止王曰：「趙王田獵耳，非爲寇也。」復博如故。王恐，心不在博。居頃，復從北方來傳言曰：「趙王獵耳，非爲寇也。」魏王大驚，曰：「公子何以知之？」公子曰：「臣之客有能深得趙王陰事者，趙王所爲，客輒以報臣，臣以此知之。」是後魏王畏公子之賢能，不敢任公子以國政。

魏有隱士曰侯嬴，年七十，家貧，爲大梁夷門監者。公子聞之，往請，欲厚遺之。不肯受，曰：「臣脩身絜行數十年，終不以監門困故而受公子財。」公子於是乃置酒大會賓客。坐定，公子從車騎，虛左，自迎夷門侯生。侯生攝敝衣冠，直上載公子上坐，不讓，欲以觀公子，公子執轡愈恭。侯生又謂公子曰：「臣有客在市屠中，願枉車騎過之。」公子引車入市，侯生下見其客朱亥，俾倪，故久立與其客語，微察公子，公子顏色愈和。當是時，魏將相宗室賓客滿堂，待公子舉酒。市人皆觀公子執轡。從騎皆竊罵侯生。侯生視公子色終不變，乃謝客就車。至家，公子引侯生坐上坐，徧贊賓客，賓客皆驚。酒酣，公子起，爲壽侯生前。侯生因謂公子曰：「今日嬴之爲公子亦足矣。嬴乃夷門抱關者也，而公子親枉車騎，自迎嬴於衆人廣坐之中，不宜有所過，今公子故過之。然嬴欲就公子之名，故久立公子車騎市中，過客以觀公子，公子愈恭。市人皆以嬴爲小人，而以公子爲長者能下士也。」於是罷酒，侯生遂爲上客。

侯生謂公子曰：「臣所過屠者朱亥，此子賢者，世莫能知，故隱屠閒耳。」公子往數請之，朱亥故不復謝，公子怪之。

魏安釐王二十年，秦昭王已破趙長平軍，又進兵圍邯鄲。公子姊爲趙惠文王弟平原君夫人，數遺魏王及公子書，請救於魏。魏王使將軍晉鄙將十萬衆救趙。秦王使使者告魏王曰：「吾攻趙旦暮且下，而諸侯敢救者，已拔趙，必移兵先擊之。」魏王恐，使人止晉鄙，留軍壁鄴，名爲救趙，實持兩端以觀望。平原君使者冠蓋相屬於魏，讓魏公子曰：「勝所以自附爲婚姻者，以公子之高義，爲能急人之困。今邯鄲旦暮降秦而魏救不至，安在公子能急人之困也！且公子縱輕勝，弃之降秦，獨不憐公子姊邪？」公子患之，數請魏王，及賓客辯士説王萬端。魏王畏秦，終不聽公子。公子自度終不能得之於王，計不獨生而令趙亡，乃請賓客，約車騎百餘乘，欲以客往赴秦軍，與趙俱死。

行過夷門，見侯生，具告所以欲死秦軍狀。辭決而行，侯生曰：「公子勉之矣，老臣不能從。」公子行數里，心不快，曰：「吾所以待侯生者備矣，天下莫不聞，今吾且死而侯生曾無一言半辭送我，我豈有所失哉？」復引車還，問侯生。侯生笑曰：「臣固知公子之還也。」曰：「公子喜士，名聞天下。今有難，無他端而欲赴秦軍，譬若以肉投餒虎，何功之有哉？尚安事客？然公子遇臣厚，公子往而臣不送，以是知公子恨之復返也。」公子再拜，因問。侯生乃屏人閒語，曰：「嬴聞晉鄙之兵符常在王卧內，而如姬最幸，出入王卧內，力能竊之。嬴聞如姬父爲人所殺，如姬資之三年，自王以下欲求報其父仇，莫能得。如姬爲公子泣，公子使客斬其仇頭，敬進如姬。如姬之欲爲公子死，無所辭，顧未有路耳。公子誠一開口請如姬，如姬必許諾，則得虎符奪晉鄙軍，北救趙而西卻秦，此五霸之伐也。」公子從其計，請如姬。如姬果盜晉鄙兵符與公子。

公子行，侯生曰：「將在外，主令有所不受，以便國家。公子即合符，而晉鄙不授公子兵而復請之，事必危矣。臣客屠者朱亥可與俱，此人力士。晉鄙聽，大善；不聽，可使擊之。」於是公子泣。侯生曰：「公子畏死邪？何泣也？」公子曰：「晉鄙嚄唶宿將，往恐不聽，必當殺之，是以泣耳，豈畏死哉？」於是公子請朱亥。朱亥笑曰：「臣迺市井鼓刀屠者，而公子親數存之，所以不報謝者，以爲小禮無所用。今公子有急，此乃臣效命之秋也。」遂與公子俱。公子過謝侯生。侯生曰：「臣宜從，老不能。請數公子行日，以至晉鄙軍之日，北鄉自剄，以送公子。」公子遂行。

至鄴，矯魏王令代晉鄙。晉鄙合符，疑之，舉手視公子曰：「今吾擁十萬之

衆，屯於境上，國之重任，今單車來代之，何如哉？」欲無聽。朱亥袖四十斤鐵椎，椎殺晉鄙，公子遂將晉鄙軍。勒兵下令軍中曰：「父子俱在軍中，父歸；兄弟俱在軍中，兄歸；獨子無兄弟，歸養。」得選兵八萬人，進兵擊秦軍。秦軍解去，遂救邯鄲，存趙。趙王及平原君自迎公子於界，平原君負韊矢爲公子先引。趙王再拜曰：「自古賢人未有及公子者也。」當此之時，平原君不敢自比於人。公子與侯生決，至軍，侯生果北鄉自剄。

魏王怒公子之盜其兵符，矯殺晉鄙，公子亦自知也。已卻秦存趙，使將將其軍歸魏，而公子獨與客留趙。趙孝成王德公子之矯奪晉鄙兵而存趙，乃與平原君計，以五城封公子。公子聞之，意驕矜而有自功之色。客有説公子曰：「物有不可忘，或有不可不忘。夫人有德於公子，公子不可忘也；公子有德於人，願公子忘之也。且矯魏王令，奪晉鄙兵以救趙，於趙則有功矣，於魏則未爲忠臣也。公子乃自驕而功之，竊爲公子不取也。」於是公子立自責，似若無所容者。趙王埽除自迎，執主人之禮，引公子就西階。公子側行辭讓，從東階上。自言辠過，以負於魏，無功於趙。趙王侍酒至暮，口不忍獻五城，以公子退讓也。公子竟留趙。趙王以鄗爲公子湯沐邑，魏亦復以信陵奉公子。公子留趙。

公子聞趙有處士毛公藏於博徒，薛公藏於賣漿家，公子欲見兩人，兩人自匿不肯見公子。公子聞所在，乃閒步往從此兩人游，甚歡。平原君聞之，謂其夫人曰：「始吾聞夫人弟公子天下無雙，今吾聞之，乃妄從博徒賣漿者游，公子妄人耳。」夫人以告公子。公子乃謝夫人去，曰：「始吾聞平原君賢，故負魏王而救趙，以稱平原君。平原君之游，徒豪舉耳，不求士也。無忌自在大梁時，常聞此兩人賢，至趙，恐不得見。以無忌從之游，尚恐其不我欲也，今平原君乃以爲羞，其不足從游。」乃裝爲去。夫人具以語平原君。平原君乃免冠謝，固留公子。平原君門下聞之，半去平原君歸公子，天下士復往歸公子，公子傾平原君客。

公子留趙十年不歸。秦聞公子在趙，日夜出兵東伐魏。魏王患之，使使往請公子。公子恐其怒之，乃誡門下：「有敢爲魏王使通者，死。」賓客皆背魏之趙，莫敢勸公子歸。毛公、薛公兩人往見公子曰：「公子所以重於趙，名聞諸侯者，徒以有魏也。今秦攻魏，魏急而公子不恤，使秦破大梁而夷先王之宗廟，公子當何面目立天下乎？」語未及卒，公子立變色，告車趣駕歸救魏。

魏王見公子，相與泣，而以上將軍印授公子，公子遂將。魏安釐王三十年，公子使使遍告諸侯。諸侯聞公子將，各遣將將兵救魏。公子率五國之兵破秦軍於河外，走蒙驁。遂乘勝逐秦軍至函谷關，抑秦兵，秦兵不敢出。當是時，公子威振天下，諸侯之客進兵法，公子皆名之，故世俗稱《魏公子兵法》。

秦王患之，乃行金萬斤於魏，求晉鄙客，令毀公子於魏王曰：「公子亡在外十年矣，今爲魏將，諸侯將皆屬，諸侯徒聞魏公子，不聞魏王。公子亦欲因此時定南面而王，諸侯畏公子之威，方欲共立之。」秦數使反閒，僞賀公子得立爲魏王未也。魏王日聞其毀，不能不信，後果使人代公子將。公子自知再以毀廢，乃謝病不朝，與賓客爲長夜飲，飲醇酒，多近婦女。日夜爲樂飲者四歲，竟病酒而卒。其歲，魏安釐王亦薨。

秦聞公子死，使蒙驁攻魏，拔二十城，初置東郡。其後秦稍蠶食魏，十八歲而虜魏王，屠大梁。

高祖始微少時，數聞公子賢。及即天子位，每過大梁，常祠公子。高祖十二年，從擊黥布還，爲公子置守冢五家，世世歲以四時奉祠公子。

雜録

備録

《戰國策·趙三》 虞卿請趙王曰：「人之情，寧朝人乎？寧朝於人也？」趙王曰：「人亦寧朝人耳，何故寧朝於人？」虞卿曰：「夫魏爲從主，而違者范座也。今王能以百里之地，若萬户之都，請殺范座於魏。范座死，則從事可移於趙。」趙王曰：「善。」乃使人以百里之地，請殺范座於魏。魏王許諾，使司徒執范座，而未殺也。

范座獻書魏王曰：「臣聞趙王以百里之地，請殺座之身。夫殺無罪范座，座薄故也；而得百里之地，大利也。臣竊爲大王美之。雖然，而有一焉，百里之地不可得，而死者不可復生也，則主必爲天下笑矣！臣竊以爲與其以死人市，不若以生人市使也。」

又遺其後相信陵君書曰：「夫趙、魏，敵戰之國也。趙王以咫尺之書來，而魏王輕爲之殺無罪之座，座雖不肖，故魏之免相望也。嘗以魏之故，得罪於趙。夫國內無用臣，外雖得地，勢不能守。然今能守魏者，莫如君矣。王聽趙殺座之

後，強秦襲趙之欲，倍趙之割，則君將何以止之？此君之累也。」信陵君曰：「善。」遽言之王而出之。

《戰國策・魏四》 信陵君殺晉鄙，救邯鄲，破秦人，存趙國，趙王自郊迎。唐且謂信陵君曰：「臣聞之曰，事有不可知者，有不可不知者；有不可忘者，有不可不忘者。」信陵君曰：「何謂也？」對曰：「人之憎我也，不可不知也；吾憎人也，不可得而知也。人之有德於我也，不可忘也；吾有德於人也，不可不忘也。今君殺晉鄙，救邯鄲，破秦人，存趙國，此大德也。今趙王自郊迎，卒然見趙王，臣願君之忘之也。」信陵君曰：「無忌謹受教。」

魏攻管而不下。安陵人縮高，其子爲管守。信陵君使人謂安陵君曰：「君其遣縮高，吾將仕之以五大夫，使爲持節尉。」安陵君曰：「安陵，小國也，不能必使其民。使者自往，請使道使者至縞高之所，復信陵君之命。」縮高曰：「君之幸高也，將使高攻管也。夫以父攻子守，人大笑也。是臣而下，是倍主也。父教子倍，亦非君之所喜也。敢再拜辭。」

使者以報信陵君，信陵君大怒，遣大使之安陵曰：「安陵之地，亦猶魏也。今吾攻管而不下，則秦兵及我，社稷必危矣。願君之生束縮高而致之。若君弗致也，無忌將發十萬之師，以造安陵之城。」安陵君曰：「吾先君成侯，受詔襄王以守此地也，手受大府之憲。憲之上篇曰：『子弑父，臣弑君，有常不赦。國雖大赦，降城亡子不得與焉。』今縮高謹解大位，以全父子之義，而君曰『必生致之』，是使我負襄王詔而廢大府之憲也，雖死終不敢行。」

縮高聞之曰：「信陵君爲人，悍而自用也。此辭反，必爲國禍。吾已全己，無爲人臣之義矣，豈可使吾君有魏患也。」乃之使者之舍，刎頸而死。

信陵君聞縮高死，素服縞素辟舍，使使者謝安陵君曰：「無忌，小人也，困於思慮，失言於君，敢再拜釋罪。」

《大戴禮記・保傅》 魏有公子無忌，而削地復得。

《孔叢子・儒服》 子高适魏，會秦兵將至，信陵君懼，造子高之館而問祈勝之禮焉。子高曰：「命勇謀之將以禦敵，先使之迎於敵所從來之方爲壇，祈克乎五帝，衣服隨其方色，執事人數從其方之數，牲則用其方之牲。祝史告於社稷、宗廟、邦域之内名山大川，君親素服誓衆於太廟，曰：『某人不道，侵犯大國，二三子尚皆用心比力，各死而守。』將帥稽首，再拜受命。既誓，將帥勒士卒陳於廟之右，君立太廟之庭，祝史立於社，百官各警其事，御於君以待命。乃大鼓於廟門，詔將帥命卒習射三發，擊刺三行，告廟用兵於敵也。五兵備效，乃鼓而出以即敵。此古諸侯應敵之禮也。」信陵君曰：「敬受教。」信陵君問子高曰：「古者軍旅賞人之必於祖，戮人之必於社，其義何也？」答曰：「賞功於祖，告分之均，示弗敢專也；戮罪於社，告中於主，示聽之當也。」

劉向《説苑・善説》 趙使人謂魏王曰：「爲我殺范痤，吾請獻七十里之地。」魏王曰：「諾！」使吏捕之，圍而未殺。痤自上屋騎危，謂使者曰：「與其以死痤市，不如以生痤市。有如痤死，趙不與王地，則王柰何？故不若與定割地，然後殺痤。」魏王曰：「善！」痤因上書信陵君曰：「痤故魏之免相也。趙以地殺痤而魏王聽之，有如强秦亦將襲趙之欲，則君且柰何？」信陵君言於王而出之。

馬驌《繹史》卷一四一《魏信陵君之賢》引劉向《列士傳》 秦召魏公子無忌，無忌不行，使朱亥奉璧一雙，秦王大怒，將朱亥著猛獸圈中，亥瞋目視之，眥裂血出濺猛獸，猛獸終不敢動。魏公子無忌方食，有鳩飛入案下，公子使人顧望，見一鷂在屋上飛去，公子乃縱鳩，鷂逐而殺之。公子暮而不食，曰：「鳩避惡，歸無忌，竟爲鷂所得，吾負之。爲吾捕得此鷂者，無忌無所愛。」於是左右宣公子慈聲，旁國左右捕得鷂二百餘頭，以奉公子。公子欲盡殺之，恐有辜，乃自按劍至其籠上曰：「誰獲罪無忌者邪？」一鷂獨低頭不敢仰視，乃取殺之，盡放其餘，名聲流布，天下歸焉。

應劭《風俗通義・窮通》 虞卿，游説之士也，一見趙孝成王，賜黄金百鎰，白璧一雙，再見拜爲上卿，故號爲虞卿。其後，范睢之仇魏齊亡過平原君，於是秦昭王請平原君，願爲布衣之交，與飲數日，請曰：「周文王得吕尚而以爲太公，齊桓公得管夷吾而以爲仲父，今范君亦寡人之叔父也。范君之仇，在君之家，願使人取其頭；不然，吾不出君於關。」平原君曰：「貴而交者爲賤也，富而友者爲貧也。夫魏齊者，勝之交也，在固不出，況今又不在臣所乎？」昭王乃遺趙王書曰：「范君之仇魏齊在平原君家，王使人疾持其頭來；不然，吾舉兵而伐趙，又不出王之弟於關。」趙孝成王乃發卒圍平原君家，急，魏齊夜亡，出見趙相虞卿，虞卿度王終不可説，乃解其印，與魏齊閒行，念諸侯莫可以赴急者，乃復走大梁欲因信陵以至楚。而信陵君聞之，畏秦，猶與，未肯見，曰：『虞卿何如人哉？』時侯嬴在傍，曰：「人固未易知，知人亦未易也。夫虞卿一見趙王，賜白璧一雙，黄金百斤，再見拜爲上卿，三見卒受相印，封萬户侯。當是之時，天下争知之。夫魏齊窮困，過虞卿，虞卿不敢重爵禄之尊，解相印，捐萬户侯，而閒行以急士

窮，而歸公子，公子曰何如人，知人固未易也。」信陵君大慙，駕如野迎之。魏齊聞信陵君之初重見之，大怒而自刎。趙王聞之，卒取其頭與秦。秦乃遣平原君。虞卿遂留於魏，魏、趙畏秦，莫復用，困而不得意，乃著書八篇，號《虞氏春秋》焉。

董説《七國考》卷一一《魏兵制・魏公子兵法》 《信陵君傳》：「魏安釐王三十年，公子使使遍告諸侯。諸侯聞公子將，各遣將將兵救魏。公子率五國之兵破秦軍於河外，走蒙驁。遂乘勝逐秦軍至函谷關，抑秦兵，秦兵不敢出。常是時，公子威振天下，諸侯之客進兵法，公子皆名之，故世俗稱《魏公子兵法》。」劉歆《七略》有《魏公子兵法》二十一篇，圖十卷。

梁玉繩《人表考》卷五《中中・魏公子無忌》 魏公子無忌始見《齊》、《趙》、《魏策》。安釐王異母弟。《史・魏公子傳》。封信陵君。《國策》、《荀子・臣道》。亦曰信陵。賈誼《新書・過秦論》。病酒而卒。《史傳》。葬陳留郡浚儀縣。《魏書・地形志》。案昔人稱四公子爲原、嘗、春、陵，見班固《西都賦》、唐李白《翰林集・扶風豪士歌》。然論其品，信陵最優，平原次之，孟嘗又次之，春申爲下。《表》獨列平原于中上，餘俱在第五，失其倫矣。

備論

《荀子・臣道》 争然後善，戾然後功，出死無私，致忠而公，夫是之謂通忠之順，信陵君似之矣。

《史記》卷七七《魏公子列傳論》 吾過大梁之墟，求問其所謂夷門。夷門者，城之東門也。天下諸公子亦有喜士者矣，然信陵君之接巖穴隱者，不恥下交，有以也。名冠諸侯，不虚耳。高祖每過之而令民奉祠不絶也。

《史記》卷七七《魏公子列傳》司馬貞述贊 信陵下士，鄰國相傾。以公子故，不敢加兵。頗知朱亥，盡禮侯嬴。遂卻晉鄙，終辭趙城。毛、薛見重，萬古希聲。

葉適《習學記言序目》卷一八《戰國策・魏》 戰國之士，聚於四豪；故其言論時有可稱，馮諼以下客市義，而唐雎能鉏信陵之驕，亦各以其資之所近歟！

葉適《習學記言序目》卷二〇《史記二・列傳》 如魏無忌不幸而立於頹俗，與諸公子同有致士之名，輕去宗國，不重千乘而爲節俠之雄，惜哉！不然，以其精識至誠，實得天下士於屠沽鄙賤之中，雖商周之先民，何以尚茲！

王世貞《弇州四部稿》卷一〇《魏公子無忌》 當七雄之末，諸善戰者以法歸吴起，以智歸孫臏，以巧歸田單，以勇歸白起及廉頗、李牧，而公子無忌不與焉。愚以爲善戰者，固無如公子者也。【略】若夫邯鄲之圍，秦悉關中河内之卒，馘趙人四十五萬，而壓其城，城且旦暮下矣。公子雖竊符以有魏師，而其人皆恫脅不振之餘也，又縱其父兄，獨子以歸者二萬人。外若削弱其形而内實有以一萬人之心，而振其氣，偏師直入於虎狼之窟，而逐之以存趙。此其乘堅而爲瑕，轉弱而爲勁者何如也？秦乘公子出而日夜伐魏，其志已無魏矣。魏旦暮亦惟有下耳，公子以一使致五國之師，此非可以頃刻聯合也。公子率之，而大破秦軍於河内，走蒙驁，乘勝逐之至函谷關而不敢出，此其聯散以爲堅，轉弱而爲勁者又何如？然則公子非善兵，其能以西抗秦哉！

李贄《藏書》卷二七《名臣傳八・直節名臣・魏無忌》評 侯生之刎頸送公子也，感公子之知我也，是固然矣。然特其一耳。余嘗有《侯生詠》，今録之：「夷門畫策卻秦兵，公子奪符出魏城。上客功成心遂死，千秋萬歲有侯嬴。」是亦然矣，而未盡也。余又有《荆卿詠》，復録之：「荆卿原不識燕丹，祇爲田光一死難。慷慨悲歌爲擊筑，蕭蕭易水至今寒。」向使田光不死，則荆卿决不見丹，矧肯入秦乎？故田光以死激荆卿而匕首發，侯生以死激朱亥而晉鄙擒。何者？荆卿於太子，本無相知之素，朱亥於公子，亦無深交之分也。當公子親迎侯生時，侯生故過朱亥，而立公子車騎市中，豈真不知公子之退讓，而復借此以觀之哉？公子既終不問，然後權詞以稱之耳。使公子當日果能請屠者與之同載而歸，則屠者即爲公子客矣，當自能爲公子死也，何待竊符之日乃謂公子曰「臣客屠者朱亥可與俱，此人力士，可使擊之」乎？是朱亥至是尚爲侯生客，未嘗爲公子客也。非公子客，又何以得其死力而用之？故侯生死而朱亥决矣。夫古之君子，貴成事，急然諾，如是而已。事苟可成，然諾苟可不失，則鼎鑊如飴，何足怪也？侯生本以智謀奇，而余獨列在節直之科者，以其視死如歸，不難報德以成事也。噫！若侯生者，豈直爲節直之雄哉，雖爲天子大臣可矣。

鍾惺《隱秀軒集》卷二三《信陵君》 古之好士者，其於士皆一過而得之。公子無忌居魏得侯嬴，去魏入趙得毛公、薛公，皆一過而得之者也。一過而得之者，識也。無識不可以好士，然則好士者，好其所一過而得之者而已，曷爲乎士無賢不肖，皆尊而禮下之也？曰：此好士者之招，不恃此以得士也。古公子虛

左迎侯生,生之倨,公子之恭,正公子與生之相視莫逆者也。惟公子與生知之,諸客不知也。諸客者,正所謂無賢不肖皆尊而禮下之者也。如探得趙王陰事,及所遣説魏王救趙而不得者,皆其人也。當其時非惟公子知侯生,生亦能知公子。侯生知公子之必能救趙,而後教之竊符。何以知生之知公子之必能救趙而後教之竊符也?曰:於侯生之死知之。侯生曰:「合符而晉鄙不聽,必擊之。」於是公子泣。公子泣而生益不得不死。侯生死以償晉鄙,且以謝其教公子竊符之罪耳。然侯生所以報公子者,獨救趙一事。是救趙之事,重於一身之死也,明矣。等死耳,曷不待公子事成而後死之爲快乎?曰:待公子事成而後死者,必有所不能信於公子者也。救趙,公子所易也;得卧内符與合符,而晉鄙之授軍,公子所難也。代其所難者,揭一符及一朱亥以付公子,而生可以死矣。且死而可以固勉公子,豈必待事成而後死哉!侯生以死送公子,而返魏之路絕。返魏之路絕,而毛公、薛公開之。微二公,非惟魏不魏,而公子且不得爲公子矣。其責公子數語,鑿鑿綱常名教,非戰國人之言也。毛、薛之前,侯生之後,得一客焉:諫公子於驕矜自功之時者是也。公子歸魏,此諫不無先助之。數客者缺一不可,然公子皆從數千人中一過而得之。一過而不得之,遂失之矣。若恃吾之所以禮士者無賢不肖,射覆而得一士,此平原君所以失毛遂者也,雖日斬美人造躄者之門何益哉?故好士而不得士之利者,平原也;不得士之利,而有好士之名,上與下忌之而受其禍者,陳豨也,魏其侯也。吁,此無識之過也!

藝文

《曹植集》卷一《七啓》 若夫田文、無忌之儔,乃上古之俊公子也,皆飛仁揚義,騰躍道藝,游心無方,抗志雲際,陵轢諸侯,驅馳當世,揮袂則九野生風,慷慨則氣成虹蜺。

《全唐詩》卷一三七儲光羲《舟中别武金壇》 曰予輕皎潔,坦率賓混元。忽乃異羣萃,高歌信陵門。信陵好賓客,清夜開華軒。月光麗池閣,野氣浮林園。偶坐爛明星,歸志潛崩奔。漾舟清潭裏,慰我别離魂。落日下西山,左右慘無言。蕭條風雨散,窅靄江湖昏。秋荷尚幽鬱,暮鳥復翩翻。紙筆亦何爲,寫我心中冤。

《李太白全集》卷一一《博平鄭太守自廬山千里相尋,入江夏北市門見訪,却之武陵,立馬贈别》 大梁貴公子,氣蓋蒼梧雲。若無三千客,誰道信陵君。救趙復存魏,英威天下聞。邯鄲能屈節,訪博從毛、薛。夷門得隱淪,而與侯生親。仍要鼓刀者,乃是袖鎚人。好士不盡心,何能保其身。多君重然諾,意氣遥相託。五馬入市門,金鞍照城郭。都忘虎竹貴,且與荷衣樂。去去桃花源,何時見歸軒。相思無終極,腸斷朗江猿。

廉頗藺相如部

綜述

《史記》卷八一《廉頗藺相如列傳》　廉頗者，趙之良將也。趙惠文王十六年，廉頗爲趙將伐齊，大破之，取陽晉，拜爲上卿，以勇氣聞於諸侯。藺相如者，趙人也，爲趙宦者令繆賢舍人。

趙惠文王時，得楚和氏璧。秦昭王聞之，使人遺趙王書，願以十五城請易璧。趙王與大將軍廉頗諸大臣謀：欲予秦，秦城恐不可得，徒見欺；欲勿予，即患秦兵之來。計未定，求人可使報秦者，未得。宦者令繆賢曰：「臣舍人藺相如可使。」王問：「何以知之？」對曰：「臣嘗有罪，竊計欲亡走燕，臣舍人相如止臣，曰：『君何以知燕王？』臣語曰：『臣嘗從大王與燕王會境上，燕王私握臣手，曰「願結友」。以此知之，故欲往。』相如謂臣曰：『夫趙彊而燕弱，而君幸於趙王，故燕王欲結於君。今君乃亡趙走燕，燕畏趙，其勢必不敢留君，而束君歸趙矣。君不如肉袒伏斧質請罪，則幸得脱矣。』臣從其計，大王亦幸赦臣。臣竊以爲其人勇士，有智謀，宜可使。」於是王召見，問藺相如曰：「秦王以十五城請易寡人之璧，可予不？」相如曰：「秦彊而趙弱，不可不許。」王曰：「取吾璧，不予我城，柰何？」相如曰：「秦以城求璧而趙不許，曲在趙。趙予璧而秦不予趙城，曲在秦。均之二策，寧許以負秦曲。」王曰：「誰可使者？」相如曰：「王必無人，臣願奉璧往使。城入趙而璧留秦；城不入，臣請完璧歸趙。」趙王於是遂遣相如奉璧西入秦。

秦王坐章臺見相如，相如奉璧奏秦王。秦王大喜，傳以示美人及左右，左右皆呼萬歲。相如視秦王無意償趙城，乃前曰：「璧有瑕，請指示王。」王授璧，相如因持璧卻立，倚柱，怒髮上衝冠，謂秦王曰：「大王欲得璧，使人發書至趙王，趙王悉召羣臣議，皆曰『秦貪，負其彊，以空言求璧，償城恐不可得』。議不欲予秦璧。臣以爲布衣之交尚不相欺，況大國乎！且以一璧之故逆彊秦之驩，不可。於是趙王乃齋戒五日，使臣奉璧，拜送書於庭。何者？嚴大國之威以修敬也。今臣至，大王見臣列觀，禮節甚倨；得璧，傳之美人，以戲弄臣。臣觀大王無意償趙王城邑，故臣復取璧。大王必欲急臣，臣頭今與璧俱碎於柱矣！」相如持其璧睨柱，欲以擊柱。秦王恐其破璧，乃辭謝固請，召有司案圖，指從此以往十五都予趙。相如度秦王特以詐詳爲予趙城，實不可得，乃謂秦王曰：「和氏璧，天下所共傳寶也，趙王恐，不敢不獻。趙王送璧時，齋戒五日，今大王亦宜齋戒五日，設九賓於廷，臣乃敢上璧。」秦王度之，終不可彊奪，遂許齋五日，舍相如廣成傳。相如度秦王雖齋，決負約不償城，乃使其從者衣褐，懷其璧，從徑道亡，歸璧于趙。

秦王齋五日後，乃設九賓禮於廷，引趙使者藺相如。相如至，謂秦王曰：「秦自繆公以來二十餘君，未嘗有堅明約束者也。臣誠恐見欺於王而負趙，故令人持璧歸，閒至趙矣。且秦彊而趙弱，大王遣一介之使至趙，趙立奉璧來。今以秦之彊而先割十五都予趙，趙豈敢留璧而得罪於大王乎？臣知欺大王之罪當誅，臣請就湯鑊，唯大王與羣臣孰計議之。」秦王與羣臣相視而嘻。左右或欲引相如去，秦王因曰：「今殺相如，終不能得璧也，而絶秦趙之驩，不如因而厚遇之，使歸趙，趙王豈以一璧之故欺秦邪！」卒廷見相如，畢禮而歸之。

相如既歸，趙王以爲賢大夫使不辱於諸侯，拜相如爲上大夫。秦亦不以城予趙，趙亦終不予秦璧。

其後秦伐趙，拔石城。明年，復攻趙，殺二萬人。

秦王使使者告趙王，欲與王爲好會於西河外澠池。趙王畏秦，欲毋行。廉頗、藺相如計曰：「王不行，示趙弱且怯也。」趙王遂行，相如從。廉頗送至境，與王訣曰：「王行，度道里會遇之禮畢，還，不過三十日。三十日不還，則請立太子爲王，以絶秦望。」王許之，遂與秦王會澠池。秦王飲酒酣，曰：「寡人竊聞趙王好音，請奏瑟。」趙王鼓瑟。秦御史前書曰「某年月日，秦王與趙王會飲，令趙王鼓瑟」。藺相如前曰：「趙王竊聞秦王善爲秦聲，請奏盆缻秦王，以相娛樂。」秦王怒，不許。於是相如前進缻，因跪請秦王。秦王不肯擊缻。相如曰：「五步之內，相如請得以頸血濺大王矣！」左右欲刃相如，相如張目叱之，左右皆靡。於是秦王不懌，爲一擊缻。相如顧召趙御史書曰「某年月日，秦王爲趙王擊缻」。秦之羣臣曰：「請以趙十五城爲秦王壽。」藺相如亦曰：「請以秦之咸陽爲趙王壽。」秦王竟酒，終不能加勝於趙。趙亦盛設兵以待秦，秦不敢動。

既罷歸國，以相如功大，拜爲上卿，位在廉頗之右。廉頗曰：「我爲趙將，有

攻城野戰之大功，而藺相如徒以口舌爲勞，而位居我上，且相如素賤人，吾羞，不忍爲之下。」宣言曰：「我見相如，必辱之。」相如聞，不肯與會。相如每朝時，常稱病，不欲與廉頗争列。已而相如出，望見廉頗，相如引車避匿。於是舍人相與諫曰：「臣所以去親戚而事君者，徒慕君之高義也。今君與廉頗同列，廉君宣惡言而君畏匿之，恐懼殊甚，且庸人尚羞之，況於將相乎！臣等不肖，請辭去。」藺相如固止之，曰：「公之視廉將軍孰與秦王？」曰：「不若也。」相如曰：「夫以秦王之威，而相如廷叱之，辱其羣臣，相如雖駑，獨畏廉將軍哉？顧吾念之，彊秦之所以不敢加兵於趙者，徒以吾兩人在也。今兩虎共鬭，其勢不俱生。吾所以爲此者，以先國家之急而後私讎也。」廉頗聞之，肉袒負荆，因賓客至藺相如門謝罪，曰：「鄙賤之人，不知將軍寬之至此也。」卒相與驩，爲刎頸之交。

是歲，廉頗東攻齊，破其一軍。居二年，廉頗復伐齊幾，拔之。後三年，廉頗攻魏之防陵、安陽，拔之。後四年，藺相如將而攻齊，至平邑而罷。其明年，趙奢破秦軍閼與下。

趙奢者，趙之田部吏也。收租税而平原君家不肯出租，奢以法治之，殺平原君用事者九人。平原君怒，將殺奢。奢因説曰：「君於趙爲貴公子，今縱君家而不奉公則法削，法削則國弱，國弱則諸侯加兵，諸侯加兵是無趙也，君安得有此富乎？以君之貴，奉公如法則上下平，上下平則國彊，國彊則趙固，而君爲貴戚，豈輕於天下邪？」平原君以爲賢，言之於王。王用之治國賦，國賦大平，民富而府庫實。

秦伐韓，軍於閼與。王召廉頗而問曰：「可救不？」對曰：「道遠險狹，難救。」又召樂乘而問焉，樂乘對如廉頗言。又召問趙奢，奢對曰：「其道遠險狹，譬之猶兩鼠鬭於穴中，將勇者勝。」王乃令趙奢將，救之。

兵去邯鄲三十里，而令軍中曰：「有以軍事諫者死。」秦軍軍武安西，秦軍鼓譟勒兵，武安屋瓦盡振。軍中候有一人言急救武安，趙奢立斬之。堅壁，留二十八日不行，復益增壘。秦閒來入，趙奢善食而遣之。閒以報秦將，秦將大喜曰：「夫去國三十里而軍不行，乃增壘，閼與非趙地也。」趙奢既已遣秦閒，乃卷甲而趨之，二日一夜至，令善射者去閼與五十里而軍。軍壘成，秦人聞之，悉甲而至。軍士許歷請以軍事諫，趙奢曰：「内之。」許歷曰：「秦人不意趙師至此，其來氣盛，將軍必厚集其陣以待之。不然，必敗。」趙奢曰：「請受令。」許歷曰：「請就鈇質之誅。」趙奢曰：「胥後令邯鄲。」許歷復請諫，曰：「先據北山上者勝，後至者敗。」趙奢許諾，即發萬人趨之。秦兵後至，争山不得上，趙奢縱兵擊之，大破秦軍。秦軍解而走，遂解閼與之圍而歸。

趙惠文王賜奢號爲馬服君，以許歷爲國尉。趙奢於是與廉頗、藺相如同位。

後四年，趙惠文王卒，子孝成王立。七年，秦與趙兵相距長平，時趙奢已死，而藺相如病篤，趙使廉頗將攻秦，秦數敗趙軍，趙軍固壁不戰。秦數挑戰，廉頗不肯。趙王信秦之閒。秦之閒言曰：「秦之所惡，獨畏馬服君趙奢之子趙括爲將耳。」趙王因以括爲將，代廉頗。藺相如曰：「王以名使括，若膠柱而鼓瑟耳。括徒能讀其父書傳，不知合變也。」趙王不聽，遂將之。

趙括自少時學兵法，言兵事，以天下莫能當。嘗與其父奢言兵事，奢不能難，然不謂善。括母問奢其故，奢曰：「兵，死地也，而括易言之。使趙不將括即已，若必將之，破趙軍者必括也。」及括將行，其母上書言於王曰：「括不可使將。」王曰：「何以？」對曰：「始妾事其父，時爲將，身所奉飯飲而進食者以十數，所友者以百數，大王及宗室所賞賜者盡以予軍吏士大夫，受命之日，不問家事。今括一旦爲將，東向而朝，軍吏無敢仰視之者，王所賜金帛，歸藏於家，而日視便利田宅可買者買之。王以爲何如其父？父子異心，願王勿遣。」王曰：「母置之，吾已決矣。」括母因曰：「王終遣之，即有如不稱，妾得無隨坐乎？」王許諾。

趙括既代廉頗，悉更約束，易置軍吏。秦將白起聞之，縱奇兵，詳敗走，而絶其糧道，分斷其軍爲二，士卒離心。四十餘日，軍餓，趙括出鋭卒自博戰，秦軍射殺趙括。括軍敗，數十萬之衆遂降秦，秦悉阬之。趙前後所亡凡四十五萬。明年，秦兵遂圍邯鄲，歲餘，幾不得脱。賴楚、魏諸侯來救，迺得解邯鄲之圍。趙王亦以括母先言，竟不誅也。

自邯鄲圍解五年，而燕用栗腹之謀，曰「趙壯者盡於長平，其孤未壯」，舉兵擊趙。趙使廉頗將，擊，大破燕軍於鄗，殺栗腹，遂圍燕。燕割五城請和，乃聽之。趙以尉文封廉頗爲信平君，爲假相國。

廉頗之免長平歸也，失勢之時，故客盡去。及復用爲將，客又復至。廉頗曰：「客退矣！」客曰：「吁！君何見之晚也？夫天下以市道交，君有勢，我則從君，君無勢則去，此固其理也，有何怨乎？」居六年，趙使廉頗伐魏之繁陽，拔之。

趙孝成王卒，子悼襄王立，使樂乘代廉頗。廉頗怒，攻樂乘，樂乘走。廉頗遂奔魏之大梁。其明年，趙乃以李牧爲將而攻燕，拔武遂、方城。

廉頗居梁久之，魏不能信用。趙以數困於秦兵，趙王思復得廉頗，廉頗亦思復用於趙。趙王使使者視廉頗尚可用否。廉頗之仇郭開多與使者金，令毀之。趙使者既見廉頗，廉頗爲之一飯斗米，肉十斤，被甲上馬，以示尚可用。趙使還報王曰：「廉將軍雖老，尚善飯，然與臣坐，頃之三遺矢矣。」趙王以爲老，遂不召。

楚聞廉頗在魏，陰使人迎之。廉頗一爲楚將，無功，曰：「我思用趙人。」廉頗卒死于壽春。

雜録

備録

《戰國策・燕三》 燕王喜使栗腹以百金爲趙孝成王壽，酒三日，反報曰：「趙民其壯者皆死於長平，其孤未壯，可伐也。」王乃召昌國君樂間而問曰：「何如？」對曰：「趙，四達之國也，其民皆習於兵，不可與戰。」王曰：「吾以倍攻之，可乎？」曰：「不可。」曰：「以三，可乎？」曰：「不可。」王大怒。左右皆以爲趙可伐，遽起六十萬以攻趙。令栗腹以四十萬攻鄗，使慶秦以二十萬攻代。趙使廉頗以八萬遇栗腹於鄗，使樂乘以五萬遇慶秦於代。燕人大敗。樂間入趙。

《史記》卷三四《燕召公世家》 今王喜四年，秦昭王卒。燕王命相栗腹約歡趙，以五百金爲趙王酒。還報燕王曰：「趙王壯者皆死長平，其孤未壯，可伐也。」王召昌國君樂閒問之。對曰：「趙四戰之國，其民習兵，不可伐。」王曰：「吾以五而伐一。」對曰：「不可。」燕王怒，羣臣皆以爲可。卒起二軍，車二千乘，栗腹將而攻鄗，卿秦攻代。唯獨大夫將渠謂燕王曰：「與人通關約交，以五百金飲人之王，使者報而反攻之，不祥，兵無成功。」燕王不聽，自將偏軍隨之。將渠引燕王綬止之曰：「王必無自往，往無成功。」王蹵之以足。將渠泣曰：「臣非以自爲，爲王也！」燕軍至宋子，趙使廉頗將，擊破栗腹於鄗。（樂乘）破卿秦（樂乘）於代。樂閒奔趙。廉頗逐之五百餘里，圍其國。燕人請和，趙人不許，必令將渠處和。燕相將渠以處和。趙聽將渠，解燕圍。

六年，秦滅東（西）周，置三川郡。七年，秦拔趙榆次三十七城，秦置大原郡。九年，秦王政初即位。十年，趙使廉頗將攻繁陽，拔之。趙孝成王卒，悼襄王立。使樂乘代廉頗，廉頗不聽，攻樂乘，樂乘走，廉頗奔大梁。十二年，趙使李牧攻燕，拔武遂、方城。劇辛故居趙，與龐煖善，已而亡走燕。燕見趙數困于秦，而廉頗去，令龐煖將也，欲因趙獘攻之。問劇辛，辛曰：「龐煖易與耳。」燕使劇辛將擊趙，趙使龐煖擊之，取燕軍二萬，殺劇辛。秦拔魏二十城，置東郡。十九年，秦拔趙之鄴九城。趙悼襄王卒。二十三年，太子丹質於秦，亡歸燕。二十五年，秦虜滅韓王安，置潁川郡。二十七年，秦虜趙王遷，滅趙。趙公子嘉自立爲代王。

《史記》卷四三《趙世家》 王與燕王遇。廉頗將，攻齊昔陽，取之。

十七年，樂毅將趙師攻魏伯陽。而秦怨趙不與己擊齊，伐趙，拔我兩城。十八年，秦拔我石城。王再之衛東陽，決河水，伐魏氏。大潦，漳水出。魏冉來相趙。十九年，秦（敗）〔取〕我二城。趙與魏伯陽。趙奢將，攻齊麥丘，取之。

二十年，廉頗將，攻齊。王與秦昭王遇西河外。

二十一年，趙徙漳水武平西。二十二年，大疫。置公子丹爲太子。

二十三年，樓昌將，攻魏幾，不能取。十二月，廉頗將，攻幾，取之。二十四年，廉頗將，攻魏房子，拔之，因城而還。又攻安陽，取之。二十五年，燕周將，攻昌城、高唐，取之。與魏共擊秦。秦將白起破我華陽，得一將軍。二十六年，取東胡歐代地。

二十七年，徙漳水武平南。封趙豹爲平陽君。河水出，大潦。

二十八年，藺相如伐齊，至平邑。罷城北九門大城。燕將成安君公孫操弒其王。二十九年，秦、韓相攻，而圍閼與。趙使趙奢將，擊秦，大破秦軍閼與下，賜號爲馬服君。

三十三年，惠文王卒，太子丹立，是爲孝成王。【略】

趙豹出，王召平原君與趙禹而告之。對曰：「發百萬之軍而攻，踰歲未得一城，今坐受城市邑十七，此大利，不可失也。」王曰：「善。」乃令趙勝受地，告馮亭曰：「敝國使者臣勝，敝國君使勝致命，以萬户都三封太守，千户都三封縣令，皆世世爲侯，吏民皆益爵三級，吏民能相安，皆賜之六金。」馮亭垂涕不見使者，曰：「吾不處三不義也：爲主守地，不能死固，不義一矣；入之秦，不聽主令，不義二矣；賣主地而食之，不義三矣。」趙遂發兵取上黨。廉頗將軍軍長平。

七（年）〔月〕，廉頗免而趙括代將。秦人圍趙括，趙括以軍降，卒四十餘萬皆阬之。王悔不聽趙豹之計，故有長平之禍焉。【略】

十五年，以尉文封相國廉頗爲信平君。燕王令丞相栗腹約驩，以五百金爲趙王酒，還歸，報燕王曰：「趙氏壯者皆死長平，其孤未壯，可伐也。」王召昌國君樂閒而問之，對曰：「趙，四戰之國也，其民習兵，伐之不可。」王曰：「吾以衆伐寡，二而伐一，可乎？」對曰：「不可。」王曰：「吾即以五而伐一，可乎？」對曰：「不可。」燕王大怒。羣臣皆以爲可。燕卒起二軍，車二千乘，栗腹將而攻鄗，卿秦將而攻代。廉頗爲趙將，破殺栗腹，虜卿秦、樂閒。

十六年，廉頗圍燕。以樂乘爲武襄君。十七年，假相大將武襄君攻燕，圍其國。十八年，延陵鈞率師從相國信平君助魏攻燕。秦拔我榆次三十七城。十九年，趙與燕易土：以龍兑、汾門、臨樂與燕；燕以葛、武陽、平舒與趙。

二十年，秦王政初立。秦拔我晉陽。

二十一年，孝成王卒。廉頗將，攻繁陽，取之。使樂乘代之，廉頗攻樂乘，樂乘走，廉頗亡入魏。子偃立，是爲悼襄王。

劉向《列女傳》 趙將馬服君趙奢之妻，趙括之母也。秦攻趙，孝成王使括代廉頗爲將。將行，括母上書言於王曰：「括不可使將。」王曰：「何也？」曰：「始妾事其父，父時爲將，身所奉飯者以十數，所友者以百數。大王及宗室所賜幣者，盡以與軍吏士大夫。受命之日，不問家事。今括一旦爲將，東向而朝軍吏，吏無敢仰視之者。王所賜金帛，歸盡藏之，乃曰視便利田宅可買者。王以爲若其父乎？父子不同，執心各异。願勿遣。」王曰：「母置之，吾計已決矣。」括母曰：「王終遣之，即有不稱，妾得無隨乎？」王曰：「不也。」括既行，代廉頗。三十餘日，趙兵果敗，括死軍覆。王以括母爲仁智。詩曰：「老夫灌灌，小子蹻蹻，匪金言耄，爾用憂謔。」此之謂也。

頌曰：孝成用括，代頗拒秦。括母獻書，知其覆軍。願止不得，請罪止身。括死長平，妻子得存。

《史記》卷八一《廉頗藺相如列傳》張守節正義 廉頗墓在壽州壽春縣北四里。藺相如墓在邯鄲西南六里。

梁玉繩《人表考》卷二《上中仁人·藺相如》 藺相如始見《史》本傳。趙人，《史·傳》。晉韓獻子玄孫曰康，食邑于藺，因氏焉。康裔孫相如爲趙上卿。《廣韻》注、《通志·氏族略》三。亦曰藺子，本表張晏注。亦曰藺先生，本書《揚雄傳》下。亦曰英藺。《文選》潘岳《西征賦》。葬邯鄲西南六里。《史·正義》，而《一統志》謂在河間鄚縣，又云在正定府城北，又云在山西太原府岳陽縣北八十里。 案張晏注魯連、藺子在第五，則是今本轉寫譌舛也。然高下皆失當，似宜列第三。

梁玉繩《人表考》卷三《上下智人·廉頗》 廉頗始見《燕》、《趙策》。封信平君，亦曰廉君，亦曰廉將軍，《史·本傳》。亦曰廉公。《文選·西征賦》、盧諶《覽古詩》。卒于壽春。《史·傳》。宣和封臨城伯。《宋志》。錢宮詹曰： 據張晏説，藺相如在第五，廉頗何以得列第三？此亦刊本錯誤之顯然者。

備論

《史記》卷八一《廉頗藺相如列傳論》 知死必勇，非死者難也，處死者難。方藺相如引璧睨柱，及叱秦王左右，勢不過誅，然士或怯懦而不敢發。相如一奮其氣，威信敵國，退而讓頗，名重太山，其處智勇，可謂兼之矣！

劉義慶《世説新語》卷中《品藻》 庾道季云：「廉頗、藺相如雖千載上死人，懔懔恒如有生氣，曹蜍、李志雖見在，厭厭如九泉下人。人皆如此，便可結繩而治，但恐狐狸猯狢啖盡。」

《史記》卷八一《廉頗藺相如列傳》司馬貞述贊 清飈凛凛，壯氣熊熊。各竭誠義，遞爲雌雄。和璧聘返，澠池好通。負荆知懼，屈節推工。安邊定策，頗牧之功。

洪邁《容齋隨筆》卷一一《將帥貪功》 以功名爲心，貪軍旅之寄，此自將帥習氣，雖古來賢卿大夫，未有能知止自斂者也。廉頗既老，飯斗米，肉十斤，被甲上馬，以示可用，致困郭開之口，終不得召。漢武帝大擊匈奴，李廣數自請行，上以爲老，不許，良久，乃許之，卒有東道失軍之罪。宣帝時，先零羌反，趙充國年七十餘，上老之，使丙吉問誰可將，曰：「亡逾於老臣者矣。」即馳至金城，圖上方略，雖全師制勝，而禍及其子卬。光武時，五溪蠻夷畔，馬援請行，帝愍其老，未許。援自請曰：「臣尚能被甲上馬。」帝令試之，援據鞍顧眄，以示可用。帝笑曰：「矍鑠哉是翁也！」遂用爲將，果有壺頭之厄。李靖爲相，以足疾就第，會吐谷渾寇邊，即往見房喬曰：「吾雖老，尚堪一行。」既平其國，而有高甑生誣罔之事，幾於不免。太宗將伐遼，召入謂曰：「高麗未服，公亦有意乎？」對曰：「今疾雖衰，陛下誠不棄，病且瘳矣。」帝憫其老，不許。郭子儀年八十餘，猶爲關内副元帥、朔方河中節度，不求退身，竟爲德宗册罷。此諸公皆人傑也，猶不免此，況其下者乎！

《朱子語類》卷一三四《歷代一》 義剛曰：「藺相如其始能勇於制秦，其終能和以待廉頗，可謂賢矣。但以義剛觀之，使相如能以待廉之術待秦，乃爲善謀。蓋柔乃能制剛，弱乃能勝強。今乃欲以匹夫之勇，恃區區之趙而鬬強秦。若秦奮其虎狼之威，將何以處之？今能使秦不加兵者，特幸而成事耳。」先生曰：「子由有一段說，大故取它。說它不是戰國之士，此說也太過。其實它只是戰國之士。龜山亦有一說，大概與公說相似，說相如不合要與秦爭那璧。要之恁地說也不得。和氏璧也是趙國相傳以此爲寶，若當時驟然被人將去，則國勢也解不振。古人傳國皆以寶玉之屬爲重，若子孫不能謹守，便是不孝。當時秦也是強，但相如也是料得秦不敢殺他後，方恁地做。若其它人，則是怕秦殺了，便不敢去。如藺相如豈是孟浪恁地做？它須是料度得那秦過了。戰國時如此等也多。黃歇取楚太子，也是如此。當時被他取了，秦也不曾做聲，只恁休了。」

葉適《習學記言序目》卷二〇《史記二・列傳》 藺相如持璧睨柱，進缻秦王，當是時，氣習之所激，有志者皆能自奮也。庸人所難，君子所易，雖非必易，而義不得止矣。若夫君子所易，則庸人固難之，故稱病讓頗，亦相如之所優爲也。遷論未盡，因著之。

李贄《藏書》卷一一《大臣傳五・忠誠大臣・藺相如》評 言有重於泰山，相如是也。相如真丈夫，真男子，真大聖人，真大阿羅漢，真菩薩，真佛祖，真令人千載如見也。

袁了凡、王鳳洲《袁王綱鑒合編・周紀》趙雪航評 先儒論相如全璧歸趙，與澠池請秦王擊缶之非，膚見不然。當夫赧王之末，周室衰微；秦昭久有鯨吞六國之心，眇視天下無賢才也，所以欲趙之璧而請易以十五城，豈誠心哉？特視趙之勁弱何如耳？及得璧無意償城，相如乃紿璧遣歸而以身待命。秦王賢而禮歸之，豈非重相如之膽略，而畏趙之有人哉！既而澠池之會，秦視趙猶几上肉耳。故請趙王鼓瑟以挫辱之，若相如不請其擊缶，秦必欺其弱，未必不爲楚懷之虜矣。故相如奮威廷叱，乃一擊缶而罷，而秦終不敢動。逮後二十餘年，靡敢加兵於趙者，爲懼相如與廉頗也。是時趙無相如之佐，邯鄲之亡不在始皇之十九年已，在周赧王之三十六年矣。

袁了凡、王鳳洲《袁王綱鑒合編・周紀》唐荆川評 或曰相如幸成不可從也，趙以區區方寸之愛，而怒強秦，秦將百萬之師而壓趙境，璧復爲趙有乎？藺亦奚知其否。藺以孤身入洛陽之墟抱連城之重，履秦王之廷，略無左右劍戟之忌，秦若少振其怒，藺能免乎？是璧不足道，而復以藺與之，趙又失一璧也。藺又奚知其否？曰，不然。以城易璧，秦之盟也；以璧待城，趙之信也。秦以計紿趙璧，而刦之威，秦之失也；藺以死守趙信，而索秦盟，臣之節也。節以奉信，信以要盟，盟結於口而照於天地，鑒於鬼神。秦之懼也，緣盟以證其失，奉天地鬼神以懼其心，秦獨無畏乎！以是知秦之莫能加也。

鍾惺《史懷》卷七《廉頗藺相如列傳》 以廉頗、藺相如主盟，中間趙奢、李牧周始穿插，斷續無痕，而趙之興亡節目，全在于此。數人共一傳，只如一人，賢才關係國家，從文字章法錯綜中寫出，此史之識也。

觀藺相如爲宦者令繆賢舍人，可見古今奇士，埋没者甚多。然賢之足力高識，卓然有主，看相如智勇，從小小一事中得之，後世大臣，有如此心眼乎！相如事之，故自有見，人知相如隱于宦者舍人，安知非賢之隱于宦者也。

冒頓不以善馬愛妾易土地，秦數世以廣土彊國爲務，豈有用十五城易一璧者！開口已自不情，分明是一豪奪之局，亦欺趙之無人，觀趙所以處此者何如耳。一相如持璧入秦，非惟氣能制之，智能瞞之，其理勢鑿鑿，議論處分，一一中節，而秦始移其愛璧之意，以畏相如并畏趙，故秦王左右，猶從一璧之成毁得失起見，秦王識量，自出左右上。而曰，今殺相如，不能得璧也，而絶秦趙之驩，不如因而厚遇之，此畏趙轉想也，非復求璧初局矣。

觀澠池之會，相如從而頗守，頗送王至境上，與王訣，三十日不還，則請立太子以絶秦望，數語已壯相如之膽矣。可見二人在趙，缺一不可，各伏後來引車負荆之根，爲國愛人與自愛，蓋兩得之。秦之畏趙，不獨在二人，而在二人之能相下也。二人皆有古大臣風，頗以勇掩，相如以智掩耳。

藝文

《曹植集》卷三《陳審舉表》 昔樂毅奔趙，心不忘燕；廉頗在楚，思爲趙將。

《文選》卷四〇吴季重《在元城與魏太子牋》 思淮陰之奇譎，亮成安之失策。南望邯鄲，想廉藺之風；東接鉅鹿，存李齊之流。都人士女，服習禮教，皆懷慷慨之節，包左車之計。

高啓《高青丘集》卷一七《藺相如》 危計難成五步間，置君虎口幸全還。世人莫笑三閭懦，不勸懷王入武關。

顧炎武《日知録》卷一三 辛幼安詞：「小草舊曾呼遠志，故人今有寄當歸。」此非用姜伯約事也。《吴志》：「太史慈，東萊黄人也。後立功於孫策。曹公聞其名，遺慈書，以篋封之。發省，無所道，但貯當歸。」幼安久宦南朝，未得大用，晚年多有淪落之感，亦廉頗思用趙人之意爾。觀其與陳同甫酒後之言，不可知其心事哉。

屈大均《翁山詩外》卷一七《藺相如》 鼓瑟邯鄲最有名，秦王亦爲奏秦聲。九賓未禮陰懷璧，五步何勞盛設兵。御史直書真勇氣，將軍多讓豈私情。雌雄不滯誰能似，心折風流是長卿。

春申君部

綜述

《史記》卷七八《春申君列傳》 春申君者，楚人也，名歇，姓黄氏。游學博聞，事楚頃襄王。頃襄王以歇爲辯，使於秦。秦昭王使白起攻韓、魏，敗之於華陽，禽魏將芒卯，韓、魏服而事秦。秦昭王方令白起與韓、魏共伐楚，未行，而楚使黄歇適至於秦，聞秦之計。當是之時，秦已前使白起攻楚，取巫、黔中之郡，拔鄢郢，東至竟陵，楚頃襄王東徙治於陳縣。黄歇見楚懷王之爲秦所誘而入朝，遂見欺，留死於秦。頃襄王，其子也，秦輕之，恐壹舉兵而滅楚。歇乃上書説秦昭王曰：

天下莫彊於秦、楚。今聞大王欲伐楚，此猶兩虎相與鬭。兩虎相與鬭而駑犬受其弊，不如善楚。臣請言其説：臣聞物至則反，冬夏是也；致至則危，累棊是也。今大國之地，徧天下有其二垂，此從生民已來，萬乘之地未嘗有也。先帝文王、莊王之身，三世不妄接地於齊，以絶從親之要。今王使盛橋守事於韓，盛橋以其地入秦，是王不用甲，不信威，而得百里之地，王可謂能矣。王又舉甲而攻魏，杜大梁之門，舉河内，拔燕、酸棗、虚、桃，入邢，魏之兵雲翔而不敢捄，王之功亦多矣。王休甲息衆，二年而後復之；又并蒲、衍、首、垣，以臨仁、平丘，黄、濟陽嬰城而魏氏服；王又割濮磿之北，注齊秦之要，絶楚趙之脊，天下五合六聚而不敢救，王之威亦單矣。

王若能持功守威，絀攻取之心而肥仁義之地，使無後患，三王不足四，五伯不足六也。王若負人徒之衆，仗兵革之彊，乘毁魏之威，而欲以力臣天下之主，臣恐其有後患也。《詩》曰「靡不有初，鮮克有終」。《易》曰「狐涉水，濡其尾」。此言始之易，終之難也。何以知其然也？昔智氏見伐趙之利而不知榆次之禍，吴見伐齊之便而不知干隧之敗。此二國者，非無大功也，没利於前而易患於後也。吴之信越也，從而伐齊，既勝齊人於艾陵，還爲越王禽三渚之浦。智氏之信韓、魏也，從而伐趙，攻晉陽城，勝有日矣，韓、魏叛之，殺智伯瑶於鑿臺之下。今王妒楚之不毁也，而忘毁楚之彊韓、魏也，臣爲王慮而不取也。

《詩》曰「大武遠宅而不涉」。從此觀之，楚國，援也；鄰國，敵也。《詩》云「趯趯毚兔，遇犬獲之。他人有心，余忖度之」。今王中道而信韓、魏之善王也，此正吴之信越也。臣聞之，敵不可假，時不可失。臣恐韓、魏卑辭除患而實欲欺大國也。何則？王無重世之德於韓、魏，而有累世之怨焉。夫韓、魏父子兄弟接踵而死於秦者將十世矣。本國殘，社稷壞，宗廟毁，刳腹絶腸，折頸摺頤，首身分離，暴骸骨於草澤，頭顱僵仆，相望於境，父子老弱係脰束手爲羣虜者相及於路。鬼神孤傷，無所血食。人民不聊生，族類離散，流亡爲僕妾者，盈滿海内矣。故韓、魏之不亡，秦社稷之憂也，今王資之與攻楚，不亦過乎！

且王攻楚將惡出兵？王將借路於仇讎之韓、魏乎？兵出之日而王憂其不返也，是王以兵資於仇讎之韓、魏也。王若不借路於仇讎之韓、魏，必攻隨水右壤。隨水右壤，此皆廣川大水，山林谿谷，不食之地也，王雖有之，不爲得地。是王有毁楚之名而無得地之實也。

且王攻楚之日，四國必悉起兵以應王。秦、楚之兵構而不離，魏氏將出而攻留、方與、銍、湖陵、碭、蕭、相，故宋必盡。齊人南面攻楚，泗上必舉。此皆平原四達，膏腴之地，而使獨攻。王破楚以肥韓、魏於中國而勁齊。韓、魏之彊，足以校於秦。齊南以泗水爲境，東負海，北倚河，而無後患，天下之國莫彊於齊、魏，齊、魏得地葆利而詳事下吏，一年之後，爲帝未能，其於禁王之爲帝有餘矣。

夫以王壤土之博，人徒之衆，兵革之彊，壹舉事而樹怨於楚，遲令韓、魏歸帝重於齊，是王失計也。臣爲王慮，莫若善楚。秦、楚合而爲一以臨韓，韓必斂手。王施以東山之險，帶以曲河之利，韓必爲關内之侯。若是而王以十萬戍鄭，梁氏寒心，許、鄢陵嬰城，而上蔡、召陵不往來也，如此而魏亦關内侯矣。王壹善楚，而關内兩萬乘之主注地於齊，齊右壤可拱手而取也。王之地一經兩海，要約天下，是燕、趙無齊、楚，齊、楚無燕、趙也。然後危動燕、趙，直摇齊、楚，此四國者不待痛而服矣。

昭王曰：「善。」於是乃止白起而謝韓、魏。發使賂楚，約爲與國。

黄歇受約歸楚，楚使歇與太子完入質於秦，秦留之數年。楚頃襄王病，太子

不得歸。而楚太子與秦相應侯善，於是黃歇乃説應侯曰：「相國誠善楚太子乎？」應侯曰：「然。」歇曰：「今楚王恐不起疾，秦不如歸其太子。太子得立，其事秦必重而德相國無窮，是親與國而得儲萬乘也。若不歸，則咸陽一布衣耳；楚更立太子，必不事秦。夫失與國而絶萬乘之和，非計也。願相國孰慮之。」應侯以聞秦王。秦王曰：「令楚太子之傅先往問楚王之疾，返而後圖之。」黃歇爲楚太子計曰：「秦之留太子也，欲以求利也。今太子力未能有以利秦也，歇憂之甚。而陽文君子二人在中，王若卒大命，太子不在，陽文君子必立爲後，太子不得奉宗廟矣。不如亡秦，與使者俱出；臣請止，以死當之。」楚太子因變衣服爲楚使者御以出關，而黃歇守舍，常爲謝病。度太子已遠，秦不能追，歇乃自言秦昭王曰：「楚太子已歸，出遠矣。歇當死，願賜死。」昭王大怒，欲聽其自殺也。應侯曰：「歇爲人臣，出身以徇其主，太子立，必用歇，故不如無罪而歸之，以親楚。」秦因遣黃歇。

歇至楚三月，楚頃襄王卒，太子完立，是爲考烈王。考烈王元年，以黃歇爲相，封爲春申君，賜淮北地十二縣。後十五歲，黃歇言之楚王曰：「淮北地邊齊，其事急，請以爲郡便。」因并獻淮北十二縣，請封於江東。考烈王許之。春申君因城故吳墟，以自爲都邑。

春申君既相楚，是時齊有孟嘗君，趙有平原君，魏有信陵君，方爭下士，招致賓客，以相傾奪，輔國持權。

春申君爲楚相四年，秦破趙之長平軍四十餘萬。五年，圍邯鄲。邯鄲告急於楚，楚使春申君將兵往救之，秦兵亦去，春申君歸。春申君相楚八年，爲楚北伐滅魯，以荀卿爲蘭陵令。當是時，楚復彊。

趙平原君使人於春申君，春申君舍之於上舍。趙使欲夸楚，爲瑇瑁簪，刀劍室以珠玉飾之，請命春申君客。春申君客三千餘人，其上客皆躡珠履以見趙使，趙使大慚。

春申君相十四年，秦莊襄王立，以吕不韋爲相，封爲文信侯。取東周。

春申君相二十二年，諸侯患秦攻伐無已時，乃相與合從，西伐秦，而楚王爲從長，春申君用事。至函谷關，秦出兵攻，諸侯兵皆敗走。楚考烈王以咎春申君，春申君以此益疏。

客有觀津人朱英，謂春申君曰：「人皆以楚爲彊而君用之弱，其於英不然。先君時善秦二十年而不攻楚，何也？秦踰黽隘之塞而攻楚，不便；假道於兩周，背韓、魏而攻楚，不可。今則不然，魏旦暮亡，不能愛許、鄢陵，其許魏割以與秦。秦兵去陳百六十里，臣之所觀者，見秦、楚之日鬭也。」楚於是去陳徙壽春；而秦徙衛野王，作置東郡。春申君由此就封於吳，行相事。

楚考烈王無子，春申君患之，求婦人宜子者進之，甚衆，卒無子。趙人李園持其女弟，欲進之楚王，聞其不宜子，恐久毋寵。李園求事春申君爲舍人，已而謁歸，故失期。還謁，春申君問之狀，對曰：「齊王使求臣之女弟，與其使者飲，故失期。」春申君曰：「娉入乎？」對曰：「未也。」春申君曰：「可得見乎？」曰：「可。」於是李園乃進其女弟，即幸於春申君。知其有身，李園乃與其女弟謀。園女弟承閒以説春申君曰：「楚王之貴幸君，雖兄弟不如也。今君相楚二十餘年，而王無子，即百歲後將更立兄弟，則楚更立君後，亦各貴其故所親，君又安得長有寵乎？非徒然也，君貴用事久，多失禮於王兄弟，兄弟誠立，禍且及身，何以保相印江東之封乎？今妾自知有身矣，而人莫知。妾幸君未久，誠以君之重而進妾於楚王，王必幸妾；妾賴天有子男，則是君之子爲王也，楚國盡可得，孰與身臨不測之罪乎？」春申君大然之，乃出李園女弟，謹舍而言之楚王。楚王召入幸之，遂生子男，立爲太子，以李園女弟爲王后。楚王貴李園，園用事。

李園既入其女弟，立爲王后，子爲太子，恐春申君語泄而益驕，陰養死士，欲殺春申君以滅口，而國人頗有知之者。

春申君相二十五年，楚考烈王病。朱英謂春申君曰：「世有毋望之福，又有毋望之禍。今君處毋望之世，事毋望之主，安可以無毋望之人乎？」春申君曰：「何謂毋望之福？」曰：「君相楚二十餘年矣，雖名相國，實楚王也。今楚王病，旦暮且卒，而君相少主，因而代立當國，如伊尹、周公，王長而反政，不即遂南面稱孤而有楚國？此所謂毋望之福也。」春申君曰：「何謂毋望之禍？」曰：「李園不治國而君之仇也，不爲兵而養死士之日久矣，楚王卒，李園必先入據權而殺君以滅口。此所謂毋望之禍也。」春申君曰：「何謂毋望之人？」對曰：「君置臣郎中，楚王卒，李園必先入，臣爲君殺李園。此所謂毋望之人也。」春申君曰：「足下置之。李園，弱人也，僕又善之，且又何至此！」朱英知言不用，恐禍及身，乃亡去。

後十七日，楚考烈王卒，李園果先入，伏死士於棘門之內。春申君入棘門，園死士俠刺春申君，斬其頭，投之棘門外。於是遂使吏盡滅春申君之家。而李園女弟初幸春申君有身而入之王所生子者遂立，是爲楚幽王。

是歲也，秦始皇帝立九年矣。嫪毐亦爲亂於秦，覺，夷其三族，而吕不韋廢。

袁康《越絕書》卷一四《越絕外傳春申君》 昔者，楚考烈王相春申君吏李園。園女弟女環謂園曰：「我聞王老無嗣，可見我於春申君。我欲假於春申君。我得見於春申君，徑得見於王矣。」園曰：「春申君，貴人也，千里之佐，吾何託敢言？」女環曰：「即不見我。汝求謁於春申君才人，告：『遠道客，請歸待之。』彼必問汝：『汝家何等遠道客者？』因對曰：『園有女弟，魯相聞之，使使者來求之園，才人使告園者。』彼必有問：『汝女弟何能？』對曰：『能鼓音，讀書通一經。』故彼必見我。」園曰：「諾。」

明日，辭春申君才人：「有遠道客，請歸待之。」春申君果問：「汝家何等遠道客？」對曰：「園有女弟，魯相聞之，使使求之。」春申君曰：「何能？」對曰：「能鼓音，讀書通一經。」春申君曰：「可得見乎？明日，使待於離亭。」園曰：「諾。」既歸，告女環曰：「吾辭於春申君，許我明日夕待於離亭。」女環曰：「園宜先供待之。」

春申君到，園馳人呼女環。到黃昏，女環至，大縱酒。女環鼓琴，曲未終，春申君大悅，留宿。明日，女環謂春申君曰：「妾聞王老無嗣，屬邦於君。君外淫，不顧政事，使王聞之，君上負於王，使妾兄下負於夫人，爲之奈何？無泄此口，君召而戒之。」春申君以告官屬：「莫有聞淫女也。」皆曰：「諾。」

與女環通未終月，女環謂春申君曰：「妾聞王老無嗣，今懷君子一月矣，可見妾於王，幸產子男，君即王公也，而何爲佐乎？君戒念之。」

五日而道之：「邦中有好女，中相，可屬嗣者。」烈王曰：「諾。」即召之。烈王悅，取之，十月產子男。

十年，烈王死，幽王嗣立。女環使園相春申君。相之三年，然後告園：「以吳封春申君，使備東邊。」園曰：「諾。」即封春申君於吳。幽王後懷王，使張儀詐殺之。懷王子頃襄王，秦始皇帝使王翦滅之。

雜録

備録

《荀子·成相》 展禽三絀，春申道綴基畢輸。

《韓非子·姦劫弑臣》 處非道之位，被衆口之譖，溺於當世之言，而欲當嚴天子而求安，幾不亦難哉！此夫智士所以至死而不顯於世者也。楚莊王之弟春申君有愛妾曰余，春申君之正妻子曰甲。余欲君之棄其妻也，因自傷其身以視君而泣，曰：「得爲君之妾，甚幸。雖然，適夫人非所以事君也，適君非所以事夫人也。身故不肖，力不足以適二主，其勢不俱適，與其死夫人所者，不若賜死君前。妾以賜死，若復幸於左右，願君必察之，無爲人笑。」君因信妾余之詐，爲棄正妻。余又欲殺甲而以其子爲後，因自裂其親身衣之裏，以示君而泣，曰：「余之得幸君之日久矣，甲非弗知也，今乃欲強戲余，余與爭之，至裂余之衣。而此子之不孝，莫大於此矣。」君怒，而殺甲也。故妻以妾余之詐棄，而子以之死。從是觀之，父之愛子也，猶可以毀而害也。君臣之相與也，非有父子之親也，而羣臣之毀言非特一妾之口也，何怪夫賢聖之戮死哉！此商君之所以車裂於秦，而吳起之所以枝解於楚者也。凡人臣者，有罪固不欲誅，無功者皆欲尊顯。而聖人之治國也，賞不加於無功，而誅必行於有罪者也。然則有術數者之爲人也，固左右姦臣之所害，非明主弗能聽也。

《戰國策·秦四》 楚人有黃歇者，游學博聞，襄王以爲辯，故使於秦。說昭王曰：「天下莫強於秦、楚，今聞大王欲伐楚，此猶兩虎相鬭而駑犬受其弊，不如善楚。臣請言其說。臣聞之：『物至而反，冬夏是也。致至而危，累碁是也。』今大國之地半天下，有二垂，此從生民以來，萬乘之地未嘗有也。先帝文王、莊王，王之身，三世而不接地於齊，以絶從親之要。今王三使盛橋守事於韓，成橋以北入燕。是王不用甲，不伸威，而出百里之地，王可謂能矣。王又舉甲兵而攻魏，杜大梁之門，舉河內，拔燕、酸棗、虛、桃人，楚、燕之兵云翔不敢校，王之功亦多矣。王申息衆二年，然後復之，又取蒲、衍、首垣，以臨仁、平兵，小黃、濟陽嬰城，而魏氏服矣。王又割濮、磨之北屬之燕，斷齊、秦之要，絶楚、魏之脊。天下五合，六聚而不敢救也，王之威亦憚矣。王若能持功守威，省攻伐之心而肥仁義之誡，使無復後患，三王不足四，五伯不足六也。

「王若負人徒之衆，材兵甲之強，壹毀魏氏之威，而欲以力臣天下之主，臣恐有後患。《詩》云：『靡不有初，鮮克有終。』《易》曰：『狐濡其尾。』此言始之易，終之難也。何以知其然也？智氏見伐趙之利，而不知榆次之禍也；吳見伐齊之便，而不知干隧之敗也。此二國者，非無大功也，設利於前，而易患於後也。吳之信越也，從而伐齊，既勝齊人於艾陵，還爲越王禽於三江之浦。智氏信韓、魏，

從而伐趙，攻晉陽之城，勝有日矣，韓、魏反之，殺智伯瑤於鑿臺之上。今王妬楚之不毀也，而忘毀楚之強魏也，臣爲大王慮而不取。《詩》云：『大武遠宅不涉。』從此觀之，楚國，援也；鄰國，敵也。《詩》云：『他人有心，予忖度之。躍躍毚兔，遇犬獲之。』今王中道而信韓、魏之善王也，此正吳信越也。臣聞，敵不可易，時不可失。臣恐韓、魏之卑辭慮患，而實欺大國也。此何也？王既無重世之德於韓、魏，而有累世之怨矣。韓、魏父子兄弟接踵而死於秦者，百世矣。本國殘，社稷壞，宗廟隳，刳腹折頤，首身分離，暴骨草澤，頭顱僵仆，相望於境；父子老弱係虜，相隨於路；鬼神狐祥無所食，百姓不聊生，族類離散，流亡爲臣妾，滿海內矣。韓、魏之不亡，秦社稷之憂也。今王之攻楚，不亦失乎！是王攻楚之日，則惡出兵？王將藉路於仇讎之韓、魏乎！兵出之日而王憂其不反也，是王以兵資於仇讎之韓、魏。王若不藉路於仇讎之韓、魏，必攻陽、右壤。隨陽、右壤，此皆廣川大水，山林谿谷不食之地，王雖有之，不爲得地。是王有毀楚之名，無得地之實也。

「且王攻楚之日，四國必應悉起應王。秦、楚之構而不離，魏氏將出兵而攻留、方與、銍、胡陵、碭、蕭、相，故宋必盡。齊人南面，泗北必舉。此皆平原四達，膏腴之地也，而王使之獨攻。王破楚於以肥韓、魏於中國而勁齊，韓、魏之強足以校於秦矣。齊南以泗爲境，東負海，北倚河，而無後患，天下之國，莫強於齊。齊、魏得地葆利，而詳事下吏，一年之後，爲帝若未能，於以禁王之爲帝有餘。夫以王壤土之博，人徒之衆，兵革之強，一舉衆而注地於楚，詘令韓、魏，歸帝重於齊，是王失計也。

「臣爲王慮，莫若善楚。秦、楚合而爲一，臨以韓，韓必授首。王襟以山東之險，帶以河曲之利，韓必爲關中之候。若是，王以十成鄭，梁氏寒心，許、鄢陵嬰城，上蔡、召陵不往來也。如此，而魏亦關內候矣。王一善楚，而關內二萬乘之主注地於齊，齊之右壤可拱手而取也。是王之地一任兩海，要絶天下也。是燕、趙無齊、楚，無燕、趙也。然後危動燕、趙，持齊、楚，此四國者，不待痛而服矣。」

《戰國策·楚三》　唐且見春申君曰：「齊人飾身修行得爲益，然臣羞而不學也。不避絶江河，行千餘里來，竊慕大君之義，而善君之業。臣聞之，賁、諸懷錐刃而天下爲勇，西施衣褐而天下稱美。今君相萬乘之楚，禦中國之難，所欲者不成，所求者不得，臣等少也。夫梟棊之所以能爲者，以散棊佐之也。夫一梟之不如不勝五散，亦明矣。今君何不爲天下梟，而令臣等爲散乎？」

《戰國策·楚四》　汗明見春申君，候問三月，而後得見。談卒，春申君大説之。汗明欲復談，春申君曰：「僕已知先生，先生大息矣。」汗明憱焉曰：「明願有問君而恐固。不審君之聖，孰與堯也？」春申君曰：「先生過矣，臣何足以當堯？」汗明曰：「然則君料臣孰與舜？」春申君曰：「先生即舜也。」汗明曰：「不然，臣請爲君終言之。君之賢實不如堯，臣之能不及舜。夫以賢舜事聖堯，三年而後乃相知也。今君一時而知臣，是君聖於堯而臣賢於舜也。」春申君曰：「善。」召門吏爲汗先生著客籍，五日一見。

汗明曰：「君亦聞驥乎？夫驥之齒至矣，服鹽車而上太行。蹄申膝折，尾湛胕潰，漉汁灑地，白汗交流，中阪遷延，負轅不能上。伯樂遭之，下車攀而哭之，解紵衣以冪之。驥於是俛而噴，仰而鳴，聲達於天，若出金石聲者，何也？彼見伯樂之知己也。今僕之不肖，阨於州部，堀穴窮巷，沈洿鄙俗之日久矣，君獨無意湔拔僕也，使得爲君高鳴屈於梁乎？」

楚考烈王無子，春申君患之，求婦人宜子者進之，甚衆，卒無子。

趙人李園，持其女弟，欲進之楚王，聞其不宜子，恐又無寵。李園求事春申君爲舍人。已而謁歸，故失期。還謁，春申君問狀。對曰：「齊王遣使求臣女弟，與其使者飲，故失期。」春申君曰：「聘入乎？」對曰：「未也。」春申君曰：「可得見乎？」曰：「可。」於是園乃進其女弟，即幸於春申君。知其有身，園乃與其女弟謀。

園女弟承間説春申君曰：「楚王之貴幸君，雖兄弟不如。今君相楚王二十餘年，而王無子，即百歲後將更立兄弟。即楚王更立，彼亦各貴其故所親，君又安得長有寵乎？非徒然也？君用事久，多失禮於王兄弟，兄弟誠立，禍且及身，奈何以保相印、江東之封乎？今妾自知有身矣，而人莫知。妾之幸君未久，誠以君之重而進妾於楚王，王必幸妾。妾賴天而有男，則是君之子爲王也，楚國封盡可得，孰與其臨不測之罪乎？」春申君大然之。乃出園女弟謹舍，而言之楚王。楚王召入，幸之。遂生子男，立爲太子，以李園女弟立爲王后。楚王貴李園，李園用事。

李園既入其女弟爲王后，子爲太子，恐春申君語泄而益驕，陰養死士，欲殺春申君以滅口，而國人頗有知之者。

春申君相楚二十五年，考烈王病。朱英謂春申君曰：「世有無妄之福，又有無妄之禍。今君處無妄之世，以事無妄之主，安不有無妄之人乎？」春申君曰：

「何謂無妄之福？」曰：「君相楚二十餘年矣，雖名爲相國，實楚王也。五子皆相諸侯。今王疾甚，旦暮且崩，太子衰弱，疾而不起，而君相少主，因而代立當國，如伊尹、周公。王長而反政，不，即遂南面稱孤，因而有楚國。此所謂無妄之福也。」春申君曰：「何謂無妄之禍？」曰：「李園不治國，王之舅也。不爲兵將，而陰養死士之日久矣。楚王崩，李園必先入，據本議制斷君命，秉權而殺君以滅口。此所謂無妄之禍也。」春申君曰：「何謂無妄之人？」曰：「君先仕臣爲郎中，君王崩，李園先入，臣請爲君剸其胸殺之。此所謂無妄之人也。」春申君曰：「先生置之，勿復言已。李園，軟弱人也，僕又善之，又何至此？」朱英恐，乃亡去。

後十七日，楚考烈王崩，李園果先入，置死士，止於棘門之內。春申君後入，止棘門。園死士夾刺春申君，斬其頭，投之棘門外。於是使吏盡滅春申君之家。而李園女弟，初幸春申君有身，而入之王所生子者，遂立爲楚幽王也。

是歲，秦始皇立九年矣。嫪毐亦爲亂於秦。覺，夷三族，而呂不韋廢。

虞卿謂春申君曰：「臣聞之《春秋》，於安思危，危則慮安。今楚王之春秋高矣，而君之封地，不可不早定也。爲主君慮封者，莫如遠楚。秦孝公封商君，孝公死，而後不免殺之。秦惠王封冉子，惠王死，而後王奪之。公孫鞅，功臣也；冉子，親姻也。然而不免奪死者，封近故也。太公望封於齊，邵公奭封於燕，爲其遠王室矣。今燕之罪大而趙怒深，故君不如北兵以德趙，踐亂燕，以定身封，此百代之一時也。」君曰：「所道攻燕，非齊則魏。魏、齊新怨楚，楚君雖欲攻燕，將道何哉？」對曰：「請令魏王可。」君曰：「何如？」對曰：「臣請到魏，而使所以信之。」迺謂魏王曰：「夫楚亦強大矣，天下無敵，乃且攻燕。」魏王曰：「鄉也，子云天下無敵；今也，子云乃且攻燕者，何也？」對曰：「今爲馬多力則有矣，若曰勝千鈞則不然者，何也？夫千鈞非馬之任也。今謂楚強大則有矣，若越趙、魏而鬬兵於燕，則豈楚之任也我？非楚之任而楚爲之，是敝楚也。敝楚見強魏也，其於王孰便也？」

《韓詩外傳》卷四　客有說春申君者曰：「湯以七十里，文王百里，皆兼天下，一海內。今夫孫子者，天下之賢人也，君藉之百里之勢，臣竊以爲不便於君，若何？」春申君曰：「善。」於是使人謝孫子。孫子去而之趙，趙以爲上卿。客又說春申君曰：「昔伊尹去夏之殷，殷王而夏亡。管仲去魯入齊，魯弱而齊強。由是觀之，夫賢者之所在，其君未嘗不善，其國未嘗不安也。今孫子天下之賢人，何謂辭而去？」春申君又云：「善。」於是使使請孫子。孫子爲書謝之曰：「鄙語曰：『癘憐王』，此不恭之語也。雖然，不可不審也。此爲劫殺死亡之主言者也。夫人主年少而放，無術以知奸，即大臣以專斷圖私，以禁誅於己也。故捨賢長而立幼弱，廢正適而立不義，故《春秋》志之，曰：『楚王之子圍聘於鄭，未出境，聞王疾，返問疾，遂以冠纓絞王而殺之，因自立。齊崔杼之妻美，莊公通之。崔杼帥其黨而攻莊公。公請與分國，崔杼不許。欲自刃於廟，崔杼又不許。莊公走出，踰於外牆，射中其股，遂殺之，而立其弟景公。』近世所見：李兑用趙，餓主父於沙丘，百日而殺之。淖齒用齊，擢閔王之筋而懸之於廟梁，宿昔而殺之。夫癘雖癰腫痂疕，上比遠世，未至絞頸射股也；下比近世，未至擢筋餓死也。夫劫殺死亡之主，心之憂勞，形之苦痛，必甚於癘矣。由此觀之，癘雖憐王，可也。」因爲賦曰：「琁玉瑤珠不知珮，雜布與錦不知異。閭娵子都莫之媒，嫫母力父是之喜。以盲爲明，以聾爲聰。以是爲非，以吉爲凶。嗚呼上天，曷爲其同！」《詩》曰：「上帝甚蹈，無自瘵焉。」

劉向《新序・善謀》　楚使黃歇於秦，秦昭王使白起攻韓、魏，韓、魏服事秦，昭王方令白起與韓、魏共伐楚。黃歇適至，聞其計，是時秦已使白起攻楚，取數縣，楚頃襄王東徙。黃歇上書於秦昭王，欲使秦遠交楚，而攻韓、魏，以解楚。其書曰【略】昭王曰：「善。」於是乃止白起，謝韓、魏，發使賂楚，約爲與國。黃歇受約歸楚。解弱楚之禍，全彊秦之兵，黃歇之謀也。

劉向《古列女傳》卷七《孽嬖傳》　楚考李后者，趙人李園之女弟，楚考烈王之后也。初，考烈王無子，春申君患之，李園爲春申君舍人，乃取其女弟與春申君，知有身，園女弟因間謂春申君曰：「楚王之貴幸君，雖兄弟不如，今君相楚三十餘年，而王無子，即百歲後，將立兄弟，即楚更立君後，彼亦各貴其所親，又安得長有寵乎？非徒然也。君用事久，多失禮於王兄弟。王兄弟誠立，禍且及身，何以保相印、江東之封乎！今妾知有身矣，而人莫知。妾之幸君未久，誠以君之重而進妾於楚王，楚王必嬖妾，妾賴天有子男，則是君之子爲王也，楚國盡可得，孰與身臨不測之罪乎！」春申君大然之，乃出園女弟謹舍之，言之考烈王。召而幸之，遂生子悼，立爲太子，園女弟爲后，而李園貴用事，養士欲殺春申君以滅口。及考烈王死，園乃殺春申君，滅其家，悼立，是爲幽王。後有考烈王遺腹子猶立，是爲哀王。考烈王弟公子負芻之徒聞知幽王非考烈王子，疑哀王，乃襲殺哀王及太后，盡滅李園之家，而立負芻爲王。五年，而秦滅之。詩云：「盜言孔

甘，亂是用餤。」此之謂也。

頌曰：李園女弟，發迹春申。考烈無子，果得納身。知重而入，遂得爲嗣。既立畔本，宗族滅弑。

袁康《越絶書》卷二《越絶外傳記吴地傳》 無錫歷山，春申君時盛祠以牛，立無錫塘。去吴百二十里。

無錫湖者，春申君治以爲陂，鑿語昭瀆以東到大田。田名胥卑。鑿胥卑下以南注大湖，以寫西野。去縣三十五里。

無錫西龍尾陵道者，春申君初封吴所造也，屬於無錫縣。以奏吴北野胥主疁。【略】

胥女南小蜀山，春申君客衛公子冢也。去縣三十五里。

白石山，故爲胥女山，春申君初封吴，過，更名爲白石。去縣四十里。

今太守舍者，春申君所造。後壁屋以爲桃夏宫。

今宫者，春申君子假君宫也。前殿屋蓋地東西十七丈五尺，南北十五丈七尺。堂高四丈，十霤高丈八尺。殿屋蓋地東西十五丈，南北十丈二尺七寸。户霤高丈二尺。庫東鄉屋南北四十丈八尺，上下户各二；南鄉屋東西六十四丈四尺，上户四，下户三；西鄉屋南北四十二丈九尺，上户三，下户二；凡百四十九丈一尺。檐高五丈二尺。霤高二丈九尺。周一里二百四十一步。春申君所造。

吴兩倉，春申君所造。西倉名曰均輸，東倉周一里八步。後燒。更始五年，太守李君治東倉爲屬縣屋，不成。

吴市者，春申君所造，闕兩城以爲市。在湖里。

吴諸里大閈，春申君所造。

楚門，春申君所造。楚人從之，故爲楚門。

路丘大冢，春申君客冢。不立，以道終之。去縣十里。

吴獄庭，周三里，春申君時造。

土山者，春申君時治以爲貴人冢次。去縣十六里。

春申君，楚考烈王相也。烈王死，幽王立，封春申君於吴。三年，幽王徵春申爲楚令尹，春申君自使其子爲假君治吴。十一年，幽王徵假君，與春申君并殺之。二君治吴凡十四年。後十六年，秦始皇并楚，百越叛去，東名大越爲山陰也。春申君姓黄，名歇。

巫門外罘罳者，春申君去吴，假君所思處也。去縣二十三里。

應劭《風俗通義・窮通》 孫況齊威、宣王之時，聚天下賢士於稷下，尊寵之，若鄒衍、田駢、淳于髡之屬甚衆，號曰列大夫，皆世所稱，咸作書刺世。是時，孫卿有秀才，年十五，始來遊學。諸子之事，皆以爲非先王之法也。孫卿善爲《詩》、《禮》、《易》、《春秋》，至襄王時，而孫卿最爲老師，齊尚循列大夫之缺，而孫卿三爲祭酒焉。齊人或讒孫卿，乃適楚，楚相春申君以爲蘭陵令。人或謂春申君：「湯以七十里，文王以百里，孫卿賢者也，今與之百里地，楚其危乎！」春申君謝之，孫卿去之，游趙，應聘於秦。是時，七國交争，尚於權詐；而孫卿守禮義，貴術籍，雖見窮擯，而猶不黜其志，作書數十篇，疾濁世之政，國亂君危相屬，不遵大道，而營乎巫祝，信禨祥，蘇秦、張儀以邪道説諸侯，以大貴顯，隨而笑之曰：「夫不以其道進者，必不以其道亡。」又小五伯，以爲仲尼之門，羞稱其功。後客或謂春申君曰：「伊尹去夏入殷，殷王而夏衰；管仲去魯入齊，魯弱而齊彊。故賢者所在，君尊國安，今孫況天下賢人，所去之國，其不安乎？」春申君使請孫況，況遺春申君書，刺楚國，因爲歌賦，以遺春申君；春申君恨，復固謝孫卿，因不得已，乃行，復爲蘭陵令焉。

董説《七國考》卷二《楚食貨・均輸》 《越絶書》：「吴兩倉，春申君所造。西倉名曰『均輸』，東倉周一里八步。」【略】

無錫河 申浦

《越絶書》云：「無錫河者，春申君治以爲陂，鑿語昭瀆以東到大田，田名胥卑。鑿胥卑下，以南注大湖，以寫西野，去縣三十五里。」《一統志》：「南直常州申浦在江陰縣西三十里。昔春申君開置田爲上下屯，自大江南導，分而爲二：東入無錫，西入武進、戚墅，俱達於運河。」今江陰之山川，多以春申取義。

梁玉繩《人表考》卷五《中中・春申君》 春申君始見《戰國・楚》、《魏策》。即黄歇。楚人。《國策》、《史》本傳。亦曰春申。《魏策》、《荀子・成相》、賈誼《新書・過秦論》。李園使死士斬其頭，投棘門外。《策》、《史》。

備論

《史記》卷七八《春申君列傳論》 吾適楚，觀春申君故城，宮室盛矣哉！初，春申君之説秦昭王，及出身遺楚太子歸，何其智之明也！後制於李園，旄矣。語

曰：「當斷不斷，反受其亂。」春申君失朱英之謂邪？

徐幹《中論・亡國》 苟不用賢，雖有無益也。【略】昔齊桓公立稷下之官，設大夫之號，招致賢人而尊寵之，自孟軻之徒皆游於齊。楚春申君亦好賓客，敬待豪杰，四方並集，食客盈館，且聘荀卿，置諸蘭陵。然齊不益强，黄歇遇難，不用故也。

《史記》卷七八《春申君列傳》司馬貞述贊 黄歇辯智，權略秦、楚。太子獲歸，身作宰輔。珠炫趙客，邑開吴土。烈王寡胤，李園獻女。無妄成災，朱英徒語。

《皮日休文集》卷四《春申君碑》 士以知己，委用於人，報其用者，術苟不王，要在强其國尊其君也。上可以霸略，次可以忠烈。無王術而有霸略者，可以勝人國；無霸略而有忠烈者，亦足以勝人國。春申君之道，復何如哉？憂荆不勝，以身市奇計，不曰忠乎？荆太子既去，歇孤在秦，其俟刑待禍，若自屠以當餒虎，不曰烈乎？然徙都於壽春，失鄧塞之固，去方城之險，捨江漢之利，其爲謀已下矣。猶死以吴爲宫室，以魯爲封疆，春申之力哉？當斯時也，苟任荀卿之儒術，廣聖深道，用之期月，荆可王矣！然卒以猜去士，以謗免賢。於戲！儒術之道，其奥藏天地，其明燭鬼神，春申且不悟，況李園之陰謀，豈易悟哉？豈易悟哉？

《全元文》卷九九七譚景星《黄歇吕不韋論》 曰君臣、父子、夫婦，聖人所以繼天立極，叙倫設教，雖堯舜之治，不過如是，貴於盡其道而已。昔者齊景公問政，孔子逆知其失道，必致陳氏之禍，故告之以此。景公不能用，卒至於亂。夫人道之大經，王政之根本也。麟經絶筆，而田氏取齊，六卿分晋。小而僭竊，大而簒弑，無所忌憚，陵夷至于戰國，王澤盡而人道泯矣，豈一朝一夕之故哉。嘗觀文信侯吕不韋，以其邯鄲姬有娠，進於秦莊襄，而生始皇。春申君黄歇，以其妾李園妹有娠，進於楚考烈，而生幽王。事正相類。是二人者，以國易宗，亂君臣、父子、夫婦之道，而人倫殆盡矣。不韋以徙蜀飲酖死，歇爲李園所殺，至赤其家，以理言之，無足愍者。夫邯鄲姬，在吕則爲不韋之妾，而行其妾婦之道，在秦則爲莊襄之后，而定其君臣之分，乃復私通焉。懼禍及己，復詐以嫪毐爲宦者，進后幸之，而有二子。己欺君，又教人以欺君之事。以所不欲施諸人，而弭己之難，不其可乎？卒致始皇車裂嫪毐殺二弟而遷母，鄙哉。茅焦不善于諫，而以死争之，直以車裂假父，囊撲二弟，遷母於雍爲辭，以暴國醜。夫弟雖非其類，徒有名存焉耳。母固不可遷，而父可假乎？非諫也。黄歇以姦臣竊國命，持禄固位，圖爲自全，反所以自禍，爲女子所詐，至於如此，曾不及朱英先知之。不以其道進，必不以其道終，理有固然，何必朱英也。夫鄙夫也，未得患得，既得患失，無所不至矣，可與事君也歟哉。

鍾惺《史懷》卷七《春申君列傳》 春申君，楚功臣也。上書秦昭王全楚，護太子歸國立爲王，其功在社稷，然皆從富貴起念，所以不能燭李園之奸，所謂器滿智昏也。詳其始末，與好士無干，玳瑁簪珠履，直是玉石村富人狡獪耳。

楚使黄歇與太子完入質于秦，楚頃襄王病，太子不得歸，而太子與秦相應侯善，歇説應侯歸太子，秦王欲先遣太子之傅先往問楚王疾，返而後圖之。歇遣太子與使者出，自請止以死當之，度太子去已遠，乃自言秦昭王請死，應侯諫令歸歇以親楚，歇固先算定一應侯爲之用矣。膽智如此，豈不能消楚之一春申君乎！愚嘗觀歇此舉，覺相如完璧歸趙一事，大智而小用之。

藝文

《全唐詩》卷二四二張繼《春申君祠》 春申祠宇空山裏，古柏陰陰石泉水。日暮江南無主人，彌令過客思公子。蕭條寒景傍山村，寂寞誰知楚相尊。當時珠履三千客，趙使懷慚不敢言。

《劉禹錫集》卷六《儆舟》 劉子浮于汴，涉淮而東。亦既釋紼纚，榜人告予曰：「方今湍悍而舟盬，宜謹其具以虞焉。」予聞言若厲。由是衂以室之，灰以墐之，斟以乾之，僕怠而躬行，夕惕而晝勤。景霾晶而莫進，風異響而遄止。兢兢然累辰，是用獲濟。偃檣弭櫂，次于淮陰。於是舟之工咸沛然自暇自逸，或游肆而觴矣，或拊橋而歌矣；隸也休役以高寢矣，吾曹無虞以宴息矣。逮夜分而窽隟潛澍，涣然陰潰，至乎淹簀濡薦，方卒愕傳呼，跣跳登墟，僅以身脱。目未及瞬而樓傾軸墊，抵于泥沙，力莫能支也。

劉子缺然自視而言曰：曏予兢惕也，汩洪漣而無害。今予宴安也，蹈常流而致危。畏之途果無常所哉！不生於所畏而生於所易也。是以越子膝行吴君忽，晋宣尸居魏臣怠，白公厲劍子西哂，李園養士春申易，至于覆國夷族，可不儆

哉！嗚呼！禍福之胚胎也，其動甚微；倚伏之矛楯也，其理甚明。困而後儆，斯弗及已。

《全唐詩》卷五一一張祜《感春申君》 薄俗何心議感恩，諂容卑迹賴君門。春申還道三千客，寂寞無人殺李園。

《全唐詩》卷五二一杜牧《春申君》 烈士思酬國士恩，春申誰與快寃魂。三千賓客總珠履，欲使何人殺李園。

《全唐詩》卷七二八周曇《黄歇》 春申隨質若王圖，爲主輕生大丈夫。女子異心安足聽，功成何更用陰謨。

蔣士銓《忠雅堂集》卷一三《春中君》 奪國何陰賊？真同吕不韋。氣驕珠履客，身贈楚王妃。末路迷強弱，明誅罰隱微。朱英天下士，寧解棘門圍？

魏冉部

綜述

《史記》卷七二《穰侯列傳》 穰侯魏冄者，秦昭王母宣太后弟也。其先楚人，姓芈氏。

秦武王卒，無子，立其弟爲昭王。昭王母故號爲芈八子，及昭王即位，芈八子號爲宣太后。宣太后非武王母。武王母號曰惠文后，先武王死。宣太后二弟：其異父長弟曰穰侯，姓魏氏，名冄；同父弟曰芈戎，爲華陽君。而昭王同母弟曰高陵君、涇陽君。而魏冄最賢，自惠王、武王時任職用事。武王卒，諸弟争立，唯魏冄力爲能立昭王。昭王即位，以冄爲將軍，衛咸陽。誅季君之亂，而逐武王后出之魏，昭王諸兄弟不善者皆滅之，威振秦國。昭王少，宣太后自治，任魏冄爲政。

昭王七年，樗里子死，而使涇陽君質於齊。趙人樓緩來相秦，趙不利，乃使仇液之秦，請以魏冄爲秦相。仇液將行，其客宋公謂液曰：「秦不聽公，樓緩必怨公。公不若謂樓緩曰『請爲公毋急秦』。秦王見趙請相魏冄之不急，且不聽公。公言而事不成，以德樓子；事成，魏冄故德公矣。」於是仇液從之。而秦果免樓緩而魏冄相秦。

欲誅呂禮，禮出奔齊。昭王十四年，魏冄舉白起，使代向壽將而攻韓、魏，敗之伊闕，斬首二十四萬，虜魏將公孫喜。明年，又取楚之宛、葉。魏冄謝病免相，以客卿壽燭爲相。其明年，燭免，復相冄，乃封魏冄於穰，復益封陶，號曰穰侯。

穰侯封四歲，爲秦將攻魏。魏獻河東方四百里。拔魏之河内，取城大小六十餘。昭王十九年，秦稱西帝，齊稱東帝。月餘，呂禮來，而齊、秦各復歸帝爲王。魏冄復相秦，六歲而免。免二歲，復相秦。四歲，而使白起拔楚之郢，秦置南郡。乃封白起爲武安君。白起者，穰侯之所任舉也，相善。於是穰侯之富，富於王室。

昭王三十二年，穰侯爲相國，將兵攻魏，走芒卯，入北宅，遂圍大梁。梁大夫須賈説穰侯曰：「臣聞魏之長吏謂魏王曰：『昔梁惠王伐趙，戰勝三梁，拔邯鄲；趙氏不割，而邯鄲復歸。齊人攻衛，拔故國，殺子良；衛人不割，而故地復反。衛、趙之所以國全兵勁而地不并於諸侯者，以其能忍難而重出地也。宋、中山數伐割地，而國隨以亡。臣以爲衛、趙可法，而宋、中山可爲戒也。秦，貪戾之國也，而毋親。蠶食魏氏，又盡晉國，戰勝暴子，割八縣，地未畢入，兵復出矣。夫秦何厭之有哉！今又走芒卯，入北宅，此非敢攻梁也，且劫王以求多割地，王必勿聽也。今王背楚、趙而講秦，楚、趙怒而去王，與王争事秦，秦必受之。秦挾楚、趙之兵以復攻梁，則國求無亡不可得也。願王之必無講也。王若欲講，少割而有質；不然，必見欺。』此臣之所聞於魏也，願君(王)之以是慮事也。《周書》曰『惟命不于常』，此言幸之不可數也。夫戰勝暴子，割八縣，此非兵力之精也，又非計之工也，天幸爲多矣。今又走芒卯，入北宅，以攻大梁，是以天幸自爲常也，智者不然。臣聞魏氏悉其百縣勝甲以上戍大梁，臣以爲不下三十萬。以三十萬之衆守梁七仞之城，臣以爲湯、武復生，不易攻也。夫輕背楚、趙之兵，陵七仞之城，戰三十萬之衆，而志必舉之，臣以爲自天地始分以至于今，未嘗有者也。攻而不拔，秦兵必罷，陶邑必亡，則前功必弃矣。今魏氏方疑，可以少割收也。願君逮楚、趙之兵未至於梁，亟以少割收魏。魏方疑而得以少割爲利，必欲之，則君得所欲矣。楚、趙怒於魏之先已也，必争事秦，從以此散，而君後擇焉。且君之得地豈必以兵哉！割晉國，秦兵不攻，而魏必效絳安邑。又爲陶開兩道，幾盡故宋，衛必效單父。秦兵可全，而君制之，何索而不得，何爲而不成！願君熟慮之而無行危。」穰侯曰：「善。」乃罷梁圍。

明年，魏背秦，與齊從親。秦使穰侯伐魏，斬首四萬，走魏將暴鳶，得魏三縣。穰侯益封。

明年，穰侯與白起客卿胡陽復攻趙、韓、魏，破芒卯於華陽下，斬首十萬，取魏之卷、蔡陽、長社，趙氏觀津。且與趙觀津，益趙以兵，伐齊。齊襄王懼，使蘇代爲齊陰遺穰侯書曰：「臣聞往來者言曰『秦將益趙甲四萬以伐齊』，臣竊必之敝邑之王曰『秦王明而熟於計，穰侯智而習於事，必不益趙甲四萬以伐齊』。是何也？夫三晉之相與也，秦之深讎也。百相背也，百相欺也，不爲不信，不爲無行。今破齊以肥趙。趙，秦之深讎，不利於秦。此一也。秦之謀者，必曰『破齊，弊晉、楚，而後制晉、楚之勝』。夫齊，罷國也，以天下攻齊，如以千鈞之弩決潰癰也，必死，安能弊晉、楚？此二也。秦少出兵，則晉、楚不信也；多出兵，

則晉、楚爲制於秦。齊恐，不走秦，必走晉、楚。此三也。秦割齊以啖晉、楚，晉、楚案之以兵，秦反受敵。此四也。是晉、楚以秦謀齊，以齊謀秦也，何晉、楚之智而秦、齊之愚？此五也。故得安邑以善事之，亦必無患矣。秦有安邑，韓氏必無上黨矣。取天下之腸胃，與出兵而懼其不反也，孰利？臣故曰秦王明而熟於計，穰侯智而習於事，必不益趙甲四萬以伐齊矣。」於是穰侯不行，引兵而歸。

昭王三十六年，相國穰侯言客卿竈，欲伐齊取剛、壽，以廣其陶邑。於是魏人范睢自謂張禄先生，譏穰侯之伐齊，乃越三晉以攻齊也，以此時奸説秦昭王。昭王於是用范睢。范睢言宣太后專制，穰侯擅權於諸侯，涇陽君、高陵君之屬太侈，富於王室。於是秦昭王悟，乃免相國，令涇陽之屬皆出關，就封邑。穰侯出關，輜車千乘有餘。

穰侯卒於陶，而因葬焉。秦復收陶爲郡。

雜録

備録

《戰國策·秦三》　薛公爲魏謂魏冉曰：「文聞秦王欲以呂禮收齊，以濟天下，君必輕矣。齊、秦相聚以臨三晉，禮必并相之，是君收齊以重呂禮也。齊免於天下之兵，其讎君必深。君不如勸秦王令弊邑卒攻齊之事。齊破，文請以所得封君。齊破晉強，秦王畏晉之強也，必重君以取晉。齊予晉弊邑，而不能支秦，晉必重君以事秦。是君破齊以爲功，操晉以爲重也。破齊定封，而秦、晉皆重君；若齊不破，呂禮復用，子必大窮矣。」

謂魏冉曰：「和不成，兵必出。白起者，且復將。戰勝，必窮公；不勝，必事趙從公。公又輕，公不若毋多，則疾到。」

魏謂魏冉曰：「公聞東方之語乎？」曰：「弗聞也。」曰：「辛、張陽、毋澤説魏王、薛公、公叔也，曰：『臣戰，載主契國以與王約，必無患矣。若有敗之者，臣請挈領。然而臣有患也。夫楚王之以其臣請挈領然而臣有患也。夫楚王之以其國依冉也，而事臣之主，此臣之甚患也。』今公東而因言於楚，是令張儀之言爲禹，而務敗公之事也。公不如反公國，德楚而觀薛公之爲公也。觀三國之所求於秦而不能得者，請以號三國以自信也。觀張儀與澤之所不能得於薛公者也，而公請之以自重也。」

謂魏冉曰：「楚破秦，不能與齊縣衡矣。秦三世積節於韓、魏，而齊之德新加與。齊、秦交争，韓、魏東聽，則秦伐矣。齊有東國之地，方千里。楚苞九夷，又方千里，南有符離之塞，北有甘魚之口。權縣宋、衛，宋、衛乃當阿、甄耳。利有千里者二，富擅越隸，秦烏能與齊縣衡韓、魏，支分方城膏腴之地以薄鄭？兵休復起，足以傷秦，不必待齊。」

五國罷成睪，秦王欲爲成陽君求相韓、魏，韓、魏弗聽。秦太后爲魏冉謂秦王曰：「成陽君以王之故，窮而居於齊，今王見其達而收之，亦能翕其心乎？」王曰：「未也。」太后曰：「窮而不收，達而報之，恐不爲王用；且收成陽君，失韓、魏之道也。」

《戰國策·齊二》　權之難，齊、燕戰。秦使魏冉之趙，出兵助燕擊齊。薛公使魏處之趙，謂李向曰：「君助燕擊齊，齊必急。急必以地和於燕，而身與趙戰矣。然則是君自爲燕東兵，爲燕取地也。故爲君計者，不如按兵勿出。齊必緩，緩必復與燕戰。戰而勝，兵罷弊，趙可取唐、曲逆；戰而不勝，命懸於趙。然則吾中立而割窮齊與疲燕也，兩國之權，歸於君矣。」

《戰國策·齊四》　蘇秦自燕之齊，見於華章南門。齊王曰：「嘻，子之來也。秦使魏冉致帝，子以爲何如？」對曰：「王之問臣也卒，而患之所從生者微。今不聽，是恨秦也；聽之，是恨天下也。不如聽之以卒秦，勿庸稱也以爲天下。秦稱之，天下聽之，王亦稱之，先後之事，帝名爲無傷也。秦稱之，而天下不聽，王因勿稱，其於以收天下，此大資也。」

《戰國策·趙三》　趙使机郝之秦，請相魏冉。宋突謂机郝曰：「秦不聽，樓緩必怨公。公不若陰辭樓子曰：『請無急秦王。』秦王見趙之相魏冉之不急也，且不聽公言也，是事而不成，魏冉固德公矣。」

《史記》卷七五《孟嘗君列傳》　孟嘗君懼，乃遺秦相穰侯魏冉書曰：「吾聞秦欲以呂禮收齊，齊，天下之彊國也，子必輕矣。齊秦相取以臨三晉，呂禮必并相矣，是子通齊以重呂禮也。若齊免於天下之兵，其讎子必深矣。子不如勸秦王伐齊。齊破，吾請以所得封子。齊破，秦畏晉之彊，秦必重子以取晉。晉國敝

於齊而畏秦，晉必重子以取秦。是子破齊以爲功，挾晉以爲重；是子破齊定封，秦、晉交重子。若齊不破，呂禮復用，子必大窮。」於是穰侯言於秦昭王伐齊，而呂禮亡。

劉向《説苑・敬慎》 魏公子牟東行，穰侯送之曰：「先生將去冉之山東矣，獨無一言以教冉乎？」魏公子牟曰：「微君言之，牟幾忘語君。君知夫官不與勢期，而勢自至乎？勢不與富期，而富自至乎？富不與貴期，而貴自至乎？貴不與驕期，而驕自至乎？驕不與罪期，而罪自至乎？罪不與死期，而死自至乎？」穰侯曰：「善。敬受明教。」

洪邁《容齋四筆》卷九《魏冉罪大》 自漢以來，議者謂秦之亡，由商鞅、李斯。鞅更變法令，使民不見德，斯焚燒詩書，欲人不知古，其事固然。予觀秦所以得罪於天下後世，皆自挾詐失信故耳。其始也，以商、於六百里啖楚絶齊，繼約楚懷王入武關，辱爲藩臣，竟留之至死。及其喪歸，楚人皆憐之，如悲親戚。諸侯由是不直秦，未及百年，「三户亡秦」之語遂驗。而爲此謀者，張儀、魏冉也。儀之惡不待言，而冉之計頗隱，故不爲士君子所誅。當秦武王薨，諸弟争立，唯冉力能立昭王。冉者，昭王母宣太后之弟也。昭王少，太后自治事，任冉爲政，威震秦國，才六年而詐留楚王，又怒其立太子，復取十六城。是時，王不過十餘歲，爲此者必冉也。後冉爲范雎所間而廢逐。司馬公以爲冉援立昭王，除其災害，使諸侯稽首而事秦，秦益彊大者，冉之功也。蓋公不細考之云。又嘗請趙王會澠池，處心積慮，亦與詐楚同，賴藺相如折之，是以無所成，不然，與楚等耳。冉區區匹夫之見，徒能爲秦一時之功，而詒秦不義不信之名萬世不滅者，冉之罪誠大矣。

梁玉繩《人表考》卷六《中下・魏冉》 穰侯始見《秦》、《魏》、《韓策》。即魏冉。《秦》、《齊策》。其先楚人，氏魏，名冉，秦昭王母宣太后之異父長弟，封于穰，復益封陶。號穰侯，《史・本傳》。亦曰冉子。《楚策》。卒葬陶。《本傳》。

備論

《史記》卷七二《穰侯列傳論》 穰侯，昭王親舅也。而秦所以東益地，弱諸侯，嘗稱帝於天下，天下皆西鄉稽首者，穰侯之功也。及其貴極富溢，一夫開説，身折勢奪而以憂死，況於羈旅之臣乎？

劉晝《劉子・貴速》 張禄之入秦，魏冉悔不先索而後行，故勢移而身逐。

《史記》卷七二《穰侯列傳》司馬貞述贊 穰侯智識，應變無方。内倚太后，外輔昭王。四登相位，再列封疆。摧齊撓楚，破魏圍梁。一夫開説，憂憤而亡。

藝文

庾信《庾子山集》卷四《奉和永豐殿下言志十首》之四 託情欣六學，遊目愛三餘。覆局能懸記，看碑解暗疏。詎嘗遊魏冉，那時説范雎。池水朝含墨，流螢夜聚書。

《張九齡集》卷四《咏史》 大德始無頗，中智是所是。居然已不一，況乃務相詭？小道致泥難，巧言因萋毁。穰侯或見遲，蘇生得陰揣。輕既長沙傅，重亦邊郡徙。勢傾不幸然，迹在胡寧爾？滄溟所爲大，江漢日來委。澧水雖復清，魚鱉豈遊此？賢哉有小白，仇中有管氏。若人不世生，悠悠多如彼。

《全唐詩》卷八三陳子昂《感遇詩三十八首》之二二 蜻蛉遊天地，與世本無患。飛飛未能止，黄雀來相干。穰侯富秦寵，金石比交歡。出入咸陽裏，諸侯莫敢言。寧知山東客，激怒秦王肝。布衣取丞相，千載爲辛酸。

白起部

綜述

《史記》卷七三《白起王翦列傳》 白起者，郿人也。善用兵，事秦昭王。昭王十三年，而白起爲左庶長，將而擊韓之新城。是歲，穰侯相秦，舉任鄙以爲漢中守。其明年，白起爲左更，攻韓、魏於伊闕，斬首二十四萬，又虜其將公孫喜，拔五城。起遷爲國尉。涉河取韓安邑以東，到乾河。明年，白起爲大良造。攻魏，拔之，取城小大六十一。明年，起與客卿錯攻垣城，拔之。後五年，白起攻趙，拔光狼城。後七年，白起攻楚，拔鄢、鄧五城。其明年，攻楚，拔郢，燒夷陵，遂東至竟陵。楚王亡去郢，東走徙陳。秦以郢爲南郡。白起遷爲武安君。武安君因取楚，定巫、黔中郡。昭王三十四年，白起攻魏，拔華陽，走芒卯，而虜三晉將，斬首十三萬。與趙將賈偃戰，沈其卒二萬人於河中。昭王四十三年，白起攻韓陘城，拔五城，斬首五萬。四十四年，白起攻南陽太行道，絶之。

四十五年，伐韓之野王。野王降秦，上黨道絶。其守馮亭與民謀曰：「鄭道已絶，韓必不可得爲民。秦兵日進，韓不能應，不如以上黨歸趙。趙若受我，秦怒，必攻趙。趙被兵，必親韓。韓趙爲一，則可以當秦。」因使人報趙。趙孝成王與平陽君、平原君計之。平陽君曰：「不如勿受。受之，禍大於所得。」平原君曰：「無故得一郡，受之便。」趙受之，因封馮亭爲華陽君。

四十六年，秦攻韓緱氏、藺，拔之。

四十七年，秦使左庶長王齕攻韓，取上黨。上黨民走趙。趙軍長平，以按據上黨民。四月，齕因攻趙。趙使廉頗將。趙軍士卒犯秦斥兵，秦斥兵斬趙裨將茄。六月，陷趙軍，取二鄣四尉。七月，趙軍築壘壁而守之。秦又攻其壘，取二尉，敗其陣，奪西壘壁。廉頗堅壁以待秦，秦數挑戰，趙兵不出。趙王數以爲讓。而秦相應侯又使人行千金於趙爲反閒，曰：「秦之所惡，獨畏馬服子趙括將耳，廉頗易與，且降矣。」趙王既怒廉頗軍多失亡，軍數敗，又反堅壁不敢戰，而又聞秦反閒之言，因使趙括代廉頗將以擊秦。秦聞馬服子將，乃陰使武安君白起爲上將軍，而王齕爲尉裨將，令軍中有敢泄武安君將者斬。趙括至，則出兵擊秦軍。秦軍詳敗而走，張二奇兵以劫之。趙軍逐勝，追造秦壁。壁堅拒不得入，而秦奇兵二萬五千人絶趙軍後，又一軍五千騎絶趙壁閒，趙軍分而爲二，糧道絶。而秦出輕兵擊之。趙戰不利，因築壁堅守，以待救至。秦王聞趙食道絶，王自之河内，賜民爵各一級，發年十五以上悉詣長平，遮絶趙救及糧食。

至九月，趙卒不得食四十六日，皆内陰相殺食。來攻秦壘，欲出。爲四隊，四五復之，不能出。其將軍趙括出鋭卒自搏戰，秦軍射殺趙括。括軍敗，卒四十萬人降武安君。武安君計曰：「前秦已拔上黨，上黨民不樂爲秦而歸趙。趙卒反覆，非盡殺之，恐爲亂。」乃挾詐而盡阬殺之，遺其小者二百四十人歸趙。前後斬首虜四十五萬人。趙人大震。

四十八年十月，秦復定上黨郡。秦分軍爲二：王齕攻皮牢，拔之；司馬梗定太原。韓、趙恐，使蘇代厚幣説秦相應侯曰：「武安君禽馬服子乎？」曰：「然。」又曰：「即圍邯鄲乎？」曰：「然。」「趙亡則秦王王矣，武安君爲三公。武安君所爲秦戰勝攻取者七十餘城，南定鄢、郢、漢中，北禽趙括之軍，雖周、召、吕望之功不益於此矣。今趙亡，秦王王，則武安君必爲三公，君能爲之下乎？雖無欲爲之下，固不得已矣。秦嘗攻韓，圍邢丘，困上黨，上黨之民皆反爲趙，天下不樂爲秦民之日久矣。今亡趙，北地入燕，東地入齊，南地入韓、魏，則君之所得民亡幾何人。故不如因而割之，無以爲武安君功也。」於是應侯言於秦王曰：「秦兵勞，請許韓、趙之割地以和，且休士卒。」王聽之，割韓垣雍、趙六城以和。正月，皆罷兵。武安君聞之，由是與應侯有隙。

其九月，秦復發兵，使五大夫王陵攻趙邯鄲。是時武安君病，不任行。四十九年正月，陵攻邯鄲，少利，秦益發兵佐陵。陵兵亡五校。武安君病愈，秦王欲使武安君代陵將。武安君言曰：「邯鄲實未易攻也。且諸侯救日至，彼諸侯怨秦之日久矣。今秦雖破長平軍，而秦卒死者過半，國内空。遠絶河山而争人國都，趙應其内，諸侯攻其外，破秦軍必矣。不可。」秦王自命，不行；乃使應侯請之，武安君終辭不肯行，遂稱病。

秦王使王齕代陵將，八九月圍邯鄲，不能拔。楚使春申君及魏公子將兵數十萬攻秦軍，秦軍多失亡。武安君言曰：「秦不聽臣計，今如何矣！」秦王聞

之，怒，彊起武安君，武安君遂稱病篤。應侯請之，不起。於是免武安君爲士伍，遷之陰密。武安君病，未能行。居三月，諸侯攻秦軍急，秦軍數卻，使者日至。秦王乃使人遣白起，不得留咸陽中。武安君既行，出咸陽西門十里，至杜郵。秦昭王與應侯羣臣議曰：「白起之遷，其意尚怏怏不服，有餘言。」秦王乃使使者賜之劍，自裁。武安君引劍將自剄，曰：「我何罪于天而至此哉？」良久，曰：「我固當死。長平之戰，趙卒降者數十萬人，我詐而盡阬之，是足以死。」遂自殺。武安君之死也，以秦昭王五十年十一月。死而非其罪，秦人憐之，鄉邑皆祭祀焉。

《史記》卷五《秦本紀》 昭襄王十三年，向壽伐韓，取武始。左更白起攻新城。五大夫禮出亡奔魏。任鄙爲漢中守。十四年，左更白起攻韓、魏於伊闕，斬首二十四萬，虜公孫喜，拔五城。十五年，大良造白起攻魏，取垣，復予之。攻楚，取宛。十六年，左更錯取軹及鄧。【略】二十七年，錯攻楚。赦罪人遷之南陽。白起攻趙，取代光狼城。又使司馬錯發隴西，因蜀攻楚黔中，拔之。二十八年，大良造白起攻楚，取鄢、鄧，赦罪人遷之。二十九年，大良造白起攻楚，取郢爲南郡，楚王走。周君來。王與楚王會襄陵。白起爲武安君。三十年，蜀守若伐楚，取巫郡，及江南爲黔中郡。三十一年，白起伐魏，取兩城。楚人反我江南。【略】四十三年，武安君白起攻韓，拔九城，斬首五萬。四十四年，攻韓南(郡)〔陽〕，取之。四十五年，五大夫賁攻韓，取十城。葉陽君悝出之國，未至而死。四十七年，秦攻韓上黨，上黨降趙，秦因攻趙，趙發兵擊秦，相距。秦使武安君白起擊，大破趙於長平，四十餘萬盡殺之。【略】五十年十月，武安君白起有罪，爲士伍，遷陰密。張唐攻鄭，拔之。十二月，益發卒軍汾城旁。武安君白起有罪，死。

《白居易集》卷四六《太原白氏家狀二道・故鞏縣令白府君事狀》 白氏芈姓，楚公族也。楚熊居太子建奔鄭。建之子勝居于吴楚間，號白公，因氏焉。楚殺白公，其子奔秦，代爲名將，乙丙已降是也。裔孫曰起，有大功於秦，封武安君。後非其罪，賜死杜郵，秦人憐之，立祠廟于咸陽，至今存焉。及始皇，思武安之功，封其子仲于太原，子孫因家焉，故今爲太原人。

雜録

備録

《戰國策・西周》 蘇厲謂周君曰：「敗韓、魏，殺犀武，攻趙，取藺、離石、祁者，皆白起。是攻用兵，又有天命也。今攻梁，梁必破，破則周危，君不若止之。謂白起曰：『楚有養由基者，善射；去柳葉者百步而射之，百發百中。左右皆曰善。有一人過曰，善射，可教射也矣。養由基曰，人皆善，子乃曰可教射，子何不代我射之也。客曰，我不能教子支左屈右。夫射柳葉者，百發百中，而不已善息，少焉氣力倦，弓撥矢鉤，一發不中，前功盡矣。今公破韓、魏，殺犀武，而北攻趙，取藺、離石、祁者，公也。公之功甚多。今公又以秦兵出塞，過兩周，踐韓而以攻梁，一攻而不得，前功盡滅，公不若稱病不出也。』」

《戰國策・秦三》 謂魏冉曰：「和不成，兵必出。白起者，且復將。戰勝，必窮公；不勝，必事趙從公。公又輕，公不若毋多，則疾到。」

《戰國策・秦四》 頃襄王二十年，秦白起拔楚西陵，或拔鄢、郢、夷陵，燒先王之墓。王徙東北，保于陳城。楚遂削弱，爲秦所輕。於是白起又將兵來伐。

《戰國策・中山》 昭王既息民繕兵，復欲伐趙。武安君曰：「不可。」王曰：「前年國虚民饑，君不量百姓之力，求益軍糧以滅趙。今寡人息民以養士，蓄積糧食，三軍之俸有倍於前，而曰『不可』，其説何也？」

武安君曰：「長平之事，秦軍大尅，趙軍大破；秦人歡喜，趙人畏懼。秦民之死者厚葬，傷者厚養，勞者相饗，飲食餔餽，以靡其財；趙人之死者不得收，傷者不得療，涕泣相哀，勠力同憂，耕田疾作，以生其財。今王發軍，雖倍其前，臣料趙國守備，亦以十倍矣。趙自長平已來，君臣憂懼，早朝晏退，卑辭重幣，四面出嫁，結親燕、魏，連好齊、楚，積慮并心，備秦爲務。其國内實，其交外成。當今之時，趙未可伐也。」

王曰：「寡人既以興師矣。」乃使五校大夫王陵將而伐趙。陵戰失利，亡五校。王欲使武安君，武安君稱疾不行。王乃使應侯往見武安君，責之曰：「楚，

地方五千里，持戟百萬。君前率數萬之衆入楚，拔鄢、郢，焚其廟，東至竟陵，楚人震恐，東徙而不敢西向。韓、魏相率，興兵甚衆，君所將之不能半之，而與戰之於伊闕，大破二國之軍，流血漂鹵，斬首二十四萬。韓、魏以故至今稱東藩。此君之功，天下莫不聞。今趙卒之死於長平者已十七八，其國虚弱，是以寡人大發軍，人數倍於趙國之衆，願使君將，必欲滅之矣。君嘗以寡擊衆，取勝如神，況以彊擊弱，以衆擊寡乎？」

武安君曰：「是時楚王恃其國大，不恤其政，而羣臣相妬以功，諂諛用事，良臣斥疎，百姓心離，城池不修，既無良臣，又無守備。故起所以得引兵深入，多倍城邑，發梁焚舟以專民，以掠於郊野，以足軍食。當此之時，秦中士卒，以軍中爲家，將帥爲父母，不約而親，不謀而信，一心同功，死不旋踵。楚人自戰其地，咸顧其家，各有散心，莫有鬬志。是以能有功也。伊闕之戰，韓孤顧魏，不欲先用其衆。魏恃韓之鋭，欲推以爲鋒。二軍争便之力不同，是以臣得設疑兵，以待韓陣，專軍并鋭，觸魏之不意。魏軍既敗，韓軍自潰，乘勝逐北，以是之故能立功。皆計利形勢，自然之理，何神之有哉！今秦破趙軍於長平，不遂以時乘其振懼而滅之，畏而釋之，使得耕稼以益蓄積，養孤長幼以益其衆，繕治兵甲以益其強，增城浚池以益其固。主折節以下其臣，臣推體以下死士。至於平原君之屬，皆令妻妾補縫於行伍之間。臣人一心，上下同力，猶勾踐困於會稽之時也。以合伐之，趙必固守。挑其軍戰，必不肯出。圍其國都，必不可尅。攻其列城，必未可拔。掠其郊野，必無所得。兵出無功，諸侯生心，外救必至。臣見其害，未覩其利。又病，未能行。」

應侯慙而退，以言於王。王曰：「微白起，吾不能滅趙乎？」復益發軍，更使王齕代王陵伐趙。圍邯鄲八、九月，死傷者衆，而弗下。趙王出輕鋭以寇其後，秦數不利。武安君曰：「不聽臣計，今果何如？」王聞之怒，因見武安君，彊起之，曰：「君雖病，彊爲寡人卧而將之。有功，寡人之願，將加重於君。如君不行，寡人恨君。」武安君頓首曰：「臣知行雖無功，得免於罪。雖不行無罪，不免於誅。然惟願大王覽臣愚計，釋趙養民，以諸侯之變。撫其恐懼，伐其憍慢，誅滅無道，以令諸侯，天下可定，何必以趙爲先乎？此所謂爲一臣屈而勝天下也。大王若不察臣愚計，必欲快心於趙，以致臣罪，此亦所謂勝一臣而爲天下屈者也。夫勝一臣之嚴焉，孰若勝天下之威大耶？臣聞明主愛其國，忠臣愛其名。破國不可復完，死卒不可復生。臣寧伏受重誅而死，不忍爲辱軍之將。願大王察之。」王不答而去。

《史記》卷四〇《楚世家》　頃襄王横元年，秦要懷王不可得地，楚立王以應秦，秦昭王怒，發兵出武關攻楚，大敗楚軍，斬首五萬，取析十五城而去。二年，楚懷王亡逃歸，秦覺之，遮楚道，懷王恐，乃從閒道走趙以求歸。趙主父在代，其子惠王初立，行王事，恐，不敢入楚王。楚王欲走魏，秦追至，遂與秦使復之秦。懷王遂發病。頃襄王三年，懷王卒于秦，秦歸其喪于楚。楚人皆憐之，如悲親戚。諸侯由是不直秦。秦楚絶。

六年，秦使白起伐韓於伊闕，大勝，斬首二十四萬。秦乃遺楚王書曰：「楚倍秦，秦且率諸侯伐楚，争一旦之命。願王之飭士卒，得一樂戰。」楚頃襄王患之，乃謀復與秦平。七年，楚迎婦於秦，秦楚復平。【略】

十九年，秦伐楚，楚軍敗，割上庸、漢北地予秦。二十年，秦將白起拔我西陵。二十一年，秦將白起遂拔我郢，燒先王墓夷陵。楚襄王兵散，遂不復戰，東北保於陳城。二十二年，秦復拔我巫、黔中郡。

《史記》卷四三《趙世家》　惠文王二十五年，燕周將，攻昌城、高唐，取之。與魏共擊秦。秦將白起破我華陽，得一將軍。二十六年，取東胡歐代地。

《史記》卷七二《穰侯列傳》　穰侯封四歲，爲秦將攻魏。魏獻河東方四百里。拔魏之河内，取城大小六十餘。昭王十九年，秦稱西帝，齊稱東帝。月餘，呂禮來，而齊、秦各復歸帝爲王。魏冄復相秦，六歲而免。免二歲，復相秦。四歲，而使白起拔楚之郢，秦置南郡。乃封白起爲武安君。白起者，穰侯之所任舉也，相善。於是穰侯之富，富於王室。

王應麟《困學紀聞》卷一一《考史》　老泉《權書・強弱篇》謂：「秦之憂在六國，蜀最僻最小，最先取；楚最強，最後取。非其憂在蜀也。」愚謂取蜀則楚在掌中矣，白起所以再戰而燒夷陵也。

馬驌《繹史》卷一三九《秦白起長平破趙》引《嚴尤三將叙》　平原君勸趙孝成王受馮亭，王曰：「受之，秦兵必至，武安君必將，誰能當之者乎？」對曰：「澠池之會，臣察武安君頭小而面鋭。瞳子黑白分明，視瞻不轉，可與持久，難與争鋒。廉頗爲人勇鷙而愛士，知難而忍恥，與之野戰則不如，持久足以當之。」王從其計。

顧炎武《日知録》卷二三《氏族相傳之訛》　白氏。唐白居易《自序家狀》曰：「出於楚太子建之子白公勝。楚殺白公，其子奔秦，代爲名將，乙丙已降是

也。裔孫白起，有大功於秦，封武安君。」按白乙丙見於僖之三十三年。白公之死，則哀之十六年，後白乙丙一百四十八年。曾謂樂天而不考古一至此哉！

顧棟高《春秋大事表》卷九下《春秋列國地形口號》 秦人滅郡志南圖，楚郤移都好避吴。白起功成置南郡，百年未竟舊遺模。

梁玉繩《人表考》卷四《中上・白起》 白起屢見《戰國策》。郿人。《史》本傳。爲人小頭而鋭，瞳子白黑分明。《御覽》三百六十六引晉孔衍《春秋後語》。亦曰白公，爲武安君，賜死于杜郵。《秦策》。 案《趙策》有公孫起，吴注云即白起，豈秦之公族歟？《唐表》以爲白乙丙之裔也。《秦策》惠王時有武安子起，當别一人。起字衍。

梁玉繩《漢書人表考補・白起》 《唐書》：德宗貞元四年，咸陽人上奏：臣見白起，云正月吐蕃必大下，當爲朝廷破之。已而果爲邊將所敗。上欲立廟，贈以司徒，李泌以爲太重，請贈兵部尚書。

備論

《史記》卷七三《白起王翦列傳論》 鄙語云「尺有所短，寸有所長」。白起料敵合變，出奇無窮，聲震天下，然不能救患於應侯。王翦爲秦將，夷六國，當是時，翦爲宿將，始皇師之，然不能輔秦建德，固其根本，偷合取容，以至圽身。及孫王離爲項羽所虜，不亦宜乎！彼各有所短也。

揚雄《法言・淵騫》 「秦將白起不仁，奚用爲也？」「長平之戰，四十萬人死，蚩尤之亂，不過於此矣。原野猒人之肉，川谷流人之血，將不仁，奚用爲！」

王充《論衡・禍虚篇》 秦襄王賜白起劍，白起伏劍將自刎，曰：「我有何罪於天乎？」良久，曰：「我固當死。長平之戰，趙卒降者數十萬，我詐而盡坑之，是足以死。」遂自殺。白起知己前罪，服更後罰也。

夫白起知己所以罪，不知趙卒所以坑。如天審罰有過之人，趙降卒何辜于天？如用兵妄傷殺，則四十萬衆必有不亡，不亡之人，何故以其善行無罪而竟坑之？卒不得以善蒙天之祐，白起何故獨以其罪伏天之誅？由此言之，白起之言，過矣。

酈道元《水經注》卷九《沁水》 又東過野王縣北。【略】東南入絶水是也。絶水出泫氏縣西北楊谷，故《地理志》曰：楊谷，絶水所出。東南流，左會長平水，水出長平縣西北小山，東南流逕其縣故城，泫氏之長平亭也。《史記》曰：秦使左庶長王齕攻韓，取上黨，上黨民走趙，趙軍長平，使廉頗爲將，後遣馬服君之子趙括代之，秦密使武安君白起攻之，括四十萬衆降起，起坑之于此。《上黨記》曰：長平城在郡之南，秦壘在城西，二軍共食流水，澗相去五里。秦坑趙衆，收頭顱築臺于壘中，因山爲臺，崔嵬桀起，今仍號之曰白起臺。城之左右沿山亘隰，南北五十許里，東西二十餘里，悉秦、趙故壘，遺壁舊存焉。漢武帝元朔二年，以封將軍衛青爲侯國。

《史記》卷七三《白起王翦列傳》司馬貞述贊 白起、王翦，俱善用兵。遞爲秦將，拔齊破荆。趙任馬服，長平遂阬。楚陷李信，霸上卒行。賁、離繼出，三代無名。

《二程集》卷一八《伊川先生語四》 問：「命與遇何異？」先生曰：「人遇不遇，即是命也。」曰：「長平之戰，四十萬人死，豈命一乎？」曰：「是亦命也。只遇著白起，便是命當如此。又況趙卒皆一國之人。使是五湖四海之人，同時而死，亦是常事。」又問：「或當刑而王，或爲相而餓死，或先貴後賤，或先賤後貴，此之類皆命乎？」曰：「莫非命也。既曰命，便有此不同，不足怪也。」

鍾惺《史懷》卷四 韓非斥秦之謀臣不盡其忠，遺恨于謀臣不爲引軍而退者三，而于長平之役，秦之釋趙，使趙得退而脩備自立，尤深致意焉。不知白起已先言之矣。其言曰：秦破趙軍于長平，不遂以時乘其振懼而滅之，畏而釋之，使得耕稼以益蓄積，養孤長幼以益其衆，繕治甲兵以益其彊，增城浚池以益其固，主折節以下其臣，臣推體以下死士。言言皆韓非之指也，使起不先言之，論秦事者不追咎起之疏哉！

鍾惺《史懷》卷七 趙使趙括代廉頗將，藺相如曰：王以名使括，猶膠柱而鼓瑟也。此一語道破古今匆急中用人之病。括嘗與其父奢論兵事，奢不能難，亦不謂善。既不能難矣，何不謂善也？此中難言，非老成熟于涉世深于謀國者，不能知之。奢告括母曰：兵，死地也，而括易言之，破趙軍者必括也。可見天下事有不難于行，而反難于言者。奢一生用兵，從敬戒中出，可知矣。及括爲將，括母上書，言括不可將，不單述括父之言，卻將括臨事舉動，占其成敗，而以父子異心一語，自發一片高識，成一片妙論，有母如此，亦可將也。若止將奢告己之言再述一過，亦幾于括之讀父書，而不知合變矣。

藝文

《李太白全集》卷九《述德兼陳情上哥舒大夫》 天爲國家孕英才，森森矛戟擁靈台。浩蕩深謀噴江海，縱横逸氣走風雷。丈夫立身有如此，一呼三軍皆披靡。衛青謾作大將軍，白起真成一豎子。

《李太白全集》卷一七《送白利從金吾董將軍西征》 西羌延國討，白起佐軍威。劍決浮雲氣，弓彎明月輝。馬行邊草緑，旌卷曙霜飛。抗手凛相顧，寒風生鐵衣。

《全唐詩》卷五九三曹鄴《過白起墓》 〔夷〕(毘)陵火焰滅，長平生氣低。將軍臨老病，賜劍咸陽西。

虞卿部

综述

《史記》卷七六《平原君虞卿列傳》 虞卿者，游説之士也。躡蹻檐簦説趙孝成王。一見，賜黄金百鎰，白璧一雙；再見，爲趙上卿，故號爲虞卿。

秦趙戰於長平，趙不勝，亡一都尉。趙王召樓昌與虞卿曰：「軍戰不勝，尉復死，寡人使束甲而趨之，何如？」樓昌曰：「無益也，不如發重使爲媾。」虞卿曰：「昌言媾者，以爲不媾軍必破也。而制媾者在秦。且王之論秦也，欲破趙之軍乎，不邪？」王曰：「秦不遺餘力矣，必且欲破趙軍。」虞卿曰：「王聽臣，發使出重寶以附楚、魏，楚、魏欲得王之重寶，必内吾使。趙使入楚、魏，秦必疑天下之合從，且必恐。如此，則媾乃可爲也。」趙王不聽，與平陽君爲媾，發鄭朱入秦。秦内之。趙王召虞卿曰：「寡人使平陽君爲媾於秦，秦已内鄭朱矣，卿以爲奚如？」虞卿對曰：「王不得媾，軍必破矣。天下賀戰勝者皆在秦矣。鄭朱，貴人也，入秦，秦王與應侯必顯重以示天下。楚、魏以趙爲媾，必不救王。秦知天下不救王，則媾不可得成也。」應侯果顯鄭朱以示天下賀戰勝者，終不肯媾。長平大敗，遂圍邯鄲，爲天下笑。

秦既解邯鄲圍，而趙王入朝，使趙郝約事於秦，割六縣而媾。虞卿謂趙王曰：「秦之攻王也，倦而歸乎？王以其力尚能進，愛王而弗攻乎？」王曰：「秦之攻我也，不遺餘力矣，必以倦而歸也。」虞卿曰：「秦以其力攻其所不能取，倦而歸，王又以其力之所不能取以送之，是助秦自攻也。來年秦復攻王，王無救矣。」王以虞卿之言告趙郝。趙郝曰：「虞卿誠能盡秦力之所至乎？誠知秦力之所不能進，此彈丸之地弗予，令秦來年復攻王，王得無割其内而媾乎？」王曰：「請聽子割矣，子能必使來年秦之不復攻我乎？」趙郝對曰：「此非臣之所敢任也。他日三晉之交於秦，相善也。今秦善韓、魏而攻王，王之所以事秦必不如韓、魏也。今臣爲足下解負親之攻，開關通幣，齊交韓、魏，至來年而王獨取攻於秦，此王之所以事秦必在韓、魏之後也。此非臣之所敢任也。」

王以告虞卿。虞卿對曰：「郝言『不媾，來年秦復攻王，王得無割其内而媾乎』。今媾，郝又以不能必秦之不復攻也。今雖割六城，何益！來年復攻，又割其力之所不能取而媾，此自盡之術也，不如無媾。秦雖善攻，不能取六縣；趙雖不能守，終不失六城。秦倦而歸，兵必罷。我以六城收天下以攻罷秦，是我失之於天下而取償於秦也。吾國尚利，孰與坐而割地，自弱以彊秦哉？今郝曰『秦善韓、魏而攻趙者，必(以爲韓魏不救趙也而王之軍必孤有以)王之事秦不如韓、魏也』，是使王歲以六城事秦也，即坐而城盡。來年秦復求割地，王將與之乎？弗與，是棄前功而挑秦禍也；與之，則無地而給之。語曰『彊者善攻，弱者不能守』。今坐而聽秦，秦兵不弊而多得地，是彊秦而弱趙也。以益彊之秦而割愈弱之趙，其計故不止矣。且王之地有盡而秦之求無已，以有盡之地而給無已之求，其勢必無趙矣。」

趙王計未定，樓緩從秦來，趙王與樓緩計之，曰：「予秦地(何)如毋予，孰吉？」緩辭讓曰：「此非臣之所能知也。」王曰：「雖然，試言公之私。」樓緩對曰：「王亦聞夫公甫文伯母乎？公甫文伯仕於魯，病死，女子爲自殺於房中者二人。其母聞之，弗哭也。其相室曰：『焉有子死而弗哭者乎？』其母曰：『孔子，賢人也，逐於魯，而是人不隨也。今死而婦人爲之自殺者二人，若是者必其於長者薄而於婦人厚也。』故從母言之，是爲賢母；從妻言之，是必不免爲妒妻。故其言一也，言者異則人心變矣。今臣新從秦來而言勿予，則非計也；言予之，恐王以臣爲秦也：故不敢對。使臣得爲大王計，不如予之。」王曰：「諾。」

虞卿聞之，入見王曰：「此飾説也，王昚勿予！」樓緩聞之，往見王。王又以虞卿之言告樓緩。樓緩對曰：「不然。虞卿得其一，不得其二。夫秦趙構難而天下皆説，何也？曰『吾且因彊而乘弱矣』。今趙兵困於秦，天下之賀戰勝者則必盡在於秦矣。故不如亟割地爲和，以疑天下而慰秦之心。不然，天下將因秦之(彊)怒，乘趙之獘，瓜分之。趙且亡，何秦之圖乎？故曰虞卿得其一，不得其二。願王以此決之，勿復計也。」

虞卿聞之，往見王曰：「危哉樓子之所以爲秦者，是愈疑天下，而何慰秦之心哉？獨不言其示天下弱乎？且臣言勿予者，非固勿予而已也。秦索六城於王，而王以六城賂齊。齊，秦之深讎也，得王之六城，并力西擊秦，齊之聽王，不待辭之畢也。則是王失之於齊而取償於秦也。而齊、趙之深讎可以報矣，而示

雜録

備録

《韓非子・外儲説左上》 虞慶爲屋，謂匠人曰：「屋太尊。」匠人對曰：「此新屋也，塗濡而椽生。」虞慶曰：「不然。夫濡塗重而生椽撓，以撓椽任重塗，此宜卑。更日久則塗乾而椽燥。塗乾則輕，椽燥則直，以直椽任輕塗，此益尊。」匠人詘，爲之而屋壞。

一曰：虞慶將爲屋，匠人曰：「材生而塗濡。夫材生則撓，塗濡則重，以撓任重，今雖成，久必壞。」虞慶曰：「材乾則直，塗乾則輕。今誠得乾，日以輕直，雖久，必不壞。」匠人詘，作之成，有間，屋果壞。

范且曰：「弓之折，必於其盡也，不於其始也。夫工人張弓也，伏檠三旬而蹈弦，一日犯機，是節之其始而暴之其盡也，焉得無折。」范且曰，「不然。伏檠一日而蹈弦，三旬而犯機，是暴之其始而節之其盡也。」工人窮也，爲之，弓折。

范且、虞慶之言皆文辯辭勝而反事之情，人主説而不禁，此所以敗也。夫不謀治强之功，而艷乎辯説文麗之聲，是却有術之士而任壞屋折弓也。故人主之於國事也，皆不達乎工匠之構屋張弓也。然而士窮乎范且、虞慶者，爲虚辭，其無用而勝；實事，其無易而窮也。人主多無用之辯，而少無易之言，此所以亂也。今世之爲范且、虞慶者不輟，而人主説之不止，是貴敗折之類而以知術之人爲工匠也。不得施其技巧，故屋壞弓折。知治之人不得行其方術，故國亂而主危。

夫嬰兒相與戲也，以塵爲飯，以塗爲羹，以木爲胾，然至日晚必歸饟者，塵飯塗羹可以戲而不可食也。夫稱上古之傳頌，辯而不愨，道先王仁義而不能正國者，此亦可以戲而不可以爲治也。夫慕仁義而弱亂者，三晉也；不慕而治强者，秦也，然而未帝者，治未畢也。

《戰國策・趙三》 魏使人因平原君請從於趙。三言之，趙王不聽。出遇虞

天下有能爲也。王以此發聲，兵未窺於境，臣見秦之重賂至趙而反媾於王也。從秦爲媾，韓、魏聞之，必盡重王；重王，必出重寶以先於王。則是王一舉而結三國之親，而與秦易道也。」趙王曰：「善。」則使虞卿東見齊王，與之謀秦。虞卿未返，秦使者已在趙矣。樓緩聞之，亡去。趙於是封虞卿以一城。

居頃之，而魏請爲從。趙孝成王召虞卿謀。過平原君，平原君曰：「願卿之論從也。」虞卿入見王。王曰：「魏請爲從。」對曰：「魏過。」王曰：「寡人固未之許。」對曰：「王過。」王曰：「魏請從，卿曰魏過，寡人未之許，又曰寡人過，然則從終不可乎？」對曰：「臣聞小國之與大國從事也，有利則大國受其福，有敗則小國受其禍。今魏以小國自請其禍，而王以大國辭其福，臣故曰王過，魏亦過。竊以爲從便。」王曰：「善。」乃合魏爲從。

虞卿既以魏齊之故，不重萬户侯卿相之印，與魏齊閒行，卒去趙，困於梁。魏齊已死，不得意，乃著書，上採《春秋》，下觀近世，曰《節義》、《稱號》、《揣摩》、《政謀》，凡八篇，以刺譏國家得失，世傳之曰《虞氏春秋》。

應劭《風俗通義・窮通》 虞卿，游説之士也。一見趙孝成王，賜黄金百鎰，白璧一雙。再見拜爲上卿，故號爲虞卿。其後范睢之仇魏齊亡過平原君，於是秦昭王請平原君，願爲布衣之交，與飲數日，請曰：「周文王得吕尚而以爲太公，齊桓得管夷吾而以爲仲父，今范君亦寡人之叔父也。范君之仇在君之家，願使人取其頭。不然，吾不出君於關。」平原君曰：「貴而交者，爲賤也；富而友者，爲貧也。夫魏齊者，勝之交也。在，固不出，況今又不在臣所乎！」昭王乃遺趙王書曰：「范君之仇魏齊在平原君家，王使人疾持其頭來。不然，吾舉兵而伐趙，又不出王之弟於關。」趙孝成王乃發卒圍平原君家，急，魏齊夜亡出，見趙相虞卿。虞卿度趙王終不可説，乃解其印，與魏齊閒行，念諸侯莫可以赴急者，乃復走大梁，欲因信陵以至楚。而信陵君聞之，畏秦，猶與未肯見，曰：「虞卿何如人哉？」時侯嬴在傍，曰：「人固未易知，知人亦未易也。夫虞卿一見趙王，賜白璧一雙，黄金百斤，再見拜爲上卿，三見平受相印，萬户侯。當是之時，天下爭知之。夫魏齊窮困過虞卿，虞卿不敢重爵禄之尊，解相印，捐萬户侯而閒行，以急士窮而歸公子，公子曰『何如人』，知人固未易也。」信陵君大慚，駕如野迎之。魏齊聞信陵君之初重見之，大怒而自刎。趙王聞之，卒取其頭與秦，秦乃遺平原君，虞卿遂留於魏。魏、趙畏秦，莫復用，困而不得意，乃著書八篇，號《虞氏春秋》焉。

卿曰：「爲入必語從。」虞卿入，王曰：「今者平原君爲魏請從，寡人不聽。其於子何如？」虞卿曰：「魏過矣。」王曰：「然，故寡人不聽。」虞卿曰：「王亦過矣。」王曰：「何也？」曰：「凡强弱之舉事，强受其利，弱受其害。今魏求從，而王不聽，是魏求害，而王辭利也。臣故曰，魏過，王亦過矣。」

秦攻趙於長平，大破之，引兵而歸，因使人索六城於趙而講。趙計未定。樓緩新從秦來，趙王與樓緩計之曰：「與秦城何如？不與何如？」樓緩辭讓曰：「此非人臣之所能知也。」王曰：「雖然，試言公之私。」樓緩曰：「王亦聞夫公甫文伯母乎？公甫文伯官於魯，病死，婦人爲之自殺於房中者二八。其母聞之，不肯哭也。相室曰：『焉有子死而不哭者乎？』其母曰：『孔子，賢人也，逐於魯，是人不隨。今死，而婦人爲死者十六人。若是者，其於長者薄，而於婦人厚？』故從母言之，之爲賢母也；從婦言之，必不免爲妬婦也。故其言一也，言者異，則人心變矣。今臣新從秦來，而言勿與，則非計也；言與之，則恐王以臣之爲秦也，故不敢對。使臣得爲王計之，不如予之。」王曰：「諾。」

虞卿聞之，入見王，王以樓緩言告之。虞卿曰：「此飾説也。」秦既解邯鄲之圍，而趙王入朝，使趙郝約事於秦，割六縣而講。王曰：「何謂也？」虞卿曰：「秦之攻趙也，倦而歸乎？王以其力尚能進，愛王而不攻乎？」王曰：「秦之攻我也，不遺餘力矣，必以倦而歸也。」虞卿曰：「秦以其力攻其所不能取，倦而歸。王又以其力之所不能攻以資之，是助秦自攻也。來年秦復攻王，王無以救矣。」

王又以虞卿之言告樓緩。樓緩曰：「虞卿能盡知秦力之所至乎？誠知秦力之不至，此彈丸之地，猶不予也，令秦來年復攻王，得無割其内而媾乎？」王曰：「誠聽子割矣，子能必來年秦之不復攻我乎？」樓緩對曰：「此非臣之所敢任也。昔者三晉之交於秦，相善也。今秦釋韓、魏而獨攻王，王之所以事秦必不如韓、魏也。今臣爲足下解負親之攻，啓關通敝，齊交韓、魏。至來年而王獨不取於秦，王之所以事秦者，必在韓、魏之後也。此非臣之所敢任也。」

王以樓緩之言告。虞卿曰：「樓緩言不媾，來年秦復攻王，得無更割其内而媾。今媾，樓緩又不能必秦之不復攻也，雖割何益？來年復攻，又割其力之所不能取而媾也，此自盡之術也，不如無媾。秦雖善攻，不能取六城；趙雖不能守，而不至失六城。秦倦而歸，兵必罷。我以五城收天下以攻罷秦，是我失之於天下，而取償於秦也。吾國尚利，孰與坐而割地，自弱以强秦？今樓緩曰：『秦善韓、魏而攻趙者，必王之事秦不如韓、魏也。』是使王歲以六城事秦也，即坐而地盡矣。來年秦復求割地，王將予之乎？不與，則是棄前貴而挑秦禍也；與之，則無地而給之。語曰：『强者善攻，而弱者不能自守。』今坐而聽秦，秦兵不敝而多得地，是强秦而弱趙也。以益愈强之秦，而割愈弱之趙，其計固不止矣。且秦虎狼之國也，無禮義之心。其求無已，而王之地有盡。以有盡之地，給無已之求，其勢必無趙矣。故曰：此飾説也。王必勿與。」王曰：「諾。」

樓緩聞之，入見於王，王又以虞卿言告之。樓緩曰：「不然，虞卿得其一，未知其二也。夫秦、趙構難，而天下皆説，何也？曰『我將因强而乘弱』。今趙兵困於秦，天下之賀戰者，則必盡在於秦矣。故不若亟割地求和，以疑天下，慰秦心。不然，天下將因秦之怒，秦趙之敝而瓜分之。趙且亡，何秦之圖？王以此斷之，勿復計也。」

虞卿聞之，又入見王曰：「危矣，樓子之爲秦也！夫趙兵困於秦，又割地爲和，是愈疑天下，而何慰秦心哉？是不亦大示天下弱乎？且臣曰勿予者，非固勿予而已也。秦索六城於王，王以五城賂齊。齊，秦之深讎也，得王五城，并力而西擊秦也，齊之聽王，不待辭之畢也。是王失於齊而取償於秦，一舉結三國之親，而與秦易道也。」趙王曰：「善。」因發虞卿東見齊王，與之謀秦。

虞卿未反，秦之使者已在趙矣。樓緩聞之，逃去。

秦、趙戰於長平，趙不勝，亡一都尉。趙王召樓昌與虞卿曰：「軍戰不勝，尉復死，寡人使卷甲而趍之，何如？」樓昌曰：「無益也，不如發重使而爲媾。」虞卿曰：「夫言媾者，以爲不媾者軍必破，而制媾者在秦。且王之論秦也，欲破王之軍乎？其不邪？」王曰：「秦不遺餘力矣，必且破趙軍。」虞卿曰：「王聊聽臣，發使出重寶以附楚、魏。楚、魏欲得王之重寶，必入吾使。趙使入楚、魏，秦必疑天下合從也，且必恐。如此，則媾乃可爲也。」

趙王不聽，與平陽君爲媾，發鄭朱入秦，秦内之。趙王召虞卿曰：「寡人使平陽君媾秦，秦已内鄭朱矣，子以爲奚如？」虞卿曰：「王必不得媾，軍必破矣，天下之賀戰勝者皆在秦矣。鄭朱，趙之貴人也，而入於秦，秦王與應侯必顯重以示天下。楚、魏以趙爲媾，必不救王。秦知天下不救王，則媾不可得成也。」趙卒不得媾，軍果大敗。王入秦，秦留趙王而后許之媾。

《戰國策・趙四》 虞卿請趙王曰：「人之情，寧朝人乎？寧朝於人也？」趙王曰：「人亦寧朝人耳，何故寧朝於人。」虞卿曰：「夫魏爲從主，而違者范座也。

今王能以百里之地，若萬户之都，請殺范座於魏。范座死，則從事可移於趙。」趙王曰：「善。」乃使人以百里之地，請殺范座於魏。魏王許諾，使司徒執范座，而未殺也。

范座獻書魏王曰：「臣聞趙王以百里之地，請殺座之身。夫殺無罪范座，座薄故也；而得百里之地，大利也。臣竊爲大王美之。雖然，而有一焉，百里之地不可得，而死者不可復生也，則主必爲天下笑矣！臣竊以爲與其以死人市，不若以生人市使也。」

又遺其後相信陵君書曰：「夫趙、魏，敵戰之國也。趙王以咫尺之書來，而魏王輕爲之殺無罪之座，座雖不肖，故魏之免相望也。嘗以魏之故，得罪於趙。夫國内無用臣，外雖得地，勢不能守。然今能守魏者，莫如君矣。王聽趙殺座之後，强秦襲趙之欲，倍趙之割，則君將何以止之？此君之累也。」信陵君曰：「善。」遽言之王而出之。

劉向《新序・善謀》　秦、趙戰於長平，趙不勝，亡一都尉。趙王召樓昌與虞卿曰：「軍戰不勝，尉係死，寡人將束甲而赴之。」樓昌曰：「無益也，不如發重寶使而爲構。」虞卿曰：「昌言構者，以爲不構，軍必破也，而制構者在秦。且王之論秦也，欲破王之軍乎，不邪？」王曰：「秦不遺餘力矣，必且破趙軍。」虞卿曰：「王聽臣，發使出重寶，以附楚、魏，楚、魏欲王之重寶，必内吾使。趙使入楚、魏，秦必疑天下，恐天下之合從，必一心，如此，則構乃可爲也。」趙王不聽，與平陽君爲構，發鄭朱入秦，秦内之。趙王召虞卿曰：「寡人使平陽君爲構於秦，秦已内鄭朱矣，虞卿以爲如何？」對曰：「王不得構，軍必破矣。天下之賀戰勝者，皆在秦。鄭朱，貴人也，而入秦，秦王與應侯，必顯重以示天下，楚、魏以王爲構，必不救王，秦知天下不救王，則構不可得也。」應侯果顯鄭朱，以示天下賀戰勝者，終不肯構。長平大敗，遂圍邯鄲，爲天下笑，不從虞卿之謀也。

魏請爲從，趙孝成王召虞卿謀，過平原君。平原君曰：「願卿之論從也。」虞卿入見。王曰：「魏請爲從。」對曰：「魏過。」王曰：「寡人固未之許。」對曰：「王過。」王曰：「魏請從，卿曰魏過，寡人未之許，又曰寡人過。然則從終不可邪？」對曰：「臣聞小國之與大國從事也，有利，大國受福，有敗，小國受禍。今魏以小請其禍，而王以大辭其福，臣故曰王過，魏亦過，竊以爲從便。」王曰：「善。」乃合魏爲從，使虞卿久用於趙，趙必霸。會虞卿以魏齊之事，弃捐相印而歸，不用，趙旋亡。

劉向《新序・善謀》　秦既解邯鄲圍，而趙王入朝，使趙郝約事於秦，割六縣而構。虞卿謂趙王曰：「秦之攻王也，倦而歸乎；亡其力尚能進之，愛王而不攻乎？」王曰：「秦之攻我也，不遺餘力矣，必以倦歸也。」虞卿曰：「秦以其力攻其所不能取，倦而歸，王又以其力之所不能取，以送之，是助秦自攻也。來年，秦復攻王，王無救矣。」王以虞卿之言告趙郝，趙郝曰：「虞卿能量秦力之所至乎？誠知秦力之所不進，此彈丸之地不予，令秦來年復攻於王，王得無割其内而構乎？」王曰：「請聽子割矣，子能必來年秦之不復攻乎？」趙郝曰：「此非臣所敢任也。他日三晉之交於秦相若也，今秦善韓、魏而攻王，王之所以事秦者，必不如韓、魏也。今臣之爲足下解負親之攻，開關通幣，齊交韓、魏，至來年，而獨取攻於秦，王之所以事秦，必在韓、魏之後也。此非臣之所敢任也。」王以告虞卿，虞卿對曰：「郝言不構，來年秦復攻王，王得無復割其内而構乎？今構，郝又不能必秦之不復攻也，雖割何益？來年復攻，又割其力之所不能取以構，此自盡之術也，不如無構。秦雖善攻，不能取六縣；趙雖不能守，亦不失六城。秦倦而歸，兵必疲，我以六縣收天下，以攻疲秦，是我失之於天下，而取償於秦也，吾國尚利，孰與坐而割地，自弱以彊秦。今郝曰：秦善韓、魏而攻趙者，必王之事秦不如韓、魏也。是使王歲以六城事秦也。即坐而地盡，來年秦復求割地，王將予之乎？不予，是弃前功而挑秦禍也；予之，即無地而給之。語曰：『彊者善攻，而弱者不能守。』今坐而聽秦，秦兵不弊，而多得地，是彊秦而弱趙也，以益彊之秦，而割愈弱之趙，其計固不止矣。且王之地有盡，而秦之求無已，以有盡之地，給無已之求，其勢必無趙矣。」計未定，樓緩從秦來，趙王與樓緩計之，曰：「予秦地，與無予，孰吉？」緩辭讓曰：「此非臣之所能知也。」王曰：「雖然，試言公之私。」樓緩對曰【略】趙王曰：「善。」即發虞卿，東見齊王，與之謀秦。虞卿之謀行，而趙霸。此存亡之樞機，樞機之發，間不及旋踵，是故虞卿一言，而秦之震懼，趨風馳指而請備。故善謀之臣，其於國豈不重哉。微虞卿，趙以亡矣。

《孔叢子・執節》　虞卿著書名曰《春秋》，魏齊曰：「子無然也。《春秋》，孔聖所以名經也。今子之書，大抵談説而已，亦以爲名何？」答曰：「經者，取其事常也，可常則爲經矣。且不爲孔子，其無經乎？」齊問子順，子順曰：「無傷也，魯之史記曰《春秋》，經因以爲名焉。又晏子之書亦曰《春秋》。吾聞泰山之上，封禪者七十有二君，其見稱述，數不盈十，所謂貴賤不嫌同名也。」

梁玉繩《人表考》卷三《上下智人・虞卿》 虞卿始見《趙》、《魏》、《楚策》。趙孝成王以爲上卿，故號虞卿。《史・本傳》。其名失之，虞乃氏也。《史・集解》引譙周謂食邑于虞，非。

備論

《史記》卷七六《平原君虞卿列傳論》 虞卿料事揣情，爲趙畫策，何其工也！及不忍魏齊，卒困於大梁，庸夫且知其不可，况賢人乎？然虞卿非窮愁，亦不能著書以自見於後世云。

《史記・平原君虞卿列傳》司馬貞述贊 虞卿躡蹻，受賞料事。及困魏齊，著書見意。

李贄《藏書》卷二七《名臣傳八・直節名臣・虞卿》評 虞卿不聞魏之有侯嬴乎？何不先見侯嬴也？見侯嬴則必有策矣。嬴蓋有俠骨，深謀遠智而隱者也。虞卿不但節義，亦有智謀，可次侯生。

鍾惺《史懷》卷七《平原君虞卿列傳》 古人所謂窮愁者，意有所欲爲而不得爲，非貧賤之謂也。捐封侯卿相之位，而不能救魏齊之死，此即是虞卿窮愁。莫將此窮愁二字，看得太淺太酸。史稱魏齊已死，不得意，乃著書，世傳之曰《虞氏春秋》，蓋自傷不能救魏齊之死，及信陵之賢，不免殺齊以徇秦怒，此窮愁著書之故也。平原好士，于信陵無能爲役，處魏齊一事，固爲過之。

藝文

《李太白全集》卷一二《於五松山贈南陵常贊府》 爲草當作蘭，爲木當作松。蘭幽香風遠，松寒不改容。松蘭相因依，蕭艾徒丰茸。雞與雞並食，鸞與鸞同枝。揀珠去沙礫，但有珠相隨。遠客投名賢，真堪寫懷抱。若惜方寸心，待誰可傾倒？虞卿棄趙相，便與魏齊行。海上五百人，同日死田横。當時不好賢，豈傳千古名！願君同心人，於我少留情。寂寂還寂寂，出門迷所適。長鋏歸來乎，秋風思歸客。

《全唐詩》卷七二八周曇《虞卿》 割地求和國必危，安知堅守絶來思。年年來伐年年割，割盡邯鄲何所之。

《蘇軾詩集》卷六《送錢藻出守婺州得英字》 老手便劇郡，高懷厭承明。聊紆東陽綬，一濯滄浪纓。東陽佳山水，未到意已清。過家父老喜，出郭壺漿迎。子行得所願，愴恨居者情。吾君方急賢，日旰坐邇英。黄金招樂毅，白璧賜虞卿。子不少自貶，陳義空峥嶸。古稱爲郡樂，漸恐煩敲搒。臨分敢不盡，醉語醒還驚。

陸游《劍南詩稿》卷三七《病中作》 破裘縫更暖，糲食美無餘。摩詰病説法，虞卿窮著書。身羸支枕久，足蹇下堂疎。今日晴窗好，幽懷得細攄。

范雎部

綜述

《史記》卷七九《范雎蔡澤列傳》 范雎者，魏人也，字叔。游説諸侯，欲事魏王，家貧無以自資，乃先事魏中大夫須賈。

須賈爲魏昭王使於齊，范雎從。留數月，未得報。齊襄王聞雎辯口，乃使人賜雎金十斤及牛酒，雎辭謝不敢受。須賈知之，大怒，以爲雎持魏國陰事告齊，故得此饋，令雎受其牛酒，還其金。既歸，心怒雎，以告魏相。魏相，魏之諸公子，曰魏齊。魏齊大怒，使舍人笞擊雎，折脅摺齒。雎詳死，即卷以簀，置厠中。賓客飲者醉，更溺雎，故僇辱以懲後，令無妄言者。雎從簀中謂守者曰：「公能出我，我必厚謝公。」守者乃請出弃簀中死人。魏齊醉，曰：「可矣。」范雎得出。後魏齊悔，復召求之。魏人鄭安平聞之，乃遂操范雎亡，伏匿，更名姓曰張禄。

當此時，秦昭王使謁者王稽於魏。鄭安平詐爲卒，侍王稽。王稽問：「魏有賢人可與俱西游者乎？」鄭安平曰：「臣里中有張禄先生，欲見君，言天下事。其人有仇，不敢晝見。」王稽曰：「夜與俱來。」鄭安平夜與張禄見王稽。語未究，王稽知范雎賢，謂曰：「先生待我於三亭之南。」與私約而去。

王稽辭魏去，過載范雎入秦。至湖，望見車騎從西來。范雎曰：「彼來者爲誰？」王稽曰：「秦相穰侯東行縣邑。」范雎曰：「吾聞穰侯專秦權，惡内諸侯客，此恐辱我，我寧且匿車中。」有頃，穰侯果至，勞王稽，因立車而語曰：「關東有何變？」曰：「無有。」又謂王稽曰：「謁君得無與諸侯客子俱來乎？無益，徒亂人國耳。」王稽曰：「不敢。」即别去。范雎曰：「吾聞穰侯智士也，其見事遲，鄉者疑車中有人，忘索之。」於是范雎下車走，曰：「此必悔之。」行十餘里，果使騎還索車中，無客，乃已。王稽遂與范雎入咸陽。

已報使，因言曰：「魏有張禄先生，天下辯士也。曰『秦王之國危於累卵，得臣則安。然不可以書傳也』。臣故載來。」秦王弗信，使舍食草具。待命歲餘。

當是時，昭王已立三十六年。南拔楚之鄢郢，楚懷王幽死於秦。秦東破齊，湣王嘗稱帝，後去之。數困三晉。厭天下辯士，無所信。

穰侯，華陽君，昭王母宣太后之弟也；而涇陽君、高陵君皆昭王同母弟也。穰侯相，三人者更將，有封邑，以太后故，私家富重於王室。及穰侯爲秦將，且欲越韓、魏而伐齊綱壽，欲以廣其陶封。范雎乃上書曰：

臣聞明主立政，有功者不得不賞，有能者不得不官。勞大者其禄厚，功多者其爵尊，能治衆者其官大。故無能者不敢當職焉，有能者亦不得蔽隱。使以臣之言爲可，願行而益利其道；以臣之言爲不可，久留臣無爲也。語曰：「庸主賞所愛而罰所惡；明主則不然，賞必加於有功，而刑必斷於有罪。」今臣之胸不足以當椹質，而要不足以待斧鉞，豈敢以疑事嘗試於王哉！雖以臣爲賤人而輕辱，獨不重任臣者之無反復於王邪？

且臣聞周有砥砨，宋有結緑，梁有縣藜，楚有和朴，此四寶者，土之所生，良工之所失也，而爲天下名器。然則聖王之所弃者，獨不足以厚國家乎？

臣聞善厚家者取之於國，善厚國者取之於諸侯。天下有明主則諸侯不得擅厚者，何也？爲其割榮也。良醫知病人之死生，而聖主明於成敗之事。利則行之，害則舍之，疑則少嘗之，雖舜禹復生，弗能改已。語之至者，臣不敢載之於書，其淺者又不足聽也。意者臣愚而不概於王心邪？亡其言臣者賤而不可用乎？自非然者，臣願得少賜游觀之閒，望見顔色。一語無效，請伏斧質。

於是秦昭王大説，乃謝王稽，使以傳車召范雎。

於是范雎乃得見於離宫，詳爲不知永巷而入其中。王來而宦者怒，逐之，曰：「王至！」范雎繆爲曰：「秦安得王？秦獨有太后、穰侯耳。」欲以感怒昭王。昭王至，聞其與宦者争言，遂延迎，謝曰：「寡人宜以身受命久矣，會義渠之事急，寡人日暮自請太后；今義渠之事已，寡人乃得受命。竊閔然不敏，敬執賓主之禮。」范雎辭讓。是日觀范雎之見者，羣臣莫不洒然變色易容者。

秦王屏左右，宫中虚無人。秦王跽而請曰：「先生何以幸教寡人？」范雎曰：「唯唯。」有閒，秦王復跽而請曰：「先生何以幸教寡人？」范雎曰：「唯唯。」若是者三。秦王跽曰：「先生卒不幸教寡人邪？」范雎曰：「非敢然也。臣聞昔者吕尚之遇文王也，身爲漁父而釣於渭濱耳。若是者，交疏也。已説而立爲太師，載與俱歸者，其言深也。故文王遂收功於吕尚而卒王天下。鄉使文王疏吕

尚而不與深言，是周無天子之德，而文武無與成其王業也。今臣羈旅之臣也，交疏於王，而所願陳者皆匡君之事，處人骨肉之閒，願效愚忠而未知王之心也。此所以王三問而不敢對者也。臣非有畏而不敢言也。臣知今日言之於前而明日伏誅於後，然臣不敢避也。大王信行臣之言，死不足以爲臣患，亡不足以爲臣憂，漆身爲厲，被髮爲狂不足以爲臣恥。且以五帝之聖焉而死，三王之仁焉而死，五伯之賢焉而死，烏獲、任鄙之力焉而死，成荆、孟賁、王慶忌、夏育之勇焉而死。死者，人之所必不免也。處必然之勢，可以少有補於秦，此臣之所大願也，臣又何患哉！伍子胥橐載而出昭關，夜行晝伏，至於陵水，無以餬其口，膝行蒲伏，稽首肉袒，鼓腹吹篪，乞食於吳市，卒興吳國，闔閭爲伯。使臣得盡謀如伍子胥，加之以幽囚，終身不復見，是臣之説行也，臣又何憂？箕子、接輿漆身爲厲，被髮爲狂，無益於主。假使臣得同行於箕子，可以有補於所賢之主，是臣之大榮也，臣有何恥？臣之所恐者，獨恐臣死之後，天下見臣之盡忠而身死，因以是杜口裹足，莫肯鄉秦耳。足下上畏太后之嚴，下惑於姦臣之態，居深宮之中，不離阿保之手，終身迷惑，無與昭姦。大者宗廟滅覆，小者身以孤危，此臣之所恐耳。若夫窮辱之事，死亡之患，臣不敢畏也。臣死而秦治，是臣死賢於生。」秦王跽曰：「先生是何言也！夫秦國辟遠，寡人愚不肖，先生乃幸辱至於此，是天以寡人慁先生而存先王之宗廟也。寡人得受命於先生，是天所以幸先王，而不弃其孤也。先生柰何而言若是！事無小大，上及太后，下至大臣，願先生悉以教寡人，無疑寡人也。」范雎拜，秦王亦拜。

范雎曰：「大王之國，四塞以爲固，北有甘泉、谷口，南帶涇、渭，右隴、蜀，左關、阪，奮擊百萬，戰車千乘，利則出攻，不利則入守，此王者之地也。民怯於私鬬而勇於公戰，此王者之民也。王并此二者而有之。夫以秦卒之勇，車騎之衆，以治諸侯，譬若施韓盧而搏蹇兔也，霸王之業可致也，而羣臣莫當其位。至今閉關十五年，不敢窺兵於山東者，是穰侯爲秦謀不忠，而大王之計有所失也。」秦王跽曰：「寡人願聞失計。」

然左右多竊聽者，范雎恐，未敢言內，先言外事，以觀秦王之俯仰。因進曰：「夫穰侯越韓、魏而攻齊綱壽，非計也。少出師則不足以傷齊，多出師則害於秦。臣意王之計，欲少出師而悉韓、魏之兵也，則不義矣。今見與國之不親也，越人之國而攻，可乎？其於計疏矣。且昔齊湣王南攻楚，破軍殺將，再辟地千里，而齊尺寸之地無得焉者，豈不欲得地哉，形勢不能有也。諸侯見齊之罷弊，君臣之不和也，興兵而伐齊，大破之，士辱兵頓，皆咎其王，曰：『誰爲此計者乎？』王曰：『文子爲之。』大臣作亂，文子出走。故齊所以大破者，以其伐楚而肥韓、魏也。此所謂借賊兵而齎盜糧者也。王不如遠交而近攻，得寸則王之寸也，得尺亦王之尺也。今釋此而遠攻，不亦繆乎！且昔者中山之國地方五百里，趙獨吞之，功成名立而利附焉，天下莫之能害也。今夫韓、魏，中國之處而天下之樞也，王其欲霸，必親中國以爲天下樞，以威楚、趙。楚彊則附趙，趙彊則附楚，楚、趙皆附，齊必懼矣。齊懼，必卑辭重幣以事秦。齊附而韓、魏因可虜也。」昭王曰：「吾欲親魏久矣，而魏多變之國也，寡人不能親。請問親魏柰何？」對曰：「王卑詞重幣以事之；不可，則割地而賂之；不可，因舉兵而伐之。」王曰：「寡人敬聞命矣。」乃拜范雎爲客卿，謀兵事。卒聽范雎謀，使五大夫綰伐魏，拔懷。後二歲，拔邢丘。

客卿范雎復説昭王曰：「秦韓之地形，相錯如繡。秦之有韓也，譬如木之有蠹也，人之有心腹之病也。天下無變則已，天下有變，其爲秦患者孰大於韓乎？王不如收韓。」昭王曰：「吾固欲收韓，韓不聽，爲之柰何？」對曰：「韓安得無聽乎？王下兵而攻滎陽，則鞏、成皋之道不通；北斷太行之道，則上黨之師不下。王一興兵而攻滎陽，則其國斷而爲三。夫韓見必亡，安得不聽乎？若韓聽，而霸事因可慮矣。」王曰：「善。」且欲發使於韓。

范雎日益親，復説用數年矣，因請閒説曰：「臣居山東時，聞齊之有田文，不聞其有王也；聞秦之有太后、穰侯、華陽、高陵、涇陽，不聞其有王也。夫擅國之謂王，能利害之謂王，制殺生之威之謂王。今太后擅行不顧，穰侯出使不報，華陽、涇陽等擊斷無諱，高陵進退不請。四貴備而國不危者，未之有也。爲此四貴者下，乃所謂無王也。然則權安得不傾，令安得從王出乎？臣聞善治國者，乃内固其威而外重其權。穰侯使者操王之重，決制於諸侯，剖符於天下，政適伐國，莫敢不聽。戰勝攻取則利歸於陶，國獘御於諸侯；戰敗則結怨於百姓，而禍歸於社稷。詩曰『木實繁者披其枝，披其枝者傷其心；大其都者危其國，尊其臣者卑其主』。崔杼、淖齒管齊，射王股，擢王筋，縣之於廟梁，宿昔而死。李兑管趙，囚主父於沙丘，百日而餓死。今臣聞秦太后、穰侯用事，高陵、華陽、涇陽佐之，卒無秦王，此亦淖齒、李兑之類也。且夫三代所以亡國者，君專授政，縱酒馳騁弋獵，不聽政事。其所授者，妒賢嫉能，御下蔽上，以成其私，不爲主計，而主不覺悟，故失其國。今自有秩以上至諸大吏，下及王左右，無非相國之人者。見王

獨立於朝，臣竊爲王恐，萬世之後，有秦國者非王子孫也。」昭王聞之大懼，曰：「善。」於是廢太后，逐穰侯、高陵、華陽、涇陽君於關外。秦王乃拜范雎爲相。收穰侯之印，使歸陶，因使縣官給車牛以徙，千乘有餘。到關，關閱其寶器，寶器珍怪多於王室。

秦封范雎以應，號爲應侯。當是時，秦昭王四十一年也。

范雎既相秦，秦號曰張祿，而魏不知，以爲范雎已死久矣。魏聞秦且東伐韓、魏，魏使須賈於秦。范雎聞之，爲微行，敝衣閒步之邸，見須賈。須賈見之而驚曰：「范叔固無恙乎！」范雎曰：「然。」須賈笑曰：「范叔有説於秦邪？」曰：「不也。雎前日得過於魏相，故亡逃至此，安敢説乎！」須賈曰：「今叔何事？」范雎曰：「臣爲人庸賃。」須賈意哀之，留與坐飲食，曰：「范叔一寒如此哉！」乃取其一綈袍以賜之。須賈因問曰：「秦相張君，公知之乎？吾聞幸於王，天下之事皆決於相君。今吾事之去留在張君。孺子豈有客習於相君者哉？」范雎曰：「主人翁習知之。唯雎亦得謁，雎請爲見君於張君。」須賈曰：「吾馬病，車軸折，非大車駟馬，吾固不出。」范雎曰：「願爲君借大車駟馬於主人翁。」

范雎歸取大車駟馬，爲須賈御之，入秦相府。府中望見，有識者皆避匿，須賈怪之。至相舍門，謂須賈曰：「待我，我爲君先入通於相君。」須賈待門下，持車良久，問門下曰：「范叔不出，何也？」門下曰：「無范叔。」須賈曰：「鄉者與我載而入者。」門下曰：「乃吾相張君也。」須賈大驚，自知見賣，乃肉袒厀行，因門下人謝罪。於是范雎盛帷帳，侍者甚衆，見之。須賈頓首言死罪，曰：「賈不意君能自致於青雲之上，賈不敢復讀天下之書，不敢復與天下之事。賈有湯鑊之罪，請自屏於胡貉之地，唯君死生之！」范雎曰：「汝罪有幾？」曰：「擢賈之髮以續賈之罪，尚未足。」范雎曰：「汝罪有三耳。昔者楚昭王時而申包胥爲楚卻吴軍，楚王封之以荆五千户，包胥辭不受，爲丘墓之寄於荆也。今雎之先人丘墓亦在魏，公前以雎爲有外心於齊而惡雎於魏齊，公之罪一也。當魏齊辱我於厠中，公不止，罪二也。更醉而溺我，公其何忍乎？罪三矣。然公之所以得無死者，以綈袍戀戀，有故人之意，故釋公。」乃謝罷。入言之昭王，罷歸須賈。

須賈辭於范雎，范雎大供具，盡請諸侯使，與坐堂上，食飲甚設。而坐須賈於堂下，置莝豆其前，令兩黥徒夾而馬食之。數曰：「爲我告魏王，急持魏齊頭來！不然者，我且屠大梁。」須賈歸，以告魏齊。魏齊恐，亡走趙，匿平原君所。

范雎既相，王稽謂范雎曰：「事有不可知者三，有不可奈何者亦三。宫車一日晏駕，是事之不可知者一也。君卒然捐館舍，是事之不可知者二也。使臣卒然填溝壑，是事之不可知者三也。宫車一日晏駕，君雖恨於臣，無可柰何。君卒然捐館舍，君雖恨於臣，亦無可柰何。使臣卒然填溝壑，君雖恨於臣，亦無可柰何。」范雎不懌，乃入言於王曰：「非王稽之忠，莫能内臣於函谷關；非大王之賢聖，莫能貴臣。今臣官至於相，爵在列侯，王稽之官尚止於謁者，非其内臣之意也。」昭王召王稽，拜爲河東守，三歲不上計。又任鄭安平，昭王以爲將軍。范雎於是散家財物，盡以報所嘗困戹者。一飯之德必償，睚眦之怨必報。

范雎相秦二年，秦昭王之四十二年，東伐韓少曲、高平，拔之。

秦昭王聞魏齊在平原君所，欲爲范雎必報其仇，乃詳爲好書遺平原君曰：「寡人聞君之高義，願與君爲布衣之友，君幸過寡人，寡人願與君爲十日之飲。」平原君畏秦，且以爲然，而入秦見昭王。昭王與平原君飲數日，昭王謂平原君曰：「昔周文王得吕尚以爲太公，齊桓公得管夷吾以爲仲父，今范君亦寡人之叔父也。范君之仇在君之家，願使人歸取其頭來；不然，吾不出君於關。」平原君曰：「貴而爲交者，爲賤也；富而爲交者，爲貧也。夫魏齊者，勝之友也，在，固不出也，今又不在臣所。」昭王乃遺趙王書曰：「王之弟在秦，范君之仇魏齊在平原君之家。王使人疾持其頭來；不然，吾舉兵而伐趙，又不出王之弟於關。」趙孝成王乃發卒圍平原君家，急，魏齊夜亡出，見趙相虞卿。虞卿度趙王終不可説，乃解其相印，與魏齊亡，閒行，念諸侯莫可以急抵者，乃復走大梁，欲因信陵君以走楚。信陵君聞之，畏秦，猶豫未肯見，曰：「虞卿何如人也？」時侯嬴在旁，曰：「人固未易知，知人亦未易也。夫虞卿躡屩檐簦，一見趙王，賜白璧一雙，黄金百鎰；再見，拜爲上卿；三見，卒受相印，封萬户侯。當此之時，天下爭知之。夫魏齊窮困過虞卿，虞卿不敢重爵禄之尊，解相印，捐萬户侯而閒行。急士之窮而歸公子，公子曰『何如人』。人固不易知，知人亦未易也！」信陵君大慙，駕如野迎之。魏齊聞信陵君之初難見之，怒而自剄。趙王聞之，卒取其頭予秦。秦昭王乃出平原君歸趙。

昭王四十三年，秦攻韓汾陘，拔之，因城河上廣武。

後五年，昭王用應侯謀，縱反閒賣趙，趙以其故，令馬服子代廉頗將。秦大破趙於長平，遂圍邯鄲。已而與武安君白起有隙，言而殺之。任鄭安平，使擊趙。鄭安平爲趙所圍，急，以兵二萬人降趙。應侯席稾請罪。秦之法，任人而所任不善者，各以其罪罪之，於是應侯罪當收三族。秦昭王恐傷應侯之意，乃下令

國中：「有敢言鄭安平事者，以其罪罪之。」而加賜相國應侯食物日益厚，以順適其意。後二歲，王稽爲河東守，與諸侯通，坐法誅。而應侯日益以不懌。

昭王臨朝歎息，應侯進曰：「臣聞『主憂臣辱，主辱臣死』。今大王中朝而憂，臣敢請其罪。」昭王曰：「吾聞楚之鐵劍利而倡優拙。夫鐵劍利則士勇，倡優拙則思慮遠。夫以遠思慮而御勇士，吾恐楚之圖秦也。夫物不素具，不可以應卒，今武安君既死，而鄭安平等畔，内無良將而外多敵國，吾是以憂。」欲以激勵應侯。應侯懼，不知所出。蔡澤聞之，往入秦也。

雜録

備録

《戰國策・秦三》　范子因王稽入秦，獻書昭王曰：「臣聞明主莅正，有功者不得不賞，有能者不得不官；勞大者其禄厚，功多者其爵尊，能治衆者其官大。故不能者不敢當其職焉，能者亦不得蔽隱。使以臣之言爲可，則行而益利其道；若將弗行，則久留臣無爲也。語曰：『人主賞所愛，而罰所惡。明主則不然，賞必加於有功，刑必斷於有罪。』今臣之胸不足以當椹質，要不足以待斧鉞，豈敢以疑事嘗試於王乎？雖以臣爲賤而輕辱臣，獨不重任臣者後無反覆於王前耶！

「臣聞周有砥厄，宋有結緑，梁有懸黎，楚有和璞。此四寶者，工之所失也，而爲天下名器。然則聖王之所棄者，獨不足以厚國家乎？

「臣聞善厚家者，取之於國；善厚國者，取之於諸侯。天下有明主，則諸侯不得擅厚矣。是何故也？爲其凋榮也。良醫知病人之死生，聖主明於成敗之事，利則行之，害則舍之，疑則少嘗之，雖堯、舜、禹、湯復生，弗能改已！語之至者，臣不敢載之於書；其淺者又不足聽也。意者，臣愚而不闔於王心耶！已其言臣者，將賤而不足聽耶！非若是也，則臣之志，願少賜游觀之間，望見足下而入之。」書上，秦王説之，因謝王稽説，使人持車召之。

范雎至秦，王庭迎，謂范雎曰：「寡人宜以身受令久矣。今者義渠之事急，寡人日自請太后。今義渠之事已，寡人乃得以身受命。躬竊閔然不敏，敬執賓主之禮。」范雎辭讓。

是日見范雎，見者無不變色易容者。秦王屏左右，宫中虚無人，秦王跪而請曰：「先生何以幸教寡人？」范雎曰：「唯唯。」有間，秦王復請，范雎曰：「唯唯。」若是者三。

秦王跽曰：「先生不幸教寡人乎？」

范雎謝曰：「非敢然也。臣聞始時吕尚之遇文王也，身爲漁父而釣於渭陽之濱耳。若是者，交疏也。已一説而立爲太師，載與俱歸者，其言深也。故文王果收功於吕尚，卒擅天下而身立爲帝王。即使文王疏吕望而弗與深言，是周無天子之德，而文、武無與成其王也。今臣，羇旅之臣也，交疏於王，而所願陳者，皆匡君之事，處人骨肉之間，願以陳臣之陋忠，而未知王心也，所以王三問而不對者是也。臣非有所畏而不敢言也，知今日言之於前，而明日伏誅於後，然臣弗敢畏也。大王信行臣之言，死不足以爲臣患，亡不足以爲臣憂，漆身而爲厲，被髮而爲狂，不足以爲臣恥。五帝之聖而死，三王之仁而死，五伯之賢而死，烏獲之力而死，奔、育之勇焉而死。死者，人之所必不免也。處必然之勢，可以少有補於秦，此臣之所大願也，臣何患乎？伍子胥槖載而出昭關，夜行而晝伏，至於蔆水，無以餌其口，坐行蒲服，乞食於吴市，卒興吴國，闔廬爲霸。使臣得進謀如伍子胥，加之以幽囚，終身不復見，是臣説之行也，臣何憂乎？箕子、接輿，漆身而爲厲，被髮而爲狂，無益於殷、楚。使臣得同行於箕子、接輿，漆身可以補所賢之主，是臣之大榮也，臣又何恥乎？臣之所恐者，獨恐臣死之後，天下見臣盡忠而身蹶也，是以杜口裹足，莫肯即秦耳。足下上畏太后之嚴，下惑姦臣之態；居深宫之中，不離保傅之手；終身闇惑，無與照姦；大者宗廟滅覆，小者身以孤危，此臣之所恐耳！若夫窮辱之事，死亡之患，臣弗敢畏也。臣死而秦治，賢於生也。」

秦王跽曰：「先生是何言也！夫秦國僻遠，寡人愚不肖，先生乃幸至此，此天以寡人慁先生，而存先王之廟也。寡人得受命於先生，此天所以幸先王而不棄其孤也。先生奈何而言若此！事無大小，上及太后，下至大臣，願先生悉以教寡人，無疑寡人也。」范雎再拜，秦王亦再拜。

范雎曰：「大王之國，北有甘泉、谷口，南帶涇、渭，右隴、蜀，左關、阪；戰車千乘，奮擊百萬。以秦卒之勇，車騎之多，以當諸侯，譬若馳韓盧而逐蹇兔也，霸

王之業可致。今反閉而不敢窺兵於山東者，是穰侯爲國謀不忠，而大王之計有所失也。」

睢曰：「大王越韓、魏而攻强齊，非計也。少出師，則不足以傷齊；多之則害於秦。臣意王之計欲少出師，而悉韓、魏之兵則不義矣。今見與國之不可親，越人之國而攻，可乎？疏於計矣！昔者，齊人伐楚，戰勝，破軍殺將，再辟千里，膚寸之地無得者，豈齊不欲地哉，形弗能有也。諸侯見齊之罷露，君臣之不親，舉兵而伐之，主辱軍破，爲天下笑。所以然者，以其伐楚而肥韓、魏也。此所謂藉賊兵而齎盜食者也。王不如遠交而近攻，得寸則王之寸，得尺亦王之尺也。今舍此而遠攻，不亦繆乎？且昔者，中山之地，方五百里，趙獨擅之，功成、名立、利附，則天下莫能害。今韓、魏，中國之處，而天下之樞也。王若欲霸，必親中國而以爲天下樞，以威楚、趙。趙彊則楚附，楚彊則趙附。楚、趙附則齊必懼，懼必卑辭重幣以事秦，齊附而韓、魏可虛也。」

王曰：「寡人欲親魏，魏多變之國也，寡人不能親。請問親魏奈何？」范睢曰：「卑辭重幣以事之。不可，削地而賂之。不可，舉兵而伐之。」於是舉兵而攻邢丘，邢丘拔而魏請附。

曰：「秦、韓之地形，相錯如繡。秦之有韓，若木之有蠹，人之病心腹。天下有變，爲秦害者莫大於韓。王不如收韓。」王曰：「寡人欲收韓，不聽，爲之奈何？」

范睢曰：「舉兵而攻滎陽，則成睪之路不通；北斬太行之道，則上黨之兵不下；一舉而攻滎陽，則其國斷而爲三。魏、韓見必亡，焉得不聽？韓聽而霸事可成也。」王曰：「善。」

范睢曰：「臣居山東，聞齊之内有田單，不聞其王。聞秦之有太后、穰侯、涇陽、華陽，不聞其有王。夫擅國之謂王，能專利害之謂王，制殺生之威之謂王。今太后擅行不顧，穰侯出使不報，涇陽、華陽擊斷無諱，四貴備而國不危者，未之有也。爲此四者，下乃所謂無王已。然則權焉得不傾，而令焉得從王出乎？臣聞：『善爲國者，内固其威，而外重其權。』穰侯使者操王之重，決裂諸侯，剖符於天下，征敵伐國，莫敢不聽。戰勝攻取，則利歸於陶；國弊，御於諸侯；戰敗，則怨結於百姓，而禍歸社稷。《詩》曰：『木實繁者披其枝，披其枝者傷其心。大其都者危其國，尊其臣者卑其主。』淖齒管齊之權，縮閔王之筋，縣之廟梁，宿昔而死。李兑用趙，減食主父，百日而餓死。今秦，太后、穰侯用事，高陵、涇陽佐之，卒無秦王，此亦淖齒、李兑之類已。臣今見王獨立於廟朝矣，且臣將恐後世之有秦國者，非王子孫也。」

秦王懼，於是乃廢太后，逐穰侯，出高陵，走涇陽於關外。

昭王謂范睢曰：「昔者，齊公得管仲，時以爲仲父。今吾得子，亦以爲父。」

應侯謂昭王曰：「亦聞恆思有神叢與？恆思有悍少年，請與叢博，曰：『吾勝叢，叢籍我神三日；不勝叢，叢困我。』乃左手爲叢投，右手自爲投，勝叢，叢籍其神。三日，叢往求之，遂弗歸。五日而叢枯，七日而叢亡。今國者，王之叢；勢者，王之神。籍人以此，得無危乎？臣未嘗聞指大於臂，臂大於股，若有此，則病必甚矣。百人輿瓢而趨，不如一人持而走疾。百人誠輿瓢，瓢必裂。今秦國，華陽用之，穰侯用之，太后用之，王亦用之。不稱瓢爲器，則已；已稱瓢爲器，國必裂矣。臣聞之也：『木實繁者枝必披，枝之披者傷其心。都大者危其國，臣强者危其主。』其令邑中自斗食以上，至尉、内史及王左右，有非相國之人者乎？國無事，則已；國有事，臣必聞見王獨立於庭也。臣竊爲王恐，恐萬世之後有國者，非王子孫也。

「臣聞古之善爲政也，其威内扶，其輔外布，四治政不亂不逆，使者直道而行，不敢爲非。今太后使者分裂諸侯，而符布天下，操大國之勢，强徵兵，伐諸侯。戰勝攻取，利盡歸於陶；國之幣帛，竭入太后之家；竟内之利，分移華陽。古之所謂『危主滅國之道』必從此起。三貴竭國以自安，然則令何得從王出，權何得毋分，是我王果處三分之一也。」

秦攻韓，圍陘。范睢謂秦昭王曰：「有攻人者，有攻地者。穰侯十攻魏而不得傷者，非秦弱而魏强也，其所攻者，地也。地者，人主所甚愛也。人主者，人臣之所樂爲死也。攻人主之所愛，與樂死者鬭，故十攻而弗能勝也。今王將攻韓圍陘，臣願王之毋獨攻其地，而攻其人也。王攻韓圍陘，以張儀爲言。張儀之力多，且削地而以自贖於王，幾割地而韓不盡；張儀之力少，則王逐張儀，而更與不如張儀者市。則王之所求於韓者，言可得也。」

應侯曰：「鄭人謂玉未理者璞，周人謂鼠未腊者朴。周人懷璞過鄭賈曰：『欲買朴乎？』鄭賈曰：『欲之。』出其朴，視之，乃鼠也。因謝不取。今平原君自以賢，顯名於天下，然降其主父沙丘而臣之。天下之王尚猶尊之，是天下之王不如鄭賈之智也，眩於名，不知其實也。」

天下之士，合從相聚於趙，而欲攻秦。秦相應侯曰：「王勿憂也，請令廢之。

秦於天下之士非有怨也，相聚而攻秦者，以己欲富貴耳。王見大王之狗，臥者臥，起者起，行者行，止者止，毋相與鬬者；投之一骨，輕起相牙者，何則？有爭意也。」於是唐雎載音樂，予之五(十)〔千〕金，居武安，高會相與飲，謂：「邯鄲人誰來取者？」於是其謀者固未可得予也，其可得與者，與之昆弟矣。

「公與秦計功者，不問金之所之，金盡者功多矣。今令人復載五(十)〔千〕金隨公。」唐雎行，行至武安，散不能三千金，天下之士，大相與鬬矣。

謂應侯曰：「君禽馬服乎？」曰：「然。」「又即圍邯鄲乎？」曰：「然。」「趙亡，秦王王矣，武安君爲三公。武安君所以爲秦戰勝攻取者七十餘城，南亡鄢、郢、漢中，禽馬服之軍，不亡一甲，雖周呂望之功，亦不過此矣。趙亡，秦王王，武安君爲三公，君能爲之下乎？雖欲無爲之下，固不得之矣。秦嘗攻韓、邢，困於上黨，上黨之民皆返爲趙。天下之民，不樂爲秦民之日固久矣。今攻趙，北地入燕，東地入齊，南地入楚、魏，則秦所得不一幾何。故不如因而割之，因以爲武安功。」

應侯失韓之汝南。秦昭王謂應侯曰：「君亡國，其憂乎？」應侯曰：「臣不憂。」王曰：「何也？」曰：「梁人有東門吳者，其子死而不憂，其相室曰：『公之愛子也，天下無有，今子死不憂，何也？』東門吳曰：『吾嘗無子，無子之時不憂；今子死，乃即與無子時同也，臣奚憂焉？』臣亦嘗爲子，爲子時不憂；今亡汝南，乃與即爲梁餘子同也，臣何爲憂？」

秦王以爲不然，以告蒙傲曰：「今也，寡人一城圍，食不甘味，臥不便席，今應侯亡地而言不憂，此其情也？」蒙傲曰：「臣請得其情。」

蒙傲乃往見應侯，曰：「傲欲死。」應侯曰：「何謂也？」曰：「秦王師君，天下莫不聞，而況於秦國乎！今傲勢得秦爲王將，將兵，臣以韓之細也，顯逆誅，奪君地，傲尚奚生？不若死。」應侯拜蒙傲曰：「願委之卿。」蒙傲以報於昭王。

劉向《説苑・尊賢》 應侯與賈午子坐，聞其鼓琴之聲。應侯曰：「今日之琴，一何悲也？」賈午子曰：「夫張急調下，故使之悲耳！張急者，良材也；調下者，官卑也。取夫良材而卑官之，安能無悲乎？」應侯曰：「善哉！」

高啟《鳧藻集》卷四《商鞅范雎》 鞅、雎之相秦也，其罪同，其禍則異，何哉？受諫、不受諫也。夫鞅以殘刻之資事孝公，下變法之令以毒秦人，至刑公子虔，黥公孫賈，嘗論囚而渭水盡赤，蓋仁民之道喪也。雎以傾危之性事昭襄王，進近攻之計以亡山東之諸侯，至罷穰侯、廢太后、逐涇陽、華陽君，蓋親親之道滅矣。然雎聞蔡澤之言，則謝病而歸，卒完首領；鞅聞趙良之説，則貪商、於之富，寵秦國之政，徘徊而不忍去，卒受車裂之慘。二人者，雖皆不足言，然以此則雎爲猶勝哉。嗚呼！進退禍福之幾，觀鞅、雎之事，後之人亦可以少鑒矣！

梁玉繩《人表考》卷五《中中・范雎》 范雎始見《秦策》。雎又作且。《韓子・外儲説左上》、《隸續・武梁碑》。魏人。字叔，更名姓曰張禄，入秦封應侯。故曰范子，亦曰范叔，亦曰張禄先生，亦曰張君。《秦策》、《史》本傳。墓在開封雍丘縣北六十里。《寰宇記》一。案古人每以雎爲名，如《東周策》馮雎，《秦》、《楚》、《魏策》唐雎是已。而雎多作且，與《燕策》夏無且，《衛策》殷順且，《史》、《漢》龍且之類同。故馮雎、唐雎，《策》原作且。范叔之名可例觀也。鮑彪《衛策》注云：名且者，皆子余反。《魏世家索隱》云七餘反。乃《通鑑》胡注、《秦策》吳注音范雎爲雖，錢宮詹曰：范雎音雖，是誤爲目旁耳。

備論

《史記》卷七九《范雎蔡澤列傳論》 韓子稱「長袖善舞，多錢善賈」，信哉是言也！范雎、蔡澤世所謂一切辯士，然游説諸侯至白首無所遇者，非計策之拙，所爲説力少也。及二人羈旅入秦，繼踵取卿相，垂功於天下者，固彊弱之勢異也。然士亦有偶合，賢者多如此二子，不得盡意，豈可勝道哉！然二子不困戹，惡能激乎？

王充《論衡・命禄篇》 而説若范雎之干秦明(昭)，封爲應侯；蔡澤之説范雎，拜爲客卿。人謂雎、澤美善所致，非也。皆命禄貴富善至之時也。

《史記》卷七九《范雎蔡澤列傳》司馬貞述贊 應侯始困，託載而西。説行計立，貴平寵稽。倚秦市趙，卒報魏齊。綱成辯智，范雎招攜。勢利傾奪，言成蹊。

封演《封氏聞見記》卷三《制科》 昔傳説無姓，殷后置於鹽梅之地；屠羊隱名，楚王延以三旌之位，未聞徵籍也。范雎改姓易名爲張禄先生，秦用之以霸；張良爲韓報仇，變姓名而遊下邳，漢祖用之爲相，則知籍者所以計租賦耳。本防羣小，不約賢路。若人有大才，不可以籍棄之；苟無其德，雖籍何爲！

《張耒集》卷三九《應侯論》　吾觀應侯之入秦，其心未嘗不在穰侯也。彼其困苦展轉既瀕于死，而求報于魏也，切骨腐心，不可終日。故其將奪穰侯之位而代之也，慎重周審，不敢輒發，非如朝遊夕説之士徼幸一言而勝之。何者？其怨魏之心重，故傾穰侯之心必；傾人之心必，則其計求出于萬全。故其上秦昭王書曰：「其深者，不敢載之于書。」及見秦王，乃先言越、韓、魏以伐齊之非計也，陽陳外事以當秦王之心，而自顧以權勢已成，因乃一言穰侯、太后之專恣，不終朝而逐之，則雎之憚穰侯而不敢輕發，豈不甚哉！太史公之序雎事如此，乃言雎之始見秦王，誤入永巷，聞有穰侯、太后，而不聞有王也，何言之誤耶！

且雎與秦王相得數年，而後敢言穰侯、太后之事者，知己之與王處密勢定，而計穰侯之不能奪之也。其始不敢載之于書，一見秦王而不敢及之者，知徒嬰其鋒，不足以成吾事，而吾將受其禍故也。且一見秦王而語穰侯、太后之惡如此，彼獨不畏穰侯之聞之歟？以匹夫無援之分，而斥骨肉子母之親，非獨取患於穰侯，秦王亦且逐之矣。彼雎之入關，料穰侯惡諸侯之客，下車而逃之，其爲計如此，萬一有幸而得見王，徐徐而圖之，何所不可？而遽爲是鹵莽之計哉！且秦自孝公以來，操法繩下，最嚴于宫闈之禁，所以自衛者，皆以峻法防其下。故荆軻刺始皇，而殿下之兵不敢輒動，安有誤入永巷事耶？揚子曰：「子長多愛，愛奇也。」此亦好奇之過歟？

羅大經《鶴林玉露》卷三《范雎蔡澤》　范雎、蔡澤皆辯士，太史公以之連傳。然雎傾危，澤明坦。雎幽險詭秘，危人骨肉，全是小人意態。澤方入關，便宜言欲代雎。至其所以告雎者，皆消息盈虚之正理，雎必俟澤反覆以禍福曉之，乃肯釋位。澤爲秦相數月，即告老，爲客卿以終。進退雍容，過雎遠甚。雖然，後之君子固權吝寵，如狡兔之專窟，如猩猩之嗜酒，老死而不知止，受禍而不之覺者，是又在范雎下矣。

王應麟《困學紀聞》卷六《左氏》　齊、晉、楚之霸，皆先服鄭；范雎、李斯之謀，皆先攻韓。蓋虎牢之險，天下之樞也。在虢曰制，在鄭曰虎牢，在韓曰成皋。虢叔恃險而鄭取之，鄭不能守而韓滅之，韓又不監而秦并之，秦之亡也，漢、楚爭之。在德不在險，佳兵者好還，信夫！

王應麟《困學紀聞》卷一一《考史》　晉、楚之爭霸在鄭，秦之爭天下在韓、魏。林少穎謂：「六國卒并於秦，出於范雎遠交近攻之策。」取韓、魏以執天下之樞也。其遠交也，二十年不加兵於楚，四十年不加兵於齊；其近攻也，今年伐韓，明年伐魏，更出迭入無寧歲。韓、魏折而入於秦，四國所以相繼而亡也。秦取六國，謂之蠶食，蓋蠶之食葉，自近及遠。《古史》云：「范雎自爲身謀，未見有益於秦。」愚謂此策不爲無益，然韓不用韓玘，魏不廢信陵，則國不亡。

《全元文》卷一三三二楊維楨《雎澤論》　應侯入秦，退四貴而攫取其相，如探物囊中。及禄位既盛，則又不以四貴爲戒，必俟夫山東之夫再三辨説而後謝病。譬之弈也，觀局則明，當局則惽，應侯之退，已合退於請藥賜死之時，而律死不退，使非澤乘其日昃之勢，吾固未知其死所。吾尤取澤之善説近道，不必攻雎於王而攻雎於雎，亦以雎可言撼而澤之言又足以竊雎者，故雎決於去而不俟夫逐也。及澤代雎，不數月即幡然引去，又不俟逐雎者逐我，優遊於秦，以封君令終。若澤者，不謂之哲人乎。

藝文

高啟《高青丘集》卷一七《范雎》　紛紛傾奪苦多謀，得勢還懷失勢憂。丞相不須嗔蔡澤，此時當問老穰侯。

蔡澤部

綜述

《史記》卷七九《范雎蔡澤列傳》　蔡澤者，燕人也。游學干諸侯小大甚衆，不遇。而從唐舉相，曰：「吾聞先生相李兑，曰『百日之内持國秉』，有之乎？」曰：「有之。」曰：「若臣者何如？」唐舉孰視而笑曰：「先生曷鼻，巨肩，魋顔，蹙齃，膝攣。吾聞聖人不相，殆先生乎？」蔡澤知唐舉戲之，乃曰：「富貴吾所自有，吾所不知者壽也，願聞之。」唐舉曰：「先生之壽，從今以往者四十三歲。」蔡澤笑謝而去，謂其御者曰：「吾持粱刺齒肥，躍馬疾驅，懷黄金之印，結紫綬於要，揖讓人主之前，食肉富貴，四十三年足矣。」去之趙，見逐。之韓、魏，遇奪釜鬲於塗。聞應侯任鄭安平、王稽皆負重罪於秦，應侯内慚，蔡澤乃西入秦。

將見昭王，使人宣言以感怒應侯曰：「燕客蔡澤，天下雄俊弘辯智士也。彼一見秦王，秦王必困君而奪君之位。」應侯聞，曰：「五帝三代之事，百家之説，吾既知之，衆口之辯，吾皆摧之，是惡能困我而奪我位乎？」使人召蔡澤。蔡澤入，則揖應侯。應侯固不快，及見之，又倨，應侯因讓之曰：「子嘗宣言欲代我相秦，寧有之乎？」對曰：「然。」應侯曰：「請聞其説。」蔡澤曰：「吁，君何見之晚也！夫四時之序，成功者去。夫人生百體堅彊，手足便利，耳目聰明而心聖智，豈非士之願與？」應侯曰：「然。」蔡澤曰：「質仁秉義，行道施德，得志於天下，天下懷樂敬愛而尊慕之，皆願以爲君王，豈不辯智之期與？」應侯曰：「然。」蔡澤復曰：「富貴顯榮，成理萬物，使各得其所；性命壽長，終其天年而不夭傷；天下繼其統，守其業，傳之無窮；名實純粹，澤流千里，世世稱之而無絶，與天地終始：豈道德之符而聖人所謂吉祥善事者與？」應侯曰：「然。」

蔡澤曰：「若夫秦之商君，楚之吴起，越之大夫種，其卒然亦可願與？」應侯知蔡澤之欲困己以説，復謬曰：「何爲不可？夫公孫鞅之事孝公也，極身無貳慮，盡公而不顧私；設刀鋸以禁姦邪，信賞罰以致治；披腹心，示情素，蒙怨咎，欺舊友，奪魏公子卬，安秦社稷，利百姓，卒爲秦禽將破敵，攘地千里。吴起之事悼王也，使私不得害公，讒不得蔽忠，言不取苟合，行不取苟容，不爲危易行，行義不辟難，然爲霸主强國，不辭禍凶。大夫種之事越王也，主雖困辱，悉忠而不解，主雖絶亡，盡能而弗離，成功而弗矜，貴富而不驕怠。若此三子者，固義之至也，忠之節也。是故君子以義死難，視死如歸；生而辱不如死而榮。士固有殺身以成名，唯義之所在，雖死無所恨。何爲不可哉？」

蔡澤曰：「主聖臣賢，天下之盛福也；君明臣直，國之福也；父慈子孝，夫信妻貞，家之福也。故比干忠而不能存殷，子胥智而不能完吴，申生孝而晋國亂。是皆有忠臣孝子，而國家滅亂者，何也？無明君賢父以聽之，故天下以其君父爲僇辱而憐其臣子。今商君、吴起、大夫種之爲人臣，是也；其君，非也。故世稱三子致功而不見德，豈慕不遇世死乎？夫待死而後可以立忠成名，是微子不足仁，孔子不足聖，管仲不足大也。夫人之立功，豈不期於成全邪？身與名俱全者，上也。名可法而身死者，其次也。名在僇辱而身全者，下也。」於是應侯稱善。

蔡澤少得閒，因曰：「夫商君、吴起、大夫種，其爲人臣盡忠致功則可願矣，閎夭事文王，周公輔成王也，豈不亦忠聖乎？以君臣論之，商君、吴起、大夫種其可願孰與閎夭、周公哉？」應侯曰：「商君、吴起、大夫種弗若也。」蔡澤曰：「然則君之主慈仁任忠，惇厚舊故，其賢智與有道之士爲膠漆，義不倍功臣，孰與秦孝公、楚悼王、越王乎？」應侯曰：「未知何如也。」蔡澤曰：「今主親忠臣，不過秦孝公、楚悼王、越王，君之設智，能爲主安危修政，治亂彊兵，批患折難，廣地殖穀，富國足家，彊主，尊社稷，顯宗廟，天下莫敢欺犯其主，主之威蓋震海内，功彰萬里之外，聲名光輝傳於千世，君孰與商君、吴起、大夫種？」應侯曰：「不若。」蔡澤曰：「今主之親忠臣不忘舊故不若孝公、悼王、句踐，而君之功績愛信親幸又不若商君、吴起、大夫種，然而君之禄位貴盛，私家之富過於三子，而身不退者，恐患之甚於三子，竊爲君危之。語曰『日中則移，月滿則虧』。物盛則衰，天地之常數也。進退盈縮，與時變化，聖人之常道也。故『國有道則仕，國無道則隱』。聖人曰『飛龍在天，利見大人』。『不義而富且貴，於我如浮雲』。今君之怨已讎而德已報，意欲至矣，而無變計，竊爲君不取也。且夫翠、鵠、犀、象，其處勢非不遠死也，而所以死者，惑於餌也。蘇秦、智伯之智，非不足以辟辱遠死也，而所以死者，惑於貪利不止也。是以聖人制禮節欲，取於民有度，使之以時，用之有止，故志不溢，行不驕，常與道俱而不失，故天下承而不絶。昔者齊桓公九合

諸侯，一匡天下，至於葵丘之會，有驕矜之志，畔者九國。吴王夫差兵無敵於天下，勇彊以輕諸侯，陵齊、晉，故遂以殺身亡國。夏育、太史噭叱呼駭三軍，然而身死於庸夫。此皆乘至盛而不返道理，不居卑退處儉約之患也。夫商君爲秦孝公明法令，禁姦本，尊爵必賞，有罪必罰，平權衡，正度量，調輕重，決裂阡陌，以靜生民之業而一其俗，勸民耕農利土，一室無二事，力田稸積，習戰陳之事，是以兵動而地廣，兵休而國富，故秦無敵於天下，立威諸侯，成秦國之業。功已成矣，而遂以車裂。楚地方數千里，持戟百萬，白起率數萬之師以與楚戰，一戰舉鄢郢以燒夷陵，再戰南并蜀漢。又越韓、魏而攻彊趙，北阬馬服，誅屠四十餘萬之衆，盡之于長平之下，流血成川，沸聲若雷，遂入圍邯鄲，使秦有帝業。楚、趙天下之彊國而秦之仇敵也，自是之後，楚、趙皆懾伏不敢攻秦者，白起之勢也。身所服者七十餘城，功已成矣，而遂賜劍死於杜郵。吴起爲楚悼王立法，卑減大臣之威重，罷無能，廢無用，損不急之官，塞私門之請，一楚國之俗，禁游客之民，精耕戰之士，南收楊越，北并陳、蔡，破横散從，使馳説之士無所開其口，禁朋黨以勵百姓，定楚國之政，兵震天下，威服諸侯。功已成矣，而卒枝解。大夫種爲越王深謀遠計，免會稽之危，以亡爲存，因辱爲榮，墾草入邑，辟地殖穀，率四方之士，專上下之力，輔句踐之賢，報夫差之讎，卒擒勁吴，令越成霸。功已彰而信矣，句踐終負而殺之。此四子者，功成不去，禍至於此。此所謂信而不能詘，往而不能返者也。范蠡知之，超然辟世，長爲陶朱公。君獨不觀夫博者乎？或欲大投，或欲分功，此皆君之所明知也。今君相秦，計不下席，謀不出廊廟，坐制諸侯，利施三川，以實宜陽，決羊腸之險，塞太行之道，又斬范、中行之塗，六國不得合從，棧道千里，通於蜀漢，使天下皆畏秦，秦之欲得矣，君之功極矣，此亦秦之分功之時也。如是而不退，則商君、白公、吴起、大夫種是也。吾聞之，『鑒於水者見面之容，鑒於人者知吉與凶』。《書》曰『成功之下，不可久處』。四子之禍，君何居焉？君何不以此時歸相印，讓賢者而授之，退而巖居川觀，必有伯夷之廉，長爲應侯，世世稱孤，而有許由、延陵季子之讓，喬松之壽，孰與以禍終哉？即君何居焉？忍不能自離，疑不能自決，必有四子之禍矣。《易》曰『亢龍有悔』，此言上而不能下，信而不能詘，往而不能自返者也。願君孰計之！」應侯曰：「善。吾聞『欲而不知(止)〔足〕，失其所以欲；有而不知(足)〔止〕，失其所以有』。先生幸教，睢敬受命。」於是乃延入坐，爲上客。

後數日，入朝，言於秦昭王曰：「客新有從山東來者曰蔡澤，其人辯士，明於三王之事，五伯之業，世俗之變，足以寄秦國之政。臣之見人甚衆，莫及，臣不如也。臣敢以聞。」秦昭王召見，與語，大説之，拜爲客卿。應侯因謝病請歸相印。昭王彊起應侯，應侯遂稱病篤。范睢免相，昭王新説蔡澤計畫，遂拜爲秦相，東收周室。

蔡澤相秦數月，人或惡之，懼誅，乃謝病歸相印，號爲綱成君。居秦十餘年，事昭王、孝文王、莊襄王。卒事始皇帝，爲秦使於燕，三年而燕使太子丹入質於秦。

雜録

備録

王充《論衡·骨相篇》 有傳孔子相澹臺子羽、唐舉占蔡澤不驗之文，此失之不審。何(相)隱匿微妙之表也。相或在内，或在外，或在形體，或在聲氣。察外者，遺其内；在形體者，亡其聲氣。孔子適鄭，與弟子相失，孔子獨立鄭東門。鄭人或問子貢曰：「東門有人，其頭似堯，其項若皋陶，〔其〕肩類子産。然自腰以下，不及禹三寸，傫傫若喪家之狗。」子貢以告孔子，孔子欣然笑曰：「形狀未也，如喪家狗，然哉！然哉！」夫孔子之相，鄭人失其實。鄭人不明，法術淺也。孔子[之]失(之)子羽，唐舉惑於蔡澤，猶鄭人相孔子，不能具見形狀之實也。

王應麟《困學紀聞》卷一《易》 蔡澤謂：「《易》曰『亢龍有悔』，此言上而不能下，信而不能詘，往而不能自反者也。」亦善言《易》矣。澤相秦數月而歸相印，非苟知之。《賈誼書·容經篇》云：「亢龍往而不能反，故《易》曰『有悔』；潛龍入而不能出，故《易》曰『勿用』。龍之神也，其惟蜚龍乎？」

備論

《史記》卷七九《范睢蔡澤列傳論》 韓子稱「長袖善舞，多錢善賈」，信哉是

言也！范雎、蔡澤世所謂一切辯士，然游説諸侯至白首無所遇者，非計策之拙，所爲説力少也。及二人羈旅入秦，繼踵取卿相，垂功於天下者，固彊弱之勢異也。然士亦有偶合，賢者多如此二子，不得盡意，豈可勝道哉！然二子不困戹，惡能激乎？

洪邁《容齋隨筆》卷一三《諫説之難》　韓非作《説難》，而死於説難，蓋諫説之難，自古以然。至於知其所欲説，迎而拒之，然卒至於言聽而計行者，又爲難而可喜者也。秦穆公執晉侯，晉陰飴甥往會盟，其爲晉游説無可疑者。秦伯曰：「晉國和乎？」對曰：「不和。小人曰必報仇，君子曰必報德。」秦伯曰：「國謂君何？」曰：「小人謂之不免，君子以爲必歸；以德爲怨，秦不其然。」秦遂歸晉侯。秦伐趙，趙求救於齊，齊欲長安君爲質。太后不肯，曰：「復言者老婦必唾其面。」左師觸龍願見，后盛氣而揖之入，知其必用此事來也。左師徐坐，問后體所苦，繼乞以少子補黑衣之缺。后曰：「丈夫亦愛憐少子乎？」曰：「甚於婦人。」然後及其女燕后，乃極論趙王三世之子孫無功而爲侯者，禍及其身。后既寤，則言：「長安君何以自託於趙？」於是后曰：「恣君之所使。」長安遂出質。范雎見疏於秦，蔡澤入秦，使人宣言感怒雎，曰：「燕客蔡澤天下辯士也。彼一見秦王，必奪君位。」雎曰：「百家之説，吾既知之，衆口之辯，吾皆摧之，是惡能奪我位乎？」使人召澤，謂之曰：「子宣言欲代我相，有之乎？」對曰：「然。」即引商君、吴起、大夫種之事。雎知澤欲困己以説，謬曰：「殺身成名，何爲不可？」澤以身名俱全之説誘之，極之以閎夭、周公之忠聖。今秦王不倍功臣，不若秦孝公、楚越王，雎之功不若三子，勸其歸相印以讓賢。雎竦然失其宿怒，忘其故辯，敬受命，延入爲上客，卒之代爲秦相者澤也。秦始皇遷其母，下令曰：「敢以太后事諫者殺之。」死者二十七人矣。茅焦請諫，王召鑊將亨之。焦數以桀、紂狂悖之行，言未絶口，王母子如初。吕甥之言出於義，左師之計伸於愛，蔡澤之説激於理，若茅焦者真所謂劘虎牙者矣。范雎親困穰侯而奪其位，何遽不如澤哉！彼此一時也。

鍾惺《史懷》卷七　鄭安平降趙，王稽與諸侯通，應侯懼，不知所出，秦之相印，懸以待一人矣。蔡澤聞之，往入秦也，所謂齎糧躍馬，惟恐失時者乎！然謂澤能奪應侯相，其實不然。何也？此時應侯求釋相位，而無其受之者也。非釋相位也，釋其死也。澤釋應侯于死耳，豈奪其相位哉！若相位則安可奪也。曰，若是則澤不幾代應侯處死地乎？曰，久于相而後死地生焉，相秦數月謝病歸，澤相印未入手之時，先辦此一生路矣。戰國之士，取相位有餘，而救死不足者甚多，若澤者能釋人于死，而又不代人處死地，亦可謂有識矣。蓋成功者退一語，澤以之責應侯，而又能以之自處，乃澤所以謝應侯，示不奪其相者也。

雎之奪秦相于穰侯手也，其時勢難于蔡澤百倍。何者？穰侯戚而相，方有功，持其所有也甚堅，雎疏而相，方負罪求釋其所有也甚急。取所堅持者于戚而有功之人，與受所欲急釋者于疏而負罪之人，順逆固已不侔矣。故雎之于穰侯，上書不敢言而待見，見又不敢深言，待其進用，有功于秦，至再至三而後言之，澤面取相印于雎，授受立談間耳。故穰侯之相，雎真奪之；澤之相，雎自予之。予之自我者，身安而名全；奪之自人者，身危而名辱。識時知幾，進退巧拙之際，雎不如澤，穰侯不如雎也。

藝文

庾信《庾子山集》卷一〇《蔡澤就唐生相讚》　蔡澤羈旅，唐生決疑。無勞神策，不問靈龜。富貴自取，年壽須期。雖云異相，會待逢時。

《高適集・九月九日酬顔少府》　簷前白日應可惜，籬下黄花爲誰有？行子迎霜未授衣，主人得錢始沽酒。蘇秦顦顇人多厭，蔡澤棲遑世看醜。縱使登高只斷腸，不如獨坐空搔首。

《李太白全集》卷三〇《樂府・鞠歌行》　麗莫似漢宫妃，謙莫似黄家女。黄女持謙齒髮高，漢妃恃麗天庭去。人生容德不自保，聖人安用推天道。君不見，蔡澤嵌枯詭怪之形狀，大言直取秦丞相。又不見，田千秋才智不出人，一朝富貴如有神。二侯行事在方册，泣麟老人終困厄。夜光抱恨良歎悲，日月逝矣吾何之？

《全唐詩》卷二七九盧綸《冬日登城樓有懷因贈程騰》　生涯何事多羈束，賴此登臨暢心目。郭南郭北無數山，萬井逶迤流水間。彈琴對酒不知暮，岸幘題詩身自閑。風聲肅肅雁飛絶，雲色茫茫欲成雪。遥思海客天外歸，坐想征人兩頭别。世情多以風塵隔，泣盡無因畫籌策。誰知白首窗下人，不接朱門坐中客。賤亦不足歎，貴亦不足陳。長卿未遇楊朱泣，蔡澤無媒原憲貧。如今萬乘方用武，國命天威借貔虎。窮達皆爲身外名，公侯可廢刀頭取。君不見漢家邊將在邊庭，白羽三千出井陘。當風看獵擁珠翠，豈在終年窮一經。

魯仲連部

綜述

《史記》卷八三《魯仲連鄒陽列傳》 魯仲連者，齊人也。好奇偉俶儻之畫策，而不肯仕宦任職，好持高節。游於趙。

趙孝成王時，而秦王使白起破趙長平之軍前後四十餘萬，秦兵遂東圍邯鄲。趙王恐，諸侯之救兵莫敢擊秦軍。魏安釐王使將軍晉鄙救趙，畏秦，止於蕩陰不進。魏王使客將軍新垣衍閒入邯鄲，因平原君謂趙王曰：「秦所爲急圍趙者，前與齊湣王爭彊爲帝，已而復歸帝；今齊(湣王)已益弱，方今唯秦雄天下，此非必貪邯鄲，其意欲復求爲帝。趙誠發使尊秦昭王爲帝，秦必喜，罷兵去。」平原君猶預未有所決。

此時魯仲連適游趙，會秦圍趙，聞魏將欲令趙尊秦爲帝，乃見平原君曰：「事將柰何？」平原君曰：「勝也何敢言事！前亡四十萬之衆於外，今又內圍邯鄲而不能去。魏王使客將軍新垣衍令趙帝秦，今其人在是。勝也何敢言事！」魯仲連曰：「吾始以君爲天下之賢公子也，吾乃今然後知君非天下之賢公子也。梁客新垣衍安在？吾請爲君責而歸之。」平原君曰：「勝請爲紹介而見之於先生。」平原君遂見新垣衍曰：「東國有魯仲連先生者，今其人在此，勝請爲紹介，交之於將軍。」新垣衍曰：「吾聞魯仲連先生，齊國之高士也。衍，人臣也，使事有職，吾不願見魯仲連先生。」平原君曰：「勝既已泄之矣。」新垣衍許諾。

魯連見新垣衍而無言。新垣衍曰：「吾視居此圍城之中者，皆有求於平原君者也；今吾觀先生之玉貌，非有求於平原君者也，曷爲久居此圍城之中而不去？」魯仲連曰：「世以鮑焦爲無從頌而死者，皆非也。衆人不知，則爲一身。彼秦者，弃禮義而上首功之國也，權使其士，虜使其民。彼即肆然而爲帝，過而爲政於天下，則連有蹈東海而死耳，吾不忍爲之民也。所爲見將軍者，欲以助趙也。」

新垣衍曰：「先生助之將柰何？」魯連曰：「吾將使梁及燕助之，齊、楚則固助之矣。」新垣衍曰：「燕則吾請以從矣；若乃梁者，則吾乃梁人也，先生惡能使梁助之？」魯連曰：「梁未睹秦稱帝之害故耳。使梁睹秦稱帝之害，則必助趙矣。」

新垣衍曰：「秦稱帝之害何如？」魯連曰：「昔者齊威王嘗爲仁義矣，率天下諸侯而朝周。周貧且微，諸侯莫朝，而齊獨朝之。居歲餘，周烈王崩，齊後往，周怒，赴於齊曰：『天崩地坼，天子下席。東藩之臣因齊後至，則斮。』齊威王勃然怒曰：『叱嗟，而母婢也！』卒爲天下笑。故生則朝周，死則叱之，誠不忍其求也。彼天子固然，其無足怪。」

新垣衍曰：「先生獨不見夫僕乎？十人而從一人者，寧力不勝而智不若邪？畏之也。」魯仲連曰：「嗚呼！梁之比於秦若僕邪？」新垣衍曰：「然。」魯仲連曰：「吾將使秦王烹醢梁王。」新垣衍怏然不悦，曰：「噫嘻，亦太甚矣先生之言也！先生又惡能使秦王烹醢梁王？」魯仲連曰：「固也，吾將言之。昔者九侯、鄂侯、文王，紂之三公也。九侯有子而好，獻之於紂，紂以爲惡，醢九侯。鄂侯爭之彊，辯之疾，故脯鄂侯。文王聞之，喟然而歎，故拘之牖里之庫百日，欲令之死。曷爲與人俱稱王，卒就脯醢之地？齊湣王之魯，夷維子爲執策而從，謂魯人曰：『子將何以待吾君？』魯人曰：『吾將以十太牢待子之君。』夷維子曰：『子安取禮而來(待)吾君？彼吾君者，天子也。天子巡狩，諸侯辟舍，納筦籥，攝衽抱机，視膳於堂下，天子已食，乃退而聽朝也。』魯人投其籥，不果納。不得入於魯，將之薛，假途於鄒。當是時，鄒君死，湣王欲入弔，夷維子謂鄒之孤曰：『天子弔，主人必將倍殯棺，設北面於南方，然後天子南面弔也。』鄒之羣臣曰：『必若此，吾將伏劍而死。』固不敢入於鄒。鄒、魯之臣，生則不得事養，死則不得賻襚，然且欲行天子之禮於鄒、魯，鄒、魯之臣不果納。今秦萬乘之國也，梁亦萬乘之國也。俱據萬乘之國，各有稱王之名，睹其一戰而勝，欲從而帝之，是使三晉之大臣不如鄒、魯之僕妾也。且秦無已而帝，則且變易諸侯之大臣。彼將奪其所不肖而與其所賢，奪其所憎而與其所愛。彼又將使其子女讒妾爲諸侯妃姬，處梁之宮。梁王安得晏然而已乎？而將軍又何以得故寵乎？」

於是新垣衍起，再拜謝曰：「始以先生爲庸人，吾乃今日知先生爲天下之士也。吾請出，不敢復言帝秦。」秦將聞之，爲卻軍五十里。適會魏公子無忌奪晉鄙軍以救趙，擊秦軍，秦軍遂引而去。

於是平原君欲封魯連，魯連辭讓(使)者三，終不肯受。平原君乃置酒，酒酣

起前，以千金爲魯連壽。魯連笑曰：「所貴於天下之士者，爲人排患釋難解紛亂而無取也。即有取者，是商賈之事也，而連不忍爲也。」遂辭平原君而去，終身不復見。

其後二十餘年，燕將攻下聊城，聊城人或讒之燕，燕將懼誅，因保守聊城，不敢歸。齊田單攻聊城歲餘，士卒多死而聊城不下。魯連乃爲書，約之矢以射城中，遺燕將。書曰：

吾聞之，智者不倍時而弃利，勇士不却死而滅名，忠臣不先身而後君。今公行一朝之忿，不顧燕王之無臣，非忠也；殺身亡聊城，而威不信於齊，非勇也；功敗名滅，後世無稱焉，非智也。三者世主不臣，説士不載，故智者不再計，勇士不怯死。今死生榮辱，貴賤尊卑，此時不再至，願公詳計而無與俗同。

且楚攻齊之南陽，魏攻平陸，而齊無南面之心，以爲亡南陽之害小，不如得濟北之利大，故定計審處之。今秦人下兵，魏不敢東面；衡秦之勢成，楚國之形危；齊弃南陽，斷右壤，定濟北，計猶且爲之也。且夫齊之必決於聊城，公勿再計。今楚魏交退於齊，而燕救不至。以全齊之兵，無天下之規，與聊城共據期年之敝，則臣見公之不能得也。且燕國大亂，君臣失計，上下迷惑，栗腹以十萬之衆五折於外，以萬乘之國被圍於趙，壤削主困，爲天下僇笑。國敝而禍多，民無所歸心。今公又以敝聊之民距全齊之兵，是墨翟之守也。食人炊骨，士無反外之心，是孫臏之兵也。能見於天下。雖然，爲公計者，不如全車甲以報於燕。車甲全而歸燕，燕王必喜；身全而歸於國，士民如見父母，交游攘臂而議於世，功業可明。上輔孤主以制羣臣，下養百姓以資説士，矯國更俗，功名可立也。亡意亦捐燕弃世，東游於齊乎？裂地定封，富比乎陶、衛，世世稱孤，與齊久存，又一計也。此兩計者，顯名厚實也，願公詳計而審處一焉。

且吾聞之，規小節者不能成榮名，惡小恥者不能立大功。昔者管夷吾射桓公中其鉤，篡也；遺公子糾不能死，怯也；束縛桎梏，辱也。若此三行者，世主不臣而鄉里不通。鄉使管子幽囚而不出，身死而不反於齊，則亦名不免爲辱人賤行矣。臧獲且羞與之同名矣，況世俗乎！故管子不恥身在縲紲之中而恥天下之不治，不恥不死公子糾而恥威之不信於諸侯，故兼三行之過而爲五霸首，名高天下而光燭鄰國。曹子爲魯將，三戰三北，而亡地五百里。鄉使曹子計不反顧，議不還踵，刎頸而死，則亦名不免爲敗軍禽將矣。曹子棄三北之恥，而退與魯君計。桓公朝天下，會諸侯，曹子以一劍之任，枝桓公之心於壇坫之上，顔色不變，辭氣不悖，三戰之所亡一朝而復之，天下震動，諸侯驚駭，威加吳、越。若此二士者，非不能成小廉而行小節也，以爲殺身亡軀，絶世滅後，功名不立，非智也。故去感忿之怨，立終身之名；棄忿悁之節，定累世之功。是以業與三王争流，而名與天壤相獘也。願公擇一而行之。

燕將見魯連書，泣三日，猶豫不能自決。欲歸燕，已有隙，恐誅；欲降齊，所殺虜於齊甚衆，恐已降而後見辱。喟然歎曰：「與人刃我，寧自刃。」乃自殺。聊城亂，田單遂屠聊城。歸而言魯連，欲爵之。魯連逃隱於海上，曰：「吾與富貴而詘於人，寧貧賤而輕世肆志焉。」

《戰國策·齊三》 孟嘗君有舍人而弗悦，欲逐之。魯連謂孟嘗君曰：「猿獮猴錯木據水，則不若魚鱉；歷險乘危，則騏驥不如狐狸。曹沫之奮三尺之劍，一軍不能當；使曹沫釋其三尺之劍，而操銚鎒與農夫居壠畝之中，則不若農夫。故物舍其所長，之其所短，堯亦有所不及矣。今使人而不能，則謂之不肖；教人而不能，則謂之拙。拙則罷之，不肖則棄之，使人有棄逐，不相與處，而來害相報者，豈非世之立教首也哉！」孟嘗君曰：「善。」乃弗逐。

《戰國策·齊四》 魯仲連謂孟嘗：「君好士也！雍門養椒亦，陽得子養，飲食，衣裘與之同之，皆得其死。今君之家富於二公，而士未有爲君盡游者也。」君曰：「文不得是二人故也。使文得二人者，豈獨不得盡？」對曰：「君之廐馬百乘，無不被繡衣而食菽粟者，豈有騏麟騄耳哉？後宮十妃，皆衣縞紵，食粱肉，豈有毛廧、西施哉？色與馬取於今之世，士何必待古哉？故曰君之好士未也。」

《戰國策·齊六》 田單將攻狄，往見魯仲子。仲子曰：「將軍攻狄，不能下也。」田單曰：「臣以五里之城，七里之郭，破亡餘卒，破萬乘之燕，復齊墟。攻狄而不下，何也？」上車弗謝而去。遂攻狄，三月而不克之也。

齊嬰兒謡曰：「大冠若箕，脩劍拄頤，攻狄不能，下壘枯丘。」田單乃懼，問魯仲子曰：「先生謂單不能下狄，請聞其説。」魯仲子曰：「將軍之在即墨，坐而織蕢，立則丈插，爲士卒倡曰：『可往矣！宗廟亡矣！云曰尚矣！歸於何黨矣！』當此之時，將軍有死之心，而士卒無生之氣，聞若言，莫不揮泣奮臂而欲戰，此所以破燕也。當今將軍東有夜邑之奉，西有菑上之虞，黃金橫帶，而馳乎淄、澠之

間，有生之樂，無死之心，所以不勝者也。」田單曰：「單有心，先生志之矣。」明日，乃厲氣循城，立於矢石之所，乃援枹鼓之，狄人乃下。

《戰國策・趙三》 秦圍趙之邯鄲。魏安釐王使將軍晉鄙救趙。畏秦，止於蕩陰，不進。魏王使客將軍新垣衍間入邯鄲，因平原君謂趙王曰：「秦所以急圍趙者，前與齊湣王爭強爲帝，已而復歸帝，以齊故。今齊湣王已益弱。方今唯秦雄天下，此非必貪邯鄲，其意欲求爲帝。趙誠發使尊秦昭王爲帝，秦必喜，罷兵去。」平原君猶豫未有所決。

此時魯仲連適游趙，會秦圍趙。聞魏將欲令趙尊秦爲帝，乃見平原君曰：「事將奈何矣？」平原君曰：「勝也何敢言事？百萬之衆折於外，今又內圍邯鄲而不能去。魏王使將軍辛垣衍令趙帝秦。今其人在是，勝也何敢言事？」魯連曰：「始吾以君爲天下之賢公子也，吾乃今然后知君非天下之賢公子也。梁客辛垣衍安在？吾請爲君責而歸之。」平原君曰：「勝請召而見之於先生。」平原君遂見辛垣衍曰：「東國有魯連先生，其人在此，勝請爲紹介而見之於將軍。」辛垣衍曰：「吾聞魯連先生，齊國之高士也。衍，人臣也，使事有職。吾不願見魯連先生也。」平原君曰：「勝已泄之矣。」辛垣衍許諾。

魯連見辛垣衍而無言。辛垣衍曰：「吾視居北圍城之中者，皆有求於平原君者也。今吾視先生之玉貌，非有求於平原君者，曷爲久居此圍城之中而不去也？」魯連曰：「世以鮑焦無從容而死者，皆非也。今衆人不知，則爲一身。彼秦者，弃禮義而上首功之國也。權使其士，虜使其民。彼則肆然而爲帝，過而遂正於天下，則連有赴東海而死矣。吾不忍爲之民也！所爲見將軍者，欲以助趙也。」辛垣衍曰：「先生助之奈何？」魯連曰：「吾將使梁及燕助之。齊、楚則固助之矣。」辛垣衍曰：「燕則吾請以從矣。若乃梁，則吾乃梁人也，先生惡能使梁助之耶？」魯連曰：「梁未睹秦稱帝之害故也，使梁睹秦稱帝之害，則必助趙矣。」辛垣衍曰：「秦稱帝之害將奈何？」魯仲連曰：「昔齊威王嘗爲仁義矣，率天下諸侯而朝周。周貧且微，諸侯莫朝，而齊獨朝之。居歲餘，周烈王崩，諸侯皆弔，齊後往。周怒，赴於齊曰：『天崩地坼，天子下席。東藩之臣田嬰齊後至，則斮之。』威王勃然怒曰：『叱嗟，而母婢也！』卒爲天下笑。故生則朝周，死則叱之，誠不忍其求也。彼天子固然，其無足怪。」辛垣衍曰：「先生獨未見夫僕乎？十人而從一人者，寧力不勝，智不若耶？畏之也。」魯仲連曰：「然梁之比於秦若僕耶？」辛垣衍曰：「然。」魯仲連曰：「然吾將使秦王烹醢梁王。」辛垣衍怏然不悅曰：「嘻，亦太甚矣，先生之言也！先生又惡能使秦王烹醢梁王？」魯仲連曰：「固也，待吾言之。昔者，鬼侯之鄂侯、文王，紂之三公也。鬼侯有子而好，故入之於紂，紂以爲惡，醢鬼侯。鄂侯爭之急，辨之疾，故脯鄂侯。文王聞之，喟然而歎，故拘之於牖里之車，百日而欲舍之死。曷爲與人俱稱帝王，卒就脯醢之地也？齊閔王將之魯，夷維子執策而從，謂魯人曰：『子將何以待吾君？』魯人曰：『吾將以十太牢待子之君。』維子曰：『子安取禮而來待吾君？彼吾君者，天子也。天子巡狩，諸侯辟舍，納於筦鍵，攝衽抱几，視膳於堂下，天子已食，退而聽朝也。』魯人投其籥，不果納。不得入於魯，將之薛，假塗於鄒。當是時，鄒君死，閔王欲入弔。夷維子謂鄒之孤曰：『天子弔，主人必將倍殯柩，設北面於南方，然後天子南面弔也。』鄒之羣臣曰：『必若此，吾將伏劍而死。』故不敢入於鄒。鄒、魯之臣，生則不得事養，死則不得飯含。然且欲行天子之禮於鄒、魯之臣，不果納。今秦萬乘之國，梁亦萬乘之國。俱據萬乘之國，交有稱王之名，睹其一戰而勝，欲從而帝之，是使三晉之大臣不如鄒、魯之僕妾也。且秦無已而帝，則且變易諸侯之大臣。彼將奪其所謂不肖，而予其所謂賢；奪其所憎，而與其所愛。彼又將使其子女讒妾爲諸侯妃姬，處梁之宮，梁王安得晏然而已乎？而將軍又何以得故寵乎？」

於是，辛垣衍起，再拜謝曰：「始以先生爲庸人，吾乃今日而知先生爲天下之士也。吾請去，不敢復言帝秦。」秦將聞之，爲卻軍五十里。

適會魏公子無忌奪晉鄙軍以救趙擊秦，秦軍引而去。於是平原君欲封魯仲連。魯仲連辭讓者三，終不肯受。平原君乃置酒，酒酣，起前以千金爲魯連壽。魯連笑曰：「所貴於天下之士者，爲人排患、釋難、解紛亂而無所取也。即有所取者，是商賈之人也，仲連不忍爲也。」遂辭平原君而去，終身不復見。

雜録

備録

劉向《説苑・指武》 田單爲齊上將軍，興師十萬，將以攻翟，往見魯仲連

子，仲連子曰：「將軍之攻狄必不能下矣。」田將軍曰：「單以五里之城，十里之郭，復齊之國，何爲攻狄不能下？」去上車不與言，決攻狄，三月而不能下。齊嬰兒謡之曰：「大冠如箕，長劍拄頤，攻狄不能下，壘於梧丘。」於是田將軍恐駭，往見仲連子曰：「先生何以知單之攻狄不能下也？」仲連子曰：「夫將軍在即墨之時，坐則織蕢，立則杖臿，爲士卒倡，曰：『宗廟亡矣，魂魄喪矣，歸何黨矣！』故將有死之心，士卒無生之氣。今將軍東有掖邑之封，西有淄上之寶，黄金横帶，馳騁乎淄、澠之間，是以樂生而惡死也。」田將軍明日結髮，徑立矢石之所，乃引枹而鼓之。狄人下之。故將者士之心也，士者將之枝體也，心猶與則枝體不用，田將軍之謂乎！

王應麟《困學紀聞》卷八《孟子》　孔子、孟子皆不之秦，荀子嘗入秦而譏其無儒。孔子順曰：「秦爲不義，義所不入。」其志如魯仲連。

王士禎《池北偶談》卷九《談獻・魯仲連》　新城東北錦秋湖上，有魯仲連陂，傳爲魯仲連所居。按《前書》《魯仲連子》十四篇，在儒家。

梁玉繩《人表考》卷二《上中仁人・魯仲連》　魯仲連始見《戰國・齊》、《趙策》。魯氏伯禽之後。《廣韻》注。仲連，齊人，《史》本傳。亦曰魯連，《齊》、《趙策》。亦曰魯仲子，《齊策》。亦曰魯連先生。《趙策》。葬青州高苑縣西北五里。《一統志》。

備論

《史記》卷八三《魯仲連鄒陽列傳論》　魯連其指意雖不合大義，然余多其在布衣之位，蕩然肆志，不詘於諸侯，談説於當世，折卿相之權。鄒陽辭雖不遜，然其比物連類，有足悲者，亦可謂抗直不橈矣，吾是以附之列傳焉。

《史記》卷八三《魯仲連鄒陽列傳》張守節正義　《魯仲連子》云：「齊辯士田巴，服狙丘，議稷下，毁五帝，罪三王，服五伯，離堅白，合同異，一日服千人。有徐劫者，其弟子曰魯仲連，年十二，號『千里駒』，往請田巴曰：『臣聞堂上不糞，郊草不芸，白刃交前，不救流矢，急不暇緩也。今楚軍南陽，趙伐高唐，燕人十萬，聊城不去，國亡在旦夕，先生柰之何？若不能者，先生之言有似梟鳴，出城而人惡之，願先生勿復言。』田巴曰：『謹聞命矣。』巴謂徐劫曰：『先生乃飛兔也，豈直千里駒！』巴終身不談。」

《史記》卷八三《魯仲連鄒陽列傳》司馬貞述贊　魯連達士，高才遠致。釋難解紛，辭禄肆志。齊將挫辯，燕軍沮氣。鄒子遇讒，見詆獄吏。慷慨獻説，時王所器。

《張耒集》卷四〇《魯仲連論》　昔者君子之於仁義，其行之非不勤，而好之非不篤也，然勤而不得其中，則君子不爲。是故罪至於可殺，則君子不生之以爲思，而鄉閭之鬭，勢之所不能救，則捨而不顧。凡天下之事，有可以不爲而非不義者，君子不强以爲義也。嗚呼！君子之道，豈顧若是恝然而已哉！彼誠以爲事至于可以不爲而無我責，而我偲偲然求爲之以爲功，則夫世之求爲君子者，蓋亦甚勞，而我之心無乃非出于樂而後爲之歟？

蓋昔者夫子之道，未嘗不出于忠恕，而其所以待物者，亦甚厚矣。然陳恒弑其君，則孔子沐浴而言之朝，告其君而請討之。至其不能討，而孔子不論也。門人有謂報怨以德者，而夫子謂何以報德。出而告之朝者，吾之所職者止矣，鄰國之不討賊，非我之責也。受人之德而樂，加我以惡則怨之者，是天下之常情也。以德復德，以直復怨，則理已足矣。彼天下之人，必將以所樂施所惡，則夫爲善者，不亦枉其情歟？

彼魯仲連者，里閭之自好者耳，安知夫所謂真仁義者也。以布衣遊諸侯，而不食其禄，不當天下之責，而出身以救天下之患，功成事立，而不享其報。此魯連之所以爲賢歟？嗟夫！魯連之所以爲賢，乃其所以爲戾也。夫當其位而後憂，食其禄而後勞，施其功而享其利，解其憂而享其樂者，孔子、孟子之所不能過也，而魯連者獨不能然。吾見其越常棄禮，亂世敗俗而已矣。夫無責而憂人之憂，致力而不享其報，則使世之中人不免于義，必自魯連始。使天下之賢者，必如魯連而後可，則亦率天下爲僞而已矣。

蓋施義而不當其處者，義之賊也。嘗聞之，昔者夫子之道所以行于天下後世而不能廢者，惟其不强仁義以爲賢，而不捨仁義而求自便也。不强以爲賢，故爲善者不難；不捨以爲便，故不爲者有所畏。夫人不可不爲，而爲之不難，此天下之所以同守而不廢。而後之愚者，嘗欲摩頂放踵以利天下，而其自便者，不以仁義易身之一毛，而天下卒去之。然則夫子之道爲不可易也。

洪邁《容齋五筆》卷五《史記簡妙處》　太史公書不待稱説，若云褒贊其高古簡妙處，殆是摹寫星日之光輝，多見其不知量也。然予每展讀至《魏世家》、蘇

秦、平原君、魯仲連《傳》，未嘗不驚呼擊節，不自知其所以然。【略】秦圍趙，魯仲連見平原君曰：「事將奈何？」君曰：「勝也何敢言事！魏客新垣衍令趙帝秦，今其人在是。勝也何敢言事！」仲連曰：「吾始以君爲天下之賢公子也，吾今然後知君非天下之賢公子也。客安在？」平原往見衍曰：「東國有魯仲連先生者，勝請爲紹介，交之於將軍。」衍曰：「吾聞魯仲連先生，齊國之高士也。衍人臣也，使事有職，吾不願見魯仲連先生。」及見衍，衍曰：「吾視居此圍城之中者，皆有求於平原君者也；今吾觀先生之玉貌，非有求於平原君者也。」又曰：「始以先生爲庸人，吾乃今日知先生爲天下之士也。」是三者重沓熟復，如駿馬下駐千丈坡，其文勢正爾。風行於上而水波，真天下之至文也。

葉適《習學記言序目》卷一八《戰國策・趙》 魯仲連不肯帝秦，是戰國一大節目事，蓋當是時，士莫知恥，而仲連能恥之也。孟子曰：「如恥之，莫如師文王。」然則仲連之所恥，必有以處此乎！

李贄《藏書》卷一一《大臣傳五・忠誠大臣・魯仲連》評 田巴之談可無，魯連子之談不可無。能如魯連之談，則終日談可矣。談之益於世也甚矣。

鍾惺《隱秀軒集》卷二三《論二・魯仲連》 魯仲連不聽魏之帝秦，至欲蹈東海而死，世以此爲高節。士固有高節而無救於世者，然不可以此論仲連也。仲連之所挾以爲仲連者，爲人排難解紛亂而已。其不聽魏之帝秦者，計欲魏之必救趙也。秦圍趙，勢不得不救趙者莫如魏。魏雖畏秦，不敢聽公子無忌救趙，實無以自解於趙，苟且僥倖，思欲以帝秦之説，一塞其不救趙之責，而不知其必不可得也。秦破趙且及六國，何憂不帝？乃必以圍趙求帝，以得帝釋趙，而代爲魏塞不救趙之責哉？帝秦之策，必不能釋趙圍，而魏爲之者，此時魏君臣方寸亂矣，猶以爲帝秦而萬一免趙於圍，吾遂可以不救趙。然而此必無之事也。爲魏計，莫如救趙者。仲連所争者，救趙與不救趙，而不在於秦之帝不帝也。然不禁其帝秦之説，則不救趙之形已成，趙亡而魏不得爲魏矣。故其言曰：「所爲見將軍者，欲以助趙也。」又曰：「吾將使梁及燕助之。」又曰：「使梁覩秦稱帝之害，則必助趙矣。」助趙之説，乃仲連不聽魏帝秦之本指也。「烹醢梁王」，其語已自刺心；而「將軍何以得固寵乎」一語，尤敗新垣衍之興。蓋衍，首議帝秦之人也。衍起謝，而秦不帝，魏不帝秦，舍救趙遂無可爲者矣。事固有不相蒙而可以相應者，雖謂仲連此舉，陰爲公子無忌地，使之得救趙，可也。爲公子無忌地，使之得救趙，而後不帝秦之局可終也。不然，徒争帝秦之虛名，而魏救不至，何益趙之亡？且使魏、趙利害真係於帝秦，雖百仲連蹈海，安能禁魏之不帝秦哉！

鍾惺《史懷》卷七 仲連好奇偉倜儻之畫策，而不肯仕宦任職。蓋一守官，則其策自不能必用，身在事外而後能用人，乃仲連之妙于用其策，而深于寄其好者也。故有爲利其身以行其策者，范睢、蔡澤、張儀輩是也。爲利其身以行其策，而其身反不保者，蘇秦、李斯輩是也。不必利其身，策行而身榮者，廉、藺、樂毅、田單輩是也。策行而身死者，商君是也。身死而策不行者，韓非是也。置其身以用其策，策行身去者，魯連是也。其策在行不行，身在用不用之間者，淳于髡輩是也。策行而身死不悔者，侯嬴、王蠋輩是也。不屑行其策利其身，而志在天下者，孟子是也。志不在天下，又不必用其身行其策，而别以空言自見者，莊周、荀卿而下，三騶、惠施、慎接之徒是也。

藝文

《李太白全集》卷二《古風五十九首》其十 齊有倜儻生，魯連特高妙。明月出海底，一朝開光曜。却秦振英聲，後世仰末照。意輕千金贈，顧向平原笑。吾亦澹蕩人，拂衣可同調。

《李太白全集》卷一二《贈宣城宇文太守兼呈崔侍御》 白若白鷺鮮，清如清唳蟬。受氣有本性，不爲外物遷。飲水箕山上，食雪首陽巔。迴車避朝歌，掩口去盜泉。岧嶤廣成子，倜儻魯仲連。卓絶二公外，丹心無間然。

陸游《劍南詩稿》卷二四《歎俗》 風俗陵夷日可憐，乞墦鉗市亦欣然。看渠皮底元無血，那識虞卿魯仲連。

劉克莊《後村集》卷一四《雜詠・魯仲連》 六國鈞南面，甘爲北面臣。向微生一叱，幾帝虎狼秦。

劉克莊《後村集》卷四六《雜詠・六言八首》之四 大將軍無舊客，四公子成古墳。寄語魯仲連輩，買茶繡平原君。

荀子部

綜述

《史記》卷七四《孟子荀卿列傳》 荀卿，趙人。年五十始來游學於齊。騶衍之術迂大而閎辯；奭也文具難施；淳于髡久與處，時有得善言。故齊人頌曰：「談天衍，雕龍奭，炙轂過髡。」田駢之屬皆已死齊襄王時，而荀卿最爲老師。齊尚脩列大夫之缺，而荀卿三爲祭酒焉。齊人或讒荀卿，荀卿乃適楚，而春申君以爲蘭陵令。春申君死而荀卿廢，因家蘭陵。李斯嘗爲弟子，已而相秦。荀卿嫉濁世之政，亡國亂君相屬，不遂大道而營於巫祝，信禨祥，鄙儒小拘，如莊周等又猾稽亂俗，於是推儒、墨、道德之行事興壞，序列著數萬言而卒。因葬蘭陵。

而趙亦有公孫龍爲堅白同異之辯，劇子之言；魏有李悝，盡地力之教；楚有尸子、長盧；阿之吁子焉。自如孟子至于吁子，世多有其書，故不論其傳云。

蓋墨翟，宋之大夫，善守禦，爲節用。或曰並孔子時，或曰在其後。

應劭《風俗通義·窮通》 孫況齊威、宣王之時，聚天下賢士於稷下，尊寵之，若鄒衍、田駢、淳于髡之屬甚衆，號曰列大夫，皆世所稱，咸作書刺世。是時，孫卿有秀才，年十五，始來遊學。諸子之事，皆以爲非先王之法也。孫卿善爲《詩》、《禮》、《易》、《春秋》，至襄王時，而孫卿最爲老師，齊尚循列大夫之缺，而孫卿三爲祭酒焉。齊人或讒孫卿，乃適楚，楚相春申君以爲蘭陵令。人或謂春申君：「湯以七十里，文王以百里，孫卿賢者也，今與之百里地，楚其危乎！」春申君謝之，孫卿去之，游趙，應聘於秦。是時，七國交爭，尚於權詐；而孫卿守禮義，貴術籍，雖見窮擯，而猶不黜其志，作書數十篇，疾濁世之政，國亂君危相屬，不遵大道，而營乎巫祝，信禨祥，蘇秦、張儀以邪道說諸侯，以大貴顯，隨而笑之曰：「夫不以其道進者，必不以其道亡。」又小五伯，以爲仲尼之門，羞稱其功。後客或謂春申君曰：「伊尹去夏入殷，殷王而夏衰；管仲去魯入齊，魯弱而齊彊。故賢者所在，君尊國安。今孫況天下賢人，所去之國，其不安乎？」春申君使請孫況，況遺春申君書，刺楚國，因爲歌賦，以遺春申君；春申君恨，復固謝孫卿，因不得已，乃行，復爲蘭陵令焉。

李贄《藏書》卷三二《儒臣傳一·德業儒臣·荀卿》 荀卿，趙人。年五十始來游學於齊，騶衍之術迂大而閎辯，奭也文具難施，淳于髡久與處，時有得善言，故齊人頌曰：「談天衍，雕龍奭，炙轂過髡。」田駢之屬皆已死齊襄王時，而荀卿最爲老師。齊尚修列大夫之缺，而荀卿三爲祭酒焉。齊人或讒荀卿，荀卿乃適楚，而春申君以爲蘭陵令。春申君死而荀卿廢，因家蘭陵。李斯嘗爲弟子。荀卿嫉濁世之政，亡國亂君相屬，不遂大道而營于巫祝，信禨祥，鄙儒小拘，如莊周等又滑稽亂俗，於是推儒、墨、道德之行事興壞，序列著數萬言而卒。因葬蘭陵。

荀卿嘗與臨武君論兵於趙孝成王前，王曰：「請問兵要。」卿對曰：「要在附民。夫仁人之兵，上下一心，三軍同力。臣之於君也，下之於上也，若子弟之事父兄，若手足之扞頭目而覆胸腹也。故兵要在於附民而已。齊人隆技擊，得一首者，賜贖錙金，無本賞矣。事小敵毳，則偷可用也；事大敵堅，則渙然離耳。是亡國之兵也，其去賃市傭而戰之幾矣。魏氏武卒，以度取之：衣三屬之甲，操二石之弩，負矢五十，置戈其上，冠胄帶劍，贏三日糧，日中而趨百里。中試則復其戶，利其田宅。氣力數年而衰，而復利未可奪也，改造則不易周也，故地雖大，其稅必寡，是危國之兵也。秦人其生民也陿隘，其使民也酷烈。懷之以慶賞，鰌之以刑罰。使民所以要利於上者，非鬬無由也。使以功賞相長，五長首而隸五家，是最爲衆强長久之道。然皆干賞蹈利之兵，未有安制綦即之理也。故齊之技擊不可以遇魏之武卒，魏之武卒不可以遇秦之銳士，秦之銳士不可以當桓文之節制，桓文之節制不可以敵湯武之仁義。故招延募選，隆勢詐，尚功利，是漸之也。禮義教化，是齊之也。故兵大齊則制天下，小齊則制鄰敵。若夫招延選募，隆勢詐，尚功利之兵，則勝不勝無常，相爲雌雄耳。夫是謂之盜兵，君子不由也。」

王曰：「善。請問爲將。」卿曰：「號令欲嚴以威，賞罰欲必以信，處舍欲周以固，徙舉進退欲安以重，欲疾以速，窺敵觀變欲潛以深，欲伍以參，遇敵決戰必行吾所明，無行吾所疑。夫是之謂六術。無欲將而惡廢，無怠勝而忘敗，無威內而輕外，無見利而不顧其害，凡慮事欲熟而用財欲泰。夫是之謂五權。可殺而不可使處不完，可殺而不可使擊不勝，可殺而不可使欺百姓。夫是之謂三至。凡百事之成也必在敬之，其敗也必在慢之。故敬勝怠則吉，怠勝敬則滅；計勝欲則從，欲勝計則凶。戰如守，行如戰，有功如幸。慎行此六術、五權、三至，而

處之以恭敬無曠，夫是之謂天下之將。」

臨武君曰：「善。請問王者之軍制。」卿曰：「將死鼓，御死轡，百吏死職，士大夫死行列。聞鼓聲而進，金聲而退。順命爲上，有功次之。不殺老弱，不獵田稼。服者不禽，格者用赦，奔命者不獲。凡誅，非誅百姓也，誅其亂百姓者也。百姓有捍其賊，是亦賊也。故順刃者生，傃刃者死，奔命者貢，有誅而無戰。不屠城，不潛軍，不留衆，師不越時。故亂者樂其政，不安其上者欲其至也。」臨武君曰：「善。」

陳囂問曰：「先生論兵，常以仁義爲本，然則又何以兵爲哉？」卿曰：「仁者愛人，故惡人之害之也。義者循理，故惡人之亂之也。故兵者，所以禁暴除害也，非爭奪也。」

胡元儀《郇卿別傳》 郇卿名況，趙人也，蓋周郇伯之遺苗。郇伯，公孫之後，或以孫爲氏，故又稱孫卿焉。昔孟子爲卿于齊，郇卿亦爲卿于齊。虞卿爲趙上卿，時人尊之，號曰虞卿，郇卿亦爲趙上卿，故人亦卿之而不名也。

卿年十五，有秀才，當齊湣王之末年，游學于齊。初，齊威王之世，淳于髡、鄒衍之屬相次至齊。威王卒，宣王立，喜文學，游說之士來者益衆，居稷下。宣王十八年，尊寵之，如孟子、鄒衍、鄒奭，淳于髡、田駢、接子、慎到、環淵之徒七十六人，皆命曰列大夫，言爵比大夫也。開第康莊之衢，高門大屋，不治政事而議論焉，稷下之盛聞于諸侯。十九年，宣王卒，湣王立，學士更盛，且數萬人。湣王奮二世之餘烈，南舉楚、淮，北并巨宋，苞十二國，西摧三晉，卻彊秦，五國賓從，鄒、魯之君，泗上諸侯，皆入臣。晚年，矜功不休，百姓不堪。諸儒皆諫，湣王不聽，各分散。慎到、接子亡去，田駢如薛。郇卿亦說齊相曰：「處勝人之執，行勝人之道，天下莫忿，湯、武是也。處勝人之執，不以勝人之道，厚于有天下之執，索爲匹夫，不可得也，桀、紂是也。然則得勝人之執者，其不如勝人之道遠矣。夫主相者，勝人以執也。是爲是，非爲非，能爲能，不能爲不能，併已之私欲必以道。夫公道通義之可相兼容者，是勝人之道也。今相國上則得專主，下則得專國，相國之于勝人之執亶有之矣。然則胡不敺此勝人之執赴勝人之道，求仁厚明通之君子而託王焉，與之參國政，正是非？如是則國孰敢不爲義矣？君臣上下貴賤長少至於庶人，莫不爲義，則天下孰不欲合義矣？賢士願相國之朝，能士願相國之官，好利「利」當作「義」。之民莫不願以齊爲歸，是一天下也。相國舍是而不爲，案直爲世俗之所爲，則女主亂之宮，詐臣亂之朝，貪吏亂之官，衆庶百姓皆以貪利爭奪爲俗，曷若是而可以持國乎？今巨楚縣吾前，大燕鰌吾後，勁魏鉤吾右，西壤之不絶若繩，楚人則乃有襄賁、開陽以臨吾左，是一國作謀，則三國必起而乘我。如是，則齊必斷而爲四三，國若假城然耳，必爲天下大笑，曷若兩者孰足爲也？夫桀、紂，聖王之後子孫也，有天下者之世也，執籍之所存，天下之宗室也。土地之大，封内千里，人之衆，數以億萬；俄而天下倜然舉去桀、紂而犇湯、武，反然舉惡桀、紂而貴湯、武。是何也？夫桀、紂何失而湯、武何得也？曰：是無他故焉，桀、紂者善爲人之所惡，而湯、武者善爲人之所好也。人之所惡何也？曰：汙漫、争奪、貪利是也。人之所好何也？曰：禮義、辭讓、忠信是也。今君人者辟稱比方則欲自竝乎湯、武，若其所以統之則無以異桀、紂，而求有湯、武之功名，可乎？故凡得勝者必與人也，凡得人者必與道也。道者何也？曰：禮讓、忠信是也。故自四五萬而往者彊勝，非衆之力也，隆在信矣。自數百里而往者安固，非人之力也，隆在修政矣。今已有數萬之衆者也，陶誕比周以争與；已有數百里之國者也，汙漫突盜以争地。然則是弃已之所安彊而争已之所危弱也。損已之所不足以重已之所有餘，若是其悖繆也，而求有湯、武之功名，可乎？辟之猶伏而咶天，救經而引其足也，說必不行矣，愈務而愈遠。爲人臣者不恤已行之不行，苟得利而已矣，是渠衝入穴而求利也，是仁人之所羞而不爲也。故人莫貴乎生，莫樂乎安，所以養生安樂者莫大乎禮義。人知貴生樂安而弃禮義，辟之是猶欲壽而歾頸也，愚莫大焉。故君人者愛民而安，好士而榮，兩者無一焉而亡。《詩》曰：『价人維藩，大師維垣。』此之謂也。」齊相不能用其言，郇卿乃適楚。

于是諸侯合謀，五國伐齊，湣王奔莒。楚使淖齒救齊，因爲齊相。淖齒欲與燕分齊地，乃執湣王，殺之于鼓里。田單起即墨，卒復齊所失七十餘城，迎湣王子法章于莒而立之，是爲襄王。襄王復國，尚修列大夫之缺，諸儒反稷下。其時田駢之屬已死，惟郇卿最爲老師，于是郇卿三爲祭酒焉。後齊人或讒郇卿，卿乃適楚，楚相春申君相楚之八年，以卿爲蘭陵令。客說春申君曰：「湯以亳，武王以鄗，皆不過百里以有天下。今郇子天下賢人也，君藉以百里之執，臣竊以爲不便，於君何如？」春申君曰：「善。」于是使人謝郇卿。卿去之趙，趙以爲上卿，與臨武君孫臏議兵於趙孝成王之前，臨武君爲變詐之兵，郇卿以王兵難之，不能對也。語詳《郇卿子議兵篇》。卒不用於趙，遂應聘于秦。

初見應侯范睢，應侯問以入秦何見，郇卿曰：「其固塞險，形執便，山林川谷

美，天材之利多，是形勝也。入境觀其風俗，其百姓樸，其聲樂不流汙，其服不挑，甚畏有司而順，古之民也。及都邑官府，其百吏肅然，莫不恭儉敦敬，忠信而不楛，古之吏也。入其國，觀其士大夫，出于其門，入于公門，出于公門，入于其家，無有私事也，不比周，不朋黨，倜然莫不明通而公也，古之士大夫也。觀其朝廷，其閒聽決，百事不留，恬然如無治者，古之朝也。故四世有勝，非幸也，數也。是所見也。故曰：佚而治，約而詳，不煩而功，治之至也。秦類之矣。雖然，則有其偲矣，兼是數具者而盡有之，然而縣之以王者之功名，則倜倜然其不及遠矣。是何也？則其殆無儒邪！故曰：粹而王，駁而霸，無一焉而亡。此秦之所短也。」秦昭王問其重儒也，因問曰：「儒無益於人國？」郇卿曰：「儒者法先王，隆禮義，謹乎臣子而致貴乎上者也。人主用之則埶在本朝而宜，不用則退編百姓而慤，必爲順下矣。雖窮困凍餧，必不以邪道爲貪，無置錐之地而明于持社稷之大義，嗚呼而莫之能應，然而通乎財萬物、養百姓之經紀。埶在人上則王公之材也，在人下則社稷之臣，國君之寶也。雖隱于窮閻漏屋，人莫不貴之，道誠存也。仲尼將爲司寇，沈猶氏不敢朝飲其羊，公慎氏出其妻，慎潰氏踰境而徙，魯之粥牛馬者不豫賈，必蚤正以待之也。居于闕里，闕里之子弟罔不分，有親者取多，孝弟以化之也。儒者在本朝則美政，在下位則美俗，儒之爲人下如是矣。」王曰：「然則其爲人上何如？」郇卿曰：「其爲人上也，廣大矣。志意定乎内，禮節修乎朝，法則度量出乎宫，忠信愛利形乎下，行一不義，殺一無罪而得天下，不爲也。此君義信乎人矣，通于四海則天下應之如讙。是何也？則貴名白而天下治也。故近者歌謳而樂之，遠者竭蹶而趨之，四海之内若一家，通達之屬莫不服，夫是之謂人師。《詩》曰：『自西自東，自南自北。』此之謂也。夫其爲人下也如彼，其爲人上也如此，何謂其無益于人之國也？」昭王曰：「善。」然終不能用郇卿也。

郇卿在秦，知不見用，無何，由秦反趙。後春申君之客又説春申君曰：「昔伊尹去夏入殷，殷王而夏亡；管仲去魯入齊，魯弱而齊彊。夫賢者所在，君未嘗不尊，國未嘗不榮也。今郇卿天下賢人也，君何辭之？」春申君又曰：「善。」于是使人請郇卿于趙。郇卿遺書謝之曰：「諺云：『癘人憐王。』此不恭之語也。雖然，不可不審察也，此爲劫弑死亡之主言也。夫人主年少而矜材，無法術以知姦，則大臣主斷圖私，以禁誅于己也，故弑賢長而立幼弱，廢正嫡而立不義。《春秋》記之曰：『楚王子圍聘于鄭，未出境，聞王病，反問疾，遂以冠纓絞王殺之，因自立也。』『齊崔杼之妻美，莊公通之，崔杼帥其君黨而攻莊公。莊公請與分國，崔杼不許；欲自刃于廟，崔杼不許。莊公走出，踰于外牆，射中股，遂殺之而立其弟景公。』近代所見，李兑用趙，餓主父于沙丘，百日而殺之；淖齒用齊，擢湣王之筋，縣于廟梁，宿昔而死。夫癘雖癰腫痂疵，上比前世，未至纓絞射股；下比近代，未至擢筋餓死也。夫劫弑死亡之主也，心之憂勞，形之困苦，必甚于癘矣。由此觀之，癘雖憐王可也。」蓋李園之包藏禍心，李園女弟之陰謀，郇卿早知其必發，故以書刺之也。又爲歌賦以遺春申君曰：「天下不治，請陳《佹詩》：天地易位，四時易鄉。列星殞墜，旦暮晦盲。幽晦登昭，日月下藏。公正無私，反見縱横。志愛公利，重樓疏堂。無私罪人，憼革貳兵，道德純備，讒口將將。仁人絀約，敖暴擅彊。天下幽險，恐失世英。螭龍爲蝘蜓，鴟梟爲鳳凰。比干見刳，孔子拘匡。昭昭乎其知之明也，郁郁乎其遇時之不祥也。拂乎其欲禮義之大行也，闇乎天下之晦盲也。皓天不復，憂無疆也。千歲必反，古之常也。弟子勉學，天不忘也。聖人共手，時幾將矣。與愚以疑，願聞反辭。」其《小歌》曰：「念彼遠方，何其塞矣。仁人絀約，暴人衍矣。忠臣危殆，讒人服矣。琁玉瑤珠，不知佩也。雜布與錦，不知異也。閭娵、子奢，莫之媒也。嫫母、力父，是之嘉也。以盲爲明，以聾爲聰，以危爲安，以吉爲凶。嗚呼上天，曷維其同！」春申君得書與歌賦，恨之，復固謝郇卿。郇卿不得已，乃行至楚，復爲蘭陵令。

春申相楚之二十五年，楚考烈王卒，春申君果被李園所殺，而郇卿遂廢蘭陵令，因家蘭陵二十餘年。秦始皇三十四年，李斯爲秦相，郇卿聞之，爲之不食，知其必敗也。後卒，年蓋八十餘矣，因葬于蘭陵。

方郇卿至稷下也，諸子咸作書刺世，諸子之事，皆以爲非先王之法也。蘇秦、張儀以邪道説諸侯，以大貴顯。郇卿退而笑曰：「夫不以其道進者，必不以其道亡。」孟子言人之性善，郇卿後孟子百餘年，以爲人之性惡，作《性惡》篇。疾濁世之政，亡國亂君相屬，不遂大道而營乎巫祝，信禨祥，鄙儒小拘，莊周等又滑稽亂俗，于是推本儒術，闡道德，崇禮勸學，著數萬言，凡三十二篇。又作《春秋公子血脈譜》。郇卿善爲《詩》、《禮》、《易》、《春秋》。從根牟子受《詩》，以傳毛亨，號《毛詩》；又傳浮丘伯，伯傳申公，號《魯詩》。從馯臂子弓受《易》，並傳其學，稱子弓比于孔子。從虞卿受《左氏春秋》，以傳張蒼，蒼傳賈誼。穀梁俶亦爲《經》作《傳》，傳郇卿，卿傳浮丘伯，伯傳申公，申公傳瑕丘江公，世爲博士。郇卿尤精于《禮》，書闕有閒，受授莫詳。由是漢之治《易》、《詩》、《春秋》者皆源出于

郇卿。郇卿弟子今知名者，韓非、李斯、陳囂、毛亨、浮丘伯、張蒼而已，當時甚盛也。至漢時，蘭陵人多善爲學，皆卿之門人也。漢人稱之曰：「蘭陵人喜字爲卿，法郇卿也。」教澤所及，蓋亦遠矣。後十一世孫遂，遂生淑，淑生子八人，時號「八龍」。卿之後甚著于東漢，迄魏、晉、六朝，知名之士不絶云。

論曰：劉向言：「漢興，董仲舒亦大儒，作書美郇卿。孟子、董先生皆小五伯，以爲仲尼之門，五尺童子皆羞稱五伯。如人君能用郇卿，庶幾于王，然世莫能用，而六國之君殘滅，秦國大亂，卒以亡。觀郇卿之書，其陳王道甚易行，疾世莫能用，其言悽愴，甚可痛也！嗚呼！使斯人卒終于閭巷而功業不得見於世，哀哉！可爲霣涕。其書可比于傳記，可以爲法。」諒哉斯言！向，故元王交之孫，交，郇卿再傳弟子也，其知之深矣，其哀痛有由矣，然而汙不至阿其所好也。向校讎中秘書，定著《郇卿子》三十二篇，傳之至今，向亦卿之功臣哉！唐儒楊倞復爲之注，表彰之功，亦向之亞矣。

汪中《荀卿子年表》【略】 謹據本書及《史記》、劉向敘，攷定其文曰：荀子，趙人，名況，年五十始游學來齊，則當湣王之季，故《傳》云「田駢之屬皆已死」也。又云「及襄王時而荀卿最爲老師」，蓋復國之後，康莊舊人惟卿在也。襄王之十八年，當秦昭王四十一年，秦封范雎爲應侯。《儒效》、《彊國篇》有昭王、應侯荅問，則自齊襄王十八年以後荀卿去齊游秦也。其明年，趙孝成王元年，本書荀卿與臨武君議兵趙孝成王前，則荀子入秦不遇復歸趙也。後十一年，當齊王建十年，爲楚考烈王八年，楚相黄歇以荀卿爲蘭陵令。本書云「齊人或讒荀卿，荀卿乃適楚，而春申君以爲蘭陵令」，則當王建初年。荀卿復自趙來齊，故曰「三爲祭酒」。是時春申君封于淮北，蘭陵乃其屬邑，故以卿爲令。後八年，春申君徙封于吴，而荀卿爲令如故。又十二年，考烈王卒，李園殺春申君，盡滅其族。《本傳》云：「春申君死而荀卿廢，因家蘭陵。列著數萬言而卒，因葬蘭陵。」荀卿之卒，不知何年。《堯問篇》云：「孫卿迫于亂世，鰌于嚴刑，上無賢主，下遇暴秦。」《鹽鐵論·毀學篇》：「方李斯之相秦也，始皇任之，人臣無二，然而荀卿爲之不食，覩其罹不測之禍也。」據《李斯傳》，斯之相在秦并天下之後，距春申君之死十八年，距齊湣王之死六十四年，是時荀卿蓋百餘歲矣。荀卿生于趙，游于齊，嘗一入秦而仕于楚，卒葬于楚，故以四國爲經，託始于趙惠文王、楚頃襄王之元，終于春申君之死，凡六十年，庶論世之君子得其梗概云爾。劉向《叙録》：「卿以齊宣王時來游稷下，後仕楚，春申君死而卿廢。」《史記·六國年表》載春申君之死上距宣王之末凡八十七年。《史記》稱「卿年五十始游齊」，則春申君死之年，卿年當一百三十七矣。晁公武《郡齋讀書志》謂《史記》所云「年五十」爲「年十五」之譌，然顔之推《家訓·勉學篇》「荀卿五十始來游學」，之推所見《史記》古本已如此，未可遽以爲譌字也。且漢之張蒼，唐之曹憲，皆百有餘歲，何獨於卿而疑之？荀子歸趙，疑當孝成王九年、十年時，故《臣道篇》亟稱平原、信陵之功，是時信陵故在趙也。以信陵君之好士，得之於毛公、薛公，而失之于荀卿，惜夫！《韓非子·難四篇》：「燕王噲賢子之而非荀卿，故身死爲僇。」荀子游燕，在游齊之前，事僅見此。本書《彊國篇》荀子説齊相國曰：「今巨楚縣吾前，大燕鰌吾後，勁魏鉤吾右，西壤之不絶若繩，楚人則乃有襄賁、開陽以臨吾左，是一國作謀，三國必起而乘我。如是，則齊必斷而爲四三，國若假城耳。」其言正當湣王之世。湣王再攻破燕，魏，留楚太子横，以割下東國，故荀卿爲是言。其後五國伐齊，燕入臨菑，楚、魏共取淮北，卒如荀卿言。荀子之爲齊，與樂毅之爲燕謀伐齊，所見正同，豈可謂儒者無益於人國乎？此齊相爲薛公田文，故曰「相國上則得專主，下則得專國」。《王伯篇》云：「權謀日行而國不免危削，綦之而亡，齊湣、薛公是也。」荀卿之爲是言者，疾田文之不能用士也。

雜録

備録

《戰國策·楚四》 客説春申君曰：「湯以亳，武王以鄗，皆不過百里以有天下。今孫子，天下賢人也，君籍之以百里勢，臣竊以爲不便於君。何如？」春申君曰：「善。」於是使人謝孫子。孫子去之趙，趙以爲上卿。

客又説春申君曰：「昔伊尹去夏入殷，殷王而夏亡。管仲去魯入齊，魯弱而齊强。夫賢者之所在，其君未嘗不尊，國未嘗不榮也。今孫子，天下賢人也。君何辭之？」春申君又曰：「善。」於是使人請孫子於趙。

孫子爲書謝曰：「癘人憐王，此不恭之語也。雖然，不可不審察也。此爲劫弑死亡之主言也。夫人主年少而矜材，無法術以知姦，則大臣主斷國私以禁誅

於己也，故弑賢長而立幼弱，廢正適而立不義。《春秋》戒之曰：『楚王子圍聘於鄭，未出竟，聞王病，反問疾，遂以冠纓絞王，殺之，因自立也。齊崔杼之妻美，莊公通之，崔杼帥其君黨而攻。莊公請與分國，崔杼不許；欲自刃於廟，崔杼不許。莊公走出，踰於外牆，射中其股，遂殺之，而立其弟景公。』近代所見：李兑用趙，餓主父於沙丘，百日而殺之；淖齒用齊，擢閔王之筋，縣於其廟梁，宿夕而死。夫厲雖癰腫胞疾，上比前世，未至絞纓射股；下比近代，未至擢筋而餓死也。夫劫弑死亡之主也，心之憂勞，形之困苦，必甚於厲矣。由此觀之，厲雖憐王可也。」因爲賦曰：「寶珍隋珠，不知佩兮。禕布與絲，不知異兮。閭姝子奢，莫知媒兮。嫫母求之，又甚喜之兮。以瞽爲明，以聾爲聽，以是爲非，以吉爲凶。嗚呼上天，曷惟其同！」《詩》曰：「上天甚神，無自瘵也。」

《韓詩外傳》卷三 孫卿與臨武君議兵於趙孝成王之前。王曰：「敢問兵之要。」臨武君曰：「夫兵之要，上得天時，下得地利，後之發，先之至。此兵之要也。」孫卿曰：「不然。夫兵之要，在附親士民而已。六馬不和，造父不能以致遠。弓矢不調，羿不能以中微。士民不親附，湯武不能以戰勝。由此觀之，要在於附親士民而已矣。」臨武君曰：「不然。夫兵之用，變故也。其所貴，謀詐也。善用之者猶脫兔，莫知其出。孫吴用之無敵於天下。由此觀之，豈必待附親士民而後可哉？」孫卿曰：「不然。君之所道者，諸侯之兵，謀臣之事也。臣之所道者，仁人之兵，聖王之事也。彼可詐者，怠慢者也。君臣上下之際，奂然有離德者也。夫以跖而詐桀，猶有工拙焉。以桀而詐堯，如以指撓沸，以卵投石，抱羽毛而赴烈火，入則燋也，夫何可詐也？且夫暴國將孰與至哉？彼其所與至者必其民，民之親我也，芬若椒蘭，歡如父子，彼反顧其上，如憯毒蜂蠆。人之情，雖桀跖豈肯爲其所至惡，賊其所至愛哉？是猶使人之子孫自賊其父母也，彼則先覺其失，何可詐哉？且仁人之兵，聚則成卒，散則成列。延居則若莫邪之長刃，嬰之者斷。鋭居則若莫邪之利鋒，當之者潰。圓居則若丘山之不可移也，方居則若磐石之不可拔也，觸之摧角折節而退爾，夫何可詐也？《詩》曰：『武王載發，有虔秉鉞，如火烈烈，則莫我敢遏。』此謂湯武之兵也。」孝成王避席抑手曰：「寡人雖不敏，請依先生之兵也。」

劉向《新序・雜事》 孫卿與臨武君議兵於趙孝成王前，王曰：「請問兵要。」臨武君曰：「上得天時，下得地利，觀敵之變動，後之發，先之至，此用兵之要術也。」孫卿子曰：「不然。臣之所聞古之道，凡用兵攻戰之術，在乎一民。弓矢不調，羿不能以中微；六馬不和，造父不能以御遠；士民不親附，湯武不能以必勝。故善用兵者，務在善附民而已。」臨武君曰：「不然。夫兵之所貴者，勢利也；所上者，變詐攻奪也。善用之者，奄忽焉莫知所從出，孫吴用之，無敵於天下。由此觀之，豈必待附民哉。」孫卿子曰：「不然。臣之所言者，王者之兵，君人之事也。君之所言者，勢利也；所上者，攻奪也。仁人之兵，不可詐也，彼可詐者，怠慢者也，落單者也，君臣上下之間，渙然有離德者也。故以桀詐桀，以桀詐堯，譬之若以卵投石，若以指繞沸，若抱羽毛而蹈烈火，入則焦耳，夫又何可詐也。故仁人之兵，延則若莫邪之長刃，嬰之者斷；鋭則若莫邪之利鋒，當之者潰；圓居而方止，若盤石然，觸之者隴種而退耳，夫又何可詐也。故仁人之兵或將，三軍同力，上下一心，臣之於君也，下之於上也，若子之事父也，若弟之事兄也，若手足之捍頭目而覆胸腹也。詐而襲之，與先驚而後擊之，一也，夫又何可詐也。且夫暴亂之君，將誰與至哉，彼其所與至者，必其民也。民之親我，驩如父母，好我，芳如椒蘭，反顧其上，如灼黥，如仇讎。人之情，雖桀跖，豈有肯爲其所惡，而賊其所好者哉。是猶使人之孫子，自賊其父母也。《詩》曰：『武王載發，有虔秉鉞，如火烈烈，則莫我敢遏。』此之謂也。」孝成王、臨武君曰：「善。請問王者之兵。」孫卿子曰：「將率者，末事也，臣請列王者之事，君人之法。」

秦昭王問孫卿曰：「儒無益於人之國。」孫卿曰：「儒者法先王，隆禮義，謹乎臣子，而能致貴其上也。人主用之，則進在本朝而宜，不用，則退編百姓而愨，必爲順下矣。雖窮困凍餧，必不以邪道爲食，無置錐之地，而明於持社稷之大計，叫呼而莫之能應，然而通乎裁萬物、養百姓之經紀。勢在人上，則王公之才也；在人下，則社稷之臣，國君之寶也。雖隱於窮閻漏屋，人莫不貴貴，道誠存也。仲尼爲魯司寇，沈猶氏不敢朝飲其羊，公慎氏出其妻，慎潰氏踰境而走，魯之鬻牛馬者不豫賈，布正以待之也。居於闕黨，闕黨之子弟罔罟分，有親者取多，孝悌以化之也。儒者在本朝則美政，在下位則美俗，儒之爲人下如是矣。」王曰：「然則其爲人上何如？」孫卿對曰：「其爲人上也廣大矣。志意定於內，禮節修於朝，法則度量正乎官，忠信愛利形乎下，行一不義，殺一無罪，而得天下不爲也。若義信乎人矣，通於四海，則天下之外，應之而懷之，是何也，貴名白而天下治也。故近者謌謳而樂之，遠者竭蹶而趨之，四海之內若一家，通達之屬，莫不從服，夫是之謂人師。《詩》曰：『自西自東，自南自北，無思不服。』此之謂也夫。其爲人下也如彼，爲人上也如此，何爲其無益人之國乎。」昭王曰：「善。」

劉向《荀卿三十二篇叙録》　護左都水使者、光禄大夫臣向言：所校讎中《孫卿書》凡三百二十二篇，以相校除復重二百九十篇，定著三十二篇，皆以定殺青簡，書可繕寫。

孫卿，趙人，名況。方齊宣王、威王之時，聚天下賢士於稷下，尊寵之。若鄒衍、田駢、淳于髡之屬甚衆，號曰列大夫，皆世所稱，咸作書刺世。是時，孫卿有秀才，年五十，始來游學。諸子之事，皆以爲非先王之法也。孫卿善爲《詩》、《禮》、《易》、《春秋》。至齊襄王時，孫卿最爲老師，齊尚修列大夫之缺，而孫卿三爲祭酒焉。齊人或讒孫卿，孫卿乃適楚，楚相春申君以爲蘭陵令。人或謂春申君曰：「湯以七十里，文王以百里。孫卿，賢者也，今與之百里地，楚其危乎！」春申君謝之，孫卿去之趙。後客或謂春申君曰：「伊尹去夏入殷，殷王而夏亡；管仲去魯入齊，魯弱而齊强。故賢者所在，君尊國安。今孫卿，天下賢人，所去之國，其不安乎！」春申君使人聘孫卿，孫卿遺春申君書，刺楚國，因爲歌、賦，以遺春申君。春申君恨，復固謝孫卿，孫卿乃行，復爲蘭陵令。

春申君死而孫卿廢，因家蘭陵。李斯嘗爲弟子，已而相秦。及韓非號韓子，又浮丘伯，皆受業，爲名儒。孫卿之應聘於諸侯，見秦昭王，昭王方喜戰伐，而孫卿以三王之法説之，及秦相應侯，皆不能用也。至趙，與孫臏議兵趙孝成王前。孫臏爲變詐之兵，孫卿以王兵難之，不能對也。卒不能用。孫卿道守禮義，行應繩墨，安貧賤。孟子者，亦大儒，以人之性善。孫卿後孟子百餘年，孫卿以爲人性惡，故作《性惡》一篇，以非孟子。蘇秦、張儀以邪道説諸侯，以大貴顯。孫卿退而笑之曰：「夫不以其道進者，必不以其道亡。」至漢興，江都相董仲舒亦大儒，作書美孫卿。

孫卿卒不用於世，老於蘭陵，疾濁世之政，亡國亂君相屬，不遂大道而營乎巫祝，信機祥，鄙儒小拘，如莊周等又滑稽亂俗，於是推儒、墨、道德之行事，興壞序列，著數萬言而卒，葬蘭陵。而趙亦有公孫龍爲「堅白」「同異」之辭，處子之言，魏有李悝，盡地力之教，楚有尸子、長盧子、芋子，皆著書，然非先王之法也，皆不循孔氏之術，惟孟軻、孫卿爲能尊仲尼。蘭陵多善爲學，蓋以孫卿也。長老至今稱之曰：「蘭陵人喜字爲卿，蓋以法孫卿也。」孟子、孫卿、董先生皆小五伯，以爲仲尼之門，五尺童子皆羞稱五伯。如人君能用孫卿，庶幾於王，然世終莫能用，而六國之君殘滅，秦國大亂，卒以亡。觀孫卿之書，其陳王道甚易行，疾世莫能用。其言悽愴，甚可痛也！嗚呼！使斯人卒終於閭巷，而功業不得見於世，哀哉！可爲賈涕。

其書比於記傳，可以爲法。謹第録。臣向昧死上言。

楊倞《荀子注序》　昔周公稽古三五之道，損益夏、殷之典，制禮作樂，以仁義理天下，其德化刑政存乎《詩》。至于幽、厲失道，始變《風》變《雅》作矣。平王東遷，諸侯力政，逮五霸之後，則王道不絶如綫。故仲尼定禮樂，作《春秋》，然後三代遺風弛而復張，而無時無位，功烈不得被于天下，但門人傳述而已。陵夷至于戰國，於是申、商苛虐，孫、吴變詐，以族論罪，殺人盈城，談説者又以慎、墨、蘇、張爲宗，則孔氏之道幾乎息矣，有志之士所爲痛心疾首也！故孟軻闡其前，荀卿振其後。觀其立言指事，根極理要，敷陳往古，掎挈當世，撥亂興理，易於反掌，真名世之士，王者之師。又其書亦所以羽翼《六經》，增光孔氏，非徒諸子之言也。蓋周公制作之，仲尼祖述之，荀、孟贊成之，所以膠固王道，至深至備，雖春秋之四夷交侵，戰國之三綱弛絶，斯道竟不墜矣。倞以末宦之暇，頗窺篇籍，竊感炎黄之風未洽於聖代，謂荀、孟有功於時政，尤所耽慕。而《孟子》有趙氏《章句》，漢氏亦嘗立博士，傳習不絶，故今之君子多好其書。獨《荀子》未有注解，亦復編簡爛脱，傳寫謬誤，雖好事者時亦覽之，至於文義不通，屢掩卷焉。夫理曉則愜心，文舛則忤意，未知者謂異端不覽，覽者以脱誤不終，所以荀氏之書千載而未光焉。輒用申抒鄙思，敷尋義理，其所徵據，則博求諸書。但以古今字殊，齊、楚言異，事資參考，不得不廣；或取偏傍相近，聲類相通，或字少增加，文重刊削，或求之古字，或徵諸方言。加以孤陋寡儔，愚昧多蔽，穿鑿之責，於何可逃。曾未足粗明先賢之旨，適增其蕪穢耳。蓋以自備省覽，非敢傳之將來。以文字繁多，故分舊十二卷三十二篇爲二十卷，又改《孫卿新書》爲《荀卿子》，其篇第亦頗有移易，使以類相從云。時歲在戊戌，大唐睿聖文武皇帝元和十三年十二月也。

《全元文》卷九九七譚景星《荀卿論》　師爲人範，一言一動，無所苟者，蓋非一時門人弟子之法，天下後世無不法焉。不然，是誤天下後世也。故有言於世者，必察其門人弟子之正，則可以知其爲師；有功於人者，必顧夫天下後世之正，則可以知其爲教。人皆謂孟子之後，而有荀卿振之，未有以及王通也。自漢劉向以孟荀修孔氏之術，爲能尊仲尼，唐楊倞遂沿襲其説，謂孟軻前闡，荀卿後振，其羽翼六經，非徒諸子之言。斯言也，果如是歟？愚嘗觀荀與孟之論，自不相合，而通與孟，宜若有同然者。蓋卿有高古之論，而通無尚人之心也。今悉

其説。
　　通之言曰：「不以伊周之道康其國，非大臣也。不以霍光、諸葛亮之心事其君，皆具臣也。而孟亦有謂：不以舜之所以事堯事君，不敬其君者也。不以堯之所以治民治民，賊其民者也。」謂非心合而言契者乎？卿則不然。孟子道性善，而卿以爲惡，其善者僞也。究其所以，則曰，古之聖人以人性惡，始有禮義以化之。若誠以其善耶，烏用禮義矣哉？而禮義將曷加於善也哉？曾不知天所賦於人，人所受於天，禮義根於性之本然，孟所謂善也。謂性有不善者，非誣孟也，誣天者也。軻，古之世賢人君子也。甚者謂其略法先王，而不知其統，子思唱而孟軻和，嚾嚾然不知其非，以厚於後世，而罪子思、孟軻。其果然耶？抑卿之喜爲異論以高世耶？卿，趙人也。仕齊以讒而適楚，李斯、韓非，俱受業於卿。斯，楚人。以楚王不足事，詬卑賤而悲窮困，布衣游説馳騖，辭卿背楚入秦。卿不能抑之，蓋平常無以正之也。其禍至燔滅詩書，捐棄禮義，壞敗古制，卒至身滅秦亡。非以韓公子而説秦滅韓，爲斯譖而死。卿嘗笑儀、秦以邪道説諸侯而大貴顯，不以其道進，必不以其道亡。曾不自知其門弟子斯、非之屬，自相擠陷，身隕非道，又爲後世笑，皆異論高世之過，韓愈所謂擇焉而不精者也。
　　且又以通言之。楊素、蘇夔、李德林，皆預煬帝朝議，非其門弟子也。三子者來見，退而通嘆曰：「素言政不及化，天下無禮矣。夔言聲不及雅，天下無樂矣。德林言文不及理，天下無文矣。王道何從興乎？」門人退，乃援琴鼓《蕩之什》，門人皆霑襟焉。而隋尋以亡。其憂世之心，豈淺淺也。所以素問政，則曰「恭以儉」，于以規其驕。夔之父威問政，則曰「清以平」，于以規其父子之預政。德林問政，則曰「無鬪人以名」，于以規其擅文學以自負。由是知三子者之問且如此，況其門弟子乎？所以房元齡問事君之道，曰「無私」；使人之道，曰「無偏」；化人之道，曰「正其心」。問禮樂，曰「王道盛則禮樂從而興焉」。善於範人者也。以唐室之興，太宗未得爲盡善，奈何房、杜、李、魏、二温、王、陳輩，迭爲將相，而致太宗卒歸於正，爲一代賢君，以成貞觀之治，高出近古，永三百年之業者，通門弟子之功多矣。若通者，豈卿之比？其軻之徒乎？

鍾惺《史懷》卷七《孟子荀卿列傳》　孟荀傳自爲起止，落落忽忽，伸縮藏露，尋之無端。首略敘孟子，即及三騶、淳于髡諸子，全不及孟子一字，若忘卻本題者。而于三騶、淳于髡諸子處，煩簡長短，任其所止，不必如一。蓋以孟、荀爲主，而錯用諸子佐使之。諸子雖非孟、荀之倫，亦以見士生戰國，從横游説之外，又有此一流人也。

汪中《荀卿子通論》　荀卿之學，出於孔氏，而尤有功於諸經。《經典敘録・毛詩》：「徐整云：『子夏授高行子，高行子授薛倉子，薛倉子授帛妙子，帛妙子授河閒人大毛公，毛公爲《詩故訓》傳于家，以授趙人小毛公。』一云：『子夏傳曾申，申傳魏人李克，克傳魯人孟仲子，孟仲子傳根牟子，根牟子傳趙人孫卿子，孫卿子傳魯人大毛公。』」由是言之，《毛詩》，荀卿子之傳也。《漢書・楚元王交傳》：「少時嘗與魯穆生、白生、申公同受《詩》於浮丘伯。伯者，孫卿門人也。」《鹽鐵論》云：「包丘子與李斯俱事荀卿。」包丘子即浮丘伯。劉向敘云：「浮丘伯受業爲名儒。」《漢書・儒林傳》：「申公，魯人也，少與楚元王交俱事齊人浮丘伯，受《詩》。」又云：「申公卒以《詩》、《春秋》授，而瑕丘江公盡能傳之。」由是言之，《魯詩》，荀卿子之傳也。《韓詩》之存者，《外傳》而已，其引《荀卿子》以説《詩》者四十有四。由是言之，《韓詩》，荀卿子之別子也。
　　《經典敘録》云：「左丘明作《傳》以授曾申，申傳衛人吴起，起傳其子期，期傳楚人鐸椒，椒傳趙人虞卿，卿傳同郡荀卿，名況，況傳武威「武威」，據《史記・張丞相傳》當作「陽武」。張蒼，蒼傳洛陽賈誼。」由是言之，《左氏春秋》，荀卿之傳也。《儒林傳》云：「瑕丘江公受《穀梁春秋》及《詩》于魯申公，傳子，至孫爲博士。」由是言之，《穀梁春秋》，荀卿子之傳也。
　　荀卿所學，本長于《禮》。《儒林傳》云：「東海蘭陵孟卿善爲《禮》、《春秋》，授后蒼、疏廣。」劉向敘云：「蘭陵多善爲學，蓋以荀卿也。長老至今稱之曰：『蘭陵人喜字爲卿，蓋以法荀卿。』」又二《戴禮》並傳自孟卿，《大戴禮・曾子立事篇》載《修身》、《大略》二篇文，《小戴樂記》、《三年問》、《鄉飲酒義篇》載《禮論》、《樂論篇》文。由是言之，曲臺之《禮》，荀卿之支與餘裔也。
　　蓋自七十子之徒既殁，漢諸儒未興，中更戰國、暴秦之亂，《六藝》之傳賴以不絶者，荀卿也。周公作之，孔子述之，荀卿子傳之，其揆一也。故其説「霜降逆女」，與《毛》同義。《禮論》、《大略》二篇，《穀梁》義具在。又《解蔽篇》説《卷耳》，《儒效篇》説《風》、《雅》、《頌》，《大略篇》説《魚麗》、《國風》好色，並先師之逸典。又《大略篇》「《春秋》賢穆公」，「善胥命」，則爲《公羊春秋》之學。楚元王交本學於浮丘伯，故劉向傳《魯詩》、《穀梁春秋》，劉歆治《毛詩》、《左氏春秋》，董仲舒治《公羊春秋》，故作書美荀卿，其學皆有所本。劉向又稱荀卿善爲《易》，其義亦見《非相》、《大略》二篇。蓋荀卿於諸經無不通，而古籍闕亡，其授受不可盡知矣。

《史記》載孟子受業於子思之門人，於荀卿則未詳焉。今考其書，始於《勸學》，終於《堯問》，劉向所編《堯問》第三十，其下仍有《君子》、《賦》二篇。然《堯問》末附荀卿弟子之詞，則爲末篇無疑。當以楊倞改訂爲是。篇次實仿《論語》。《六藝論》云：「《論語》，子夏、仲弓合撰。」《風俗通》云：「穀梁爲子夏門人。」而《非相》、《非十二子》、《儒效》三篇每以仲尼、子弓並稱。子弓之爲仲弓，猶子路之爲季路，知荀卿之學實出於子夏、仲弓也。《宥坐》、《子道》、《法行》、《哀公》、《堯問》五篇，雜記孔子及諸弟子言行，蓋據其平日之聞於師友者，亦由淵源所漸，傳習有素而然也。故曰荀卿之學出於孔氏，而尤有功於諸經。

《韓詩外傳》：「客有説春申君者曰：『湯以七十里，文王以百里，皆兼天下。今孫子天下之賢人也，君藉之百里之勢，臣竊以爲不便。于君若何？』春申君曰：『善。』于是使人謝孫子，孫子去而之趙，趙以爲上卿。客又説春申君曰：『昔伊尹去夏之殷，殷王而夏亡；管仲去魯入齊，齊强而魯弱。由是觀之，賢者之所在，其君未嘗不善，其國未嘗不安也。今孫子天下之賢人，何爲辭而去？』春申君又云：『善。』于是使請孫子。孫子僞喜，《戰國策》作「爲書」。謝之曰：『鄙語曰：「厲憐王。」此不恭之語也。雖然，不可不審也，此爲劫殺死亡之主言也。夫人主年少而放，無術法以知姦，即大臣以專斷圖私，以禁誅於己也，故舍賢長而立幼弱，廢正適而立不善。故《春秋》之志曰：「楚王之子圍聘於鄭，未出竟，聞王疾，反問疾，遂以冠纓絞王而殺之，因自立。」「齊崔杼之妻美，莊公通之，崔杼率其羣黨而攻莊公。莊公請與分國，崔杼不許，欲自刃於廟，崔杼又不許。莊公出走，踰于外牆，射中其股，遂殺而立其弟景公。」近代所見，李兑用趙，餓主父于沙丘，百日而殺之；淖齒用齊，擢湣王之筋而懸之於廟梁，宿昔而殺之。夫厲雖癰腫痂疕，上比遠世，未至絞頸射股也；下比近世，未至擢筋餓死也。由是觀之，厲雖憐王可也。因爲賦曰：「璇玉瑶珠不知佩，雜布與錦不知異，閭娵、子都莫之媒，嫫母、力父是之喜。以盲爲明，以聾爲聰，以是爲非，以吉爲凶。嗚呼上天，曷維其同！」』《詩》曰：「上帝甚慆，無自瘵焉！」」按春申君請孫子，孫子答書，或去或就，曾不一言，而泛引前世劫殺死亡之事，未知其意何屬。且靈王雖無道，固楚之先君也，豈宜向其臣子斥言其罪？不知何人鑿空爲此，韓嬰誤以説《詩》。劉向不察，采入《國策》，其敍《荀子新書》又載之，斯失之矣。此書自「厲憐王」以下，乃《韓非子·姦劫弑臣篇》文，其言刻覈舞知以禦人，固非之本志。其賦詞乃《荀子·佹詩》之《小歌》，見於《賦篇》。由二書雜采成篇，故文義前後不屬，幸本書具在，其妄不難破爾。孫卿自爲蘭陵令，逮春申之死，凡十八年，其閒實未嘗適趙，亦無以荀卿爲上卿之事。本傳稱齊人或讒荀卿，荀卿乃適楚。《詩外傳》、《國策》所載或説春申君之詞，即因此以爲緣飾。周、秦閒記載，若是者多矣。至引事説《詩》，《韓嬰書》之成例，《國策》載其文而不去其詩，此故奏之葛龔也。

今本《荀子》二十卷，元時槧本題云「唐大理評事楊倞注」，一本題云「唐登仕郎、守大理評事楊倞」，事實無可考。《新唐書·藝文志》以倞爲楊汝士子，而《宰相世系表》則載汝士三子：一名知温，一名知遠，一名知至，無名倞者。《表》、《志》同出一手，何以互異若此？《古刻叢鈔》載《唐故銀青光禄大夫使持節蔚州諸軍事行蔚州刺史兼御史中丞馬公墓志銘》，其文則楊倞所作，題云「朝請大夫、使持節汾州諸軍事、守汾州刺史楊倞撰」，結銜校《荀子》加詳。其書馬公辞葬年月，云「以會昌四年三月十日卒，以其年七月十日葬」。據此，則楊倞爲唐武宗時人。

王先謙《荀子集解序》 昔唐韓愈氏以《荀子書》爲「大醇小疵」，逮宋，攻者益衆，推其由，以言性惡故。余謂性惡之説，非荀子本意也。其言曰：「直木不待檃栝而直者，其性直也；枸木必待檃栝、烝、矯然後直者，以其性不直也。今人性惡，必待聖王之治，禮義之化，然後皆出於治，合於善也。」夫使荀子而不知人性有善惡，則不知木性有枸直矣。然而其言如此，豈真不知性邪？余因以悲荀子遭世大亂，民胥泯棼，感激而出此也。荀子論學論治，皆以禮爲宗，反復推詳，務明其指趣，爲千古修道立教所莫能外。其曰「倫類不通，不足謂善學」，又曰「一物失稱，亂之端也」，探聖門一貫之精，洞古今成敗之故，論議不越几席，而思慮浹於無垠；身未嘗一日加民，而行事可信其放推而皆準。而刻覈之徒，詆諆横生，擯之不得與於斯道。余又以悲荀子術不用於當時，而名滅裂於後世流俗人之口爲重屈也！

國朝儒學昌明，欽定《四庫全書提要》首列《荀子》儒家，斥好惡之詞，通訓詁之誼，定論昭然，學者始知崇尚。顧其書僅有楊倞注，未爲盡善。近世通行嘉善謝氏校本，去取亦時有疏舛。宿儒大師，多所匡益。家居少事，輒旁采諸家之説，爲《荀子集解》一書，管窺所及，閒亦坿載。不敢謂於《荀書》精意有所發明，而於析楊、謝之疑辭，酌宋、元之定本，庶幾不無一得。刻成，謹弁言簡端，竝揭荀子箸書之微旨，與後來讀者共證明之云。光緒十七年歲次辛卯夏五月，長沙王先謙謹序。

梁玉繩《人表考》卷二《上中仁人・孫卿》 孫卿始見《荀子儒效》。本姓荀，師古本書《藝文志》、《楚元王傳》注。荀之爲孫，語音之轉也。東吳顧氏炎武《日知録》廿七，師古注及楊倞《荀子》注、《史・孟荀傳・索隱》皆云避漢宣帝諱改，恐非。漢不避嫌名，宣帝是名詢爾。卿者，時人相尊而號之。《史》本傳《索隱》。名況，劉向《荀子序》及《藝文志》。趙人，《史・傳》。故曰荀子，《荀子》書。亦曰荀卿，《史・傳》。亦曰孫子，《戰國・楚策》。亦曰孫卿子。《荀子・儒效》、《議兵》。葬蘭陵。《史・傳》。宋神宗元豐七年封蘭陵伯。《宋史・紀》、《志》。案荀卿之爲人，宋蘇軾《東坡集》有論甚確，觀其非史鰌、子思、孟子，又以禮義爲僞，人性爲惡，豈大醇而小疵者耶？表仍遷《史》孟、荀同傳之文，遂與子輿氏並居第二，《學林》已非之。元豐時，因禮官言錫封從享孔廟，至明世宗始黜而不祀，宜哉！

備論

《荀子・堯問》 爲説者曰：「孫卿不及孔子。」是不然。孫卿迫於亂世，鰌於嚴刑，上無賢主，下遇暴秦，禮義不行，教化不成，仁者絀約，天下冥冥，行全刺之，諸侯大傾。當是時也，知者不得慮，能者不得治，賢者不得使，故君上蔽而無覩，賢人距而不受。然則孫卿懷將聖之心，蒙佯狂之色，視天下以愚。《詩》曰：「既明且哲，以保其身。」此之謂也。是其所以名聲不白，徒與不衆，光輝不博也。今之學者，得孫卿之遺言餘教，足以爲天下法式表儀，所存者神，所過者化。觀其善行，孔子弗過，世不詳察，云非聖人，奈何！天下不治，孫卿不遇時也。德若堯、禹，世少知之。方術不用，爲人所疑。其知至明，循道正行，足以爲紀綱。嗚呼！賢哉！宜爲帝王。天地不知，善桀、紂，殺賢良。比干剖心，孔子拘匡，接輿避世，箕子佯狂，田常爲亂，闔閭擅强。爲惡得福，善者有殃。今爲説者又不察其實，乃信其名。時世不同，譽何由生？不得爲政，功安能成？志修德厚，孰謂不賢乎！

《史記》卷七四《孟子荀卿列傳》司馬貞述贊 六國之末，戰勝相雄。軻游齊、魏，其説不通。退而著述，稱吾道窮。蘭陵事楚，騶衍談空。康莊雖列，莫見收功。

《史記》卷七四《孟子荀卿列傳》司馬貞索隱 名況。卿者，時人相尊而號爲卿也。仕齊爲祭酒，仕楚爲蘭陵令。後亦謂之孫卿子者，避漢宣帝諱改也。

韓愈《韓昌黎文集》卷一《讀荀》 始吾讀孟軻書，然後知孔子之道尊，聖人之道易行，王易王，霸易霸也。以爲孔子之徒没，尊聖人者，孟氏而已。晚得揚雄書，益尊信孟氏。因雄書而孟氏益尊，則雄者亦聖人之徒歟！

聖人之道不傳于世。周之衰，好事者各以其説干時君，紛紛藉藉相亂，六經與百家之説錯雜，然老師大儒猶在。火于秦，黄老于漢，其存而醇者，孟軻氏而止耳，揚雄氏而止耳。及得荀氏書，於是又知有荀氏者也。考其辭，時若不粹；要其歸，與孔子異者鮮矣。抑猶在軻、雄之間乎？

孔子删《詩》、《書》，筆削《春秋》，合於道者著之，離於道者黜去之，故《詩》、《書》、《春秋》無疵。余欲削荀氏之不合者附于聖人之籍，亦孔子之志歟！

孟氏，醇乎醇者也；荀與揚，大醇而小疵。

王安石《王文公文集》卷二六《荀卿》 荀卿載孔子之言曰：「『由，智者若何？仁者若何？』子路曰：『智者使人知己，仁者使人愛己。』子曰：『可謂士矣。』子曰：『賜，智者若何？仁者若何？』子貢曰：『智者知人，仁者愛人。』子曰：『可謂士君子矣。』曰：『回，智者若何？仁者若何？』顔淵曰：『智者知己，仁者愛己。』子曰：『可謂明君子矣。』」是誠孔子之言歟？吾知其非也。夫能近見而後能遠察，能利狹而後能澤廣，明天下之理也。故古之欲知人者必先求知己，欲愛人者必先求愛己，此亦理之所必然，而君子之所不能易者也。請以事之近而天下之所共知者諭之。

今有人於此，不能見太山於咫尺之内者，則雖天下之至愚，知其不能察秋毫於百步之外也，蓋不能見於近則不能察於遠明矣。而荀卿以謂知己者賢於知人者，是猶能察秋毫於百步之外者爲不若見太山於咫尺之内者之明也。今有人於此，食不足以厭其腹，衣不足以周其體者，則雖天下之至愚，知其不能以贍足鄉黨也，蓋不能利於狹則不能澤於廣明矣。而荀卿以謂愛己者賢於愛人者，是猶以贍足鄉黨爲不若食足以厭腹、衣足以周體者之富也。由是言之，荀卿之言，其不察理已甚矣。故知己者，智之端也，可推以知人也；愛己者，仁之端也，可推以愛人也。夫能盡智、仁之道，然後能使人知己、愛己，是故能使人知己、愛己者，未有不能知人、愛人者也。今荀卿之言，一切反之，吾是以知其非孔子之言而爲荀卿之妄矣。

楊子曰：「自愛，仁之至也。」蓋言能自愛之道，則足以愛人耳，非謂不能愛人而能愛己者也。噫，古之人愛人不能愛己者有之矣，然非吾所謂愛人，而墨翟之道也。若夫能知人而不能知己者，亦非吾所謂知人矣。

《蘇軾文集》卷四《荀卿論》 嘗讀《孔子世家》，觀其言語文章，循循莫不有規矩，不敢放言高論，言必稱先王，然後知聖人憂天下之深也。茫乎不知其畔岸，而非遠也；浩乎不知其津涯，而非深也。其所言者，匹夫匹婦之所共知；而所行者，聖人有所不能盡也。嗚呼！是亦足矣。使後世有能盡吾説者，雖爲聖人無難，而不能者，不失爲寡過而已矣。

子路之勇，子貢之辯，冉有之智，此三者，皆天下之所謂難能而可貴者也。然而夫三子者，每不爲夫子之所悦。顏淵默然不見其所能，若無以異於衆人者，而夫子亟稱之。且夫學聖人者，豈必其言之云爾哉？亦觀其意之所嚮而已。夫子以爲後世必有不能行其説者矣，必有竊其説而爲不義者矣。是故其言平易正直，而不敢爲非常可喜之論，要在於不可易也。

昔者常怪李斯事荀卿，既而焚滅其書，大變古先聖王之法，於其師之道，不啻若寇讎。及今觀荀卿之書，然後知李斯之所以事秦者皆出於荀卿，而不足怪也。

荀卿者，喜爲異説而不讓，敢爲高論而不顧者也。其言愚人之所驚，小人之所喜也。子思、孟軻，世之所謂賢人君子也。荀卿獨曰：「亂天下者，子思、孟軻也。」天下之人，如此其衆也；仁人義士，如此其多也。荀卿獨曰：「人性惡。桀、紂，性也。堯、舜，僞也。」由是觀之，意其爲人必也剛愎不遜，而自許太過。彼李斯者，又特甚者耳。

今夫小人之爲不善，猶必有所顧忌，是以夏、商之亡，桀、紂之殘暴，而先王之法度、禮樂、刑政，猶未至於絶滅而不可考者，是桀、紂猶有所存而不敢盡廢也。彼李斯者，獨能奮而不顧，焚燒夫子之六經，烹滅三代之諸侯，破壞周公之井田，此亦必有所恃者矣。彼見其師歷詆天下之賢人，以自是其愚，以爲古先聖王皆無足法者。不知荀卿特以快一時之論，而荀卿亦不知其禍之至於此也。

其父殺人報仇，其子必且行劫。荀卿明王道，述禮樂，而李斯以其學亂天下，其高談異論有以激之也。孔、孟之論，未嘗異也，而天下卒無有及者。苟天下果無有及者，則尚安以求異爲哉！

《蘇軾文集》卷六五《荀子疎謬》 荀子有云：「青出於藍，而青於藍，冰生於水，而寒於水。」故世之言弟子勝師者，輒以此爲口實。此無異醉夢中語。青，即藍也。冰，即水也。今釀米以爲酒，殺羊豕以爲膳羞，而曰「酒甘於米，膳羞美於羊豕」，雖兒童必皆笑之。而荀卿乃以爲辯，信其醉夢顛倒之言。至以性爲惡，其疎謬，大率皆此類也。

《朱子語類》卷一三七《戰國漢唐諸子》 《荀子》儘有好處，勝似《揚子》，然亦難看。

不要看《揚子》，他説話無好處，議論亦無的實處。荀子雖然是有錯，到説得處也自實，不如他説得恁地虚胖。

問：「東坡言三子言性，『孟子已道性善，荀子不得不言性惡，固不是。然人之一性，無自而見。荀子乃言其惡，它莫只是要人修身，故立此説？』」先生曰：「不須理會荀卿，且理會孟子性善。渠分明不識道理。如天下之物，有黑有白，此是黑，彼是白，又何須辨？荀、揚不惟説性不是，從頭到底皆不識。當時未有明道之士，被他説用於世千餘年。韓退之謂荀、揚『大醇而小疵』。伊川曰：『韓子責人甚恕。』自今觀之，他不是責人恕，乃是看人不破。今且於自己上作工夫，立得本。本立則條理分明，不待辨。」

或言性，謂荀卿亦是教人踐履。先生曰：「須是有是物而後可踐履。今於頭段處既錯，又如何踐履？天下事從其是。曰同，須求其真箇同；曰異，須求其真箇異。今則不然，只欲立異，道何由明？陳君舉作《夷門歌》，説荊公、東坡不相合，須當和同，不知如何和得！」

荀子説「能定而後能應」，此是荀子好話。

《朱子語類》卷一三九《論文上》 荀卿諸賦縝密，盛得水住。歐公《蟬賦》：「其名曰是蟬。」這數句也無味。

葉適《習學記言序目》卷四四《荀子・非十二子》 荀卿屢言爲治當以后王爲法，后王者，周也，意誠不差。然周道在春秋時，已自闕絶不繼，自一魯外，諸侯視之皆如弁髦；孔子盡力補拾，其大者十僅得七八，而小者不存多矣。況至荀卿，王法滅盡之餘，暴秦大并之日，孔氏子孫畏禍不敢，而獨倀倀然以無因難驗之説叫呼於其間，有輕易之情，無哀思之意，徒以召侮而不能爲益也。自晨門荷蓧、楚狂接輿之流，猶以孔子爲病，而魯兩生、梁鴻尚謂漢人不足爲，況昭襄、始皇之際耶！

余嘗疑孟子力排楊墨，楊墨豈能害道，然排之不已者，害所由生也，此自孟子一病，不可爲法。若夫荀卿所言諸子，苟操無類之説，自衣食於一時，其是非尤不足計，而乃列攻群辨，若衢罵巷哭之爲，至於子思、孟軻，並遭詆斥，其謬戾無識甚矣！又好言子弓，常與仲尼同稱；安有與仲尼齊聖，獨爲荀卿所私而他書無見者？既無立言行事可以考其是非，使非荀卿之妄，則或者子弓仲尼之別

名，不然，姑假立名字以自況爾。孟軻亦屢扳仲尼，孔子乃無所比，何哉？

葉適《習學記言序目》卷四四《荀子・君道》 荀卿論治，多舉已然之迹，無自致之方，可觀而不可即也。惟言國具差若有意，謂「無便嬖左右足信者之謂暗，無卿相輔佐足任者之謂獨，所使於四鄰諸侯者非其人之謂孤」也。然穆王命太僕、左右、僕從、侍御，「無以便嬖側媚，其惟吉士」，是則嬖者不吉，吉者不嬖也。卿相輔佐，所以同起治功，臣雖專任其勞，君不獨有其逸；謂不能不有游觀安燕之時，欲倚之爲基杖，則用人之道狹矣。湯滅桀而自慚，仲虺誥而解之；德誠有餘，安用其臣喻志於四方？然則荀卿所言者，戰國之事，非帝王之治也。

葉適《習學記言序目》卷四四《荀子・議兵》 讀荀卿與臨武君議兵及「四世有勝非幸」，又入秦何見，以爲無儒，又與秦昭王辨「儒有益於人之國」，令人嘆息。周衰，諸侯皆恣己自便，而秦以夷狄之治，墮滅先王之典法，吞噬其天下，別自爲區域。孔子力不能救，不過能不入秦而已，子孫守其家法，故曰「秦爲不義，義所不入」，遂死於家。荀卿談王道若白黑，嗣孔氏如冢嫡，不秦之仇，而望之以王，責之以儒，嗚呼固哉！秦惟不能自反也，不用荀卿而用李斯者歟！

葉適《習學記言序目》卷四四《荀子・天論》 「天行有常，不爲堯存，不爲桀亡。」所以言有常道者，覆幬運行，日月之所麗爾；堯之時則治，是爲堯而存也，桀之時則亂，是爲桀而亡也；謂「不爲堯存，不爲桀亡」，非也。又言「應之以治則吉，應之以亂則凶」。吉凶果在所應，則是無常也，謂「天行有常」，非也。「彊本而節用，則天不能貧；養備而動時，則天不能病；修道而不貳，則天不能禍。」夫古人既强本節用矣，既養備動時矣，既修道不貳矣，其不貧不病無禍，則皆曰「天也，非我也」。今偃然而自居曰：「我也，非天也。」夫奉天以立治者，聖人之事也；今皆曰「我自致之，非天能爲」，是以人滅天也。「不爲而成，不求而得，夫是之謂天職」，謂下文「天情」也，「天官」也，「天君」也。夫物各賦形於天，古人謂其獨降衷於民，然必爲而後成，求而後得，故爲聖賢，敗而失之者，下愚不肖也。今既謂當「清天君」，「正天官」，「養天情以全天功」，而又謂「不求知天」；且雖聖人，無不自修於受形之後，在未有求知於未形之先者，及其既修而能全天之所賦矣，則惟聖人爲求知天；今謂「聖人爲不求知天」，非也。又謂「全其天功，則天地官而萬物役」；且古聖人未嘗敢自大其身而曰「吾能官使天地」者也。又曰：「大天而思之，孰與物畜而制之？從天而頌之，孰與制天命而用之？」按孔子曰：「大哉堯之爲君也，惟天爲大，惟堯則之」，是堯未嘗「物畜而制之」也；《詩》曰：「不識不知，順帝之則」，是文王未嘗「制天命而用之」也。詳荀卿之説，直以人不能自爲而聽於天者不可也；然則人能自爲而不聽於天，可乎？武王曰：「惟天陰騭下民，相協厥居」，堯舜傳之至於周矣；然則謂人之所自爲而大無預也，可乎？又曰：「道之所善，中則可從，畸則不可爲，匿則大惑。」嗚呼！惟其不知中也，是以其言屢變而卒爲畸且匿也。又曰：「萬物爲道一偏，一物爲萬物一偏，愚者爲一物一偏，而自以爲知道，無知也。慎子有見於後，無見於先，老子有見於詘，無見於信；墨子有見於齊，無見於畸；宋子有見於少，無見於多。」嗚呼！萬物之於道，無偏也，無中也；一物之於萬物，無偏也，無中也。自其中言之，皆中也，一物猶萬物也；自其偏言之，皆偏也，萬物猶一物也。荀卿以諸子爲愚而偏，而自謂爲中也，而其乖錯不合於道如此，吾未見其能異於諸子也。

葉適《習學記言序目》卷四四《荀子・正論》 「世俗之爲説者曰：『堯舜禪讓』」，荀卿明其不然，以爲天子至尊，無所與讓，故有「以堯繼堯」、「以堯易堯」之語；又謂「諸侯有老，天子無老」，「血氣筋力有衰，智慮取舍無衰」，「持老養衰，莫如天子」。按《書序》「將遜於位，讓於虞舜」，《書》記堯舜禪讓甚明，而又自言「在位七十載，耄期倦於勤」；然則荀卿不信《書》而詆其爲世俗之説耶？且必不當禪讓何義？以天子之位爲持老養衰之地何據？孟軻言「民爲貴，社稷次之，君爲輕」，雖偏，然猶有儆也；而荀卿謂天子如天帝，如大神。蓋秦始皇自稱曰朕，命爲制，令爲詔，民曰黔首，意與此同，而荀卿不知，哀哉！

葉適《習學記言序目》卷四四《荀子・總論》 荀卿於陋儒專門立見識，隆禮而貶《詩》《書》，爲入道之害，又專辨析諸子，無體道之弘心，皆略具前章。按後世言道統相承，自孔氏門人至孟荀而止，孔氏未嘗以辭明道，內之所安則爲仁，外之所明則爲學，學則《六經》也，門人之志於《六經》者少。至於內外不得而異稱者，於道其庶幾矣。子思之流，始以辭明道，《中庸》未必專子思作，其徒所共言也。辭之所之，道亦之焉，非其辭也，則道不可以明。孟子不止於辭而辯勝矣。荀卿本起稷下，凡有所言，皆欲挫辯士之鋒，破滑稽之的，其指決割，其言奮呼，怒目裂眦，極口切齒，先王大道，至此散薄，無復淳完。或者反謂其才高力强，易於有行；然則誅少正卯，戮俳優，無怪乎陋儒以是爲孔子之極功也。學者苟知辭辯之未足以盡道，而能推見孔氏之學以上接聖賢之統，散可復完，薄可復淳矣。不然，循而下之，無所終極，斷港絶潢，爭於波靡，於道何有哉！

王應麟《困學紀聞》卷三《詩》 申、毛之詩，皆出於荀卿子，而《韓詩外傳》多

述荀書。今考其言,「采采卷耳」、「鳲鳩在桑」、「不敢暴虎,不敢馮河」,得《風》《雅》之旨,而引逸《詩》尤多,其孔筆所刪歟?

王應麟《困學紀聞》卷一〇《地理》 荀卿爲蘭陵令。縣在漢屬東海郡,見《漢書·地理志》。今沂州承縣。誠齋《延陵懷古》有《蘭陵令》一章,蓋誤以南蘭陵爲楚之蘭陵也。古靈詩亦誤。

《全元文》卷一三三二楊維楨《非荀子談兵》 君子慎言兵。兵者,陰謀之府,詭道之門也。兵非陰謀而聚詭道而行,欲以勝敵者,無也。以退爲退而非退也,以與爲與而非與也,以虛爲虛而非虛也,以危爲危而非危也。智有以掩之,力有以分之,信有以疑之,詐有以應之,多方以誤之,百計以傾之,故曰:陰謀之府,詭道之門也。孔子曰:我戰必克。而又曰:軍旅之事,未之學也。示人以不學,則懼陰謀之賊夫人子也。先孔子而言兵者有矣,言其部曲行伍坐作進退之令耳,未嘗用夫陰謀詭道以角勝負也。自天下無義兵而兵角勝負,負必入於智數而後已,入於智數則陰謀詭道勢有所必至,而孫子之書不得不作也。儒者不咎天下之有兵,徒咎孫子之有書,忍以管仲、咎犯之陰取陽諱者傳之於世以教人,則亦不究其勢矣。故曰:君子慎言兵,言兵則置人以險矣,導人以詐矣,而啟人以不仁之具矣。健哉荀子之談兵,伸筆引舌,至六七百言而不衰,吾孔子之所未敢言也。嗚呼!兵,不祥器也,用者不獲已也。善乎孟子之言曰:善戰服上刑。孟子之言孔子意也,而荀卿善言以逞焉,孟子之所刑也。戰國以來用兵者,其有不出孫子之書乎?人以爲未足,又附益其説爲書者數十百家,猶以爲兵之變不盡,其爲書者未罄也。悲夫!兵之勢一至此歟?吾不意荀卿、孔、孟之徒,又欲以孔、孟之不談者談之,立其準曰:湯武之仁義。吾見其言愈繁而聽愈瀆,爲陳囂輩之所笑侮而不知也。

方孝孺《遜志齋集》卷四《雜著·讀荀子》 道之不明,好勝者害之也。周衰,先王之遺言大法漫滅浸微,孔子出而修之,斯道皎然復章,聖人之業渙然與天地同功。彼處士者生於其後,務懷誹訕之心,以求異於前人。其心以爲堯舜之道,孔子既言之矣,復附而重言之,何以云云爲哉?於是各馳意於險怪詭僻,渙散浩博之論,排擊破碎先聖人之道,以伸其嵬瑣一曲之偏智,若楊朱、墨翟、宋鈃、列御寇、莊周、慎到之徒是也。孟子生乎其時,懼聖人之道敗壞於邪説,乃敷揚孔子之意而攻黜之,然後復定。蓋彼之説偏駁易辨,故其入人也淺,可指其過而聲之也。

若荀卿者,剽掠聖人之餘言,發爲近似中正之論,肆然自居於孔子之道而不疑,沛乎若有所宗,淵乎執之而無窮,尊王而賤霸,援堯舜,摭湯武,鄙桀紂,儼若儒者也。及要其大旨,則謂人之性惡,以仁義爲僞也。妄爲蔓衍不經之辭,以蛆蠹孟子之道,其區區之私心,不過欲求異於人,而不自知卒爲斯道讒賊也。蓋數家者偏駁不倫,故去之也易,荀卿似乎中正,故世多惑之。惜無孟子者出,以糾其謬,故其書相傳至今。孔子曰:「惡紫,爲其亂朱也,惡鄭聲,爲其亂雅樂也。」夫欲擯悖道之書而不用,必自荀卿始。何者?其言似是而實非也。

李贄《藏書》卷三二《儒臣傳一·德業儒臣·荀卿》評 荀與孟同時,其才俱美,其文更雄傑,其用之更通達而不迂,不曉當時何以獨抑荀而揚孟軻也。中間亦尊周孔,然非俗所以尊者。亦排墨子,亦非十二子,然亦非世俗之所以排所以非者。故曰荀、孟。吁!得之矣。

《方苞集》卷二《書孟子荀卿傳後》 騶衍以下十一人,錯出《孟子荀卿傳》,若無倫次,及推其意義,然後知其不苟然也。蓋戰國時,守孔子之道,而不志乎利者,孟子一人耳; 其次惟荀卿,而少駁矣。故首論商鞅、吳起、田忌以及從横之徒,著仁義所由充塞也。自騶衍至騶奭,説猶近正,而著書以干世主爲志,則已鶩於功利矣。其序荀卿於衍、奭諸人後者,非獨以時相次也,荀卿之學,雖不能無駁,而著書則非以干世,所以別之於衍、奭之倫也。自公孫龍至吁子,則舛雜鄙近,視衍、奭而又下矣。至篇之終,忽著墨子之地與時,而不一言其道術;蓋世以儒、墨並稱久矣,其傳已見於荀卿所序列,而不必更詳也。

夫自漢及唐,《莊》、《列》皆列於學官,而《孟子》猶未興。以韓子之明,始猶曰孔、墨必相爲用,而較孟子於荀、揚之間。子長獨以並孔子,一篇之中,其文四見。至荀卿受業於孔氏之門人,則弗之著也。老、莊、申、韓、衍、奭諸人皆有傳,而墨子則無之,蓋孟子拒而放之之義。然則子長於道,豈槩乎未有聞者哉!

《方苞集》卷二《書刪定荀子後》 昔昌黎韓子欲削荀氏之不合者,附於聖人之籍,惜其書不傳。余師其意,去其悖者、蔓者、複者、俚且佻者,得篇完者六,節取者六十有二。其篇完者,所芟薙幾半;然間取而誦之,辭意相承,未見其有闕也。夫四子之書,減一字,則義不著,辭不完;蓋無意於文,而乃臻其極也。荀氏之辭有枝葉如此,豈非其中有不足者邪?

抑吾觀周末諸子,雖學有醇駁,而言皆有物,漢、唐以降,無若其義蘊之充實者。宋儒之書,義理則備矣,抑不若四子之旨遠而辭文,豈氣數使然邪?抑浸潤於先王之教澤者,源遠而流長,有不可强也。

任啓運《清芬樓遺藁》卷三《荀卿論》 韓退之曰：「孟荀以道鳴。」又曰：「孟氏醇乎醇者也，荀與楊，大醇而小疵。」其説當矣。余觀楊氏，身爲莽大夫，其説亦比附影響，少精實，如是而撤去從祀，宜也。獨惜荀子特以性惡一言，遂與楊氏竝撤，而曾不察其意。孔子曰：「繼之者善，成之者性。」子思曰天命，孟子曰性善，而荀子獨曰性惡，且甚其詞曰亂天下者子思、孟子。其立説誠過，然吾以爲荀子特欲矯子思、孟子之偏，而不自知其言之過者也。性之文從生從心，言生而有此心也。大生固不能有道心而無人心，則口之於味，目之於色，詎得謂之非性？荀子誠懼率性之説，一倡天下，後世必有任其欲味之性而至於紾兄，任其欲色之性而至於摟處子，且曰「此吾性之真，此即吾性之善」，直以惡爲善，而先王之禮樂名教直以爲苦人之具，必至盡蕩滅而後已。故遂謂性爲惡，而謂必從先聖人仁義之訓，然後可以爲人，故曰：「善者，僞也，僞也者，人爲之謂也。」後人不解荀子之意，而以僞爲假，夫亦昧乎其義矣。且夫荀子之意，未嘗不以性爲善也。其言曰：「今人之性生而有好利焉，順是故爭奪生而辭讓亡；生而有疾惡焉，順是故殘賊生而忠信亡。亡之爲言，固有而失之之謂也。」然則荀子以辭讓、忠信爲固有明矣。彼蓋以辭讓忠信爲孔子所云繼之之善，以好利疾惡爲成之之性也。子思、孟子之言性由繼善而更上之，荀子之言性自成性而又下之，其所謂性者不同，則其所謂善惡亦異，而其意則未嘗異也。雖然，由子思、孟子之説，人之爲仁義也樂之；由荀子之説，人之爲仁義也苦之。使人以仁義爲苦，非荀子之意也，然其弊必至於此也。立言而弊，是固荀子之過也夫。

藝文

張豫章《四朝詩》金朝卷二一《孫卿子》 諸儒談性盡歸情，誰信黄河徹底清。未到崑崙源上見，且休容易小荀卿。

張豫章《四朝詩》明朝卷一一樂府歌行《行路難》 荀卿將入楚，范叔未歸秦。花鳥非鄉國，悠悠行路人。

蔣士銓《忠雅堂集》卷一一《荀卿》 諸君尚游談，荀卿頗聞道。言性雖未醇，緒論亦精奥。手訂禮樂書，漢儒藉編校。相秦逢君惡，豈盡出師教？世無子輿氏，誰復敢輕誚？紛紛攻異端，奚足與相較？

唐仲冕《陶山詩録》卷一五《楚蘭陵令荀卿墓》 戰國四公子，頗喜春申君。三千珠履客，獨得一賢人。惜哉邑令權不尊，惜哉荀子道未醇。使爲令尹與司馬，三户豈止擯强秦。著書四萬明王道，李斯一傳失其真。如何非駁及思孟，馯臂豈異聖人門。官於其地家其地，或有遺愛留斯民。千秋而下封樹存，牧祺成相非空文。

翁心存《知止齋詩集》卷二《詠史》 漢初學未立，勃興得賈生。其言綜儒墨，學本出荀卿。生年未冠時，吴公實門下。源流經指授，氣質就陶冶。吴公治第一，少曾事李斯。斯學於蘭陵，後貴乃背師。所以生著書，蔚爲王者佐。諸老先生言，竭思不能過。斯也志温飽，僅羨鼠盜倉。一旦禍機發，牽狗悲倉皇。荀能淡寵榮，自可逃秦法。或者佐張蒼，成漢萬世業。

沈欽韓《幼學堂詩文稿》詩稿卷一《讀荀子》（有序） 余讀《荀子》書三十二篇，其中雖支蔓之言，時有紕繆，然反覆其意，明王道，述先聖，嫉世也，憂世也。殆將用世，能使亂者也治，危者也安，而齟齬秦魏之間，宛轉蘭陵之調，倘詩告戒，覩時相之酖毒志惛，能不歔喑豩欷乎？昭于冥，潔于汙，卒不得百里之地，以展其才，汶汶而没，惜哉！其所著述亦足以表襮矣。其與子思、孟子，譬諸歊歔山谷，一噓一應，斯道孤立，可以係援。自漢唐以來，千有餘載，吾儒之學惟董仲舒、楊雄、韓愈數人，然亦未有過荀卿者，眉山蘇氏文致之論不足取也。自宋以後，孟子、子思之道大行，而荀卿展轉湮没，明嘉靖時，遂斥荀卿于國學，并及戴聖、鄭元等。余嘗論此數人者，遭絶學之後，苦心孤詣，發明經義，皆素王功臣，而當時没其包羅綜貫之功，掎摭一孔之失，亦異乎既行其道理，合褒崇之旨矣。余獨惜荀卿，既顛躓蹭蹬于虎挒梟礫之主，而復忍詬攘尤于千百年之後也，爲揜卷太息焉。

荀卿明王道，戰國推老師。刻意尚危行，憤世作詭辭。濟濟門牆内，録録固無奇。狰獰欲搏人，座側有李斯。嗚呼商周法，蕩然無復遺。斯文自不幸，朋乃歸咎爲。紛然輕薄徒，舞文巧詆欺。儒者弗深考，目論頷其非。宫牆仍舊觀，廊廡忽新規。重輕何足係，要皆璁蕚私。我愛周秦書，敝簏常自隨。平心一尚論，瑕瑜稍有差。昌黎予所信，大醇而小疵。天地遭陽九，聖教否塞時。江河　簣障，周孔百世思。豈非豪傑士，不爲俗習移。崎嶇蘭陵令，用世竟數奇。方枘入圓鑿，高致良足悲。

呂不韋部

綜述

《史記》卷八五《呂不韋列傳》　呂不韋者，陽翟大賈人也。往來販賤賣貴，家累千金。

秦昭王四十年，太子死。其四十二年，以其次子安國君爲太子。安國君有子二十餘人。安國君有所甚愛姬，立以爲正夫人，號曰華陽夫人。華陽夫人無子。安國君中男名子楚，子楚母曰夏姬，毋愛。子楚爲秦質子於趙。秦數攻趙，趙不甚禮子楚。

子楚，秦諸庶孽孫，質於諸侯，車乘進用不饒，居處困，不得意。呂不韋賈邯鄲，見而憐之，曰「此奇貨可居」。乃往見子楚，説曰：「吾能大子之門。」子楚笑曰：「且自大君之門，而乃大吾門！」呂不韋曰：「子不知也，吾門待子門而大。」子楚心知所謂，乃引與坐，深語。呂不韋曰：「秦王老矣，安國君得爲太子。竊聞安國君愛幸華陽夫人，華陽夫人無子，能立適嗣者獨華陽夫人耳。今子兄弟二十餘人，子又居中，不甚見幸，久質諸侯。即大王薨，安國君立爲王，則子毋幾得與長子及諸子旦暮在前者争爲太子矣。」子楚曰：「然。爲之柰何？」呂不韋曰：「子貧，客於此，非有以奉獻於親及結賓客也。不韋雖貧，請以千金爲子西游，事安國君及華陽夫人，立子爲適嗣。」子楚乃頓首曰：「必如君策，請得分秦國與君共之。」

呂不韋乃以五百金與子楚，爲進用，結賓客；而復以五百金買奇物玩好，自奉而西游秦，求見華陽夫人姊，而皆以其物獻華陽夫人。因言子楚賢智，結諸侯賓客徧天下，常曰「楚也以夫人爲天，日夜泣思太子及夫人」。夫人大喜。不韋因使其姊説夫人曰：「吾聞之，以色事人者，色衰而愛弛。今夫人事太子，甚愛而無子，不以此時蚤自結於諸子中賢孝者，舉立以爲適而子之，夫在則重尊，夫百歲之後，所子者爲王，終不失勢，此所謂一言而萬世之利也。不以繁華時樹本，即色衰愛弛後，雖欲開一語，尚可得乎？今子楚賢，而自知中男也，次不得爲適，其母又不得幸，自附夫人，夫人誠以此時拔以爲適，夫人則竟世有寵於秦矣。」華陽夫人以爲然，承太子閒，從容言子楚質於趙者絶賢，來往者皆稱譽之。乃因涕泣曰：「妾幸得充後宫，不幸無子，願得子楚立以爲適嗣，以託妾身。」安國君許之，乃與夫人刻玉符，約以爲適嗣。安國君及夫人因厚餽遺子楚，而請呂不韋傅之，子楚以此名譽益盛於諸侯。

呂不韋取邯鄲諸姬絶好善舞者與居，知有身。子楚從不韋飲，見而説之，因起爲壽，請之。呂不韋怒，念業已破家爲子楚，欲以釣奇，乃遂獻其姬。姬自匿有身，至大期時，生子政。子楚遂立姬爲夫人。

秦昭王五十年，使王齮圍邯鄲，急，趙欲殺子楚。子楚與呂不韋謀，行金六百斤予守者吏，得脱，亡赴秦軍，遂以得歸。趙欲殺子楚妻子，子楚夫人趙豪家女也，得匿，以故母子竟得活。秦昭王五十六年，薨，太子安國君立爲王，華陽夫人爲王后，子楚爲太子。趙亦奉子楚夫人及子政歸秦。

秦王立一年，薨，謚爲孝文王。太子子楚代立，是爲莊襄王。莊襄王所母華陽后爲華陽太后，真母夏姬尊以爲夏太后。莊襄王元年，以呂不韋爲丞相，封爲文信侯，食河南雒陽十萬户。

莊襄王即位三年，薨，太子政立爲王，尊呂不韋爲相國，號稱「仲父」。秦王年少，太后時時竊私通呂不韋。不韋家僮萬人。

當是時，魏有信陵君，楚有春申君，趙有平原君，齊有孟嘗君，皆下士喜賓客以相傾。呂不韋以秦之彊，羞不如，亦招致士，厚遇之，至食客三千人。是時諸侯多辯士，如荀卿之徒，著書布天下。呂不韋乃使其客人人著所聞，集論以爲八覽、六論、十二紀，二十餘萬言。以爲備天地萬物古今之事，號曰《呂氏春秋》。布咸陽市門，懸千金其上，延諸侯游士賓客有能增損一字者予千金。

始皇帝益壯，太后淫不止。呂不韋恐覺禍及己，乃私求大陰人嫪毐以爲舍人，時縱倡樂，使毐以其陰關桐輪而行，令太后聞之，以啗太后。太后聞，果欲私得之。呂不韋乃進嫪毐，詐令人以腐罪告之。不韋又陰謂太后曰：「可事詐腐，則得給事中。」太后乃陰厚賜主腐者吏，詐論之，拔其鬚眉爲宦者，遂得侍太后。太后私與通，絶愛之。有身，太后恐人知之，詐卜當避時，徙宫居雍。嫪毐常從，賞賜甚厚，事皆決於嫪毐。嫪毐家僮數千人，諸客求宦爲嫪毐舍人千餘人。

始皇七年，莊襄王母夏太后薨。孝文王后曰華陽太后，與孝文王會葬壽陵。夏太后子莊襄王葬芷陽，故夏太后獨别葬杜東，曰「東望吾子，西望吾夫。後百

年，旁當有萬家邑」。

始皇九年，有告嫪毐實非宦者，常與太后私亂，生子二人，皆匿之。與太后謀曰「王即薨，以子爲後」。於是秦王下吏治，具得情實，事連相國呂不韋。九月，夷嫪毐三族，殺太后所生兩子，而遂遷太后於雍。諸嫪毐舍人皆没其家而遷之蜀。王欲誅相國，爲其奉先王功大，及賓客辯士爲游説者衆，王不忍致法。

秦王十年十月，免相國呂不韋。及齊人茅焦説秦王，秦王乃迎太后於雍，歸復咸陽，而出文信侯就國河南。

歲餘，諸侯賓客使者相望於道，請文信侯。秦王恐其爲變，乃賜文信侯書曰：「君何功於秦？秦封君河南，食十萬户。君何親於秦？號稱仲父。其與家屬徙處蜀！」呂不韋自度稍侵，恐誅，乃飲酖而死。秦王所加怒呂不韋、嫪毐皆已死，乃皆復歸嫪毐舍人遷蜀者。

始皇十九年，太后薨，謚爲帝太后，與莊襄王會葬茝陽。

高誘《呂氏春秋序》 呂不韋者，濮陽人也，爲陽翟之富賈，家累千金。

秦昭襄王者，孝公之曾孫，惠文王之孫，武烈王之子也。太子死，以庶子安國君柱爲太子。柱有子二十餘人，所幸妃號曰華陽夫人，無子。安國君庶子名楚，其母曰夏姬，不甚得幸，令楚質於趙，而不能顧質，數東攻趙，趙不禮楚。時不韋賈於邯鄲，見之，曰：「此奇貨也，不可失。」乃見楚曰：「吾能大子之門。」楚曰：「何不大君之門，乃大吾之門邪？」不韋曰：「子不知也，吾門待子門大而大之。」楚默幸之。不韋曰：「昭襄王老矣，而安國君爲太子。竊聞華陽夫人無子，能立適嗣者獨華陽夫人耳。請以千金爲子西行，事安國君，令立子爲適嗣。」不韋乃以寶玩珍物獻華陽夫人，因言「楚之賢，以夫人爲天母，日夜涕泣，思夫人與太子」。夫人大喜，言於安國君，於是立楚爲適嗣，華陽夫人以爲己子，使不韋傅之。

不韋取邯鄲姬，已有身，楚見説之，遂獻其姬，至楚所，生男，名之曰正，楚立之爲夫人。

暨昭襄王薨，太子安國君立，華陽夫人爲后，楚爲太子。安國君立一年薨，謚爲孝文王。太子楚立，是爲莊襄王，以不韋爲丞相，封爲文信侯，食河南雒陽十萬户。莊襄王立三年而薨，太子正立，是爲秦始皇帝，尊不韋爲相國，號稱仲父。

不韋乃集儒書，使著其所聞，爲《十二紀》、《八覽》、《六論》，合十餘萬言，備天地萬物古今之事，名爲《呂氏春秋》，暴之咸陽市門，懸千金其上，有能增損一字者與千金。時人無能增損者。誘以爲時人非不能也，蓋憚相國畏其勢耳。然此書所尚，以道德爲標的，以無爲爲綱紀，以忠義爲品式，以公方爲檢格，與孟軻、孫卿、淮南、揚雄相表裏也，是以著在《録》《略》。誘正《孟子》章句，作《淮南》、《孝經》解畢訖，家有此書，尋繹案省，大出諸子之右，既有脱誤，小儒又以私意改定，猶慮傳義失其本真，少能詳之，故復依先師舊訓，輒乃爲之解焉，以述古儒之旨，凡十七萬三千五十四言。若有紕繆不經，後之君子，斷而裁之，比其義焉。

雜録

備録

《呂氏春秋·季冬紀·序意》 維秦八年，歲在涒灘，秋，甲子朔，朔之日，良人請問《十二紀》。文信侯曰：「嘗得學黄帝之所以誨顓頊矣，爰有大圜在上，大矩在下，汝能法之，爲民父母。蓋聞古之清世，是法天地。凡《十二紀》者，所以紀治亂存亡也，所以知壽夭吉凶也。上揆之天，下驗之地，中審之人，若此則是非可不可無所遁矣。天曰順，順維生；地曰固，固維寧；人曰信，信維聽。三者咸當，無爲而行。行也者，行其理也。行數，循其理，平其私。夫私視使目盲，私聽使耳聾，私慮使心狂。三者皆私設精則智無由公。智不公，則福日衰，災日隆，以日倪而西望知之。」

《戰國策·秦五》 濮陽人呂不韋賈於邯鄲，見秦質子異人，歸而謂父曰：「耕田之利幾倍？」曰：「十倍。」「珠玉之贏幾倍？」曰：「百倍。」「立國家之主贏幾倍？」曰：「無數。」曰：「今力田疾作，不得煖衣餘食；今建國立君，澤可以遺世。願往事之。」

秦子異人質於趙，處於[illegible]城。故往説之曰：「子傒有承國之業，又有母在中。今子無母於中，外託於不可知之國，一日倍約，身爲糞土。今子聽吾計事，求歸，可以有秦國。吾爲子使秦，必來請子。」

乃説秦王后弟陽泉君曰：「君之罪至死，君知之乎？君之門下無不居高尊位，太子門下無貴者。君之府藏珍珠寶玉，君之駿馬盈外廄，美女充後庭。王之春秋高，一日山陵崩，太子用事，君危於累卵，而不壽於朝生。説有可以一切而使君富貴千萬歲，其寧於太山四維，必無危亡之患矣。」陽泉君避席，請聞其説。不韋曰：「王年高矣，王后無子，子傒有承國之業，士倉又輔之。王一日山陵崩，子傒立，士倉用事，王后之門，必生蓬蒿。子異人賢材也，棄在於趙，無母於内，引領西望，而願一得歸。王后誠請而立之，是子異人無國而有國，王后無子而有子也。」陽泉君曰：「然。」入説王后，王后乃請趙而歸之。

趙未之遣，不韋説趙曰：「子異人，秦之寵子也，無母於中，王后欲取而子之。使秦而欲屠趙，不顧一子以留計，是抱空質也。若使子異人歸而得立，趙厚送遣之，是不敢倍德畔施，是自爲德講。秦王老矣，一日晏駕，雖有子異人，不足以結秦。」趙乃遣之。

異人至，不韋使楚服而見。王后悦其狀，高其知，曰：「吾楚人也。」而自子之，乃變其名曰楚。王使子誦，子曰：「少棄捐在外，嘗無師傅所教學，不習於誦。」王罷之，乃留止。間曰：「陛下嘗軔車於趙矣，趙之豪桀，得知名者不少。今大王反國，皆西面而望。大王無一介之使以存之，臣恐其皆有怨心。使邊境早閉晚開。」王以爲然，奇其計。王后勸立之。王乃召相，令之曰：「寡人子莫若楚。」立以爲太子。

子楚立，以不韋爲相，號曰文信侯，食藍田十二縣。王后爲華陽太后，諸侯皆致秦邑。

文信侯欲攻趙以廣河間，使剛成君蔡澤事燕三年，而燕太子質於秦。文信侯因請張唐相燕，欲與燕共伐趙，以廣河間之地。張唐辭曰：「燕者必徑於趙，趙人得唐者，受百里之地。」文信侯去而不快。少庶子甘羅曰：「君侯何不快甚也？」文信侯曰：「吾令剛成君蔡澤事燕三年，而燕太子已入質矣。今吾自請張卿相燕，而不肯行。」甘羅曰：「臣行之。」文信君叱去曰：「我自行之而不肯，汝安能行之也？」甘羅曰：「夫項橐生七歲而爲孔子師，今臣生十二歲於兹矣！君其試臣，奚以遽言叱也？」

甘羅見張唐曰：「卿之功，孰與武安君？」唐曰：「武安君戰勝攻取，不知其數；攻城墮邑，不知其數。臣之功不如武安君也。」甘羅曰：「卿明知功之不如武安君歟？」曰：「知之。」「應侯之用秦也，孰與文信侯專？」曰：「應侯不如文信侯專。」曰：「卿明知爲不如文信侯專歟？」曰：「知之。」甘羅曰：「應侯欲伐趙，武安君難之，去咸陽七里，絞而殺之。今文信侯自請卿相燕，而卿不肯行，臣不知卿所死之處矣！」唐曰：「請因孺子而行！」令庫具車，廄具馬，府具幣，行有日矣。甘羅謂文信侯曰：「借臣車五乘，請爲張唐先報趙。」

見趙王，趙王郊迎。謂趙王曰：「聞燕太子丹之入秦與？」曰：「聞之。」「聞張唐之相燕與？」曰：「聞之。」「燕太子入秦者，燕不欺秦也。張唐相燕者，秦不欺燕也。秦、燕不相欺，則伐趙，危矣。燕、秦所以不相欺者，無異故，欲攻趙而廣河間也。今王齎臣五城以廣河間，請歸燕太子，與强趙攻弱燕。」趙王立割五城以廣河間，歸燕太子。趙攻燕，得上谷三十六縣，與秦什一。

《戰國策·楚四》 秦始皇立九年矣。嫪毐亦爲亂於秦。覺，夷三族，而呂不韋廢。

《戰國策·趙三》 希寫見建信君。建信君曰：「文信侯之於僕也，甚無禮。秦使人來仕，僕官之丞相，爵五大夫。文信侯之於僕也，甚矣其無禮也。」希寫曰：「臣以爲今世用事者，不如商賈。」建信君悖然曰：「足下卑用事者而高商賈乎？」曰：「不然。夫良商不與人争買賣之賈，而謹司時。時賤而買，雖貴已賤矣；時貴而賣，雖賤已貴矣。昔者，文王之拘於牖里，而武王羈於玉門，卒斷紂之頭而縣於太白者，是武王之功也。今君不能與文信侯相伉以權，而責文信侯少禮，臣竊爲君不取也。」

《史記》卷六《秦始皇本紀》 秦始皇帝者，秦莊襄王子也。莊襄王爲秦質子於趙，見呂不韋姬，悦而取之，生始皇。以秦昭王四十八年正月生於邯鄲。及生，名爲政，姓趙氏。年十三歲，莊襄王死，政代立爲秦王。當是之時，秦地已并巴、蜀、漢中，越宛有郢，置南郡矣；北收上郡以東，有河東、太原、上黨郡；東至滎陽，滅二周，置三川郡。呂不韋爲相，封十萬户，號曰文信侯。招致賓客游士，欲以并天下。李斯爲舍人。蒙驁、王齮、麃公等爲將軍。王年少，初即位，委國事大臣。九年，彗星見，或竟天。攻魏垣、蒲陽。四月，上宿雍。己酉，王冠，帶劍。長信侯毐作亂而覺，矯王御璽及太后璽以發縣卒及衛卒、官騎、戎翟君公、舍人，將欲攻蘄年宮爲亂。王知之，令相國昌平君、昌文君發卒攻毐。戰咸陽，斬首數百，皆拜爵，及宦者皆在戰中，亦拜爵一級。毐等敗走。即令國中：有生得毐，賜錢百萬；殺之，五十萬。盡得毐等。衛尉竭、内史肆、佐弋竭、中大夫令齊等二十人皆梟首。車裂以徇，滅其宗。十年，相國呂不韋坐嫪毐免。十二

年，文信侯不韋死，竊葬。其舍人臨者，晉人也逐出之；秦人六百石以上奪爵，遷；五百石以下不臨，遷，勿奪爵。自今以來，操國事不道如嫪毐、不韋者籍其門，視此。

劉向《新序・雜事》 吕子曰：「神農學悉者，黄帝學乎大真，顓頊學伯夷父，帝嚳學伯招。帝堯學乎州支父，帝舜學許由，禹學大成執，湯學小臣，文王、武王學太公望、周公旦，齊桓公學管夷吾、隰朋，晉文公學咎犯、隨會，秦穆公學百里奚、公孫支，楚莊王學孫叔敖、沈尹竺，吴王闔閭學伍子胥、文之儀，越王句踐學范蠡、大夫種，此皆聖人之所學也。且夫天生人，而使其耳可以聞，不學，其聞則不若聾；使其目可以見，不學，其見則不若盲；使其口可以言，不學，其言則不若瘖；使其心可以智，不學，其智則不若狂。故凡學非能益之也，達天性也，能全天之所生而勿敗之，可謂善學者矣。」

王充《論衡・書解篇》 或曰：凡作者精思已極，居位不能領職。蓋人思有所倚着，則精有所盡索。著作之人，書言通奇，其材已極，其知已罷。案古作書者，多位布散槃解；輔傾寧危，非著作之人所能爲也。夫有所偪，有所泥，則有所自，篇章數百。吕不韋作《春秋》，舉家徙蜀；淮南王作道書，禍至滅族；韓非著治術，身下秦獄。身且不全，安能輔國？夫有長於彼，安能不短於此？深於作文，安能不淺於政治？【略】出口爲言，著文爲篇。古以言爲功者多，以文爲敗者希。吕不韋、淮南王以他爲過，不以書有非；使客作書，不身自爲，如不作書，猶蒙此章章之禍。

酈道元《水經注》卷三七《淹水》 過不韋縣。縣，故九隆哀牢之國也。有牢山，其先有婦人名沙壹，居于牢山，捕魚水中，觸沈木若有感，因懷孕，産十子。後沈木化爲龍，出水，九子驚走，小子不能去，背龍而坐，龍因舐之。其母鳥語，謂背爲九，謂坐爲隆，因名爲九隆。及長，諸兄遂相共推九隆爲王。後牢山下有一夫一婦，生十女，九隆皆以爲妻，遂因孳育，皆畫身像龍文，衣皆著尾。九隆死，世世不與中國通。漢建武二十三年，王遣兵來，乘革船南下，攻漢鹿茤民，鹿茤民弱小，將爲所擒。于是天大震雷，疾雨，南風漂起，水爲逆流，波湧二百餘里，革船沈没，溺死數千人。後數年，復遣六王，將萬許人攻鹿茤，鹿茤王與戰，殺六王，哀牢耆老共埋之。其夜，虎掘而食之，明旦但見骸骨。驚怖引去，乃懼，謂其耆老小王曰：哀牢犯徼，自古有之，今此攻鹿茤，輒被天誅，中國有受命之王乎？何天祐之明也？即遣使詣越嶲奉獻，求乞内附，長保塞徼。漢明帝永平十二年，置爲永昌郡，郡治不韋縣。蓋秦始皇徙吕不韋子孫于此，故以不韋名縣。北去葉榆六百餘里，葉榆水不逕其縣，自不韋北注者，盧倉禁水耳。葉榆水自縣南逕遂久縣東，又逕姑復縣西，與淹水合。又東南逕永昌邪龍縣，縣以建興三年劉禪分隸雲南，于不韋縣爲東北。

羅大經《鶴林玉露》卷五《吕秦牛晉》 秦虎視山東，蠶食六國，不知六國未滅，而秦先滅矣。何也？始皇乃吕不韋之子，則是嬴氏爲吕氏所滅也。司馬氏欺人孤寡，而奪之位，不知魏滅未幾，而晉亦滅矣。何也？元帝乃牛金之子，則是司馬氏爲牛氏所滅也。《春秋》書莒氏滅鄫，義正如此。胡致堂欲用《春秋》法，於《始皇紀》便明書吕氏，《元帝紀》便明書牛氏，以從其實。

葉適《習學記言序目》卷二〇《史記二・列傳》 吕不韋之賈，不特以貨爲貨，而又以國爲貨，卒遂其欲。士之有利心，左右化居，何止一不韋而已，哀哉！若遷所載范蠡爲陶朱公，是不以國爲貨而以身爲貨，賢不肖雖異，要不免於貨也。（《吕不韋》）

梁玉繩《人表考》卷五《中中・吕不韋》 吕不韋始見《秦》、《楚策》。濮陽人。《秦策》，而《史》本傳云陽翟大賈人。封文信侯。《秦》、《趙策》、《吕氏春秋・序意》、《始皇紀》、《趙世家》，本傳。亦曰吕子，本傳。亦曰吕氏。《魏策》。始皇稱爲仲父。飲酖死。本傳。葬洛陽北邙道西。妻先葬，故其冢名吕母也。《始皇紀・索隱》、本傳《正義》引《皇覽》。

備論

《史記》卷八五《吕不韋列傳論》 不韋及嫪毐貴，封號文信侯。人之告嫪毐，毐聞之。秦王驗左右，未發。上之雍郊，毐恐禍起，乃與黨謀，矯太后璽發卒以反蘄年宫。發吏攻毐，毐敗亡走，追斬之好畤，遂滅其宗。而吕不韋由此絀矣。孔子之所謂「聞」者，其吕子乎？

揚雄《法言・淵騫》 或問：「吕不韋其智矣乎，以人易貨？」曰：「誰謂不韋智者與？以國易宗。不韋之盜，穿窬之雄乎？穿窬也者，吾見擔石矣，未見雒陽也。」

《史記》卷八五《吕不韋列傳》司馬貞述贊 不韋釣奇，委質子楚。華陽立

嗣，邯鄲獻女。及封河南，乃號仲父。徙蜀懲謗，懸金作語。籌策既成，富貴斯取。

洪邁《容齋四筆》卷二《鬼谷子書》 鬼谷子與蘇秦、張儀書曰：「二足下功名赫赫，但春華至秋，不得久茂。今二子好朝露之榮，忽長久之功；輕喬、松之永延，貴一旦之浮爵。夫女愛不極席，男歡不畢輪，痛哉夫君！」《戰國策》楚江乙謂安陵君曰：「以財交者，財盡而交絶；以色交者，華落而愛渝。是以嬖女不敝席，寵臣不敝軒。」呂不韋説華陽夫人曰：「以色事人者，色衰而愛弛。」《詩》《氓》之序曰：「華落色衰，復相棄背。」是諸説大抵意同，皆以色而爲喻。士之嗜進而不知自反者，尚監茲哉！

方孝孺《遜志齋集》卷四《雜著·讀呂氏春秋》 《呂氏春秋》十二紀、八覽、六論凡百六十篇，呂不韋爲秦相時使其賓客所著者也。太史公以爲不韋徙蜀，乃作《呂覽》。夫不韋以見疑去國，歲餘即飲鴆死，何有賓客，何暇著書哉？史又稱不韋書成，懸之咸陽市，置千金其上，有易一字者輒與之。不韋已徙蜀，安得懸書於咸陽？由此而言，必爲相時所著，太史公之言誤也。不韋以大賈乘勢市奇貨，致富貴，而行不謹，其功業無足道者。特以賓客之書顯其名於後世，况乎人君任賢以致治者乎？

然其書誠有足取者。其《節喪》、《安死》篇譏厚葬之弊，其《勿躬》篇言人君之要在任人，《用民》篇言刑罰不如德禮。《達鬱》、《分職》篇皆盡君人之道，切中始皇之病。其後秦卒以是數者僨敗亡國，非知幾之士豈足以爲之哉？第其時去聖人稍遠，論道德皆本黄老，書出於諸人之所傳聞，事多舛謬。如以桑穀共生爲成湯，以魯莊與顔闔論馬，與齊桓伐魯，魯請比關内侯，皆非其事。而其時竟無敢易一字者，豈畏不韋勢而然耶？然予獨有感焉。世之謂嚴酷者必曰秦法，而爲相者乃廣致賓客以著書，書皆詆訾時君爲俗主，至數秦先王之過無所憚，若是者皆後世之所甚諱，而秦不以罪。嗚呼！然則秦法猶寬也。

鍾惺《史懷》卷七《呂不韋列傳》 不韋是古今第一善使錢人，只是取舍明，布置當耳。既盗國又盗經術，彌工則得彌嬴，得彌嬴則志彌侈而所取彌大。大賈二字，惟不韋可以當之。然既取邯鄲姬絶好善舞者與居，知有身，獻之子楚，姬自匿有身，期年生子政。曰知有身，曰自匿有身，則就中委曲，不韋與姬合謀定計久矣。當子楚從不韋飲，見姬説而請之，不韋怒，何其不情哉！然操縱之妙在此，真賈人狡獪也。

藝文

屈大均《翁山詩外》卷一七《呂不韋》 休言仲父更何親，自是西皇太上身。陽翟千金方返楚，邯鄲一女已亡秦。春秋有作歸商賈，賓客相將盗聖人。風俗至今倡樂盛，史公何忍記桐輪。

劉大紳《寄庵詩文鈔》續卷一〇《讀呂不韋傳》 奇貨居來不保身，史遷猶説是聞人。那堪黄歇依成局，儼有牛金步後塵。未得世家如呂尚，空將兒子付嬴秦。著書亦欲傳千古，剽竊姬周又亂真。

韓非部

綜述

《史記》卷六三《老子韓非列傳》 韓非者，韓之諸公子也。喜刑名法術之學，而其歸本於黄老。非爲人口吃，不能道説，而善著書。與李斯俱事荀卿，斯自以爲不如非。

非見韓之削弱，數以書諫韓王，韓王不能用。於是韓非疾治國不務脩明其法制，執勢以御其臣下，富國彊兵而以求人任賢，反舉浮淫之蠹而加之於功實之上。以爲儒者用文亂法，而俠者以武犯禁。寬則寵名譽之人，急則用介胄之士。今者所養非所用，所用非所養。悲廉直不容於邪枉之臣，觀往者得失之變，故作《孤憤》、《五蠹》、《内》《外儲》、《説林》、《説難》十餘萬言。

然韓非知説之難，爲《説難》書甚具，終死於秦，不能自脱。

《説難》曰：

凡説之難，非吾知之有以説之難也；又非吾辯之難能明吾意之難也；又非吾敢横失能盡之難也。凡説之難，在知所説之心，可以吾説當之。

所説出於爲名高者也，而説之以厚利，則見下節而遇卑賤，必弃遠矣。所説出於厚利者也，而説之以名高，則見無心而遠事情，必不收矣。所説實爲厚利而顯爲名高者也，而説之以名高，則陽收其身而實疏之；若説之以厚利，則陰用其言而顯弃其身。此之不可不知也。

夫事以密成，語以泄敗。未必其身泄之也，而語及其所匿之事，如是者身危。貴人有過端，而説者明言善議以推其惡者，則身危。周澤未渥也而語極知，説行而有功則德亡，説不行而有敗則見疑，如是者身危。夫貴人得計而欲自以爲功，説者與知焉，則身危。彼顯有所出事，迺自以爲也故，説者與知焉，則身危。彊之以其所必不爲，止之以其所不能已者，身危。故曰：與之論大人，則以爲閒己；與之論細人，則以爲粥權。論其所愛，則以爲借資；論其所憎，則以爲嘗己。徑省其辭，則不知而屈之；汎濫博文，則多而久之。順事陳意，則曰怯懦而不盡；慮事廣肆，則曰草野而倨侮。此説之難，不可不知也。

凡説之務，在知飾所説之所敬，而滅其所醜。彼自知其計，則毋以其失窮之；自勇其斷，則毋以其敵怒之；自多其力，則毋以其難概之。規異事與同計，譽異人與同行者，則以飾之無傷也。有與同失者，則明飾其無失也。大忠無所拂悟，辭言無所擊排，迺後申其辯知焉。此所以親近不疑，知盡之難也。得曠日彌久，而周澤既渥，深計而不疑，交争而不罪，迺明計利害以致其功，直指是非以飾其身，以此相持，此説之成也。

伊尹爲庖，百里奚爲虜，皆所由干其上也。故此二子者，皆聖人也，猶不能無役身而涉世如此其汙也，則非能仕之所設也。

宋有富人，天雨牆壞。其子曰「不築且有盜」，其鄰人之父亦云，暮而果大亡其財，其家甚知其子而疑鄰人之父。昔者鄭武公欲伐胡，迺以其子妻之。因問羣臣曰：「吾欲用兵，誰可伐者？」關其思曰：「胡可伐。」迺戮關其思，曰：「胡，兄弟之國也，子言伐之，何也？」胡君聞之，以鄭爲親己而不備鄭。鄭人襲胡，取之。此二説者，其知皆當矣，然而甚者爲戮，薄者見疑。非知之難也，處知則難矣。

昔者彌子瑕見愛於衛君。衛國之法，竊駕君車者罪至刖。既而彌子之母病，人聞，往夜告之，彌子矯駕君車而出。君聞之而賢之曰：「孝哉，爲母之故而犯刖罪！」與君游果園，彌子食桃而甘，不盡而奉君。君曰：「愛我哉，忘其口而念我！」及彌子色衰而愛弛，得罪於君。君曰：「是嘗矯駕吾車，又嘗食我以其餘桃。」故彌子之行未變於初也，前見賢而後獲罪者，愛憎之至變也。故有愛於主，則知當而加親；見憎於主，則罪當而加疏。故諫説之士不可不察愛憎之主而後説之矣。

夫龍之爲蟲也，可擾狎而騎也。然其喉下有逆鱗徑尺，人有嬰之，則必殺人。人主亦有逆鱗，説之者能無嬰人主之逆鱗，則幾矣。

人或傳其書至秦。秦王見《孤憤》、《五蠹》之書，曰：「嗟乎，寡人得見此人與之游，死不恨矣！」李斯曰：「此韓非之所著書也。」秦因急攻韓。韓王始不用非，及急，迺遣非使秦。秦王悦之，未信用。李斯、姚賈害之，毁之曰：「韓非，韓之諸公子也。今王欲并諸侯，非終爲韓不爲秦，此人之情也。今王不用，久留而歸之，此自遺患也，不如以過法誅之。」秦王以爲然，下吏治非。李斯使人遺非

藥，使自殺。韓非欲自陳，不得見。秦王後悔之，使人赦之，非已死矣。

申子、韓子皆著書，傳於後世，學者多有。余獨悲韓子爲《説難》而不能自脱耳。

雜録

備録

《戰國策・秦五》 四國爲一，將以攻秦。秦王召羣臣賓客六十人而問焉，曰：「四國爲一，將以圖秦，寡人屈於内，而百姓靡於外，爲之奈何？」羣臣莫對。姚賈對曰：「賈願出使四國，必絶其謀，而安其兵。」乃資車百乘，金千斤，衣以其衣，冠舞以其劍。姚賈辭行，絶其謀，止其兵，與之爲交以報秦。秦王大悦。賈封千户，以爲上卿。

韓非知之，曰：「賈以珍珠重寶，南使荆、吴，北使燕、代之間三年，四國之交未必合也，而珍珠重寶盡於内。是賈以王之權，國之寶，外自交於諸侯，願王察之。且梁監門子，嘗盜於梁，臣於趙而逐。取世監門子，梁之大盜，趙之逐臣，與同知社稷之計，非所以厲羣臣也。」

王召姚賈而問曰：「吾聞子以寡人財交於諸侯，有諸？」對曰：「有。」王曰：「有何面目復見寡人？」對曰：「曾參孝其親，天下願以爲子；子胥忠於君，天下願以爲臣；貞女工巧，天下願以爲妃。今賈忠王而王不知也。賈不歸四國，尚焉之？使賈不忠於君，四國之王尚焉用賈之身？桀聽讒而誅其良將，紂聞讒而殺其忠臣，至身死國亡。今王聽讒，則無忠臣矣。」

王曰：「子監門子，梁之大盜，趙之逐臣。」姚賈曰：「太公望，齊之逐夫，朝歌之廢屠，子良之逐臣，棘津之讎不庸，文王用之而王。管仲，其鄙人之賈人也，南陽之弊幽，魯之免囚，桓公用之而伯。百里奚，虞之乞人，傳賣以五羊之皮，穆公相之而朝西戎。文公用中山盜，而勝於城濮。此四士者，皆有詬醜，大誹天下，明主用之，知其可與立功。使若卞隨、務光、申屠狄，人主豈得其用哉！故明主不取其汙，不聽其非，察其爲己用。故可以存社稷者，雖有外誹者不聽；雖有高世之名，無咫尺之功者不賞。是以羣臣莫敢以虚願望於上。」

秦王曰：「然。」乃可復使姚賈而誅韓非。

《史記》卷六《秦始皇本紀》 十年，相國呂不韋坐嫪毐免。大索，逐客。李斯上書説，乃止逐客令。李斯因説秦王，請先取韓以恐他國，於是使斯下韓。韓王患之，與韓非謀弱秦。十四年，韓非使秦，秦用李斯謀，留非，非死雲陽。韓王請爲臣。

《史記》卷一五《六國年表》始皇十四年 桓齮定平陽、武城、宜安。韓使非來，我殺非。韓王請爲臣。

《史記》卷四五《韓世家》 王安五年，秦攻韓，韓急，使韓非使秦，秦留非，因殺之。

葉適《習學記言序目》卷二〇《史記二・列傳》 子路問事君，子曰：「勿欺也，而犯之。」然則説何難易之有？自春秋末，漸有要説之術，而盛行於戰國，故孟子亦曰「説大人則藐之，勿視其巍巍然」；其終曰：「在彼者皆我所不爲也，在我者皆古之制也，吾何畏彼哉！」是説在藐，而不在畏也。韓非剽剥儒墨以售其殘民蹙國之學，而其中弱自畏如此，説未行而身已墮裂，可悲也夫！

梁玉繩《人表考》卷四《中上・韓非》 韓非始見《秦策》。韓之諸公子，爲人口吃，而善著書，與李斯俱事荀卿，亦曰韓子。《史》本傳。李斯妒其才，《論衡・禍虚》。遺藥使自殺，本傳。死雲陽。《史・始皇紀》。

備論

《韓非子・存韓》 詔以韓客之所上書，書言韓子之未可舉，下臣斯。臣斯甚以爲不然。秦之有韓，若人之有腹心之病也，虚處則㤥然，若居濕地，著而不去，以極走則發矣。夫韓雖臣於秦，未嘗不爲秦病，今若有卒報之事，韓不可信也。秦與趙爲難，荆蘇使齊，未知何如？以臣觀之，則齊、趙之交未必以荆蘇絶也。若不絶，是悉趙而應二萬乘也。夫韓不服秦之義，而服於强也。今專於齊、趙，則韓必爲腹心之病而發矣。韓與荆有謀，諸侯應之，則秦必復見崤塞之患。非之來也，未必不以其能存韓也爲重於韓也。辯説屬辭，飾非詐謀，以釣利

於秦，而以韓利闚陛下。夫秦、韓之交親，則非重矣，此自便之計也。

臣視非之言，文其淫説，靡辯才甚。臣恐陛下淫非之辯而聽其盗心，因不詳察事情。今以臣愚議：秦發兵而未名所伐，則韓之用事者以事秦爲計矣。臣斯請往見韓王，使來入見。大王見，因内其身而勿遣，稍召其社稷之臣，以與韓人爲市，則韓可深割也。因令象武發東郡之卒，闚兵於境上而未名所之，則齊人懼而從蘇之計，是我兵未出而勁韓以威擒，强齊以義從矣。聞於諸侯也，趙氏破膽，荆人狐疑，必有忠計。荆人不動，魏不足患也，則諸侯可蠶食而盡，趙氏可得與敵矣。願陛下幸察愚臣之計，無忽。

秦遂遣斯使韓也。

《史記》卷六三《老子韓非列傳論》 老子所貴道，虚無，因應變化於無爲，故著書辭稱微妙難識。莊子散道德，放論，要亦歸之自然。申子卑卑，施之於名實。韓子引繩墨，切事情，明是非，其極慘礉少恩。皆原於道德之意，而老子深遠矣。

《史記》卷六三《老子韓非列傳》司馬貞述贊 伯陽立教，清浄無爲。道尊東魯，迹竄西垂。莊蒙栩栩，申害卑卑。刑名有術，説難極知。悲彼周防，終亡李斯。

《蘇軾文集》卷四《韓非論》 聖人之所爲惡夫異端盡力而排之者，非異端之能亂天下，而天下之亂所由出也。昔周之衰，有老聃、莊周、列禦寇之徒，更爲虚無淡泊之言，而治其猖狂浮游之説，紛紜顛倒，而卒歸於無有。由其道者，蕩然莫得其當，是以忘乎富貴之樂，而齊乎死生之分，此不得志於天下，高世遠舉之人，所以放心而無憂。雖非聖人之道，而其用意，固亦無惡於天下。自老聃之死百餘年，有商鞅、韓非著書，言治天下無若刑名之賢，及秦用之，終於勝、廣之亂，教化不足，而法有餘，秦以不祀，而天下被其毒。後世之學者，知申、韓之罪，而不知老聃、莊周之使然。

何者？仁義之道，起於夫婦、父子、兄弟相愛之間；而禮法刑政之原，出於君臣上下相忌之際。相愛則有所不忍，相忌則有所不敢。夫不敢與不忍之心合，而後聖人之道得存乎其中。今老聃、莊周論君臣、父子之間，汎汎乎若萍浮於江湖而適相值也。夫是以父不足愛，而君不足忌。不忌其君，不愛其父，則仁不足以懷，義不足以勸，禮樂不足以化。此四者皆不足用，而欲置天下於無有。夫無有，豈誠足以治天下哉！商鞅、韓非求爲其説而不得，得其所以輕天下而齊萬物之術，是以敢爲殘忍而無疑。

今夫不忍殺人而不足以爲仁，而仁亦不足以治民；則是殺人不足以爲不仁，而不仁亦不足以亂天下。如此，則舉天下唯吾之所爲，刀鋸斧鉞，何施而不可。昔者夫子未嘗一日敢易其言，雖天下之小物，亦莫不有所畏。今其視天下眇然若不足爲者，此其所以輕殺人歟！

太史遷曰：「申子卑卑，施於名實。韓子引繩墨，切事情，明是非，其極慘礉少恩，皆原於道德之意。」嘗讀而思之，事固有不相謀而相感者，莊、老之後，其禍爲申、韓。由三代之衰至于今，凡所以亂聖人之道者，其弊固已多矣，而未知其所終，奈何其不爲之所也。

《全元文》卷九九七譚景星《韓非論》 善刑名法術者，其心術未有能止者也。非善刑名法術之學，觀往者得失之變，作《孤憤》、《五蠹》、《内》《外儲》、《説林》、《説難》，其篇凡五十有六，所以哀韓之削弱，不能自已也。非，韓之所自出，其憂君愛國之心，宜若如是而後可。假使韓亡，非得而自存乎？宗廟得而享乎？所以爲韓，所以爲宗國也。宜乎不得不以書諫，所以盡忠，所以盡者也。張良以家世相韓，傷秦之滅韓也，爲之報仇於秦，是以博浪副車之擊，未有以遂其志。至於折首下心，取履圯上而受書焉，卒以其術輔漢滅秦而後已，不滅不已也。滅秦之功，運籌决勝，無出其右。功臣皆已封矣，何以處子房耶？秦既滅矣，韓既報矣，無可爲矣，曾不留意於寸土之封，而從赤松子游，飄然去漢。天下後世，然後知子房之心，非所以覬爵禄於漢，是真以報韓也。顧非之于韓王，何其忠言之切切也。形之於言，又形之於書。韓不能用，則盡己之忠而已矣。及其使秦也，又以書干，爲所以破天下從之計。有所謂四鄰諸侯不朝，韓不亡，願斬身徇國，以戒爲秦謀而不忠者，又何以異於向者之言乎？禽獸有所不忍也。秦反以其終於爲韓而不爲秦，竟爲李斯所譖，下吏而死。夫不忠不孝者，天地神明實殛之，是豈斯之所能爲，其天假於斯以罪之也。夫良以韓臣之子孫，韓既滅矣，無所望矣，猶能散千金之産，盡忠滅秦，爲厥父祖報韓王於地下。非以韓之諸公子，不能親其親而愛其國，爲秦畫謀首，欲覆其宗國，悦秦以求進，其死也固當其罪。惜未及以法誅之，以爲天下後世背君賣國之戒耳。所以善刑名法術者，未有能正其心，而後至於斯也，其書何用焉？由是而觀，非之説秦滅韓，良之報韓滅秦，二子固不可同時語矣。若非者，其子房之罪人歟。

鍾惺《史懷》卷四　韓非斥秦之謀臣不盡其忠，遺恨于謀臣不爲引軍而退者三，而于長平之役，秦之釋趙，使趙得退而脩備自立，尤深致意焉。不知白起已先言之矣。其言曰：秦破趙軍于長平，不遂以時乘其振懼而滅之，畏而釋之，使得耕稼以益蓄積，養孤長幼以益其衆，繕治甲兵以益其彊，增城浚池以益其固，主折節以下其臣，臣推體以下死士。言言皆韓非之指也，使起不先言之，論秦事者不追咎起之疏哉！

鍾惺《史懷》卷七《老莊申韓列傳》　古來勳業富貴中，皆有一等極超曠之人，往往先置成敗禍福於度外，孟子所謂不動心有道者是也。韓非説難，涉世太深，居心太苦，置身太窄，言未脱于口，横胸中盡是一難字，神亂而氣餒矣。李斯、姚賈，殺之不忌，虎之食人也待其懼，信哉！

太史公極推尊老子，乃與申、韓同傳，曰，申韓原于道德，見老子之大也。讀書得力，看出古人學問通融處。

王夫之《薑齋文集》卷一《老莊申韓論》　建之爲道術，推之爲治法。內以求心，勿損其心；出以安天下，勿賊天下。古之聖人，仁及萬世，儒者修明之而見諸行事，唯此而已。求合於此而不能，因流於詖者，老莊也。損其心以任氣，賊天下以立權，明與聖人之道背馳而毒及萬世者，申韓也。與聖人之道背馳則峻拒之者，儒者之責，勿容辭也。拒其説，必力絶其所爲；絶其所爲，必厚戒於其心，而後許之爲君子儒。言治道者吾惑焉。於老莊則遠之惟恐不夙，於申韓則暗襲其所爲而陰挾其心，吾是以惑，而甚惑其惑之甚也。夫師老莊以應天下，吾聞之漢文景矣。其終遠於聖人之治而不能合者，老莊亂之也，然而心猶人之心，天下則已異乎食荼臥棘之天下矣。下此則何晏、王戎以弛天下而使亂。然其所爲，求之聖人之道而不得，求之老莊而亦不得。虚與誕，聖人之所弗尚；躁與貪，亦老莊之所弗尚，則遠之必夙者正也。老莊之所弗尚，則不得舉何晏、王戎之罪罪老莊也。夫申韓而豈但此哉。韓愈氏曰：「仁義之言，藹如也。」聖人之欲正天下也亟，其論治也詳。今讀其書，繹其言，蔑不藹如也。其言藹如也，其政油如也，患天下之相賊，而不以賊懲賊，懲天下之賊，規乎其大凡而止。雖有刀鋸，而不損其不忍人之心。略其毫毛，揜其幽隱，以使容於覆載之間，而民氣以静。是故匹夫之蹶然以惡怒，非可逆也；匹夫之蹶然以愉快，非不可獲譽也。然而聖人不忍徇之，以致善治之名。有人於此，匹夫蹶然而怒，其可殺邪？從而殺之，匹夫蹶然而喜，喜怒如匹夫之心，則明斷之譽蹶然而興，而氣茀然，而權赫然，静反諸心，而心固怵然，起視天下，而天下紜然。爲君子儒者以此爲愉快，則抑不得爲聖人之徒矣。聞之曰，惡不仁者，不使不仁加於其身；未聞惡不仁者，不使不仁者之留遺種於天下也。悲夫！自宋以來，爲君子儒者，言則聖人而行則申韓也，抑以聖人之言文申韓而爲言也。曹操之雄也，申韓術行而毆天下以思媚於司馬氏，不勞而奪諸几席。諸葛孔明之貞也，扶劉氏之裔以申大義，申韓術行而不能再世。申韓之效，亦昭然矣。宋之儒者，胡僭莫懲而潛用之以徇匹夫一往之情。吾聞以閨房醉飽之過掠治婦人，以徵士大夫之罪矣。吾聞其聞有赦而急取罪人屠割之矣。非申韓孰與任此，而爲君子儒者以爲愉快，復何望夫袴褶之夫、刀筆之吏乎！是其爲術也，三代以上，無尚之者也；仲尼之徒，無道之者也；三苗之所以分北也，鄧析之所以服刑也。自申韓起，而言治者一不審，而即趨於其塗。申韓以矯老莊，而拒老莊者揖進之。夫老莊則固盡然傷心於此矣。老莊非也，其盡然傷心於此者，未嘗非也。仲尼不以徇魯衛，而老於下位。文王不以徇商紂，而因於羑里。我知其盡然傷心者倍甚於老莊，則已知老莊之賤名法以蘄安天下，未能合聖人之道，而固不敢背以馳也，愈於申韓遠矣。晝之以一定之法，申之以繁重之科，臨之以憤盈之氣，出之以戌削之詞，督之以違心之奔走，迫之以畏死之憂患，如是以使之仁不忘親，義不背長。不率，則殺然以委之霜刃之鋒，曰吾以使人履仁而戴義也。夫申韓固亦曰，吾以使人履仁而戴義也，何患乎無名而要。豈有不忍人之心者所幸有其名，以彈壓羣論乎。易動而難戢者，氣也。往而不易反者，惡怒之情也。羣起而熒人以逞者，匹夫蹶然之恩怨也。是以君子貴知擇焉。弗擇，而聖人之道且以文邪慝而有餘。以文老莊而有老莊之儒，以文浮屠而有浮屠之儒，以文申韓而有申韓之儒。下至於申韓之儒，而賊天下以賊其心者甚矣。後世之天下死於申韓之儒者積焉，爲君子儒者潛移其心於彼者，實致之也。

吳汝綸《桐城吳先生全書》文集四《讀韓非子》　太史公傳周末諸子，皆不載所爲書，以爲世多有，故不論也。及爲《韓非傳》，獨取《説難》著於篇。或曰：以非之智，而不自脱於秦，子長蓋深傷之。余謂不然，非之咎在好持高論，實不能行其所言，而《説難》則本誦師説，非其自作，故背弃尤甚。卒所以不能自脱者，其本不足也，非烏得爲智士哉！當戰國之世，諸子紛紛箸書干世，其言各有指要，及考其行事，往往不合，太史公病之，故於《孫吳傳》見其義曰：「能言者未必能行」，然亦未有言行相背，如韓非之於《説難》者，非爲《説難》有曰：「周澤未渥而

語，極知者身危」，又曰「辭言無所擊排」，今非初見秦遂厤詆謀臣不忠，雖意主於存韓，而説則疎矣。至進退人才，尤不宜輕易干與，非一韓客耳，奈何沮姚賈上卿之封，此非《説難》所稱宋人壞墻之説耶？其卒不自脱，蓋其術有以取之。嗚乎！其亦不智甚矣。不然，秦王始見非書，恨不與遊，及非來，且欲大用，何爲聽李斯、姚賈一言，遽欲殺非哉！夫《説難》之指，類有智術者之言，由其道足以自全於亂世，固明哲保身之君子也，何非之所爲如此？余嘗求其説不得。及讀孫卿《非相篇》，有所謂凡説之難，以至高遇至卑，以至治接至亂，未可直至云云者，然後深明其故。蓋非嘗受學孫卿，後雖大變其師之術，而猶掇拾緒言，以自佐其論議。孫卿遺春申書見於《戰國策》，今《荀子》無此篇，而非書有之，然則非書之本於孫卿者，蓋亦夥矣。《説難》之作則其誦師説而爲之者也。弟孫卿言畧，非乃就而衍之加詳密耳，然亦豈知言愈詳密，而愈不能自用哉！非他篇多切究情狀，窮極事類物態，持論之高，當時李斯已自謂不及。然由《説難》推之，使非得志亦必不能自行其言，無疑也。嗚乎！此太史公所爲獨著《説難》以見義歟！獨是非爲《説難》，雖本誦師説，使不出而説秦人，亦未知其智術短淺如此。世之閉户箸書，以立言自期許，幸而身廢不用，無由自暴其短者，蓋亦不可勝道矣。若非者，其亦不幸矣夫。

藝文

《陶淵明集》卷六《讀史述九章・韓非》 豐狐隱穴，以文自殘。君子失時，白首抱關。巧行居災，忮辯召患。哀矣韓生，竟死説難。

王安石《王文公文集》卷七十三《韓子》 紛紛易盡百年身，舉世何人識道真？力去陳言夸末俗，可憐無補費精神。

王翦部

綜述

《史記》卷七三《白起王翦列傳》　王翦者，頻陽東鄉人也。少而好兵，事秦始皇。始皇十一年，翦將攻趙閼與，破之，拔九城。十八年，翦將攻趙。歲餘，遂拔趙，趙王降，盡定趙地爲郡。明年，燕使荆軻爲賊於秦，秦王使王翦攻燕。燕王喜走遼東，翦遂定燕薊而還。秦使翦子王賁擊荆，荆兵敗。還擊魏，魏王降，遂定魏地。

秦始皇既滅三晉，走燕王，而數破荆師。秦將李信者，年少壯勇，嘗以兵數千逐燕太子丹至於衍水中，卒破得丹，始皇以爲賢勇。於是始皇問李信：「吾欲攻取荆，於將軍度用幾何人而足？」李信曰：「不過用二十萬人。」始皇問王翦，王翦曰：「非六十萬人不可。」始皇曰：「王將軍老矣，何怯也！李將軍果勢壯勇，其言是也。」遂使李信及蒙恬將二十萬南伐荆。王翦言不用，因謝病，歸老於頻陽。李信攻平與，蒙恬攻寢，大破荆軍。信又攻鄢郢，破之，於是引兵而西，與蒙恬會城父。荆人因隨之，三日三夜不頓舍，大破李信軍，入兩壁，殺七都尉，秦軍走。

始皇聞之，大怒，自馳如頻陽，見謝王翦曰：「寡人以不用將軍計，李信果辱秦軍。今聞荆兵日進而西，將軍雖病，獨忍弃寡人乎！」王翦謝曰：「老臣罷病悖亂，唯大王更擇賢將。」始皇謝曰：「已矣，將軍勿復言！」王翦曰：「大王必不得已用臣，非六十萬人不可。」始皇曰：「爲聽將軍計耳。」於是王翦將兵六十萬人，始皇自送至灞上。王翦行，請美田宅園池甚衆。始皇曰：「將軍行矣，何憂貧乎？」王翦曰：「爲大王將，有功終不得封侯，故及大王之嚮臣，臣亦及時以請園池爲子孫業耳。」始皇大笑。王翦既至關，使使還請善田者五輩。或曰：「將軍之乞貸，亦已甚矣。」王翦曰：「不然。夫秦王怚而不信人。今空秦國甲士而專委於我，我不多請田宅爲子孫業以自堅，顧令秦王坐而疑我邪？」

王翦果代李信擊荆。荆聞王翦益軍而來，乃悉國中兵以拒秦。王翦至，堅壁而守之，不肯戰。荆兵數出挑戰，終不出。王翦日休士洗沐，而善飲食撫循之，親與士卒同食。久之，王翦使人問軍中戲乎？對曰：「方投石超距。」於是王翦曰：「士卒可用矣。」荆數挑戰而秦不出，乃引而東。翦因舉兵追之，令壯士擊，大破荆軍。至蘄南，殺其將軍項燕，荆兵遂敗走。秦因乘勝略定荆地城邑。歲餘，虜荆王負芻，竟平荆地爲郡縣。因南征百越之君。而王翦子王賁，與李信破定燕、齊地。

秦始皇二十六年，盡并天下，王氏、蒙氏功爲多，名施於後世。

秦二世之時，王翦及其子賁皆已死，而又滅蒙氏。陳勝之反秦，秦使王翦之孫王離擊趙，圍趙王及張耳鉅鹿城。或曰：「王離，秦之名將也。今將彊秦之兵，攻新造之趙，舉之必矣。」客曰：「不然。夫爲將三世者必敗。必敗者何也？必其所殺伐多矣，其後受其不祥。今王離已三世將矣。」居無何，項羽救趙，擊秦軍，果虜王離，王離軍遂降諸侯。

雜録

備録

《戰國策·趙四》　秦使王翦攻趙，趙使李牧、司馬尚禦之。李牧數破走秦軍，殺秦將桓齮。王翦惡之，乃多與趙王寵臣郭開等金，使爲反間，曰：「李牧、司馬尚欲與秦反趙，以多取封於秦。」趙王疑之，使趙葱及顔冣代將，斬李牧，廢司馬尚。後三月，王翦因急擊，大破趙，殺趙軍，虜趙王遷及其將顔冣，遂滅趙。

王充《論衡·書虛篇》　夫秦王者，秦始皇帝也。始皇二十年，燕太子丹使荆軻刺始皇，始皇殺軻，明矣。二十一年，使將軍王翦攻燕，得太子首；二十五年，遂伐燕，而虜燕王嘉。後不審何年，高漸麗以筑擊始皇，不中，誅漸麗。

洪邁《容齋五筆》卷一〇《臨敵易將》　臨敵易將，固兵家之所忌，然事當審其是非，當易而不易，亦非也。秦以白起易王齕而勝趙，以王翦易李信而滅楚，魏公子無忌易晉鄙而勝秦，將豈不可易乎？燕以騎劫易樂毅而敗，趙以趙括易廉頗而敗，以趙蔥易李牧而滅，魏使人代信陵君將，亦滅，將豈可易乎？

葉適《習學記言序目》卷三〇《晉書二》　淮淝之役所以勝者，苻堅既使却

陣，而大衆已亂，不復能整，故玄等決進，與其前鋒交戰，而苻融被殺，堅中流矢，遂至崩潰也。若堅部分無擾，十倍之衆得用，則玄等兵力有限，雖極其精鋭，亦難以必得志矣。晉人積百年兵間之習，敵人正以百萬來，士心終不沮喪，此爲待敵之本。而兩軍相交，自非節制素定，臨陣必有變態出於規慮之所不及者，如堅因麾却遂動陣面是也。或者不講，謂大衆難用，固有自敗之勢。且白起、王翦皆用大衆，本無敗形，堅之兵要未練耳。甚者至謂玄等特幸勝，此又非也，勝亦何可幸致乎！

王楙《野客叢書》卷二二《吾丘壽王論》 《容齋》哀舉漢世論議之臣如嚴、樂、亀、董、賈、馬之徒凡十九人，謂皆極言衆之虐如此。僕謂此皆傳之所有，人所共知。有一事見於他集中，傳所不載，人所罕知，姑摭出以資傳聞。吾丘壽王嘗著《驃騎論功》一論甚詳，驃騎將軍霍去病征匈奴，立克勝之功，壽王作士大夫之論，稱武帝之德。曰：士問於大夫曰：「側聞强秦之用兵也，南不踰五嶺，北不渡大河，海内愁怨，以喪其國。漢興六十餘載，命將帥以抗憤，用干戈於四荒，南極朱厓，北建朔方，拓地萬里，海内晏如，敢問其繇？」大夫曰：「昔秦之得天下也，以功不以德，以詐不以誠，内用商鞅、李斯之謀，外用王翦、白起之兵。既并海内，以威力爲王道，以權詐爲要術，遂非唐笑虞，絶滅舊章，防禁文學，行是古之戮，嚴誹謗之誅，十餘年滂沱而盈溢。故皇天疾威，更命大漢，反秦政，務寬厚，六世富安，何征不克？」云云。此正漢人極言秦失者也。

王應麟《困學紀聞》卷二〇《雜識》 秦之破楚也，王翦至蘄南，殺其將軍項燕。楚之滅秦也，陳涉起於蘄大澤中。同此地也，出爾反爾，天道昭昭矣。

顧炎武《日知録》卷二二《秦始皇未滅二國》 古對建之國，其未盡滅於秦始皇者：《衛世家》言「二世元年，廢衛君角爲庶人」，是始皇時衛未嘗亡也；《越世家》言「越以此散，諸族子争立，或爲王，或爲君，濱於江南海上，服朝於楚」，《秦始皇本紀》言「二十五年，王翦遂定荆江南地，降越君」，漢興，有東海王摇、閩越王無諸之屬，是越未嘗亡也。《西南夷傳》又言：「秦滅諸侯，唯楚苗裔尚有滇王。」然則謂秦滅五等而立郡縣，亦舉其大勢然耳。

梁玉繩《人表考》卷三《上下智人·王翦》 王翦始見《燕》、《趙策》。周靈王太子晉之子宗敬爲司徒，《通志·氏族略》四作宗恭。時人號曰王家，因以爲氏。八世孫錯生賁，翦之子爲王賁，與九世孫同名矣，疑此誤。賁生渝，渝生息，息生恢，恢生元，元生頤，頤生翦。《唐表》王氏世系。頻陽東鄉人，秦始皇師之，稱曰王將軍。《史·本傳》。宣和封鎮山伯。《宋志》。墓在耀州富平縣東廿七里。《寰宇記》三十一。

備論

《史記》卷七三《白起王翦列傳論》 鄙語云「尺有所短，寸有所長」。白起料敵合變，出奇無窮，聲震天下，然不能救患於應侯。王翦爲秦將，夷六國，當是時，翦爲宿將，始皇師之，然不能輔秦建德，固其根本，偷合取容，以至圽身。及孫王離爲項羽所虜，不亦宜乎！彼各有所短也。

《史記》卷七三《白起王翦列傳》司馬貞述贊 白起、王翦，俱善用兵。遞爲秦將，拔齊破荆。趙任馬服，長平遂阬。楚陷李信，霸上卒行。賁、離繼出，三代無名。

《蘇軾文集》卷六五《王翦用兵》 善用兵者，破敵國，當如小兒毁齒，以漸摇撼，而後取之，雖小痛而能堪也。若不以漸，一拔而得齒，則取齒適足以殺兒。王翦以六十萬人取荆，此一拔取齒之道也。秦亦憊矣，二世而敗，坐此也夫。

《全元文》卷一三三二楊維楨《王翦論》 秦王取荆，問李信，信以爲十萬可。問王翦，翦以爲非六十萬不可。以翦爲老使信，信敗還。王謝翦，强起之，翦執前議，必六十萬而可。余嘗疑翦，智將也，必索六十萬，是翦鬥力不鬥智也。吁，此翦之智也，信輩不知也。秦兵之强，帶兵六十萬，翦使王空其國以委我而後行，是翦以重而馭王之輕也，王之驕已殺矣，而必疑焉。故又陽請美田宅爲子孫後計，有以解其疑，此翦之所以爲智而非信輩之所知也。豈必六十萬而後可耶？不然，前日滅趙亦翦也，上將之師，未聞如是其衆也，蘇古史不識其意，從而爲之辭，闇哉！

鍾惺《史懷》卷七《白起王翦列傳》 上黨之役，爲上將攻韓伐趙者，王齕也。及秦聞趙括代廉頗將，乃陰使武安君爲上將，而齕爲尉裨將，齕亦安焉。與起共事，兩無嫌怨，卒以成功，此亦後世人臣所難。其用兵布置節次，若著皆妙。

王翦始終請用六十萬人伐楚，非法也。用衆正自不易，老將自賣本領耳。

藝文

《全唐詩》卷三三三楊巨源《贈張將軍》 關西諸將揖容光，獨立營門劍有霜。知愛魯連歸海上，肯令王翦在頻陽。天晴紅幟當山滿，日暮清笳入塞長。年少功高人最羨，漢家壇樹月蒼蒼。

《全唐詩》卷八三二貫休《送崔尚書朝覲》 至理契穹旻，方生甫與申。一麾歌政正，三相賀仁人。叵似盧懷慎，全如邵信臣。澄渟消宿蠹，煦愛劇陽春。對客煙花拆，焚香渥澤新。徵黃還有自，挽鄧住無因。峽水全輸潔，巫娥卻訝神。宋均顔未老，劉寵骨應貧。大醉辭干翦，含香望紫宸。三峯初有雪，萬里正無塵。伊昔林中社，多招席上珍。終期仙掌下，香火一相親。

郝經《陵川集》卷一三《挽喬侯》 挾槊歸來鬢未霜，便如王翦卧頻陽。風雲墜地空黄土，劒甲埋光慘白楊。壯節固應書北闕，英名更好刻西廊。傳家有子無遺恨，珠樹蘭花滿玉堂。

王九思《渼陂集》卷四《官兵至盗去有作》 聞道仇元帥，行兵捷有神。嫖姚真漢將，王翦是秦人。父老持牛酒，兒童識虎臣。窮愁憐白首，懸望息黄巾。

引用書目

書名	作者	時代	版本
詩經		春秋	中華書局一九八〇年影印阮元校刻十三經注疏本
尚書		春秋	中華書局一九八〇年影印阮元校刻十三經注疏本
逸周書		春秋	上海古籍出版社一九九五年黃懷信等匯校集注本
國語		春秋	上海古籍出版社一九七八年上海師大古籍整理組校點本
論語	孔丘	春秋	中華書局一九八〇年影印阮元校刻十三經注疏本
管子	管仲	春秋	中華書局二〇〇四年黎翔鳳校注本
孫子	孫武	春秋	曹操、杜牧、歐陽修、鄭友賢、孫星衍、魏源、畢以珣等十一家注，中華書局一九九九年楊丙安校理本
晏子春秋	晏嬰	春秋	中華書局一九六二年吳則虞集釋本
墨子	墨翟	戰國	中華書局二〇〇一年孫詒讓閒詁本
吳子	吳起	戰國	四部叢刊本
慎子	慎到	戰國	中華書局二〇一三年許富宏集注集校本
孟子	孟軻	戰國	中華書局一九八〇年影印阮元校刻十三經注疏本
孫臏兵法	孫臏	戰國	中華書局一九八四年張震澤校理本
文子		戰國	上海古籍出版社二〇〇四年李定生等校釋本
莊子	莊周	戰國	中華書局一九六一年郭慶藩集釋本
荀子	荀況		中華書局一九八八年王先謙集解本
列子	列禦寇	戰國	中華書局一九七九年楊伯峻集釋本
商君書	商鞅	戰國	中華書局一九八六年蔣禮鴻錐指本

韓非子	韓非	戰國	上海古籍出版社二〇〇〇年陳奇猷新校注本
鬻子	鬻熊	周	中華書局二〇一〇年鍾肇鵬校理本
山海經			上海古籍出版社一九八〇年袁珂校注本
吕氏春秋	吕不韋	戰國	上海古籍出版社二〇〇二年陳奇猷新校釋本
六韜		戰國	四部叢刊本
尉繚子	尉繚	戰國	中華學藝社一九三五年影印宋《武經七書》本
大戴禮記			中華書局一九八三年王聘珍解詁本
禮記			中華書局一九八〇年影印阮元校刻十三經注疏本
新書	賈誼	漢	中華書局二〇〇〇年閻振益等校注本
新語	陸賈	漢	中華書局一九八六年王利器校注本
韓詩外傳	韓嬰	漢	中華書局一九八〇年許維遹集釋本
淮南子	劉安	漢	中華書局一九八九年劉文典集解本
春秋繁露	董仲舒	漢	中華書局一九九二年蘇輿義證本
史記	司馬遷	漢	中華書局一九五九年標點本
說苑	劉向	漢	華東師大出版社一九八五年趙善詒疏證本
新序	劉向	漢	中華書局二〇〇九年石光瑛校釋本
楚辭	劉向	漢	上海古籍出版社一九七九年朱熹集注本
古列女傳	劉向	漢	四部叢刊本
法言	揚雄	漢	上海古籍出版社一九九三年張震澤校注本
鹽鐵論	桓寬	漢	中華書局一九九二年王利器校注本
論衡	王充	漢	中華書局一九九〇年黄暉校釋本
漢書	班固	漢	中華書局一九六二年標點本
白虎通義	班固	漢	中華書局一九九四年陳立疏證本

離騷贊序	漢	班固	上海古籍出版社一九七九年朱熹《楚辭集注》本
越絕書	漢	袁康	中華書局二〇一三年李步嘉校釋本
離騷序	漢	王逸	上海古籍出版社一九七九年朱熹《楚辭集注》本
潛夫論	漢	王符	中華書局一九八五年汪繼培箋注本
孟子題辭	漢	趙岐	中華書局一九八〇年影印阮元校刻十三經注疏本
風俗通義	漢	應劭	中華書局一九八一年王利器校注本
中論	漢	徐幹	文淵閣四庫全書本
淮南鴻烈敘目	漢	高誘	中華書局一九八九年劉文典集解本
呂氏春秋序	漢	高誘	上海古籍出版社二〇〇二年陳奇猷《呂氏春秋新校釋》本
孔叢子	漢	孔鮒	文淵閣四庫全書本
吴越春秋	漢	趙曄	四部叢刊本
尚書大傳	漢		續修四庫影印清光緒二十二年師伏堂叢書皮錫瑞疏證本
建安七子集	漢	孔融等	中華書局一九八九年俞紹初輯校本
曹植集	三國	曹植	人民文學出版社一九九八年趙幼文校注本
孔子家語	三國	王肅	齊魯書社二〇〇九年楊朝明等通解本
帝王世紀	晉	皇甫謐	齊魯書社二〇〇〇年陸吉點校本(附清錢保塘續補)
高士傳	晉	皇甫謐	四部備要本
博物誌	晉	張華	中華書局一九八〇年范寧校證本
穆天子傳	晉	郭璞(注)	四部叢刊本
抱朴子内篇	晉	葛洪	中華書局一九八五年王明校釋本
抱朴子外篇	晉	葛洪	中華書局一九九一年楊明照校箋本
神仙傳	晉	葛洪	文淵閣四庫全書本
搜神記	晉	干寶	中華書局一九七九年汪紹楹校注本

阮籍集	阮籍	晉	中華書局一九八七年陳伯君校注本
莊子序	郭象	晉	中華書局一九六一年郭慶藩《莊子集釋》本
陸機集	陸機	晉	中華書局一九八二年金濤聲點校本
陶淵明集	陶淵明	晉	中華書局一九七九年逯欽立校注本
拾遺記	王嘉	晉	中華書局一九八一年齊治平校注本
後漢書	范曄	南朝宋	中華書局一九六五年標點本
世說新語	劉義慶	南朝宋	中華書局一九八四年徐震堮校箋本
史記集解	裴駰	南朝宋	中華書局一九五九年標點本
文心雕龍	劉勰	南朝梁	人民文學出版社二〇〇六年范文瀾注本
水經註	酈道元	北朝魏	中華書局二〇〇七年陳橋驛校證本
文選	蕭統	南朝梁	上海古籍出版社一九八六年李培南等校點本
劉子	劉晝	北朝齊	中華書局一九九八年傅亞庶校釋本
庾子山集	庾信	北朝周	中華書局一九八〇年許逸民校點本
經典釋文	陸德明	唐	中華書局一九八三年黄焯匯校本
藝文類聚	歐陽詢	唐	上海古籍出版社一九八二年汪紹楹校本
毛詩正義	孔穎達	唐	中華書局一九八〇年影印阮元校刻十三經注疏本
莊子序	成玄英	唐	中華書局一九六一年郭慶藩《莊子集釋》本
晉書	房玄齡	唐	中華書局一九七四年標點本
唐律疏議	長孫無忌	唐	中華書局一九八三年劉俊文點校本
宋之問集	宋之問	唐	中華書局二〇〇一年陶敏等校注本
史通	劉知幾	唐	上海古籍出版社一九七八年王煦華校點《史通通釋》本
張九齡集	張九齡	唐	中華書局二〇〇八年熊飛校注本
高適集	高適	唐	上海古籍出版社一九八四年孫欽善校註本
王維集	王維	唐	中華書局一九九七年陳鐵民校注本

封氏聞見記	唐	封演	中華書局二〇〇五年趙貞信校注本
李太白全集	唐	李白	中華書局一九七七年王琦注本
史記索隱	唐	司馬貞	中華書局一九五九年標點本
史記正義	唐	張守節	中華書局一九五九年標點本
杜詩詳注	唐	杜甫	中華書局一九九九年仇兆鼇詳注本
岑參集	唐	岑參	上海古籍出版社一九八一年陳鐵民等校注本
通典	唐	杜佑	文淵閣四庫全書本
韋應物集	唐	韋應物	上海古籍出版社一九九八年陶敏等校注本
韓昌黎文集	唐	韓愈	上海古籍出版社一九八六年馬其昶校注本
劉禹錫集	唐	劉禹錫	中華書局一九九〇年卞孝萱校訂本
白居易集	唐	白居易	中華書局一九七九年顧學頡點校本
柳宗元集	唐	柳宗元	中華書局一九七九年標點本
荀子注序	唐	楊倞	中華書局一九八八年王先謙《荀子集解》本
李義山詩集	唐	李商隱	中華書局一九八八年劉學鍇等集解本
羅隱集	唐	羅隱	中華書局一九八三年雍文華輯校本
皮日休文集	唐	皮日休	上海古籍出版社蕭滌非等一九八一年整理本
資治通鑒外紀	宋	劉恕	四部叢刊本
文苑英華	宋	李昉等	中華書局一九六六年影印本
梅堯臣集	宋	梅堯臣	上海古籍出版社一九八〇年朱東潤編年校注本
歐陽修全集	宋	歐陽修	中華書局二〇〇一年李逸安點校本
嘉祐集	宋	蘇洵	上海古籍出版社一九九三年曾棗莊等箋注本
王文公文集	宋	王安石	上海人民出版社一九七四年唐武標校本
二程集	宋	程顥、程頤	中華書局一九八一年王孝魚點校本

蘇軾文集	宋	蘇軾	中華書局一九八六年孔凡禮點校本
欒城集	宋	蘇轍	上海古籍出版社一九八七年曾棗莊等校點本
古史	宋	蘇轍	文淵閣四庫全書本
鄱陽集	宋	彭汝礪	文淵閣四庫全書本
張耒集	宋	張耒	中華書局一九九九年李逸安等點校本
胡宏集	宋	胡宏	中華書局一九八七年吳仁華點校本
通志	宋	鄭樵	中華書局一九八七年影印本
王十朋全集	宋	王十朋	上海古籍出版社一九九八年梅溪集重刊本
雲麓漫鈔	宋	趙彥衛	中華書局一九九六年傅根清點校本
容齋隨筆	宋	洪邁	上海古籍出版社一九七八年校點本
劍南詩稿	宋	陸游	上海古籍出版社二〇〇五年錢仲聯校注本
野客叢書	宋	王楙	上海古籍出版社一九九一年鄭明等校點本
能改齋漫錄	宋	吳曾	上海古籍出版社一九七九年本
習學記言序目	宋	葉適	中華書局一九七七年整理標點本
後村集	宋	劉克莊	四部叢刊本
鶴林玉露	宋	羅大經	中華書局一九八三干瑞來點校本
朱熹集	宋	朱熹	四川教育出版社一九九六年本
朱子語類	宋	朱熹	中華書局一九八八年王星賢點校本
陵川集	元	郝經	吉林出版集團有限公司二〇〇五年標點本
路史	宋	羅泌	叢書集成新編歷代小史本
左氏博議	宋	呂祖謙	文淵閣四庫全書本
左氏傳說	宋	呂祖謙	文淵閣四庫全書本
困學紀聞	宋	王應麟	上海古籍出版社二〇〇六年欒保群等校點本

齊乘	于欽	元	中華書局二〇一二年劉敦願等校釋本
高青丘集	高啟	明	上海古籍出版社一九八五年徐澄宇等校點本
遜志齋集	方孝孺	明	寧波出版社二〇〇〇年徐光大校點本
七國考	董說	明	上海古籍出版社一九八七年繆文遠訂補本
渼陂集	王九思	明	續修四庫全書影印嘉靖刻崇禎補修本
王陽明全集	王守仁	明	上海古籍出版社一九九二年吳光等編校本
震川先生集	歸有光	明	上海古籍出版社一九八一年周本淳校點本
弇州四部稿	王世貞	明	文淵閣四庫全書本
藏書	李贄	明	續修四庫影印明萬曆二十七年焦竑刻本
萬一樓集	駱問禮	明	嘉慶活字本
袁王綱鑒合編	袁了凡	明	王鳳洲，世界書局一九三六年增訂本
寓林集	黃汝亨	明	天啟四年刻本
史懷	鍾惺	明	文章辨體彙選，文淵閣四庫全書本
隱秀軒集	鍾惺	明	上海古籍出版社一九九二年李先耕等點校本
吳梅村全集	吳偉業	明	上海古籍出版社一九九〇年李學穎集評標校本
孔門弟子傳略	夏洪基	明	崇禎刻本
顏元集	顏元	清	中華書局一九八七年王星賢等點校本
日知錄	顧炎武	清	上海古籍出版社二〇〇六年欒保群等校點本
溉堂集	孫枝蔚	清	康熙刻本
薑齋文集	王夫之	清	中華書局一九六二年版
繹史	馬驌	清	中華書局二〇〇二年王利器整理本
左傳事緯	馬驌	清	齊魯書社一九九二年徐連城校點本
左傳紀事本末	高士奇	清	中華書局一九七九年點校本

宋元詩會	陳焯	清	文淵閣四庫全書本
清芬樓遺藁	任啟運	清	嘉慶間刻本
魏叔子文集	魏禧	清	中華書局二〇〇三年胡守仁等校點本
春秋會要	姚彥渠	清	中華書局二〇〇九年王貴民等增輯本
屈翁山詩集	屈大均	清	康熙研露齋刻本
翁山詩外	屈大均	清	康熙刻淩鳳翔補修本
四朝詩	張豫章	清	文淵閣四庫全書本
帶經堂集	王士禛	清	康熙五十年程哲七略書堂刻本
全唐詩	彭定求等(編)	清	中華書局一九六〇年本
滄湄詩鈔	尤珍	清	康熙刻本
戴名世集	戴名世	清	中華書局一九八六年王樹民編校本
方苞集	方苞	清	上海古籍出版社一九八三年劉季高校點本
春秋大事表	顧棟高	清	中華書局一九九三年吳樹平等點校本
宋詩紀事	厲鶚	清	文淵閣四庫全書本
劉大櫆集	劉大櫆	清	上海古籍出版社一九九〇年吳孟複標點本
白蕖詩集	張開東	清	乾隆五十三年刻本
浪跡叢談續談三談	梁章鉅	清	中華書局二〇〇七年吳蒙校點本
退庵詩存	梁章鉅	清	道光刻本
小倉山房文集	袁枚	清	江蘇古籍出版社一九九三年王志英校點
百一山房詩集	孫士毅	清	嘉慶二十一年刻本
闕里文獻考	孔繼汾	清	乾隆刻本
忠雅堂集	蔣士銓	清	上海古籍出版社一九九三年邵海清等校箋本
惜抱軒全集	姚鼐	清	中國書店一九九一年本

漢魏遺書鈔	王謨	清	上海古籍出版社一九九六年影印嘉慶三年初刻本
全唐文	董誥(編)	清	中華書局一九八三年影印句讀本
人表考	梁玉繩	清	中華書局一九八二年標點本
述學	汪中	清	續修四庫影印清刻本
荀卿子年表	汪中	清	中華書局一九八八年王先謙《荀子集解》本
荀卿子通論	汪中	清	中華書局一九八八年王先謙《荀子集解》本
洪亮吉集	洪亮吉	清	中華書局二〇〇一年劉德權點校本
寄庵詩文鈔	劉大紳	清	民國雲南叢書本
陶山詩録	唐仲冕	清	嘉慶十六年刻道光增修本
癸巳類稿	俞正燮	清	中華書局一九五七年整理本
史案	吴裕垂	清	續修四庫影印道光六年大成堂刻本
墨子注後序	孫星衍	清	上海掃葉山房民國十七年本
幼學堂詩文稿	沈欽韓	清	嘉慶十八年刻道光八年增修本
養素堂詩集	張澍	清	道光二十二年刻本
知止齋詩集	翁心存	清	光緒三年常熟毛文彬刻本
舒藝室詩存	張文虎	清	光緒刻本
莊子集釋序	王先謙	清	中華書局一九六一年郭慶藩《莊子集釋》本
郇卿别傳	胡元儀	清	中華書局一九八八年王先謙《荀子集解》本
墨子傳略	孫詒讓	清	中華書局二〇〇一年孫詒讓《墨子閒詁》本
墨子年表序	孫詒讓	清	中華書局二〇〇一年孫詒讓《墨子閒詁》本
桐城吴先生全書	吴汝倫	清	藝文印書館一九五九年印本
兩漢三國學案	唐晏	清	中華書局一九八六年吴東民點校本
秦會要	孫楷	清	上海古籍出版社二〇〇四年楊善群校補本

訄書　清　章炳麟　上海古籍出版社二〇〇〇年徐複注本
全明文　錢伯城等(主編)　上海古籍出版社一九九二年標點本
全元文　李修生(主編)　江蘇古籍出版社一九九九年標點本
全宋文　曾棗莊等(主編)　上海辭書出版社、安徽教育出版社二〇〇六年標點本